T0276264

DICCIONARIO TEÓLOGICO ILUSTRADO

DICCIONARIO TEÓLOGICO ILUSTRADO

REVISADO Y AMPLIADO
POR
ALFONSO ROPERO

editorial clie

FRANCISCO LACUEVA

EDITORIAL CLIE
Ferrocarril, 8
08232 VILADECAVALLS (Barcelona)
E-mail: clie@clie.es
http://www.clie.es

DICCIONARIO TEOLÓGICO ILUSTRADO
Francisco Lacueva

Revisado y ampliado por Alfonso Ropero.

© 2022 por Editorial CLIE.
Todos los derechos reservados.

ISBN: 978-84-18810-97-8
Depósito legal: B 9574-2022

Clasifíquese:
Referencia bíblica
Diccionarios y enciclopedias
REL006670
Referencia: 225201

ÍNDICE

Prólogo 7

Siglas utilizadas en este diccionario 11

Siglas editoriales 12

Nota sobre la bibliografía 13

Diccionario 15

PRÓLOGO

La era de la informática y de la *navegación por la red* corre paralela con la era de los diccionarios impresos que, en lugar de disminuir su producción o estacionarse en número, aumentan y se multiplican de manera asombrosa, cubriendo cada vez más un mayor campo de interés. Maravilla la increíble cantidad de nuevos diccionarios que aparecen cada año, en especial en el mundo cristiano, referidos a teología, historia, Biblia, biografías, sectas, psicología, etc.

El éxito de los diccionarios es indiscutible, y el motivo sencillo de comprender: poner a disposición del lector, cada vez más ocupado y más apremiado por nuevos saberes, siempre en proceso de renovación, un caudal de información concentrado en una serie de artículos fáciles de consultar y sin necesidad de invertir un tiempo del que no siempre disponemos. Porque, paradójicamente, a medida que aumenta el tiempo libre disminuye el tiempo para estudiar, y menos para dominar muchos temas que pertenecen al área de interés del cristiano en general, y de los estudiantes de teología y pastores en particular, cuya ignorancia, a la corta o a la larga, resulta fatal para los individuos y para las iglesias por igual.

La ciencia –bíblica y teológica incluida– aumenta con cada generación, y el deseo de saber y profundizar acucia al lector medio interesado en ponerse al día. Para eso están los diccionarios, para darnos la última información disponible de un modo escueto y riguroso a la vez.

Los diccionarios, aunque sean colectivos, y éste no lo es, nacen personalmente orientados. Sin desmerecer la objetividad que exigimos a una obra de consulta, no es difícil apreciar la orientación doctrinal del autor o autores. Por eso, cada diccionario aporta una perspectiva nueva que no invalida los ya existentes, sino que los complementa. Quien se contenta con tener un solo diccionario sobre una materia, se condena a tener una visión muy pobre de la misma.

Francisco Lacueva, bien conocido en el mundo evangélico, con un largo haber de escritos teológicos a su favor, nos ofrece una obra marcadamente personal, novedosa y práctica. Alguien ha dicho que no hay nada peor que ser discípulo de uno mismo; quizás por eso Francisco Lacueva no tiene reparos en corregir ideas que ha vertido en escritos anteriores e introducir los cambios que considera oportunos como respuesta a planteamientos diferentes y nuevos. Y es que en cada nuevo estadio de su formación, el estudiante va adquiriendo conocimientos que entran en el propio edificio y obligan, por vía de persuasión, a hacer algunos ajustes en el decorado y la forma, aunque la estructura siga siendo la misma.

Por encima de todo, una obra teológica tiene que ser sugerente y orientadora para aquellos que se inician en la ciencia del conocimiento de Dios, que no es nada más ni nada menos que entrar en diálogo, desde la altura temporal –que no moral– en que nos encontramos, con la Palabra de Dios escrita tal cual está en la Santa Biblia. Desde el principio de los tiempos del cristianismo, la teología no ha sido otra cosa que una tarea inacabada, y «siempre por acabar», de correlación entre la revelación divina, que es eterna, y la situación humana, que es temporal.

De ahí que, en primer lugar, este diccionario sea BÍBLICO. Esto es, el análisis de las grandes doctrinas de la fe cristiana se hace desde la misma Biblia, o sea, con un gran aporte de textos bíblicos y material exegético. Este diccionario es verdaderamente un *súmmum* de doctrina bíblica.

En segundo lugar, es TEOLÓGICO, porque repasa los grandes temas que se han discutido a lo largo de la historia de la Iglesia; los dogmas y las herejías por igual, toda vez que estas últimas han obligado a precisar los perfiles y contornos precisos del dogma desafiado y puesto en cuestión por la herejía o el error (cuyo conocimiento es imprescindible para evitar el peligro de caer en los mismos, los cuales, pese a su «canto de sirena» de poseer todas las respuestas y la ciencia profunda de Dios, han demostrado ser callejones sin salida). Conocer la respuesta de la ortodoxia nos ahorra andar en círculos y nos ayuda a seguir construyendo sobre fundamentos firmes y sólidos, probados por el paso de los años y el asentimiento general de las iglesias.

También es un diccionario FILOSÓFICO, en lo que la filosofía ha condicionado, condiciona y seguirá condicionando la teología, incluso esa teología llamada «bíblica», pero que no puede operar desde el vacío ideológico ni desde una lengua neutra sin filosofía subyacente. Porque, de hecho, el lenguaje es la primera filosofía... En efecto, todo idioma, incluido el teológico, recibe ya hechos los términos que usa para su propósito. Sus palabras, sus giros, sus expresiones, nacen filosóficamente orientados, con una filosofía consciente o inconscientemente asumida.

En este diccionario se reseñan las principales ideas que han influido en la teología y que, al mismo tiempo, han sido influidas por ésta, de modo que es fácil detectar la impronta, la huella que ha dejado en ellas la fe cristiana. Asimismo se informa de los pensadores más relevantes de la filosofía, cuya obra ha tenido resonancia en la teología y cuyo conocimiento es necesario para discernir el cristianismo moderno y el alcance de su influencia en la cultura.

En cuarto lugar, es un diccionario EVANGÉLICO en su enfoque, intención, elaboración y contenido. A saber, todas sus entradas se relacionan con aquellos puntos, ideas, doctrinas y creencias que se refieren y afectan directa e indirectamente al cristianismo evangélico. Es igualmente evangélico en las respuestas y en la perspectiva bíblica de las grandes doctrinas de la fe.

Y, por último, es un diccionario PRÁCTICO, sin negar que los demás lo sean. Pero mientras la mayoría de los diccionarios teológicos evangélicos son traducciones de obras extranjeras, cuyos contextos teológico y denominacional son mayoritariamente protestantes, la obra de Lacueva es consciente del contexto católico del mundo de habla hispana, que conoce bien, y cuya teología él mismo enseñó antes de su conversión al Evangelio. Francisco Lacueva, como corresponde a un autor español en una sociedad informada por la Iglesia de Roma en lo religioso y social, presta una atención especial a aquellas doctrinas que todavía siguen dividiendo a los evangélicos de los católicos y que son motivo de debate. En este sentido, la obra de Lacueva es singularmente práctica.

Y precisamente por este carácter práctico, hemos limitado la bibliografía a la existente en castellano, con el objeto de facilitar la localización y consulta de los lectores estudiosos y levantar acta de la cada vez más amplia gama bibliográfica en castellano que, poco a poco, va dando muestras de mayoría de edad en temas bíblicos y teológicos. Sólo hemos recurrido a la bibliografía en inglés cuando no quedaba otro remedio, es decir, cuando no había nada en castellano.

Encomendamos esta obra a los lectores con la confianza de cumplir el sano propósito para el cual fue escrita: servir de ayuda en el estudio y conocimiento del amor de Dios que excede todo conocimiento.

Los Editores

Siglas utilizadas en este diccionario

AR Alfonso Ropero
FL Francisco Lacueva
Los artículos sin firma son de Francisco Lacueva

*	remite a otras entradas en este diccionario
ad.	adjetivo
Bib.	Bibliografía
Cf.	Consultar
etm.	etimología
gr.	griego
lat.	latín
p. ej.	por ejemplo
suf.	sufijo
tamb.	también
vb.	verbo

CDLIC	Catecismo de la Iglesia Católica.
CIC	*Codex Iuris Canonici* (Código de Derecho Canónico).
CPDTB	*Curso Práctico de Teología Bíblica*, Francisco Lacueva, CLIE, Terrassa 1998.
DC	*Diccionario de controversia*, Teófilo Gay. CLIE, Terrassa 1994.
DEPNT	*Diccionario expositivo de palabras del Nuevo Testamento*, W. E. Vine. CLIE, Terrassa 1984.
DET	*Diccionario de ética teológica*, Marciano Vidal. Verbo Divino, Estella 1991. 649 pp.
DT	*Diccionario de teología*, E. F. Harrison, ed. TELL, Grand Rapids 1985.
DTC	*Diccionario de teología contemporánea*, Bernard Ramm, El Paso 1975, 2ª ed.
DTNT	*Diccionario teológico del Nuevo Testamento*, L. Coenen, E. Beyreuther, H. Brietenhard. Sígueme, Salamanca 1990, 3ª ed.

NDT	*Nuevo diccionario de teología*, S. B. Ferguson y D. F. Wright, eds. CBP, El Paso 1992.
NTG	*Nuevo Testamento interlineal griego-español*, F. Lacueva. CLIE, Terrassa 1984.
VTB	*Vocabulario de teología bíblica*, X. León-Dufuour. Herder, Barcelona 1985, 13ª ed.

Siglas editoriales

AE	Alianza Editorial. Telémaco, 43. 28027 Madrid.
AM	Apostolado Mariano. Recaredo, 44. 41003 Sevilla.
BAC	Biblioteca de Autores Cristianos. Don Ramón de la Cruz, 57. 28001 Madrid.
CBP	Casa Bautista de Publicaciones. El Paso, Texas.
CLIE	CLIE, Galvani, 113-115. 08224 Terrassa, Barcelona.
CN	Editorial Ciudad Nueva. Andrés Tamayo, 4. 28028 Madrid.
CNP	Casa Nazarena de Publicaciones, 6401 The Paseo. Kansas City, MI 64131.
CSIC	Consejo Superior de Investigaciones Científicas. Vitrubio, 8 - 28006 Madrid.
ECB	Edicions Cristianes Bíbliques. Apartat 10053. 08080 Barcelona.
EDE	Ediciones de Espiritualidad. Triana, 9. 28016 Madrid.
EDV	El Estandarte de la Verdad. 3 Murrayfield Road. Edinburgh EH12 6EL.
EE	Ediciones Encuentro. Cedaceros, 3, 2º. 28014 Madrid.
EEE	Ediciones Evangélicas Europeas. Murcia, 33. 08027 Barcelona.
EH	Editorial Herder. Provenza, 388. 08025 Barcelona.
EMC	Editorial Monte Carmelo. Apartado 19. 09080 Burgos.
EMH	Editorial Mundo Hispano, El Paso, Texas.
ES	Ediciones Sígueme, Apartado 332. 37080 Salamanca.
ESE	Editorial San Esteban. Apartado 17. 37080 Salamanca.
ET	Editorial Trotta. Sagasta 33. 28004 Madrid.

EVD	Editorial Verbo Divino, Avda. de Pamplona, 41. 31200 (Navarra).
EUNSA	Ediciones Universidad de Navarra. Pza. de los Sauces, 1 y 2. 31010 Barañáin (Navarra).
CUPSA	CUPSA, Apartado Postal 97-bis - CP 06400 - México, D.F. México.
DDB	Desclée de Brouwer, Heano 9. 48009 Bilbao.
EMH	Ediciones Mundo Hispano. El Paso, Texas.
EP	Editorial Peregrino, Apartado 19 - Moral de Calatrava, C. Real, España.
FCE	Fondo de Cultura Económica. México. Argentina. Brasil. Chile...
HP	Herald Press, 616 Walnut Avenue - Scottdale, PA 15683-1999.
LD	Libros Desafío (SLC, EDV, TELL, Felire, Nueva Creación). 2850 Kalamazoo Ave, SE Grand Rapids, Michigan 49560-1100.
PE	Portavoz Evangélico. Kregel Publications. P.O. Box 2607. Grand Rapids, MI 49501.
ST	Sal Terrae. Apartado 77. 39080 Santander.
UPC	Universidad Pontificia Comillas. Distribuye Sal Terrae.
UPS	Universidad Pontificia de Salamanca. Servicio de Ediciones. Compañía, 5. 37002 Salamanca.

Nota sobre la bibliografía

Pensando en el uso práctico de este *Diccionario de teología*, en todo momento me he limitado a indicar las obras que existen en castellano; sólo en casos excepcionales he ofrecido bibliografía en inglés para aquellos temas sobre los que no hay nada en castellano.

La bibliografía que aquí se ofrece cumple el doble propósito de complementar los artículos en cuestión, a la vez que ofrecer puntos de vista contrastantes, que faciliten al estudioso una investigación amplia y creadora.

Forzosamente, por cuestión de espacio y manejabilidad, he tenido que seleccionar entre la abundante masa bibliográfica que hoy se ofrece al lector en lengua castellana, pero en todo he tratado de no dejar fuera nada que pueda ser esencial al lector. Por otra parte, un libro remite a otro libro, ampliando así la bibliografía casi hasta lo imposible.

Se entiende que sobre temas doctrinales, como por ejemplo «expiación» o «santidad», hay información sobre ellos en todas y cada una de las teologías bíblicas y sistemáticas existentes, por lo que no se incluyen en la bibliografía, sino en la entrada general sobre «teología». Otro tanto puedo decir de los temas históricos y personajes. Sólo he incluido obras de referencia general cuando faltan monografías o biografías particulares.

El estudio de la teología es una disciplina muy exigente, requiere lo mejor de la persona, tanto sus facultades mentales como espirituales y afectivas, ya que el objeto de su estudio, la suma trascendencia y la divina revelación, no son para menos; nadie que quiera entrar en ella puede olvidar el primer mandamiento de toda relación con Dios: amarle con todo el corazón, con toda la mente, con toda el alma, con todas las fuerzas, con todo el ser. Para entrar en el conocimiento de Dios no se deben regatear esfuerzos ni sacrificios; el perezoso no tiene nada que hacer aquí, no se puede rehuir el trabajo personal, para el cual esta obra y sus ayudas son sólo una herramienta, un primer paso.

Alfonso Ropero

A DIVINIS En la teología católica se dice de una de las formas de suspensión católica, según la cual el sacerdote o teólogo no pueden ejercer ninguna de las funciones que se derivan de la potestad de sus órdenes.

A POSTERIORI Esta expresión latina significa «por lo que viene detrás» y se aplica a conceptos o hechos (a realidades lógicas u ontológicas) de las que tenemos un conocimiento a partir del efecto para llegar a la causa, o de una propiedad para llegar a la esencia de la cosa (del ente). P. ej. decimos que nuestro conocimiento natural de Dios es a posteriori porque a Dios no lo podemos ver ni con los ojos de la cara ni con la vista interior de nuestra inteligencia, pero llegamos a cierto conocimiento verdadero de su Ser, por imperfecto y limitado que sea, partiendo de sus obras (del efecto a la causa). Véase Ro. 1:19 y ss.

A PRIORI Esta expresión latina (la contraria de la anterior) significa «por lo que hay delante» y se aplica a conceptos y hechos (realidades lógicas u ontológicas) de las que tenemos un conocimiento que parte de la causa para llegar al efecto, o de la esencia para llegar a las propiedades. P. ej. del conocimiento de «Pedro» como «animal racional» (esencia metafísica) o como «espíritu encarnado» (esencia física), deducimos su poder de razonar o su capacidad para reír, efectos propios de su naturaleza específica (los ángeles no razonan –intuyen–; los animales brutos no se ríen). Ahora bien, cuando hablamos de nuestros conocimientos a priori, es menester distinguir entre 1°, lo que conocemos por intuición, como los primeros principios (el todo es mayor que una parte); 2°, lo que conocemos por experiencia (el traje que me puse hoy); y 3°. lo que conocemos porque nos lo han dicho (ayer llovió en Andalucía). Esto último tendrá para nosotros mayor o menor grado de credibilidad según la competencia y la veracidad de la fuente de conocimiento. De ahí que no haya nada que sea tan creíble como lo que Dios nos ha revelado en su Palabra, puesto que Dios, por su naturaleza, es un Ser «que no puede engañarse ni engañarnos». Esta es la mayor verdad posible, puesto que lo que conocemos por intuición o por experiencia podría ser falso, ya sea por mala visión o alucinación, ya sea por un cambio en la naturaleza del objeto conocido. P. ej., no he reconocido al «Pedro» de ayer, porque hoy llevaba uniforme de oficial del ejército y gafas de sol. Por no tomar las precauciones necesarias (buena luz, el tacto, ausencia de prejuicios, etc.) mucha gente sencilla acepta supersticiones ridículas que nadie admitiría en su sano juicio; p. ej. apariciones de la Virgen, crucifijos que lloran y milagros de toda clase sin base sobrenatural.

AB AETERNO Locución adverbial latina, que significa desde la eternidad, desde el muy antiguo.

AB INITIO Locución adverbial latina, que significa desde el origen, desde el principio.

ABADÓN Es un vocablo hebreo, que significa *destrucción* (cf. Sal. 88:11) y es el nombre que se le da a un ángel malo, satánico, en Ap. 9:11, que aparece como el rey de las langostas infernales enviadas para atormentar durante cinco meses (n.º alegórico) a la humanidad rebelde e impenitente.

ABAD Del arameo *abba*, «padre», a través del griego *abbas*. Nombre dado en los orígenes del monaquismo, en Egipto y Siria, a algunos monjes experimentados que ejercían cierta paternidad espiritual, sin ser superiores de un monasterio, cuya autoridad se fundaba en su carácter moral y fama de santidad. A partir del siglo v en Occidente, Benito* reserva el nombre como un título jerárquico que designa a la cabeza jurídica de un monasterio. Las órdenes fundadas en Occidente después del siglo xi designaron a sus superiores no con el nombre de abades, sino de priores, guardianes o rectores.

Al principio, los abades eran laicos, como otros monjes, y estaban sometidos a la autoridad episcopal con rango inferior a los clérigos. Con la inmensa influencia del monasticismo empezaron a revestirse de tal autoridad y se extendió la costumbre de que fueran nombrados por elección de los monjes. En el siglo xii el abad de un gran monasterio tenía a menudo más amplia jurisdicción que el obispo.

Por extensión se llama *padre* (del latín *pater*) a los sacerdotes y a ciertos religiosos de profesión solemne para honrar su estado de consagración y la fecundidad espiritual de este estado.

En el protestantismo se considera una flagrante violación de la orden de Cristo que manda no llamar a nadie padre en la tierra, sino al Padre que está en los cielos (Mt. 23:9). Sólo en sentido espiritual y metafórico se entiende que alguien pueda llamarse padre, como hace Pablo respecto a

Timoteo (1 Ti. 1:2; 2 Ti. 1:2). El título que corresponde a los miembros comunidad de creyentes es de hermanos, en un mismo plano de igualdad espiritual ante Dios. «Uno es vuestro Maestro, el Cristo, y todos vosotros sois hermanos» (Mt. 23:8). AR

Bib. T. Gay, *DC*, «abad».

ABBA Este vocablo arameo significa algo así como *papá* en los labios de un niño pequeño para dirigirse a su padre en momentos de gran apuro. Aparece tres veces en el NT (Mr. 14:36 en la plegaria de Jesús en Getsemaní, y en Ro. 8:15 y Gá. 4:6 como un grito del Espíritu Santo en el corazón del creyente). Las tres veces va acompañado de la expresión griega *ho patér* = padre. Cristo la utilizó para expresar la familiaridad con Dios, ejemplo seguido por sus discípulos como una nueva manera de dirigirse a Dios, cuya novedad era sentida por sus contemporáneos como un atrevimiento irreverente de ser aplicado a Dios entendido como ser soberano y terrible. Por eso en las asambleas cristianas se introdujo la fórmula introductoria de la oración de Jesús: «Siguiendo las enseñanzas del Maestro, nos atrevemos a decir: Padre nuestro, etc.», para evitar el escándalo de los paganos. AR

Bib. J. Jeremías, *Abba, el mensaje central del Nuevo Testamento* (Sígueme, Salamanca 1981); Varios, *Abba, Padre Nuestro* (UPS, Salamanca 1998).

ABELARDO, PEDRO Filósofo y teólogo francés, nacido en Pallet, cerca de Nantes, 1079 y muerto en el convento de Saint Marcel, Chalon-sur-Saòne, 1142. Enseñó filosofía en diversas localidades de Francia y en 1113 abrió su propia escuela en París. Se le considera el iniciador de la lógica medieval, convertida en su gran arma, que dirigirá contra sus propios maestros. El trágico fin de sus amores con su alumna Eloísa le impulsó a profesar los votos religiosos en 1118, acontecimientos que le inspiraron sus *Cartas a Eloísa*, de gran valor literario, y su autobiografía *Historia Calamitatum mearum*.

Divulgador de método escolástico, defendió la doctrina de los «universales», que afirma que estos han de entenderse como nombres de significado y que la relación entre la significación y lo significado se produce por «conveniencia» entre vocablos y entidades. Abelardo es un dialéctico hasta el límite que cree firmemente en la fuerza de la razón, como se manifiesta en su obra *Dialéctica* (1121). Siguiendo su propio criterio, no deja de volver sobre sus propias tesis para seguir desarrollándolas. Abelardo no decía como Anselmo*, «cree para comprender», sino «comprende para creer», pues para él la razón era una revelación interna y permanente que ilumina «a todo hombre que viene a este mundo» (Jn. 1:9), muy en línea con la escuela de Alejandría*. La razón, como sabiduría del Verbo que se comunica universalmente, había guiado a los sabios de la antigüedad, en una verdadera «preparación evangélica». El Verbo de Dios en cuanto sabiduría (*Sofia*) y lógica (*Logos*) y tiene también su lugar entre los amigos de la sabiduría o filósofos, aunque corresponda al Evangelio la revelación plena de la verdad divina.

Su primer escrito teológico fue *De unitate et trinitate divina*, compuesto entre 1118 y 1121, fue condenado por la Iglesia en los concilios de Soissons (1121) y de Sens (1141), y obligado a echar a la hoguera con sus propias manos en Soissons. En él intentaba explicar, mediante los procedimientos de la dialéctica, el dogma trinitario. El Padre, decía, sería el poder, el Hijo la sabiduría y el Espíritu Santo el amor, lo que resultaría que las tres personas no serían más que tres atributos de Dios. Su comentario a la epístola a los Romanos le acerca al análisis y discusión suscitados posteriormente en la teología sobre la gracia y la redención de Cristo. Para él la teología tiene como objeto principal la Escritura, que conoce bien.

Su famoso *Sic et Non* (1122) recoge textos bíblicos y patrísticos acerca de ciento cincuenta cuestiones importantes de la teología, que sobre un mismo punto unos dicen sí y otros no. Este método, seguido de manera sistemática, vino a ser el procedimiento de la teología escolástica*, que servía para plantear los problemas con vigor y a rebasar las cuestiones de palabras o de mentalidades. Comienza en la duda, porque solamente la duda promueve la investigación y sólo la investigación conduce a la verdad –*dubitando enim ad inquisitionem venimus; inquirendo veritatem percipimus*.

Abelardo es además grande moralista del siglo XII, a él se debe el primer escrito medieval con el título de ética: *Ethica seu scito teipsum* (Ética o conócete a ti mismo, 1129). En él trata del pecado como ofensa a Dios en lo que tiene de intención y no sólo de acción material. «Es un ejemplo de moral existencial o de la intención, en contraposición a la moral teleológica de las virtudes o la moral deontológica de los mandamientos» (Marciano Vidal, *DET*). Para él, donde falta la vo-

luntad de infringir la ley no hay pecado. Y una acción puede ser buena o mala según la intención de la que procede. Así, es impropio llamar pecado a la ignorancia en que están los infieles, y las consecuencias que surgen de tal ignorancia de la verdad cristiana: no se puede tener por culpa no creer en el Evangelio y en Cristo en aquellos que no han oído nunca hablar de Él.
Adelantado a su tiempo tuvo que pagar el precio de convertirse en sospechoso de herejía debido a su énfasis en la razón, que pareció tan normal a los teólogos del siglo XIII. AR

Bib. P. Abelardo, *Ética o conócete a ti mismo* (Tecnos, Madrid 1990); E. Gilson, *La filosofía en la Edad Media* (Gredos, Madrid 1972); A. Ropero, *Introducción a la filosofía*, cap. IV (CLIE, Terrassa 1999).

ABISMO Probablemente del latín vulgar *abyssimus*, de origen griego, *abysso* = sin fondo. En el griego clásico siempre es un adjetivo para indicar lo insondable. En la cosmología* del AT el abismo (hebr. *thehóm* = lo profundo) es el océano primordial o las aguas inferiores sobre las que está asentada la tierra; de él nacen las fuentes y los ríos; con él confina el *sheol*, morada subterránea de los muertos (Ez. 31:15). Aparece en la Biblia, por 1.ª vez, en Gn. 1:2.
En el NT pasa a significar el Tártaro, o parte inferior del Hades (según la imaginería griega) y tiene una triple referencia: 1ª, al lugar que sirve como de cárcel a Satanás y algunos demonios (cf. Lc. 8:31; 2 P. 2:4; Jud. v. 6; Ap. 20:1, 3), 2ª, al reino de los muertos, al que los vivos no pueden entrar (cf. Ro. 10:7); y 3ª, al lugar del que sale la Bestia o Anticristo* (cf. Ap. 11:7; 17:8). AR

ABJURACIÓN Del verbo latino *abiurare*. Retractación solemne de una herejía, cisma o culto pagano profesado antes de la adhesión o la vuelta a la fe y la comunión católica hecha ante la autoridad eclesiástica.
Su uso es muy antiguo, cuando se aplicó a los montanistas que eran reconciliados con la Iglesia. En la liturgia bautismal catolicorromana se incluye una fórmula explícita de abjuración para todos los candidatos adultos provenientes de cualquier grupo religioso extraño a la Iglesia de Roma.

ABLUCIÓN Del latín *ablutio* = lavatorio. Purificación con agua del cuerpo o de los objetos, utilizada en el judaísmo, el islamismo y el hinduismo. En la misa católica es la ceremonia de purificar el cáliz y de lavarse los dedos el sacerdote tras consagrar, que tiene la finalidad de evitar la profanación de eventuales fragmentos de las especies eucarísticas.

ABNEGACIÓN Del latín *abnegatio*, sacrificio que hace de su voluntad o intereses en servicio de Dios, del prójimo, de la familia, de la patria, etc.
La negación de sí mismo está presente en toda la enseñanza de Cristo desde el principio (Mt. 16:24-26), siendo Él el máximo ejemplo de abnegación en su *kenósis* (Fil. 2:7; He. 5:8; 1 P. 2:21-24).
Supone la renuncia (gr. *arneomai*) a la impiedad y a los deseos mundanos (Tit. 2:12), con el fin de formar en cada creyente la imagen de Jesús, meta y propósito de la redención y elección divinas (Ro. 8:29; 1 Jn. 3:2).

ABOGADO (cf. *Paráclito*)

ABOMINACIÓN Del latín *abominari* = condenar, maldecir personas o cosas. Detestación, horror, El AT llama «abominación delante de Dios» a los falsos dioses y a los ídolos, como también a toda injusticia y pecado que causan la ira* de Dios.
«La abominación de la desolación» es un hebraísmo equivalente a un superlativo –el horror supremo–, utilizado por Daniel para describir el fin de los tiempos (Dn. 11:31; 12:11). Jesús lo utiliza para anunciar la ruina de Jerusalén (Mt. 24:15). La frase está tomada de Dn. 11:31 y 12:11 y no cabe duda de que pertenece a la literatura apocalíptica, pero su exégesis depende del punto de vista que se sostenga en lo tocante a las dispensaciones (cf. *Dispensacionalismo*).

Bib. E.F. Kevan, art.° «Abominación desoladora», *DT*.

ABORTO Del latín *abortus*, derivado del verbo *aboriri*, *ab* = ausencia, y *orior* = nacer, surgir. Interrupción del embarazo provocada voluntariamente, que supone la supresión del feto mediante su expulsión del útero antes de ser capaz de sobrevivir o su destrucción en el vientre de la madre.
La práctica del aborto es tan universal y antigua como la historia de la humanidad, en especial en las economías pobres o de subsistencia. Lo nuevo de los abortistas modernos es que ya no se plantea como simple instrumento de eliminación de una fecundidad no deseada, sino dentro del contexto de la llamada revolución sexual o liberación de la mujer, de carácter liberal, hedonista y permisivo.

Aunque numerosas legislaciones lo consideran un delito, en muchos países se permite su práctica dentro de los primeros meses de la gestación, atendiendo, según los casos, a motivos de carácter social, terapéutico, eugenésico y jurídico. En España, desde 1985 está en vigor la ley de Despenalización del Aborto, según la cual se confiere legalidad al aborto en los tres siguientes supuestos: malformación grave del feto, grave peligro para la vida o salud de la madre y violación.

La generalidad de las iglesias cristianas condenan el recurso al aborto. En el AT, la Ley prohíbe el aborto como delito de daño: «Si algunos riñeren , e hirieren a mujer embarazada, y ésta abortare, pero sin haber muerte, serán penados conforme a lo que les impusiere el marido de la mujer y juzgaren los jueces» (Éx. 21:23), que guarda una estrecha relación con el *Código de Hammurabi* (209). El cristianismo es más tajante en este punto, fundamenta su prohibición en un concepto más elevado del valor de la persona humana, hecha extensible al feto. Así Tertuliano afirma explícitamente que provocar un aborto es igual a cometer un asesinato, ya que el feto es un ser humano en potencia: «A nosotros, en cambio, una vez que el homicidio nos está prohibido, tampoco nos es lícito matar al infante concebido en el seno materno, cuando todavía la sangre va pasando al ser humano desde la madre. Es un homicidio anticipado impedir el nacer, sin que importe se quite la vida luego de nacer o que se destruya al que nace. Hombre es también el que ha de serlo, así como todo el fruto está ya en la simiente» (*Apología contra gentiles*, IX, 8); otro tanto dirán Agustín y el resto de los teólogos cristianos.

Desde un punto de vista lógico, la defensa del *derecho* a abortar, es una recaída en el primitivismo bárbaro si se toma en el sentido de método regulador de la natalidad, cuando los medios anticonceptivos ponen al alcance de todos un método higiénico y sano. El aborto es una brutalidad para la la madre y mujer, que es victimizada, de ahí que el esfuerzo de la ley y de la sociedad deba encaminarse hacia una mayor información sobre la prevención del embarazo y no sobre la penalización de la mujer.

El acto sexual no es un acto natural meramente reproductor. Es a la vez una relación íntima y afectiva entre dos personas que se aman. Es, pues, una relación humana que la educación y la moral no deben permitir que retroceda hacia lo instintivo y la irresponsabilidad por el placer. La sexualidad*, y todo lo que conlleva, tiene que ser asumida por el espíritu.

El aborto, además, no soluciona sino que empeora las cosas. Porque lo que se aborta es un ser en vía de ser humano. Como escribe el filósofo Javier Sádaba, el procedimiento abortista *no está justificado* cuando lo que tenemos delante es un ser humano que habita ya nuestro mundo, aunque sea en forma embrionaria. El feto es un ser humano que habita ya en nuestro mundo. La única diferencia es ambiental. El niño o niña por nacer habitan nuestro mundo en el ámbito interno del seno de su madre y sólo es cuestión de tiempo que lo haga en el ámbito externo del seno de la sociedad humana.

Todo proceso destructor de vida produce dolor y es fuente de dolor. Discusiones bizantinas sobre *cuándo* se puede considerar humano un feto es embrollar el asunto. Sería como el derecho a disparar sobre una persona cuando su silueta en la lejanía aparece indiferenciada de un tronco o de una cosa. Tan criminal es asesinar a una persona a bocajarro –con rostro y señas de identidad– que a mil metros de distancia –cuando su forma humana es borrosa.

Aparte de la fe religiosa o la creencia en Dios, la ilicitud del aborto se funda en razones *antropológicas*, como bien apunta el filósofo Julián Marías: «Los cristianos pueden tener un par de razones *más* para rechazar el aborto, pueden pensar que, además de un crimen, es un pecado. En el mundo en que vivimos hay que dejar esto –por importante que sea– en segundo lugar, y atenerse por lo pronto a lo que es válido *para todos*, sea cualquiera su creencia o religión. La aceptación social del aborto es lo más grave moralmente que ha ocurrido, *sin excepción*, en el siglo xx" (*Problemas del cristianismo*, BAC, Madrid 1979).

La ciencia y la ética tienen que darse la mano para investigar el reguero de dolor que se produce en la persona que aborta, las secuelas psicológicas que pueda dejarle; porque si no, resulta que a quien se busca defender se convierte, una vez más, en víctima. Es como un derecho al trabajo sin paga. Sólo beneficia a otros y envilece al que lo realiza.

La ética cristiana social exige que se invierta más en la educación integral de la persona; en la penalización consecuente de los abusos sexuales y de violación, que llevan a embarazos no deseados; que se provean medios económicos e informativos a las familias carentes de ellos, pero nunca abrirles una puerta falsa que sólo conduce a la marginación y desesperación que siempre acompañan a los débiles, a los pobres. La ética cristiana tampoco puede admitir que la madre soltera sea discriminada y dejada sin ayuda por la sociedad, sólo pretende recordar que no es la mujer ni el fruto de su vientre los que se han de sacrificar, sino toda una mentalidad de potencia e impotencia que siempre descarga sobre los más indefensos su incapacidad para actuar de un modo racional y equitativo. El hombre y la mujer, no son un ser-para-la-naturaleza, sino un ser-para-el-Espíritu, y sólo donde está el Espíritu hay libertad. AR

Bib. Antonio Cruz, *Bioética cristiana* (CLIE, Terrassa 1999); Javier Gafo, *El aborto ante la conciencia y la ley* (PPC, Madrid 1982); José Grau, *¿Qué hacemos con…?* (EEE, Barcelona 1979); E. Koop, *Derecho a vivir, derecho a morir* (CLIE, Terrassa 1982); Varios, *Aborto ¿solución o problema?* (EEE, Barcelona 1975).

ABSOLUCIÓN Este vocablo viene del latín *absólvere* = poner en libertad, especialmente en un juicio. En teología, significa «perdón de los pecados» y, en este sentido, la Iglesia de Roma lo usa como la parte principal del sacramento* de la penitencia.

La Biblia no da pie para tal concepto de absolución (cf. *Redención*). Baste decir que Dios siempre está dispuesto a perdonar cualquier pecado de los seres humanos e imputarnos la justicia de Cristo, siempre que se realicen las condiciones estatuidas por Él mismo (cf. p. ej. 2 Co. 5:14-21). Algo que las Escrituras Sagradas ponen de relieve es que todo pecado es un pecado, ante todo, contra Dios (cf. Sal. 51:4) y, por tanto, sólo puede ser perdonado cuando ha sido perdonado por Dios (cf. *Perdón*). Esta enseñanza clara de la Biblia incide fuertemente sobre la exégesis de dos porciones: Mt. 16:19 y Jn. 20:20-23, cuya versión literal, de acuerdo con el original griego es la siguiente: Mt. 16:19: Te daré las llaves del reino de los cielos, y cuanto ates sobre la tierra habrá sido atado en los cielos, y cuanto desates sobre la tierra habrá sido desatado en los cielos. Jn. 20:23: A quienes perdonéis los pecados, les han sido perdonados; a quienes se los retengáis, les han sido retenidos (cf. el texto de la nueva versión Biblia Textual Reina Valera).

Bib. T. Gay, *DC*, «absolución»; F. Lacueva, *Catolicismo romano* (CLIE, Terrassa 1972).

ABSTINENCIA Este vocablo viene del latín *abstineri* (*abs-tenéri* = mantenerse lejos) y significa no usar ciertos alimentos y bebidas o no realizar ciertas prácticas exteriores como el sexo o la participación en las tareas comunes de la sociedad humana. Puede llegar a extremos incompatibles con la Palabra de Dios, especialmente según la revelación obtenida en el NT, según la cual todo es bueno para el creyente (cf. 1 Co. 10:23, 31; 1 Ti. 4:3). La ley mosaica contenía normas muy detalladas acerca de la dieta para el pueblo de Israel , como puede verse en el cap. 11 del Lv., pero en cuanto a la abstinencia total o ayuno nacional, sólo estaba prescrito para el Día de la Expiación*, según Lv. 16:29. Según parece, a la vuelta de Babilonia (cf. Zac. 8:19), Dios ordenó ayunar en las cuatro festividades anuales. En tiempos de Jesús, los judíos multiplicaron los ayunos, como las demás actividades externas de la religión judía (cf. Lc. 18:12). Jesús mismo ayunó cuarenta días en el desierto antes de comenzar su ministerio público, pero después no se abstuvo de comer ni beber, hasta el punto de ser tenido por glotón y bebedor (cf. Mt. 11:18-19). De Mt. 6:16-18 se desprende que Jesús suponía que sus discípulos habían de ayunar, pero no antes de su muerte (cf. Mr. 2:18-20). La iglesia primitiva practicaba el ayuno antes de tomar importantes decisiones (cf. Hch. 13:2-3; 14:23) y en el Sínodo de Jerusalén se dictaron ciertas normas dietéticas, en concreto «abstenerse de lo sacrificado a ídolos, de sangre, de ahogado y de fornicación» (Hch. 15:29), porción que corresponde a los exegetas interpretar a fondo, pero debemos hacer un par de aclaraciones necesarias: 1ª, lo de fornicación se refiere, sin duda, a la unión ilícita por haber contraído el matrimonio en grado prohibido por la ley (cf. el caso del incestuoso de Corinto en 1 Co. 5); 2ª, en cuanto a la alimentación, la norma estaba restringida en cuanto al lugar (Antioquía, para que los gentiles no «escandalizaran» sin motivo a los judíos de la misma comunidad eclesial) y en cuanto al tiempo (un determinado primer periodo de la Historia de la Iglesia). La Iglesia de Roma estimuló la práctica del ayuno y de la abstinencia, ya desde la Edad Media, como un medio de ganar mayores méritos ante Dios. Se distingue entre abstinencia, que consiste en no comer carne (se puede comer pescado), y ayuno, que consiste en tener una sola comida durante las 24 horas de un día determinado. Actualmente, la casuística jesuítica se las arregla para anular prácticamente el ayuno, aunque conservando el nombre. Mi firme convicción es que el ayuno, como toda práctica religiosa exterior, es bueno en tanto en cuanto me ayude realmente en el plano espiritual. Supongamos, p. ej., que, por mi debilidad de estómago, un ayuno prolongado me hace daño y me impide concentrarme en mis actividades intelectuales o específicamente espirituales, ¿de qué me sirve ayunar? Lo mismo digo en lo referente a abstenerse, p. ej. de beber vino, cuando el vino puede tener incluso alguna virtud medicinal para las enfermedades del estómago, como consta por 1 Ti. 5:23. Y entre los requisitos que Pablo enumera hablando de los líderes espirituales de las congregaciones, el Apóstol no dice que no beba vino, sino que no sea dado al vino (1 Ti. 3:3). Para todo es necesario que el creyente ejercite la moderación = el dominio propio (gr. *enkráteia*), que se menciona en Gá. 5:23 y 2 P. 1:6.

ABSOLUTO Del latín *absolutus* = acabado, terminado, perfecto. Significa aquello que es por sí mismo, lo separado de, o independiente de otra cosa, que excluye toda. Lo incondicionado, lo ilimitado, sin restricción alguna, lo independiente, lo perfecto.

Dios es el absoluto simple y puro, el Principio, la Causa, el Ser, el Uno, que en teología se denomina como el «totalmente otro», a quien se reconoce, se adora y se obedece.

En su sentido moderno, este concepto tiene sus orígenes en la filosofía de Spinoza* y Kant*, y fue ampliamente desarrollado por el idealismo alemán. Ocupa un papel de suma importancia en el pensamiento filosófico de Fichte, Schelling y Hegel*.

En religión describe la última realidad como eternamente perfecta, por encima de las vicisitudes del tiempo y el espacio.

ABSTRACCIÓN Este término significa en general centrar la atención en una cosa sin preocuparse de todas las demás que están con ella. De ahí que «abstraer» es, en lógica, algo así como extraer del ente una característica que le es propia. Voy a explicar, lo más claro posible, todo el proceso de la abstracción, asunto que conecta con los problemas más importantes de la metafísica y de la lógica. P. ej. Desde mi oficina estoy viendo un árbol que está en el jardín. Está ahí (el *da-sein* = estar ahí de Heidegger*) y su *estar ahí* no depende de que yo lo vea; en otras palabras, el ser no está subordinado al pensar (como piensan los idealistas) (cf. *Idealismo*), sino, al contrario, el pensar está subordinado al ser (cf. *Realismo*). Por eso, la 1ª abstracción de nuestro entendimiento se produce con la percepción de (p. ej.) ese árbol que está ahí. Por el mero hecho de verlo, su imagen queda impresa en mi mente y, por una 1ª abstracción mental, adquiero un concepto global de su esencia. Pero, ¿quién me ha dicho que eso es un árbol y no un caballo? Lo sé a posteriori, por experiencia, porque lo estudié en Botánica o me lo dijeron personas fiables. Una vez que he abstraído el *quid* = qué es (cf. *Quiddidad*) de eso que veo ahí en el jardín, mi mente realiza una 2ª abstracción: el árbol es un ciprés, porque tiene las mismas características esenciales que otro árbol que vi hace algún tiempo en un cementerio: es tal como el otro; he abstraído, pues, ahora, su talidad, como se dice modernamente. Me paro ahora a reflexionar y mi mente realiza una 3ª abstracción: todos los cipreses, por muy numerosos que sean, son uno en cuanto al concepto de ciprés que se formó en mi mente; ya hemos entrado en el debatido campo de los universales (cf. *Universal*). Sin embargo, ahondando en mi reflexión, me percato de que ese ciprés, como cualquier otro ser que existe (ente) es un algo distinto de todo lo demás. Los filósofos medievales lo llamaron un *áliquid* = *aliud quid*, es decir, uno de los cinco trascendentales, llamados así porque están por encima (trascienden) de todos los géneros, incluso en su más alta división de sustancia y accidente. Así que, mediante una 4ª abstracción, hemos llegado tan alto que, en el nuevo concepto del ser (trascendental), incluimos a Dios mismo, porque, aun siendo un Ser infinitamente distinto de los seres creados, no deja de ser un ente (un ser que existe), porque lo contrario del ser no es un ser inferior, sino el no ser, es decir, la nada.

ABSTRACTO Este vocablo, en el lenguaje vulgar, suele significar lo difícil de entender, lo enrevesado o lo incompatible con la realidad concreta*. Pero, en filosofía, como ya hemos visto en abstracción, es algo muy noble, por cuanto mediante la abstracción ascendemos incluso al conocimiento de Dios, el más concreto de los seres. De esta manera, resulta que lo metafísicamente abstracto, a pesar de ser cognoscible únicamente mediante el raciocinio humano, es lo más real que existe, lo cual responsabiliza al ser humano en el núcleo mismo de su ser.

ABSURDO Sea cual sea la etimología de esta palabra, absurdo, en lógica, es lo que va contra la razón por intentar unir en una proposición gramatical dos términos incompatibles entre sí. P. ej. un círculo cuadrado, ya que las respectivas definiciones de círculo y de cuadrado se contraponen. En efecto, para ser cuadrado, un círculo tendría que dejar de ser círculo y pasar a ser cuadrado, no puede ser las dos cosas a un mismo tiempo; es, como suele decirse, «un imposible metafísico». Tanto es así, que escapa de la omnipotencia de Dios (cf. *Dios, Omnipotencia de*), no por falta de poder en Dios, sino por ir directamente contra la noción de «ser», al oponerla a un «contra-ser». Si Dios hiciera eso, iría contra el propio «ser», dentro de cuya trascendencia está Él mismo; es decir, se destruiría a sí mismo, lo cual es otro absurdo, dado que Dios es el «Ser necesario». El vocablo absurdo ha tomado una connotación diferente desde Sartre (cf. J. P. Sartre y Existencialismo). Por lo enrevesado de su raciocinio, es difícil saber lo que quiere decir Sartre cuando afirma que «el ser es un puro hecho, sin causa ni razón y, por tanto, absurdo». Admitimos que el ente (el ser existente) es contingente (cf. Contingente) y que, en buena metafísica, podemos decir que eso no implica necesariamente el haber sido creado; podría haber estado siempre ahí. Pero eso no le interesa a Sartre; más aún, por ser absurdo, Sartre concluye que está de sobra. Dice así, en un párrafo de *La Náusea*: «De sobra, el castaño, ahí ante mí. Y yo, abúlico, débil, obsceno, dirigiendo, acariciando melancólicos pensamientos, yo también estaba de sobra». No podía ser menos: un egocentrismo extremo conduce a un nihilismo radical.

ACCIDENTE También este vocablo tiene, en filosofía, un significado muy diferente del que vulgarmente se le da. Su etimología, desde luego, vale tanto para el sentido vulgar como para el filosófico, pues accidente viene del latín *accíder e = ad cádere*: lo que le «cae» a uno, ya sea una teja de un alto tejado, ya sea un premio de la lotería «por casualidad» = por accidente, ya sea un bote de pintura verde sobre una pared blanca. Este último ejemplo nos lleva de la mano al significado filosófico de accidente como algo que le viene a la sustancia*. En efecto, sustancia viene del latín *substare = sub stare* = estar debajo, como soporte de lo que se le ponga encima: de lo que se le añada. Se refiere a una propiedad que no es absolutamente esencial para la existencia de un objeto. En la filosofía de Aristóteles es lo que pertenece a algo sin ser un elemento esencial suyo o derivar de su naturaleza esencial. No es constante ni necesario. Se trata de un término y un concepto muy importantes para la explicación escolástica de la doctrina de la transubstanciación*, que operó en dos planos distintos, el lógico y el ontológico.

Al hablar de lo existente en la realidad concreta, Aristóteles distinguió entre la sustancia (lo esencial de la cosa) y nueve accidentes. Hay tres de mayor importancia: cantidad, cualidad y relación, pero la cualidad se divide en cuatro pares:
Hábito y disposición.
Potencia e impotencia.
Pasión activa y pasiva.
Forma y figura.
Todos los accidentes, excepto la relación, son, por su propia naturaleza, inherentes, es decir, no meramente adheridos, como un papel que se pega en un sobre ni como una pintura con que se colorea una pared. El accidente es algo que penetra profundamente en la sustancia a la que afecta. Aclarémoslo con un ejemplo sencillo. Pedro es un chico alto, robusto, simpático; toda la persona de Pedro es afectada por estas cualidades, no una parte de él. Pero Pedro (sustancia) no es su altura, ni su robustez ni su simpatía; estos accidentes son entes distintos de su sustancia, pero, por otra parte, no pueden existir separados de Pedro (sustancia). Un paso más y llegamos al fondo metafísico del asunto: Los accidentes afectan de tal manera a la sustancia que, aunque podamos pesar la sustancia prescindiendo de los accidentes, no podemos conocerla directamente si no es a posteriori, a través de los accidentes. P. ej. le quitamos a Pedro su forma y su figura, su cantidad y su cualidad (sus accidentes) y, ¿qué queda? ¡Nada! ¡Lo hemos destruido!
En la Iglesia de Roma existe desde el año 1215 el dogma de la transubstanciación*, según el cual (supuesta base bíblica: Mr. 14:22, 24), la sustancia del pan y del vino, después de las palabras de la consagración, pronunciadas en la Misa por un sacerdote válidamente ordenado, se convierten respectivamente en el cuerpo y en la sangre de Cristo, quedando sólo los accidentes del pan y del vino. El Concilio de Trento (1545-1563), convocado principalmente para refutar las enseñanzas de los Reformadores, a los que comenzó a llamar Innovadores, definió el dogma de la transubstanciación con mayor fuerza y pormenorizando los términos para atacar en detalle la forma característica de expresarse de cada uno de los principales Reformadores, en concreto, de Lutero*, Calvino* y Zuinglio*. Mediante la fórmula latina *manéntibus tántum speciébus* = quedando sólo las apariencias, los Padres del Concilio renunciaron a especificar la naturaleza metafísica de la transubstanciación.

ACCIÓN (cf. tamb. *Acto*) Este vocablo, tomado del latín *ágere* = actuar, se toma aquí en sentido filosófico y prescindiendo de la moralidad o inmoralidad de la acción. No se refiere al hecho mismo de actuar, porque la filosofía no investiga los hechos, sino los porqués. Menos aún se refiere a lo que, en las tomas de película de cine, se entiende como la voz del director cuando ordena: ¡acción! En filosofía (metafísica), acción designa primariamente el obrar del ente, pues todo ser existente tiene su peculiar modo de obrar. De donde, el proverbio latino *ágere séquitur esse* = el obrar sigue al ser, no en una secuencia de tiempo, sino en el sentido de que cada ente obra de acuerdo con la naturaleza que posee; una persona humana actúa como tal, no como un caballo; un caballo actúa como corresponde a la naturaleza del caballo, no como un perro; p. ej. relincha, pero no ladra. En 2º lugar, la filosofía (metafísica) distingue entre la acción transeúnte y la acción inmanente. La 1ª, del latín *transire* = pasar, indica que el agente «pasa a otro lado», es decir, actúa sobre otro agente; p. ej. un carpintero trabaja la madera para hacer una silla, una mesa o cualquier otro mueble. La 2ª, del latín *inmanére* (*manére in* = quedar dentro), indica que el agente actúa sobre sí mismo; p. ej. el crecimiento de una planta. En metafísica, esta inmanencia explica por qué los conceptos* elaborados por nuestra mente quedan dentro de ella. Esto es de primerísima importancia para resolver el problema que plantea el conocimiento*. En efecto, nuestros conceptos son universales (recuérdese lo dicho en la abstracción); al decir árbol, mi mente no tiene en cuenta un árbol individual, sino la idea de árbol. Pero fuera de mi mente, ningún árbol existe como universal*, sino como este árbol en su existencia concreta, singular. ¿Cómo es, entonces, posible que yo pueda conocer un singular mediante un universal? Es menester «tender un puente» que una ambos extremos; ese «puente» lo constituye la especie inteligible producida por nuestro entendimiento mediante una abstracción.

ACCIÓN AD EXTRA Se dice de las acciones que la Trinidad* realiza fuera del círculo trinitario, como la creación del universo, la revelación, la salvación de los seres humanos.

ACCIÓN AD INTRA Se dice de las acciones intratrinitarias, dentro del círculo trinitario, como la generación del Hijo y la espiración del Espíritu Santo.

ACCIÓN APROPIADA Acción atribuida a una de las personas divinas, aunque sea realizada juntamente por las tres, debido a una afinidad con las propiedades de aquella persona. Así, se atribuye al Padre la creación, al Hijo la redención y al Espíritu Santo la santificación.

ACCIÓN PROPIA Acción específica de una persona determinada, como la encarnación del Hijo o la venida del Espíritu Santo sobre María en el momento de la concepción de Jesús.

ACEPTACIÓN Del latín *acceptatio* = aprobación, acogida. Se refiere a la actitud aprobatoria de Dios que acoge a los que se acercan a Él mediante los requerimientos debidos. Muchas religiones presentan la divinidad como una fuerza hostil que es necesario aplacar mediante sacrificios y ofrendas. En el NT, la aceptación es enteramente una obra de la buena voluntad divina, por la que Dios acepta a todos los que creen en Jesucristo (Ef. 1:6). Esta aceptación ni se merece ni se conquista, es un regalo de gracia mediante la fe. Una desviación de esta doctrina es la enseñanza que hace depender la aceptación de la observancia de un código moral o de la creencia en un conjunto de doctrinas concretas.

ACIDIA Del latín *akedia*, negligencia, pereza, contra la que la Biblia y los autores de la antigüedad amonestan con frecuencia (Pr. 6:6; 10:26; 13:4; 19:15; 20:4; 26:26; Ec. 10:18; Ro. 12:11; He. 6:12).

ACLAMACIÓN Del latín *acclamatio*. Expresión de aplauso, participación y asentimiento por parte de la asamblea cristiana. En la liturgia catolicorromana las principales aclamaciones son Amén; Aleluya; Gloria; Hosanna; Santo; Señor, ten piedad; Demos gracias a Dios; Gloria a ti, Señor. Costumbre que ha sido retomada por las comunidades carismáticas dentro del protestantismo. Expresiones de aclamación han sido muy frecuentes en los tiempos de avivamiento*.

Bib. William Gary, *Alabanza y clamor a Dios* (Las Américas, Puebla 1995); Ernest B. Gentile, *Adora a Dios* (CLIE, Terrassa 2000).

ACÓLITO Con este nombre se designa muchas veces, en la Iglesia de Roma, al monaguillo que ayuda al sacerdote en la Misa o en otras funciones litúrgicas (entierros, bautizos, casamientos, etc.). Pero técnicamente acólito es el clérigo* cuyo oficio era servir al altar (cf. *Órdenes ma-*

yores y menores). Digo *era*, porque las órdenes menores que los obispos confieren en determinadas épocas del año no pasan de ser hoy en día una ceremonia que no confiere ningún poder espiritual especial.

ACOMODACIÓN Este vocablo designa en teología una característica de la literatura bíblica, por la cual un escritor sagrado tiene libertad, a fin de comunicar mejor su mensaje, de ajustar (latín *accommodáre*) su lenguaje a la capacidad de sus lectores, sin comprometer por ello la verdad bíblica que quiere transmitir. En el caso del escritor sagrado sabemos, por principio (ya que escribe bajo la moción del E. Santo, cf. 2 P. 1:21), que usa rectamente dicha licencia literaria, tanto cuando se refiere a Dios mediante antropomorfismos* como cuando presenta una imagen del universo en consonancia con las creencias populares; p. ej. al hablar de la salida y puesta del sol, de la bóveda celeste, de las aguas de arriba y las de abajo, etc. Por esta misma razón, sabemos que Pablo (cf. Gá. 4:21-31) y el autor humano de Hebreos (con mucha frecuencia) usan acomodaciones que ningún autor secular podría usar como manera bíblica de hablar. Ahora bien, si los escritores sagrados pudieron hacer uso correcto de la acomodación, mucho mayor era la libertad con la que el Señor Jesús pudo usar (y usó) la acomodación, pues, por su condición divina, llegó a decir: «Pero yo os digo», como un eco del «Así dice Jehová», expresión con la que los antiguos profetas se dirigían al pueblo de Israel de parte de Dios.

Otra cosa muy distinta es la libertad que se toman muchos predicadores para acomodar a su gusto y capricho expresiones, y aun porciones enteras de la Biblia, de un modo que no tiene base alguna en el texto sagrado y sólo sirve para sembrar la confusión en los oyentes. Muchas son las acomodaciones caprichosas de las Escrituras que he escuchado en mi larga vida, pero voy a mencionar una que, delante de mí, pronunció un hermano, ya con el Señor, que no voy a nombrar: Estaba predicando sobre 2 R. 6:1-6 y dijo que el hierro del hacha que se cayó al agua era símbolo del E. Santo y, por eso, aquel siervo de Eliseo no pudo trabajar como era conveniente, ¡se había quedado solamente con el palo de madera de su propia insuficiencia! FL

En interpretación bíblica, la teoría de la acomodación se usa para designar la adaptación de la revelación de Dios a la capacidad y limitaciones de sus receptores, sin comprometer su verdad. En el siglo XVIII los teólogos racionalistas utilizaron la teoría de la acomodación hasta el punto de encontrar sus propias ideas en la Escritura, revertiendo así el proceso de la revelación. Así explicaban aspectos inaceptables a la mentalidad moderna como ejemplos de acomodación; así decían que Cristo no creía en los demonios, sino que se acomodó a la creencia de su época. La interpretación histórica actual rechaza esta teoría e intenta exponer la ideas correctas de la Escritura por sí misma, antes que someterla a un proceso de acomodación conforme a un predeterminado sistema teológico.

En la Iglesia de Roma se dio la «controversia de la acomodación», cuando en los siglos XVI y XVII, los misioneros jesuitas intentaron hacer una lectura del cristianismo según las ideas de la China y la India, que fue condenada por varios papas. AR

Bib. B. Ramm, *La revelación especial y la Palabra de Dios* (Aurora, Bs.As. 1967).

ACTO (cf. tamb. *Acción*) A pesar de su procedencia común, Acto y Acción no son la misma cosa. La acción tiene siempre por objeto un término exterior; p. ej. tirar una piedra. En cambio, el acto (me refiero ahora a su significación moral) engloba, junto con las acciones, los actos internos, es decir, inmanentes; p. ej. pensar. Para ver en qué forma afecta la moralidad a los actos, debemos saber que los ingredientes de la moralidad son tres: el objeto, el fin y las circunstancias. Pongamos un ejemplo. Dar limosna tiene por objeto aliviar la situación de un necesitado; de ahí tiene su moralidad primordial, con tal que el fin del sujeto que da sea conforme a su objeto; si da limosna, p. ej., a una mujer para mejor seducirla al pecado, el acto es inmoral desde su mismo arranque. El fin tiene una importancia primerísima, hasta el punto de que envuelve a la acción exterior como la forma envuelve a la materia. En el ejemplo propuesto (dar limosna al necesitado), el fin es ya un acto que precede a la acción de dar limosna, por lo que su moralidad arranca desde dentro del sujeto, tanto que basta la intención de dar limosna para ser un acto moral por sí mismo. Lo mismo ocurre con el acto inmoral; por eso dijo el Señor que el que mira a una mujer con deseo de unirse a ella ilegítimamente, ya ha adulterado con ella en su corazón. Pero, además, tanto lo moral como lo inmoral pueden acrecentar su dosis, por decirlo así, con segundas intenciones. En el ejemplo propuesto, una persona puede dar limosna por amor a Dios, con lo que su moralidad aumenta mucho más. Finalmente, las circunstancias añaden también su moralidad o inmoralidad. En el ejemplo propuesto, si yo doy limosna a un necesitado estando yo mismo en una situación económica apurada y privándome de lo necesario, esa es una circunstancia que aumenta muchísimo la moralidad de mi acción. Las circunstancias pueden aumentar la moralidad cuantitativamente; p. ej., si en lugar de dar al necesitado mil pesetas, le doy dos mil, pero también pueden aumentar cualitativamente, p. ej. si además de dar una limosna material, ayudo espiritualmente al necesitado por algún medio que le facilita alcanzar la salvación (si es inconverso) o una mayor edificación espiritual. Igualmente, unirse sexualmente a una mujer casada es una circunstancia que cambia de especie, es decir, aumenta la inmoralidad del acto cualitativamente, con lo que el acto pasa de ser fornicación a ser adulterio.

En metafísica, ya desde Aristóteles*, acto y potencia son los dos elementos que constituyen al ente finito, es decir, limitado en su participación del ser. El acto, de por sí, es una realidad última en su género, que da sentido y valor a su potencia respectiva. Pongamos un ejemplo sacado de la existencia concreta: Un niño puede tener capacidad especial para llegar a ser un buen pianista: está en potencia de ser pianista. Si se dedica con empeño a estudiar piano según su capacidad estará en acto en cuanto a su potencia de ser pianista. Ahora bien, dado que el ser es la base de toda realidad, como potencia trascendental de todo ente, un ser que incluya en su esencia el existir, siendo por tanto un ser necesario, no contingente, carecerá de toda potencia pasiva, siendo por sí mismo el Acto puro. Ese Ser único es Dios, el Ser subsistente por sí mismo. En cambio, el ser limitado es, por eso mismo, un acto recibido, pues está limitado por la propia potencia receptiva del sujeto. P. ej. la existencia de un ser humano es un acto limitado por ser su esencia una potencia limitada en la escala del ser. Y lo mismo ocurre con los demás actos que dan realidad a sus diferentes capacidades o potencias; p. ej. un ser humano, por el hecho de ser limitado, no puede ser omnisciente, pues demostraría en su ser una infinitud que no tiene.

ADÁN La transliteración del vocablo hebreo correspondiente es *Adám* y pertenece a una familia de vocablos que tienen que ver con el color rojizo, como son *adamáh* = tierra rojiza, es decir, arcilla (cf. Gn. 2:7), *dam* =sangre, y *Edóm* = rojo, sobrenombre impuesto a Esaú (y a su descendencia globalmente) por el guiso rojo (cf. Gn. 25:30) a cambio del cual cedió a su hermano el derecho de primogenitura. El vocablo hebr. Adám se halla unas 560 veces en el AT hebreo. Desde su 1ª ocurrencia (Gn. 1:26), incluye tanto al varón como a la mujer, igual que el gr. *ánthropos*. Designa, pues, al ser humano como tal, lo cual siempre ha de tenerse en cuenta a la hora de interpretar un pasaje bíblico. Sin embargo, en algunas porciones que no podemos detallar aquí (p. ej. Gn. 3), Adán designa al varón y, en esta forma pasa al NT (cf. p. ej. Ro. 5:12 ss.; 1 Ti. 2:13-14). Esto tiene peculiar importancia cuando, en el NT, Pablo se refiere (cf. 1 Co. 15:45) al Señor como el postrer Adán, en contraste con el primer hombre Adán. Las consecuencias teológicas de este contraste son enormes y nos limitaremos aquí a señalar sumariamente lo que se desprende de Ro. 5:12 ss. Por ese hombre (Adán) entró el pecado en el mundo y todos sus descendientes (excepto Cristo en cuanto hombre) hemos pecado como él (en cuanto personas individuales) y en él (como cabeza física y federal de la humanidad que de él desciende). Eso lo demuestra Pablo diciendo (vv. 13-14) que tanto el pecado como la muerte reinaron antes que hubiese una ley positiva que castiga el pecado con la muerte. Como antitipo de Adán, Cristo es también nuestra cabeza (cf. Ro. 5:14-21). Pero la comparación de Cristo con Adán incluye más diferencias que semejanzas: El pecado de Adán nos trajo a sus descendientes la muerte y la condenación: nos constituyó pecadores. En cambio, la justicia de Cristo nos obtuvo la abundancia de la gracia y del don de la justicia: nos constituyó justos, teniendo bien en cuenta dos cosas respecto al verbo gr. *kathístemi* = constituir: 1ª, en ambos casos, no significa «hacer interiormente», ya sea pecadores, ya sea justos, sino «presentar como en una plataforma» frente al juez, a los de Adán como reos, y a los de Cristo como inocentes. Esto se entiende mejor cuando se compara este lugar con 2 Co. 5:21, donde se ve el efecto de la transacción: El que no cometió pecado tomó en sus hombros nuestros pecados, para que quienes cometemos pecados pudiéramos tener sobre nosotros la justicia (justicia imputada) del Señor.

2ª. En el reino del pecado y de la muerte ya estábamos en el momento de venir a este mundo; por eso, el verbo está en aoristo pasivo (*katestáthesan*), mientras que en el reino de la vida y de la justicia no entramos automáticamente, sino sólo recibiendo por fe tales dones; por eso, el verbo está en futuro pasivo (*katastathésontai*). Dejamos otros detalles para los exegetas.

ADMINISTRACIÓN (cf. *Asistencia, Dones del E. Santo*)

ADIAFORA Del griego *adiaphoros* = indiferente. Este concepto fue especialmente relevante en la Reforma debido a su creencia en la autoridad de la Biblia sola en doctrinas y práctica, a la hora de enfrentarse a aquello que no estaba positivamente mandado ni positivamente prohibido. Por lo general, luteranos y anglicanos enseñan que lo que no está directamente condenado por la Biblia es permisible, dando lugar a un amplio margen de libertad en cosas no esenciales; los calvinistas, sin embargo, son de la opinión contraria: todo lo que no esté enseñado explícitamente en la Escritura queda automáticamente excluido de la fe y prácticas cristianas. Así, en el siglo XVII, las «controversias adiafóricas» tuvieron por protagonistas a los puritanos enemigos de concesiones dudosas, contra los más permisivos luteranos. Richard Baxter* medió en la disputa llamando a todos al viejo principio de «en lo esencial unidad, en lo indiferente libertad y en todo caridad».
El debate continúa en la actualidad en aquellas iglesias mas literalistas, que cuestionan todo lo que no está positivamente ordenado en las Escrituras, por ejemplo, cuerpos misioneros, escuelas dominicales en las iglesias, la copa o copas a utilizar en la Santa Cena, la decoración de los lugares de culto, el uso de instrumentos musicales, etc., dando lugar a amargas y culpables divisiones.
El nombre de *adiaforitas* se aplicó a Melanchton y sus seguidores que estaban dispuestos, por amor a la unidad luteranorromana, a aceptar el credo propuesto por el emperador Carlos V en 1548, que incluía ciertos ritos como la misa latina, el uso de velas, la observancia del ayuno y otras costumbres medievales rechazadas por Lutero. La controversia se prolongó hasta la Fórmula de Concordia (1577) en el que se adoptó el punto de vista más estricto. AR

ADIVINACIÓN Del latín *divinatio*, derivado de *divinus* = inspirado, profético. Se refiere al arte de adivinar y predecir el futuro y como tal es un fenómeno común a todas las culturas y religiones primitivas, que han desarrollado múltiples y diversas maneras de adivinación.
En Babilonia y Asiria miles de presagios eran recogidos y catalogados en tablillas de arcilla por los adivinos, quienes realizaban una función vital en la sociedad, ya que se exigía un presagio favorable antes de que pudiera tener lugar casi cualquier actividad pública o privada. En el primer milenio antes de Cristo fueron muy importantes los presagios astrológicos (cf. *Astrología*), especialmente para los reyes asirios. Los romanos tendían fuertemente a la adivinación, dada su creencia de que las divinidades podían comunicarse con ellos inscribiendo en la naturaleza un mensaje para ser descifrado (*auspicium*), o prodigios (*prodigia*) para mostrar su cólera. La adivinación desempeñaba un papel central en la sociedad, la política y la religión romanas, porque las actividades y decisiones públicas más importantes no se podían tomar sin pedir antes consejo y requerir determinadas señales de las divinidades, cuya interpretación estaba a cargo de los sacerdotes (*magistrados*) pertenecientes al colegio de los augures. En la Biblia se prohíbe la adivinación como incompatible con el conocimiento del único Dios verdadero, que guía a su pueblo por la Palabra de la ley de los profetas. El NT y los escritores de los primeros siglos consideraron todo tipo de adivinación como inspirada por los demonios y como una imitación diabólica de la auténtica profecía. AR

ADOPCIÓN Del latín *adoptio*, griego *huiothesia*, recibir como hijo al que no lo es naturalmente. En Pablo se convierte en una pieza constitutiva de su pensamiento teológico.
En el AT no existe este término, porque, por una parte, no figuraba en la Ley. Los casos que menciona la Biblia (p. ej. Gn. 15:1-4; Éx. 2:10; 1 R. 11:20; Est. 2:7, 15) tienen como fondo culturas diferentes de la de Israel. Por otra parte, Israel, como pueblo, tenía conciencia de haber sido elegido por Jehová como su *hijo* (cf. Is. 1:2; Jer. 3:19; Os. 11:1, citado en Mt. 2:15). Los pueblos idólatras, circunvecinos de Israel, creían en unos dioses que tenían prole humana, pero como los israelitas no creían en tal mito, era forzoso que hablasen de su relación con Dios como de una «adopción» especial, única.
En el NT, el término «adopción» (gr. *huiothesía*) es un vocablo exclusivamente paulino y sólo se encuentra en Ro. 8:15, 23; 9:4; Gá. 4:5 y Ef. 1:5. Por el contrario, Juan (cf. Jn. 1:13; 1 Jn. 3:1-2, 9; 4:7; 5:1) y Pedro (cf. 1 P. 1:17, 23; 2:2; 2 P. 1:4) hablan en términos de *generación*, mediante una comunicación espiritual y moral de la naturaleza

divina, lo cual nada tiene que ver con el mito de las culturas paganas. Lo que movió a Pablo a expresarse en términos de adopción fue, sin duda, su mayor contacto con el mundo romano, en el cual la adopción legal comportaba derechos y deberes similares a los hijos propios de la familia. Esta adopción tenía como signo externo la toga *virilis* con la que se vestía a los hijos de familias acomodadas, en señal de que habían llegado a la edad adulta, algo parecido a la *puesta de largo* o presentación en sociedad en nuestros días. No carece de importancia teológica este detalle, porque, aun cuando el cristiano ya es «hijo de Dios» en el momento en que acepta por fe a Cristo como su Salvador personal, su adopción por Dios representa el momento en que adquiere plena conciencia de su status de hijo y, por tanto, de «heredero de Dios y coheredero con Cristo» (Ro. 8:14-17. Respecto a este último v., debo aclarar que el si es que de nuestra RV60 –si empero de RV09– debe leerse puesto que. cf. NBE). En efecto, un bebé, hijo único de su padre, es, desde su nacimiento, heredero universal de sus bienes, pero sólo cuando llega a tener pleno uso de razón, adquiere conciencia de ello y se responsabiliza, tanto en cuanto a los derechos como en cuanto a las obligaciones que ello comporta. La herencia mencionada ocurre también explícitamente en Col. 3:24 y 1 P. 1:4.

ADOPCIANISMO Esta herejía apareció en la España visigoda, a fines del siglo VIII, bajo la dominación árabe, que enseñaba que Cristo, en cuanto hombre, no es hijo verdadero de Dios, sino adoptivo. Esta doctrina fue condenada en los concilios de Ratisbona (792) y Frankfurt (794).

El papa León III creía que procedía del contacto con los mahometanos y también del arrianismo, del que la Iglesia española abjuró oficialmente en el tercer Concilio de Toledo (589), a raíz de la conversión del rey visigodo Recaredo al catolicismo. Elipando, arzobispo mozárabe de Toledo, fue uno de sus principales expositores, apoyado después por Félix, obispo de Urgel. Éste enseñó que el Logos, el verdadero Hijo de Dios eterno, había adoptado la humanidad en la naturaleza, no en la persona de Cristo. El monje asturiano Beato de Liébana fue su principal opositor que se utilizó, además, como excusa, para cortar relaciones con la Iglesia bajo dominio árabe. Pronunciados los concilios francos contra Elipando, los jefes eclesiásticos del reino de Asturias se desligan de su dependencia espiritual respecto a la sede primada toledana y se produce así la desintegración de la Iglesia visigoda y la aparición de nuevas jefaturas eclesiásticas en los núcleos de resistencia.

El error de Elipando y sus seguidores se basaba, en realidad, en la falsa suposición de que la adopción puede afectar a la naturaleza (la humana de Cristo) sin afectar a la persona (tan divina como la del Padre). No se percataban de que la relación filial (hijo-padre) es, por definición, una relación personal. En otras palabras, presentando a Jesús como «hijo adoptivo» de Dios, hacían que su persona (única) dejase de ser divina por esencia. AR

ADOPCIONISMO Herejía del siglo II –no confundir con la anterior– que enseñaba que Jesús hombre fue una persona histórica, de altas virtudes morales, adoptada por el Verbo de Dios como hijo. Algunos sostenían que el Espíritu divino descendió sobre el hombre Jesús en el momento de su bautismo, otros en su nacimiento virginal, pero todos sostenían que solamente fue deificado después de su resurrección.

Sus defensores más conocidos fueron Pablo de Samosata, Teodoto de Mopsuestia y Nestorio. Todos estos autores intentaban explicar el misterio de las dos naturalezas de Cristo a los paganos interesados por el cristianismo. Fracasaba al no reconocer la unidad esencial de la persona de Cristo Dios y hombre. AR

ADORACIÓN Del latín *adoratio*, *ad os*, que es el gesto de llevar las manos a los labios y después volverlas hacia el objeto sagrado en señal de devoción y estima. Entre las diversas actitudes religiosas es la que expresa de modo más evidente la total dependencia divina del hombre. Equivale al griego *latreia*, con que se expresa la adoración o culto que se debe sólo a Dios. La otra palabra griega para adoración, *prokinesis*, hace referencia a la postura arrodillada del adorador (Mt. 4:10).

Mientras que las Iglesias católica y ortodoxa aceptan la *prokinesis* o veneración de las imágenes e iconos –reservando la *latría* para el culto tributado a Dios, el protestantismo la rechaza en absoluto, en base a Éx. 20 que prohíbe inclinarse ante las imágenes.

En su sentido bíblico-teológico, adoración es el sentimiento de asombro, y aun pavor, suscitado por lo numinoso, lo trascendente, lo milagroso. La respuesta humana varía según la condición espiritual de la persona, como se muestra por los casos en que los milagros de Jesús fueron presenciados por amigos, por enemigos o por indiferentes. El conocimiento de Dios y la comunión espiritual con Él invita espontáneamente a la adoración, que se expresa exteriormente mediante la postración en tierra, sin excluir cualquier otra postura que más ayude al elemento primordial de la adoración. Cuanto más profundo sea el conocimiento escritural y experimental de Dios, tanto más profunda e inteligente será la adoración del cristiano.

Pero la adoración no se limita a un sentimiento de admiración y reverencia, sino que incluye necesariamente el servicio: servicio propio de un esclavo frente a su Amo.

En el AT tenemos la figura del siervo de Jehová (hebr. *ébed-YHWH*). La raíz hebr. se hace patente en el ptc. act. *obéd* que, como nombre propio, fue impuesto al hijo de Booz y Rut (cf. Rt. 4:17). El siervo de Jehová, por excelencia, es el propio Señor Jesús, como aparece especialmente en Isaías. En Fil. 2:5 ss. Pablo lo presenta tomando la forma de siervo (gr. *doúlou* = esclavo, v. 7) para cumplir la voluntad del Padre. En el NT, para expresar exteriormente la adoración, tenemos el vb. gr. *proskunéo* = arrodillarse, postrarse en tierra (a veces, precedido del vb. *pípto* = caer). Hay, además, dos familias de palabras gr. que comportan el significado de servicio anejo a la adoración: *latréia*, *latréuo* (comp. Ro. 12:1 con Ap. 22:3) y *leitourguía, leitourguéo, leitourgós*, etc. que, a la nota de servicio cultual, añaden la de ministerio (cf. Hch. 13:2). Objeto de adoración es únicamente, de acuerdo con la Biblia, Dios mismo en su Trina Deidad y en la persona de Jesús, el Verbo de Dios hecho hombre.

Bib. James W. Bartley, *La adoración que agrada al Altísimo* (EMH, El Paso 1999); Alan Brown, *Adoración, la joya perdida* (Ed. Las Américas, Puebla 1998); Miguel Angel Darino, *Adoración, la primera prioridad* (EMH, El Paso 1992); James T. Draper, *Dónde comienza la verdadera adoración* (EMH, El Paso 1999); E. B. Gentile, *Adora a Dios* (CLIE, Terrassa 2000), Ralph Martin, *La teología de la adoración* (Vida, Miami 1993); E. G. Nelson, *Que mi pueblo adore* (CBP, El Paso 1992); R. Otto, *Lo santo* (Guadarrama, Madrid 1979, 3ª ed.); A. Ropero, *La renovación de la fe* (CLIE, 1996); Bob Sorge, *Exploración de la adoración* (Vida, Miami 1994); A. W. Tozer, *¿Qué le ha sucedido a la adoración?* (CLIE, 1990).

ADULTERIO (cf. tamb. *Fornicación, Divorcio, Matrimonio*) En las Escrituras, tanto del AT como del NT, el vocablo adulterio puede referirse a dos cosas distintas: 1º al acto sexual con la mujer del prójimo; en este sentido, distinto de la fornicación, figura p. ej. en Éx. 20:14; Lv. 18:20; Dt. 5:18; Jn. 8:4; 1 Co. 6:9. El acto estaba penado con la muerte por apedreamiento (cf. Lv. 20:10; Jn. 8:5). En Dt. 22:22-27, se dan normas detalladas para saber cómo actuar en diferentes situaciones. 2º, en otros casos, el vocablo adulterio tiene sentido espiritual. Abundan las porciones en el AT, donde Israel aparece como desposada con Jehová y cometiendo adulterio al ir tras otros dioses. En el NT destaca singularmente Stg. 4:4 que, según el original, comienza con ¡Adúlteras! (gr. *moijalídes*). El gén. fem. y el pl. indican que Stg. se dirige globalmente a un grupo, que no puede ser otro que las doce tribus que están en la dispersión (1:1) y, por tanto, en peligro de contaminarse con la idolatría del ambiente.

ADVENTISTAS Del latín *adventus*, venida. Nombre aplicado a los seguidores de William Miller (1782-1849), pastor bautista, que en 1831 comenzó a predicar que el milenio había de seguir y no preceder al fin del mundo y ocurriría hacia 1843. Al transcurrir la fecha fijada: 22 octubre 1844, sin cumplirse la profecía, muchos milleristas abandonaron su fe. Cierto grupo de los que permanecieron fieles se reunieron en una conferencia general en Albany (Nueva York), en abril de 1845, reafirmando su creencia en que la venida personal de Cristo se hallaba próxima, que los muertos, tanto justos como injusto, resucitarían entonces y que el milenio seguiría a la resurrección de los santos. Constituyen la rama más antigua de los adventistas y se conocen con el nombre de adventistas evangélicos.

De las seis ramas de adventistas que existen en la actualidad, la Adventistas del Séptimo Día es la más numerosa y extendida. Organizada en 1863, explicaron que en 1844 había tenido lugar un cambio espiritual en los cielos, teoría acogida y ampliada por los testigos de Jehová*. Los adventistas del séptimo día creen que el alma es mortal y que, por tanto, los muertos permanecen inconscientes hasta el día de la resurrección, que la vida eterna se consigue solamente como un don de Dios por la fe en Cristo, observan el *Sabbath* o Sábado como día de reposo y practican el bautismo de adultos por inmersión. Insisten en ser reconocida como una denominación realmente cristiana, incluso han llegado a someter a escrutinio las doctrinas de los fundadores del adventismo (Miller y Elena G. de White), para someterlas al juicio de las Escrituras canónicas. Son muy conocidos por su dieta especial, predominantemente vegetariana, y su proscripción del café, del té y de los licores espirituosos. AR

Bib. Teología adventista: Samuele Bacchiocchi, *Reposo divino para la inquietud humana* (Biblical Perspectives, Michigan 1988); A. Diestre Gil, *El sentido de la historia y la palabra profética*, 2 vols. (CLIE, Terrassa 1995); A. F. Vaucher, *La historia de la salvación* (Editorial Safeliz, Madrid 1988); E. G. White, *El camino a Cristo* (Pacific Press 1961); *–El conflicto de los siglos*. Pacific Press 1963, 4ª ed.); *–El deseado de todas las gentes* (Pacific Press 1968, 4ª ed.); *–Palabras de vida del gran Maestro* (Pacific Press 1971).
No adventista: D. M. Canright, D. M., *El adventismo del Séptimo Día* (CBP, El Paso 1973); A. A. Hoekema, *Adventismo del Séptimo Día* (TELL, Grand Rapids 1977); G. J. Paxton, *El zarandeo del adventismo* (CBP, El Paso 1971); W. T. Rea, *La mentira White. El fraude del Adventismo* (Editores, Zaragoza 1988).

ADVIENTO Este vocablo, del latín *adventus* = llegada, indica la estación del año litúrgico en que la Iglesia de Roma, la Iglesia Anglicana y la llamada Ortodoxia griega y rusa celebran el nacimiento del Señor (su primer adviento), en expectación orante de su segunda venida en gloria (su segundo adviento). En la Iglesia de Roma y en la comunión anglicana, el adviento comienza el domingo más próximo a la fiesta de S. Andrés (30 de noviembre). En la Ortodoxia, comienza algunas semanas antes en noviembre. Durante la Edad Antigua de la Iglesia y en el Medievo, dicha celebración iba acompañada de medidas de gran austeridad (oración, ayuno, penitencias). Actualmente, la mundanización de la propia Navidad hace que el aspecto espiritual del adviento haya perdido su relevancia.

AFECTIVIDAD Capacidad de experimentar sentimientos y emociones. Muchas de las acciones humanas que a primera vista pueden parecer exclusivamente racionales, tienen en el fondo una determinante afectiva, que determina la dirección del juicio racional o intelectivo. Comprender la naturaleza y mecanismo de la afectividad ayuda a comprender las reacciones propias y ajenas, tomar decisiones, estar sanos o enfermos, e incluso interpretar un texto literario o religioso. No existen personas o hechos del todo indiferentes; todas las cosas tienen un matiz afectivo que se manifiesta a través de diversos estados de ánimo, que oscilan entre polos externos de alegría-tristeza, amor-odio, placer-dolor, esperanza-desilusión, etc. De acuerdo con su intensidad o duración, dichos estados de ánimo se definen como emociones, sentimientos, variaciones de humor. Todas estas condiciones van acompañadas de manifestaciones somáticas más o menos acentuadas y evidentes, por ejemplo, aceleración de los latidos del corazón, sudores, palidez, rubor, etc. En especial estos fenómenos permiten estudiar y conocer objetivamente los procesos de la vida afectiva. La modalidad y la intensidad de las reacciones afectivas son individuales y dependen de factores constitucionales o de experiencias del individuo.
En el campo de la filosofía, Xavier Zubiri* ha sido el exponente más riguroso y concienzudo de los factores emotivos y emocionales de la inteligencia. Tener en cuenta estos factores ayuda a liberarse del intelectualismo* que impide ver todas las fuerzas que intervienen en el campo del conocimiento. En teología supone avanzar de una interpretación meramente filológica de los textos a una hermenéutica* integral de la persona humana, que incluya la mente y el corazón, el alma y el cuerpo. AR

Bib. J. Choza, *Conciencia y afectividad* (EUNSA, Pamplona 1978); Daniel Goleman, *Inteligencia emocional* (Kairós, Barcelona 1996); A. Ropero, *Filosofía y cristianismo. Pensamiento integral e integrador* (CLIE, Terrassa 1998); X. Zubiri, *Inteligencia sentiente* (Alianza, Madrid 1980).

AFLICCIÓN (cf. *Dolor*)

ÁGAPE Este vocablo procede del gr. *ágape* = amor (de la más alta calidad, cf. p. ej. Jn. 3:16; 1 Jn. 3:1). Amor sublime, eco y reflejo del amor de benevolencia de la Trina Deidad, tanto en las relaciones intratrinitarias como en sus relaciones al exterior, especialmente a los hombres, incluso en su situación de humanidad caída (el mundo de Jn. 3:16, p. ej.). Este ágape es de tal calidad que se ejercita incluso cuando no se obtiene correspondencia por parte del objeto del amor (cf. p. ej. Ef. 5:25-27). En un grado inferior, está el amor de amistad (gr. *filía*, vocablo que sale únicamente en Stg. 4:4), propia de los amigos (gr. *filos*, vocablo que ocurre 29 veces en el NT). Este es un amor que requiere correspondencia por parte del objeto del amor, pero es todavía un amor noble, del cual el propio Señor se dignó en participar (cf. p. ej. Jn. 11:3, *hón filéis*, dicen las hermanas de Lázaro), y en el v. 11 Jesús dice nuestro amigo Lázaro (gr. *Lázaros ho filos emón*).

Quiero aclarar aquí que *fílos* = amigo no debe confundirse con *hetáiros* = compañero (el que come pan con otros). De ahí, que sea falsa toda versión que traduzca por amigo el *hetáire* con que Jesús corresponde al beso traidor de Judas (cf. Mt. 26:50). Por debajo del amor de amistad (gr. *filía*), está el *éros* griego, aunque el vocablo no aparece en el NT. Con este vocablo expresaban los griegos dos cosas: amar a quien se lo merece y amar con deseo de poseer, especialmente en sentido sexual. No puede haber mayor contraste con el ágape, amor que no tiene en cuenta los méritos ni tiene interés en poseer, sino en ser poseído. Lo erótico (cf. *Erotismo*) suele tener actualmente el sentido de perteneciente o incitante a lo sexual. Sin embargo, el amor sexual aparece dignificado en la Biblia, especialmente en el Cantar, y más *crudamente* en el Cántico Espiritual del carmelita español Juan de la Cruz. Finalmente, está el amor de concupiscencia (gr. *epithumía*), que tiene siempre mal sentido y un amplio campo de actividades, que el NT expresa en tres frentes mundanos (cf. 1 Jn. 2:16 «la concupiscencia de la carne y la concupiscencia de los ojos y la ostentación vanidosa de los bienes de este mundo». A esta *epithumía* (no a Dios, ¡ni al diablo!) atribuye Stg. 1:13-15 el origen de las tentaciones que padecemos.

Bib. Piero Coda, *El ágape como gracia y libertad, en la raíz de la teología y la praxis de los cristianos* (Ciudad Nueva, Madrid 1996).

ÁGAPE, COMIDA Comida fraternal, unida originalmente a la Cena del Señor (1 Co. 11:7-34), común en la cultura mediterránea y practicada por cultos y hermandades de todo tipo. En el cristianismo expresaba el amor, unidad y solidaridad con los necesitados, a diferencia de otras comidas celebradas en el paganismo en honor de sus patrones que fácilmente derivaban en abusos. «Nuestra cena muestra su razón de ser en el nombre mismo: se llama igual que entre los griegos amor: ágape. Cualesquiera que fuesen los gastos, provechoso es gastar a título de piedad. En efecto, con ese refrigerio ayudamos a no pocos menesterosos, no que les tratemos como a parásitos nuestros que aspiran a la gloria de subyugar su libertad a cambio de llenar el vientre en medio de las vilezas, sino porque ante Dios los pobres gozan de mayor consideración» (Tertuliano, *Apología*, XXXIX, 16). A partir del siglo II el ágape se separó de la liturgia eucarística, convertido en una cena o comida de caridad ofrecida a los necesitados, hasta que decayó en el siglo IV, combatida por las autoridades eclesiásticas. Se sabe también de la existencia de ágapes fúnebres, en especial en el norte de África (cf. Agustín, *Confesiones*), que se celebraban con motivo de los funerales o para recordar a los difuntos. Después de la Reforma los Hermanos Moravos restituyeron esta costumbre del ágape comunitario o comida fraternal que, por su inmediata influencia, fue adoptada por Juan Wesley para los primeros metodistas. AR

AGGIORNAMENTO Expresión italiana que viene a significar «puesta al día». Empleada con ocasión del concilio Vaticano II, convocado en octubre de 1962 por Juan XXIII y terminado en diciembre de 1965 bajo el pontificado de Pablo VI.

Las grandes líneas del *aggiornamento* aparecen como un intento de renovación del catolicismo*, destinado a facilitar la misión de la Iglesia católica en el mundo moderno. La envergadura de los cambios que había que introducir en las estructuras tradicionales enfrentó la Curia romana, bastión del *integrismo*, con la gran mayoría de los miembros del concilio.

Pablo VI se dedicó a encauzar el aggiornamento estructurándolo, y a promover una "Iglesia con rostro humano". La decisión de sustituir el latín litúrgico por las lenguas vulgares se inscribe en el esfuerzo de reevangelización de las masas y representa una ayuda a las iglesias del Tercer Mundo. La legitimidad del derecho sindical, la necesidad de reformas agrarias en los países subdesarrollados, la acción contra la miseria, contra el racismo, a favor de la paz, proporcionan al aggiornamento su aspecto más radical. AR

Bib. Varios, *Vaticano II. Enciclopedia conciliar* (Regina, Barcelona 1967).

AGNOSTICISMO (cf. tamb. *Ateísmo, Dios, Existencia de*) El vocablo viene del gr. *ágnostos* = no conocido, y así aparece en Hch. 17:23, en la referencia de Pablo a un Dios desconocido (gr. *Agnósto theó*), palabras que él vio sobre un altar de Atenas. El término agnosticismo fue acuñado por el naturalista inglés Thomas Huxley (1825-1895) en 1869, pero su significado filosófico y teológico es tan antiguo como ambas disciplinas. Para Huxley designa la actitud de quien se abstiene de pronunciarse sobre problemas sin resolver desde el punto de vista científico, que rebasan la experiencia. Para él la ignorancia era moralmente preferible al dogmatismo religioso o al materialismo agresivo de todo sentido de trascendencia. En esa línea de pensamiento Herbert Spencer definió la realidad última como Energía Desconocida, de la cual todo procede y evoluciona, y con la cual se puede mantener una forma de misticismo cósmico. Albert Ritschl (1889) y su escuela teológica, siguiendo a Kant*, enseñaron en esta línea que la creencia religiosa no es demostrable científicamente, sino que sólo por fe se alcanza la seguridad de su realidad práctica. En filosofía moderna ha venido a significar una *suspensión del juicio* sobre la existencia y naturaleza del Absoluto y de la divinidad, una especie de guardar silencio sobre lo innombrable.

En los escritos de Platón, Sócrates aparece alabado por el oráculo de Delfos por aquella confesión suya, tan conocida: Sólo sé que nada sé. Pero los más relevantes predecesores del agnosticismo moderno son David Hume e Immanuel Kant. En su *Crítica de la razón pura*, Kant niega la posibilidad de conocer las cosas que no son objeto directo de la experiencia sensible. Más radical todavía es la doctrina de Hume y de los demás positivistas ingleses, para quienes el mundo de lo sobrenatural no existe. Recientemente, ha llegado a su forma más radical en A. J. Ayer (1910-1989), para quien la proposición gramatical «Dios existe» carece totalmente de sentido, porque sus términos no pueden verificarse por la experiencia sensorial. Leyendo uno de sus últimos escritos (*The Central Questions of Philosophy*), saco la conclusión de que no tenía la menor idea de las verdades bíblicas sobre la Trina Deidad y la Encarnación del Hijo de Dios, pero apela al sentimentalismo, al decir que una mirada a la historia de la humanidad, lejos de ofrecernos la imagen de un Dios benévolo, más bien nos presenta la de un Dios malévolo. Lo peor es que, en ciertos círculos intelectuales ingleses, es tenido por un filósofo de 1ª magnitud por su indudable talento, digno de mejor causa. No tan radical, pero en tono parecido, aunque más discreto, era (más conocido que Ayer) Bertrand Russell.(1872-1970), uno de los fundadores de la lógica simbólica.

En Hch. 14:14-17, Pablo y Bernabé, horrorizados por la actitud de los idólatras de Listra, y abundando en la enseñanza constante del AT, presentaron al Dios vivo como creador de todo cuanto existe y revelando su existencia por el hecho mismo de hacer el bien y darnos lluvias del cielo y sazones fructíferas. De forma parecida, se expresó Pablo en su discurso en el Areópago de Atenas (Hch. 17:24 ss.). En Ro. 1:18-22, el Apóstol deja sin excusa a los que, teniendo algún conocimiento del poder y de la deidad del Creador, no le glorificaron como a Dios, ni le dieron gracias. En mi opinión, los inculpados no podían alcanzar, por las solas fuerzas de la razón natural, un conocimiento apodíctico del Dios de la Biblia, en consonancia con lo que el propio Pablo dice en 1 Co. 2:14: «pues el hombre animal (gr. *psujikós*) no acoge (es decir, no presta cabida = *u déjetai*) las cosas que son del espíritu, porque para él son locura» (versión literal. Lo de de Dios, tras espíritu, es una inclusión dudosa, a pesar de que los mejores mss. están de su parte). Bien podríamos decir que Pablo, en esos lugares, es un cristiano que filosofa con la óptica de la fe. En todo caso, la enseñanza clara de 1 Co. 2:14, implícita en otros lugares del NT, es que las cosas espirituales, el mundo de lo sobrenatural, es algo superior a las fuerzas de la razón natural, no en grado (cuantitativamente), sino de clase (cualitativamente). En otras palabras, para dar el salto de la razón a la fe (que es don de Dios, Ef. 2:8), se hace necesaria una operación del Espíritu Santo, con la que se abran e iluminen los ojos del corazón (Ef. 1:18). Sin ello, la razón filosófica y científica, cada vez más ilustrada en ambos frentes, puede defender, con mayor o menor lógica, el agnosticismo.

Bib. Julián Valverde, *El agnosticismo* (Trotta, Madrid 1996).

ÁGRAFA Del griego *a-grapha*, para referirse a lo no escrito. En teología se utiliza para indicar las palabras de Jesús no escritas en los Evangelios canónicos, transmitidas por la tradición y los apócrifos. No son auténticas palabras de Jesús, sino puras creaciones libres destinadas a servir a la forma general de las composiciones.

Bib. J. Jeremias, *Palabras desconocidas de Jesús* (Sígueme, Salamanca 1976).

AGRÍCOLA, JOHANN (1494-1566) Este teólogo alemán, nacido en Eisleben, fue uno de los primeros seguidores de Lutero, a quien sirvió después de secretario. Era de una personalidad muy compleja: inteligente, pero descuidado, tozudo y presuntuoso. Originó una importante controversia antinomiana* entre los reformadores alemanes que le enemistó con Melancton y otros teólogos de la Reforma. Respecto al sacrificio de Cristo en el Calvario y a la mejor forma de presentar a los inconversos el mensaje del Evangelio, Agrícola llegó a mantener opiniones contrarias a las de Lutero. Los dos Reformadores se enzarzaron en una agria disputa, escribiendo tratados en que cada uno de ellos atacaba los puntos de vista del otro. Lutero murió en 1546, sin llegar a reconciliarse con Agrícola.

AGRICOLA, MIGUEL Reformador finlandés. 1510-1557. Estudió en Wittenberg (1536-1539) y regresó a Finlandia con una carta de recomendación de Lutero. Tradujo el Nuevo Testamento al finlandés, que fue publicado en 1648. Renovador de la vida interior de la Iglesia en el espíritu de la Reforma.

AGUSTÍN DE CANTERBURY (se desconoce el año de su nac.; mur. a comienzos del siglo VII). Siendo prior de un monasterio benedictino en Roma, fue enviado a Inglaterra por el papa Gregorio I el Grande, con el fin de convertir al catolicismo, no sólo a los paganos, sino también al remanente celta que, casi tres siglos atrás, habían abrazado el cristianismo sin conexión alguna con Roma. Llegó a comienzos del año 597, acompañado de un grupo considerable de monjes de su misma orden. Consagrado obispo en 597 por el propio papa, fundó la sede de Canterbury, de la que fue el primer arzobispo. Murió pocos años después, tras consagrar obispos para las sedes de Londres y Rochester. En su descargo hay que decir que, según su propia confesión, marchó a Inglaterra a cumplir la misión que el papa le había encomendado, no por su gusto, sino bajo obediencia.

AGUA Del latín *aqua*. El agua es símbolo del origen del universo creado y lo es también de la vida renovada. La Palabra de Dios es comparada con el agua en cuanto vivifica y transforma la existencia humana. Así, el comienzo del Evangelio de Jesucristo coincide en Marcos con el bautismo de Jesús, pues éste es un testimonio de la obra de Dios que hace nuevas todas las cosas. «Jesucristo vino mediante agua y sangre» (1 Jn. 5:6), como la promesa de una nueva creación, que en Él comienza y se realiza: el Reino de Dios. La teología cristiana ha visto en Cristo un segundo Noé, que salva a la humanidad en el arca del cuerpo, que es la Iglesia.
En el bautismo cristiano, el simbolismo de la inmersión en el agua representa tanto la muerte como el renacimiento (Ro. 6:3-4); la extinción del mundo antiguo seguido de la reintegración en la nueva creación hecha posible por la fe en Cristo. «El agua –escribe Tertuliano– ha sido la primera sede del Espíritu divino que se cernía sobre ella. El agua es a la primera que se ordena la producción de criaturas vivas. Es el agua la primera que produce lo que tiene vida, para que no nos asombrásemos cuando un día diera a luz la vida, en el bautismo» (*De baptismo* III-V). El «hombre viejo» muere por inmersión en el agua y da nacimiento a un nuevo ser, regenerado por el Espíritu. «Cuando hundimos nuestra cabeza en el agua, como en un sepulcro, el hombre viejo se inmersiona, todo él es enterrado; cuando salimos del agua, aparece simultáneamente el hombre nuevo» (Juan Crisóstomo, *Homl, in Joh.*, XXV, 2). AR

AGUSTÍN DE HIPONA (354-430) Agustín nació el 13 de noviembre del 354 en la ciudad romana de Tagaste, el moderno Souk Ahras, en Argelia, en el norte de África. Su padre Patricio era un funcionario municipal y pagano de ideas que sólo aceptó el bautismo cristiano en su lecho de muerte, aproximadamente en el año 371; Mónica, por el contrario, era una creyente llena de virtudes y muy fervorosa que no dejaba de orar por la conversión de su esposo y de su hijo. Aunque pagano, Patricio no impidió para nada que Agustín recibiera una educación cristiana, matriculado por su madre entre los catecúmenos. Hasta los once años Agustín permaneció en Tagaste estudiando en la escuela del pueblo, completó sus estudios en Madura y Cartago. Por entonces sus preocupaciones eran el teatro, los baños y el sexo. Al cumplir 17 años ya comparte su vida con una joven de su edad. Fruto de estas relaciones será su hijo Adeodato.
La lectura del *Hortensio* de Cicerón (año 337), le produjo un efecto profundo, despertando en él un intenso amor a la sabiduría. Ese mismo año, él y su amigo Honorato, pasan a formar parte de la secta de los maniqueos, atraído por la fama de sabios que éstos se daban, alardeando de dominar y responder todas las cuestiones.
A Agustín le inquietaba el problema del origen del mal, cuyo intento de solución aparece con frecuencia en sus escritos. La pertenencia de Agustín al maniqueísmo nunca fue completa, sin reservas, pese a los nueve años pasados en sus filas. Obedecía al interés de un hombre angustiado por la verdad, y hasta en sus períodos de más fervor, había algo que no terminaba de convencerle. Quizá por eso nunca pasó de oyente (*auditor*), el grado más bajo en la jerarquía. El maniqueísmo que pretendía ser científico y racional, en el fondo no era más que un nuevo tipo de dogmatismo teosófico y como sistema religioso dejaba mucho que desear.

Escritor y poeta, consigue algunos premios en varios certámenes literarios. A los 26 años publica su primer libro: *De Pulchro et Apto* (Lo hermoso y lo adecuado), hoy perdido. En el año 383 Agustín se traslada a Roma, donde abre una escuela, en busca de fama y dinero. No muy satisfecho de la gran metrópoli acepta un puesto de profesor de retórica en Milán, residencia de la corte imperial y uno de los centros académicos más ilustres del mundo latino.

En Milán comenzó a visitar al obispo Ambrosio, atraído por su gentileza y oratoria y para complacer los deseos de su madre. Ambrosio era platónico. Según parece Platón se había puesto de moda en los círculos católicos a través de las interpretaciones particulares de Plotino y Porfirio. Los sermones de Ambrosio contribuyeron a presentarle el cristianismo a una nueva luz intelectualmente respetable, que fueron respondiendo al apremiante del origen del mal y la responsabilidad humana en él. Aún le quedaba una objeción específica al cristianismo propia de un hombre dedicado a las letras y la retórica, el estilo era poco elegante y bárbaro de las Escrituras. Aquí otra vez Ambrosio, elegante y dueño de la palabra, mostró a Agustín cómo la exégesis cristiana, de corte alegorista (cf. *Alegoría*), podía dar vida y significado a los textos sagrados. Ambrosio, pues, contribuyó a despejar sus problemas puramente intelectuales con el cristianismo.

Finalmente, mediante la lectura de las Escrituras Sagradas, la luz penetró su mente y tuvo la certeza de que Jesucristo era el único camino a la verdad y la salvación.

En el jardín de la casa de un amigo, angustiado por los temas espirituales, escuchó como si una voz del cielo en boca de niño o niña le dijera: «Toma y lee, toma y lee». Cogió las cartas de Pablo, las abrió al azar y leyó estas palabras: «No en glotonerías y borracheras, no en lechos y disoluciones, no en pendencias y envidia: Mas vestíos del Señor Jesucristo, y no hagáis caso de la carne en sus deseos» (Ro. 13:13-14). No quiso seguir leyendo, tampoco era necesario, «porque después de leer esta sentencia, como si me hubiera infundido en el corazón un rayo de luz clarísima, se disiparon enteramente todas las tinieblas de mis dudas» (*Confesiones* VIII, 13).

Durante cuarenta días se preparó para recibir el bautismo de manos de Ambrosio, el sábado de Pascua, en la noche del 24 al 25 de abril de 387. Con él se bautizaron su hijo Adeodato y su amigo Alipio. «Fuimos bautizados y huyó de nosotros toda preocupación de la vida pasada» (*Conf.* IX, 6). La atracción de Roma, el afán de riqueza y las glorias del mundo académico quedaron atrás, igual que el matrimonio de conveniencias que su madre le había preparado.

Entonces decide regresar a Tagaste, donde todavía tenía una pequeña propiedad en la que poder vivir retirado junto a su madres y sus amigos, dedicado a la oración y al estudio de la Escritura. Un día que se encontraba en Hipona (actual Annaba, Argelia), donde había acudido llamado por un amigo cuya salvación estaba en juego, la gente del pueblo irrumpió en la iglesia en la que se encontraba orando solicitando al obispo Valerio, que le nombrara presbítero. «Lo arrebataron y, como ocurre en tantos casos, lo presentaron a Valerio para que lo ordenasen, según lo exigían con clamor unánime y grandes deseos todos, mientras él lloraba copiosamente» (Posidio, *Vida de Agustín*, 4. *Obras de San Agustín*, t. I. BAC, Madrid 1946).

Fue ordenado presbítero el año 391, pero en línea de continuidad con su vida religiosa dedicada a la meditación pide tiempo para mejorar sus estudios bíblicos y solicita tener monjes amigos junto a sí. Valerio accede y le deja un jardín donde Agustín forma un monasterio.

El 8 de octubre del año 393 participó en el Concilio general de África, presidido por Aurelio, obispo de Cartago; a petición de los obispos se comprometió a entregar un discurso que, en su forma completa, se publicó el tratado *De Fide et Symbolo*. En el 395, será consagrado obispo de la ciudad de Hipona a los 42 años de edad. Viaja, lee, escribe. Hacia el año 398 aparecen las *Confesiones*, dos años después comienza el *Tratado sobre la Trinidad*, en el 413 inicia la *Ciudad de Dios*. Se enfrenta también en una polémica seria con Donato y los donatistas. Pero las controversias sólo fueron una ocupación secundaria –necesaria porque amenazaban la unidad de la congregación– en relación a la más importante de ella, la adoración divina y la predicación de la Palabra de Dios.

Predicó con frecuencia, a veces durante cinco días consecutivamente, sus sermones respiran un espíritu de caridad que conquistaba los corazones. «Predicaba la palabra de salvación con más entusiasmo, fervor y autoridad; no sólo en una región, sino dondequiera que le rogasen, acudía pronta y alegremente, con provecho y crecimiento de la Iglesia» (Posidio, *Vida*, 9).

Como obispo asistió a los concilios de Cartago en 398, 401, 407, 419 y de Mileve en 416 y 418, y junto a Aurelio de Cartago fue uno de los renovadores del catolicismo norteafricano. Murió apaciblemente a los 76 años, cuando Genserico cercaba Hipona, el 28 de agosto del año 430.

Como teólogo es príncipe de la teología, combinó el poder creativo de un Tertuliano con el genio especulativo de Orígenes. El filósofo y el teólogo se unieron en él para dotar al pensamiento cristiano de una de las canteras más fecundas e inagotables de la sabiduría cristológica.

Doctor de la gracia enriqueció a la Iglesia con su doctrina, a la vez que la hizo debatirse con los temas problemáticos del pecado original, la libre voluntad y la predestinación de los elegidos. Esto no hacía sino seguir la senda marcada por el apóstol Pablo, buscando sujetarse a ello lo más posible.

Sus obras muestran un conocimiento extenso de filosofía antigua, la poesía, y la historia, sagrada y secular. Se refiere a las personas más distinguidas de Grecia y Roma; alude a Pitágoras, Platón, Aristóteles, Plotino, el Pórfido, Cicerón, Séneca, Horacio, Virgilio, etc.

Católicos y protestantes consideran a Agustín el campeón de la verdad cristiana frente a los errores maniqueos, arrianos y pelagianos. Desarrolló el dogma niceno de la Trinidad, en oposición al triteísmo por una lado y al sabelianismo por otro. Su concepción del Filioque, que el Espíritu Santo es un don enviado por el Padre y el Hijo, le marginó de la Iglesia griega. En Cristología no aportó nada nuevo, no llegó a vivir lo suficiente como para ver los grandes conflictos cristológicos que habían de venir, que culminan en el Concilio Ecuménico de Calcedonia, celebrado veinte años después de su muerte, con la célebre fórmula: «dos naturalezas en una persona».

La Edad Media vive bajo el signo de Agustín. Místicos y escolásticos dependen de su autoridad por igual. Anselmo*, Bernardo de Claraval*, Tomás de Aquino* y Buenaventura* son sus más preclaros seguidores, hasta en lo que se apartan lo hacen tomando cuidadosa nota de lo dicho por Agustín.

Agustín adoptó la doctrina de Cipriano* de la Iglesia, y lo completó en el conflicto con los donatistas con las notas de unidad, santidad, universalidad, exclusividad, y la maternidad; relacionando la Iglesia real en el tiempo con la sucesión ininterrumpida del credo apostólico, frente a la multitud de sectas heréticas que pululaban en la época. En esta Iglesia episcopal él había encontrado la salvación al naufragio de su vida espiritual y del verdadero cristianismo; el fundamento firme para su pensamiento, la satisfacción para su corazón, y un campo inconmensurable para la amplia gama de sus poderes. No cree en la infalibilidad de la Iglesia porque está seguro de su corrección progresiva. En la controversia pelagiana Agustín afirmó la misma independencia hacia el papa Zósimo, que Cipriano antes de él había mostrado hacia el papa Esteban en la controversia sobre el bautismo herético. Sólo después que Roma condenara los errores de Pelagio, Agustín pudo declarar: «El caso es terminado, si sólo el error fuera también terminado», de donde viene la famosa frase que le atribuyen algunos apologistas catolicorromanos: *Roma locuta est, causa finita est*. Pero lo cierto es que en aquellos días no se dio que un obispo, ni siquiera de una sede apostólica, estuviera por encima de un Concilio, aunque Roma daba signos de andar en esa dirección.

Agustín fue el primero en dar una definición clara y fija del sacramento, como un signo visible de gracia invisible, que descansa sobre la ciudad divina; pero no sabe nada del número siete, que es una promulgación bastante posterior. También se manifiesta abiertamente católico en la doctrina del bautismo, aunque en la contradicción lógica con su doctrina de la predestinación. Agustín mantuvo la necesidad de bautismo para la salvación en base a Juan 3:5, deduciendo de ello el dogma terrible de la condenación eterna de todos los infantes no bautizados, aunque él redujera su condición a una mera ausencia de dicha, sin sufrimiento real, germen de la imaginación escolástica sobre el *limbus infantum* y la distinción entre pena de daño (*pena damni*) y de sentido (*pena sensus*).

En la doctrina de la comunión santa o eucaristía está en línea con sus precursores Tertuliano y Cipriano, más cerca de la doctrina calvinista que de cualquier otra teoría de una presencia espiritual y la fruición del cuerpo de Cristo y la sangre. Con toda seguridad, Agustín no puede ser contado entre los que están a favor de transubstanciación. De hecho, fue la autoridad principal de Ratramno y Berengario en su oposición a este dogma. Veneraba a María, pero nunca la llamó «Madre de Dios», ni la consideró libre del pecado original, sí del actual.

Aunque el protestantismo ve en Agustín el padre del catolicismo sacramental, reconoce en él, sin embargo, al más evangélico de todos los padres, el incuestionable Doctor de la Gracia, en cuyo sentido se convierte en el primer precursor de la Reforma. Las iglesias luteranas y reformadas alguna vez le han concedido, sin el escrúpulo, el apellido de Santo, y lo han reclamado como uno de los testimonios más cultos de la verdad y los ejemplos más asombrosos del maravilloso poder de gracia divina en la transformación de un pecador.

Es digno de notar que las doctrinas paulinas de Agustín, por las que se asemeja al protestantismo, son las más tardías y más maduras de su sistema. La controversia pelagiana, en la que Agustín desarrolló su antropología, marca la culminación de su carrera teológica y eclesiástica. Forman parte de sus últimos escritos. El paulinismo de Agustín, como historiadores y teólogos católicos admiten, nunca fue realmente asimilado por el sistema jerárquico y monástico del catolicismo, con su tendencia pelagianizante. El énfasis en la ascesis y los méritos dejaron en un segundo plano las doctrinas de la gracia, por otra parte, proclamadas en concilios y manuales de teología. El paulinismo siempre ha sido un huésped incómodo en el sistema católico jerarquizante y monástico.

Agustín es el hombre religioso por excelencia. Para él, como para Lutero*, Calvino* y tantos otros tocados por la trascendencia, el sentimiento de dependencia incondicional de Dios, y del poder todopoderoso de su gracia para cumplir con la vocación a la que se sienten llamados, descansan por la fe en el decreto eterno, inalterable de Dios al que se aferran en las horas más oscuras. El sentido del pecado no les abate, sino por el contrario, les fortalece con el sentimiento de la gracia inmerecida. «En grandes hombres, y sólo en grandes hombres, grandes contraposiciones y verdades al parecer antagonistas viven juntas. Pequeñas mentes no pueden sostenerlos.»

El sistema católico de iglesia, sacramental y sacerdotal, está en el conflicto con el cristianismo evangélico protestante de experiencia subjetiva, personal. La doctrina de regeneración universal bautismal, en particular, que presupone una llamada universal (al menos dentro de la iglesia), apenas puede, según los principios de la lógica, estar unida con la doctrina de una predestinación absoluta, que limita el decreto de salvación a una parte de los bautizados.

Pese a su calidad de Doctor de la Gracia, la doctrina de Agustín sobre la predestinación fue indirectamente condenada por el papa Inocencio X en 1653, al condenar la obra del obispo Jansenio, como la doctrina de Lutero en este mismo punto fue rechazada en la Fórmula de Concordia. Pero Agustín ha sido suficientemente el católico debido a su alta estima del principio de

San Agustín

autoridad de iglesia, que al mismo tiempo, le hacía tan libre y evangélico, preocupado como estaba no del sistema, sino de la vida de Cristo. AR

Bib. Agustín, *Obras*, 22 vols (BAC, Madrid); *La utilidad de creer. La verdadera religión. Enquiridion* (CLIE, Terrassa 2001), *Confesiones* (CLIE, Terrassa 2001).

Claudio Baseví, *San Agustín: La interpretación del Nuevo Testamento* (EUNSA, Pamplona 1978); Victorino Capánaga, *San Agustín* (BAC, Madrid 1974); Shirley J. Case, *Los forjadores del cristianismo*, vol. I (CLIE, Terrassa 1987); J. García-Junceda, *La cultura cristiana y san Agustín* (Cincel, Madrid 1986); Stanislaus J. Grabowski, *La Iglesia. Introducción a la teología de San Agustín* (EUNSA, 1976); F. van der Meer, *San Agustín, pastor de almas* (Herder, Barcelona 1964); A. Ropero, *Introducción a la filosofía*, cap. III (CLIE, 1999).

AGUSTINISMO Hasta el siglo XIII, la mayoría de los escritores eclesiásticos aceptaron y defendieron las doctrinas de Agustín, de fondo platónico. Pero a mediados del siglo XII, la traducción de las obras de Aristóteles, por mano del español musulmán Averroes*, inclinó la balanza a favor del estagirita, cuyas doctrinas fueron defendidas, en sus bases principales, por los dos mayores teólogos del siglo XII, los dominicos Alberto Magno* y Tomás de Aquino*. Por algún tiempo, gracias al franciscano inglés Juan Duns Scott, el voluntarismo de Agustín volvió a triunfar, frente al intelectualismo de los dominicos, pero, sin tardar mucho, la Iglesia de Roma, desde su sede papal, se puso de parte de Tomás de Aquino, como veremos en su lugar, y así continúa hasta el presente, con ligeras variantes, debidas a la influencia de los teólogos jesuitas.

No es fácil hacer un resumen de las doctrinas de Agustín, pero lo intentaré: En cuanto a Dios y la Trinidad de personas en la Deidad, Agustín estuvo de acuerdo con los escritores eclesiásticos que le precedieron, siendo conocida su ilustración de la Trinidad con base en la psicología del alma humana (memoria, entendimiento y voluntad). El mismo acuerdo mantuvo en cuanto a la Encarnación. Sobre la creación en general, sostuvo la creación del universo de la nada (lat. *ex nihilo*), pero, en cuanto a la creación del hombre, su doctrina varía algún tanto de la tomista: Dios –dice– creó al hombre sin pecado, pero, cuando Adán pecó, todos los hombres pecaron en él «germinalmente», de manera parecida a la creación de las demás cosas materiales, en las que Dios colocó las formas germinales de todas las cosas. Por tanto, el pecado original es, ante todo, un elemento físico que se hereda de Adán, mediante la generación, pues Agustín creía que el alma humana no es creada por Dios, sino transmitida a través de nuestros padres, lo mismo que el cuerpo. Con la caída original, el hombre perdió la capacidad de hacer el bien sin la gracia de Dios. Las obras mejores de los mejores paganos son –decía él– pasos grandes, pero fuera del camino. La verdadera libertad consiste, según Agustín, no en la facultad de escoger entre contrarios, sino en la capacidad para escoger el bien, capacidad que sólo poseen los redimidos. La salvación y la condenación dependen del decreto eterno e inmutable de Dios. Un año antes de morir, escribía (*Del don de la perseverancia*, 14, 35): «La predestinación de los santos no es otra cosa que la presciencia y la preparación de los beneficios por los cuales se salvan (lat. *liberántur*) ciertísimamente cuantos se salvan. En cuanto a los demás, ¿dónde son dejados por justo juicio divino, sino en la masa de perdición? En la que fueron dejados los de Tiro y Sidón, que también podían creer si hubieran visto aquellas maravillosas señales de Cristo. Pero como no les había sido dado el creer, también les fue negada la ocasión de creer (lat. *unde créderent*)». ¿Cabe un *calvinismo* más radical? En cuanto a la salvación de los niños que mueren antes del uso de razón, Agustín sostuvo que sólo la regeneración bautismal, puesto que son incapaces de creer personalmente, los libra de las llamas del Infierno. Finalmente, en el terreno de la ética, Agustín sostuvo que el amor es la suprema ley y que todas las demás virtudes adquieren su forma mediante el amor. En situaciones éticamente ambiguas, sólo la Palabra de Dios puede determinar cuál pecado es mayor y, por ello, cuál ha de ser evitado a todo trance. Pero Dios concede, a veces, excepciones del cumplimiento de la ley, como el matar en una guerra justa y el suicidarse en casos como el de Sansón.

ALBERTO MAGNO Teólogo, escritor y científico y filósofo escolástico nacido de noble alcurnia teutona en 1206 en Lauingen (Suabia) y muerto en 1280 en Colonia. Llamado *Doctor Universal*, estudió en Padua e ingresó en la orden dominicana. Enseñó en escuelas alemanas y en París (1245-1248), donde se doctoró en teología. Entre sus discípulos de Colonia figura Tomás de Aquino*, sobre el que ejerció una fuerte influencia. Provincial de dominicos en Alemania (1254-1259), y obispo de Ratisbona (1260-1262). Se retiró finalmente de las labores administrativas para dedicarse a la enseñanza oral y escrita y sobreviviendo por seis años a su alumno Tomás, quien no tardó en adquirir mayor prestigio que su maestro (cf. *tomismo*). Escribió numerosos comentarios sobre Aristóteles* e introdujo el aristotelismo en la teología cristiana delimitando perfectamente el ámbito de ésta con el de la filosofía, pues, según sus postulados, la fe tiene preeminencia allí donde la razón carece de poder demostrativo, pero es determinante la razón y se erige en en criterio supremo dentro de la esfera estricta de la filosofía.

Además de un talento enorme, era buen observador y sentía curiosidad por toda clase de cuestiones científicas. Sus obras principales son un comentario al libro de las Sentencias de Pedro Lombardo*, comentarios a muchos libros de la Biblia y la *Summa Theológiae*, en la que trató de armonizar la filosofía de Aristóteles con las verdades del cristianismo, en lo cual no tuvo tanto éxito como Tomás de Aquino, quien no le superaba en erudición, pero sí en talento.

Bib. Ingrid Craemer-Ruegenberg, *Alberto Magno* (Herder, Barcelona); Xavir Rousselot, *San Alberto, Santo Tomás y San Buenaventura* (Espasa-Calpe, Madrid 1950).

Cruzada contra los albigenses

ALBIGENSES Con este nombre se designa a los miembros de una secta dualista, de tendencia maniquea, que llegó a hacerse popular en la Europa occidental, especialmente en Francia y en Italia, durante los siglos XI y XII. Su nombre deriva de Albi, en el Languedoc, porque fue allí donde se centró el movimiento de la secta. Estaban relacionados con los cátaros* y defendían puntos de vista similares a los de los patarinos de Italia, los bogomilas (amigos de Dios) de Bulgaria y otras sectas heréticas nacidas entre los eslavos de la península Balcánica en el siglo XI.

Los albigenses enseñaban que en el mundo existen dos grandes fuerzas opuestas, una buena y otra mala. Un espíritu malo creó el mundo material, el cual se hizo malo al estar lo espiritual atrapado en la materia. Por consiguiente, el ser humano debe tratar de libertar su alma espiritual, por todos los medios posibles, del influjo de su cuerpo de carne. Consiguiéndolo de un modo eficaz, se impide que el espíritu, al no lograr desprenderse de la materia, tenga que pasar por la reencarnación. La ascética albigense era de un puritanismo exagerado, por el que se prohibía el matrimonio, comer carne, leche o huevos, ya que todo era resultado de la actividad sexual. No podían hacer la guerra, ni tener propiedades. En la práctica, como es natural, algunas de estas prohibiciones no podían mantenerse. Por ello, llegaron a dividirse en dos grupos: los *perfecti* (perfectos), que observaban estrictamente las normas de la secta, y los *credenti* (simples creyentes), que estaban obligados únicamente a mantenerse puros del contagio de lo carnal. Rechazaban el Antiguo Testamento y consideraban inútil el bautismo*.

Al ir ganando adeptos, la Iglesia de Roma emprendió una lucha sin cuartel contra ellos. En 1208 Inocencio III proclamó una cruzada apoyado por el rey de Francia. Los albigenses encontraron protección en Raimundo, conde de Tolosa, que se erigió en defensor de su causa. Los nobles del norte de Francia, al mando de Simón de Monfort, se unieron contra los albigenses que murieron cruelmente a millares en las persecuciones subsiguientes. La Inquisición, controlada por los dominicos*, continuó su labor de exterminio. Para el siglo XIV la herejía ya había desaparecido por completo.

Bib. Emilio Mitre y Cristiana Granda, *Las grandes herejías de la Europa cristiana* (Istmo, Madrid 1999); Samuel Vila, *El cristianismo evangélico a través de los siglos*, cap. 21 (CLIE, Terrassa 1982).

ALCOHOL Al hablar de alcohol, creo necesario distinguir entre las que propiamente se llaman bebidas alcohólicas y el vino. Prescindiendo del lado científico del asunto, en el cual no estoy especializado, me limitaré a basarme en la Palabra de Dios para poder ofrecer una orientación fiable a mis lectores en materia tan debatida. En círculos extremadamente conservadores, que podemos apellidar «puritanos», todo cuanto tiene que ver con el alcohol es *anatema*. Pero, ¿es eso lo que enseña la Palabra de Dios? Basta con abrir una buena Concordancia para ver que la Biblia no prohíbe el uso, sino el abuso, del vino. En cuanto al uso de lo que la mayoría de las versiones, por una mala traducción del hebreo, entienden por «sidra», debe entenderse que el vocablo hebr. *shekhár* no significa «sidra», sino «licor fuerte». Es menester notar que la intención primordial de la Palabra de Dios en esta materia es evitar que, mediante la intoxicación producida por la bebida, el ser humano pierda el control de la templanza, con lo que se expone a la «disolución» mencionada en Ef. 5:18, dejando así de ser lleno del Espíritu Santo, como debe ser la ambición de todo creyente espiritual. Como en todo, el creyente tiene que considerar al hermano más débil, absteniéndose, tanto en la comida como en la bebida, de manjares y bebidas que podría tomar con la conciencia tranquila si no estuviera en presencia de hermanos menos formados en la Palabra de Dios, incluidos los «puritanos». Las normas prescritas en el llamado Sínodo de Jerusalén (cf. Hch. 15:19-29) fueron medidas provisorias para un lugar determinado y durante un tiempo fijado.

ALCUINO (735-804) fue un gran erudito y educador inglés, que se encontró con Carlomagno durante un viaje a Roma y el emperador, prendado de sus dotes, le hizo una invitación para ser el Director de un colegio anejo a la corte imperial. Con el tiempo, llegó a ser el consejero principal de Carlomagno y, el año 796, fue nombrado abad del monasterio de S. Martín de Tours. Este monasterio adquirió tal renombre, bajo la dirección de Alcuino, que se convirtió en uno de los centros más importantes de la erudición medieval. Alcuino fue uno de los teólogos que con más vigor y erudición se opuso al adopcionismo anteriormente tratado. Entre sus muchos trabajos de toda índole, merece destacarse la revisión de la Vulgata Latina, haciendo uso de los mss. más fiables, obra llevada a cabo por un grupo de eruditos bajo su dirección.

ALEGORÍA Del latín *allegoria*, del griego *allos* = diverso, derivado de *agorenein* = hablar. Figura retórica con la que se comunica una realidad a través de la cual el receptos puede entender otra. Mediante la alegoría un objeto material es presentado al espíritu humano de forma pictórica, con el fin de facilitar la comprensión de verdades inmateriales con las cuales el objeto material está conectado por analogía de proporcionalidad. P. ej., en el AT, Israel es comparado a una viña extraída de Egipto. En el NT tenemos p. ej. la de Cristo como pastor y como puerta del redil (Jn. 10), así como vid (Jn. 15).

Fue muy utilizada como interpretación de la Biblia por la Escuela de Alejandría*, que seguía en esto los pasos del pensador judío Filón. El método alegórico fue un mecanismo de defensa y afirmación de la religión hebrea frente al pensamiento griego, servía a un interés práctico de sentido religioso y apologético. En cierto modo fue la primera *teodicea* de la historia, siglos antes de Leibniz. Justificaba a Dios de las crudas expresiones y relatos bíblicos que presentan a Dios como un ser vengativo y caprichoso. Platón había dicho que no debe creerse nada que sea indigno de Dios. Todo lo que no concordara con el sentido ético aceptado u ofendiera el sentido de lo recto, tenía que ser interpretado alegóricamente. La verdad es que no se trata de un método demasiado correcto en la práctica, pero bastante bueno en su intención.

Había tres criterios que indicaban al intérprete el carácter alegórico de un texto dado:

a) Si contenía afirmaciones indignas de Dios.

b) Si una afirmación contradecía a otras, o entraba en conflicto de un modo u otro.

c) Si el relato mismo era alegórico por naturaleza.

Para Filón –que no renegaba del sentido histórico-gramatical de la Biblia– la interpretación alegórica es la otra cara de la interpretación literal, que corresponde a la constitución de la personalidad humana: cuerpo y alma. Como el alma es superior al cuerpo, así también el significado alegórico de las Escrituras es más importante que su inmediato significado literal. Guiado por este espíritu Filón acudirá a las Escrituras para descubrir en ellas la filosofía verdadera. Los cristianos recibieron las Escrituras hebreas y las hicieron suyas justificadamente, argumentando que el mismo Dios y Padre del Señor Jesucristo las había inspirado y revelado a los profetas y escritores judíos con símbolos, alegorías y figuras de los misterios futuros, que los apóstoles enseñaron que se habían cumplido en Cristo y en la Iglesia. «El que no comprenda esto en este sentido –escribe Orígenes–, ya sea judío o de los nuestros, no puede ni siquiera mantener que Moisés sea profeta.» ¿Cómo podrá mantener que es profeta aquel cuyas obras dice que son comunes, sin conocimiento del futuro y sin ningún misterio encubierto? La ley, pues, y todo lo que la ley contiene, es cosa inspirada, según la sentencia del apóstol, hasta que llegue el tiempo de la enmienda y tiene una función semejante a lo que hacen los que modelan estatuas de bronce, fundiéndolas: antes de sacar a la luz la obra verdadera, de bronce, de plata o de oro, empiezan por hacer un boceto de arcilla, que es una primera figura de la futura estatua. Este esbozo es necesario, pero sólo hasta que se ha concluido la obra real. Una vez terminada la obra en vistas a la cual fue hecho el boceto, se considera que éste ya no tiene utilidad. Considera que hay algo de esto en las cosas que han sido escritas o hechas en símbolos o figuras de las cosas futuras, en la ley o en los profetas. Cuando llegó el artista en persona, que era autor de todo, trasladó la ley que contenía la sombra de los bienes futuros a la estructura misma de las cosas (*Homilía sobre Levítico* X, 1). Como escribe Bernard Ramm, *el método alegórico fue primariamente el medio de convertir el Antiguo Testamento en un documento cristiano* (*Protestant Biblical Interpretation*).

Ciertamente el método alegórico llegó a caer –como toda producción humana en virtud de la inercia y la pereza– en las extravagancias más absurdas y tendenciosas; fue objeto de serias objeciones por parte de Tomás de Aquino* y totalmente rechazado por los Reformadores que, debido a su abuso, lo reemplazaron por el histórico-gramatical, aunque sin dejar de recurrir a él, a imitación del apóstol Pablo, por ej., la alegoría de Sara y Agar en Gálatas. Pero, como siempre ocurre en los movimientos de reacción, un extremo llevó a otro. El horror al alegorismo condujo a la *reducción* de la teología y su *disolución* en pura *filología*, exégesis bíblica literalista y, a veces supersticiosa, en cuanto al tratamiento de la letra. Durante siglos la teología protestante ha venido consistiendo en detalle filológico, recopilación y sistematización de textos bíblicos escogidos de acuerdo a las inclinaciones intelectuales y confesionales de sus autores. La alta y baja crítica*, la crítica de las formas, así como sus contradictores, operaban bajo el falso criterio de que la sola letra constituía el todo de la revelación de Dios.

Después de largos siglos de interpretación filológica de corte racionalista y eurocéntrica, hoy se tiende a recuperar la interpretación alegórica-espiritual para entender el mensaje de la Biblia, escrito con una mentalidad oriental altamente simbólica y figurativa, desde una personalísima experiencia de Dios. AR

Bib. L. Berkhof, *Principios de interpretación bíblica* (CLIE, Terrassa 1973, 3ª ed.); A. Ropero, *Introducción a la filosofía*, cap. II (CLIE, Terrassa 1999); Henri Crouzel, *Orígenes* (BAC, Madrid 1998).

ALEJANDRÍA, ESCUELA Escuela cristiana fundada por Panteno y liderada sucesivamente por Clemente (160-215), Orígenes (184-253) y Dionisio (190-265). Esta escuela o academia, sita en el corazón cultural de la época, tenía por objetivo *misionar* mediante la enseñanza o catequesis de los interesados en el cristianismo, como hacían el resto de las que existieron. En contacto con la tradición platónica y con el pensamiento de Filón, la escuela de Alejandría desarrolló una exégesis bíblica totalmente alegórica*, con vistas a absorber todo el vino viejo de la verdad antigua en los odres nuevos del cristianismo.

En Alejandría el cristianismo emprende con decisión la obra de reconciliación de la doctrina cristiana con la filosofía griega, iniciada por Justino. Atrás quedaba superada, no abandonada, la matriz judía, representada por las escrituras del Antiguo Testamento, convertido ahora en libro de la Iglesia cristiana. Ahora le tocaba el turno a las escrituras de las cultura helena, como vehículo contextualizador del mensaje evangélico. Los alejandrinos serán quienes afronten el reto de descubrir destellos del Evangelio en la filosofía helénica. AR

Bib. J. J. Fernández Sangrador, *Los orígenes de la comunidad cristiana de Alejandría* (UPS, Salamanca 1994); E. F. Harrison, *DT*, «Alejandría, escuela»; A. Ropero, *Introducción a la filosofía*, cap. II (CLIE, Terrassa 1999).

ALEJANDRO DE HALES Este teólogo inglés (1170-1245) estudió en la Universidad de París, donde, después de graduarse (1221), comenzó a enseñar ese mismo año. En 1236 entró en la orden franciscana, fundada el año 1209, pero continuó enseñando en París hasta el año 1241. Tuvo por alumno a Buenaventura*. Su contribución a la teología fue importante. No sólo escribió un comentario al libro de las Sentencias de Pedro Lombardo, sino que trató de unir sus opiniones filosóficas, más bien platónicas por su formación agustiniana, con las de la filosofía aristotélica, recién descubierta. Aunque no llegó a integrarlas en una síntesis completa, desbrozó el camino para lo que, más tarde en ese mismo siglo, iban a conseguir otros teólogos, entre los que destacaría Tomás de Aquino.

ALFA Y OMEGA Esta expresión se halla en tres vv. de Ap. (1:8; 21:6 y 22:13. En el *Targum*, aparece tamb. en 1:11). La interpretación más probable es que los judíos expresaban la totalidad mediante las letras primera y última del alefato *alef* y *tau*, a las que corresponden en gr. el alfa y la omega. Como dato curioso, quiero informar al lector de que el vocablo hebr. *emet* = verdad contiene las letras primera (*alef*), medial (*mem*) y última (*tau*) del alefato.

El significado primordial de la frase Yo soy el Alfa y la Omega, como se ve, p. ej. en Is. 44:6, es de eternidad y omnipotencia, perfecciones exclusivas del Dios de Israel. El mismo sentido tiene en Ap. 1:8, más explícito aún que Is. 44:6. En Ap. 21:6 y 22:13, se destaca, ante todo, la eternidad. En las obras de los primeros escritores eclesiásticos y, más tarde, en la literatura medieval, la expresión comenzó a ser referida exclusivamente a Jesucristo como Dios. Sin embargo, es mucho más probable que, en Ap. 1:8 y 21:6, se refiera al Padre, mientras que Ap. 22:13 se refiere de seguro a Jesucristo.

ALIANZA Traducción del término hebreo *berith*, que expresa un contrato de asociación de naturaleza solemne. Pertenece a la experiencia social de los hombres y Dios la toma para expresar su relación con su pueblo elegido. En el antiguo Oriente se practicaba corrientemente pactos y alianzas de vasallaje, en los que un señor poderoso prometía proteger al débil a cambio de un compromiso de servicio (Jos. 9:11-15; 1 S. 11:1; 2 S. 3, 12ss.). Las partes se comprometían con juramento y se procedía a un rito, con maldiciones para los transgresores. En el AT el tema de la alianza es el punto de partida de todo el pensamiento religioso. En el Sinaí Dios entra en alianza con el pueblo libertado de la esclavitud de Egipto. Dios escoge soberanamente a los suyos y decide otorgar un pacto a Israel a la vez que dicta unas condiciones y le hace unas promesas (Éx. 19). El arca de la alianza, en la que se depositan las tablas del testimonio, será el recuerdo o memorial del compromiso de Dios con Israel.

En sentido teológico la alianza o pacto de Dios revela que Dios quiere asociarse con los hombres, para salvarlos y bendecirlos. Dios toma la *iniciativa* y su pacto aparece bajo la forma de un don. La fidelidad del hombre no es sino la expresión de esa aceptación gozosa, no lo compra ni lo merece. Esta verdad recorre ambos testamentos o alianzas.

El NT utiliza la palabra griega *diatheke* (= disposición legal, testamento) para traducir el hebreo *berith*. En árabe se utiliza *'ahad* = un convenio. La Vulgata latina la traduce como *testamentum*. La traducción griega de*berith*, *diatheke,* subraya por igual la *trascendencia* divina como su *condescendencia*. Dios se dispone a entregar en herencia toda su riqueza en Cristo a la humanidad. La herencia que fue dada a Cristo como promesa (Gá. 3:16), es comunicada mediante pacto a todos los creyentes (Gá. 3:17, 29).

En la última cena habla del nuevo pacto o alianza en su sangre, cuya palabra *diatheke* figura en los relatos evangélicos (Mt. 26:28; Mr. 14:24; Lc. 22:20). La "sangre de Cristo" recuerda también que la alianza del Sinaí se había concluido con la sangre de los animales sacrificados (Éx. 24:8), substituidos ahora por un sacrificio más excelente (He. 8:2-12), el Hijo de Dios, cuya sangre realiza la unión definitiva entre Dios y los hombres. Cristo es la última víctima que representa a las dos partes: a Dios y al hombre, que recapitula en sí mismo todos los sacrificios del AT y los tratos de Dios con el hombre. AR

Bib. James Plastaras, *Creación y alianza* (Sal Terrae, Santander 1969); W. Zimmerli, *Manual de teología del Antiguo Testamento* (Cristiandad, Madrid 1980).

ALIENACIÓN El vocablo puede tomarse en sentido metafísico, social y específicamente teológico. En sentido metafísico, significa que el sujeto no encuentra la integración propia del ente en su acepción trascendental de uno y, por ello, no acaba de autorrealizarse en su existencia como lo exigiría su esencia. Según Hegel*, la unificación anhelada se consigue de forma dialéctica. La dependencia moral que la alienación comporta llega así a una síntesis en la que, p. ej. el trabajo viene a ser, a un mismo tiempo, una alienación y una autorrealización de la persona. En este punto, Feuerbach* está como a caballo entre Hegel y Marx, pues todavía habla en términos dialécticos parecidos a los de aquél, mientras que Marx emprendió un camino distinto, aunque partiendo también de la dialéctica. El marxismo, al materializarlo todo, atacó a la burguesía y a la religión como las dos formas de alienación del hombre. A la burguesía por su explotación del obrero y del campesino, y a la religión por distraer al ser humano de su tarea social mediante el señuelo de la esperanza en la vida eterna, lo que fue expresado con el conocido proverbio «la religión es el opio del pueblo». La experiencia del marxismo comunista en Rusia y en otros países de la órbita soviética ha demostrado que no hay peor alienación que la que impone la dictadura del proletariado en un Estado ateo y materialista. En sentido teológico, de acuerdo con la Palabra de Dios, la alienación es la triste experiencia de sentirse forastero, «fuera del propio hogar». El vb. gr. *apallotrióo* = enajenar, alienarse, se halla en Ef. 2:12; 4:18; Col. 1:21, siempre en la voz pas. y aplicado globalmente. Como experiencia a nivel individual, la alienación es consecuencia directa de la caída original, como puede palparse ya en el cap. 3 del Génesis, donde cada uno deja de estar en el lugar que le correspondía, echa a otros la culpa y siente un extrañamiento triple: de Dios, del prójimo y de sí mismo. Nótese la pregunta de Dios al hombre en el v. 9: ¿Dónde estás tú? ¡ Adán ya no estaba en el acostumbrado lugar de encuentro con Dios! Esta alienación, verdaderamente existencial (incluso en el sentido metafísico explicado al principio), lleva consigo una desintegración que la Biblia llama disolución (cf. Lc. 15:13 viviendo disolutamente, Ef. 5:18 en lo cual hay disolución) y una enajenación semejante a la locura –¡ésa es, en realidad la traducción del lat. *alienatio*– por la cual uno no es dueño de sí, no se pertenece, está fuera de sí, lo cual es evidente por Lc. 15:17, que comienza lit. *Mas, vuelto en sí*, dijo.

«¡Vuelto en sí!» Luego había estado fuera de sí. Su reintegración existencial se echa de ver en el sabio modo de razonar y actuar que advertimos en los vv. 17-20, con lo que el Pródigo desanda sus pasos en el camino de ida de su extrañamiento, volviendo humillado a la casa del Padre, contrito y confesando el pecado que lo alienó. Este sentido realmente existencial aparece analizado en los escritos de Sören Kierkegaard* y Paul Tillich*. Por supuesto, la reintegración del ser humano alienado, desintegrado, se obtiene mediante la apropiación personal de la obra de Jesucristo en el Calvario (cf. Ef. 2:13 ss.; Col. 1:21-23).

ALLEN, ROLAND (1868-1947) fue uno de los grandes innovadores del trabajo misionero*. Desde el año 1895 comenzó a trabajar para la Misión al norte de China. En este país ocupó el cargo de profesor en una pequeña escuela de Peking, dedicada a la preparación de creyentes nativos para el ministerio. Mientras estudiaba el idioma chino ministró como capellán de la Delegación Británica. En 1900 fue testigo de la rebelión de los bóxers.

De vuelta a Inglaterra por motivos de salud, fue pastor durante tres años en *Chalfort St. Peter,* Buckinghamshire. En 1907 renunció a él por motivos de conciencia, al verse obligado a bautizar indiscriminadamente a todo niño de la parroquia, sin atender a la fe o falta de ella de los padres. Allen creía que era incorrecto administrar los sacramentos a quienes no daban muestras de fe.

En 1912 entró en contacto con el congregacionalista Sidney J. W. Clark, quien le contrató para *World Dominion Press* (Editorial Dominio Mundial), que publicó varios de sus libros.

En 1932 se trasladó a Kenya (África), para estar cerca de su hijo que trabajaba en Tanganika. Allí aprendió suahili, idioma al que tradujo varias obras inglesas. Murió en Nairobi el 9 de junio de 1947.

Las ideas de Allen respecto a las misiones, su estrategia y misión, estaban muy por encima de su tiempo, por lo cual difícilmente fue comprendido. Se puede decir que fue un teólogo profético. Su tesis principal es que el objetivo principal de la obra misionera es la fundación de iglesias locales, que se mantengan a sí mismas y a la vez se reproduzcan, tal como era la estrategia del apóstol Pablo.

El tan hoy reconocido principio de la importancia de los laicos* en la evangelización mundial fue anticipadamente desarrollado por él.

La tarea de los líderes de la iglesia es, según Allen, ayudar a discernir la obra del Espíritu y someterse ellos mismos a su dirección especial. Cada creyente debe buscar sus dones y ponerlos al servicio de la comunidad y de la misión. No es extraño, pues, que, aunque anglo-católico, sea reclamado por algunos pentecostales como uno de los suyos. AR

Bib. R. Allen, *La expansión espontánea de la Iglesia* (Aurora, Bs.As. 1970).

ALMA El vocablo viene del lat. *ánima* = aire, aliento, y entró en el castellano en el siglo XI. El concepto de alma, gr. *psyche*, *thymos*, *pneuma*, *anima*, *spiritus* es uno de los más importantes e indeterminados del pensamiento humano.

Conforme a los tres grados de vida, hay que distinguir entre el alma vegetativa (la que tenemos en común con los vegetales), el alma sensitiva (que tenemos en común con los animales irracionales) y el alma racional o espiritual, propia de los seres humanos. Ya desde la filosofía griega, el alma (gr. *psujé*) se ha definido como «sustancia inmaterial que, además de animar todos los procesos vitales del ser humano, permanece a través de todos los cambios fisiológicos y psicológicos y sobrevive al final del cuerpo en la muerte». Esta definición entró en la filosofía cristiana al mostrarse su acuerdo, en líneas generales, con la Palabra de Dios, aunque la doctrina del AT no esté clarificada a este respecto. El hebr. *néfesh* (1ª vez en Gn. 2:7) significa alma, pero tamb. vida y persona. Por el contexto hay que decidir en cuál de los tres sentidos se ha de tomar en un v. determinado, lo que no siempre es fácil; menos todavía su sentido estricto, pues hay veces en que equivale a corazón, deseo, etc. El positivismo, especialmente en nuestra época, mediante el avance tanto de la ciencia médica como de la psicología, ha comenzado por denominar alma al mero concepto de procesos psíquicos sin trascendencia alguna inmaterial. No para ahí, sino que proclama abiertamente su agnosticismo, alegando que la existencia del alma es contraria al pensamiento científico por no ser empíricamente experimentable, en lo que la *Crítica de la razón pura* de Kant está de acuerdo.

Ya desde Heráclito, con su lema «todo fluye», la psicología actualista ve en todo un mero devenir, considerando al alma como un complejo de actividades anímicas sin agente sustancial ontológico. Así se expresan modernamente, con ligeras variantes, filósofos como Wundt, Bergson y Paulsen. De manera parecida, suele expresarse Unamuno en algunos de sus escritos. Contra todas estas filosofías, se alza la voz de todas las religiones y de los filósofos más preclaros de la historia, desde Platón y Aristóteles de la antigüedad, pasando por los escritores eclesiásticos de los primeros siglos de la Iglesia y los grandes filósofos de la escolástica medieval, hasta incluir, junto a los herederos de las doctrinas de Platón y Aristóteles, a los mismos racionalistas como Descartes y Leibniz, obligando a Kant a defender como uno de los «postulados» de la Razón práctica la inmortalidad del alma. La existencia del alma, por no ser sensorialmente perceptible, no la conocemos a priori, sino a posteriori, mediante la vivencia de nuestros hechos de conciencia que nos confirman la existencia de un «yo», centro psicológico de dichos hechos, que permanece único e idéntico a través de todos los procesos vitales y psicológicos. Incluso las anormalidades psíquicas, como p. ej., la esquizofrenia, con su desdoblamiento de la personalidad, son la excepción que confirma la regla.

En cuanto al origen del alma humana, admitiendo siempre la existencia del alma como sustancia distinta del cuerpo, los escritores eclesiásticos de los primeros siglos de la Iglesia adoptaron tres posturas distintas que se describen respectivamente como reencarnacionismo, traducianismo y creacionismo. La 1ª, derivada de Platón, fue defendida por Orígenes, pero fue abandonada después de algún tiempo y condenada en los siglos V y VI. Sostenía que las almas preexistían a su entrada en cuerpos humanos individuales, que su encarcelamiento en esos cuerpos se debía a sus pecados anteriores a dicha entrada y que, después de la muerte, pasaban por un ciclo de reencarnaciones, más o menos prolongado, hasta su purificación final. La 2ª, el traducianismo, sostiene que el alma es transmitida, junto con el cuerpo, de nuestros padres por el proceso de la generación. Esta fue la opinión de Tertuliano, quien creía que el alma era material. Así explicaba más fácilmente la doctrina bíblica de la herencia del pecado original, en conexión física y legal con nuestra cabeza, Adán. Así llegó a defenderla (aunque con reservas) Agustín en su lucha contra el pelagianismo (que negaba el pecado original). De la mano de Agustín, entró en el luteranismo en tiempos de la Reforma y todavía hay teólogos protestantes que la defienden con éxito. La 3ª, el creacionismo, es la que ha gozado del mayor apoyo. Afirma que Dios crea de la nada un alma para cada ser individual humano. En cuanto al momento de la creación, unos defienden que esto ocurre en el momento mismo de la concepción; otros, cuando el feto está lo suficientemente formado para decir que ya es un ser humano. Recuérdese a este respecto lo dicho al hablar del aborto.

En nuestros días, la antropología dicotomista está siendo abandonada por muchos expositores bíblicos. Lo mismo que en medicina, se habla de una psicología holística, de una pieza, en la que la disección de carne, alma y espíritu no tiene sentido. Un origen diferente para el alma y para el cuerpo no se admite. Incluso porciones importantes de la Biblia, como Job 10:8-12; Sal. 33:4 y Sal. 139:13-16, favorecen un origen común del ser humano, como «maravilla» de la omnipotencia divina.

Sea cual sea la postura que se adopte, queda por analizar el problema filosófico de la relación entre el alma y el cuerpo. En otras palabras, dónde y de qué manera está el alma en el cuerpo de un ser humano. Las opiniones son muy diversas, así que expondremos las principales.

Está en primer lugar el monismo, que se divide en dos grupos: materialista y espiritualista. El 1º sostiene que sólo existe la realidad material y, por tanto, lo psicológico es sólo un conjunto de procesos físico-químicos. Para el 2º, al revés, lo somático es la manera exterior con que se manifiesta la única realidad espiritual.

En segundo lugar está el dualismo extremo, defendido 1º por Platón con su imagen del alma encarcelada en el cuerpo y, después, por Malebranche (1638-1715), según el cual la interacción de alma y cuerpo sólo es posible por intervención divina, ya que las causas naturales sólo obran como ocasiones (cf *Ocasionalismo*) en las que interviene el poder de Dios. Leibniz (1646-1716) sostuvo el mismo dualismo con su teoría de la armonía preestablecida, diciendo que Dios, desde el principio, había ordenado los procesos somáticos y psíquicos de forma que estuviesen coordinados entre sí sin interacción recíproca. Descartes (1596-1650) había defendido el dualismo al sostener la separación tajante entre lo psíquico (el pensamiento) y lo somático (la extensión).

En tercer lugar está el hilemorfismo, sistema elaborado por Aristóteles y presentado en su forma más perfecta por Tomás de Aquino. Este sistema dista del monismo lo mismo que del dualismo extremo, al defender que el cuerpo o materia (gr. *hyle*) y el alma espiritual, como forma (gr. *morfé*) de dicha materia, son dos sustancias incompletas a nivel sustancial. La unión de las dos sustancias no es accidental como en el dualismo extremo, sino sustancial y esencial, perteneciente a un único sujeto de todas las actividades vitales, pero en el que el alma es el principio determinante, por ser la forma del cuerpo. En la filosofía aristotélica-tomista, sobre el principio fundamental de acto y potencia, el cuerpo (la materia) es un principio pasivo e indeterminado, que sólo mediante la actividad del alma (la forma) puede existir y obrar. Escolásticos posteriores, especialmente entre los jesuitas, han negado la unicidad de forma en el compuesto humano, defendiendo la pluralidad de formas, pero sin llegar al mecanicismo de la nueva física.

Bib. L. Boettner, *La inmortalidad* (CLIE, Terrassa 1974, 3ª ed.); O. Cullmann, *La inmortalidad del alma o la resurrección de los muertos* (Studium, Madrid 1970); C. Tresmontant, *El problema del alma* (Herder, Barcelona 1980); Varios, *DTNT*, «alma».

ALTAR Es un vocablo introducido en el cast. el año 1140, derivado del lat. *altáre*, y éste del lat. *áltus* = elevado, concepto que se expresa en el gr. *bómos* (cf. Hch. 17:23), usado en los LXX como traducción del hebr. *mizbéaj* = lugar de sacrificio o de matanza.

En el AT hay dos clases de altares. El uno, construido sencillamente con piedras y arcilla, para ser usado por personas o familias sin conexión con el sacerdocio. El otro tenía sus materiales y su forma prescritas por Dios y estaba destinado al tabernáculo, después al templo, para uso de los sacerdotes. Había dos altares, el de los holocaustos, de madera de acacia cubierta de bronce con cuatro cuernos en las cuatro esquinas, y el de los perfumes, o del incienso, de acacia (o cedro, cf. 1 R. 6:20-22) recubierto de oro, también con cuatro cuernos en las cuatro esquinas. Estaba situado frente a la cortina que separaba el Lugar Santo del Lugar Santísimo. En este altar ofrecía incienso el sumo sacerdote mañana y tarde y una vez al año derramaba sobre sus cuernos la sangre de la expiación. En Ap. 8:3, se explicita el significado del incienso como símbolo de la oración.

En el NT, la mayoría de las referencias apuntan a los altares del templo de Herodes. Es curiosa la unión de los dos altares en uno en Ap. 6:9; 8:3-5; 9:13; 14:18; 16:7. El altar mencionado en He. 13:10, considerando todo el contexto anterior, de ningún modo puede tomarse como «mesa de comunión», según piensan la Iglesia de Roma, la Ortodoxia y la Iglesia Alta de Inglaterra, sino como una referencia a la Cruz donde Cristo se ofreció en sacrificio. Tampoco 1 Co. 10:21 puede entenderse como «altar de comunión», pues es contrario a la letra misma del original en dicha porción. Cristo pone fin al altar, pasando del signo a la realidad. En el nuevo templo, que es su cuerpo (Jn. 2:21), no hay ya más altar que Él mismo (He. 13:10). Cristo es a la vez sacerdote, víctima y altar. El altar celestial del que habla el Apocalipsis y ante el cual esperan los mártires (Ap. 6:9), es un símbolo que designa a Cristo y completa el simbolismo del Cordero. Es el único altar del solo sacrificio cuyo perfume es agradable a Dios.

Desafortunadamente, la idea de ofrecer el pan y el vino como elementos de un sacrificio entró tempranamente en la Iglesia como «sacrificio del altar». Con ello, fue dibujándose el sacerdocio como una nueva *casta* hasta culminar en el dogma de la transubstanciación y del sacrificio de la Misa. Sin llegar a admitir la transubstanciación, en la comunión anglicana, e incluso en denominaciones protestantes no conformistas, se ven prácticas litúrgicas que se acercan peligrosamente al concepto de altar, de sacrificio y aun de misa, propios del catolicismo y de la Ortodoxia.

Bib. J. A. Iñiguez, *El altar cristiano*, 2 vols. (EUNSA, Pamplona 1978), S. Léon-Dufour, *VTB*, «altar»; T. Gay, *DC*, «Altar».

ALTHAUS, PAUL Este teólogo luterano (1888-1966) nació cerca de Hannover en Alemania, hijo de otro teólogo no tan conocido. Enseñó en las universidades de Gotinga (1914-1920), Rostock (1920-1925) y Erlangen (1925-1966). Son numerosos sus escritos sobre distintas materias de fe y conducta. Son especialmente valiosos sus cinco vols. de sermones. Se enfrentó a Karl Barth por la negativa de éste a admitir la teología natural, y a Bultmann por negar éste el vínculo esencial entre la fe y la historia en la proclamación del mensaje cristiano. Por otra parte, su figura como teólogo y líder protestante se vio empañada por el apoyo que prestó a Hitler en su elevación al poder.

AMBROSIO DE MILÁN Este eclesiástico italiano (339-397) nació en el seno de una familia cristiana de la nobleza. Al morir su padre, que era prefecto de la Galia, la familia regresó a Roma, donde Ambrosio y su hermano Sátiro estudiaron una carrera que les capacitó para ocupar más tarde puestos de gobierno. En 370 fue nombrado gobernador de Liguria-Emilia, con sede en Milán. En el año 374, hubo una revuelta en la ciudad, debida a una elección episcopal. Con su oratoria y buen sentido, calmó los ánimos de tal manera que el pueblo pidió que fuese nombrado obispo él mismo. Cuenta la leyenda que, cuando él terminó de hablar a la multitud, se oyó la voz de un niño de pecho que gritaba: «¡Ambrosio obispo, Ambrosio obispo!» Obtenida la aprobación del emperador, recibió el bautismo (pues era catecúmeno) y fue consagrado obispo de Milán el 7 de diciembre del año 374. Luchó tenazmente contra el arrianismo hasta verlo derrotado en la Iglesia occidental. El año 390 obligó al emperador Teodosio a hacer penitencia pública por la masacre de siete mil personas en el circo de Tesalónica. Cuando el emperador quiso resistirle alegando que también el rey David había pecado gravemente, Ambrosio le respondió con toda firmeza: «Ya que le has seguido en el pecado, síguele también en el arrepentimiento».

Ambrosio se esmeró siempre en el cumplimiento de sus deberes como obispo, del mismo modo que se había esmerado en cumplir sus deberes como gobernador. Escribió mucho, especialmente en tono homilético para provecho de los clérigos de su diócesis. Como, por su educación, sabía el griego lo mismo que el latín, pudo hacer amplio uso de los escritores eclesiásticos orientales, sobre todo de Orígenes y Basilio de Cesarea*. Pero donde mejor es conocida su actividad pastoral es en su ministerio oral, con lo que contribuyó decisivamente a la conversión de Agustín de Hipona. Aunque en sus escritos teológicos no dio origen a ningún sistema nuevo, bosquejó la doctrina del pecado original de forma parecida a como, más tarde, lo había de hacer Agustín y, en cuanto a la Misa, fue el primero de los teólogos occidentales que habló de un cambio en la naturaleza del pan y del vino. Al insertar la cultura griega en el pensamiento occidental, Ambrosio fue uno de los primeros que introdujeron en la Iglesia occidental la exégesis alegórica de la Biblia, el neoplatonismo y el ascetismo.

Bib. Ambrosio, *Obras* (BAC, Madrid); *El Espíritu Santo* (CN, Madrid); *Sobre las vírgenes y sobre las viudas* (CN); *La penitencia* (CN).

Shirley J. Case, *Los forjadores del cristianismo*, vol. I (CLIE, Terrassa 1987).

AMILENARISMO (cf. *Milenio*)

AMIRALDISMO Este vocablo procede del nombre del teólogo francés Moisés Amyraut (cf. Amyraut). El sistema que se conoce por tal nombre fue propuesto y defendido por Amyraut y sus colegas de la Academia de Saumur en el siglo XVII. Se distingue, tanto del calvinismo tradicional como del arminianismo, especialmente en las doctrinas de la gracia, de la predestinación y de la extensión de la redención. Amyraut insistía en que la doctrina clave de la teología cristiana no es la predestinación, sino la justificación por la fe. Cristo no vino a buscar elegidos, sino pecadores. Amyraut no pensó que encabezaba un nuevo sistema teológico, sino que sus opiniones reflejaban el verdadero sentido de la doctrina de Juan Calvino*.

Remitiendo a mis lectores a la Parte 1ª de mi libro *Curso Práctico de Teología Bíblica*, me limitaré a exponer el punto decisivo en el que Amyraut, sus colegas y seguidores se apartaron de las decisiones tomadas en el sínodo de Dort (1618-1619 -cf. Dort, Sínodo de). Sus críticas se centraron especialmente en el punto 3ª de Dort, según el cual la redención llevada a cabo por Cristo en el Calvario tuvo una extensión limitada, es decir, Cristo no murió por todos, sino sólo por los elegidos. Los amiraldianos replicaron que la redención tiene carácter universal, aunque la salvación está limitada a los que creen; por tanto, a todos provee Dios de los medios de salvación, pero sólo se salvan personalmente quienes por fe reciben la aplicación de la redención en virtud de la obra del Espíritu Santo (éste es el sentido obvio de 1 Ti. 2:4-6).

Entre los teólogos reformados posteriores, algunos como John Owen, Charles Hodge, W. G. T. Shedd y B. B. Warfield, rechazaron de plano el amiraldismo por creerlo una grave desviación del calvinismo, mientras otros como Richard Baxter*, A. H. Strong y Lewis Sperry Chafer* sostienen que el amiraldismo representa un auténtico retorno al verdadero sentido de las Escrituras respecto a las doctrinas de la gracia y a la naturaleza de la predestinación divina.

AMOR Aunque el lector hallará material en conexión con el amor en el artículo sobre *ágape*, el tema es tan amplio e importante que merece un artículo en el que se analicen aspectos que allí no fue conveniente tratar.

Desde el punto de vista meramente metafísico y psicológico, el amor es un sentimiento, el más noble, aparte de los altibajos de la pasión. Instalado en la facultad volitiva, es una fuerza creadora de valores espirituales, la cual no debe equipararse a la mera tendencia instintiva, aunque ésta no quede excluida de un amor íntegramente humano. También adquiere distintas tonalidades, según que el sujeto sea un varón o una mujer. El amor incluye el respeto, pues ha de tener en cuenta que también el ser amado es un ser distinto, misterioso y portador de valores personales irrenunciables. Este respeto, que debe proyectarse también hacia el propio yo, sube inmensamente de valor y calidad, referido a Dios. Incluso cuando es nuestro Padre, no podemos olvidar que es nuestro Dios. Lo contrario del amor es el odio, pues constituye la negación del valor que, como ser humano, posee la persona odiada. Dado el carácter social del ser humano y su ordenación última al Bien Supremo, el amor adquiere una proyección triangular: hacia Dios, hacia el prójimo y hacia sí mismo. El amor a sí mismo, mientras no se convierta en egoísmo aislante y alienante, es legítimo. Tanto es así que la Palabra de Dios lo propone como modelo para el amor al prójimo, constituyendo el 2º gran mandamiento de la Ley: «amarás a tu prójimo como a ti mismo». Este amor al prójimo no consiste en una filantropía sentimental, sino que es eminentemente práctico cuando está ordenado según Dios. Aquí es preciso salir al paso de un equívoco que padecen incluso algunos creyentes, quienes piensan que sólo ordenándolo Dios es legítimo el amor al prójimo, aun tratándose del consorte o de los hijos. El prójimo, aunque dependiente de Dios, tiene en sí mismo un valor personal por el cual debe ser amado en sí mismo, aunque conforme a la voluntad de Dios. Como elemento motivador, ha sido tratado en el art. *Acto*. La Palabra de Dios aporta abundante información sobre el amor. Sobre los nombres que expresan el amor en las Escrituras (cf. el art. *Ágape*). Y para el amor que tiene a Dios por sujeto, cf. el art. Dios, Perfecciones de. La Biblia nos enseña que por la entrada del pecado en el mundo, el hombre se hizo odiador de Dios, del prójimo y de sí mismo. Al enviar Dios a su Hijo por amor a la humanidad caída (Jn. 3:16), se nos exhorta a los creyentes, sobre esa base, a amarnos los unos a los otros (cf. 1 Jn. 4:7-11). Y el primero, y principal, fruto del E. Santo es el amor (Gá. 5:22). Pero la porción más importante sobre el amor es el cap. 13 de 1 Co. El amor no conoce fronteras, pues el prójimo es todo ser humano, acerca de lo cual la enseñanza de la Biblia es copiosa ya desde Lv. 19:18. No se excluye ni al extranjero (cf. Dt. 10:19) ni al enemigo (cf. Mt. 5:43-48; Lc. 6:27-35). Como modelo de un amor práctico hacia el enemigo, Jesús expuso la parábola del Buen Samaritano (cf. Lc. 10:27-37). Hay, sin embargo, diferencias. Por eso, Pablo (cf. Gá. 6:10) nos exhorta: «Así que, según tengamos oportunidad, hagamos el bien a todos, y especialmente a los de la familia de la fe». Y, en Ro. 13:8-10, asegura que «el que ama al prójimo, ha cumplido la Ley». Tanto Juan como Pedro afirman en sus epístolas lo mismo que Pablo. Y, en Jn. 13:34-35, Jesús nos dejó el nuevo mandamiento del amor como la supernota distintiva del verdadero cristianismo, donde no caben declaraciones hipócritas de un amor que, muchas veces, no existe.

Especial atención prestan las Escrituras al deber que tienen los maridos de amar a sus mujeres (cf. Ecl. 9:9; Os. 3:1; Ef. 5:25-33; Col. 3:19). Aunque la sumisión de la mujer al marido (cf. Ef. 5:22-24; 1 P. 3:1-6) incluye implícitamente el deber de amarle, sólo en Tit. 2:4 se manda a las mujeres amar a sus maridos. En cuanto al amor de los padres hacia los hijos, sólo una vez, también en Tit. 2:4, se ordena a las mujeres jóvenes amar a sus hijos. Curiosamente, en ninguna parte de las Sagradas Escrituras aparece un mandamiento a los hijos de amar a sus padres; sin embargo, repetidamente se exhorta a los hijos a honrar y obedecer a sus progenitores (cf. Éx. 20:12; Dt. 5:16; Pr. 1:8; Mt. 19:19; Mr. 10:19; Lc. 18:20; Ef. 6:1; Col. 3:20). Finalmente, en el terreno práctico de proveer de lo necesario a la familia, Pablo dice en 1 Ti. 5:8 que «si alguno no provee para los suyos, y mayormente para los de su casa, ha negado la fe y es peor que un incrédulo».

Bib. Félix González, *La excelencia del amor* (CLIE, Terrassa 1998); Alphonse Maillor, *El himno al amor* (Gayata Ed., Barcelona 1996).

AMYRAUT, MOISÉS (cf. tamb. *Amiraldismo*) Moisés Amyraut (latín Moses Amyraldus) fue un teólogo protestante, nacido en 1596 en Bourgueil (Francia) y muerto en 1664 en Saumur. Hijo de una familia influyente de Orleáns, se graduó en leyes en la Universidad de Poitiers (1616), pero la lectura de la *Institución de la Religión Cristiana*, de Juan Calvino*, le estimuló a dedicarse a la teología. Estudió en Saumur bajo la tutoría del distinguido teólogo escocés Juan Cameron y fue ordenado para el ministerio. Después de un breve periodo de ministerio en St. Aignan, en el año 1626 tuvo un llamamiento para el ministerio en el propio Saumur y pronto adquirió tal prestigio en la Iglesia Reformada de Francia que el año 1631 fue elegido para presentar al rey Luis XIII una lista de infracciones del Edicto de Nantes (1598), el cual había sido promulgado para proteger los derechos de los protestantes franceses. El año 1633, fue nombrado profesor de teología en la Academia de Saumur, donde tuvo como colegas a L. Cappel y J. de la Place; los tres contribuyeron a elevar el nivel académico de la institución. Estudiantes de muchas partes, en especial de Suiza, eran atraídos por lo que allí se enseñaba, que pronto comenzó a considerarse como «novedades teológicas». El Consenso Helvético de 1675 se redactó para atajar estas innovaciones de Saumur. Amyraut fue atacado especialmente debido a su enseñanza sobre la gracia* y la predestinación*, que parecía desviarse del Sínodo de Dort.

Amyraut publicó primero sus ideas en su *Traité de la Prédestination* (Saumur 1634), que inmediatamente provocaron un gran revuelo. Amyraut se tenía por calvinista ortodoxo, siendo gran conocedor de los escritos de Calvino, pero se mostró disconforme con las enseñanzas del calvinismo del siglo XVII acerca de la gracia y la predestinación. Se produjo una encendida controversia. Acusado de herejía en tres sínodos (años 1637, 1644 y 1659), fue declarado inocente en los tres casos, aunque impuso silencio en ambos lados, pero los ataques no dejaron de producirse. Mientras que los franceses no veían ningún peligro en la enseñanza de Amyraut, los holandeses y suizos no dejaban de hostigarle. Finalmente la Iglesia Reformada de Suiza preparó una Fórmula (1675) contra el amiraldismo, muerto ya Amyraut, pero el amiraldismo fue ganando adeptos en todas partes hasta el día de hoy.

Por otra parte, Amyraut intentó tender un puente hacia los luteranos, molestos por las declaraciones del Sínodo de Dort (1618-1619) en cuanto a la extensión de la redención llevada a cabo por Cristo en el Calvario. Como ya dije en el art. *Amiraldismo**, Amyraut sostuvo que Cristo murió por todos los hombres, aunque sólo se salven los que se apropian por fe el fruto de la redención. A esto se ha llamado «universalismo hipotético», lo cual es equívoco, pues también se puede aplicar al arminianismo*. Dios, dice, quiere que todos los hombres se salven, pero con la condición de que crean, condición que se podía cumplir en abstracto, porque, debido al hecho de la corrupción inherente, los hombres rechazan obstinadamente ser salvos. De modo que el deseo de salvación universal de hecho no salva a ninguno. Dios también desea en particular salvar a cierto número de personas con su gracia y dejar al resto. Los elegidos se salvarán inevitablemente, como los otros se perderán. El punto esencial del amiraldismo, entonces, es la combinación de un particularismo real con un universalismo ideal. Amyraut percibió con claridad que esta doctrina

Moisés Amyraut (1596-1664)

hacía pocas diferencias en la práctica, por lo que en sus últimos años de vida no insistió en el tema, sino que se dedicó a temas no controversiales, especialmente a su sistema de teología moral: *La Morale Chrestienne*, en 6 vols. (Saumur 1652-1660). «La significancia real de la enseñanza de Amyraut reside en el hecho de que, mientras dejó sin cambios las doctrinas esenciales del calvinismo, trajo al frente su mensaje ético y sus puntos de interés humano universal» (E. F. Karl Müller, *Encyclopedia of Religious Knowledge*, Schaff-Herzog). AR

ANABAUTISTAS (cf. tamb. *Menonitas*) También mal llamados Anabaptistas, se da este nombre a un movimiento protestante que comenzó en tiempos de la Reforma, pero distanciándose de las enseñanzas de Lutero y de Calvino en algunos puntos importantes de doctrina y de conducta. De ellos proceden las diferentes ramas de bautistas que existen en la actualidad. El punto central de los anabautistas fue la administración del bautismo a solos los adultos que, habiendo tenido la experiencia de una sincera conversión, hagan confesión de su fe al recibir el bautismo. Algunos anabautistas fueron panteístas, otros antitrinitarios y otros bíblicos. Como bien escribe Howard F. Vos, «los modernos bautistas, que gustan de situarse en la tradición anabaptista, deberían recordar que algunos grupos de ellos no eran verdaderamente bíblicos. Además, muchos que insistían en el bautismo con agua después de una experiencia de conversión, no bautizaban por inmersión. La posición doctrinal de los anabaptistas bíblicos está más estrechamente relacionada con el moderno punto de vista menonita que con la teología bautista» (*Breve historia de la Iglesia*, p. 93. Portavoz, Grand Rapids 1988).

Desde el principio, los anabautistas se dividieron en dos grandes grupos, bajo dos nombres bien conocidos: los llamados «revolucionarios» de Tomás Muntzer* que, con resabios de una mística medieval, propugnaban una transformación radical de la persona por obra del E. Santo, acompañada de la transformación exterior de la sociedad entera. La revolución murió, al mismo tiempo que el propio Muntzer, en mayo de 1525, en la masacre de los campesinos de Frankenhausen, instigada por el propio Lutero. El otro grupo, predominante en Suiza, tenía por jefe a Conrado Grebel. Su preocupación principal se centraba en mantenerse puros de lo mundano con una vida santificada, tras una verdadera conversión personal, el pacifismo, la no resistencia, la negativa a cualquier clase de coacción, tanto dentro de la Iglesia como en el Estado civil, el cumplimiento de la disciplina dentro de la Iglesia, la obediencia a la gran comisión y la comunidad de bienes llevada hasta las últimas consecuencias.

En cuanto a la doctrina, los anabautistas ponían el énfasis en la regeneración espiritual del convertido más bien que en la justificación por la fe, anteponiendo así lógicamente la regeneración a la justificación: Dios nos une a Cristo y, en virtud de esa unión, nos acepta sobre la base de la justicia imputada. En lo demás, su doctrina estaba de acuerdo con la ortodoxia tradicional, formulada en los concilios de Nicea, 1º de Constantinopla, Éfeso y Calcedonia, pero los anabautistas de Holanda y del norte de Alemania, por asegurar la concepción santa de la naturaleza humana de Jesucristo, sostuvieron doctrinas docetistas, diciendo que el Señor no había sido concebido de la sustancia misma de la carne de María, sino teniendo origen celestial y pasando a través de María sin contaminarse con la carne de pecado. Este error perdura todavía, especialmente en algunos países de América Latina.

Actualmente, los bautistas, es decir, los descendientes de aquellos anabautistas, están divididos en multitud de grupos, más o menos numerosos, que van desde los unitarios (cf. *Unitarismo*) hasta los llamados bautistas estrictos, decididamente calvinistas en cuanto a la gracia y la predestinación, etc. y aun éstos, divididos, p. ej. en Inglaterra, en tres grados de menos a más estrictos. Los del tercer grado llegan ya a ser supralapsarios (cf. *Decretos de Dios*) en predestinación, sosteniendo además la necesidad de una iluminación, una luz especial del E. Santo, que asegure a la persona supuestamente convertida de que ha nacido realmente de nuevo.

Bib. Norman Cohn, *En pos del milenio* (Alianza Ed., Madrid 1989, 3ª ed.); J. Driver, *Una historia de la Iglesia desde la perspectiva de la Iglesia de creyentes* (CEB, Madrid 1978); Cornelius J. Dyck, *Introducción a la historia menonita. Una historia popular de los anabautistas y los menonitas* (Clara-Semilla, 1996); W. R. Estep, *Revolucionarios del siglo XVI. Historia de los anabautistas* (CBP 1975); J. P. Fisher, *Historia de la Reforma* (CLIE, Terrassa 1984); Walter Klaassen, *Selecciones teológicas anabautistas: Fuentes primarias seleccionadas* (HP, Scottdale 1985); G. H. Williams, *La reforma radical* (FCE, México 1983); John H. Yoder, *Textos escogidos de la Reforma radical* (HP, Scottdale 1984).

ANÁLISIS Viene del gr. *análusis* = disolución, es decir, descomposición de algo en sus elementos integrantes, por lo cual el vocablo griego se traduce en el NT por partida o muerte. Así se traduce la única vez que ocurre (2 Ti. 4:6). El vb. correspondiente, *analúo,* se traduce igualmente por ser desatado (RV09) o partir (RV60).

En su sentido filosófico, análisis es el método que consiste en descomponer mentalmente un todo (real o de razón) en sus constitutivos esenciales. Cuando se trata de un todo conceptual, el método analítico consiste en descomponerlo en sus contenidos parciales, a los cuales se da el nombre de notas. Cuando una de ellas se predica del todo en una proposición, resulta un juicio analítico. P. ej. el triángulo es una figura geométrica que tiene tres ángulos. Tener tres ángulos es una nota común a todos los triángulos, pero no nos da todo lo que puede ser un triángulo ni su división en equilátero, isósceles y escaleno. En este sentido entiende el propio Kant el juicio analítico como juicio explicativo. Sin embargo, hay quienes admiten la definición de juicio analítico cuando el predicado, sin ser nota contenida en el concepto del sujeto, se deriva necesariamente de su contenido como una propiedad esencial del mismo. R. Verneaux, en su *Introducción General y Lógica* (págs. 179-180 de la versión castellana), pone el ejemplo siguiente: «el todo es mayor que la parte. Ahora bien, no entra en la definición del todo el ser mayor que

una de sus partes, su definición es ser un conjunto de partes. Ser mayor que las partes es simplemente una de sus propiedades». (cf. tamb. *Predicable*).
Dentro de la lógica pura, se llama también análisis al proceso de ascender de la conclusión a las premisas, del efecto a la causa, etc. Lo contrario de análisis es síntesis*.

ANACORETA Del latín medieval *anachoréta*, y éste del griego cristiano *anakhoretes*, verbo *anakhorein* = retirarse. Se refiere a los primeros hombres, como Pablo de Tebas y Antonio el Egipcio, que se retiraron al desierto para huir de la sociedad y dedicarse íntegramente a la purificación de sus deseos, pensamientos y acciones en espera de la segunda venida de Cristo. El anacoreta es un hombre solitario, un ermitaño, su actitud –*anacoresis*– es la desconfianza hacia lo creado en cuanto distracción del fin último y supremo de la vida: adorar a Dios y luchar contra las tentaciones del mundo, el demonio y la carne.
Tanto por razones sociales como religiosas, las cuevas y tumbas de los desiertos de Egipto, Siria y Palestina se llenaron de ascetas retirados del mundo en la más completa soledad. «Al partir para los desiertos de Egipto, en el siglo IV, lejos de un mundo condenado por Dios, *los hombres ebrios de Dios* hicieron suyo, inconscientemente, el viejo sueño del cristianismo: vivir para siempre al margen del mundo y de la historia en espera del nuevo Reino de los cielos» (Lacarrière). La lectura de la vida de Antonio fue un factor determinante en la conversión de Agustín* (*Confesiones* VIII, 6), y durante siglos marcó la espiritualidad de la Iglesia. Lutero fue el primero en enfatizar el trabajo en el mundo y para el prójimo como una vocación religiosa agradable a Dios y más santa que el desentenderse de las obligaciones sociales en nombre de un supuesto deber religioso no ordenado por Dios. AR
Bib. San Atanasio, *Vida de Antonio* (Sígueme / Ciudad Nueva); J. Lacarrière, *Los hombres ebrios de Dios* (Aymá, Barcelona 1964); San Paladio, *Historia lausiaca* o *Los padres del desierto* (AM, Sevilla 1991).

ANALOGÍA Del latín y griego *analogia* = proporción, semejanza; que procede del gr. *análogon* = según proporción; siempre entraña la idea de semejanza. Tipo de razonamiento que hace afirmaciones sobre un objeto en base a las semejanzas con otro objeto más o menos similar. Los matemáticos griegos entendieron la analogía como proporción o razón de proporcionalidad (A es a B como C es a D). Platón* aplicó la analogía no ya a cantidades o magnitudes, sino a ciertas ralidades. Así, para él, la idea de Dios hace posible el conocimiento en el mundo inteligible como el sol hace posible la visión en el mundo perceptual. Aquí, una relación aún desconocida queda establecida por analogía con otra que nos resulta familiar. En la Edad Media se desarrollaron diversas taxonomías de la significación analógica por oposición a la univocidad y a la equivocidad. Lo más corriente es distinguir entre analogía de atribución y de proporcionalidad, si bien la relación analógica en sí podía ser, a su vez, metafórica o propia. Todas estas distinciones dentro de la escolástica*, en la medida en que, bajo su aspecto estrictamente técnico, afectaban a cuestiones últimas de la metafísica. En la época moderna el concepto filosófico de analogía recibió una atención mucho menor que en la escolástica medieval. El razonamiento por analogía va de lo particular a lo particular, y no posee nunca, desde el punto de vista lógico-formal, una fuerza probatoria concluyente, sino únicamente verosímil o probable.
En lógica un término que se predica de un sujeto puede ser sinónimo, unívoco, equívoco o análogo. Es sinónimo cuando el predicado coincide totalmente con el sujeto en su contenido; p. ej. «el hombre es un animal racional». Es unívoco cuando el predicado, desde un concepto diverso del sujeto, coincide enteramente con él en un sector determinado; p. ej. «hombre» como predicado del sujeto "Pedro". Como también podemos decir «Pablo es hombre», el término «hombre» se aplica a ambos por univocidad. Es equívoco cuando, sonando igual (equí-voco = igual voz), designa un concepto totalmente diferente; p. ej. vela suena igual si se trata de una vela de cera, de una vela de navío o de una vela por la noche junto a la cabecera de un enfermo. Finalmente, es análogo cuando entre los conceptos del predicado y del sujeto hay una parte de coincidencia y otra parte de diversidad; p. ej. cuando en Ap. 5:6 se nos presenta a Cristo como «Cordero», este término nos hace ver que, por una parte, hay diversidad entre sujeto y predicado (Cristo no es un cordero literal) pero, por otra parte, hay una semejanza (Cristo fue inmolado como se inmolaba a los corderos en los sacrificios); por eso se aplica a Cristo por analogía.
Ahora bien, la analogía puede ser de dos clases: de atribución y de proporcionalidad. En la 1ª, el

término que sirve de base para la analogía se llama analogado superior, y la analogía se extiende a todos los sujetos que tienen en común el concepto base de la atribución. P. ej., si yo digo «mi cuerpo es sano», aplico la sanidad a mi cuerpo como analogado base. Pero también puedo decir: «Este alimento es sano», «este clima es sano». La analogía de atribución es de dos clases: de atribución intrínseca y de atribución extrínseca. En la 1ª, los análogos secundarios dependen del analogado superior solamente en cuanto al término lógico; es la que acabamos de analizar en el ejemplo propuesto de *sanidad*. En la 2ª, los análogos secundarios dependen del superior, no sólo en cuanto al término, sino también en cuanto al contenido; p. ej. el concepto de «ente», como ser existente, tiene un analogado superior en el que el «Ser» existe necesariamente como independiente de todo y como el Ente del que todos los demás dependen. Ese «Ente» es, por supuesto, Dios. Pero también los seres creados son «entes», ya que, aun teniendo un ser relativo, limitado y participado, son, al fin y al cabo, sujetos de un predicado (ser) que también puede predicarse de Dios, aunque de Él se predique por analogía de atribución extrínseca. Esta analogía del ser es negada de muy diferente manera por teólogos como J. Duns Scott, que afirma la univocidad del ser, y K. Barth*, que sostiene la equivocidad del ser, llegando a decir que la analogía del ser es una invención del Anticristo. Contra ambos extremos se alza la filosofía aristotélico-tomista, que defiende la analogía del ser en la forma que acabo de explicar.

En la analogía de proporcionalidad, cada uno de los analogados tiene por predicado un término con el que guarda una relación de coincidencia y diversidad a un mismo tiempo, mostrando una proporcionalidad de relación recíproca. Así, p. ej. de un hombre cualquiera de carácter dominante y avasallador se puede decir que es «un león», en cuanto al aspecto particular del león como fiera. Pero también puede predicarse de un rey bondadoso, no avasallador, pero sí dominando con su poder y majestad, como domina el león en el reino de los animales no domesticados. En este sentido se dice de Cristo en Ap. 5:5 que es el León de la tribu de Judá. Para mejor captar el concepto de analogía, nótese que en ese mismo v. se dicen de Cristo otras cosas (tamb. por analogía) que nada tienen que ver con el concepto de «león». Esta analogía es igualmente de dos clases: propia, si la relación apunta en ambos analogados a un contenido esencial común a ambos. Es el caso de la relación que guardan respecto al «ser» tanto Dios como las criaturas, pero de modo esencialmente distinto, porque Dios lo hace de un modo necesario, mientras que los seres creados la guardan de modo contingente*. La analogía de proporcionalidad es impropia, cuando la relación del analogado secundario no apunta a un contenido esencial común, sino sólo a un efecto semejante al que se desprende de aquel contenido; por ej. «aquel jardín lleno de flores me sonreía»; no es que realmente sonriera, por supuesto, sino porque el verlo me causaba un sentimiento de alegría parecido al de un rostro humano que realmente me sonría. En esta analogía de proporcionalidad impropia se basa el lenguaje metafórico, que puede resultar encantador cuando un buen poeta o un buen prosista echan mano de los recursos de su rica imaginación.

Por cierto, en el sentido de proporcionalidad impropia es como se aplican a Dios, no sólo predicados que de ningún modo pueden convenirle literalmente, como cuando leemos «Dios es la Roca», sino también especialmente en los antropomorfismos, cuando las Escrituras nos hablan de los dedos, del brazo, de los oídos, de los ojos, etc. de Dios, como si se tratara de un ser humano. La Biblia contiene en esto una intención pedagógica, presentándonos de forma pictórica el carácter y el obrar de Dios de un modo inteligible, dentro del fondo semita en que está enmarcada la literatura de las Sagradas Escrituras. P. ej., cuando la Biblia nos presenta a Dios con «el brazo desnudo (*remangado*) y extendido», nos dice mucho más que con cien expresiones de conceptos de teología purgada de metáforas.

Históricamente, los místicos* neoplatónicos, con su énfasis en la vía negativa (no podemos saber lo que Dios es, sino a través de lo que no es), insistieron en la equivocidad, desdeñando tanto la univocidad como la analogía. Entre los antiguos, destacan a este respecto Plotino y el Seudo-Dionisio. En la Edad Media, su mayor representante fue Eckhart y, en la Edad Moderna, su mejor representante es el español Juan de la Cruz.

ANALOGÍA DE LA FE Esta expresión se formó con base en la Biblia, aunque su significado haya variado a lo largo de la historia de la Iglesia. Pablo usa la expresión conforme a la proporción de la fe (Ro. 12:6, única vez en que el vocablo gr. *analoguían* ocurre en todo el NT) para dar a entender al creyente cristiano que ha de

ejercitar el don de profecía en la medida en que su fe individual lo permita. De esta forma, la expresión es semejante a la que, unos vv. antes (Ro. 12:3), usa: *hekásto hos ho Theós emérisen métron písteos* = a cada uno como repartió Dios la medida de fe.
A lo largo de la historia la expresión paulina «analogía de la fe» se desvió algún tanto para significar distintos conceptos, el principal de los cuales sirvió para plasmar en un principio general de hermenéutica la norma de apelar al contexto general de la Escritura para iluminar un determinado pasaje mediante su comparación con otros textos que tratan de la misma materia, pues siendo Dios el autor principal de la Biblia, lo que se dice en un lugar no puede contradecir a lo que se diga en otro acerca del mismo tema. Sólo así puede determinarse con acierto lo que realmente nos revela Dios en la letra del original. P. ej. el tono peyorativo que adquiere la ley mosaica en Ro. 10:4 y Gá. 3:13 se aclara con mejor luz si se tiene en cuenta el tono positivo que esa misma ley mosaica obtiene en las expresiones que el propio Pablo pronuncia en Ro. 7:12, 14 y 16. Así se ven las dos caras del rostro de la ley: por un lado, no sirve como medio de salvación; pero, por el otro, expresa la voluntad de Dios de que los mandamientos de la Ley sirvan de pauta universal de conducta.
Agustín de Hipona* extendió el principio bíblico al decir que la interpretación de las Escrituras no debe violar la regla de fe expresada en el Credo de la Iglesia. El valor de la exégesis de un individuo está sometido al cuerpo de enseñanzas cristianas universalmente aceptadas; no puede aceptarse una exégesis que contradiga a la «analogía de la fe cristiana». En tono similar, pero menos pegado a la tradición, Lutero hizo notar que el principal intérprete de la Escritura es la Escritura misma. La comunidad cristiana debe velar para que la interpretación de la Biblia no se haga acudiendo a otras fuentes ajenas a la Escritura. Por el contrario, la Iglesia de Roma ha insistido cada vez más en que la Biblia ha de ser interpretada de acuerdo con la tradición, es decir, con las declaraciones de los concilios, los documentos de los papas y el consenso unánime de los escritores eclesiásticos de la antigüedad, los llamados Padres de la Iglesia. Ya desde la Edad Media, p. ej. Bonifacio VIII (papa de 1294 a 1303), pero especialmente desde el Vaticano I (1870), el árbitro supremo de la fe «divina y católica» (*Escritura y Tradición*) es el Romano Pontífice. El propio Pío IX contestó a un obispo recalcitrante: *La Tradizione sono io* (¡Yo soy la tradición!). Contra esta arrogancia, los Reformadores plasmaron en su *sola Scriptura* = la Escritura sola un principio fundamental de interpretación que no puede ser violado por ninguna autoridad eclesiástica.
Finalmente necesito aclarar que la Reforma propugnó «el libre examen» de las Escrituras, pero no «la libre interpretación de las Escrituras». Ningún creyente, ni el más experto, puede seguir su interpretación personal, subjetiva. Es menester que, después de un estudio reflexivo, junto con la oración y la observancia de las normas de hermenéutica sagrada, se deje conducir humildemente por el E. Santo, teniendo en cuenta que no es el único a quien el E. Santo «habla». En textos o porciones difíciles, busque el apoyo de otros hermanos, de espiritualidad reconocida y maduros en el discernimiento por su experiencia en el estudio de la Biblia.
Bib. L. Berkhof, *Principios de interpretación bíblica* (CLIE, Terrassa); A. Ropero, *Historia, fe y Dios* (CLIE, Terrassa 1997).

ANALOGÍA DEL SER Del latín *analogia entis*, doctrina de teología escolástica medieval que afirma que una causa deja una impresión de sí misma en el efecto, de manera que podemos razonar partiendo del efecto a la causa. Dios como Creador es la causa del universo y, por lo tanto, se puede razonar desde el universo hacia Dios. Defendida por Tomás de Aquino*, es una de las doctrinas más importantes de la teología catolicorromana. Karl Barth* la atacó directamente diciendo: «Considero la *analogia entis* como la invención del Anticristo, y creo que por razón de ella no puede uno hacerse católico» (*Church Dogmatics*, I, 1, x). Según Barth la revelación es dada desde la libertad de Dios y es, por lo tanto, soberana, ofrenda, no rastro seguido por el hombre. Llega a éste inesperadamente y sin comprensión previa de sus perfiles. No se puede probar la existencia de Dios* desde la analogía del ser y deducir los atributos divinos. Para Barth la analogía del ser da al hombre una afinidad con la revelación antes de que la revelación sea dada. Concede al hombre una aptitud para la revelación previa a la revelación, que entra en conflicto con la doctrina de la caída*. En contraste a la analogía del ser, Barth presenta la analogía de fe*. Por su libertad y soberanía Dios usa palabras para expresar la verdad acerca de sí mismo, acomodadas* al entendimiento humano, que están en analogía de la verdad.

Emil Brunner*, opuesto a Barth en su rechazo absoluto de la teología natural, defiende conservar la analogía del ser, pues si Dios es creador, la creación debe reflejar a Dios en algún grado. La doctrina de la analogía del ser pertenece a la doctrina de la creación, lo que no quita que esté expuesta a la distorsión del pecado.

Bib., B. Ramm, *DTC*, «Analogía del ser»; Alfonso Ropero, *Filosofía y cristianismo* (CLIE, Terrassa 1997).

ANATEMA Término griego utilizado para designar la ofrenda ofrecida a una divinidad. Los cristianos primitivos consideraron impía esta práctica como una ofrenda hecha a los demonios, con quienes a menudo identificaban a los dioses paganos. Los traductores griegos del AT (versión de los Setenta) adoptaron el término para expresar la palabra hebrea *hérem*, que indicaba la práctica de dedicar a Dios cosas y personan que debían ser inmoladas o destruidas. En el NT se mantiene el sentido hebreo de persona o cosa herida por la maldición divina y destinada a la destrucción, mereciendo además la separación de la Iglesia cuando significó el castigo a los propaladores de graves errores heréticos. Hacia el siglo III el verbo y el nombre empezaron a figurar en las expresiones de los Concilios (Elvira, 300; Nicea, 325) en el sentido de sanción contra los herejes. El anatema fue así sinónimo de excomunión e incluso de amenaza de sanciones canónicas contra los ladrones y violadores de tumbas. AR

ANCIANOS Del latín *senex*, que traduce el gr. *geros*. En el Antiguo Testamento se refiere a las personas mayores de edad, en virtud de la cual se las considera más sabias y experimentadas, por lo que, junto al resto de las culturas antiguas, ejercían funciones de gobierno. Había ancianos en los pueblos de Egipto (Gn. 50:7); de Moab y Madián (Nm. 22:7).

Durante la peregrinación en el desierto se formalizó la institución de ancianos, hebreo *zaquén*, debido al consejo de Jetro (Éx. 18:21). En el período siguiente, cada ciudad tenía su cuerpo de ancianos, que actuaban como jueces (Dt. 19:12; 21:2; 22:15; Jos. 20:4). El número de 70 quedó como norma (Éx. 24:1; Nm. 11:16-25; Jue. 8:14). A nivel local una comunidad de 120 personas o más podía elegir siete ancianos (*Mishna*, Sanedrín 1:6; cf. Hch. 1:15). En la época del NT los ancianos de Israel ejercían autoridad juntamente con los principales sacerdotes y formaban parte del Sanedrín.

En las sinagogas había un consejo de ancianos gobernantes, que fue imitado por la asamblea cristiana. Cada congregación tenía su consejo de ancianos o presbíteros (gr. *presbiteroi*), que presidían los cultos, visitaban a los enfermos y predicaban la Palabra (1 Ti. 5:17).

Pablo llama *obispos* a los ancianos de Éfeso (Hch. 20:28), no porque se tratase de una categoría diferente, sino por su función supervisora, gr. *episcopoi*. = vigilante. Obispo y anciano son términos intercambiables y equivalentes en el NT, aunque se discute que pudiera haber ancianos que no eran *episcopoi*.

En tiempos de la Reforma, Calvino* enseñó que el oficio de anciano es uno de los cuatro «órdenes u oficios» que Cristo había instituido para el gobierno ordinario de la iglesia, siento los otros, pastores, doctores (maestros) y diáconos. Los ancianos, como representantes del pueblo, junto con los pastores, eran los responsables de la disciplina. En Escocia, el anciano fue ordenado para toda la vida sin imposición de manos, y se le dio la responsabilidad de examinar a los miembros y de visitar a los enfermos.

En ninguna parte del NT se da el título de sacerdotes* a los ministros de la iglesia, pues su labor es pastoral y misionera, y no sacrificial y mediadora. AR

Bib. Alfred Küen, *Ministerios en la Iglesia* (CLIE, Terrassa 1995). T. Witherow, *La Iglesia de los apóstoles* (Ed. Peregrino, Ciudad Real 1993); W. E. Vine, *DEPNT*, «anciano».

ÁNGEL El vocablo gr. *ánguelos*, del que procede nuestro cast. ángel, significa primordialmente «mensajero», como el correspondiente hebr. *malákh*. Es en el NT (con la excepción de Lc. 7:24; 9:52 y, quizás, Ap. 1:20) donde se clarifica su significado específico de seres celestiales de naturaleza espiritual. Con esto, el término usado por la Palabra de Dios nos indica las funciones que estos seres desempeñan: alaban en el Cielo a Dios (Ap. 4:5), cuyo rostro contemplan (Mt. 18:10). Son, por supuesto, seres creados (Sal. 148:2, 5; Col. 1:16), pero ocupan una posición de extraordinaria autoridad y especial poder, protegiendo al pueblo de Dios (Sal. 34:7; Dn. 12:1) y hasta participando en los asuntos de la política internacional (cf. Dn. 10:20).

Los ángeles se distinguen, no por su naturaleza, sino por su rango y sus funciones: Sólo uno, Miguel, es llamado *arcángel* = ángel jefe o jefe de ángeles (cf. Dn. 12:1; Ap. 12:7). Gabriel es el otro que figura con su propio nombre como Miguel, pero en ningún lugar se le llama arcángel. Con el apoyo del apócrifo Tobit (o Tobías), la Iglesia de Roma admite otro arcángel (Rafael) junto con Miguel y Gabriel. Con términos prestados de los LXX, el NT aplica a los ángeles términos gr. como: *dunámeis* = poderes, *exousíai* = autoridades, *arjái* = principados y *arjóntes* =gobernantes (o gobernadores), vocablos que parecen designar rangos especiales. Los serafines (hebr. *serafim* = ardientes) proclaman incesantemente a Dios como el Santo, santo, santo = *Santísimo* (cf. Is. 6:3), mientras que los querubines (hebr. *kerubim*) están encargados de velar por el honor de Dios y por el cumplimiento de su voluntad (cf. Gn. 3:24). Aunque los ángeles son superiores al hombre en naturaleza, en He. 1:14 se dice de ellos que «son enviados para servicio (gr. *diakonían*) a favor de los que van a heredar salvación» (lit.). Privilegio de la Iglesia es ser, en cierto modo, «maestra» de los ángeles, pues Pablo asegura (cf. Ef. 3:10) que «la multiforme sabiduría de Dios es dada a conocer ahora por medio de la Iglesia a los principados y potestades en los lugares celestiales» (cf. tamb. la frase final de 1 P. 1:12). Algo que para muchos pasa desapercibido es que los ángeles nunca aparecen en la Biblia cantando, sino diciendo. Tanto es así que, en Ap. 5:8-10, los 24 ancianos (seres humanos) aparecen cantando, pero, tan pronto como al coro se suman los ángeles, se acabó el canto (cf. v. 12, que decían, etc.). Por todo lo cual, me atrevo a decir: Los ángeles son superiores al hombre en naturaleza, pero inferiores en gracia.

Lugares como Mt. 18:10 y Hch. 12:15 han dado pie para hablar del ángel de la guarda, figura que ha encantado a niños y mayores, durante muchos siglos, en la Iglesia de Roma. Por reacción inevitable, la época de la Ilustración (siglos XVIII y XIX) quiso desentenderse de los ángeles como seres fantásticos, restos del politeísmo primitivo.

Satanás y sus ángeles son presentados en la Palabra de Dios como tales, es decir, como ángeles, puesto que lo son por naturaleza, aunque caídos de la comunión con Dios (cf. *Satanás, Demonio*).

Bib. C. Fred Dickason, *Los ángeles: escogidos y malignos* (Portavoz, Grand Rapids 1997); *Los nombres de los ángeles* (Portavoz, Grand Rapids 1999); Billy Graham, *Los ángeles. Agentes secretos de Dios* (Caribe, Miami 1984); L. Miller, *Todo sobre los ángeles* (CLIE, Terrassa); B. Schlink, *El mundo invisible de los ángeles y demonios* (CLIE, Terrassa).

ÁNGEL DE JEHOVÁ Tanto en el AT como en el NT, el ángel de Jehová (hebr. *malakh yhwh*) parece designar un ser celestial que actúa a favor del pueblo de Israel globalmente y de algunos individuos en especial. Ateniéndonos únicamente a la letra del original hebreo, no es fácil determinar las características de este personaje. Entre los modernos expositores de la teología bíblica, hay una diferencia notable entre los que podríamos llamar «liberales» y los que podríamos llamar «tradicionalistas», a falta de un vocablo que exprese mejor la posición que adoptan al respecto. Entre los primeros, destacan Eichrodt, para quien la presencia de esta figura en la Biblia se debe a un intento de expresar una teofanía en términos menos directos, como consecuencia de la primitiva experiencia acerca de la imposibilidad de ver a Dios, y Von Rad, quien sugiere que la figura entró en algunas de las tradiciones más antiguas de Israel como sustitución de una deidad de Canaán. Los «tradicionalistas» lo interpretan como una verdadera teofanía. Ya desde Justino Mártir (a mediados del siglo II), el ángel de Jehová ha sido identificado como sinónimo del Cristo preencarnado.

Lo curioso del caso es que su primera aparición en la Biblia (Gn. 16:7) fue para dar ánimo a una mujer, extranjera, esclava, que se escapaba de los malos tratos que le daba su señora. En algunas porciones, el ángel de Jehová se identifica con Dios mismo (cf. Gn. 16:13; Jue. 6:14; 13:21-22), en otros se distingue de Dios, como se ve por las alusiones del propio Jehová al ángel de Jehová (cf. Éx. 23:23; 32:34) y le habla (cf. 2 S. 24:16; 1 Cr. 21:27), o es el ángel el que habla a Jehová (cf. Zac. 1:12) o el que, bajo el nombre mismo de Jehová, se refiere a otro que es Jehová (cf. Zac. 3:1-2. Sin embargo, este lugar no prueba, pues la RV60 traduce erróneamente por imper. el impf. *yigár*, que sólo puede verterse aquí por pres., como acertadamente lo vierte L. Alonso Schökel en la NBE y en la Biblia del Peregrino). En honor a la verdad, tengo que decir que, sin estar de acuerdo con opiniones liberales como la de Von Rad, la identificación del ángel de Jehová con el Cristo preencarnado carece de una base firme. Respecto a un lugar que suele citarse en apoyo de la mencionada identificación (Mi. 5:2), L. Alonso Schökel muestra de modo convincente que los «orígenes» (mejor que «salidas») del que había de ser «Jefe en Israel» = Cristo (cf. Mt. 2:4-6), se remontan no a la eternidad, sino a Rut 4:17-22, donde se endereza la genealogía de David, como cabeza de la dinastía real del que,

En portada el Arzobispo Robert Runcie (1921-2000)

ya desde Mt. 1:1, será, por excelencia «el hijo de David».

ANGLICANISMO Se designa con este nombre a una comunión mundial (Comunión Anglicana) de iglesias separadas de Roma, surgida en Inglaterra, Gales e Irlanda en tiempos de la Reforma y llevada después a las posesiones británicas del extranjero por misioneros o simples emigrantes. Su principal fundador fue Tomás Cranmer (1489-1556), arzobispo de Canterbury desde el año 1532. Cranmer fue depuesto por la Iglesia de Roma, bajo acusación de herejía, pero con el apoyo de Enrique VIII, no vaciló en seguir adelante con sus reformas, hasta que, a la muerte de Eduardo VI (1553), subió al trono su hermana María Tudor, hija de Enrique y de Catalina de Aragón (llamada «María la sanguinaria»), católica como su madre, y persiguió con saña a los protestantes, haciendo morir a Cranmer en la hoguera con aplauso del papa. Pero ya Canterbury se había convertido en la cabeza visible del anglicanismo (Iglesia de Inglaterra) y lo sigue siendo en nuestros días. Cranmer no pensaba fundar una nueva Iglesia, sino cambiar, a la luz de la Biblia, todo lo que consideraba necesario reformar. Era un hombre muy instruido y, además, aprendió mucho de los principales Reformadores como Lutero* y Calvino*, pero no llegó a identificarse con ellos. Conservó la forma episcopal en la Comunión Anglicana, pero sin la excesiva autoridad con que se ejerce en la Iglesia de Roma. Como norma de fe y conducta, se redactaron los Treinta y Nueve Artículos, aunque éstos adquirieron su forma definitiva bajo el reinado de Isabel I (1571) y se creó la liturgia propia con el Libro de Oración Común. Se mantuvo la organización en diócesis y parroquias, se adoptó el bautismo de niños y quedó establecida la Iglesia de Inglaterra como Iglesia oficial del Estado. Ya durante el reinado de Enrique VIII, que nunca abrazó la fe reformada, se autorizaron las versiones de la Biblia en inglés, sin permiso del Papa. El Anglicanismo no se ha mantenido compacto con la misma unidad que la Iglesia de Roma consiguió universalmente, y desde la Edad Media tras el Cisma de Oriente, sino que se ha fragmentado en grupos más o menos fieles a la fe reformada, además del éxodo de disidentes (cf. *No Conformistas**) que, especialmente desde el año 1662 (durante el reinado de Carlos II), fueron saliendo de la Iglesia oficial en grupos que luego se organizaron en comunidades presbiterianas, congregacionalistas, de cuáqueros, metodistas, hermanos de Plymouth, etc. La propia Comunión Anglicana fue dividiéndose en los tres grandes grupos que la forman actualmente: La Iglesia Baja, de evangélicos fieles a la fe reformada (aunque actualmente al menos, habremos de poner entre comillas lo de «evangélicos»), La Iglesia Ancha, donde el liberalismo y el modernismo han hecho presa, y La Iglesia Alta, de los llamados anglocatólicos, cuyas prácticas litúrgicas y sacramentales escasamente se diferencian de las de la Iglesia de Roma. Desde el Movimiento de Oxford (1838), cuando el anglocatolicismo recibió su nombre (cf. *Tractarianos*), el éxodo de anglicanos hacia Roma ha sido constante, especialmente desde el Vaticano II (1962-1965). Los principales artífices del Movimiento de Oxford fueron los clérigos anglicanos Eduardo Pusey, Juan Keble y Juan Enrique Newman*. Unos, siguiendo a Pusey, permanecieron en la Comunión Anglicana; otros, siguiendo a Newman, abrazaron el catolicismo romano. El propio Newman fue consagrado obispo católico y, después (1879), creado cardenal por León XIII. En España, ya en los inicios de la llamada Segunda Reforma (1868), el exiliado exsacerdote Juan Bautista Cabrera volvió a España y se puso a trabajar con gran denuedo, él fue el primer obispo reformado de Madrid (Iglesia Española Reformada Episcopal), iniciando una tradición que perdu-

ra hasta hoy. Pertenece a la Comunión Anglicana. Precisamente el actual obispo episcopaliano de Madrid, Carlos López, fue consagrado por el arzobispo de Canterbury George Carey en un acto que tuvo gran repercusión en la prensa nacional.
Bib. Aureli Boix, ed., *Via media de la Iglesia anglicana* (Universidad Pontificia, Salamanca 1995); Carlos López Lozano, *Precedentes de la Iglesia Española Reformada Episcopal* (Madrid 1991); Douglas Milmine, redactor, *La Comunión Anglicana en América Latina* (Santiago, Chile 1993); Stephen Neill, *El anglicanismo* (IERE, Madrid 1986); André D. Tolédano, *El anglicanismo* (Casal i Vall, Andorra 1959).

ANGUSTIA La angustia es siempre un sentimiento de temor ante un mal que se prevé cercano. Cuando este sentimiento sube de punto, se convierte en pánico. El mal que es objeto de la angustia puede ser real o imaginario. La angustia es un sentimiento negativo, porque no incita a enfrentarse con el mal, sino a escapar de él. En cuanto al origen de la angustia en un individuo determinado, tiene una finalidad de defensa propia; por eso, ante casos extremos, puede llegar a la agresión, aunque muchos individuos, lejos de agredir, se sienten como paralizados ante el peligro. Existen causas genéticas, pero de ordinario la extralimitación de la angustia se debe a una educación defectuosa. La angustia no sólo se da ante la amenaza de un mal físico, sino, más aún, de un mal que ataca a los valores espirituales de la persona.
Hay una angustia especial, cada día más frecuente, que puede llamarse angustia existencial. Se siente cuando entra en juego el sentido mismo de la existencia humana. A nivel general, se da frente a la certeza de la muerte (cf. Existencialismo). El temor a la muerte es un sentimiento saludable, en cuanto que nos confronta con la seriedad de las postrimerías del hombre (cf. Ec. 7:1-4); pero resulta morboso cuando paraliza la actividad humana impidiendo al ser humano usar debidamente sus facultades en el bien obrar; por eso es uno de los temores de los que el Señor Jesucristo nos ha librado con su obra redentora (cf. He. 2:14-15). Como consecuencia de esto, el apóstol Pedro (1 P. 5:7) exhorta a todos los creyentes a «descargar toda vuestra ansiedad sobre él (Dios), porque él se preocupa de vosotros» (lit.).

ANIMAL En filosofía, animal es el género último en que, por medio de la diferencia específica, se desciende a la última especie: *animal racional* = hombre, como distinto del puro animal, también llamado animal bruto. Prescindiendo de los detalles anatómicos y fisiológicos, que no pertenecen al objeto de este Diccionario, me limitaré a decir que donde se palpa la diferencia radical entre el ser humano y el animal bruto es en la falta de un pensamiento forjador de conceptos y capaz de un desarrollo propiamente cultural, como se infiere de la falta de un lenguaje conceptual articulado en los animales.
En teología, animal (gr. *psujikós*) se llama al ser humano que es incapaz de captar las cosas espirituales (cf. 1 Co. 2:14). Dentro de esa categoría tienen cabida no sólo los inconversos, que no son partícipes de la naturaleza divina, sino también los creyentes que Pablo llama carnales (cf. 1 Co. 3:1-4) con dos vocablos de la misma raíz, pero de sentido diferente: *sarkínos* = carnal por falta de madurez (vv. 1-2) y *sarkikós* = carnal por falta de espiritualidad (vv. 3-4). (cf. tamb. *Carnal, Espiritual*).

ANIMALES, TEOLOGÍA En la Biblia la creación del hombre es inmediatamente precedida por la de los animales, indicando así su íntimo parentesco. Pero frente al culto a los animales (zoolatría) tan extendido en la cultura oriental, la Biblia prohíbe divinizar a los animales y darles culto. El hombre es superior a los animales, como queda patente al darles nombre, o sea, mostrar autoridad sobre ellos. Los animales, sin embargo, son queridos por Dios y cantan las alabanzas de su Creador y Salvador. Los animales figuran en el simbolismo escatológico sobre la paz venidera en toda la creación (Is. 11:7-9; 35:9; 65:25). Aunque se ha acusado al cristianismo de indiferencia, e incluso de crueldad hacia los animales, no fueron los cristianos, sino los racionalistas, y Descartes* en cabeza, quienes redujeron los animales a condición de máquinas altamente complejas. Tanto Francisco de Asís como Tomás de Aquino* recomendaban ser amables con los animales, ya que éstos también sufren y, por tanto, no hay que causarles daño. La crueldad con los animales puede derivar fácilmente en crueldad con los hombres. La crueldad con los animales fue generalmente reprobada por sus malos efectos sobre el hombre. Los mismos puritanos, acusados de rigurosos y faltos de sentimientos, dieron muestras, sin embargo, de un comportamiento amable y generoso con los animales. Sensibilidad con los animales forma parte de una escuela de aprendizaje de sensibilidad con los hombres y viceversa.

Teólogos de gran talla –Schweitzer, Barth– se han ocupado de este tema, hasta la reciente creación de una cátedra de «teología animal», bajo la dirección de Andrew Linzey en la Universidad de Nottingham (Inglaterra). AR

Bib. Andrew Linzey, *Los animales en la teología* (Herder, Barcelona 1996).

ANIMISMO Del latín *anima* = alma, soplo vital. Creencia en la existencia de seres espirituales que animan todas las cosas, con capacidad de favorecer o perjudicar los intereses de los hombres. Según E. B. Tylor (1832-1917), fundador de la antropología cultural en el siglo XIX, esta creencia caracteriza el estadio más primitivo de la religión, tesis discutida por antropólogos modernos. Para Tylor, la creencia en los seres espirituales surgió cuando el ser humano primitivo, para explicarse de algún modo fenómenos como el sueño, la muerte, los ensueños y las visiones, llegó a concluir que poseía un alma en forma de fantasma separable del cuerpo. Tylor, cuáquero y positivista, pensó que el animismo desaparecería ante el empuje de la filosofía materialista, basándose en la falsa suposición de que los actuales *primitivos* son los supervivientes de aquella etapa primitiva de la evolución humana.

Tylor atribuyó al animismo una carácter universal, que explica su extensión por el miedo de los sueños. El culto de los muertos desempeña en él un papel preponderante. Esta tesis es puesta en duda por antropólogos como James Frazer y Marcel Mauss, que se niegan a considerar el culto de los espíritus como el origen de todas las religiones. El propio sucesor de Tylor en su cátedra de Oxford, Robert Ranulp Marett (1866-1943), criticó los análisis de su maestro. Los primitivos, asegura, no creen ni más ni menos que nosotros en los espíritus; tienen solamente tendencia a tratar los objetos como si tuvieran vida, que se explica por la tendencia humana «a concebir todos los seres como parecidos al hombre» (Hume). AR

Bib. E. B. Tylor, *Cultura primitiva, Los orígenes de la cultura*, t. 1 (Ayuso, Madrid 1977); *–La religión en la cultura primitiva*, t. 2 (Ayuso, Madrid 1981); *–Antropología* (Alta Fulla, Barcelona 1996); Emile Durkheim, *Las formas elementales de la vida religiosa* (Alianza Ed., Madrid 1993); E.E. Evans Pritchard, *Las teorías de la religión primitiva* (Siglo XXI, Madrid 1973).

ANIQUILACIÓN El vocablo procede del lat. *níhil* = nada y expresa un diverso campo de opiniones que tienen en común la creencia de que, si no todos, algunos seres humanos cesarán finalmente de existir. Dichas opiniones adquieren cuatro formas diversas: 1ª, Todos los seres humanos cesan de existir con la muerte (materialismo); 2ª, El ser humano es mortal por naturaleza, pero Dios otorga el don de la inmortalidad a los redimidos, dejando que el resto de la humanidad caiga en la nada (inmortalidad condicional); 3ª, El ser humano fue creado para la inmortalidad, y entra definitivamente en ella por la puerta de la salvación personal, imperdible, mientras que los réprobos cesan de existir (son reducidos a la nada) por un acto directo de la justicia de Dios. Esto lleva consigo la negación de un infierno eterno (aniquilacionismo propiamente dicho); 4ª, Como consecuencia de la definitiva extinción del mal, Dios redimirá finalmente a todos los seres racionales (universalismo). Contra todos ellos, la opinión tradicionalmente ortodoxa de todas las iglesias que se llaman cristianas ha mantenido siempre que todas las almas humanas tienen una existencia imperecedera y que la suerte del ser humano se sella irrevocablemente a la hora de la muerte.

En esta materia, como en todas las que afectan al destino del ser humano, no sirven las pruebas de la razón natural, es necesario acudir a las Escrituras. Me limito a citar los lugares bíblicos acerca del destino final de los réprobos: Is. 33:14; 66:24; Jer. 17:4; Dn. 12:2; Mt. 3:12; 18:8; 25:41, 46; Mr. 9:43-48; Lc. 3:17; Jn. 3:36; 2 Ts. 1:9; Jud. vv. 6-7; Ap. 14:11; 19:3; 20:10.

Me aventuro a decir que la clave de la cuestión, para defender o rechazar el aniquilacionismo propiamente dicho está en la forma de designar a la muerte como separación o como destrucción. No faltan expertos en la lengua griega y en el sentido de las Escrituras para sostener ambas designaciones. Entre los que entienden la muerte como separación, me limito a mencionar al profesor y escritor norteamericano C. C. Ryrie, para quien la muerte física es separación del alma respecto al cuerpo, la muerte espiritual es separación del ser humano respecto a Dios y la muerte segunda o muerte eterna es la separación definitiva del ser humano con respecto a la comunión con Dios.

Entre los que entienden la muerte como destrucción, citaré al político inglés E. Powell, gran conocedor del griego y de la Biblia, al eminente expositor bíblico inglés F. F. Bruce, al conocido pastor anglicano y evangelista inglés John Stott y al misionero y pastor inglés, residente en España, David Burt.

El libro de John Stott, (en colaboración con un anglicano liberal) *Essentials* (Hodder and Stoughton, 1988, London, Sydney, Auckland) es el más interesante al respecto. En el cap. 6º y último de dicho libro, en la sección de «Respuesta» (pp. 312-331), presenta en favor de su tesis aniquilacionista una variedad de argumentos que no puedo detenerme a analizar aquí. Animo a mis hermanos que tengan inquietud teológica como yo a que adquieran el libro y lo lean sin prejuicios de tradición. Por mi parte, me atrevo a decir que no todos los argumentos de J. Stott me convencen, pero hay tres que me inclinan a darle la razón (como él, tampoco yo me tengo por infalible o en posesión de la verdad en exclusiva). Los pongo por orden ascendente, de menos a más fuerza probatoria: 1º, el vb. gr. *apóllumi* tiene el sentido primordial de destruir; un análisis de las 90 veces en que ocurre en el NT nos lleva a esa convicción (aparte de los lugares en que aparece en los LXX del AT); 2º, la existencia eterna de los réprobos en el infierno parece ir especialmente contra cuatro lugares del NT, a saber: Jn. 12:32; 1 Co. 15:28; Ef. 1:10 y Fil. 2:10-11; 3º, un argumento derivado de la justicia de Dios. Stott prescinde, en este argumento, de si es fuego literal el que las Escrituras nos describen como «lago de fuego y azufre». Por muy tradicional que sea este concepto del infierno y yo mismo lo haya defendido en mis libros de hace 18 o 20 años, hay que estar dispuestos a considerarlo desde otra luz, como he hecho en *Curso Práctico de Teología Bíblica*.

Quien objete que el pecado tiene una gravedad en cierto modo «infinita» por ir contra un Dios infinitamente santo (argumento anselmiano, cf. *Anselmo de Canterbury*), debe saber que: Por muchos y graves que sean los pecados de un ser humano, no dejan de ser actos psicológicamente limitados en todos los sentidos y, por tanto, incomparables con la infinitud extensa de un infierno eterno. Stott arguye del modo siguiente, en una especie de silogismo: Ap. 20:12 nos dice que «fueron juzgados los muertos por las cosas que estaban escritas en los libros según sus obras». Ahora bien, eso significa que el castigo que se imponga estará dictado a la medida del mal cometido, según el principio aplicado en los tribunales judíos, en los que se limitaba estrictamente según la ley del talión: «vida por vida, ojo por ojo, diente por diente, mano por mano, pie por pie, etc.» (Éx. 21:23-25). Por consiguiente, «habría una seria desproporción entre los pecados cometidos conscientemente en el tiempo y el tormento conscientemente experimentado a lo largo de toda la eternidad».

Bib. David F. Burt, *En el umbral de la muerte* (Andamio 1994); F. Lacueva, *Curso Práctico de teología bíblica* (CLIE, Terrassa 1999).

ANSELMO DE CANTERBURY (1033-1109) Este eclesiástico, uno de los teólogos más grandes del Medievo, nació en Aosta, en el norte de Italia, pero fue educado en los mejores colegios de gramática y dialéctica en el norte de Francia, en Bec de Normandía, en cuya abadía benedictina ingresó a los 27 años de edad, donde era abad Lanfranco (1005-1089), excelente maestro. Anselmo fue nombrado prior de dicha abadía en 1063, y abad en 1078. En 1093 sucedió a Lanfranco por 2ª vez, ésta como arzobispo de Canterbury, cargo que desempeñó hasta su muerte. Pasó muchos años en el continente, desterrado por su defensa de los derechos del papa y por su esfuerzo en mantener a la Iglesia independiente del rey.

Anselmo puede ser tenido como el primer teólogo escolástico. Basado en una antigua versión latina de Is. 7:9, estableció como norma en su deseo de poner la erudición al servicio de la vida el lema lat. *fides quaerens intellectum* = la fe en busca de comprensión, entregándose al estudio de la gramática y de la dialéctica a fin de razonar más libremente sobre las verdades esenciales de la fe cristiana, dejando a un lado las Escrituras, cosa que disgustó mucho a Lanfranco. De entre sus numerosos escritos, destacan dos como los más importantes para conocer su pensamiento: el *Proslogion* (Coloquio) y el *Cur Deus Homo* (Por qué Dios se hizo hombre).

En el *Proslogion*, Anselmo desarrolló su famoso «argumento ontológico» para probar a priori (cf. A priori) la existencia de Dios. Decía así: «Dios es el ser mayor que pueda concebirse. Ahora bien, algo que existe en la realidad es mayor que algo que existe sólo en la mente. Luego Dios tiene que existir en la realidad y no sólo en la mente, de lo contrario no sería el ser mayor que pueda concebirse». Anselmo creía que su argumento era suficiente para convencer incluso al necio de Sal. 14:1. Pero otro monje llamado Gaunilo escribió inmediatamente otro libro en inglés *On Behalf of the Fool* (A favor del necio), rebatiendo el argumento de Anselmo. Más recientemente, Descartes quiso hacer lo mismo que Anselmo, pero sobre bases lógicas todavía más flojas. El punto débil del argumento ontológico, según lo propuso Anselmo, está en el paso indebido del orden lógico en la premisa mayor al ontológico de la premisa menor del silogismo, con lo que la conclusión cae por su base, según las normas evidentes de la lógica. En otras palabras, del concepto de Dios como existente (siempre un producto mental) no se puede derivar el hecho de su existencia (realidad ontológica).

En el *Cur Deus Homo*, la más importante de sus obras por su contenido teológico, Anselmo intentó demostrar por la vía de la justicia estricta que hay razones suficientes para explicar por qué fue necesario que el Hijo de Dios se hiciera hombre y ofreciese a Dios un sacrificio de expiación que satisficiera al Padre. El argumento que desarrolló para probarlo, y que ha sido hasta hace poco el oficial, no sólo en la Iglesia de Roma, sino también en la teología de los Reformadores, es el siguiente: «La injuria hecha al honor infinito de Dios por el pecado del hombre requería por parte del hombre una satisfacción equivalente, es decir, igualmente infinita. Ahora bien, sólo Dios tiene la necesaria dignidad infinita para satisfacer por una injuria infinita. Por consiguiente, el Hijo de Dios, igual al Padre en su naturaleza divina, tuvo que hacerse hombre para padecer en lugar del hombre y satisfacer cumplidamente por la injuria hecha al honor infinito de Dios». En respuesta a este argumento, hay que decir: 1º Es cierto que, tras la caída del hombre, Dios tenía que hacer algo, y ese «algo», según las claras enseñanzas del NT, requería la cruz del Calvario (cf. p. ej. Lc. 24:44-47). 2º Pero ese «algo», según el propio texto citado, es «algo más» que la Cruz. 3º Además, Anselmo fue más allá de la posición de la teología cristiana en cuanto a la necesidad de la Cruz, pues sostuvo que era algo absolutamente necesario, es decir, Dios no podía hacer otra cosa. La mayoría de los teólogos posteriores ha sostenido la necesidad de que Dios se hiciera hombre para morir en sacrificio expiatorio, pero sólo en el supuesto de que Dios exigiera una satisfacción condigna. Negarle a Dios la posibilidad de emplear otros procedimientos para perdonar el pecado equivale a coartar demasiado la libertad divina. A decir verdad, también en esto Anselmo daba un salto indebido desde el concepto a la realidad revelada.

Bib. Anselmo, *Obras completas*, 2 vols. (BAC, Madrid 1952); *Proslogion y sobre la verdad* (Aguilar / Orbis, Barcelona 1985).

Julián Marías, *San Anselmo y el insensato y otros estudios de filosofía* (Revista de Occidente, Madrid 1944); Alfonso Ropero, *Introducción a la filosofía*, caps. IV, VI (CLIE, Terrassa 1999).

ANSIEDAD (cf. *Angustia*)

ANTICLERICALISMO El vocablo *anticlerical* = contra el clero parece ser que fue usado por 1ª vez en la católica Francia a mediados del siglo XIX, como un movimiento de oposición a los ultramontanos*, empeñados en reafirmar los poderes sagrados de los sacerdotes y la autoridad absoluta del papa. Esto desencadenó una batalla acerca del poder temporal de los papas, con la reacción consiguiente de posturas anticlericales en los países tradicionalmente católicos de Europa, especialmente en Francia, Bélgica, Italia y España. Desde entonces, el anticlericalismo se ha convertido en un factor político importante, no sólo en el continente europeo, sino también en Latinoamérica y en la parte francesa del Canadá, penetrando en partidos de «izquierda» y abogando por la separación de la Iglesia y del Estado e, incluso, haciendo campaña contra la participación de los clérigos en el gobierno, tanto a escala nacional como a escala regional y local.

A lo largo de la historia de la Iglesia, siempre hubo oposición a la autoridad clerical, que reclamaba para sí el derecho de imponer su ley, mediante la enseñanza y los sacramentos, para constituirse en líderes de todo lo perteneciente a la fe y costumbres, incluyendo los aspectos políticos, sociales, económicos y culturales, supuestamente relacionados siempre con las leyes de la moral católica. Cuando el pueblo no ha podido resistir por medios violentos, ha manifestado su oposición por medio de sátiras, canciones y cuentos, aprovechando también las oportunidades que les daba la conducta inmoral de gran parte del clero, incluso del clero alto (obispos y papas).

Pero el anticlericalismo no es un fenómeno exclusivo de los católicos. También entre los protestantes, muchos pastores anglicanos, reformados, luteranos y hasta bautistas, han provocado, con razón o sin ella, una respuesta anticlerical de parte de los políticos y de grupos denominacionales que carecen enteramente de clero, como son los carismáticos, los cuáqueros y los Hermanos.

ANTICRISTO El vocablo procede del gr. *antíjristos* = contra Cristo (más bien que en lugar de Cristo) y ocurre únicamente en 1 Jn. 2:18, 22; 4:3; 2 Jn. v. 7. Aunque el término sólo se halla en las Epístolas de Juan, el trasfondo está indudablemente en el AT, donde se había desarrollado la idea de un líder político que se declararía a sí mismo de naturaleza divina e incitaría a las naciones paganas a un asalto definitivo contra el pueblo de Dios. Esta figura conectaba directamente con la «abominación desoladora» en el templo de Jerusalén, profetizada por Daniel y cumplida, al menos en primer plano, durante la persecución de Antíoco IV Epífanes (175-163 a. C.). Porciones relevantes son Dn. 8:9-12, 23-25; 11:21-45 (cf. Mr. 13:14). Por Mr. 13:21-22 vemos que los judíos esperaban también la futura aparición de un falso profeta o falso Mesías (gr. *pseudójristoi kai pseudoprofétai*), que engañaría a las naciones y haría milagros. En el NT, tomado ya como *el último tiempo* (1 Jn. 2:18), el Anticristo se perfila como una figura siniestra, mezcla de rey usurpador y falso profeta. En 2 Ts. 2:1-12, se describen las características de este malvado, a quien se denomina «el hombre de pecado, el hijo de perdición» y se insinúa su conexión con «el misterio de la iniquidad» (cf. la exégesis de este lugar en mi comentario de M. Henry). En Ap. 13:1 ss., junto al dragón (Satanás), aparecen dos bestias; la 1ª, la «Bestia» por excelencia, es el Anticristo; la 2ª aparece con su nombre: «el falso profeta». Los tres vuelven a ser mencionados en Ap. 16:13. De los tres, sólo la Bestia se menciona en Ap. 17:3 ss. Por última vez, aparecen en su derrota final la Bestia y el falso profeta en Ap. 19:20, quedando sólo el dragón que, mil años después, «fue lanzado en el lago de fuego y azufre, donde estaban la bestia y el falso profeta». Para acabar con la información bíblica, hago notar que, en Ap. 13:18, se nos da crípticamente el nombre de la Bestia, ya que «el número de la bestia es seiscientos sesenta y seis». Para resolver el enigma (*críptico* = secreto), se han ingeniado varios métodos, pero el más apropiado es el de *gematría*, vocablo que no aparece en el Diccionario, pero, por acuerdo de los expositores, consiste en aplicar valores numéricos a las letras. Puesto que el libro de Apocalipsis está escrito en griego, habría de suponerse que hay que usar las letras del alfabeto griego. Ni en esto se ponen de acuerdo los expositores, antiguos o modernos, por lo que es preferible dejar el asunto a las discusiones de los «expertos».

A lo largo de la historia de la Iglesia, se ha intentado constantemente hallar la identidad personal del Anticristo en múltiples personajes. Los primeros escritores eclesiásticos, en general, creyeron en un Anticristo personal, dependiendo de la exégesis de 2 Ts. 2:7 en sentido de un líder político o religioso. Conforme a la leyenda del *Nero redivivus* = Nerón resucitado, el candidato más probable para dicha designación era el propio Nerón, que habría de reaparecer en el futuro para continuar las terribles crueldades de su reinado. Los Reformadores vieron en el Papado la figura del Anticristo, entendiendo mal, a mi juicio, Ap. 17, donde se distingue perfectamente a la «gran ramera» de la «bestia» en la que está sentada. Como era de esperarse, los teólogos católicos replicaron llamando anticristos a los enemigos de Roma.

En la actualidad, los expositores bíblicos modernos se dividen en tres grandes grupos: preteristas, futuristas e idealistas. Los preteristas (pretérito = pasado) sostienen que el Anticristo personal ya existió, probablemente en el emperador Domiciano, quien, por su parecido con Nerón y la cicatriz de una herida en el rostro, fue llamado el Nerón resucitado que he mencionado anteriormente. Los futuristas, mayormente entre los dispensacionalistas, sostienen que el Anticristo personal será un líder mundial en el periodo de la gran tribulación, al final de la historia, al frente de un gran imperio semejante al imperio romano, y ejercerá el dominio absoluto de la política mundial, así como de la religión apóstata y de las transacciones comerciales, antes de sufrir la más completa derrota a manos de Cristo, conforme a Ap. 17:9; 19:19-21. Finalmente, los idealistas ven en el Anticristo el símbolo de una personificación del mal, independiente del tiempo y que no puede ser identificada con ninguna nación, institución, grupo o persona individual. Piensan que éste es el sentido que la figura del Anticristo tiene en las epístolas de Juan.

Bib. Robert Anderson, *El príncipe que ha de venir* (Portavoz, Grand Rapids 1980); E. L. Carballosa, *El dictador del futuro* (Portavoz, Grand Rapids 1978); T. Ice y T. Demy, *El Anticristo y su reino* (Portavoz 1997); T. McCall y Z. Levitt, *El anticristo y el santuario* (Moody, Chicago 1977); Fred J. Peters, *El anticristo actual* (Blackwood 1965, 4ª ed.); A. W. Pink, *El anticristo* (CLIE, Terrassa 1984).

ANTINOMIA Este vocablo, que entró en el cast. el año 1597, derivado del gr. *anti* = contra y *nómos* = ley, significa etimológicamente «contradicción en las leyes», pero se usa en lógica para designar una aparente contradicción entre proposiciones realmente demostradas o una real contradicción entre proposiciones aparentemente demostradas. La antinomia se resuelve demostrando que no hay contradicción formal entre dos términos en un mismo sujeto, pero no nos explica la recíproca conexión de los términos entre sí mismos. P. ej., en la Palabra de Dios hallamos que Dios es inmutable (su naturaleza no puede cambiar), pero también hallamos que es libre (puede rectificar sus decisiones = arrepentirse). Esto «parece» una contradicción, pero, si dichas perfecciones divinas se entienden rectamente no se excluyen mutuamente; sin embargo, de no saberlo por revelación divina, no sería posible demostrar que puedan coexistir.

ANTINOMIANISMO El vocablo viene del gr. *antí* = contra y *nómos* = ley, como hemos visto en antinomia*. Pero, a pesar de la misma etimología, el concepto de ambos vocablos es totalmente diferente, puesto que antinomia pertenece a la lógica, y antinomianismo tiene que ver con la ética, pues designa la enseñanza de que el creyente no necesita someterse a la ley mosaica. El término fue acuñado por Lutero en su controversia con Agrícola*.

A lo largo de la historia de la Iglesia, se han dado ciertas variaciones de este fenómeno. Para no confundir al lector con excesivas distinciones y repeticiones, dejaré para otro lugar (cf. *Gnosticismo*) las enseñanzas gnósticas sobre esta materia, para centrarme en los principales puntos de vista basados en un concepto erróneo de la obra redentora de Cristo. Ya desde el principio hubo herejes que sostenían que, una vez que el ser humano ha sido justificado mediante la fe en Cristo, ha quedado totalmente exento de toda obligación moral, puesto que Cristo lo libertó del dominio de la ley. Una variante de esta posición es la enseñanza, también herética, de que Cristo ha elevado al creyente por encima de los preceptos de la ley, de forma que sólo tiene que obedecer la voz del E. Santo, quien le guardará de caer en el pecado. Una forma más suave de antinomianismo es la de quienes sostienen que Cristo cumplió la ley por nosotros, por lo que no estamos ya obligados a cumplirla. El propio Lutero, en sus primeros escritos, parece haber estado de parte de esta opinión, que aún perdura en algunos lugares. Por otra parte, yo mismo me encuentro con hermanos de ortodoxia indudable, pero que no captan bien algunos aspectos teológicos, pensando que Cristo nos salvó, no sólo con su muerte, sino también con su vida santa, lo cual no es verdad. Cristo cumplió la ley porque tenía que actuar con plena santidad, sin la mínima sombra de pecado personal, para estar debidamente cualificado como nuestro sumo sacerdote, pero nos salvó exclusivamente con su muerte, no con su vida.

El apóstol Pablo tuvo que vérselas ya en sus epístolas con herejes de esta clase, especialmente con los mencionados en primer lugar. P. ej. había en la iglesia de Corinto quienes enseñaban que, puesto que somos justificados por la fe sola, podemos entregarnos a la inmoralidad, pues ha desaparecido la obligación de observar la ley (cf. 1 Co. caps. 5 y 6). En otros lugares (p. ej. Ro. 3:8, 31), se ve forzado a corregir a los que deducían falsas conclusiones de sus enseñanzas. En Ro. 7:12-16, Pablo afirma expresamente que, en sí misma, la ley es buena, santa, espiritual. En Gá. 3:24, dice que «la ley ha sido nuestro ayo para llevarnos a Cristo». Nótese que, para «ayo», el gr. tiene el vocablo *paidagogós* = pedagogo: el esclavo encargado de enseñar al niño del amo «las primeras letras» y de llevarlo a la escuela. Y en Gá. 5:13, contra los judaizantes que imponían como necesaria la circuncisión, estampa una maravillosa descripción de la libertad cristiana, diciendo: «Porque vosotros, hermanos, a libertad fuisteis llamados; solamente que no uséis la libertad como ocasión (gr. *aformén* = base de operaciones) para la carne, sino servíos por amor los unos a los otros» (RV60).

Una opinión bien asentada en la Escritura, es la que dice que la ley mosaica como tal, no nos obliga, sino en la medida en que está comprendida en el mandamiento nuevo del Señor en Jn. 13:34-35, confirmándolo el propio apóstol Pablo cuando dice en Ro. 13:8-10: «el que ama al prójimo, ha cumplido la ley, así que el cumplimiento de la ley es el amor.»< Agustín de Hipona compendió esto en su bien conocida frase: *Dílige et quod vis fac* (Ama y haz lo que quieras). Para entenderla bien, no hay que desligarla de su contexto: «Ama y haz lo que quieras, porque de esta buena raíz del amor es imposible que brote ningún fruto malo».

ANTIOQUÍA, ESCUELA Escuela cristiana de catequesis, situada en el polo opuesto de la de Alejandría*, fundada seguramente por el presbítero y mártir Luciano de Samosata (muerto en el 312). A ella pertenecen Diodoro de Tarso (a quien Farrar considera su fundador), Firmiliano de Cesarea y Metodio de Olimpo. Esta escuela vive de la tradición aristotélica, aunque pronto abandonó la especulación filosófica para atenerse casi exclusivamente a la exégesis gramatical e histórica de los textos sagrados, sin concesiones a la alegoría y el simbolismo, todo lo contrario a sus hermanos de Alejandría, con los que van a mantener una rivalidad crítica.

Sus dos discípulos más ilustres son Teodoro de Mopsuestia (350-428) y Juan Crisóstomo (344-407). El primero mantenía puntos de vista más bien liberales respecto a la Escritura, mientras

que Juan la consideraba en todas sus partes como infalible Palabra de Dios. La exégesis del primero fue intelectual y dogmática, la del segundo más espiritual y práctica. El primero fue famoso como crítico bíblico e intérprete; el segundo como elocuente predicador. Ambos estaban de acuerdo en determinar ante todo el sentido original del texto bíblico. No sólo atribuyeron gran valor al sentido literal de la Biblia, sino que conscientemente repudiaron el método alegórico de interpretación practicado por sus hermanos alejandrinos.
Teodoro de Mopsuestia llegó a negar la inspiración divina de algunos de los libros sagrados, llevado de su rigor literalista e histórico-gramatical, y que le convierte en el precursor de la crítica racionalista, lo que nos pone sobre aviso respecto al énfasis excesivo en la «letra».
Por otra parte, y como segundo descalabro, Luciano fue el maestro de Arrio, unciendo esta escuela, involuntariamente, a la herejía antitrinitaria. Es curioso reparar aquí en otra coincidencia de carácter histórico, cuando a un método semejante le siguió un resultado parecido. Como es sabido los reformadores protestantes rechazaron por completo la interpretación alegórica de la Biblia. La tenían, con razón, como demasiado subjetiva e incontrolable. Con el paso del tiempo y a medida que disminuía el fervor religioso y aumentaba el rigor académico, la teología protestante derivó en una progresiva racionalización sin vida, que abocó en el unitarismo doctrinal y el formalismo ético, desafiados en su tiempo por el pietismo luterano y el avivamiento* de Whitefield* y Wesley*. AR
Bib. E. F. Harrison, *DT*, «Antioquía, escuela de»; Alfonso Ropero, *Introducción a la filosofía*, cap. II (CLIE, Terrassa 1999).

ANTIPAPA En la Iglesia de Roma es el nombre dado a los papas que no han sido elegidos regular y canónicamente, sino por obra de una facción eclesiástica o de una fuerza política. Usurpan la autoridad del papa legítimo, dando lugar con ello a cismas, como el Gran Cisma de Occidente (1378-1417). Su número es incierto, dado la inseguridad de las fuentes en los períodos más antiguos, oscila entre un mínimo de 25 y un máximo de 40.

ANTITIPO (cf. *Tipo, Tipología*)

ANTROPOLOGÍA Este vocablo viene del gr. y significa tratado acerca del ser humano (*ánthropos* = ser humano y *lógos* = tratado). El filósofo alemán Max Scheler fue el creador de esta disciplina, que pretende mostrar cómo la estructura esencial del ser humano explica sus funciones y obras específicas, como el lenguaje, la conciencia moral, el Estado, la técnica, la religión, etc. Mediante un acercamiento fenomenológico pretende determinar la especificidad de lo humano en un contorno físico común al de otros seres vivos.
El tema puede tratarse desde el punto de vista de la filosofía estrictamente dicha y desde el punto de vista de la fe cristiana.
Desde el punto de vista filosófico, la antropología investiga la naturaleza humana en su totalidad, usando tanto el método fenomenológico como el trascendental. Preguntarse sobre el hombre es, en cierto modo, el gran tema de la filosofía. Sin embargo, no siempre lo ha sido. P. ej. en la Edad Antigua, el centro de la investigación filosófica era la naturaleza; el hombre era estudiado en relación con ella. En la Edad Media, el hombre fue considerado en el contexto teológico de la doctrina de la creación, como un miembro del orden establecido por Dios en el mundo. La Edad Moderna comenzó desatando al hombre de tales cimientos y colocándolo exclusivamente sobre sí mismo como «sujeto», con lo que la metafísica del pensar sustituía a la metafísica del ser. El hombre pensante vino a ser el tema único de la filosofía, pero el estudio de este «tema» fue diversificándose conforme a las corrientes de cada época. La filosofía se ha convertido en antropología, pero, por curiosa paradoja, ha perdido al hombre mismo, junto con los valores reales de su naturaleza. Los primeros indicios de este mal derrotero se hallan ya en Kierkegaard*, pasan por Nietzsche, luego por Scheler, hasta llegar al Existencialismo.
La *antropología teológica* estudia la dimensión antropológica del mensaje cristiano para esclarecer la doctrina sobre el hombre, que se halla también en las afirmaciones sobre Dios, el mundo, la experiencia y la ortopraxia cristiana. La doctrina teológica del hombre se desarrolla en la doctrina de la creación*, en la cristología* y en la doctrina de la gracia*. Desde el punto de vista de la teología cristiana, según la Palabra de Dios, es necesario admitir, como primer supuesto, que los seres humanos hemos surgido en la historia del mundo, no por evolución de las especies, sino que somos seres creados por Dios, distintos de Él, no emanados de Él, y que somos una parte, la más noble, de todo el orden establecido por

Dios en el mundo. Gn. 2:7 nos describe la formación del primer ser humano, salido directamente de las manos de Dios. A lo largo de las Sagradas Escrituras, las características esenciales y existenciales del ser humano se van poniendo de manifiesto, con lo que son implícitamente refutadas todas las corrientes filosóficas que han forjado una antropología falsa por uno de los dos extremos, el cuerpo o el espíritu. Cae abajo el platonismo con su teoría de la preexistencia y transmigración de las almas. Cae abajo el aristotelismo con su teoría de la mente universal. Cae abajo el optimismo racionalista, que no tiene en cuenta la «caída» del ser humano, como cae abajo el pesimismo existencialista, que no tiene en cuenta la existencia de un Dios amoroso y de un Redentor de la humanidad.

El estudio de Gn. 1:26; 2:25 nos hace ver al ser humano como un administrador regio de la creación, dominándolo todo, pero con dependencia de Dios. Gn. 3 nos hace ver el triste resultado del afán de autonomía del ser humano por engaño de la serpiente diabólica. Pero el Dios amoroso acude en auxilio del hombre caído y comienza la historia de la salvación, que culmina en la persona de Jesucristo como fuente única y rescate perfecto de la única antropología realmente válida.

Bib. M. Flick y Z. Alszeghy, *Antropología teológica* (Sígueme, Salamanca 1993); F. Gaboriau, *El giro antropológico de la teología de hoy* (Herder, Barcelona 1970); J. Gevaert, *El problema del hombre. Introducción a la antropología filosófica* (Sígueme, Salamanca 1997); F. Lacueva, *El hombre, su grandeza y su miseria* (CLIE, Terrassa 1976); J. G. Machen, *El hombre* (El Estandarte de la Verdad, Barcelona 1969); J. Moltmann, *El hombre, antropología cristiana* (Sígueme, Salamanca 1973); W. Pannenberg, *El hombre como problema. Hacia una antropología teológica* (Herder, Barcelona 1976); *–Antropología en perspectiva teológica* (Sígueme, Salamanca 1993); Helmut Thielicke, *Esencia del hombre. Ensayo de antropología cristiana* (Herder, Barcelona 1985); Hans Walter Wolff, *Antropología del Antiguo Testamento* (Sígueme, Salamanca 1997).

ANTROPOMORFISMO Recordará el lector que ya he aludido al antropomorfismo al tratar de la analogía. La palabra antropomorfismo procede del griego (*ánthropos* = ser humano y *morfé* = forma) y designa la forma pedagógica de hablar de la Biblia al presentarnos a Dios con caracteres de la naturaleza del hombre, como teniendo rostro (cf. Sal. 27:8), brazo (cf. Éx. 15:16), mano (cf. Sal. 10:12), dedo (cf. Dt. 9:10), pies (cf. Éx. 24:10), boca (cf. Nm. 12:8), corazón (cf. Os. 11:8) y emociones humanas (cf. Gn. 6:6). Algunos entendieron literalmente las expresiones antropomórficas de la Biblia hasta el punto de dar lugar a una herejía aparecida en Siria en el s. IV, que atribuía a Dios cuerpo humano, fundándose en el que el hombre había sido hecho materialmente a semejanza suya. Ideas parecidas se han dado en nuestro siglo en grupos cristianos marginales, como los los mormones*.

El antropomorfismo no es exclusivo de la Biblia. El politeísmo de la Grecia antigua forjó a los dioses a semejanza de los hombres mortales, contra lo que ya Jenófanes (570-480 a. C.) reaccionó enérgicamente diciendo que eso equivalía a crear dioses a imagen del hombre. El pensamiento griego evolucionó entonces al otro extremo, considerando a los hombres como dioses mortales. Más tarde, los judíos helenistas de Egipto aborrecieron los antropomorfismos hasta tal punto que, apelando a la suma trascendencia de Dios, no admitieron ningún modo de hablar que pareciese atentar contra la pureza metafísica del Ser Absoluto e Infinito. Esto se percibe claramente en los cambios que los LXX introdujeron en la versión griega de la Biblia Hebrea. Me limito a citar dos ejemplos: 1º, en Éx. 24:10, el texto hebr. dice: y vieron al Dios de Israel, pero los LXX tradujeron: y vieron el lugar donde estaba el Dios de Israel. 2º, en Nm. 12:8, el hebreo dice: Boca a boca hablaré con él, pero los LXX tradujeron: Hablaré con él boca a boca aparentemente.

Esa desconfianza hacia el antropomorfismo es fruto de la incapacidad de entender el papel pedagógico que cumple en la comunicación del Dios trascendente, que condesciende a hablar, en su propio lenguaje, al hombre limitado y caído. Cuando se estudia el AT con la debida profundidad, se advierte el equilibrio entre un sano antropomorfismo y una salvaguardia de la trascendencia de Dios. La «imagen» de Dios en el hombre (cf. Gn. 1:26) ha de entenderse en el plano de la personalidad, no en el de una figura corporal. Al pie del Sinaí, los israelitas, en palabras de Moisés (cf. Dt. 4:12), ninguna figura vieron. De ahí, la estricta prohibición de cualquier clase de figura para representar al Dios de Israel (cf. Dt. 4:15-18).

En el NT hallamos el mismo equilibrio entre la trascendencia* y la inmanencia* de Dios. Jesús dijo (Jn. 4:24): «Dios es espíritu; y los que le adoran, en espíritu y en verdad es necesario que adoren». Y Pablo, en la misma línea de Dt. 4:15-18, recordó a los sabios de Atenas (Hch. 17:29)

que, siendo linaje de Dios, no debemos pensar que la Divinidad sea semejante a oro, o plata, o piedra, escultura de arte y de imaginación de hombres. Por otra parte, no cabe mayor antropomorfismo que poder ver a Dios haciéndose hombre (Jn. 1:14) y oírle decir: «El que me ha visto a mí, ha visto al Padr» (Jn. 14:9). Pero no debe olvidarse que, aun hecho hombre, no había perdido la trascendencia del Dios invisible. Dice Mateo (8:27): «Y los hombres se asombraban, diciendo:¿qué hombre es éste, que aun los vientos y el mar le obedecen?»
En su libro *Conociendo a Dios*, el Dr. J. Packer insiste en que incluso nuestras imágenes mentales de Dios son peligrosas. Es cierto que resulta poco menos que imposible no formarse mentalmente alguna imagen de Dios. Pero también es cierto que en el inevitable paso psicológico de la imagen al concepto se forman falsas ideas de Dios, el cual aparece unas veces como un abuelo bonachón; otras, como un fontanero que suelta o cierra los grifos de las nubes; otras, en fin, como un superpolicía que acecha nuestros pasos para darnos un estacazo al menor resbalón moral. Siempre resultan interesantes las encuestas que se hacen a la gente sobre la idea que tienen de Dios. Las respuestas son muy variadas, pero la mayoría de ellas manifiestan una imagen de Dios totalmente distorsionada. Sólo cuando el que responde se apoya únicamente en la Biblia para contestar la pregunta, puede esperarse una frase libre de falsas imágenes acerca de Dios. En fin de cuentas, la imagen que nos formamos de Dios incide en todos los momentos y en todas las vicisitudes de nuestra vida, ya sea para provocar una actitud de sumisión y alabanza, ya sea para provocar una actitud de rebeldía y blasfemia.

ANTROPOPATISMO Atribución de sentimientos humanos a Dios, común en la Escritura, que se refiere constantamente a su celo, ira, amor, decepción, venganza, etc., y que sólo puede entenderse de modo analógico. Los sentimientos de Dios en la Biblia no expresan alteración en el ser divino, sino la aprobación-desaprobación de los hechos humanos a la luz de su Ley o voluntad. Tomás de Aquino*, resumiento el pensamiento cristiano de siglos, dijo que de Dios no sabemos nada unívocamente, sino analógicamente, es decir, que no sabemos qué es Dios en sí mismo, sino aquello que Él ha revelado conforme a las ideas y sentimientos del ser humano receptor de su revelación. AR

APETITO (cf. *Tendencia*)

APOCALÍPTICO Se da el nombre de apocalíptico al género literario que se ocupa mayormente de temas pertenecientes a la escatología (cf. Escatología). Estos temas adquieren especial relieve en tiempos de crisis como el que estamos atravesando en la actualidad, y la excesiva preocupación por estos temas puede llegar a límites de morbosidad.
La literatura apocalíptica surgió en la tradición judía en la época tardía del AT y pasó a la tradición cristiana de forma casi continua hasta la última parte de la Edad Media. Las características generales de la apocalíptica cristiana apuntan al «último tiempo» (1 Jn. 2:18), una vez que los acontecimientos primordiales de la vida de Jesús han tenido su cumplimiento: su muerte, su resurrección y la venida del E. Santo. Es después de oír a Jesús hablando sobre el descenso del E. Santo, cuando los discípulos le preguntan: «Señor, ¿restaurarás el reino a Israel en este tiempo?» (Hch. 1:6).
Tanto el AT como el NT abundan en lugares apocalípticos, que expresan el significado de Jesús de Nazaret para el futuro destino de la humanidad, pero no debe olvidarse que, entre los libros canónicos de la Biblia, sólo hay uno que lleva el nombre de Apocalipsis: el que cierra la revelación especial, positiva, de Dios a los hombres y comienza precisamente con la palabra gr. *apocalúpsis* = revelación.

APOCATÁSTASIS El vocablo, transliteración del gr. *apokatástasis* = restauración, ocurre únicamente en Hch. 3:21, dentro de un sermón del apóstol Pedro, que, en mi opinión, contiene tonos apocalípticos (cf. *Dispensacionalismo*). Es lo que da a entender el vb. *apokathistáneis* en Hch. 1:6, y la enseñanza recibe un tratamiento más amplio en Ro. 8:18-25, 1 Co. 15:24-28 y 2 P. 3:13. El vb. de la misma raíz, *apokathístemi*, ocurre ocho veces en el NT (RV09: restituir, 6 veces; restablecer, una vez, y restaurar, otra vez). También se halla en los LXX como versión del hebr. *shub* = volver (cf. Jer. 16:15; 24:6; Ez. 16:55).
Pero el término apocatástasis es más conocido en teología como sinónimo de «salvación universal», o vuelta de toda la creación* a un estado de felicidad plena, según fue defendida por Clemente de Alejandría*; Orígenes*, Gregorio Nacianceno*; Gregorio de Nisa* y Máximo el Confesor, más tarde por John Scoto Erigena* y modernamente por Schleiermacher*, entre otros, para quienes

el pecado se entiende como ignorancia y el castigo como corrección.
Algunos de ellos incluyen entre los admitidos a salvación a Satanás y a los demás ángeles caídos. El universalismo de K. Barth* se funda en otras bases que no tienen que ver con la apocatástasis. La mayoría absoluta, entre las denominaciones que se llaman cristianas, rechazan esta doctrina.

APÓCRIFOS El vocablo apócrifo entró en el cast. a mediados del siglo xv, procedente del gr. *apókrufos* = secreto, escondido (del verbo *apokryptein*, ocultar), y en ese sentido significaba ya que no se lee públicamente en la sinagoga y, por tanto, se le tiene por «no auténtico».
Pero, ya de entrada, hay que distinguir entre los libros que, tanto los católicos como los protestantes tienen por apócrifos y, por tanto, no canónicos, y los que los católicos tienen por canónicos, pero los protestantes tenemos por no canónicos, por no figurar en el canon palestinense judío. En cuanto a los primeros, y refiriéndonos ahora al NT, se trata de una colección de libros publicados bajo los nombres de algunos apóstoles a partir del siglo II, por el afán morboso de cubrir supuestas «lagunas» en la historia de la infancia de Jesús o en la vida y ministerio de los apóstoles de los que el libro de Hechos no nos dice nada. Algunos de estos libros recogían tendencias heréticas, especialmente gnósticas. También se compusieron algunas epístolas atribuidas al apóstol Pablo. La lista es demasiado larga para ocupar un espacio en este Diccionario.
En cuanto a los apócrifos del AT, hay que hacer otra distinción, pues también los hay de dos clases: los que no aceptan como canónicos ni los católicos ni los protestantes, y los aceptados por los católicos (libros que ellos llaman *deuterocanónicos* = entrados en el canon de segundas, pero tan inspirados como los *protocanónicos*), mas no por los protestantes ni por el canon palestinense judío. Entre los primeros están el 1 y 2 Esdras, la Oración de Manasés, el Libro de Enoc, el Testamento de los doce patriarcas, el Libro de los Jubileos, y los escritos esenios de Qumrán. Entre los segundos están los escritos transmitidos en griego por los LXX (los llamados «deuterocanónicos») y comprenden los que en las Biblias católicas aparecen bajo los nombres de Tobit (o Tobías), Judit, Sabiduría, Eclesiástico (en gr. Sabiduría de Jesús, hijo de Sirá), Baruc, Carta de Jeremías, 1 y 2 Macabeos, los Suplementos al libro de Ester y unas Adiciones griegas al libro de Daniel. Ya en el siglo II, circularon Biblias en latín, traducidas de los LXX, con los deuterocanónicos, incluyendo también 1 y 2 Esdras y la Oración de Manasés. La Vulgata Latina, obra de Jerónimo (S. Jerónimo, según Roma –lo hacemos notar por lo que diremos luego), distinguía entre los libros canónicos y los libros eclesiásticos, con lo que los apócrifos no gozaban del mismo valor que los canónicos. Sin embargo, en el sínodo de Cartago (397), bajo la presión de Agustín, se les dio a los apócrifos el mismo valor que a los otros, a pesar de las protestas de Jerónimo. El Concilio de Trento, en el año 1548, reafirmó lo establecido en Cartago, con la excepción de 1 y 2 Esdras y la Oración de Manasés.
Los Reformadores rechazaron los apócrifos, aun cuando algunas primeras ediciones protestantes de la Biblia, incluida nuestra *Biblia del Oso* (Reina-Valera), contienen también los apócrifos deuterocanónicos. «El que las primeras versiones de la Biblia hechas por protestantes en el siglo XVI fuesen publicadas, en sus primeras ediciones, con los apócrifos, tiene su explicación –escribe José Grau–. No podían rechazar ningun libro que pretendiese ser canónico sin anter haber examinado atentamente todos los pros y todos los contras. Las pocas versiones completas de la Biblia que había entonces, casi todas en latín, o en traducciones muy deficientes, incluían los libros apócrifos. Los reformadores recibieron una Biblia con Apócrifos y antes de pasar a discriminar entre los libros que la componían, tenían que ser muy cautos... Sólo rechazaron aquello que la Palabra de Dios les obligaba a refutar, pero jamás obraron con precipitaciones.»
Actualmente, sólo la Comunión Anglicana hace uso de los apócrifos. Desgraciadamente, el afán ecumenista está induciendo a varias Sociedades Bíblicas a colaborar con los católicos en la edición de Biblias que contengan los apócrifos, ya sea agrupándolos aparte de los demás, ya distribuyéndolos del mismo modo en que aparecen en las Biblias católicas.
Bib. Alejandro Díez Macho, *Los apócrifos del Antiguo Testamento*, 5 vols. (Cristiandad, Madrid 1984); T. Gay, *DC*, «Apócrifos»; José Grau, *El fundamento apostólico* (EEE, Barcelona 1966); B. F. Westcott, *El canon de la Sagrada Escritura* (CLIE, Terrassa 1987).

APÓCRIFOS, EVANGELIOS Los evangelios apócrifos no tienen nada que ver con la realidad histórica de Jesús, por más que se presenten como documentos prohibidos por la Igle-

sia para no desmentir sus dogmas sobre la divinidad Cristo.
Fueron descubiertos por primera vez vez en 1945 en la localidad egipcia de Nag Hammadi. Precede en dos años al descubrimiento de los manuscritos del Mar Muerto o de Qumrán, que tuvo lugar en el año 1947. Debido a dificultades con el gobierno y la revolución que sucedió por aquellos años en Egipto, se tardó mucho en publicar el material encontrado, que se halla en los fondos del Museo Copto de El Cairo.
Los manuscritos de Nag Hammadi están compuestos por tres códices, escritos casi todos en copto sahídico, y contienen unos cincuenta tratados. En la serie de escritos apócrifos de estos hallazgos, es de especial importancia el *Evangelio de Tomás*, solamente conocido hasta entonces por algunos fragmentos y por una simple referencia y una cita que se encuentra en Hipólito, según la cual la secta gnóstica llamada de los Naasenos utilizaba este evangelio. Ahora se trata del único evangelio apócrifo primitivo que está completo.
El *Evangelio de Tomás* comienza así: «Estas son las palabras secretas que Jesús, el que vive, habló, y Dídimo Judas Tomás escribió. Y él dijo: Quien encontrare la interpretación de estas palabras, no gustará la muerte?» Conforme a la doctrina gnóstica, la salvación* depende del conocimiento*, que es encontrar la interpretación de estas palabras. Después del prefacio siguen 112 dichos que contienen sentencias y algunas parábolas. El parecido con los Evangelios canónicos (en especial con Mateo), o por los menos las reminiscencias, son múltiples, aunque también las diferencias. Algunas de las parábolas son casi igual que en los sinópticos* y otras muy distintas, pero con notables reminiscencias.
Los dichos no están encuadrados en ningún marco histórico. La historia está ausente totalmente, por lo que difícilmente se pueden hacer pasar por superior en cuanto conocimiento del Jesús de Nazaret auténtico. No se dice nada de la vida oculta ni de la vida pública de Jesús, tampoco de su muerte y resurrección. La persona de Jesús que habla con los discípulos quiere ser la misma que la de los Evangelios canónicos, pero el autor del *Evangelio de Tomás* ha transformado a Jesús en revelador gnóstico de la sabiduría secreta y de la verdad salvadora.
Los dicho de origen auténticamente cristiano son reinterpretados o sacados de su contexto concreto para convertirlos en aforismos universales de carácter gnóstico, aunque el gnosticismo de

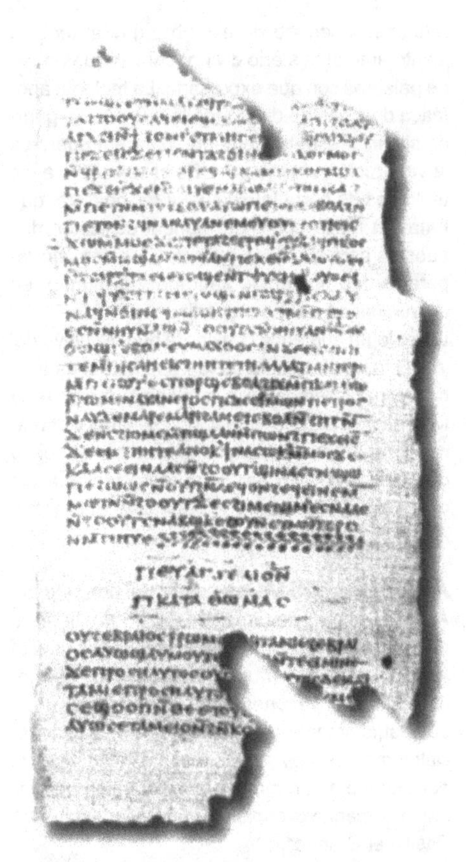

Primera página del Evangelio de Sto. Tomás Apóstol que data del s. II d. C. descubierto en 1945 en Nag Hammadi

Tomás sea bastante moderado. Así, el «reino de Dios» del que hablaba Jesús pasa a convertirse en conocimiento de la propia naturaleza del hombre y de su destino. En el gnosticismo se radicaliza la oposición cuerpo y alma. El cuerpo es el vestido del alma, la cual, despojada del cuerpo, encontrará su liberación y salvación. AR
Bib. Pierre Crépon, Los evangelios apócrifos (Edaf, Madrid 2000); Elaine Pagels, *Los evangelios gnósticos* (Crítica, Barcelona 1982); Antonio Piñero, ed., *Textos gnósticos. Biblioteca de Nag Hammadi*, vol. I: *tratados filosóficos y cosmológicos*; vol. II: *evangelios, hechos, cartas*; vol. III: *apocalipsis y otros escritos* (Trotta, Madrid 1997-2000); C. Vidal Manzanares, *Los Evangelios gnósticos* (Martínez Roca, Barcelona 1991).

APOFÁTICA, TEOLOGÍA Del griego apofatico, literalmente «sin palabra». Fue muy común en la teología de los primeros siglos para

referirse al sentido de asombro que el teólogo siente ante el misterio divino, para el que no tiene palabras con que expresarlo. La teología apofática después de decir todo lo que puede, guarda silencio respetuosamente, para entregarse a la veneración y adoración. Es el correctivo a las teologías de corte intelectual y racionalista, que tratan la Biblia como un manual de textos dispuestos para su orden y su clasificación, sin reparar en su contenido sagrado y profundo, en cuanto tienen a Dios como fin.
La teología apofática considera que el cultivo del intelecto, ni el estudio de las Escrituras, es suficiente para dedicarse a la ciencia divina. Ante todo es preciso una formación espiritual y humana, llena de adoración y alabanza por el objeto de su estudio. No hay verdadera teología sin doxología (del gr. *doxa* = alabanza), ni oración. AR

APOLINARISMO La palabra procede de Apolinar, obispo de Laodicea (361-390), hombre de gran capacidad intelectual y de una conducta santa, pero cayó en una forma especial de monofisismo por razones soteriológicas más bien que estrictamente cristológicas. Se dedicó especialmente a escribir y a enseñar en Antioquía, tuvo por alumno a Jerónimo, fue gran amigo de Atanasio y mantuvo copiosa correspondencia con Basilio el Grande*.
Eso le obligó a descuidar sus funciones administrativas en la iglesia de Laodicea. El propio Basilio incitó al papa Dámaso I a censurarle. Fue condenado como hereje en el Concilio 1º de Constantinopla (381).
Apolinar aceptaba la plena Deidad de Cristo como Hijo de Dios, contra el arrianismo, pero negaba la plena humanidad de Cristo, afirmando que el Verbo suplía en la naturaleza humana de Cristo la parte racional de la voluntad en la que reside el libre albedrío, alegando que, si se admitía en Cristo una voluntad libre, podría decidir no ir a la muerte en rescate de la humanidad perdida. Pero esto sería pecado. Para suprimir esta funesta posibilidad, Apolinar cortaba por lo sano, eliminando la causa. En fin de cuentas, Apolinar no entendió bien la esencia de la libertad*.

APOLOGÉTICA Este vocablo entró en el cast. en 1596, y apología, de la misma raíz, entró en 1607. El gr. apología significa defensa o justificación. Como «defensa ante los tribunales» aparece en 2 Ti. 4:16. Y Pedro (1 P. 3:15) exhorta así a los creyentes: «estad siempre preparados para presentar defensa (gr. *apologían*) ante todo el que os demande razón (gr. *lógon*) de la esperanza que hay en vosotros».
La apologética, pues, como actitud cristiana, es una actividad destinada a demostrar que es verdad lo que Dios nos dice en su Palabra. Pero es también una división de la teología sistemática que requiere necesariamente estudio profundo de las verdades cristianas, así como el método más adecuado para presentar su defensa de forma eficiente en un mundo que avanza rápidamente hacia formas de cultura seculares y pluralistas.
Ya en Hch. 17:2-4; 19:8-10, vemos a Pablo usando el método apologético. En realidad, grandes porciones del NT tienen intención primordialmente apologética. La apologética ocupó un lugar muy importante en las obras de los primeros escritores eclesiásticos. Unas veces tenía por objeto definir bien las verdades de la fe frente a la mala inteligencia de los herejes; otras, demostrar que dichas verdades, aun siendo en sí mismas misteriosas, no carecían de una base racional, no eran absurdos (cf. Absurdo). Algunos de los apologistas eran ellos mismos convertidos del paganismo o de la herejía, p. ej. Justino, Clemente*, Agustín, etc. y sabían cómo se había de explicar y defender la fe de cara a los inconversos. En la Edad Media no faltaron apologistas de gran talla como Anselmo y Tomás de Aquino. En la Edad Moderna, ha habido autores como Lutero, Pascal en algunos de sus escritos («tiene el corazón razones que la razón ignora»), S. Kierkegaard, E. Brunner y K. Barth, que han negado (o, al menos han puesto en duda) que un inconverso pueda ser persuadido a creer mediante argumentos de razón. Otros, en cambio, como el propio Pascal en otros escritos («de buena gana creo a testigos que se dejan matar»), J. Butler, W. Paley, J. H. Newman* y C. S. Lewis, sin caer en el racionalismo, han demostrado el poder de la razón humana, bien documentada y siempre con el apoyo de la gracia, para enfatizar la fiabilidad y el valor del mensaje de la Biblia en su aplicación a la historia y a la filosofía de su tiempo. Una posición intermedia han adoptado apologistas como el propio Agustín de Hipona, J. Calvino*, A. Kuyper y E. J. Carnell*, quienes admiten la fuerza que las realidades objetivas como los milagros, las profecías y aun las pruebas de la existencia de Dios tienen para la apologética, pero, por otra parte, sostienen que el inconverso no puede llegar a la fe mediante pruebas de razón, puesto que el pecado ha debilitado considerablemente el recto funcionamiento de la razón humana. Sólo

la obra especial del Espíritu Santo puede dar evidencia efectiva a las pruebas de razón.

Bib. Alfonso Ropero, *Filosofía y cristianismo* (CLIE, Terrassa 1997); N. Geisler y Ros Brooks, *Apologética* (Unilit, Miami 1995); M. Gutiérrez Marín, *Dios aquí y ahora. Bosquejos de apologética* (CUPSA, México 1966); P. Hoff y D. Miranda, *Defensa de la fe* (EMH, El Paso 1997); W. Drynes, *Apologética cristiana* (CBP, El Paso 1980); R. E. Dickson, *El ocaso de los incrédulos* (CLIE, 1986); J. McDowell, *Evidencias que demandan un veredicto II* (CLIE, 1988); H. Thielicke, *Si Dios existiera* (DDB, Bilbao 1971); S. Vila, *Manual de teología apologética* (CLIE, 1983).

APOSTASÍA Ya en el siglo XIV entró en el cast. el vocablo *apóstata* y, no mucho después, *apostatar* y *apostasía*. La idea expresada en el vocablo es «alejamiento de un lugar (o de una situación) de suyo estable»: *apostásis*, y ocurre sólo dos veces en el NT (Hch. 21:21 y 2 Ts. 2:3). La misma idea se expresa mediante el vb. *afístemi* = apartarse, alejarse, el cual ocurre 14 veces (Lc. 2:37; 4:13; 8:13; 13:27; Hch. 5:37, 38; 12:10; 15:38; 19:9; 22:29; 2 Co. 12:8; 1 Ti. 4:1; 2 Ti. 2:19 y He. 3:12). Como puede verse, no siempre tiene el contenido que caracteriza a la apostasía propiamente dicha, en el sentido que explico a continuación.

Entendemos por apostasía el abandono general y deliberado de la fe que se ha profesado. Se distingue de la herejía en que ésta supone la negación de un aspecto de la fe cristiana, reteniendo el conjunto de las demás; y del cisma, en que éste supone una escisión o rotura en la unidad eclesial (por supuesto que no es cisma el paso de una denominación cristiana a otra de la misma fe).

En el AT podemos ver numerosos ejemplos de apostasía por parte de Israel (cf. p. ej. Is. 1:2-4; Jer. 2:1-9). Tanto los líderes como el pueblo en general pusieron en peligro su fe mediante prácticas idolátricas o inmorales. En el NT, el ejemplo más notorio es el de Judas Iscariote. Otros casos, no tan extremos, son los de Demas (2 Co. 4:10) e Himeneo y Alejandro (1 Ti. 1:20). Pablo advirtió seriamente, en 1 Ti. 4:1-3 y 2 Ts. 2:3, acerca del peligro de apostasía. Finalmente, hay en la Epístola a los Hebreos dos lugares, en mi opinión muy difíciles (6:5-8 y 10:26), que podrían hacer referencia a la apostasía.

Esto nos lleva a plantearnos algunas preguntas inquietantes que se refieren al concepto de apostasía. ¿Puede un verdadero creyente apostatar de su fe? Si lo hace, ¿puede readquirir la fe que perdió? ¿Puede una persona nacida de nuevo perder la fe y condenarse eternamente? Las respuestas han de estar respaldadas por la Palabra de Dios; no nos sirven las ideas de la Iglesia de Roma donde los conceptos de justificación, de gracia, de fe, etc., son muy diferentes de los de la Reforma. Dentro de las denominaciones nacidas de la Reforma, 1°, todos están de acuerdo en que un falso profesante puede perder la apariencia de fe que tenía y condenarse; 2°, también están de acuerdo en que un nacido de nuevo puede abandonar temporalmente la fe y volver después arrepentido. 3°, también están de acuerdo, en principio, en que una persona elegida por Dios en la eternidad no puede perder la salvación. 4°, los calvinistas afirman que el hecho mismo de haber llamado Dios a los elegidos impide que éstos pierdan la fe, pero 5°, los arminianos hacen ver las numerosas advertencias que el NT contiene contra el peligro de apostasía, lo que es señal de que el hombre puede evitarlo. Cada uno replica conforme a los postulados de su escuela y no me voy a detener aquí para emitir un juicio crítico. Sólo quiero señalar el equilibrio de las Escrituras que, mientras advierten al pecador impenitente del peligro eterno al que se expone, también animan al creyente de conciencia demasiado delicada a que se percate de que nada ni nadie puede arrancarle de las manos del Señor.

APÓSTOL (cf. tamb. *Sucesión apostólica*) El vocablo, procedente del gr. *apóstolos* = enviado, a través del lat. *apóstolus*, entró en el cast. a mediados del siglo X, mientras que apostolado entró en 1505, y apostólico en 1570.

En el NT, el término gr. *apóstolos* ocurre 79 veces, y el vb. *apostéllein* 131. En el AT, sólo una vez (1 R. 14:6) tienen los LXX el vocablo apóstolos, como versión del hebr. *shalíaj* / *shalúaj*. Dice el profeta Ajías a la mujer de Jeroboam, rey de Israel: «¿Por qué te finges otra? He aquí yo soy enviado (hebr. *shalúaj*, ptc. pas. del vb. *shaláj*) a ti con duro mensaje?» En su sentido primordial, tanto el sust. *apóstolos* como el vb. *apostéllein* ponen de relieve los elementos que designan una comisión: autoridad en la comunicación de un mensaje, y responsabilidad en cuanto a rendir cuentas al enviante.

Apóstol significa *enviado*, pero no todo *enviado* es apóstol. P. ej. los misioneros pueden ser enviados, pero no se les puede llamar apóstoles. En primer lugar, Cristo mismo es llamado apóstol (He. 3:1). Apóstoles son específicamente los

Griegos y romanos divinizaron a sus héroes y emperadores en la ceremonia de la Apoteosis

«Doce», aunque en los evangelios se les llama con la mayor frecuencia discípulos, precisamente porque su principal función durante el ministerio público de Jesús fue acompañarle y aprender de Él. Por eso, cuando hubo que sustituir a Judas, Pedro señaló claramente las condiciones para que un discípulo pudiera ser tenido como apóstol con toda propiedad (cf. Hch. 1:21-22). Entre todos los personajes del NT, nadie como Pablo merece el nombre de apóstol, no sólo por su mayor dedicación a la comisión recibida del propio Señor (Gá. 1:1), sino porque su comisión para ir a predicar a los gentiles fue reconocida por los principales apóstoles de Jerusalén y por el líder espiritual de aquella iglesia (cf. Gá. 1:16; 2:8). Sin embargo, siempre tuvo conciencia de que no pertenecía al círculo cerrado de los «Doce», pues él no había estado con el Señor durante su ministerio público en la tierra, pero, en cambio, pudo dar testimonio de haber recibido del propio Jesús el llamamiento al apostolado como testigo del Resucitado (cf. Hch. 26:16-18; 1 Co. 9:1. En un grado inmediatamente inferior, hay que colocar como apóstol a Bernabé (cf. conjuntamente Hch. 9:27; 14:4, 14, 27; Gá. 2:9). Otras personas reciben, en sentido más amplio, el apelativo de apóstol (cf. 2 Co. 8:23; Fil. 2:25).

Una tarea especial de los apóstoles fue establecer iglesias en función de la autoridad que les otorgaba su especial comisión. En esto, aparecen asociados a los profetas como fundamento conjunto de la edificación de la Iglesia (cf. 1 Co. 2:28-29; Ef. 2:20; 2 P. 3:2).

Bib. José Grau, *El fundamento apostólico* (EEE, Barcelona 1966), Varios, *DTNT*, «apóstol».

APOTEOSIS Del latín *apotheósis* y éste del gr. *théosis* = deificación*. En muchas religiones antiguas era la ceremonia por la que un ser humano era elevado a la condición divina. En Egipto el faraón después de muerto se unía con el dios Sol. Griegos y romanos divinizaron a sus héroes y emperadores, algunos de los cuales recibieron ya en vida la condición divina.

El cristianismo de los primeros siglos, debido a su creencia monoteísta, rechazó la apoteosis como divinización del hombre, pero en su lugar aceptó en su lugar una apoteosis como entrada en la gloria celestial y una *théosis* para referise al cambio operado en el alma por la gracia de Dios.

Por contra, reservaron el término corriente en la cultura grecorromana de deificación para expresar el cambio operado por la gracia en el pecador, con lo que se pretendía interpretar las palabras de 2 P. 1:4: «participantes de la naturaleza divina". Dios se hace hombre, dirán los autores patrísticos griegos, para que el hombre se haga Dios, entendiendo este hacerse Dios como transformación espiritual y moral, no ontológica*, que sería panteísmo*, en el que, al parecer, cayeron algunos místicos. Dios transforma y conforma en sí las cosas amadas, dirá Buenaventura*, pero no se transforma y conforma en ellas.

Desde el punto de vista teológico del NT aquí se da un serio cambio que centra la salvación en la encarnación, desplazando el acontecimiento salvífico primario, que es la cruz y la resurrección. En este sentido, la teología de Lutero es teología de la cruz*, como una protesta contra la desviación a que había conducido la doctrina de la deificación en temas tan importantes como la gracia* y la visión beatífica*. AR

Bib. Alfonso Ropero, «¿Glorificación o divinización del hombre?», *Alétheia* nº 3, Barcelona 1993.

ARISTOTELISMO Se da este nombre a la filosofía de Aristóteles (384-322 a. C.), quien fundó el Liceo, la escuela de pensamiento también llamada peripatética (del gr. *peripatéin* = pasear en derredor) porque parece ser que Aristóteles solía enseñar paseando con sus discípulos. Sus enseñanzas ejercieron un influjo notable en los escritores orientales (cristianos, judíos y árabes) hasta el siglo XII, y en el Occidente desde el siglo XII en adelante, cuando sus escritos fueron traducidos al hebreo, al árabe y al latín por manos de los españoles Averroes (árabe) y Maimónides (judío), especialmente cuando dos gigantes de la Edad Media, Alberto Magno* y Tomás de Aquino* los estudiaron a fondo y los comentaron, corrigiendo también las enseñanzas aristotélicas que no eran compatibles con la fe cristiana. Así se formó la escuela aristotélico-tomista que, hasta nuestros días, puede decirse que ha sido la oficial, con pequeñas variantes, en la Iglesia de Roma. En un principio, los Reformadores no sintieron simpatía por las enseñanzas aristotélicas, pero el siglo XVII fue el inicio de un retorno a Aristóteles dentro de la escolástica protestante.

Discípulo asiduo de Platón hasta la muerte de éste (347 a. C.), Aristóteles fundó un sistema filosófico totalmente distinto del de su maestro. Mientras Platón fundaba la verdad del conocimiento en el mundo trascendente de las ideas, Aristóteles echó mano del método empírico, partiendo de la observación de la naturaleza, de donde la mente humana abstrae (cf. *Abstracción*) los conceptos universales mediante la operación del entendimiento agente (gr. *nous*), único elemento inmortal en el hombre y único también para todos los hombres. Ese elemento le viene al hombre de fuera, pues la constitución física del ser humano, según Aristóteles, está integrada por un cuerpo orgánico y un alma* como único principio vital del cuerpo, donde desempeña las funciones vegetativas y genéricamente animales como única forma. Así es como el hilemorfismo (gr. *hyle* = materia y *morfé* = forma) tiene su origen en Aristóteles. El alma es la forma determinante del cuerpo entendido como materia. Esta materia, de suyo eterna e increada, pero también indeterminada (materia prima), al entrar en composición sustancial con el alma humana, pierde su forma esencial anterior para recibir un nuevo determinante formal específico.

Pero, de este modo, dicha materia, por su propia indeterminación, es una potencia receptiva que recibe su existencia mediante un acto*. Así pasa a ser el alma, ahora en el plano de la metafísica, el acto del cuerpo. Acto y potencia constituyen la clave de la metafísica aristotélica. Aristóteles concibe a Dios como el Acto puro, sin mezcla de potencia receptiva, y el Motor inmóvil de las esferas celestes, pero no como Creador del Universo. Siendo Acto puro, Dios ha de ser enteramente espiritual, dotado de mente y voluntad. Aparte de eso, la idea que Aristóteles tenía de Dios dista muchísimo de la naturaleza del Ser supremo como lo conocemos por la fe cristiana. Punto importante de la metafísica aristotélica es la contingencia de todos los demás seres aparte de Dios. Contingente* es el ser existente que podría no ser, lo cual no implica necesariamente el que haya sido creado; podría haber existido siempre sin menoscabo de su contingencia.

Aristóteles, discípulo de Platón y preceptor de Alejandro, vivió entre 384 y 322 e impartió sus enseñanzas en Atenas, donde fundó la escuela del Liceo

En el plano de la moral, Aristóteles parte de la base constitutiva del ser humano como ser distinto de los seres que carecen de razón y libre albedrío. El hombre no está ya fijado en su tendencia hacia el fin. El fin hacia el cual todos los hombres tienden, aunque no todos lo ven con la claridad suficiente, es la felicidad. La vida moral, única que puede conducir a ese fin último, requiere que todas las tendencias inferiores actúen de acuerdo con la razón, lo cual se consigue por medio de la virtud, hábito racional operativo que inclina a obrar en una determinada dirección. Las virtudes morales tienen un medio áureo, distante de dos extremos igualmente viciosos. P. ej. la virtud de la valentía está en medio de dos extremos: por parte de menos está la cobardía; por parte de más, la temeridad. El placer no es un fin en sí mismo, sino sólo como el *eco* de la perfección obtenida. La doctrina de Aristóteles acerca de la sociedad humana dista mucho de la de su maestro Platón. Con mucha razón, Aristóteles rechaza la utopía de Platón con un Estado en que las mujeres y los bienes de fortuna son comunes para todos los hombres. En cambio, sostiene que el hombre es un «animal político» que ha de vivir en comunidad, porque hay un bien común que necesariamente tiene precedencia sobre el bien individual, que es un bien parcial. Basado en su teoría sobre la virtud como medio de la felicidad, Aristóteles afirma que el fin propio de la política (del gr. *pólis* = ciudad) es la felicidad y la virtud de todos los ciudadanos.

Para no alargar demasiado este artículo, remito al lector al art. Accidente, donde hablo de la sustancia* y el accidente* como formas distintas de existir en la realidad concreta. Otro punto importante de la metafísica aristotélica se refiere a la noción de causa* y sus distintas especies.

Bib. Aristóteles, *Acerca del alma* (Gredos, Madrid 1973); *Metafísica,* 2 vols. (Madrid 1970); *Ética a Nicómaco* (Espasa-Calpe, Madrid 1970); *Política* (México 1963 / Barcelona 1974); *Tratados de lógica* (México 1969).
W. D. Ross, *Aristóteles* (Charcas, Bs. As. 1981).

ARMINIANISMO El vocablo procede de Jacobo Arminio* y designa la peculiar situación doctrinal en que vino a hallarse Arminio en sus polémicas con los calvinistas. Designa, de modo especial, la escuela teológica que surgió de tales polémicas. De entrada advierto que el arminianismo se parece en algunos puntos al semipelagianismo, en otros al molinismo católico, en otros al amiraldismo, en otros al propio calvinismo; pero, en conjunto, el sistema teológico arminiano se distingue de todos ellos. Además, para mayor confusión histórica, se ha dividido en varias ramas y, por otra parte, ha entrado fuertemente en el terreno de los bautistas y de los dispensacionalistas.

Arminio se había comportado como calvinista «ortodoxo» hasta que fue a Ginebra, donde estudió a los pies de T. Beza, yerno de Calvino, quien se expresaba en términos supralapsarios, según los cuales Dios determinó la salvación de unos y la condenación de otros en un decreto lógicamente anterior al decreto de crear al hombre. Arminio se rebeló contra esta clase de ultracalvinismo. Vuelto a Holanda, su país de origen, llegó a Leiden como profesor de teología el año 1603, donde su colega F. Gomaro era supralapsario como Beza. Era inevitable que ambos chocaran, y así comenzó una polémica interminable, en la que Arminio atacó a los sublapsarios lo mismo que a los supralapsarios, lo cual no fue prudente, pues los sublapsarios (como el propio Calvino), ponían el decreto de condenación como posterior lógicamente al de la creación y a la caída de la raza humana en el pecado. Los puntos teológicos en los que Arminio apoyó su doctrina sirvieron para que se opusiera también al calvinismo rebajado, infralapsario (que, en este punto, es la posición adoptada por el amiraldismo*). A través de toda esta maraña, enturbiada por la polémica y la movilidad de las posiciones, trataré de condensar el arminianismo en sus puntos básicos.

Punto central en el sistema de Arminio es su preocupación cristocéntrica. Sosteniendo que Cristo es el fundamento de la elección de Dios (Ef. 1:4), se sigue que el destino eterno de cada ser humano depende de si acepta a Cristo como Salvador personal y así se salva, o rechaza a Cristo y así se condena. Por tanto, la predestinación de los elegidos no es otra cosa que la presciencia de su aceptación del mensaje del evangelio. Arminio exaltó el papel del libre albedrío. No es que fuese pelagiano, pues admitía la caída original y la incapacidad total de la voluntad humana para hacer ninguna cosa buena. Por otra parte, admitía también una gracia universal preveniente, suficiente para poder ejercitar la fe salvífica y ofrecida a todos, y cuya eficacia dependía enteramente de su aceptación por el libre albedrío, por lo que el hombre puede resistir siempre a la gracia de Dios. Como consecuencia, puede también dejar de creer y perder la salvación (así entendía 2 P. 1:10). Atacaba, pues, la doctrina bíblica de la seguridad de la salvación, verdad tan querida de la mayoría de los evangélicos. Por lo demás, usaba bien lugares como Mt. 18:14; 2 Co. 5:14-15; 1 Ti. 2:4-6; Tit. 2:11; 2 P. 3:9 y 1 Jn. 2:2, textos en que se basa también el amiraldismo. Contra el punto 3º de los cánones del sínodo de Dort (1618-1619), los seguidores de Arminio sostuvieron, como los amiraldianos, la redención universal, es decir, que Cristo murió por todos, no sólo por los elegidos (cf. *Dort, Sínodo de*).

Con el tiempo, doctrinas típicamente calvinistas han entrado en el arminianismo. P. ej. que Cristo pagó el castigo que merecían nuestros pecados, cuando Arminio había sostenido que Cristo nos salvó, no pagando, sino sufriendo, por nosotros, según se ve en textos como Hch. 17:3; 26:23; 2 Co. 1:5; Fil. 3:10; He. 2:9-10; 13:12; 1 P. 1:11; 2:21; 3:18; 4:1, 13. Cristo no podía ser castigado porque era inocente (creo que Arminio no entendió bien 2 Co. 5:21). Otros, como el discípulo de Arminio, Hugo Grocio, introdujeron la teoría gubernamental de la expiación. Por medio de J. Wesley, el arminianismo se introdujo en el metodismo, con todas sus consecuencias doctrinales. Posteriormente, en el arminianismo, que aceptaba el bautismo infantil, entró la enseñanza del calvinismo bautista, aceptando así únicamente como legítimo el bautismo de adultos que ejercitan personalmente el don de la fe. Finalmente, el arminianismo nunca había tomado una posición fija en materias de escatología, no se había comprometido con ninguna forma de milenarismo o amilenarismo, pero también ha llegado a aceptar con entusiasmo, casi masivamente, el sistema dispensacionalista*.

Bib. Arminianismo-reformado: F. Leroy Forlines, *Sistemática. Estudio del sistema cristiano de vida y pensamiento* (Randal House, Nashville 1996). Arminianismo-wesleyano: J. S. Bancks, *Manual de doctrina cristiana* (CLIE, Terrassa 1988); W. T. Purkiser, ed., *Explorando nuestra fe cristiana* (CNP, Kansas City); W. T. Purkiser, R. S. Taylor y W. H. Taylor, *Dios, hombre y salvación* (CNP); W. F. Tillett, *La doctrina de la salvación* (CLIE, 1987); H.Orton Wiley y P. T. Cubertson, *Introducción a la teología cristiana* (CNP).

ARMINIO, JACOBO (1560-1609) nació en Oudewater (Países Bajos) y se educó en varias universidades de su propio país y de Suiza (Ginebra y Basilea). Vuelto a Holanda, fue pastor de una iglesia en Amsterdam (1588-1603) y profesor en Leiden desde 1603 hasta su muerte prematura. En esta ciudad, y mientras todavía era estudiante, conoció al pastor Caspar Coolhaes que, en contra de Calvino, creía que las autoridades civiles tenían ciertos poderes en cuanto a algunos asuntos eclesiásticos, y tenía un espíritu más tolerante e independiente que Calvino. Se cree que ejerció una fuerte influencia sobre Arminio.

En 1608 Arminio suplicó a los Estados de Holanda convocar un sínodo para calmar la controversia sobre la predestinación, pero, agotado y enfermo, murió antes de que se celebrara. Sus seguidores explicaron sus doctrinas en su *Protesta a los Estados Generales*, pidiendo cambios en el catecismo aceptado entonces. La resistencia fue tan contundente y acalorada que todos los arminianos hubieron de marchar al exilio. Los teólogos ingleses fueron receptivos al arminianismo, de forma que pasó a formar parte de la teología inglesa posterior, tanto del anglicanismo como del metodismo, que le proporcionó un medio eficaz de diseminación universal.

Arminio no escribió un cuerpo de doctrinas como la *Institución* de Calvino, pero escribió muchísimo, tanto en sus años de pastor como en los de profesor de teología. Sus escritos tuvieron, casi todos, carácter polémico. También escribió para defenderse de lo que él llamaba «incorrectas representaciones de sus puntos de vista». Especialmente interesante es su libro *Setenta y nueve Discusiones Privadas*, obra póstuma que recoge sus notas de clase de cuando era profesor en Leiden.

Jacobo Arminio

Arminio aseguraba que Dios concede el perdón y la vida eterna a todos los que se arrepienten de sus pecados y creen en Jesucristo. Dios quiere que todos se salven, y sólo porque ha previsto desde la eternidad la creencia o increencia de los individuos, ha determinado desde la eternidad el destino de cada uno.

Bib. John T. McNeill, *Los forjadores del cristianismo*, vol. 2 (CLIE, Terrassa 1987); M. B. Wynkoop, *Bases teológicas de Arminio y Wesley* (Casa Nazarena, Kansas City 1973).

ARREBATAMIENTO Del latín *rapere*, «arrebatados», traducción del gr. *harpazó* = tomar por la fuerza. Se emplea 14 veces en el NT griego de diversas maneras. A veces en el sentido de«saquear», «llevarse», «arrebatar» (Mt. 12:29; Jn. 10:12); o en el de «llevarse a la fuerza» (Jn. 6:15; 10:28, 29; Hch. 23:10, Jud. 23). En escatología* se le da el sentido de ser llevado o transportado por el Espíritu Santo (Hch. 8:39; 2 Co. 12:2, 4; 1 Ts. 4:17; Ap. 12:5).

Los dispensacionalistas* no se ponen de acuerdo sobre cuándo ocurrirá el arrebatamiento o *rapto* (como se dice en inglés), si antes de la Gran Tribulación* o después. Para la escatología clásica, el arrebatamiento coincidirá con la Segunda Venida de Cristo y el final de los tiempos, mientras que los santos son arrebatados por el Señor a las nubes, los impíos permanecen en la tierra expuestos a la «ira del Cordero». AR

Bib. Doug Chatham, *Rapto o arrebatamiento* (CLIE, Terrassa); T. Ice y T. Demy, *El arrebatamiento* (Portavoz, Grand Rapids 1997); Eugenio Green, *1 y 2 Tesalonicenses* (Portavoz, Grand Rapids 2000); Tim La Haye, *No temas a la tormenta* (Unilit, Miami 1994); J, Dwight Pentecost, *Eventos del porvenir* (Ed. Libertador 1997); C. C. Ryrie, *¡Ven pronto, Señor Jesús! El arrebatamiento de la Iglesia* (Portavoz, Grand Rapids 1996).

ARREPENTIMIENTO, ARREPENTIRSE

El vocablo arrepentimiento entró en el cast. el año 1256. El vb. correspondiente, arrepentirse, entró en 1251; desde 1140 se decía *repentirse*, del lat. tardío *repaenitére,* y éste del lat. clásico *paenitére.* De este vb. lat. salió otra familia de vocablos que, en parte, han tomado otro rumbo: penitencia (entrado en 1155) y, mucho más tarde (1495), penitente. De ahí surgió una confusión en la Iglesia de Roma por falsa equivalencia arrepentirse = hacer penitencia (cf. Penitencia).

El concepto de arrepentimiento varía notablemente al pasar del AT al NT. En el AT el vb. *nijám* arrepentirse ocurre unas 35 veces. Este vb. viene a ser la pas. de *najám* = consolar, con lo que *nijám* entraña la idea aparentemente extraña de consolarse. Hemos de tener en cuenta que el arrepentimiento propiamente dicho no puede darse en Dios, 1º porque Dios no tiene de qué arrepentirse, y 2º, Dios no puede cambiar. Sin embargo, se afirma de Dios en el modo de conducirse con los seres humanos. Por eso, p. ej., del mismo Dios leemos en 1 S. 15:29 que no se arrepentirá, porque no es hombre para que se arrepienta; y 6 vv. después (v. 35) que Dios se arrepintió de haber puesto a Saúl por rey en Israel. Dios no había cambiado, era Saúl quien había cambiado. El mismo sol que ablanda la cera, endurece el barro sin cambiarse. Pero, con aquel cambio de Saúl, Dios se consoló en el sentido de que puso por rey en Israel a David, un rey según su corazón. Un caso parecido ocurrió con la oración de Moisés en Éx. 32:7-14. Cuando el hebr. del AT expresa la idea del arrepentimiento del ser humano no suele usar el vb. *nijám*, sino el vb. *shub* = volverse (en sentido religioso).

En el gr. del NT, así como en los LXX, hallamos el sust. *metánoia* y los vbs. *metanoéo* y *metamélomai* como equivalentes del hebr. *nijám. Metánoia* ocurre 22 veces en el NT y significa un «cambio de mentalidad», no sólo en la forma de pensar, sino también de sentir, de amar y de comprometerse para bien. El mismo sentido tiene, casi siempre, el vb. *metanoéo,* que ocurre 34 veces en el NT. En cambio, *metamélomai,* que ocurre 6 veces en el NT, significa «sentir pesar, remorderse, volverse atrás»; p. ej. Judas, en Mt. 27:3 devolvió las treinta piezas de plata, no arrepentido (RV), sino remordido (gr. *metamelethéis*), sintió remordimientos (NBE). La *metánoia* es un tema preponderante en la predicación de Juan el Bautista (cf. Mt. 3:4, 6, 8; Mr. 1:4) y del Señor Jesús (Mr. 1:15). A la *metánoia* son llamados los pecadores, no los justos (cf. (Mt. 9:13; Mr. 2:17; Lc. 5:32). Entra, como necesario ingrediente, en el mensaje de la predicación del evangelio (cf. Lc. 24:44-49). Los apóstoles cumplieron fielmente este mandato del Señor (cf. Hch. 2:38; 3:19; 17:30; 20:21).

En buena teología, el arrepentimiento, aunque no incluye en su concepto la fe, suele llevarla implícita como en Hch. 17:30, o va unido a ella, como en Mr. 1:15; Hch. 20:21. En realidad, ambos son como los dos polos de un mismo eje, la conversión a Dios en Cristo (cf. 1 Ts, 1:9-10). Por el arrepentimiento abandonamos los «ídolos» pasados; por la fe, aceptamos al único Dios vivo y verdadero. Los dos aspectos de la conversión no pueden separarse, y tanto el uno como el otro son presentados en la Biblia como don de Dios (cf. Hch. 5:31; 11:15-18; Ef. 2:8; 2 Ti. 2:25). Comparando Hch. 2:38 con 16:31, vemos una diferencia notable (cf. tamb. 20:21): A los judíos, que creían en el verdadero Dios, Pedro les exhorta a «cambiar de mentalidad en cuanto al Mesías», a arrepentirse. En cambio, Pablo y Silas, al pagano carcelero de Filipos, le exhortan a creer.

Por otra parte, el vb. hebr. *shub* = volverse es vertido en el gr. de los LXX por los vbs. *apostréfo* = volver alejándose de algo y *epistréfo* = volver acercándose a algo. El 1º ocurre 9 veces en el NT, pero sólo en Hch. 3:26 y Ro. 11:26 tiene sentido religioso. Tampoco el 2º tiene siempre sentido religioso, pero es fácil percibirlo en Mt. 13:15 y Mr. 4:12 (cita de Is. 6:10); Lc. 1:16; Hch. 3:19; 9:35; 11:21; 14:15; 15:19; 26:18, 20; 28:27 (cita de Is. 6:10); 2 Co. 3:16; 1 Ts. 1:9; Stg. 5:19 y 20 (en el sentido de «hacer que se convierta») y 1 P. 2:25. Una sola vez ocurre en el NT el sust. *epistrofé* = conversión, de la misma raíz que *epistréfo.* Conversión, pues, lo mismo que convertirse, tiene un significado más amplio que arrepentimiento, pues –como he dicho en el párrafo anterior– arrepentimiento y fe son como los dos polos de un mismo eje. Sin embargo, *pístis* = fe y *pistéuein* = creer incluyen siempre el arrepentimiento, pero *metánoia* = arrepentimiento y *metanoéin* = arrepentirse no incluyen de suyo la fe.

Por eso, tenemos lugares en el NT donde van unidos *metanoéin* y *pistéuein* (cf. p. ej. Mr. 1:15), y *metanoéin* y *epistréfein* (cf. p. ej. Hch. 3:19), pero nunca *epistréfein* y *pistéuein*.

ARRIANISMO Se da este nombre a una herejía cuyo primer promotor fue un clérigo del norte de África. Se desconocen las fechas exactas de su nacimiento y de su muerte, pero lo más probable es que naciera en el año 250 y muriera en el 336, con un año más o menos de diferencia para ambas fechas. Fue diácono en la iglesia de Alejandría y allí comenzó a manifestar ideas sospechosas de herejía. Pero fue sobre todo en el año 318 cuando fue acusado de enseñar doctrinas contrarias a las de su obispo Alejandro acerca de la naturaleza de Cristo. Después de un cuidadoso examen de sus enseñanzas y de las de sus seguidores, Arrio fue excomulgado en varios sínodos y, finalmente, por consejo de Osio, obispo de Córdoba, intervino el emperador Constantino convocando en Nicea de Bitinia (20 de mayo del 325) el primer Sínodo o Concilio Ecuménico, es decir, supuestamente Universal de la Cristiandad. En este Concilio estuvo presente un joven diácono llamado Atanasio que, aunque no tomó parte en las decisiones, fue después el campeón de la fe ortodoxa contra el arrianismo al suceder a Alejandro como obispo de Alejandría el año 328. Arrio no se sometió, sino que, en un encuentro con Constantino el año 335, presentó al emperador una «confesión» que Constantino creyó satisfactoria, de forma que un sínodo convocado en Jerusalén declaró que Arrio podía ser readmitido a la comunión con la Iglesia, cuando él se hallaba moribundo en Constantinopla (335 o 336). Y así, con varia fortuna, el arrianismo siguió avanzando. Más aún, algunos de los «grandes» de Nicea se habían deslizado peligrosamente hacia el nestorianismo, aunque quienes les acusaban obraban muchas veces con malicia, por odio al Credo de Nicea. Lo cierto es que, desde Nicea (325) hasta la muerte de Constantino, los Padres nicenos fueron sufriendo derrota tras derrota. Durante el reinado de Constancio, hijo de Constantino, se llegó a firmar (355) la llamada «fórmula de Sirmio», de claro sabor semiarriano. Bajo la presión política, incluso Osio y el papa Liberio suscribieron la declaración. Atanasio sufrió una dura persecución por parte de la emperatriz y tuvo que marchar varias veces al destierro. Es cierto que el arrianismo recibió un nuevo golpe en el Concilio I de Constantinopla (381), pero para entonces ya se había extendido por muchas regiones de la Iglesia oriental, penetrando en algunos pueblos bárbaros como los godos, los visigodos, los ostrogodos, etc

Arrio era, en realidad, un racionalista que llevó a sus últimas consecuencias las ideas subordinacionistas de la escuela de Alejandría. Enseñaba que el Hijo procedía del Padre no por generación, sino por creación, y que el Padre, único Dios verdadero, le había encomendado la función de crear el universo, alegando que este mundo, limitado y contingente, no podía ser obra del Dios infinitamente trascendente. Junto a estas enseñanzas, específicamente antitrinitarias, parece ser que Arrio enseñó también doctrinas que atacaban en su núcleo la Cristología y la Soteriología, sosteniendo que la naturaleza humana de Cristo carecía de alma, el Verbo se había unido a la carne, con lo que, además de un Dios disminuido, llamado «Hijo de Dios» no por esencia, sino por honor, se profesaba un Cristo disminuido como hombre. Sin embargo, esto no pudo ser enseñado por Arrio, pues no concordaba con el resto de sus enseñanzas; más bien fue sostenido por alguno de los varios grupos en que se dividieron posteriormente sus seguidores. Era una especie de monofisismo que reapareció, mucho más suavizado, en tiempos de Apolinar (cf. Apolinarismo). El Concilio de Nicea, ya mencionado, atacó el núcleo del arrianismo al proclamar la fe de la Iglesia «en un Señor Jesucristo, el Hijo de Dios, engendrado, no creado, por el Padre como Unigénito, de la misma sustancia (gr. *homooúsion*) que el Padre». Ese vocablo griego vino a ser como la «contraseña» de la ortodoxia, pero muchos, especialmente entre los seguidores de Orígenes, creyeron que la declaración de Nicea atentaba contra la Trinidad de personas en la Deidad y, con la ayuda imperial, se forzó el año 360 una fórmula de compromiso por la que se declaraba que el Hijo no era *homooúsion to Patrí* = de la misma sustancia que el Padre, sino *homoioúsion to Patrí* = de sustancia semejante a la del Padre. Esta enseñanza semiarriana vino entonces a ser la doctrina oficial del Imperio de Oriente, hasta el año 381. Todavía un grupo más radical que los semiarrianos, encabezado por un diácono llamado Aecio (m. el año 370) y por su sucesor Eunomio (m. el 395), negaron que el Hijo fuese semejante al Padre, por lo cual se les llamó anomeos (gr. *an-hómoios* = no semejante) o eunomianos, de Eunomio, su principal fautor.

El arrianismo, en sus múltiples formas, ha resurgido modernamente entre los unitarios y entre los llamados Testigos de Jehová.

ARTE El vocablo arte entró en el cast. el año 1140 con el significado de «conjunto de normas para hacer bien alguna cosa». Procede del lat. *ars*, cuyo significado primordial es el de habilidad, pericia, si bien a mediados del siglo XIII tenía ya el sentido de fraude, artimaña, engaño. En su significado original, que es el único que aquí nos interesa, arte puede llamarse la habilidad para producir una obra sensorialmente perceptible, y en este sentido se incluyen los oficios manuales. Sin embargo, hay una diferencia notable entre la habilidad puramente manual y la habilidad propiamente artística, en cuanto a que lo manual apunta a lo útil, mientras que lo artístico apunta a lo bello, a lo que produce una emoción estética. Es cierto que hay una belleza natural en todo lo que está bien hecho conforme a la idea que le sirve de modelo, pero la belleza artística no se conforma con copiar la realidad, sino que tiende a que las ideas brillen con una profundidad y una intensidad nuevas, haciendo que hasta detalles insignificantes de las cosas o grandes misterios del ser brillen con una belleza insospechada. Esa es la diferencia que distingue, p. ej. una buena fotografía de un buen cuadro.

No voy a presentar aquí las distintas artes bellas ni los diferentes estilos de cada una, me interesa, antes que nada, advertir contra un tópico que es muy popular y que es considerado inofensivo; es lo que se llama «el arte por el arte», lo cual equivale a decir que «el arte es un bien en sí», sin más. No hay cosa más falsa, pues denota una mentalidad pagana. El arte, ya sea pictórico, escultural o literario, no sólo puede deformar la realidad –lo cual ya es un engaño, es decir, un pecado–, sino también, precisamente por su belleza estética, convertirse en un estimulante de los sentidos y, a través de ellos, de las pasiones más bajas. El arte, como todas las cosas humanas, tiene que estar subordinado al bien principal del ser humano, es decir, a la moral cristiana. Ya desde época remota en el AT, Dios mismo suscitó artistas de diversas clases: danzarinas (Éx. 15:20), escultores (Éx. 25:9-40), plateros (Éx. 31:1-11), compositores de cánticos (salmistas), compositores de música (2 Cr. 5:11-14), narradores de historias, cuentos y parábolas (p. ej. Jue. 9:7-20; Mt. 13), poetas (Is. 40) y artesanos de varias clases (1 R. 7:13-22). Por otra parte, la Palabra de Dios condena sin tapujos el arte inmoral, ya sea en una oratoria impíamente jactanciosa (Gn. 4:23-24), en la arquitectura llena de vanidad provocadora (Gn. 11:1-9) o en la escultura incitadora a la idolatría (Éx. 32:1-6), contra la seria prohibición de Éx. 20:4-6).

La Iglesia postapostólica, huyendo de la persecución, se encerró pronto en las catacumbas y, junto a los nombres de los mártires, comenzó a recordar la memoria del Salvador dibujándolo en la forma de un pez, con lo que mantenía el *secretum arcani* = el secreto del misterio, ya que la palabra gr. *ijthús* = pez, contiene las iniciales de la frase gr.*Iesoús Jristós Theoú Uiós Sotér* = Jesucristo, Hijo de Dios, Salvador. A esto apelaba Tertuliano cuando, a comienzos del siglo III, escribiendo sobre el bautismo, decía: «Nosotros, pececitos, siguiendo a nuestro *ijthús* (= pez) Jesucristo, nacemos en el agua».

Pero, acabadas las persecuciones, acostumbrados a vivir en la lobreguez de las catacumbas, comenzaron a construir templos oscuros, con ventanas altas y cubiertas con el mosaico artístico de vidrieras que a duras penas dejaban pasar la luz solar. En esas vidrieras aparecían escenas de la vida del Señor y pronto se dibujaron junto a los altares figuras que servían para la catequesis. Así había comenzado una desviación del arte cristiano, paralela a la desviación en la doctrina y en la liturgia. Todavía el papa Gregorio I el Grande (590-604), admitió el uso de imágenes pintadas, no esculpidas, en las iglesias para uso de la catequesis. Aunque, dos siglos más tarde, el emperador Carlomagno (800-814) aprobó tal uso, en el Oriente había comenzado una batalla acerca del uso de las imágenes. Un edicto del emperador oriental León III prohibió en 726 el uso de las imágenes. Su hijo Constantino V (741-775) luchó vigorosamente contra el uso de las imágenes, llegando a suprimir incluso las de la Virgen María. Pero el 2º Concilio de Nicea (787) volvió a recomendar el uso de las imágenes, usando la distinción que Juan Damasceno (m. hacia el 749) había inventado: «A las imágenes no se les presta adoración = *latréia*, como a Dios, sino veneración = *prosúnesis*». La antipatía hacia las imágenes todavía subsistió en el Oriente hasta mediados del siglo IX, pero poco a poco fue cediendo, mientras surgía la creencia en la virtud mediadora de las imágenes como medios de gracia. Toda clase de iconos (gr. *éikon* = imagen), especialmente del Señor Jesucristo, comenzaron a usarse como medios de recuerdo y veneración, con aprobación y estímulo por parte de la jerarquía eclesiástica. Así entró el uso de los «crucifijos» que tanto se usan todavía en la Iglesia de Roma. Coincidiendo con el florecimiento del arte renacentista, tampoco la Reforma se vio libre de desviaciones del arte cristiano hacia formas paganas en la literatura, la escultura y la pintura, si bien se evitaron las imágenes talladas y los cuadros, mientras se justificaba el uso de imágenes en libros, tratados, hojas volantes, etc., con la excusa de que «una imagen pintada en un papel y que puedes tener en tu mano ha perdido la condición de *ídolo*. John Bunyan (1628-1688), con su *Pilgrims Progress* (El progreso del Peregrino), fue en aquellos tiempos el campeón de la ortodoxa fe bíblica contra las desviaciones de su tiempo. Desde entonces, ha seguido, dentro del protestantismo, la lucha entre el desviacionismo y la ortodoxia. Los puritanos han resistido todas las tentaciones de desviación, mientras en muchos ambientes evangélicos ha tenido éxito, p. ej.. el famoso cuadro de Holman Hunt *La Luz del Mundo*, como medio supuestamente útil para estimular grandemente la piedad subjetiva. FL

ARTE COMO ADORACIÓN El arte refleja el sentido y la conciencia de los artistas y de la sociedad. El artista cristiano da testimonio del Dios eterno que pasa y por cuyo toque quedan transfiguradas las cosas creadas, ligadas invisible al fundamento que hace que haya orden y belleza (Cf. Gn. 1: «Y vio Dios que era bueno»). El arte no es sólo un medio como expresión, de comunicar a Dios, es también, y quizá más importante, una manera de sentirlo, de vivirlo. La emoción estética, el sentido de lo bello (cf. *Belleza*), es tan propia y arraigada en el ser humano como el sentido de la proporción. Incluso cuando el hombre carece de medios para vestirse y anda desnudo, cubre su cuerpo con líneas ornamentales, o, de un modo aberrante, lo deforma –con el fin de embellecerlo– mediante técnicas bárbaras de mutilaciones o incisiones en la piel. Quien cree que el arte, la decoración, el buen gusto –en la literatura, en las iglesias, en la música– compite con el Espíritu Santo desconoce la psicología humana e ignora la Escritura, en un claro ejemplo de adiafora*. Dios es la Belleza suprema, la Verdad total, y lo bello y auténtico de este mundo, como las flores y los pájaros y la armonía celeste, hablan de Él. Aquí los extremismos también han jugado una mala pasada y claman al cielo. Hay quien aboga por una extrema simplicidad en los lugares de culto para no interferir la acción del Espíritu que no necesita «ayudas» del arte, de la belleza, para comunicarse al espíritu humano. Quien en nombre de la libertad del Espíritu aboga por lo gris en la vida cristiana, tiene que responder delante de Dios que nos «coacciona» con la multiforme variedad y riqueza artística de su creación, que canta y cuenta sus alabanzas.

La comunidad eclesial que no valore el arte ni entienda el lugar que éste debe ocupar en la vida de la Iglesia pagará con un empobrecimiento continuo y estéril. Y si se pasa de la esfera comunitaria a la individual, entonces es imperioso hacer ver que parte de la dignidad del ser humano –de todo ser humano, cristiano o no– es ser creativo en su vida, reflejar de este modo en su vida la vida del Dios creador. La vida sólo vale la pena desde la creatividad. «Ninguna obra de arte es tan importante como la propia vida de un creyente. En este sentido, cada cristiano está llamado a ser un artista. Acaso no tenga el don de escribir, ni el de pintar, ni el de componer música, pero cada hombre nacido en este mundo trae consigo el don de la creatividad en términos existenciales y lo aplica a la manera como vive su vida. En este sentido, la existencia cristiana tiene que ser una obra de arte» (F. Schaeffer).

El lema reformado «Sola la Escritura» no resta interés por el arte, al contrario, conduce a una apreciación más global de todo lo que rodea al ser humano, liberado de sus inclinaciones pecaminosas para adorar a Dios mediante todo lo que le rodea. De algún modo, el cristiano está invitado a recuperar la belleza como lugar privilegiado de la manifestación de la gloria divina, tal como se transmite en las expresiones de admiración de los Salmos. AR

Bib. Perspectiva cristiana: David Estrada, *Estética* (Herder, Barcelona 1988); Richard Harries, *El arte y la belleza de Dios* (PPC, Madrid 1995); Josep Laporta, *El dilema del arte* (CLIE, Terrassa 1991); Andrés Ortiz-Osés, *La razón afectiva. Arte, religión y cultura* (ESE, Salamanca 2000); Juan Plazaola Artola, *Historia y sentido del arte cristiano* (BAC, Madrid 1999); Hans R. Rookmaaker, *El arte no necesita justificación* (Andamio, Barcelona 1995); Francis A. Schaeffer, *Arte y Biblia* (EEE, Barcelona 1974).

Perspectiva secular: José Camón Aznar, *El tiempo en el arte* (Sociedad de Estudios y Publicaciones, Madrid 1958); –*Filosofía del arte* (Espasa-Calpe, Madrid 1974); –*El arte desde su esencia* (Espasa-Calpe, Madrid 1968); Elie Faure, *Historia del Arte*, 6 vols. (Alianza Editorial, Madrid 1990); Ernst H. Gombrich, *Historia del Arte* (Alianza Editorial, Madrid 1992, 15ª ed.); Erwin Panofsky, *Estudios sobre iconología* (Alianza Editorial, Madrid 1980, 4ª ed.); –*El significado en las artes visuales* (Alianza Editorial, Madrid 1987, 4ª ed.); F. W. J. Schelling, *Filosofía del arte* (Tecnos, Madrid 1989); Hipólito A. Taine, *La filosofía del arte* (Espasa-Calpe, Madrid 1968, 4ª ed.).

ASCENSIÓN Del latín *ascensío, ascensionis.* La ascensión de Cristo al cielo es el momento cumbre de su resurrección, por la que se sienta a la derecha del Padre. La expresión «sentarse a la derecha del Padre» no hay que entenderla en sentido literal, sino metafórico, en cuanto Dios, estar sentado a la derecha del Padre, significa ser de la misma categoría que éste; en cuanto hombre, quiere decir que Cristo tiene la absoluta preeminencia sobre los ángeles y los santos, y que participa de la majestad y poder de Dios como soberano y juz del universo.

Cuarenta días después de su resurrección, los discípulos de Cristo le vieron subir hasta que una nube le ocultó de sus ojos (Hch. 1:9-11). Con ello se indica que el proceso de la historia de la salvación ha terminado, por lo que a Cristo se refiere. La nube que se lo lleva es un signo que revela y, al mismo tiempo oculta, a Dios y su misterio. Se quita a Jesús de los ojos de los suyos, porque ahora se encuentra junto al Padre, con aquella honra y gloria que le pertenecen desde la eternidad, en cuanto Verbo (Jn. 17:5). Por su encarnación, la humanidad de Jesús de Nazaret ha sido exaltada hasta participar de la majestad del mismo Dios. Comparte la autoridad y juicio de Dios todopoderoso (Jn. 5:22), hasta poner a todos sus enemigos bajo sus pies (1 Co. 15:25).

Ascendido al cielo, está, sin embargo, presente a su pueblo y al mundo: «Toda potestad me es dada en el cielo y en la tierra, por tanto, id y haced discípulos a todas las naciones... He aquí yo estoy con vosotros todos los días, hasta el fin del mundo»" (Mt. 28:16-20). La ascensión no es tanto un cambio de lugar como de actividad. Jesús glorificado ha recibido la plenitud del Espíritu Santo para derramarlo sobre los suyos, mediante el cual vuelve, está de nuevo con los suyos (Jn. 14:16-18).

En su vuelta al Padre, Jesús alcanza toda la plenitud divina y humana. Despojado de su rango, el Hijo había tomado la condición de esclavo en la encarnación (Fil. 2:6-7). En esa manifestación humana, la gloria de Dios estaba oculta en Jesús. Así puede pasar como uno de tantos, *Dios incógnito*. La subida al cielo es la hora de la glorificación. Su amor y entrega a la voluntad del Padre alcanzan la cumbre de la perfección y el fruto de su gloria plena. En adelante, Jesús de Nazaret está unido al Padre de manera total y definitiva. y reina con Él, porque el Padre le ha dado pleno poder en el cielo y en la tierra (Mt. 28:16). Ahora puede atraer hacia sí a las gentes, como había anunciado para cuando fuese levantado sobre la tierra en la Cruz del Calvario. Jesús sube a los cielos como primicia de la nueva humanidad que es su cuerpo, la Iglesia.

Según Tomás de Aquino*, Cristo ascendió a los cielos por tres motivos: 1) Porque el cielo era debido a Cristo por su misma naturaleza; es natural que cada cosa vuelva a su origen, y el principio originario de Cristo está en Dios, que está por encima de todo: «Salí del Padre y vine al mundo; de nuevo dejo el mundo y me voy al Padre». 2) Correspondía a Cristo el cielo por su victoria. Cristo vino al mundo para luchar con el diablo, y lo venció; por ello mereció ser encumbrado por encima de todas las cosas. 3) Le correspondía por humildad. Siendo Dios quiso tomar la condición de esclavo, se sometió a la muerte e incluso descendió* a los infiernos. Por eso mereció ser ensalzado hasta el cielo: «El que descendió es el mismo que también subió por encima de todos los cielos para llenarlo todo» (Ef. 4:10). AR

ASCETISMO Este término entró en el cast. el año 1862, pero tanto asceta como ascético habían entrado el año 1700. Asceta proviene del gr. *askétes* = atleta, del vb. *askéin* = ejercitarse. Según este sentido primordial, puede adivinarse el uso que Pablo hace del vb. *askéin* en Hch. 24:16 (*askó*, contracción de *askéo*), insinuando un «esfuerzo consciente y continuo» por tener una conciencia sin ofensa ante Dios y ante los hombres. Es la única vez que el vb. sale en todo el NT. ¡Cosa extraña! Ni *askétes* ni *asketikós* salen ni una sola vez en todo el NT. En lugar de todo eso, hallamos *gumnázein* y *gumnasía* (gimnasia), por ejercitar y ejercicio respectivamente. El vb. ocurre 4 veces (1 Ti. 4:7; He. 5:14; 12:11 y 2 P. 2:14, aquí, en mal sentido); el sust. sólo una vez (1 Ti. 4:8). Este v., donde Pablo alude al «ejercicio corporal» suele interpretarse mal, como si el apóstol desdeñara del todo dicho ejercicio, pero el texto no dice eso, sino que, en comparación con la piedad, que para todo aprovecha, pues tiene promesa de esta vida presente y de la venidera, el ejercicio corporal para un poco aprovecha, es decir, «para algo», pero inferior en calidad y perecedero, pues sólo sirve para esta vida. La insinuación «atlética», que *askétes* tenía de suyo, en *gumnázein* y *gumnasía* se echa de ver en el adj. de la misma raíz *gumnós* =desnudo, como se ve por las 15 veces en que ocurre, así como por el vb. de la misma raíz *gumnitéuein* (sólo en 1 Co. 4:11) y en el sust. *gumnótes* = desnudez, que ocurre 4 veces. Esto nos recuerda que los atletas griegos luchaban, corrían, etc., desnudos totalmente, para evitar el obstáculo que las vestiduras mismas pueden presentar, idea que recoge He. 12:1, donde se nos exhorta a despojarnos de todo peso y del pecado que nos asedia, a fin de que corramos con paciencia la carrera que tenemos por delante.

La verdadera ascesis cristiana aparece en el NT presentada de distintas maneras. En Mt. 7:13-27, el Señor exhorta a entrar por la puerta estrecha y a tirar por el camino angosto (vv. 13-14), poniendo de relieve la importancia de producir frutos que muestren la condición interior de la persona (vv. 15-20) y de prestar obediencia a sus palabras (vv. 24-29). Las falsas profesiones de fe, aunque se pretenda avalarlas con grandes milagros, no libran a nadie del infierno (vv. 21-23), sino que sirven para mayor condenación, como se desprende del alejaos de mí (gr. *apojoréite ap emoú*) de Mt. 7:23, más fuerte que el «marchaos de mí» (gr. *poréuesthe ap emoú*) de 25:41. Mt. 24:42; 25:13 nos exhortan a velar constantemente. En Jn. toma la forma de permanecer en Cristo, p. ej. en 15:4-8. Pablo explica el mismo tema en su exhortación a la autodisciplina (1 Co. 9:24-27), a despojarse del hombre viejo (Ef. 4:22), a hacer morir en nosotros lo terrenal y a andar conforme al espíritu (Ro. 8:4; Gá. 5:16). La *enkráteia* = dominio propio (Gá. 5:23; 1 P. 2:6), equilibra positivamente todas las demás virtudes morales, mientras que un falso puritanismo pone como modelo de ascesis cristiana los llamados «cinco grandes noes»: no fumar, no beber, no jugar a los naipes, no bailar y no ir al cine. El error está en usarlos como medios, cuando deben ser el resultado de una verdadera espiritualidad.

Como todas las demás enseñanzas de la Palabra de Dios, también ésta ha sufrido los distintos avatares de la historia de la Iglesia. Centrando correctamente la ascética en el amor perfecto y en la comunión con Dios como fin último, el Pastor de Hermas se mantenía en la ortodoxia de la Palabra de Dios, pero luego se centró en el martirio como suprema manifestación de amor al Señor, y después en la virginidad, como una especie de martirio en vida. Cuando la Iglesia oficial se unió con el Imperio, pronto surgió el monasticismo, volviendo al rigor primero e inaugurando un tipo de ascética que ponía un énfasis indebido en la salida del mundo y en el castigo del cuerpo. Por ambos lados, se apartaba de la línea del NT. En efecto, 1º el propio Señor Jesús, en su oración sumosacerdotal, dijo al Padre: No ruego que los saques del mundo, sino que los guardes del mal (Jn. 17:15). Jesús no envió sus discípulos al mundo a fundar monasterios, sino a predicar el evangelio de salvación, como Él mismo había venido al mundo: Como me enviaste al mundo, yo también los envié al mundo (v. 18). Espera de nosotros que estemos en el mundo, aunque no seamos del mundo (v. 16). La Iglesia está muy bien dentro del mundo, lo malo es cuando el mundo está dentro de la Iglesia. 2º el cuerpo humano no es malo, no hay que arruinarlo con cilicios y penitencias, pues está destinado a ser templo del E. Santo (cf. 1 Co. 6:19). Lo malo es la carne, en su sentido del NT, de «principio dinámico de la pecaminosidad en el hombre caído» (cf. p. ej. Gá. 5:17). Esta carne es la que produce malas obras (cf. Gá. 5:19-21) en los que viven conforme a la carne (Ro. 8:12) y fomenta las concupiscencias (cf. Gá. 5:16; 1 P. 4:2; 2 P. 2:10; 1 Jn. 2:16), que esclavizan al hombre en cuerpo y alma (cf. Ef. 2:3), hasta llegar a «afiliarlos» a la carne, como a un «partido» de militancia contra Dios (cf. Ro. 8:5-8).

ASEIDAD (cf. *Dios, Perfecciones de Dios*)

ASENTIMIENTO, ASENTIR El sust. asentimiento entró en el cast. el año 1580, y el vb. asentir pocos años más tarde (a comienzos del siglo XVII). Proceden del lat. *assentire* (*ad sentire* = acercarse a un modo determinado de pensar u opinar). En lógica, el asentimiento es, por necesidad, un «juicio», ya que el mero «concepto» no supone una toma de posición. No se confunda el asentimiento con el consentimiento; el 1º es una función del intelecto; el 2º, de la voluntad.

Pongamos un ejemplo: «la nieve es fría». «Nieve» y «frío», pueden hallarse separados, porque no todo lo que es frío es nieve; pero si los uno mediante la cópula «es», muestro, precisamente en ese vb. es, mi asentimiento en un juicio en que atribuyo la frialdad a la nieve, como me consta por la experiencia, a posteriori. Pongamos otro ejemplo: «El hombre es un ser racional». También en este juicio presto mi asentimiento a que el predicado «ser racional» se atribuye legítimamente al sujeto «hombre», pero ahora no me baso en la experiencia, sino a priori en la metafísica, puesto que la «racionalidad» es de esencia de la «humanidad».

Esto nos lleva a mayores profundidades. El asentimiento penetra en las profundidades del ente como ser existente, cuando, como dice Aristóteles, afirma es de lo que es, y niega que sea lo que no es. Por esto mismo, comoquiera que el ente tiene su verdad ontológica en ser lo que es y no otra cosa, mi asentimiento es un juicio donde tiene su propio lugar la verdad lógica, es decir, «la asimilación de mi juicio mental con la realidad misma del ente, tomado éste en su pura existencia, sin ir más allá del momento (cf. Verdad).

Por lo dicho vemos que, tanto en el asentimiento basado en la identidad metafísica de sujeto y predicado como el que se basa en la identidad física, mi intelecto no es libre para asentir o disentir, ya que la evidencia reclama necesariamente mi asentimiento. Pero puede darse el caso, y aquí entramos en teología, cuando mi asentimiento es requerido, no por la evidencia objetiva que mi razón no puede alcanzar, sino por la autoridad de la persona que me comunica la verdad. De esta forma damos nuestro asentimiento a muchas afirmaciones sobre cosas y hechos que no conocemos personalmente, pero nos son declaradas por personas competentes y fiables. A veces, el testimonio sobre algo que yo no sé es tan unánime y desapasionado que sería un imposible moral la no existencia de dicho objeto, pero cuando el que me declara algo no es un hombre, sino Dios, mi asentimiento a lo que Dios me dice, siendo libre psicológicamente por mi parte, por falta de evidencia objetiva, puede (y debe) ser más fuerte que el que proporciona la evidencia, por estar avalado por la autoridad de Dios que no puede engañarse ni engañarnos. Aquí es donde se manifiesta la fuerza de la fe como convicción de lo que no se ve (He. 11:1). En esto, la imposibilidad de errar no es moral, sino absoluta, la mayor posible por la base que la sustenta (cf. p. ej. He. 7:17-19).

ASISTENCIAS (cf. *E. Santo, Dones del*)

ASTROLOGÍA (cf. tamb. *Magia y Ocultismo*)

Primero entró en el cast. astrólogo (a primeros del siglo XIII), procedente del gr. astrólogos = astrónomo y, a mediados del siglo XIII astrología. A pesar del origen común, la astrología no debe confundirse con la astronomía. Según las define el Pequeño Larousse Ilustrado de 1992, astrología es el «arte de predecir el porvenir por la observación de los astros», mientras que la astronomía es la «ciencia que trata de la posición, movimiento y constitución de los cuerpos celestes». Sin embargo, quiero aclarar que la astrología, tanto antigua como moderna, no trata sólo de predecir el porvenir, sino también, como puede verse por el horóscopo lunar, que comenzó a usarse en China y se ha hecho popular en todos los países, de investigar la incidencia del ciclo lunar (12 años) en los rasgos temperamentales de los individuos nacidos en cada uno de esos doce años. Barry Fantoni, en su libro *Chinese Horoscopes*, ha investigado en este terreno de un modo que causa, por lo menos, asombro. Hasta aquí, la astrología podría considerarse inofensiva e, incluso, como un divertido pasatiempo, pero tiene también su cara muy oscura, hundida en las raíces del ocultismo. De ahí, la importancia que le dan las sociedades secretas como los Rosacruz y la masonería en sus más altos grados.

Al parecer, los principios de la astrología se desarrollaron primeramente entre los asirios y caldeos del siglo VII a. de C. Estaba reservada a la casta sacerdotal de esos países la interpretación de la posición y del movimiento de los astros en orden a conocer la voluntad de los dioses acerca del bienestar de la nación y de la persona del rey. No se practicaban horóscopos para los súbditos individuales. A finales del siglo VI a. de C., la astrología comenzó a desarrollarse en Egipto. Tras la muerte de Alejandro Magno (323 a. de C.), la astrología penetró en el mundo griego desde el Imperio de Seleuco y, en el siglo III a. de C., los horóscopos personales comenzaron a ser populares. Dos siglos más tarde, se habían extendido entre los romanos. Y a comienzos de la era cristiana, los emperadores Octavio Augusto y Tiberio practicaban la astrología. Ya no decayó el interés que suscitaba en la antigüedad, sino que, durante toda la Edad Media, obtuvo considerable popularidad, pero la perdió durante los siglos XVI y XVII de nuestra era, con la llegada de la nueva astronomía de N. Copérnico y de I. Newton. En nuestros días ha resurgido su interés al perderse en grandes masas la fe en la providencia de Dios, y debido también a la ansiedad de la gente ante la inseguridad de vivir siempre bajo la amenaza de la guerra y de las continuas catástrofes del siglo XX.

La Palabra de Dios condena claramente la adoración de los astros (cf. Dt. 4:19; 17:2-5; 2 R. 17:16). Jeremías (7:18; 8:2; 19:13; 44:17-19) se refiere a la adoración de los cuerpos celestes, especialmente a «la reina del cielo», como llama a Ishtar = Venus. Por su parte, Isaías (47:13-14) se refiere directamente a la práctica de la astrología con la expresión «los contempladores de los cielos» (RV60), que no tienen poder ni de salvar su propia vida del poder de la llama. La única referencia que el NT hace a la astrología es en Mt. 2, al hablar de los «sabios» (mejor que «magos»), venidos de oriente por haber visto «la estrella del recién nacido rey de los judíos» (Mt. 2:2). Mucho se ha discutido sobre la naturaleza de dicha «estrella», pero lo cierto es que esto no tenía nada que ver con las prácticas astrológicas: no fue la estrella la que dictó el destino de Jesús, sino que fue el nacimiento de Jesús el que dictó el destino de la estrella. Hay en el NT otras dos referencias, no a los astrólogos, sino a los astros como «señales» de los cielos, manifestadoras de fechas importantes en extremo. Tenemos la 1ª en el eclipse sobrenatural del sol durante el desamparo del Señor en la Cruz (cf. Mt. 27:45; Mr. 15:33; Lc. 23:44-45 (en este último v. hallamos en gr. el ptc. *eklipóntos* = ausentándose, de donde viene el término «eclipse»). La 2ª y última referencia a los astros como *señales* la tenemos en Lc. 21:25: Entonces habrá señales en el sol, en la luna y en las estrellas, como anuncio final de la 2ª Venida del Hijo del Hombre.

Bib. B. Adam, *Astrología. Una antigua conspiración* (Betania, Puerto Rico 1978); E. W. Bullinger, *El testimonio de las estrellas* (CLIE, Terrassa 1981); Fernando D. Saraví, *Los horóscopos y la astrología* (CLIE, Terrassa 1992); I. D. E. Thomas, *Astrología. ¿Qué dice la Biblia?* (CBP, El Paso 1974).

ASUNCIÓN DE MARÍA (cf. tamb. *Mariología*) Según la Iglesia de Roma, la virgen María fue elevada en cuerpo y alma al cielo. Este dogma fue proclamado el 1 de noviembre de 1950 por la constitución *Munificentissimus Deus* de Pío XII: «Proclamamos, declaramos y definimos ser dogma revelado por Dios: Que la Inmaculada Madre de Dios, siempre Virgen María, cumplido el curso de su vida terrena, fue asunta en cuerpo y alma a la gloria celestial».

No hay ningún texto en la Escritura que avale este dogma, cuya prueba de su creencia se debe a documentos tardíos de la tradición, sobre todo a partir del siglo VII, sin embargo, en torno a él, se ha elevado un impresionante edificio teológico y litúrgico, desplazando en intensidad religiosa y popular la ascensión* de Cristo. AR

ATANASIO (cf. tamb. *Arrianismo*) Entre los llamados «Padres de la Iglesia» Atanasio es (295-373) uno de los más famosos como verdadero campeón de la ortodoxia contra la herejía arriana. Fue grande la ayuda que prestó a su obispo Alejandro en el Concilio de Nicea (325). Sucesor de Alejandro, ocupó la sede episcopal de Alejandría desde el 328 hasta su muerte, padeciendo persecución y destierro por su defensa impávida de la fe ortodoxa acerca de la persona del Señor Jesucristo.

Mientras gozó de relativa paz, Atanasio dio buena muestra de sus dotes como pastor, teólogo y escritor eclesiástico. En temprana edad, en el año 318, siendo diácono, escribió sus obras monumentales *Sobre la Encarnación* y *Contra los gentiles.* En la 1ª puso de relieve el papel del Verbo como la persona por medio de la cual el Padre creó el mundo de la nada. No por eso hizo de menos el poder y la Deidad de Cristo; ya desde el principio de la obra, hace ver que el Verbo era igual al Padre. Su énfasis en la soteriología se percibe en este párrafo hacia el final de la obra: «Porque él mismo se hizo hombre, para que nosotros fuésemos hechos dioses; él mismo se manifestó a sí mismo mediante un cuerpo, para que nosotros obtuviéramos conocimiento del Padre invisible; y él mismo aguantó las injurias que los hombres le infirieron, para que nosotros heredáramos la inmortalidad». En *Contra los gentiles,* afirma que Dios puede ser conocido principalmente por dos medios: por la naturaleza y por medio del alma humana. Ya en su edad madura (348), Atanasio escribió su *Defensa contra los arrianos,* en la que, volviendo al tema trinitario, hace ver que, para conocer bien a Dios como Padre y como Creador del mundo, hay que conocer bien al Hijo de acuerdo con su naturaleza. Muy importantes son también sus *Cartas acerca del Espíritu Santo,* donde se nota un progreso en el análisis del misterio trinitario, integrando ahora más fuertemente en el estudio de la Trina Deidad al E. Santo.

Bib. Atanasio, *La encarnación del Verbo* (CN, Madrid 1997); *Vida de Antonio* (CN, 1995); *Contra los paganos* (CN).

Shirley J. Case, *Los forjadores del cristianismo,* vol. I (CLIE, Terrassa 1987).

ATEÍSMO (cf. tamb. *Dios, Pruebas de la existencia de*) El vocablo ateísmo entró en el cast., lo mismo que en las principales lenguas europeas, a mediados del siglo XVI. Ateo (gr. *á-theos* = sin Dios) entró en el cast. el año 1611.

En general, ateísmo es la opinión que sostiene que no hay Dios. Pero hay muchas clases de ateísmo. Además, hay un ateísmo práctico, que consiste en pensar, sentir y comportarse como si Dios no existiera; éste es el ateísmo del insensato de Sal. 14:1; 53:1, como también el de gran parte de la humanidad a lo largo de la historia. También han existido siempre quienes se han formado de Dios una idea que no corresponde al Dios que conocemos por las Sagradas Escrituras. Como el ser humano es crédulo por naturaleza, el que no cree en Dios, cree en ídolos. Por eso, dijo Pablo a los sabios atenienses (cf. Hch. 17:22-23) que los había hallado en extremo religiosos, aunque el Dios verdadero era para ellos un Dios desconocido. En la antigüedad, sólo existía un ateísmo de individuos, no de masas. Muchas veces, sólo se trataba de una crítica justificada a un antropomorfismo (cf. Antropomorfismo) craso en la forma de representar a los dioses, como vemos ya en Jenófanes (siglo VI a.C.). Pero los sofistas, desde Critias (450-404 a.C.), se adelantaron a expresar los tópicos comunes del ateísmo, manteniendo una visión materialista y cerrada del universo.

El ateísmo teorético, es decir, el que con toda propiedad es tenido por ateísmo, afirma positivamente, como algo científicamente incuestionable, que Dios no existe. Este ateísmo surgió propiamente con L. Feuerbach (1804-1872), para quien el pensamiento es un subproducto del cerebro, el cual segrega las ideas como el hígado segrega la bilis. Dice Feuerbach: «Yo niego a Dios significa en mí: niego la negación del hombre». La forma más sistematizada de este ateísmo radical se halla en el materialismo marxista dialéctico e histórico. Dentro de una línea de pensamiento existencialista y, por tanto, de reacción sentimental, oímos a F. Nietzsche (1844-1900) en su *Así hablaba Zaratustra*: «Dios ha muerto; nosotros lo hemos matado». Yendo todavía más lejos, J. P. Sartre (1905-1980), afirmó la imposibilidad metafísica de que Dios exista (cf. *Existencialismo y Sartre*).

Sin llegar al dogmatismo del ateísmo teorético, suelen llamarse con el apelativo genérico de ateísmo el escepticismo* y el agnosticismo*. Ateísmo escéptico es el que procede de una actitud filosófica negativa o de una reacción ante el mal existente en el mundo. Consiste en un estado de perplejidad, sin decidirse a admitir ni a rechazar la existencia de Dios. A. Marsillac, en una entrevista, lo exponía así: «No me explico el mundo sin Dios, pero tampoco me lo explico con Dios». Ateísmo agnóstico es el que procede de una actitud filosófica o científica, según la cual la existencia de Dios es un dato imposible de ser comprobado por la razón o por la experiencia. El agnosticismo en filosofía lo mismo que en religión fue defendido con un tecnicismo depurado por Kant en su *Crítica de la Razón Pura*, basándose en la incognoscibilidad de todo lo que no puede percibirse por los sentidos. Para A. J. Ayer (1910-1989), la proposición «Dios existe carece totalmente de sentido» (cf. su *The Central Questions of Philosophy*, p. 211 y ss.). Lo mismo que el politeísmo, también el panteísmo, en sus múltiples formas, es una clase especial de ateísmo. Cuando se analiza en profundidad el fenómeno del ateísmo, se halla en sus raíces un fondo de rebeldía contra Alguien que intenta subyugarnos al imponernos una determinada cosmovisión y unas normas que requieren una conducta regida de forma heteronómica, restringiendo nuestra libertad personal. El instinto de afirmación autonómica del «ego» reacciona entonces contra la idea de Dios, tratando de sacudirse un yugo que se le antoja molesto. De aquí se deduce que el ateísmo no puede considerarse como una conclusión deducida de la filosofía o de la ciencia por una mente cultivada y equilibrada. En otras palabras, el ateísmo no nace espontáneamente en el espíritu humano, sino que es un fenómeno reactivo contra algo o Alguien que molesta. Cuando se tiene de Dios un concepto adecuado, no del «Motor inmóvil» del Universo, sino del «Dios de Abraham, de Isaac y de Jacob», del Dios de la Biblia, se lleva mucho andado para curarse del ateísmo. En cambio, cuando no se tiene del Dios verdadero una imagen adecuada, así como de sus perfecciones y de sus planes de salvación, la reacción contra Dios es explicable.

Los argumentos del ateísmo contra la existencia de Dios son siempre los mismos. Ya los redujeron a dos los filósofos medievales, como pueden verse en la *Summa Theologiae*, 1, q. 2, a. 3 (*Utrum Deus sit* = Si hay Dios) de Tomás de Aquino. Como de costumbre, plantea primero las objeciones a la tesis, que resumo en honor a la claridad: 1ª, «Si hubiera Dios, no habría mal en el mundo. Es así que lo hay. Luego Dios no existe». 2ª, «Lo que puede llevarse a cabo por menos agentes, no se hace por más. Pero parece ser que todo lo que se ve en el mundo puede llevarse a cabo en el supuesto de que Dios no exista. Luego no hay ninguna necesidad de afirmar la existencia de Dios». En otras palabras, un Dios malevolente y un Dios no necesario está de más. Expuestas así las objeciones, Tomás procede de inmediato a probar la tesis de que Dios existe, apoyándola en las cinco vías, que analizaremos en el art. «Dios» *(Pruebas de la existencia de)* y termina refutando las objeciones. Contra la 1ª, se apoya simplemente en un párrafo del Enchiridion de Agustín de Hipona, que dice así: «Siendo Dios sumamente bueno, de ningún modo permitiría que existiera algún mal en sus obras, si no tuviera el poder y la bondad suficientes para sacar bienes incluso de los males». Contra la 2ª, arguye desde la contingencia y la mutabilidad de las cosas creadas, ya sea en la naturaleza o en el albedrío del hombre, para concluir: «Es menester que todo lo mudable y lo que puede fallar (lat. *deficere*) sea dirigido (lat. *reduci*) a un primer principio inmutable y necesario».

Para el creyente cristiano, la última palabra la tienen las Sagradas Escrituras. La Biblia no intenta darnos un muestrario sistemático de pruebas de la existencia de Dios, no comienza con una exposición teórica, sino con un hecho histórico: «En el principio creó Dios los cielos y la tierra» (Gn. 1:1). Su existencia se hace presente en todas las páginas de la Biblia (cf. p. ej. Sal. 19:1-2; Hch. 14:17; Ro. 1:18-20). Para no salirnos de los límites de este Diccionario, remitimos al lector al art. *Agnosticismo* y al de *Dios, Pruebas de la existencia de*.

Bib. Édourd Boné, *¿Es Dios una hipótesis inútil? Evolución y Bioética. Ciencia y Fe* (Sal Terrae, Santander 2000); Octavi Fullat, *Radiografía del ateísmo* (Nova Terra, Barcelona 1973); Arthur Gibson, *La fe del ateo* (Sal Terrae, Santander 1971); G. Girardi, ed., *El ateísmo contemporáneo* (Cristiandad, Madrid 1971); Jósef L. Hromádka, *El Evangelio para los ateos* (CUPSA, México 1986); Manuel Olasgasti, *Estado de la cuestión de Dios* (Espasa-Calpe, Madrid 1976); Andrés Torres Queiruga, *El problema de Dios en la modernidad* (Verbo Divino, Estella 1998); Claude Tresmontant, *Los problemas del ateísmo* (Herder, Barcelona 1974); Varios, *Ateísmo* (Taurus, Madrid 1969); Samuel Vila, *A Dios por el átomo* (CLIE, Terrassa 1970, 6ª ed.); — *Pruebas tangibles de la existencia de Dios* (CLIE, Terrassa 1970, varias eds.).

ATRIBUTOS DE DIOS (cf. *Dios, Perfecciones de*)

AULÉN, GUSTAV (1879-1978) fue un teólogo y profesor sueco de gran valía. Discípulo de N. Söderblom (1866-1931) en Upsala, fue un ardiente partidario del ecumenismo. Nombrado el año 1913 profesor de teología en la Universidad de Lund, permaneció allí hasta el 1933, año en que fue nombrado obispo de Ströngnös (1933-1952) y estuvo comprometido en el movimiento de resistencia al nazismo. En 1952 regresó a Lund, donde continuó enseñando y desempeñando un papel importante en el movimiento ecuménico.

Su actividad polifacética (compuso también himnos para la liturgia luterana) se extiende desde 1923, año en que se publicó su *Fe de la Iglesia Cristiana,* modelo de teología de corte luterano, hasta el año 1974 en que, a la edad de 94 años, escribió *Jesús en la Investigación Histórica Contemporánea.* Pero la obra que le hizo famoso fue *Cristo Vencedor,* escrita en 1930, cuando todavía era profesor de teología en Lund. En ella, después de analizar, a la luz de la Biblia y de la tradición histórica, las distintas teorías sobre la expiación, Aulén intentó introducir un nuevo modo de explicar la teoría clásica, afirmando que la expiación es la gran victoria de Cristo sobre los poderes destructivos del infierno y de la muerte, haciendo así posible y manifiesto el amor reconciliador de Dios.

AUTONOMÍA Es un vocablo que entró en el cast. el año 1702, mientras que autónomo entró mucho más tarde, en 1873. Procede del gr. *autós* = uno mismo y *nómos* = ley. La idea, pues, es «ser uno su propia ley», en lugar de ser regido por otro, «heterónomo»: gr. *héteros* = otro y *nómos* = ley (cf. Ateísmo).

Es cierto que, según Ro. 2:14, los gentiles que no tienen la ley mosaica, son ley para sí mismos, de modo que no pueden ser forzados a obrar contra su propia conciencia (cf. Conciencia), pero eso no significa que sean autónomos, puesto que la conciencia manifiesta e impone la ley moral escrita por Dios mismo en el corazón del hombre.

La idea de que el ser humano es autónomo se debe a Kant, bajo la fórmula del «imperativo categórico», según el cual, hemos de obrar de tal manera que la norma de nuestra voluntad pueda ser en todo tiempo una norma universal, sin necesidad de motivaciones extrínsecas como «aspirar a la perfección» o «intentar cumplir la voluntad de Dios». Según Kant, la llamada buena voluntad es sencillamente la voluntad pura, que cumple la ley por amor a la propia ley.

El error de Kant está en suponer que la intervención de factores exteriores al individuo suprime el concepto mismo de moralidad, porque si es cierto que la actuación moral no puede imponerse desde fuera, también es cierto que la ley moral, en cuanto que es ley de la razón, apunta en

su contenido a una realidad objetiva exterior al hombre y a un orden objetivo de valores que el individuo humano no puede formarse por sí mismo, sino que le son dados desde fuera. El propio Kant no pudo menos de reconocerlo de algún modo al establecer los postulados de la Razón Práctica.
Una correcta autonomía relativa, libre de presiones exteriores y de condiciones internas perturbadoras del libre albedrío, se requiere para que todo ser humano se responsabilice en su modo de pensar, querer y actuar. Se trata de un proceso que se amplía de continuo en la medida en que el hombre consigue su propia integración, es decir, su emancipación de todo lo que atenta contra su verdadera perfección. (En cuanto a la autonomía social, cf. *Pueblo, Soberanía del.*)

AUTORIDAD El vocablo entró en el cast. a mediados del siglo XIII, pero autor había entrado ya en el año 1155, del lat. *auctor* = creador, autor, promotor; y éste del vb. *augére* = aumentar. La autoridad como atributo de una persona designa un conjunto de cualidades que demandan del sujeto de dicha autoridad un asentimiento* personal. El asentimiento prestado a la autoridad se llama fe. Cuando ese asentimiento se refleja en la sumisión de la voluntad, hecha manifiesta en la conducta, se llama obediencia. Hasta aquí, hemos hablado de la autoridad personal. Pero existe también la autoridad de oficio, independiente de las cualidades personales del individuo «puesto en autoridad» por voluntad de Dios. En tales casos, la obediencia a la autoridad se requiere bajo pecado (cf. p. ej. Ro. 13:1-2). Esta autoridad de oficio es propiamente oficial cuando se funda en la necesidad de dirigir la acción de los miembros de una determinada sociedad* a los fines propios de esa sociedad, ya sea ésta el Estado, la Iglesia o la familia. Aquí no entramos en la cuestión sobre quién y en qué medida debe ejercer esa autoridad.
Otra autoridad que participa de las características de la autoridad de oficio, pero se distingue claramente de ella, es la autoridad pedagógica, por la que los padres, juntamente con el Estado y con la Iglesia, asumen la misión de instruir y educar a los hijos cuya capacidad de razonar no basta todavía por sí misma para organizar su mentalidad y su conducta de forma conveniente. Una pedagogía sana es la que tiene por objeto formal ayudar al niño a entender y cumplir sus deberes personales y sociales con sentido de responsabilidad ante Dios y ante los hombres.
Pasando ahora al concepto teológico de autoridad, vemos que es de tal importancia que, si se resuelve bien el problema que plantea la cuestión de la autoridad, se ha puesto la base sobre la cual puede resolverse cualquier otro problema teológico. De la forma en que se entienda la autoridad depende en la Iglesia la organización misma, la disciplina, la predicación; en fin, las normas de fe y conducta. Sin embargo, la cuestión no es fácil de resolver, porque incluye una multitud de criterios subjetivos y objetivos que deben sopesarse correctamente para alcanzar el equilibrio doctrinal y espiritual deseable.
Una cosa es cierta: Dios (el Dios Trino) y su Palabra (la Biblia) son la autoridad suprema e indiscutible de toda comunidad eclesial (cf. *Dios, Soberanía de* y *Biblia, Autoridad de la*).
La autoridad de Dios es ejercida en el AT, no sólo directamente, sino también por delegación de poderes a quienes Él mismo invistió de la autoridad necesaria: sacerdotes, profetas, jueces y reyes. En el NT, la autoridad de Dios se expresa de forma única e irrepetible por medio de los apóstoles (cf. Apóstol), quienes por definición son los embajadores personales del Señor Jesucristo (cf. Mt. 10:1, 40; Mr. 3:14; Jn. 17:18; 20:21; Hch. 1:1-8; 2 Co. 5:20; Gá. 1:1; 2:8). De tal manera fue única e irrepetible la autoridad de los apóstoles que bien pudieron imponerla como ejercida en nombre de Dios, tanto en cuestiones de fe como de disciplina, que no pudieron tener sucesores (cf. Sucesión apostólica) y cuyos escritos inspirados gozaban de la misma autoridad que el resto de las Sagradas Escrituras (cf. 2 P. 3:15-16). Sobre otras esferas de legítima autoridad, cf. Iglesia, Autoridad de la, Sociedad y Familia.

AVERROES, AVERROÍSMO Se conoce con el nombre latino de Averroes al filósofo, jurista, médico y teólogo musulmán Ibn Rushd (1126-1198), nacido en Córdoba (España) y muerto en la corte del califa en Marruecos. Desempeñó cargos importantes en la España musulmana, pero se le conoce especialmente por su obra filosófica y teológica. Averroes puso todo su empeño en recuperar la imagen del Aristóteles filósofo (cf. Aristotelismo), aparte de toda otra consideración de orden religioso o teológico. Además de ser el más grande filósofo del Islam, Averroes ejerció enorme influencia en el Occidente latino, especialmente en Francia e Italia: en la Universidad de París (siglos XIII y XIV) y en las de Bolonia y Padua (siglos XIII al XVII). Entre sus seguidores, descuella en París Siger de Brabant

(1235-1282) y en Padua César Cremonino (1550-1613).

El averroísmo puro es un movimiento filosófico que aceptaba sin reservas las enseñanzas de Aristóteles, con lo que se oponía directamente a las verdades reveladas por Dios. Tres son las principales áreas en que esta oposición se hacía manifiesta: 1ª, la de la creación, donde Aristóteles afirmaba que el mundo es eterno y, por tanto, increado. 2ª, la de la antropología, donde sostenía que el alma inmaterial es única para todos los hombres, poniendo así en tela de juicio la inmortalidad del alma humana. 3ª, la de la ética, donde suponía que el hombre puede alcanzar la perfección guiándose únicamente por la razón, con lo que se oponía a la enseñanza cristiana de la necesidad de la fe para salvarse. Tomás de Aquino y otros seguidores moderados de Aristóteles se opusieron al averroísmo. Los averroístas fueron condenados por la Iglesia en el año 1277.

Por mucho tiempo se atribuyó a los averroístas, especialmente a Siger de Brabant, la teoría de la doble verdad: Una tesis podía ser verdad para la razón en filosofía, y la tesis contraria podía ser verdad para la fe en teología. P. ej., de acuerdo con la filosofía (aristotelismo), el mundo sería eterno, mientras que, de acuerdo con la fe, tuvo principio al ser creado por Dios. Hasta qué punto es cierto el hecho, es cosa muy discutible. Lo más probable es que Siger, como otros averroístas, defendiera la posibilidad de la doble verdad, pero, en casos de conflicto entre la razón y la fe, la verdad debía hallarse en el lado de la fe.

Bib. Alfonso Ropero, *Introducción a la filosofía*, cap. IV (CLIE, Terrassa 1999).

AVICENA Se da este nombre latino (*Avicenna*) al filósofo y médico hispanomusulmán Ibn Sina (980-1037), de quien se sabe más que de cualquier otro filósofo musulmán por haber dictado a uno de sus discípulos su propia autobiografía. En ella proclama su erudición extraordinaria cuando sólo tenía 18 años, diciendo que la única materia que le resultó difícil fue la metafísica. Leyó cuarenta veces la *Metafísica* de Aristóteles sin lograr entenderla, hasta que cayó en sus manos un comentario del neoplatónico musulmán Al-Farabi. Quizá los escritos de Avicena no fueron muy originales, debiendo gran parte de su erudición filosófica a las ideas de Al-Farabi, pero escribió con una claridad que se echaba en falta en este último. El núcleo de su pensamiento filosófico es que hay un Ser Supremo, necesario y totalmente único; de Él emanan todos los demás seres.

Reunión de avivamiento. Billy Sunday

Bib. Alfonso Ropero, *Introducción a la filosofía*, cap. IV (CLIE, Terrassa 1999).

AVIVAMIENTO En el lenguaje evangélico se llama avivamiento a un período en el que Dios visita a su pueblo y por medio del Espíritu Santo imparte nueva vida en medio de Él, que, como resultado del testimonio de la comunidad renovada, alcanza a la comunidad civil y logra un número sorprendente de conversiones. El avivamiento es, pues, en primer lugar, *una obra divina que tiene que ver primordialmente con la Iglesia o pueblo de Dios*. Son los creyentes los que tienen que ser avivados, es a ellos a quienes Dios envía un avivamiento en tiempos de apatía e indiferencia espirituales. O sea, que avivamiento y evangelización no tienen nada que ver en sí mismos, como algunos malinterpretan. El avivamiento *restaura* la vida ya existente, pero no la crea de nuevo, como ocurre en la conversión* o nuevo nacimiento.

El avivamiento tiene que ver con la Iglesia y no con el mundo, aunque los efectos de una iglesia avivada se dejen sentir con fuerza en la sociedad. De hecho, los tiempos de avivamiento religioso han sido a la vez tiempos de reformas sociales: abolición de la esclavitud, reforma penitenciaria, protección de la infancia, etc.

El cristianismo evangélico es el resultado directo del Gran Despertar del siglo XVIII de Whitefield* y Wesley*, en lo que tiene de énfasis en la conversión resultante de la decisión de aceptar a Cristo, la santidad personal, la predicación al aire libre, el papel de los laicos en la evangelización, el interés misionero y la sustitución del estudio teológico por el estudio bíblico básico.

En la Biblia se emplean cinco palabras básicas relacionadas con el tema del avivamiento, cuyos significados y matices, en algunos casos sinónimos, pero a la vez diferentes, contribuyen a una comprensión global y enriquecedora del término. Ninguna de ellas por separado es suficiente para ofrecernos un cuadro completo de la experiencia de renovación o avivamiento, pero todas ellas unidas presentan una visión completa de lo que la Biblia entiende por vida restaurada en el gozo y comunión del Señor.

La primera palabra que tenemos es *avivar* propiamente; «dar nueva fuerza y vigor», «cobrar vida», «vivificar»: «¿No volverás a darnos vida, para que tu pueblo se regocije en ti?» (Sal. 85:6). «Aviva, oh SEÑOR, tu obra en medio de los años, en medio de los años dala a conocer; en la ira, acuérdate de la compasión» (Hab. 3:2; Is. 57:15; Os. 6:1-2; Esd. 9:8-9).

La segunda es *renovación,* y tiene que ver con «restablecer», «reanudar una relación», «volver al primer estado»: «Crea en mí, oh Dios, un corazón limpio, y renueva un espíritu recto dentro de mí» (Sal. 51:10). «Los que esperan en el SEÑOR renovarán sus fuerzas; se remontarán con alas de águilas, correrán y no se cansarán, caminarán y no se fatigarán» (Is. 40:31). «Renueva nuestros días como antaño» (Lm. 5:21; Sal. 103:5; Ro. 12:2; Ef. 4:22-23; Col. 3:10).

La tercera es *restauración*, con el sentido de «recuperar», «volver a poner en el estado o estimación que antes tenía»: «Restitúyeme el gozo de tu salvación, y sostenme con un espíritu de poder» (Sal. 51:12). «Restáuranos a ti, oh SEÑOR, y seremos restaurados» (Lm. 5:21; Jl 2:24; Sal. 85:4, 6).

La cuarta es *refrigerar*, o sea, «refrescar», «reposar», «renovar un sentimiento, lazo o experiencia»: «Arrepentíos y convertíos, para que vuestros pecados sean borrados, a fin de que tiempos de refrigerio vengan de la presencia del Señor» (Hch. 3:19; He. 4:10-11).

La quinta y última es *despertar*, muy utilizada en el idioma inglés para referirse al avivamiento (*awakening*) con el sentido de levantarse del sueño, «dejar de dormir», «volver en sí»: «Haced todo esto, conociendo el tiempo, que ya es hora de despertaros del sueño... Desechemos las obras de las tinieblas y vistámonos con las armas de la luz» (Ro. 13:11-14; Ef. 5:14-15).

Todos estos textos, y otros muchos, muestran que el avivamiento es algo mucho más global que un período determinado de extraordinarias experiencias religiosas; cubre toda la vida cristiana y le marca su ritmo, consistente en vivificación mediante el Espíritu, santificacion*, discipulado, renovación, restauración, oración, celo misionero, refrescamiento y estado de vigilia. El cristiano, no importa el fuego de su primer amor, tiende, por la naturaleza de las cosas –la rutina, la costumbre y el hábito que van formando la vida de lo que empezó siendo una fuerte emoción religiosa–, a desmayar y a sentir cada vez con más fuerza tentaciones que antes apenas si le molestaban, o de hacerlo, no tenían suficiente poder ni atractivo para apartarlo de su senda de fe y amor. Más de una vez es zarandeado por el mundo, el diablo y su propio corazón traicionero. Es entonces cuando tiene que recordar con urgencia y anhelante solicitud la llamada de su maestro: «Velad y orad para que no entréis en tentación; el espíritu está dispuesto, pero la carne es débil» (Mr. 14:38; 13:33; Mt. 24:42; Ef. 6:18). Para ello el cristiano cuenta con la ayuda no de sus propias fuerzas, que han manifestado su debilidad e incapacidad de guardar su posición, sino de la intercesión que no falla del Cristo resucitado y glorificado, sentado a la diestra de Dios, donde vive para interceder por los suyos. «Por lo cual Él también es poderoso para salvar para siempre a los que por medio de Él se acercan a Dios, puesto que vive perpetuamente para interceder por ellos» (He. 7:25; 9:24). AR

Bib. John Bright, *El avivamiento que viene* (Unilit, Miami 1996); Dorothy de Bullón, *Hacia una teología de avivamiento* (CLIE, Terrassa 1998); F. Damazio, *Tiempos de avivamiento* (CLIE, Terrassa 1999); Pablo A. Deiros, *La acción del Espíritu Santo en la historia* (Caribe, Miami 1998); Charles Finney, *El avivamiento* (CLIE, Terrassa 1984); Jonathan Goforth, *Por mi Espíritu* (Betania, Miami 1988); C. N. Martínez González, *Avivamiento* (CLIE, Terrassa 1999); Alfonso Ropero, *Teología bíblica del avivamiento* (CLIE, Terrassa 1999); R. A. Torrey, *El poder de la oración y la oración de poder* (CLIE, Terrassa 1989); John White, *Cuando el Espíritu Santo llega con poder* (Puma/Certeza, Perú 1995)

AZAR Este vocablo procede del árabe *zahr* = flor (de donde tamb. azahar), aplicado ya en el siglo XIII al juego de dados por la flor que se pintaba en una de sus caras. La raíz *zhr* significa «lucir, florecer, ser hermoso».

Precisamente por ser el juego de dados totalmente de azar, el azar absoluto supone una carencia absoluta del sentido de realidad, no estando determinado por ninguna causa eficiente ni final. En cambio, se da el nombre de azar relativo a un efecto imprevisto (que no se intentaba) de las causas segundas, o a la supuesta mera coincidencia de dos o más causas segundas eficientes en un efecto sin previa orientación ni por parte de la naturaleza misma de las cosas, ni de una causa agente exterior que dirigiera la acción de dichas causas a un fin determinado. De acuerdo con esto, se da el nombre de casualismo (efectos del puro azar) a la teoría que trata de explicar sin una causa final (cf. Causa) el aspecto teleológico de la naturaleza, es decir, las manifestaciones de un orden intentado en las cosas y, sobre todo, en la formación de los seres vivos, en el destino de los seres humanos y en los avatares de la historia. Partidarios del casualismo en biología son los neodarwinistas (cf. Darwin, darwinismo).

El creyente cristiano no puede aceptar ninguna especie de casualismo. No puede aceptar el azar absoluto porque ello equivale a negar la existencia de Dios (cf. Dios, Pruebas de la existencia de). Tampoco puede aceptar el azar relativo, porque va contra la acción de la providencia y del gobierno de Dios en el mundo, en la vida y en la historia.

B̈

BAILLIE, DONALD. M. Este teólogo escocés (1887-1954) se educó primero en Edimburgo y, después, en Marburgo y Heidelberg. Tras desempeñar el ministerio pastoral en varios lugares de Escocia, fue nombrado profesor de teología en St. Andrews el año 1935. Estaba decidido a favor del ecumenismo, sin ceder un ápice de su ortodoxia. Por otra parte, su preparación académica y su santidad de vida atrajeron a muchos estudiantes extranjeros a estudiar en St, Andrews. Dejó escritas varias obras, entre las que destacan *God Was in Christ* (Dios estaba en Cristo. Londres, 1948) y *The Theology of the Sacraments* (La Teología de los Sacramentos. Londres, 1957).

Bib. D. M. Baillie, *Dios estaba en Cristo* (Aurora, Bs. As. 1974).

BAILLIE, JOHN Hermano del anterior, este teólogo escocés (1886-1960) estudió en Escocia y Alemania y, desde el año 1920, fue profesor de teología en Auburn, Nueva York y Toronto, antes de ejercer el profesorado en el New College de Edimburgo el año 1934, del que fue nombrado Rector en 1950. Su preparación académica fue todavía mayor que la de su hermano. Con él compartió su afición al ecumenismo (intentó sin éxito la unión de las Iglesias de Escocia e Inglaterra), hasta llegar a presidir el Consejo Mundial de Iglesias*. Se decía de él que, en sus cambiantes opiniones teológicas, había llegado a combinar el antiguo liberalismo con la neoortodoxia barthiana y una fuerte tendencia hacia la mística. También dejó abundantes obras escritas, entre las que destacan *Our Knowledge of God* (Nuestro Conocimiento de Dios, 1939) y *Belief in Progress* (La Creencia en el Progreso, 1950). Pero su obra más famosa fue *A Diary of Private Prayer* (Un diario de oración privada, 1936).

Bib. J. Baillie, *Diario de oración privada* (CUPSA, México 1987).

BALMES, JAIME Este eclesiástico catalán (1810-1848) merece figurar en este Diccionario, no precisamente por su aportación original a la teología ni por sus simpatías hacia la fe evangélica, sino todo lo contrario, por su polémica con el calvinista francés Guizot por medio de su libro *El protestantismo comparado con el catolicismo* (1844).

Nacido en Vic, se graduó en teología y cánones en la Universidad de Cervera. Pero Balmes es mejor conocido por sus obras de filosofía, entre

Jaime Balmes, eclesiástico catalán (1810-1848)

las que destaca su *Filosofía fundamental*, en la que toca de una manera personal y profunda las cuestiones fundamentales de la filosofía, analizando y rebatiendo brillantemente los sistemas filosóficos opuestos a los principios firmes de la metafísica escolástica, según habían sido expuestos por Tomás de Aquino* y Francisco Suárez*, si bien no es forjador de un sistema filosófico original, como él mismo confiesa en el Prólogo: «No me lisonjeo de fundar en filosofía, pero me propongo examinar sus cuestiones fundamentales». Me resulta inexplicable que un hombre de su gran talento pudiese estar de acuerdo con Tomás de Aquino en los *equilibrios* que éste hace con respecto a la especial función que la extensión (un accidente) desempeña como *soporte* (sin ser sustancia) de los demás accidentes en el sacramento de la eucaristía.

Pero su obra más conocida es *El Criterio* (1843), llamada por Menéndez y Pelayo «higiene del espíritu» lo que, hasta cierto punto, es muy cierto, por qué no decirlo.

Con todo, el mejor título que puede aplicarse a Balmes es, en palabras del ministro español de Educación Ibáñez Martín (1948), el de «filósofo del sentido común aplicado a la política.»

En su polémica con el calvinista Guizot, Balmes aprovechó bien los puntos débiles del calvinismo francés para mostrar su superioridad dialéctica sobre él, haciendo caso omiso de la ortodoxia bíblica que los sistemas teológicos surgidos de la Reforma pueden oponer al desviacionismo de la Iglesia de Roma. Pero Balmes ponía por encima de todo la autoridad de la sede romana, consagrando sus últimas energías a la defensa del papa Pío IX, de cuyo absolutismo fue inmejorable plataforma el Vaticano I. Conste que su libro *Pío IX* (1847) desagradó, y aun escandalizó, a no pocos de sus amigos.

Bib. J. Balmes, *Obras completas*, 8 vols. (BAC, Madrid); *El criterio* (BAC, Madrid 1965); *Filosofía elemental* (Ed. Araluce, Barcelona 1943); *Filosofía fundamental* (BAC, Madrid 1967); *El protestantismo comparado con el catolicismo* (BAC, Madrid 1967).
Alfonso Ropero, *Introducción a la filosofía*, cap. X (CLIE, Terrassa 1999).

BALTHASAR, HANS URS VON Este clérigo de la Iglesia de Roma (n. el año 1905) es uno de los más eminentes teólogos católicos del siglo xx. Aunque sus puntos de vista (es jesuita) difieren totalmente de los de la Reforma, no se le puede silenciar por su copiosísima producción teológica, filosófica y literaria. En su pensamiento se nota la influencia de K. Barth, así como la del también jesuita Przywara. Su obra más famosa (inconclusa) es una síntesis de teología, filosofía y literatura, dividida en tres partes en las que Balthasar analiza a fondo respectivamente lo hermoso, lo bueno y lo verdadero. Lo más curioso en el pensamiento teológico de este jesuita polifacético ha sido su admiración por la mística Adrienne von Speyr (1902-1967) con la que mantuvo una interesante relación, que le llevó a escribir, partiendo de las experiencias místicas de ella, una teología que no deja de resultar extraña, sobre el descenso de Cristo a los infiernos como el motivo principal de la cristología, de la soteriología y hasta de la teología trinitaria.

BARCLAY, WILLIAM Este afamado expositor bíblico escocés (1907-1978) se educó en las Universidades de Glasgow y Marburgo, antes de ordenarse en 1933 como clérigo de la Iglesia de Escocia. Desde el año 1947 enseñó NT en la Universidad de Glasgow, si bien su promoción a profesor de la misma data del año 1964. Se retiró en 1974, cuando su *Daily Study Bible* (Biblia de Estudio Diario del NT) había alcanzado una difusión mundial. Después de su retiro, continuó trabajando en su Biblia de Estudio Diario del AT) hasta su muerte. Su capacidad académica iba unida a un don especial para comunicarse con los públicos más ordinarios. Desdichadamente, su ortodoxia dejaba mucho que desear. Decidido universalista, rechazó la sustitución expiatoria de Cristo, su concepción virginal y la interpretación literal de sus milagros. Admirador de R. Bultmann*, fue reticente en cuanto a la autoridad e inspiración de las Escrituras.

Karl Barth

Bib. W. Barclay, *Las Bienaventuranzas* (Aurora, Bs. As. 1976); *Comentario al Nuevo Testamento*, 17 vols. (CLIE, Terrassa 1997-); *La juventud de la Iglesia* (CLIE, Terrassa 1994); *Estudio de la Iglesia primitiva* (CLIE, Terrassa 1994); *Palabras griegas del Nuevo Testamento. Su uso y significado* (EMH, El Paso 1977); *Oraciones para el hombre común* (Aurora, Bs. As.); *El pensamiento de san Pablo* (Aurora, Bs. As. 1978); *La sociedad permisiva* (Aurora, Bs. As. 1976); *Guía ética para el hombre de hoy. Los diez mandamientos* (Sal Terrae, Santander 1975).

BARTH, KARL Quizás el teólogo más importante del siglo xx, Barth (1886-1968) nació en Berna. Su padre era un pastor reformado, profesor en aquella misma ciudad. Barth fue ordenado el año 1908 y estudió primero en Berna y después en Berlín, Tubinga y Marburgo, bajo los principales maestros de Alemania, especialmente Harnack y Herrmann. Desempeñó el pastorado desde 1911 hasta 1921, pero la actuación desdichada del protestantismo liberal durante la 1ª Guerra Mundial le llevó a reconsiderar su posición. En 1919 publicó su *Der Römerbrief* = La Epístola a los romanos, que le valió ser nombrado profesor de teología reformada en Gotinga. Pero su obra monumental, en trece grandes vols. es *Church Dogmatics* (Dogmática Eclesial). Siendo profesor en Born, se puso decididamente en contra del movimiento nazi y pasó a formar parte de la Iglesia Confesante. En 1934, cuando la oposición a Hitler produjo la Declaración de Barmen, la redacción de dicho documento se debió especialmente a la pluma de Barth. En 1935 fue expulsado de Alemania y se refugió en Basilea, donde permaneció hasta su muerte. «Se podrá seguir criticando su negación de la teología natural, su actitud ante la Escritura, la libertad humana, la doctrina de la expiación y la labor teológica de los tres últimos siglos. Pero es innegable que Karl Barth, por su importancia profética y dogmática, ocupa un lugar importante en la teología cristiana del siglo XX» (S. G. F. Brandon, *Diccionario de Religiones Comparadas*, «Barth», 2 vols. Ediciones Cristiandad, Madrid 1975

En mi opinión, las ideas clave de Barth son tres: 1ª, su rechazo de la analogía del ser*, a favor de la analogía de la fe*; 2ª, su afirmación de que la Biblia contiene la Palabra de Dios, pero no es la Palabra de Dios; y 3ª, su teoría sobre la salvación universal de los seres humanos, incluido Judas, por ser Cristo el verdadero reprobado, al ser nuestro sustituto en el Calvario. La teología de K. Barth ha tenido amplia acogida, especialmente en teólogos de la Iglesia de Roma, pero no ha podido convencer a muchos del lado protestante. Las tres ideas clave que acabo de exponer van contra la propia revelación divina y contra los logros legítimos de la razón humana en el campo de la filosofía. En efecto, 1º, si rechazamos la analogía del ser, no le queda a la razón humana ningún acceso al conocimiento de Dios en cuanto «ser», sin preámbulos para la fe, encerrada en un puro fideísmo, colgada sobre sí misma sin ninguna base racional propia del ser humano. 2º, si el papel de las Escrituras se reduce a dar testimonio de Cristo según es proclamado de viva voz (la *viva vox Evangelii* de Lutero), la Biblia no tiene autoridad en sí misma en virtud de una inspiración verbal que Barth no admite. Y 3º, si la caída original no ha de entenderse como históricamente literal, según el pensamiento de Barth, y la salvación universal es procurada por la expiación sustitutoria de Cristo en el Calvario, ¿para qué la predicación del Evangelio a los inconversos, para qué la labor misionera de la Iglesia en cumplimiento del mandato de Cristo en Hch. 1:8? Dicen que esta pregunta le fue hecha personalmente a Barth y que él contestó: «Para que se enteren de que han sido salvos por Cristo, y se muevan a darle gracias y corresponderle con una vida santa».

Bib. K. Barth, *Al servicio de la Palabra* (Sígueme, Salamanca 1985); *Esbozo de dogmática* (Sal Terrae, Santander 2000); *Introducción a la teología evangélica* (La Aurora, Buenos Aires 1964); *Ensayos teológicos* (Herder, Barcelona 1978); *La oración* (Sígueme, Salamanca 1980);*La proclamación del Evangelio* (Sígueme, Salamanca 1980); *La revelación como abolición de la religión* (Marova, Madrid 1973); *Revelación, Iglesia, Teología* (Stvdivm, Madrid 1972); *Correspondencia con Bultmann* (DDB, Bilbao 1971); *Carta a los romanos* (BAC, Madrid 1998).

BASILIO EL GRANDE Basilio de Cesarea (329/330-379), nació en el Ponto de una rica familia cristiana y se educó en Atenas, donde tuvo por condiscípulo a Gregorio de Nacianzo, volviendo a Cesarea como maestro de oratoria el año 356. Su hermano menor, Gregorio de Nisa, fue educado en casa. Los tres formaron un grupo compacto entre los escritores eclesiásticos que defendieron la ortodoxia contra los arrianos en el siglo IV, siendo llamados «los tres capadocios». Un año después de volver a Cesarea, Basilio fue bautizado y viajó a visitar las comunidades monásticas del Mediterráneo oriental. A partir de este viaje, se retiró a una ermita dentro de la hacienda de su padre, donde llevó una vida de piedad mientras comenzaba su obra escrita como defensor de la fe. El año 364 dejó su ermita a instancias de Eusebio, obispo de Cesarea, quien le ordenó de sacerdote ese mismo año, y a quien sucedió el año 370. A la muerte de Atanasio* el año 373, Basilio fue el principal campeón de la ortodoxia en el Oriente, defendiendo la Deidad del Hijo y del E. Santo contra los arrianos y los macedonianos.

Además de su importante contribución en la controversia arriana, Basilio destacó también en otros dos campos: 1º, introdujo en el monasticismo la idea de una comunidad de amor, santidad personal y obediencia, en sustitución del ascetismo personal de penalidades y ayunos que predominaba en cenobitas y ermitaños. La llamada *Regla de San Basilio* quedó como la base de la estructura monástica en el Oriente y, en muchos lugares del mismo Occidente, suplantó a la de

Agustín de Hipona*. 2º, fomentó la preocupación social, no sólo entre los superiores de las comunidades monásticas, sino también entre los obispos. Así organizó grandes obras de caridad en hospitales, escuelas y hostales, para lo cual él dio ejemplo desprendiéndose de sus propios bienes de fortuna.

Bib. Basilio de Cesarea, *El Espíritu Santo* (CN, Madrid).

J. M. Yanguas Sanz, *Pneumatología de san Basilio* (EUNSA, Pamplona 1983); Shirley J. Case, *Los forjadores del cristianismo*, vol. I (CLIE, Terrassa 1987).

BAUR, FERDINAD-CHRISTIAN Este teólogo protestante alemán (1792-1860) fundó la Escuela de Tubinga, famosa por su método histórico-crítico del NT. Desde el año 1826 hasta su muerte, fue profesor de teología en la Universidad de Tubinga, donde dio a conocer sus ideas sobre el origen del cristianismo y de los escritos del NT. Mediante la negación de todo elemento sobrenatural en dichos escritos, intentó presentar una interpretación puramente «histórica» del cristianismo primitivo, basándose en la filosofía de la historia recientemente presentada por Hegel. La influencia de Baur se hizo sentir entre los teólogos alemanes de su tiempo, especialmente sus seguidores D. F. Strauss y A Ritschl, aunque posteriormente se apartaron del pensamiento de su maestro. En realidad, Baur fue en teología un filósofo más bien que un historiador o experto en la exposición de la Biblia. La más extensa exposición de sus puntos de vista se halla en los dos grandes vols. de su obra *Paulus der Apostol Jesus Christi* (Pablo, el Apóstol de Jesucristo, 1846). Fue ardientemente combatido por Godet y Vinet, representantes del punto de vista tradicional de la inspiración divina de las Sagradas Escrituras.

Bib. F. C. Baur, *Investigación sobre la vida de Jesús* (EDICEP, Valencia 1984).

BAUTISMO Los vocablos bautismo y bautizar entraron en el cast. a mediados del siglo XIII, procedentes respectivamente del gr. *baptismós* y *baptízein* = zambullir, sumergir; de ahí, bautizar. Sin entrar aún ni en el modo ni en el tiempo de administrar el bautismo, ya en Hch. 2:41 aparece como el rito de iniciación cristiana. Sobre su origen, lo más probable es que el bautismo como lo conocemos hoy comenzara de la mano de Juan el Bautista. El propio Señor Jesús se hizo bautizar por Juan (Mt. 3:13) y lo impuso para ser administrado en la Iglesia (Mt. 28:19). Así ha sido practicado por casi todas las denominaciones que se precian del nombre de cristianas, excepto entre algunos grupos que han intentado sustituir el bautismo de agua por el de fuego, basados en Mt. 3:11.

El rito del bautismo consiste esencialmente en una confesión de fe en la Trina Deidad, de acuerdo con Mt. 28:19, antes de ser sumergido o, al menos, metido en el agua. Hay quienes piensan que Hch. 19:5 es una excepción: en el nombre del Señor Jesús, pero quizás significa, a pesar de la prep. gr. *eis* con acus., algo así como bajo la autoridad del Señor Jesús, en contraposición a la de Juan el Bautista. Del gr. de Hch. 8:38-39 se desprende que el modo usual de administrar el bautismo, ya desde el principio, era por inmersión. Sobre la confesión de fe del eunuco en el Señor Jesucristo, debo advertir que el v. 37 falta en los mss. más antiguos y fiables. Por otra parte, no es probable que el bautismo de Hch. 2:41 fuese por inmersión. La *Didajé* (Doctrina de los Doce Apóstoles), redactada a primeros del siglo II (lo más probable), dice sobre el bautismo: «Bautiza en agua viva (agua corriente), pero si no tienes agua viva, bautiza en otra; si no puedes en fría, en caliente. Si no tienes ninguna de las dos, derrama agua sobre la cabeza tres veces en el nombre del Padre y del Hijo y del Espíritu Santo». Siempre he estado convencido de que ésa es la práctica correcta.

En cuanto al ministro del bautismo, Mt. 3:11 da a entender que el ministro principal es el propio Jesucristo, pero ya en Jn. 4:2 se nos hace ver que no era Jesús quien bautizaba, sino sus discípulos. Por supuesto, nadie puede bautizarse a sí mismo. Lo normal es que su administración competa al ministerio público de la iglesia local, con lo que los pastores son los responsables de tal administración.

La principal diferencia entre las distintas denominaciones cristianas acerca del bautismo, tiene que ver con el sujeto: ¿Se puede bautizar a los niños en su infancia, o es menester administrar el bautismo a los adultos con la edad suficiente para emitir con toda libertad y responsabilidad una confesión personal de fe? Las denominaciones adictas a la llamada «teología del pacto» sostienen que los hijos de padres cristianos pueden, y deben, ser bautizados en su temprana infancia. Razones pastorales así lo demandan. Por otro lado, los bautistas*, como defensores natos del bautismo por inmersión, sostienen también que sólo los adultos nacidos de nuevo y conscientes de su responsabilidad pueden ser bautizados. La imagen del bautismo como identificación con Cristo en su muerte y resurrección se hace visible todavía en bautisterios* antiguos como ocurre en Terrassa (Barcelona), donde las escalerillas a uno y otro lado del bautisterio nos recuerdan que el candidato entraba en el agua por un lado, dejando atrás su muerte al pecado, y salía del agua por las escalerillas del lado opuesto, simbolizando su entrada irreversible en la nueva vida resucitada (cf. Ro. 6:3-11). El simbolismo primordial del agua en el bautismo parece ser el de lavar (cf. Tit. 3:5). Este significado de lavar el pecado como sinónimo de borrar el pecado puede verse especialmente en el Sal. 51:1-2, 7, 9-10 (cf. *Agua*).

Si echamos un rápido vistazo a la historia de la Iglesia, hemos visto más arriba lo que dice la Didajé a comienzos del siglo II, aunque el *Enchiridion Patristicum* de Rouet de Journel data entre el año 90 y el 100 la redacción de dicho documento. De Tertuliano (160-222/223), vimos en el art. *Arte cristiano* su famosa frase: «Nosotros, pececitos, siguiendo a nuestro pez Jesucristo, nacemos en el agua». A mediados del siglo III, ya cundía la idea de que el martirio («bautismo de sangre») suplía con ventaja los efectos del bautismo de agua, puesto que el mártir entraba directamente en el cielo sin pasar por el purgatorio. A esto se unía el retraso en la administración del bautismo, pues para entonces el concepto de regeneración sacramental por el bautismo hacía que muchos demorasen indefinidamente el bautizarse, temiendo que, si pecaban después de estar bautizados, esos pecados ya no se borraban del todo ni siquiera mediante la confesión impuesta por la disciplina eclesial. Del propio emperador Constantino se dice que recibió el bautismo en su lecho de muerte. A comienzos del siglo IV surgió el donatismo*, que negaba la validez del bautismo administrado por personas indignas (herejes, cismáticos, pecadores públicos) carentes del E. Santo. Contra ellos luchó Agustín de Hipona, defendiendo que la validez del sacramento no depende del agente humano, puesto que el ministro principal es Cristo. Dígase lo que se diga, Agustín tenía en esto toda la razón.

Los teólogos medievales designaron el bautismo de agua como señal de la fe, que abarcaba toda la obra de la redención, la cual se aplicaba al sujeto regenerándolo espiritualmente, santificándolo y preparándolo para la gloria futura en virtud de los méritos de Cristo. Surgió luego la división del arrepentimiento en contrición (arrepentimiento por puro amor de Dios) y atrición (arrepentimiento por motivos inferiores: temor al infierno, deseo del cielo, fealdad del pecado, etc.). El bautismo de deseo, junto con la contrición, perdonaba todos los pecados antes del bautismo. En cambio, la atrición no era suficiente para perdonar el pecado sin el bautismo. El Concilio de Trento radicalizó aún más estas posturas. El Concilio Vaticano II ha reconsiderado el tema del bautismo, recomendando la restauración del catecumenado, con vistas a la relevancia del bautismo de adultos como rito de iniciación, e insertándolo en el marco de la Pascua de Resurrección.

Los Reformadores se opusieron a estas ideas, aun cuando, excepto los anabautistas*, admitieron gran parte de la liturgia y de la teología bautismal católica, pero se negaron a ver en el bautismo de agua el medio de regeneración espiritual del sujeto. Lutero sostuvo que únicamente la fe era el medio necesario para la salvación, mientras que el bautismo de agua era necesario con necesidad de precepto, es decir, porque así lo había mandado el Señor. Calvino y, tras él, la tradición reformada, vio en el bautismo la señal del nuevo pacto y, por eso, había que admitir al bautismo a niños tan pequeños como los que los judíos admitían para recibir la circuncisión. El Consejo Mundial de Iglesias*, en su reunión de Ginebra el año 1982, describió ampliamente el significado del bautismo, poniendo de relieve su función como vínculo básico de la unidad eclesial.

Bib. Bautista: Cirilo de Jerusalén, *El fluir del Espíritu. Catequesis bautismales* (CLIE, Terrassa 2001); Samuel Vila, *A la fuentes del cristianismo*, cap. 7 (CLIE, Terrassa 1989).

Paidobautista: Gerhard Barth, *El bautismo en los tiempos del cristianismo primitivo* (Sígueme, Salamanca 1986); Carlos van Engen, *Hijos del pacto* (TELL, Grand Rapids 1985); Charles Hodge, *De la insignia cristiana* (ACLER, Barcelona 1969); Pierre Ch. Marcel, *El bautismo, sacramento del pacto de gracia* (Felire, Barcelona 1968); D. H. Small, *Las bases bíblicas del bautismo de infantes* (México 1971).

BAUTISMO DEL ESPÍRITU, BAUTISMO EN EL ESPÍRITU Aunque son dos los títulos que encabezan el artículo, no por eso son sinónimos, puesto que ser bautizado por el Espíritu y ser bautizado en el Espíritu son dos cosas diferentes.

Cuando Juan estaba bautizando en el Jordán con agua para arrepentimiento (cf. Mt. 3:11; Lc. 3:16), anunció a sus oyentes que Jesús los bautizaría con Espíritu y fuego. ¿Cuándo sucedió esto? Antes de ascender a los cielos dijo Jesús a los once apóstoles (Judas había muerto; Matías no había sido elegido todavía): «Juan ciertamente bautizó con agua, mas vosotros seréis bautizados con el Espíritu Santo dentro de no muchos días». (Hch. 1:5). Notemos en primer lugar que Jesús no añade y con fuego, quedando así la puerta abierta para una interpretación escatológica, en la que el descenso del E. Santo en Pentecostés significaba un primer cumplimiento parcial, por lo que Pedro une los dos momentos en su cita de Jl. 2:28-32 (cf. Hch. 2:17-21). Posteriormente, en el mismo discurso, Pedro afirma que es el Jesús resucitado y ascendido quien ha derramado el Espíritu Santo (v. 33). Por tanto, ya sabemos una cosa de cierto: Cristo es el que bautiza con el E. Santo o en el E. Santo (la prep. gr. en admite ambos sentidos). Lo mismo queda confirmado en Jn. 1:33; Hch. 11:16.

Por otra parte, ya en el AT vemos la promesa del descenso del E. Santo sobre el Mesías a fin de equiparle para su ministerio público (cf. Is. 11:1-2; 61:1-3), promesa que luego se hace extensiva a todo el pueblo de Dios (cf. Ez. 36:26-27; Jl. 2:28-29). La promesa de Is. 11:2; 61:1 se hace realidad en el bautismo de Jesús (cf. Mt. 3:16; Mr. 1:10; Lc. 3:22; Jn. 1:32; Hch. 10:38). A todos estos lugares debe añadirse Gá. 3:27 y, según mi modesta opinión, 1 Co. 12:13, teniendo en cuenta todo el contexto de ese cap. donde el protagonista principal es el E. Santo, que reparte sus dones como Él quiere (v. 11), sobre el Cristo (v. 12), que somos todos los creyentes teniendo a Cristo por única cabeza (cf. v. 27). Todo el cap. 12 apunta, pues, a que (v. 13 -RV60) «por un solo Espíritu fuimos todos bautizados en un cuerpo» o, mejor, según el original, a un solo cuerpo. Parece, pues, evidente que el agente de este bautismo es el E. Santo que nos bautiza, que nos zambulle en el cuerpo de Cristo, cuya cabeza es Cristo.

En ambos casos, podemos asegurar que se trata de un bautismo de poder, que contrasta con el bautismo de gracia (regeneración y santificación) de que habla Pablo en Ro. 6:3-11, mencionado en el artículo anterior (cf. *Bautismo*).

Queda en el aire una pregunta: ¿Es extensiva la experiencia de Pentecostés a todos los tiempos? Todos los carismáticos, especialmente los pentecostales, responden que sí, con lo que fenómenos tales como hablar en lenguas, sanar física y espiritualmente mediante la imposición de manos por medio de la fe, profetizar, interpretar lenguas, etc., habrían de ser corrientes si los creyentes fuesen perfectos, llenos del E. Santo. Hay quienes hablan de una «segunda bendición», como si la inhabitación del E. Santo en el creyente no fuera ya perfecta desde el primer momento. En Ro. 8:9, Pablo asegura que el que no tiene el Espíritu de Cristo no es de Él (de Cristo). En otras palabras, no es cristiano. Nunca habla de una segunda bendición. Más aún, a todos los creyentes exhorta a ir siendo llenos del E. Santo (Ef. 5:18). En su libro *Answers to Questions*, pgs. 214-215, F. F. Bruce trata de este asunto, de quien extraigo y traduzco el parr. principal: «Al final de su discurso, Pedro aseguró a sus oyentes que, si se arrepentían y eran bautizados para el perdón de sus pecados, "recibirían el don del Espíritu Santo" (Hch. 2:38); pero es pasarse de la raya suponer que todos, por eso mismo, hablarían en lenguas o de que, efectivamente, así lo hicieron. En otras dos ocasiones mencionadas en Hechos, la recepción del Espíritu estuvo acompañada del don de lenguas (cf. 10:44-46; 19:6); pero no puede inferirse de esas porciones que este don acompañaba invariablemente a la recepción del Espíritu. De hecho, donde se enumeran los dones del Espíritu en 1 Corintios (12:8-11, 28 y ss.), claramente se dice que son repartidos de varias maneras entre los creyentes, de forma que no todos tienen dones de sanidad, no todos hablan en lenguas, no todos interpretan, etc.».

Bib. Samuel Chadwick, *Volvamos a Pentecostés* (CLIE, Terrassa 1986); G. E. Gardiner, *La catástrofe de Corinto* (Portavoz, Grand Rapids 1980); P. E. Gilquist, *Acabemos con las luchas sobre el Espíritu Santo* (CLIE, Terrassa 1974); S. D. Gordon, *Consejos prácticos sobre el poder* (CLIE, Terrassa 1984); Alejandro R. Hay, *Falsificación del don de lenguas* (UMN, Bs. As. 1970); Jorge Hilgeman, *El programa del Espíritu Santo* (Caribe, Miami 1982); A. Hoekema, *¿Qué de las lenguas?* (SLC, Grand Rapids 1977); *–El bautismo del Espíritu Santo* (EEE, Barcelona 1977); James McConkey, *El triple secreto del Espíritu Santo* (CLIE, Terrassa 1986); G. Campbell Morgan, *El Espíritu de Dios* (CLIE, Terrassa 1984); Richard C. Schwab, *Deje que la Biblia hable sobre las lenguas* (Portavoz, Grand Rapids 1997); O. J. Smith, *La investidura de poder* (CLIE, Terrassa 1985); John Stott, *Sed llenos del Espíritu Santo* (Caribe 1977); M. F. Unger, *El don de lenguas y el NT* (Portavoz, Grand Rapids 1974).

BAUTISMO POR LOS MUERTOS El enunciado de este título nos lleva a 1 Co. 15:29, donde Pablo, al hablar de la resurrección de los muertos, hace las siguientes preguntas: «De otro modo, ¿qué harán los que se bautizan por los muertos, si en ninguna manera los muertos resucitan? ¿Por qué, pues, se bautizan por los muertos?» Muchas interpretaciones se han dado de este difícil v. Una cosa es cierta: Pablo se refiere a una práctica realmente existente en algunos grupos. Otra cosa es también cierta: Pablo no aprueba ni condena dicha práctica, sino que se limita a expresar la relación que tiene con la creencia en la resurrección de los muertos, que es el tema de casi todo el cap. 15 de la epístola. Como sabemos por la historia que esta clase de bautismo fue practicado por marcionitas y novacianos, lo más probable es que tuviese el carácter de bautismo vicario, es decir, que algunos creyentes se hacían bautizar como sustitutos de otros creyentes que habían muerto sin bautizarse, con lo que llegaban a la eternidad sin el rito que simboliza la iniciación cristiana. Si no existía la resurrección, ¿para qué necesitaban ese rito que no libraba de los pecados? (cf. vv. 16-18). El hecho, pues, de que se bautizaran por los muertos, demostraba que esos creyentes creían firmemente que no todo se acaba en esta vida (v. 19), sino que los muertos resucitan perdonados y justificados (cf. Ro. 4:25; 6:3-11) por la unión con Cristo mediante el bautismo. Su error estaba en dar demasiada importancia al rito del bautismo, como si el agua material fuese algo más que un signo simbólico del lavamiento espiritual (cf. Bautismo).

BAUTISTAS (cf. también *Anabautistas*) Originarios de las diversas corrientes anabautistas, los bautistas evangélicos pueden identificarse con los discípulos de Zuinglio*, como Conrado Grebel, Félix Manz y Baltasar Hübmaier, que entraron en debate público sobre la autoridad bíblica del bautismo infantil (Zurich, enero de 1525). Al principio Zuinglio se mostró conciliador, pero cuando el movimiento empezó a crecer, el gobierno de Zurich decretó la pena de muerte para los culpables de «rebautizar». Félix Manz fue ahogado en el río en junio de 1527.

En 1609, John Smith, un clérigo anglicano desterrado a Holanda por separatista religioso, se convenció del bautismo de creyentes y casi todos los miembros de aquella iglesia de origen inglés se juntaron a los menotias* tres años después de la muerte de Smith. En 1612 un pequeño grupo de estos disidentes ingleses residentes en Holanda, volvió a Inglaterra con Tomás Helwys y establecieron la primera iglesia bautista en suelo inglés, en Spitalsfields, un barrio de Londres. Su creencia era arminiana*, dando origen a los llamados bautistas *generales*. En el año 1633 se fundó la primera iglesia bautista *particular*, o calvinista (particular por lo de la redención limitada). Para 1660 había ya entre 200 y 300 iglesias bautistas en Inglaterra y en el País de Gales, la mayoría de ellas en Londres y la parte sur de la nación.

B. Graham, el predicador bautista más famoso del siglo xx

Al principio el modo de bautismo era practicado solamente a creyentes por afusión, pero desde 1640 el método de inmersión se hizo general entre todas las iglesias bautistas.

En un principio eran de comunión abierta. Unos pocos bautistas formaron en Inglaterra una pequeña agrupación que guardaban el sábado, llamados Bautistas del Séptimo Días, hoy desaparecidos casi en su totalidad.

Las primeras iglesias bautistas en Estados Unidos se establecieron en Rhode Island (1639), dirigidas por Roger Williams.

Los bautistas particulares o calvinistas experimentaron por ese tiempo un gran despertamiento religioso, al que contribuyeron los escritos de Andrew Fuller, con su libro *El Evangelio digno de ser recibido por todos* (1785), que trató de reconciliar la doctrina calvinista con la arminiana dentro de la denominación*.

En 1792 Guillermo Carey llamó la atención de los pastores de la Asociación Bautista de Nor-

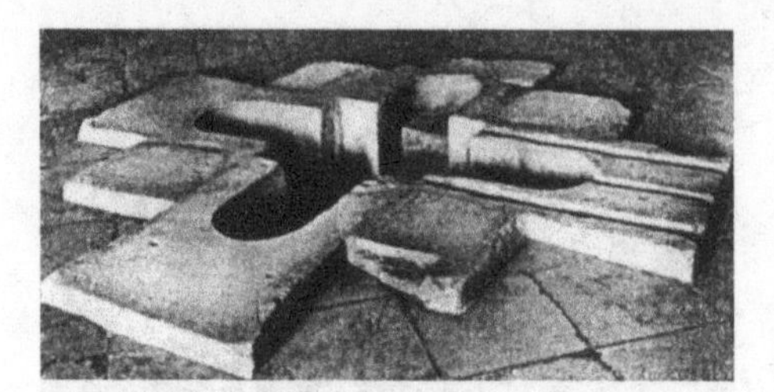

Piscina bautismal en África. –Museo del Bardo (Túnez)

thampton sobre el deber misionero de las iglesias. Después de mucha oposición, se inició un movimiento misionero que pronto iba a extenderse al resto de las denominaciones evangélicas. En 1813 se formó la Unión General Bautista de Gran Bretaña e Irlanda, entre los cuales destacó C. H. Spurgeon y F. B. Meyer. En Estados Unidos los bautistas crecieron a millones, especialmente en la comunidad negra. En 1905 se fundó la Alianza Bautista Mundial, uno de cuyos secretarios más prominentes fue J. H. Rushbrooke.

En 1727 un grupo de bautistas de la «libre voluntad», se organizó en Carolina del Norte, tratando de compaginar el calvinismo* de unos y el arminianismo* de otros, en una síntesis superior. El evangelista Benjamin Randall, convertido en bautista en 1776, viajó extensamente estableciendo iglesias bautistas de la libre voluntad. Ambos grupos darían lugar en 1935 a la *National Association of Free Will Baptists*, que defienden un arminianismo reformado bíblica y lógicamente expuesto. AR

Bib. Justo C. Anderson, *Historia de los bautistas. Sus bases y principios* (CPB, El Paso 1983); R. A. Baker, *Los bautistas en la historia* (CBP, 1972); *–Compendio de la historia cristiana* (CBP, 1974); W. F. Davidson, *The Free Fill Baptists in America, 1727-1984* (Randall House, Nashville); Martin E. Marty, *Peregrinos en su propia tierra. Quinientos años de religión en América* (DDB, Bilbao 1987).

BAUTISTERIO Del latín eclesiástico *baptisterium*, transliterado del griego *baptisterion*. El nombre deriva probablemente de la gran pila *–baptisterium–* que servía para el baño privado en la época romana y que posiblemente fue usada en los orígenes del cristianismo para celebrar el bautismo.

Los primeros edificios construidos para este fin aparecen en el siglo IV en adelante, próximos y en comunicación con las grandes basílicas. El baptisterio, pues, era un edificio especial contiguo a la basílica, destinado a la administración del bautismo. El motivo de la separación del edificio ha de buscarse en el hecho de que los neófitos eran admitidos en la iglesia sólo después del bautismo. Los primeros bautisterios eran pequeñas piscinas de planta central, pentagonal, de cruz griega, más a menudo octogonal o circular, con cubierta de bóveda o de cúpula, pero todos indistintamente contenían en el centro del vano una pequeña piscina de 70-75 cm. de profundidad, a la que se descendía por medio de escalones y adonde el agua llegaba desde lo alto. Este tipo de bautisterio resistió a la desaparición del bautismo por inmersión (siglo XI); pero desde el siglo XIII fue cada vez menos frecuente, porque se empezó a administrar el bautismo en la misma iglesia, colocando la pila bautismal en una capilla lateral próxima a la puerta de entrada de la iglesia. A partir del siglo XIV no se construyeron más bautisterios separados, sino que se puso simplemente una pila bautismal en una capilla de la iglesia. Después de la segunda mitad del siglo XVI, cuando fue definitivamente abandonado el rito de la inmersión, la fuente bautismal se redujo a una pequeña pila en una capilla junto a la entrada de la iglesia o templo.

El bautisterio más antiguo que hoy se conoce es el de Dura-Europa, en Siria (siglo III). En Europa el más antiguo parece ser el de Letrán (Italia). En España, la arqueología se ha encargado de desenterrar bautisterios paleocristianos en distintas partes del país; siendo el más recientemente descubierto Granátula de Calatrava (Ciudad Real), con presencia romana y visigoda. Es de pequeñas dimensiones y de forma rectangular enlucida en sus paredes interiores con mortero rojizo duro e impermeable. Conserva dos escalones a ambos lados en dirección este-oeste. No se conservan demasiados bautisterios de estas características en España, pero los hay –y los que quedan por descubrir–, principalmente en Cataluña, de mayor antigüedad.

La forma más frecuente de estas piscinas bautismales es la de cruz, como en So Peretó (Baleares). Otras siguen la forma circular, como en Es Fornás, mientras en otras, como Son Bou, la cava es cuadrilobular. La piscina bautismal de Aljezares es circular, con dos escaleras de acceso opuestas diametralmente. En Torre de Palma, está situada en la zona de la Epístola *(prothesis)* y es de planta rectangular, dando acceso a ella dos escaleras diametralmente opuestas de cuatro peldaños cada una. De los otros dos lados, uno termina en un lóbulo oval, mientras el otro tiene forma semicircular. Otros ejemplares son de forma rectangular, como el excavado en la *villa* de La Cotosa (Badajoz); se desciende aquí hasta el fondo por los dos lados, mediante escaleras de dos peldaños.

Las excavaciones realizadas en Barcelona han proporcionado restos de una basílica paleocristiana, que ha dado pie para sugerir la existencia de este templo ya desde el siglo IV o el V, aunque fuera ampliado después y cabe suponer que formara parte del conjunto episcopal de Barcelona. También en Tarrasa y Tarragona se encuentran estructuras de antiguos templos o *cellas* paleocristianas, cuya cronología corresponde a los siglos IV o V. La basílica de los Aljezares, que es de una fecha posterior, comprendía un edificio de tres naves, prolongándose la central hasta formar un baptisterio de planta circular, que incluye en su centro una piscina bautismal redonda, a la que se desciende por escaleras simétricas de cinco peldaños. En el grupo de basílicas de Baleares es donde mejor se aprecia la tipología y donde en cierto sentido se puede seguir la evolución histórica. Se trata de edificios que siguen la estructura basilical, manifestando una influencia siria y africana en sus diversos elementos en su organización, por más que se den ciertas variantes en una y otra. Este tipo basilical consta de tres naves separadas por pilastras o por columnas. Delante de éstas aparece una especie de vestíbulo o *nártex,* que es el lugar de los catecúmenos. La nave central acaba en un ábside circular o rectangular flanqueado interiormente por dos espacios, el uno del lado de la Epístola *(prothesis)* y el otro del lado del Evangelio *(diaconicon)* existiendo un muro recto que cierra exteriormente uno y otro. En ocasiones aparecen también, adosados, edificios destinados a baptisterios.

De la basílica de So Peretó (Baleares), que responde al tipo de basílica originario de Siria que se propaga por el norte de África, tenemos un mayor conocimiento. Un gran rectángulo enmarcaba tres partes, la más meridional de las cuales daba acceso al *nártex,* donde parece encontrarse el baptisterio La tercera parte tenía en su cabecera un ábside interior rectangular; a su lado estaban los espacios correspondientes a la *prothesis* y al *diaconicon,* que no comunican directamente con el ábside. La isla de Menorca cuenta también con interesantes basílicas, entre las que cabe destacar, ante todo, la de Son Bou. Todos sus elementos basilicales están enmarcados en un amplio rectángulo, excepto una especie de vestíbulo que lleva a la puerta principal. La parte meridional está constituida por un *nártex,* es decir, el lugar donde se situaban los catecúmenos, al que se accedía por tres puertas por el lado de la fachada de la misma manera, por otras tres puertas se pasaba desde este a las tres naves en que se dividía el templo mediante pilares. Estas tres naves acababan en tres cámaras, la central con un ábside alargado que terminaba en forma semicircular. Las otras dos naves daban, la una al *prothesis,* es decir, al lugar donde se preparaban en las iglesias orientales las especias, y la otra al *diaconicon,* donde estaban los objetos y vestidos para las celebraciones litúrgicas. Más tarde, la *prothesis* de la basílica de Son Bou fue utilizada como baptisterio, como se aprecia en la piscina monolítica circular cavada en forma cuadrilobulada. Las formas de esta piscina responden a una tipología que corresponde a los últimos decenios del siglo VI, lo que invita a considerar que la basílica contaba con elementos correspondientes al siglo anterior. Tres naves paralelas tenía la basílica de Illeta del Rey, la central con pavimento. En la del Evangelio se hallaba la piscina bautismal.[1]

Baptisterio de Pisa (Italia)

El bautismo por inmersión, ya en espacios abiertos ya en recintos cerrados, fue comúnmente practicado por los cristianos desde los días apos-

1. Juan José Sayas Abengochea, *Romanismo y germanismo. El despertar de los pueblos hispánicos* (siglos IV-X), pp. 188-189, tomo II de *Historia de España,* dirigida por Manuel Tuñón de Lara. Labor Barcelona 1982.

Richard Baxter

tólicos. Que la Iglesia hispana practicaba este rito lo testimonian la arqueología y la literatura de la época. A raíz de la conversión de Recaredo, el papa Gregorio Magno envió una carta a Leandro de Sevilla, para aclararle una cuestión que éste le planteó tocante a la forma bautismal. En ella el papa no cuestiona para nada el modo de bautismo por inmersión, sino si ésta había de ser única o triple. Dice así: «Sobre la trina inmersión en el bautismo nada más verídico puedo responderos que lo que vosotros mismos opináis, que dentro de una misma fe nada perjudica a la Iglesia una costumbre diversa.

»Si nosotros sumergimos tres veces es porque simbolizamos los tres días de la sepultura del Señor, de tal manera que cuando sacamos al niño la tercera vez queremos significar con ello la resurrección después de los tres días.

»Pero si acaso alguien piensa que ha de bautizarse con única inmersión como veneración a la Suma Trinidad no hay tampoco dificultad el que así pueda hacerse, porque si la Trinidad es una sustancia que subsiste en tres subsistencias o personas, no hay nada reprensible que el niño en el bautismo se sumerja una o tres veces, siempre y cuando se simbolice en la triple inmersión la trinidad de personas y con la única se designe la única divinidad.» AR

BAVINCK, HERMAN Este teólogo reformado holandés (1854-1921) fue, junto con Abraham Kuyper*, un promotor del reavivamiento que se produjo en la Iglesia Reformada de los Países Bajos a fines del siglo XIX. Estudió en la Universidad de Leiden y en el Seminario Teológico de Kampen y, tras un corto tiempo como pastor en una iglesia en Franeker, fue nombrado profesor de teología sistemática en Kampen (1882-1902) y pasó de allí a la misma cátedra en la Universidad Libre de Amsterdam (1902-1920), donde sucedió a Abraham Kuyper. Su obra principal fue la *Gereformeerde Dogmatiek* (Dogmática Reformada) en cuatro vols. (1895-1901). Dejando a un lado la teología elaborada por los distintos seguidores de Calvino, prefirió volver al pensamiento teológico de Calvino mismo y seguir su ejemplo de vida piadosa, a pesar de lo cual procuró incorporar todos los elementos de verdad que hallaba en otros sistemas teológicos, con tal de que tuvieran su base en la Palabra de Dios de la cual Bavinck nunca quiso apartarse. Su *Dogmática Reformada* es considerada todavía una obra clásica, que ha influido mucho en las obras de muchos teólogos reformados, tanto en Holanda como en América del Norte.

Bib. H. Bavick, *La fe y sus dificultades* (TELL, Grand Rapids 1967, 2ª ed.).

BAXTER, RICHARD Considerado universalmente como uno de los teólogos puritanos de primera fila. Richard Baxter (1615-1691), nació el 12 de noviembre de 1615 en Rowton (Shropshire, Inglaterra). Asistió a la escuela gratuita de Donnington (Wroxeter), aunque adquirió sus conocimientos privadamente de modo autodidacta, alcanzando un alto nivel de erudición. En 1634 conoció a Joseph Symonds y a Walter Cradock, teólogos «noconformistas» –independientes de la iglesia estatal–, de quienes aprendió varias de sus doctrinas y adquirió el gusto por la piedad.

Ordenado diácono por el obispo John Thornborоug de Worcester en 1638; director de la Escuela Richard Foley de Dudley en 1639. Maestro adjunto en Bridgnorth (1639-1641), aquí se dedicó a estudiar las diferencias entre la Iglesia de Inglaterra y los «noconformistas». Rechazó el episcopalismo en su forma inglesa.

Su nombre está asociado a la ciudad de Kidderminster (2000 habitantes en aquella época), donde ejerció un notable trabajo pastoral y misionero, entre 1641 y 1660, con algunos intervalos de ausencia. La población de Kidderminster era ignorante y corrupta. A su llegada escasamente una familia de cada calle asistía a la iglesia, al final de su ministerio, raro era encontrar una familia en cada calle que no lo hiciera. Mientras le fue posible no prestó importancia a las diferencias entre los presbiterianos, los episcopales y los independientes con tal de conseguir la cooperación de los ministros locales en la obra pastoral.

Al comienzo de la guerra civil inglesa se unió a las fuerzas parlamentarias como capellán del ejército (1642-1645). No muy conforme con las ideas religiosas de Oliver Cromwell, ni con el republicanismo, marchó con el regimiento del coronel Edward Whalley (Ejército Nuevo Modelo, 1645-1647).

En la restauración monárquica de Carlos II se le ofreció el obispado de Hereford, que B. rechazó por motivos de conciencia y doctrina. Esto le impidió volver a Kidderminster o ejercer como ministro del Evangelio. En 1662, debido al «Acta de Uniformidad» fue expulsado de la Iglesia Anglicana y sufrió persecución a manos del juez Jeffreys, por presunto «libelo contra la Iglesia». A pesar de ello continuó predicando en distintos lugares de reunión, por lo que fue multado y encarcelado dos veces, una de ellas en la Torre de Londres durante dieciocho meses. Murió el 8 de diciembre de 1691.

Baxter escribió constantemente, en total unas 200 obras. De hecho, es uno de los teólogos británicos más voluminosos. Frente al calvinismo de John Owen*, quizá el teólogo puritano más reputado, Baxter aceptó las ideas de Moisés Amyraldo* (1596-1664). Este enseñó una doctrina reformada de salvación a mitad de camino entre el arminianismo y el romanismo. A saber, que la muerte de Cristo había sido penal y vicaria, pero no estrictamente sustitutoria, y por tanto era de aplicación universal. Dios ofrece y concede perdón a todo aquel que responde con fe y arrepentimiento, inducidos por la gracia efectiva y sostenidos por la gracia perseverante.

En temas espirituales queda como uno de los grandes clásicos de todos los tiempos. Destacan tres obras: *The Saints Everlasting Rest* (El Descanso eterno de los santos), escrito en 1650, *The Reformed Pastor* (El Pastor reformado), escrito en 1656, y *A Call to the Unconverted* (Una Llamada a los inconversos), escrito en 1657. Menos conocidas son otras dos de sus obras escritas en latín: *Methodus Theologiae Christianae* (Método de teología cristiana), escrito en 1681, y *Reliquiae Baxterianae* (Reliquias baxterianas), que es su autobiografía, escrito en 1695. AR

Bib. R. Baxter, *La esperanza cristiana para la otra vida* (CLIE, Terrassa 1984); *El Reposo eterno de los santos* (CLIE, Terrassa 1991).

BEATÍFICA, VISIÓN Esta expresión, propia de la teología católica romana, designa una enseñanza que hace de la visión directa, intuitiva, de la esencia divina la causa principal de la felicidad de los salvos en el cielo; por eso se llama *beatífica* = causante de felicidad.

En el año 1336, el papa Juan XXII definió como «dogma de fe» que las almas de los que se salvan, tan pronto como entran en el cielo, «han visto y ven la esencia divina intuitivamente y cara a cara, de modo que, en cuanto se refiere al objeto visto, nada se interpone como medio de visión, sino que la esencia divina se les manifiesta plena, clara y abiertamente». En su *Summa Theologiae*, Tomás de Aquino dedica a este tema toda la cuestión 12. La teología católica pretende apoyarse en lugares como Gn. 32:30; Éx. 33:11; Nm. 14:14; Dt. 5:4; 34:10; Mt. 5:8; 1 Co. 13:12; 2 Co. 5:6-8; 1 Jn. 3:2 y Ap. 22:4. Pero un estudio atento de estas porciones, dentro de su contexto y del contexto general de la Palabra de Dios, nos hace ver que ninguna de ellas se refiere a esa visión beatífica propugnada por la Iglesia de Roma, sino a una comunión familiar con Dios o a una manifestación especial del favor de Dios.

Más aún, la misma Palabra de Dios nos hace ver, desde el principio, la infinita trascendencia de Dios, por la cual queda excluida toda visión directa e intuitiva de la esencia divina, ya que, por sus perfecciones radicales de simplicidad e infinitud, la esencia divina no puede verse directamente, sino se la ve totalmente, lo cual sólo el intelecto divino puede hacer. En Éx. 33:18-23, tras la predilección que Jehová muestra a Moisés, éste se atreve a pedirle: «Te ruego que me muestres tu gloria». A lo que Dios responde: «Yo haré pasar todo mi bien delante de ti», es decir, su gloria (como, en efecto, lo hace en Éx. 34:6-8), pero añade (Éx. 33:23): «y verás mis espaldas; mas no se verá mi rostro». Juan el evangelista, escribiendo unos 60 años después de la resurrección de Cristo, asegura: «a Dios nadie le vio jamás». (Jn. 1:18; 6:46). Finalmente, Pablo nos dice en 1 Ti. 6:16 que Dios «habita en luz inaccesible; a quien ninguno de los seres humanos (gr. *anthrópon*) ha visto ni puede ver».

Antes y después de la definición de Juan XXII, la teología escolástica (aristotélica) de los escritores medievales sostuvo la enseñanza de la visión beatífica. Es una lástima el que, aun abandonando la doctrina, los teólogos protestantes hayan conservado en muchas ocasiones la fraseología. Recientemente, en el diálogo ecuménico, tanto los teólogos católicos como los protestantes han interpretado lo de ver a Dios cara a cara como una expresión de la felicidad que experimentarán los salvos en el cielo al gozar eternamente de la inmediata presencia de Dios.

BEELZEBÚ (cf. *Satanás*)

BELARMINO, ROBERTO Uno de los teólogos más notables de la Contrarreforma, Roberto Belarmino (1542-1621) nació en Toscana y, estando en Roma, entró el año 1560 en la recién fundada Compañía de Jesús. Enseñó teología en Lovaina (1569-1576) adonde había sido enviado para ayudar en la lucha contra el protestantismo, y después volvió a Roma para enseñar en el Colegio Romano (1576-1588). En 1594 fue nombrado Superior provincial de los jesuitas en el distrito de Nápoles. En 1597 el papa Clemente VIII lo llamó a su lado como teólogo consultor y en 1599 le otorgó el capelo cardenalicio y estuvo al servicio de la Curia romana, mostrando su gran talento en asuntos importantes. Fue por tres años arzobispo de Capua (1602-1605), pero fue llamado de nuevo a Roma. Por negar que el papa tuviese autoridad directa en asuntos temporales, tuvo que soportar que Sixto V pusiera en el Índice de Libros prohibidos el primer tomo de sus *Disputationes*. Por su fama de vida santa, la Compañía de Jesús consiguió que fuera beatificado poco después de su muerte, pero el decreto papal de su canonización fue demorado hasta el año 1930 reinando Pío XI.
Belarmino fue quizás el adversario más temible del protestantismo, y su obra cumbre en tres tomos *Disputas sobre controversias acerca de la fe cristiana en contra de los herejes de este tiempo* (1586-1593) ha sido considerada como una de las mejores presentaciones de la teología establecida en el Concilio de Trento. Como los demás teólogos jesuitas de su tiempo, Belarmino fue un decidido defensor del libre albedrío, según las enseñanzas de Trento, pero en el tema de la presciencia y predestinación divinas sostuvo una opinión original dentro de la línea general jesuítica de la prioridad de la presciencia sobre la predestinación, afirmando que Dios conoce lo que cada ser humano va a hacer por la supercomprehensión que tiene del indefinido número de variantes en que puede moverse el libre albedrío (cf. *Predestinación, Presciencia, Gracia, Libertad, Soberanía de Dios*).

BELLEZA Como sinónimo de hermoso, *bello* aparece ya en el cast. de comienzos del siglo XIII, pero el sust. belleza no aparece en cast. hasta bien entrado el siglo XV. Como el lat. *bellus* = bonito, de donde procede, bello significa originalmente «lo que es digno de contemplarse»; después, lo que brilla o resplandece; finalmente lo «hermoso» simplemente. De su uso en la filosofía medieval, vemos que Tomás de Aquino describe lo bello como «lo que agrada a la vista», mientras que Alberto Magno, partiendo de la 2ª descripción de bello que hemos mencionado, pone el fundamento de la belleza en el «resplandor de la forma». Esa «forma» es la manifestación de la esencia del ser. Pero, como el contenido mismo del ser lo dan los trascendentales (uno, verdadero, bueno, etc.), lo bello no es un trascendental más, sino el brillo luminoso que la unidad, la verdad, la bondad, etc., deben irradiar.
A este concepto metafísico de la belleza corresponde psicológicamente en el hombre la vivencia de la contemplación. Por aquí se echa de ver la perfección de tal vivencia. Como la luminosidad de lo bello afecta al ser ya expresado en su esencia misma trascendental, no le queda al intelecto nada que buscar, sino que, en lugar de la fatiga que produce el discurrir, el sujeto experimenta el sosiego y el placer de contemplar. Cuando el objeto resplandeciente posee una grandeza especial, lo bello pasa a ser sublime, y el efecto que produce en el sujeto contemplativo es, junto al placer, un sentimiento de admiración, respeto y hasta pavor. De ahí, la incidencia del concepto de belleza en el terreno de la teología, ya que, Dios, por su infinita trascendencia en el plano del ser, también lo es en el plano de la belleza. Dios es belleza infinita, capaz por sí mismo de hacer sumamente feliz al ser humano mediante la contemplación de su hermosura, ya en esta vida cuando la fe es potenciada por la gracia para verlo todo vestido de hermosura, en frase de Juan de la Cruz, y en el cielo, cuando a la fe suceda la visión (cf. *Beatífica, Visión*).

Bib. Segundo Galilea, *Fascinados por su fulgor. Para una espiritualidad de la belleza* (Narcea, Madrid 1998); Richard Harries, *El arte y la belleza de Dios* (PPC, Madrid 1995).

BENGEL, JOHANN A. Este luterano alemán (1687-1752) se hizo famoso como pionero de la crítica textual moderna (cf. *Crítica textual*). Gran experto en el NT, produjo una edición del NT Griego (1734) y, entre sus normas de crítica textual, formuló una muy importante: «En la duda, ha de preferirse la lectura más difícil». Sobre su comentario del NT titulado *Gnomon Novi Testamenti*, dijo J. Wesley: «No conozco otro comentador sobre la Biblia que se iguale a Bengel».

A Bengel se le conoce también como pietista (cf. *Pietismo*), partidario moderado de la Ilustración cristiana (cf. *Ilustración*) y premilenarista del tipo de milenarismo (cf. *Milenio*) que iba desvaneciéndose en su tiempo hasta que, con John Nelson Darby* (1800-1882), volvió a surgir potente, unido al dispensacionalismo* que prevalece en el premilenarismo actual.

BENITO DE NURSIA Benito (del lat. *benedictus* = bendito) de Nursia (480-550 aprox.), estableció en su comunidad benedictina de Montecasino un patrón de vida monástica que llegó a ser la norma para todo el monasticismo (cf. Monasticismo) de la Iglesia occidental, en especial desde primeros del siglo IX y, con mayor frecuencia, desde el siglo X al XII, cuando los benedictinos de Cluny (Francia) se extendieron por otros países, llegando a Navarra durante el reinado de Sancho III el Mayor (1000-1035) y pasando en 1033 a Castilla, donde reformaron el monasterio de Oña. En esa misma época medieval surgieron los cartujos y los cistercienses, basados igualmente en la regla de Benito, pero exigiendo de sus monjes una disciplina de mayor austeridad. Benito puso su énfasis en la vida ascética, no en el estudio. Con todo, aun en la 1ª parte de la Edad Media, brilló en Inglaterra el benedictino Beda el Venerable (673-735), gran estudioso de la Biblia y en especial de los llamados Padres de la Iglesia. La orden benedictina llegó a su apogeo en el siglo XI con Anselmo* en Inglaterra y con el cisterciense Bernardo* en la Francia del siglo XII. Resultaría prolijo tan sólo enumerar los maestros surgidos en la orden en los siglos XI y XII. En siglos posteriores (XIII al XVII), los monasterios benedictinos perdieron su predominio en los estudios teológicos, debido a la fundación de las grandes Universidades, al escolasticismo dominante, al éxito de las nuevas órdenes religiosas como los franciscanos y los dominicos y, sobre todo, al influjo del humanismo, poco propicio para una teología como la benedictina, centrada en la experiencia propiamente monástica: un mejor conocimiento experimental de Dios y una vida ocupada en la oración y en la adoración sencilla, estimulada por su respeto al misterio.

En el siglo XVII, varias casas de la orden benedictina alcanzaron una erudición monumental en los escritos de Agustín de Hipona, lo cual les atrajo las críticas de muchos eclesiásticos que los tildaban de jansenistas (cf. Jansenismo). A esto se añadieron las dificultades que la orden experimentó ante el ataque deísta de la *Enciclopedia* y

Nikolai Berdyaev

durante la Revolución Francesa. Pero en el siglo XIX, volvió a revivir la vida benedictina y, con ella, la erudición teológica alcanzada en el siglo XVII. Todavía hoy hay abadías benedictinas muy importantes, como la de Maredsous en Bélgica, la de María Laach en Alemania, en Francia la de Solesmes y en España la de Montserrat.

Bib. *Obras de San Benito, Su vida y su regla* (BAC, Madrid); *La regla de San Benito* (BAC, Madrid 1979). Shirley J. Case, *Los forjadores del cristianismo*, vol. I (CLIE, Terrassa 1987).

BERDYAEV, NIKOLAI Este famoso filósofo y teólogo ruso (1874-1948) nació en Kiev y, en 1898, fue acusado de marxismo y desterrado por el gobierno del zar. Volvió a Rusia al triunfar la revolución bolchevique y fue profesor de filosofía en la Universidad de Moscú. Pero volvió a ser deportado por los soviets, en 1922, a la Europa occidental por el tinte netamente cristiano de su socialismo. Así vivió en Francia hasta su muerte, como un desterrado contra su voluntad. Aunque en su juventud, Berdyaev había sido un librepensador, poco antes de la I Guerra Mundial (1914-1918), abrazó la fe cristiana como miembro de la Iglesia Ortodoxa Rusa. Su llegada a Francia coincidió con el auge que el existencialismo* estaba cobrando en Francia, con lo que se produjo un recíproco enriquecimiento.

Berdyaev fue un escritor prolífico. Su obra escrita supera la veintena de libros y numerosos artículos, donde no presenta un sistema organizado, sino ideas aisladas, pero brillantes. Su teología es deliberadamente antropocéntrica, porque estaba convencido de que el ser humano ha sido deificado mediante la encarnación del Hijo de Dios. Según él, la Segunda Persona de la Deidad se hizo hombre para libertar del mal a la humanidad y transformar la creación entera en el Reino de Dios. Desde este punto de vista arranca la escatología de Berdyaev, una escatología de creatividad progresiva en la unión del hombre con Dios y en la que el triunfo del bien contra el mal no se consigue mediante el esfuerzo de cualquier sociedad humana, incluyendo la religión, sino por medio de esa creatividad en la que cada acto asesta un golpe al mal, contribuyendo así a la liberación del hombre esclavizado bajo el mal.

Bib. N. Berdyaev, *El cristianismo y la lucha de clases* (Espasa-Calpe, Madrid 1963, 6ª ed.); *El cristianismo y el problema del comunismo* (Espasa-Calpe, Madrid 1968, 9º ed.); *Orígenes y espíritu del comunismo ruso* (FCE, México 1963); *Sentido de la historia* (Encuentro, Madrid 1979).

BERENGER DE TOURS Este teólogo francés (999-1088), mejor conocido como Berengario (lat. *Berengarius*), es conocido por su oposición al dogma católico de la transubstanciación, en lo que fue un precursor de Wycliffe*. Al negarse a rectificar, fue condenado por varios sínodos y excomulgado hasta que, bajo intensa presión, formuló en latín su conocida retractación de 1059, en la que declaraba que el cuerpo y la sangre de Cristo se hallaban realmente, no simbólicamente, en los elementos eucarísticos, hasta tal punto que eran «tocados y rotos por las manos de los sacerdotes y triturados por los dientes de los fieles».

Sin embargo, pasada la persecución, escribió en 1068-1070 su obra *De Sacra Coena* = Sobre la Santa Cena, en la que defiende la forma simbólica de la presencia de Cristo en la Eucaristía, presentando también acertadas objeciones contra la transubstanciación.

BERKELEY, GEORGE Este filósofo (1685-1753) nació en Irlanda, pero su familia era originaria de Inglaterra. Desde los 15 años fue alumno brillante del Trinity College de Dublín. Allí quedó tras terminar sus estudios, como profesor de griego y de hebreo. En 1707 fue ordenado en la Iglesia Anglicana y continuó en Dublín como profesor de teología y predicador de la Universidad. De 1713 a 1720 reside en Londres, siendo nombrado después deán de Derry. Pero su mayor deseo es contribuir a la evangelización de América, por lo que proyecta fundar un colegio en las Bermudas. Al no llegar la ayuda financiera prometida, se detiene en Rhode Island. Allí permanece por tres años y aprovecha el tiempo libre para estudiar filosofía antigua, especialmente el platonismo y el neoplatonismo de Plotino. Allí escribe también su obra principal, el *Alcyphron* contra los librepensadores. El año 1731, al quedarse sin recursos, vuelve a Inglaterra y en 1734 es nombrado obispo de Cloyne, desempeñando su cargo con máximo celo, socorriendo a los pobres y procurando entenderse bien con el clero católico. En 1752 cae enfermo, dimite de su cargo y se retira a Oxford, donde muere al año siguiente.

Berkeley conoce bien a Descartes, Malebranche y Locke, pero su copiosa producción literaria tiene un especial tono apologético a fin de convencer a los materialistas (ateos, escépticos, librepensadores, etc.). Berkeley fue filósofo y apologista, pero no teólogo, pues dudaba del valor de la teología como tal. Por eso, llegó a decir en un sermón: «La religión cristiana fue calculada para la masa de la humanidad, y por lo tanto no puede consistir en nociones sutiles y precisas». En cuanto a su filosofía, puede titularse «el inmaterialismo». Se esfuerza en demostrar que la materia no existe, sino sólo los espíritus directamente relacionados con Dios. De sus muchos escritos destacan los *Principios* y los *Diálogos*, en los que expone lo principal de su pensamiento filosófico. Al revés que los materialistas, Berkeley es un idealista en lo material y un realista en lo espiritual. Para percatarse de ello, bastará con analizar algunos párrafos de *Principios*, que resumo en su mayor parte: «Cuando abro los ojos en pleno día, no está en mí poder ver o no ver, como tampoco determinar los distintos objetos que se presentarán a mi vista. Por consiguiente, estas ideas son producidas en mí por otro agente espiritual, el cual no puede ser simplemente la naturaleza con sus leyes inalterables. Luego tengo que concluir que la causa de mis ideas es Dios, el autor de la naturaleza».

Consecuente con este razonamiento, Berkeley va a demostrar que el espíritu humano no necesita ninguna idea para conocer a Dios, puesto que está directamente relacionado con Dios. El que yo sea un ser espiritual –dice– es un hecho que resulta de toda la argumentación precedente. Las ideas sólo pueden existir en el sujeto que las percibe. En otras palabras, la existencia de una idea consiste en ser percibida por el espíritu y la existencia del espíritu consiste en percibir las ideas, es decir, pensar. De nuestro propio espíritu no podemos formarnos una «idea», porque no es un objeto sensible, pero sí podemos tener de él una «noción», esto es, una intuición intelectual.

El error fundamental de Berkeley consiste en desconocer la naturaleza «intencional» de toda clase de conocimiento. Mis ideas hacen referencia (*tendunt in* = intendunt) a un objeto que se hace presente ante mí (empíricamente) como distinto de mi propio yo. Por consiguiente, ese conocimiento no puede descansar sobre un principio de inmanencia, *a priori*.

Bib. G. Berkeley, *Principios del conocimiento humano* (Sarpe, Madrid 1985); *–Tres diálogos entre Hilas y Filonus* (Aguilar, Bs. As. 1982); *–Alcifron o el filósofo minucioso* (Paulinas, Madrid 1979); *–Del movimiento* (UNAM, México 1961); *–Ensayo sobre una nueva teoría de la visión* (Aguilar, Bs. As. 1973); *–Principios del conocimiento humano* (Apolo, Barcelona 1973).

L. Amante, *El problema de los espíritus finitos* (Stilcograf, Bs. As. 1965); A. A. Luce, *La vida de George Berkeley* (Nova, Bs.As. 1943); A. Mehtol Ferré, *Berkeley y el Imperio británico* (Peña y Lillo, Bs. As. 1958); A. Ropero, *Introducción a la filosofía*, cap. VI (CLIE, Terrassa 1999); M. Manlio Rossi, *¿Qué ha dicho verdaderamente Berkeley?* (Doncel, Madrid 1971); A. Schaff, *La teoría de la verdad en el materialismo y el idealismo* (Lautaro, Bs. As. 1964); J. Wahl, *Tratado de metafísica* (FCE, México 1960).

BERKHOF, LOUIS Teólogo calvinista, Louis Berkhof (1873-1956) nació en Emmen (Drenthe, Holanda); emigró a Estados Unidos siendo niño (1882). Su familia pasó a formar parte de la Iglesia Cristiana Reformada que, por entonces, todavía utilizaba el idioma holandés en los cultos. Llamado al ministerio cristiano estudia y se gradúa en la Universidad y en el Seminario Calvino de Grand Rapids (Michigan). Posteriormente estudió en el *Princeton Theological Seminary* (1902-1904), con maestros como Warfield y G. Vos. Después de un corto tiempo de pastorado en *Oakdale Park Christian Reformed Church* (Grand Rapids, 1904-1906), fue llamado a enseñar teología del AT y NT primero, y después teología sistemática, en el *Calvin Seminary* (1906), lo cual hará por espacio de 38 años. Desde 1931 ocupó el puesto de Presidente del seminario y moldeó su teología, excluyendo cualquier infiltración dispensacionalista*, fundamentalista* y de la alta crítica modernista*.

Su pensamiento está fuertemente influenciado por sus compatriotas H. Bavinck* y A. Kuiper* y su antiguo profesor G. Vos. Publicó unos 22 libros, siendo el más conocido y apreciado de todos su obra magna *Teología sistemática* (1932), traducida al castellano en 1969. En un principio tuvo poco impacto fuera de la comunidad de inmigrantes holandeses donde se movía, debido a la extrema influencia liberal, tan contraria al calvinismo conservador representado por Berkhof y tan atacada por él. Con el tiempo llegó a reimprimirse sin descanso y usarse como libro de texto en colegios, seminarios, institutos e iglesias de medio mundo, desplazando con creces la más voluminosa *Teología sistemática* de Hodge*.

De alto calibre intelectual y bíblico, es un maestro de la sentencia concisa y densa en contenido. Rehusó innovar o ser original donde no creía necesario ni permitido por la Escritura, de ahí que su teología represente una lúcida exposición de las riquezas de la teología reformada, que arranca de Juan Calvino, y que se expresa en: Erudición, concisión, claridad y espiritualidad. Firme mantenedor de la Palabra de Dios como infalible e inerrante. Leal continuador del calvinismo histórico.

Bib. L. Berkhof, *Teología sistemática* (TELL, Grand Rapids 1969, varias ediciones); *–Sumario de doctrina cristiana* (TELL, Grand Rapids 1966); *–Introducción a la teología sistemática* (TELL, Grand Rapids 1982); *–Principios de interpretación bíblica* (CLIE, Terrassa 1973, 3ª ed.); *–Historia de las doctrinas cristianas* (TELL, Grand Rapids 1995).

BERKOUWER, G. C. Nacido en 1903 en Holanda, en el seno de una familia perteneciente a la Iglesia Libre Reformada de Holanda, originada por A. Kuyper*. Estudió en el *Christian Gymnasium* y en la *Free University* de Amsterdam, fundado por A. Kuyper, con Valentijn Hepp (1879-1950).

Ordenado al ministerio en 1927, fue pastor en Oudehorne y Amsterdam (1927-1939). En 1932 recibió su doctorado en Teología *cum laude* por su tesis sobre el problema de la relación entre la fe y la revelación en la teología alemana contemporánea.

Profesor a tiempo parcial de la Universidad Libre de Amsterdam desde octubre de 1940, hasta que, por la jubilación de Hepp, en 1945 ocupó

Teodoro de Beza

la cátedra de dogmática, que ocupó hasta su propia jubilación en octubre de 1973. En 1962 fue invitado al Concilio Vaticano II como observador oficial, debido a su preocupación constante por el catolicismo romano. Desde 1945 ha dirigido la revista teológica semanal *Gereformeer-de Weekblad*.

Teólogo de la fe y de la Biblia sola («Es imposible renegar de la Palabra de la Biblia sin renegar al mismo tiempo del Rey que nos la ha entregado», *Incertidumbre...* p.110), se niega a toda especulación y escolasticismo. «La tarea de la teología, escribe, es la escucha obediente y atenta de la Palabra de Dios.» De ahí su rechazo a toda indulgencia especulativa que va más allá del dato bíblico. Exegético, piensa que toda teología debe ser «predicable», capaz de ser predicada. En su teología «alienta el calor del corazón de este gran teólogo que no quiere nunca perder el contacto con la comunión de los creyentes todos, y que no quiere hacer de la teología la ciencia de algunos privilegiados» (José Grau).

En 1949 comenzó su obra más ambiciosa: *Estudios de Dogmática*, el más grande proyecto teológico actual (K. Barth), donde ofrece una exposición moderna de la teología reformada clásica. Según el Dr. Alvin L. Baker, Berkouwer «representa un comentario casi del pensamiento de Calvino». Lo que no quita su personal aportación novedosa y fresca a los siempre nuevos desafíos teológicos. AR

Bib. G. Berkouwer, *Incertidumbre moderna y fe cristiana* (EEE, Barcelona 1973).

BERNARDO DE CLAIRVAUX Este ilustre monje cisterciense (1090-1153) nació en Fontaines (Francia) de una familia noble. Ingresó a los veintiún años en la abadía de Citeaux, de la recién fundada orden cisterciense y a los veinticuatro fue nombrado ya abad de un monasterio nuevo en Clairvaux (en cast. se suele decir Claraval). Bernardo había abrazado la vida monástica para huir del mundo, pero su destino era llegar a desarrollar múltiples actividades en ese mundo del siglo XII, de luchas interiores y exteriores. En 1130 hizo una campaña a favor del papa Inocencio II, que tenía como rival al antipapa Anacleto. La victoria sirvió para que Inocencio colmara de favores a los cistercienses. Se opuso luego a las enseñanzas de Abelardo (cf. Abelardo), logrando su condenación en el Sínodo de Sens y después por el propio papa. Uno de sus monjes, Bernardo Paganelli llegó a ser papa en 1145 con el nombre de Eugenio III, a petición del cual Bernardo predicó en gran parte de Europa a fin de reunir fondos para la Segunda Cruzada contra el turco. La Cruzada fracasó, pero la fama de Bernardo siguió en alza y nunca ha decaído. Bernardo fue uno de los mayores talentos de la Edad Media en la que brillaron tantos teólogos notables como Anselmo, Tomás, Alberto, Escoto (J. D. Scott) y el propio Abelardo, a pesar de sus errores. Por su forma dulce de escribir y de predicar, fue llamado *Doctor Mellifluus* = Doctor que fluye miel. Mantenía correspondencia con numerosas personas de todos los órdenes: con políticos, con eclesiásticos y con gente del pueblo. También escribió una biografía del arzobispo irlandés Malaquías (1094-1148), que había contribuido grandemente a que la Iglesia de Irlanda se ajustase a las prácticas de la Iglesia de Roma. Su producción literaria es copiosa y llena de fervor, y su teología fue muy apreciada por Lutero y Calvino; éste lo cita casi tanto como a Agustín de Hipona. No en vano Bernardo había escrito en su juventud una obra magistral, *Gracia y libre albedrío sobre la pauta de las enseñanzas de Agustín*. Algunos de los himnos que compuso se han traducido a varios idiomas y se cantan en la mayoría de las iglesias evangélicas, como p. ej. «Cabeza ensangrentada» y «Oh, dulce nombre de Jesús».

Bib. Bernardo, *Obras completas*, 2 vols. (BAC, Madrid); P. Delfgaauw, *San Bernardo, maestro del amor divino* (Monasterio Las Huelgas, Burgos 1997).

BEZA, TEODORO Sucesor de Calvino en Ginebra, Beza (1519-1605) había nacido en Vézelay de Borgoña (Francia) de una familia adinerada y desde su niñez mostró una gran capacidad para los estudios humanísticos. Sus padres lo enviaron a estudiar a Orleáns como alumno de Melchor Wolmar, un maestro que profesaba la fe luterana en privado. Allí alcanzó fama Beza como poeta latino, al publicarse una colección de poemas suyos bajo el título latino de *Juvenalia* (Poemas de la juventud). Después de caer en una grave enfermedad, sus reflexiones le llevaron a abrazar la fe reformada de la que Beza llegó a ser un gran campeón. Por sus enseñanzas como profesor de teología (1559-1599) y por su numerosa correspondencia, su influencia sobre toda clase de personas (pastores protestantes, estudiantes, personajes políticos y comerciantes) y gente que le conocía personalmente, produjo gran impacto en Francia, Gran Bretaña, Holanda, Polonia y Alemania (en España reinaba Felipe II, con las fronteras cerradas a cal y canto contra los protestantes). Dedicó a Isabel I de Inglaterra su obra *Novum Testamentum* (El Nuevo Testamento, 1565).

La peculiaridad de Beza como escritor calvinista está en la acogida que dispensó a la metafísica y a la dialéctica de Aristóteles, en su insistencia a la coherencia sistemática y (en esto, como el propio Calvino) en su dependencia de la patrística, con lo que la teología reformada adquiría una solidez compacta con el apoyo de la lógica escolástica, aunque la filosofía aristotélica que Beza había absorbido en París tenía una base más amplia que la literatura excesivamente técnica y abstrusa de la escolástica medieval. A pesar de esta amplitud de miras en cuanto a la filosofía, Beza fue más calvinista que el propio Calvino, pues, en realidad, era un supralapsario (cf. *Dios, Decretos de*). Como notas de la verdadera Iglesia, Beza ponía tres: la predicación y enseñanza de la Palabra de Dios, la práctica de los dos sacramentos (bautismo y cena del Señor) y la observancia de la disciplina eclesiástica. Adoptó para la Iglesia reformada el gobierno presbiterial de Calvino, que comprende pastores, maestros, ancianos y diáconos, pero trató de mantener esta estructura de forma más rígida que Calvino.

BIBLIA, AUTORIDAD DE LA En el sentido de «colección de los libros sagrados de los hebreos», el vocablo Biblia entró en el cast. en el siglo XIV. Es, en realidad, el pl. gr. de *biblíon*, el cual es, a su vez, el diminutivo de *bíblos* = libro. Pero en el NT *biblíon* ha perdido su connotación de «librito», como puede verse por Ap. 10:2, donde hallamos el diminutivo *biblarídion* = rollo pequeño, teniendo en cuenta el modo de escribir en rollos de pergamino o de vitela, según vemos en Ap. 5:2 el *biblíon* «escrito por dentro y por fuera, sellado con siete sellos». Pero la Biblia no es un «libro» cualquiera, sino «El Libro» por excelencia. Ya en Dn. 9:2 (en la LXX) el pl. neut. *ta biblía* designa los escritos proféticos, pero en el Prólogo del Eclesiástico designa en general toda la Escritura del AT, y en este sentido pasó a los escritos eclesiásticos de la era postapostólica (comienzos del siglo II). A comienzos del siglo V ya incluía todas las Escrituras canónicas según las tenemos hoy. El liberalismo modernista asigna una fecha tardía a la redacción de casi todos los libros del AT, negando también la inspiración e inerrancia de la Biblia, así como, por supuesto, su autoridad. Ante la presión de la crítica liberal, algunos eruditos evangélicos de este siglo XX, como James Orr*, Herman Ridderbos y G. C. Berkouwer*, al mismo tiempo que defienden la inspiración e inerrancia de las Escrituras en todas las materias referentes a la salvación, sostienen la posibilidad de que algunos detalles geográficos, históricos y científicos sean falsos. Pero la mayoría de los evangélicos no liberales responden que la falsedad de un punto de las Escrituras está por demostrar, teniendo en cuenta que la Palabra de Dios nos habla en nuestro lenguaje vulgar, según la cosmovisión antigua, no de un modo científico que sería insostenible con el avance de las ciencias. También hay que tener en cuenta las variantes textuales que inclinan a aceptar una determinada lectura más bien que otra, aunque ésta haya sido la tradicional, etc.

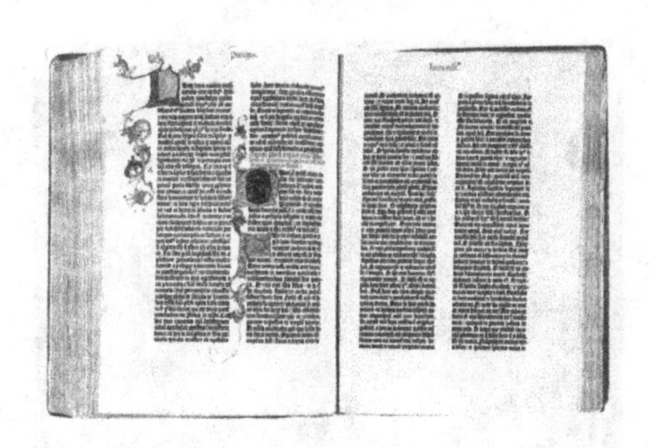
Biblia

Ciñéndonos a la autoridad de la Biblia, debemos comenzar por definir el sentido del vocablo «autoridad». El vocablo gr. *exousía* ocurre 102 veces en el NT y puede significar: primordialmente autoridad o potestad; pero también, libertad, poder,

Congreso del *Concil on Biblical Inerrancy*

capacidad e, incluso, jurisdicción (Lc. 23:7), disposición (Hch. 5:4) y hasta un símbolo de sumisión a una autoridad ajena (1 Co. 11:10). La Biblia, como Palabra de Dios, tiene una autoridad delegada por el mismo Dios. Pero también tiene una autoridad inherente, por el hecho de ser en sí misma como la «personificación» auténtica de la autorrevelación de Dios al hombre. Los teólogos liberales se niegan a conceder a la Biblia esta autoridad inherente, ontológica. K. Barth* sostiene que es una autoridad otorgada por Dios, pues en sí misma la Biblia es un producto humano. R. Bultmann* y P. Tillich* van más lejos, pues sostienen que la Biblia es una colección falible de escritos religiosos a los que la Iglesia primitiva quiso atribuir arbitrariamente una autoridad que la piedad evangélica se ha empeñado en conservar. Sin embargo, para poder preciarse de cristiano, es menester que se tenga a la Biblia como fuente que goza de una autoridad infalible, como inspirada verbalmente por el mismo Dios.

La propia Biblia da fe de esta enseñanza, pues lo proclama de muchas maneras. En principio, la autoridad de las Escrituras se basa en Dios mismo, pues es en Él donde toda autoridad tiene su origen y su poder de imponerse a la mente humana. Pero a Dios sólo se le puede conocer con propiedad por medio de su autorrevelación. Así que esta revelación de sí mismo es la clave de la autoridad de la Biblia, pues en ella es como Dios declara su propia autoridad. Los profetas del AT se vieron a sí mismos como embajadores de Dios, lo que se hace expresamente evidente en los lugares en que proclaman: Así dice Jehová, Jesús mismo, el Hijo de Dios, se sometió a la autoridad de las Escrituras (cf. p. ej. Jn. 5:45-47). Pero también expresa su autoridad divina cuando, en lugar de decir «Así dice Jehová», dice «Pero yo os digo» (cf. p. ej. Mt. 5:22, 28, 32, 34, 39). Y el apóstol Pablo reclama para sus escritos una autoridad absoluta, cual compete a las Sagradas Escrituras (cf. p. ej. 2 Co. 10:11; 1 Ts. 2:13; 5:27; 2 Ts. 2:15; 3:14).

También el uso del vocablo verdad en la Biblia proclama esta autoridad divina. En hebr. el vocablo *emeth* = verdad, no sólo significa la verdad como objeto del entendimiento, sino también como sinónimo de la fidelidad de Dios. Si en el Sal. 31:5 leemos que «Jehová es Dios de la verdad", en el Sal. 119:160 hallamos «la suma de tu palabra es verdad». Jesús recoge esto cuando en Jn. 17:17 dice al Padre: «tu palabra es verdad». Aquí ya tenemos el vocablo gr. *alétheia*, correspondiente al hebr. *emeth*. Y así, en muchos otros lugares del NT. En Jn. 1:14, se nos dice que el Verbo hecho hombre vino «lleno de gracia y verdad». Dios es verdadero –gr. *alethinós*– (Jn. 7:28; 17:3; 1 Ts. 1:9; 1 Jn. 5:20; Ap. 6:10) y «las palabras de Dios son verdaderas» –gr. *alethinói*– (Ap. 19:9). Además, Dios es veraz –gr. *alethés*– (p. ej. Jn. 3:33; 8:26; Ro. 3:4). Finalmente, «la verdad de Dios» (Ro. 3:7; 15:8) es «la verdad del evangelio» (Gá. 2:5).

Bib. David Bogue, *La divina autoridad del Nuevo Testamento* (CLIE, Terrassa 1991); Dionisio Byler, *La autoridad de la Biblia en la Iglesia* (CLIE, Terrassa 1995); M. Lloyd-Jones, *La autoridad de Jesucristo, la Biblia y el Espíritu Santo* (Certeza, 1959); Herman Ridderbos, *Historia de la salvación y Santa Escritura. La autoridad del NT* (Ed. Escaton, Bs. As. 1973).

BIBLIA, INERRANCIA E INFALIBILIDAD DE LA Inerrancia e infalibilidad son vocablos parecidos, pero no son sinónimos. Cuando decimos que la Biblia es inerrante, afirmamos que no contiene ningún error, pero cuando decimos que es infalible, afirmamos que no puede errar, lo cual es mucho más. En efecto, cuando decimos que alguien no yerra, no por eso aseguramos la imposibilidad de que yerre. En cambio, si decimos que es infalible, no hace falta añadir que no yerra, porque lo menos está contenido en lo más. Por consiguiente, vamos a demostrar que la Biblia es infalible.

1°. Por su autoridad, ya que es la palabra de un Dios veraz (cf. Biblia, Autoridad de la), es decir, que no puede engañarse ni engañarnos. No puede engañarse, porque es infinitamente sabio. No puede engañarnos, porque es infinitamente santo. 2°. Por su inspiración (cf. *Biblia, Inspiración de la*), ya que procede del aliento mismo de Dios, del *pnéuma* del Padre (cf. 2 Ti. 3:16), y este mismo *Pnéuma,* como 3ª Persona de la Deidad, llevó a los escritores sagrados a expresar lo inspirado por Dios (cf. 2 P. 1:21).

BIBLIA, INSPIRACIÓN DE LA El concepto de *inspiración* no se aplica unívocamente a cualquier escrito, porque todo escrito puramente humano es falible, puesto que el ser humano puede equivocarse, ya sea en la percepción, ya sea en la apreciación (el juicio crítico), de los hechos. En cambio, la Biblia, por ser Palabra de Dios, no admite error (cf. *Biblia, Inerrancia e infalibilidad de la*).

También es necesario distinguir la inspiración de la revelación y de la iluminación. Revelar, del lat. *revelare* = quitar el velo, significa, por su misma etimología, el acto por el cual Dios nos descubre algo que, por nuestros propios medios, nunca podríamos llegar a conocer. Iluminar, del lat. *illuminare* = despedir luz, es el acto por el cual Dios nos abre los ojos del espíritu para que podamos entender verdades cuyo profundo sentido no está patente (cf. p. ej. Ef. 1:18-19). Notemos de paso que la iluminación no afecta a las Escrituras (la Biblia tiene su luz propia), sino al sujeto que examina las verdades de la Biblia. En cambio, inspirar, del lat. *inspirare* = soplar adentro de algo, es «el acto por el cual Dios pone su aliento, su *pnéuma,* dentro de su propia autorrevelación». Los lugares donde aparece explícita esta inspiración son especialmente dos que analizaremos a continuación: 2 Ti. 3:16 y 2 P. 1:21.

2 Ti. 3:16 dice así lit. «Toda Escritura (es) soplada por Dios y provechosa para enseñanza, para refutación, para corrección, para educación la (que es) en (la) justicia.»

Para nuestro objetivo basta el análisis de las tres primeras palabras del v. (1) *Pása* = toda, es un adj. distributivo, significando: todas y cada una de las partes. (2) *Grafé* = Escritura, significa las Sagradas Escrituras (es decir, la Biblia), como se ve por el sinónimo *hierá grámmata* = Sagradas Letras, del v. 15. (3) *Theópneustos* = soplada por Dios; por tanto, investida de la autoridad e infalibilidad de Dios (cf. Biblia, Autoridad de la).

2 P. 1:21 dice así lit. «Porque no fue traída jamás una profecía por voluntad de un ser humano, sino que llevados por el Espíritu Santo hablaron unos hombres de parte de Dios.» Advirtamos en primer lugar que la profecía a la que Pedro alude es profecía de la Escritura (v. 20), la palabra profética (v. 19. lit.), sinónimo de las escrituras proféticas (Ro. 16:26) en las que Pablo encuadra toda la revelación de Dios. En 2° lugar, esa profecía de la que estamos tratando nunca fue traída (gr. *enéjthe*) –nunca irrumpió– porque lo quisiera un hombre, ya que (v. 20) no se hace por la forma personal como entiende las cosas el profeta = los profetas no hablaban de su propia iniciativa. Y en tercer lugar, los profetas hablaron de parte de Dios (gr. *apó Theoú*), desde Dios que les hacía hablar, en la medida en que eran llevados por el E. Santo a expresar lo que Dios quería.

Esto nos lleva al punto siguiente, el de la extensión de la inspiración de la Biblia. Es sumamente importante que este punto se entienda bien. Tenemos dos datos seguros: (A) Según vemos por 2 Ti. 3:16, todas y cada una de las partes de la Escritura han sido *sopladas* –inspiradas– por Dios. (B) Los autores sagrados no eran autómatas, no eran máquinas de escribir al dictado. Ese no es el concepto de inspiración que nos sugiere la propia Biblia, en la que vemos que cada escritor sagrado tiene un estilo peculiar y una fraseología propia. En el acto de la inspiración, el E. Santo movía las facultades racionales (memoria, entendimiento y voluntad) del escritor, de forma que éste, al ir usando esas facultades (recordando documentación, escogiendo palabras y empleando la fraseología adecuada), lo hiciese a impulso del E. Santo, de forma que la Escritura –toda ella– tiene por autor a Dios (autor trascendente) y al escritor sagrado (autor inmanente = instrumento racional del E. Santo). Así que, a la pregunta: ¿Se extiende la inspiración a las palabras mismas de la Biblia?, la respuesta correcta es la que, en Salamanca (1944), nos daba el profesor dominico A. Colunga: *Exténditur ad verba quatenus apta* = se extiende a las palabras en cuanto que son aptas. *Aptas*, es decir, «adecuadas para expresar la verdad que Dios nos quiere comunicar por medio del escritor sagrado».

Sería mucho pedir que esta descripción, tan elaborada, de la inspiración de la Biblia hubiese sido entendida, desde el principio de la historia de la Iglesia, por los escritores eclesiásticos que se conocen con el nombre de Padres de la Iglesia y por los teólogos posteriores a lo largo de los siglos. Todos ellos (me refiero a los que se mantuvieron dentro de la ortodoxia) entendieron bien el concepto de inspiración, aunque lo formulasen de un modo más sencillo, menos elaborado. Dejando aparte a cuantos niegan la inerrancia de las Escrituras, me referiré únicamente a la reciente tendencia de entender la inspiración, ya sea (a) en sentido funcional, de forma que Dios nos comunica vida, pero no verdades (F. E. D. Schleiermacher), o (b) en sentido activo = «la Biblia es inspiradora, pero no inspirada» (K. Barth). Termino este artículo, resumiendo a fin de que queden bien claras estas dos ideas, con base en el análisis conjunto de 2 Ti. 3:16 y 2 P. 1:20-21: «La Escritura es inspirada; los escritores sagrados no son inspirados, sino movidos.»

Bib. Federico Bettex, *La Biblia: Palabra de Dios* (CLIE, Terrassa 1985); Armando Di Pardo, *La Santa Biblia: Palabra inspirada de Dios* (CLIE, Terrassa 1977); José Flores, *¿Qué es la Biblia?* (Alturas, Barcelona 1968); Louis Gaussen, *La inspiración de la Biblia* (CLIE, Terrassa 1990); John M. Lweis, *La revelación e inspiración de las Escrituras* (CBP, El Paso); Valerio Mannucci, *La Biblia como Palabra de Dios* (DDB, Bilbao 1997); Pedro Puigvert, comp. *¿Cómo llegó la Biblia hasta nosotros?* (CLIE, Terrassa 2000); B. Ramm, *La revelación especial y la Palabra de Dios* (Aurora, Bs. As. 1967); Varios, *El debate contemporáneo sobre la Biblia* (EEE, Barcelona 1972).

BIBLIA, INTERPRETACIÓN DE LA

Este tema guarda estrecha conexión con el tema de la desmitificación (R. Bultmann), con el de la historia de la salvación (O. Cullmann*), con el de la Alta Crítica* y con el de Historia de las Formas*, que pueden verse en su lugar respectivo. La Interpretación de la Biblia suele llamarse exégesis bíblica. La ciencia sagrada que prescribe las normas de la exégesis se llama Hermenéutica. Este vocablo procede del gr. *hermenéus* = intérprete, y éste, de Hermés, divinidad gr., que, para los romanos, era el dios Mercurio, así como Júpiter es el nombre romano del gr. Zeus. Hermés era, pues, el intérprete de los dioses, como vemos en Hch. 14:12, donde la RV09 y la RV60 traducen respectivamente el gr. *Diós* (genit. de Zeus) por Júpiter, y el gr. *Hermén* (acus. de Hermés) por Mercurio «porque éste era el que llevaba la palabra». Para no confundir al lector con excesivos nombres, hablaremos en este artículo solamente de exégesis.

Y, antes de pasar adelante, vamos a distinguir exégesis de exposición y, por consiguiente, exegeta de expositor bíblico. La exégesis, por su propia etimología (*exegéomai* = explicar), tiene por objeto declarar el sentido que en el original tienen los vocablos y la fraseología dentro de su contexto. La exposición bíblica va más lejos, pues deduce de la exégesis del texto las consecuencias doctrinales y prácticas que en él están implicadas, de forma que el texto sagrado haga pensar, tanto al que predica como al que escucha: ¿Qué tiene este mensaje para mí en mi situación actual? ¿Qué exige de mí, en cuanto al asentimiento y a la obediencia que la Palabra de Dios demanda? Dos advertencias: 1ª, un predicador o maestro puede ser buen expositor bíblico sin ser un experto en exégesis bíblica. 2ª, el expositor bíblico ha de tener sumo cuidado en no sacar consecuencias o usar ilustraciones que vayan contra el sentido literal del pasaje y la finalidad del autor sagrado en la porción respectiva.

Por su afinidad con el tema y para no tener que redactar otro artículo al respecto, es conveniente aquí distinguir entre versiones y traducciones del original. Llamamos versión cuando se trasvasa, por decirlo así, al castellano (en nuestro caso) el vocablo (o la frase) del original de forma enteramente literal, de modo que el trasvase se efectúe de forma parecida a como lo vemos en un Interlineal. Digo «parecida» porque habrá que tener en cuenta las exigencias de la sintaxis gramatical, el hipérbaton, etc. Versión es, p. ej. la RV09. El empeño con que trabajamos los encargados de producir la Biblia Textual Reina Valera se extiende a procurar atenernos en todo al sentido literal del original, escogiendo en cada caso la lectura que se base en los mss. más antiguos y fiables, aun cuando tengamos que abandonar el *Textus Receptus* que es la base de la RV09, lo mismo que de la RV60. Otra cosa que es menester tener siempre en cuenta es que el lenguaje es algo vivo y evoluciona; el lenguaje cast. de finales del siglo XX no es el mismo que el del siglo XVI cuando surgió la Biblia del Oso de Reina Valera. Llamamos traducción cuando, en el trasvase aludido, el sentido se conserva mejor o peor, pero el significado literal y la fraseología se han alterado. Esto se echa de ver especialmente en las traducciones llamadas dinámicas, como es el caso, p. ej. de la NBE, aunque no sea de desestimar la maestría con que se ha llevado a cabo.

Después de este largo «prólogo», voy a exponer unas breves normas de exégesis bíblica que puedan ser provechosas para toda clase de lectores:

(1) Cada vocablo y cada porción deben estudiarse en su sentido literal histórico-geográfico-gramatical. Para ello, es conveniente: (A) Conocer

lo mejor posible las lenguas originales o, al menos, tener a mano un comentario extenso de algún gran experto en los originales; (B) Darse cuenta del género literario del pasaje; (a) si es prosa o poesía; (b) si es historia, alegoría, parábola; (c) si es profecía o apocalíptica; (C) Conocer bien el trasfondo histórico del pasaje, que puede tener referencia a una época tan antigua como el inicio del IV milenio a. C. y tan reciente como la época de mayor expansión del imperio romano bajo Trajano (98-117 d. C.). (D) El conocimiento del contexto geográfico del pasaje bíblico es igualmente importante para una buena exégesis. P. ej. ciertos conflictos narrados en el AT no se entienden bien si no se sabe que Palestina dependía, para la fertilidad de sus tierras, de la abundancia de la lluvia, y que a esto se debía el culto a Baal quien, para los cananeos, era el dios de la lluvia y de la fertilidad. Gran parte del lenguaje del AT, tanto literal como metafórico, hace referencia al aspecto geográfico.

(2) Para una buena exégesis, es menester también preguntarse: ¿Qué clase de gente era la que encontramos en la Biblia? Hay que esforzarse para ponernos, como se suele decir, «dentro de sus zapatos» para ver cómo pensaban, por qué hablaban y actuaban de una forma determinada, cuáles eran sus motivos, sus deseos, sus esperanzas, sus odios y sus preferencias, cómo celebraban sus fiestas religiosas, sus bodas, su entrada en sociedad, la educación de los hijos, etc.

(3) Un estudioso de la literatura de la Biblia podría tener bastante con lo que llevo dicho, pero un pastor, un predicador, un teólogo, no pueden contentarse con eso. Tienen que estudiar las Escrituras canónicas como un contexto teológico general dentro del cual cada parte de ellas es considerada, tanto por la parte de revelación divina que conlleva como por la respuesta que exige de parte del que la estudia.

(4) A la exégesis pertenece también el problema de si el lenguaje de la Biblia requiere una sola interpretación literal o si pueden darse dos o más interpretaciones literales de un mismo pasaje. Siempre hubo (y hay) quienes niegan que un pasaje pueda tener más de una interpretación literal, pero hay muchos expertos que, además del sentido literal primario, admiten el sentido literal pleno o plenario (también llamado evangélico). Un par de ejemplos bastarán para confirmar la existencia de más de un sentido literal en algunas porciones: (A) Is. 7:14 habla de un niño que va a nacer pocos meses después de la situación que se describe en ese capítulo. El niño es, con la mayor probabilidad, el propio hijo de Acaz, Ezequías; lo exige todo el contexto. Este es, pues, el sentido literal primario. Pero en Mt. 1:21-23, el pasaje se aplica al Señor Jesús en sentido literal, que no puede ser otro que el pleno o evangélico; (B) En Jl. 2:28-32, Jehová profetiza un acontecimiento apocalíptico y, por tanto, para el final de los tiempos. Sin embargo, Pedro, en su primer sermón de Pentecostés, aplica ese pasaje a lo que aquel día estaba sucediendo. Por consiguiente, el sentido literal plenario es el del final de los tiempos, pero en un sentido literal parcial se estaba realizando el día de Pentecostés. Por eso, Pedro no dice para que se cumpliese (Mt. 1:22), sino esto es lo dicho por el profeta Joel (Hch. 2:16).

Para finalizar este largo artículo, conviene preguntar qué tipo de exégesis se ha usado en la Iglesia a lo largo de los siglos. A esto respondo: (i) La Iglesia postapostólica pronto se dividió en dos grupos con respecto a la exégesis bíblica: (A) La escuela de Alejandría* se decantó pronto hacia el sentido alegórico de la Biblia, con lo que se llegó a las más extrañas interpretaciones de algunos pasajes, en los que una moraleja provechosa podía deducirse de una interpretación incorrecta. P. ej. del pasaje del paralítico de Jn.5:5, Agustín de Hipona saca que ese pobre enfermo llevaba así 38 años porque le faltaban dos para el número perfecto (40). Esos dos eran los dos mandamientos de amar a Dios y al prójimo que él no cumplía (v. 14). ¿Cabe mayor dislate? (B) En cambio, la escuela de Antioquía se inclinó pronto por el sentido literal. Juan Crisóstomo es un modelo ejemplar en el uso del sentido literal de la Biblia.

(ii) En el Medievo, cundió la distinción entre el sentido literal y otros sentidos superiores. Según los escolásticos medievales, los sentidos posibles de un pasaje bíblico eran cuatro: (A) el sentido literal, que se atenía «a la superficie de lo revelado»; (B) el sentido moral, que suministraba lecciones para la conducta cristiana; (C) el sentido alegórico, que deducía del texto la doctrina conveniente; y (D) el sentido anagógico, que conectaba cosas terrenales con sentidos celestiales. Todavía se llegó a subdivisiones de algunos de esos cuatro sentidos; p. ej. el sentido místico y el sentido tipológico. Con todo, nunca faltaron ardientes defensores del sentido literal propiamente entendido; sobre todo, en centros donde se estudiaban a fondo las lenguas originales, como ocurrió. p. ej. en la abadía de S. Victor de París.

(iii) En el siglo xx ha surgido la llamada exégesis existencial de la Biblia; en especial, del NT. El principal fautor de esta corriente exegética ha sido R. Bultmann, pero su base filosófica se halla en los escritos de W. Dilthey y de M. Heidegger, mientras que O. Cullmann ve la Biblia primordialmente como una «historia de la salvación». Más reciente aún es la exégesis estructuralista, cuyo único interés se centra en el fenómeno lingüístico que presenta la Biblia en la redacción final del texto.

Bib. E. P. Barrows, *Normas de interpretación bíblica* (CLIE, Terrassa); L. Berkhof, *Principios de interpretación bíblica* (CLIE, Terrassa 1973, 3ª ed.); J. M. Casciaro Ramírez, *Exégesis bíblica, hermenéutica y teología* (EUNSA, Pamplona 1983); H. E. Dana, *Escudriñando las Escrituras* (CBP, El Paso 1946); James E. Efird, *Cómo interpretar la Biblia* (CUPSA, México 1988); Anton Garbner-Haider, dir., *La Biblia y nuestro lenguaje. Hermenéutica concreta (*Herder, Barcelona 1975); D. Lozano Medina, *Rabinismo y exégesis judía* (CLIE, Terrassa 1999); E. Lund, *Hermenéutica* (Los Ángeles s/f); Josh McDowell, *Guía para entender la Biblia* (CLIE, Terrassa); J. M. Martínez, *Hermenéutica bíblica* (CLIE, Terrassa 1985); K. F. McKinley, *Escudriñemos las Escrituras* (Portavoz, Grand Rapids 1997); R. C. Sproul, *El conocimiento de las Escrituras* (Logoi, Miami 1981 / Unilit); M. S. Terry, *Hermenéutica* (CLIE, Terrassa); R. G. Turnbull, ed. *Hermenéutica, Diccionario de teología práctica* (TELL, Grand Rapids 1984); Varios, *La interpretación de la Biblia* (Herder, Barcelona 1970); Henry A. Virkler, *Hermenéutica. Principios y procedimientos de interpretación bíblica* (Vida, Miami 1995).

BIBLICISMO, BIBLIOFILIA, BIBLIOLATRÍA Y BIBLIOLOGÍA Biblicismo es el apego a un método de interpretación de la Biblia excesivamente literal, poniendo demasiado énfasis en los vocablos mismos y rechazando toda clase de método histórico-crítico. El mal no está en el afán de profundizar en el sentido literal de los vocablos, sino en el rechazo de cualquier otro medio del que es menester echar mano para una exégesis correcta, según vimos en el artículo anterior. Los biblicistas usan con frecuencia alguna forma de asociar libremente un determinado número de versículos o porciones del texto sagrado para demostrar un tema que han elegido para la predicación o para la enseñanza oral o escrita.

Bibliofilia es, según su etimología, el amor a la Biblia, cosa buenísima de suyo. También puede significar afán de coleccionar Biblias (toda ella o el NT). Es una cosa igualmente buena, con tal de que no prive del tiempo necesario para el estudio de la Biblia misma.

Bibliolatría, de acuerdo con su etimología es adorar la Biblia por encima de la adoración que se debe al Dios de la Biblia (su revelador y su objeto principal), lo cual es, ni más ni menos, convertir la Biblia en un ídolo. Pero siempre que la Biblia sea tenida en la más alta estima que se merece (una estima subordinada a la que debemos al autor principal de la Biblia), no hay peligro de incurrir en idolatría.

Finalmente, bibliología es, también de acuerdo con su etimología, tratado acerca de la Biblia. En otras palabras, explicar qué cosa es la Biblia, lo cual se hace con provecho tanto en las clases de propedéutica como en las introducciones a las versiones o traducciones de la Biblia y a los comentarios sobre la misma.

Bib. B. Ramm, *DTC*, «biblicismo», «bibliolatría».

BIEL, GABRIEL (1425-1495), nacido en Espira (Alemania), es uno de los últimos escolásticos importantes. Perteneció a la escuela nominalista (cf. Nominalismo) de Guillermo de Occam, a la que se adhirió después de conocer las enseñanzas de Tomás de Aquino, de Alberto Magno y de J. D. Scott (cf. *Duns Escoto, John*). Ejerció también el pastorado y fue predicador de la catedral de Mainz. Cuando tenía unos 50 años, fue uno de los promotores de la Vida Común como la practicaban los Hermanos. Fue Director de la casa que éstos tenían en Butzbach y, después, en Württemberg, simultaneando sus tareas pastorales con las de profesor de teología en la universidad de Wittenberg (1484-1490).

Biel puede ser tenido por el verdadero introductor del nominalismo en la Alemania de Lutero, sobre quien ejerció no poca influencia en la juventud de éste, pero posteriormente Lutero rechazó con energía las ideas de Biel, muchas de las cuales servían de fuerte apoyo a las enseñanzas de la Iglesia de Roma.

BIEN La idea de bien guarda conexión íntima con la perfección del ente y, por tanto, entra dentro de lo apetecible. Lo bueno, es decir, el bien como valor, trasciende el bien concreto del ente que es bueno. Es uno de los trascendentales (cf. Trascendencia); así como lo verdadero es el aspecto del ser que sintoniza con el intelecto, con el entender, lo bueno es el aspecto que sintoniza con la voluntad, con el querer. Como todos los

demás trascendentales, lo bueno se aplica analógicamente (cf. Analogía) a distintos objetos: a lo útil, a lo agradable, a lo honesto; al bien físico y al moral.
Es precisamente en este aspecto de la moral donde el bien tiene su realización doblemente «buena»: Por una parte, todo lo bueno sintoniza con la voluntad; por otra, el bien moral está directamente conectado con la conducta humana, donde el ejercicio de la libertad orientada hacia su fin supremo hace que lo bueno, en su tendencia a lo absoluto, alcance el supremo grado de bondad: la santidad. En efecto, como los actos morales, por su propia esencia, van dirigidos a su objeto (cf. Intencionalidad), el acto moralmente bueno alcanza la suprema perfección cuando tiende al objeto infinitamente bueno, al bien absoluto que es Dios.

BIEN COMÚN El bien común, como valor en sí, consiste en que una comunidad esté dotada de todos los bienes que contribuyen a su verdadera perfección y, por tanto, en que todos los miembros de dicha comunidad puedan participar de dichos bienes, ya que la comunidad existe en primer lugar para ayudar a cada miembro a conseguir su perfección personal. De aquí se deduce que el bien común tenga sus «exigencias»: De parte de los miembros exige que éstos presten a la comunidad todo lo que deben, según su estado y su propia capacidad, para que la colectividad funcione como es necesario. De parte de la misma institución exige que se garanticen a cada miembro el lugar y los medios para que cada individuo pueda desplegar los dones que le hayan sido dados por Dios para alcanzar su perfección espiritual y servir así a la comunidad en un recíproco enriquecimiento.
Lo que acabo de decir tiene su lugar en la comunidad religiosa lo mismo que en la comunidad política, atendiendo al objeto respectivo de cada una. Como todas las cosas buenas, también del bien común se puede abusar buscando satisfacer intereses particulares con el pretexto de que así lo exige el bien común. El Señor Jesús tuvo que desenmascarar muchas veces los pretextos que los líderes religiosos de su tiempo usaban para satisfacer sus intereses materiales y sus apariencias de perfectos cumplidores de la ley.

BIENES DE FORTUNA Esta es una buena versión del vocablo gr. *bíos* en 1 Jn. 2:16 y 3:17. En el primero de estos vv. Juan usa la expresión gr. *alazonéia toü bíou* = ostentación vanidosa del tren de vida, como una de las tres concupiscencias «que hay en el mundo»: en el «cósmos» como enemigo de Dios. En el 2º de dichos vv., Juan, con un sentido eminentemente «práctico», dice que el que tiene los bienes de fortuna del mundo (gr. *ton bíon toü kósmou*) y contempla a su hermano pasando necesidad y le cierra su corazón (lit. entrañas), ¿cómo puede permanecer en él el amor de Dios? (versión lit.).
Vemos, pues, que los bienes de fortuna se desean porque son cosas que prometen al hombre alguna satisfacción; entran así dentro del concepto de bien (cf. Bien). Las cosas únicamente pueden ser realmente bienes cuando contribuyen a su mantenimiento físico y, sobre todo, a su perfección moral y espiritual. El juicio sobre la aptitud de dichos bienes de fortuna para contribuir a la perfección del individuo puede ser falso por dos lados: por juzgarlos aptos para su fin cuando son ineptos, o por ordenarlos a un mal fin.
Los bienes de fortuna pueden convertirse en ídolos cuando el hombre pone su corazón en ellos por encima de toda otra consideración de carácter espiritual; son el Mamón del que Jesús habla como uno de los dos señores que por fuerza exigen del hombre plena dedicación (cf. Mt. 6:24). Pero cuando esos mismos bienes se ordenan a la perfección física y espiritual del sujeto, a compartir con el prójimo necesitado y para las cosas de Dios, enriquecen altamente al que los usa bien. En 1 Ti. 6:17-19, Pablo exhorta a Timoteo a que mande a los ricos en este siglo «a no ser altivos ni poner la esperanza en la inseguridad de la riqueza, sino en el Dios vivo que nos concede ricamente todas las cosas para su disfrute, a obrar el bien, a enriquecerse en buenas obras, a compartir, a comunión solidaria, atesorando para sí mismos un fondo magnífico para el futuro» (versión lit.).

BIOÉTICA Recibe este nombre una rama de la ética que tiene por objeto ayudar a resolver los problemas que en nuestro tiempo surgen del modo como hay que tratar los casos difíciles respecto al cuidado de la salud. En cierto sentido es algo tan nuevo que el vocablo no figura aún en los diccionarios corrientes. Por otra parte, los temas que se debaten en bioética son tan antiguos como la misma humanidad; p. ej. ¿Cuál es el valor real de la vida humana? ¿Cómo hemos de entender el sufrimiento del ser humano para actuar de forma adecuada? ¿A quién corresponde decidir sobre el tratamiento médico que debe aplicarse a reción nacidos física y mentalmente disminuidos? ¿A los teólogos? ¿A los moralistas? ¿A los filósofos? ¿A los psiquiatras? ¿A los médicos? ¿A los familiares del niño? ¿A los tribunales de justicia? A esto se añaden el avance de la técnica y la creciente secularización de la sociedad moderna.

Los temas con los que se ve confrontada la bioética son muchos y muy diversos: el aborto, la eutanasia, la manipulación de los genes, el tratamiento de los recién nacidos minusválidos, el control de la natalidad, la inseminación artificial, la fecundación «in vitro», los bancos de esperma con la facilidad de seleccionar futuros «genios», la hibernación de cadáveres con la esperanza de que surja algún remedio eficaz contra la enfermedad incurable que les causó la muerte, etc. No podemos tratar aquí en detalle un tema tan variado y tan complejo, pero se pueden señalar algunas orientaciones.

En primer lugar, hay que tener en cuenta la diferencia básica entre la autoridad que decide las normas éticas en el catolicismo romano y la que las decide según las iglesias surgidas de la Reforma. En el catolicismo, dicha autoridad es el magisterio de la Iglesia, con el papa en la cúspide de la jerarquía eclesiástica. En el protestantismo, es la Escritura sola. A primera vista, el protestantismo lleva ventaja por la amplitud de miras con que se pueden encarar los problemas sin sujeción a una autoridad exterior a la Palabra de Dios. Pero no se puede olvidar la riqueza de soluciones a los más diversos problemas de ética que siglos y siglos de expertos en cuestiones teológicas, filosóficas y morales han aportado a lo que la Iglesia de Roma tiene perfectamente cuadriculado en sus manuales de texto de teología moral. Debates conjuntos de expertos católicos y protestantes sobre temas de bioética podrían ser muy provechoso para todos.

Esta tarea de buen ecumenismo* es tanto más urgente cuanto que el creciente liberalismo está produciendo una corriente de pensamiento favorable a lo que se llama ética de situación, según la cual no hay principios absolutos de ética cristiana, sino que los problemas éticos han de resolverse con un relativismo que subordina los principios a los fines de forma que algo que sería moralmente malo en una situación determinada puede ser moralmente laudable en otra situación. Todo evangélico que se precie de su profesión cristiana debe rechazar esa ética de situación, apoyado en la Palabra de Dios según el principio tan hábilmente formulado por Spurgeon en cierta ocasión: «Vd. debe hacer lo que Dios manda. De las consecuencias se encargará Dios». Vamos ahora a tratar brevemente de los problemas más importantes y corrientes de bioética.

(1) El aborto. La enseñanza tradicional, tanto en la Iglesia de Roma como en las Iglesias surgidas de la Reforma, es decididamente antiaborcionista desde el momento en que un embrión es ya un ser humano. La santidad y el valor de la vida humana demandan esta actitud. No vale apelar al dominio que la mujer tiene sobre su propio cuerpo, puesto que hay otro ser humano dentro de ella que tiene iguales derechos y no se pueden hacer males para obtener bienes. Además, no hay «valores neutrales», sea cual sea el criterio de una sociedad permisiva y de un determinado gobierno de la nación, etc. En realidad, el aborto permitido equivale a una eutanasia activa.

(2) La eutanasia (del gr. *eu-thánatos* = buena muerte) es una deliberada provocación de la muerte antes de tiempo, bajo excusas tales como «la compasión hacia el que sufre», «el derecho a morir», «morir con dignidad», etc. Tales excusas no tienen ningún valor para un cristiano consecuente. Con todo, hay que distinguir entre la eutanasia activa y la pasiva. En la activa, se provoca directamente la muerte mediante la administración de una dosis letal de pastillas antidolor o antiinsomnio. En la pasiva, se provoca indirectamente el adelanto de la muerte, p. ej. desconectando el sistema de ventilación o suspendiendo la aplicación de la quimioterapia cuando, a juicio del médico, la muerte es inevitable después de agotar todos los remedios al alcance.

(3) El control de la natalidad. Tradicionalmente, la Iglesia de Roma se ha opuesto a toda clase de método anticonceptivo. Sólo a primeros del siglo xx, se llegó a aceptar, no sin gran discusión, el método apoyado en el ciclo menstrual, mediante el cual se podía tener la relación sexual sólo en los días no fértiles, absteniéndose en los fértiles. En cuanto al uso de objetos anticonceptivos, sean obturadores del útero, condones o píldoras, etc., la encíclica de Pablo VI *Humanae Vitae* (1968), en consonancia con documentos anteriores del Magisterio como la *Casti Connubii* de Pío XI (1930), se opuso decididamente. En dicha encíclica, Pablo VI llamaba la atención a «la conexión inseparable, ordenada por Dios e incapaz de ser rota por el hombre por iniciativa propia, entre los dos significados del acto conyugal: el unitivo y el procreador». La mayoría de los expertos protestantes hacen ver que, aun cuando la procreación sea un mandato del Creador (Gn. 1:28), la formación de la mujer tuvo por fin aliviar la soledad

del hombre mediante una ayuda idónea femenina (Gn. 2:18), por lo que el matrimonio es válido aunque los contrayentes sean incapaces de tener descendencia. Luego el aspecto unitivo predomina sobre el procreador. Por otra parte, la situación financiera, de salud, educación de los hijos, programación del plan familiar, etc., pueden aconsejar un control de la natalidad por medios que impidan directamente la fertilidad a favor de objetivos de mayor urgencia y necesidad. Todavía hay muchos otros problemas, como los mencionados en un principio, cuyo análisis a fondo causaría un excesivo aumento a un artículo ya demasiado largo para el propósito de este Diccionario.

Bib. Antonio Cruz, *Bioética cristiana* (CLIE, Terrassa 1999); N. Blázquez, *Bioética fundamental* (BAC, Madrid 1996); *–Bioética. La nueva ciencia de la vida* (BAC, Madrid 2000); José Ramón Flecha, *La fuente de la vida. Manual de bioética* (Sígueme, Salamanca 1999); Javier Gafo, ed., *Bioética y religiones: el final de la vida* (Universidad Comillas, Madrid 2000); Juan Masiá Clavel, *Bioética y antropología* (Universidad Comillas, Madrid 1998); Manuel Trevijano, *¿Qué es la bioética?* (Sígueme, Salamanca 1999).

BLASFEMIA Tanto el sust. blasfemia como el vb. blasfemar entraron en el cast. a mediados del siglo XIII. El vocablo procede, a través del lat. del gr. *blas-phemía* = hablar insultante. En general, blasfemia es todo gesto o palabra que menoscabe el valor de otro ser; sobre todo, de otra persona, viva o muerta. De modo específico, significa un insulto a una deidad o una burla de su poder.

En el AT, es este último significado el que se usa. Blasfemia es «el menoscabo directo o indirecto de la gloria y del honor de Dios y, por tanto, lo contrario de alabarle y bendecirle». Un insulto al Nombre es también una blasfemia directa, mientras que la desobediencia rebelde a la ley de Dios es una blasfemia indirecta (cf. Nm. 15:30). Toda blasfemia había de ser castigada con lapidación (cf. Lv. 24:10-23; 1 R. 21:9-10).

En el NT, la blasfemia tiene una aplicación semántica más amplia que en el AT, debido al significado genérico del vocablo griego *blasphemía*. No sólo tiene a Dios por objeto (cf. Ap. 13:6; 16:9) y a su palabra (cf. Tit. 2:5), sino también a su pueblo (cf. Ro. 3:8; 1 Co. 10:30; Ef. 4:31; Tit. 3:2). Otras veces, se blasfema de la revelación y del que la proclama (cf. Hch. 6:11; 1 Co. 4:12) o de la enseñanza cristiana (cf. 1 Ti. 6:1), de los creyentes cristianos (cf. Hch. 13:45; 18:6; 1 Co. 4:13) y de las potestades angélicas, aun de los ángeles caídos (cf. 2 P. 2:10-12; Jud. vv. 8-10). Por supuesto, para los escritores sagrados del NT, la mayor blasfemia tenía por objeto a Cristo (cf. Mt. 27:39; Mr. 15:29; Lc. 23:39) y a su buen nombre (cf. Stg. 2:7) e incluso forzando a los cristianos a blasfemar (cf. Hch. 26:11). Los creyentes mismos han de esperar ser *blasfemados* (cf. Hch. 13:45; 18:6; 1 Co. 4:13; 1 Ti. 1:13; Ap. 2:9). Pero también ellos pueden blasfemar mediante falsas enseñanzas (cf. Ro. 3:8; 2 P. 2:2) y mala conducta (cf. Ro. 2:24; Tit. 2:5).

La blasfemia contra el E. Santo. Este pecado se menciona sólo en Mt. 12:31-32; Mr. 3:28-29 y Lc. 12:10. Algunos ven aquí el llamado «pecado imperdonable» (cf. Pecado Imperdonable). Otros, acertadamente a mi juicio, hacen diferencia entre ambos (cf. Pecado para muerte). Ateniéndonos, pues, a la blasfemia contra el E. Santo, puedo decir que no consiste en hablar mal contra una Persona de la Deidad, ni en resistir a la operación del E. Santo en el corazón de un incrédulo, ni se insinúa aquí que el hablar contra el E. Santo sea peor que hablar contra el Padre o el Hijo, sino que consiste «en el acto consciente y voluntario de atribuir al espíritu inmundo, al poder de Satanás, las obras milagrosas de Cristo, llevadas a cabo mediante «el dedo de Dios» (cf. Lc. 11:20 comp. con Éx. 8:19), ya que, mediante dichas obras milagrosas, el E. Santo daba pruebas evidentes de que Cristo es el Mesías esperado y de que la verdad de sus enseñanzas es incuestionable y comprometedora para todos. Este pecado sólo podía cometerse cuando el Señor se hallaba en la tierra en su estado de humillación.

BLOCH, ERNST El filósofo marxista alemán Ernst Bloch (1885-1977), nació en Ludwigshafen, se apasionó desde muchacho por los textos de Marx, Feuerbach, Engels y Darwin. A los trece años escribió un ensayo titulado *Sistema del materialismo*, donde afirmaba que «la materia es la madre de todos los seres». A los quince años descubrió a Hegel y recibió para siempre su influencia, considerándolo esencial para la recta comprensión del marxismo. En exilio desde 1933, por causa de la llegada de Hitler al poder, se estableció, tras varias estancias, en Estados Unidos durante un decenio; en 1949 fue llamado a la Universidad de Leipzig, donde pasó a residir. Con la publicación de su obra principal: *Das Prinzip Hoffnung* (El principio esperanza), 3 vols.

Ernst Bloch

(1954-1959), fue acusado de hereje y revisionista; el libro fue retirado y se le prohibió toda otra publicación, además de ser privado de cátedra y de la dirección de la revista *Deutsche Zeitschrift für Philosophie*; algunos de sus colaboradores y discípulos fueron arrestados y condenados. En 1961 logró pasar a la antigua Alemania Federal, y aceptó una cátedra en la Universidad de Tubinga, que ocupó desde 1957 hasta su muerte; desde ese momento comienza la difusión de su pensamiento, especialmente los teólogos protestantes, siendo los más conocidos Pannenberg* y Moltmann* a la vez que su pensamiento intervino de todos los intentos de diálogo entre católicos y marxistas.

Bloch forma parte de un movimiento filosófico marxista que nace en Alemania después de la Primera Guerra Mundial a impulsos de György Lukács, Karl Korsch, Ernst Bloch y otros, como consecuencia del descubrimiento y primera publicación de los escritos juveniles de Marx. Bloch pone como fundamento de su filosofía de la esperanza la tesis marxista de que el hombre se encuentra en estado de alienación*. Pero, a diferencia de Marx, que atribuye la alienación a la explotación del trabajo humano, Bloch la hace remontar a causas ontológicas: el hombre se encuentra alienado porque, al igual que el universo del que forma parte, es un ser esencialmente incompleto y en tensión hacia la plenitud. En su obra sobre Thomas Münzer, elabora la tesis según la cual la aspiración del hombre a comprender el universo está obstaculizado por la finitud misma de la existencia humana. Sólo en el proyecto de una futura historización de la naturaleza y de la correspondiente naturalización del hombre es posible superar la fractura y la finitud actualmente experimentada.

Fundamento de la filosofía de Bloch es la materia entendida como potencialidad, como «ser en posibilidad», el «no-ser-aún», que no es la mera posibilidad de la semilla para llegar a la realización definitiva del árbol, sino una posibilidad que no ha puesta en juego aún la totalidad de sus condiciones interiores y exteriores y las determinaciones de tales condiciones. Aquí se encuentra la raíz de la «herejía» marxista de Bloch.

Un hombre que recurre a la práctica de la religión demuestra estar alienado, pero también es verdad que no basta eliminar estas prácticas y las expresiones religiosas para darles la identidad deseada. Es preciso mantener toda la proyección al futuro propia de la religión, como expresión de protesta contra el mundo presente. «Donde hay esperanza hay religión.» El hombre cae en la religión, según Bloch, porque tiene realmente una dimensión oculta, un «espacio utópico», un *homo absconditus* que sólo el futuro puede realizar y que no se puede olvidar relegando simplemente el problema religioso. Para el teólogo cristiano, el *homo absconditus* no es otro que el *Deus absconditus*, el Dios del que impulsa y mantiene la esperanza.

A lo largo de toda su vida fue coherente con su pensamiento: ya en 1918, con *Geist der Utopie* sienta las bases de esta visión del mundo que desarrolla más tarde en numerosas obras, siendo las principales *Thomas Münzer als Theologe der Revolution* (Munich 1921) y *Philosphische Grundfragen I: Ontologie der Noch-Nicht-Sein. Ein Vortrag und zwei Abhandlungen* (Francfort 1961), además de la citada obra fundamental sobre la esperanza, donde se someten a examen, con método fenomenológico, las innumerables manifestaciones de la esperanza en la vida del hombre y de las culturas.

Bloch subraya el hecho de que la Biblia no aburre nunca, porque hay una diferencia sustancial entre la Biblia y otros libros religiosos que difícilmente pueden desprenderse de la cultra en que han nacido. La Biblia ha podido hallar en todas partes una patria porque se encuentra siempre en propia casa; «y esto no tanto por las palabras de amor, cuanto bastante más eficazmente, por los flechazos contra todos los Ajab y Nemrod y por éxodo de la esclavitud de Egipto».

Bib. E. Bloch, *El principio esperanza* (Aguilar, Madrid 1975); *El futuro de la esperanza* (en colaboración) (Sígueme, Salamanca 1973).
Ugo Borghello, *Ernst Bloch: Ateísmo en el cristianismo* (EME, Madrid 1979); Pedro Laín Entralgo, *Esperanza en tiempo de crisis*, cap. VI (Círculo de Lectores, Barcelona 1993).

BLONDEL, MAURICE Maurice Blondel (1861-1949), es, después de Bergson, la figura más original e interesante de la filosofía francesa contemporánea. Nacido en un ambiente profundamente creyente, desde su infancia vivió fervorosamente la fe católica. En la universidad se enfrenta al problema de fundamentar filosóficamente el cristianismo. Por un lado se hallaba limitado por la tradición religiosa y sus afirmaciones impuestas autoritariamente, por el otro, el positivismo científico y racionalista arrinconando la fe en el subsuelo del espiritualismo y el utilitarismo, carentes de significado. Desde ese momento, el proyecto de Blondel consistirá en esclarecer la *inteligencia de la fe* en el contexto de la fe en busca de entendimiento.

El punto de partida de Blondel es la pregunta de si la vida humana tiene sentido y el hombre tiene un destino. Desde aquí, Blondel ensaya una crítica de la vida y una ciencia de la práctica novedosas. Para Blondel el problema de la acción, desde un punto de vista científico, no es un postulado moral, ni un dato intelectual. Tampoco se trata de *una* cuestión particular, una cuestión como otra que se nos ofrece. Se trata de *la* cuestión, aquella sin la que no hay otra. Blondel descubre en la acción humana un impulso inicial en virtud del cual el hombre no puede limitar su destino ni a los goces de los sentimientos, ni a las conquistas de las ciencias positivas, ni al desarrollo de la vida individual, familiar o social, ni a las concepciones de las metafísicas o de las morales puramente especulativas, ni a las supersticiones o pseudovalores que inventa para completar y cerrar sobre sí mismo su vida espiritual. Así pueden determinarse, extrayéndolas de la experiencia, las condiciones del acabamiento de la acción humana, y se es conducido a la alternativa en la cual el hombre puede optar por o contra el trascendente y su propia *deificación*, o unión final con Dios, cuya solución positiva es «la vida de la acción», que conduce a plantear necesariamente la hipótesis de un más allá de lo humano, imposible de ser adquirido por sus solas fuerzas. «Necesario e imposible», así aparece, al término de esta dialéctica ascendente, el orden sobrenatural con sus dogmas, preceptos revelados y práctica literal respecto a los cuales la filosofía no tiene jurisdicción, que no pertenece a la ciencia, sino a la conciencia el encontrar y afirmar, por una libre acción que es al mismo tiempo una gracia, pero que puede ser objeto de una investigación fenomenológica que se aplique a desentrañar su significación inteligible de integral caridad.

Con su tema de la *acción*, Blondel se adelantó a muchos planteamientos de las filosofías existencialistas, en cuyo análisis de la vida humana coinciden en punto a la descripción del fenómeno del vivir humano, que como tal reclama la entrega de la fe, el lugar de Dios en la vida. Se podrían colocar en dos columnas paralelas las afirmaciones de Blondel y de muchos pensadores vitalistas posteriores sobre la «ciencia de la vida», para descubrir sus asombrosas coincidencias. Donde unos ponen estoy condenado irremediablemente a ser libre, Blondel dice, estoy obligado a actuar.

Dentro de la esfera católica, Blondel se vio envuelto en frecuentes discusiones acerca del modernismo* teológico que llevó la revista *Annales de Philosophie Chrétienne* a ser incluida en el Índice de libros prohibidos en 1913, dirigida conjuntamente con el sacerdote Laberthonnière, que ya había sufrido la condenación de dos obras filosóficas.

Blondel fue profesor en la Facultad de Aix-en-Provence, donde continuamente llegaban amigos y discípulos. En orden al pensamiento cristiano Blondel creía que era preciso estar alerta ante dos peligros que amenazan a la fe constantemente. Uno consiste en buscar significaciones idealizadas, interpretaciones menos brutales, formas simbólicas en las que los mismos incrédulos podrían encontrar hermosas alegorías y mitos encantadores, camino siempre peligroso del alegorismo que puede terminar en una pendiente de sublimación que haría desvanecerse la realidad auténtica del único cristianismo verdadero.

El otro peligro, simétrico, no menos funesto y aterrador, que surge de la orilla opuesta, como reacción a una deletérea idealización, es el simple y puro literalismo, que no atiende más que a la envoltura de los hechos, de las fórmulas, de los

ritos, de los preceptos tradicionales, como si se tratase de una práctica mágica que conservar sin poner en ella el alma y la vida entera.
Para Blondel el cristianismo es *superior* a la razón, pero en ningún momento le es *contrario*. «¡Cuánto daño han hecho a la religión hombres que no podemos juzgar en su fuero interno, pero que han asociado la profesión católica a todas las miserias intelectuales, morales o sociales!» Es deber del cristiano no convertirse en un obstáculo para la fe de los demás, dando la impresión de un pensamiento superficial, tajante o inconsecuente. Su esfuerzo, por tanto, consistirá en perfeccionar la naturaleza con la ayuda de lo sobrenatural –la gracia–, que no aplasta ni oprime lo natural, sino que lo perfecciona, convicción esencial del pensamiento de Tomás de Aquino*, y de toda la tradición cristiana.
Bib. M. Blondel, *Exigencias filosóficas del cristianismo* (Herder, Barcelona 1966); Jean Lacroix, *Maurice Blondel* (Taurus, Madrid 1966); Alfonso Ropero, *Introducción a la filosofía*, cap. IX (CLIE, Terrassa 1999).

BOECIO Anicio Manlio Torcuato Severino Boecio (480-524) fue un ilustre estadista y filósofo cristiano. Algunos lo llaman «el último romano y el primer escolástico». A pesar de sus convicciones cristianas, alcanzó gran poder político en la corte de Teodorico, el rey ostrogodo de Roma, quien le nombró cónsul de Roma (510) y, después, jefe de todos los servicios de la urbe (520), pero en 522 fue acusado de traición por Teodorico, que ya sospechaba de todos los romanos sometidos al obispo de Roma. No es probable que Boecio conspirara contra Teodorico, pero se le acusó de estar a favor del emperador de Constantinopla, de escribir cartas incitando a la rebelión y de practicar la magia. Teodorico lo desterró a Pavía y mandó ejecutarlo allí sin abrirle proceso. Mientras estaba preso, escribió su obra más importante: *De consolatione philosophiae* (Sobre la consolación de la filosofía).
Boecio fue un filósofo y un literato de transición entre el mundo clásico y el medieval. Además de su obra ya mencionada, escribió sobre teología y lógica y puso los fundamentos de la educación clásica mediante sus escritos sobre las cuatro artes del *quadrivium* = las cuatro vías. Boecio se dio cuenta de que el papel de la razón era servir de firme apoyo a la fe. Por eso puso su empeño en explicar las perfecciones de Dios y, en concreto, el misterio de la Trina Deidad mediante conceptos de la filosofía de Aristóteles. De su impacto en la teología escolástica, son buena prueba las cuestiones 28-30 de la Parte I de la *Summa Theologiae* de Tomás de Aquino, donde las citas de Boecio son numerosas y extensas. Es en la cuestión 29, art. 1, en su primer párrafo, donde Tomás cita la famosa definición de «persona», dada por Boecio: «Persona es la sustancia individua de naturaleza racional». Y, hablando de las personas de la Deidad, cita de Boecio la siguiente frase: «La sustancia contiene la unidad, la relación multiplica la trinidad» (cuestión 28, art. 3, Sed contra). Por otra parte, Boecio muestra su dosis de neoplatónico y de estoico al afirmar que, «puesto que Dios es bueno y quiere lo bueno, el mal carece de existencia positiva».
Bib. Boecio, *La consolación de la filosofía* (Espasa Calpe, Madrid 1954 / Sarpe, Madrid 1984); S. Mazzarino, *El fin del mundo antiguo* (UTEHA, México 1961), A. Ropero, *Introducción a la filosofía* , cap. III (CLIE, Terrassa 1999).

BOEHME, JAKOB Este místico luterano alemán (1575-1624), hijo de una familia de labradores acomodados, abandonó la agricultura por falta de salud y desde niño se dedicó al oficio de zapatero en Görlitz. Se casó con una hija de un rico carnicero, lo que le permitió dedicarse a estudiar por su cuenta y a escribir. En 1600 creyó haber escuchado una voz celestial, y fue escribiendo sus «revelaciones íntimas» en un libro titulado *Aurora*, al que siguieron muchos otros. En ellos aparecen mezcladas ideas neoplatónicas, conceptos extraídos de la cábala judía, del teosofismo y de la alquimia... En esos escritos, es evidente la influencia de Paracelso, de los neoplatónicos del Renacimiento y de los místicos judíos. Sus escritos posteriores, como *El camino hacia Cristo* (1624), expresan más claramente temas e imágenes de tono tradicionalmente cristiano, pero su pensamiento continuó siendo oscuro y complicado.
Se vanagloriaba de ignorar la filosofía. Sus especulaciones se reducen al esfuerzo por explicar cómo todas las cosas, Dios incluido, se derivan de la nada primordial, que es el principio de todo, a la relación del hombre con Dios y al problema del origen del mal*. Todo esto envuelto en un conjunto de símbolos, metáforas y en una abundante verbosidad que tiene más de abstruso que de profundo.
Los escritos de Boehme fueron proscritos durante su vida (1612-1619) por la condenación que sufrió de parte de un pastor luterano, pero tuvieron después mucha influencia en Alemania so-

Dietrich Bonhoeffer

bre los movimientos pietistas, románticos e idealistas. Su influencia fue también muy grande en Inglaterra sobre los platónicos J. Milton, I. Newton, W. Blake y W. Law*. Este último había tenido mucha influencia, con su libro *Una seria llamada a una vida devota y santa* (1728), sobre J. Wesley. Pero Wesley se enemistó después con W. Law por el interés que éste mostraba hacia los escritos de Boehme.

Bib. J. Boehme, *Diálogos místicos* (Edicomunicación, Barcelona 1993).

BONHOEFFER, DIETRICH Teólogo y pastor luterano de la Iglesia Confesante en Alemania, D. Bonhoeffer (1906-1945) nació en Breslau y fue ejecutado a la edad de 39 años en un campo de concentración nazi. Era uno de los ocho hijos de un psiquiatra de la Universidad de Berlín y en esa Universidad recibió el doctorado en teología a la edad de veintiún años, y en ella llegó a ser capellán y profesor. Allí estaba ejerciendo su ministerio cuando Hitler asumió el poder en 1933. Todavía ejerció el pastorado durante algunos años en Londres (1933-1935) y en otros lugares (sirvió como pastor, por algún tiempo, en la iglesia de alemanes de Barcelona). En 1937 fue clausurado por el régimen nazi su Seminario de Finkenwalde, y a él mismo le fue prohibido publicar escritos y enseñar en público. Pasó entonces a U.S.A., donde sus trabajos de investigación en el Union Theological Seminary de Nueva York le llevaron a reaccionar fuertemente contra la teología liberal y le acercaron a K. Barth*, que para entonces comenzaba a trabajar en su *Dogmática*. Posteriormente se separó de Barth, al poner énfasis en la autonomía relativa del orden natural como esfera de la presencia y de la acción de Dios, lo que le llevó a tener del mundo una «visión desde abajo», en la perspectiva de los pobres, los oprimidos, los marginados. Se explica así su influencia en la Teología de la liberación, de la que nos quedan muchas lecciones por aprender. Al estallar la II Guerra Mundial (1939), se hallaba en América, pero decidió volver a su país para servir a sus compatriotas como capellán militar y sufrir con ellos. Un cuñado suyo le introdujo en los círculos de la resistencia antinazi y llegó a conspirar contra Hitler, lo que le valió su prisión en el campo de concentración, donde fue ejecutado muy poco antes de la rendición alemana. Bonhoeffer ha dejado como legado a la posteridad de la II Guerra Mundial una gran influencia, en un área muy extensa del orbe, sobre el pensamiento teológico, la piedad cristiana y la ética práctica.

Fue en el año 1951 cuando Bonhoeffer alcanzó una fama que, desde entonces, ha ido en aumento hasta el presente. En ese año se publicaron y se tradujeron sus *Cartas y Papeles desde la prisión*. No tenía él la intención de publicar su correspondencia, pero ha llegado a ser la más popular de sus numerosas obras. De todos sus libros, los principales son *Comunión de los santos*, obra de teología práctica, *Acto y ser*, obra de ontología relacionada con la teología, *Cristología* y *El costo del discipulado*. Una de las ideas clave de Bonhoeffer estaba basada en la distinción que Lutero había hecho entre *religión* y *fe*. «La religión procede de la carne; la fe, del espíritu» –decía Lutero. Para Bonhoeffer, el acto religioso es siempre parcial, mientras que la fe incluye todas las esferas de la vida. «Jesús –decía él– nos llamó, no a una nueva religión, sino a una nueva vida.»

Bib. D. Bonhoeffer, *Creer y vivir* (Sígueme, Salamanca, 1971); *El precio de la gracia* (Sígueme, Salamanca 1968); *Redimidos para lo humano* (Sígueme, Salamanca 1979); *Resistencia y sumisión* (Sígueme, Salamanca 1993); *Sociología de la Iglesia* (Sígueme, Salamanca 1980, 2ª ed.); *Vida en comunidad* (Sígueme, Salamanca 1966); *¿Quién es y quién fue Jesucristo?* (Ariel, Barcelona 1971); *Ética* (Estela, Barcelona 1968 / Trotta, Madrid 2000); *Cartas de amor desde la prisión* (a María von Wedemeyer) (Trotta, Madrid 1998).
Eberhard Bethge, *Dietrich Bonhoeffer, teólogo-cristiano-actual* (DDB, Bilbao 1970); A. Dumas,*Teología de la realidad, D. Bonhoeffer*, (DDB, Bilbao); René Marlé, *Dietrich Bonhoeffer, testigo de Jesucristo entre sus hermanos* (Ed. Mensajero, Bilbao); E. H. Robertson, *Dietrich Bonhoeffer, introducción a su pensamiento teológico* (EMH, El Paso 1975).

BOOTH, CATHERINE Y WILLIAM (cf. *Ejército de salvación*)

BOSSUET, JACQUES BÉNIGNE Este prelado católico francés (1627-1704), fue el eclesiástico francés más influyente del siglo XVII. Fue nombrado por Luis XIV tutor del delfín, para el que escribió su libro *Política* a fin de hacerle a la memoria que los reyes tienen deberes lo mismo que derechos. También defendió la autoridad independiente de la Iglesia de Francia frente a las reclamaciones de los papas (cf. *Galicanismo*). Bossuet fue uno de los más grandes oradores de toda la historia de la Iglesia y un experto formulador de la filosofía de la historia (cf. su *Discurso sobre la Historia Universal*). Había nacido en Dijon y estudió allí con los jesuitas, pasando después al Colegio de Navarra en París. Después de siete años de canónigo en Metz, fue a París en 1659 y fue nombrado enseguida predicador de la capilla real. En 1681 fue nombrado obispo de Meaux, cargo que desempeñó hasta su muerte. En sus últimos años se vio envuelto en numerosas controversias con racionalistas, panteístas, místicos como Fénelon* y protestantes como Leibniz*.

BOSTON, THOMAS Este ministro evangélico escocés (1676-1732) nació en Duns, condado de Berwickshire, se graduó en Artes en la Universidad de Edimburgo y estudió teología después, llegando a ser un gran experto en esa disciplina, así como en la Biblia hebrea. Ejerció el ministerio pastoral en Simprin y Ettrick y publicó varios libros, siendo el más famoso *La naturaleza humana en su estado cuádruple*, que, dentro de Escocia, rivalizó en popularidad con el *Progreso del peregrino* de J. Bunyan.
Pero el nombre de Boston es más conocido por su intervención en la llamada *Marrow Controversy* (Controversia sobre la Médula). A comienzos del siglo XVIII surgió una tendencia legalista en la teología escocesa, y el Presbiterio General negó la licencia a un estudiante por su interpretación de la doctrina del arrepentimiento. El Presbiterio pidió a dicho estudiante que suscribiera la siguiente proposición: «Creo que no es sano y ortodoxo enseñar que abandonemos el pecado a fin de venir a Cristo y establecernos en Pacto con Dios». El estudiante se negó y la Asamblea General de 1717 le apoyó, en contra del parecer del Presbiterio. En el contexto de la discusión, surgió la citada Marrow Controversy. Un soldado extranjero había dejado en Escocia un ejemplar de *La Médula de la teología moderna* (1645), obra atribuida a E. Fisher. Era una compilación de escritos tomados de las obras de Lutero, de Calvino y de puritanos ingleses, y redactada en forma de discusión. Boston halló dicho ejemplar, le gustó enormemente y logró que se reimprimiera en 1718. James Hadow, Rector de St. Marys College, en St. Andrews, se opuso al libro, por considerarlo antinomiano*, el cual fue prohibido finalmente por la Asamblea General de Escocia. Boston y otros once (los *Marrow Men*) hicieron cuanto pudieron para que se levantara la prohibición, apelando a la enseñanza de la Confesión de Fe de Westminster, a la que también apelaba el Rector de St. Andrews. Es menester añadir que Hadow y quienes le apoyaban hacían del arrepentimiento una condición *sine qua non* de la salvación y restringían la oferta de salvación, pensando que una oferta universal sincera tenía como base la redención universal, mientras que Boston y los otros once presentaban la teología del pacto como una teología de la gracia. No llegaron a un acuerdo, pero Boston volvió a reimprimir la *Médula* con sus propios apuntes, según figura en la edición de sus Obras. En mi opinión, ninguna de las dos partes tenía razón, porque ambas se apoyaban en una base falsa, como lo es, para mí, la teología del pacto*.

Bib. Alfonso Ropero, *Fe, historia y Dios* (CLIE, Terrassa 1994).

BROWN, WILLIAM ADAMS Este teólogo presbiteriano (1865-1943) se distinguió también por sus actividades sociales y ecuménicas.

Nació en la ciudad de Nueva York y se educó en Yale, y fue a Berlín, donde tuvo como profesor a Harnack. De regreso al Seminario de la Unión en su ciudad natal (1892), estuvo allí de profesor en la Facultad de teología durante 44 años. Brown fue, probablemente, el teólogo liberal que mayor influencia ejerció en su tiempo. Mientras menoscababa la doctrina tradicional sobre el Jesús histórico, ponía de relieve el papel ejemplar de Cristo tanto en su vida como en su muerte. Sostenía que Dios obra en las vidas de los seguidores de Jesús transformándolas de tal manera que puedan contribuir a implantar un orden social más justo, el reino de Dios.

En su creencia de que el cristianismo se demostraba, no con la doctrina, sino con las prácticas que motivaba, Brown se mostró muy activo a favor de los pobres y de los obreros, seguro de que la Iglesia tenía que cooperar con la familia, la escuela, el taller y el gobierno de la nación para llegar a producir una sociedad cristianizada. Una gran barrera para conseguir este empeño, pensaba Brown, la constituye la división denominacional. De ahí, su entusiasmo por el movimiento ecuménico que surgió en su tiempo, contribuyendo a la formación del Consejo Mundial de Iglesias*. Dos de sus obras tratan de este tema: *La Iglesia: Católica y Protestante* (1935) y *Hacia una Iglesia Unida* (1945).

Con todo, Brown fue, antes que nada, un profesor de teología. Es significativo que su propia autobiografía lleve por título *Un Maestro y Su época* (1940). Uno de los más usados manuales de teología liberal fue su obra *Teología Cristiana en Esquema* (1906).

BRUNNER, HEINRICH EMIL (cf. tamb. *Neoortodoxia*) Este teólogo reformado (1889-1966) nació en Winterthur (Suiza), fue primero pastor y, después, profesor de teología en Zurich (1924-1955). Pronto reaccionó contra la teología de Schleiermacher y la escuela protestante liberal, viniendo a identificarse con la neoortodoxia de K. Barth, aunque disentía en muchos puntos del pensamiento de Barth. Lo mismo que éste, Brunner sostenía que la Biblia misma no es revelación de Dios, por cuanto no está inspirada verbalmente ni es infalible, pero puede ser el medio que el E. Santo usa para llevar a la fe a un inconverso. Por otra parte, estaba convencido de que la fe en Cristo necesitaba la revelación universal de Dios en la creación, en la historia y en la conciencia de los seres humanos. Esto le llevó en 1934 a un serio enfrentamiento con Barth, quien rechazaba totalmente cualquier idea de revelación general.

Brunner escribió numerosos libros, de los que destacan su obra cristológica *El Mediador* (1927), que fue el primer intento de tratar la cristología en términos de la teología dialéctica, y su gran obra, *Dogmática,* cuyo tercero y último vol. apareció en 1960, cuando después de una serie de ataques cerebrales disminuyó su capacidad de hablar y escribir, pero aun así pudo dar cima a su obra maestra.

Al contrario que Barth, Brunner afirma que el hombre caído retiene parte de la imagen de Dios, lo cual le permite llegar a cierto conocimiento de Dios, aunque deformado por el pecado. La revelación especial sirve para enfocar debidamente la verdad sobre Dios, corrigiendo la deformación existente bajo la revelación general. Dos detalles importantes contribuyeron a que los escritos de Brunner tuvieran una enorme difusión: 1°, su interés en los problemas sociales ante el avance del comunismo y las secuelas de dos grandes guerras mundiales. A este respecto, escribió *El imperativo divino* (1937) y *El hombre en rebeldía* (1939). Según él, Dios da a los hombres la oportunidad de cumplir el mandamiento de amar a Dios y al prójimo; y el hombre, aunque sea incrédulo y se rebele contra Dios, no por eso pierde su relación con Dios y la responsabilidad que tiene ante Dios. Ambos libros se oponían, tanto al totalitarismo nazi como al soviético, por lo que fueron prohibidos por Hitler. 2°, Brunner contribuyó también a la reconstrucción de la postguerra con su libro *La Justicia y el orden social* (1945). Estaba firmemente convencido de que la teología y la ética están unidas indisolublemente, tanto en la Biblia como en la experiencia cristiana.

Bib. E. Brunner, *Nuestra fe* (La Aurora, Buenos Aires 1959); *La justicia. Los principios de un orden social justo* (México 1961); *La verdad como encuentro* (Barcelona 1967); *La esperanza del hombre* (DDB, Bilbao 1973).

BUBER, MARTIN Este filósofo, teólogo y educador judío (1878-1965) ha ejercido gran influencia sobre muchos teólogos cristianos así como sobre algunos rabinos judíos. Desde sus años de joven universitario se incorporó al movimiento sionista. En 1901 se convirtió en editor del semanario sionista *Die Welt.* Pero después (1904-1909) se retiró de la vida pública para aprender más del jasidismo (del hebr. *jasidim* = piadosos), del que ya le había hablado su abuelo Salomón Buber en su niñez. Este movimiento

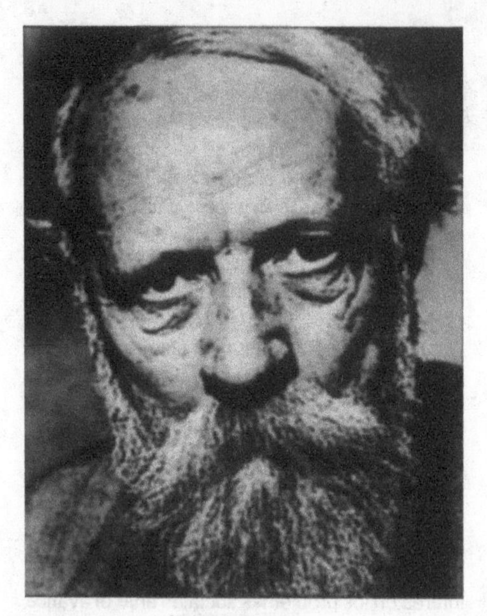

Martín Buber

había surgido a mediados del siglo XVIII entre los judíos del este de Europa como un estimulante de la piedad y del amor a la ley mosaica, sin tener que vivir fuera del mundo. Sencillamente consistía en santificar lo más ordinario de la vida de cada día, con lo que podía alcanzarse una completa transformación del propio yo y de la sociedad. A este movimiento dedicó Buber todas sus energías.

Durante las dos grandes Guerras Mundiales, Buber trabajó con todo empeño para ayudar a los judíos que vivían en Alemania. En 1938 salió de Alemania y se fue a Israel para ser profesor de sociología en la Universidad de Jerusalén. Allí se hizo mundialmente famoso al promover lo que él tituló *Humanismo hebreo*, expresado en términos jasidistas. «Dios –decía– ha de ser visto en todo, y alcanzado por medio de toda obra pura.» Su libro más leído es *Yo y Tú*, donde expone su idea del hombre nuevo que sólo puede realmente llegar a ser un «Yo» cuando el objeto con el cual se relaciona es visto como un «Tú», no como un «Ello». Por medio de esta correlación personal, se llega al encuentro con el totalmente Otro, Dios, que es el eterno Tú. Este libro de Buber fue recibido con gran entusiasmo por muchos teólogos cristianos, especialmente por K. Barth*, D. Bonhoeffer* y R. Bultmann*.

La interpretación que hace Buber de la regla de oro: «Ama al prójimo como a ti mismo», consiste en ver al prójimo de la misma manera que cada uno se ve a sí mismo, intensa y personalmente, en un diálogo, y no como un instrumento para ser utilizado. Buber planteaba un Estado en el que judíos y árabes cooperarían como socios iguales. Su insistencia en el deber de los seres humanos para el prójimo hace de él un pensador memorable y necesario.

Entre la producción literaria de Buber hay que mencionar también los libros *La Realeza de Dios*, *Moisés*, *La Fe Profética* y *Dos Clases de Fe*.

Bib. M. Buber, *Yo y Tú* (Caparrós, Madrid 1993); *¿Qué es el hombre?* (México 1949).

Maurice Friedman, *Encuentro en el desfiladero. La vida de Martin Buber* (Planeta Argentina, Bs. As. 1993); Diego Sánchez Meca, *Martin Buber. Fundamento existencial de la intercomunicación* (Herder, Barcelona).

BUCER, MARTIN Este reformador, coetáneo de los primeros reformadores (1491-1551) nació en Sélestat (Alsacia) y se hizo fraile dominico en 1506, pero el humanismo floreciente en Alsacia le llevó primero a la admiración de Erasmo y, después, a la de Lutero, cuyo debate en Heidelberg el año 15l8 le cautivó, suscribiendo enseguida el principio protestante de la justificación por la fe sola. Se marchó del convento y se casó en 1522, por lo que fue excomulgado por la Iglesia de Roma, teniendo que refugiarse en Estrasburgo, donde llegó a ser uno de los líderes de la Reforma.

Fue notable la intervención de Bucer en el debate sobre la Cena del Señor. Bajo la influencia de Zuinglio, se apartó de la opinión de Lutero, ya que no podía aceptar la opinión de éste sobre la ubicuidad del cuerpo de Cristo, mientras que Zuinglio insistía en que el cuerpo de Cristo está sólo en el cielo. Pero tampoco pudo admitir la opinión de Zuinglio de que la Cena del Señor no es un medio de gracia, acercándose en este punto a la posición luterana. Con el tiempo, Bucer llegó a un acuerdo con Melancton sobre la presencia de Cristo en la eucaristía (1536).

Bucer dio mucha importancia a la eclesiología, considerando a la comunidad cristiana como una extensión viviente de la Encarnación del Hijo de Dios, y comprometida en la transformación de todo el orden político, social y religioso, poniendo un énfasis especial en la necesidad de practicar la disciplina y hacer que el mundo vea a Jesucristo en la iglesia. Estos puntos de vista fueron expuestos en su obra póstuma *Sobre el Reino de Cristo* (1557), que él dedicó al joven monarca inglés Eduardo VI. Desde 1548 hasta su muerte, Bucer tuvo que estar exiliado en Cambridge (Inglaterra) donde se dejó notar su influencia en la formación del *Libro de Oración Común* y en los reformadores ingleses como J. Bradford y M. Parker.

BUDISMO El budismo toma su nombre de Buda (cuyo nombre verdadero era Siddartha Gautama), príncipe indio que vivió en el siglo VI a. C. y murió hacia el 480 a.C., pero se desconoce la fecha de su nacimiento. Su padre le rodeó de toda clase de comodidades, a fin de que no conociera el sufrimiento de los demás hombres. Pero cuando llegó a la edad adulta, vio toda clase de sufrimientos en personas ancianas y enfermas, así como cadáveres. En cierta ocasión, se encontró con un monje y, desilusionado de la vida, se dedicó a buscar la verdad máxima, abandonó a su familia y se hizo monje peregrino. Mientras meditaba bajo un árbol, alcanzó la iluminación y se convirtió en Buda, que significa «iluminado».

El budismo es, ante todo, una doctrina de salvación, por lo cual es conveniente conocerlo para confrontarlo con el cristianismo. Las cuatro verdades fundamentales del budismo son las siguientes: (1) La vida está llena de tristeza y sufrimiento en todo el ciclo de reencarnaciones (cf. *Metempsícosis*), con lo que cada reencarnación se convierte en una nueva maldición. (2) El origen del sufrimiento es la ignorancia. Los seres humanos sufren porque no saben en qué consiste la vida y ponen todo empeño en el deseo de gozar de todas las cosas tanto materiales como inmateriales. (3) La cesación del sufrimiento se consigue con la anulación completa del deseo mediante el nirvana. A diferencia del hinduismo*, el nirvana no es la absorción del alma individual en el Alma Universal, sino el desasimiento total de todo lo caduco, ya que en el budismo no hay alma, sino una conciencia que renace en cada reencarnación y necesita ser extinguida como se apaga una vela de un soplo. Fuera de esta descripción negativa, no se sabe en qué consiste ese estado del nirvana. (4) El camino hacia esa meta es una senda de ocho pasos, los cuales encierran las mismas exigencias que el yoga, pero no son un fin en sí mismos, sino medios para alcanzar la ascensión espiritual mediante el respeto a toda vida, y teniendo por cima la iluminación, a fin de llegar así a ser un Buda.

A lo largo de los siglos, el budismo fue perfeccionándose. Dos son las variedades principales de

Cabeza de Buda

budismo que han surgido con el tiempo: (A) el *hinayana* = pequeño vehículo, que consiste en una nueva sistematización del antiguo budismo; (B) el *mahayana* = gran vehículo, que se alejó mucho del antiguo budismo, dando también a los laicos la posibilidad de alcanzar la perfección mediante el amor y la generosidad con toda clase de seres humanos. Por medio de la creciente penetración en el Occidente pagano del yoga y de la creencia en la reencarnación de las almas, el budismo ha entrado en círculos cristianos, especialmente en el campo católico romano con el «catolicismo Zen», resultado de introducir en el catolicismo ciertas prácticas del budismo, a fin de promover un nuevo método de contemplación mística.

Por eso, es necesario que nos percatemos de la diferencia esencial entre el budismo y el cristianismo en tres áreas principales: (a) La doctrina budista niega la existencia del alma, en contraste con la enseñanza bíblica de que el hombre tiene un alma que no se destruye con la muerte (cf. p. ej. Mt. 10:28). (b) La Biblia nos dice que los hombres mueren una sola vez y son juzgados de acuerdo con lo hecho en su única vida (cf. p. ej. He. 9:27). (c) Según la Palabra de Dios, el origen del sufrimiento no es la ignorancia, sino el pecado contraído al descender del pecador Adán. Por

Dalai Lama, líder espiritual de los budistas

eso, la esperanza del cristiano no se funda en la capacidad de romper el ciclo maldito de las reencarnaciones, sino en compartir los sufrimientos de Cristo, para alcanzar con Él la vida eterna (cf. p. ej. Ro. 8:16-17; 1 Ts. 5:9-10).

Bib. S. Bercholz, y S. C. Khon, *La senda de Buda. Introducción al budismo* (Planeta, Barcelona 1994); Ramiro Calle, *Buda. El príncipe de la luz* (Temas de hoy, Madrid 1993); E. Conze, *Breve historia del budismo* (Alianza Editorial, Madrid 1983); H. Dumoulin, *Encuentro con el budismo* (Herder, Barcelona 1982); Vicente Fatone, *Ensayos sobre hinduismo y budismo. Obras completas*, vol. I (Ed. Sudamericana, Buenos Aires 1972); H. Glasenapp, *Budismo, una religión sin Dios* (Barral, Barcelona 1974); José Grau, *¿Todas las religiones iguales?*, cap. III (EEE, Barcelona 1974); J. Masiá Clavel, *Budistas y cristianos. Más allá del diálogo* (Sal Terrae, Santander 1987); J. Naudou, *Buda y el budismo* (Daimon, Barcelona 1976); M. Perchron, *Buda y el budismo* (Aguilar Madrid 1962); Fernando D. Saravi, *Invasión desde Oriente* (CLIE, Terrassa 1995); H. Saddhatissa, *Introducción al Budismo* (Alianza Editorial, Madrid 1982); Sangharakshita, *Los diez pilares del budismo* (Paidós, Barcelona 1998).

BUENAS NUEVAS (cf. *Evangelio*)

BUENAS OBRAS (cf. *Santificación*)

BUENAVENTURA (GIOVANNI DI FIDANZA) Este teólogo escolástico de la orden franciscana (1221-1274) nació cerca de Viterbo en la Toscana y tuvo por nombre Juan Fidanza, antes de tomar como fraile el nombre con el que se le conoce. Estudió teología en París con Alejandro de Hales* desde el año 1234 e ingresó en la orden franciscana pocos años más tarde. Comenzó a enseñar en París Biblia y teología, pero no fue recibido en el gremio de profesores de aquella Universidad hasta el año 1257. Por entonces fue nombrado Superior General de la orden franciscana y ya no volvió a su tarea docente en la Universidad. En 1273 fue creado Cardenal Arzobispo de Albano y, al año siguiente, asistió al Concilio de Lyon, pero murió inesperadamente allí mismo. Fue canonizado en 1482 y declarado Doctor de la Iglesia. Se le conoce con el nombre de «Doctor Seráphicus».

Buenaventura escribió un comentario al libro de las *Sentencias de Pedro Lombardo,* pero su principal producción literaria, a diferencia del también franciscano Escoto* o del dominico Tomás de Aquino (cf. Tomás de Aquino), fue la de un escolástico místico. Sus escritos principales de ese género son el *Itinerario de la mente hacia Dios* y *Los siete viajes de la eternidad,* en los que está expuesto su pensamiento original, aunque en muchos puntos, su teología es fundamentalmente agustiniana. Según Buenaventura, el conocimiento que tenemos de Dios se adquiere mediante una especie de «subida» de la mente desde lo material hasta llegar a las cimas de la mística. En este «itinerario», como él lo llama, hay tres jornadas distintas: 1ª, como Dios ha dejado sus huellas en la creación visible, la razón humana puede ascender del efecto a la causa para deducir la existencia y el poder de un Creador; 2ª, como el hombre ha sido hecho a imagen de Dios, la 2ª jornada consiste en investigar el interior de nuestra alma con sus poderes de memoria, entendimiento y voluntad; esto servirá para profundizar en el sentido del ser y de la unidad de Dios. La existencia de tres personas en Dios sólo puede conocerse por la revelación sobrenatural. Y 3ª, la última jornada en el ascenso a Dios no puede alcanzarse con razonamientos, porque consiste en la contemplación mística del gozo inefable de la presencia divina, y es puramente un don del Espíritu Santo. Con sus escritos, Buenaventura influyó grandemente en el periodo del misticismo de los siglos XIV y XV, en el que surgieron místicos de la talla del Maestro Eckhart, Juan Taulero y Tomás de Kempis.

Bib. Buenaventura, *Obras*, 6 vols. (BAC, Madrid). Antonio Briva Mirabent, *La gloria y su relación con la gracia según las obras de san Buenaventura* (Ed. Casulleras, Barcelona 1957); J. Vrin, *La filosofía de San Buenaventura* (DDB, Bs. As. 1948).

BULGAKOV, SERGEI Este economista y teólogo ruso (1870-1944) era hijo de un sacerdote de la Iglesia Ortodoxa rusa, pero en su temprana juventud abandonó las ideas de la Iglesia. Después de graduarse en la Universidad de Moscú (1894), estudió en Berlín, París y Londres antes de volver a su patria, donde fue profesor de económicas en el Instituto Politécnico de Kiev (1901-1906), en el Instituto de la Ciencia Comercial de Moscú (1906-1917) y en la Universidad de Moscú (1917-1918). El año 1912 había conseguido doctorarse en económicas. Desde 1906 era miembro de la Duma Inferior (el parlamento ruso), que estaba tratando de liberalizar el sistema político ruso. Poco a poco fue volviendo a sus creencias religiosas y fue ordenado sacerdote el año 1918. Después estuvo de profesor en la Universidad de Sinferopol en Crimea. Expulsado de Rusia (1923) por el gobierno soviético, se fue a enseñar en Praga y luego a París (1925), donde fue profesor y decano del Instituto Teológico Ortodoxo.

Bulgakov fue primeramente marxista, después fue un idealista y terminó siendo un místico. Llegó a la creencia de que el mundo tiene un alma mundial. Durante los últimos años de su vida puso su empeño en explicar las principales enseñanzas del cristianismo en términos de la doctrina de *Santa Sofía* = Sabiduría Divina, una especie de ser intermedio entre Dios y el Universo. Aunque su teología no era del agrado de todos, no por eso recibió ninguna recriminación o censura. Sus principales escritos son *La Iglesia Ortodoxa* (1935), *El Consolador* (1936) y *La Sabiduría de Dios, Breve Sumario de Sofiología* (1937).

BULLINGER, JOHANN HEINRICH (1504-1575), hijo de un párroco, nació en Bremgarten (Suiza) y, como sucesor de Zuinglio en Zurich, jugó un papel importante en la Reforma Protestante. Mientras estudiaba teología en Colonia, se sintió estimulado, mediante el estudio de los primeros escritores eclesiásticos, a estudiar la Palabra de Dios sin prejuicios de escuela. Vuelto a su casa en Zurich, se unió a Zuinglio en el movimiento de reforma de la Iglesia. Al morir Zuinglio cuatro años después, Bullinger se convirtió en el líder local de la Reforma Protestante en Suiza. Aunque el centro de la Reforma suiza pasó pronto de Zurich a Ginebra bajo el liderato de Calvino, Bullinger continuó durante cuarenta años influyendo entre los seguidores de Zuinglio. Desarrolló una actividad pasmosa, no sólo en la constante predicación y enseñanza de las Escrituras, sino también escribiendo comentarios sobre los libros sagrados y tratados teológicos sobre las cuestiones disputadas en su tiempo, procurando mantener relaciones amistosas con los demás cristianos reformados. También escribió una voluminosa historia de la Reforma. Junto con Calvino, trató de evitar cismas dentro del movimiento protestante mediante el acuerdo de Zurich (1549). Se acordó que los creyentes reciben a Cristo espiritualmente, y quedan unidos con Él, mediante la Cena del Señor. En 1566, Bullinger redactó la Segunda Confesión Helvética, que vino a ser el vínculo de unión de todas las iglesias calvinistas de Europa.

Bib. M. Gutiérrez Marín, *Enrique Bullinger, vida, pensamiento y obra* (PEN, Barcelona 1978).

BULTMANN, RUDOLF Uno de los teólogos más influyentes del siglo XX, Bultmann (1884-1976), estudió en Tubinga, Berlín y Marburgo. Enseñó primero en Breslau y fue más tarde profesor en la Universidad de Marburgo (1921-1951), donde se dio a conocer por su erudición histórica y por su interpretación de los escritos del NT, de una forma que él pensaba que contribuiría a que el mensaje evangélico resultase vivo para sus contemporáneos.

Con el fin de conseguir su fin, Bultmann pensó que era necesario servirse de unos conceptos con los que el hombre del siglo XX pudiera entender el NT. También creyó que había hallado dichos conceptos en la filosofía existencialista de su colega de Marburgo, M. Heidegger. Así que puso todo su empeño en interpretar todo el NT como si fuera un documento pensado por el propio Heidegger, para lo cual era menester eliminar del texto sagrado, mediante el método histórico-crítico, todo aquello que no encajase en el patrón existencialista.

El elemento clave de la filosofía de M. Heidegger es que el ser humano se distingue radicalmente de todo lo demás en su poder de hacer decisiones. Y, como este poder, apunta hacia el futuro, no hacia el pasado, el hombre no es naturaleza, sino historia, tema que desarrolla en su famosa obra *Ser y Tiempo* (1927). Ahora bien, según Bul-

John Bunyan

tmann, el hombre hace muchas cosas para evitar encararse con el hecho de que tiene que decidirse personalmente con respecto a su destino. En otras palabras, no le sirve vivir de tradiciones muertas ni de sistemas legales, ni de excusarse por la naturaleza de sus genes ni por el entorno en que se mueve. Todo eso le resta «autenticidad». Según Bultmann, esa «falta de autenticidad» es lo que el NT da a entender, p. ej., cuando dice que el hombre es «pecador» y «bajo el imperio de la muerte». Por consiguiente, la «salvación» no es descargarse del pasado, sino abrirse totalmente hacia el futuro al reconocer el hombre el papel que juega su poder de decisión. Sin embargo, Bultmann no es un ateo como Sartre, ni un agnóstico como Heidegger, sino –según él– un cristiano y, por tanto reconoce que la salvación tiene que venirle al hombre de parte de un salvador, como un don que sólo Cristo puede dar, porque sólo Él puede hacer que el hombre recobre su autenticidad. Todo lo demás del NT, como la resurrección corporal, la expiación llevada a cabo en el Calvario, la vida eterna, etc., son ideas «mitológicas», que sólo sirven para confundir al lector haciéndole ver que la salvación está donde no debe estar. Esto requiere una tarea de «desmitificación», como la llamó Bultmann desde el comienzo de la década de los 40. Bultmann expuso sus ideas en numerosos escritos, de los que destacan *Teología del Nuevo Testamento, El Evangelio de Juan* y *Jesucristo y Mitología.* Su influencia sobre la teología y la interpretación bíblica del siglo xx ha sido grande, lo cual no quiere decir que sus seguidores hayan aceptado su «desmitificación radical».

Bib. R. Bultmann, *Creer y comprender*, 2 vols. (Stvdivm, Madrid 1974-1976); *Historia y escatología* (Stvdivm, Madrid 1976); *Jesús y la desmitologización del Nuevo Testamento* (Sur, Buenos Aires 1974); *Jesús y la mitología* (Ariel, Barcelona 1976); *Teología del Nuevo Testamento* (Sígueme, Salamanca 1987); *Historia de la tradición sinóptica* (Sígueme, Salamanca 2000); *Correspondencia con Barth* (DDB, Bilbao 1971).
Josef Florkowsky, *La teología de la fe en Rudolf Bultmann* (Stvdivm, Madrid 1976); Barth, Gottien, Cullmann, Malevez y Vötgle, *Comprender a Bultmann* (Stvdivm, Madrid 1974); Varios, *Rudolf Bultmann en el pensamiento católico* (Sal Terrae, Santander 1970); Javier Pikaza, *Exégesis y filosofía. El pensamiento de R. Bultmann y O. Cullmann* (Casa de la Biblia, Madrid 1976); A. Vögtle, *Revelación y mito* (Herder, Barcelona 1965).

BUNYAN, JOHN A pesar de su escasa educación secular, la exquisita sensibilidad espiritual de Bunyan (1628-1688) hizo de él la figura religiosa de mayor relieve en Gran Bretaña. Exceptuando la Biblia, ningún libro religioso ha gozado de tanto éxito entre la clase media y baja de ese país como su *Progreso del Peregrino* (1682). Años antes, había escrito *La gracia abundante para el primero de los pecadores* (1666), donde narra su conversión. Entre el resto de sus numerosos escritos, merecen también mencionarse *La Guerra Santa* y *Defensa de la Justificación por la Fe.* Esta última, una crítica despiadada contra el creciente pelagianismo, suscitó las críticas de muchos clérigos.

Llamado al ministerio después de su conversión, Bunyan se unió a una iglesia no conformista, que era bautista* calvinista en cuanto a la doctrina y congregacional en cuanto al gobierno. Lo mismo en sus sermones que en sus escritos, se preocupaba de exponer sencillamente las verdades evangélicas, sin lenguaje técnico, sino apoyado en lo experimental. Aunque no pertenecía al clero, su actividad como predicador laico fue enorme. Por su valentía en proclamar y vivir la fe evangélica, pasó doce años y medio en la cárcel de Bedford, negándose a obtener la libertad a cambio del silencio. Se ha hecho famosa su respuesta: «Si me sueltan hoy, volveré a predicar mañana».

Fue pastor en la ciudad de Bedford durante 16 años hasta su muerte, ocurrida después de una cabalgata bajo la lluvia que iba de Reading a Londres.

Bib. J. Bunyan, *El peregrino* (CLIE, Terrassa 1980); *La peregrina* (CLIE. 1987); *Gracia abundante* (CLIE, 1983); *El peregrino, edición conmemorativa* (Aurora, Bs. As. 1973); *El peregrino en castellano actualizado* (Portavoz, Grand Rapids 1994); *Tesoros espirituales* (CLIE); *La guerra santa* (CLIE, 1990).

A. S. Rodríguez y García, *Juan Bunyan* (CLIE, Terrassa 1986).

BUSHNELL, HORACE Conocido como «el padre del liberalismo teológico norteamericano», Bushnell (1802-1876) fue una figura muy compleja, que incorporó a sus ideas liberales muchos elementos puritanos que los fundamentalistas estaban olvidando. Se graduó en la Universidad de Yale, después se hizo periodista y estudió leyes antes de ingresar en la Yale Divinity School. Desde el año 1833 ejerció el ministerio en una iglesia congregacionalista de Harford (Connecticut) hasta que, a causa de su salud enfermiza, se jubiló en 1859. Durante su ministerio, tuvo que sufrir la enconada oposición a sus ideas, así como la amenaza de ser juzgado por herejía.

Bushnell tenía una habilidad especial para combinar ideas aparentemente irreconciliables. Sus escritos presentan una síntesis penetrante de muchas de las ideas más avanzadas de su tiempo. Era el hombre apropiado para tratar con personas como su coetáneo el filósofo Ralph Waldo Emerson (1803-1882), creador del trascendentalismo. Por influjo de Bushnell entraron pronto en Norteamérica las ideas románticas de Schleiermacher y Coleridge. Sus ideas tenían el mérito de estar coloreadas de brillantes imágenes y chocantes paradojas. Esto se echa de ver, de modo especial, en su obra *Dios en Cristo* (1849), libro que suscitó gran controversia, pero cuya tesis estaba basada en su propia experiencia personal. En *Naturaleza y lo Sobrenatural* (1858), da a entender que todas las cosas, tanto naturales como sobrenaturales, comparten un mismo carácter espiritual. En *Crianza Cristiana* (1861), sostiene que un hijo de padres cristianos debía ser educado de tal modo que nunca supiera que hubo un tiempo en que no era cristiano. Esto representaba una crítica al énfasis que el movimiento llamado avivamiento daba a la experiencia de conversión. Finalmente, en su voluminosa obra *El Sacrificio Vicario* (1866), presenta sus profundos sentimientos ante la tragedia que significó la Guerra Civil (1861-1865), combinados con una profunda reflexión sobre la obra de Jesucristo, llegando a la conclusión de que la muerte de Cristo tuvo por objetivo primordial servir de modelo a la raza humana en la generosidad del sacrificio de sí mismo. Suya es la frase: «Desde toda la eternidad, hay una cruz de madera en el corazón de Dios».

Bib. *¿Quién es el Cristo?* (CLIE, Terrassa 1986).

BUSWELL, JAMES OLIVER Teólogo evangélico reformado estadounidense, James Oliver Buswell (1895-1975) nació en Mellon (Wisconsin, EE.UU.). Estudió en la Universidad de Minnesota (A.B., 1917), en el Seminario Teológico McCormick (B.D., 1923), en la Universidad de Chicago (M.A,. 1924) y en la Universidad de Nueva York (Ph.D., 1949).

Ordenado en la Iglesia Presbiteriana de los Estados Unidos (1918). Durante la 1ª Guerra Mundial sirvió como capellán del ejército (1918-1919). Pastoreó diversas iglesias presbiterianas y reformadas en Minnesota, Wisconsin y Brooklyn (1919-1926). Como presidente de *Wheaton College* (Illinois, 1926-1939), atrajo al colegio gran número de estudiantes –el mayor de toda la nación–, por su devoción y rigor intelectual. Muchos líderes evangélicos de la siguiente generación se formaron en Wheaton en aquel tiempo, cuando Gordon H. Clark (1902-1986) ostentaba la cátedra de filosofía.

En 1936 fue expulsado del ministerio presbiteriano por su relación con una Junta Misionera Presbiteriana Independiente, de corte conservador, en la que se encontraba J. G. Machen*, entonces pasó a ser profesor en el recién fundado Seminario Teológico Fe (Wilmington, Delaware, 1939-1940). También fue profesor en el Instituto Bíblico Nacional de Nueva York (*Shelton College*, en la actualidad, 1941-1955). Profesor, además, en el Seminario Teológico del Pacto (St. Louis, Missouri, 1955-1969).

Participó activamente en la controversia fundamentalista, en contra de las desviaciones del modernismo teológico. Su doctrina premilenial* no dispensacionalista* en escatología le llevó a enfrentarse con los que no admitían semejante esquema en la tradición reformada, pese a su firme defensa del calvinismo ortodoxo. Junto a Carl McIntire quiso construir un movimiento fundamentalista con bases más amplias que el calvinismo estricto de Machen.

Fue presidente de la asociación de Iglesias Fundamentalistas Independientes de América.

En su teología dio un lugar muy importante a la defensa racional de la fe y a las pruebas de la existencia de Dios, en la línea de Tomás de Aquino*, aunque enfocado desde una perspectiva personal.

Bib: J. O. Buswell *Teología Sistemática,* 3 tomos: *I, Dios y su revelación; II, El hombre y su vida de pecador; III, Jesucristo y el plan de salvación* (LOGOI, Miami 1979-1983).

BUTLER, JOSEPH Este «filósofo del anglicanismo», como se le llamó, sobresalió en su tiempo (1692-1752) como apologista contra el deísmo y como filósofo moralista. Había nacido en Wantage, Berkshire, de una familia presbiteriana, pero en lugar de seguir por ese camino entró en la Iglesia Anglicana. Estudió en Oxford y fue ordenado en 1718. Fue luego predicador en la Rolls Chapel de Londres (1719-1726) y, después de servir por algún tiempo en otros lugares, llegó a ser obispo de Bristol (1738-1750) y, gracias a la amistad del rey Jorge II y de su esposa Carolina, fue promovido a la sede de Durham (1750-1752), la sede más rica de Gran Bretaña, después de haber declinado el año 1747 el ofrecimiento de la sede primada de Canterbury. Era un hombre tímido y permaneció célibe toda la vida. Durante su episcopado en Bristol, fue también deán de S. Pablo de Londres. A pesar de tantos cargos, y tan bien remunerados económicamente, Butler no era un avaro, sino que, al contrario, era bien conocido por su generosidad.

Contra el rampante deísmo inglés de su siglo, Butler escribió su *Analogía de la Religión,* donde defendió su tesis de que el orden natural es paralelo al de la revelación por ser Dios el autor de ambos. Las pruebas suministradas por la razón natural servían así de base adecuada para prestar un asentimiento práctico a las verdades de la fe, incluyendo los milagros, las profecías y la función mediatorial de Cristo. Butler era un hombre eminentemente práctico, como se echa de ver en su filosofía moral, contenida principalmente en su obra *Quince Sermones Predicados en la Rolls Chapel* (1726), en los que analiza y defiende el método empírico en el estudio de la naturaleza humana, así como la importancia que debe darse a la psicología experimental. Eso le mereció el respeto de David Hume (1711-1776), el máximo exponente del empirismo inglés.

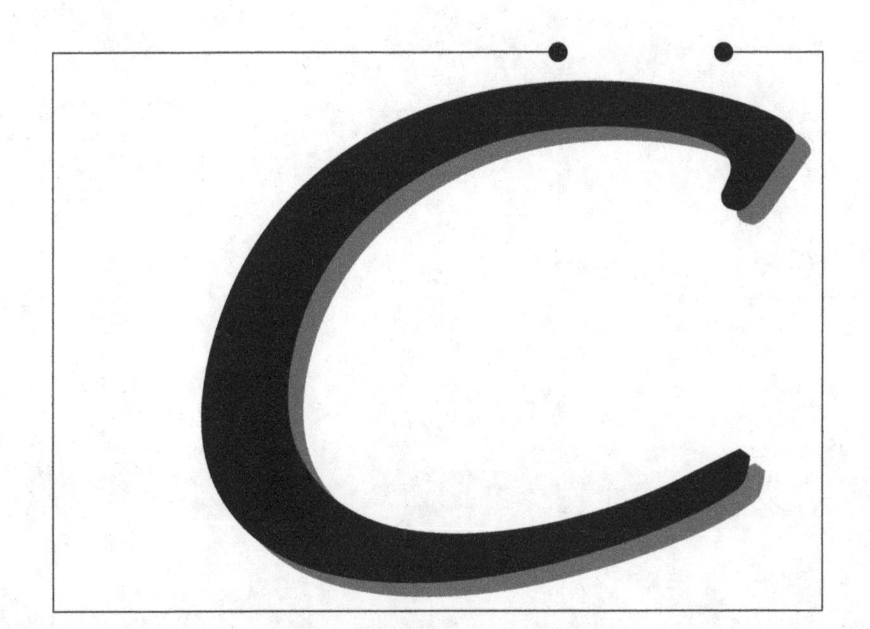

CAÍDA DEL HOMBRE (cf. tamb. *Pecado original*) El vocablo *caída* supone una elevación anterior. No se cae desde abajo, sino desde arriba. Tratándose del primer ser humano, «caída en el pecado» supone una anterior condición de *gracia*. Esta gracia ¿era connatural al hombre? Es decir, ¿era parte integrante de su naturaleza? Si es así, la caída significa que el hombre quedó disminuido en su propia naturaleza y con esa disminución nace toda su descendencia. Si la gracia era sobrenatural, añadida gratis a su naturaleza, la caída significó la pérdida de algo sobreañadido a su naturaleza, con lo que Adán transmitió a su descendencia una naturaleza humana completa. La forma en que los teólogos de todos los tiempos han respondido a estos interrogantes ha determinado la diferencia entre las distintas escuelas de pensamiento.¿Qué dice la Biblia? Cuando digo la Biblia, me refiero a la Palabra de Dios escrita, interpretada del modo gramático e histórico y literal explicado en el artículo Biblia. Los lectores no pueden esperar de mí una interpretación racionalista, liberal o modernista. Los textos que hemos de examinar en especial son Gn. caps. 1 y 3; Ro. 5:12-19 y 1 Co. 15:20-22.
Gn. caps. 1 y 2 nos describen al primer hombre, creado a imagen y semejanza de Dios, con la capacidad de tener comunión con el Creador, con una inteligencia clara, un sentimiento equilibrado y una voluntad dotada de libre albedrío. Sin embargo, Adán no fue creado en el cielo, sino en el paraíso y en estado de prueba, es decir, era libre física y psicológicamente para obedecer a Dios o desobedecerle. Gn. 2:16-17 muestra claramente que Adán fue puesto en estado de prueba. Gn. 3 muestra que Adán no resistió la prueba, desobedeció = cayó en el pecado. Y Dios, que no puede cambiar, cumplió la sentencia declarada en Gn. 2:17: «En el día que comas de él muriendo morirás» (lit.). No hay ninguna razón para limitar el sentido de «muerte» en este v. Adán murió espiritualmente (se cortó su comunión con Dios), físicamente (se hizo *mortal*) y se hizo reo de eterna condenación. El trastorno, la desintegración moral y espiritual, la alienación*, que Gn. 3 nos muestra son buena prueba de los efectos del pecado en el ser humano. La situación se hizo irreversible por la gracia de Dios (cf. Gn. 3:24). ¿Qué hubiera ocurrido si el Adán pecador se hubiera hecho inmortal? Surge ahora una pregunta de suma importancia: ¿Nació la descendencia de Adán con una inclinación irresistible hacia el pecado? Respondo categóricamente: ¡No! Me basta Gn. 4:7 para demostrarlo. Caín –palabra de Dios– es dueño de sí para no consentir en el pecado que le acecha. Más aún, Gn. 4:25; 5:3 nos muestra que, 130 años después de la «caída», Adán engendra un hijo a su semejanza, conforme a su imagen. Y, al nacerle un hijo a Set, comienzan los hombres a invocar el nombre de Jehová! ¿Dónde está la corrupción «original» de la humanidad? No estará de más añadir que los rabinos judíos creen no en el pecado original, sino en la virtud original. Si Adán y Eva fueron expulsados del paraíso, no fue para castigo, sino para reflexión, arrepentimiento y enmienda.
En Ro. 5:12-19, el apóstol declara que la muerte va siempre de la mano con el pecado (v. 12) y, por eso, todos los hombres mueren «por cuanto todos pecaron» (gr. *ef ò pántes hémarton*). Agustín de Hipona introdujo dos conceptos que no son bíblicos: (1) Tradujo la frase mencionada del v. 12 por «en el que todos pecaron». (2) Pensó que la corrupción de la naturaleza humana, ocasionada por la «caída», era físicamente heredada de Adán mediante la generación. El texto sagrado no da pie ni para lo uno ni para lo otro. Mucho importa una versión estrictamente literal del pasaje. P. ej. RV09 y RV60 vierten correctamente (v. 19) fueron constituidos –serán constituidos–. El vb. gr. indica la presentación de una persona ante un tribunal, donde es declarado reo o inocente. No se trata, pues, de hacer pecadores ni de hacer justos. Por la influencia de Agustín, los teólogos medievales sostuvieron el concepto de caída en el sentido de herencia física y moral del pecado de Adán con todas las consecuencias de corrupción hereditaria, etc. Lutero siguió igualmente a Agustín, pero Calvino –atento siempre a salvaguardar la soberanía de Dios– pensó que, sin negar la transmisión del pecado de Adán a sus descendientes, había de darse prioridad al hecho de que dicha transmisión era, ante todo, efecto de una ordenación de Dios que imputa a todos el pecado de Adán, así como imputa a todos los creyentes la justicia de Cristo. ¿Qué decir a esto? Pues, con mi respeto a la teología calvinista, permítaseme estar en desacuerdo con Calvino en este punto, como lo estoy en el de la predestinación. Al tomar en cuenta la soberanía de Dios, también debemos tener en cuenta la dignidad del ser humano, que no puede ser condenado al infierno por el hecho de que su primer padre pecó desobedeciendo a Dios. Es cierto que un individuo que hereda a su padre, está con derecho a heredar su fortuna y con la obligación de pagar las deudas de su padre, pero, por el hecho de que su padre fue un homicida, ¿habrá

que aplicarle a él la pena de muerte o de cadena perpetua? Con toda reverencia, me niego a admitir que el Dios justo pueda hacer eso. A pesar de que Cantera e Iglesias son católicos, y la doctrina oficial de Roma va por el camino de Agustín, aunque moderado por Tomás de Aquino, en nota a Ro. 5:12-21, que traducen incorrectamente, dicen: «Pero el centro del pensamiento de San Pablo está no en el pecado introducido por Adán, sino en la redención universal de los hombres por Jesucristo; la gloria de la salvación por Cristo brilla mejor sobre el fondo negro del pecado primero; y la gran realidad enseñada aquí por San Pablo es "la solidaridad universal" de todos los hombres entre sí, y más especialmente en Cristo (lo que acontece en su vida nos atañe a nosotros)».

1 Co. 15:20-22. En estos vv. no se menciona explícitamente el «pecado». Pablo está tratando de la resurrección futura de los que están «asociados con él» por la fe. La asociación con Adán nos trajo la muerte; la asociación con Cristo nos traerá la vida después de la muerte. El apóstol no dice de qué forma se produce nuestra asociación con Adán.

Por otra parte, las conclusiones de la teología no pueden contradecir a los datos revelados, sino que han de conformarse a éstos. Examinemos brevemente los resultados de la «caída» a este respecto, teniendo en cuenta que la imagen de Dios todavía perdura después del pecado en todos los seres humanos (cf. Gn. 9:6; Stg. 3:9): (1) El diablo trastorna el juicio de los incrédulos (cf. 2 Co. 4:4), pero esto es efecto del pecado personal de incredulidad, no por herencia de Adán. (2) El pecado esclaviza la voluntad (cf. Jn. 8:34), porque una vida de pecado encadena por el hábito (cf. Jer. 13:23; 2 P. 2:14), pero deducir de aquí que «el pecador ahora no puede dejar de pecar» necesita ser matizado. Si se entiende que no puede hacer otra cosa que pecados es totalmente falso. Si se entiende que no puede por sí mismo desembarazarse del pecado es una gran verdad, pero tampoco el justo puede por sí mismo perseverar en la justicia, sino por el poder preservador de la gracia de Dios (cf. 1 Co. 15:10). (3) Por el pecado, el hombre es un cadáver espiritual, incapaz de dar cabida a las cosas del espíritu (cf. 1 Co. 2:14; Ef. 2:1, 5), porque el plano de lo espiritual, de la fe, es cualitativamente superior al plano de lo natural, de la razón, pero la asimilación del pecador a un cadáver físico no es por univocidad, sino por analogía, puesto que, en Ef. 5:14, Pablo cita de algún lugar del AT lo de «Despiértate (tú) que duermes, y levántate de los muertos, y te iluminará Cristo (= el Ungido, el Mesías)». Se notan aquí resonancias de Is. 26:19; 51:17 y 52:1, lugares llenos de alegorías. Además, a un cadáver no se le habla para que despierte, a no ser que conserve la facultad de oír y de despertarse por sí mismo del sueño. Si el pecador no conservara la capacidad de responder libremente a la invitación del evangelio, la invitación a «despertar y levantarse de los muertos» sería un sarcasmo. (4) También es cierto que el pecador no puede expiar su propio pecado (cf. Gn. 3:7, 21), pero eso no es consecuencia directa de una «caída original». Todo pecado, incluso el del creyente, necesita ser expiado mediante la sangre de Cristo derramada en el Calvario (cf. 1 Jn. 1:7). (5) Finalmente, la subordinación de la mujer al marido (cf. Gn. 3:16 comp. con Ef. 5:22-24) no es consecuencia de la «caída original», sino de la condición natural del varón como «cabeza» de la mujer. La última frase de Gn. 3:16 dice así en el hebr. *vel ishéj teshuqatéj vehú yimshál baj* = y hacia tu marido (será) tu deseo sexual, y él dominará en ti (lit.). ¡Eso no es más que lo normal! Pero me plantea varias preguntas: ¿Cómo es que nuestros primeros padres, cuando aún se hallaban en comunión espiritual con Dios, desobedecieron el primer mandamiento que les impuso Dios (cf. Gn. 1:28)? ¿O es que el diablo, temiendo que engendrasen una prole sin pecado, se dio prisa a prepararles la «caída»? Y, sabiendo las consecuencias que eso traería para toda la humanidad hasta el fin de los siglos, cómo es que Dios los sometió a una prueba en la que sabía que habían de caer, en lugar de preservarlos con una gracia eficaz, como a tantos otros «individuos»? A pesar de todas las soluciones que han inventado los teólogos, son preguntas que no tienen respuesta humana ni las responde adecuadamente la misma Palabra de Dios, pero, al menos, si se reconoce la culpabilidad «personal», no heredada, de cada ser humano (cf. Ro. 5:12, comp. con Ez. 33:20), se salvaguarda la justicia de Dios.

La historia de la Iglesia nos ofrece diversas interpretaciones de la «caída original». (A) El pelagianismo sostenía que el libre albedrío no sufrió ningún deterioro por el pecado de Adán, pues le afectó a él solo, no a su descendencia. Todo ser humano es mortal por naturaleza y puede adquirir la salvación por su propio esfuerzo y mérito; de lo contrario, Dios tendría acepción de personas. (B) El modernismo teológico niega de plano la historicidad del Gn. y, por tanto, ve en el hombre un producto de la evolución de las especies. (C) K. Barth* y E. Brunner* sostienen que Gn. 3 no es historia, sino leyenda; queda como *substratum* doctrinal la enseñanza fundamental de que el hombre está sujeto al pecado y a la muerte. (D) Finalmente, la Iglesia de Roma (a) según la enseñanza tradicional, sostiene que Adán fue creado completo en su naturaleza, recibiendo los dones *preternaturales* (inmortalidad, dominio sobre las pasiones) y los «sobrenaturales» (gracia santificante, dones espirituales, etc.) bajo condición de obedecer al mandato de Gn. 2:17. Así que la *caída* dejó al hombre en su condición natural en la que había sido creado; (b) según la opinión de teólogos católicos existencialistas, como Karl Rahner*, Adán fue creado con los dones antedichos formando parte integrante, no de su «esencia», pero sí de su «existencia» (el llamado *existencial sobrenatural*). Perdido éste por la *caída*, el ser humano quedó intrínsecamente debilitado, existencialmente desintegrado. Además de lo que ya llevo dicho anteriormente, el juicio que al creyente le merece cada uno de esos sistemas se verá expresado en los artículos respectivos.

CALCEDONIA, CONCILIO DE El Concilio de Calcedonia (451) es el 4º de los llamados «ecuménicos» o «universales», porque se supone que en ellos estaba representada toda la cristiandad por medio de sus obispos. Antes de pasar adelante, diré que, con las declaraciones dogmáticas de este concilio, quedan prácticamente conclusas las enseñanzas oficiales de la Iglesia acerca de la Trinidad y de la Encarnación. Estas enseñanzas son reconocidas por todas las denominaciones cristianas, ya sea de la Iglesia de Roma, de la Ortodoxia griega o de las comunidades protestantes.

Veamos cómo estaba establecida para entonces la dogmática de la Iglesia. El Concilio I de Nicea (325) había definido contra los arrianos (cf. *Arrianismo*) la consustancialidad del Verbo con el Padre y, con ello, la Deidad de Cristo. El Concilio I de Constantinopla (381) definió contra los macedonianos (cf. *Macedonio*) la Deidad del E. Santo. Quedaban así zanjadas las cuestiones trinitarias. El Concilio de Éfeso (431) definió contra los nestorianos (cf. Nestorianismo) la unidad de persona en Cristo. Ahora, el Concilio de Calcedonia iba a definir, contra los arrianos, los apolinaristas (cf. Apolinarismo), los nestorianos y los monofisitas (cf. *Monofisismo*) la Deidad de Cristo, su perfecta humanidad, la unidad de su persona y la distinción real de sus dos naturalezas. Extracto de *Concilios,* tomo I, excelente obra del Prof. José Grau, el párrafo principal de la definición:

«Siguiendo, pues, a los Santos Padres, todos a una voz enseñamos que ha de confesarse a uno solo y el mismo Hijo, nuestro Señor Jesucristo, el mismo perfecto en la divinidad y el mismo perfecto en la humanidad, Dios verdaderamente, y el mismo verdaderamente hombre de alma racional y de cuerpo, consustancial con el Padre en cuanto a la divinidad, y el mismo consustancial con nosotros en cuanto a la humanidad, semejante en todo a nosotros, menos en el pecado, que se ha de reconocer a uno solo y el mismo Cristo Hijo Señor unigénito en dos naturalezas, sin confusión, sin cambio, sin división, sin separación, de ningún modo borrada la diferencia de naturalezas por causa de la unión, sino conservando, más bien, cada naturaleza su propiedad y concurriendo en una sola persona y en una sola hipóstasis».

Fácilmente se puede ver en cada expresión contra quiénes va dirigida y no me entretengo más en esto. Pero sucedieron, con ocasión del Concilio, ciertos hechos que merecen tenerse en cuenta.

En primer lugar, no fue el obispo de Roma, León I el Grande, quien convocó el Concilio, sino el emperador Marciano (450-457) bajo el influjo de su esposa Pulqueria. A la muerte del emperador romano Teodosio I (395), el imperio había quedado dividido en dos. Arcadio se estableció como emperador en Constantinopla, asumiendo prácticamente la autoridad espiritual, mientras su hermano Honorio quedaba en Roma donde los obispos de la urbe iban a usurpar el título de «Pontífice Máximo», hasta entonces propio de los emperadores, con lo que el obispo de Roma llegaría a constituirse como árbitro de las causas temporales como ya lo era de las espirituales.

León I vio con agrado la decisión del emperador de celebrar un Concilio que iba a definir la doctrina ortodoxa que él mismo también compartía, y así lo mostró en un escrito dirigido (449) a Flaviano, obispo de Constantinopla. León no quería «imponer» su parecer a los obispos del Concilio, pero esperaba que éstos se sometieran al parecer del obispo de Roma. No fue así, sino que el Concilio examinó cuidadosamente el documento de León antes de sancionar su ortodoxia, con el consiguiente disgusto del supuesto papa. Dice el Prof. Grau (ob. cit., I, p. 189. nota 8): «En el Concilio de Calcedonia una reunión de obispos sanciona un escrito del obispo de Roma. Si éste hubiera sido considerado infalible por toda la cristiandad, el hecho parecería, como acertadamente señala Döllinger, "traer linternas para ayudar a la luz del sol del mediodía. Un papa infalible sancionaría a los demás obispos, pero no recibiría sanción de ellos"».

Por cierto, este Döllinger fue un obispo que, en el Concilio Vaticano I (1870), demostró abundantemente que el obispo de Roma no había sido considerado infalible en los primeros siglos de la cristiandad. Los gritos de «¡hereje!», «¡anatema!», etc., pronunciados contra él en la sesión en que se debatía la infalibilidad de Pío IX, no le hicieron callar. Su voz fue providencial, pero tuvo que abandonar la Iglesia de Roma y formar la congregación de «católicos viejos».

Voy a terminar este artículo con unas acertadas frases de F. F. Bruce, citado por el Prof. Grau (ob. cit. I, p. 192, nota 10): «La terminología técnica de esta definición suena a cosa extraña y remota en nuestros oídos hoy, con excepción de quienes tienen una preparación especial en teología histórica. Su vocabulario tiene mucho del de la Metafísica griega. El cristiano corriente hoy, como ayer, adora a Dios en el nombre de Cristo sin preocuparse mucho por definiciones exactas; pero la honestidad intelectual exige de aquellos que sean capaces de ofrecer una fórmula razonada de su fe que la propongan en su nombre, y en el de los demás, para conocimiento de lo que realmente creen acerca de Cristo. No comprenderemos, por otro lado, la fórmula de Calcedonia, ni la de los otros concilios de la antigüedad, a menos que conozcamos las desviaciones particulares que intentaban atajar por medio de una cuidadosa selección de palabras».

Bib. Klaus Schatz, *Los concilios ecuménicos. Encrucijadas en la historia de la Iglesia* (Trotta, Madrid 1999).

CALVINISMO Recibe este nombre un cuerpo de doctrina reformada que, supuestamente, se basa en los escritos de J. Calvino*, especialmente en su gran obra *Institutio Religionis Christianae*. Sin embargo, no todo lo que se llama «calvinista» puede decirse que es de Calvino. Sinceramente opino que la complejidad con que el tema es tratado en los grandes Diccionarios de teología no ayuda a la claridad de ideas que necesita el lector corriente. Me esforzaré en evitar la *complejidad* (en sentido de complicación), a sabiendas de que no es tarea fácil ni mucho menos.

A diferencia del luteranismo, la idea central del calvinismo es la soberanía de Dios (aunque no la mencione por su nombre), autorrevelado en su Trina Deidad, infinito en toda perfección, independiente en su trascendencia, manifiesto en su gloria (que brilla en toda su obra), misterioso en su obrar. Dios esconde su esencia, pero nos da a conocer su naturaleza. Sus perfecciones se hallan enumeradas en Éx. 34:6-7 y Jer. 9:24. Aunque se nos ha revelado de algún modo por medio de la naturaleza, su revelación se nos da especialmente en la Escritura, única fuente fidedigna de nuestro conocimiento de Dios y de nuestro encuentro personal con la Palabra personal, la persona de su Hijo. La Escritura ha sido inspirada (hasta podría decirse «dictada») por Dios, tiene autoridad infalible y ha de interpretarse en su sentido literal histórico, echando mano de las técnicas de una exégesis adecuada dentro de su contexto, sin alegorizar ni tratar de ver en el texto más de lo que dice, y sin olvidar el poder de la oración para llegar a una comprensión cada vez más profunda del sagrado texto. Sobre esta base ha de construirse una teología sistemática. Todo procede de Dios por creación. Dios continúa obrando en todo, de tal forma que las leyes físicas que gobiernan el universo material son el resultado de la acción continua del E. Santo. En su providencia y gobierno de los seres racionales, Dios ejerce su poder irresistible, de forma que incluso el ejercicio del libre albedrío humano está guiado por Dios, movido por Él y orientado a cumplir el propósito determinado por Él desde toda la eternidad mediante un decreto que el propio Calvino llama *terrible* (lat. *horribile*).

El hombre, creado a imagen y semejanza de Dios en conocimiento, rectitud y santidad, fue puesto al frente de la creación como un lugarteniente de Dios, comprometido a someter la naturaleza mediante el trabajo, como contrapartida de la comunión con Dios, de quien recibía tantas bendiciones. Esto es lo que el calvinismo llama «pacto de obras». Pero el hombre prefirió la independencia y desobedeció a Dios, corrompiendo así totalmente su naturaleza y trasmitiéndola corrompida a todos sus descendientes. Si no obra en todo pecaminosamente, se debe a la «gracia común», que Dios otorga a todos. Así se explica la sabiduría que brilló en tantos legisladores y filósofos paganos de la antigüedad.

No por eso se frustró el plan del Dios soberano. Ya en la eternidad, había escogido un gran número de seres caídos para que llegasen a ser reconciliados con Él, rechazando a los demás por sus pecados, sin tener que dar cuenta a nadie de sus motivos.

A los primeros los salvó por su misericordia; a los segundos los condenó en su justicia.

Para llevar a cabo su propósito eterno, Dios Padre envió al mundo a su Hijo, Dios como Él, a fin de pagar el castigo por el pecado de los elegidos y para cumplir perfectamente, en lugar de ellos, la justicia demandada por la ley de Dios. Fue Calvino el primer teólogo que entendió sistemáticamente la obra de Cristo en su triple función de profeta, sacerdote y rey. Respecto a los elegidos, el E. Santo es enviado a iluminarles sobre el evangelio expresado en las Escrituras y capacitarles para aceptar la promesa del perdón de Dios. A este fin, reciben la gracia irresistible con la cual creen en Cristo confiando en Él como el que ha satisfecho por ellos todo lo que Dios requería de ellos. Sólo la fe les salva, una vez que han nacido de nuevo mediante el poder regenerador del E. Santo. Y, como hijos de Dios, su pueblo, han de vivir una vida que manifieste lo que son y con la que busquen siempre dar gloria a Dios de pensamiento, palabra y obra.

Los elegidos son el pueblo del pacto de Dios, determinado por Dios Padre en la eternidad para ser llevado a cabo en Dios Hijo, y por medio de Él, como representante y sustituto de los elegidos por su vida sin mancha y su muerte sacrificial en la Cruz. Y, como ciudadanos que son del reino de Dios, están llamados a servirle en el mundo como Iglesia que son dentro de ese mundo. Así como en el AT el pacto de Dios abarcaba a Abraham y a sus descendientes y tenía por signo la circuncisión, así también este nuevo pacto es con los creyentes y sus hijos. El signo del pacto nuevo es para adultos y niños el bautismo de agua, aunque en ambos casos pueden repudiar más tarde los votos emitidos en el bautismo. La Cena del Señor es el otro sacramento del que participa el pueblo de Dios en memoria de Cristo y de la redención llevada a cabo por Él a favor de ellos, bien entendido que reciben los elementos por fe de que el E. Santo bendice a quienes reciben el pan y el vino al constituirles partícipes espirituales del cuerpo y de la sangre del Señor que está en el cielo. La unidad de la Iglesia debe ser mantenida siempre, mediante una misma doctrina, la administración de los dos sacramentos y una forma de gobierno por medio del presbiterio, aunque hay quienes piensan que la forma de gobierno que mejor representa la unidad es la episcopal.

Al afirmar, como ya dije anteriormente, que el E. Santo influye en todo lo creado, es decir, en todas las áreas del saber y del obrar, el calvinismo pone su impronta especial en la teoría del Estado como institución a favor del pueblo (democracia), en la que los magistrados tienen el poder de retirar del poder supremo a un tirano (así vio Cromwell a Carlos I en Inglaterra). También ha influido en unos determinados criterios en cuanto al arte, la ciencia, la economía y las reformas sociales, así como en el campo misionero. Ha sido especialmente en los siglos XIX y XX, cuando el calvinismo ha resurgido con renovado vigor. Basten los nombres de Charles Hodge (1797-1878), A. A. Hodge (1823-1886), B. B. Warfield (1851-1921), A. Kuyper (1837-1920), que incluso llegó a ser primer ministro de Holanda, H. Bavinck (1854-1921), L. Berkhof (1873-1957), K. Barth (1886-1968), H. Dooyeweerd (1894-1977), J. Murray (1898-1975), J. Gresham Machen (1881-1937), C. Van Til (1895-1987) y G. C. Berkouwer (1903-). De todos ellos se trata en sus respectivos artículos.

Por todo lo dicho, advertirá el lector avisado la diferencia entre el calvinismo y el sistema doctrinal y de gobierno de otros grupos nacidos de la Reforma. FL

En nuestros días, Alister McGrath, defiende la aplicación del término «pensamiento reformado», a «calvinismo» (*Reformation Thought, An Introduction*. Blackwell, Oxford 1988), toda vez que la teología y el pensamiento calvinista de los siglos XVI y XVII, aunque se basa principalmente en la obra de Calvino, ésta ha sido modificada sutilmente por sus sucesores, de ahí que sea preferible el término «reformado» para referirse a las ideas y creencias de Beza, Owen, Hodge y otros, que adoptaron además de la *Institución* de Calvino la filosofía vigente en su época.

Históricamente, «calvinismo» es un mote aplicado por los luteranos alemanes a los redactores del *Catecismo de Heidelberg* (1563), como si de algo extranjero se tratara. Los luteranos, pues, a raíz de la Paz de Augsburgo (1555), se sentían cómodos en las áreas asignadas y declaraban como «inexistente» la fe reformada en Alemania. El término «calvinista» fue un intento de desacreditar un documento nuevo e influyente, el mencionado catecismo, implicando que era antipatriótico. «Dado las asociaciones polémicas originales del término, parece más apropiado que el historiador abandone el uso del término *calvinista* por el más neutral *reformado*» (McGrath). AR

Bib. G. H. Girod, *La fe más profunda* (CLIE, Terrassa 1979); John A. Mackay, *El sentido presbiteriano de la vida* (CUPSA, México 1988); H.

Juan Calvino

Meeter, *La Iglesia y el Estado. Las ideas básicas del calvinismo* (TELL, Grand Rapids 1972); E. H. Palmer, *Doctrinas claves* (Estandarte de la Verdad, Barcelona 1976); Alfonso Ropero, *Los hombres de Princeton. Alexander, Hodge y Warfield* (Ed. Peregrino, Ciudad Real 1994); B. B. Warfield, *El plan de la salvación* (CCA, México 1966).

CALVINO, JUAN (1509-1564), el padre de la teología reformada, nació en Noyon. Su padre era notario del obispo y, por ello, Calvino, siendo todavía un niño, recibió una canonjía en la catedral, con lo que pudo pagar por su propia educación. Comenzó a estudiar en la Universidad de París con el fin de ordenarse de sacerdote, lo que le dio la oportunidad de familiarizarse con la teología escolástica, con la filosofía griega y con el humanismo cristiano. Pero su padre, a consecuencia de una discusión que sostuvo con el obispo y los clérigos de la catedral de Noyon, decidió que su hijo estudiara para abogado y lo envió a Orleáns y, más tarde, a Bourges. Fue probablemente allí donde se convirtió al protestantismo. A partir de esta *conversión repentina*, decidió apartar su mente de lo que había estudiado en París y dedicarse de lleno al estudio de la Escritura y de las enseñanzas de la Reforma.

Al morir su padre, Calvino regresó a París y se unió al grupo de protestantes allí existentes. Tuvo que salir de París y pasó algún tiempo en Italia y en Basilea (Suiza), donde publicó la 1ª parte de su *Institutio* (1536). Por fin, se decidió a trasladarse a Estrasburgo, ciudad protestante casi por entero, pero al pasar por Ginebra, se le acercó Guillermo Farel, el introductor del protestantismo en aquella ciudad, y le persuadió a quedarse con él allí. Bien pronto, debido a la gran oposición que hallaron, se vieron obligados a salir de la ciudad. Calvino se fue a Estrasburgo, donde permaneció tres años (1538-1541), ejerciendo su ministerio entre franceses. Vuelto a Ginebra, permaneció allí el resto de su vida como líder de la Iglesia Reformada.

Aunque era pastor de la iglesia de San Pedro en Ginebra y le ocupaba mucho tiempo la predicación, todavía le quedó tiempo para redactar sus numerosos escritos, pero la obra que le ha hecho famoso fue su *Institutio Religionis Christianae*, que fue ampliándose desde un pequeño tratado de cinco capítulos hasta llegar a los setenta y nueve que contiene la edición de 1559. Calvino mismo tradujo al francés la obra que había escrito en latín. Tanto en una lengua como en la otra, la obra resplandece por su claridad y lucidez. Ha sido traducida a muchos idiomas, incluyendo el japonés. El impacto de Calvino, con su obra y con su vida, en las iglesias protestantes ha sido, y sigue siendo, colosal.

En su contacto con otros líderes de la Reforma, Calvino se dio cuenta de que la eliminación de las antiguas restricciones impuestas por la Iglesia de Roma había dado paso a especulaciones sin freno, que amenazaban con disolver las normas morales y trastornar la misma paz social. Por eso, para acabar con esa confusión, Calvino se apresuró a establecer las nuevas formas de pensar y obrar como cristianos, basándose sólo en las enseñanzas recién descubiertas de la Biblia y en el poder del Espíritu que se ajustaba a las condiciones de tiempo y lugar reinantes entonces en Europa. FL

Apreciación teológica. Calvino aborda de nuevo el fondo común de la Reforma: La Escritura como única fuente de autoridad divina, el rechazo de la tradición, el cristocentrismo, la omnipotencia de la gracia, la justificación por gracia mediante la fe, la refutación de los sacramentos no instituidos directamente por Cristo, del celibato eclesiástico, de los votos monásticos, del culto a la Virgen y de los santos, y de las imágenes. Pero la gran preocupación de su amor a Dios consiste en que nada pueda empequeñecer a Cristo ni a Dios. Dios debe ser el centro de todo. Calvino profesa un teocentrismo radical. Contra Lutero*, afirma, pues, más claramente la distinción entre la naturaleza humana y la naturaleza divina de Cristo: de otro modo, si una propiedad de la naturaleza humana hubiese podido ser atribuida a la naturaleza divina, la encarnación habría cambiado y empequeñecido a la divinidad. La naturaleza divina posee la ubicuidad y está, por tanto, en todas partes. La naturaleza humana, en cambio, no la posee y el cuerpo de Cristo tampoco. En consecuencia no hay ni la transubstanciación* católica ni la presencial real luterana. El pan y el vino son los signos visibles de la promesa de alianza que Cristo nos ha hecho. Pero es allí donde el amor, que hace desear la fusión con Dios, separa a Calvino de Zuinglio*. En el momento en que el fiel toma el pan y el vino, consagrados por la Palabra y con fe en la Promesa, Cristo le hace participar efectivamente de su carne y de su sangre. Cristo se hace realmente nuestro y nos ofrece su muerte y su resurrección, la redención, la santificación y la vida eterna.

Este impulso amoroso que subyace en la teología de Calvino hace que elaborara de una forma absoluta la teoría de la predestinación, que no cuestiona racionalmente las razones del Amado. Lutero y Bucer habían debilitado la creencia en la predestinación fundándola en la presciencia divina: Dios conoce el porvenir y sabe lo que ocurrirá a cada individuo; en consecuencia presciencia y predestinación coinciden. Pero así parece que se establece un vínculo de causa a efecto entre presciencia y predestinación. Parece que Dios esté obligado a hacer lo que ha previsto; en consecuencia, no es exactamente Todopoderoso. Ello es intolerable para un amor ardiente y delicado. «Para Calvino, Dios es libre y lo que él prevé no se confunde con lo que desea de toda eternidad» (Roland Mousnier). La gracia es irresistible y el hombre no la puede repeler; se manifiesta en la vida del elegido por el gusto hacia la doctrina y las obras de fe.

La Iglesia fue instituida para ayudar a nuestra santificación. Existe una verdadera iglesia allí donde la Palabra divina es puramente predicada, donde los sacramentos son administrados según la institución de Cristo. La iglesia no debe tolerar el error, el desorden, ni el escándalo, lo que equivaldría a injuriar a Cristo. La iglesia debe colaborar con el magistrado, que tiene el deber de hacer respetar los mandamientos divinos, pero ambos poderes deben estar separados: no es precisa la teocracia. En este punto, Calvino se aleja de Lutero, que, de hecho, había sometido la Iglesia al Estado; y de Zuinglio que había confundido Iglesia y Estado. La obediencia al Estado está supeditada al Dios del Estado. «En más de un país la única fuerza que se ha podido resistir a la idolatría moderna del Estado; y entre las iglesias cristianas que se han mostrado más poderosas para oponerse a estos atropellos a la conciencia religiosa, se encuentran las de origen calvinista» (B. Foster Stockwell).

Calvino es sólo comprensible a la luz de su vehemente corazón cristiano y la profunda piedad de su alma. «Teniendo en cuenta todas sus faltas, Calvino puede considerarse uno de los hombres mejores y más grandes que Dios haya levantado en la historia del cristianismo» (Philip Schaff, historiador americano). «Como teólogo, reformador, político y organizador pertenece al número exiguo de los genios y de los profetas» (J. Mª G. Gómez-Heras, teólogo católico español). Otros le consideran con sobrada razón el san Pablo de la Reforma.

En el campo de la exégesis bíblica es, indudablemente, uno de los mejores exponentes de la Escritura de todos los tiempos. A su conocimiento de la teología, une el de la patrística, el dominio de las lenguas originales y la facilidad de expresarse con precisión y claridad. AR

Bib. Juan Calvino, *Epístola a los Romanos* (SLC); *Epístola a los Hebreos* (SLC); *Comentario a las epístolas pastorales de San Pablo* (TELL); *Sermones sobre Job* (TELL); *Sermones sobre la obra salvadora de Cristo* (TELL); *Institución de la religión cristiana*, 2 vols. (FeLIRE); *Breve instrucción* (FeLIRE); *Respuesta al cardenal Sadoleto* (FeLIRE); *Sumario de la Institución de la religión cristiana* (realizado por el Dr. B. Wielenga, CLIE); *Libro de oro de la verdadera vida cristiana* (CLIE, Terrassa 1991).

Joan Gomis,*Calvino, una vida para la Reforma* (Planeta, Barcelona 1993); J. T. Hoogstra, J. T. *Juan Calvino, profeta contemporáneo* (CLIE, Terrassa 1974); C. H. Irwin, *Juan Calvino. Su vida y su obra* (CUPSA / CLIE, edición original 1909); Jesús Larriba, *Eclesiología y antropología en Calvino* (Cristiandad, Madrid 1975); Thea Van Halsema, *Así fue Calvino* (TELL, Grand Rapids, 1965).

CAMBIO Cambio y cambiar son vocablos usados por 1ª vez en cast. el año 1068. Proceden del lat. tardío *cambiare* = trocar, que es de origen céltico. El concepto filosófico y teológico de cambio va de acuerdo con su etimología, pero requiere matices que sólo genéricamente se hallan en ella. Primero hay que distinguir entre cambio externo y cambio interno. El 1º tiene lugar cuando una cosa recibe cualificaciones distintas a causa del cambio realizado por otra cosa relacionada con la 1ª. P. ej. Si yo estoy sentado a la izquierda de un amigo mío que está sentado a mi derecha, y él se levanta y se coloca a mi izquierda, tendré que decir que estoy sentado a su derecha, aunque ha sido él quien ha cambiado, no yo. El cambio interno tiene lugar cuando algo existente en la cosa misma se convierte en algo distinto. Todo cambio interno supone un movimiento del propio sujeto que pasa de un estado inicial a otro posterior, permaneciendo invariable el substrato común de ambos estados; de lo contrario, tendríamos la desaparición de un ser, seguida por la aparición de otro nuevo. El cambio interno exige como causa una fuerza que lo origine.

El cambio interno puede ser sustancial y accidental. En el 1º se transforma la sustancia misma de la cosa. En el estado actual de la investigación científica, dicho cambio no se da en los seres inorgánicos, pero sí en el paso de lo inorgánico a lo viviente, y viceversa. El accidental se da cuando un estado de determinación accidental pasa a ser diferente.

El cambio accidental puede ser cuantitativo, cualitativo y local, según que afecte a la cantidad, a la cualidad o al lugar. Son conceptos claros que no requieren mayor explicación, pero, en cuanto al cambio cualitativo, es de tener en cuenta que sólo se da cuando cambia la forma exterior, por lo que recibe el nombre de cambio configurativo.

El cambio sólo puede afectar a los seres creados, relativos, dependientes, pero no a Dios. El Ser Absoluto, infinitamente perfecto e independiente no puede cambiar internamente, es esencialmente inmutable, lo cual no significa que sea inmóvil. Dios es infinitamente vivo, y toda vida supone movimiento. La vida divina es como una corriente continua de conocimiento y amor entre las personas de la Trina Deidad (movimiento necesario) y de conocimiento y amor hacia las cosas creadas (movimiento libre). A Dios no lo podemos mover, pero sí le podemos conmover (cf. p. ej. Éx. 3:7; 32:14). Que en Dios no cabe el cambio interno, pero sí el externo, se ve por 1 S. 15:29 y 35, porción ya analizada en el art. Arrepentimiento.

Para Hegel, el cambio tiene tal importancia que, sin él, todo su sistema se vendría abajo, pues el Absoluto mismo está sometido a cambio, ya que el ser sólo se consuma en el devenir, con lo que el movimiento dialéctico lo abarca todo en la Idea Universal (cf. *Idealismo*).

CAMPBELL, JOHN MCLEOD Este teólogo escocés (1800-1872) debe su notoriedad al hecho de haberse separado de la ortodoxia de su tiempo elaborando una teoría novedosa del concepto de expiación. Hijo de un pastor de la Iglesia de Escocia, Campbell nació en Kilninver. Estudió en la Universidad de Glasgow y en el Colegio de Teología de la Universidad de Edimburgo. Después de cinco años (1825-1830) de ministerio en la parroquia de Row (actualmente, Rhu), fue acusado de herejía Efectivamente, sus enseñanzas eran «heréticas», vistas desde la óptica estrictamente calvinista de la Iglesia de Escocia. En todo caso, vista globalmente, la doctrina sostenida por Campbell es repudiable, ya que juntamente con enseñanzas ajustadas a la Palabra de Dios, tiene otras que de ningún modo pueden sostenerse examinadas a la luz de las Escrituras. En su descargo es menester añadir que su ministerio de 6 años en una congregación independiente en Glasgow (1853-1859) mostró un carácter pastoral, lleno de celo, propio de un santo ministro de Dios, como sus mismos adversarios se vieron obligados a reconocer. Es igualmente necesario añadir que Campbell, después del menosprecio sufrido anteriormente, fue aclamado por J. Denney* como uno de los más grandes teólogos de Escocia y fue rehabilitado en 1869, cuando la Universidad de Glasgow le otorgó el título de Doctor.

En su famosa obra *The Nature of the Atonement* (La Naturaleza de la Expiación. 1856), Campbell defiende la extensión universal de la redención (Cristo murió por todos, no sólo por los elegidos). Este nuevo concepto de expiación iba acompañado de los rasgos siguientes: (1) El hecho primordial de la historia de la salvación no es la cruz, sino la encarnación. (2) El modelo penal, sustitutivo, con sus elementos legales, debe ser reemplazado por otro filial, basado en categorías personales. (3) Esto comporta una atmósfera teológica más clara y más luminosa que la sombría teología del calvinismo. (4) La expiación se llevó a cabo, no porque Cristo sufriera vicariamente la ira de Dios contra los pecadores, sino porque hizo una perfecta confesión de nuestros pecados y se arrepintió sinceramente de nuestro pecado a nuestro favor y en nuestro lugar. Fue este 4º punto lo que confirió a la teoría de Campbell el merecido epíteto de «absurda». Como escribió A. B. Bruce (1881), «La idea de una confesión hecha por un ser perfectamente santo, que incluye todos los elementos de un arrepentimiento perfecto, excepto la conciencia personal de pecado, es ciertamente más que absurda».

CANDELARIA Fiesta de las candelas (*festa candelarum*) y fiesta de los cirios (*festa cereorum*); candelaria es el nombe popular de la fiesta de la Presentación de Jesús en el templo, celebrada el 2 de febrero. Se la conoce por candelaria debido a la procesión con las candelas, introducida en Roma por el papa sirio Sergio I (687-701), y que hasta la reforma litúrgica del Concilio Vaticano II tenía un carácter mariano, porque celebraba la purificación de la virgen María, resabio del antiguo culto a Ceres y Proserpina.
Bib. T. Gay, *DC*, «candelaria».

CANON (cf. *Apócrifos*) Del latín *canna*, procedente del griego *kanon* (también *kanne* y *kána*), y en hebreo *qaneh*, en sentido literal caña, vara para medir, en sentido propio regla, norma. «Caña de medir» aparece setenta y una veces en el AT y cuatro en el NT, en las cartas de Pablo (1 Co. 10:13, 15, 16; Gá. 6:16). Para el apóstol significa la regla o norma con la cual se juzgan tanto sus propias enseñanzas y acciones como las de los demás.
Referido a la Biblia*, el canon se refiere a la lista oficial de los libros que la componen. Atanasio de Alejandría, campeón de la ortodoxia en el Concilio de Nicea (325 d.C.), alude a las Escrituras como un conjunto de «libros canónicos» (*biblia kanonidómena*), es decir, una agrupación de libros integrantes de un catálogo. El vocablo fue así adquiriendo un significado especifico en el uso de la Iglesia, al que se le añadió el sentido de «colección de libros de carácter normativo para los fieles». El Sínodo de Cartago (año 397), considera las *scripturae canonicae* como la instancia última para la regulación de toda cuestión en materia de fe.
Para los judíos la colección de un cuerpo autorizado de escrituras sagradas desempeñó un papel muy importante, hasta el punto de estar dispuestos a dar la vida por él. El canon judío del AT consistía en tres divisiones, que reflejaban tres distintas etapas de canonización: a) la Ley (*toráh*, el Pentateuco), b) los Profetas (*nebiim*) y c) los Escritos (*Ketubim*), que coincide con los libros de las Biblias protestantes, aunque en diferente ordenación de los textos. El cierre del canon judío tuvo lugar en el Sínodo de Javne (Jamnia), a finales del siglo I d.C. Dentro del cristianismo, Orígenes, Epifanio y Jerónimo adoptaron el canon judío, pero en la Iglesia la cuestión no había quedado cerrada todavía. Rufino sostuvo que los apócrifos* no eran canónicos, pero su lectura resultaba provechosa. Agustín* trató de retener en el canon sólo aquellos libros que previamente hubieran sido admitidos por las iglesias más importantes o «sedes apostólicas». Los Concilios de Hipona (393) y de Cartago (397), aceptaron en esencia la tesis de Agustín, incluyendo los libros apócrifos, cuyo canon quedó finalmente recogido en el edicto del papa Inocencio I (405) y en el llamado *Decretum Gelasianum*.
El canon del NT sufrió un largo proceso de elaboración, hasta que en el año 367 fueron delimitados por primera vez los 27 libros que lo componen. La Iglesia católica definió su canon de la Biblia en el Concilio de Trento (1546), aceptando tanto los libros *protocanónicos* (aceptados por todos desde el principio) como *deuterocanónicos* (o apócrifos*), decisión fuertemente combatida por Calvino*.
Los criterios de canonicidad del NT fueron cuatro. 1) Inspiración divina. 2) Apostolicidad. 3) Unidad de doctrina y 4) Autenticidad. La Iglesia primitiva trabajó denodadamente para reconocer y para defender el canon de toda clase de intrusiones espúreas y así transmitir a las futuras generaciones una norma verdaderamente profética y apostólica, una regla de verdad divina que reglara la doctrina y la práctica de la Iglesia
Bib. José Grau, *El fundamento apostólico* (EEE, Barcelona 1966); W. G. Heidt, *Inspiración, canonicidad, textos, traducciones, hermenéutica* (Sal Terrae, Santander 1971); G. T. Manley, *Nuevo auxiliar bíblico* (Caribe / CLIE, Terrassa 1987); M. F. Unger, *Nuevo manual bíblico* (Portavoz, Grand Rapids 1987); B. F. Westcott, *El canon de la Sagrada Escritura* (CLIE, Terrassa 1987).

CANÓNICO, DERECHO La palabra *canon* viene del gr. *kanon* = regla de medir. En este sentido, el derecho canónico puede definirse como «el conjunto de normas de la Iglesia en materias de orden, ministerio y disciplina». En un principio, esas normas consistían en declaraciones *ad hoc*, hechas por líderes o sínodos en una localidad determinada. Importancia especial tenían las que emanaban de reuniones más amplias, como p. ej. ocurrió en los cánones del Concilio de Nicea (325). Con el correr de los siglos, se procedió a reunir y a codificar las leyes de la Iglesia, ya desde Carlomagno (742-814) en la parte occidental de la Iglesia.
Fue Graciano, monje italiano del siglo XII, quien llevó a su culminación este proceso de codificación en la Iglesia de Roma con su famoso Decreto (1140), con lo que cobró un auge inusitado el estudio del Derecho canónico, y se colocaron las

bases del *Corpus iuris canonici* = Cuerpo (conjunto de normas) del derecho canónico. Bajo el pontificado de Pío X (1903-1914) se procedió a la simplificación de la legislación eclesiástica que había alcanzado enormes proporciones y, ya bajo el pontificado de su sucesor Benedicto XV (1914-1922), fue promulgado el nuevo Código de derecho canónico el día de Pentecostés del año 1917. Por iniciativa de Juan XXIII (1958-1963), y a resultas de los documentos emanados del C. Vaticano II (1962-1965), se ha llegado a la redacción de un nuevo Código, promulgado por el papa actual Juan Pablo II el 25 de enero de 1983 y mucho más simplificado y puesto al día que el anterior.

Las iglesias protestantes, como puede suponerse, no reconocen la autoridad del Código de la Iglesia de Roma y hasta evitan la terminología de *cánones* y *Derecho canónico*, pero, llámesele como se le llame, alguna forma de codificación ha de hallarse en toda comunidad eclesial que se rija por normas que tengan que ver con materias de doctrina, disciplina y servicio.

Bib. Juan Arias, *La pena canónica en la Iglesia primitiva* (EUNSA, Pamplona 1975); M. Cabreros de Anta, *Iglesia y Derecho, hoy* (EUNSA, Pamplona 1975); Antonio García y García, *Iglesia, Sociedad y Derecho*, 4 vols. (UPS, Salamanca 1985-2000); Antonio Osuna, *Derecho natural y moral cristiana* (ESE, Salamanca 1978).

CANONIZACIÓN DE LOS SANTOS Por canonización de los santos se entiende el proceso legal que tiene lugar en la Iglesia de Roma, por el cual un difunto «siervo de Dios», como suele llamársele, previamente «beatificado», es declarado solemnemente «santo» y entra a formar parte del catálogo de santos que figuran en el calendario litúrgico.

En los primeros siglos de la historia de la Iglesia, la elevación repentina al status de «santo» era esencialmente asunto de las iglesias locales. La veneración de los «santos» y la dedicación de iglesias a su nombre comenzó con el culto a los mártires de la fe cristiana. Después se extendió a quienes habían muerto con fama de santidad. En algunos lugares de la cristiandad, especialmente en el Oriente, se incluyeron también los santos del AT. Después del Concilio de Éfeso (431), comenzaron a proliferar las fiestas de la Virgen María, la madre del Salvador. Se comenzó a dar culto indiscriminado a «santos de fábula o leyenda» que nunca existieron. A muchos de éstos, el C. Vaticano II los desmontó de su estatus tan mal ganado. El papa Alejandro III (1159-1181), con el fin de acabar con las supersticiones, mandó que toda ulterior canonización fuese de competencia exclusiva de la Sede romana. Esto llevó a complicados procesos legales que cristalizaron bajo el pontificado de Urbano VIII (1623-1644) y recibieron definitiva y autorizada exposición por medio de Benedicto XIV (1740-1758), quien, ya antes de subir al solio pontificio, había publicado su colosal obra *De servorum Dei beatificatione et beatorum canonizatione* (Sobre la beatificación de los siervos de Dios y la canonización de los beatos).

Así, pues, los pasos del proceso de canonización son los siguientes: (1) Atendiendo al reconocimiento local, o general, en testimonio de una determinada persona (varón o mujer, célibe o casado, miembro del clero secular o de alguna orden religiosa), como que ha ejercitado las virtudes cristianas en grado heroico, la Sede romana da su aprobación a un determinado siervo de Dios, ya difunto. (2) Llevado adelante el proceso, después de un tiempo prudencial (a juicio de la Sede romana), que tiene poder para abreviar los trámites, el papa procede a la *beatificación*, especialmente si se han atribuido milagros, convenientemente atestiguados al referido *siervo* (o *sierva*) de Dios. El culto a los beatificados siervos de Dios es entonces permitido, pero reciben un reconocimiento sólo local. (3) El nuevo «beato» debe realizar otros dos milagros, por lo menos, aunque siempre hay que tener en cuenta la suprema potestad del papa para dispensar de cualquier requisito milagroso, con tal que conste de las virtudes heroicas del sujeto. Se llega así a la canonización, pasados cuarenta años desde la defunción del santo, si bien en el mayor número de los casos pasa mucho más tiempo, incluso muchos siglos. La canonización es, por parte del papa, un juicio infalible de que el siervo de Dios está en el cielo, es digno de veneración e imitación y puede interceder por los fieles. En el siglo xx, y de forma creciente, los papas han beatificado y canonizado a numerosos *siervos de Dios*.

El culto a los santos fue abolido por los reformadores, y en toda comunidad eclesial procedente de la Reforma, se les niega a los supuestos «santos», lo mismo que a la madre de Jesús, ese poder especial de intercesión *post mortem*, como algo incompatible con la única mediación de Jesucristo (cf. 1 Ti. 2:5; 1 Jn. 2:1). También se debe mencionar el hecho de que, después de la separación de las Iglesias de Oriente (la Ortodoxia) de la Sede romana, suscitada por Focio (863) y, sobre todo, después de consumada la separación bajo Miguel Cerulario (1054), los orientales han canonizado a varios santos no reconocidos por la Sede romana y, en justa correspondencia, tampoco ellos han reconocido como santos a los canonizados por la Iglesia de Roma. El último *santo* reconocido como tal por la Iglesia de Roma y por la Ortodoxia fue S. Juan Damasceno, muerto hacia el 749.

Bib. Juan G. Atienza, *Los santos paganos. Dioses ayer, santos hoy* (Robin Book, Barcelona 1993); T. Gay, *DC*, «canonización»; Carmen García Rodríguez, *El culto a los santos en la España romana y visigoda* (CSIC, Madrid 1966); T. Gay, *DC*, «canonización»; K. L. Woodward, *La fabricación de los santos* (Ediciones B, Barcelona 1991).

CANTIDAD (cf. tamb. *Accidente*) Es un vocablo que fue usado por 1ª vez en cast. a mediados del siglo XIII y se deriva del lat. *quántitas* = cantidad, y éste de *quántum* = cuán grande. Esta clase de *magnitud* es propia de los seres corpóreos, pues lo mensurable de los seres espirituales no es la cantidad (carecen de ella), sino la perfección, que es una categoría aplicable a todo ser (cf. *Perfección*). La cantidad puede tomarse en su aspecto lógico, metafísico y dinámico.

En lógica, la cantidad de un concepto significa su extensión*. Por eso, la cantidad de un juicio se determina por la extensión del sujeto. Con respecto a ella, los juicios se dividen en universales, particulares y singulares. Vaya un ej. de cada uno: «Todos los hombres son mortales» (universal); «Algunos hombres son sabios» (particular), «Pedro es amigo de Juan» (singular). El concepto de extensión es el contrario de comprensión (cf. *Comprensión*).

En metafísica, la cantidad es la propiedad por la cual el ser corpóreo puede dividirse (cf. *Divisibilidad*) en partes de la misma naturaleza que el todo. Esto hace de los seres corpóreos seres extensos, donde las partes están unas junto a las otras, ocupando una determinada parte del espacio*. Como todo accidente, la cantidad no se identifica con la sustancia (contra Descartes). Una propiedad exclusiva de la cantidad como accidente de la sustancia es que sobre ella se asientan los demás accidentes que afectan a los sentidos: color, sabor, olor, impresión táctil, etc., de forma que, sin la cantidad, todos los demás accidentes se quedan sin sujeto al que adherirse. Pero, si queda la cantidad, todavía puede existir un ser corpóreo. Entonces, ¿es separable físicamente la cantidad de la sustancia? La Iglesia de Roma, con su dogma de la transubstanciación, sostiene que la omnipotencia de Dios es capaz de realizarlo, y de hecho lo realiza, en los elementos del pan y del vino, tan pronto como el oficiante de la Misa pronuncia las palabras de la consagración: *esto es mi cuerpo; esto es mi sangre*. Contra esto, no dudo en afirmar que es cierto que el poder de Dios no tiene límites, pero el absurdo cae fuera de ese poder, porque está fundado en el principio de no contradicción. Es muy cierto que la cantidad no es la sustancia, pero es inseparable físicamente de ella, porque la cantidad tiene que ser cantidad de algo. P. ej. no puede haber cantidad de pan sin pan, como no puede haber una mesa de madera sin madera. Se las puede distinguir metafísicamente (por abstracción mental), pero no se las puede separar. Atados por el dogma, los teólogos más eminentes de la Iglesia de Roma no pueden menos de creer en la transubstanciación, inventando ingeniosas fórmulas para explicar el misterio con un talento digno de mejor causa (cf. *Transubstanciación*).

En el aspecto dinámico, la cantidad tiene que ver con el movimiento local y, por tanto, con la velocidad y con el espacio*. Con el tiempo, el efecto dinámico medible en el espacio hizo pensar en la fuerza misma que da origen al movimiento. Todos estos conceptos son tratados con gran maestría por Agustín de Hipona en su obra *Confesiones*, y, con mayor profundidad aún, por J. Balmes, en su *Filosofía Fundamental*. Las preguntas (y los problemas) que surgen al analizar los conceptos de extensión, espacio y movimiento son sumamente interesantes y fascinantes: ¿Existe en la realidad el espacio infinito, o es producto de nuestra imaginación? Si no existiera el espacio real, ¿podrían existir cuerpos colocados en algún lugar? ¿Podrían moverse, no habiendo espacio? Si existieran dos cuerpos sin haber espacio real, ¿podrían separarse el uno del otro? ¿Hay tamaños absolutos o son todos relativos? ¿Cabe la posibilidad de que –en frase de un autor– todo este universo esté dentro de la lágrima de un niño? Si, por un milagro, todo el universo fuese reducido a la billonésima parte de su tamaño, ¿nos daríamos cuenta de ello? Hecho el vacío absoluto, ¿cómo actuaría la gravitación universal? Discurra el lector y emita su juicio.

Quedan todavía por distinguir varias clases de extensión. Se divide en continua y discontinua. La 1ª tiene lugar cuando lo extenso no muestra límites interiores, sino que se difunde por el espacio sin interrupción; la 2ª es aquella cuyas partes están separadas entre sí por límites. Si los límites coinciden, de modo que las extensiones parciales se toquen en un límite común, tenemos contigüidad. Si los límites no coinciden, no hay cantidad continua, sino discreta, debido a la interposición de otros cuerpos (aunque sea sólo el aire, que también es cuerpo). Según las dimensiones, los límites son distintos. En un universo tridimensional, que es el único que conocemos, el límite de la línea es el punto; el límite de la superficie, la línea; el límite del volumen, la superficie. Por eso, ni la línea se puede trazar con puntos, ni la superficie con líneas ni el volumen con superficies.

Eso significa que la cantidad es indefinidamente divisible en partes extensas, si no físicamente (sin embargo, no se pierdan de vista los adelantos de la física nuclear), al menos mentalmente. Por otra parte, no se puede olvidar que las cosas no son extensas con la misma continuidad con que aparecen a nuestros sentidos. Basta un buen microscopio para desengañarnos.

Además, la extensión puede ser física o matemática. La 1ª es la que vemos en las cosas como determinante accidental de las mismas; la 2ª es el concepto abstracto de extensión, sin más, prescindiendo si es o no realizable en el plano de la realidad objetiva. P. ej. el punto matemático carece de extensión y, precisamente por eso, puede dar origen a la geometría. En cambio, el punto físico es siempre extenso por esencia. Veamos un ejemplo. De acuerdo con la geometría, los radios trazados desde el centro de un círculo a los radios de su circunferencia son todos de la misma longitud. No es necesario ser un gran matemático para darse cuenta de ello. Pero eso tiene validez para nuestros conceptos mentales de las cantidades geométricas, no para el trazado físico de las mismas, por aguda que sea la punta del lápiz o bolígrafo con que las tracemos. En efecto, a pesar del efecto que produzcan en nuestra vista, la distancia entre el punto central del círculo y uno cualquiera de la circunferencia correspondiente nunca llegará a la exactitud puramente matemática.

No se crea que el interés que el concepto de cantidad suscita se limita a cuestiones meramente filosóficas; se extiende, como es asunto de este Diccionario, a la teología. Además del tema, ya tratado, de la transubstanciación, tiene que ver igualmente con los seres incorpóreos (Dios, los ángeles, el alma humana) en su relación con el espacio, como puede verse en los artículos respectivos (cf. *Dios, Ángel, Alma, Espíritu*).

CAPADOCIOS, PADRES (cf. tamb. *Basilio el Grande, Gregorio de Nisa, Gregorio de Nacianzo*).

Se conoce con esa expresión a tres escritores eclesiásticos del siglo IV: Basilio de Nisa, Gregorio de Nisa (hermanos) y Gregorio de Nacianzo. Basilio y Gregorio de Nisa habían nacido en una familia cristiana de la aristocracia en el Ponto. Basilio (330-379) era mayor que su hermano Gregorio (335-394) y fue elegido obispo de Cesarea de Capadocia el año 370. Trabajó incansablemente para acabar con la rivalidad nacida el año 362 entre las iglesias de Antioquía y Alejandría. Se le conoce, sobre todo, como fundador de la regla monástica.

Su hermano Gregorio fue nombrado obispo de Nisa el 372. Depuesto por el emperador Valente el 376, fue restaurado a su sede el 378. Fue el más «filósofo» de los tres capadocios. Jugó un papel importante en el Concilio I de Constantinopla (381) contra los macedonianos (cf. *Macedonianismo*), cuando ya había muerto su hermano Basilio, siendo desde entonces el gran bastión de la ortodoxia trinitaria.

Gregorio de Nacianzo (329-389) era el mayor de los tres en edad, así como el más teólogo de los tres. Había nacido en Arianzo, también de padres cristianos y se hizo amigo de Basilio cuando ambos estudiaban en Atenas, donde tuvieron por condiscípulo a Julián (o, Juliano) el Apóstata, futuro emperador (361-363). Por instigación de Basilio abrazó la vida monástica poco después de su regreso a Nacianzo el 358. Su propio padre, también llamado Gregorio, que era obispo de Nacianzo, lo había bautizado y, contra su voluntad, ordenado de presbítero (362). También contra su voluntad, fue consagrado obispo por Basilio, pero no fue a su sede de Sásima, sino que se quedó en Nacianzo para ayudar a su anciano padre. Cuando éste murió el año 374, administró la diócesis, pero rehusó desempeñar el oficio episcopal. Después de la muerte de Basilio el año 379, contribuyó con el emperador Teodosio al triunfo de la ortodoxia sobre el arrianismo y fue nombrado obispo de Constantinopla, donde presidió brevemente en el Concilio I de aquel lugar (381). Después renunció a la sede y se retiró a su casa en Capadocia para seguir escribiendo hasta su muerte.

Los padres capadocios introdujeron en la doctrina trinitaria ortodoxa lo mejor de las ideas de Orígenes y acuñaron la fórmula *Mia ousía, treis hupostáseis* (Una esencia, tres hipóstasis).

Reunión del movimiento carismático en Birmingham

CARÁCTER Este vocablo gr., que significa *marca*, se usa aquí para designar la señal indeleble con la que quedan marcados los que reciben el bautismo, la confirmación y el orden sagrado (diáconos, presbíteros y obispos). Esta marca se imprime siempre que haya materia y forma válidas, así como la intención suficiente por parte del ministro y del sujeto del sacramento. No importa, para la validez, que el ministro y el sujeto estén en pecado mortal, pues, en virtud del carácter, dichos sacramentos pueden revivir, es decir, adquirir su fuerza santificadora cuando el sujeto adquiere la gracia mediante la contrición o mediante la atrición junto con el sacramento de la Penitencia.

Bib. F. Lacueva, *Catolicismo romano*, lecc. 29ª, punto 3º (CLIE, Terrassa).

CARDINALES, VIRTUDES Del lat. cardo, *cárdinis* = quicio, gozne, se llaman así en los catecismos de la Iglesia de Roma y en la II-II de la *Summa Theologiae* de Tomás de Aquino* a las virtudes morales que se suponen fundamentales. Son cuatro: prudencia, justicia, fortaleza y templanza. Me limito a mencionarlas aquí. Serán tratadas en sus respectivos lugares.

CARISMÁTICO, MOVIMIENTO (cf. tamb. *Bautismo del Espíritu, Llenura del Espíritu, Sellado del Espíritu, Unción del Espíritu*).

El vocablo carismático procede de carisma, entendida esta palabra en sentido bíblico, no secular. Hoy se estila decir de un político, o de un líder de masas, ya sea religioso o político, que tiene «carisma». No trato aquí de tal cosa. El vocablo carisma (gr. *járisma* = don espiritual) ocurre 17 veces en el NT, pero aquí lo tomo en el sentido que tiene en Ro. 1:11; 12:6; 1 Co. 1:7; 12:4, 9, 28, 30, 31; 1 Ti. 4:14; 2 Ti. 1:6 y 1 P. 4:10.

Por la lista de Ro. 12:6-8 y, sobre todo, por la de 1 Co. 12:8-10, 28, vemos que algunos de esos carismas son ordinarios, y otros extraordinarios. Aunque esta división no está explícita en la Palabra de Dios, hay en el texto algunos detalles que nos dan una pauta para distinguirlos: (1) 1 Co. 12:28, después de aludir a personas: primero, segundo, tercero, se refiere impersonalmente a poderes milagrosos, dones de sanidades, asistencias, dotes de gobierno, géneros de lenguas (cf. tamb. v. 10). (2) Los vv. 29-30 dan a entender que no todos tienen los dones allí mencionados (Cada uno de ellos será tratado en su lugar respectivo, cf. *Dones espirituales*). Esto bastaría para negar que todos los creyentes puedan, y deban, hablar en lenguas, ejercer los dones de sanidades, etc. (3) Es muy de notar que, hacia el final de su primer discurso el día de Pentecostés, el apóstol Pedro aseguró a sus oyentes (cf. Hch. 2:38) que si se arrepentían para perdón de sus pecados y se bautizaban en el nombre de Jesucristo –sin más requisitos– recibirían el don del Espíritu Santo. (4) Lugares como Hch. 10:44-46 y 19:6 (y, hasta cierto punto, 8:17) no señalan una experiencia «para todos los tiempos»; son, más bien, fenómenos que manifestaban la identidad de estos nuevos grupos de creyentes no judíos con los que, en Pentecostés, habían recibido el don del E. Santo. (5) Como hace notar F. F. Bruce (*Answers to Questions*, p. 214), «mientras que los dones del Espíritu fueron repartidos de varias maneras, las gracias que componen el fruto del Espíritu (Gá. 5:22 y ss.) se hallan juntas, y puede añadirse que el fruto del Espíritu es una muestra más segura de Su presencia en la vida de uno que los dones: los dones se pueden falsificar, pero no el fruto».

En nuestros días, los promotores del movimiento carismático, atendiendo a la experiencia que tengo de los fenómenos carismáticos en Inglaterra, España y América, tanto del norte como del centro y del sur, todos sostienen que los carismas que he llamado extraordinarios no están confinados a la era apostólica, sino que pueden existir en nuestros días de manera ordinaria. Pero hay que distinguir entre los carismáticos moderados y los pentecostales. Los primeros tratan de poner más vida y más autenticidad en los cultos y en la conducta en general, dada la frialdad y la rutina que se palpan en los cultos de las denominaciones tradicionales, así como en la conducta personal y social de los creyentes (sentido de «comunidad y compromiso»). Aunque no estoy de acuerdo con los principios y algunos de los métodos (demasiado ruido, demasiada exaltación), no puedo negar la eficacia que tienen en gran número de resultados en la conversión de pecadores y en la edificación de creyentes. Los pentecostales van más allá, pues requieren de todo creyente que haya recibido el E. Santo una demostración de tal experiencia mediante el hablar en lenguas. También tienen como algo normal el don de interpretación de lenguas, el poder milagroso de exorcizar y de sanar por fe cualquier dolencia. Sin negar la buena fe en ningún caso, en todas los ocasiones en que he estado no han hecho más que convencerme más y más de que los carismas extraordinarios sólo en contadas ocasiones se dan en nuestro tiempo.

El trasfondo inmediato del movimiento carismático es el pentecostalismo clásico de principios del siglo XX, que dio lugar a denominaciones pentecostales de doctrina común, con detalles de poca importancia, pero suficientes para dar origen a «títulos» diferentes dentro de una misma línea que acabamos de describir en el párrafo anterior. Sin embargo, el nuevo movimiento carismático nació propiamente el año 1960 bajo el ministerio de Dennis Bennet en California. Desde entonces, el movimiento se ha extendido rápidamente, 1° a iglesias protestantes luteranas, episcopales, presbiterianas (en la década de los 60), 2° a la Iglesia de Roma (en 1967) y 3° a la Ortodoxia griega (hacia el 1971).

Bib. J. L. Andújar, *El origen de los conflictos pentecostales* (CLIE, Terrassa 1995); Paulo Branco, *Pentecostés, un desafío al mundo* (Autor, Cádiz 1984); Carlos Brumback, *¿Qué quiere decir esto?* (Vida, Miami 1987); W. Bühme, *Explosión carismática* (CLIE, 1996); Walter Chantry, *Señales de los apóstoles* (EDV, Edimburgo 1990); D. W. Dayton, *Raíces teológicas del pentecostalismo* (Nueva Creación, Grand Rapids 1991); W. DeArteaga, *Apagando el Espíritu* (Carisma, Santa Fe 1997); Roberto Domínguez, *Pioneros de Pentecostés*, 3 vols. (CLIE, 1990); C. E. Hummel, *Fuego en la chimenea. El movimiento carismático contemporáneo* (Caribe, Miami 1990); G. D. Kinnaman, *Y estas señales seguirán* (CLIE, 1991); J. F. MacArthur, *Los carismáticos, una perspectiva doctrinal* (EBD, Santo Domingo 1984); Patti Gallagher Mansfield, *Como en un nuevo Pentecostés. El comienzo de la Renovación Carismática Católica* (SERECA, Madrid 1994); Jack Matlick, *Entendiendo el movimiento carismático* (Ed. Las Américas, México 1992); Sínodo Iglesia Cristiana Reformada, *La renovación carismática* (TELL, Grand Rapids 1977); Cardenal Suenes, *¿Un nuevo Pentecostés?* (DDB, Bilbao 1977); Vinson Synan, *En los postreros días* (Vida, Miami 1987).

CARLOSTADIO, ANDRÉS BODENSTEIN Este reformador protestante alemán (1477-1541) estudió en Erfurt y en Colonia, antes de ser nombrado profesor (1505) de teología en la recién creada Universidad de Wittenberg. Allí defendió el sistema teológico de Tomás de Aquino y fue precisamente él quien confirió a Lutero el título de doctor en teología el año 1512. Como Lutero, también él experimentó una radical transformación y, como resultado, repudió la doctrina tomista y abrazó la fe de la Reforma. En 1518 defendió con su pluma a Lutero contra Juan Eck. En público debate, habido en Leipzig en 1519, Carlostadio se enfrentó a Eck defendiendo la suficiencia de la Escritura y su autoridad superior a la de los papas y los concilios. Por bula papal de León X fue condenado juntamente con Lutero y otros. En 1522 se casó y exhortó a curas y frailes a hacer lo mismo. En su celo reformador, fue más allá de Lutero en su afán de acabar con todo lo que en el culto y en la práctica de la vida cristiana oliese a romanismo. Esto le llevó a enfrentarse con Lutero, aunque hay historiadores que quitan relieve a estas desavenencias y defienden la posición de Carlostadio.

Por su audacia en presentar la fe reformada en libros y tratados, Carlostadio fue obligado por las autoridades de Sajonia a salir del país en 1524, pero se le permitió volver al año siguiente con la condición de no enseñar. De nuevo tuvo que huir definitivamente a Suiza, donde fue calurosamente bienvenido y fue profesor en Basilea desde 1534 hasta su muerte.

CARNELL, EDUARDO JUAN Este teólogo evangélico norteamericano (1919-1967) estudió en el Colegio de Wheaton (Illinois), pero ganó sus primeros títulos académicos en el Seminario Teológico de Westminster bajo la dirección de Cornelio Van Til. Posteriormente se graduó de doctor en teología en la Universidad de Harvard, y de doctor en filosofía en la de Boston. Comenzó su carrera de profesor de filosofía y religión en 1945, y en 1948 pasó al Seminario Teológico Fuller, del que fue presidente (1954-1959), donde permaneció hasta su muerte como profesor de ética y filosofía de la religión. Escribió dos importantes libros: *The Burden of Sören Kierkegaard* (La Carga de Sören Kierkegaard, su tesis doctoral en filosofía) y *The Theology of Reinhold Niebuhr* (La Teología de Reinhold Niebuhr, su tesis doctoral en teología) y tres obras de apologética: *An Introduction to Christian Apologetics* (Una Introducción a la Apologética Cristiana, 1948), donde trató de demostrar que el cristianismo satisface las demandas de la razón, *A philosophy of the Christian Religion* (Una Filosofía de la Religión Cristiana, 1952), en la que mostró que el cristianismo contiene una serie de valores por los cuales merece la pena vivir y morir, y *Christian Commitment* (Compromiso Cristiano, 1957), en el que propone una nueva manera de conocer, el «conocimiento por la aceptación moral de sí mismo», además del conocimiento por trato y el conocimiento por inferencia.

Carnell fue un verdadero líder de los teólogos evangélicos de postguerra que se afanaron por corregir ciertos puntos de los fundamentalistas y reformular la teología ortodoxa clásica de forma inteligente y persuasiva.

CARTESIANISMO (cf. tamb. *Descartes, René*) Recibe el nombre de cartesianismo el sistema filosófico que tiene por fundador a Renato Descartes, o Cartesio (1596-1650). Dejando para el art. Descartes, René, los detalles de su biografía, me limito aquí a resumir su sistema filosófico. Sin mencionar su copiosa producción sobre matemáticas, física, biología, etc., su obra principal es el *Discours de la méthode* (Discurso sobre el método), donde aparece su famoso y bien conocido principio (en lat.): *Cógito, ergo sum* (Pienso, luego existo).

¿Cómo llega Descartes a esa conclusión? Partiendo de un escepticismo hipotético, se pone a pensar que todo podría ser falso, pero hay una cosa de la que no puede dudar: su propia existencia. Veamos cómo lo dice él mismo: «Mientras quería pensar así que todo era falso, era menester necesariamente que yo, que lo pensaba, fuese algo; y observando que esta verdad: pienso, luego existo, era tan firme y tan segura que todas las más extravagantes suposiciones de los escépticos no eran capaces de quebrantarla, juzgué que podía admitirla sin escrúpulo como el primer principio de la filosofía que buscaba». A partir de ahí, Descartes intenta construir de nuevo el universo con la ayuda de un criterio fundado en la evidencia: «las percepciones claras y distintas no pueden ser falsas».

Todavía en la actualidad se discute qué sentido tenía el principio aludido en la mente de Descartes, aunque es lo más probable que él lo tomara como un dato evidente de la diafanidad de la conciencia, como un fenómeno puro de reflexión interior. Sea cual fuere la mentalidad de Descartes sobre esto, lo cierto es que dicho principio dista mucho de ser evidente en la forma que está expuesto. El propio Descartes se dio cuenta de ello, pues dice taxativamente: *Ego sum res cógitans* (Yo no soy más que una cosa que piensa).

Aun así, creo personalmente que se equivocaba y voy a demostrarlo. Descartes tenía una idea errónea del yo psicológico, pues sostenía la identidad absoluta del alma con el acto de pensar, ya que en su obra *Principios de filosofía*, punto 1°, asegura: «El pensamiento constituye la naturaleza de la substancia que piensa». Esto equivale a dejar sin objeto propio el acto de pensar, pues pensar es una acción inmanente, pero intencional. Es decir, se piensa algo. Pero si, al pensar, concluyo que existo, mi reflexión es un fenómeno puro, es decir, vacío de otra objetividad que no sea mi propia existencia de cosa que piensa. Desde Aristóteles, todos los escolásticos habían sostenido el origen de las ideas a partir de las sensaciones, con el conocido principio *Nihil est in intellectu quod prius non fuerit in sensu* (No hay en el entendimiento nada que no haya estado antes en el sentido). Descartes volvió del revés este principio, como no podía menos, dado su idealismo subjetivista: *Nihil est in sensu quod prius non fuerit in intellectu* (No hay en el sentido nada que no haya estado antes en el entendimiento). Comenzaba así la era en que el ser iba a estar subordinado al pensar, con todas sus funestas consecuencias. Con estos principios, ¿de qué servían las ideas claras y distintas como criterio de evidencia? ¿Cómo sé yo que la idea clara y distinta que tengo de un clavel no es la misma que de una rosa si no es *a posteriori*, por el testimonio de los sentidos?

El método mismo que Descartes sigue para probar la existencia de las demás cosas demuestra su falsedad. En efecto, Descartes, al comenzar su tratado de filosofía, ha dejado a un lado la teología. No merece censura por ello. Pero de repente, se da cuenta de que el conocimiento claro y distinto de su propia existencia no le sirve para ninguna otra cosa. En efecto piensa que, a pesar de sus percepciones sensoriales, podría existir algún *genio maligno* (el *diablillo* de Descartes) que podría engañarle; y en este caso, «si me engañan –dice– el engañado soy yo o, lo que es igual, yo, el engañado, soy». ¿Cómo salir de este atolladero? Descartes se refugia en otro «supuesto» que no puede demostrar. Le garantiza la verdad el hecho de que Dios no podría permitir tal engaño, porque, «si me engañara –dice– no sería Dios». Y ¿cómo sabe que existe Dios? También a priori. Oigámosle: «Cuando después nuestro pensamiento revisa las diversas ideas o nociones que tiene en sí y encuentra la de un ser omnisciente, todopoderoso y sumamente perfecto, juzga fácilmente, por lo que percibe en esta idea, que Dios, que es este ser perfectísimo, es o existe; pues, aunque tenga ideas distintas de muchas otras cosas, no observa en ellas nada que le asegure la existencia de su objeto; mientras que percibe en ésta no sólo una existencia posible como en las demás ideas, sino una existencia absolutamente necesaria y eterna». Este no es más que un modo distinto de proponer el argumento ontológico que ya refuté en el art. Anselmo de Canterbury*. Aquí, como allí, se da un salto indebido del orden lógico (lo perfecto posible) al ontológico (lo perfecto existente). Descartes pretende que la idea del Dios infinito y eterno es innata, pues nuestro entendimiento es limitado y temporal. No se da cuenta de que la idea en que conocemos lo infinito y lo eterno no es directa, sino refleja, quitando mentalmente los límites de lo limitado y temporal que conocemos directamente.

Al negar el hilemorfismo escolástico, Descartes concibe la antropología como una dualidad de pensamiento, que es la sustancia del alma, y extensión, que es la sustancia del cuerpo, cuya única actividad consiste en el movimiento local. No hay, pues, interacción vital entre el alma y el cuerpo. El cuerpo se mantiene mediante el «calor vital», cuya sede está en el corazón, y el alma está localizada en la glándula pineal.

Pero la clave de la gnoseología cartesiana consiste en el sentido que Descartes da al vocablo idea. La idea, según él, no es algo que se le ocurra a la mente humana, tampoco es algo que el hombre piensa como representación de la realidad, sino que es la misma realidad según la veo. «La idea –dice– es la cosa misma concebida.» Esto significa que Descartes es radicalmente idealista. El idealismo es la posición intelectual contraria al realismo, pues según éste, las cosas tienen ser en sí mismas, son la verdadera realidad, en cuyo conocimiento consiste la verdad de mis juicios mentales. Hasta tal punto es falsa la hipótesis idealista que, incluso para explicar los fenómenos internos necesitamos del mundo exterior, como brillantemente demuestra Balmes* en su *Filosofía Fundamental*, libro II, cap. V. Debo añadir aquí, ya que no lo hice en el art. Balmes, que también este autor, a pesar de su gran talento, bajo la influencia de Malebranche*, cayó, como otros neoescolásticos, en una especie de semicartesianismo, como lo prueban las numerosas citas de sus obras que aporta el prof. Ángel González Álvarez en su *Tratado de Metafísica* I (Ontología), pp. 24-29 (Gredos, 2ª. ed., 2ª. reimpr.,1987, Madrid). Quien conozca bien la obra literaria de Balmes, se percatará de que, lo mismo en filosofía que en política, Balmes era un ecléctico.

Descartes, pues, ha sido el padre del idealismo moderno y su influencia se echa de ver en gran parte de los filósofos posteriores. «Su influencia –dice Julián Marías– aparece visible, no sólo en sus discípulos y seguidores inmediatos, sino en los pensadores independientes, en los teólogos incluso, en Pascal, en Fenelón o en Bossuet. Y, sobre todo, en Malebranche, y fuera de Francia en las grandes figuras de Spinoza y Leibniz» (*Historia de la Filosofía*, 21ª ed., p. 217).

Bib. R. Descartes, *Discurso del método* (Aguilar, Bs. As. 1980); *Meditaciones metafísicas* (Alba, Madrid 1987).

C. Cardona, *René Descartes: Discurso del método* (EME, Madrid 1975); Leonardo Polo, *Evidencia y realidad en Descartes* (EUNSA, Pamplona 1963); Jesús García López, *El conocimiento de Dios en Descartes* (EUNSA, 1978); S. Rabade, *Descartes y la gnoseología moderna* (G. del Toro, Madrid 1971); A. Ropero, *Introducción a la filosofía*, cap. VI (CLIE, Terrassa 1999).

CASTIGO (cf. tamb. *Disciplina*) El vb. castigar entró en el cast. a mediados del siglo x, pero el sust. *castigo* no entró hasta mediados del siglo xiii, del lat. *castigare* = amonestar, enmendar.

En su sentido genérico, el castigo es la imposición de sufrimiento a un transgresor, hecha por una autoridad legítima y competente. Dentro de esta definición cabe el castigo impuesto por Dios en forma de juicio justiciero (cf. *Dios, Juicio de*) a inconversos, y de disciplina* a uno de sus hijos por algún pecado particular o simplemente como medida purificadora (cf. He. 12:5-11). Aquí sólo tratamos del castigo impu esto por una autoridad humana en el plano secular, dejando para otro art. la Disciplina eclesiástica. También dejamos aparte el castigo impuesto, en forma de disciplina, a los hijos por sus padres, tema tan frecuente en los libros sapienciales del AT y en las epístolas de Pablo a los efesios y a los Colosenses (cf. *Educación de los hijos*). Sin embargo, algunos de los conceptos que vamos a tratar aquí tienen también aplicación a todos los niveles. Nos interesa, ante todo, el aspecto moral del castigo por parte de quienes lo imponen.

Hasta el siglo XIX, la opinión corriente era que el castigo tiene un sentido casi exclusivamente retributivo. En general, se ha sostenido siempre que ese sentido retributivo es esencial a la definición de castigo. Pero queda por ver qué aplicaciones específicas del castigo cumplen con la finalidad primordial del castigo en su doble vertiente de restauración del orden y corrección del transgresor. Como las autoridades humanas, incluidas las eclesiásticas, son falibles y pecadoras, pueden ocultarse bajo el castigo motivos no santos (odio personal, deseo de venganza, enemistad familiar, intereses materiales, etc.). Incluso con un fin santo, se pueden cometer graves injusticias (el deseo de que una persona abrace un determinado tipo de religión –la Inquisición–, el afán por purificar la moral pública, el deseo de acabar con las desigualdades sociales, étnicas, etc.). Tampoco tratamos aquí de los castigos que se imponen a los transgresores notorios por la vía de la investigación judicial ordinaria.

Dejando, una vez más, aparte las teorías que sobre el castigo se han sostenido, y se sostienen, en el Oriente, nos ceñiremos a las tres teorías que suelen reconocerse en el Occidente: 1ª El castigo justo es, ante todo, un beneficio moral para el transgresor. Aunque parezca extraño, ésta es la teoría más antigua, pues se halla ya en Platón, quien dice: «con un castigo justo se hace un bien a la persona que lo cumple, pues se le ha librado de la injusticia del alma». Por influjo de Platón, esta teoría entró en el pensamiento de algunos escritores eclesiásticos de los primeros siglos. Es una teoría que no puede sostenerse, puesto que falla por su base: Un castigo justo no hace justo, sin más, al que lo sufre. 2ª El propósito primordial del castigo es velar por la seguridad de otros miembros de la sociedad mediante la restricción del transgresor, de forma que su castigo pueda disuadir a otros posibles transgresores. Esta teoría surgió en el siglo XVII sobre la base de una política social contractualista. La debilidad de esta teoría está en que se basa en el poder de la restricción y de la disuasión, conceptos que no justifican en medida suficiente su aplicación en relación con el alcance retributivo del castigo. 3ª Basándose en conceptos aristotélicos, pensadores modernos como Kant, Hegel y Schleiermacher, sostienen que el aspecto retributivo del castigo basta para justificar su imposición en forma de una «compensación penal». Lo curioso es que, arrancando de la base de que hay que tener en cuenta la dignidad del transgresor como responsable moral de sus actos, se llega a insistir tanto en el aspecto retributivo que viene a parar en una ley del talión: «ojo por ojo, y diente por diente», con lo cual queda muy poco espacio para la misericordia hacia el pecador y el perdón para el arrepentido.

Las tres teorías resultan defectuosas por no tener en cuenta algo que la Biblia tiene siempre presente: el aspecto de juicio, inherente a todo castigo justo, porque el juicio confirma la estabilidad necesaria de los valores que han de tener la primacía en la vida social. Así, el aspecto retributivo del castigo en el AT se deriva del caso de la venganza de la sangre (cf. Gn. 4:10-11; 9:6). El papel del juez humano se resume en la facultad de asumir la responsabilidad comunitaria de vindicar los derechos de la víctima transfiriéndolos de la esfera de la venganza privada a la de la pública. Así se ve, en especial, en la fijación de las «ciudades de refugio» (cf. Nm. 35; Dt. 19 y Jos. 20). La flexibilidad que esa institución confería a los jueces para una aplicación lo más justa posible de la ley es una señal de la sabiduría de Dios en la forma de tratar a su pueblo.

Desde luego, la Palabra de Dios echa mano de conceptos retributivos en el juicio de Dios, admitiendo así que la justicia exige una sanción apropiada a la culpa, pero desborda también los límites de una mera retribución penal en la justificación teológica del pecador que acepta por fe la obra de Cristo en su lugar y a su favor. De este modo, se realiza en el sacrificio del Calvario la preciosa armonía de conceptos aparentemente paradójicos (cf. 2 Co. 5:21): en la muerte expiatoria de Cristo, el castigo máximo por el pecado es, al mismo tiempo, el acto decisivo del perdón del pecador.

CASUÍSTICA (cf. tamb. *Conciencia, laxismo, probabilismo, probabiliorismo, rigorismo*) Se denomina con este vocablo al arte de aplicar las leyes morales, que son generales, a casos particulares específicos. En efecto, la ley moral, incluso la ley divina positiva, tiene por objeto la preservación del bien común, pero sin lesionar en lo posible la dignidad y los derechos del individuo. De aquí surge una dialéctica que a veces resulta muy difícil de mantener, pues el predominio de la ley sobre la libertad puede pender, por decirlo así, de un hilo muy fino, de forma que la aplicación de la ley a determinadas situaciones requiere un arte exquisito por parte del moralista (escritor, confesor, etc.). No se confunda esto con la llamada Moral de situación*. Nunca puede defenderse el principio de que «el fin justifica los medios». Pongamos un caso práctico: Una mujer está embarazada de cinco meses y, tras atento examen médico, comprueba que sufre cáncer de útero todavía extirpable. Pero, si se opera, corre riesgo la vida del feto. La ley moral exige preservar la vida del feto, que es un ser humano. Pero, ¿a costa de la muerte de la madre? Una interpretación de la ley que no sea rigorista ni laxista permitirá evitar el mal mayor (o, si se prefiere, obtener el bien posible) acabando por el mismo medio quirúrgico con la vida del feto (cf. *Aborto*).
La casuística aparece claramente aplicada por Pablo al tratar casos morales de alguna dificultad, como eran el de comer de lo sacrificado a los ídolos, el del respeto a la conciencia del hermano «débil» y el de un posible nuevo casamiento de personas divorciadas. Pero, en general, la palabra de Dios no nos ofrece una casuística «cuadriculada», como suele decirse, como la tienen los judíos y la Iglesia de Roma. Es de tener en cuenta el ataque del Señor a los escribas y fariseos por la fabricación de una casuística en la que se evadían de la ley moral mediante excusas refinadamente rebuscadas: colaban el mosquito y se tragaban el camello.
En la Iglesia de Roma aparecieron tempranamente (hacia el siglo v) libros penitenciales que contenían preguntas que el confesor tenía que hacer al penitente, listas de toda clase de pecados y listas de las correspondientes penitencias que el penitente había de cumplir. Pero fue en el siglo xvi especialmente, con el nacimiento de la Compañía de Jesús (los jesuitas), cuando la casuística tomó un nuevo rumbo. Es bien sabido que la Compañía de Jesús –la Contrarreforma– se constituyó en campeona de la libertad del individuo, con lo que triunfó el probabilismo, por el que, en los casos de dudosa moralidad, el respeto a la libertad prevalecía sobre las exigencias de la ley. De esta forma, había riesgo de que cada moralista «hiciera –como suele decirse– de su capa un sayo», deslizándose hasta el laxismo, que la autoridad papal no tardó en condenar. En honor de la verdad, hay que decir que no llegaba a los dedos de una mano el número de los teólogos laxistas.
En el siglo xvii, de la mano del jansenismo*, triunfó el sistema moral conocido por el nombre de probabiliorismo, según el cual, en casos dudosos, debía prevalecer la fuerza de la ley, a no ser que las exigencias de la libertad fueran mayores. Finalmente, en el siglo xviii, llegó a prevalecer el equiprobabilismo, sistema intermedio entre el probabilismo y el probabiliorismo y que, como lo muestra su etimología (*aequus* = igual), pone, más o menos, al mismo nivel, las demandas de la ley y los derechos del individuo, como sucede en el caso que puse al principio sobre el aborto.

CÁTAROS (cf. tamb. *Albigenses*) Este vocablo procede del gr. *kátharos* = puro, y se aplica a ciertos grupos que, con diferentes nombres, han abogado por la pureza de vida a lo largo de la historia de la Iglesia. El grupo más importante surgió en Alemania en el siglo xii. En otros países de Europa, dicho vocablo se aplicó a los albigenses.
El siglo xi, *siglo de los monjes y los caballeros* según la afortunada expresión de Georges Duby, es también el de los predicadores espontáneos seguidos por muchedumbres vestidas de oropeles, el de los movimientos populares que se burlan de las supersticiones y los abusos de la Iglesia feudal, el de los hambrientos de Evangelio que denuncian la idolatría del culto a las reliquias, esos pequeños fragmentos de hueso engastados en oro y pedrería, o el de las estatuas de madera pintada en las capillas. Se denosta, se critica, se reclama. El siglo xi es también el de constatación religiosa, espiritual y anticlerical* al mismo tiempo: el de *herejes*. Los cátaros «no se preocupaban» de la eucaristía católica, o se burlaban de ella como de una práctica supersticiosa, según la tradición ya secular de los herejes del Año Mil. La salvación del alma, para ellos, no consistía en un pedacito de pan tragado por un moribundo antes de pudrirse con él, luego, bajo tierra, de acuerdo con las palabras de Guilhem Bélibaste, el último *Buen Hombre* occitano conocido.
La Iglesia católica temió su número creciente y les declaró la guerra. El rey de Francia se alistó en la misma y la ganó. Pero la Iglesia obtuvo de

ella el inmenso beneficio de tener las manos libres para actuar, en un escenario limpio ya, con el fin de eliminar definitivamente la herejía en Languedoc y asegurar su imperio espiritual y moral sobre un pueblo cristiano bien encuadrado. «El espíritu de cruzada, nacido con el aliento de la Reforma gregoriana y reavivado en el siglo XII por el Císter, Bernardo de Claraval* y las órdenes militares –Templarios, Hospitalarios– inculcó en las conciencias cristianas el tema de la violencia justa y de la guerra santa. Si es lícito matar al infiel para complacer a Dios, si es cierto que *Dios lo quiere*, probablemente Dios quiera también que se haga callar al hereje. De buen grado o por la fuerza» (Anne Brenon, p. 172).
Como el resumen doctrinal de esta secta ha sido expuesto en el art. Albigenses, no creo necesario para los lectores extenderme en más detalles sobre la misma.

Bib. Anne Brenon, *La verdadera historia de los cátaros. Vida y muerte de una Iglesia ejemplar* (Martínez Roca, Barcelona 1997); Emilio Mitre y Cristina Granda, *Las grandes herejías de la Europa cristiana* (Istmo, Madrid 1999); André Nataf, *El milagro cátaro* (Ed. Bruguera, Barcelona 1976); Otto Rahn, *La corte de Lucifer. Cátaros y albigenses* (Rigal, Zaragoza 1993).

CATECISMO Para ver la importancia que siempre han tenido los catecismos, es bueno recordar lo que dice M. Lutero en el prólogo de su *Catecismo Breve* (1529): «Todavía tengo que leer y estudiar el catecismo diariamente. Sin embargo, no puedo dominarlo como quisiera, sino que tengo que seguir siendo niño y discípulo del catecismo, y lo hago con gusto». Cada uno de los creyentes podríamos, y deberíamos, decir lo mismo.
En la Iglesia oficial, estaban las distintas fórmulas de fe, acuñadas en el Concilio I de Nicea (325) y en el I de Constantinopla (381), además de las distintas variantes que circularon del llamado Símbolo Apostólico o Credo de los Apóstoles. En un principio, la Iglesia se preocupó de que los convertidos recibieran una buena instrucción religiosa durante el catecumenado*, pero, al introducirse la práctica del bautismo infantil, decayó el interés de la Iglesia por dicha formación, aunque nunca se extinguió del todo. En la realidad, el conocimiento profundo y detallado de las verdades cristianas se convirtió muy pronto en patrimonio exclusivo de teólogos y monjes. Y así continuó durante la Edad Media, con la consiguiente ignorancia religiosa por parte del común de los fieles, hasta el tiempo de la Reforma.
Fue precisamente M. Lutero uno de los primeros en escribir catecismos, a fin de acabar con la ignorancia reinante en Sajonia. Sus catecismos, el Breve y el Largo (1529), están redactados en forma de preguntas y respuestas, conteniendo de forma clara las verdades esenciales de la fe cristiana, con detenimiento especial en el Decálogo, el Credo de los Apóstoles, el Padrenuestro y los sacramentos. Por este tiempo, y aun antes de Lutero, proliferaron en Alemania y en otros países manuales de enseñanza religiosa, a medida que los pastores mismos producían sus catecismos. Pero mucho más importante es el *Catecismo de Heidelberg* (1563), notable por ser un manual predominantemente calvinista, pero con los elementos luteranos suficientes para ser considerado como «una feliz mezcla de la precisión y extensión calvinista con el calor y la humanidad luteranos», en frase de W. A. Curtis.
Incluso la Iglesia de Roma quiso emular la producción de los protestantes y surgieron catecismos como el del jesuita Pedro Canisio (1555) para uso de todos los fieles, y el del Concilio de Trento (1566) para los párrocos. En 1968, los obispos holandeses dieron su aprobación a *Un Nuevo Catecismo,* que causó gran sensación y fue traducido a gran número de idiomas, aunque no era realmente «un Nuevo Catecismo» en el sentido normal. Recientemente (1991), el papa Juan Pablo II recomendó el uso de un *Nuevo Catecismo de la Iglesia Católica,* que sustituye al del Concilio de Trento y le aventaja con mucho por su riqueza en elementos escriturísticos, patrísticos y teológicos e incluye nuevas fórmulas para la administración de los sacramentos.
También los cristianos reformados se dieron prisa a preparar catecismos. El de Juan Calvino en Ginebra (1541) ejerció gran influencia en todas las iglesias de formación calvinista. Claramente calvinistas son los *Catecismos de la Asamblea de Westminster* (1647), el Breve y el Largo, que pronto desplazaron a todos los demás en las Iglesias Reformadas Presbiterianas.
En el mundo de la Ortodoxia grecorrusa, el metropolitano de Kiev Pedro Mogilas produjo (1640) en forma de catecismo la «Confesión Ortodoxa de la Católica y Apostólica Iglesia Oriental», que llegó a ser la norma en Oriente hasta que, en 1823, el también metropolitano de Kiev Filaret compiló el Catecismo Cristiano de la Iglesia Católica Ortodoxa Oriental Greco-Rusa.

Bib. *Catecismo de Heidelberg* (1563, Barcelona 1963); Gerald Nyenhuis, *Comentario sobre el Catecismo de Heidelberg* (Desafío, Grand Rapids); A. Ropero, *Doctrinas básicas para nuevos creyentes. Catecismo evangélico* (CLIE, Terrassa 1999).

CATECÚMENO, CATECUMENADO

Catecúmeno es vocablo introducido en el cast. a mediados del siglo XIII y se deriva del vb. gr. *katejéin* = resonar, instruir de viva voz; y éste, del sust. *éjos* = sonido, eco. Con el nombre de catecúmeno se conocía en la Iglesia primitiva a los que se convertían al cristianismo. Cuando se comprobaba que una persona convertida creía en Jesucristo y quería vivir cristianamente, se le instruía en la fe y la moral cristianas, de forma que, al recibir el bautismo, manifestara un compromiso consecuente con la fe que había profesado. En un principio, el periodo de catecumenado duraba de uno a tres años y terminaba con un examen y una disciplina rigurosos durante la Cuaresma. Cuando una iglesia era pequeña y poco numerosos los convertidos, esa disciplina incluía el exorcismo* del catecúmeno, el ayuno y una noche completa en vela en el sábado anterior al domingo de Resurrección, que era el día más indicado para recibir el bautismo.

Bajo el reinado de Constantino el Grande (306-337), al ser favorecido el cristianismo por los poderes públicos, el número de convertidos creció y, al ser muchos los catecúmenos, se redujo el periodo de preparación, limitándose muchas veces al periodo de la Cuaresma. La instrucción comprendía el conocimiento de las enseñanzas del Credo de los Apóstoles, que había de aprenderse de memoria, y el exorcismo usual. Al comenzar la práctica de bautizar a los niños pequeños, éstos eran traídos a la iglesia durante la Cuaresma para ser exorcizados y orar por ellos antes de ser bautizados igualmente en el domingo de Resurrección. Estos preparativos con los niños duraron poco tiempo, porque sin tardar mucho se introdujo la práctica de bautizar a los niños pocos días después de su nacimiento y así ha seguido hasta nuestros días en la Iglesia de Roma. Recientemente se ha puesto mayor énfasis en la instrucción de los padres. Otras iglesias, de las que bautizan a niños (y, en algunas partes, también en la Iglesia de Roma), los niños tienen clases de instrucción religiosa antes de recibir la confirmación*.

Bib. Cirilo de Jerusalén, *El fluir del Espíritu. Catequesis bautismales* (CLIE, Terrassa 2001); Gregorio de Nisa, *La gran catequesis* (Ciudad Nueva, Madrid 1994).

CATEGORÍA

El adj. categórico entró en el cast. en 1490, pero el sust. categoría no entró hasta el año 1611, procedente del gr. *kategoría* = calidad que se atribuye a un objeto, por lo que llegó a significar la condición social de un sujeto en comparación con otros. Categoría y categórico vienen del vb. *kategoréin* = afirmar, atribuir y, primordialmente, acusar. Este es el significado del vb. gr. las 23 veces que ocurre en el NT. Por lo mismo, las tres veces que ocurre *kategoría* significa acusación, y las 5 que sale *katégoros*, acusador. Todavía ocurre una vez en forma abreviada (*katégor*) en Ap. 12:10. El vb. *kategorein* es un derivado del simple *agoréuein* = hablar, cuyo parentesco con argüir, del lat. *argúere*, salta a la vista.

En el decurso del art. veremos las implicaciones que el vocablo categoría, en su sentido de «calidad que se atribuye a un objeto», tiene con la teología. Pero, ante todo, nos urge conocer lo que significa en filosofía pura. Conforme al sentido de afirmar o atribuir que hemos mencionado antes, el término categoría significó ya en Aristóteles* (como después en la escolástica y en Kant) los diversos modos de expresar y enunciar. Y, como el objeto más universal que pueda enunciarse es el «ser», el término sirve también para enunciar los distintos modos del ser. Como esos mismos significados de afirmar y atribuir se hallan en el vb. lat. *praedicare* (cf. *Predicado*), su parentesco con *kategoréin* es notorio.

Ahora bien, las afirmaciones o negaciones no afectan en lógica a los términos sueltos, sino a los juicios. Por ej. si yo concibo la idea de «blancura» no puedo emitir ningún juicio, porque no hay término de comparación; pero si la concibo como algo atribuido a un caballo, puedo emitir el siguiente juicio: «este caballo es blanco», con lo cual enuncio la idea de «blancura» atribuida a un «caballo» determinado, que pasa así a ser el sujeto del que se predica la blancura.

Los modos de predicar y de ser son tantos cuantos caben en los distintos géneros y especies, todos ellos bajo la universalidad trascendente del mismo ser, resultando superiores o inferiores en la escala del ser en la medida en que tengan mayor o menor extensión*, con lo cual tendrán menor comprensión* y viceversa. P. ej. descendiendo del concepto de «ser» lo más genérico que hallamos es la sustancia* como distinta del accidente*. Así, pues, el concepto de sustancia, como el de accidente, son los más genéricos posibles y, por tanto, los más extensos, pues incluyen respectivamente todo lo que no sea accidente o sustancia. Pero también son, según lo dicho anteriormente, los que menor comprensión tienen, pues, aparte de la nota generalísima de «ser», sólo contienen también respectivamente la de sustancia o la de accidente. Al llegar aquí, debemos descartar los seres que sólo conocemos por la revelación, como son los ángeles.

Consideración especial merece el concepto de categoría aplicado a Dios. Como Dios es el Ser infinitamente perfecto, por lo cual encierra en sí toda perfección posible, tenemos un caso único en que la comprensión es igual a la extensión. Es decir, en Dios el ser, que es lo más «extenso», es también lo más rico en notas de perfección, esto es, en «comprensión». Y, como el «ser» no es un género, sino que trasciende a todos los géneros y especies, el Ser de Dios es infinitamente «transcendente». Él es el «totalmente otro», excepto en el concepto mismo de *ser*, al cual sólo se opone la nada (cf. *Barth, Karl*).

Las categorías, pues, con toda la escala de géneros subordinados hasta llegar a la especie ínfima dentro del género animal, que dividido en racional e irracional, ya no admite menor extensión (ya que, por debajo, sólo se hallan los individuos particulares), forman el reino de los conceptos categoriales o predicamentales, y a los grados existentes en dicho reino se les llama también grados metafísicos, porque se conocen mediante una abstracción*, por la que nuestra mente penetra hasta el fondo esencial de las cosas, trascendiendo las manifestaciones fenoménicas del orden físico.

Todo esto tiene vigencia dentro del concepto escolástico de categoría, que es el de un realismo moderado (en contraposición al realismo absoluto de Platón), pero el término categoría tiene un matiz diferente en un idealismo (cf. *Idealismo, Kant*) como el del sistema filosófico de Manuel Kant. Según Kant, la mente humana no puede alcanzar de ningún modo la esencia de las cosas (el *nóumeno*), sino sólo lo que aparece a los sentidos (el *fenómeno*). Pero Kant entendió que, siendo los fenómenos *particulares*, no podían servirnos, por sí solos, para conocer las cosas, pues nuestros conceptos de las cosas son *universales*. Para compaginar la particularidad del objeto con la universalidad del conocimiento, Kant ideó sus categorías, que de las doce formas de enunciar un juicio, deben ser también doce: (1) La categoría de cantidad incluye tres: unidad, pluralidad y totalidad; (2) La de cualidad, otras tres: realidad, negación y limitación; (3) La de relación, otras tres: inherencia, causalidad y reciprocidad de acción; (4) Y la de modalidad, otras tres: posibilidad, existencia y necesidad. Como se puede ver, Kant destaca únicamente cuatro de los nueve accidentes de Aristóteles, porque los otros cinco tienen que ver con el espacio o el tiempo, los cuales no son realidades objetivas, sino «intuiciones innatas» en las que pueden situarse los fenómenos que tienen que ver con lo espacial y lo temporal. Es cierto que Kant concede a sus categorías una validez objetiva, pero esta validez, por principio, no puede afectar a la cosa en sí, sino sólo a la cosa como «fenómeno». Por eso, sus categorías no señalan una diferencia entre las cosas mismas, sino entre los distintos modos en que se flexiona el ser. P. ej., si a la pregunta «¿qué es esto?», se responde: «un objeto grande», se comete una estupidez, pues, aparte de la verdad o falsedad del juicio, la pregunta se sitúa en la categoría de sustancia al decir es, y la respuesta se sitúa en la categoría de cantidad al decir grande. Por otra parte, comoquiera que Dios no puede entrar en el sistema de Kant (no hay *fenómeno* que pueda detectarlo), tuvo que negar la posibilidad de conocerle por medio de la pura razón, sino sólo como postulado de la razón práctica.

Lo que venimos diciendo de las categorías nos convence una vez más de que sólo el realismo moderado aristotélico-tomista puede darnos una explicación adecuada de nuestro conocimiento real de las cosas, porque subordina el pensar al ser, no viceversa.

CATEQUISTA Como el vocablo catequista (que entró en el cast. a primeros del siglo XVII) es de la misma raíz que catecismo* y catecúmeno*, es obvio su significado: «alguien que instruye a otros en la fe cristiana». En la Iglesia primitiva, catequista era la persona encargada de enseñar a los catecúmenos las verdades fundamentales de la fe y de la moral en el periodo preparatorio para el bautismo. Al presente, tanto en la Iglesia de Roma como en las Iglesias surgidas de la Reforma, el oficio de catequista es desempeñado por personas que no pertenecen al ministerio específico, a no ser que la congregación sea pequeña y no haya personas con la dedicación y la competencia suficiente para ejercer este ministerio, en cuyo caso los propios pastores hacen de catequistas. Al surgir de nuevo en países de misión el catecumenado en la Iglesia de Roma después del C. Vaticano II (1962-1965), el catequista es, de ordinario, el propio misionero.

CATOLICIDAD Este vocablo designa una de las cuatro *notas* o *señales* de la verdadera Iglesia. Las otras tres, que son tratadas en sus respectivos lugares, son la unidad, la santidad y la apostolicidad.
En la época postapostólica, esta «nota» señalaba el hecho de que la Iglesia cristiana es una sociedad universal por su extensión y su destino (dar testimonio de Cristo hasta los últimos confines del orbe) y se sostenía sobre la unidad de la misma fe, del mismo bautismo y de la misma misión en el mundo. Así, hacia el año 112, Ignacio de Antioquía escribía en su carta a los esmirneos: «Dondequiera que está Cristo, allí está la Iglesia católica».
Pero cuando surgieron las herejías (cf. *Herejía*), y también los cismas (cf. *Cisma*), con el quebranto de la unidad iba unido el quebranto de la catolicidad. Hizo, pues, falta echar mano de otros criterios para establecer el concepto de catolicidad. Hasta entrado el siglo v, la autoridad de las Escrituras y el consenso de los escritores eclesiásticos parecía suficiente criterio para discernir la catolicidad de cualquier comunidad eclesial. Pero, como cada grupo herético o cismático comenzó a interpretar a su gusto las Sagradas Escrituras, Vicente de Lérins (m. a mediados del siglo v) redactó en 434 su famoso *Commonitorium*, en cuyo punto 2 propuso como criterio de la catolicidad «lo que todos han creído en todo lugar y siempre», esto es, como él mismo dice, «siguiendo la universalidad ("en todo lugar"), la antigüedad ("siempre") y el consenso unánime ("lo que todos han creído")».
Sin embargo, en la práctica, este criterio del *Commonitorium* servía de poco, ya que, para entonces, grandes grupos de la Iglesia, de doctrinas diametralmente opuestas (pelagianos y dualistas, anomeos y homousianos, monofisitas y nestorianos), habían sido condenados (a veces, injustamente) por los padres conciliares. Y, en último término, prevaleció como criterio más firme la decisión de la Sede romana. En esta forma, el propio *Commonitorium Lirinense* excluye de la catolicidad a grandes grupos del protestantismo y de la Ortodoxia. Y, en consecuencia, Bonifacio VIII (1294-1303) pudo definir: *Extra Ecclesiam, nulla salus* = Fuera de la Iglesia no hay salvación. Por supuesto, el papa entendía por «Iglesia» únicamente la de Roma. No hace mucho (lo consigno como dato curioso), el teólogo católico holandés E. Schillebeeckx (n. en 1919) ha dicho que es menester volver del revés la definición de Bonifacio VIII y afirmar: *Extra salutem, nulla Ecclesia* = Fuera de la salvación no hay Iglesia. El teólogo católico suizo-alemán H. Küng (n. en 1928) es del mismo parecer. Esto significa, en mi opinión, que si este criterio llegase a ser oficialmente el de la Sede romana, lo cual es muy probable, la Iglesia de Roma renunciaría a su eslogan de *Semper éadem* = Siempre la misma, y estaría en vías de ser una Iglesia Reformada. Lástima que ese consenso ecuménico se lograría a costa de la ortodoxia tradicional, pues dichos autores sostienen doctrinas modernistas.

CATOLICISMO Puesto que tanto los anglocatólicos como los ortodoxos grecorrusos se llaman a sí mismos católicos, desde el presente art. en adelante, al hablar de catolicismo me referiré únicamente al catolicismo romano. Con este título designamos las comunidades eclesiales que, unidas por los mismos dogmas, los mismos sacramentos y bajo una misma jerarquía eclesiástica, están unidas en plenitud con la Sede romana. Digo «en plenitud» porque el C. Vaticano II en su *Constitución Dogmática* sobre la Iglesia *Lumen Gentium*, punto 8, declara acerca de la Iglesia católica: «Esta es la única Iglesia de Cristo. Esta Iglesia, establecida y organizada en este mundo como una sociedad, subsiste en la Iglesia católica, gobernada por el sucesor de Pedro y por los Obispos en comunión con él, si bien fuera de su estructura se encuentren muchos elementos de santidad y verdad que, como bienes propios de la Iglesia de Cristo, impelen hacia la unidad católica». Al final del punto 13, añade lo siguiente: «Todos los hombres son llamados a esta unidad católica del Pueblo de Dios, que simboliza y promueve la paz universal, y a ella pertenecen o se ordenan de diversos modos, sea los fieles católicos, sea los demás creyentes en Cristo, sea también todos los hombres en general, por la gracia de Dios llamados a la salvación».
Y, desde el punto 14 hasta el 16, el Concilio va explicando en detalle: Pertenecen de algún modo a la Iglesia católica: (1) los ortodoxos y protestantes –por ese orden– (los demás creyentes en Cristo); (2) los judíos, los musulmanes, budistas, etc., hasta llegar «a quienes sin culpa no han llegado todavía a un conocimiento expreso de Dios –los ateos– y se esfuerzan en llevar una vida recta, no sin la gracia de Dios» (todos los hombres en general).
Juan XXIII, en el Discurso con que inauguró solemnemente el C. Vaticano II (11 de octubre de 1962), hacia el final del punto 14, dijo: «Una cosa es el depósito mismo de la fe, es decir, las verda-

des que contiene nuestra venerada doctrina, y otra la manera como se expresa; y de ello ha de tenerse gran cuenta, con paciencia, si fuese necesario, ateniéndose a las normas y exigencias de un magisterio de carácter prevalentemente pastoral». En virtud de este principio, muchos documentos del Concilio echaron por tierra anteriores documentos papales o, incluso, conciliares. P. ej., en la Declaración *Dignitatis Humanae* sobre la Libertad Religiosa, el C. Vaticano II dice hacia el final del punto 3: «Se injuria, pues, a la persona humana y al mismo orden que Dios ha establecido para el hombre si se niega a éste el libre ejercicio de la religión en la sociedad, siempre que se respete el justo orden público». La votación de este Decreto (7 de diciembre de 1965) arrojó el siguiente resultado: 2.308 votos a favor, 70 en contra y 6 votos nulos –quizás, por cansancio de algunos votantes de avanzada edad–. Por ahí se ve que al menos 70 obispos vieron en el documento una contradicción con la *Encíclica Mirari vos* de Gregorio XVI (1832). No me cabe duda de que los 2.308 que votaron a favor se daban perfecta cuenta de la aparente contradicción entre ambos documentos, pero decidieron votar afirmativamente en virtud del principio, ya dominante desde mediados del siglo xx, de la evolución dogmática de la doctrina de la Iglesia, sin la cual el cuerpo doctrinal de la Iglesia se convertiría en un fósil inerte.

Hasta qué punto es legítimo dicho proceso evolutivo, es muy difícil de determinar. Pero lo cierto es que, desde la frase de Ignacio de Antioquía, anteriormente citada, pasando por el *Commonitorium* de Vicente de Lérins y por la teoría de John H. Newman* sobre el crecimiento interior de la verdad revelada, hasta el citado documento conciliar, los *evolucionistas* citados han triunfado.

Los cambios más notables introducidos por el C. Vaticano II, además de los ya citados, son los siguientes: (A) El Vaticano I, con numerosos precedentes que datan de León I el Grande, confirió tal relevancia al papel del papa como supremo pastor de la Iglesia, que dejó muy poco lugar para el poder de los obispos. En cambio, el Vaticano II ha puesto de relieve la colegialidad de los obispos, aunque siempre bajo la cabeza del papa. (B) Señales visibles de esa preeminencia papal, también puestas de relieve en el Vaticano I, con precedentes que llegaban hasta la Edad Media, eran la tiara papal, de distinta forma que la mitra episcopal, y rodeada de tres coronas que simbolizaban el poder del papa como Vicario de Cristo, como rey de los Estados Pontificios y como soberano de los reyes de la tierra (aunque con potestad indirecta sobre las cosas temporales) y, algún tiempo después, la llamada «silla gestatoria», en la que el papa era conducido en alto a hombros de funcionarios del Vaticano. Todavía Juan XXIII se dejó llevar en la silla gestatoria, aunque con repugnancia explícitamente manifestada, y usó la tiara sólo en solemnes ocasiones. Pablo VI la usó, que yo recuerde, sólo en su coronación. Después, conforme al espíritu del Vaticano II, ni Juan Pablo I ni Juan Pablo II aceptaron ser coronados con la tiara, usando siempre la mitra. (C) En cuanto a los sacramentos, el Vaticano II, sin acabar con la jerarquía de orden ni de jurisdicción, ha reconocido que todos los bautizados participan de algún modo en el sacerdocio de Cristo, cosa que antes del Vaticano II jamás se escuchaba. (D) En cuanto al culto y veneración de la Virgen María, aunque el Vaticano II mencionó explícitamente los dogmas marianos: la perpetua virginidad de María, generalmente reconocida en el siglo IV, su maternidad divina, definida en Éfeso (431), su concepción inmaculada, definida por Pío IX (1854) y su ascensión corporal a los cielos, definida por Pío XII el 1 de noviembre de 1950, los padres conciliares, por abrumadora mayoría, se negaron a tratar la mariología junto con la cristología y consiguieron que se incluyera en la eclesiología (cap. VIII de la *Lumen Gentium*), recalcando, ante todo, el papel de María como «figura de la Iglesia» por su fe, como Abraham lo había sido como padre espiritual de los creyentes. (E) Finalmente, en cuanto a la Biblia, el Vaticano II recomendó vivamente a todos la lectura y el estudio de las Escrituras en las lenguas vernáculas, pero no concedió el *sola Scriptura* de la Reforma, pues añadió el peso de la Tradición, como lo dice la Constitución Dogmática sobre la Revelación *Dei Verbum* al final del punto 7: «Para que este Evangelio se conservara siempre vivo y entero en la Iglesia, los Apóstoles nombraron como sucesores a los Obispos, "dejándoles su cargo en el magisterio" (S. Ireneo, *Adversus haereses*, III, 3,1). Esta Tradición con la Escritura de ambos Testamentos, son el espejo en que la Iglesia peregrina contempla a Dios.» Y al comienzo del punto 12 añade: «La Escritura se ha de leer con el mismo Espíritu con que fue escrita; por tanto, para descubrir el verdadero sentido del texto sagrado hay que tener muy en cuenta el contenido y la unidad de toda la Escritura, la Tradición viva de toda la Iglesia, la analogía de la fe». Ni que decir tiene que, a pesar de la «apertura» intentada por el Vaticano

II, los evangélicos no podemos estar de acuerdo con casi ninguna de sus declaraciones sobre los puntos mencionados.

Bib. Autores catolicorromanos: E. Denzinger, *El magisterio de la Iglesia* (Herder, Barcelona 1963, 3ª ed.); L. Ott, *Manual de teología dogmática* (Herder, Barcelona 1962); René Latourelle, ed., *Vaticano II. Balance y perspectivas* (Sígueme, Salamanca 1990).
Autores protestantes: J. H. Armstrong, *Un escrutinio de Roma* (Portavoz, Grand Rapids 1995); José Grau, *Catolicismo romano. Orígenes y desarrollo*, 2 vols. (EEE, Barcelona 1987); D. Honeycutt, *Catolicismo Romano* (EMH, El Paso 1995); Hugo P. Jeter, *Catolicismo romano* (CLIE, Terrassa 1994); F. Lacueva, *Catolicismo romano* (CLIE, Terrassa 1972); J. G. McCarthey, *Conversaciones con católicos* (Portavoz, Grand Rapids 1997); *–El Evangelio según Roma* (Portavoz, Grand Rapids 1996).

CATOLICISMO LIBERAL (cf. tamb. *Modernismo teológico*) A consecuencia de la Revolución Francesa de fines del siglo XVIII, y del liberalismo europeo del siglo XIX, se formó en la Iglesia católica una corriente liberal que, por largo tiempo, ha venido luchando contra el conservadurismo tradicional. Las características de este liberalismo católico se detectan mejor a través del carácter de sus principales promotores.

Puede afirmarse que el pionero de esta corriente fue el sacerdote francés H. F. Robert de Lamennais (1782-1854), promotor de una nueva Apologética. Según él, la religión católica no debe primordialmente su evidencia a los milagros ni a las profecías, sino a su capacidad de perpetuar las creencias que la humanidad ha encontrado como esenciales para una vida social justa y bien ordenada, como son el monoteísmo, la diferencia entre el bien y el mal, la inmortalidad del alma y la retribución correspondiente en la vida venidera. La razón basta para darnos testimonio de esas creencias y, de ese modo, la sociedad es el vehículo de la revelación. Lamennais pensaba que con esas creencias de tal potencial democrático, la regeneración social de Europa se obtendría mediante un rejuvenecimiento del catolicismo. Fue condenado por Gregorio XVI en su Encíclica *Mirari vos* de 1832 y en la *Singulari nos* de 1834.

En 1837, el historiador francés C. R. F. de Montalembert (1810-1870) entró en el parlamento francés con el propósito de «catolicizar a los liberales y liberalizar a los católicos». Consiguió una gran victoria con la votación de la ley Falloux, la cual permitía el desarrollo de un sistema de educación secundaria católica, independiente del sistema estatal. Pero después de la Encíclica *Quanta cura* de Pío IX y la promulgación del *Syllabus* de errores contra la fe católica (ambos en 1864), Montalembert sacó la conclusión de que no era posible ser católico y liberal a la vez.

Las corrientes liberales dentro del catolicismo condujeron a comienzos del siglo XX a una explosión de modernismo, especialmente en el terreno de la exégesis bíblica, donde autores famosos como A. Loisy, G. Tyrrell, Von Hügel. E. Le Roy y M. Blondel* intentaron compaginar la doctrina católica tradicional con los resultados de la crítica moderna. El modernismo fue condenado por Pío X (1907) en el *Decreto Lamentabili* y en la Encíclica *Pascendi regis.*

Bib. R. García de Haro, *Historia teológica del modernismo* (EUNSA, Pamplona 1972); Gonzalo Redondo, *La Iglesia en el mundo contemporáneo (1775-1939)*, 2 vols. (EUNSA, Pamplona 1979); Daniel Rops, *Una crisis del espíritu: el modernismo* (Arbor, t. LVI, Madrid 1963).

CAUSA, CAUSALIDAD El vocablo causa entró en el cast. el año 1251, procede directamente del lat. *causa, ae* y tiene el mismo sentido que en cast. Como hace notar el Diccionario VOX de la Lengua Castellana, hay aquí una doble etimología del lat. (*causa* = cosa, de causa, *ae*). Fue Aristóteles* el primero en tratar de este tema, el más importante de la filosofía, ya que *saber* significa conocer el porqué de las cosas, lo cual requiere demostrar la esencia de las cosas mediante el conocimiento de sus causas, que son los principios del ser. Por eso, en la filosofía escolástico-tomista, se llama causa a todo principio del ser, del que depende de alguna manera la existencia del ente contingente, es decir, de todo lo que no es Dios, el cual no puede ser causado de ningún modo, siendo Él mismo la Causa primera de todo lo creado. Por tanto, la causalidad (influjo de una causa) es la *razón de ser* de lo causado, pero no se puede decir, a la inversa, que toda «razón de ser» denote una clase de causalidad, pues también Dios tiene su «razón de ser» por identidad necesaria, mientras que causa y causado nunca pueden ser idénticos, por existir entre ambos una relación de dependencia.

He dicho que Dios es la Causa primera. Por eso, a todas las demás causas se las llama causas segundas. No debe confundirse Causa primera con causa principal. Esta última es una variedad de la causa eficiente, la cual puede obrar directamente sin ayuda de algo exterior, pero también puede usar como instrumentos (causa instrumental), no sólo los distintos miembros de su cuerpo, sino también todos los elementos útiles de la creación artesana (p. ej. carpintería) y artística (p. ej. ebanistería). Así que la causa instrumental no es activa por sí misma, sino mediante la causa principal que la mueve y la conduce, teniendo siempre en cuenta que todas las causas segundas, lo mismo que sus efectos y sus relaciones causales, dependen en su mismo ser de la acción creadora, conservadora y cooperadora de la Causa primera.

Contra Hume*, afirmamos que el concepto de causa eficiente no se basa en una mera sucesión regular de fenómenos en conexión interna, ni tampoco se reduce (contra Kant) a una pura categoría del entendimiento, sino que tiene su misma base en el testimonio de nuestra propia conciencia psicológica, mediante la cual nos experimentamos a nosotros mismos como causa eficiente de nuestros propios actos.

Por otra parte, el influjo real sobre el efecto distingue a la causa de la condición* *sine qua non*, la cual es indispensable para la producción de un ente, pero no influye sobre lo causado. P. ej., la luz me es necesaria para poder escribir, pero no es causa de mi acción de escribir.

Hasta ahora, sólo hemos mencionado la causa eficiente. Pero, en la filosofía aristotélico-tomista, las causas son de cuatro clases: material, formal, eficiente y final. La causa material es la materia, es decir, aquello de lo cual algo está hecho; p. ej. la madera de la que está hecha la mesa que tengo delante de mí. La causa formal es la forma, no la manera de hacer algo, sino lo que hace que un ente sea lo que es; p. ej. el diseño que el carpintero tuvo en mente cuando se propuso hacer una mesa y no una silla o una cama, etc. La causa eficiente, como ya hemos explicado, es el agente que produce el efecto, ya sea por sí solo o usando un instrumento exterior; p. ej. el carpintero, que se vale de la sierra, el escoplo, el martillo, etc. (causa instrumental) para hacer la mesa. La causa final es el objetivo que el agente ha tenido en mente al hacer algo; p. ej. una mesa que sirva para escribir, para comer, para adorno (ebanistería), para ganar dinero si la hace por encargo de otra persona, etc. Si se recuerda lo que he dicho de la causa formal, se verá que la causa formal y la causa final coinciden muchas veces.

Conforme a lo que acabo de decir, las causas mencionadas se dividen en causas intrínsecas y causas extrínsecas. Intrínsecas son la material y la formal, porque ellas son las que constituyen, según el hilemorfismo*, el ente total de un cuerpo: la materia, recibiendo la forma y sosteniéndola en el ser; la forma, determinando la materia (de suyo, indefinida) y confiriéndole el modo de ser específico, a fin de que el todo resultante sea eso (p. ej. una mesa) y no otra cosa cualquiera. Extrínsecas son la eficiente y la final, porque ellas no entran a formar parte del objeto hecho, sino que actúan desde fuera: la eficiente (causa en sentido estricto) que, por su acción, produce un ente que, por ello, recibe el nombre de efecto; p. ej. el carpintero (*causa*) que hace una mesa (*efecto*). La final, porque, conforme al principio de finalidad*, toda acción está determinada por un fin, cuyo valor conocido y querido atrae a la causa eficiente moviéndola a obrar; p. ej. el dinero que se cobra por hacer una mesa para alguien. También puede ser el fin propuesto por Dios, como Creador de todo, a su acción naturalmente necesaria. En otras palabras, el fin (causa final), considerado como aquello por lo que un ente existe, es causa extrínseca de éste, pues toda acción divina trasciende infinitamente la potencia activa y los principios de todo ser creado.

A las cuatro causas clásicas, ya expuestas, se añadió luego la causa ejemplar o modelo arquetípico, que, en cuanto forma exterior a cuya imagen algo es hecho, puede reducirse a la causalidad formal, según lo que dije al mencionar como causa formal el diseño que el carpintero tiene en mente cuando se propone hacer una mesa y no otra cosa cualquiera.

Un caso especial del principio de causalidad es lo que se llama principio del movimiento, según la filosofía aristotélico-tomista. «Todo lo que se mueve –dice Aristóteles– se mueve por obra de otro.» Para entender bien este principio es menester tener en cuenta los siguientes datos de la metafísica: (1) Por «movimiento» se entiende, no la traslación de un objeto de un lugar a otro, sino el pasar de la potencia al acto, esto es, del no ser al ser, o del ser a una mayor plenitud del ser. (2) Para pasar del no ser (la nada) al ser (a ser un ente existente), se necesita la acción del Ser Infinito y Necesario. (3) Para pasar del ser a una mayor plenitud del ser (a un enriquecimiento ontológico del ser), es muy discutible (contra el tomismo) que el ser (el ente existente) necesite de la acción de un agente exterior para cambiar (moverse), pues le bastaría su potencia activa, dados el estímulo exterior o la motivación interior. (4) El principio del movimiento, así explicado, tiene bastante afinidad con la contingencia metafísica del ente (cf. *Contingencia, contingente*), respecto al cual no estoy de acuerdo con Tomás de Aquino en lo de sus cinco vías para demostrar la existencia de Dios.

CAYETANO (cf. *Tomás de Vío*)

CELIBATO (cf. *Sexualidad*)

CÉLULA Es un vocablo que entró en el cast. a mediados del siglo XV y procede del lat. *céllula* = celdita, dim. de *cella* = hueco (lit. *celda*). Por su incidencia en la constitución psicosomática del individuo humano (incluido el cuerpo físico de Cristo), tratar de la célula pertenece, no sólo a la biología (en concreto, a la citología), sino también a la teología. Es un tema técnico, en el que no nos queda más remedio que usar términos técnicos.

La célula, según es un elemento anatómico primordial de los seres vivos, consiste en una masa, generalmente microscópica, el protoplasma, provista de núcleo. Su estructura y sus funciones son muy complejas, y hacen posible de forma primigenia las funciones fundamentales de la vida. Las células viven, ya sea aisladamente (en organismos unicelulares, como la ameba), ya en conjunción unas con otras dando origen a los tejidos orgánicos. Toda vida orgánica está ligada a esta forma de celularidad. Ahora bien, lo celular es una organización elemental y fundamental según una triple modalidad:

(1) Vista temporalmente, la célula es origen de los organismos pluricelulares (en el vegetal, en el animal y en el hombre), tanto a nivel de filogénesis (evolución) como de ontogénesis (todo organismo procede de una célula germinal).

(2) Vista estructuralmente, la célula tiene una formación que se repite en los organismos pluricelulares. En otras palabras, a diferencia de los sistemas inorgánicos (p. ej., en el mineral), la célula germinal se reproduce por reduplicación, proceso que técnicamente recibe el nombre de carioquinesis o cariocinesis.

(3) Vista ontológicamente, la célula es la forma fundamental del ser vivo, incluso en el sentido de constituir, en cada sistema de organización pluricelular, una sección especial con una enorme multiplicidad en cuanto a la forma y sus funciones.

(4) Esto último, lo estrictamente metafísico, que atañe directamente a la constitución del individuo humano, tiene su incidencia en el tema de las formas (la causa formal). Según el hilemorfismo escolástico-tomista, el alma humana es la única forma del cuerpo, que contiene virtualmente, es decir, como potencia activa, todas las formas de los elementos minerales y vegetales del organismo; p. ej. en nuestro organismo hay hierro, sodio, yodo, proteínas, etc., pero el alma es la única forma (causa formal) de que el hierro, p. ej. sea hierro vivo, etc. En cambio, según los sistemas no hilemorfistas, además del alma como forma primordial, que da el ser, la unidad, el movimiento, etc., al cuerpo, hay una multiplicidad de formas específicas secundarias, según los distintos elementos minerales y vegetales del organismo, ya mencionados.

CENA DEL SEÑOR Este es el título (gr. *kuriakón deopnon*) que recibe en 1 Co. 11:20. El vocablo *cena* entró en el cast. a mediados del siglo XII y procede del gr. *koiné* = común, por ser la única comida del día que se tomaba en común (como familia) a media tarde, siempre antes de la puesta del sol, pues con ésta comenzaba para los judíos el día siguiente. En 1 Co. 10:21, se la llama «mesa del Señor» (*trápeza Kuríou*) en contraposición a la «mesa de los demonios», que es, en realidad, «mesa de los ídolos» (cf. v. 19). Hoy se ha puesto de moda llamarla «Eucaristía» (gr. *eujaristía* = acción de gracias). Los que pertenecemos a denominaciones de origen baptista sostenemos que no hay motivo para dar a la cena (o mesa) del Señor otros nombres que los que le da la Palabra de Dios según el original gr. Tampoco admitimos que se la llame «sacramento», como hacen los católicos romanos, los anglicanos y otras denominaciones. Tanto al bautismo como a la cena del Señor los llamamos «ordenanzas», es decir, los ritos especiales que Jesús ordenó que hiciésemos (haced esto, Lc. 22:19). El apóstol Pablo, en 1 Co. 11:24-25, amplía (según lo recibió del Señor v. 21) la narración de Lucas; así vemos que lo de «haced esto» lo dijo también acerca de la copa, así como que la celebración de la Cena del Señor es como un *recuerdo personal* (gr. *anámnesis*), mediante el cual «proclamamos» (gr. *katangéllete*) que el Señor Jesús «murió, volvió a la vida y vendrá por 2ª vez» (la muerte del Señor proclamáis hasta que venga, lit.).

Así pues, la *última cena* del Señor con sus apóstoles fue la «primera cena» cristiana, allí mismo instituida en el cenáculo del aposento alto. Como cena pascual, sería una comida más grande, con la que se iniciaba la semana de los Panes sin

Levadura (por tanto, no «comulgaron» con pan ázimo –como se ha hecho durante tantos siglos en la Iglesia de Roma). Hay quienes piensan, no sin motivo (cf. Jn. 18:28), que la última cena se celebró un día (o más) antes del día en que el pueblo celebraba la Pascua. Por Jn. 13:1 o 14:31, vemos que la cena se hizo dentro de la ciudad de Jerusalén, que continuó hasta entrada la noche, que la tomaron reclinados a la mesa (no sentados), así como que incluyó vino (no zumo de uva) y que Jesús interpretó los elementos, igual que el padre de familia solía hacer durante la Cena pascual.

Por 1 Co. 11:17-22, vemos que, ya cuando Pablo escribía esta epístola, antes de la Cena del Señor tenía lugar una comida fraternal, que Jud. v. 12 llama ágape = amor, es decir, «comida de amor» que los creyentes mejor situados económicamente preparaban a favor de los más pobres. Tanto Pablo como Judas hacen mención de las irregularidades que ya entonces tenían lugar en dichos ágapes*. También sabemos por Hch. 20:7, y en adelante, que la Cena del Señor se celebraba «el primer día de la semana», es decir, el domingo. A comienzos del siglo II, la Cena del Señor se había separado del ágape*, y las dos partes de la Cena (el pan y la copa) se amalgamaron en una sola acción de gracias. En la *Didajé* (Doctrina de los Doce Apóstoles), documento de comienzos del siglo II, se ordena la acción de gracias (gr. *eujaristía*) del cáliz (lit. copa) antes que la del pan; se da al pan el sentido simbólico de la unidad de la Iglesia y se prohíbe recibir la eucaristía a quienes no hayan sido bautizados en el nombre del Señor (clara alusión a Hch. 19:5), es decir, en la forma autorizada por el Señor (cf. Mt. 28:19). Contra la opinión de muchos evangélicos (conservadores, por supuesto), sostengo que no debe participar de la Cena del Señor quien no haya pasado por las aguas del bautismo. Un esquema conciso, pero suficiente del modo como se celebraba la Cena del Señor, lo hallamos en Justino Mártir (110-167 aprox.); ya entonces, se solía llevar la *comunión* a los enfermos (como si en ellos se cumpliera lo que dice Pablo: «cuando os reunís como iglesia» (1 Co. 11:18).

Peor todavía fue la desviación de la Iglesia oficial cuando, ya en Ireneo (140-202 aprox.) apunta la idea errónea de que la Mesa del Señor se convierte ya en Mesa de sacrificio (cf. *Adv. haer.* 4, 17, 5 y, sobre todo, en 4, 18, 2). De ahí derivará, andando el tiempo, el llamado sacrificio de la Misa conforme ha llegado hasta nuestros días, puesto que el Vaticano II, el 4 de dic. de 1963 (su 1ª. sesión) en la Constitución *Sacrosanctum Concilium* sobre la sagrada liturgia, cap. IIº. punto 47, dice lo siguiente: «Nuestro Salvador, en la última cena, la noche que le traicionaban, instituyó el sacrificio eucarístico de su cuerpo y sangre, con el cual iba a perpetuar por los siglos, hasta su vuelta, el sacrificio de la cruz y a confiar así a su Esposa, la Iglesia, el memorial (lat. *memoriale*) de su muerte y resurrección». Los que se han apartado de la Palabra de Dios en esta materia (Iglesia de Roma, Ortodoxia grecorrusa y Anglocatólicos) discuten sobre el momento de la Misa en que se produce la *consagración* del pan y del vino, es decir, en que comienzan a ser algo sagrado = apartado de lo común como algo santo. La rama occidental de la Iglesia de Roma sostiene que eso ocurre cuando el oficiante pronuncia las palabras «Esto es mi cuerpo» y «Esto es mi sangre» respectivamente, mientras que la rama oriental de dicha Iglesia y la Ortodoxia grecorrusa afirman que eso ocurre durante la epiclesis, esto es, al hacer la invocación del E. Santo sobre los elementos. Los anglocatólicos piensan igual que la Iglesia de Roma.

Otro asunto diferente es qué es lo que las palabras de la consagración producen en los elementos del pan y del vino. En todas las denominaciones nacidas de la Reforma, excepto los anglocatólicos, las palabras «Esto es mi cuerpo» y «Esto es mi sangre», bien entendidas, evocan la fe del que recibe los elementos. Por medio de la fe es como los creyentes cristianos se alimentan del Señor: comen su carne y beben su sangre (cf. Jn. 6:35-58). Pero el pan y el vino no cambian físicamente, sólo son símbolos de realidades espirituales. Los anglocatólicos, la Ortodoxia grecorrusa y la Iglesia de Roma sostienen que, después de las palabras de la consagración, Jesucristo está realmente bajo las especies (= apariencias o accidentes) del pan y del vino. ¿Cómo está? Según los anglocatólicos, misteriosamente. Entre los grecorrusos de la Ortodoxia, la mayoría de sus teólogos afirman también que está misteriosamente, aunque no faltan quienes admiten como probable (no como «dogma») la transubstanciación. En la Iglesia de Roma, el can. 2 de la sesión XIII (11 de oct. de 1551), en su *Decretum de ss. Eucharistia*, proclamó como «dogma de fe» la transubstanciación del modo siguiente (traduzco del lat.): «Si alguien dijere que, en el sacrosanto sacramento de la Eucaristía, permanece la sustancia del pan y del vino juntamente con el cuerpo y la sangre de nuestro Señor Jesucristo, y negare aquella admirable y singular conversión de toda la sustancia del pan en el cuerpo y de toda la sustancia del vino en la sangre, quedando solamente las especies del pan y del vino, conversión que la Iglesia católica llama muy aptamente transubstanciación, sea anatema». Como dichas *especies* del pan están separadas de las del vino, mostrando así un modo de inmolación sacrificial que ya no puede ser sangrienta, porque el Señor resucitado no puede volver a morir, dicha inmolación se llama incruenta = no sangrienta. Además, aunque se supone que el cuerpo y la sangre de Cristo, bajo las especies del pan y del vino, pasan al estómago al «comulgar», no llegan ni al intestino, porque, una vez que se efectúa la digestión, se alteran los alimentos y, por tanto, también el pan y el vino (no se olvide que también el vino consagrado emborracha, y mucho pan consagrado llena el estómago). ¿Qué explicación se da a esto? La siguiente: O reaparece la sustancia que desapareció en la consagración o (menos probable) Dios crea nuevas sustancias que sostengan a los accidentes que quedaron. Otra consecuencia importante de la transubstanciación es que (1) En realidad, el cuerpo de Cristo (bajo las especies) está unido realmente a la sangre, porque es un cuerpo vivo. Lo mismo hay que decir con respecto a la sangre (bajo las especies del vino). Al ser vivo, ese cuerpo ha de tener un alma que le dé el ser un cuerpo humano, no de otro ser cualquiera. En virtud de la unión hipostática, ha de estar allí el sujeto a quien pertenece esa naturaleza humana; ese sujeto es el Hijo: la 2ª Persona de la Deidad. Finalmente, en virtud de la pericóresis intratrinitaria (cf. *Pericóresis*), las otras dos Personas de la Deidad, el Padre y el E. Santo están también en ambos elementos del sacramento. (2) Después del Vaticano II, muchos teólogos católicos de vanguardia, que no admiten la doctrina aristotélico-tomista sobre los accidentes*, tampoco admiten la transubstanciación, y la sustituyen por términos como transignificación: el pan y el vino, sin cambiar físicamente, pasan a significar realidades espirituales.

Durante los ocho primeros siglos de la Iglesia, no se presentó a discusión el tema que acabamos de tratar. Fue en el siglo IX cuando un tal Radberto, bajo la influencia de su época, propicia para hallar en todo algo misterioso y sobrenatural, enseñó que, al pronunciar las palabras «Esto es mi cuerpo, esto es mi sangre», ocurre algo milagroso: Los elementos se cambian realmente en el cuerpo y en la sangre del Señor. Se le opuso un tal Ratramno, quien sostuvo la posición de Agustín de Hipona de que la presencia de Cristo en la Cena del Señor es espiritual. Desde entonces, la enseñanza y la práctica de Roma se orientó en la dirección de Radberto. Todavía en el siglo XI, Berengario se opuso a la transubstanciación y enseñó una forma de transignificación, pero el talante de la Iglesia de Roma no estaba al día con tales enseñanzas, y la doctrina de la transubstanciación fue declarada el año 1059 de fe, aunque el vocablo mismo fue usado por primera vez el año 1215 en el 4º. Concilio de Letrán bajo Inocencio III (1198-1216).

Queda todavía un detalle por tratar respecto al tema que nos ocupa: Supuesto que todos los Reformadores (Lutero*, Calvino*, Zuinglio*, etc.) rechazaron de plano el dogma catolicorromano de la transubstanciación y sostuvieron que nos alimentamos de Cristo por fe, la discordia surgió sobre el modo cómo Cristo está en la Cena del Señor. Zuinglio sostenía (como sostenemos los bautistas independientes) que Cristo está presente «a la mirada de la fe». Calvino decía que, aun cuando el cuerpo vivo de Cristo está realmente sólo en el cielo, su virtud de alimentar espiritualmente llega hasta el *comulgante* por medio del E. Santo, que es omnipresente. Finalmente, Lutero sostenía lo que suele llamarse la companación, es decir, que el cuerpo y la sangre de Cristo están presentes «con, en y bajo» el pan y el vino, sin que éstos cambien físicamente. Usaba el siguiente argumento: «Cristo hombre está sentado a la diestra del Padre. Es así que la diestra del Padre está en todas partes. Luego también está en el pan y en el vino de la Cena del Señor, pero sólo les aprovecha a los que lo reciben por fe».

Bib. Ernest F. Kevan, *La Santa Cena* (IBB, Río Piedras 1988); Alfred Küen, *El culto en la Biblia y en la historia* (CLIE, Terrassa 1994); W. J. Kocking, *La institución y observancia del partimiento del pan en memoria del Señor* (La Buena Semilla, Valence 1975).

CENIZA, MIÉRCOLES DE Se llama así en la Iglesia de Roma al miércoles en que comienza la Cuaresma (del lat. *quadragésima* = cuadragésima, llamada así porque consta de 40 días en los que se solían hacer especiales ayunos y penitencias como preparación para la Semana Santa (la semana que va desde el domingo de Ramos hasta el de Resurrección).

CEREAL, OFRENDA DE (cf. tamb. *Ceremonial, Ley*) Es la oblación de la que trata Lv. 2. De ella trataré en el art. Ceremonial, Ley.

CERTEZA (cf. tamb. *Asentimiento, Evidencia, Seguridad*) Este vocablo procede del adj. cierto, el cual entró en el cast. a mediados del siglo x, del lat. *certus* = decidido, cierto, asegurado, y éste del vb. *cérnere* =decidir.

A nivel de la lógica, la certeza no afecta a los términos mismos de una proposición, sino al juicio. En otras palabras, no puedo decir «estoy cierto de Dios», sino «estoy cierto de que Dios es fiel», «estoy cierto de que su Palabra es verdad», etc. Decir que estoy cierto de esas verdades es lo mismo que decir que estoy seguro de que son una realidad. Por tanto, podemos definir la certeza como «asentimiento seguro, basado en la evidencia de una realidad presente a mi mente». Digo: (1) asentimiento, porque es una afirmación plena de mi yo psicológico, expresada en un juicio; no es una proposición meramente pensada; (2) seguro, es decir, firme, decidido, sin dudar; no es una opinión, la cual no excluye la duda y, por ello, podría ser un asentimiento transitorio; (3) basado en la evidencia de una realidad, porque sólo así goza de una objetividad (realidad exterior a mi mente) que garantiza la verdad del juicio que emito; (4) presente a mi mente, porque sólo así puedo emitir un juicio sobre la realidad exterior a mí. Ahora bien, si no hay suficiente base real para mi asentimiento, mi certeza es meramente subjetiva.

A nivel de la psicología, la certeza es una convicción, pues se considera como una actitud espiritual permanente, no como una actitud pasajera. Pero aquí es menester aclarar ciertos detalles para no llamarse a engaño. Resulta que, de hecho, tenemos certeza inmediata de pocas cosas, aunque son muy importantes, supuesto que no padezcamos de alguna enfermedad mental (entonces nuestros juicios no gozarían de la objetividad necesaria). Esas cosas son: (A) los fenómenos de conciencia psicológica (*estoy seguro de que existo, porque estoy pensando*); (B) los principios de la matemática y de otras ciencias exactas (*estoy seguro de que 3 + 2 = 5*); (C) las percepciones sensoriales (*estoy seguro de que estoy viendo el procesador con que escribo*). En todos estos casos, la evidencia inmediata –si es auténtica– excluye de plano la falsedad, puesto que produce en mí una certeza absoluta. En cambio, si la certeza es mediata, es decir, no se basa en la realidad presente, sólo puede ser absoluta si se basa en una estricta deducción lógica a partir del dato inmediatamente conocido. P. ej. si afirmo que Pedro es un hombre, puedo afirmar también, con la misma seguridad, que es un ser racional, pues el dato de la racionalidad está metafísicamente incluido en el de la humanidad de Pedro. Por el contrario, si el nexo entre lo dado y lo inferido no es estrictamente evidente, la certeza mediata no puede producir una certeza absoluta. Sin embargo, si las razones para emitir el juicio son tan fuertes que, después de una ponderación racional, bastan para que mi asentimiento sea seguro, podemos hablar todavía de evidencia y de certeza condicionadas, es decir, de una probabilidad prácticamente cierta. Este es el caso de la mayor parte de las persuasiones (no son «convicciones» porque se basan en testimonio ajeno) en cuya verdad nos basamos diariamente sin reparo alguno para emitir la mayoría de nuestros juicios. P. ej. estoy seguro de que existe la ciudad de Manila, aunque nunca estuve en Filipinas; estoy seguro de que hubo recientemente varios terremotos en Turquía, porque lo dijeron la prensa, la radio y la televisión y no era el «día de inocentes» en que se pueden gastar bromas a los lectores, oyentes y espectadores respectivamente.

La certeza condicionada se subdivide en física y moral. En la 1ª lo dado permite la inferencia de lo no dado en virtud de fenómenos físicos. En la 2ª lo que determina la inferencia no es algo físico, sino las acciones personales; en especial, las declaraciones de otros hombres. De hecho, la diferencia entre ambos casos no es tan grande como antes se pensaba, ya que la misma certeza física sólo se debe a una necesidad causal en raros casos; en general, basta una regularidad estadística.

Hasta ahora, hemos visto la relación de la certeza con el asenso de la mente. Debemos ahora preguntarnos: ¿Tiene la certeza algo que ver con la voluntad, con el consenso de lo que la Biblia llama el corazón? A esta pregunta, respondo del modo siguiente: (i) Una evidencia inmediata, en la que se basa la certeza absoluta, de tal modo determina el asentimiento, que la voluntad no es libre para negarla, es decir, su evidencia se impone a mi mente. (ii) En cambio, hay una certeza que podemos llamar existencial, en la que el asentimiento de la mente es prestado con toda seguridad (cf. He. 11:1), porque su evidencia (gr. *hupóstasis* = base de sustentación) no es el resultado necesario de unas pruebas lógicamente (o científicamente) convincentes, sino que descansa en la palabra de un Dios que no puede engañar ni engañarse y, por tanto, su necesaria veracidad exige del ser humano una decisión personal para asentir a lo que no podemos ver con la razón; por eso, es una certeza libre, pero no irracional, porque se asiente por fe personal en la palabra de Alguien que merece infinitamente mayor crédito que todas las demás evidencias de tipo psicológico, científico o sensorial a las que aludí en el párr. 3º del presente artículo. Por consiguiente, no hay mayor certeza posible que la del creyente cristiano cuando presta su asentimiento libre, pero firmísimo, a las verdades que Dios le comunica en su Palabra infalible.

Por supuesto, no sólo los ateos, los escépticos, los agnósticos y los panteístas de todo tipo, sino también los fenomenologistas del tipo de Brentano o Husserl, niegan valor a la certeza de la fe, de la que acabo de hablar. P. ej., al tratar de la evidencia, Brentano llama ciego a todo juicio más o menos oscuro, basado en la fe, en la autoridad, en la costumbre, etc. Para él, sólo son evidentes los juicios que llevan en sí mismos la razón de su verdad o de su falsedad. «Llevan –dice– en sí mismos una como luz que los hace aparecer como juicios verdaderos. No sólo se creen y se afirman, sino que se ve (el énfasis es suyo) que son verdaderos, y se ve con plenitud intelectual que no pueden ser de otra manera. Yo creo que 2 y 2 son 4, pero no porque me lo han dicho, sino porque veo que es así y no puede ser de otro modo.» (cit. de *Historia de la Filosofía*, p. 365, de J. Marías).

CHAFER, LEWIS SPERRY Este teólogo norteamericano (1871-1952) fue educado en el Evangelio por su padre que era evangelista y adquirió grandes conocimientos musicales en el Colegio y en el Conservatorio de Música de Oberlin. Comenzó su ministerio como cantante itinerante de melodías evangélicas. Más tarde, se dedicó al ministerio de evangelista. Sin embargo, sus contactos, a partir de 1903, con C. I. Scofield, hasta la muerte de éste en 1921, inclinaron a Chafer a dedicarse de lleno a la enseñanza de la Biblia. En 1922 se trasladó a Dallas (Texas) con objeto de fundar el Seminario Teológico de Dallas, viendo realizados sus sueños en 1924. Fue presidente y profesor de teología sistemática en dicho Seminario hasta su muerte en 1952. La cátedra de teología sistemática cayó sobre los hombros de Chafer a la muerte de W. H. Griffith Thomas, quien estaba destinado a enseñar la teología en el nuevo seminario, pero murió durante el verano anterior a su inauguración. La teología de Chafer puede definirse como bíblica, calvinista, premilenial y dispensacionalista. Sólo quiero hacer notar que el calvinismo de Chafer fue infralapsario, es decir, entendió la ordenación lógica de los decretos de Dios de forma amiraldiana; por eso sostuvo la extensión universal de la redención, esto es, que Cristo murió por todos, no sólo por los elegidos. Su gran obra es la *Systematic Theology* en ocho vols.

Bib. *Grandes doctrinas de la Biblia* (Portavoz, Grand Rapids 1976); *Teología Sistemática*, 2 vols. (Pub. Españolas, Dalton 1974); *El hombre espiritual* (Portavoz, Grand Rapids 1974).

CHEMNITZ, MARTÍN Tanta influencia tuvo este luterano (1522-1586) en consolidar la doctrina y la práctica luteranas en la generación posterior a la muerte de Lutero, que llegó a ser un adagio popular: *«Si Martinus non fuisset, Martinus vix stetisset* (Si no hubiera existido Martín (Chemnitz), a duras penas se habría sostenido en pie Martín (Lutero)».

Nacido en Treuenbrietzen, cerca de Wittenberg, Chemnitz , por sus extraordinarias dotes intelectuales, fue enviado a estudiar latín en Wittenberg, pero dejó la escuela para echar una mano a su familia en el oficio de relojero. Sin embargo, volvió a la escuela, ahora en Magdeburgo (1539-1542). En 1545 fue a la Universidad de Wittenberg para estudiar teología bajo el magisterio de Felipe Melancton. Fue después a Königsberg, donde obtuvo el grado de maestro. En 1554 fue nombrado profesor en la facultad de filosofía de Wittenberg, donde enseñó con gran provecho. Pero pronto se trasladó a Brunswick, donde fue un fiel predicador hasta su muerte.

Chemnitz escribió numerosos libros, pero lo que le hizo famoso fue su respuesta a Jacob Andrada, que defendía la teología del Conc. de Trento. En cuatro vols. Chemnitz analizó todos los decretos de dicho Concilio, y mostró, a la luz de la Biblia y de los escritores eclesiásticos tanto antiguos como modernos, los puntos en que el Concilio se había desviado de las enseñanzas de la Biblia.

Por otra parte, cuando surgieron graves discordias a la muerte de Lutero entre los llamados «gnesio-luteranos» = «luteranos auténticos» y los «filipistas» = partidarios de Melancton, Chemnitz puso todo su empeño en que todos firmasen la Fórmula de Concordia. Escribió y volvió a escribir los artículos de dicho documento hasta persuadir a pastores luteranos y príncipes seculares a ponerse de acuerdo.

CHESTERTON, GILBERTO KEITH Este genial escritor (1874-1936), nació de padres

anglicanos y desde el año 1900 ganó gran prestigio como escritor. En 1922 se pasó al catolicismo romano, que no supuso una mudanza de sus puntos de vista, sino una confirmación de las teorías que ya había expuesto años antes en *Herejes* y en *Ortodoxia*. Fue amigo de Ronald Knox, también converso del anglicanismo, y, como él, brilló como apologeta y como conversador que atraía al público por su notable ingenio y el arte con que exponía sus famosas paradojas. Él mismo definía la paradoja como «la verdad sosteniéndose cabeza abajo para atraer la atención». Extracto tres de sus famosos dichos: (1) «la única herejía imperdonable es la ortodoxia»; (2) «Defender cualquiera de las virtudes cardinales tiene hoy en día todo el humorismo regocijante de un vicio»; (3) «Cada día es un regalo especial; algo que podría no haber existido».
Para Chesterton la religión constituye la verdadera libertad personal. El hombre sin religión carece de sentido y ordinariamente cae en el materialismo más degradante.
Bib. G. K. Chesterton, *La esfera y la cruz* (Espasa-Calpe, Madrid 1972, 5ª ed.); *Las paradojas de míster Pond* (Espasa-Calpe); *Charlas* (Espasa-Calpe); *Alarmas y digresiones* (Espasa-Calpe); *Santo Tomás de Aquino* (Espasa-Calpe, 1973, 10ª ed.); *Ortodoxia* (Espasa-Calpe, 1950). Joseph Pearce, *G. K. Chesterton. Sabiduría e inocencia* (Encuentro, Madrid 1998).

Gilberto Keith Chesterton

CIENCIA (cf. tamb. *Conocimiento*) El vocablo ciencia entró en el cast. a mediados del siglo XIII y procede del lat. *scientia*, y éste del vb. *scire* = saber. Ya de entrada, es menester aclarar que en el presente art. y siempre por su conexión con la teología bíblica, dicho término se toma según dos acepciones distintas que analizaremos por separado: (1) en su sentido secular, «científico»; (2) en su sentido «esotérico», es decir, según su etimología, «lo que es solamente para los de dentro de un grupo determinado», en contraposición a lo exotérico = lo que es también para los de fuera», lo que no se desea mantener en secreto.
(1) En su sentido secular, todavía hay que distinguir: (A) entre el sentido general del vocablo, con referencia al saber de una época determinada, conforme al conocido aforismo del siglo XIX «las ciencias adelantan que es una barbaridad» (¿qué dirían de los avances científicos del siglo XX?); y (B) como «un conjunto de conocimientos que se remiten al mismo ámbito del objeto y están mutuamente relacionados formando una conexión de fundamentación» (W. Brugger, *Diccionario de Filosofía*, art. «Ciencia»). También se ha de tener en cuenta que todas las ciencias en general tienden cada vez más a la «especialización», lo cual favorece la profundidad de la investigación científica, pero tiene la desventaja del *aislamiento* personal en una zona muy concreta del saber, con riesgo de renunciar al amplio panorama de una cultura realmente humanística. Solía decir A. Einstein, con su buen humor, que a él se le habían olvidado las operaciones matemáticas más sencillas, como. p. ej. una regla de tres, porque eso era para el vulgo.
Para que exista una ciencia, no es necesario estar cierto de todas las afirmaciones y fundamentaciones particulares, porque la ciencia incluye también hipótesis y teorías que no han sido todavía definitivamente demostradas. Lo que sí es de todo punto necesario para un científico es la exigencia de ser *objetivo*, es decir, tendente *per se* a la verdad objetiva, que es la realidad ontológica a la que el pensar humano ha de rendirse siempre, para no extraviarse por los senderos fáciles de la fantasía: la ciencia-ficción. Otra característica de la ciencia es que, en su investigación de la verdad, ha de proceder metódicamente. En otras palabras, las conclusiones científicas no se pueden *improvisar*. Sin embargo, la

unidad de la ciencia no depende de la unidad de método, sino de la unidad de su objeto. Este objeto puede ser *material* = el objeto íntegro concreto (el cual puede ser común a varias ciencias) y *formal* = el aspecto particular en que se considera el todo (la aludida especialización).

La ciencia, cuando no traspasa sus propios límites invadiendo el campo de la filosofía pura o de la teología, es un saber moralmente bueno y bendecido por Dios, por cuanto de Él proceden tanto el conocimiento natural de la razón como el conocimiento sobrenatural de la fe. Si alguien pretende establecer una contradicción entre los descubrimientos científicos y las verdades reveladas por Dios, demostrará ser un mal científico o un mal exegeta o ambas cosas a la vez.

(2) En su sentido esotérico, por ciencia (lit. *conocimiento*) entendemos la gnosis (no la cristiana, sino la herética).

Gnóstico y gnosis son vocablos que han entrado en el cast. en el siglo xx. El vocablo gr. *gnósis* ocurre 29 veces en el NTG y siempre significa *conocimiento*. La RV09 lo vierte por «ciencia» 21 veces y 8 por «conocimiento». Lugar clave para conocer el sentido exacto de la gnosis es 1 Ti. 6:20-21, donde Pablo menciona las profanas palabrerías vacías y las contradicciones (u objeciones, gr. *antithéseis*) de la falsamente llamada *gnósis* y añade que algunos, al profesarla, se han desviado de la fe.

Por el léxico y el tono que Pablo emplea en dicho pasaje, parece claro que el apóstol se refiere a la gnosis herética. Sin embargo, es en la 1ª epístola de Juan donde las alusiones al gnosticismo herético son más claras y manifiestas, a pesar de que el término griego *gnósis* no aparece ni una sola vez en ninguno de los escritos de Juan. Atendiendo bien al contenido de 1 de Juan se palpan las características fundamentales del gnosticismo, tanto en su vertiente doceta como en su vertiente cerintiana. Son las siguientes:

(a) Una visión pesimista de la materia, la cual es mala y, por tanto, no puede provenir de un Dios bueno, sino de un *demiurgo* = un ser demoníaco, actuando al par de Dios en la creación del universo, o tratando de destruir la obra de Dios introduciendo el mal en el mundo. Como consecuencia, el Logos o Verbo de Dios no pudo tomar un cuerpo material. O tomó una «apariencia» de cuerpo (docetismo) o dejó de ser divino = dejó de ser el Cristo, al ser bautizado por Juan el Bautista y antes de entregar su Espíritu en la Cruz (cerintianismo). Contra esto, el apóstol Juan dice, p. ej. que Jesús es igual al Padre (2:22-23), que vino con verdadero cuerpo humano (2:22; 4:2-3) y que siguió siendo el Cristo antes de pasar por el bautismo y también en la cruz (5:5-6: el Hijo de Dios. Este es Jesús el Cristo, que vino mediante agua y sangre, etc.).

(b) Un concepto antinomiano (del gr. *antí* = contra y *nómos* = ley) de la justicia, al afirmar que lo que se hace mediante el cuerpo no es pecado, precisamente porque la materia es amoral y mala *per se*. Juan replica que todo pecado es infracción de la ley, que toda injusticia es pecado y que el que practica el pecado no puede ser hijo de Dios, sino del diablo (cf. p. ej. 2:4-6, 29; 3:3-10; 4:20, 5:3, y comp. con 2 Co. 5:10, cuya 2ª parte dice textualmente: para que cada uno se lleve consigo conforme a lo que haya practicado mediante el cuerpo, ya sea bueno, ya sea ruin).

(c) Un espíritu elitista = separando a los iluminados (los que tienen el conocimiento = *gnósis*) de los simples creyentes (los que sólo tienen la fe = *pístis*). Los *iluminados* son los que no pecan con el cuerpo, hagan lo que hagan. Contra esto, Juan asegura, p. ej., que Dios es luz y que el que dice tener comunión con Dios y anda en las tinieblas del pecado es un mentiroso (1:5-7; 2:4-11), que todos los creyentes verdaderos, por tener dentro de sí al Espíritu Santo, saben todo lo necesario y conveniente, sin necesidad de que algún *iluminado* les enseñe, pues ese tal es un engañador (cf. 2:18-27; 3:3-18) y que nadie ha visto jamás a Dios, pero el amor a Dios y a los hermanos capacita a todos los creyentes verdaderos a permanecer en íntima y recíproca comunión con Dios (cf., p. ej., 4:12-16; 5:10-13, 20).

(d) Una interpretación simplemente alegórica = esotérica de las Escrituras. Por algo los gnósticos de todos los tiempos, hasta el día de hoy, ponen empeño en verter y distribuir traducciones esotéricas del Evangelio según Juan. Yo mismo recibí, sin haberlo pedido, un ejemplar. Estoy casi seguro de que me lo envió un exreligioso español a quien conozco bastante bien, pero cuyo nombre no voy a revelar. Como todas las sectas que tienen alguna conexión con el oriente, los gnósticos son cada día más proselitistas. Permítame el lector otra nota personal: Durante mi estancia, con mi familia, en Guatemala durante los años 1981 y 1982, podía leerse como *slogan*, en muchos lugares y con grandes letras, la palabra GNOSIS. Las fuentes más importantes sobre el gnosticismo, aparte de lo que acabamos de decir acerca de 1 de Juan se hallan en escritores eclesiásticos de los siglos II, III y IV como Justino Mártir, Ireneo, Hipólito, Tertuliano, Clemente de

Alejandría* y Orígenes. Finalmente, los aspectos esotéricos y elitistas del gnosticismo merecieron, de parte de los escritores eclesiásticos mencionados, la más fuerte repulsa, pero sus aspectos metafísicos (el dualismo que le es común con el maniqueísmo* sobrevivieron de una forma u otra en grupos heréticos como, p. ej. los albigenses* franceses del siglo XIII. Los adictos a la Ciencia Cristiana* sostienen también algunas de las ideas gnósticas.

Bib. A. Orbe, *Cristología gnóstica*, 2 vols. (BAC, Madrid 1976); Elaine Pagels, *Los evangelios gnósticos* (Crítica, Barcelona 1982); Antonio Piñero, ed., *Textos gnósticos. Biblioteca de Nag Hammadi*, 3 vols. (Trotta, Madrid 1997-2000); Varios, *NDT*, «gnosticismo»; Varios, *Diccionario esotérico de la Biblia* (Abraxas, Barcelona 2000).

CIENCIA CRISTIANA (cf. tamb. *Eddy, Mary Baker*) La fundadora de esta secta herética fue la norteamericana Mary Baker Glover Eddy (1821-1910), cuyo libro *Ciencia y Salud con clave en las Escrituras* tiene para los adeptos de la Ciencia Cristiana la suprema autoridad y se lee junto con la Biblia en los cultos que celebra la secta. Eddy fundó la secta con la intención de restablecer la primitiva comunidad cristiana en el aspecto de la sanación. Fue en 1879 cuando Eddy dio a la Asociación el nombre de *Church of Christ, Scientist*. Su organización, en la forma en que subsiste hasta el presente, se llevó a cabo en 1892 en Boston, por lo que la comunidad de Boston es considerada como la «iglesia madre», y todas las demás iglesias son consideradas como «ramas» de la «madre», aunque cada una se gobierna con independencia de las demás.

El principio fundamental de su ideario filosófico-teológico es que sólo existe lo espiritual; todo lo material, incluyendo el pecado, la enfermedad y la muerte son apariencias ilusorias, sin realidad ontológica. Todo está en la mente y todo es mental. Por eso, no hay necesidad de expiación. De ahí se sigue que: (1) Dios es la mente suprema, no un Ser supremo. (2) La Trinidad consta de la idea del «Dios Padre-Madre», del Cristo como idea espiritual de filiación, y de la ciencia divina como el Santo Consolador (vida, verdad y amor), pero no son Personas reales. (3) Jesús fue concebido por María solamente como una idea espiritual; es el nombre del hombre que ha presentado ante la humanidad a Cristo como la verdadera idea de Dios, pero no tuvo un cuerpo real ni murió en la cruz. Cuando ascendió a los cielos, *el concepto humano material* = Jesús, desapareció, mientras que *el ser espiritual* = Cristo, sigue existiendo. (4) El espíritu y la materia son tan opuestos que no pueden existir juntos. De ahí se sigue que la materia, la enfermedad y el pecado son «errores de la mente mortal». (5) El cielo y el infierno no son lugares realmente existentes, sino que consisten en los estados actuales de los pensamientos del hombre. (6) En la Ciencia Cristiana no hay clérigos ni sacramentos, sino que el Bautismo significa la purificación espiritual de la vida cotidiana, y la Eucaristía es una callada comunión espiritual con Dios (no hay participación de elementos materiales), con quien el hombre se halla en pie de igualdad en su origen, en sus cualidades y en su eternidad. (7) La salvación consiste en llegar a entender que la vida del hombre se deriva enteramente del Espíritu de Dios y que no es material ni, por tanto, mortal.

Bib. J. K. van Baalen, *El caos de las sectas* (TELL, Grand Rapids 1988, 7ª ed.); J. Cave, *La Ciencia Cristiana* (CBP, El Paso 1972); Mather y Nichols, *Diccionario de creencias, religiones, sectas y ocultismo* (CLIE, Terrassa 2001).

CIENCIA NATURAL (cf. tamb. *Filosofía de la naturaleza, Naturaleza*) Como dice W. Brugger en su *Diccionario de Filosofía* («Ciencia natural»), estamos ante «un nombre colectivo que designa la totalidad de las ciencias que se ocupan de la naturaleza». Dejo para el art. Naturaleza el análisis de los múltiples sentidos que tal vocablo admite. Pero al hablar de la Ciencia natural, debo distinguir entre dos ciencias enteramente distintas: (1) La ciencia natural como conocimiento de las leyes especiales de las cosas y de los sucesos naturales, y (2) La ciencia natural como filosofía de la naturaleza. Por eso, las vamos a analizar por separado. En este art. me ceñiré exclusivamente a la ciencia natural en el primer sentido, dejando el segundo para el art. *Filosofía de la naturaleza*.

Como ciencia natural, esta asignatura tiene el mismo objeto (la naturaleza) que la filosofía de la naturaleza, pero se diferencia de ella en su fin peculiar y en el método de llegar a conocerlo. La ciencia natural está llamada a investigar y analizar, mediante la observación y la experimentación, las leyes especiales de las cosas y de los sucesos naturales que, según las distintas áreas de estudio, dan pie para predecir, con mayor o menor exactitud, los sucesos futuros; también está llamada a explicar según su objeto específico, las leyes especiales, esto es, en su deducción de leyes concretas y complejas partiendo de leyes más amplias y más sencillas. Atenta siempre a la objetividad, la ciencia natural procura aislar sus enunciados de las condiciones subjetivas del observador. Si se trata de establecer las relaciones de las magnitudes de estados, se vale de fórmulas condicionales (p. ej., si la magnitud de A es B, la magnitud de B será C). Cuando las magnitudes pueden medirse, las expresa en fórmulas matemáticas, como ocurre en las ciencias exactas.

La imagen científica del mundo que se obtiene mediante el procedimiento de las ciencias naturales (sean o no exactas) es una imagen reducida a causa del método escogido. Esa imagen de ninguna manera puede sacar a la luz la realidad plena del mundo en todas sus dimensiones; mucho menos, la realidad de la persona humana. No son asuntos de su competencia, pues eso pertenece respectivamente a la filosofía de la naturaleza y a la filosofía del hombre o psicología filosófica.

Resulta interesante estudiar el proceso de división de las ciencias naturales y su diferenciación posterior de la filosofía de la naturaleza. Se suelen dividir según el reino mineral (inorgánico), vegetal (orgánico, sin alma), animal (con alma material) y humano (con alma espiritual); este ultimo, en la medida en que la vida psíquica puede observarse desde fuera (cf. *Conductismo*). (1) La ciencia que trata de lo inorgánico es la física, pero ha de tenerse en cuenta que: (A) a partir del estudio del átomo, ha invadido los dominios de la química, con lo cual la materia ha perdido su antigua condición de «inerte»; (B) si se admite como probable la tesis de P. Teilhard de Chardin*, cada subátomo posee cierto nivel de «conciencia». con lo que se acortan las diferencias entre los distintos reinos de la naturaleza y se hace necesario admitir la evolución de las especies; al menos, una evolución teísta, como la propuso Teilhard. (2) La ciencia que trata de lo orgánico es la biología. (3) Pero, también ha de tenerse en cuenta que en las edades Antigua y Media, la ciencia natural y la filosofía de la naturaleza no estaban separadas, pues faltaba un conocimiento claro de la diversidad de objetos formales y de métodos. En la actualidad, la distancia entre la ciencia natural y la filosofía de la naturaleza sólo se salva mediante la reflexión sobre las leyes especiales de las cosas y de los sucesos naturales, porque, como dice, W. Brugger, 1«la ciencia natural no reflexiona sobre sí misma».

CIENCIA Y TEOLOGÍA

Según lo estudiado en el art. anterior (*Ciencia natural*), entendemos la ciencia en su sentido estricto, es decir, como distinta de la filosofía de la naturaleza. Nos preguntamos ahora: (1) qué clase de relación existe entre la ciencia y la teología; (2) cuál de las dos «asignaturas» tiene mayor influencia sobre la otra.

(1) En cuanto a la relación que existe entre la ciencia y la teología, se dan cuatro clases de respuesta: (A) Existe independencia total. De esta forma se elimina ya de entrada cualquier posibilidad de conflicto entre ambas. Esta respuesta contradice abiertamente a la evidencia histórica. (B) Existe conflicto entre ambas. A partir de Darwin, se formó una imagen triunfalista de la ciencia y hasta las ínfimas capas del vulgo se jactaban de que habían acabado con la credibilidad de la Biblia. Tal imagen estaba basada en un positivismo que ningún intelectual de verdadero prestigio se atreverá a defender en la actualidad. Ya he dicho en otro lugar que sólo puede sostener este punto de vista quien desconozca realmente la ciencia o la teología bíblica o ambas a la vez. (C) Se complementan mutuamente. Esta respuesta data del siglo XVII, especialmente desde que Francis Bacon (1561-1626) habló de «dos libros»: el de la naturaleza y el de las Sagradas Escrituras, cada uno de los cuales debía ser leído y bien entendido. Ambos «libros» provenían del mismo autor (Dios), pero, por tener cada uno un objetivo diferente, no se podían mezclar, ya sea buscando datos científicos en la Biblia, ya sea hallando datos religiosos en la naturaleza. Los Reformadores (en especial, Calvino*), echando mano del método *acomodaticio* de Agustín de Hipona, defendieron una especie de complementariedad, afirmando que el Espíritu Santo acomodó* su lenguaje al lenguaje popular a fin de enseñar verdades espirituales hasta a los más indoctos. Con todos sus méritos, este modelo de respuesta falla en muchos aspectos, por ignorar los actuales avances, tanto de la ciencia natural como de las ciencias bíblicas. (D) Una cuarta respuesta tiene en cuenta lo que acabamos de decir y reconoce que el pensamiento histórico, el científico y el teológico deben mucho el uno al otro y que su desarrollo reciente ha prestado una notable ayuda recíproca. Por eso, suele llamarse a este modelo el de la simbiosis. No cabe duda de que ésta es la respuesta acertada.

(2) En cuanto a la mayor influencia que una asignatura tiene sobre la otra, C. A. Russell, profesor de la Universidad Abierta de Milton Keynes (Gran

Bretaña), en el art. «Ciencia y Teología», firmado por él en el *NDT*, acierta a dar las respuestas acertadas. Resumo su contenido para no alargar demasiado este art. (A) «Las respuestas de la teología a la ciencia han sido legión». Se deben principalmente al deseo de hacer de los descubrimientos científicos la base de una apologética cristiana. Ejemplos no han faltado a lo largo de la Historia moderna. P. ej. cuando Isaac Newton puso de relieve la regularidad del universo mecánico, surgió la pregunta: ¿Interviene Dios directamente en el obrar de este universo «mecánico» que Él mismo creó? Los deístas (cf. *Deísmo*) respondieron: «No hay ninguna necesidad de tal hipótesis». No faltaron, por supuesto, quienes respondieron que todos los acontecimientos naturales proceden de la actividad directa de Dios, pero también esta respuesta representa otro mal entendimiento de la relación entre la ciencia y la teología. Otra respuesta, también desde la ciencia, es la de Galileo en 1615: «La intención del Espíritu Santo es de enseñarnos cómo va uno al cielo, no cómo van los cielos». Esta respuesta es relativamente acertada, pero deja en suspenso múltiples preguntas que no pueden despacharse de forma tan bella. Una respuesta inadecuada –cobarde, añadiría yo– de la teología a la ciencia es la que ofrecen Bultmann* y otros con su programa de desmitificación. Decir que el milagro es increíble en una era científica pasa por alto el hecho de que la ciencia, por definición, se ocupa de regularidades y, por tanto, no puede hacer afirmaciones sobre la posible ruptura de esa «regularidad». (B) En cuanto a la mayor influencia de la teología sobre la ciencia, son muchos los hombres de ciencia que han dado respuestas adecuadas. P. ej. es menester eliminar el mito de una naturaleza animada (o divinizada), lo cual es incompatible con una seria investigación científica, así como con la propia Biblia que amonesta a no adorar ningún elemento natural, sino sólo a Dios el Creador de todo (cf., p. ej., Dt. 26:11; Sal. 29, 89, 104, 137; Is. 44:9-24; Jer. 7:18). La propia Biblia anima a *poner a prueba* todas las cosas (cf., p. ej., Sal. 34:8; Ro. 12:2; 1 Ts. 5:21). Ya desde la época patrística, los escritores religiosos han creído que la investigación científica añade esplendor glorioso al nombre de Dios. Pero la mayor contribución que la teología puede hacer en este terreno es en el área de la ética, como se advierte en el asunto de la mayordomía: «la única clave –dice C. A. Russell– de los dilemas corrientes sobre áreas de preocupación que fluctúan desde la contaminación de la biosfera hasta un posible holocausto nuclear».

Bib. Stanley L. Jaki, *La ciencia y la fe.* (Encuentro, Madrid 1996); S. Jay Gould, *Ciencia vs. Religión, un falso conflicto* (Crítica, Barcelona 2000); John Polkinghorne, *Ciencia y teología* (Sal Terrae, Santander 2000); W. Pannenberg, *Teoría de la ciencia y teología* (Ed. Cristiandad, Madrid 1981); M. Trevijano Etcheverria, *Fe y ciencia* (Sígueme, Salamanca 1996); J. W. Draper, *Historia de los conflictos entre la religión y la ciencia* (Alta Fulla, Barcelona 1985, original. 1983); José María Riaza, *La Iglesia en la historia de la ciencia* (BAC, Madrid 2000); Langdon Gilkey, *El futuro de la ciencia* (Aurora, Bs. As. 1979); L. Richards, *Ciencia y Biblia, ¿se contradicen?* (CLIE, Terrassa 1978); Alan Richarson, *La Biblia en la edad de la ciencia* (Paidós, Barcelona 1966); H. van Riessen, *Enfoque cristiano de la ciencia* (ACE-LR, Barcelona 1973).

CIENTIFICISMO Término importado de Francia en la segunda mitad del siglo XIX, escrito primero como «cientismo», luego «cientifismo» y, finalmente, «cientificismo», adoptado por la Real Academia Española. Se refiere a la teoría que pretende explicar todo por la ciencia. Representa la exaltación positivista de la ciencia como única fuente de la verdad, que, en último extremo, conduce a negar que exista verdad alguna en la ciencia o fuera de ella. Desde esta óptica el cientificismo se presenta como una de las ideologías imperantes en la mentalidad occidental, pese a los cambios que se han operado últimamente en el campo de la ciencia.

Los científicos del siglo XIX y comienzos del XX, influidos por el positivismo* y el materialismo*, fueron extremadamente dogmáticos, aunque pretendían mantenerse en una posición crítica exigente. Practicaron el cientificismo en todos los campos, incluso en aquellos que no les eran propios: religión moral, estética... Despreciaron el concepto de verdad y se refugiaron en las teorías científicas relativistas que iban a hacer entrar en crisis el mismo cientificismo, ya que las teorías cambian de tiempo en tiempo, según los nuevos hallazgos. Lo absoluto de la ciencia no pudo mantenerse a sí mismo. Poco a poco se fue comprendiendo que la ciencia no es independiente del hombre que la cultiva y del tiempo en que se desarrolla. Jamás existe una adecuación perfecta entre las teorías y los «hechos». En cuanto una teoría alcanza cierto grado de generalización y complejidad, es prácticamente imposible tener la certeza de que todos los hechos pertinentes se hayan tenido en cuenta. En la práctica jamás se está seguro de haber localizado todos los hechos útiles y, precisamente por eso, las teorías mejor confirmadas siguen siendo precarias, frágiles.

Por eso, hoy los científicos más serios y responsables tienen conciencia del límite del objeto y del método propio de las ciencias que cultivan. Todo lo que no se puede someter a la verificación científica, lo que escapa a la experiencia sensible, cae fuera de la competencia de las ciencias positivas. La existencia de Dios, la creación del hombre y del mundo, el sentido y finalidad de la vida humana, la relación del hombre con el resto de la creación, la ley moral, etc. La conciencia del límite propio de las ciencia positivas puede, sin embargo, tener dos enfoques: considerar que la ciencia no tiene competencia para hacer afirmaciones de tipo religioso, o excluir la posibilidad de verdadero conocimiento fuera de la verificación científica.

El actual desarrollo de las ciencias reconoce otros posibles campos de competencias distintos del científico. La ciencia, consciente de sus limitaciones metodológicas, declara su ignorancia ante el hecho religioso. Su afirmación básica, con respecto a este tema, es la siguiente: no es propio del método científico hacer afirmaciones que escapan a su competencia; ningún método científico puede erigirse en método único y absoluto para conocer la verdad; en consecuencia, no es honrado ni científico eliminar o absorber los demás métodos de conocimiento.

Para el físico español Pascual Jordan, la afirmación de la concepción determinista de que Dios se había quedado sin trabajo en una naturaleza que seguía su curso regularmente ha perdido ahora su fundamento. En la innumerable cantidad de resultados, siempre nuevos e indeterminados se puede ver la acción, la voluntad, el señorío de Dios. «No afirmamos que la acción de Dios en la naturaleza se haya hecho científica, entre visible o demostrable, sino que, en lo que concierne a la fe religiosa la nueva física ha negado aquella negación que habían sido aducidas antes como pruebas en contra de la existencia de Dios.»

Quizá sea Karl Popper quien más ha contribuido en la actualidad a deshacer el mito de la infalibilidad de la ciencia. De acuerdo con su teoría, todo lo que caracteriza a la ciencia no es la infalibilidad, sino precisamente lo contrario: la falibilidad o, más estrictamente, la falsabilidad, es decir, el hecho de que en la ciencia, a diferencia de lo que sucede en teología, se indican siempre las condiciones en las que podría demostrarse que nuestro conocimiento es falso, que hemos cometido un error. Lo importante para la ciencia no es, en último término, acertar sino intentar acertar, afrontando sin miedo la posibilidad del error. Esta posibilidad se reconoce como un hecho en la historia de la ciencia, un hecho fructífero, pues de cada error salen nuevas enseñanzas que hacen progresar el conocimiento.

Una buena teoría no es una teoría definitivamente irrefutable y absolutamente cierta: es una teoría coherente y que posee cierta eficacia en las condiciones dadas. Darwin, por ejemplo, sabía que de ningún modo podía considerar su teoría como «probada», sino que se contentaba con decir que hacía inteligibles un gran número de hechos.

El proceso secularizador*, con la diferenciación de poderes, ha contribuido a que los hombres de ciencia adopten una posición menos beligerante contra la religión, al no ostentar ésta ningún control social que impida su avance y amenace sus vidas, excepto el control impuesto por la ética reconocida por cada sociedad, e indudablemente informada por los valores espirituales. Se abre así una nueva etapa de la historia humana en que cada disciplina puede proseguir sus investigaciones sin miedos ni chantajes. El culto a la ciencia es tan dañino como el culto al dogma religioso, cuando se olvida que una y otro deben orientarse a la verdad discernible en sus respectivos campos. AR

Bib. Carlos Javier Alonso, *La agonía del cientificismo* (EUNSA, Pamplona 1999); Mario Bunge, *La ciencia, su método y su filosofía* (Ed. Siglo Veinte, Bs. As. 1980); Karl Popper, *La sociedad abierta y sus enemigos*, 2 vols. (Paidós, Bs. As. 1985); Pierre Thuilier, *De Arquímedes a Einstein*, 2 vols. (Alianza, Madrid 1990).

CIPRIANO Más conocido como san Cipriano de Cartago (200-258), este Santo Padre de la Iglesia era un pagano que se convirtió al cristianismo cuando ya rondaba los 40 años. Era un hombre muy instruido y buen orador, por lo que a los 49 años fue nombrado obispo de una Iglesia que estaba sufriendo una severa persecución bajo el emperador Decio (249-251). Cipriano huyó de Cartago para escapar de la persecución, pero esto lo dejó en mal lugar para tratar después con el grupo más rigorista de la Iglesia, los cuales exigían que no se admitiese a penitencia pública a los llamados en lat. *traditores*, en su doble acepción de entregadores (de los libros religiosos) y traidores (dando alguna muestra exterior de adhesión al culto pagano, aunque sólo fuese quemando un grano de incienso en adoración del emperador). Cipriano no estaba de acuerdo con los rigoristas y, en esto, tenía toda la razón.

Cipriano escribió, en buen latín, numerosos libros, aunque no tantos como Agustín de Hipona. Personalmente, creo que sus obras más importantes fueron *A Donato*, *Sobre los Caídos* y *Sobre la unidad de la iglesia católica*. Los autores católicos sostienen que Cipriano afirmó siempre el primado del obispo de Roma, pero las frases en que parece admitirlo son evidentes interpolaciones posteriores para dejarlo en buen lugar. Pero lo más interesante de la biografía de Cipriano es su enemistad con Esteban I, obispo de Roma (254-257). En las iglesias de África existía la costumbre de rebautizar a los herejes cuando éstos volvían a convertirse de la herejía. Esta norma, que llegaron a confirmar 71 obispos en el sínodo de Cartago el año 256, se basaba en la suposición de que la validez de un sacramento depende del estado de gracia del ministro que lo administra. El obispo de Roma reaccionó violentamente contra esa decisión, prohibiendo severamente la repetición del bautismo y amenazando con la excomunión a los obispos africanos. En honor de la verdad, hay que decir que Esteban tenía toda la razón, pues en buena teología la validez de un sacramento no depende del estado de gracia del que lo administra, pero careció de tacto al tratar del asunto. Lo cierto es que Cipriano, lo mismo que los demás obispos de África, siguió defendiendo y practicando lo decidido en el sínodo del 256, con lo que, efectivamente, cesó la comunión con el obispo de Roma.

Afortunadamente, el estado de la cuestión cambió repentina e inesperadamente, pues Esteban fue desterrado de Roma y murió de muerte natural el año 257. Su sucesor, Sixto II (257-258), era de carácter más conciliador y entabló de nuevo relaciones de mutua comunión con Cipriano y los demás obispos del área de Cartago. Poco después, Cipriano moría como mártir de Cristo en la persecución de Valeriano (253-260).

Bib. Cipriano de Cartago, *Tratados y cartas* (BAC, Madrid); *Cartas selectas. La unidad de la Iglesia* (CLIE, Terrassa, prox. pub.).

José Capmany, *«Miles Christi» en la espiritualidad de san Cipriano* (Ed. Caulleras, Barcelona 1956); Shirley J. Case, *Los forjadores del cristianismo*, vol. I (CLIE, Terrassa 1987).

CIRCUNCISIÓN (cf. también *Ceremonial, Ley*) Del lat. *circuncisio*, verb. *circumcidere* = cortar alrededor, consiste en cortar la piel del prepucio, como hacen, p. ej. los judíos al octavo día del nacimiento (Gn. 17:9-13), de lo cual trataré en el art. *Ceremonial, Ley*. También se lleva a cabo en caso de fimosis a cualquier edad, sin ninguna relación con el aspecto religioso de la circuncisión. Como fiesta religiosa en la Iglesia de Roma, se celebra el día 1 de enero, como 8º día después de Navidad. De la circuncisión del Señor nos habla Lucas (Lc. 2:21-24).

La práctica de la circuncisión está muy difundida en diversos pueblos, aunque sólo entre judíos y árabes adquiere significado religioso. Entre los hebreos la circuncisión consitituye el rito de la alianza* con el Señor, es el signo de la pertenencia al pueblo elegido. En la antigüedad esta operación tenían que realizarla los padres, más tarde fue encomendada a un *mohel* (circuncidador) que la hacía gratuitamente. Los profetas insistieron en una circuncisión de corazón, tal como harán los cristianos. Para san Pablo la circuncisión ha perdido su sentido en la nueva comunidad del pueblo de Dios (Gá. 5:6; Fil. 3:3; Col. 2:11).

CIRILO DE ALEJANDRÍA (cf. tamb. *Arrianismo, Atanasio, Monofisismo, Nestorianismo*) Aunque muy posterior a Cipriano, también este Santo Padre (375-444) se hizo famoso por sus escritos y, en especial, por su intervención en el tercer concilio ecuménico, celebrado en Éfeso el año 431. Escribía en buen gr. ático y tenía amplios conocimientos de las Sagradas Escrituras y de los Santos Padres anteriores a él, especialmente de Atanasio y de los capadocios (cf. *Capadocios, Padres*).

Cirilo nació y se crió en Alejandría, y sucedió en 412 a su tío Teófilo como obispo de la ciudad. En la 1ª época de su ministerio episcopal (412-428), se dedicó a comentar las Escrituras y refutar a los incrédulos y a los herejes. La 2ª época (428-433) fue la más intensa, caracterizada por su oposición a Nestorio. Cirilo se enteró pronto de las nuevas enseñanzas de Nestorio y se decidió a proceder de inmediato con toda energía. La 3ª y última época de su vida (433-444) fue relativamente pacífica, aunque tuvo que hacer frente a las críticas tanto del lado nestoriano como del monofisita.

De entre sus muchos escritos, escojo como más importantes los siguientes: De su 1ª época, sus *Diálogos sobre la santa y consustancial Trinidad* (en fecha anterior al 428). De la 2ª, sus cinco libros *Contra Nestorio,* donde sostiene expresamente una unión del Verbo con la carne en la persona (gr. *kath hupóstasin*), contra la clase de unión que Nestorio defendía: accidental, moral, etc., del Verbo de Dios con el hombre Jesús, nacido de María. De su 3ª época, destaca su obra *Contra el emperador Julián* (llamado el Apóstata).

En sus escritos sobre la Trina Deidad, sigue a Atanasio y a los capadocios, sosteniendo el término gr. *homooúsios* = de la misma esencia, acuñado en Nicea (325) y la expresión gr. *mía ousía, treos hupostáseis* = una esencia, tres hipóstasis (tomando el gr. hupóstasis en el sentido de «persona»). Cirilo da tanta importancia a la *perijóresis* = mutua habitación de cada persona de la Deidad en las otras dos, como al principio *monárquico* de que el Padre es el único *principio* del que nace el Hijo y procede el Espíritu (según el talante de la teología oriental), pero se interesa, sobre todo, en la «Trinidad económica», como lo había hecho Atanasio por razones soteriológicas. Al lector no versado en la patrística le resultarán extraños, y aun equívocos, muchos de los términos que acabo de usar, por lo cual es menester leer atentamente todos los arts. relacionados con los temas trinitarios y cristológicos.

Pero el tema más importante de la teología de Cirilo es la cristología*. A primeros de nov. del 430, compuso sus celebres «anatematismos» contra Nestorio, los cuales fueron entregados al propio Nestorio el día 30 de nov. de dicho año y fueron rechazados por él. El más importante es el 1º de ellos, que traduzco a continuación por haber sido definido como dogma de fe en el primer conc. de Éfeso (431): «Si alguien no confiesa que Emmanuel –cf. Is. 7:14, cit. en Mt. 1:23– es Dios según verdad y que, por esto, la Virgen María (es) Madre de Dios (gr. *theotókon*), porque engendró carnalmente al Verbo de Dios hecho carne, sea anatema».

Nestorio no se avino a ser el «perdedor» en este asunto. Prevenido contra la escuela de Alejandría* y, sobre todo, contra el propio Cirilo, presentó, en otros doce anatematismos, varias expresiones que en la mente de Cirilo tenían sentido ortodoxo, pero se prestaban a una interpretación monofisita. En su anatematismo 3º, Cirilo habla de *hénosis phusiké* = unión física, al referirse a las dos naturalezas de Cristo. También usa (aunque no se halla en sus anatematismos) la equívoca expresión gr. *mía phúsis to˚ Theo˚ lógou sesarkoméne* = una sola naturaleza del Verbo de Dios, encarnada. En su anatematismo 3º, el sentido que la frase tenía en la mente de Cirilo no era que la unión fuese «esencial», sino «sustancial», en oposición a la unión *accidental* que Nestorio defendía. En la 2ª expresión, no quiere decir que, después de la unión, haya en Cristo una sola naturaleza (habría dicho en gr. *sesarkoménou* = encarnado), sino que Cristo, eternamente subsistente en su naturaleza divina, tomó una naturaleza de carne («se hizo carne», Jn. 1:14, lit.), para ser, a la vez, Dios perfecto y hombre perfecto, según definió después (451) el conc. de Calcedonia. Por consiguiente, es injusto acusar a Cirilo de «apolinarismo» y hasta de «arrianismo» –como hacían sus adversarios nestorianos, y lo siguen haciendo algunos eruditos patrísticos que desean poner de relieve la humanidad de Cristo con deterioro de su divinidad.

Después del conc. de Éfeso, y hasta su muerte, fue mucho lo que Cirilo tuvo que sufrir, no sólo de parte de sus adversarios nestorianos, sino del propio emperador Teodosio II.

Bib. Cirilo de Alejandría, *¿Por qué Cristo es uno?* (Ciudad Nueva, Madrid 1998).

CIRILO DE JERUSALÉN Obispo de Jerusalén durante 30 años, 16 de los cuales pasó en cinco destierros diferentes. Cirilo nació cerca de la ciudad de Jerusalén alrededor del año 315 y murió en la misma en el 386. Tachado de hereje por los partidarios más rigoristas del Concilio de Nicea, perseguido por los arrianos por motivos personales y de partido, contó sin embargo con la amistad de los influyentes obispos Hilario* y Atanasio*, defensores del dogma trinitario y de la divinidad de Jesucristo, respectivamente. El Concilio general de Constantinopla le llama «valiente luchador para defender a la Iglesia de los herejes que niegan las verdades de nuestra religión» (año 381). Jerónimo le profesó una especial antipatía, tachándole de semiarriano, lo que durante siglos retrasó el reconocimiento de Cirilo como maestro de la Iglesia. Sus sermones catequéticos son hoy de un gran valor para conocer la doctrinas y práctica de la Iglesia de los siglos posteriores.

Educado en una familia cristiana demuestra ser un buen conocer de las Sagradas Escrituras, que cita con frecuencia como el fundamento primero y último de la creencia, la máxima y única autoridad en materia de fe. Su fidelidad a las Escrituras le lleva a no aceptar de primera términos que no aparecen directamente en el lenguaje de la misma. Cirilo se refiere siempre a Jesucristo como el Hijo Unigénito de Dios, pero nunca emplea el término en polémica *homoousios* (de la misma

naturaleza) acuñado en Nicea, al que un partido poderoso oponía el término parecido pero distinto *homoiousios* (de naturaleza semejante). Precisamente el añadido de una letra, la i, era suficiente para eliminar la idea de la consubstanciales de Cristo con el Padre, de ahí que el término *homoousios* llegara a ser la palabra clave de la ortodoxia. En el Concilio de Constantinopla Cirilo hizo causa común con los patriarcas de Alejandría y Antioquía, en favor de la fe ortodoxa.
Sus catequesis son vitales para conocer la instrucción cristiana a los candidatos al bautismo y los ritos de la Iglesia en los primeros siglos, de algún modo son el primer intento de teología sistemática que se conoce, fundamentado exclusivamente en la Escritura. Cirilo tiene mucho cuidado en hacer ver que sus afirmaciones no son suyas ni dependen de su propia cosecha teológica, sino que están fundadas en el testimonio de las Escrituras. Su modo de enseñar interesa particularmente porque muestra el modo de utilizar el Antiguo Testamento contra los judíos y los samaritanos, recurriendo a la tipología e interpretación espiritual, que, en algunos casos, no responde a nuestra sensibilidad moderna. Pero allí está la autoridad de la Escritura, fundamento de la fe, que tiene a Cristo como centro y clave de la misma. No hay ninguna afirmación doctrinal de Cirilo que no confirme con una referencia bíblica, para inculcar en sus oyentes la sana enseñanza de que el contenido de la fe no depende de la autoridad humana, sino divina. Cirilo quiere ante todo exponer con claridad la fe que se basa en las Escrituras solamente, «ya que nada conviene enseñar de los divinos y santos misterios de la fe sin fundamentarse en las divinas Escrituras –escribe–, no dejándose llevar incautamente por argumentos y probabilidades fundadas en el artificio de las palabras. No creas nada, salvo que entiendas la demostración de todo lo que te anuncio por medio de las Sagradas Escrituras. La salvación que nos viene de la fe, tiene su fuerza no en las invenciones, sino en la demostración de las divinas Escrituras» (*Catequesis* IV, 17). Su recurso a los textos bíblicos es constante y metódico, porque, escribe, «el símbolo de la fe no ha sido compuesto por el capricho de los hombres, sino que los principales puntos, sacados de las Sagradas Escrituras, perfeccionan y completan esta única doctrina de la fe» (*Catequesis* V, 12). «A la hora de aprender, dice en el mismo lugar, y confesar la fe, guarda solamente aquella que ahora te entrega la Iglesia, defendida por todas las Sagradas Escrituras.» Cirilo, pues, es ante todo un oyente fiel de la Palabra de Dios, que no quiere mancillar con disquisiciones de humana sabiduría. AR

Bib. Cirilo de Jerusalén, *El fluir del Espíritu. Catequesis bautismales* (CLIE, Terrassa 2001)

CISMA Este vocablo, introducido en el cast. a fines del siglo XIV (cismático entró a fines del siglo XV), procede del lat. tardío *schisma, schismatis*; y éste, del gr. *sjísma* = división, separación, hendidura. De las 8 veces que el término aparece en el NTG, la más importante desde el punto de vista teológico es 1 Co. 1:10, bien traducido en RV60, donde el sust. gr. *sjísmata* significa «divisiones» (lit. «hendimientos»), es decir, «roturas» dentro de la iglesia de Corinto. El apóstol explica en los vv. 11-13, así como en 3:1-9, cuál era la raíz de tal «rotura»: los partidismos en la comunidad en torno a líderes: Pablo, Apolo, Cefas, Cristo; todos ellos producían «rotura», incluso los del «partido» de Cristo, porque excluían a los demás como «no genuinos» cristianos. No es extraño que Pablo tomase el asunto tan a pechos, pues se percataba bien de la importancia que tenía el asunto para la buena marcha de la iglesia (este peligro se da hoy en día, lo mismo que en el siglo I. de la Iglesia).
En los primeros siglos no había una neta distinción entre el cisma = pecado contra la unidad en el amor y la *herejía* = error en un punto doctrinal o la apostasía = renegar de la fe. Se suponía que los herejes y los apóstatas estaban fuera de la Iglesia tanto como los cismáticos. A partir del siglo IV, se hizo mayor claridad acerca de dicha distinción, pues a los novacianos y donatistas, p. ej., se les reconocía como ortodoxos en cuanto a la doctrina, aunque divididos en puntos de orden o disciplina. Así se explica que, mientras Cipriano de Cartago* consideraba inválidos los sacramentos administrados por cismáticos, Agustín de Hipona*, dos siglos más tarde, los consideró válidos.
Hasta mediados del siglo XX, la Iglesia de Roma consideraba «fuera de la Iglesia verdadera» a las Iglesias que no estaban en comunión con la sede romana: la Ortodoxia greco-rusa desde 1054 y las iglesias emanadas de la Reforma protestante. Pero, a partir del Vaticano II (1962-1965), tanto la Ortodoxia oriental como las iglesias protestantes (en especial, los anglicanos) son consideradas como «pertenecientes de algún modo a la Iglesia de Cristo». Por su parte, tanto la Ortodoxia como los grupos protestantes de tendencia ecuménica, han llegado ya a considerar «una sola

Iglesia», dividida únicamente por el «cisma». En consecuencia, abogan ya, no por una reintegración doctrinal, sino por una «reconciliación mutua» de las diferentes iglesias. Cuán lejos está de la verdad bíblica tal procedimiento, no hace falta advertirlo a cuantos se mantengan todavía en la verdadera ortodoxia: la de la Palabra de Dios.

CLEMENTE DE ALEJANDRÍA Este filósofo cristiano (150-215, ambos aprox.) es uno de los primeros Santos Padres de la Iglesia oriental. Nació de padres paganos, probablemente en Atenas, y fue Director de una escuela catequística en Alejandría hacia el 180. Forzado por la persecución, se marchó de Alejandría el año 202 y, según parece, no volvió más a dicho lugar.

De sus escritos, se conservan cuatro libros, además de ciertos fragmentos conservados en otros autores como Eusebio de Cesarea. Sus obras principales, tituladas en lat. en el *Enchiridion Patristicum* de Rouet de Journel, son el libro llamado *Strómata* = Tapices (lit. cualquier cosa que se extiende en el suelo para sentarse encima, etc.) y un largo sermón, con el título lat. de *Quis dives salvetur*? = ¿Quién de los ricos se salvará?, sobre el joven rico de Mr. 10:17-31, donde arguye que las riquezas, si se usa bien de ellas, no son cosa profana.

Aunque puede ser contado entre los Apologistas, se distingue de ellos en su actitud positiva con relación a la filosofía griega y en su inclinación a la especulación filosófica. De hecho, su actitud positiva hacia la filosofía puso los cimientos para un humanismo cristiano y para la idea de la filosofía como *ancilla theológiae* = criada de la teología. Es interesante notar el uso que Clemente hace del método alegórico y su descripción del cristiano maduro espiritualmente como verdadero gnóstico. Sin embargo, Clemente se opone fuertemente al gnosticismo (cf. *Ciencia*), aun cuando haya en sus obras ciertos resabios de «docetismo», pues niega que Jesús tuviese emociones y funciones corpóreas como los demás seres humanos.

El pensamiento de Clemente está dominado por la idea de que el *Lógos*, creador de todas las cosas, es el gran Maestro de la humanidad, pues guía a todos los buenos y es causa de todo buen pensamiento. Por eso, la filosofía griega (en especial, la platónica y la estoica) fue una revelación preparatoria para los griegos, como lo fue la Ley para los judíos. A través del Verbo encarnado, el ser humano llega a la perfecta gnosis y a una conducta ejemplar. Por otro lado, Clemente considera que la fe es el primer principio y la base del conocimiento verdadero, con lo que se aparta de los gnósticos en el desprecio que éstos sentían hacia la fe. Mediante el amor y la contemplación, el hombre llega a ser un «verdadero gnóstico». Finalmente, Clemente sostiene que, por medio del amor y de la *enkráteia* = el dominio de sí mismo, el ser humano se despoja de sus pasiones hasta llegar a un estado de «impasibilidad» con el que obtiene una semejanza de Dios cercana a la transformación en un ser divino.

Bib. Clemente de Alejandría, *El Pedagogo* (Gredos, Madrid 1988 / Ciudad Nueva, Madrid 1994); *Stromata*, I y II (Ciudad Nueva, Madrid 1996-1998).

Luis F. Ladaria, *El Espíritu en Clemente alejandrino* (Universidad Comillas, Madrid 1980); Shirley J. Case, *Los forjadores del cristianismo*, vol. I (CLIE, Terrassa 1987); Alfonso Ropero, *Introducción a la filosofía* (CLIE, Terrassa 1999).

CLÉRIGO Este vocablo entró en el cast. a fines del siglo XV y procede del lat. *cléricus* = miembro del clero. «Clero» (por 1ª vez en cast. el año 1487) procede del gr. *kléros* = lo que le toca en suerte a alguien, con lo que tenemos el dato interesante de que el «clero» (lit.) de 1 P. 5:3 sea el «laicado» (*laós Theo*ˆ = pueblo de Dios) de 1 P. 2:9-10. Esto suena mal a los oídos de quienes estábamos acostumbrados a tener por *clero* a la jerarquía eclesiástica, y por *laicos* (en sentido eclesial) a los que, según dijo un obispo en el C. Vaticano II, sólo les competía rezar, escuchar, obedecer y callar. ¿Ha cambiado su postura Roma después del Vaticano II? Luego lo veremos.

En el AT, *clero* significaba lo que a alguien le tocaba en suerte, como en Dt. 32:8-9, o aquél cuya suerte o porción especial es Dios mismo, como en Sal. 16:5.

En tiempo de Tertuliano (160-223, ambos aprox.), el término *clero* ya se usaba para designar a la jerarquía de orden de la Iglesia (obispos, presbíteros y diáconos). Más tarde, llegó a incluir también las llamadas «órdenes menores», esto es, acólitos, lectores, exorcistas y porteros. A veces también, a miembros no ordenados de las órdenes religiosas (los llamados *hermanos* en contraposición a los *padres*). El Vaticano II, lejos de apartarse de la doctrina tradicional de Roma, en el Decreto sobre el ministerio y vida de los presbíteros, cap. I (punto 2), dice lo siguiente:

«El Señor Jesús, a quien el Padre santificó y envió al mundo (Jn. 10,36, el énfasis es del documento), hace partícipe a todo su Cuerpo místico de la unción del Espíritu con que fue Él ungido, pues en él todos los fieles son hechos sacerdocio santo y regio, ofrecen sacrificios espirituales a Dios por medio de Jesucristo y anuncian las maravillas de Aquel que de las tinieblas los ha llamado a su luz admirable. No se da, por tanto, miembro alguno que no tenga parte en la misión de Cristo, sino que cada uno debe santificar a Jesús en su corazón y dar testimonio de Jesús con espíritu de profecía».

Dejando aparte la extraña interpretación que el documento hace de los lugares bíblicos a los que alude expresa o implícitamente, la positiva expectación que el comienzo de este punto pueda sugerir se ve inmediatamente frustrada al leer todo el resto del punto, en el que el Vaticano II vuelve a sus enseñanzas de siempre. El párr. siguiente (de ese mismo punto 2) comienza así: «Ahora bien, el mismo Señor, con el fin de que los fieles formaran un solo cuerpo, en el que *no todos los miembros desempeñan la misma función* (Ro. 12:4), de entre los mismos fieles instituyó a algunos por ministros, que en la sociedad de los fieles poseyeran la sagrada potestad del orden para ofrecer el sacrificio y perdonar los pecados, y desempeñaran públicamente el oficio sacerdotal por los hombres en nombre de Cristo», con lo cual el sacerdocio universal de los creyentes queda virtualmente anulado por el sacerdocio particular de unos pocos ordenados jerárquicamente.

En *Lumen Gentium*, n. 32 se enfatiza correctamente la unidad de todos los miembros de la Iglesia, pues todos han sido regenerados, de manera que todos, ministros sagrados, religiosos y laicos, forman un único Pueblo de Dios (Ef. 4:5); todos participan del sacerdocio de Cristo, pero en diversidad de funciones. Los ministros sagrados tienen la función de servir a los demás fieles predicando la Palabra de Dios, administrando los sacramentos y actuando como pastores del Pueblo de Dios. Los laicos*, por su parte, tienen la función de promover el Reino de Dios asumiendo con responsabilidad personal la tarea de animar cristianamente las estructuras temporales. Su función se desarrolla en el mundo y desde el mundo. Todos tienen en común la condición de fieles cristianos, pero se diferencian en sus actividades específicas. En este sentido, Roma ha llegado a reconocer una vieja reivindicación de la Reforma, a saber: el sacerdocio común de todos los creyentes, que Roma divide entre sacerdocio ministerial y sacerdocio espiritual.

Bib. Javier Hervada, *Tres estudios sobre el uso del término laico* (EUNSA, Pamplona 1973); F. Lacueva, *Catolicismo romano* (CLIE, Terrassa 1972).

COACCIÓN (cf. tamb. *Libertad, Violencia*)

Este vocablo entró en el cast. el año 1729 y procede del lat. *coactio*, coactionis = acción de forzar, y éste del vb. *cógere* = constreñir, forzar. Esto explica que, en muchos lugares de Hispanoamérica, haya de evitarse con sumo cuidado el uso del verbo cast. *coger*, que en España carece de ese sentido peyorativo.

La coacción lleva siempre consigo la pérdida, o la disminución, de la libertad personal de decisión y, por tanto, de la responsabilidad moral, por lo cual es un tema que tiene directa conexión con la teología bíblica La coacción puede ser física, psíquica y moral. Las trataré por separado.

(1) Coacción física es la violencia que se hace a una persona forzándola a decir o hacer algo contra su voluntad. La persona así forzada a obrar no es libre ni, por tanto, responsable. Dentro de esta categoría no entra, por supuesto, el derecho que tiene una autoridad legítima secular (es decir, no eclesiástica), a fin de asegurar el bien común, para imponer por la fuerza el cumplimiento de una ley que sea conforme a razón. En los caps. 21:22 y 23 del Éx. y en Dt. 22:13-30 se puede hallar una casuística legal, garantizada por la Palabra de Dios. En el NT, cambia la situación, al cambiar la Ley, como puede verse en Jn. 13:34-35. Por eso, las disposiciones que hallamos, p. ej., en los caps. 6 al 14 de 1 Co. son muy diferentes de las que hallamos en Éx. y Dt.

(2) Coacción psíquica es la perturbación interna de las facultades mentales, de tal modo que se hace imposible la libertad psicológica y la persona no es responsable de sus acciones. Dicha coacción se da en las enfermedades mentales psicóticas y psicopáticas, como son las obsesiones compulsivas y las fobias (miedos sin motivo racional). Muchas veces, la raíz de tales enfermedades es el agotamiento (p. ej. en la pubertad). A veces, una educación equivocada (demasiado dura o demasiado blanda) provoca estados neuróticos y hasta psicóticos. Las neurosis son anormalidades mentales, curables por medio de la psicoterapia y, de ordinario, pasajeras. En cambio, las psicosis son graves, persistentes y, si no se les pone pronto remedio por medio de

un experto psicoanalista, incurables, hasta desembocar en la demencia esquizofrénica o maniacodepresiva (dependiendo de la distinta disposición caracteriológica o temperamental, introvertida o extravertida, respectivamente).

(3) Coacción moral es la que se impone a una persona mediante el miedo, cuando el miedo se infunde injustamente, p. ej. por medio de amenazas con las que se impide, o se impone, por la fuerza un determinado modo de obrar. Esta clase de coacción procede, de ordinario, de prejuicios familiares, sociales, clasistas (p. ej. étnicos), etc., y, con frecuencia, exige llegar hasta el heroísmo en cuanto a la independencia moral y en cuanto a la lealtad debida. La coacción moral hace que disminuya la libertad de decisión de la persona, pero la responsabilidad subsiste básicamente, a no ser que se desvanezca por completo la capacidad de reflexionar frente a la coacción. Sin embargo, un contrato llevado a cabo mediante amenazas injustas es rescindible (del lat. *rescíndere* = rasgar), es decir, se puede revocar como inválido, porque la seguridad de la vida social exige un determinado grado de libertad.

CODICIA (cf. tamb. *Amor*) El vocablo entró en el cast. a comienzos del siglo XIII, cuando se escribía y pronunciaba «cobdicia», del lat. tardío *cupiditia* y éste del lat. *cúpidus* = codicioso. Este último entró en el cast. a mediados del siglo XIII.

En el AT, contamos únicamente con el sust. *betsá* = ganancia deshonesta (cf. Éx. 18:21; avaricia, en RV60; ganancias deshonestas, en la BAm).

En el NTG, la codicia se expresa con dos vocablos distintos, que tienen también diferente sentido: pleonexía (ocurre diez veces, Mr. 7:22; Lc. 12:15; Ro. 1:29; 2 Co. 9:5; Ef. 4:10 y 5:3; Col. 3:5; 1 Ts. 2:5 y 2 P. 2:3, 14), que –conforme a su etimología– designa al «codicioso que siempre desea tener más», y *filarguría* (una sola vez, en 1 Ti. 6:10) que –tamb. conforme a su etimología– designa al avaro que es amigo de la plata y, por tanto, no quiere en modo alguno desprenderse de su dinero. Es menester atender a este doble sentido de codicia al escribir, enseñar o predicar sobre este tema.

De la codicia en el sentido del gr. *pleonexía* = deseo de tener más, se nos dice en Col. 3:5 que es lit. una idolatría, seguramente porque la intensidad del deseo y la adoración de un ídolo tienen una conexión clarísima, como puede verse por las enseñanzas del Señor Jesús, p. ej. en Mt. 6:19-28. Es, por tanto, un pecado gravísimo; por eso, en Lc. 12:15-34, el Señor advirtió tan seriamente acerca de las consecuencias de ese pecado, por el que, con frecuencia, el ser humano llega a robar y aun a matar. En cuanto a la codicia, en el sentido del gr. *filarguría* = no querer en modo alguno desprenderse de su dinero, tienen la misma vigencia las porciones de Mt. y Lc. ya citadas. Por su parte, los apóstoles Pablo, Pedro y Juan, siguiendo las enseñanzas del Maestro, exhortan al cristiano a ser generoso y a confiar en Dios para el día de mañana. Cf., p. ej., Fil. 2:4; 4:6-7, 10-19; 1 P. 5:7; 1 Jn. 3:16-18 (y, quizás, 5:21); 3 Jn. vv. 3-10 . En cuanto a Stg. (que no es Santiago el Mayor ni Santiago el Menor, sino el hermano del Señor según la carne), gran parte de su epístola va por la misma línea; se palpan las enseñanzas que todos los hermanos del Señor según la carne habían recibido en el humilde hogar del modesto carpintero de Nazaret.

COHABITACIÓN (cf. tamb. *Matrimonio*) Cohabitar significa primordialmente habitar con otro o con otros. Pero el sentido específico del vocablo es hacer vida marital un hombre y una mujer sin estar casados.

No toda unión ilegítima recibe el nombre de cohabitación. No es sinónimo de concubinato ni de fornicación ni de adulterio (cf. los arts. respectivos). Concubinato (p. ej., el de la samaritana en Jn. 4) es el amancebamiento de un hombre con una mujer que no es su legítima esposa, pero parece matrimonio legítimo a los ojos de la gente. Además, el concubinato tiene otros dos aspectos que no se dan en la cohabitación: (1) Puede no ser libre por parte de una de las dos partes (ordinariamente, aunque no siempre, de la mujer); (2) se le puede poner fin, p. ej. huyendo de la parte explotadora. Por otra parte, la fornicación y el adulterio se distinguen de los anteriores en que, de suyo, son ocasionales, es decir, carecen de la continuidad (bajo el mismo techo) de los anteriores.

Lo que acabamos de decir tiene vigencia lo mismo cuando el caso se da entre bautizados como entre no creyentes o gente que no tiene ninguna religión. La raíz de este hecho está en que el matrimonio, de suyo, no es un contrato religioso ni sacramental, sino una unión de un hombre con una mujer en la forma que Dios estableció en la creación misma de la pareja humana (cf. Gn. 1:27). Y los pecados contra el matrimonio son tanto más graves cuanto que el objeto de Dios al crear la 1ª pareja humana fue que su unión fuera tan fuerte que ambos formasen una sola carne (cf. Gn. 2:24). Para el cristiano, esta unión es tan sublime que Pablo la hace similar al misterio del amor que Cristo tiene a su esposa la Iglesia y al amor que la Iglesia ha de tener recíprocamente al Esposo Cristo (cf. Ef. 5:23-32).

La importancia del tema sube de punto cuando consideramos que la expresión «una sola carne» de Gn. 2:24 no es una unión meramente sexual de dos cuerpos (ésa la tienen tamb. los animales brutos), sino de dos personas humanas, con lo que la mutua entrega del uno al otro no es sólo a nivel de lo físico, sino tamb. de lo moral, psicológico y espiritual, así como en el plano legal y social. Es cierto que, muchísimas veces, uno de los culpables, o ambos, ven dicha unión como un mero ayuntamiento carnal, pero eso no disminuye en nada la gravedad del pecado desde el punto de vista del hecho objetivo.

La gravedad moral de la cohabitación depende de dos factores: (A) uno personal, que es el estado psicológico-moral de la conciencia del individuo; (B) otro cultural, que es la forma en que la gente de una cultura determinada (p. ej. en regiones de África y de Asia) concibe la unidad y la indisolubilidad del matrimonio (son aspectos que tienen conexión con el divorcio, la separación y la poligamia –cf. los arts. respectivos).

Queda sólo un aspecto por considerar: ¿Qué debe hacer la iglesia ante la cohabitación cada día creciente, como crece tamb. toda clase de fornicación, así como la permisividad social, y aun familiar? Hay respuestas para todos los gustos y para todos los *disgustos*. Hay quienes piensan que se debe condenar pública y paladinamente. Otros piensan que es preferible «hacer la vista gorda». Ninguna de las dos soluciones es práctica ni cristiana. La solución está en que los familiares y amigos cristianos de los culpables, así como la iglesia misma, emprendan una campaña de evangelización y de cuidado pastoral hacia los que viven inmoralmente y, por otra parte, ayuden (no sólo con la oración) a la pareja a superar las dificultades que puedan hallar en algunas ocasiones pasajeras, o circunstancias más difíciles, de su vida marital. Con la debida persistencia en esta línea de acción, se puede cooperar a que la sociedad en general, así como el Estado y las mismas iglesias en particular, tomen conciencia de la importancia del tema y pongan los medios necesarios para remediar la situación.

COLECTIVISMO (cf. tamb. *Comunismo, Cooperativismo, Socialismo*) Este vocablo procede del vb. lat. *collígere* = recoger, reunir. Por ello, siempre incluye una idea de «unión», especialmente en el plano social.

Como forma de sociedad, el colectivismo pone los intereses del grupo (ya sea el Estado, la nación, la región o un grupo más limitado en cuanto al espacio y el tiempo) por encima de los intereses del individuo. Pero, en cuanto a la adhesión del individuo al grupo, es menester distinguir dos clases de comunidades colectivas:

(1) Aquellas en que el individuo queda limitado en sus derechos de elegir valores o pautas distintos de los del grupo. El valor que motiva al grupo para imponerlo incondicionalmente, subordinando totalmente al individuo a los fines y pautas de la colectividad, puede ser muy diverso: aumento de propiedad, de poder, de producción, de prestigio nacional o étnico, etc. Cuando la imposición del grupo es tal que no se permite al individuo poner en tela de juicio las disposiciones de quienes detentan el poder, tenemos una dictadura, ya sea del Estado (fascismo, en sus variadas formas), ya sea de una clase social (comunismo estatal, como «dictadura del proletariado»), ya sea de un grupo acéfalo, anarquista (comunismo libertario). En todos estos casos, los grupos colectivos son, por esencia, antidemocráticos (cf. *Democracia*). Aunque siempre han existido dictaduras de este tipo (incluso religiosas), se trata de un fenómeno típico del siglo XX, siglo en el que todas ellas surgieron y en el que, por fortuna, han acabado. Si exceptuamos a los anarquistas (p. ej. el GRAPO en España) que expresamente se sitúan fuera de la ley, tanto el socialismo como el comunismo se rigen hoy día (excepto en China y, quizás, en Cuba) por las normas de la democracia, si bien es cierto que las técnicas modernas de persuasión dejan al individuo cada día menos espacio en el uso incondicional de su libertad psicológica.

(2) Aquellas comunidades colectivas a las que los individuos se adhieren, se afilian o se incorporan libremente para mejor poder realizar un bien determinado por ellos mismos, como son toda clase de asociaciones: religiosas, políticas (partidos), sociales (comunidades de vivienda, comunidades de trabajo como las granjas colectivas de Israel, cooperativas agrícolas, etc.). Todas estas colectividades son democráticas y, por supuesto, beneficiosas para el individuo y para el bien común. Sin embargo, quedan algunas preguntas por responder, como, p. ej. (A) ¿Le queda al individuo alguna posibilidad de codeterminar cómo ha de llevarse a cabo el bien común del grupo? (B) ¿Pretende el grupo colectivo intervenir en todos los ámbitos de la vida familiar o per-

sonal del individuo? (3) ¿Tiene cada individuo la verdadera posibilidad de desligarse, cuando mejor le plazca, de la colectividad, para organizar su propia vida, y la de su familia, de manera diferente? Si a todas estas preguntas se da una respuesta afirmativa, no hay nada que objetar; no sufre ningún daño la verdadera democracia.
En la Biblia, especialmente en los libros del Éxodo, Levítico y Deuteronomio, podemos ver instrucciones sabias (divinas) acerca de muchos aspectos que tienen que ver con el tema que nos ocupa.

COLEGIALIDAD Colegialidad es un vocablo que viene de colegio. En el sentido técnico que le damos en el presente art., este «colegio» es el de los obispos dentro de la tradición de la Iglesia de Roma y de la Ortodoxia grecorusa.
En la iglesia primitiva de la era apostólica y postapostólica, no había problemas ya que existía una comunión recíproca entre las distintas iglesias locales, y entre los pastores de las mismas iglesias. La colegialidad, como toma de conciencia de una unión fuerte y necesaria entre las iglesias locales, así como entre los pastores, surgió primeramente como defensa apologética (cf. 1 P. 3:15) y como testimonio cristiano, ante un mundo pagano primeramente y, después, contra las injerencias del poder estatal «cristiano».
Pero la colegialidad episcopal alcanza su punto álgido en tiempo de Cipriano de Cartago (cf. *Cipriano*) en su pugna con el obispo de Roma que, para entonces, ya aspiraba al «papado». Esto sucedía en el siglo III. A comienzos del siglo V, unas palabras de Agustín de Hipona, en la controversia pelagiana (cf. *Agustín de Hipona*), dieron pie para pensar que, en efecto, el obispo de Roma tenía el primado de jurisdicción sobre la Iglesia universal. La idea fue creciendo en la mente de los obispos de Roma, y la figura del papa como enteramente superior a la del obispo, y aun a la de todo el colegio episcopal, fue aumentando a lo largo de la Edad Media, en especial con las figuras de Inocencio III y de Bonifacio VIII, llegando a su límite en el C. Vaticano I (1870), en el que Pío IX fue tratado como un semi-Dios por los obispos asistentes al Concilio. El C. Vaticano II, en el día 19 de nov. de 1964, aprobó casi unánimemente la Constitución Dogmática *Lumen Gentium,* cuyos puntos 22 y 23 tratan expresamente de la Colegialidad Episcopal. El párr. 1º del punto 22 trata de persuadirnos de la real existencia de una verdadera colegialidad episcopal, incluido el obispo de Roma, pero el resto de los puntos 22 y 23 no deja lugar a dudas de que el obispo de Roma, el papa, continúa siendo el jefe supremo e infalible de la Iglesia de Roma. En honor a la verdad, hay que decir que tanto Juan XXIII (1958-1963) como Pablo VI (1963-1978) y Juan Pablo I (setiembre de 1978) promovieron la celebración de la colegialidad episcopal y de la cooperación colegial entre los mismos obispos, sin hacer sentir demasiado su primacía papal. Del papa actual (escribo esto el 13 de enero del año 2000), J. Pablo II, no es fácil hacer un análisis seguro, por su forma «diplomática» de llevar los asuntos de la Iglesia: unas veces da la impresión de ser el 1º de los obispos; otras veces hace recordar que es el jerarca supremo.
La Ortodoxia grecorrusa ha sido siempre campeona de la colegialidad episcopal, tanto que su mayor diferencia doctrinal y práctica de la Iglesia de Roma es la insistencia, de muchos siglos, de ésta en que el obispo de Roma es el jefe supremo e infalible de la Cristiandad.
Finalmente, tengo que añadir que, tanto en la Iglesia de Roma como en la llamada Ortodoxia, sólo los obispos tienen el derecho de votar las decisiones de los concilios*, mientras que en las iglesias emanadas de la Reforma el derecho de hablar y de tomar decisiones en los sínodos, conferencias o asambleas, pertenece tanto al laicado como a los ministros consagrados u ordenados.

COMPLEJO Este vocablo entró en el cast. el año 1625 en su ant. forma complexo y con su significado genérico de «conjunto de varias cosas», pero sólo en 1920 obtuvo en cast. el significado técnico que le damos en el presente art. en el n. 2. El vocablo complejo procede del lat. *complexus* = que abarca, prcp. del vb. *complector* = abarco, abrazo.
En su sentido técnico, el complejo es el producto psíquico de una determinada estructura orgánica o psicológica. Con esto quiero adelantar que, en su sentido técnico, el vocablo complejo puede significar dos cosas totalmente diferentes:
(1) En la vida psíquica hay una estructura orgánica en la que los elementos son partes de un todo que siempre ha de tenerse en cuenta para poder analizar las partes. Pero esto no ocurre de la misma manera en todos los casos. P. ej; en el sentido del tacto, lo 1º que se nota es la presión, no la forma; igualmente, en el sentido del oído, lo 1º que se percibe son notas sueltas antes de la melodía, ya sea que ésta se conozca de antemano o no. En cambio, en el sentido de la vista, la percepción óptica se obtiene correctamente

cuando se ve el todo a la vez que las partes, no antes; de ello resulta que el sentido de la vista necesita un aprendizaje especial, en la que el sentido del tacto juega un papel especial, pues la 1ª impresión da invertida la imagen del objeto y, además, no se aprecia debidamente la distancia. Esto se nota en la 1ª infancia, cuando los niños extienden instintivamente los brazos hacia algún objeto que quieren alcanzar.

(2) En psiquiatría, el vocablo complejo significa una perturbación psíquica de diversa índole y de origen muy variado. Además, siempre hay que tener en cuenta que, en medicina, no hay «enfermedades», sino «enfermos». Especialmente digno de análisis es el complejo de inferioridad. (A) En la formación del complejo (me aparto de Freud y de Jung, y sigo más bien en la línea de A. Adler), lo más importante no son los genes, sino la forma en que se trata al recién nacido en los dos primeros años de su vida. Cuando el niño, o la niña, ha cumplido un año y medio, «ha tomado ya –dice Adler– la decisión de su vida», es decir, va a ver a quienes le rodean como «ogros» temibles y odiosos o como «hadas» mágicas de las que se espera que le den todo resuelto sin que tenga que aportar su trabajo y su iniciativa. Con una terminología (prestada, en parte, de mi ya fallecido prof. de grafología y psicología Carlos Muñoz Espinalt), divido los complejos de inferioridad en cuatro clases: (a) Tipo «César» (activo áspero). Suelen tener padres ásperos, pero pasivos. No están satisfechos si no se imponen a los demás, por las buenas o por las malas. Son intolerantes e intolerables. (b) Tipo «Astro» (activo suave). Suelen tener padres suaves y pasivos. Se da en individuos de ambos sexos, cuyo único fin en la vida es «brillar» en lo que sea: música, literatura, ciencia, deporte, etc. No están satisfechos si no se les halaga, si no se les tiene por los mejores, etc. (c) Tipo «Ostra» (pasivo áspero). Suelen tener padres ásperos y activos. Sólo se sienten satisfechos cuando se les deja quietos sin molestarlos para nada, ya sea trabajar, estudiar, etc. Les gusta ser tenidos por dignos de lástima, tienen manías persecutorias, fobias, etc. (d) Tipo «Yedra» (pasivo suave). Suelen tener padres activos y suaves. Es el típico niño «faldero» = agarrado a las faldas de su madre, la niña que no se aparta de su mamá, que trata de imitarla en todo, etc. Yo llamo «Yedra» a este tipo por lo «pegadizo» que es. Muñoz Espinalt lo llama «Enredadera», muy sugestivo, pero yo prefiero vocablos que tengan, todos ellos, cinco letras: César, Astro, Ostra, Yedra.

(B) Esta división, como todo lo que afecta a la psicología y la psiquiatría, no es exhaustiva ni exclusiva. En otras palabras, pueden darse tipos diferentes de los aquí expuestos y, sobre todo, raras veces se dan tan delimitados, pues suelen mezclarse y hasta cambiar cuando cambian radicalmente las circunstancias (muerte del padre, de la madre, del cónyuge, etc.). Pero la inclinación predominante en cada grupo es la que acabo de describir en el párr. (A).

(C) ¿Tiene remedio el complejo? Como el complejo es un producto neurótico, no psicótico, todos los psiquiatras están de acuerdo en que puede curarse. Como es de suponer, cada psiquiatra propone y practica el método peculiar de su «escuela». Así, un psiquiatra de la línea de Freud propondrá hacer vívido el recuerdo del inicio del complejo para soltar, mediante una descarga liberadora, la tensión psíquica que está produciendo. Un partidario de Jung apelará a la exploración del subconsciente mediante la interpretación de sueños durante un periodo suficientemente largo, etc. En la línea de A. Adler, yo propongo la reeducación, cuanto antes mejor, del acomplejado, haciéndole formar parte de un grupo donde aprenda a pasar del *yo* al *tú* hasta llegar al *nosotros* (resulta interesante analizar las porciones bíblicas en las que el propio Señor Jesús, así como los apóstoles Pablo, Pedro y Juan, dicen «nosotros», cuando un acomplejado habría dicho «yo»). Desde luego, el acomplejado necesita –dentro del grupo– comprensión y estímulo, pero también disciplina y ausencia de favoritismo.

(D) Esto, en cuanto a la terapéutica natural del complejo. No obstante, la mejor terapia es la sobrenatural, p. ej., la que se desprende del estudio atento de 1 Co. 12:4-30. Estudie el lector esta preciosa porción de la Palabra de Dios y hallará el gran remedio de toda clase de complejos, tanto de inferioridad como de superioridad. Ahí se ve claramente que, en la comunidad eclesial, (a) no hay inútiles; (b) no hay mutilados de guerra; (c) no caben dictadores ni gregarios: no deben existir los tipos César, Astro, Ostra ni Yedra.

COMPRENDER, COMPRENSIÓN Como podrá verse por la amplitud de significados que se desprenden de su etimología, el sentido que se les dé será tamb. múltiple. Comprender entró en el cast. a primeros del siglo XIII del lat. *comprehéndere* = abarcar, coger, concebir (una idea); es un compuesto de prender, del lat. *prehéndere* = coger, atrapar, sorprender. Comprensión entró en el cast. mucho después (a comienzos del siglo XVII).

Dejando de lado muchos de los sentidos analizados por Lotz en el art. «Comprender» del *Diccionario de Filosofía* de W. Brugger, voy a analizar sólo dos significados del vocablo comprensión:
(1) A nivel de la semántica, la comprensión (comprender) indica una inteligencia clara y profunda, siempre relativa, del objeto del conocimiento humano, ya sea de las cosas, de las personas o de Dios (la de Dios es doblemente relativa: por personal y por infinitamente trascendente). Además, tiene distinto sentido la comprensión: (A) de signos cuyo significado se aprehende a 1ª vista; (B) de las palabras como signos de nuestros pensamientos, y (C) del contenido descubierto a través de los signos. Sirva de ej. la frase con que, a veces, nos dirigimos a un interlocutor: «¿Me comprendes?»
(2) A nivel de la lógica, la comprensión indica el conjunto de notas de un sujeto o de un predicado de la oración gramatical. P. ej. la comprensión del sujeto «Pedro» abarca las notas de «ser», «alguien distinto», «sustancia», «persona individualizada», «animalidad» y «racionalidad». En este sentido, es lo contrario de extensión, la cual indica el número de individuos a los que se puede aplicar una nota determinada; p. ej. la nota *hombre* a todos los individuos de la especie humana (cf. tamb. *Cantidad*, *Extensión*).

COMPROMETERSE, COMPROMISO

Estos vocablos son susceptibles de cuatro sentidos muy distintos, a pesar de su etimología común: Comprometerse, comp. de prometerse, y éste de meterse, procede del lat. *mittere* = enviar, soltar, arrojar, lanzar. Tanto comprometer como compromiso entraron en el cast. a comienzos del siglo XVII. Obtienen diverso sentido según se trate del plano forense, del ético, del psicológico o del espiritual.
(1) En sentido forense, compromiso significa la terminación de un conflicto por medio de un acuerdo, lo cual puede hacerse de tres maneras: (A) Por acuerdo mutuo entre las partes; (B) por medio de un mediador; y (C) sometiéndose ambas partes, ante un tribunal, a un árbitro elegido por ellos mismos.
(2) En sentido ético, la persona misma necesita hallar un compromiso en los casos en que las exigencias de la ley chocan contra las demandas legítimas de los derechos de la persona. Este caso se ha dado, hasta llegar al heroísmo (y aun hasta el martirio), cuando las autoridades, ya sean seculares o religiosas (la Inquisición), tratan de obtener de un reo la confesión de hechos que conoce sólo mediante juramento o en «sigilo» de confesión auricular. A veces, se llama abusivamente compromiso a la claudicación ideológica o religiosa de políticos (y hasta de líderes religiosos), con el fin de obtener un acuerdo con partidos de ideología contraria y poder, así, seguir manteniendo las riendas del poder.
(3) En sentido psicológico, compromiso es la solución que la persona tiene que dar a un conflicto entre las exigencias ideales o espirituales y la fuerza moral del propio individuo, teniendo en cuenta que nadie está obligado a hacer algo, o a dejar de hacer algo, más allá de sus fuerzas. Sin embargo, esto no quiere decir, p. ej., que Dios pueda mandar cosas imposibles, como parece ser que opinaba Jansenio*. Contra esto escribió acertadamente Agustín de Hipona: *Deus impossibilia non iubet, sed iubendo docet et fácere quod possis, et pétere quod non possis et ádiuvat ut possis* (Dios no manda imposibles, sino que, al mandar, enseña que hagas lo que puedes, que pidas lo que no puedes y ayuda para que puedas). Este principio de moral aparece más conciso, sin la belleza retórica del dicho agustiniano, en el aforismo lat. *Facienti quod est in se, Deus non dénegat gratiam* (Dios no niega la gracia a quien hace lo que está de su parte). En pura teología bíblica, ambos aforismos son defectuosos, ya que, para la obra espiritual más insignificante (p. ej. un pensamiento de salvación) se necesita la gracia *preveniente* (= previa) de Dios.
(4) Finalmente, en sentido espiritual, que es precisamente el que quiero poner de relieve en este art., comprometerse significa «entregarse, con todo empeño, al triunfo de una causa por la que merece la pena vivir y dar la vida». Esto puede ocurrir en el plano familiar, civil o social, pero adquiere una dimensión diferente, más alta, más ancha y más profunda cuando se trata de proclamar el evangelio a toda criatura (cf. Hch. 1:8) o, más aún, cuando se trata de elevar el nivel espiritual de la propia iglesia local y, en definitiva, de todo el Cuerpo de Cristo = la Iglesia Universal. Si pongo de relieve este último sentido de compromiso es porque la pereza, la cobardía, la ignorancia, etc., en una palabra la carnalidad, impide que este compromiso sea empresa de todos los creyentes, o de la mayoría, en lugar de ser privilegio de una minoría que cuenta mucho a los ojos de Dios, pero con mucha frecuencia, no obtiene de las autoridades, seculares o religiosas, otra cosa que recelos, censuras, el aislamiento y hasta la excomunión (cf. 3 Jn., vv. 5-10).

COMULGAR (cf. *Comunión*)

COMUNICACIÓN DE IDIOMAS Esta expresión que, en realidad, significa «comunicación de atribuciones» se toma aquí como sinónima de «comunicación de propiedades» y es un postulado necesario de una verdad bíblica implícita y de su definición expresa en el Concilio de Calcedonia* (451) y, más tarde, en II Niceno: En Jesucristo hay una sola persona que subsiste en dos naturalezas totalmente distintas, la divina y la humana.

Para que pueda darse una correcta «comunicación de idiomas» es necesario que la transferencia de expresiones y de propiedades se haga a través de la persona, no directamente de una naturaleza a otra. (1) Ejemplos de transferencia correcta: «Dios (en el sentido de una persona divina) murió en la cruz del Calvario» (cf. Hch. 3:15), «un hombre podía perdonar los pecados» (cf. Mr. 2:10), «el niño que María amamantaba gobernaba el Universo entero», «el Hijo de Dios no lo sabía todo» (cf. Mt. 24:36), «un hombre exhausto de fuerzas, cansado por agotamiento, mandó callar a los vientos y al mar» (cf. Mr. 4:38-39). Impotente y omnipotente a un mismo tiempo. (2) Ejemplos de transferencia incorrecta: «La Deidad (la naturaleza divina) murió en la Cruz» (cf. la famosa bravata de Nietzsche: «Dios ha muerto; nosotros lo hemos matado»), «la humanidad de Cristo está en todas partes» (error de Lutero). Resulta muy fácil aducir ejemplos de transferencia incorrecta.

Por no captar bien la verdad bíblica que acabo de analizar y su expresión legítima y adecuada en el Concilio de Calcedonia y hasta el II Concilio de Nicea (787), algunos escritores eclesiásticos de los primeros siglos de la Iglesia tuvieron serios problemas a la hora de interpretar los datos claros de la Palabra de Dios a este respecto. Unos se decantaban hacia la línea monofisita (cf. *Monofisismo*), otros hacia la línea nestoriana (cf. *Nestorianismo*). A muchos les parecía que la carne humana de Cristo era deificada por la presencia interior del Lógos; de no ser así, ¿cómo podía explicarse que Jesús caminara por la superficie del mar o que las gentes se curaran con sólo tocar la orla de su manto? Hubo que apelar entonces al principio de la transferencia de propiedades, pero mal entendida: «Jesús tomaba prestados los atributos de la Deidad cuando los necesitaba, aunque se había despojado de ellos» (entendiendo malamente la *kénosis* de Fil. 2:5 ss.). Además, ¿cómo podía darse una transferencia total de dos naturalezas tan diferentes como la divina y la humana en un solo individuo? Al no poder explicar esta aparente «anomalía», Atanasio* y otros tuvieron que decir que, p. ej. en Mt. 24:36 y (hasta cierto punto) en Hch. 1:7, el Señor Jesús pretendió ignorar la fecha de su regreso, para convencer a sus discípulos de que era realmente un ser humano.

Andando el tiempo (hasta el año 787, como dije anteriormente), se halló la verdadera solución al angustioso problema. Como dije al comienzo de este tema, el problema se resuelve satisfactoriamente si se tiene en cuenta que la correcta transferencia de atribuciones y de propiedades de una naturaleza a otra se hace precisamente en, y a través, de la única persona divina-humana del Señor Jesucristo. Por eso podemos decir, dentro de la más plena ortodoxia bíblico-teológica, que una Persona divina murió en la Cruz del Calvario en su naturaleza humana, llevando a cabo el sacrificio de Dios a favor de la humanidad, sin dejar de ser impasible e inmortal en su naturaleza divina.

COMUNIDAD Para dispensar al lector de términos áridos y abstrusos, quiero resumir algunos conceptos del filósofo De Vries en el art. «Comunidad», del *Diccionario de Filosofía* editado por W. Brugger.

Dice De Vries que antiguamente apenas se advertía ninguna diferencia entre los términos «comunidad» y «sociedad». Incluso hoy en día, está muy difundida una manera de expresarse en la que «comunidad» y «sociedad» se usan sin diferencia esencial. Con todo, no se puede negar que, en nuestros días, se ha perfilado una distinción muy clara entre ambos términos. Parece ser que «comunidad», como contrapuesto a «sociedad», designa ciertas estructuras sociales que se basan en una unidad de actitud, de amor y de aspiración moral. Por otra parte, para que pueda hablarse de verdadera «comunidad», no es menester una plena «comunidad de vida» (una vida en común, como la de los frailes y monjas), pero sí es necesario que el objetivo real de la «comunidad» sea la elevación personal (cultural, moral, espiritual) de sus miembros. Todo esto no quiere decir: (1) que la «comunidad» tenga que encerrarse dentro de sus muros, renunciando a servir a intereses comunes de la sociedad; (2) que haya de negársele una «constitución» jurídica que le garantice poder buscar, y hallar, su objetivo específico; y (3) que haya que recurrir con frecuencia y rigidez a normas jurídicas para impedir que la libre colaboración de los miembros se vaya debilitando.

Bib. Juan Huarte, *Evangelio y comunidad* (ESE, Salamanca 1983); Paul Tournier, *De la soledad a la comunidad* (CLIE, Terrassa 1997); D. Bonhoeffer, *Vivir en comunidad* (Sígueme, Salamanca 1966).

COMUNIÓN (cf. tamb. *Participación*) Al hablar de comunión, un fiel de la Iglesia de Roma entenderá comulgar, es decir, el acto de dar o recibir la comunión. En efecto, su estrecho parentesco con comunión, comunicar se palpa analizando su etimología, pues en el siglo XIII, en que entró en el cast., se decía *comungar*, del vb. lat. *communicare*, que propiamente significa «compartir», y en este sentido entró en el cast. el vb. comunicar en el siglo XV, pero en el lat. bajo del siglo XIII significaba, en efecto, «comulgar». En sentido figurado, «comulgar» significa compartir las ideas, sentimientos, etc., de otro o de otros. Como en muchos otros casos, las apariencias engañan, y el vocablo comunión no es sinónimo de común unión, como muchos piensan, pues las dos m del lat. *communio* nos dan a entender que su etimología es *com-munus*. Ahora bien, el lat. *munus* tiene doble significado: (1) presente, regalo; (2) oficio, ministerio. Por tanto, comunión (y aquí entramos en el tema teológico del gr. *koinonía*) significa «compartir el mismo regalo» (gracia, don espiritual, etc.) o «compartir los mismos derechos y responsabilidades en el ministerio pastoral», tanto a nivel de iglesia local como regional, nacional o universal. Por aquí vemos que la idea de comunidad implica la idea de solidaridad, según la doble etim. de este último vocablo: (A) «sueldo»; de ahí, la paga de «soldado» (idea favorita de Pablo en 1 y 2 Ti.) y (B) «suelo»; de ahí, «sólido» = lo que está firmemente cimentado (idea favorita de Pablo, espec. en Gál. Ef. y Fil.).

Así pues, comunión no es lo mismo que participación, como se ve por la etim.de participar, del lat. *partem cápere* = tomar una parte, lo que el gr. expresa mediante el vb. *metéjein*. Para percibir bien la diferencia entre comunión y participación me basta con traducir lit. 1 Co. 10:16-17, donde en dos vv. consecutivos se hallan respectivamente, en marcado contraste, ambos vocablos. Dice así Pablo en dicha porción: La copa de la bendición que bendecimos, ¿acaso no es comunión (gr. *koinonía*) de la sangre de Cristo? El pan que partimos, ¿acaso no es comunión (gr. *koinonía*) del cuerpo de Cristo? Por ser uno solo el pan (la hogaza de pan), los muchos somos un solo cuerpo porque todos participamos (gr. *metéjomen*) del único pan. En efecto, las realidades espirituales no se «parten» cuando se «comparten». Todos los creyentes compartimos solidariamente la fe, la gracia, el don del E. Santo, etc., sin que estas realidades se mengüen con el aumento de participantes, ni aumenten con la disminución de los mismos. En cambio, las realidades materiales (como la hogaza de pan de 1 Co. 10:17) se menguan cuando aumentan los participantes y aumentan cuando disminuyen los participantes; de ahí, el refrán poco edificante: «Un fraile de más, una ración de menos».

Esto hace que pueda resaltar ante nosotros con una luz vivísima 2 P. 1:4, donde Pedro se atreve a decir lit. que se nos han dado preciosas y grandísimas promesas para que, por medio de ellas, lleguéis a ser copartícipes (gr. *koinonói*) de la naturaleza divina. Nótese bien que Pedro no dice que lleguemos a ser copartícipes de la esencia divina, porque la «esencia» incluye las perfecciones radicadas en la simplicidad y en la infinitud del Ser de Dios, perfecciones que Dios no puede compartir con nadie, sino de la naturaleza divina, la cual incluye las perfecciones radicadas en la actividad del Ser de Dios: pensar, desear, querer, amar, actuar. Por tanto, Pedro, en el citado lugar, nos pide que compartamos, siempre a escala de seres creados, el modo de pensar, de querer, de amar, de actuar, etc., de Dios. Esto hace del cristiano un ser de sublime linaje, de hijo –al fin y al cabo– del Dios Creador y Dueño de cielos y tierra, por lo que bien pudo escribir el obispo de Roma León I, en su Sermón 21, punto 3: «Reconoce, oh cristiano, tu dignidad: y, hecho consorte de la divina naturaleza, no vuelvas con una conducta degenerada a la vileza de tu condición anterior».

El vocablo gr. *koinonía* ocurre 19 veces en el NTG y siempre comporta la idea de «compartir». Por eso, se llama *koinonía* la ofrenda o colecta de Ro. 15:26. En efecto, si los cristianos somos hijos de Dios, somos hermanos, y el amor fraternal exige compartir no sólo el cariño, sino también el bolsillo (cf. el pragmatismo del «teólogo» Juan en 1 Jn. 3:16-18). Si practicáramos lo que creemos, o decimos creer, la vida cristiana se enriquecería sumamente a todos los niveles.

Sólo me resta añadir que el término gr. *koinonía* se usa actualmente en los círculos «ecuménicos», especialmente entre católicos y anglicanos, en un sentido que ya no es el del NT. Como puede verse en «El informe final» (ingl. *The Final Report*) de 1982, se quiere presentar la *«koinonía»* como base de los acuerdos de la comisión conjunta anglicana-católica sobre la eucaristía, el ministerio, la ordenación y la autoridad en la Iglesia. Eso ya no es *«koinonía»*, sino falsificación de la verdadera *«koinonía»* (cf. tamb. *Comunión de los santos*).

COMUNIÓN DE LOS SANTOS La fórmula lat. *Sanctorum communionem* aparece en los «credos» de la Iglesia occidental únicamente, y siempre después de *sanctam Ecclesiam* (u otra fórmula similar para aludir a la Iglesia católica), por 1ª vez en el fragmentario símbolo más antiguo de la Francia meridional (siglos VI-VII), según puede verse en el núm. 26 del *Enchiridion Symbolorum*, etc., de Denzinger (ed. XXXII, Herder, 1963). De ordinario, aparece delante de *remissionem peccatorum* (el perdón de los pecados).

La expresión «comunión de los santos» no indica claramente lo que puede significar, porque tanto el vocablo «comunión» como «santo» puede significar cosas muy diversas, y así ha ocurrido que se han entendido de diferente manera al compás de los tiempos. Podemos señalar las siguientes etapas:

(1) En un principio, parece claro que significaba la comunión de la que hemos tratado en el art. Comunión. En cuanto a santo, tenía el mismo sentido que tiene en el NT: todos los verdaderos creyentes de la Iglesia Universal. Muchos piensan que incluía a los «santos» de la Iglesia triunfante, idea que sólo pudo introducirse en clara oposición a la Palabra de Dios, que sólo menciona «comunión» entre los creyentes mientras viven en este mundo, no a los que ya están en el cielo.

(2) Durante la Edad Media, «santo» vino a significar una persona que había llegado a un grado excepcional de santidad o había entregado su vida a Cristo en el martirio. De este modo, comunión de los santos era una expresión para designar su solidaria confesión de Jesucristo como Dios, Señor y Salvador.

(3) En la segunda mitad de la Edad Media, vino a significar también el compartir las cosas santas: los sacramentos, el valor de las obras buenas sobrenaturales, es decir, los medios de gracia, habida cuenta de que el pl. lat. *sanctorum* puede ser masc. (de los santos), lo mismo que neut. (de las cosas santas). Hay quienes piensan que este significado fue realmente el 1º expresado en los antiguos «credos». Pero es necesario advertir que, en la Edad Media, la Iglesia de Roma sólo admitía compartir las cosas santas entre los fieles de la Iglesia católica, occidental y oriental. Y, después del cisma de la Ortodoxia grecorrusa, sólo entre los fieles en comunión con la sede romana.

(4) Los líderes religiosos de la Reforma rechazaron esa interpretación de la Iglesia de Roma y siguieron el sentido que el NT da al vocablo «santo»: todo (y sólo) verdadero creyente en Cristo. De aquí se desprende que «no son todos los que están», es decir, que hay entre los miembros de una iglesia local quienes no son verdaderos creyentes (esto es inevitable humanamente, cf. p. ej. 1 Jn. 2:18-19) «ni están todos los que son», es decir, no todos los verdaderos creyentes en Cristo están entre las comunidades evangélicas.

(5) En la actualidad, después del C. Vaticano II, la Iglesia de Roma: (A) Sigue sosteniendo que los fieles de la Iglesia católica romana que viven todavía en este mundo pueden beneficiarse de los méritos pasados y de las oraciones presentes de los que están ya en el cielo, y que tanto los de la tierra como los del cielo pueden ayudar con su intercesión a los fieles difuntos que se hallan aún en el Purgatorio. Esto va directamente contra He. 7:25 y 1 Ti. 2:5. (B) En cambio, admite que, en primer lugar la Ortodoxia y en 2º lugar los protestantes, pertenecen de algún modo a la única Iglesia de Cristo, porque en ellos «se hallan muchos elementos de santidad y de verdad» (C. Vaticano II, *Const. Dogmática Lumen gentium*, punto 8, a.m.). Sin embargo, dicho documento, en el mismo punto, no deja lugar a dudas de que «la Iglesia de Cristo subsiste en la Iglesia católica, gobernada por el sucesor de Pedro y por los Obispos en comunión con él».

Son muchos los que desde el lado anglicano, y aun desde denominaciones protestantes no conformistas, se sienten halagados por esa «condescendencia» de la Iglesia de Roma y se unen a los catolicorromanos en reuniones ecuménicas, así como en «semanas de oración», etc. No sólo andan equivocados en cuanto a lo que «esperan» de Roma, sino –especialmente– en cuanto a lo que «entregan» de la fe reformada.

CONCEPCIÓN DEL UNIVERSO (cf. *Cosmovisión*)

CONCEPTO El vocablo concepto, como lo indica su etim. significa «concebido», pues procede del vb. lat. *concípere* = absorber, contener y, por ende, quedar embarazada una mujer. De aquí resulta la incidencia del término «concepto» = «concebido», tanto a nivel filosófico como teológico.

(1) A nivel filosófico, concepto hace referencia a la idea que nos formamos de las cosas, es decir, de todo «ser existente». Dada la naturaleza intencional de nuestro modo de conocer en esta vida, el concepto nos pone en contacto directo con el objeto de nuestro pensamiento. Este objeto, en sí, tiene existencia real fuera de nosotros, excepto si se trata de una ficción de nuestra mente, del «yo» como contenido del acto de pensar, o de una perturbación de nuestras facultades psíquicas. Pero, en cuanto a su verdad metafísica, es decir, en cuanto «objeto inteligible», es la materia de nuestro acto de entender, siendo la forma su cualidad de «ente» en cuanto «quididad» universalizada de «ser que el intelecto humano aprehende mediante percepción mental, tras una abstracción formal de tercer grado de la imagen que nos presenta la percepción sensorial». Esto no quiere decir que, mediante el concepto, lleguemos a penetrar en la esencia misma de las cosas, sino en lo fenoménico, es decir, en el «aspecto» = el «rostro» con que las cosas aparecen ante nosotros. Este aspecto» no es total, a diferencia de como lo es el ente en sí, en su totalidad concreta, objetiva. Cuantos más «aspectos» del ente existente aprehendemos, tanto mayor es el número de «notas», de cualidades, que conocemos del objeto. Por eso, para que nuestros conocimientos sean objetivamente verdaderos, es menester que los conozcamos en su plena «perspectiva» (cf. *Perspectivismo*). A medida que aumenta el número de estos «aspectos», aumenta nuestra comprensión del objeto concebido, pero disminuirá su extensión, es decir, el número de entes que caen dentro de esa «nota» o aspecto determinado del objeto concebido. Voy a poner un par de ejs. con los que se aclarará este difícil tema del concepto: Si «concibo» al individuo X como «hombre con zapatos nuevos», la comprensión alcanza cotas muy altas, pues ahí entran las notas o aspectos de ser, sustancia, vida, movimiento, causalidad activa, animalidad, racionalidad y persona con zapatos nuevos, pero disminuye enormemente la extensión, porque he reducido el número de seres a solas las «personas humanas que estrenan, aquí y ahora, zapatos». En cambio, si «concibo» al individuo X como «ser existente», la extensión es enorme, pues abarca «todo lo que existe», pero la comprensión es mínima, pues sólo me dice la nota más universal (mejor, trascendental) del «ente» (cf. tamb. *Comprender*, *comprensión* y *Extensión*). La diferencia entre universal y trascendental implica la diferencia entre concepto unívoco y concepto análogo. El 1º se da cuando el concepto dice relación con su propio objeto, de forma más o menos adecuada; el 2º cuando el concepto se realiza de distinta manera en los conceptos subalternos, caso que se da siempre a nivel trascendental. Nuevos ejs.: Si «concibo» al individuo X como «hombre», el concepto se relaciona de forma unívoca con todos los hombres; pero si lo «concibo» como «ente», el concepto se relaciona con los demás entes de forma análoga, pues sólo así puede incluir a los entes creados y al Ente Increado que es Dios.

(2) Entramos ya en el terreno de la Teología Natural, donde el concepto de Dios como Ente Increado nos abre la puerta al conocimiento de los atributos o perfecciones esenciales de Dios desde la radicalidad de Su Ser Subsistente por Sí Mismo (*Ipsum Esse per se Subsistens*, como se dice técnicamente), pero todavía es mayor el conocimiento que se nos ofrece de Dios mediante su autorrevelación personal en su Palabra escrita, pues así podemos captar en el seno de la Trina Deidad un «concepto», no sólo real, realísimo, sino también personal, pues es el Verbo (Lógos) de los escritos joánicos, concebido eternamente en el seno del Padre (cf. Jn. 1:1; 1 Jn. 1:1-2; Ap. 19:13). Palpamos también la univocidad del concepto de ser humano como ser caído por el pecado de Adán y redimido potencialmente por medio de la muerte sacrificial de Cristo en la Cruz y, al mismo tiempo, tenemos la analogía del concepto de salvación según la clase de «salvación» a la que hagamos referencia. Como «conceptos subalternos», podemos pensar en las diversas relaciones (unívocas o análogas) de los creyentes entre sí y con los no creyentes. Cuando tratemos del silogismo veremos la tremenda importancia que tiene entender bien los conceptos de «comprensión» y «extensión» para que queden a salvo las leyes esencialmente inalterables de la lógica formal.

Bien entendido todo lo que acabamos de decir acerca del «concepto», de acuerdo con la síntesis aristotélico-tomista (de cuya discutible «solidez» no nos ocupamos ahora), caen por su propio peso todos los sistemas filosóficos que, por exceso o por defecto, se oponen a ella. Contra el nominalismo, el conceptualismo, el sensismo materialista, etc., defendemos que el «concepto» es esencialmente superior a la representación sensorial. Por otra parte, a causa de la naturaleza abstractiva de nuestros conocimientos, nos oponemos al idealismo de todo género y al intuicionismo de Platón, Agustín de Hipona, Spinoza, Descartes, Kant y Hegel, lo mismo que al sentimentalismo de Schleiermacher y al existencialismo de Heidegger, de Sartre y del propio G. Marcel. Es una lástima que algunos líderes de la Reforma del siglo XVI (muy apreciados en las iglesias evangélicas, como Lutero), por su menosprecio de la razón humana, cayeran en algunos de esos errores. Barth*, desde su fondo luterano, cayó tamb. en otros errores.

He dicho, en el párrafo que antecede, que la «solidez» de la síntesis aristotélico-tomista es discutible, porque un filósofo crítico de tanto talento como Ángel Amor Ruibal ha podido echar por tierra la forma (admitiendo la mayor de los silogismos, pero negando la menor) en que Tomás de Aquino expone sus famosas cinco vías para demostrar la existencia de Dios. Estoy de acuerdo, en este punto, con el gran filósofo gallego.

CONCEPTUALISMO Se conoce con este nombre la escuela de pensamiento que atribuye a los conceptos mentales un ser de mera razón sin relación con la realidad objetiva. En esto se distingue tanto del nominalismo como del realismo. Del nominalismo, porque no sólo admite nombres, sino también conceptos, universales. Del realismo, porque niega que a dichos conceptos corresponda algo en la realidad objetiva.

El conceptualismo surgió como una reacción contra el realismo de base platónica que trasladaba a las cosas la universalidad de las ideas (cf. *Platón, platonismo*). El conceptualismo clásico tiene por padre a Guillermo de Occam (1285?-1350), que también se escribe Ockam y Ockham. Dejo los detalles de su biografía para el art. *Occam*, y me atengo al análisis de su sistema filosófico. En realidad, Occam llevó al extremo lo apuntado por Duns Scott (Escoto) en cuanto a disociar la filosofía de la teología. Dios desaparece del horizonte filosófico y deja de ser objeto de la especulación racional; sólo se le puede conocer por fe, pero –para Occam– las verdades de la fe son inaccesibles a la razón humana. De este modo, el espíritu humano, en lo que tiene de más noble –su facultad intelectual– se queda sin Dios. Occam no sólo niega que los universales tengan alguna realidad en las cosas, sino que niega también que la tengan en la mente de Dios. El universal –dice Occam– es puramente un concepto de la mente que se refiere unívocamente a muchos singulares (lat. *conceptus mentis significans univoce plura singularia*). Y, como la filosofía se refiere a lo universal, no puede ser una ciencia de cosas, sino sólo de signos, como el humo es signo del fuego; o, a lo más, una ciencia de símbolos.

Después del conceptualismo clásico de Occam, surgieron el conceptualismo empirista y el conceptualismo racionalista. Mientras el 1º menosprecia el valor de los conceptos en orden al conocimiento de la realidad objetiva, la cual es siempre cambiante, el 2º admite la necesidad del conocimiento conceptual, pero no lo considera fundado en las cosas mismas, sino sólo en las funciones apriorísticas del sujeto pensante que pueden llegar únicamente al fenómeno, pero no a las cosas en sí (criticismo de base kantiana). Así se explica la hostilidad hacia la metafísica en los círculos conceptualistas y el favor que el conceptualismo ha encontrado en el individualismo.

Como siempre, el realismo moderado del sistema aristotélico-tomista halla el justo medio entre el conceptualismo y el realismo extremo de base platónica. Por medio de la abstracción formal de tercer grado, nuestra mente verifica que el contenido de nuestros conceptos se halla realmente en el objeto dado, pero no del mismo modo que en la mente, pues en la unidad del objeto, el contenido de la abstracción mental se halla unido a otros determinantes que no entran en el concepto mismo (cf. *Abstracción*).

CONCIENCIA El vocablo entró en el cast. a comienzos del siglo XIV y es un compuesto de ciencia, del vb. lat. *scire* = saber. Por eso, según su etim., conciencia equivale a «saber lo que pasa dentro de uno mismo». Esta es una peculiaridad del ser humano. También los animales superiores saben, pero no pueden reflexionar sobre lo que saben. Antes de entrar en materia es preciso distinguir entre conciencia psíquica y conciencia moral.

(1) Comoquiera que el ser humano no es puramente espiritual como los ángeles, sino que consta de un alma espiritual (a diferencia de los animales) y de un organismo corporal (a diferencia de los ángeles), tiene conciencia directa de lo que le ocurre en la vida cotidiana sin tener que reflexionar sobre ello a cada paso, pero posee también una conciencia refleja que se proyecta de modo múltiple: sobre actos, estados psíquicos, procesos psicológicos y sobre el propio «yo» como sujeto de vivencias. Ciertas perturbaciones mentales pueden acarrear la pérdida de la conciencia. La psicología moderna de base empiricista no hace uso del análisis de la concien-

cia, pues sólo concede validez a la observación de los procesos de la conducta (cf. *Conductismo*). Contra este materialismo, la filosofía escolástica de todo tipo admite el testimonio mismo de la conciencia como el primer dato gnoseológico de una realidad que sabemos objetivamente cierta. Y, a nivel metafísico, en la unidad de la conciencia, hay un espacio, mayor o menor, de «contenidos de conciencia», que difieren entre sí, tanto en cuanto a la claridad con que se perciben como en cuanto al grado de concentración con que se observan. En la medida en que nos concentramos en un contenido determinado, nos «distraemos» de lo demás, con las consecuencias de todo género que esto comporta. Hay individuos con mayor capacidad que otros para concentrarse profundamente. Y también hay individuos con la capacidad envidiable de concentrarse profundamente, junto con un amplio margen de atención simultánea a otros objetos. Por supuesto, el criticismo de base kantiana entiende la conciencia de dos modos: (A) como conciencia en general, en cuyo sentido queda emparentada con el trascendentalismo de Husserl; (B) como conciencia trascendental, la cual, por medio de las categorías, acuña los datos sensoriales como objetos empíricamente conocibles y universalmente válidos.

(2) La conciencia moral puede definirse de varias maneras, pero consta de dos aspectos complementarios: (A) La «sindéresis» (del vb. gr. *syntereó* = estar atento a varias cosas a la vez) es la conciencia de las normas de conducta que obligan a todos los seres humanos; (B) La conciencia moral propiamente dicha (del lat. *conscientia*, como ya vimos en el punto 1) es la capacidad que tiene todo ser humano de aplicar las normas generales a casos particulares. Pablo sostiene (Ro. 2:14-15) que los mismos paganos (gentiles) cumplen por instinto natural lo que la ley manda dando testimonio su conciencia, y sus pensamientos acusándolos unas veces y otras defendiéndolos. En otras palabras, incluso los que no tienen de parte de Dios una ley positiva, revelada, como la ley mosaica, se dan cuenta de que tienen una como «voz interior» que les acusa cuando obran mal y les defiende cuando obran bien. Esta función de la conciencia moral abarca el presente acto, así como el recuerdo del acto (o de su omisión), dando así lugar al sentimiento de culpa, igual que al conocimiento de la necesidad de arrepentirse (no basta el remordimiento, no le bastó a Judas). También tiene una función prospectiva hacia el futuro, juzgando la calidad del acto antes de realizarlo o de omitirlo. De este modo, guía y dirige el juicio moral de la persona, a fin de que actuemos de forma correcta.

Este concepto de conciencia moral, que está de acuerdo con la Palabra de Dios, ha sido atacado desde dos flancos distintos: (a) Según los seguidores de Freud y del conductismo o behaviorismo, la conciencia es simplemente una «interiorización represiva» de las normas impuestas por los padres, los tutores, los líderes religiosos o las normas sociales (el «Súper-Ego» de Freud), dando ocasión al complejo de culpabilidad.

Este análisis materialista de la conciencia, no sólo va contra el concepto cristiano de conciencia, sino que atenta a la condición misma natural del ser humano en su estado actual de caído, pero con la suficiente libertad para ser responsable –en condiciones normales– de sus acciones y de sus omisiones. (b) Al otro extremo están los que tienen la conciencia endurecida por el hábito del pecado. Pablo (1 Ti. 4:2) los llama mentirosos que han cauterizado la propia conciencia (lit.). Es un símil por el que la conciencia es asemejada a una herida en carne viva, sensitiva, que se cauteriza = se quema para que la herida cicatrice pronto y la persona no quede expuesta al dolor que produce una herida no curada cuando choca contra un objeto duro. En otras palabras, tales individuos han hecho insensible moralmente su propia conciencia (cf. Ef. 4:18-19). También puede suceder que, por debilidad temperamental, por una defectuosa formación doctrinal o por los llamados «escrúpulos de conciencia», un cristiano débil (no carnal) se abstenga de cosas perfectamente lícitas (cf. 1 Ti. 4:3-4; Tit. 1:15). Por otra parte, el cristiano tiene la obligación de educar y desarrollar su conciencia, hasta alcanzar la madurez (cf. 2 Co. 1:12; He. 5:12-14). En relación con la conciencia ajena, Pablo tiene dos porciones magníficas, bien dignas de ser estudiadas atentamente y puestas por obra: Ro. 14:1-10 y 1 Co. 8:1-13.

Finalmente, para que la conciencia sea guía segura de la conducta cristiana según la voluntad de Dios, es preciso rendir totalmente la propia voluntad en el altar del sacrificio (cf. Ro. 12:1-2). Esta actitud determina la calidad espiritual del creyente cristiano, su verdadera piedad, frente a la apariencia de piedad, sin realidad operante, de los impíos que Pablo describe en 2 Ti. 3:2 ss.

Bib. Ramón García de Haro, *La conciencia cristiana. Exigencias para su libre realización* (Rialp, Madrid 1976); Paul Valadier, *Elogio de la conciencia* (PPC, Madrid 1995); Warren W. Wiersbe,

Conozca a su conciencia (Portavoz, Grand Rapids 1995).

CONCIENCIA, OBJECIÓN DE, PACIFISMO La llamada objeción de conciencia incide históricamente dentro de la idea de pacifismo, aunque la rebasa, como veremos más adelante en el presente artículo.

Fueron quizá las palabras del Señor a Pedro en Mt. 26:52 las que inclinaron a la Iglesia postapostólica hacia el pacifismo, pero desde fines del siglo II ya se hallan testimonios de que había soldados cristianos en el ejército romano. Tertuliano fue el único que se opuso tajantemente a ello. Otros escritores eclesiásticos admitían que los cristianos cumplieran el servicio militar, con tal que no intervinieran en ningún derramamiento de sangre. Pero pronto entró en la Iglesia la idea de «guerra justa», patrocinada por escritores tan eminentes como Ambrosio de Milán y Agustín de Hipona.

En la Edad Media, la «guerra justa» llegó a convertirse en «guerra santa». Sólo se opusieron como pacifistas los valdenses, los cátaros, los terciarios franciscanos y una fracción de los husitas. En el tiempo de la Reforma protestante, la mayoría de los líderes religiosos estuvieron a favor de la «guerra justa». Del lado católico, Erasmo fue un campeón decidido del pacifismo. Del lado protestante, sólo los anabaptistas fueron pacifistas. A partir de entonces, y hasta nuestros días, los promotores del pacifismo han sido, especialmente en Estados Unidos, los menonitas, los cuáqueros y los «hermanos». En Inglaterra, el ejemplo del Mahatma Gandhi ha producido una corriente pacifista. Y, por 1ª vez, dos grandes denominaciones han hablado claramente a favor del pacifismo: La Iglesia de Roma en la Constitución Pastoral *Gaudium et Spes* sobre la Iglesia en el mundo actual, y la Iglesia Presbiteriana Unida de Estados Unidos en su declaración *Peacemaking: The believers Calling*.

Como dije al principio, la objeción de conciencia incide dentro de la idea de pacifismo, pero también la rebasa, pues actualmente tiene vigencia en países donde el Estado es oficialmente católico, como en España, y, aun a pesar de la actual Constitución democrática, y de un régimen de gobierno democrático, todavía se quiere obligar a los protestantes que cumplen su servicio militar, no sólo a disparar contra el enemigo, sino también a asistir a los cultos de la religión católica, con la consiguiente obligación de arrodillarse en la Misa durante la consagración y la comunión. En la práctica, el que la libertad de cultos, garantizada en la Constitución, se cumpla o no, depende de la actitud rígida o condescendiente de las autoridades militares (jefes u oficiales) presentes en el acto religioso.

Durante la guerra civil española (1936-1939) y la posterior dictadura franquista (1936-1975), la posición de los protestantes en España fue extremadamente difícil, porque su pacifismo era considerado –desde la izquierda o desde la derecha– como una falta de patriotismo.

Actualmente, a escala mundial, el crecimiento en la producción de armas nucleares nos obliga a todos a considerar seriamente los motivos del pacifismo y de la objeción de conciencia: la condición sagrada de la vida humana, la fraternidad de todos los seres humanos, el mandato del Señor Jesús de «seguirle», etc. Por otra parte, a mí personalmente me resulta muy difícil admitir el pacifismo a ultranza, porque en una guerra defensiva equivaldría a fomentar una especie de «suicidio colectivo», o ¿se dejará que peleen sólo los «no pacifistas»?

Bib. Roland H. Bainton, *Actitudes cristianas ante la guerra y la paz* (Tecnos, Madrid 1963); Hélder Cámara, *Espiral de violencia* (Sígueme, Salamanca 1970); James W. Douglas, *La cruz de la no violencia* (Sal Terrae, Santander 1974); Millard Lind, *Respuesta a la guerra* (HP. Scottdale 1963); Harold Myra, *¿Debe un cristiano ir a la guerra?* (CLIE, Terrassa 1976); William Keeney, *La estrategia social de Jesús* (EEE, Barcelona 1978); Martin Luther King, *La fuerza de amar* (Argos Vergara, Barcelona 1978); François Laplantine, *El filósofo y la violencia* (Edaf, Madrid 1977); Ronald Sider, *Cristo y la violencia* (Semilla, Santa Fe 1991); John Stott, *La fe cristiana frente a los desafíos contemporáneos* (Desafío, Grand Rapids 1998); François Vaillant, *La no violencia en el Evangelio* (Sal Terrae, 1993); Lanza del Vasto, *La aventura de la no-violencia* (Sígueme, 1978); John H. Yoder, *Jesús y la realidad política* (Certeza, Bs. As. 1985).

CONCILIARISMO Se da este nombre a un movimiento de reforma de la Iglesia romana occidental, con referencia únicamente a la suprema autoridad en la Iglesia. Dicho movimiento surgió con ocasión del Cisma de Occidente (1378-1417), durante el cual dos papas, y hasta tres, reclamaban respectivamente, cada uno, ser el único papa legítimo. Una situación tan anómala provocó un debilitamiento del poder papal e hizo que teólogos de la talla de J. Gersón y otros, siguiendo las huellas doctrinales del nominalismo occamista, afirmasen que, aunque Dios había otorgado a la Iglesia una autoridad decisiva en materia de fe y costumbres, esta autoridad no era competencia del papa, sino de la Iglesia globalmente, y que esta autoridad debía ser ejercida mediante un concilio general. El movimiento recibió gran impulso en el concilio de Constanza (1414-1418). Desde el punto de vista católico, el concilio de Constanza obró legítimamente al deponer a los tres papas entonces existentes (Gregorio XII –el único legítimo–, Juan XXIII y Benedicto XIII, el español «papa Luna») y elegir a Martín V.

Pero el concilio no se limitó a cumplir ese deber ineludible, sino que se atrevió a establecer la autoridad del concilio sobre la del papa en las expresiones que, traducidas del lat., pongo a continuación: «El propio Sínodo, legítimamente congregado en el Espíritu Santo, al hacer un concilio general, representando a la Iglesia católica militante, recibe directamente de Cristo la potestad y a Él están obligados a obedecer todos, cualquiera que sea su estado o dignidad, aunque exista la papal, en lo relativo a la fe y a la extirpación de dicho cisma».

Tanto Martín V, elegido en el propio concilio, como sus inmediatos sucesores se vieron forzados a admitir la legitimidad del concilio, evitando dar un veredicto condenatorio de la tesis conciliarista, pero Pío II, en su bula *Exsecrábilis* de 18 de enero de 1460, condenó el conciliarismo. La bula termina con las siguientes expresiones:

“Por consiguiente, queriendo alejar de la Iglesia de Cristo este pestífero virus, condenamos esta clase de provocaciones y las reprobamos como erróneas y detestables».

Lo curioso del caso es que Pío II, cuando era Eneas Silvio de Piccolómini, ordenado de menores, había sido un ardiente defensor del conciliarismo, según lo hizo saber en 1440 en su *Librito de diálogos sobre la autoridad del concilio general.* Se ve que sus opiniones sobre este asunto cambiaron al ser elegido papa el 19 de agosto de 1458.

No por eso desaparecieron de la Iglesia de Roma las ideas conciliaristas. En los siglos XVII y XVIII, con el auge de las ideas jansenistas en Francia (tampoco en España faltaron por entonces fautores del jansenismo y, por ende, del conciliarismo), el movimiento conciliarista cobró nuevo impulso. Actualmente, puede darse por extinguido tal movimiento.

Desde el punto de vista protestante, el conciliarismo dio un buen paso, es cierto, contra la autoridad papal, pero no vio –no pudo ver– que la autoridad en la Iglesia está bajo el control y las limitaciones que le impone la Palabra de Dios (cf. p. ej., Mt. 16:19; 18:18; Jn. 20:21-23, porciones que deben ser traducidas lit. según el original, lo cual pocas versiones hacen y así siembran la confusión en los lectores).

CONCILIO En la Iglesia de Roma, se da el nombre de concilio en sentido estricto a un sínodo general en el que se reúnen, bajo la autoridad del obispo de Roma, o de sus legítimos representantes, los obispos del orbe católico, a fin de tratar asuntos de fe y costumbres y dar su veredicto en declaraciones o cánones en los que se aprueba la doctrina verdadera y se condenan las enseñanzas que se oponen a la fe católica.

Por parte de quién convoca el concilio, los primeros concilios fueron convocados por el emperador, porque todos ellos tuvieron lugar en el Oriente hasta el siglo IX inclusive. La Iglesia de Roma sólo reconoce como legítimos aquellos en que la autoridad del obispo de Roma fue reconocida directamente o en sus representantes. Desde el siglo XII en adelante, todos los concilios generales («ecuménicos»), con la sola excepción del de Constanza (cf. *Conciliarismo*), han sido convocados por el papa. Entrar en detalles históricos que puedan poner en tela de juicio la tesis general, no es asunto de este artículo (cf. los arts. dedicados respectivamente a cada concilio en particular).

Por parte de quiénes aprueban lo declarado o definido en un concilio, se supone prácticamente la aprobación general siempre que haya suficiente representatividad en los obispos que asisten al concilio. De ordinario, los obispos que rehúsan dar su *placet*, o se ausentan del sínodo (como hicieron muchos en el Vaticano I) o simplemente votan *non placet* (como en el Vaticano II). Una mayoría de dos tercios a favor es suficiente para que sea aprobado legítimamente un texto conciliar, aunque se aspira, por supuesto, a la unanimidad, cosa difícil de conseguir.

Sin entrar en otros detalles históricos, doy ahora la lista de los veintiún concilios generales o ecuménicos, tenidos por legítimos en la Iglesia de Roma:

1. Niceno I año 325.
2. Constantinopolitano I 381.
3. Efesino 431.
4. Calcedonense 451.
5. Constantinopolitano II 553.
6. Constantinopolitano III 680.

7. Niceno II 787.
8. Constantinopolitano IV 870.
9. Lateranense I 1123.
10. Lateranense II 1139.
11. Lateranense III 1179.
12. Lateranense IV 1215.
13. Lugdunense I 1245.
14. Lugdunense II 1274.
15. Vienense 1311-1312.
16. Constanciense (con las reservas del art. anterior) 1414-1418.
17. Florentino 1438-1445.
18. Lateranense V 1512-1517.
19. Tridentino 1545-1563.
20. Vaticano I 1869-1870.
21. Vaticano II 1962-1965.

Es menester advertir que, con la sola excepción del Lateranense V, todos los concilios generales, desde el Constantinopolitano IV en adelante, carecieron del reconocimiento de las iglesias orientales, es decir, de la llamada Ortodoxia.

Bib. Javier Paredes, dir., *Diccionario de los Papas y los Concilios* (Ariel, Barcelona 1998); Klaus Schatz, *Los concilios ecuménicos. Encrucijadas en la historia de la Iglesia* (Trotta, Madrid 1999).

CONCOMITANCIA Este vocablo entró en el cast. en el año 1438. Es mi opinión que ya entonces tenía el sentido técnico teológico que le doy en el presente art. Procede del vb. lat. *concomitari* = acompañar.

Se usa en la Iglesia de Roma con respecto a la eucaristía para dar a entender que el cuerpo de Cristo está presente, no sólo bajo las especies del pan, sino también bajo las especies del vino. Esta fue una de las excusas para negar a los «laicos» la copa o cáliz desde la Edad Media. A su vez, la sangre de Cristo se halla, no sólo bajo las especies de vino, sino también bajo las del pan (de la «hostia», en la nomenclatura vulgar). Como el cuerpo sacramentado de Cristo, según la doctrina católica romana, es el mismo que está en el cielo y, por tanto, vivo e inmortal, también se halla presente en ambos elementos, por concomitancia, el alma de Jesucristo. Además, en virtud de la unión hipostática, se halla igualmente presente la Deidad de Cristo. Esta es la razón por la que los católicos están obligados a adorar con genuflexión la eucaristía, incluso cuando está reservada en el interior del «sagrario». Finalmente, en virtud de la perijóresis con el Hijo se hallan también presentes las otras dos Personas de la Deidad.

Esto explica la solemnidad que para los católicos tiene el comulgar, así como la asistencia a la Misa. Del lado protestante, no pueden admitirse tales presencias santificantes del sacramento eucarístico. Es cierto que Lutero creyó equivocadamente en la presencia real de la naturaleza humana de Cristo con, en, bajo, los elementos eucarísticos, pero sostuvo que sólo por fe se alcanza el fruto de este medio de gracia. Por otra parte, no faltan entre los teólogos católicos actuales quienes niegan la presencia real de Cristo en la eucaristía, sosteniendo a cambio una forma de transignificación o transfinalización.

En otro sentido no eucarístico, se usa también en teología el término concomitancia para designar la gracia actual que acompaña al acto saludable, a fin de distinguirla de la gracia preveniente, que, como su nombre indica, precede a dicho acto.

CONCRETO El término, en su sentido de «no abstracto», entró en el cast. en la 2ª mitad del siglo XIII. Procede del ptc. pas. lat. *concretus* = compacto, espeso.

El sentido general del término es típicamente filosófico, pero incide en la teología por su aspecto ontológico y también por su aspecto gnoseológico. Hablo de «sentido general» porque se aplica de forma distinta, analógica, a distintos aspectos del ser y del pensar.

(1) En el plano del ser (del ente existente), concreto es lo real, lo particular singularizado, es decir, lo que es «él mismo», con exclusión de cuanto pueda serle extraño o accesorio. En este sentido, Dios es el Ser infinitamente concreto, pues excluye por su propia esencia todo lo extraño y lo accesorio: Su esencia, pura y simple, se identifica realmente con su existencia.

(2) En el plano del pensar, concreto es el pensar que representa su objeto tal como se da en la intuición sensorial. De ahí que puedan llamarse también concretos los conceptos universales que, junto con la forma determinante, incluyen la materia, es decir, el sujeto indeterminado. P. ej. el concepto universal de «humanidad» incluye el de tal y tal «hombre», como sujeto del que se predica la «humanidad». Aplicado a Dios, este pensar no puede proceder de una intuición sensorial, sino que debe comenzar a posteriori por las criaturas. El pensar humano, tanto filosófico como científico, debe ser concreto, como debe ser también concreta la forma en que exponemos a los demás nuestros propios conceptos de las cosas.

En la terminología hegeliana, concreto significa el concepto que comprende todos los momentos de desarrollo del sistema, en oposición a abstracto, que indica un concepto limitado a sólo ciertos momentos de la evolución del sistema.

CONCUPISCENCIA (cf. tamb. *Caída*) Este vocablo entró en el cast. a mediados del siglo XV y procede del vb. lat. *concupíscere* = desear ardientemente; y éste es compuesto de *cúpere* = desear.

En el heb. del AT, el concepto de concupiscencia tiene mayor amplitud que en el gr. del NT, pues indica todo deseo desordenado de algo, pero designa especialmente una intensa desviación de la pasión amorosa, ya sea de un hombre hacia una mujer (cf. Pr. 6:25), ya sea Israel, como nación, hacia sus amantes, los dioses de los asirios (cf. Ez. 23:5-7). Los vocablos heb. que expresan ese concepto amplio de concupiscencia son: *néfesh*, en sentido de deseo (cf. Éx. 15:9), *sheriruth* = dureza de corazón (cf. Sal. 81:12), *taawá* = (el objeto del) deseo (de ellos), (cf. Sal. 78:30), *jamád* = desear la belleza de una mala mujer (cf. Pr. 6:25) y *agab* = sentir un afecto desordenado (cf. Ez. 23:7, 9, 12). Quizá sea este último vocablo el que más se acerca al significado del gr. *epithumía*.

El NTG tiene para concupiscencia el término *epithumía*, que ocurre 38 veces, en 35 de las cuales tiene el mal sentido que se le asigna en la teología bíblica: «un ardiente deseo de algo pecaminoso». Tiene un sentido excelentemente bueno en Lc. 22:15 (palabras del Señor Jesús), Fil. 1:23 (de Pablo) y 1 Ts. 2:17 (tamb. de Pablo). El mismo sentido tiene el vb. de la misma raíz *epithuméo*, que ocurre 16 veces, en la mitad de las cuales tiene mal sentido. Otro vocablo de la misma raíz, *epithumetés* = codiciador, ocurre una sola vez (1 Co. 10:6). Lugar eminente es 1 Jn. 2:16, donde se mencionan las tres concupiscencias fundamentales: la concupiscencia de la carne (todo lo «carnal», no sólo lo sexual), la concupiscencia de los ojos (la ambición de dinero, de poder, etc.) y la jactancia de la vida (la orgullosa ostentación de los bienes de este mundo, cf. 1 Jn. 3:16). Otro lugar muy significativo es Stg. 1:13-15, donde el escritor sagrado pone el origen de nuestras tentaciones, no en Dios, que no puede ser tentado de cosas malas ni tienta Él mismo a nadie (v. 13 –lit.), tampoco lo pone en el diablo, sino que cada uno es tentado cuando es llevado y seducido por su propia concupiscencia. Después, la concupiscencia que ha concebido engendra pecado, y el pecado, cuando se ha desarrollado completamente, engendra muerte (vv. 14-15. lit.).

Vale la pena detenerse por unos momentos en esta maravillosa porción tan rica en bellas imágenes sacadas de la vida real. Santiago compara la acción tentadora de la concupiscencia propia a la de un agente escondido dentro del propio sujeto (cf. Jer. 17:9), que, haciendo el papel de «ramera», se lleva al pecador como hace un pescador cuando atrae con el cebo a un pez y lo saca de su escondite y, después, lo atrapa y se lo come. Como fruto de esta «acción fornicaria», la concupiscencia concibe y, de esta «concepción», sin esperar mucho, nace el pecado. Con la gracia de Dios, que a nadie se le niega, ese «ilegítimo bebé» podía haber sido abortado o matado mientras era un niño, pero cuando se ha desarrollado completamente, engendra muerte. No es extraño que Santiago comience el v. 16 con esta seria y cariñosa advertencia: No os dejéis engañar, hermanos míos amados (lit.). Dice J. Ronald Blue (*The Bible Knowledge Commentary*, NT, p. 822, col. 2): «Qué extraño que el pecado engendre muerte. Puede parecer extraño, pero Santiago advirtió a sus amados hermanos y hermanas que habían de leer esta "genealogía" que no se engañaran o se dejaran engañar. Así como una correcta respuesta a las pruebas puede resultar en un desarrollo hasta la plena madurez espiritual, así también *una mala respuesta a la concupiscencia va a resultar en un descenso a la más abyecta pobreza espiritual y, finalmente, a la muerte misma*» (el énfasis es suyo).

Fue Agustín de Hipona quien acuñó el vocablo lat. *concupiscentia* en el sentido técnico que tiene en teología: «un mal deseo oculto en el corazón del hombre, que adquirimos de Adán, no por imitación, sino por propagación» (cf. p. ej. su libro *De peccatorum méritis et remissione*, lib. 1, cap. 9, n. 10). El vocablo concupiscencia se usaba anteriormente como sinónimo de otros vocablos bíblicos que significan deseo. Para Agustín, el pecado es, ante todo, una privación del bien, y la raíz de la concupiscencia es el amor desordenado de sí mismo (cf. su libro *De civitate Dei*, 14, 28). El relato mismo de Gn. 3 nos muestra que la raíz de las concupiscencias del v. 6, se halla en la desobediencia del mandato de Dios por el deseo de autonomía orgullosa. Por otra parte, Agustín cayó en el error a causa de la lectura equivocada que Ambrosio había hecho de Ro. 5:12, al traducir el gr. *ef hó* por en él (en Adán). Anselmo de Canterbury fue de la misma opinión, si bien admitía igualmente que el pecado original era original en cada individuo, más bien que heredado de Adán. Tomás de Aquino iba a romper esta línea de pensamiento procedente de Agustín.

Tomás trata ampliamente de la concupiscencia en la I-II de su *Summa Theologiae*. Mi opinión personal en esto es la de Tomás, no la de Lutero ni de Calvino. Escojo, por su singular importancia, la cuestión 80 de la I-II = *Prima Secundae*, art. 3, donde se opone a la opinión de Agustín que escribió: «no deja de ser pecado, cuando la carne codicia (lat. *concupiscit*) contra el espíritu», y responde: «Hay que decir que la codicia (lat. *concupiscentia*) de la carne contra el espíritu, cuando la razón le opone verdadera resistencia, no es pecado, sino ocasión de ejercitar la virtud».

Esta ha sido la enseñanza de la Iglesia de Roma, especialmente definida en el Conc. Tridentino, sesión V, habida el 17 de junio de 1546, «Decreto sobre el pecado original», punto 5, al final del cual dice lo siguiente: «De esta concupiscencia, que alguna vez el Apóstol la llama "pecado" (Ro 6, 12 ss), el Sínodo santo declara que la Iglesia católica nunca entendió que se llame pecado que verdadera y propiamente sea pecado en los nacidos de nuevo, sino porque proviene del pecado e inclina al pecado». Séame permitido añadir que éste es uno de los temas en que la Iglesia de Roma y la Reforma podían haber estado de acuerdo, si la oposición entre ambas partes no hubiese sido tan obstinada. Como en Babel, no se entendían porque hablaban diferente lenguaje. Además, les perjudicó mucho haber seguido ciegamente a Agustín en los temas de gracia y predestinación.

Lutero, al admitir que la imagen de Dios en el hombre había quedado borrada totalmente por el pecado, tuvo que admitir que la corrupción interior del ser humano (es decir, la concupiscencia) es total e irremediable. El pecado queda «cubierto», pero no «borrado», por la gracia. En cambio, Calvino admite que la imagen de Dios en el hombre quedó deteriorada por el pecado, pero no borrada del todo; y, aunque reconoce «la corrupción hereditaria de nuestra naturaleza» (*Instit.* II, I, 8) considera el pecado original primordialmente como una desobediencia al mandato de Dios, y como un juicio de Dios sobre la humanidad por el cual el pecado de Adán es imputado a sus descendientes del mismo modo que la justicia de Cristo es imputada actualmente a todos los creyentes. Después de Calvino, T. Beza reconoció que Adán era la cabeza natural de la raza humana y que, por tanto, el pecado se contraía por herencia, pero añadió que Adán fue también el representante legal, federal, de la raza humana y que, por eso, en la incorporación representativa de cada uno de nosotros a nuestra cabeza federal está la raíz de esa disposición interior hacia el pecado a la que llamamos concupiscencia. Mi opinión personal quedó reflejada en el art. *Caída*.

CONCURSO Este vocablo entró en el cast. el año 1490, del lat. *concursus*, y éste del vb. *concúrrere* = correr con otros. La fecha me indica que el vocablo entró ya con el sentido técnico (filosófico y teológico) que le doy en el presente artículo.

En ese sentido técnico, el concurso significa «la relación entre la actividad de Dios y la actividad del libre albedrío en las criaturas de naturaleza espiritual (ángeles y seres humanos)». Como los ángeles pasaron su estado de prueba antes de la creación del hombre, el tema se limita a la conjugación del libre albedrío humano con la actividad que Dios ejerce sobre dicho albedrío, tanto a nivel natural como sobrenatural. El tema está conectado, por una parte, con el de la providencia de Dios y su gobierno de los seres creados y, por otra parte, con el de la libertad y la responsabilidad del ser humano.

Aunque el tema fue tratado por Agustín de Hipona durante la controversia pelagiana, no fue desarrollado hasta que tomó auge la teología escolástica en la Edad Media. Entre los escolásticos medievales destaca Tomás de Aquino por la elaboración que hizo del tema sobre bases racionales y con una terminología profundamente metafísica. Trata especialmente el tema en la *Summa Theologiae*, I, q. 105, especialmente en los arts. 4 y 5, donde acumula argumentos de base aristotélica que no convencen hoy a muchos filósofos y teólogos, y en la *Summa contra Gentes*, III, 66-67, donde discurre de forma parecida a la de la *Summa Theologiae*, aunque al final del cap. 67 de la *Contra Gentes* aduce varios textos de las Escrituras que nada tienen que ver con el concurso defendido por Tomás.

Los jesuitas, en general, rechazaron el concurso previo tomista y, más aún, la premoción física de Báñez. Defendieron, en cambio, el concurso simultáneo, es decir, una acción simultánea de Dios y del albedrío humano, teniendo como efecto único el acto de la voluntad humana. Como veremos en su lugar, el tema incide de lleno en el de la omnisciencia de Dios.

Los Reformadores, en general, rechazaron la doctrina de toda clase de concurso como concepto ajeno a la Biblia y se limitaron a considerar la acción de Dios sobre la voluntad humana en términos que expresan la providencia de Dios como una fuerza que conserva, preserva y gobierna. Sin embargo, los teólogos protestantes posteriores no han tenido más remedio que tratar el tema en términos parecidos a los de los católicos.

Sobre la base de las enseñanzas de Agustín (cf. su *Tractatus in Ioannem*, 26, 2, 4 y 7), los agustinienses enseñaron que Dios mueve la voluntad humana por medio de una atracción psicológica eficaz. Esta es la opinión que me parece la más en consonancia con la Palabra de Dios (cf. p. ej. Jn. 6:44; 1 Co. 12:6; 2 Co. 3:5; Fil. 2:12-13). Finalmente, hay muchos filósofos y teólogos que niegan toda clase de acción directa de Dios sobre el libre albedrío, admitiendo sólo la operación espontánea de las facultades racionales del ser humano como algo perteneciente a la condición de seres creados por Dios con una naturaleza espiritual.

Bib. F. Lacueva, *Curso Práctico de Teología Bíblica*, parte I.

CONDENACIÓN (cf. *Juicio*)

CONDICIÓN El vocablo entró en el cast. el año 1219 y procede del lat. *condicio*, *condiciónis*, que tiene doble significado: (1) estipulación o circunstancia necesaria para que algo ocurra; pongamos un ej.: ¿bajo qué condiciones me venderá la mesa? (2) estado o manera de ser de algo; ej.: ¿en qué condición se halla la mesa? En el presente art., tomamos el vocablo condición en el primer sentido únicamente.

Como ya dije en el art. causa, la diferencia entre causa y condición está en que la causa influye directamente en la producción del efecto, mientras que la condición no influye directamente en la causación del efecto.

La condición es necesaria (tamb. llamada con expresión lat. *sine qua non*) cuando resulta imprescindible para que se produzca el efecto. Si puede omitirse sin que el efecto deje de producirse, es una condición que podemos llamar simple o, mejor, contingente.

En la Iglesia de Roma, la fórmula lat. *sub condicione* = bajo condición tiene mucha importancia a nivel sacramental, especialmente en la confesión, cuando el confesor puede absolver al penitente de esta forma si tiene algún motivo para dudar de la sinceridad del penitente en su confesión o de la realidad de su arrepentimiento en la detestación del pecado. Tiene que decir (sin que el penitente le oiga): «yo te absuelvo bajo condición de que digas la verdad; o, de que te arrepientas de veras».

CONDUCTA Este vocablo entró en el cast. en 1604, del lat. conducta, ptc. pas. del vb. *condúcere* = conducir juntamente, que es un compuesto de *dúcere* = guiar, conducir.

En un Dicc. de teol., como éste, sólo nos interesa la conducta humana, no la de los animales. Tampoco nos interesan de momento las ciencias de la conducta.

Entendemos por conducta la forma, más o menos constante, de comportarse un ser humano. En la conducta intervienen diversos factores, pero es indispensable un «yo» consciente y responsable de sus actos, que pueda también decidir de forma espontánea sobre su modo de comportarse en la vida cotidiana. La naturaleza espiritual del alma humana exige un sujeto que no consista en un mero fenómeno pensante, al estilo cartesiano, sino que sea metafísicamente real, aunque no pueda verificarse empíricamente, a no ser que se conozcan sus motivaciones, su «línea de conducta». Aun así, sólo en parte será posible verificarla empíricamente, pues un sujeto libre, autónomo, puede cambiar de conducta de modo imprevisible.

A nivel psicológico, la conducta humana puede sufrir perturbaciones, ya sea por la acción de un agente exterior (coacción, hipnosis, tentación muy fuerte, etc.), ya sea por trastornos psicopáticos o neuróticos. En casos de psicosis y psicopatías, el trastorno puede eliminar la responsabilidad de la conducta de un ser humano, pero en las neurosis raramente ocurrirá que un individuo vea trastornado su «yo» consciente, hasta el punto de perder la responsabilidad de sus acciones.

CONDUCTISMO También llamado behaviorismo (del ingl. *behaviour* = conducta, comportamiento), es un sistema de investigación psicológica interesado solamente en examinar la conducta como un conjunto de reacciones cuya vinculación con el estímulo correspondiente pueda ser examinada por distintos observadores de forma independiente. De ahí que este sistema prefiera la estadística como medio de poner a prueba su método de analizar los procesos psíquicos.

Es enorme el favor que el conductismo ha recibido de parte de los profesionales de la psiquiatría, debido a la influencia de los científicos darvinistas, pragmatistas y de prestigiosos psicólogos como Freud y Jung. No le resulta fácil al conductismo mantener sus posiciones sin caer en el materialismo, por lo cual cada día hacen los behavioristas más concesiones a los sistemas que admiten en la conducta contenidos vivenciales.

Desde el punto de vista cristiano, espiritual, el conductismo es totalmente inaceptable, porque (1) atenta contra la espontaneidad autónoma del libre albedrío, (2) no hace diferencia entre la conducta del hombre y la del animal, (3) peca de excesivamente optimista al afirmar que cada ser humano puede ser educado de forma conveniente con tal que se halle en el medio adecuado, y (4) olvida que la consideración de los valores puede influir en el modo de conducirse un ser humano de forma que su comportamiento no pueda verificarse por medio de la «estadística».

CONFESIÓN Confesión es un vocablo que entró en el cast. hacia mediados del siglo XIII y se deriva del lat. *confessio* = confesión, del vb. *confitéri* = confesar, confesarse.

Los vocablos hebr. y gr. respectivamente tienen el sentido de reconocimiento (de alguien o de algo). Tanto el vb. hebr. *yadá* como el gr. *homologuéo* tienen ese sentido, pero con doble significado:

(1) Tanto *yadá* como *homologuéo* (y sus respectivos derivados) comportan la idea de reconocimiento, de confesión, de alabanza de Dios en Su carácter, en Sus perfecciones y en Sus obras; en fin, de acuerdo con Dios en cuanto piense, quiera, diga y haga, pues en tal reconocimiento va implícita la verdadera entrega de la propia voluntad a la de Dios. El vb. gr. *homologuéo* significa en realidad «decir lo mismo». Por eso dice el apóstol Juan en 1 Jn. 1:10: «Si decimos que no hemos pecado, lo hacemos (a Dios) mentiroso». Como lugares prominentes del AT podemos ver 1 Cr. 29:13; Sal. 89:5; 97:12; 99:3; 106:1; 136:2-25; 145:1. En el NT, tiene especial relevancia el reconocimiento de Cristo (cf. p. ej. Mt. 10:32; 16:16; Ro. 10:9; Fil. 2:11; 1 Jn. 4:2, 15; 2 Jn. v. 7).

(2) La Palabra de Dios dice también que debemos confesar nuestros pecados a Dios. Aunque esta confesión ha de hacerse solamente a Dios (cf. Lc. 18:13), Stg. (5:16) exhorta a los creyentes a confesar sus pecados unos a otros. La diferencia entre el AT y el NT es como sigue: (A) En el AT, esta confesión de los pecados a Dios se simbolizaba especialmente cargando los pecados sobre un animal destinado al sacrificio (cf. Lv. 1:4; 16:21), el cual era tipo de Cristo, el Cordero de Dios (Jn. 1:29), destinado a llevar sobre sí los pecados de Su pueblo (cf. Is. 53:6; 1 Co. 5:7). También hallamos en el AT confesiones personales como la de David en Sal. 32:5, así como las confesiones colectivas de los pecados de la nación israelita (cf. p. ej. Esd. 10:1, Neh. 1:6; 9:2-3 y Dn. 9:4, 20). (B) En el NT, recibe nuevo énfasis la confesión de los pecados (cf. Mt. 3:6; Mr. 1:5), junto con la promesa del perdón (cf. Mt. 6:12; 1 Jn. 1:9), basada en la obra sacrificial de Cristo (cf. Ef. 1:7). Dios usa esta confesión del Cristo resucitado como un medio de otorgar la salvación al pecador (cf. Ro. 10:9-10). En esta confesión habría de consistir el sacrificio del cristiano (cf. He. 13:15, comp. con Mal. 1:11). No hay lugar en la Palabra de Dios para «el sacrificio de la Misa».

En la Iglesia de Roma, en la llamada Ortodoxia y, de alguna forma, en los anglocatólicos, la confesión en privado de los pecados mortales a un sacerdote (que, además de estar válidamente ordenado, necesita de licencia especial para oír confesiones) es, según el Conc. de Trento, «necesaria para la salvación por institución divina» (cans. 6 y 7 de la sesión XIV). Sin embargo, los mismos teólogos católicos admiten desde hace algún tiempo que tal clase de confesión en privado a los oídos de un sacerdote no existió durante los tres primeros siglos de la Iglesia. Pero, si era «de institución divina» (lat. *iure divino*), ¿cómo es que no existió durante tanto tiempo?

CONFESIONES DE FE En consonancia con lo dicho en el punto (1) del art. *Confesión*, entendemos por Confesiones de Fe las fórmulas (credos, símbolos, declaraciones de grupos de denominación cristiana, etc.) que se han enseñado a lo largo de la historia de la Iglesia y quedan escritas, ya sea con intención inclusivista o exclusivista.

Ya en el NT hallamos algunas de estas confesiones (cf. 1 Ti. 3:16; 6:13). En la Iglesia postapostólica, el gr. *mártus, márturos* = testigo era el «confesante» por excelencia, pues estaba dispuesto a dar la vida por reconocer a Cristo como su Señor y Salvador. Pero, en sentido estricto, las Confesiones de Fe se formularon, desde el principio, en «credos»: el «credo de los Apóstoles», el «credo nicenoconstantinopolitano», la declaración dogmática del concilio de Calcedonia, pues comienza diciendo: «Todos nosotros a una confesamos a nuestro Señor Jesucristo» y, con menor

frecuencia, el «credo atanasiano». Las Confesiones de Fe de los siete primeros concilios generales fueron admitidas por la Iglesia oriental lo mismo que por la occidental.
Después, comienza la separación. Mientras la Ortodoxia grecorusa admite únicamente como «credos» las antedichas Confesiones de Fe de los siete primeros concilios generales o ecuménicos, la Iglesia de Roma continuó llamando «credos» a las solemnes declaraciones de los concilios medievales. Destaca el «credo» que el año 1564 fue formulado como «credo del concilio de Trento». También pueden tenerse como Confesiones de Fe los catecismos que, en forma de preguntas y respuestas, se han formulado, de manera exclusivista, en todas las denominaciones, tanto protestantes como católicas. En 1991, el papa Juan Pablo II dio su aprobación al Nuevo Catecismo de la Iglesia Católica, formulado en plan exclusivista, aunque abundan los detalles inclusivistas con finalidad claramente ecumenicista.
Desde la Reforma, las Confesiones de Fe de los grupos protestantes han proliferado con abundancia. Además de los Catecismos ya tratados en el art. *Catecismo*, me limitaré a dar los nombres de las Confesiones de Fe más importantes: La Confesión de Schleitheim (1527), la de Augsburgo (1530), la llamada Tetrapolitana = de cuatro ciudades (1530), la Primera Confesión Helvética (1536), la de Ginebra (1536), la Segunda Helvética (1566), la Confesión Gálica = francesa (1559), la Escocesa (1560), la de Bélgica (1561), los Treinta y Nueve Artículos (1563), confesión básica de fe de la Iglesia anglicana, la Fórmula de Concordia (1577) que, irónicamente, tuvo un resultado exclusivista luterano, una segunda Fórmula de Concordia (1581), la famosa Confesión de Fe de Westminster (1646), la Plataforma de Cambridge (1648), la Declaración de Saboya (1658) y la Confesión Bautista de Londres (1677). Especial atención merece la Confesión de Dositheus (1672), por ser una confesión de la teología «ortodoxa» de fondo calvinista. Aunque Dositheus (1641-1707) era patriarca de Jerusalén, el hombre que más influyó en el fondo calvinista de dicha Confesión fue el patriarca de Constantinopla Cirilo Lucaris (1572-1638), que sentía una gran atracción hacia el protestantismo. Es probable que Lucaris aprendiese su oposición a todo lo catolicorromano de su maestro Melecio Pegas (1537-1601), patriarca de Alejandría. Tras la muerte de Melecio, Cirilo Lucaris le sucedió en la sede de Alejandría, hasta que en 1620 fue ascendido al patriarcado más importante de la Ortodoxia, el de Constantinopla. Más detalles sobre todo lo que se refiere a las Confesiones de Fe del lado protestante, así como de todo lo referente a los «ortodoxos-protestantes» que acabo de mencionar, pueden verse en

Bib. *Confesión de fe de Augsburgo ayer y hoy* (editada por M. María Garijo Guembre, Univ. Pont. Salamanca 1980);*Confesión de Fe de Londres de 1689* (IBB, Río Piedra 1989); *Confesión de Fe de Westminster y Catecismo Menor* (EDV, Edimburgo 1988); *Creemos y confesamos. Confesión de fe de los Países Bajos* (ACLER, Barcelona 1973); *Esto creemos. La Confesión Bautista de Fe* (Peregrino, Ciudad Real 1997); Justo L. González, *Historia del Pensamiento Cristiano*, t. 3 (Caribe, Miami 1992); Archibald A. Hodge, *Comentario de la Confesión de Fe de Westminster* (CLIE, Terrassa 1984); H. Kakes, *Fundamento firme. Explicación de la Confesión Belga* (JPIR, Bs. As. 1966); J. N. D. Kelly, *Primitivos credos cristianos* (Secretariado Trinitario, Madrid 1980); H. C. G. Moule, *Bosquejos de doctrina cristiana. Comentario sobre los Treinta y Nueve Artículos* (CLIE, Madrid 1984); Milka Rindzinsky, *Confesión de Fe de las Iglesias menonitas* (HP, Scottdale 1983).

CONFIRMACIÓN El vocablo entró en el cast. en el siglo XIII, del vb. lat. *confirmare* = consolidar, asegurar, del adj. lat. *firmus* = firme. De todos los significados que en cast. surgen de esta etimología, sólo nos interesa aquí el del rito sacramental que se conoce en la Iglesia de Roma con el nombre de confirmación, por ser una «consolidación» de la iniciación cristiana en el bautismo de agua. El rito lo administra el obispo de la diócesis, aunque Pío XII concedió a los párrocos la potestad de administrarlo cuando la vida del niño bautizado corre grave peligro y es arriesgado llamar al obispo, que quizá se halla muy lejos del lugar. Aunque no es necesario para la salvación, como lo es el bautismo de agua en la Iglesia católica, sin embargo Pío XII entendió bien la enseñanza de la teología romana de que un niño bautizado no puede crecer en la gracia y, por tanto, en la gloria si muere antes del uso de razón, sino únicamente mediante la confirmación, uno de cuyos efectos es el aumento de gracia.
El rito se realiza, en su parte principal, haciendo el oficiante la señal de la cruz en la frente del niño, con óleo de los catecúmenos, con el dedo pulgar de la mano derecha, mientras tiene extendidos los otros dedos sobre la cabeza del niño. Este último detalle es tenido como el más esen-

cial para la validez del sacramento, pues de este modo se tiene la imposición de manos «apostólica» de Hch. 8:14-17; 19:1-7. Es manifiesto que los apóstoles no usaron ninguna clase de aceite = óleo para dicha imposición de manos, pero, como lo indica la invocación al E. Santo, pronto entró en la Iglesia la unción con óleo. La fórmula, hasta la promulgación del nuevo Cód. de Derecho Canónico, era: «Te signo con la señal de la cruz y te confirmo con el crisma de la salvación». Ahora es: «Recibe la señal del don del E. Santo». Es uno de los 3 sacramentos que imprimen carácter*.

Sujeto del sacramento es todo ser humano válidamente bautizado.

Ministro ordinario del sacramento es el obispo de la diócesis respectiva. Pero Pío XII, como ya mencioné antes, concedió a los párrocos el privilegio de conferirlo. Según el nuevo Cód. de Der. Canónico, canon 883, p. 3º, si un cristiano está en peligro de muerte, cualquier presbítero debe darle la confirmación.

Aunque no es un sacramento necesario para la salvación, sus efectos son suficientes para que todo bautizado lo reciba cuanto antes. Estos efectos son: (1) Una infusión especial del E. Santo; (2) Un aumento de gracia santificante; (3) Una especial fortaleza espiritual para profesar, confesar y defender con denuedo la fe católica; (4) El carácter sacramental, que hace del feligrés un miembro militante (soldado de Cristo).

Bib. F. Lacueva, *Catolicismo Romano*, lecc. 30ª, punto 2º (CLIE); *Catecismo de la Iglesia Católica*, puntos del 1285 al 1321 inclusive (Asociación de Editores del Catecismo, Madrid 1992).

CONFLICTO El vocablo entró en el cast. el año 1438, del lat. *conflictus, -us*, deriv. del vb. *confligere* = chocar con otro. Aquí entendemos por conflicto la colisión de aspiraciones contradictorias, con lo que lo podemos llevar (1) al terreno de la psicología, (2) al terreno de la teología.

(1) Atendiendo (A) a la psicología individual, el conflicto señala, con todas sus tensiones, un periodo de maduración personal que es preciso aprovechar y controlar, a fin de que su intensidad no llegue a un grado en que conduzca a síntomas neuróticos. (B) En la vida social, los conflictos son también, en muchos casos, inevitables, ya sea (a) por intereses naturales; (b) por la diversidad de los objetivos, o (c) por la diferencia de las valoraciones. Superar los conflictos es una tarea constante para asegurar la convivencia social, civil o religiosa. Ello requiere pericia, paciencia, tolerancia y disposición a un compromiso que no dañe los ideales y las aspiraciones respectivas de cada individuo y de cada grupo. Es una labor, pues, esencialmente dialéctica. En los casos en que chocan entre sí derechos inalienables por ambas partes, cabe el recurso al poder mediante los medios cohonestados por las leyes internacionales de derechos humanos: demostraciones, huelgas y, en situaciones extremas, la revolución. Pero alzarse en armas contra el régimen existente sólo es lícito con las condiciones siguientes: abuso extremo del poder, fracaso de todos los medios pacíficos, esperanza fundada de que los problemas causados por la revolución sean menores que la opresión del régimen existente y, en último término, probabilidad bien fundada del éxito de la revolución.

(B) En el terreno de la teología (A) el conflicto que fue necesario para nuestra redención tuvo lugar en la hora del conflicto entre el Señor Jesús y el poder de las tinieblas (cf. p. ej., Mt. 26:45, 55; Jn. 19:27); (B) es inevitable (a) el conflicto con el diablo (cf. 1 P. 5:8-9), (b) el conflicto con la propia concupiscencia (cf. Stg. 1:12-15), y (c) el conflicto con el mundo (cf. 1 Jn. 2:16-17). (C) En cambio, no debe haber conflicto entre los hermanos, dado que todos son comiembros del mismo Cuerpo de Cristo (cf. p. ej. 1 Co. 12:13 ss.).

CONFUCIANISMO Este sistema derivado de Confucio*, puede considerarse en tres estadios históricos.

(1) Como doctrina de Confucio (siglo VI a. de C.) es una doctrina moral recopiladora de las antiguas tradiciones. El mandamiento central es el amor que los hijos deben a sus padres. El hombre ideal, «el caballero», es el que reúne la perfección moral con las formas de la educación del hombre mundano. A principios de nuestra era, el confucianismo había alcanzado notable influencia en China, Japón y Corea.

(2) En el siglo XII d. de C., el confucianismo alcanzó una base metafísica en el neoconfucianismo de la escuela de Hsing-li. El filósofo más grande de China fue entonces Tschu-His. Reduce la realidad a dos principios: la razón y la materia fluida que emana de la razón, de la cual ya no se puede separar una vez producida. A este dualismo realista se contrapone un monismo idealista.

(3) Distinto del confucianismo filosófico es el confucianismo tardío como religión del Estado. La ética del antiguo confucianismo quedó entonces mezclada con elementos del taoísmo, del budismo y del culto a los antepasados, incluido Con-

fucio como un ser divino. Aunque Mao Tse Tung y otros líderes comunistas intentaron exterminar el confucianismo, como enemigo de la revolución comunista, rejuveneció vigorosamente en Asia, fomentado por los gobiernos de Taiwan y Singapur.

¿Hay alguna semejanza entre el confucianismo y el cristianismo? Es cierto que entre las enseñanzas de Confucio sobre la paz en la familia y en la sociedad, y las enseñanzas de Jesús en el Sermón del Monte, así como en la Ley mosaica, hay un punto común de convergencia, que provee un punto de partida para la comunicación entre el confucianismo y el cristianismo. Pero también es verdad que los métodos para conseguir la paz en la familia y en la sociedad son radicalmente diferentes. En efecto,

(A) En el confucianismo, la principal preocupación del hombre ha de ser cumplir los deberes de la vida presente. Sobre la muerte y la otra vida, Confucio soslayó las respuestas, llegando únicamente a decir que la muerte y la vida han de aceptarse con resignación, pues están determinadas por la voluntad del «cielo», mientras que el crist. da suma importancia a las verdades eternas y a la voluntad, no del cielo, sino de Dios (un Ser Personal).

(B) La Escritura Sagrada enseña la perversidad del pecado y tiene una doctrina de salvación, de arrepentimiento y perdón de los pecados por Dios, mientras que el conf. considera la maldad como impropia del hombre y como antisocial, sin referencia alguna a la responsabilidad directa del hombre de cara a un ser superior o Dios.

(C) El confucianismo es un humanismo del hombre y de la naturaleza, mientras que el cristianismo se funda en la autorrevelación de Dios, en un contexto sobrenatural y teocéntrico.

(D) Finalmente, según el confucianismo, el hombre puede lograr la sociedad pacífica por medio de su ingenio y de su educación humana, mientras que la Biblia enseña que el hombre no puede hacer nada por sí mismo (Jn. 15:5) y depende totalmente de Dios para su vida moral y espiritual.

Bib. Confucio, *Lun Yu. Reflexiones y enseñanzas* (Kairós, Barcelona 2000).

CONFUCIO Latinización del nombre chino K'ung-Fu Tse (el maestro K'ung) vivió entre los años 551-479 a.C. Político y viajero, estudioso de los antiguos monumentos sagrados chinos, tuvo gran prestigio y numerosos seguidores. Agnóstico en religión que enseñó la bondad básica de la naturaleza humana, cultivable por el hombre mismo para el mejoramiento moral de la humanidad. Enseñó la regla de oro (cf. Mt. 7:12) y la perfección moral del individuo por medio de la armonía en cinco relaciones humanas básicas: súbdito-gobernante, esposo-esposa, padre-hijo, hermano-hermana y hombre-amigo.

Confucio llamó *Jün-Tze* (caballero) al hombre ideal. Este no es necesariamente un aristócrata, sino un ser humano que cultiva las características morales de *Jen* (amor hacla otros), *Shlao* (piedad filial) y *Li* (sentido del decoro), y que observa las cinco virtudes fundamentales: cortesía, magnanimidad, buena fe, diligencia y bondad. El hombre ideal sabe cómo cultivarse y gobernar su familia y su nación adecuadamente.

El principal objetivo que Confucio propuso fue establecer la paz y el orden en la sociedad por medio de una fuerte base moral con la ayuda de ciertos rituales y de la música (cf. tamb. *Confucianismo*).

El pensamiento de Confucio constituyó durante dos mil años la base de la vida china. No fue nunca una religión del Estado, ni una fe exclusiva. No tiene dios, ni panteón, ni sacerdotes, ni templos; más que una religión, el confucianismo es una filosofía social y política. Confucio creía en el Cielo y sacrificaba a los antepasados; no pretendió ser un reformador religioso. Enseñó la imitación de los antepasados como único medio para la virtud y la salvación del mundo. Su doctrina presta especial atención al perfeccionamiento integral del hombre en el marco de la sociedad, impulsada por un deseo de fraternidad, reverencia a los antepasados y respeto al Cielo. El confucianismo se impuso con el tiempo en todo el continente chino y constituyó la imagen ideal que está en la base del pensamiento y la cultura de China.

Bib. Lionello Lanciotti, *Qué ha dicho verdaderamente Confucio* (Doncel, Madrid 1971); Daniel Leslie, *Confucio* (Edaf, Madrid 1991); Richard Willhelm, *Confucio* (Alianza, Madrid 1980, 2ª ed.).

CONGREGACIÓN Este vocablo procede del vb. *congregar* (1ª vez en cast. en 1402), y éste del lat. *congregare* = asociar juntamente. Se nota el componente grey = rebaño, que implica un pastor (cf. Jn. 10:16). Lo tomamos aquí en su sentido teológico, conforme a uso del gr. *ekklesía* y del hebr. *qahal*. En ambos aparece «la voz que llama»: *klésis*, *qal*. El sentido teológico se advierte mejor en *ekklesía,* donde el pref. *ek* = de indica que para que haya una congregación es preciso que preceda una segregación: una separación de lo mundano para entrar en lo sagrado, en la grey de Cristo (cf. p. ej., Jn. 17:14-16; Ro. 12:2). Esta «grey de Dios», no de los líderes religiosos (cf. 1 P. 5:2-4), no sólo tiene a Cristo por Pastor, sino también por Esposo y Cabeza (Ef. 5:23, 25, 32). Perteneciendo a un mismo Cuerpo de Cristo, todo creyente debe tener en cuenta su condición de comiembro (cf. 1 Co. 12:13 ss.), no sea que, por mirar «muy alto» (a la Cabeza), se olvide que también existen, a su propio nivel (o más bajos aún), los demás comiembros. Baste esto como resumen doctrinal.

CONGREGACIONALISMO Con este vocablo queremos significar, no una característica de la iglesia local (cf. *Congregación*), sino una denominación eclesiástica cuyos orígenes pueden trazarse a partir del reinado de Isabel I de Inglaterra (1558-1603). A diferencia de la Iglesia Anglicana, el objetivo del congregacionalismo era que, en la congregación, imperase una uniformidad obligada, sin «superiores» humanos. Pero había también quienes deseaban que la iglesia nacional se estableciera sobre bases presbiterianas, no episcopales (cf. tamb. *Presbiteriano*). Podemos decir que los verdaderos congregacionalistas fueron independientes de la Iglesia oficial y del Estado. El congregacionalismo ha sufrido diversos avatares históricos que sólo compendiosamente podemos analizar en un Diccionario general como éste.

(1) Entre los verdaderos congregacionalistas (independientes) destaca Robert Browne (1553-1633), que publicó en Holanda (1582) un famoso *Tratado de reforma sin detenerse en nada*, cuya enseñanza fundamental es la siguiente: «La iglesia plantada o reunida es una compañía o grupo de cristianos o creyentes que, por medio de un pacto voluntario hecho con su Dios, están bajo el gobierno de Dios y de Cristo, y guardan sus leyes en una comunión santa». Según él, la autoridad para ordenar no es prerrogativa de los ancianos, sino que está en manos de toda la iglesia. La influencia de R. Browne fue grande en miles de hermanos y hermanas. Muchos de ellos se refugiaron en Holanda. Otros cruzaron el Atlántico, fundando en los Estados Unidos iglesias de tipo congregacional. Fue precisamente de una iglesia de esta denominación en Leiden (Holanda) de donde salieron en 1620 los «Peregrinos» del *Mayflower*. Mientras tanto, en Inglaterra el modelo de iglesia enseñado por R. Browne se extendió a través del país con la formación de iglesias congregacionales y bautistas.

Confucio

(2) En el siglo siguiente (el XVIII), hubo menos crecimiento, pero son dignos de mención dos grandes independientes, escritores de himnos: Isaac Watts (1674-1748) y Ph. Doddridge (1702-1751). Desafortunadamente, varias iglesias de esta denominación llegaron a ser prácticamente unitarias en su doctrina y perdieron mucho de su celo anterior.

(3) En el siglo XIX, el Avivamiento* Evangélico impartió nueva vida a las iglesias de todas las denominaciones protestantes, y en 1831 se formó la Unión Congregacional con objeto de «promover la religión evangélica en conexión con la denominación congregacional». Uno de los grandes hombres del congregacionalismo en la 2ª mitad de este siglo fue R. W. Dale (1829-1895), por sus dotes excepcionales de fervor moral, poder intelectual e intensa convicción religiosa. Favoreció el interés en las reformas sociales, políticas y educativas, a fin de obtener del Evangelio resultados prácticos y evitar el peligro de un sentimentalismo pietista, tan frecuente en el siglo de Schleiermacher. Muy importante fue su colaboración en la fundación del Mansfield College de Oxford en 1886.

De nuevo, e infortunadamente de la mano del primer Rector del Mansfield College, A. M. Fairbairn (1835-1912), entró en Gran Bretaña el liberalismo bíblico de Alemania.

(4) En el siglo XX, concretamente en 1966, el congregacionalismo de Gran Bretaña dio un paso decisivo al invitar a las iglesias locales de la denominación a hacer un pacto para formar la Iglesia Congregacional. Este paso fue seguido, algo después, por la unión de la Iglesia Congregacional con la Iglesia Presbiteriana, lo cual condujo a la formación de la Iglesia Reformada Unida. Sin embargo, el congregacionalismo tradicional so-

Iglesia congregacionalista de la Trinidad

brevivió en Irlanda, Escocia y Gales. Por desgracia, la tendencia general del congregacionalismo mundial es involucrarse estrechamente en el movimiento ecuménico y alejarse de la independencia tradicional de la denominación.

Por fortuna, un grupo de congregacionalistas, decididos a salvaguardar su independencia histórica, formaron la Federación Congregacional. Su protesta frente a otros grupos de la misma denominación no se basó tanto en lo doctrinal como en el interés por conservar la libertad de la iglesia local para dirigir sus propios asuntos bajo la dirección del E. Santo.

CONGRUISMO Este vocablo procede del vb. lat. *congrúere* = ser congruente, concordar. Aquí lo tomamos en el sentido teológico que le dio la teología medieval al discutir el mérito*. Las discusiones se centraban en la distinción entre mérito congruente (o *de congruo*) y mérito condigno (o *de condigno*). El 1º es el que refleja el carácter generoso de Dios al recompensar con la justificación los actos virtuosos de pecadores no justificados y que, por tanto, no reúnen las condiciones necesarias para un mérito premiado en justicia, mientras que el 2º es un asunto de justicia en el que Dios se compromete a recompensar al justo. El mérito condigno vino a subdividirse en mérito *de condigno ex stricta iustitia* = de condigno por justicia estricta, algo que sólo Cristo-hombre pudo merecer, y mérito *de condigno ex condignitate* = de condigno por cierta condescendencia, que está al alcance de todo justo. A partir de mediados del siglo XX, los mariólogos maximalistas sostuvieron que la Virgen María mereció con mérito condigno por justicia, aunque no por justicia estricta como Cristo. El Conc. de Trento, en su sesión VI (13 de enero de 1547), can. 26, definió solemnemente que «los justos deben esperar (lat. *exspectare et sperare*), por las buenas obras hechas en Dios, eterna retribución de Dios por Su misericordia y el mérito de Jesucristo, si perseveran hasta el fin obrando bien y guardando los mandamientos divinos». Y, en el canon 32, definió así: «Si alguien dijere que las obras buenas del hombre justificado, de tal manera son dones de Dios que no son también buenos méritos del mismo justificado, o que el mismo justificado, con las buenas obras que hace mediante la gracia de Dios y el mérito de Jesucristo (de quien es miembro), no merece verdaderamente aumento de la gracia, la vida eterna y obtener esa misma vida eterna (con tal que muera en gracia), y también aumento de la gloria, sea anatema». Como puede verse, el Concilio no afirma explícitamente que está tratando del mérito condigno, pero está claramente expresado en el merece verdaderamente del canon.

Como diremos en su lugar (cf. *Mérito*), la Palabra de Dios habla de recompensas para los que ya son salvos, pero jamás expone la vida eterna como objeto de mérito por parte de nadie, ni siquiera de la madre del Redentor.

CONOCIMIENTO El vocablo entró en el cast. a mediados del siglo XIII, y procede del vb. conocer, y éste del lat. *cognóscere* = conocer. Estamos ante el problema fundamental de la filosofía: «¿Cómo conocemos las cosas?» A esta pregunta, los filósofos han contestado de cuatro maneras distintas: (1) El realismo extremo de Platón responde: No conocemos las cosas mismas, sino las ideas, porque «las ideas son cosas». (2) El realismo moderado de Aristóteles responde: Conocemos las cosas mediante sus imágenes respectivas, porque «las ideas son representaciones de las cosas» (es el sistema que seguimos). (3) El nominalismo de Occam responde: No hay modo de conocer las cosas, porque son sólo nombres sin sentido, puestos arbitrariamente como títulos convencionales de las cosas. (4) El idealismo de Descartes, Kant, Hegel, etc., responde: «Las cosas son ideas». No podemos conocer las cosas, sino su representación mental. Siendo tan importante el problema, y tan difícil exponerlo con claridad sin faltar a la profundidad del tema, quizá sea oportuno no cansar al lector con enrevesadas disquisiciones de gnoseología o crítica. Ha sido un gran mérito de José Ramón Velasco Franco haber analizado este tema con tanta claridad en su libro *Verdades sin Dueño* (San Pablo, 1998), cap. 3º. Trataré de seguir aquí su línea fundamental.

Debemos partir del supuesto de que el ser humano no es un espíritu puro como lo son los ángeles, los cuales conocen por intuición directa, sin un compuesto sustancial de cuerpo y alma. Esto significa que el cuerpo es la expresión del alma, pero, al mismo tiempo, que el alma necesita del cuerpo para «salir» al exterior y conocer las cosas. Eso lo hace por medio de los sentidos: todo cuanto penetra en nuestro cerebro nos viene por alguno de los cinco sentidos. Así que no conocemos por intuición ni nacemos con ideas ya hechas (innatas) como pretendía Descartes.

Un paso más. ¿Consiste mi conocimiento en forjarme una imagen de las cosas, o conozco directamente las cosas mismas? Los idealistas, incluso los moderados como Balmes, sostienen que conocemos directamente las representaciones de las cosas e indirectamente las cosas mismas. Si veo una manzana encima de la mesa, percibo la manzana misma, no una fotografía de la manzana. Sin embargo, la imagen mental que yo me formo de la manzana me sirve de medio, no de fin, para conocer directamente la «esencia» de la manzana (su «realidad»). A eso se llama la intencionalidad del conocimiento humano.

Pero hasta ahora sólo conozco una manzana particular, mientras que las ideas sobre las que se levanta el edificio del conocimiento filosófico o científico tienen que ser universales. ¿Cómo se realiza este proceso? Del modo siguiente: (1) La información que nos dan los sentidos externos es recogida por los sentidos internos y almacenada en la memoria. (2) Nuestro entendimiento abstrae (cf. *Abstracción*) de la imagen de esta manzana, comparándola con la de otra manzana, la idea universal de manzana. Y, por tanto, prescindo de las notas particulares (color, sabor, tamaño, etc.) que no pertenecen a la esencia misma de la manzana. (3) Una vez extraído el concepto universal, pasamos a deducir conclusiones, es decir, a construir el edificio filosófico o científico. Pero, ¿cómo estaremos seguros de que son correctos los pasos que vamos dando?

Isaac Watts

Para asegurar la propiedad de nuestros conocimientos necesitamos la ayuda de ciertos primeros principios indemostrables en sí mismos. (A) El primer principio es el de identidad: A es igual a A, B es igual a B, C es igual a C, etc. (B) El 2º principio es el de no contradicción: «Una cosa no puede ser y no ser al mismo tiempo y bajo el mismo aspecto». Una manzana no puede ser, al mismo tiempo, una piedra. (C) El tercer principio es: «El todo es mayor que una parte de ese mismo todo». (D) 4º principio: «Todos los seres tienen

una razón de ser. Si no la tienen en sí mismos (como Dios), han de tenerla en otro». (E) 5º principio: el de exclusión de un tercero. P. ej. entre el ser y la nada no existe término medio. No hay un solo ser que pueda ser sólo a medias, ni hay cosa que tenga parte de realidad y parte de ilusión.
Dice graciosamente Velasco que «a simple vista podríamos opinar que quien imaginó por 1ª vez estos principios no se quedó calvo de tanto pensar». Pero lo cierto es que, al razonar, los usamos aunque no nos demos cuenta de ello, «del mismo modo que para caminar no necesitamos reflexionar qué pierna debo poner primero, cuánto debo flexionarla, de qué medida debe ser la zancada».
Bib. Johannes Hessen, *Teoría del conocimiento* (Espasa Calpe, Madrid 1991); J. D. Thomas, *Razón, ciencia y fe* (Irmayol, Madrid 1972); José Ramón Velasco Franco, *Verdades sin Dueño* (San Pablo, Madrid 1998); Roger Verneaux, *Epistemología general o crítica del conocimiento* (Herder, Barcelona 1981, 6ª ed.).

CONOCIMIENTO DE DIOS Ya de entrada, hay que distinguir dos cuestiones totalmente diferentes: ¿Podemos conocer la existencia de Dios? A esta pregunta se responde en el art. Dios, Pruebas de la existencia de. ¿Podemos conocer la esencia de Dios? A esta pregunta respondo en el presente art.
Al hablar del conocimiento de Dios, es preciso distinguir tres clases de conocimiento: Conocimiento natural por medio de la razón, conocimiento sobrenatural por medio de la fe y conocimiento intuitivo, por medio de la visión beatífica o del éxtasis místico. De este tercero trataremos en el art. Mística.
(1) El conocimiento natural de Dios pertenece a la asignatura llamada *Teología Natural*. Tanto la existencia como la esencia de Dios sólo se pueden conocer, por medio de la razón, a posteriori, es decir, por medio de las cosas creadas. Y, dada la trascendencia esencial de Dios, sólo por analogía se le puede conocer. Así se da la curiosa paradoja de que el Dios sumamente inmanente (desde el punto de vista ontológico) en nosotros «por presencia, esencia y potencia», es también sumamente trascendente a nuestra razón (desde el punto de vista noético).
Desde los primeros escritores eclesiásticos, el método usado para conocer naturalmente a Dios es triple: (A) Por afirmación, atribuyendo a Dios todas las perfecciones simples (es decir, sin mezcla de imperfección) que se ven en las criaturas. (B) Por negación, retirando de Dios todas las limitaciones que se ven en las perfecciones de las criaturas. (C) Por eminencia, haciendo ascender hasta un grado infinito dichas perfecciones de las criaturas.
Una vez realizado este proceso, se obtiene un conocimiento de Dios que no nos dice en realidad lo que Dios es, pero nos dice lo que no es. No es, por eso, un conocimiento negativo, sino positivo, aunque parcial (cf. 1 Co. 13:12). Pero, conocer en parte no significa que conozcamos sólo una parte.
Todavía necesitamos hacer otra salvedad: Por las pruebas de la existencia de Dios se llega (por inducción y en última instancia) a la conclusión de que Dios es el Ser Subsistente por Sí mismo y, por tanto, deducimos de ahí que: (a) Su esencia es su propia existencia; (b) Su ser es purísimo e infinito; (c) todas y cada una de sus perfecciones se identifican con la esencia divina; p. ej. Dios no es sólo sabio, sino que es la misma sabiduría subsistente e infinita; igualmente, p. ej., Su justicia es su misericordia, Su sabiduría es su volición (así puede causar lo que sabe), etc. Así, pues, del concepto de Ser Subsistente por Sí mismo, podemos deducir todas las demás perfecciones de Dios, tanto esenciales como operativas y morales.
Llegamos ahora a un punto muy interesante y práctico. Lo esencial de Dios es incomunicable: No podemos participar de la omnipotencia, de la omnisciencia, de la inmensidad, etc., de Dios, pero notemos que Dios no es feliz por su esencia, sino por su naturaleza; no por lo que es, sino por lo que hace. Y, esto, lo natural de Dios, es lo que hace que aquello por lo que Él mismo es feliz sea comunicable. En otras palabras, podemos pensar como Dios piensa, querer lo que Él quiere, obrar como Él obra y, así, ser felices con la misma felicidad que a Él le hace feliz.
(2) Al llegar aquí, entramos ya en el terreno de la fe, de la teología sobrenatural, de lo que conocemos únicamente por lo que Dios ha querido revelarnos personalmente de sí mismo. Esta revelación especial sirve para conocer cómo es Dios en sí, con toda certeza y sin posibilidad de errar. Sin embargo, no por eso podemos decir que Dios estaba obligado a revelársenos de esta manera. Dios se nos reveló, no por necesidad (contra Spinoza y Hegel), sino por Su libre beneplácito, de acuerdo con su bondad y sabiduría. ¡Cómo no habremos de adorar, de dar gracias y amar con todo nuestro ser (cf. Dt. 6:4-5) a Quien así se ha dignado revelarnos Su carácter santísimo!
Con todo eso, hemos de tener en cuenta: (A) Que la revelación especial es acogida por medio de

la fe, y que la fe es «seguridad de lo que se espera, evidencia de lo que no se ve» (He. 11:1). (B) Que, si tan felices puede hacernos lo que no vemos, ¿qué será cuando veamos su rostro (Ap. 22:4)? ¡Cómo habría de espolearnos esto en el camino del amor a Él, nuestro Padre Celestial, y del amor a nuestros hermanos! Hemos de percatarnos de una verdad que no necesita demostración: Todos los salvos veremos el rostro de Dios, pero no todos lo veremos con la misma claridad, sino en proporción a lo que hayamos edificado en nuestras vidas (cf. 1 Co. 3:12-15). En fin de cuentas, esta vida es el noviciado para la vida eterna. Quien haya salido de este mundo con muy poco sitio en su corazón para Dios y para los hijos de Dios, no puede hallar tan amplia entrada en el Cielo como el que ha edificado, hasta la cima del amor y sobre la fe, la buena construcción de las virtudes cristianas (cf. 2 P. 3-11). ¡Cómo podremos ver el rostro de Dios con la misma claridad con la que está viéndolo el apóstol Pablo! Al menos, hermanos, tratemos de imitarle (cf. 1 Co. 4:16).

Hagamos ahora un poco de historia. Dejaremos a un lado a los filósofos, ya hayan sido ateos, agnósticos o creyentes, para ver qué han dicho los teólogos. En pura teología, casi nadie ha dudado, o ha negado, la posibilidad de conocer a Dios. Más bien, los teólogos han discutido hasta qué grado puede el ser humano conocer a Dios y de qué manera se puede llegar a un verdadero conocimiento de Dios.

En cuanto al grado, los teólogos no se apartan mucho de la línea que hemos seguido aquí. Aunque nuestro conocimiento de Dios es verdadero, no puede ser propio, sino analógico. En cuanto a la manera, desde el siglo II de nuestra era, y hasta nuestros días, ha habido teólogos influidos por el neoplatonismo que, o han sostenido alguna forma rebajada de innatismo, o han negado que Dios pueda ser conocido de modo alguno por la razón. Aun Calvino defendió cierta clase de innatismo en su *Institutio*. Los teólogos católicos, siguiendo a Tomás de Aquino, sostienen que es posible conocer positivamente, ciertamente, a Dios por la sola razón humana, pero que es necesaria la revelación sobrenatural para que el ser humano pueda conocer las verdades divinas «con facilidad, con firme seguridad y sin mezcla de error», conforme lo sentenció el C. Vaticano I en la sesión III, y en el cap. 2 («sobre la revelación divina»), de acuerdo con lo expuesto por Tomás de Aquino en la 1ª cuest. art. 1º. Ha sido en el siglo XX cuando K. Barth*, oponiéndose a toda tradición católica, liberal y protestante, ha negado rotundamente que Dios pueda ser conocido mediante la razón y aun mediante la revelación natural. Según él, no hay otra revelación de Dios que la que Él mismo nos ha hecho por medio de Jesucristo, partiendo del supuesto de que la Palabra de Dios no es la Escritura en sí, sino la «voz viva del Evangelio». En esto se distingue de la teología protestante, tanto de base luterana como calvinista, la cual sostiene, en general, que sola la Escritura nos dice quién es Dios en Jesucristo, en la naturaleza, en la historia y en la vida de los seres humanos. Sin embargo, como creer es también pensar, no hace falta dejar de ser verdadero protestante para afirmar que a Dios se le puede conocer, aunque sea imperfectamente, por medio de la razón. En cuanto a la argumentación del Apóstol en Ro. 1:18 ss., sostengo personalmente que Pablo razona desde la óptica de la fe, como creyente, no como filósofo; por lo cual resulta muy problemática la idea de una teología natural encerrada en sí misma y sin la ayuda de la revelación especial. Como ya objetó Kant*, la consideración del universo podría llevarnos al conocimiento de un Ser superior, quizá de un Arquitecto del Universo, pero no del Dios de Abraham, de Isaac y de Jacob (cf. Éx. 3:15-16).

Bib. Hans Küng, *¿Existe Dios?* (Cristiandad, Madrid 1987, 4ª ed.); Alfonso Ropero, *Filosofía y cristianismo* (CLIE, Terrassa 1997); Xavier Zubiri, *El hombre y Dios* (Alianza Ed, Madrid 1984); Hans Waldenfels, *Dios. El fundamento de la vida* (Sígueme, Salamanca 1997).

CONSEJO MUNDIAL DE IGLESIAS (cf. tamb. *Ecumenismo*) El Consejo Mundial de Iglesias (CMI), con sede en Ginebra, es una «asociación fraternal de iglesias que confiesan al Señor Jesucristo como Dios y Salvador según el testimonio de las Escrituras y procuran responder juntas a su vocación común para la gloria del único Dios, Padre, Hijo y Espíritu Santo». Agrupa a la mayoría de las iglesias, alrededor de 300, exceptuando la catolicorromana.

El CMI es el resultado de fusión en Utrecht (1938) de dos movimientos ecuménicos: *Cristianismo práctico* y *Fe y Constitución*, y fue precedido en el siglo XIX por la agrupación y federación de diversas iglesias: anglicanas, bautistas, luteranas, metodistas, etc. Sus pioneros fueron los obispos protestantes Soederboom de Suecia; Brent de Estados Unidos; Temple* de Inglaterra y los pastores franceses Monod y Gounelle. El CMI se

(De derecha a izquierda) Dr. W. A. V. 't Hooft y el Rev. M. Boeger, secretario y presidente del CMI, Amsterdam, 1948

constituye definitivamente después de la Segunda Guerra Mundial en el año 1948 en Amsterdam, bajo el impulso del holandés Visser't Hooft. Las Asambleas, que reúnen a los delegados de las iglesias miembros, se celebran cada seis o siete años y definen las grandes orientaciones del CMI, eligen un colegio presidencial de seis personas y los 120 miembros del Comité central, que se reúnen todos los años.

Criticado por su ecumenismo*, burocracia y gestos de apoyo a grupos de carácter dudoso por su militancia política, el CMI se difiende alegando ser una presencia visible del cristianismo en medio de una sociedad secular y laica.

CONSERVACIÓN Tomamos aquí el vocablo en sentido filosófico-teológico de la acción, por la cual Dios mantiene en la existencia lo que ha creado (cf. *Creación*).

Se suele decir que la conservación es una creación continuada. Sin embargo, es menester aclarar el sentido de esa frase. No significa que Dios, en cada momento, esté sacando de la nada el ser de las cosas. Significa que Dios no cesa, en ningún momento, de hacer que lo creado continúe existiendo según la naturaleza que Él ha otorgado a cada ser. Pero siempre ha de tenerse en cuenta que, sea cual sea la naturaleza de un ser creado, depende de Dios en su existencia como en el primer momento de su creación.

Finalmente, si la conservación es una creación continuada, habremos de concluir que Dios descansa el séptimo día, lo mismo de la creación (cf. Gn. 2:3) que de la conservación. Sin embargo, el Señor Jesús dice en Jn. 5:17: «Mi Padre hasta ahora trabaja, y yo trabajo». El Dios que descansó de trabajar el día 7º, no guarda fiesta para salvar. Esto último no admite vacación, porque la salvación del ser humano es cuestión de vida o muerte, es una situación de emergencia.

CONSUSTANCIACIÓN (cf. tamb. *Lutero, Martín*) Del latín *consubstantiatio*, término utilizado por la teología luterana para afirmar la permanencia, en la eucaristía, de la presencia de la sustancia del pan junto con la divina del cuerpo de Cristo.

CONSUSTANCIAL Del latín *consubstantialis*, que traduce el griego *homousios* = de la misma sustancia, término acuñado en el Concilio de Nicea (325), que entró a formar parte del símbolo niceno para combatir la herejía arriana y afirmar que Jesús es de la misma naturaleza del Padre y está en su mismo plano en el orden de la divinidad.

CONTINGENCIA, CONTINGENTE Estos vocablos se derivan del vb. lat. *contíngere* = tocar a cada uno como una cuota o suerte. Sin embargo, tanto en lógica como en ontología, los tomamos en sentido diferente.

(1) En lógica, contingencia designa una de las modalidades del juicio. (A) En sentido amplio, designa la modalidad opuesta a necesidad, es decir, significa la posibilidad de que el objeto que tratamos no exista, con lo que contingente puede abarcar también lo imposible. (B) En sentido estricto, la contingencia excluye tanto lo imposible como lo necesario, designando así una zona intermedia: lo que puede ser o no ser. P. ej. cuando digo: «la luz está encendida», el predicado «encendida», lo mismo que el sujeto «luz» son contingentes, porque «la luz» podría no existir y, aun existiendo, podría no estar «encendida». Como puede verse, la contingencia lógica de los juicios se basa en la contingencia ontológica.

(2) En ontología, el objeto es (A) físicamente contingente si no resulta necesariamente de las leyes naturales. En este sentido, las acciones libres son, por su misma naturaleza, contingentes; (B) metafísicamente contingente si, por su esencia misma, es indiferente para ser o no ser. Por el principio de causalidad, todo ente contingente habría de suponer la existencia operante de un Ser necesario. Y, como la contingencia afecta al ser, no sólo en su principio (creación), sino mientras exista (conservación), la existencia operativa del Ser necesario habría de ser necesaria para la existencia del ente contingente. Es en este punto donde personalmente niego que el ente contingente necesite ser creado. Si es creado,

tiene que ser contingente, pero no a la inversa; es decir, por el hecho de que este ser existente sea contingente (pueda ser o no ser) no se sigue que no haya existido siempre. Creo que, en esto, voy de acuerdo con la Escritura Sagrada que nos dice (He. 11:3): «Por fe entendemos que los siglos (i.e., los mundos) fueron preparados por la palabra (gr. *rémati* = por el dicho = porque Dios lo dijo) de Dios, de modo que lo que se ve no fue hecho de cosas que aparecen a la vista (gr. *phainoménon*)». Luego conocemos por la fe, no por la razón, que el mundo existe en el tiempo (cf. Gn. 1:1), creado y sostenido por Dios en su contingencia global.

CONTRARREFORMA Traducción literal del alemán *Gegenreformation* = oposición a la reforma. Con este nombre se conoce al movimiento opuesto a la Reforma protestante y que surgió en el mismo medio en que ciertos teólogos católicos, especialmente jesuitas, entraron en debate con Lutero desde 1520 en adelante, culminando en las definiciones del Conc. de Trento contra las enseñanzas de los reformadores Lutero, Calvino y Zuinglio. Este movimiento se acabó en 1648 con el Tratado de Westfalia. Sin embargo, la supervivencia de la Inquisición en muchos países y, después, del Santo Oficio y de la Congregación para la Defensa de la fe, hasta nuestros días, son siempre un «contra» la Reforma del siglo XVI.

El primer síntoma visible de la Contrarreforma fue la fundación de nuevas órdenes religiosas como los Teatinos (1524); los Capuchinos (1529) y, especialmente, los Jesuitas (1536), orden que se convirtió de un modo especial en vanguardia de la lucha contra el protestantismo en Europa, a la vez que mediante atrevidos misioneros se adentraba en otros continentes. FL

Los historiadores católicos han protestado contra el término negativo Contrarreforma a lo que ellos prefieren titular más positivamente Reforma católica. Es cierto que ésta nació bajo el signo de la reacción, pero a la vez es históricamente correcto afirmar que ambas reformas, la de Lutero y Roma, eran tributarias de deseos y corrientes espirituales patentes a lo largo y ancho de la cristiandad. Fue, sin embargo, Lutero quien produjo la Reforma en términos de una acción verdaderamente significativa. A su vez, la Reforma protestante estimuló al catolicismo romano reformador a un esfuerzo mayor, aunque las tareas de autodefensa y contraataque demandaron una parte no pequeña de sus crecientes recursos. Al final de su período de reforma, la Iglesia de Roma estaba nuevamente en una posición de gran fortaleza, pero enquistada en una posición de menosprecio de las doctrinas evangélicas descubiertas por Lutero y los suyos en las Escrituras. Su punto fuerte para oponerse al avance del protestantismo, aparte de las medidas de fuerza adoptadas por el papa y los soberanos adictos, fue la propia debilidad del protestantismo dividido en iglesias rivales, tanto a nivel teológico como social. AR

Bib. Dwight Honeycutt, *Catolicismo romano. Desde la Reforma hasta después del Vaticano II* (EMH, El Paso 1995); Heinrich Lutz, *Reforma y Contrarreforma* (Alianza Universidad, Madrid 1992); Alain Woodrow, *Los Jesuitas* (Planeta, Barcelona 1985).

CONTRICIÓN Entre los actos que el penitente tiene que cumplir en el sacramento romano de la Penitencia (cf. tamb. *Penitencia, Sacramento de la*), ocupa el primer lugar la contrición, vocablo que entró en el cast. el año 1438, lo mismo que contrito, del lat. *contritus* = machacado, abrumado. El vb. *contérere* es un comp. de *térere* = machacar, desgastar.

Por su misma etim. puede colegirse que la contrición consiste en que el pecador se arrepienta «machacando» sus pecados en su corazón, a fin de que la absolución del confesor los pueda perdonar «lavándolos». El Conc. de Trento definió la contrición diciendo que es «un dolor del alma y una detestación del pecado cometido, con la resolución de no volver a pecar».

La contrición puede ser de dos clases: (1) perfecta, cuando brota del amor a Dios sobre todas las cosas. Esta contrición obtiene el perdón de todos los pecados mortales, y de los veniales según sea la intensidad del dolor del corazón; pero para surtir sus efectos, es menester que el pecador tenga la firme resolución de recurrir tan pronto como le sea posible a la confesión sacramental. Puede preguntarse, ¿qué ocurre si, después de hacer dicha resolución, el pecador contrito no quiere confesarse? ¿Vuelven otra vez los pecados mortales que cometió? A esto se responde que los pecados mortales no pueden volver, puesto que ya estaban perdonados, pero el pecador comete un pecado mortal al negarse a recurrir a la confesión sacramental; (2) imperfecta, también llamada atrición, cuando brota de la consideración de la fealdad del pecado o del temor de la condenación eterna. Tal contrición es también un don sobrenatural que puede conducir a la justificación, pero no obtiene el perdón de los pecados, sino llevándolos a la confesión sacramental. Si falta un motivo sobrenatural, porque al pecador sólo le mueve sólo el temor al castigo, sin importarle en absoluto la fealdad del pecado, el sacramento de la Penitencia no le sirve para nada, puesto que la contrición, sea perfecta o imperfecta, es parte del sacramento.

CONVERSIÓN, CONVERTIRSE El vocablo conversión entró en el cast. el año 1495, y convertir a mediados del siglo XIII. Ambos proceden del vb. lat. *convértere* = convertir, y éste es un compuesto de *vértere* = girar, hacer girar, dar vuelta, etc. Por consiguiente, ya desde su etim., los vocablos conversión, convertirse significan «volverse», «darse la vuelta». Este es el significado del vb. hebr. *shub* y del gr. *epistrépho*.

Por el pecado, se abrió una sima entre el hombre y Dios (cf. Is. 59:1-2). Esta sima era tan ancha como la distancia entre el hombre pecador y el Dios santísimo. Para salvar esa distancia, se necesitaba un puente de la misma largura, y ese puente (*póntifex* = el que hace de puente) es Jesucristo Hombre, el único Mediador entre Dios y los hombres (cf. 1 Ti. 2:5). Dios Padre fue, pues, el que se adelantó a echar el puente. Ahora, le toca al hombre pasar por ese puente para llegar a Dios (cf. 2 Co. 5:19-21). Dios está vuelto hacia el pecador, por la obra de Cristo en la Cruz. El pecador tiene que volverse a Dios mediante el arrepentimiento y la fe (cf. Hch. 17:30). A esta media vuelta llamamos «conversión».

Dejando los aspectos más técnicos a los lectores de mi libro *Curso Práctico de Teología Bíblica*, págs. 463-467, expondré aquí los pensamientos que creo más útiles e importantes.

(1) La historia bíblica y secular nos presenta la conversión de dos maneras diferentes: (A) Conversión de crisis, cuando el pecador es derribado por una gracia «tumbativa» de Dios, al estilo de la conversión de Pablo de Tarso y de Agustín de Hipona, aunque esto no significa que el E. Santo no estuviera preparando el corazón. De seguro que muchos de mis lectores habrán sido convertidos de esta manera. (B) Conversión de proceso, que tiene lugar cuando, por decirlo así, el E. Santo «se toma tiempo» para derribar la resistencia de una persona, manejando delicadamente las estructuras psicológicas del individuo hasta llevarlo a decidirse de una vez por Cristo. De seguro que también muchos lectores podrán dar testimonio de haber pasado por esta experiencia. Espero que ninguno de mis lectores, guiado por el sentimentalismo, crea que se ha decidido de veras por Cristo, cuando quizás no ha tenido lugar un proceso de genuina conversión.

(2) La terminología bíblica nos presenta dos vbs. principales en el hebr. del AT para esto de la conversión: *heemín* = creer para el elemento de fe, y *shub* = volverse, para el elemento de arrepentimiento, aunque el vb. *nijam* = arrepentirse se aplica, casi exclusivamente, a Dios. En cambio, en el NT, el arrepentimiento se expresa mediante el vb. gr. *metanoeín* = cambiar de mentalidad, la fe, por el vb. *pistéuein* = creer y el sust. *pístis* = fe, y el proceso global por el vb. *epistréphein* = volverse, siendo el lugar más claro 1 Ts. 1:9-10, digno de análisis especial. Para más detalles, cf. los art. *Arrepentimiento, arrepentirse*, y *Creer, Fe*.

(3) Para la conversión estrictamente dicha, quizás no hay un texto tan importante como la porción de Mt. 7:13-27. La cosa es demasiado seria como para pasarla por alto y, en este momento, me siento en función del atalaya de Ez. 33:1-20. Vamos por partes:

(A) En Mt. 7:13-14, el Señor nos presenta, sin rebajar un ápice, lo que una verdadera conversión comporta: decidirse sinceramente a entrar por la puerta estrecha. Nótese que Jesús no aconseja a decidirse entre dos opciones, sino que manda: «Entrad por la puerta estrecha» (v. 13). Sí, «la puerta es estrecha y angosto el camino que lleva a la vida, y pocos son los que la hallan» (v. 14). Nos amedrentan las dificultades; más aún cuando son pocos los que nos acompañan, pero el «gregarismo» muestra una falta de verdadera personalidad. Además el cristiano ha de ser un seguidor de Cristo. Y Cristo no entró por la puerta ancha, sino por la puerta estrecha y por el camino angosto («angosto» es de la misma raíz que «angustia» –y comenzó a angustiarse y afligirse– Mr. 14:33. Lit.). Mira que muchos entran por la puerta ancha y por el camino espacioso; pero, ¿adónde llevan? «a la perdición» (gr. *eis tèn apóleian* –vocablo de la misma raíz que el de «se pierda» de Jn. 3:16). Espero que tú no prefieras perderte, aunque sea acompañado de muchos.

(B) En los vv. 15-20, el Señor nos ofrece criterios para distinguir quiénes entran por una puerta u otra: (a) Una fe sin obras no sirve para entrar en la vida; (b) Quien enseñe o predique otra cosa es un falso profeta; atención, pues, a los frutos (cf. Gá. 5:19-23).

(C) En los vv. 21-23, el Señor nos asegura que de nada sirve invocarle y hasta hacer milagros, si no se está dispuesto a cumplir la voluntad del

Padre que está en los cielos. En estos vv. se dibuja un horizonte escatológico («en aquel día»), donde la misma angustia de los tiempos obligará a tener mucha cautela ante quienes se presenten en nombre del Señor. ¿Qué frutos dan ellos mismos, las obras de Gá. 5:19-21 o el fruto de Gá. 5:22-23? No sirve la invocación del Señor si no se cumple la voluntad del Padre celestial (cf. Jer. 27:15).

(D) Finalmente, en los vv. 24-27, Jesús, quizás tomando como fondo Ez. 13:10-14, presenta con autoridad su mensaje como terreno firme donde edificar una vida que no se tambalee ante la furia de los elementos.

Bib. Billy Graham, *Paz con Dios* (Oasis, Barcelona 1982, 5ª ed,); A. T. Pierson, *El camino a la vida eterna* (CLIE, Terrassa 1985); J. C. Ryle, *El nuevo nacimiento* (CLIE, 1984); Salvador Vergés, *La conversión cristiana* (Secretariado Trinitario, Salamanca 1981).

COPTOS El vocablo se deriva del gr. *Aíguptos* = Egipto, el nombre fue dado originariamente a los habitantes de Egipto y después de la conquista árabe del siglo VIII, a los cristianos de este país. Este nombre se aplica a un grupo de iglesias orientales de diversa índole, pero el término Iglesia Copta se refiere principalmente a una escisión producida el año 451 durante la celebración del Concilio de Calcedonia*, cuando un grupo suscribió la fórmula de Cirilo de Alejandría *mía phúsis Theo lógou sesarkoméne* = una sola naturaleza del Verbo de Dios, encarnada, en sentido monofisita, a pesar de que los coptos rechazaban el monofisismo extremista de Eutiques (cf. tamb. *Cirilo de Alejandría*). La Iglesia Copta aceptó sin reservas las conclusiones de los Concilios de Nicea (325), Iº de Constantinopla (381) y Éfeso (431).

En realidad, el monofisismo es una doctrina tangencial en la teología copta. Si fue aceptado desde el primer momento, ello se debió a que se sintieron heridos en su orgullo nacional por la deposición de su patriarca Dióscoro (451). Quizás contribuyó a que endurecieran su actitud el hecho de que la religión tradicional de Egipto orientaba el pensamiento religioso hacia una unidad divino-humana, con su correspondiente impacto en la filosofía del país.

La Iglesia Copta sigue la liturgia de san Basilio y entró a formar parte del Consejo Mundial de Iglesias en 1954. Envió observadores al concilio Vaticano II, y su patriarca, Chenouda III, visitó a Pablo VI en Roma en 1973.

COSA (cf. tamb. *Causa*) El vocablo entró en el cast. en el siglo X y procede del lat. *causa* = causa, motivo y tamb. asunto, cuestión. Curiosamente, el término alem. para cosa es *Ding* del vb. *denken* = pensar. Y el término correspondiente en lat. es *res,* del vb. *reor* = pensar. Así que, por ambos lados, cosa viene a significar lo pensado. Sin embargo, en Kant (alemán), «la-cosa-en-s» significa el ente, según existe independientemente de nuestro conocimiento, en oposición al «fenómeno» que no existe «en-sí», sino «para nosotros».

En el significado de cosa, hay que distinguir tres etapas: (1) En primer lugar, designa el ser individual concreto que está ahí delante de nosotros en nuestra experiencia sensorial. Dentro de este género, también el hombre es cosa, aunque lo contraponemos a las cosas por su naturaleza espiritual. (2) En sentido más amplio, cosa designa el objeto que pensamos o del cual hablamos, formulando proposiciones gramaticales y juicios críticos; entonces cosa engloba también lo abstracto (p. ej. la justicia) y lo suprasensible (p. ej. Dios). A este 2º nivel es cuando surge la cuestión gnoseológica: ¿es accesible a nosotros «la-cosa-en-s»? (3) Finalmente, en su más profunda significación ontológica, cosa designa los determinantes fundamentales del ser, es decir, los «trascendentales», el 1º de los cuales es la *res* = cosa, es decir, el «ente».

La importancia teológica del término cosa se halla en el terreno de las causas, pues, además de los constitutivos de las cosas: materia y forma, está su conexión con Dios como Causa universal eficiente y final.

CRANMER, TOMÁS Este teólogo inglés (1489-1556) de tiempos de la Reforma protestante debe su fama a que el rey inglés Enrique VIII, al quedar vacante la sede de Canterbury, se aseguró de que Cranmer fuera nombrado para ocuparla, pues veía en él un hombre que le apoyaría sus asuntos matrimoniales. Para entonces, Enrique se había separado de su esposa legítima Catalina de Aragón y se había casado secretamente con Ana Bolena, pues ésta se hallaba ya encinta y Enrique quería asegurarse de que su hijo fuese legítimo, pero Ana tuvo otra niña que, andando el tiempo, sería la reina Isabel I. Mientras vivió Enrique, poco pudo hacer Cranmer por los protestantes, aunque influyó para que los párrocos colocaran una gran Biblia en inglés en un lugar apropiado de la iglesia, a fin de que los fieles pudieran leerla.

Tomás Cranmer

Tal estado de cosas cambió a la muerte del rey (1547). Su hijo Eduardo VI era un niño enfermizo de nueve años y duró poco más de seis, pero los dos regentes que se sucedieron durante su reinado eran protestantes y Cranmer utilizó su creciente influencia para llevar al protestantismo a la Iglesia de Inglaterra, ya prácticamente separada de Roma, pero no del romanismo, durante el reinado de Enrique. Logró que las homilías compuestas para la predicación de los párrocos se ajustasen a la doctrina correcta, obtuvo de Eduardo la orden de que la comunión se administrase bajo ambas especies, el permiso para que los clérigos se casaran y muchas otras cosas, entre las que destaca la composición y publicación del *Common Prayer Book* (Libro de la oración común), preparado por varios teólogos bajo la dirección de Cranmer, quien, adoptando una postura calvinista, había negado tanto la transubstanciación* católica como la consustanciación* luterana.

Pero a la muerte de Eduardo, la situación politicorreligiosa volvió a cambiar. Le sucedió su media hermana María Tudor, hija de Catalina de Aragón y católica como su madre. Inmediatamente ordenó que todas las reformas de Eduardo quedasen anuladas y, además, se casó con Felipe II de España. A Cranmer, ya anciano, se le obligó a firmar un documento en el que se retractaba. Pero luego dijo que lo había firmado por presión y que continuaba siendo protestante. Entonces la reina hizo que lo quemaran vivo, y él sostuvo delante de sí su mano derecha que había firmado la retractación para que se quemara primero. Su muerte ejemplar en 1556 hizo de él un héroe popular.

Bib. John T. McNeill, *Los forjadores del cristianismo*, vol. 2 (CLIE, Terrassa 1987).

CREACIÓN El vocablo aparece por 1ª vez en el cast. el año 1611 y procede del sust. lat. *creatio*, y éste del vb. *creare* = crear. El vocablo se aplica en sentido metafórico a toda producción original en el terreno de la ciencia, de la literatura y del arte. También se aplica al nombramiento de los cardenales por el papa.

En sentido propio, tanto a nivel filosófico como teológico, se llama creación al conjunto de cosas creadas, pero especialmente al acto por el cual Dios saca de la nada algo según su ser entero. En esta definición, la nada no significa la materia de donde se saca algo, sino simplemente producir algo según su ser entero donde no había nada de tal ser. El hombre puede hacer cosas de una materia preexistente, pero no crea. P. ej. un carpintero puede hacer una mesa de una madera preexistente, pero no puede crear la madera con la que hace la mesa. La creación de la nada es un misterio para la mente humana, pues trasciende los modos de obrar que conocemos, pero la sabemos por fe (cf. He. 11:3, si se vierte correctamente). Sin embargo, con la pura razón puede demostrarse: (1) Que el mundo ha sido creado por Dios, como todo ser contingente que requiere una causa exterior para existir; (2) Que sólo Dios puede crear de la nada, ya que el ser mismo creado, por la propia universalidad del concepto de ser, es un efecto universalísimo que postula una causa universalísima.

Hay que distinguir entre (a) creación primera, que es la que acabamos de analizar, y (b) creación segunda, que consiste en la ordenación de lo ya creado (cf. Gn. 1:3 ss.).

La Biblia no es un manual de teología, sino una historia de la salvación. Por eso, ya en Gn. 1:1 nos presenta a Dios creando los cielos y la tierra. Y emplea el vb. hebr. *bará*, el cual no implica, por sí mismo, crear de la nada, pero nunca lleva como sujeto a un ser humano o angélico, sino sólo a Dios. Al escribir Gn. 1, Moisés no intentaba dar nociones filosóficas que el pueblo hebreo no habría entendido, sino dejar demostrado que todo cuanto existe ha sido creado por Dios, no por evolución*.

Con respecto al tema de la creación, debemos añadir lo siguiente:

(A) Las tres Personas de la Deidad intervienen en la creación, porque, en toda obra al exterior, las tres Personas obran conjuntamente.
(B) Contra toda clase de panteísmo, la Biblia nos dice que Dios creó el mundo, no por necesidad, sino por un libre acto de su voluntad (cf. Ef. 1:11; Ap. 4:11).
(C) Aunque Dios obra siempre en su eternidad, lo creado comenzó a existir en el tiempo, lo cual se expresa ya en la frase: En el principio creó que sólo puede significar: «cuando no había nada». Sin embargo, por la razón no puede demostrarse que el mundo haya tenido un comienzo temporal.
(D) Dios hizo el mundo para su gloria, es decir, para que brillen sus perfecciones divinas, pero no lo hizo para beneficiarse de él, puesto que es infinitamente rico y generoso, sino para beneficio del hombre.
(E) Finalmente, algo que tiene que llenar nuestro corazón de alabanza y gratitud a Dios es que, habiendo cesado de crear en el día séptimo (cf. Gn. 2:3), la Trina Deidad no guarda vacación para salvar. En esto trabaja hasta los domingos (cf. Jn. 5:17). Para esto, cf. tamb. *Conservación*.

Bib. Wrnon O. Elmore, *El hombre como creación* (CPB, El Paso); Peter J. Flamming, *Dios y la creación* (CBP, El Paso); Pierre Ganne, *La creación: una dependencia para la libertad* (Sal Terrae, Santander 1980); F. Lacueva, *Curso Práctico de Teología Bíblica*, pgs. 197-217 (CLIE); Jürgen Moltmann, *Dios en la creación* (Sígueme, Salamanca 1987).

CREDO (cf. *Confesiones de Fe*)

CRIMEN Se llama crimen a todo delito* grave y, en especial, al delito que consiste en matar o herir gravemente a un ser humano. El vocablo entró en el cast. a mediados del siglo XIII y procede del lat. *crimen, críminis* = acusación. En la misma fecha entró en el cast. el derivado criminal.

El tema entronca con la teología bíblica por la legislación sobre ciertos crímenes y el castigo impuesto a los criminales. El pacto de Dios con su pueblo Israel hacia el año 1250 a. de C. (Éx. caps. 20-23) incluía no sólo el Decálogo, sino también muchas leyes criminales de varias clases. En cuanto al castigo, la ley del talión («ojo por ojo, diente por diente, etc.») se aplicaba con mayor rigor entre los países paganos circunvecinos de Israel que en el mismo Israel. Se buscaba siempre una compensación equitativa y su aplicación solía ser ejecutada por la misma comunidad o, a veces, por algún miembro relevante de la misma. Podemos hacer la siguiente clasificación:

(1) Crímenes de carácter directamente religioso: Al ser el monoteísmo la doctrina clave del pueblo judío (cf. Dt. 6:4-5), eran crímenes capitales la idolatría (Éx. 20:4-5; Dt. 5:8-9), la blasfemia (Lv. 24:11-16) y el quebrantamiento del día de reposo (Éx. 16:23; 20:9-10; Nm. 15:32-36). También se consideraban ofensas contra Dios el sacrificio de los hijos (Lv. 20:2) y las falsas profecías (Jer. 26:8-9). Todos estos crímenes estaban castigados con la pena capital.
(2) Crímenes contra las personas: Eran punibles con la pena capital el asesinato premeditado (Éx. 21:12) y el secuestro (Éx. 21:16). Pero, si un hombre mataba, por accidente, a una persona, podía acogerse al recurso del santuario en las ciudades de refugio (Nm. 35:10-28, comp. con Éx. 21:12-15, 18-23). Otras leyes referentes a una herida por accidente prescribían una compensación adecuada. Un esclavo que había sufrido de su amo un daño físico permanente, había de recibir como compensación la libertad (Éx. 21:26-27).
(3) Crímenes contra la propiedad: El daño causado voluntariamente, o por negligencia, a la propiedad privada, debía ser compensado con multas o restitución de lo robado (Éx. 22:6). Gran importancia revestían los crímenes de daño a los animales, especialmente a los bueyes (Éx. 21:28; 22:1-15). Había una legislación especial para las mujeres, consideradas como propiedad, o responsabilidad, del varón (cf. Dt. 22:25-27; Rt. 3:13). También la había para los hijos (cf. Éx. 21:15, 17; Dt. 21:18-21).
(4) Especial protección requerían las viudas, los huérfanos, los pobres y los extranjeros. El castigo contra los opresores solía venir directamente de Dios, quien solía pagarles con la misma moneda (cf. Éx. 22:21-24, 26-27; 23:9; Dt. 23:20; 24:17). El soborno estaba prohibido, pero no tenía especificado ningún castigo (cf. Éx. 23:8).
(5) Se consideraban como crímenes los actos sexuales de incesto, coito durante la menstruación (Lv. 15:24; 18:19 y 20:18) y el ayuntamiento con animales (Lv. 18:23; 20:15-16).
(6) Otras leyes generales incluían la reducción de la propiedad ajena mediante el cambio de fijación de los linderos (Dt. 19:14) y el uso de pesas y medidas falsas (Lv. 19:35; Dt. 25:15; Mi. 6:11; Pr. 11:1; 20:23).

CRISÓSTOMO, JUAN Patriarca de Constantinopla, teólogo y exegeta, Juan de Antioquía (344-407), por su lugar de nacimiento, llamado

Crisóstomo (boca de oro), por su extraordinaria elocuencia. Es el autor más fecundo de entre los Padres griegos y una de las mayores glorias de la Iglesia oriental.

A los veinte años era ya abogado y el orador más famoso de su ciudad, muchos le comparaban con Demóstenes. Fue entonces cuando decidió bautizarse y dedicarse plenamente a Dios y su verdad. Sus maestros de teología fueron Diodoro de Tarso y luego Teodoro de Mopsusteia. Más tarde se retiró a la vida solitaria bajo la dirección espiritual de un monje, para practicar luego la vida eremítica. Obligado por diversas enfermedades, regresó a Antioquía, donde fue ordenado diácono en 381 por Melecio y sacerdote por Flaviano en 386. Famoso por sus predicaciones, el emperador Arcadio le nombró patriarca de Constantinopla en 397. Su celo reformador le atrajo muchos enemigos, entre ellos la emperatriz Eudoxia. Depuesto de su sede en el año 402 fue desterrado y enviado a Cucuso, en Armenia y luego a la costa oriental del mar Negro, por el temor que abrigaba la corte por el gran movimiento levantado en favor de Juan. La marcha fue lenta y penosa por el agotamiento en que se encontraba. Después de tres meses de viaje murió en el pequeño pueblo de Comana.

Merecen un lugar destacado sus XXI homilías llamadas «de las estatuas», sin igual en la antigüedad, pronunciadas a raíz de una rebelión ciudadana contra los impuestos, en la que se rompieron las estatuas del emperador Teodosio, de la emperatriz y de sus hijos. En ellas arremete contra los vicios corrientes de la sociedad, la blasfemia, la embriaguez, la ira, los juramentos, ofreciendo en su lugar la ética del Evangelio y el consuelo y la paz de Dios.

Bib. Juan Crisóstomo, *Obras, tratados ascéticos* (BAC, Madrid 1958); *La reconciliación* (Lumen, Bs. As. 1990); *La verdadera conversión* (CN, Madrid 1997); *Homilías exegéticas del Evangelio de San Juan* (CN, Madrid / AM, Sevilla 1991); *Homilías. Explicación de los Hechos de los Apóstoles* (AM, 1991); *Homilías sobre la carta a los romanos* (AM, 1990); *Comentario a la carta a los gálatas* (CN, 1996); *Las catequesis bautismales* (CN); *Educación de los hijos y matrimonio* (CN); *Comentario a los Salmos* (CN); *Las XXI homilías de las estatuas* (AM, 1990 / CLIE, prox. pub.).

CRISTIANDAD El vocablo suele usarse de varias maneras: (1) Como representativo del cristianismo en su vertiente historicogeográfica. (2) Como representativo de un período de la historia de la Iglesia en el que el cristianismo llegó a ser la religión del Estado (312) con la conversión del emperador Constantino. (3) Con el cisma de Oriente a mediados del siglo XI, la cristiandad se dividió en dos secciones distintas, cada una con su cultura respectiva. (4) Durante la Edad Media, una serie de distintos factores contribuyó a que fracasara ese proyecto de cristiandad: la lucha por el poder entre el papa y el emperador, las cruzadas en su intento de destruir el islamismo y el resurgimiento del pensamiento clásico pagano (Renacimiento) en las universidades.

La Reforma protestante del siglo XVI, con su ataque al papado y su esfuerzo por reconducir a la cristiandad a las fuentes puras de la Biblia, inauguró un concepto nuevo de cristiandad. Líderes religiosos como Lutero y Calvino trabajaron a favor de un orden social cristiano, más o menos ligado a la acción del Estado.

Más tarde, la Ilustración, la secularización de la vida, las ideas revolucionarias y el desarrollo de un orden social de naturaleza pluralística destruyeron por completo el ideal antiguo de cristiandad. Entre los teólogos cristianos del siglo XX, tanto católicos como protestantes, hubo quienes creyeron que hay que intentar recobrar alguna forma de sociedad cristiana, mientras otros abogan por la implantación definitiva del laicismo, acabando con el confesionalismo del Estado y con la uniformidad religiosa. Estos últimos suelen ser fervientes propagandistas del ecumenismo a ultranza.

CRISTIANISMO ANÓNIMO Al hablar de un cristianismo anónimo, es preciso aclarar a qué nos estamos refiriendo. Todo «anonimato» debe ceder el puesto a un solo Nombre, Jesucristo. Es imposible la salvación de un ser humano sin la fe en el nombre, es decir, en la Persona de Jesucristo. Pero, ha habido, y hay, muchos millones de seres humanos que no han oído hablar de Jesucristo. ¿Se condenarán, pues, sin remedio? Sin embargo, Pablo dice (1 Ti. 2:4) que Dios quiere que todos los seres humanos sean salvos y vengan al conocimiento de la verdad. Y, si lo quiere sinceramente, debe ofrecer a todos los seres humanos los medios necesarios para conocer al único Mediador entre Dios y los hombres, Jesucristo hombre (v. 5).

Por otra parte, sin fe es imposible agradar a Dios (He. 11:6) y la fe es por el oír, y el oír, por la Palabra de Dios (Ro. 10:17). Preguntamos de nuevo: ¿Se condenan, pues, los que no han oído la Palabra de Dios? El mismo Pablo se adelanta (Ro.

10:18, citando de Sal. 19:4) a responder que la «voz» de Dios y sus «palabras» han llegado al extremo del mundo mediante el lenguaje de los cielos (cf. Ro. 1:18-20). Si la «verdad» no penetra en el ser humano es porque la impiedad y la injusticia de los seres humanos detienen con injusticia la verdad. Pero Dios, que no tiene favoritismos, juzgará a cada uno según su conciencia (Ro. 2: 11-16).

¿Importa, pues, saber si uno está situado en una «expresión» de la fe que sea la verdadera? Sí, y mucho. Pero, por lo dicho anteriormente, no se puede excluir de la salvación a quienes, en cualquier «religión» (o sin religión) en que se hallen inmersos, hacen lo que está de su parte, bajo la gracia preveniente y concomitante de Dios, para percatarse de su condición perdida, desear ser salvos y saber, aunque sea sin percatarse de ello, que un Dios bondadoso ha provisto salvación. Todas estas personas se salvan a pesar de la religión falsa (o del ateísmo) en que fueron educadas. En defensa de esta misma posición doctrinal que personalmente sostengo, puede leerse con mucho provecho el libro de José Grau, *Introducción a la Teología*, leccs. 10ª a la 28ª inclusive (CLIE, Terrassa).

En la Iglesia de Roma, ya antes del C. Vaticano II, el afamado teólogo K. Rahner, ha desarrollado el concepto teológico de cristianismo anónimo diciendo que todo ser humano está orientado hacia Dios y que Dios se da a Sí mismo en Su gracia a cada ser humano en el centro mismo de su existencia como oferta que el hombre puede aceptar o rechazar. Esta decisión fundamental determina el destino del hombre, porque la salvación que está disponible universalmente, al ser aceptada, obra en cualquier situación lo mismo que dentro de la Iglesia de Cristo; surge de una fe cristiana implícita.

No todos los teólogos católicos están de acuerdo con K. Rahner. H. U. von Balthasar le ha criticado por relativizar la revelación especial de Dios. En efecto, la Biblia nos dice que Jesucristo es el único remedio salvífico para el hombre perdido (cf. Jn. 14:6; Hch. 4:12 y 1 Ti. 2:4-6). Pero, si estudiamos con atención la argumentación del prof. Grau en el libro antes citado, nos daremos cuenta de que ninguna «religión» salva por sí sola, pero en todas las religiones no totalmente corrompidas por el hombre, como son el judaísmo y el islamismo (por su común base con el cristianismo) y hasta cierto punto el hinduismo y el budismo, Dios habla a la conciencia del ser humano mediante la creación, la providencia y la constitución misma de la naturaleza humana (cf. p. ej. Hch. 14:14-17; 17:26-28; Ro. 1:19-20; 2:14-15). Conste, pues, que no abogamos por un sincretismo religioso que relativiza la revelación bíblica de Dios, sino por un modo legítimo de conciliar la universalidad salvífica de la voluntad antecedente de Dios con la condición rebelde en que hombres y mujeres han ahogado la «verdad», las semillas de religión existentes en toda expresión de fe. J. H. Bavinck (cf. el art. *Bavinck, Herman*) dejó escrito: «Hay en el fondo del corazón del hombre, aun entre aquellos que viven y creen en religiones no cristianas, una muy vaga conciencia de que el hombre está jugando con Dios y que el hombre siempre está secretamente ocupado en escapársele». Este juego de búsqueda y huida es propio de la condición del hombre caído ya desde Gn. 3:6 ss., y forma parte de la alienación*.

Bib. K. Rhaner, *Curso fundamental sobre la fe* (Herder, Barcelona 1979); J. A. de la Pienda, *El sobrenatural de los cristianos* (Sígueme, Salamanca 1985); E. Schillebeeckx, *Interpretación de la fe* (Sígueme, Salamanca 1973).

CRISTIANISMO, ESENCIA DEL Es curioso el hecho de que pensadores tan distintos como Feuerbach, Harnack, Guardini y Ratzinger hayan titulado sus obras del mismo modo: *La esencia del cristianismo* (1841) de Feuerbach, *¿Qué es el cristianismo?* (1900) de Harnack y títulos parecidos en las obras de Guardini y Ratzinger.

En concreto, no es fácil definir cuál es la verdad *esencial* del cristianismo. En primer lugar, porque hay en el cristianismo algunas características esenciales que no son estrictamente doctrinales, como la experiencia religiosa, la adoración, la ética, etc. En segundo lugar, porque, dentro de lo estrictamente doctrinal, habría de buscarse en los credos, confesiones de fe y catecismos un «mínimo» de verdades que puedan servir de común denominador para la reunión de las iglesias. En tercer lugar, porque podrían considerarse desde el punto de vista de la «contextualización» dentro de las diferentes culturas, lo cual no es tarea fácil, pero es necesaria. En cuarto lugar, porque en la Iglesia de Roma ha cobrado enorme ascendiente la idea de que el conjunto doctrinal no es algo estático, sino en progresivo desarrollo. Esta idea, propuesta en 1845 por J. H. Newman*, parece haber sido recogida por el C. Vaticano II en su *Constitución Dogmática sobre la Divina Revelación* (18 de nov. de 1965), p. 8, donde dice lo siguiente: «Lo que los Apóstoles transmitieron comprende todo lo necesario para una vida santa y para una fe creciente del Pueblo de Dios; así la Iglesia con su enseñanza, su vida, su culto, conserva y transmite a todas las edades lo que es y lo que cree. Esta Tradición apostólica va creciendo en la Iglesia con la ayuda del Espíritu Santo; es decir, crece la comprensión de las palabras e instituciones transmitidas cuando los fieles las contemplan y estudian repasándolas en su corazón».

Voy a tratar de exponer en términos sencillos lo que J. H. Newman expuso de forma técnica acerca del desarrollo progresivo de la verdad revelada. Su pensamiento parte del hecho obvio siguiente: Existe una falta de proporción entre nuestra vivencia de la fe y su formulación por medio de expresiones gramaticales. Esto hace que las formulaciones dogmáticas de la verdad revelada no agoten nunca la riqueza de nuestro conocimiento experimental de la fe objetiva. Pero la Iglesia no es simplemente una suma de individuos creyentes, sino una comunidad eclesial visible que crece orgánicamente, no como una simple institución. Sin embargo, hace falta un *catalizador* para asegurar, por una parte, que el conjunto global de la vivencia de fe de los creyentes no se desvía de la recta senda y, por otra, que las formulaciones dogmáticas no traicionan el sentido real de la verdad revelada. Este catalizador es el magisterio infalible de la Iglesia. Es así como J. H. Newman llegó a votar en el C. Vaticano I a favor de la infalibilidad del papa, siendo así que antes no creía en tal infalibilidad de un individuo.

Bib. L. Feuerbarch, *La esencia del cristianismo* (Trotta, Madrid 1998, 2ª ed.); F. Gogarten, *¿Qué es cristianismo?* (Herder, Barcelona 1977); Romano Guardini, *Esencia del cristianismo* (Cristiandad, Madrid 1977, 4ª ed.); C. S. Lewis, *Mero cristianismo* (Caribe, Miami 1977 / Ed. Encuentro, Madrid); John R. W. Stott, *Cristianismo básico* (Certeza, Bs. As. 1971).

CRISTO Este es uno de los temas más importantes del actual Diccionario, y para cuyo tratamiento según lo exige su importancia, debo aconsejar a mis lectores la lectura y el estudio de la Parte II (Dios Redentor) de mi libro *Curso Práctico de Teología Bíblica*. Lo trataré por orden alfabético para comodidad del lector, dando un resumen de lo que digo en mi citado libro.

(1) *Cristo, Ascensión de*. La Ascensión del Señor a los cielos es, al mismo tiempo, un complemento de su Resurrección y, por otra parte, una condición necesaria para ejercer su función intercesora por nosotros. Es, pues, parte importante dentro de la cristología*. Está atestiguada en Lc. 24:51; Hch. 1:9-11 y Ef. 4:8. Es muy importante: (A) Como culminación del ministerio terrenal de Jesús (cf. He. 4:14-15). (B) Como primicias de nuestra propia ascensión: ya hay en el cielo un cuerpo humano como el nuestro. (C) Como inauguración de su oficio sacerdotal en su etapa de intercesión (He. 7:25). (D) Como condición indispensable para enviar el E. Santo (cf. Jn. 15:26; 16:7-13). (E) Como señal de que la obra de Cristo fue suficiente y completa (He. 10:12).

(2) *Cristo, Bautismo de*. (A) El bautismo de Cristo a manos de Juan el Bautista está registrado en los Sinópticos y aludido en Juan (cf. Mt. 3:13-17; Mr. 1:9-11; Lc. 3:21-22; Jn. 1:31-33). (B) En los 3 Sinópticos, el hecho incluye el descenso del E. Santo a manera de una paloma y la voz del Padre dando Su entera aprobación al «Hijo amado». Tenemos así una indicación de tipo trinitario. (C) Cristo tenía que ser bautizado (Mt. 3:15). Pero el bautismo de Juan era «bautismo de arrepentimiento» (Mr. 1:4; Lc. 3:3); bautizarse era, así, una confesión implícita de ser «pecador» y Cristo era santo y sin pecado (Lc. 1:35). ¿Cómo, pues, podía aparecer como pecador? Sólo hay una respuesta: Quería solidarizarse ya con los pecadores arrepentidos, con los publicanos y las prostitutas en la humildad de su *kénosis* y en obediencia al cumplimiento de su función mesiánica (Jn. 1:33). Había de «quitar el pecado del mundo» (Jn. 1:29) según los tres sentidos implícitos en el verbo gr. *airein*: quitárselo al mundo, cargarlo sobre sus hombros y llevárselo consigo. (D) Esto había de tener su pleno cumplimiento en la cruz, donde, por eso mismo, sería desamparado por el Padre. Anunciaba, pues, el camino del sufrimiento que había de seguir voluntariamente (Jn. 10:17-18). (E) No es extraño, pues, que Jesús llamara «bautismo» al sacrificio con que había de redimir a la humanidad pecadora (Mr. 10:38-39).

(3) *Cristo, Cabeza de la Iglesia*. De entrada, advierto que estamos usando una metáfora y que esta metáfora tiene dos facetas distintas. (A) Se nos hace ver así que la Iglesia es una unidad viva e indivisible, dentro de la diversidad del organismo, donde cada miembro tiene que vivir para el conjunto (cf. Ro. 12:5; 1 Co. 6:15; 10:17; 12:13, 27; Ef. 1:22-23; 2:16; 3:6; 4:15-16, 25; 5:23, 30; Col. 1:18, 24; 2:19). (B) La metáfora tiene un punto donde se quiebra la analogía con el cuerpo humano: En éste, la identidad física con el cuerpo

es total; en aquél, el Cuerpo recibe de la Cabeza todo, pero la Cabeza no participa de la debilidad espiritual del Cuerpo. (C) Es menester distinguir el «Cuerpo Místico de Cristo» y el «Cuerpo del Cristo Místico»: (a) el 1º es el de 1 Co. 12, donde no se ve a Cristo como Cabeza del Cuerpo, pues Pablo habla de «oreja», «ojo» y «olfato» (¡situados en la cabeza!) donde no puede estar implicado Cristo mismo; (b) el 2º es el de Ef. 1:22-23; 4:15-16; Col. 2:19, donde Pablo dice que Cristo es la Cabeza y que la Iglesia es como el resto del cuerpo, distinto de la Cabeza.

(4) *Cristo, Extensión de la redención objetiva de.* Lo cual equivale a preguntar: ¿Por quiénes murió Cristo? A esta pregunta se puede responder de dos maneras: (A) Cristo murió únicamente por los elegidos, ya que sólo para ellos fue eficaz el sacrificio del Calvario. Así responden a los calvinistas supralapsarios y sublapsarios. (B) Cristo murió por todos los hombres; es decir, el sacrificio de Cristo en la cruz: (a) tuvo valor suficiente para quitar, en general, el pecado del mundo (nótese el sing. en Jn. 1:29); (b) tuvo valor suficiente para salvar a todos, pero con la condición indispensable de que crean y se arrepientan (nótese el sing. de Jn. 3:16); (c) tuvo valor eficaz para los que se salvan, pues han cumplido con la condición indicada en Jn. 3:16; Hch. 17:30. Así respondemos los calvinistas infralapsarios y los arminianos de todos los colores. Para más detalles, cf. la lecc. 15ª de la Parte II de mi libro *Curso Práctico de Teología Bíblica*. Para la terminología, cf. la lecc. 17ª de la Parte I de dicho libro.

(5) *Cristo, Hijo de Dios.* En este punto prescindimos de los múltiples sentidos en que puede tomarse la expresión «Hijo de Dios» para ceñirnos únicamente a la que tiene sentido estrictamente trinitario. En este sentido, Jesucristo (la 2ª Persona de la Deidad) es llamado: (A) Hijo de Dios (cf. p. ej. Jn. 20:28; Col. 1:15-16; He. 1:3, 8; 1 Jn. 2:22-23); (B) Hijo propio (cf. Ro. 8:32; Gá. 4:4); (C) Unigénito, es decir, único engendrado (cf. Jn. 1:14, 18; 3:16, 18; 1 Jn. 4:9). El hecho de que el Hijo sea llamado engendrado significa que procede del Padre por generación eterna. El Padre le comunica la naturaleza divina, por lo que el Hijo es consustancial y coeterno con el Padre, pero engendra, no la naturaleza, sino la Persona del Hijo.

Por la constitución misma de la Trina Deidad, en Dios sólo cabe un Hijo, como sólo cabe un Padre, tan íntimamente relacionados que no puede darse el uno sin el otro (cf. 1 Jn. 2:22-23). Por tanto, Cristo, como Hijo propio de Dios, es única y totalmente Hijo.

Esta verdad de la teología bíblica tiene dos consecuencias muy dignas de tenerse en cuenta a la hora de hablar de este tema: (a) Al darnos a su propio Hijo, Dios nos da con él todas las cosas (Ro. 8:32 –nótese que dice con Él); (b) Cristo, como Hijo de Dios, es nuestro hermano, no es, en modo alguno, nuestro Padre.

(6) *Cristo, Hijo de María.* Según definió el Conc. de Éfeso (431), María puede decirse «Madre de Dios» porque ha engendrado según la carne al Verbo de Dios hecho carne. En otras palabras, como en Jesucristo hay una sola Persona, la 2ª de la Deidad, esa Persona tiene una doble filiación: (A) eterna con el Padre según la divinidad; (B) en el tiempo con María según la humanidad. Pero el sujeto de la filiación es uno, porque Hijo-Padre, hijo-madre, son expresiones que implican relaciones personales. Hablemos, pues, con cautela: María es Madre de Dios en cuanto a que su Hijo Jesucristo es Persona Divina, pero no Madre de la Deidad del Hijo, porque ella engendró una Persona Divina, pero no la Deidad de esa Persona. Que de esa verdad inconclusa, los teólogos católicos hayan deducido conclusiones falsas, ya es otra cosa, pero tampoco los protestantes podemos ignorar la verdad ni decir que la definición de Éfeso equivale a nombrar a María «Hacedora de su Hacedor».

El que Cristo sea hijo de María según la carne significa que Jesús de Nazaret fue humano en todos los sentidos de la palabra, y en todo, excepto el pecado (He. 2:14; 4:15). (A) Cristo, el Hijo de Dios, experimentó un crecimiento progresivo (Lc. 2:40, 52), tuvo que aprender a tenerse de pie, a andar, a leer, a escribir, a razonar. Negar esto es caer en el monofisismo. (B) Sufrió hambre (Mt. 4:2; Lc. 4:2), sed (Jn. 4:7; 19:28), cansancio (Jn. 4:6), frío en invierno (Jn. 10:22-23) y calor en verano (Jn. 4:6). (C) Tenía sentimientos y emociones como los nuestros, pero más finos, más fuertes y más sanos (Jn. 11:3, 5, 35, comp. con Lc. 10:25-37; 15:11-32). (D) Padeció enormemente, y padeció solo, abandonado del Padre, porque había de gustar la muerte por todos (He. 2:9). (E) Aparte del poder «teúrgico» de hacer milagros, lo único «milagroso» en su vida fue su concepción virginal (Mt. 1:18; Lc. 1:35), acerca de lo cual hay que tener ideas claras: (a) fue del (gr. *ek*) Espíritu Santo (Mt. 1:18, 20), es decir, por obra de la 3ª Persona de la Deidad, pero no por eso puede llamarse al E. Santo «Padre» de Jesús: el E. Santo no engendró a Jesús, sino que produjo (hizo) la concepción de Jesús en el seno de María. ¿Cómo? Pues supliendo con su omnipotencia la acción propia del semen de varón a fin de que, desde el principio de la concepción, hubiese allí un embrión humano. (b) Por si fuese poca toda la terminología de Mt. 1:18-23 y Lc. 1:31-35, Gá. 4:4 nos dice que Dios envió a su Hijo, nacido de (gr. *ek*) mujer. Esto es, el Hijo de Dios, al encarnarse, no pasó a través de María, sino que fue engendrado de la propia sustancia de María. De lo contrario, no sería «consustancial» con nosotros (cf. He. 2:14-17). Para más detalles, cf. la lecc. 6ª de la Parte II de mi citado libro.

(7) *Cristo, Impecabilidad de.* Vamos por partes: (A) Que Cristo no pecó, lo sabemos por He. 4:15. (B) Que no pudo pecar, lo sabemos por He. 7:26. (C) Que era metafísicamente imposible que Cristo pecara, se prueba por la unidad de Persona en Cristo. Como la Persona es el último centro de atribución y de responsabilidad, si Cristo hubiese pecado, podríamos decir: «Dios ha pecado», lo cual es blasfemo y absolutamente imposible. Como el E. Santo que había santificado la humanidad de Cristo en el seno de María, guiaba todos sus pasos presentándole el cumplimiento de la voluntad del Padre como lo único bueno y deleitoso de qué vivir (Jn. 4:34; 8:29), el privilegio de Cristo era poder no pecar, lo cual es una fuerza, mientras que poder pecar es una debilidad. Para más detalles, cf. mi libro *CPDTB*, Parte II, lecc. 9ª, punto 3.

(8) *Cristo, Intercesión de.* Es una de las funciones de Cristo como sacerdote. Una de las funciones de los sacerdotes en el AT era orar por el pueblo. Ro. 8:34 nos dice de Cristo: «El que también intercede por nosotros». Y leemos en He. 7:24-25: «Mas éste (Jesús), por cuanto permanece para siempre... viviendo siempre para interceder por ellos». Que esta es una verdadera intercesión se demuestra por el uso del vb. gr. *entunjánein*, que significa: «presentar ante alguien alguna demanda o petición». Como sacerdote sacrificante, su oficio terminó (He. 10:12), pero continúa su oficio como sacerdote intercesor, mientras haya en la tierra un justo por quien interceder. En este oficio, hace de Abogado a nuestro favor (1 Jn. 2:1). También los creyentes podemos interceder unos por otros, como miembros del mismo Cuerpo de Cristo. Dice A. H. Strong: «Toda verdadera intercesión es directa o indirectamente la intercesión de Cristo. Los cristianos son órganos del Espíritu de Cristo» (*Systematic Theology*, pg. 775). Para más detalles, cf. mi libro *CPDTB*, Parte II, lecc. 16ª.

(9) *Cristo, Mesías.* El vocablo «Cristo» (gr. *Jristós*) significa «Ungido» y ese mismo significado tiene el arameo *Meshiaj* (hebr. *Mashiaj*). Las profecías mesiánicas recorren en la Biblia un largo camino que comienza en Gn. 3:15. Pueden verse en detalle en mi libro *CPDTB*, Parte II, lecc. 8ª. Lo más notable de algunas de esas profecías es que combinan Is. 53 con Dn. 7, uniendo en una sola persona al Mesías Sufriente con el Mesías Triunfante. Los escribas y fariseos, y el pueblo en general, no acertando a unir los dos, llegaron a la conclusión de que habría dos Mesías: el «hijo de José» (para sufrir) y el «Hijo de David» (para triunfar). Pero el propio Jesús los unió en un solo Mesías en lugares como Mt. 17:22-23; 20:18-19; 26:24, 64 y paralelos. Como puede verse, Jesús apareció en su 1ª Venida como Mesías Sufriente (de ahí, el «escándalo de la cruz» –cf. Mt. 17:22-23; 1 Co. 1:23) y en su 2ª Venida como Mesías Triunfante (cf. Mt. 26:64). Son dos tiempos distintos de un solo Mesías.

(10) *Cristo, Nombres de.* (A) Jesús. Es el 1º que aparece en el NT (Mt. 1:21), Es una transliteración del hebr. *Yeshúah* = Yahweh salva, como da a entender el ángel diciendo: «porque él salvará a su pueblo de sus pecados». (B) Cristo, del que ya he hablado en el punto 9. (C) El Hijo del Hombre. Siempre sale de labios del propio Jesús y en 3ª persona. J. Jeremías (*Teología del Nuevo Testamento*, I, pp. 319-320) lo explica así: «Eso se debe a la diferencia que Cristo quiere hacer resaltar entre el estado de debilidad en que se encontraba entonces y el estado de gloria en que había de encontrarse cuando viniera hacia el Padre envuelto en las nubes». (D) Hijo de Dios. A diferencia del anterior, son otras personas las que le llaman así (cf. p. ej. Mt. 16:16; Lc. 1:35; Jn. 1:48). (E) El Señor (cf. p. ej. 1 Co. 12:3 como lugar clave). Este nombre viene a indicar la Deidad de Cristo, ya que la LXX usa *Kúrios* = Señor como equivalente del hebr. *Yahweh*. (F) Cordero de Dios (Jn. 1:29), que simboliza su destinación al sacrificio. (G) Postrer Adán, por ser Cabeza de la humanidad restaurada, así como el primer Adán lo fue de la humanidad caída. (H) Sirviente (Mt. 20:28, gr. *diákonos*). (I) Esclavo (gr. *doúlos*, que suele verterse por «siervo»).

(11) *Cristo, Profeta.* (A) Cristo fue profeta en el sentido primordial del gr. *prophétes* = el que habla de parte de otro (el hebr. *nabí*). En este sentido, Cristo es el Profeta por excelencia, pues Él nos ha hablado las palabras de Dios (Jn. 14:10), hecho Palabra personal, gr. *Lógos*, del Padre (Jn.

1:1, 14, 18). Así lo profetizó de Él el primer gran profeta de Israel, Moisés, poco antes de morir (cf. Dt. 18:15-18). Y así lo vieron, con mayor o menor claridad, los contemporáneos de Jesús (cf. Mt. 16:14; Lc. 7:16; Jn. 6:14; 7:40; 9:17). (B) También fue profeta en el sentido de vidente (cf. p. ej. Jn. 2:24-25; 4:17-18).

(12) *Cristo, Redentor*. La obra de Cristo como sacerdote sacrificante comprende varios aspectos: reconciliación, propiciación, expiación, que serán tratados en sus respectivos arts. Pero todos ellos suelen resumirse en una sola palabra: redención. Sin embargo, la «redención» tiene un aspecto específico que vamos a estudiar aquí.

El vocablo redención entró en el cast. el año 1184 y procede del vb. lat. *redímere* = volver a comprar. Se da así a entender que Dios es, por derecho propio, nuestro Dueño. Por el pecado, nos hemos enajenado de su propiedad, pasando a ser esclavos del diablo (1 Jn. 5:19), pero Dios ha tenido compasión de nosotros y ha venido a rescatarnos, a «comprarnos de nuevo» mediante la sangre de su Hijo (1 P. 1:18-19).

(A) El rescate se expresa en el NT mediante los vocablos gr. *lútron* (p. ej. Mt. 20:28), *lutróo* (Lc. 24:21), *lútrosis* (Lc. 1:68) y *lutrótes* (Hch. 7:35).

(B) La compra se expresa mediante los vbs. gr. *agorázo* (p. ej. 2 P. 2:1) y *exagorázo* (p. ej. Gá. 3:13). Es de notar la diferencia entre ambos vbs.: (a) el 1º expresa únicamente el hecho de la compra en el mercado de esclavos (gr. *ágora*), sin especificar si el esclavo salió de allí o se negó a seguir a su nuevo dueño, como es el caso de 2 P. 2:1; (b) en cambio, el 2º por el prefijo *ex* = fuera de, no sólo expresa el hecho de la compra, sino que implica también que el esclavo ha salido de la plaza, porque ha preferido la libertad de los siervos de Dios.

(13) *Cristo, Resurrección de.* Resumo aquí lo que digo en mi *CPDTB*, Parte II, lecc. 17ª. La resurrección de Cristo puede considerarse: (A) como un hecho histórico; (B) como una prueba apologética, y (C) como un elemento teológico.

(A) Como hecho histórico, nos consta de su realidad por el testimonio de los discípulos, los cuales no estaban alucinados (cf. Hch. 10:41), ni sugestionados (cf. 1 Co. 15:6), sino inclinados a no creer en su resurrección (cf. p. ej. Mr. 16:9-14) y expuestos a dar la vida por su fe en la resurrección de Cristo (cf. p. ej. Hch. 23:6). En fin, nadie tan interesado en que no se llevaran el cadáver de Jesús como los propios enemigos de Jesús (cf. Mt. 27:62-66). Pero la misma guardia dio testimonio de la resurrección del Señor (cf. Mt. 28:11-15).

(B) Como prueba apologética, la resurrección de Cristo es la señal cumbre de su mesianidad, según Él mismo había profetizado (Mt. 12:39). Sus mismos enemigos recordaban la frecuente mención que Jesús hacía de su futura resurrección (Mt. 17:63-64). Pablo le da una importancia apologética de 1ª clase (cf. 1 Co. 15:1-5, 14-15).

(C) Como elemento teológico, la resurrección del Señor tiene una vertiente teológica de suma importancia: (a) en Ro. 4:25, dice Pablo que Jesús, Señor nuestro (del v. 24) «fue resucitado a causa de nuestra justificación, lo cual no puede significar que nuestra justificación fuera la causa de la resurrección del Señor, sino que la resurrección de Jesús fue la provisión divina para otorgarnos la justicia. Lo mismo afirma, con otras palabras, en 1 Co. 15:17-22.

(14) *Cristo, Revelador del Padre*. Por ser Jesús el Verbo (gr. *Lógos*) del Padre (Jn. 1:1,14), nos descorrió el velo (nos «reveló») que ocultaba el rostro del Padre, a fin de que viendo a Jesús, oyendo sus palabras y observando sus obras pudiésemos ver al Padre (Jn. 14:9-11). Juan nos dice también que Jesús nos hizo la exégesis del Padre (Jn. 1:18). En este sentido, Jesús es el único auténtico «Revelador» del Padre, pues con Él quedó definitivamente terminada la revelación de Dios a los hombres (cf. He. 1:1-2).

El E. Santo, contra lo que muchos hermanos creen y expresan, no revela nada nuevo, sino que nos conduce a toda la verdad ya revelada (Jn. 16:13) y nos da testimonio de Jesús (Jn. 15:26). Por eso dice el ángel a Juan en Ap. 19:10b: porque el testimonio de Jesús es el espíritu de la profecía; es decir, la profecía tiene por objeto dar testimonio de Jesús. De ahí que el Espíritu vaya siempre de acuerdo con la Palabra, pues ambos son, con el Padre, un solo Dios. Como digo en *CPDTB*, Parte II, lecc. 7ª, punto 4, esto tiene una doble relevancia: (A) En orden a admitir o no como genuinas las supuestas manifestaciones extraordinarias del Espíritu Santo, según que estén o no de acuerdo con la Palabra. (B) En orden a creer o no creer las declaraciones que se nos hagan por parte de quienes nos aseguran haber tenido visiones (luces, presencia visible de Jesús, etc.) o haber escuchado voces audibles o haber experimentado otros fenómenos extraordinarios, espectaculares, como éxtasis, levitaciones, etc.

(15) *Cristo, Rey de Israel*. En efecto, la condición de Mesías comportaba la de ser Rey de Israel. Los lugares que lo mencionan, tanto del AT como del NT, son numerosos. Me limito a citar algu-

nos: Gn. 49:10; Sal. 2; Jer. 23:5-6; Zac. 9:9; Mr. 15:31-32; Jn. 1:49; Hch. 1:6 (Jesús no lo niega); Ap. 11:15. Para más detalles, cf. mi libro *CPDTB*, Parte II, lecc. 19ª.

Contra lo que tantos hermanos piensan, escriben y predican, Cristo no reina todavía. La Palabra de Dios nunca lo presenta reinando ya, ni en el mundo (cf. 1 Jn. 5:19) ni en Israel que lo rechazó (Jn. 19:14-15) y lo sigue rechazando, ni en la Iglesia; en ningún lugar dice la Biblia que Cristo es el Rey de la Iglesia. Esto no hace de menos a la Iglesia, porque: (A) la Iglesia disfruta ya de las bendiciones espirituales del Reino de Dios; (B) la Iglesia es la Esposa y el Cuerpo del Rey, lo cual es un privilegio mucho más elevado que ser súbdito del Rey.

Incluso en Ap. Cristo no aparece sentado en el trono hasta 11:15 (implícitamente); 20:4 y 22:1. A muchos ha confundido Ap. 5:6 por no entender el sentido del v. Juan no ve al Cordero sentado en medio del trono (la terminología es la misma de 4:6, mal traducido en nuestras Biblias), sino que lo ve en la línea que podía trazarse hasta el centro del trono, pasando a través de los seres vivientes, de los ancianos y del mismo Cordero. Por eso, 5:7 nos dice que el Cordero se llegó hasta el trono y tomó el librito de la mano derecha del que estaba sentado en el trono. ¿No está suficientemente claro?

(16) *Cristo, Siervo obediente.* Como ya dije en el punto 10, Cristo es sirviente o servidor (gr. *diákonos*), como Él mismo dice en Mt. 20:28. Pero además es siervo (gr. *doúlos*), es decir, esclavo obediente del Padre, como puede verse por Jn. 4:34; 8:29 y, especialmente, por Fil. 2:7-8. Tengamos en cuenta la diferencia esencial entre un sirviente y un esclavo. El 1º presta sus servicios por contrato para ciertos días o ciertas horas, pero conserva su libertad personal. En cambio, el 2º pertenece al amo en todo su tiempo y en toda su vida, sin libertad para hacer otras cosas en otros tiempos. De ahí, que se puede ser servidor de dos señores, pero no se puede ser siervo de dos señores (cf. Mt. 6:24).

Volviendo a Fil. 2:7-8, Pablo nos dice allí que Cristo Jesús se despojó a sí mismo, tomando forma de siervo, hecho semejante a los hombres; y estando en la condición de hombre, se humilló a sí mismo, haciéndose obediente hasta la muerte, y muerte de cruz. Notemos bien el orden de las frases, muy importante para captar bien el sentido. Dice el apóstol que Cristo se despojó a sí mismo, tomando forma de siervo. Entonces, ¿De qué se despojó? ¿de la naturaleza divina? ¡Imposible! Se despojó de la forma de Dios (cf. v. 6), es decir, del resplandor ostentoso del Amo, humillándose, descendiendo a cero, al tomar la forma de esclavo, al venir a este mundo, no a mandar, sino a servir. Se humilló a sí mismo, no al hacerse hombre (nótese el orden de los vocablos en el v. 8), sino al tomar la forma de siervo, al aparecer como un cualquiera. ¿Quién de nosotros sentirá ningún orgullo, ante tal ejemplo de humildad?

(17) *Cristo, Singularidad de.* Lo verdaderamente singular entre los fundadores de una religión se halla únicamente en Cristo, porque «el cristianismo –ha escrito W. H. Griffith Thomas– es la única religión del mundo que se basa en la Persona de su Fundador. Uno puede ser un fiel mahometano sin que tenga nada que ver con la persona de Mahoma. Igualmente puede ser un verdadero y fiel budista aunque no sepa de Buda absolutamente nada. Con el cristianismo pasa algo totalmente diferente. El cristianismo está ligado a Cristo de un modo tan indisoluble, que nuestra visión de la Persona de Cristo comporta y determina nuestra visión del cristianismo».

Una porción importante a este respecto es Col. 1:15-17, donde la centralidad de Cristo con respecto al Universo entero no puede quedar más clara. Podemos decir, con apoyo en la Escritura, que Cristo es el centro de la historia y de la geografía, a partir del primer Viernes Santo. (A) Allí es el centro de la historia, porque la Historia de la Salvación, desde Gn. 3:15, desde el Paraíso perdido, apunta hacia adelante a la Cruz y, retrospectivamente apuntará hacia la Cruz en el Paraíso recuperado, en Ap. 22:1 (¡el trono del Cordero!). (B) Allí es también el centro de la geografía, porque allí está crucificado como ladrón entre dos ladrones: «uno a cada lado, y Jesús en medio» (Jn. 19:18). Digo «como ladrón», porque si Juan hubiese querido excluirlo de esa categoría, habría escrito: «allí le crucificaron, y con él a dos ladrones, uno a cada lado, y Jesús en medio de ellos». Pero no fue eso lo que escribió, sino: «y allí lo crucificaron, y con él a otros dos, uno a cada lado, y Jesús en medio». Toda la humanidad estaba allí, y el Hombre-Dios también: (a) estaba el buen ladrón que, hasta en su última hora, fue tan buen ladrón que le quitó a Cristo su lugar en el Paraíso (Cristo estaba entonces en el Infierno). Ahí estaba representada toda la humanidad pecadora que se salva; (b) estaba también el mal ladrón, que rechazó a Cristo y no quiso su lugar en el Paraíso. Ahí estaba toda la humanidad pecadora que se condena; (c) y allí, en medio de los dos, estaba «hecho pecado el que no cometió pecado, cargando con todos los pecados de los demás» (cf. 2 Co. 5:21; 1 P. 2:24). Cf. tamb. Mt. 25:31-46, donde le vemos de nuevo en el centro, con las ovejas a su derecha, y los cabritos a su izquierda.

Finalmente, y de gran importancia práctica para los creyentes verdaderos es que Cristo es el centro de nuestra vida cristiana, lo cual suele expresar Pablo con la fórmula «en Cristo» (cf. p. ej. Gá. 5:6; Ef. 1:3) y «estar (signo de «unión») en Cristo» (cf. p. ej. Ro. 8:1). Esta centralidad aparece también, aunque implícitamente, en Jn. 14:20; 15:1-7).

(18) *Cristo, Sumo Sacerdote*. El vocablo hebreo para «sacerdote» es *kóhen*. Respecto al sacerdocio en el AT, es menester hacer dos aclaraciones: (A) No hay un nombre especial para designar al sumo sacerdote; es simplemente *hakóhen* = el sacerdote. (B) El sacerdocio de la nación israelita estaba representado por una casta sacerdotal.

En el NT, el vocablo griego para «sacerdote» es *hieréus* (de *hierón* = templo). Con este nombre aparecen en los Evangelios y en Hechos los miembros de dicha casta sacerdotal judía. No se halla allí a Jesús como «sacerdote». No podía serlo (cf. He. 8:4). Pero, una vez acabado el sacerdocio levítico, todo el nuevo pueblo de Dios es llamado colectivamente sacerdocio regio (cf. 1 P. 2:9) y sólo Cristo es llamado, en sing. *hieréus* = sacerdote (en He. 5:6; 7:17, 21, por ser citas de Sal. 110:4), pero es llamado *arjieréus* = sumo sacerdote en He. 2:17; 3:1; 5:10; 6:20; 7:26; 8:1; 9:11, y *arjieréus mégas* = gran sumo sacerdote en He. 4:14. Cristo cumple sobradamente las características del sacerdote según aparecen en He. 5:1, 4. Pero se distingue de todos los demás sacerdotes en que: (a) no tiene que ofrecer sacrificio por sí mismo, pues no tiene pecado (cf. He. 5:2-3); (b) es juntamente sacerdote y víctima de su propio sacrificio (cf. He. 7:27).

Es muy notable que, en el original del NT, ningún líder o guía, ministro de Dios o pastor de creyentes es llamado *hieréus* = sacerdote. Para más detalles, cf. mi libro *CPDTB*, Parte II, lecc. 12.

(19) *Cristo, Sustituto de la humanidad pecadora*. El texto bíblico más importante acerca de esto es Is. 53:5, que dice lit.: «y con su azotaina hubo curación para nosotros» (hebr. *Ubajaburató nirpá lánu*). Dejando de lado el *nirpá lánu* = curación para nosotros, es interesante notar que el vocablo hebr. *ubajaburató*, una vez retirados los prefs. *u* = y, y *ba* = en, por, con, y el suf. o = su, queda el vocablo *jaburát* = azotaina, que, más bien que los «azotes», se refiere a todos los padecimientos físicos de Cristo en su pasión y muerte. Además, *jaburát*, por venir de la raíz *jabar* = unir, de donde *jabér* = socio, asociado, compañero, indica la solidaridad de Cristo con nosotros, expresada en He. 2:14. Así tenemos, por una parte, la «materia» del sacrificio de Cristo = sus padecimientos físicos y, por otra, la «forma» que da valor último a esos padecimientos = el gran amor que nos tuvo hasta llevarle a ofrecerse en sacrificio por nosotros y en nuestro lugar (cf. Jn. 10:18; 17:19; 2 Co. 8:9). Para más detalles, cf. mi libro *CPDTB*, Parte II, lecc. 11ª.

Dos consideraciones principales se desprenden de todo esto: (A) Todos nosotros, mirando a la cruz de Cristo en el Calvario, deberíamos decir: «Ahí debería estar yo»; (B) Si el amor de Dios en Cristo hacia nosotros, y el amor del mismo Cristo a nosotros, llegó a tal punto, ¿qué sacrificio nuestro por Cristo nos puede parecer demasiado grande?

(20) *Cristo y la Unión hipostática*. Este tema constituye el «gran misterio» de todo lo «misterioso» que hay en Cristo. Por «unión hipostática» se entiende la unión que existe en Cristo entre la naturaleza divina y la humana en la única *hipóstasis* = persona del Hijo de Dios. Esta unión es la más fuerte que puede existir. En efecto, hay dos clases de unión sustancial: (A) Sustancial esencial, cuando de dos naturalezas resulta una tercera; p. ej. de la unión de nuestra alma espiritual con nuestro cuerpo orgánico resulta nuestra naturaleza humana completa. (B) Sustancial hipostática, cuando dos naturalezas completas en sí mismas se unen directamente en una persona. Esta unión sólo se da en Cristo, no en los seres creados; por eso permanece siempre siendo un misterio, pero un misterio revelado, pues consta en la Biblia: el Verbo se hizo carne (Jn. 1:14) no significa que el Hijo de Dios se convirtiera en hombre, sino que sin dejar de ser la 2ª Persona de la Deidad, llegó a ser hombre, lo cual no era antes. Esta singularidad de la unión hipostática, por ser una unión en la persona, no una unión en la naturaleza, nos explica, p. ej., por qué Jesús era al mismo tiempo omnipotente y débil, fatigado y fuerte, un bebé y el gobernador del universo. Explica también que no pueda decirse de la naturaleza divina lo de la naturaleza humana, si no es pasando por la persona. Así podemos decir: Dios murió, pero no podemos decir: la Deidad murió. Podemos decir: Cristo está en este mundo (por su naturaleza divina), pero no podemos decir: la naturaleza humana de Cristo está en este mun-

do. Para más detalles, cf. mi libro *CPDTB*, Parte II, lecc. 9ª.

(21) *Cristo viniendo en las nubes*. La 2ª Venida de Cristo ocupa un lugar destacado en la Cristología, como se ve por la atención que la Biblia presta a este tema. Cf. p. ej. Mt. caps. 24 y 25; Mr. cap. 13; Lc. cap. 21; Hch. 1:11; y numerosos pasajes en las epístolas paulinas, de las que destaca 1 Ts. 1:9-10. La comunidad cristiana de la primera era de la Iglesia tomó muy en serio las frases de Ap. 22:17-20.

¿Por qué no quiso el Señor descubrirnos el tiempo concreto de su 2ª Venida? Sin duda, con el fin de que estuviésemos siempre vigilantes, sabiendo que puede venir a la hora en que no esperamos. Y aun así, ¡cuántos cristianos se olvidan casi por completo de que Jesús puede venir en cualquier momento!

Soy de los que creen que Jesús vendrá a recoger a su Esposa en el arrebatamiento (cf. la fraseología de 1 Ts. 4:17), antes de la «Gran Tribulación» (cf. Ap. 3:10; 4:4; 5:8-10, entre otros). Personalmente, soy premilenialista pretribulacionista y dispensacionalista, pues creo que así se entiende mejor todo el consejo de Dios (cf. Hch. 20:27). Pero no soy tan fanático (sino cada día menos) como para negar que otros hermanos que piensan de manera diferente puedan tener su parte de razón, pues también la mía es una «parte» de ese «todo» que sólo Dios conoce bien. Para más detalles, cf. mi libro *CPDTB*, Parte II, lecc. 20ª, especialmente las seis líneas finales.

Bib. José Aleu, *Jesús de Nazaret* (CLIE, Terrassa 1992); G. Bornkamm, *Jesús de Nazaret* (Sígueme Salamanca 1990); H. Bushnell, *¿Quién es el Cristo?* (CLIE, Terrassa 1986); C. H. Dodd, *El fundador del cristianismo* (Herder, Barcelona 1980); Reinaldo Fabris, *Jesús de Nazaret, historia e interpretación* (Sígueme, Salamanca 1992); D. Flusser, *Jesús en sus palabras y en su tiempo* (Cristiandad, Madrid 1975); J. Grau y Alan M. Stibbs, *Dios se hizo hombre* (EEE, Barcelona 1973); F. Lacueva, *La persona y obra de Jesucristo* (CLIE, Terrassa 1979); Thornwald Lorenzen, *Resurrección y discipulado* (Sal Terrae, Santander 1999); Willi Marxsen, *La resurrección de Jesús como problema histórico y teológico* (Sígueme, Salamanca 1979); Frank Morrison, *¿Quién movió la piedra?* (Caribe, Miami 1977); Juan Luis Segundo, *El hombre de hoy ante Jesús de Nazaret*, 3 vols. (Cristiandad, Madrid 1982); Thomas Sherlock, *Proceso a la resurrección de Cristo* (CLIE, Terrassa 1981); Hans J. Schultz, *Jesús y su tiempo* (Sígueme, Salamanca 1968); José M. Solé, *Tú eres el Cristo, el Hijo de Dios* (Claret, Barcelona 1984); James Stalker, *Vida de Jesucristo* (Caribe, Miami 1990, 7ª ed.); Peter Stuhlmacher, *Jesús de Nazaret, Cristo de la fe* (Sígueme, Salamanca 1996); Endo Shusaku, *Jesús* (Espasa-Calpe, Madrid 1996).

CRISTOLOGÍA Estrictamente, «doctrina de Cristo», es decir, de su Persona. En sentido más general, incluye también la Soteriología, es decir, la «doctrina de la Obra de Cristo como Redentor» (gr. *sotér*).

La cristología ocupa un lugar central en la teología y en la historia del cristianismo, ya que sin Cristo no habría cristianismo, como vimos en el punto 17º del art. Cristo.

Los cristianos ortodoxos de todas las denominaciones cristianas sostenemos que los Evangelios nos presentan el verdadero Jesús de Nazaret como el Mesías y el Hijo de Dios en sentido trinitario. Su momento cumbre, la resurrección de entre los muertos, es presentado por Pablo como la piedra angular de la fe cristiana (cf. 1 Co. 15:19), pero en los tiempos modernos se ha discutido mucho sobre este punto. Con su teoría de la desmitificación, Rudolf Bultmann (1884-1976) puso la distinción entre el Cristo histórico y el Cristo de la fe. Los Evangelios, según él, nos presentan al Cristo de la fe, es decir, la visión que la Iglesia primitiva había obtenido de Cristo, haciendo de Él el Ungido de Dios y la 2ª Persona de la Deidad, el resucitado de entre los muertos y ascendido a los cielos, pero el Cristo histórico, Jesús de Nazaret, no era eso, sino –como ya habían dicho antes otros teólogos liberales– «un inofensivo hombre común y corriente que fue maestro convincente de verdades religiosas algo trilladas antes de Él». Así comenzó el liberalismo bíblico con Hermann Reimarus (1694-1768). Fue criticado fuertemente por Albert Schweitzer (1875-1965), quien, dentro del liberalismo, afirmó que, en realidad, Jesús fue una figura apocalíptica atenuada, no exagerada, por los escritores del NT.

Bib. José Caba, *De los Evangelios al Jesús histórico. Introducción a la cristología* (BAC, Madrid 1970); J. A. Cuenca, *Cristología actual y Filipenses 2:6-11* (CLIE, Terrassa 1991); O. Cullmann, *Cristología del Nuevo Testamento* (Sígueme, Salamanca 1997); Christian Duquoc, *Cristología* (Sígueme, Salamanca 1992); José Flores, *Cristología de Juan* (CLIE, Terrassa 1975); *–Cristología de Pedro* (CLIE, Terrassa 1997); Alois Grillmeier, *Cristo en la tradición cristiana* (Sígueme,

Salamanca 1997); W. Kasper, *Jesús, el Cristo* (Sígueme, Salamanca 1986); W. Pannenberg, *Fundamentos de cristología* (Sígueme, Salamanca 1974); B. B. Warfield, *El Señor de la gloria* (CLIE, Terrassa 1992); *–La persona y la obra de Jesucristo* (CLIE, 1993).

CRÍTICA Este vocablo procede del gr *kritikós* = capaz de juzgar, el que discierne; y éste, del vb. *kríno* = separar, distinguir, juzgar, con una larga familia de derivados. El vocablo crítica tiene para nosotros gran importancia, tanto a nivel filosófico como teológico.

En filosofía, se llama crítica a la parte de la filosofía que trata del conocimiento humano. También se llama teoría del conocimiento o gnoseología (del gr. *gnósis* = conocimiento).

A nivel teológico, el vocablo crítica adquiere un aspecto completamente distinto, pues suele referirse a la crítica textual de la Biblia. Y, aun en este sentido, puede significar dos cosas completamente diferentes: (1) La ciencia que trata de restaurar el texto original de la Biblia según los documentos de que disponemos hasta el presente. Estos documentos son los manuscritos más antiguos y fidedignos que se conservan de la Biblia en sus lenguas originales, pero también es necesario ver las versiones primitivas en otros idiomas como el siríaco, el copto, el etíope, el latín, además de las citas bíblicas que se hallan en los primeros escritores eclesiásticos. El lector español puede encontrar el aparato crítico conveniente (no exhaustivo) en la Biblia Hebraica Stuttgartensia (AT) y en el Nuevo Testamento Griego de las Sociedades Bíblicas Unidas (NT). También la LXX o versión griega del AT hebreo tiene su importancia, como se ve por las citas que los escritores sagrados del NT hacen del AT. Todo esto es legítimo y no tiene nada de «liberal» o «modernista». (2) La ciencia influida por el liberalismo bíblico que aplica a la Biblia los mismos métodos de análisis que se emplean en el análisis de los escritos profanos, con el prejuicio de que los escritos sagrados tampoco son infalibles y están expuestos a los mismos defectos que se observan en los escritos profanos. Estas afirmaciones del liberalismo bíblico son las mismas que se emplean en la crítica teológica, según hemos visto en el art. Cristología.

Bib. H. E. Dana, *El Nuevo Testamento ante la crítica* (CPB, El Paso 1953); G. E. Ladd, *Crítica del Nuevo Testamento. Una perspectiva evangélica* (CBP, El Paso 1990); Raúl Zaldívar, *Crítica bíblica* (CLIE, Terrassa 1994).

CRITICISMO Tomamos aquí este vocablo en oposición al dogmatismo, que presupone la validez de nuestro conocimiento sin examen previo, y al escepticismo, cuyo fundamento último se halla en la duda universal. (1) En sentido general, el criticismo puede definirse como «la actitud de la mente que hace depender el estudio de la filosofía de una previa investigación acerca de la capacidad y de los límites de nuestro conocimiento». Pero exigir una investigación «previa» a la metafísica tiene ya carácter metafísico. (2) En sentido estricto, el criticismo designa la teoría del conocimiento desarrollada por Kant y expuesta en su *Crítica de la razón pura*. Con este nombre, Kant da a entender que «toda metafísica ha de fundarse en una razón pura», es decir, en un conocimiento independiente de la experiencia sensorial. Ha de haber, pues, conceptos puros basados en el entendimiento independientemente de toda experiencia. A estos conceptos llama Kant *categorías*. Ellos han de ser el fundamento primordial de la necesidad y de la universalidad de los conocimientos científicos. Para más detalles, cf. el art. *Kant, Manuel*.

CRUZ, TEOLOGÍA DE LA Esta expresión fue formulada primeramente por M. Lutero. Según él, la expresión no se limita a afirmar que la cruz es el centro de la obra de nuestra salvación, sino que la teología en su totalidad ha de ser una teología de la cruz. En otras palabras, la cruz es el punto focal de la revelación que Dios nos hace de sí mismo y, por tanto, como el fundamento y el centro de toda teología verdaderamente cristiana. El papel central de la cruz en la teología cristiana, conforme lo expuso primero M. Lutero –sin olvidar nunca la resurrección como parte de la redención–, ha hallado eco en muchos teólogos modernos de diversas tendencias, como son K. Barth, K. Rahner, J. Moltmann, E. Jüngel y K. Kitamori. Las dos obras más representativas de esta corriente teológica son *El Dios Crucificado*, de J. Moltmann, y *Dios como misterio del mundo*, de R. Jüngel.

Bib. Horacio A. Alonso, *La doctrina bíblica sobre la cruz de Cristo* (CLIE, Terrassa 1990); J. M. González Ruíz, *La cruz en Pablo. Su eclipse histórico* (Sal Terrae, Santander 2000).

CUALIDAD En sentido general, se llama cualidad a cualquier modo del ser, ya pertenezca a su esencia o se agregue a ella. En sentido estricto, la cualidad es un accidente*, es decir, una de las categorías* de Aristóteles. De hecho, es una de las tres categorías que determinan a la sustancia, como la cantidad y la relación, pero es un determinante interno, absoluto y diferente de las otras dos. (1) Como determinante interno, acrecienta la riqueza ontológica de la sustancia, pero sin variar su esencia. (2) Como accidente absoluto, determina a la sustancia con relación a sí misma, no con relación a otro. (3) Como accidente distinto de la cantidad, carece de extensión y es indivisible.

Cuando varios sujetos tienen la misma cualidad se llaman semejantes. Ya he dicho que, en sentido general, se llama cualidad a cualquier modo del ser. Pero, en sentido estricto, modo designa la manera como una cualidad modifica al sujeto, p. ej. el grado de intensidad de dicha cualidad.

A nivel de la lógica, se llama cualidad de un juicio su carácter afirmativo o negativo.

CUÁQUEROS También llamados La Sociedad Religiosa de los Amigos, los cuáqueros surgieron a mediados del siglo XVII en Inglaterra a raíz de las controversias religiosas.

Los cuáqueros comenzaron a existir con Jorge Fox (1624-1691), quien enseñó que la Iglesia visible había apostatado desde la era apostólica, interpretando así 2 Ti. 3:1-5 y que Cristo acababa de llegar ahora para reunir a la Iglesia verdadera. También enseñó que la mera creencia era impotente para salvar, siendo la luz interior (Jn. 1:4, 9) el único camino a Cristo. Esta luz conducía a los cristianos a la unidad y revelaba continuamente la verdad de las Escrituras (Jn. 16:13). Como luz universal (Jn. 1:9), tenía eficacia redentora entre los no cristianos. Rechazó los sacramentos como supervivencias del antiguo pacto (Jn. 4:24) y se desestimaron los credos por ser fórmulas hechas por mentes humanas limitadas y defectuosas, faltas de verdadera luz. Como consecuencia, negó enseñanzas bíblicas como la justicia imputada, la depravación total de la naturaleza humana y la Trinidad. Sostuvo que la Iglesia verdadera se reunía para adorar en silencio, esperar que el E. Santo inspirase oraciones, testimonios, sermones, etc. No hay ministros ordenados ni pagados; el ministerio está abierto a todos, sin diferencias de clase o sexo. Otro líder cuáquero, Roberto Barclay (1648-1690) reforzó la estructura y una teología coherente en los mismos términos de J. Fox.

El estado de cosas cambió en el siglo XIX, debido principalmente a José Juan Gurney (1788-1847), gracias al cual más de la mitad de los cuáqueros son evangélicos actualmente; p. ej. creen en la infalibilidad de la Biblia y en la divinidad de Cristo, y ya no insisten en la revelación continua, en el pacifismo doctrinal ni en la expiación por medio de la luz interior. Además se han dejado influir por los movimientos de santidad y a favor de las misiones. Su declaración normativa es la Declaración de Richmond (1887).

Los cuáqueros no evangélicos modernos combinan con las enseñanzas tradicionales otras doctrinas racionalistas, místicas y liberales, afirmando la armonía básica de todas las religiones. El modo como entienden así la unidad de la raza humana hace que esta rama sea ahora tan activa en trabajar en favor de la paz y de los asuntos sociales, como la evangélica lo es a favor de las misiones.

Bib. Henry Van Etten, *George Fox y los cuáqueros* (Aguilar, Madrid 1963).

CUERPO El vocablo entró en el cast. ya en el siglo X y procede del lat. *corpus, córporis* = cuerpo. Con el nombre de cuerpo designamos a las cosas que nos rodean y pueden percibirse por los sentidos externos.

Todos los cuerpos tienen en común la extensión (cf. *Cantidad*) y llenar un espacio limitado. La 1ª característica condiciona la posición de las partes de un cuerpo entre sí (pone unas fuera de las otras); la 2ª comporta la impenetrabilidad, por la que un cuerpo excluye del espacio que ocupa a cualquier otro cuerpo. Sin embargo, esas dos características (extensión e impenetrabilidad) son sólo notas del cuerpo macroscópico, no de los componentes atómicos y subatómicos, los cuales, aun siendo partículas localizables, son también ondas y campos electromagnéticos, por lo que no pueden describirse adecuadamente mediante categorías de espacio y tiempo; sin embargo, también éstos se distinguen del espíritu.

A la pregunta ¿cuál es la esencia de los cuerpos? se han dado respuestas muy distintas a lo largo de la historia de la filosofía y de la ciencia: (1) Para Demócrito, una composición de átomos. (2) Para Descartes, la extensión, como contrapuesta al pensamiento. (3) Para Heráclito, el dinamismo que lo llena todo. (4) Para el hilemorfismo escolástico, la composición de los dos principios integrales: materia y forma.

Dimensión corporal del hombre según la Biblia. El término hebr. *basar* para referirse al cuerpo no tiene una equivalencia precisa en las lenguas occidentales modernas. En unos puntos coincide con el término «carne» y en otros lo sobrepasa. La carne, *basar*, es algo que comparten hombres y animales, es un substrato biológico común (Is. 22:13; 44:16; Job 41:15). En cuanto carne, *basar* designa a veces las partes del cuerpo humano y, en cuanto tal, puede designar al cuerpo en su totalidad (Lm. 3:4; Job 20:11). *Basar* designa con más frecuencia al cuerpo, a pesar de existir un término propio para el mismo: *gewíyah*. En el caso de Gn. 40:19, se utiliza la palabra *basar*: «las aves comerán tu cuerpo». Cuando designa al cuerpo entero, el término *basar* es sinónimo de *nefes*, lo que consideramos la parte más espiritual del hombre. La «carne», por tanto, más que una parte del hombre es una de sus dimensiones. Todo él es *basar* y todo él es *nefes*, ser mundano provisto de un dinamismo vital.

Basar-carne expresa también la debilidad y caducidad del hombre, su finitud de criatura (Is. 40:6; Ec. 12:7). Frente a la infinitud de Dios, a quien nunca se aplica el término *basar*, está la finitud y debilidad del hombre y sus fuerzas: «Maldito el hombre que confía en el hombre y hace de la carne (*basar*) su apoyo» (Jer. 17:5,7). «En Dios confío, no temo, qué podrá hacerme el hombre (*basar*)?» (Sal. 56:11).

El cuerpo depende plenamente de la fuerza vital de Dios (Job 31:14 ss.), de modo que el hombre abandonado a su *basar* es caduco en sí mismo. Ni siquiera puede ponerse frente al Señor (Dt. 5:26). Dada su debilidad el hombre cae en conductas pecaminosas (Gn. 6:12), por lo que está ética y ontológicamente limitado. De esta limitación escapa el *ruah*, principio divino por el que el hombre se abre a una comunicación infinita con Jehová. En este sentido, *ruah* sería el término dialécticamente enfrentado a *basar*.

De la antropología* bíblica no se puede deducir que la carne-*basar*, lleve en sí una semilla de pecado. Lo que se quiere decir, es que el hombre, en cuanto carne, no es plenitud, necesita ser complementado por la referencia a Dios. El hombre no es malo por su carne, en todo caso es imperfecto. El origen del mal y del pecado está en su voluntad, en su concupiscencia*.

La carne, el cuerpo, es obra de Dios y como tal hay que cuidarla con amor. Por ser carne, el hombre se encuentra a sí mismo en el mundo, formando parte de él a la vez que diferenciado del mismo. El mundo le ha sido dado para que lo gobierne y lo tutele (Gn. 1:28-30). El hombre no es un mero espectador, sino que vive en el mundo como prolongación de cuerpo, lo cual determina su responsabilidad ecológica, como responsabilidad hacia sí mismo, según el orden de la creación*.

Para realizar su destino en el mundo, el ser humano necesita un principio común que le permita relacionarse con Dios y la creación, a saber, la carne visible, la ventana por la que percibe todo lo que rodea, asimila y devuelve desde la riqueza de su yo. El cuerpo es, entonces, el principio de toda la relación, incluida la sexual. Por ser carne, hombre y mujer, pueden reconocerse como *una misma carne* (Gn. 1:22-24), cuyo fruto prolonga la existencia sobre la tierra. Porque la carne no es mala en sí misma, el Verbo de Dios asumió verdaderamente un cuerpo humano, y no una apariencia del mismo, tal como quería el docetismo*. Por el lado negativo, la carne, el cuerpo, es también fuente de desdicha e inquietud, enfermedades biológicas y psíquicas, incapacidad, deformaciones, accidentes. El cuerpo por sí sólo no puede satisfacer la vida del hombre en la tierra, que encuentra su plena realización en comunión con su creador. El Espíritu de Dios fortalece y anima no sólo el alma, sino también el cuerpo, conforme al concepto evangélico integral de la salvación.

Actitudes de la Iglesia. Debido a la gran influencia que el platonismo ejerció en la teología cristiana primitiva, se hizo común considerar el cuerpo como cárcel del alma, exaltando ésta y menospreciando aquél. El pensamiento helénico enseñaba que el alma preexistía al cuerpo en el mundo de las ideas, que al nacer se encerraba en el cuerpo, formando esta unión dispar: la persona humana. Lo bueno, lo noble era la parte espiritual, el alma. La liberación del ser humano se entendía como liberación del cuerpo. A ello se unió la exaltación de la castidad y de la virginidad, para lo cual era necesario mortificar el cuerpo, entendido ahora como carne de pecado. A partir del Renacimiento y, en especial de la Reforma, debido a su retorno a los orígenes del cristianismo, la corporeidad humana comenzó a recuperar el valor perdido, como algo intrínseco a su ser en el mundo, su servicio a los hermanos y su ser social. Al enfatizar la enseñanza bíblica sobre la bondad del cuerpo, creado por Dios, se produjo en la cristiandad* una especie de reivindicación del cuerpo y sus funciones. A pesar de todo, durante muchos años fue imposible desprenderse del lastre que significaba ver el cuerpo como lo opuesto del espíritu. En la actualidad el peligro viene del campo contrario, el culto al cuerpo con el menosprecio de la vida espiritual. AR

Bib. Th. Bertheart, *El cuerpo tiene sus razones* (Paidós, Barcelona 1994); Paul Brand y Philip Yancey, *A imagen de Dios* (Betania, Miami 1987);

Julius Fast, *El lenguaje del cuerpo* (América Ibérica 1995); Pedro Laín Entralgo, *El cuerpo humano. Teoría actual* (Espasa-Calpe, Madrid 1991); –*Cuerpo y alma* (Espasa-Calpe, Madrid 1991); –*Alma, cuerpo, persona* (Galaxia Gutenberg, Barcelona 1995); Mercedes Navarro Puerto, *Barro y aliento. Exégesis y antropología* (San Pablo, Madrid 1993); John A. T. Robinson, *El cuerpo. Estudio de teología paulina* (Ariel, Barcelona 1968); Carlo Rochetta, *Hacia una teología de la corporalidad* (EGA, Bilbao 1996).

CUERPO DE CRISTO (cf. *Cristo, Cabeza de la Iglesia*, punto 3 del art.)

CUERPO HUMANO (cf. *Antropología*)

CULLMANN, OSCAR Teólogo luterano francés, nacido en Estrasburgo en 1902. Estudió en la universidad de Estrasburgo y París. Lector de griego (1927-1930) y profesor del Nuevo Testamento (1930-1938) en la facultad protestante de la universidad de Estrasburgo. Profesor de historia de la Iglesia antigua y Nuevo Testamento (1938-1972) en la universidad de Basilea. Profesor emérito de las universidades de Basilea y París desde 1972 y miembro ordinario del Instituto de Francia (París). Paralelamente fue director de estudios en la Escuela práctica de altos estudios, profesor de la Sorbona y de la Facultad de teología protestante de París. Presidente de la ayuda a los refugiados franceses en Suiza de 1940 a 1944, fue miembro del Instituto Ecuménico de Jerusalén, fundado en 1967 por el canónigo Moeller, profesor de la Universidad de Lovaina. Murió el 18 de enero de 1999 en Chamonix, a los 97 años de edad.

Sus trabajos de historia y exégesis han contribuido mucho al conocimiento de los orígenes del cristianismo. Consagró buena parte de su investigación a las relaciones entre salvación e historia, sobre todo la categoría de tiempo, en su etimología griega *kairos* y *cronos*, donde analiza la tensión entre el «ya y todavía no». Su cristología ha influido tanto en la teología protestante como catolicorromana. Según su teología de la historia, aparecen dos principios en la obra que Dios lleva a cabo. El primero es un principio de concentración: la obra de Dios se funda en la elección que hace de algunos o de un pueblo. El otro principio es el del universalismo: toda elección se hace para otros, para un gran número, para una misión. Así Israel es elegido para la humanidad, Jesucristo para el mundo entero y los doce apóstoles para una Iglesia destinada a cubrir la tierra. Estos principios son indisociables. Si se afirma uno separado del otro, en la historia se llega a una especie de caricatura de la obra divina; así pasó por ejemplo, con el judeocristianismo vinculado a la práctica religiosa judía y combatido por san Pablo.

Como buen luterano, Cullmann intenta desprenderse de todo sistema filosófico o teológico en la interpretación de los textos del NT, que le fue censurado por el filósofo y hombre de ciencia católico Jean Guitton.

Teólogo laico, promovió de manera decisiva el diálogo entre católicos y protestantes. En 1952 publicó *San Pedro, discípulo, apóstol y mártir*, donde admite que Mt. 16:18-19, significa un verdadero primado del apóstol, restringido a su persona y sin posibilidad de sucesión, teoría acogida favorablemente por muchos evangélicos conservadores. Fue invitado como observador al Concilio Vaticano II. AR

Bib. O. Cullmann, *Estudios de teología bíblica* (Stvdivm, Madrid 1973); *La inmortalidad del alma o la resurrección de los muertos* (Stvdivm, Madrid 1970); *Jesús y los revolucionarios de su tiempo* (Stvdivm, Madrid 1973); *La fe y el culto en la Iglesia primitiva* (Stvdivm, Madrid 1971); *La Biblia en el diálogo interconfesional* (Stvdium, Madrid 1968); *Verdadero y falso ecumenismo* (Stvdivm, Madrid); *Unidad en Cristo* (Sígueme, Salamanca 1967); *El diálogo está abierto* (ECP, Barcelona 1967); *La historia de la salvación* (Península, Barcelona 1967); *Del Evangelio a la formación de la teología cristiana* (Sígueme, Salamanca 1972); *El Nuevo Testamento* (Taurus, Madrid 1971); *Cristo y el tiempo* (Estela, Navarra); *El Estado y el Nuevo Testamento* (Taurus, Madrid 1966); *La Cristología del Nuevo Testamento* (Sígueme, Salamanca 1998); *La oración en el Nuevo Testamento* (Sígueme, Salamanca 1999).

Antonio Briva Mirabent, *El tiempo de la Iglesia en la teología de Cullmann* (Colectanea San Paciano, Barcelona 1961); J. Frisque, *Oscar Cullmann, una teología de la historia de la salvación* (Estela, Barcelona 1968); Jesús Silvestre Arrieta, *La Iglesia del intervalo: aspecto escatológico del tiempo de la Iglesia en Oscar Cullmann* (UPC, Madrid 1959); Varios, *Exégesis y filosofía. El pensamiento de R. Bultmann y O. Cullmann, Javier Pikaza* (Casa de la Biblia, Madrid 1972).

CULPA, CULPABLE El vocablo culpa entró en el cast. hacia mediados del siglo XIII y proce-

de del lat. *culpa* = culpa, pero *culpable* entró en el cast. en el siglo XVI.
Para que haya culpa en sentido moral, es menester que el acto culpable brote de una decisión libre y, por ello, responsable, contraria a la ley moral y al valor ético. Y, como la obligación moral tiene su último fundamento en la voluntad legisladora de Dios, la acción culpable no es una mera oposición al orden moral o a la dignidad del ser humano, sino, además, pecado*, es decir, una ofensa contra Dios.
En cambio, el sentimiento de culpa no es un deshonor ni una degeneración (contra Nietzsche), sino una expresión de la dignidad humana y una señal de conciencia fina y delicada, con tal que no se convierta en un sentimiento morboso que paralice las energías creativas de la persona humana.
Se suele hablar también de una culpa colectiva. La comunidad, considerada como un todo, sólo se hace culpable por la culpa de los individuos en la medida en que éstos asienten a las decisiones de los jefes responsables. Por tanto, no pueden imputarse a los individuos como culpables las decisiones tomadas por los jefes de la comunidad que asumen su responsabilidad sin atender a la participación o al consentimiento personal de los miembros de dicha comunidad.
La culpa hace referencia a la pena, es decir, a un castigo merecido por la persona culpable. Pero el hecho de que el castigo no sobrevenga (diferido o cancelado) no significa que el culpable haya dejado de serlo, pues tiene relación directa con su pasado irreversible.
La Biblia nos presenta al ser humano creado por Dios para promover los buenos designios divinos. Pero como «todos pecaron y están destituidos de la gloria de Dios» (Ro. 3:23), todos hemos incurrido en culpa, pues todos hemos transgredido algún punto de la ley (Stg. 2:10). Según el Señor Jesús, esa culpa puede ser eterna (Mr. 3:29). A los pecadores culpables les espera la muerte eterna (Ro. 6:23).
La salvación de la culpa no es sólo una salvación del poder del mal, es también una liberación del pecado mismo. En otras palabras, el perdón de nuestras culpas es mucho más que una absolución. En los tribunales humanos, el criminal absuelto sigue siendo una persona culpable, pero en el tribunal divino, la culpa misma ha desaparecido. El pecador, no sólo ha quedado perdonado, sino también limpiado, porque Dios nos ha dado vida juntamente con Cristo, perdonándonos todos los pecados (Col. 2:13).

Oscar Cullmann

CULTURA Por cultura se entiende aquello que distingue al hombre de la naturaleza. Define, por tanto, un proceso de desarrollo intelectual y espiritual que da forma a la vida de los pueblos. Mediante la cultura, el hombre se esfuerza por dejar atrás el mundo de lo simplemente natural, imponiendo su señorío sobre la creación material. La cultura incluye el idioma, la educación, la tradición, los mitos, la religión, el arte, la ciencia, la filosofía, la política y la tecnología.
Se ha dicho a veces que el hombre se ditingue del animal por su adquisición de cultura, lo cual no es cierto en sentido estricto. A su manera, algunos animales, como los primates, tienen su cultura. Lo que realmente distingue al hombre de los demás animales no es la posesión de cultura, sino más bien el carácter progresivo de la misma y la posibilidad de ampliarla y transmitirla, como un cuerpo de tradiciones y conocimientos, cuyo crecimiento depende, sobre todo, de la capacidad humana de inventar y emplear símbolos. Los chimpancés, por ejemplo, pueden expresar emociones, pero nunca designar o describir objetos como hace el hombre.
Los griegos fueron los primeros en distinguir entre *natura*, que es lo que está ahí por las meras fuerzas físicas o por la mano directa de Dios, y *cultura*, que es la creación del hombre, producto de su razón y de su espíritu. La cultura propia-

mente dicha es la superación de la naturaleza, la creación, o recreación, del hombre como animal racional y espiritual.
El hecho de poner nombre a los animales, como se relata en Génesis, indica el primer acto cultural del hombre, por el que éste se distingue y realiza su vida en la tierra. Todo lo que el hombre hace lleva la marca de su carácter creativo, cultural, por el que se asemeja a Dios, y le autoriza a oponerse a todos los intentos de reducción humana a la condición de naturaleza, de mera fisiología.

En el plano del espíritu, el cristiano antes que nadie está llamado a llevar su fe a la cultura con rigor, ecuanimidad y convencimiento, sabiendo que con ello no está sino desarrollando la imagen divina* que lleva impresa, perdida por el pecado y recuperada por la redención.

Bib. J. G. Machen, *Cristianismo y cultura* (FELIRE, Barcelona 1974); Richard Niebuhr, *Cristo y la cultura* (Península, Barcelona 1969); Javier de San Martín, *Teoría de la cultura* (Síntesis, Madrid 1999).

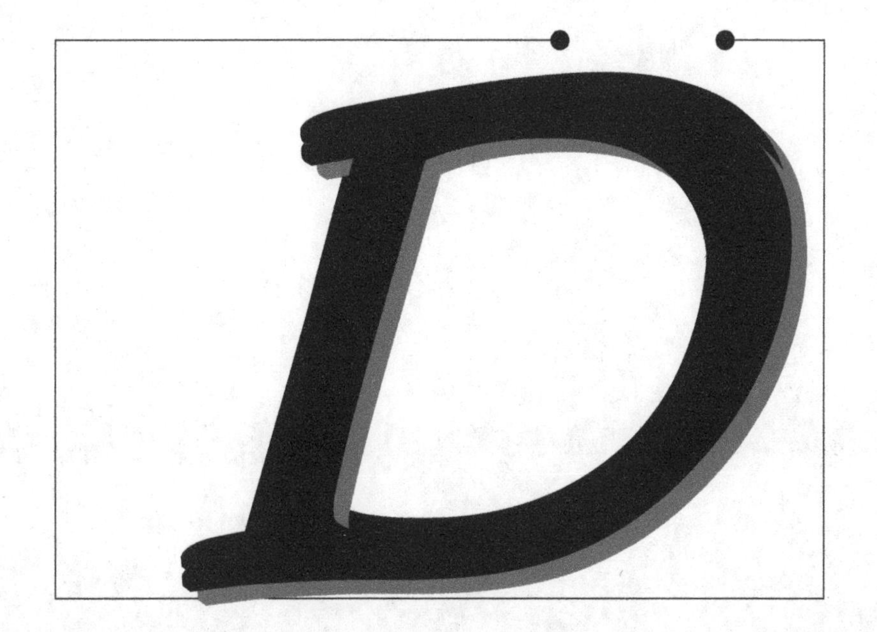

DABNEY, ROBERT LEWIS Uno de los mayores teólogos presbiterianos del siglo XIX (1820-1898), Dabney nació en Virginia (USA) y fue ordenado en 1847. En 1853 fue nombrado profesor del Seminario de Richmond, cargo que desempeñó hasta 1883. Fue reconocido como extraordinario predicador, maestro y escritor. Sus Conferencias sobre la *Teología Sistemática* fueron el texto oficial de los seminarios presbiterianos del Sur hasta 1930. Defendió tan hábilmente el calvinismo clásico presbiteriano, que éste fue el punto de vista que prevaleció como oficial de la denominación en el Sur hasta bien entrado el siglo XX.

DARBY, JUAN NELSON Este clérigo anglicano (1800-1882) llegó a ser el líder más significativo de los llamados Hermanos de Plymouth, así como el sistematizador del dispensacionalismo*. Sus ideas se abrieron paso vigorosamente en Inglaterra y en los Estados Unidos en el siglo XIX, con un fundamentalismo que iba del brazo del premilenarismo.

Aunque había nacido en Londres fue educado en el Trinity College y comenzó a ejercer como abogado en Irlanda del Norte cuando tenía 22 años. Después de su conversión, se sintió llamado al ministerio y, con gran celo, desempeñó los oficios de diácono y de presbítero dentro de la Iglesia Anglicana, llevando a cabo un avivamiento espiritual entre sus feligreses y sus vecinos catolicorromanos. Sin embargo, se sintió desilusionado al percibir el fuerte contraste entre la laxitud moral y espiritual de las iglesias de su tiempo y la vitalidad espiritual de los primeros cristianos, según lo vemos en Hechos. Como consecuencia, Darby abandonó el anglicanismo en 1828 y se unió al movimiento de los Hermanos, grupos no denominacionales que se reunían en casas particulares para estudiar la Biblia y edificarse espiritualmente.

Bajo el liderazgo eficaz de Darby, los grupos de Hermanos crecieron rápidamente. Contra los sistemas de gobierno de la Iglesia Anglicana y de otras denominaciones disidentes, Darby opuso como criterios de una verdadera iglesia la unidad espiritual y la obediencia a la Biblia bajo un ministerio guiado por el E. Santo. En 1845, Darby se separó de B. W. Newton (1807-1899) tras una amarga disputa y, en 1849, rompió también con Jorge Müller de Bristol (1805-1898). Darby quedó como líder de los «Hermanos cerrados», en división permanente con los Hermanos llamados «abiertos». Entre sus seguidores, es digno de mención C. H. Mackintosh (1820-1896), tan justamente admirado y leído por los Hermanos, incluido el autor del presente artículo. Darby resumió sus ideas del modo siguiente: La historia se divide en varias eras o dispensaciones, cada una de las cuales contiene un orden diferente con el cual Dios lleva a cabo su plan redentor. La dispensación de la Iglesia, como todas las anteriores, ha fracasado debido a la pecaminosidad del ser humano. La 2ª Venida de Cristo tendrá lugar en dos etapas. La 1ª que se caracterizará por el «arrebatamiento secreto» de todos los creyentes verdaderos, podría ocurrir en cualquier momento. Entonces se cumplirán literalmente las profecías del AT acerca del futuro de Israel y el cumplimiento final de las profecías se ajustará a Ap. 1:19. «Las cosas que sucederán después» abarcan la Gran Tribulación y la 2ª etapa de la 2ª Venida de Cristo, cuando vendrá a establecer el reino milenario de Dios en la tierra, manifiesto en la restauración definitiva de Israel.

Como las verdades básicas de Darby incluían la inspiración verbal de la Biblia, la depravación de la naturaleza humana por el pecado y la soberanía de la gracia de Dios y eran así compatibles con el calvinismo tradicional, sus puntos de vista sobre la escatología ganaron gran ascendiente entre los bautistas y los presbiterianos, sin que por eso abandonaran éstos sus respectivas denominaciones. Otros líderes evangélicos han criticado el movimiento de los Hermanos por parecerles que el proselitismo que ejercen tiende a debilitar en general a la Iglesia.

Bib. J. N. Darby, *Epístola a los Colosenses* (EB); *Estudios sobre el libro de Apocalipsis* (CLIE); *Reflexiones sobre los Salmos* (CLIE).

DARWIN, CHARLES (cf. *Evolución*)

DECÁLOGO Este vocablo es un compuesto de dos palabras gr. *deka* = diez y *lógos* = palabra. Significa los Diez Mandamientos, leyes generales que todo judío tenía que aprender de memoria y cumplir debidamente. Se hallan en Éx. 20:2-17 y Dt. 5:6-21. Sin meternos aquí a hacer exégesis de estos textos, me limitaré a decir que la división que hacen los católicos no se ajusta a la que obviamente nos señala la Palabra de Dios. La Iglesia de Roma une en un solo mandamiento el 1º y el 2º, con lo que todos los demás se adelantan un número hasta llegar respectivamente a Éx. 20:17 y Dt. 5:21, vv. que los católicos dividen en dos para separar la codicia de la mujer del prójimo de la codicia de sus demás bienes.

DECRETOS (cf. *Predestinación*)

DEDUCCIÓN Este vocablo, que entró en el cast. el año 1505, es derivado del vb. deducir, del lat. *dedúcere*; y éste es comp. de *dúcere* = guiar, conducir. En filosofía tiene que ver con la lógica e indica un raciocinio que va de lo universal a lo particular y es lo contrario de inducción (cf. *Inducción*). Ej. de un raciocinio deductivo: Lo simple es incorruptible. Es así que el alma humana es simple. Luego es incorruptible. La premisa mayor no dice qué cosas son simples, sólo enuncia la necesaria relación existente entre lo simple y lo incorruptible. La premisa menor nos informa de una sustancia que es simple, a saber, el alma humana. Entonces la conclusión legítima es clara: El alma humana es incorruptible.
Es de notar que Kant llama «deducción» a una demostración que prescinde de los hechos para significar una exigencia de derecho. Según él, la deducción es trascendental (objetiva) si explica cómo se relaciona con los objetos un concepto puro a priori, y empírica (subjetiva) si muestra cómo se adquiere un concepto mediante la experiencia y la reflexión.

DEFINICIÓN Este vocablo, lo mismo que el vb. definir, entró en el cast. el año 1438. Definir, del lat. *definere* = delimitar, muestra bien su etim. del lat. *finis* = fin, límite. Esto nos avisa ya de entrada de lo difícil que es definir, puesto que supone un conocimiento claro de los límites en los que debe encerrarse una definición, a fin de que contenga todo y sólo lo que conviene al objeto definido.
Definir, pues, es expresar adecuadamente con la mayor brevedad (1) lo que significa un vocablo o (2) lo que debe entenderse por una cosa concreta. En el primer caso, tenemos una definición nominal, en el 2º, una definición real.
En estricta lógica, una definición esencial es la que se formula expresando el género próximo y la diferencia específica, p. ej. «el hombre es un animal racional», pues «animal» señala el género, y «racional» la diferencia por la que «hombre» es una especie distinta de la del animal bruto o no racional. He de advertir que muchas veces no es posible dar de un objeto una definición esencial y hemos de contentarnos con una definición descriptiva.
W. Brugger, en su *Diccionario de filosofía*, resume así las reglas de toda definición: (a) debe ser más clara que lo definido, y (b) ha de convenir a todo y sólo lo definido.

DEIFICACIÓN (cf. tamb. *Apoteosis*)
Este vocablo proviene del lat. *deificatio*, comp. de *Deus* = Dios y *fácere* = hacer, en el sentido pasivo de «llegar a ser hecho dios». Los griegos lo llamaban *théosis*.
La deificación es un concepto que puede admitirse con ciertas reservas. Tiene su base bíblica en 2 P. 1:4: «copartícipes de la naturaleza divina». Desde los primeros escritores eclesiásticos se hizo famosa la frase: «Dios se hizo hombre para que los hombres fuésemos hechos dioses». Es de advertir que los «ortodoxos» (con numerosas variantes en la actualidad) parten de Gn. 1:26, donde leemos que nuestros primeros padres fueron creados a imagen y semejanza de Dios. Los escritores griegos interpretaron esto en el sentido de que Adán y Eva, por la caída original, perdieron la semejanza, pero retuvieron la imagen, de modo que la vida cristiana se concibe como la restauración de la semejanza perdida, restauración que tiene lugar en los que han sido redimidos por Cristo y en Cristo. La operación es llevada a cabo por el E. Santo, quien nos comunica las energías de Dios (las *energémata* = actividades, de 1 Co. 12:6). Estas «energías» irradian de la esencia de Dios, pero no absorben la identidad personal del ser humano, porque la esencia de Dios permanece «escondida».
Sin embargo, en la práctica, tanto los teólogos de la Ortodoxia como los de Occidente, tienen que admitir que la «comunión en la naturaleza divina» de la que habla Pedro en 2 P. 1:4, se refiere a la participación de las perfecciones comunicables de Dios, que son precisamente las fundadas en su naturaleza, no en su esencia, pues éstas son incomunicables. La diferencia entre los teólogos de Oriente y los de Occidente estará más bien en el agente próximo de dicha deificación. Los orientales la entienden como obra del E. Santo, quien procede del Padre, se posa sobre el Hijo y se convierte en sus energías, mientras que los occidentales la entienden especialmente como una imitación de Cristo que llega hasta una estrecha comunión espiritual con Dios (cf. *Tomás de Kempis*).
Para que el lector entienda mejor este tema, pondré unos ejemplos que suelo repetir con frecuencia: (1) Compartir la esencia de Dios es imposible para todo ser creado, pues equivaldría a ser infinito, inmenso, omnipotente, omnisciente, omnipresente, como Dios mismo. (2) En cambio, compartir la naturaleza de Dios es posible y deseable, porque nos introduce en las fuentes de la felicidad del mismo Dios, ya que la naturaleza de-

signa el principio operativo de los seres, es decir, en el caso de Dios, nos indica cómo piensa, cómo quiere, cómo ama y cómo actúa Dios, todo lo cual es comunicable y Dios se ha dignado comunicarlo a sus hijos, a fin de que pensemos, queramos, amemos y actuemos como Dios mismo lo hace. En esta vida, cada uno hemos de esforzarnos en llegar a una comunión progresivamente mayor con la naturaleza divina, a sabiendas de que siempre será imperfecta. Cuando sobrevenga la visión del rostro de nuestro Padre (cf. Ap. 22:4), dicha comunión alcanzará un grado que corresponda al grado que alcanzó nuestra comunión con Él al salir de esta vida terrenal, y continuará ensanchándose durante toda la eternidad en la misma medida personal de cada uno. Esto debe servirnos de estímulo para alcanzar la santidad, sin la cual nadie verá al Señor (He. 12:14), sin contentarnos con un grado mínimo, sino aspirando a una amplia y generosa entrada en el reino eterno (2 P. 1:11). ¿Cómo? Mediante la diligente construcción de nuestro edificio espiritual, teniendo por cima el amor (cf. 2 P. 1:5-7).

Bib. Valentín de San José, *La gracia deifica el alma* (Compañía Bibliográfica Española, Madrid 1970); Alfonso Ropero, «¿Glorificación o divinización del hombre?» (*Alétheia* nº 3. Barcelona 1993); M. Sánchez Sorondo, *La gracia como participación de la naturaleza divina en Santo Tomás de Aquino* (UPS, Salamanca 1979)

DEÍSMO Con este vocablo se conoce un movimiento que surgió a finales del siglo XVII y gran parte del XVIII, con objeto de adoptar una religión según la razón y no según la tradición. Dejando a un lado detalles innecesarios para los lectores de este Diccionario, podemos decir que el deísmo cree en un Dios creador del Universo, que se ha mostrado a los hombres por medio de la revelación natural y ha dejado en manos del hombre formar su destino y colaborar con el resto de la humanidad practicando una moralidad conforme con la invariable ley natural.

El deísmo rechaza la revelación especial, así como todo lo sobrenatural. Los deístas creen en el poder ilimitado de la razón humana y rechazan lo milagroso como residuo de supersticiones propias del hombre primitivo. Podemos mencionar como pionero del deísmo a Nicolás de Oresmes (m. en 1382), pues fue el 1º que comparó a Dios con un relojero que le dio cuerda al reloj del mundo de una vez por todas, de forma que la historia de la humanidad se desenvuelve sin otra intervención de Dios.

Deístas notables han sido: En Inglaterra, John Toland (1670-1722), Lord Shaftesbury y Anthony Collins (1676-1729). En Alemania, Leibniz (1646-1716), Reimarus (1694-1768) y Lessing (1729-1781). En Francia destaca Voltaire (1697-1778). En Estados Unidos, Benjamin Franklin, Jorge Washington y Tomás Jefferson. En España, debido al absolutismo de los monarcas y al talante reaccionario de la jerarquía eclesiástica, el deísmo anduvo más bien camuflado aunque, no obstante, existente bajo el influjo racionalista de la filosofía cartesiana. Quizás el exponente máximo del deísmo español sea el benedictino Benito Jerónimo Feijoo (1676-1764). Otros deístas notables fueron: Juan de Cabriada, Crisóstomo Martínez, el jesuita José de Zaragoza y el mallorquín Vicente Munt, con un largo etcétera.

Por supuesto, el deísmo no murió en el siglo XVIII. Tanto el mecanicismo científico como el criticismo bíblico pueden ser considerados herederos del deísmo.

DEMOCRACIA Este vocablo procede del gr. y se compone de dos palabras: *démos* = pueblo y *krátos* = soberanía. La democracia es, pues, una forma de régimen en la que el pueblo mismo en su conjunto ejerce la soberanía, en oposición a otras formas como la *monarquía* (dominio de uno solo), *aristocracia* (soberanía de los, supuestamente, «mejores») y *oligarquía* (dominio de unos pocos, más o menos tiránicamente).

Una democracia con participación directa de todos los ciudadanos en las tareas del Estado es prácticamente imposible. Por eso, es menester disponer de una constitución con los procedimientos jurídicos indispensables para que el pueblo participe en el gobierno de la nación mediante plebiscitos y elecciones locales y generales, en los que pueda emitir su voto libre y secreto. Esta es la deseable democracia representativa. Corresponde a los partidos políticos ofrecer al pueblo las alternativas políticas que ofrezcan programas selectivos y claros, a fin de que el pueblo llano pueda saber escoger.

Para que una democracia funcione bien, es menester que los ciudadanos sean maduros políticamente y capaces de discernir qué programas conducen mejor a someter los intereses particulares a las exigencias del bien común.

Una democracia bien organizada como «forma de régimen» no está vinculada a una determinada «forma de gobierno», sino que puede convivir lo mismo con la república que con una monarquía constitucional.

Finalmente, por su conexión con la teología bíblica, tengo que añadir que lo que dice Pablo en Ro. 13:1 ss., tiene que ver con cualquier forma de régimen. Así que también las decisiones democráticas, expresión de la libre voluntad del pueblo, han de ser reconocidas como obligatorias, porque también en la democracia las autoridades superiores han sido puestas por Dios.

Bib. J. D. Dengerink y José Grau, *El cristiano y la democracia moderna* (EEE, Barcelona 1977); W. Kreiterling, *Iglesia católica y democracia* (Taurus, Madrid 1963); José Antonio Llinares, *Democracia integral y conciencia cristiana* (ESE, Salamanca 1978); Alois Müller, *El problema de la obediencia en la Iglesia* (Taurus, Madrid 1970); Runia, Wells, Taylor y Dengerink, *Los cristianos y la política* (EEE, Barcelona 1977).

DEMONIO El vocablo entró en el cast. a mediados del siglo XIII y, a través del lat., procede del gr. *daimónion* = genio, divinidad inferior, pero en la Biblia designa a seres espirituales (ángeles) caídos que sirven al diablo en sus planes maléficos. El vocablo diablo entró en el cast. a mediados del siglo X y, también a través del lat., procede del gr. *diábolos* = calumniador, separador, sembrador de discordia.

En la Biblia, el diablo es llamado también Satanás (del hebr. *satán* = adversario), así como serpiente antigua (por su conexión con el episodio de Gn. 3:1 ss.) y el gran dragón escarlata de Ap. 12:3 ss. Esos cuatro nombres aparecen unidos en el v. 9 de dicho cap. En Ap. 9:11, es lo más probable que se contemple también a Satanás, bajo la figura del ángel del abismo, cuyo nombre en hebreo es *Abadón*, y en griego *Apolión* = destructor, exterminador.

Partamos, pues, ya de una noción clara: Hay muchísimos demonios, pero hay un solo diablo, al que todos los demonios sirven fielmente.

Hasta el siglo XIX, los teólogos de todos los colores creyeron en la existencia del diablo y de los demonios. Pero ya en el siglo XIX, Schleiermacher lo puso en duda y sugirió que Jesús y sus discípulos sacaron su demonología del concepto vulgar corriente en su época más bien que de las Escrituras.Y, en el siglo XX, la creencia en los seres puramente espirituales ha decrecido progresivamente. Bultmann resume así el concepto que prevalece a este respecto: «Es imposible hacer uso de la luz eléctrica y del telégrafo y aprovecharnos de los descubrimientos médicos y quirúrgicos modernos, y al mismo tiempo creer en el mundo neotestamentario de demonios y espíritus». Pero, ¿qué dice la Biblia?

Dejando a un lado lugares discutibles, además de los ya citados, es indudable que el libro de Job habla de Satanás como de un ser real, especialmente, en una época en que se creía que no había ningún adversario que se opusiera a los planes de Dios (comp. 2 S. 24:1 con 1 Cr. 21:1). También es muy probable que el Azazel de Lv. 16:8 ss. sea otro nombre para designar al diablo.

En el AT, los demonios aparecen bajo diversos nombres: *shedim* = señores, en Dt. 32:17; *shrim* = cabras salvajes (¿el chivo de las sesiones de aquelarre con brujas?), en Is. 13:21 y *lilit* = cabra salvaje, en Is. 34:14.

En el NT, es menester distinguir dos épocas muy diversas:

(1) En los Evangelios, los demonios aparecen oponiéndose al ministerio público de Jesús de diversas maneras: (A) Por una parte, se introducían en los hombres, produciendo en ellos enfermedades como la mudez (Mt. 9:32 ss.), la epilepsia (Mr. 9:17 ss.), la agresividad (Mt. 5:1-5) y tendencia fuerte al suicidio (Mt. 17:15); pero Mt. 4:24 distingue entre la posesión diabólica y otras enfermedades naturales. (B) Por otra parte, habitaban en lugares impuros y secos (cf. Lc. 11:24), así como en los cementerios (Mr. 5:2), por todo lo cual se les llama «espíritus inmundos». Esta misma inmundicia moral se echa de ver en Jud. v. 6, donde esos ángeles «caídos» son los mismos de Gn. 6:1-4. (C) Más extraño es el aparente deseo de hacer propaganda del Mesías, reconociendo que Jesús había venido a deshacer el poder demoniaco (cf. Mt. 8:29; Mr. 3:11; Lc. 8:31, comp. con Stg. 2:19). Jesús se oponía a esta clase de propaganda, porque esto favorecía a la opinión popular que veía en el Mesías prometido, ante todo, un caudillo político-religioso-militar, que les había de liberar del yugo extranjero. Jesús, en cambio, mostraba que había venido a derrotar al diablo, como señal de que había llegado el reino de Dios (cf. Mr. 3:27; Lc. 11:20; 13:10-17). Incluso compartió este poder con los apóstoles (Lc. 9:1) y con los otros discípulos (Lc. 10:17), y aun con quienes no eran seguidores inmediatos suyos (cf. Mr. 9:38 ss.; Lc. 9:49-50).

(2) Desde el libro de Hechos inclusive, parece como si la actividad demoníaca disminuyera notablemente, pero Pablo exorciza a una muchacha en Hch. 16:18; en cambio, el demonio, el espíritu malo, de Hch. 19:13-16 no se dejó expulsar por los siete exorcistas ambulantes, hijos de un tal Esceva. Aunque la porción de Mr. 16:9-20 no se halle en los más antiguos mss., es probable que Jesús hiciese una promesa en cuanto

al exorcismo. Según 1 Ti. 4:1 los demonios atentarán, en los últimos tiempos, contra la sana doctrina. Finalmente, en 1 Co. 10:20 ss., Pablo asegura que el culto a los ídolos es, en realidad, culto a los demonios.

Bib. Mark I. Bubeck, *El adversario* (Portavoz, Grand Rapids 1988); Dionisio Byler, *El diablo y los demonios según la Biblia* (CLIE, Terrassa 1993); Mario E. Fumero, *Demonología. Realidades, verdades y peligros* (Unilit, Miami 1996); Herbert Haag, *El diablo, un fantasma* (Herder, Barcelona 1973); René Laurentin, *El demonio, ¿símbolo o realidad?* (DDB, Bilbao 1998); Lefévre, Marrou, Puech, Bazín y otros, *Satán. Estudios sobre el adversario de Dios* (Guadarrama, Madrid 1974); Alberto Maggi, *Jesús y Belcebú* (DDB, Bilbao 2000); Joan O'Grady, *El príncipe de las tinieblas. El demonio en la historia* (Edaf, Madrid 1990); Gerald Messadié, *El diablo* (Martínez Roca, Barcelona 1994); Jessie Penn-Lewis, *Guerra contra los santos* (CLIE, 1985); J. Oswald Sanders, *Satanás no es mito* (Portavoz, Grand Rapids 1996); Vicente Rico, *Satanás. Historia del diablo* (Aymá, Barcelona 1956).

DEMOSTRACIÓN Este vocablo, a nivel de la lógica, tiene doble sentido que recoge magníficamente el Diccionario General Vox de la lengua española del modo siguiente: «1. Razonamiento con que se hace evidente la verdad de una proposición. 2. Comprobación de un principio o teoría con un ejemplo o hecho cierto». En ambos casos, la demostración es una fundamentación, porque indica la razón en que se apoya nuestro entendimiento para dar su asenso a la verdad objetiva. Cuando la demostración se dirige a un adversario determinado, se parte de unos supuestos como argumento *ad hóminem*.

Una demostración en la que se pase del orden de lo posible al orden de lo real, como sucede en teología en el argumento ontológico, es un sofisma llamado «traslado a otro género».

DENNEY, JAMES Este teólogo escocés (1856-1917) nació cerca de Glasgow y estudió humanidades y filosofía en la universidad de Glasgow, graduándose con los más altos honores en ambas asignaturas. Después se graduó en «divinidad» en el Free Church College de Glasgow. Sirvió por poco tiempo en una parroquia, pues en 1897 fue nombrado profesor de teología sistemática y pastoral en el Glasgow Divinity College, donde, tres años más tarde, pasó a desempeñar la cátedra del NT, cargo que ocupó hasta su muerte. Como yo no estoy personalmente familiarizado con los escritos de Denney, me veo perplejo ante informes tan distintos de los autores que tengo a mano. Para W. W. Gasque, en el *Evangelical Dictionary of Theology*, «Denney, con su colega James Orr, estuvo firme en su rechazo de la teología subjetiva de los Ritschlianos de su tiempo, como lo fue de la teología liberal en general. Por otra parte, no fue un oscurantista y aceptó el moderno criticismo bíblico (menos su escepticismo)». En fin, parece que no tuvo ninguna tacha doctrinal. En cambio, según J. Philip, en el Nuevo Diccionario de Teología, «fue influido hasta cierto punto por el espíritu teológico crítico de su tiempo: su actitud hacia asuntos tales como la inspiración y la autoridad de la Escritura, y la suscripción confesional, que él recomendó que se abandonara a favor de una sencilla confesión en Dios por medio de Jesucristo, llegaron a ser temas de debate, así como su posición trinitaria y su escatología».

DENOMINACIÓN Etimológicamente, denominación indica «algo que se distingue por el nombre». Tomamos aquí el término en el sentido que conocen mis lectores evangélicos: «Grupos que tienen un credo común, pero se diferencian en algunos detalles de doctrina y práctica». Más aún, una verdadera denominación no pretende ser la única expresión legítima de la verdad revelada ni de la tradición eclesial. La denominación que lo pretendiera debería llamarse más bien una secta.

La Biblia no habla jamás de denominaciones. Quizá sea esta la razón por la cual no hay en teología un «tratado sobre las denominaciones». Por el contrario, la Biblia supone que todos los cristianos, excepto los que estén bajo disciplina, estarán en plena comunión con los demás. Pablo denunció rotundamente toda tendencia a formar partidos dentro de un iglesia (cf. p. ej. 1 Co. 1:10-13) y pudo escribir una carta a los cristianos que se reunían en distintos lugares de Roma, seguro de que todos recibirían su mensaje. Si fuese hoy, para cada país, y aun para cada ciudad de alguna importancia, tendría que colocar la carta como un anuncio en los medios seculares y esperar a que los fieles de cada denominación se apercibieran de ello, si tenían verdadero interés.

Esto significa que el denominacionalismo es un fenómeno relativamente reciente.

En el protestantismo, el fenómeno comenzó tímidamente con Wycliffe y Huss y fue elaborado por los Reformadores del siglo XVI en torno a la división de la iglesia en visible e invisible. Una nueva grieta se produjo con la disensión de los puritanos del siglo XVII. Los reavivamientos en torno a los Wesley y Whitefield alentaron esta práctica, especialmente en Estados Unidos, donde llegó a dominar.

Aunque una denominación nunca llegue a pretender ser la única legítima expresión institucional de la Iglesia de Cristo, con frecuencia piensa de sí misma como la mejor expresión de la verdad, la más fiel a las Escrituras y a la presente actividad del E. Santo. Si no fuera así, por lo menos al principio de la denominación, ¿para qué el tener que pasar por el trauma de separarse del grupo ya existente, o de no unirse a él? Por otra parte, una verdadera denominación (1) debe permitir que sus miembros cooperen con los creyentes de otras denominaciones en varios ministerios especializados, (2) no debe aplicar indebidamente el título de denominación cristiana ni al catolicismo ni a las sectas.

¿Qué puede, y debe, hacerse, para remediar en lo posible los efectos funestos del denominacionalismo? Los esfuerzos en este sentido ya se están haciendo en muchos países y sólo queda el estar atentos con humildad y amor para mejorar todo lo que en este sentido pueda buenamente hacerse: (A) Como buen comienzo, aunque las distintas denominaciones locales, regionales, nacionales, conserven su independencia organizacional, hay que animar a todas las que sean realmente ortodoxas en doctrina y práctica a cooperar con las demás. (B) Un buen medio de unión entre las distintas denominaciones lo prestan muchos ministerios especializados no denominacionales, tales como las misiones, los grupos bíblicos de la juventud estudiantil, campamentos interdenominacionales, revistas, libros, la radio y la televisión. (C) Intentar la promoción de la unidad visible de la Iglesia mediante un verdadero ecumenismo, a todos los niveles, mediante las diversas convenciones, los frecuentes congresos, etc.

Bib. M. A. Ramos, *Nuevo diccionario de religiones, denominaciones y sectas* (Caribe, Miami 1998); Adolfo Robleto, *Conozca quiénes son* (CPB, El Paso); E. C. Routh, *¿Quiénes son?* (CBP, El Paso 1977, 6ª ed.); Samuel Vila, *Origen e historia de las denominaciones cristianas* (CLIE, Terrassa 1981).

DEPÓSITO DE LA FE Del latín *depositum* y del griego *paratheke* = lo que se ha transmitido. Pablo utiliza esta expresión en 1 Ti. 6:20 y 2 Ti. 1:12-14, para designar el mensaje del Evangelio recibido por autoridad apostólica, de ahí que por depósito de la fe se entienda el contenido de la fe cristiana tal como se encuentra en la Santa Biblia y como fue encomendado por Cristo a los apóstoles. En este sentido se relaciona con la tradición*, en cuanto la teología vive de la comprensión e interpretación de la verdad fundante y originaria de la revelación.

DEPRAVACIÓN TOTAL Se significa con esta expresión el estado en que quedó la raza humana por el pecado de Adán. Para tener ideas claras sobre este tema, hay que tener en cuenta lo siguiente: En principio, la depravación total significa: (1) afirmativamente, que la corrupción se ha extendido a todos los aspectos de la naturaleza del ser humano: cuerpo, alma y espíritu; (2) negativamente, que, por causa de dicha corrupción, el ser humano no puede hacer nada por sí mismo para ganarse el favor de Dios.

Pero, atención también a lo siguiente: La depravación total no significa que los depravados: (A) no puedan realizar actos que son buenos a los ojos de Dios y de los hombres; (B) no tengan una conciencia que discierna entre el mal y el bien, aun cuando esa conciencia no sea fiable a causa de la caída; (C) ni que se entreguen a todas las formas de pecado o a un pecado con la mayor extensión e intensidad posibles.

La Biblia enseña esta verdad de la depravación total en muchos lugares que me limitaré a citar: Gn. 6:5; Jer. 17:9; Mt. 7:11; Mr. 7:20-23; Ro. 1:28; 3:9-18; Ef. 2:3; 4:18; He. 9:14. Especial énfasis ponen las Escrituras en el hecho de que el ser humano no puede salvarse a sí mismo. No ha perdido el libre albedrío, pero no puede regenerarse a sí mismo (Jn. 1:13), y quedará en las tinieblas, a menos que el E. Santo le ilumine (1 Co. 2:14).

DERECHO, DERECHOS En este art. voy a prescindir de muchos aspectos técnicos que no entran en un Diccionario como el presente. El derecho como la justicia son conceptos tanto teológicos como jurídicos. Por otra parte, ambos ocupan dentro del orden moral una situación especial.

La idea de derecho se aplica analógicamente a Dios y al ser humano. Si se aplica a Dios, significa la absoluta soberanía del Creador sobre toda su creación. Si se aplica al ser humano, significa la facultad que el hombre tiene de conservar y desarrollar su vida y de disponer de las cosas y de las criaturas irracionales a fin de servirse de ellas para sus legítimos fines. Estos derechos se fundan en su condición de persona como base metafísica necesaria, por lo que el ser humano no puede ser despojado de ellos de ninguna manera.

Al terreno jurídico pertenecen estrictamente las relaciones de persona a persona (los derechos «hacia los demás»). Eso no significa que todas las relaciones interpersonales sean de naturaleza jurídica, pues no lo son, p. ej., el amor, la amistad, la gratitud, la confianza mutua, etc. Y, aun de entre las normas ordenadoras de la comunidad, no todas son de naturaleza jurídica, sino solamente aquellas que defienden al ser humano como individuo distinto frente a los demás, aunque ligado a ellos en comunidad, ya sea por naturaleza o por elección de su libre voluntad. Los derechos humanos constituyen un rechazo radical de toda forma de totalitarismo, ya sea político, sindical o eclesiástico.

La doctrina sobre los derechos humanos recibió su primer impulso del Renacimiento. Filósofos como Locke y Kant fomentaron la aplicación social de estos derechos por parte del Estado liberal, que tiene como tarea específica la protección de la libertad y de los derechos de sus ciudadanos. Pero, a su vez, el Estado debe abstenerse de interferirse con la sociedad hasta donde pueda, es decir, tiene un papel subsidiario.

Desde el punto de vista bíblico, los derechos humanos no se basan primordialmente en la libertad personal del individuo, sino en que: (A) hombres y mujeres son efecto de la palabra eterna de la creación (cf. Gn. 1:26-27), y como portadores de la imagen de Dios tienen una dignidad y un valor garantizados por el Creador (cf. Gn. 9:6; Stg. 3:9); (B) son llamados por la misma palabra creadora para ser mayordomos de la creación (Gn. 1:28; 9:1-2; Sal. 8:6-9); (C) por esa misma razón adquieren una responsabilidad especial hacia sí mismos y hacia los demás delante de Dios (Mt. 22:35-40), y (D) puede ser necesario exigir dichos derechos frente al Estado (cf. 1 R. 21:3; Hch. 16:37) o frente a la familia (cf. Mt. 8:21-22).

DESCARTES, RENÉ (cf. tamb. *Cartesianismo*) Este filósofo francés (1596-1650), llamado por muchos «el padre de la filosofía moderna», nació de una familia noble y se crió entre cuidados, pues era muy enfermizo. Cuando tenía ocho años fue a estudiar al colegio que los jesuitas tenían en La Flèche. Allí Descartes estudió a fon-

René Descartes

do las lenguas clásicas. Luego estudió la filosofía según los moldes de la Escolástica, sin alusión alguna a los descubrimientos de la ciencia moderna, pero le resultan interesantes las matemáticas. Él había de ser uno de los primeros en establecer la conexión de la matemática con la física. En concreto, Descartes usó la notación algebraica para describir relaciones espaciales en su Geometría analítica.

En 1614 marcha a París, donde se entrega a los placeres, se siente totalmente escéptico y le parece sin consistencia lo que ha aprendido en La Flèche. Por otra parte, encuentra evidencia y certeza en la lógica y en las matemáticas, pero no ve en ellas ninguna utilidad para el conocimiento de la realidad. En 1618, para ver mundo, marcha a Holanda, donde abraza la carrera militar a las órdenes de Mauricio de Nassau. Sigue allí su interés por las ciencias naturales y las matemáticas.

Pocos meses después, ingresa en el ejército imperial de Maximiliano de Baviera, en guerra (la «Guerra de los Treinta años») contra los bohemios de Federico V, con cuya hija, la princesa Isabel, tuvo después gran amistad. Sigue viajando, con el ejército y en privado, por Alemania, Austria, Hungría, Suiza e Italia. El 10 de noviembre de 1619, en el cuartel de Neuburg hace su sensacional descubrimiento: el famoso método.

Atenazado por el escepticismo, Descartes se puso a dudar metódicamente de todas las certezas recibidas, a fin de descubrir el criterio y el contenido de la verdad cuya realidad estuviese fuera de toda duda, y la halló en el principio *cógito, ergo sum* = pienso, luego existo. Va después a Loreto, a dar gracias a la Virgen por su hallazgo, y en 1625 se establece en París.

Pero en 1629 le hallamos en Holanda, por ser un país tranquilo, libre e independiente. Es aquí donde escribe sus obras más importantes y se relaciona con filósofos y científicos de distintos países europeos, mientras es atacado por los jesuitas.

Le compensa la amistad de la princesa Isabel a quien conoce en 1643, aunque ya se escribía con ella anteriormente. Descartes descubre que aquella princesa tan bella había estudiado sus obras con un interés y una inteligencia que le asombraron.

Sólo para cortos viajes, abandona Descartes Holanda. En 1646, entra en relación epistolar con la reina Cristina de Suecia. En octubre de 1649, llega a Estocolmo por invitación de Cristina. Esta le admira tanto que, por influjo de las conversaciones con Descartes, se convierte al catolicismo. Pero, poco después, en febrero de 1650, el frío de Estocolmo le produce una pulmonía y muere en ese mismo mes.

Bib. R. Descartes, *Discurso del método* (Aguilar, Bs. As. 1980); *Meditaciones metafísicas* (Alba, Madrid 1987).

C. Cardona, *René Descartes: Discurso del método* (EME, Madrid 1975); Leonardo Polo, *Evidencia y realidad en Descartes* (EUNSA, Pamplona 1963); Jesús García López, *El conocimiento de Dios en Descartes* (EUNSA, 1978); S. Rabade, *Descartes y la gnoseología moderna* (G. del Toro, Madrid 1971); A. Ropero, *Introducción a la filosofía*, cap. VI (CLIE, Terrassa 1999).

DESCENSO A LOS INFIERNOS El título de este art. se deriva de una de las afirmaciones del Credo de los Apóstoles: *Descendit ad ínferos* (descendió a los infiernos). Pero hay que notar, ya de entrada, que el vocablo lat. *ínferos* no se refiere al infierno propiamente dicho, sino a «las partes más bajas de la tierra» (Ef. 4:9), es decir, al reino de los muertos (hebr. *Sheól*; gr. *Hádes*). Traducciones modernas del Credo dicen: «descendió a los muertos». En el cristianismo primitivo el «descenso a los infiernos», llegó a cobrar tanta importancia que aparece en un lugar central en el apócrifo* *Evangelio de Nicodemo*, que interpreta la muerte de Cristo como un pago a Satanás. Para Calvino y muchos teólogos modernos, el descenso a los infiernos se interpreta como la experiencia por parte de Jesús del abandono de Dios por causa del pecado que Jesús portaba en representación de la humanidad caída; Él sufre el infierno, que es ausencia de Dios, y por eso clama: «¡Dios mío, Dios mío, ¿por qué me has desamparado?» (Mr. 15:34). Lutero evitó pronunciarse dogmáticamente sobre el tema.

El IV Concilio de Letrán puntualizó que «descendió en el alma», pues el cuerpo de Cristo permaneció en el sepulcro. La muerte de Cristo, como la de los demás hombres, consistió en la separación del alma y el cuerpo, pero la Divinidad estaba unida de tal manera a Cristo hombre que, por más que se separaran entre sí cuerpo y alma, siguió perfectísimamente vinculada al alma y al cuerpo; por consiguiente, el Hijo de Dios permaneció con el cuerpo en el sepulcro y descendió con el alma a los infiernos.

Cristo, según la enseñanza tradicional, no descendió al lugar de los condenados, sino a donde estaban destinadas las almas que se habían salvado, sin gozar de la presencia de Dios, en espera de la redención de Jesucristo. Asimismo, no hay que entender el *descenso* de Cristo a los infiernos como un movimiento espacial, sino como la revelación que Cristo hizo a los difuntos de que la redención se había realizado, y, especialmente, como la aplicación de los frutos de la redención a los justos, que esperaban en Dios y su Palabra, haciéndoles partícipes de la gloria de Dios. AR

En el NT son varios los textos que directa o indirectamente están conectados con este acontecimiento, que tuvo lugar después de la muerte de Jesús. Casi todas esas porciones han sido interpretadas de muy distinta manera, tanto entre los teólogos católicos como entre los protestantes. Para aquéllos significa que Jesús murió realmente, descendió a la morada de los muertos y al mismo tiempo abrió las puertas del cielo a todos los justos que le habían precedido. Grandes teólogos de ambos campos andan muy errados (esa es mi opinión) en la exégesis de lugares como 1 P. 3:19, y me permitirán los lectores que les ahorre el trabajo de considerar tales interpretaciones. Yo voy a dar mi propia exégesis y cada lector puede juzgar por sí mismo si está de acuerdo con mi exégesis o no.

Los lugares a que me refiero son los siguientes: Mt. 27:52; Hch. 2:31; Ro. 10:7; Ef. 4:9; He. 12:23; 1 P. 3:19; 4:6, que paso a analizar por separado (trad. lit. del gr.):

Mt. 27:52: «Y fueron abiertos los sepulcros, y muchos cuerpos de los santos que habían estado dormidos resucitaron». Mateo coloca este acontecimiento entre los fenómenos que sucedieron al morir el Señor, pero en el v. 53 hace notar que «salieron de los sepulcros después de la resurrección de él». Nótese: (1) que Mateo habla de «cuerpos que resucitan», es decir, personas, no sólo espíritus, no eran fantasmas; (2) «de los santos» = del pueblo judío; (3) Mateo empalma la resurrección del Señor con la ascensión (cf. Mt. 28:11-20), que no se halla explícita en este Evangelio. Puede, pues, colocarse esta resurrección en el mismo tiempo de, p. ej. Ef. 4:8-9.

Hch. 2:31: «Viendo(la) de antemano, habló de la resurrección del Cristo, que ni fue abandonado en el Hádes, ni vio corrupción su carne». Pedro (1) da aquí testimonio de la resurrección del Señor, apelando al Sal. 16:8-11, en la versión de los LXX; (2) pero no menciona sólo el alma (como en Sal. 16:10), por la sencilla razón de que «alma» (hebr. *néphesh*) es aquí sinónimo de «persona», sino que dice: ni fue abandonado (Cristo; el original no menciona su alma); (3) añade que no fue abandonado en el Hádes (en el reino de los muertos), y así tampoco su carne (su cuerpo mortal) vio corrupción = no se corrompió en el sepulcro. (4) Pedro calla acerca del séquito de Ef. 4:8, porque no era éste su lugar.

Ro. 10:7: «o, ¿quién bajará al abismo?; esto es, para hacer subir a Cristo de entre los muertos». (1) Pablo está hablando aquí de la justicia que se basa en la Ley y de la justicia que se basa en la fe y pone como ejemplo de la inutilidad salvífica de la Ley el que nadie, por su propio mérito o esfuerzo, puede hacer bajar del cielo a Cristo o hacerle subir del abismo, de entre los muertos. (2) Son hechos que han de aceptarse por fe en la Palabra de Dios. (3) Tampoco esta porción menciona el séquito de Ef. 4:8.

Ef. 4:9: «Mas lo de subió, ¿qué es, sino que también bajó a las partes más bajas de la tierra? (1) Pablo arguye aquí que si, en la ascensión del Señor hubo una «subida», es porque hubo antes una «bajada». (2) ¿Tiene esto algo que ver con «el descenso a los infiernos»? Entonces eso de «las partes más bajas de la tierra» daría a entender la humillación de Cristo, a la cual siguió su exaltación, según Fil. 2:5-11. Pero esta exégesis está completamente equivocada: (A) Porque Pablo está mencionando algo que ocurrió poco antes del derramamiento del E. Santo (cf. los vv. 8 y 11). (B) La 1ª parte del v. 8 dice: «Subiendo a lo alto, cautivó la cautividad». Aquí, Pablo está citando del Sal. 68:18, según los LXX y en tanto en cuanto la cita le sirve para su propósito. (C) Y su propósito claro es proclamar que Cristo, con su muerte y resurrección, arrebató al diablo los santos cautivos en el Sheól o Hádes y se los llevó consigo al Cielo; uno de los últimos (o quizás el último) en bajar al Hádes habría sido el «buen ladrón» (cf. Lc. 23:43).

He. 12:23: «y a la iglesia de los primogénitos que han sido inscritos en (los) cielos, y a Dios juez de todos, y a (los) espíritus de (los) justos que han sido perfeccionados». Nótese aquí la grandiosidad del panorama que prolépticamente se extendía ante los ojos de los judíos a quienes escribía el autor sagrado: (1) La iglesia (gr. *ekklesía*) o congregación de los primogénitos es la congregación de todos los creyentes cristianos desde el día en que se inauguró la dispensación de la Iglesia, cuyos nombres están escritos en el libro de la vida del Cordero (cf. Ap. 3:5; 13:8; 17:8). (2) Los espíritus de (los) justos son las almas de los santos del AT. (3) De estos justos se nos dice que han sido perfeccionados. Basta leer He. 11:40 para identificarlos con los héroes de la fe del AT que, sin embargo, necesitaban del sacrificio del Calvario para que no fueran perfeccionados separados de nosotros.

1 P. 3:19: «en el cual también fue a predicar a los espíritus encarcelados». Dice Pedro que Cristo, muerto en la carne, pero vivificado en el espíritu (v. 18), con ese mismo espíritu fue a predicar. Surgen las preguntas: ¿adónde? ¿A quiénes? Respondo: (1) Desde luego, fue a una cárcel. (2) En conformidad con Ef. 4:9, esa cárcel ha de estar en las partes más bajas de la tierra. (3) Esos espíritus no pueden ser almas de hombres, porque nunca en la Biblia se llaman espíritus, a secas, las almas de los seres humanos. Además, ¿para qué les iba a predicar, si no hay una segunda oportunidad de salvación después de la muerte (cf. He. 9:27)? (4) Es cierto que el v. 20 habla de ellos como negándose a creer cuando la longanimidad de Dios esperaba una acogida en (los) días de Noé cuando se preparaba un arca. (5) Queda una sola solución que encaje dentro del contexto próximo y en el contexto general de la Biblia: Esos espíritus encarcelados son los demonios que, en Gn. 6:2, son presentados como «hijos de Dios» (cf. Job 38:7); así lo eran estos espíritus antes de unirse carnalmente con las hijas de los hombres (Gen. 6:2 sólo dice que eran hermosas, sin distinguir –como suele hacerse– entre «hijas de Set» e «hijas de Caín»). (6) Leyendo 2 P. 2:4-5 y Jud. v. 6, se saca fácilmente la

conclusión de que estamos ante los mismos espíritus de 1 P. 3:19. (7) Finalmente, Cristo es presentado aquí predicando en espíritu, por medio de Noé, a dichos espíritus, no para que se salvaran (cf. He. 2:16), sino a llevarles la noticia, poco grata para ellos, de que, por la obra del Calvario (muerte, resurrección y ascensión), habían sido vergonzosamente derrotados (cf. Col. 2:15).
1 P. 4:6: «Porque con este fin fue predicado el evangelio inclusive a los muertos, para que sean juzgados en (la) carne por su condición de hombres, pero vivan en (el) espíritu por voluntad de Dios». Téngase en cuenta que este v., por su excesiva concisión, es muy difícil de traducir y más difícil aún de interpretar. Confío en que mi versión haya reflejado lo mejor posible la intención de Dios al inspirar esas palabras. Voy a dar la versión del Evangelio del pueblo, Nuevo Testamento (publ. por «San Pablo»): «Pues el Evangelio sirve aún a los que mueren; aunque reciben en su cuerpo la condenación propia de la condición humana, viven en espíritu para Dios». Aunque sinceramente creo que no se ajusta tanto como mi versión a la Palabra de Dios, indica un notable esfuerzo para verter el original. Este texto no tiene nada que ver con el de 3:19, porque aquí no hay alusión posible a los ángeles caídos de Gn. 6, sino que tiene que ver con seres humanos salvos («viven en espíritu»), quienes, a pesar de haber escuchado la predicación del evangelio, no se corrigieron de su carnalidad (comp. 1 Co. 3:3: «¿no sois carnales y andáis como hombres?»); por eso, el mismo Evangelio los condena (comp. Jn. 12:48), no al infierno, sino a una muerte prematura, como en 1 Co. 11:30 y 1 Jn. 5:16. FL

DESMITIFICACIÓN (cf. *Bultmann, Rudolf*)

DETERMINISMO Resumiendo brevemente lo que los técnicos dicen sobre este tema, me limitaré a decir que el determinismo es una doctrina materialista que sostiene que el ser humano está programado desde un principio («determinado») a obrar en un sentido «determinado». Impotentes para admitir la culpabilidad y la responsabilidad del ser humano con respecto a sus actos, los deterministas se ven obligados a admitir el castigo del culpable como un recurso meramente intimidativo (como se haría con un animal salvaje), a fin de defender a la sociedad contra los hombres insociables. ¡Terrible degradación de la dignidad del ser humano que, conforme a la Biblia, fue creado a imagen y semejanza de su Creador!
A nivel teológico, debemos admitir un determinismo, según el cual todos los acontecimientos, con todos sus detalles, están programados desde la eternidad de acuerdo con «el determinado consejo y anticipado conocimiento de Dios» (Hch. 2:23). Pero esta predeterminación divina no impide la libre cooperación humana; más aún, la libre cooperación del ser humano a los planes de Dios sería imposible si Dios no produjera en el hombre su acción, no sólo como una realización del ser, sino también como una operación libre de la voluntad humana.

DÍA Prescindo del significado de día como unidad de tiempo de 24 horas. En la Biblia, se designa con el nombre de día un acontecimiento que va más allá de las 24 horas, como el día de Jesucristo (Fil. 1:6, 10; 2:16) o el día de Yahweh (Mal. 4:5), para los cuales cf. Día del Señor, día de Yahweh. También: el día de salvación (Is. 49:8, comp. con 2 Co. 6:2), los días de Noé (Mt. 24:37), los días del Hijo del Hombre (Lc. 17:26) y usa la expresión todos los días (Mt. 28:20), como sinónimo de siempre. La frase en los postreros días (Hch. 2:17, comp. con 2 Ti. 3:1; 2 P. 3:3 y 1 Jn. 2:18) designa el tiempo posterior a la 1ª Venida del Mesías, pues los judíos solían dividir la historia de la humanidad en dos partes: (A) los primeros días, hasta la Venida del Mesías, y (B) los postreros días, después de su Venida. El curso de la historia tiene su día final en la 2ª Venida de Cristo (cf. Cristo –21–. Cristo viniendo en las nubes); a ese día se alude ya en el AT como día de juicio y de retribución: Día de ira aquel día (Sof. 1:15 y todo el contexto anterior y posterior, así como Is. 2:12; 13:9-13; 66:15; Jl. 2:31; Mal. 4:5; Mt. 10:15; 24:19-22; Mr. 13:5-23; 1 Ts. 5:4).
Jesús designa como día, en Jn. 11:9, el tiempo de luz (comp. Gn. 1:5, 16, 18), y en Jn. 9:4, el tiempo en que podía trabajar, mientras que Pablo llama noche al tiempo actual de espera del Señor, y día a la manifestación misma del Señor (cf. Ro. 13:11-13). Como consecuencia, llama a los cristianos hijos del día y de la luz (1 Ts. 5:5-8).

DÍA DE LA EXPIACIÓN O YOM KIPPUR Con estas expresiones se designa el solemnísimo día que se celebraba el 10º día del 7º mes. De él trata todo el cap. 16 del Lv. Era figura del gran Yom Kippur, del día en que Jesús, nuestro gran sumo sacerdote, había de ofrecerse en sacrificio expiatorio por los pecados de la humanidad perdida. El lector hará bien en leer detenidamente, en estudiar y meditar dicha porción del

AT, así como su cumplimiento en el NT (cf. He. 9:6-15).
A nivel estrictamente teológico, hemos de ver en esas porciones el oficio sacerdotal sustitutorio de Cristo en expiación por nuestros pecados, así como también para propiciación por los pecados de todo el mundo (cf. 1 Jn. 2:2), para nuestro rescate del mercado del diablo, y para nuestra reconciliación con Dios (cf. 2 Co. 5:19-21).

DÍA DE REPOSO Sólo quiero aquí advertir que el NT. nunca llama al día de reposo, es decir, al domingo «Día del Señor», sino «primer día de la semana» (cf. Mt. 28:1; Mr. 16:2; Lc. 24:1; Jn. 20:1; Hch. 20:7). La mayoría de las versiones vierten por «en el día del Señor» como sinónimo de día de reposo = domingo el gr. en *tĺ kuriakĺ heméra* = en el día señorial (lit.) de Ap. 1:10. Sin embargo, es mi más firme convicción de que la frase no significa eso, sino que Juan (vv. 9-10) refiere que, en un éxtasis = en espíritu (comp. con 2 Co. 12:2-4), fue trasportado al Día del Señor o Día de Yahweh, del que trato en un art. próximo (cf. *Día del Señor, día de Yahweh*, así como *Sábado*).

DÍA DEL JUICIO Con esta expresión suele designarse el último día, sin discernir los distintos juicios que tendrán lugar en la etapa final de la historia de la humanidad. El juicio final propiamente dicho es el que se llevará a cabo ante el gran trono blanco de Ap. 20:11-15. Pero, con anterioridad a este juicio, se han de celebrar otros tres: (1) El de los siervos de Mt. 24:44-51; (2) el de Israel (Mt. 25:1-13). Probablemente, los vv. 14-30 describen el juicio de tres siervos, que ejemplifican tres conductas diferentes mientras el Señor está ausente. Y, finalmente (Mt. 25:31-46), está el juicio en que el Hijo del Hombre, el Rey Mesías juzga a los gentiles según la forma en que se condujeron con los judíos durante la Gran Tribulación, pues lo de estos mis hermanos más pequeños (v. 40); uno de estos más pequeños (v. 45) es evidente que se refiere a un tercer grupo, distinto de los cabritos y de las ovejas.
Con respecto a la Iglesia, no hay en la Biblia juicios propiamente dichos (cf. Jn. 5:24: «no vendrá a juicio». Lit.), sino juicio de recompensas (cf. Ro. 14:12; 1 Co. 3:12-15; 2 Co. 5:10). Pero no cabe duda de que, inmediatamente después de la muerte, la suerte del hombre está echada, y su alma ya sabe si está en la antesala del infierno o en el paraíso (cf. Lc. 16:19-31; 23:43).

DÍA DEL SEÑOR, DÍA DE YAHWEH El NT distingue entre: (1) el Día de Jesucristo (cf. Fil. 1:6, 10; 2:16), en el que se acaba la dispensación de la Iglesia; (2) el Día de Yahweh = Día del Señor, que abarca desde Ap. 4:1 hasta 20:10, y (3) el Día de Dios, que comienza en Ap. 21:1 ss. y es el día de la eternidad beatífica para todos los salvos.
El Día del Señor o día de Yahweh es una expresión que ocurre con frecuencia tanto en el AT como en el NT (cf. p. ej. Is. 2:12; 13:6, 9; 34:8; Jl. 1:15; 2:1, 11, 31; 3:14; Am. 5:18, 20; Sof. 1:7-8, 14, 18; 2:3; Zac. 14:1. Mal. 4:5; 1 Ts. 5:2; 2 P. 3:10). En el sentido de un día de juicio = día de ira de Yahweh, aparece por 1ª vez en el pasaje ya citado de Am. 5:18, 20, donde el profeta ve ese día como día de tinieblas y no de luz. El pueblo de Israel estaba deseando ese Día, esperando que fuese un día de fiesta y alegría, pero el profeta les dice de parte de Dios que se equivocan, que será día de llanto en la ciudad (v. 16) y en el campo (v. 17), porque Yahweh va a pasar por en medio de Israel en visitación de juicio y castigo. Israel pensaba que ese día estaba destinado a castigar a los enemigos de Israel. Dios los desengaña al declarar que ellos, y no sus enemigos, son ahora el blanco de la cólera divina.
Pero los profetas del AT anunciaron también otro Día del Señor, día de fiesta y regocijo, cuando el pueblo, purificado tras el cautiverio en Babilonia, vería cambiada su suerte y volverían sus corazones hacia Yahweh (cf. Jer. 30:8-11; Os. 2:16-23; Am. 9:11-15; Mi. 4:6-7; Sof. 3:11-20).

DIABLO (cf. tamb. *Demonio*) Este vocablo entró en el cast. a mediados del siglo x y, en general, significa calumniador, del gr. *diábolos* = el que calumnia, separa o desune, y éste del vb. *diabállo* = separar, sembrar discordia, calumniar. En este sentido, se llaman *diáboloi* los calumniadores de 1 Ti. 3:11; 2 Ti. 3:3 y Tit. 2:3. La LXX lo usa para verter el hebr. *satán* = adversario. A su vez, el gr. del NT lo usa como sinónimo de Satanás. En Ap. 12:9 hallamos todos los nombres que se atribuyen al diablo. También se le llama el príncipe de este mundo (cf. Jn. 14:30), el dios de este siglo (cf. 2 Co. 4:4) y el príncipe de la potestad del aire (cf. Ef. 2:2). Muchos otros detalles han sido dados en el art. Demonio. Sólo voy a repetir una vez más que hay un diablo, pero muchísimos demonios a sus órdenes.

DIÁCONO Este vocablo entró en el cast. a comienzos del siglo XIII y procede directamente del gr. *diákonos* = sirviente.

De las 30 veces que el vocablo ocurre en el NT, sólo tres designan el oficio específico de diácono (cf. Fil. 1:1; 1 Ti. 3:8, 12), y una sola vez se aplica a una mujer, Febe, de la iglesia de Cencrea (cf. Ro. 16:1). Es probable que las «mujeres» de 1 Ti. 3:11 se refieran también a diaconisas. Las *diakoníai* de 1 Co. 12:5, son presentadas por Pablo como participaciones en el «servicio» por excelencia del que no vino para ser servido, sino para servir (Mt. 20:28). La imposición de manos de Hch. 6 podría interpretarse como una ordenación para el diaconado, pero el contexto indica que se trata más bien de una autorización apostólica para obras de beneficencia dentro de la iglesia local.

Pablo menciona a los diáconos en íntima relación con los supervisores en Fil. 1:1. Y en 1 Ti. 3:8-12, las cualidades que se requieren en los diáconos no difieren mucho de las de los supervisores, mal llamados obispos en algunas versiones.

Ya desde el siglo II, el oficio de diácono aparece específicamente institucionalizado, pues son los diáconos los que distribuyen los elementos en el culto de comunión. Lo mismo que el episcopado y el presbiterado, el diaconado ha sido siempre considerado en la Iglesia de Roma como un orden sagrado. Hasta el año 1972, en que fue abolido por Pablo VI, también el subdiaconado se consideraba orden sagrado.

El nuevo Catecismo de la Iglesia Católica (1992), enumera la condición y las facultades concedidas a los diáconos. Ya el Vaticano II (cf. LG 29) restablece el diaconado «como un grado particular dentro de la jerarquía», según lo ha mantenido siempre la Iglesia Oriental. Como parte del sacramento del Orden, imprime carácter (cf. *Carácter*). Una novedad de este diaconado del Vaticano II es que puede ser conferido a hombres casados. Nótese que han de estar ya casados antes de recibir este sacramento; no pueden casarse si han sido ya ordenados, pues tuvieron que emitir el voto de castidad en su ordenación. Por supuesto, como el celibato fue impuesto por la Iglesia, el papa puede dispensar de él, pero perdiendo también las facultades ministeriales, que son las siguientes, según las enumera el nuevo Catecismo, punto 1570: «Corresponde a los diáconos, entre otras cosas, asistir al obispo y a los presbíteros en la celebración de los divinos misterios sobre todo de la eucaristía y en la distribución de la misma, asistir a la celebración del matrimonio y bendecirlo, proclamar el Evangelio y predicar, presidir las exequias y entregarse a los diversos servicios de caridad».

Con respecto al ministro y al rito de la ordenación de obispos, presbíteros y diáconos, dice el mismo Catecismo, punto 1573: «El rito esencial del sacramento del Orden está constituido, para los tres grados, por la imposición de manos del obispo sobre la cabeza del ordenando, así como por una oración consecratoria específica que pide a Dios la efusión del Espíritu Santo y de sus dones apropiados al ministerio para el cual el candidato es ordenado».

Bib. Mario E. Fumero, *Los ministerios y el discipulado en la Iglesia normal* (Peniel, Tegucigalpa 1998); Alfred Küen, *Ministerios en la Iglesia* (CLIE, Terrassa 1995); W. T. Prukiser, *La imagen del ministerio en el Nuevo Testamento* (CNP, Kansas City 1979); J. Moltmann, *Diaconía en el horizonte del Reino de Dios* (Sal Terrae, Santander 1987); Humberto Pérez, *El ministerio de la diaconía* (Unilit, Miami 1997); Juan Simarro, *Diaconía o las obras de la fe* (CLIE, Terrassa 1999).

DIALÉCTICA El vocablo entró en el castellano a mediados del siglo XV y, a través del lat., se deriva del gr. *diálogos* = conversación de dos o más personas. Aquí se apunta ya lo que habría de ser la dialéctica en la vida cotidiana: «un modo racional de llegar a conclusiones comunes mediante un diálogo constructivo». Para el optimista Platón, es así como la dialéctica significaba «la ciencia nacida de la discusión de opiniones opuestas», aunque para él era algo más que el arte de conversar; abarcaba la ciencia de los entes, es decir, de las ideas y llegaba a la perseverancia en la transformación de la propia alma, con lo que llegaba a un objetivo eminentemente práctico.

En cambio, para Aristóteles, la dialéctica significaba: (1) en un principio, la lógica entera y (2) después, en contraposición a la prueba silogística y demostrativa, una forma de argumentación que no rebasaba los límites de la mera probabilidad. Las dos maneras de entender la dialéctica, la platónica y la aristotélica, dividen en dos grandes campos la historia de la filosofía, especialmente de la escolástica.

La dialéctica adquiere un nuevo giro con Kant, para quien viene a significar una «lógica de la apariencia» y, con ello, el descubrimiento de las contradicciones internas de la mente, la cual no llegando jamás, por la vía empírica, al noúmeno, se ha de mantener en el terreno de lo estrictamente fenoménico. El subjetivismo idealista llega a su culminación en Hegel, quien toma de Fichte el triple paso dialéctico: tesis-antítesis-síntesis, pero sin elevar tal dialéctica a un método formal universal, sino más bien como connotando cada uno de los momentos en que lo dialéctico está contenido en cada acto del pensamiento, ya que no hay otra realidad que la pensada. Sin embargo, Hegel no se contenta con esto, sino que desarrolla toda una lógica especulativa en que las categorías dialécticas propiamente dichas (p.ej. «posición», «negación», contradicción», etc.) asumen una posición muy concreta.

Finalmente, está la dialéctica comunista de Marx-Engels, que es, en realidad, una inversión de la dialéctica hegeliana, pues establece las fórmulas de Hegel en el terreno de lo concreto dentro de la naturaleza. Con todo, el marxismo del siglo xx ha seguido esa corriente dialéctica de lo concreto según el gusto del líder soviético a la sazón: Lenin, Stalin, etc., llegando finalmente a un completo fracaso y acabando con la esencia misma del marxismo. Es de esperar que lo que en Rusia queda, como por inercia, del marxismo anterior, fructifique en una mejor dialéctica en que los inalienables derechos de la persona humana sean mantenidos y desarrollados por cauces democráticos. No se puede ser muy optimista en este terreno, pues el egoísmo, el orgullo y la ambición de poder del ser humano caído se encargan de frustrar los buenos deseos (o, las ilusiones) de los puros racionalistas.

DICOTOMÍA Este vocablo es un compuesto de dos términos gr.: *díja* = en dos y *tomé* = corte, separación, escisión. El término se emplea en teología para designar el punto de vista que sostiene que la naturaleza del ser humano consta de dos partes integrantes: cuerpo y alma.

De acuerdo con la Biblia, el hombre llegó a ser una persona viviente mediante la unión de un alma espiritual infundida en un cuerpo orgánico (cf. Gn. 2:7). Lo mismo se deduce de Ec. 12:7. En cuanto a 1 Ts. 5:23, hemos de advertir que Pablo no intenta darnos una «tricotomía», sino distinguir las partes integrantes del ser humano sin intentar una escisión entre ellas. Aparte de la forma en que cuerpo y alma influyan el uno en el otro, está el hecho de que el alma humana, a diferencia del alma de los brutos animales, no es material, sino espiritual; dicho de otra manera, es un alma que tiene espíritu. Yo suelo explicarlo de alguna manera diciendo que nuestra alma tiene dos ventanas: una mirando al cielo, a lo espiritual; la otra, mirando a la tierra, a lo material; sólo los creyentes tienen abierta la ventana superior; el hombre animal de 1 Co. 2:14, sólo tiene abierta la ventana inferior.

En cuanto a la naturaleza propia de cada parte del ser humano, Platón enseñó que el cuerpo es materia perecedera, pero el alma existió ya en el mundo celestial de las puras formas antes de encarnarse en un cuerpo humano. Como las puras formas (las ideas) están realmente en Dios, según Platón, el alma es increada e inmortal, pues es una parte de la Deidad. El cuerpo es la cárcel del alma; de esa cárcel se libera mediante la muerte, volviendo al estado celestial hasta una nueva reencarnación.

Para Aristóteles, la naturaleza del ser humano se compone de un elemento material, el cuerpo, y de un alma que da forma y estructura al cuerpo. En el alma hay que distinguir: (1) un elemento vegetal que permite al hombre alimentarse, crecer y reproducirse; (2) un elemento animal, que le permite sentir, apetecer y moverse de un lado a otro; y (3) un elemento racional, que es el específicamente humano: por medio de él, puede desempeñar las funciones específicamente humanas: pensar, querer, amar, etc.

La filosofía aristotélica alcanzó un nuevo desarrollo, debido especialmente al talento de Tomás de Aquino, quien enseñó que el alma humana es creada en el cielo e infundida en el cuerpo que se viene gestando en el seno maternal, probablemente en el momento en que el feto se constituye en un ser vivo dentro del ser de la madre, pero distinto ya de la madre.

Con Descartes, la filosofía idealista afirma el origen independiente del cuerpo y del alma humanos, constando el alma de pensamiento, y el cuerpo de extensión. Otros filósofos idealistas, como Malebranche y Leibniz, sostuvieron que la aparente unidad de alma y cuerpo se debe a una coincidencia de elementos relacionados entre sí por ordenación de Dios, como dos relojes separados cuyos péndulos se balancean exactamente de la misma forma y dan la hora con la misma puntualidad.

DILTHEY, WILHELM Guillermo Dilthey (1833-1911) fue profesor de filosofía desde el año 1866 hasta su muerte en Berlín. Al comienzo de su carrera universitaria, estudió teología con la intención de dedicarse al ministerio pastoral, pero abandonó este camino al percatarse de que no podía aceptar las doctrinas tradicionales de la fe cristiana, y se dedicó totalmente al estudio de la filosofía, de la psicología y de la sociología, en las que asumió un enfoque relativista con relación a las ciencias culturales, mientras admitía la realidad objetiva de las ciencias naturales. En la metodología de Dilthey no queda espacio para lo sobrenatural.

En el terreno propiamente teológico, Dilthey desarrolló una filosofía de la historia opuesta a la interpretación bíblica de la historia. En ese sistema de historia, no hay lugar para Dios. Paradójicamente, un filósofo ajeno a la erudición teológica, como era Dilthey, tuvo enorme influencia en los filósofos y teólogos del siglo XX como el primer Husserl, y Heidegger que, a su vez, había de influir tanto en Bultmann.

Bib. W. Dilthey, *Introducción a las ciencias del espíritu* (Alianza Ed., Madrid 1986); *Hegel y el idealismo* (FCE, México 1956); *Teoría de las concepciones del mundo* (Alianza Ed., Madrid 1988).

José Ortega y Gasset, *Guillermo Dilthey y la idea de la vida* (Revista de Occidente, Madrid 1936); *Kant, Hegel y Dilthey* (Revista de Occidente, Madrid 1958); Alfonso Ropero, *Introducción a la filosofía*, cap. VIII (CLIE, Terrassa 1999).

DIONISIO EL AREOPAGITA Este autor desconocido de los siglos V-VI, fue un escritor a través del cual el platonismo de la Iglesia antigua entró en el pensamiento de los teólogos medievales. Hubo quienes lo identificaron, sin fundamento alguno, con el Dionisio de Hch. 17:34.

Vivió en Siria, y sus escritos prepararon el camino para el posterior misticismo cristiano, llegando a ser considerado como una autoridad en la Iglesia Oriental. Su influjo en los teólogos occidentales se debe a la traducción que del gr. original hizo Escoto Erígena. Usaron ampliamente sus escritos Hugo de San Victor, Buenaventura, Alberto Magno y Tomás de Aquino.

Los principales temas de este Seudo-Dionisio Areopagita son los siguientes: (1) El Universo consta de una jerarquía de seres que ponen a Dios en contacto con el mundo. Cada ser emerge directamente de Dios, siendo Jesús el principio creador y el consumador de todas las jerarquías. En la tierra existe una jerarquía que refleja la jerarquía celestial y consta de obispos, presbíteros, diáconos, etc. (2) A Dios se le puede conocer muy imperfectamente por la vía positiva, siendo la vía negativa el mejor modo de conocerle, teniendo en cuenta que el único atributo que refleja exactamente el Ser de Dios es el «Yo soy el que soy» de Éx. 3:14. (3) Una vez que se han desprendido del Ser de Dios todas las características propias de los seres humanos, se llega a «la Oscuridad del Desconocido», pero un ser humano puede unirse a Dios mediante la experiencia mística del éxtasis que es, al mismo tiempo, una ignorancia completa de Dios y un conocimiento muy superior al de la razón.

Bib. Dionisio el Areopagita, *Obras completas* (BAC, Madrid 1984).

V. Muñiz Rodríguez, *Significado de los nombres de Dios en el Corpus Dionysiacum* (UPS, Salamanca 1975); Alfonso Ropero, *Introducción a la filosofía*, cap. III (CLIE, Terrassa 1999).

DIOS En este art. voy a considerar todo lo concerniente a Dios en sí mismo: existencia, esencia, naturaleza y perfecciones por orden alfabético:

(1) *Dios, Amor de*. En este punto, consideramos a Dios como sujeto del amor: «Dios es amor» (1 Jn. 4:8,16). (A) En el interior de la Trina Deidad, podemos decir que las Personas se caracterizan como (a) Amante (Padre), (b) Amado (Hijo) y (c) Amor (E. Santo). (B) Hacia el exterior, Dios ama (a) todo lo bueno, con amor de complacencia (cf. Gn. 1:31) y, por tanto, al ser humano cuando es bueno; (b) a toda la humanidad caída, con amor de benevolencia (cf. Jn. 3:16) y, por tanto, a todo pecador, para que crea, se arrepienta y se salve (cf. Ro. 5:5-10). Todo hijo de Dios debe imitar a Dios en ese doble amor (cf. Ro. 12:9; 1 Jn. 3:16-18; 4:20-21). (C) Este amor se llama en gr. *ágape* y es algo tan sublime (cf. 1 Jn. 3:1) que no se crea en este mundo, porque tiene sus raíces en el cielo. Dios le puso el valor exacto en la medida en que el Hijo de Dios padeció toda clase de sufrimientos en el Calvario. Es un amor que se entrega incluso cuando no hay correspondencia por parte del amado, a diferencia del. gr. *philía* = amistad, que requiere la mutua correspondencia. Para más detalles, cf. mi libro *Curso Práctico de Teología Bíblica,* Parte I, lecc. 15ª.

(2) *Dios, Benevolencia de*. Además de lo dicho en el punto anterior, hemos de fijarnos en la etim. de benevolencia = querer el bien, querer bien, teniendo en cuenta que el querer de Dios es eficaz = produce el bien que quiere. En esto, Dios es libre; de lo contrario, su amor no sería verdadero. Como alguien ha dicho: «Dios es omnipotente, pero no es omnivolente». Por eso, elige a quien quiere y salva a quien quiere. En cambio, en cuanto al amor de complacencia = agradarse con algo, según su etim., Dios no es libre, se ve obligado a querer el bien dondequiera se encuentre, porque el bien existente es el objeto propio de la voluntad. Esto no hace de menos al amor de Dios, porque también en el interior de la Trina Deidad, el Padre, p. ej., ama al Hijo necesariamente y, sin embargo, lo ama de todo corazón, porque necesidad no es lo mismo que fatalidad.

(3) *Dios, Bondad de*. La bondad (gr. *agathosúne*, cf. p. ej. Gá. 5:22), es un término genérico para designar, no sólo que Dios es el único «Bueno» (cf. Mr. 10:18), sino también que hace el bien (benevolente) a todos los hombres como criaturas suyas (cf. Hch. 14:17). Además, por esa misma bondad, (A) a los pecadores les ofrece su gracia, que consiste en «darnos algo que no merecemos», y su misericordia, que consiste en «no darnos algo que sí merecemos». Como los demás frutos espirituales, el hijo de Dios ha de imitar la benignidad y la bondad, lo mismo que el amor, del Padre (cf. Gá. 5:22).

(4) *Dios, Conocimiento de*. En este punto no vamos a tratar del conocimiento que Dios tiene (cf. *Dios, Omnisciencia de*), sino del que nosotros podemos tener de Él. Este conocimiento puede ser de tres clases: (A) Natural, por medio de la razón (cf. Sal. 19:1-6; Hch. 14:15-17; Ro. 1:18-20). Sin embargo, la depravación natural del ser humano le impide llegar al correcto conocimiento del verdadero Dios (cf. Ro. 1:21 ss.; 1 Co. 2:14). Mi opinión personal es que, tanto los argumentos contra la posibilidad del conocimiento natural de Dios como los argumentos a favor de dicha posibilidad, carecen de la consistencia necesaria, por lo que, si no fuera por la fe, yo sería agnóstico en esta materia. (B) Sobrenatural, por medio de la fe. Esta fe –como inicio de la salvación– es un don de Dios (cf. Ef. 2:8) y aplicada por el E. Santo, de ordinario mediante la Palabra (cf. Sal. 19:7 ss.), nos permite dar un salto cualitativo a un nivel superior en el que podemos llegar a conocer las interioridades de Dios (cf. 1 Co. 2:4-16). Por otra parte, la fe nos introduce en el conocimiento de Dios por la vía del corazón (cf. Ro. 10:10). Es de advertir que, aunque Dios es infinito y simplicísimo y, por tanto, no podemos conocerlo adecuadamente ni natural ni sobrenaturalmente, sin embargo lo podemos conocer en parte (cf. 1 Co. 13:9-12), a posteriori, atribuyéndole todas las perfecciones puras de las criaturas en grado infinito. (C) Místico, mediante una comunión especial con Dios, parecida a la unión matrimonial, y experimentada en éxtasis, visiones, inspiraciones proféticas y otros fenómenos que los grandes místicos de todos los tiempos nos han transmitido en sus escritos. Dos advertencias a este respecto: (a) A menos que nosotros mismos hayamos experimentado dichos fenómenos, no estamos obligados a creer lo que otros nos digan; (b) Todos esos fenómenos han de contrastarse con la Palabra de Dios, para ver si son creíbles o no, porque el Espíritu no puede ir contra la Palabra o aparte de ella. Si es posible o no un conocimiento directo, intuitivo, de Dios, lo trataremos en el punto Dios, Visión de.

(5) *Dios, Conservador de lo creado*. Esta perfección se deriva de la función de Dios como causa universal del ser mismo de las cosas creadas, las cuales no podrían continuar existiendo si Dios retirara de ellas su mano (cf. Col. 1:17; He. 1:3). Mientras en Col. se expresa la idea de que todo el Universo adquiere su consistencia y coherencia mediante la acción del Hijo de Dios, en He. no son propiamente las cosas las que consisten en el Hijo, sino que es el Hijo quien, en virtud de su palabra poderosa, sostiene todas las cosas como en su puño, de modo que, si abriese la mano, todas caerían en la nada. La conservación se divide en: (A) indirecta, que consiste en vigilar para que nadie ni nada destruya la cosa o la mueva de su lugar. Ej. Si compro un kilo de carne y lo dejo encima de una mesa, tengo que vigilar para que el perro o el gato no se lo coman o se lo lleven; (B) directa, que consiste en introducir en la cosa algo que le impida echarse a perder. Ej. Si empapo bien de sal el mencionado kilo de carne antes de meterlo en la nevera, lo habré preservado de la corrupción. Como aplicación devocional. añadiré que de ambas maneras nos habíamos perdido: nos alejamos de la comunión con Dios y nos echamos a perder por el pecado (cf. Jer. 2:13). Por eso dijo Jesús (Lc. 19:10) que había venido a buscar y salvar lo perdido.

(6) *Dios, Creador*. Entendemos por «crear» en sentido estricto sacar algo de la nada, lo cual no significa que la nada sea «algo» de donde se puede producir un ser, pues eso es un absurdo, metafísicamente imposible. El verdadero sentido de sacar de la nada es que Dios tiene en exclusiva el poder de hacer que exista el ser mismo de un ente que no preexistía ni en su forma ni en su materia prima (cf. He. 11:3, bien traducido. Doy la versión de la B. de las Am.: Por fe entendemos que el universo fue preparado por la palabra de Dios, de modo que lo que se ve no fue hecho de cosas visibles). Ej. Un carpintero puede hacer una mesa de madera, pero no puede crear la madera de la que hace la mesa. La Biblia expresa el acto creador mediante el vb. hebr. *bará*. Este vb. no siempre significa «sacar de la nada», pues se usa como sinónimo de *asáh* = hacer y de *yatsar* = modelar (los 3 salen en Is. 45:7), pero implícitamente lo indica en Gn. 1:1, porque el fin de Moisés al escribir ese cap. fue mostrar que *Elohim*, el único Dios verdadero, había creado cuanto existe (cf. Jn. 1:3). Si algún

otro ser hubiera coexistido en la eternidad con Dios, el pueblo hebreo se habría sentido inclinado al politeísmo.

Dejando otros detalles para los lectores de mi libro *CPDTB*, Parte I, lecc. 19ª voy a resumir otros puntos que tienen que ver con el tema: La creación del Universo por parte de Dios: (A) Fue un acto libre. Dios podía no haberlo creado o haberlo creado de otro modo o haberlo creado en la eternidad (Gn. 1:1 no resuelve ni a favor ni en contra); (B) Tuvo lugar en el tiempo (Pr. 8:22; Jn. 17:5; Ef. 1:4). (C) lo creó para su gloria (cf. p. ej. Pr. 16:4; Is. 43:7; Ro. 11:36; Ef. 1:6; Ap. 4:11), pero el beneficiario de la creación es, ante todo, el hombre (cf. Gn. 1:28-30), pues Dios es infinitamente rico (cf. Hch. 17:25) y generoso (cf. 1 Jn. 4:8 ss.).

(7) *Dios, Designios de.* El término «designios» expresa mejor que «decretos» la «trama de decisiones por parte de Dios en relación con la providencia y el gobierno del Universo y, en especial, de los seres humanos como agentes racionales y libres, habida cuenta de la variedad de casos y circunstancias en que el conocimiento de Dios los contempla y los realiza». Para demostrar la existencia de tales designios, basta con Hch. 2:23; Ro. 8:29-30 y Ef. 1:4-11. Los fracasos que ocurren en la historia de la humanidad, tanto a nivel personal como colectivo, no se deben a defectos en la ordenación de Dios, sino al descuido, por parte del hombre, de las normas de seguridad establecidas por el Creador. Cf. tamb. los puntos *Elección, Gobierno, Longanimidad, Omnisciencia, Paciencia* y *Providencia*. Para más detalles, cf. *CPDTB*, Parte I, lecc. 16ª.

(8) *Dios, Elección de.* Como puede suponerse, no trato aquí de «elegir a Dios» (cf. 1 R. 18:21), sino de «lo que Dios elige». En este sentido, elección es «el acto por el cual Dios, desde antes de la creación del Universo, ha escogido para Sí un pueblo o una persona individual». (cf. tamb. *Predestinación*). Dios es completamente libre en su elección (cf. Jer. 1:5; el emocionante cap. 16 de Ez.; Jn. 15:16; los caps. 9, 10 y 11 de Ro. y los caps. 1, 2 y 3 de Ef.), pero una vez que ha elegido, no se vuelve atrás (Ro. 11:29), no puede negarse a sí mismo (2 Ti. 2:13).

(9) *Dios, Espíritu.* No trato en este punto de la Persona del E. Santo, sino de la naturaleza puramente espiritual de Dios, según la definición que de Él da Jesús en Jn. 4:24, y significa que Dios carece de materia y de figura corpórea y, por ello, no se le puede asignar extensión ni puede entrar en composición con lo que es material; es invisible, único e indivisible (cf. Is. 40:18, 25; Lc. 24:39; Jn. 1:18; Ro. 1:20; Col. 1:15; 1 Ti. 1:17; 6:16). El ser humano tiene un espíritu, pero no es espíritu. Los ángeles, en cuanto a su naturaleza, no a su condición moral, son espíritus puros, porque carecen de materia. Pero sólo Dios es Espíritu Purísimo, porque, además de carecer de materia, es el Ser subsistente por sí mismo, sin mezcla de acto y potencia, de ser y no-ser. La gente suele confundir «espíritu» con «fantasma», pero basta con fijarse en lo siguiente: Lo espiritual no es menos real que lo material, sino mucho más real, porque participa en grado más alto de la perfección del ser.

(10) *Dios, Eternidad de.* Para comenzar, una advertencia: Que Dios es eterno significa que Dios dura siempre. Pero significa también mucho más que eso, porque también las cosas temporales pueden continuar indefinidamente en la existencia, pero no son eternas. Léase despacio el Sal. 90:1-12. Boecio definió la eternidad de Dios así: «La posesión perfecta, y simultáneamente total, de la infinita vida divina». Por eso, la eternidad propiamente dicha no tiene principio, ni fin ni sucesión. En esto último se distingue radicalmente del tiempo que, según la atinada definición de Aristóteles, es la numeración del movimiento según un antes y un después. ¿Qué relación guarda la eternidad con el tiempo? ¡Difícil pregunta! Trataré de responderla: Dios conoce y obra desde su eternidad, pero esta causalidad «eterna» tiene su efecto «en el tiempo»; con esta clase de relación «causa-efecto», ni lo temporal se convierte en eterno, ni lo eterno en temporal. Para que el Hijo de Dios pudiera entrar en el tiempo tuvo que encarnarse (Jn. 1:14). Fue así como todas las vicisitudes del tiempo le pudieron afectar directamente. Para más detalles, cf. *CPDTB*, Parte I, lecc. 9ª.

(11) *Dios, Gobierno de.* Aunque el gobierno de Dios supone su providencia, lo estudiamos separadamente porque los conceptos de ambos son distintos: la providencia tiene que ver con el designio del plan; el gobierno, con la ejecución del plan. En este tema específico hay que distinguir el gobierno de Dios: (A) En lo que afecta a las criaturas de los reinos mineral, vegetal y animal, el gobierno de Dios no nos plantea ningún problema, porque todos ellos, cada uno según su naturaleza respectiva, funcionan a impulsos de un instinto interior que no pueden impedir ni controlar por sí mismos. (B) En cambio, en lo que afecta a los seres humanos y a los ángeles, todos ellos disponen de libre albedrío para tomar

decisiones responsables. Prescindimos aquí de los ángeles (cf. *Ángel*). Tenemos igualmente en cuenta que el ser humano está caído por el pecado, lo cual podrá modificar su responsabilidad, pero no abolirla.

¿Cómo se conjuga el gobierno eficaz de Dios con el libre albedrío del hombre? Remitiendo al lector al *CPDTB*, Parte I, lecc. 20ª, responderé con la brevedad que exige un Diccionario como éste: (a) Respuesta pelagiana: El albedrío del hombre está capacitado para obrar y merecer la salvación sin necesidad del concurso divino. (b) Respuesta semipelagiana: La gracia de Dios es necesaria para salvarse, pero el albedrío del hombre es suficiente para buscar y merecer dicha gracia y para perseverar en ella, una vez obtenida. (c) Respuesta arminiana: La gracia salvífica se da a todos sin excepción; el hombre es siempre libre para cooperar con la gracia o para resistirla. (d) Respuesta amiraldiana (aquí me clasifico personalmente): El libre albedrío del hombre tiende siempre a resistir a la gracia de Dios, pero Dios es soberano y muchas veces quiebra esa resistencia, aunque otras veces la permite por sus justos juicios. La gracia de Dios actúa por modo de atracción (cf. Jer. 31:3; Jn. 6:44). (E) Respuesta calvinista: La gracia de Dios es siempre eficaz e irresistible, y se otorga sólo a los predestinados. El hombre es, antes de la moción eficaz de la gracia, un cadáver espiritual, que no puede hacer absolutamente nada por sí mismo, ni siquiera aceptar o rechazar esa gracia que se le impone por el poder amoroso, selectivo, de Dios.

(12) *Dios, Infinitud de*. Infinito, como lo da a entender el vocablo mismo, significa «no-limitado». A Dios no lo limita: (A) su esencia, porque es el Ser Purísimo; (B) ni su naturaleza, porque es Espíritu; (C) ni el espacio, porque es inmenso; (D) ni el tiempo, porque es eterno. Textos más importantes: 1 R. 8:27 y Hch. 17:24-28. Esta infinitud de Dios no debe concebirse como un océano en el que todos los seres creados estén sumergidos, sino como una energía capaz de estar viva y activa, entera y al mismo tiempo, en todos y cada uno de los lugares y de los seres.

(13) *Dios, Inmortalidad de*. La inmortalidad de Dios se supone una vez demostrada su eternidad, porque todo lo eterno es necesariamente inmortal, aunque no viceversa. Además de Dios (cf. 1 Ti. 1:17), son inmortales por naturaleza: (A) Los ángeles, por ser espíritus puros; (B) El alma humana, por ser inmaterial. Aunque también las almas de los réprobos perdurarán siempre en la existencia (cf. Mt. 25:46), no se puede decir propiamente que sean inmortales, porque lo contrario de «muerte» es «vida», y ellos no están propiamente «vivos», sino destinados a la «muerte segunda», que es el lago de fuego y azufre (cf. Ap. 21:8).

(14) *Dios, Inmutabilidad de*. De acuerdo con su etim., la inmutabilidad es la imposibilidad de cambiar. Para poder cambiar, hay que dejar algo que se tiene o tomar algo que no se tiene; en ambos casos, el ser no es infinito ni simple, dos perfecciones que le pertenecen a Dios por ser infinito y simplicísimo (cf. p. ej. Sal. 102:25-28; Mal. 3:6). Respecto a este punto, debo hacer una distinción: (A) Dios no puede cambiar Su naturaleza, sus promesas, sus planes (cf. 1 S. 15:29); (B) Pero la Palabra de Dios nos lo presenta cambiando = arrepintiéndose (cf. 1 S. 15:35) en la medida en que cambia el sujeto con el que Dios está tratando. Un ej. que ilustra esto es el siguiente: Un ciclista a quien le da el viento de espaldas podría pensar que el viento cambiaba de dirección cuando, al tomar una curva, le da en la cara, pero no es el viento el que ha cambiado de dirección, sino él.

(15) *Dios, Longanimidad de*. El gr. del NT tiene dos vocablos distintos para longanimidad (*makrothumía* = largura de ánimo) y para paciencia (*hupomoné* = aguante bajo un peso). Ambas son atribuidas a Dios en la Biblia. La 1ª es necesaria para soportar a las personas (cf. Ro. 2:4); la 2ª, para aguantar bajo el peso de circunstancias adversas (cf. Ro. 15:5). Es cierto que Dios tiene poder para cambiar esas circunstancias, pero no lo hace en muchos casos, por sus justos juicios. En Ro. 2:4, el gr. no tiene el vocablo *hupomoné*.

(16) *Dios, Nombres de*. Resumo aquí lo que digo en *CPDTB*, Parte I, lecc. 2ª. Los tres principales nombres de Dios, según constan en la Biblia, son: (A) *Elohim, El, Elah, Eloah* (p. ej. Gn. 1:1). Se refiere a Dios como Creador y Gobernador Supremo del Universo. No es nombre exclusivo de Dios, pues se aplica también: (a) a los dioses falsos (Sal. 95:3), (b) a ciertos hombres (Gn. 33:10), y (c) a jueces y gobernadores (cf. Sal. 82:6 y comp. con Jn. 10:34); (B) *Yahweh, Yah*. Con este nombre, nos presenta la Biblia a Dios en su relación salvífica y protectora de su pueblo. Ocurre por 1ª vez en Gn. 2:4, unido a *Elohim*, así como en el resto del cap. y en el cap. 3. Como el gr. *Iesoús* = Jesús, es versión del hebr. *Yeshúah* = *Yah* salva, se entiende la interpretación de Mt. 1:21 a este respecto; (C) *Adonay* = Señor, es el nombre que se refiere a Dios como Dueño de

todo lo existente. Como los judíos no se atreven a escribir o pronunciar el nombre sagrado, escriben las consonantes de Yahweh con las vocales de Adonay.

(17) *Dios, Omnipotencia de*. Significa que Dios puede hacer cuanto quiere, pero sólo puede querer lo que va de acuerdo con todas y cada una de sus demás perfecciones. Ej. importante es Mt. 19:26. Veamos cuáles son las limitaciones impuestas a la omnipotencia de Dios: (A) Impuestas por su naturaleza: Dios no puede mentir (Tit. 1:2), ni ser tentado a pecar (Stg. 1:13), ni negarse a sí mismo (2 Ti. 2:13); (B) Impuestas por su propia voluntad: Cuando decidió no escatimar a su propio Hijo (Ro. 8:32), no romper algunas resistencias (Ro. 9:17), escoger no a Esaú, sino a Jacob (Ro. 9:13). Por otra parte, si Dios no destruye el mal, no se debe a falta de omnipotencia, sino a que: (a) no quiere violar las leyes generales de la naturaleza (en el mal físico), (b) ni el albedrío responsable del ser humano (en el mal moral).

(18) *Dios, Omnipresencia de*. Como lo dice el mismo vocablo, omni-presente es «el que está presente en todo». Dios está en todo lugar y en todas las cosas, porque las cosas son también «lugares», pero están sin confundirse con las cosas (contra el panteísmo). Porción hermosa es Sal. 139:7-12. A la pregunta: ¿En qué lugar estaba Dios antes de la creación del Universo?, hay que responder: Él era su propio «lugar», pues el lugar no puede ser algo «sobreañadido» a Dios, ya que es uno de los 9 accidentes (cf. *Accidente*). Pero Dios no está en todas partes del mismo modo: (A) Dios está, por razón de su inmensidad, en todos los lugares existentes y posibles; (B) Dios mora: (a) en los cielos de los cielos (1 R. 8:27); (b) en el Lugar Santísimo; ahora, en la Iglesia (1 P. 2:5); (c) en cada uno de los creyentes (Jn. 14:23; Ro. 8:11; 1 Co. 3:16; 6:19; 2 Co. 6:16; Ef. 2:19-22; 1 P. 5:1-5).

(19) *Dios, Omnisciencia de*. El vocablo proviene del lat., como los dos anteriores. Omnisciente es «el que lo sabe todo». Porción hermosa es Sal. 139:1-6. Dios conoce todo de modo perfecto, total, exhaustivo hasta el mínimo detalle. Los objetos del conocimiento divino son de tres clases: (A) Lo posible, es decir, lo que no halla por parte de la omnipotencia divina ningún obstáculo para poder existir; (B) Lo existente, en cualquiera de los tres tiempos de la existencia: pasado, presente y futuro, porque ante Dios, todo está presente; (C) Lo futurible, que no es un mero posible, pero tampoco ha existido, ni existe, ni existirá. ¿Qué es, pues, lo futurible? «Lo que nunca existe, pero existiría si se diese un determinado «cuadro» de circunstancias que no se van a dar.» Dos porciones que no necesitan comentario: 1 S. 23:10-13 y Mt. 11:20-24. Esto de los futuribles no es tema meramente académico, sino que es eminentemente práctico. Sin el conocimiento claro de lo futurible, (a) Dios no podría programar por adelantado la marcha de la historia según los planes de una providencia sabia y amorosa, ni (b) la oración tendría eficacia alguna, pues todo estaría ya fijado de antemano en los designios de Dios acerca del futuro.

(20) *Dios, Paciencia de* (cf. el punto 15, *Dios, Longanimidad de*)

(21) *Dios, Perfecciones de*. Aunque todos los demás puntos tratan de ciertas perfecciones divinas, conviene considerarlas en sus características generales. Dejando aparte otras clasificaciones menos importantes, voy a tratarlas según una doble división: (A) en comunicables e incomunicables: (a) son comunicables las que pertenecen a la naturaleza divina (lo que Dios hace –cómo piensa, desea, quiere, ama y actúa); (b) son incomunicables las que pertenecen a la esencia divina (lo que Dios es –infinito, eterno, omnipotente, etc.); (B) en puras y mixtas: (a) son puras las perfecciones que no entrañan en su concepto ninguna imperfección, como vida. Estas se hallan en Dios según todo su significado y en grado infinito (cf. Ap. 4:10); (b) son mixtas las que entrañan alguna imperfección, como cuerpo. Estas no se hallan en Dios en su propio significado (Dios es espíritu, sin mezcla de materia, no está ligado a las limitaciones de lo corporal –cf. Jn. 4:24), pero en lo que tienen de perfección imperfecta como entes que pertenecen a un grado determinado del ser, se hallan en Dios de un modo infinitamente superior, por ser el Ser infinito y el creador de todo ser.

(22) *Dios, Predestinación de*. La predestinación es «el acto por el cual Dios, simultáneamente con la elección (cf. *Dios, Elección de*), ha predeterminado y fijado el destino de los elegidos. Incluye: (A) Un preconocimiento (Ro. 8:29); (B) Una selección = separación de los no elegidos (Ef. 1:4); (C) Una destinación (Ef. 1:5) y (D) Un propósito (Ef. 1:9).

La predestinación ha sido siempre un tema muy debatido entre los teólogos de todos los tiempos y, de ordinario, ha servido para dañar, por causa del egoísmo y del orgullo que tienen su sede en todo ser humano carnal (converso o inconverso). El modo de resolver el problema que el tema plantea depende del punto de vista de cada escuela teológica. Sin más, remito al lector a mi libro *CPDTB*, Parte I, lecc. 17ª.

(23) *Dios, Presciencia de.* La presciencia (del lat. *prae* = de antemano y *scire* = saber) es una parte de la omnisciencia de Dios. Este «preconocimiento» de Dios se halla en la Biblia de dos maneras: (A) Como un conocimiento mental que precede lógicamente al designio divino (cf. Hch. 2:23); (B) Como un conocimiento cordial, que precede lógicamente a cualquier otro designio de Dios (cf. Ro. 8:29).

(24) *Dios, Providencia de.* La Biblia no tiene en hebr. ni en gr. vocablos que definan el concepto de providencia, pero nos presenta a Dios preocupándose en concreto de los seres creados e impartiéndoles lo necesario y conveniente para que cada uno, según su naturaleza respectiva, pueda conseguir su destino. Así, p. ej., en Job 10:12, se halla el vocablo hebr. *pequddáh* = protección (cuidado, en la RV60). La LXX lo vierte por el gr. *episkopé* = visitación. Este vocablo ocurre 4 veces en el NT, pero sólo hace a nuestro caso en Lc. 19:44 y 1 P. 2:12, donde recibe cierto aspecto de «juicio».

Si se estudia la Palabra de Dios en todo su contexto, vemos que la providencia: (A) Supone una presciencia eficaz del futuro. Nada puede tomar a Dios por sorpresa, ni siquiera el mal. Dios lo prevé, pero, de ordinario, no impide el mal físico, porque no quiere violar las leyes generales de la naturaleza, ni el mal moral, porque ha decidido respetar el libre albedrío del ser humano; sin embargo, siempre sabe sacar bienes de los males (cf. Gn. 50:20; Ro. 8:28); (B) Comporta una planificación general de la historia del mundo y de la humanidad: (C) Requiere un gobierno eficaz, con todos los medios necesarios para llevar a cabo, infaliblemente, sin que nadie ni nada pueda impedirlo, todo lo que Dios ha programado para que suceda.

(25) *Dios, Pruebas de la existencia de.* Todo creyente debe estar siempre preparado para presentar defensa (no ataque) con mansedumbre y respeto (1 P. 3:15). En mi opinión, debe estar dispuesto al diálogo (lo cual requiere una buena preparación), pero no a la disputa con un incrédulo. A un inconverso que pida «razones», es preferible decirle: «Una cosa sé: que, siendo ciego, ahora veo» (Jn. 9:25 –lit.). La Biblia no intenta demostrar la existencia de Dios, sino que, desde el principio, nos lo presenta vivo y activo (Gn. 1:1) y apela a la fe para conocer incluso la creación del Universo (He. 11:3). ¿Qué diremos, pues, de los argumentos de razón que se han propuesto para demostrar la existencia de Dios? Voy a dar mi opinión personal, sin tratar de imponerla a nadie: (A) Creo en la inspiración verbal de la Biblia y, por tanto, admito Ro. 1:18-20, pero estoy seguro de que Pablo escribe esa porción desde la óptica del creyente, no del filósofo. En otras palabras, pienso que, en la práctica, ningún inconverso puede admitir a Dios ni en su mente ni en su vida, a no ser por una moción eficaz del E. Santo que le ilumine los ojos del corazón (Ef. 1:18). Por tanto, la razón humana es incapaz, por sí sola, para demostrar la existencia de Dios (contra el C. Vaticano I, can. 1, *de revelatione*).

Con este supuesto por delante, voy a analizar los principales argumentos filosóficos, inventados para demostrar, por medio de la razón, la existencia de Dios. Sigo la misma línea que ya expresé en mi libro *Un Dios en Tres personas* (CLIE), lecc. 4ª.

(A) *Argumento ontológico.* Ha sido propuesto de dos maneras: (a) *A priori*, por puro análisis: «Dios es el ser más perfecto que se puede concebir. Ahora bien, tal ser debe existir; de lo contrario, podríamos concebir un ser más perfecto: algo existente. Luego Dios existe». Este argumento adolece de una falacia evidente, pues salta indebidamente del orden de las ideas (lo que pensamos) al orden de las cosas (lo que existe); (b) *A posteriori*: «Todo lo que vemos es contingente, es decir, puede existir o no existir, pues no tiene en sí mismo la razón de su existencia. Ahora bien, lo contingente postula, por eso mismo, la existencia de un Ser Necesario que sea la causa de todo lo que no puede existir por sí mismo. Por tanto, existe el Ser necesario al que llamamos Dios». A esto respondo (cf. *Contingencia, contingente*, punto 2), (B): Tomando globalmente el Universo, en toda su dimensión espacio-temporal, (a) admito que sea contingente, pues podría no existir, pero (b) niego que, por eso, tenga que ser creado por un Ser Necesario, pues, a pesar de su contingencia, podría haber existido siempre, posibilidad que ni el propio Tomás de Aquino se atrevió a negar (cf. *Summa Theológica* 1, q. 46, art. 2). En otras palabras, lo que es creado, necesariamente es contingente, pero no viceversa.

(B) *Argumento teleológico.* Este argumento se llama así porque se basa en la causalidad final (gr. *télos*): «El Universo, visto en su conjunto, presenta un orden admirable. Ahora bien, donde hay un orden, ha de haber un ordenador universal inteligente. A ése llamamos Dios». Pero un científico no creyente puede oponer que: (a) todo el proceso evolutivo se explica por la adaptación al medio; (b) la materia no es inerte, sino que, desde el subátomo, hay una especie, aunque ínfima, de «conciencia», por la que todo asciende en espiral hasta llegar al «punto Omega», según la genial teoría de P. Teilhard de Chardin; (c) dicha finalidad cósmica puede tener una causa inmanente como «alma del mundo», sin necesidad de recurrir a una causa trascendente como Dios.

(C) *Argumento psicológico*: «La conciencia nos hace ver la existencia de una ley moral que se impone al individuo como norma anterior y superior a él. Ahora bien, toda ley universal, superior al individuo humano, supone la existencia de un Legislador universal, también anterior y superior al ser humano. A ese Legislador llamamos Dios». Pero la Psicología Profunda, a partir de Freud, ha demostrado que dicha «voz de la conciencia» es, más bien, lo que él llamó el «Súper-Ego» = conjunto de normas religiosas, morales y sociales, que le han venido al individuo desde fuera (padres, maestros, tutores, sacerdotes). Sabemos por la fe (Ro. 2:15) que esa voz de la conciencia es obra de la ley escrita en sus corazones, pero un incrédulo puede objetar que eso es una adaptación de Pablo a la ideología de su tiempo.

(D) *Argumento histórico*: «Todos los pueblos, desde los que llamamos primitivos hasta los más civilizados, han creído en la existencia de un Ser Supremo, Hacedor del Universo. Ahora bien, esta creencia universal en el tiempo y en el espacio no puede carecer de fundamento. Luego existe realmente ese Ser Supremo, al que llamamos Dios». Sin embargo, bien pudiera ser que la idea de Dios, común a la humanidad de buena voluntad, fuera un mito heredado de los primeros homínidos, víctimas del pensamiento mágico que en ellos hubo de producir su primera confrontación con las desconocidas fuerzas de la Naturaleza.

Conclusión general: Todos los argumentos de la razón humana pueden servir para confirmar la existencia de Dios, ya conocida por la fe, pero no son, por sí solos, una prueba decisiva, evidente y eficaz que se imponga al corazón entenebrecido (Ro. 1:21) del inconverso.

(26) *Dios, Reprobación de*. La reprobación es como la cara «negativa» de la elección, pues los réprobos son, en último término, los no elegidos para salvación. Los calvinistas supra y sublapsarios sostienen que Dios destina de la misma manera a la salvación y a la condenación, pero los amiraldianos (más, si cabe, los arminianos) decimos que la salvación es fruto de una predestinación positiva directa, mientras que la reprobación es efecto de una predestinación negativa indirecta (permitida, no querida), como consta claramente de los siguientes textos bíblicos: (A) Mt. 25:34, 41 –¡atención al ptc. preparado!– En el v. 34, el «reino preparado para vosotros»; en el v. 41, «el fuego eterno preparado para el diablo y sus ángeles». (B) Ro. 2:4-5. En el v. 4, «la benignidad de Dios guía al arrepentimiento»; en el v. 5, el individuo mismo «atesora para sí ira para el día de la ira». (C) Ro. 9:22-23 –¡atención de nuevo al ptc. preparados!– En el v. 22, «Dios soporta con mucha longanimidad los vasos de ira preparados» (¿por quién, sino por ellos mismos?) para destrucción; en el v. 23, «Dios muestra las riquezas de su gloria para con los vasos de misericordia que él preparó de antemano para su gloria».

(27) *Dios, Santidad de*. La santidad es una cualidad, propia e infinita en Dios, participada y limitada en el ser humano, pero siempre consta de dos facetas: (A) trascendencia, por la que el ser se aparta del mal; (B) inmanencia, por la que se acerca al bien (para compartirlo o para combatir el mal).

Dios nos dio un magnífico ejemplo de santidad, en sus dos facetas, en la Persona de Jesucristo, el cual «pasó haciendo el bien» (Hch. 10:38) y «no hizo ningún mal» (Lc. 23:41). Igualmente debe obrar el cristiano (cf. Stg. 1:27, donde tenemos el obrar el bien y el guardarse del mal).

La Palabra de Dios abunda en vocablos que describen los distintos aspectos de la santidad. Destacan los siguientes: (a) el hebr. *qadósh* y el gr. *hágios*, que indican separación; (b) el hebr. *tsaddíq* y el gr. *díkaios*, que indican respeto al derecho ajeno; (c) el hebr. *ashér* que, curiosamente, puede significar recto y dichoso (cf. Sal. 1:1); (d) el gr. *hósios*, que indica una rectitud incorruptible, sancionada por los dioses; (e) el gr. *hierós* = algo consagrado a los dioses y, por tanto, «intocable»; (f) el gr. *hagnós* = puro, limpio de contaminación legal y de mancha moral.

Es interesante que la 1ª vez que la Biblia llama a Dios «el Dios Santo» es en 1 S. 6:20. Tanto en ese cap. (cf. el contexto de los caps. 4 y 5), como en 2 S. 6:1-10, se palpa el pavor sagrado que la trascendencia de Dios inspira. Me temo que los cristianos hemos perdido, tal vez por completo, ese pavor que debería producirnos la presencia de Dios. Es cierto que Dios es nuestro Padre, pero muchas veces olvidamos que también ese Padre es nuestro Dios.

(28) *Dios, Simplicidad de*. Entendemos aquí por simplicidad la perfección por la cual Dios es el

Ser Purísimo, sin posible composición (cf. Éx. 3:14). Por ser el mismo Ser Subsistente por sí mismo, Dios no puede tener en sí «composición» = mezcla de ser y no-ser.

Esta perfección no es obstáculo para la existencia de tres Personas distintas dentro de la Deidad, porque estas tres Personas no son sustancias ni partes de las que Dios se componga, sino que cada una de ellas es Dios entero, en relación constitutiva hacia las otras dos. Ahora bien, la «relación» es la única de las categorías aristotélicas que no es, de sí misma, una «añadidura» (accidente) adherida a la sustancia, sino que puede identificarse con ella, como ocurre en Dios.

(29) *Dios, Trina Deidad*. Este tema requiere ser tratado, por su extensión y su diferencia radical, por separado (cf. *Trinidad*).

(30) *Dios, Verbo de* (cf. *Trinidad*).

(31) *Dios, Visión facial de*. En este punto, resumo (y corrijo en parte) lo que escribí en *Un Dios en Tres Personas* (CLIE), lecc. 5ª, punto 5º.

La idea de la visión facial de Dios no es de origen judío, pues los judíos inconversos no creen en otra vida que la presente (y ésta es la mentalidad que se descubre en el AT hasta casi el final de Daniel). Por otra parte, abundan en la Biblia porciones en las que se habla de «ver a Dios cara a cara», «ver a Dios», «ver el rostro de Dios» (cf. Gn. 32:30; Éx. 33:11; Nm. 14:14; Dt. 5:4; 34:10; Mt. 5:8; 1 Co. 13:12; He. 12:14; Ap. 22:4). Por otra parte, Jn. 1:18; 6:46; 1 Ti. 6:16 nos aseguran que a Dios nadie le ha visto jamás, ni le puede ver.

Tanto la llamada Ortodoxia como la Iglesia de Roma creen en la visión facial de Dios. El papa Benedicto XII definió como dogma de fe, en 1336, que las almas que se salvan, tan pronto como entran en el cielo, «han visto y ven la esencia divina intuitivamente y cara a cara, de modo que, en cuanto se refiere al objeto visto, nada creado se interpone como medio de visión, sino que la esencia divina se les manifiesta plena, clara y abiertamente». Como digo en mi libro mencionado, el estudio de los lugares bíblicos en que se apoya la Iglesia de Roma nos hace ver que en esos lugares y en todos los demás que he citado en el párr. anterior no hay referencia a la visión directa de la esencia divina. Tengo que confesar al lector que, en un punto, me retracto de lo dicho. Ese punto es Ap. 22:4, donde leemos que «verán su rostro (gr. *prósopon*)». Ya se entienda por el gr. *prósopon* el «rostro» (lo más probable en ese contexto) o la «persona» del Padre, basta cotejarlo con Éx. 34:18-23 para ver que se trata literalmente de la visión facial de Dios. En efecto, al ruego de Moisés: «Te ruego que me muestres tu gloria», Yahweh responde: «No podrás ver mi rostro; porque no me verá hombre y vivirá. Después apartaré mi mano y verás mis espaldas; mas no se verá mi rostro».

Aquí se dice claramente que nadie puede ver el rostro de Dios, pero ¿cuándo? En esta vida («no me verá hombre y vivirá»). Luego Ap. 22:4 cambia de «vida» (ahora ya es la «vida eterna» en su consumación definitiva) y puede asegurarnos sin contradicción: «verán su rostro» (el del Padre, cf. el contexto anterior).

Ahora bien, Dios el Padre es Espíritu (Jn. 4:24); así que una visión con los ojos del alma espiritual –ésa es la doctrina de Roma– podría ser aceptable. Pero encuentro una grave dificultad: Tal cosa daría felicidad al alma, pero el cuerpo no sería afectado. Me atrevo, pues, a decir que quizá no andan equivocados los sencillos hermanos y hermanas que creen que veremos a nuestro Padre bajo alguna figura visible a los ojos del cuerpo, que no se olvide, en su estado de gloriosa resurrección, será un cuerpo renovado. Estaría igualmente en consonancia con todos los lugares de Ap. en que se presenta al Padre «localizado» en el trono. ¿Cómo será eso? No lo podemos saber ahora, porque en este mundo no hay nada que nos pueda ofrecer ninguna analogía posible; por eso, en Ap. 4:3, aunque el Padre se halla «localizado», como acabo de decir, su figura se describe metafóricamente bajo la imagen de piedras preciosas, lo mejor que un judío como Juan podía encontrar en la imaginería de lo más hermoso y valioso.

Bib. San Bernardo, *Tratado del amor de Dios* (San Pablo, Madrid 1997); Fisher Humphreys, *La naturaleza de Dios* (CBP, El Paso); Varios, *Dios amor en la tradición cristiana y en los interrogantes del hombre contemporáneo* (Ciudad Nueva, Madrid 1994).

DISCIPLINA El vocablo entró en el cast. después del 1250 en el sentido de «doctrina»; sólo en 1490 entra el vb. disciplinar en el sentido de «someter a alguien a disciplina». Ambos vocablos proceden del lat. *discípulus* = discípulo, del vb. *díscere* = aprender. Debo advertir la diferencia que existe entre «alumno» y «discípulo». El alumno propiamente dicho es «alguien que acude a las clases impartidas por un maestro, profesor, catedrático, etc.». En cambio, el discípulo es «alguien que aprende de un maestro y, además, convive con el maestro». Por eso, los evangelios nos presentan a los más inmediatos seguidores de Cristo, no como «alumnos», sino como «discípulos» (confirmado en Hch. 1:21-22).

Pero, al hablar aquí de «disciplina», tomamos el vocablo específicamente como «el ejercicio de las llaves por parte de la autoridad de la iglesia» (cf. Mt. 16:19; 18:18; Jn. 20:23; 1 Co. 5:4). Este «ejercicio de las llaves» no es, primordialmente, un veredicto de los líderes de la iglesia local, sino una confirmación de lo ya juzgado en el Cielo, pues la versión exacta de Mt. 16:19 es la siguiente: «Te daré las llaves del reino de los cielos y todo lo que ates sobre la tierra habrá sido atado en los cielos, y todo lo que desates sobre la tierra habrá sido desatado en los cielos». Es cierto que debe preceder la admonición en privado (Mt. 18:15; Gá. 6:1, el orig. no dice «falta», sino «caída grave», gr. *paráptoma*), pero los pecados notorios deben reprenderse públicamente (cf. Gá. 2:11,14; 1 Ti. 5:20). En 1 Co. 11:27 ss. se habla de una conducta indigna que, por falta de corrección disciplinar, es «disciplinada» directamente por Dios mismo. Por otra parte, aunque en el uso de las «llaves» haya que llegar a la «excomunión» = «poner a alguien fuera de comunión», el transgresor debe «ser desatado» tan pronto como haya dado suficientes muestras de sincero arrepentimiento. No es cristiano tratar al excomulgado (menos aún, al amonestado) como un leproso que hay que mantener indefinidamente en el gueto. El que, en representación de la comunidad, ejerce el poder de las llaves, debe considerar que, si él mismo se mantiene de pie, a la gracia de Dios lo debe y, por tanto, debe vigilar, no sea que él vaya a caer también. Ningún líder debería quedar inmune de disciplina, pues la iglesia no es un parlamento político, sino una comunidad cuyo verdadero Jefe es el Señor.

Termino con unas líneas de R. N. Caswell: «La dinámica tras la restauración de la disciplina debe ser el honor de Cristo, ya que su nombre es deshonrado por la indignidad en su cuerpo, la iglesia. Si se permite el relajamiento, ciertamente se extenderá (1 Co. 5:6). La disciplina verdadera es una expresión del interés cristiano, y fomenta una verdadera distinción entre la iglesia y el mundo» (*NDT*, «disciplina»).

DISPENSACIÓN, DISPENSACIONALISMO

El gr. del NT tiene 9 veces el vocablo *oikonomía* = dispensación, y 10 veces *oikónomos* = dispensador, aun cuando, en algunos lugares, se suelen verter por mayordomía y mayordomo respectivamente. A esas 19 veces hay que añadir la única vez que el gr. del NT usa el vb. *oikomoméin* = hacer de mayordomo o dispensador. El sentido lit. de los tres vocablos se palpa acudiendo a su etimología: *oíkos* = casa y *nómos* = ley, norma. Por tanto, *oikonoméin* = hacer de dispensador o mayordomo equivale a «administrar o reglamentar los planes y asuntos de una casa».

En sentido teológico, el dispensacionalismo describe el desarrollo del plan de Dios en varias dispensaciones a lo largo de la historia de la salvación. Se suelen distinguir siete dispensaciones, es decir, siete diferentes situaciones en las que Dios pone a prueba al ser humano, con el resultado de que, en todas ellas, el hombre demuestra ser un ser rebelde y hostil a Dios a consecuencia de la perversidad incurable de su corazón (cf. Jer. 17:9). Estas dispensaciones son (1) la de la inocencia, antes de la caída; (2) la de la conciencia, hasta el diluvio; (3) la del gobierno, hasta Abraham; (4) la de la promesa, hasta la donación de la ley mosaica; (5) la de la ley, hasta el día de Pentecostés (Hch. 2); (6) la de la Iglesia, hasta el arrebatamiento, y (7) la vigente durante el milenio. Al contrario que los pactos (cf. *Pacto*), las dispensaciones, aun siendo distintas entre sí, se solapan, es decir, continúan a través de otras dispensaciones.

Aunque, acerca de este tema, respeto las opiniones de otros hermanos, debo confesar que soy dispensacionalista, porque creo que es el mejor modo de entender los planes divinos, tanto en relación con la Iglesia como con relación a Israel, así como la mejor disposición para interpretar debidamente la profecía y, en especial, Apocalipsis.

Bib. Charles C. Ryrie, *Dispensacionalismo hoy* (Portavoz, Grand Rapids 1984); C. I. Scofield, *Traza bien la Palabra de Verdad* (Moody, Chicago 1955); Guillermo Walker, *Revelación progresiva* (Publicaciones Españolas, Dalton 1975).

DISPOSICIÓN

Tomamos aquí este vocablo a nivel metafísico, dentro del tema de la causalidad (cf. *Causa*), como «algo que se requiere, ya sea por su naturaleza, o por imposición de alguien o por mutuo acuerdo entre las partes, para la producción de un efecto», pero sin influir directamente sobre dicho efecto en razón de causa eficiente principal ni instrumental. Pongo un ej.: «Necesito estar despierto para poder escribir, pero el estar despierto no causa la acción de escribir». La disposición participa, en cierto modo, de la causalidad material en la medida en que prepara (dispone) la materia para una acción ulterior. En este sentido, se divide en directa e indirecta: (1) Es directa, si basta para dicha preparación; p. ej. si seco un madero mojado antes de prenderle fuego; (2) es indirecta, si dejo de mojar el madero que ya estaba mojado (cf. *Causa, causalidad*). Como ya dije en el art. que acabo de citar, las causas, a nivel metafísico, tienen que ver con el porqué, el problema más profundo para la mente humana. Esto explica que la filosofía sea mucho más importante que la ciencia, porque a ésta no le interesa el porqué, sino el para qué. Aunque la disposición, como he dicho anteriormente, se distinga de la causa propiamente dicha, no pertenece a lo científico, sino a lo filosófico. Como ya dije en el art. Condición, la condición no es causa, aunque se requiera para la producción del efecto. En esto es semejante a la disposición. La diferencia principal entre ambas está en que la condición supone una relación mental, mientras que la disposición supone una conexión ontológica.

A nivel teológico, todas estas clasificaciones son útiles en el debatido asunto de si el inconverso puede disponerse de algún modo para la recepción de la gracia. Según la doctrina de la Iglesia de Roma, hay que distinguir entre la disposición para recibir la 1ª gracia actual y la disposición para recibir la gracia de la justificación. (A) En cuanto a la 1ª, sostiene que nadie puede merecer esa 1ª gracia actual ni disponerse positivamente para recibirla. La mayoría de los teólogos admiten el famoso axioma «A quien hace lo que está de su parte, Dios no le niega la gracia», pero aun éstos explican que eso no significa que haya una conexión natural entre una disposición negativa y la recepción de la 1ª gracia, sino que eso se basa en la voluntad salvífica antecedente de Dios con respecto a todos los hombres. Entre los protestantes, creo que todos estamos de acuerdo en que el ser humano no puede hacer absolutamente nada antes de recibir la 1ª gracia preveniente del E. Santo. (B) En cuanto a la 2ª, los Reformadores sostuvieron que el ser humano es un cadáver espiritual antes de la regeneración que el E. Santo produce libre y soberanamente en el interior de ese «cadáver». Contra ellos, el C. de Trento definió (ses. VI, can. 9): «Si alguien dijere que el impío se justifica por la fe sola y que por ninguna parte es necesario que se prepare y disponga por un movimiento de su voluntad, sea anatema». El Concilio se apoya en Lm. 5:21 y Zac. 1:3, lugares que no prueban nada al respecto, porque van dirigidos al pueblo de Israel, que ya estaba salvo por fe; por tanto, tales porciones tienen que ver con la comunión, no con la unión. Mi opinión personal dista, tanto de la Iglesia de Roma como de los líderes de la Reforma, pues yo sostengo que el proceso de la regeneración espiritual, en el que se inserta la justificación, tiene dos etapas: (a) una que es el despertamiento (cf. Ef. 5:14), por el que el E. Santo, mediante la gracia preveniente, comienza su obra; en este comienzo, el ser humano no pone nada; es parecida a la concepción de un feto = generación (Jn. 1:13); (b) otra que es salir a la luz y ésta es, propiamente, el nacimiento de arriba (Jn. 3:3-8). Aquí, el ser humano no puede hacer nada positivo, pero puede rechazar el feto, produciendo un aborto, en lugar del nuevo nacimiento.

DISTINCIÓN El vocablo entró en el cast. durante el siglo xiv, mientras que distinto entró en el siglo xv, y distinguir en el xiii. Este vb. procede del lat. *distinguere* = separar, dividir, distinguir.

En el sentido que aquí damos al vocablo, distinción expresa la diferencia que existe entre varios conceptos (lógica; p. ej. entre el género y la especie) o seres (ontológica; p. ej. entre el todo y la parte) que tienen algo en común. Ahora bien: (1) Distinción real es aquella en que a la diferencia en el concepto se añade la diferencia en la cosa, ya sea que se manifieste empíricamente (distinción real física), ya sea que se conciba como condición necesaria para la posibilidad de existir de alguna cosa (distinción real metafísica). (2) Distinción conceptual es la existente entre conceptos diversos sin que corresponda en la cosa una pluralidad de la misma clase. P. ej. el concepto de blancura no es el mismo que el de frialdad, pero en la realidad la nieve es blanca y fría a la vez, en plena identidad real. (3) Hay una clase de distinción intermedia, que tiene lugar cuando uno de los contenidos en el concepto no es convertible en el otro, sino que sólo con fundamento en la experiencia puede añadirse el otro, p. ej. el hombre entero es animal y racional y ambas cualidades tienen su raíz en un alma única, aunque lo animal no es convertible con lo racional ni viceversa. Esto se llama una distinción lógica con fundamento en la cosa. Pero este fundamento (A) se llama real perfecto cuando se aplica a géneros y especies, como categorías de lo predicamental, como en el ejemplo aludido; (B) se llama real imperfecto, cuando el concepto de un contenido penetra necesariamente en el otro, como ocurre en el caso de los trascendentales, donde el ser se identifica con los demás trascendenta-

les, de forma que puede aplicarse también a la distinción entre las perfecciones divinas.
A nivel estrictamente teológico, tenemos la distinción real entre las tres Personas de la Deidad, una distinción que no se halla en ningún otro ser, pues siendo una distinción infinitamente real, como todo lo que hay en Dios, no significa una diferencia dentro del ser mismo de la Deidad, pues las tres Personas Divinas son consustanciales, es decir, poseen una única esencia, sustancia y naturaleza con la que cada una de las tres se identifica necesariamente.

DIVORCIO Este vocablo entró en el cast. en el siglo XVI y procede del lat. *divortium*; y éste, del vb. *divértere* = apartarse, desviarse, distraerse. Por lo que hace al matrimonio, único sentido en que tomamos aquí el vocablo, significa la separación de los cónyuges como solución definitiva (en esto se distingue de la mera separación). Si pueden o no contraer nuevas nupcias, es lo que vamos a ver ahora.
Los primeros escritores eclesiásticos, aun sin tratar directamente del tema, se inclinaron hacia el rechazo del divorcio. Pero, hacia el siglo VI, la «Ortodoxia» hablaba ya de «muerte moral» de un matrimonio. En la parte occidental de la Iglesia, debido especialmente a Agustín de Hipona, el matrimonio fue tenido por indisoluble. La evolución de la doctrina sobre el matrimonio en cuanto «sacramento» llevó a un punto de vista duro: el matrimonio entre cristianos es absolutamente indisoluble. Así ha continuado hasta el presente, pero con una doble especificación: (1) Sólo el matrimonio consumado (se supone la consumación pasadas las primeras 24 horas) es absolutamente indisoluble, pero no el matrimonio legítimo («rato») no consumado, pues éste se puede disolver fácilmente, ya sea por dispensación pontificia, ya sea por acuerdo entre los mismos cónyuges, sobre todo si uno de los cónyuges (o ambos) expresa su deseo de ingresar en una orden religiosa o prepararse (el varón) para el sacerdocio. (2) Por otra parte, con el desarrollo del Derecho canónico (colección de leyes de los papas y de los concilios), se inventaron impedimentos dirimentes (invalidantes) o impedientes (que tornan ilícita la celebración del matrimonio). De estos impedimentos, hay algunos que invalidan el matrimonio por ley natural o divina, de los cuales la Iglesia no puede dispensar, pero otros han sido impuestos por la autoridad eclesiástica, y de éstos puede dispensar siempre el papa y, en algún grado, los obispos.
Después de la Reforma, la Iglesia Anglicana heredó las ideas de la Iglesia de Roma, junto con las de los Reformadores del continente europeo, lo que ha producido en el anglicanismo una fuerte tensión entre dos puntos de vista distintos. Una tensión parecida se ha producido entre los protestantes de España, siendo los Hermanos los más opuestos al divorcio vincular.
Pero, ¿qué dice la Palabra de Dios? La legislación que hallamos en el Pentateuco tiende a preservar el punto de vista de que el varón y la mujer se unen en el matrimonio con la intención de permanecer unidos de por vida con la exclusión de otra persona. La porción principal a este respecto se halla en Dt. 24:1-4, que merece ser copiado según el original: «Cuando alguno toma una mujer y se casa con ella, si sucede que no halla gracia ante sus ojos porque ha encontrado algo reprochable en ella, y le escribe certificado de amputación (= divorcio), lo pone en la mano de ella y la despide de su casa, y ella sale de su casa y llega a ser de otro hombre; si el segundo marido la aborrece y le escribe certificado de amputación (= divorcio), lo pone en la mano de ella y la despide de su casa, o si muere este último marido que la tomó para ser su mujer, al primer marido que la despidió no le es permitido tomarla nuevamente por mujer, porque ha sido manchada (= despreciada), pues eso es abominación ante Yahweh. No traerás pecado sobre la tierra que Yahweh tu Dios te da por heredad». Nótese bien que el texto no manda, sino que concede un permiso, para ese divorcio. En realidad, dicha ley va dirigida contra la posibilidad de que el primer marido quiera volver a casarse con ella: la ley quiere impedir a todo trance que la mujer sea como «una falsa moneda que pasa de mano en mano y ninguno se la queda». Otro detalle digno de notarse es que la ley trata del divorcio, no de una mera separación, y, por eso, el original hebr. habla de amputación o desgarro, lo que supone que varón y mujer eran una sola carne (Gn. 2:24, cf. Ef. 5:25-32).
En el NT el divorcio aparece en un contexto que no es siempre el mismo. P. ej, en Mr. 10:12, sigue la pauta romana según la cual tanto el varón como la mujer podían iniciar el proceso de divorcio; en cambio, Mateo escribe, en primer término, para lectores judíos, por lo cual ni en Mt. 5:31-32 ni en Mt. 19:3-12 se habla de la misma manera. Con todo hay que tener en cuenta que, en Mt. 19:3, dicen los fariseos: «¿Es lícito a uno repudiar a su mujer por cualquier motivo?» (lit.). Jesús les hace ver lo que significa el matrimonio

según Gn. 2:24. Sin embargo, hay mucho que decir sobre los vv. de Mt. 5:32 y 19:9. ¿Qué significa el gr. *porneía*? En su Biblia del Peregrino, NT, p. 50, dice el ya fallecido jesuita L. Alonso Schökel: «Sobre la cláusula de excepción se sigue discutiendo: ¿se refiere a unión ilegal que no es verdadero matrimonio?, ¿admitían una excepción las comunidades judeocristianas? La letra favorece lo segundo, la interpretación tradicional lo primero».

Pero el problema se torna extremadamente agudo cuando pasamos al terreno práctico. Pongo un ejemplo real: Durante la guerra civil (1936-1939) en España, una mujer cuyo marido había sido dado oficialmente por «muerto» en el campo de batalla, consiguió permiso para casarse como viuda, ¡Cuál no sería su sorpresa cuando, algunos meses después de terminado el conflicto militar, apareció su primer marido, sano y salvo! Además, del primer marido no tenía descendencia; del segundo le habían nacido ya dos hijos. ¿Tenía esa mujer la obligación moral de «descasarse» para volver con el primero? Sé que muchos hermanos dicen: «De seguro, según la Palabra de Dios». Respeto esa opinión, pero pregunto: ¿Qué harían si se hallasen dentro de la piel del segundo marido? Todavía hay muchos otros casos más difíciles que el que acabo de contar, pero no necesito expresarlo aquí porque los hermanos de España los conocen sobradamente.

Bib. William W. Bassett, *El matrimonio, ¿es indisoluble?* (Sal Terrae, Santander 1971); Guy Duty, *Divorcio y nuevo matrimonio* (Betania, Minneápolis 1975); Bernhard Haering, *El cristiano y el matrimonio* (Verbo Divino, Estella 1970); H. Wayne House, ed., *Divorcio y segundas nupcias. Cuatro puntos de vista cristianos* (EMH, El Paso 1995); John Murray, *El divorcio* (EEE, Barcelona 1979); Marcos Antonio Ramos, *La pastoral del divorcio en la historia de la Iglesia* (Caribe, Miami 1988).

DOCETA, DOCETISMO Estos vocablos proceden del vb. gr *dokéin* = parecer. El docetismo fue una de las sectas gnósticas que pulularon en los primeros siglos de la Iglesia. Los docetas propiamente dichos sostenían que el Hijo de Dios, al encarnarse, había tomado un cuerpo aparente, no real, puesto que la materia es mala, y Cristo había de ser puro. Partiendo de la misma base gnóstica, un tal Cerinto, del Asia Menor, judeocristiano y contemporáneo del apóstol Juan, sostuvo que el mundo no fue creado por Dios, sino por un poder maléfico. Cristo fue un mero hombre, nacido de José y María, que al bautizarse en el Jordán fue convertido por el Espíritu de Dios en el gran profeta, pero el Espíritu de Dios le dejó antes de ir al Calvario, volviendo a ser un mero hombre que murió en la cruz abandonado de Dios.

Juan se enfrenta con estas dos herejías, tanto en el Evangelio como en su 1ª Epístola. (1) Contra los docetas, Juan hace ver que el Lógos se hizo verdaderamente carne (Jn. 1:1, 14) y, en 1 Jn. 4:3, asegura: «todo espíritu que no confiesa que Jesucristo no ha venido en carne, no es de Dios». Cf. *Cristo, 6, Cristo, Hijo de María,* donde ya vimos que Cristo fue un verdadero hombre, que padeció hambre, sed, cansancio, frío, etc., y que sufrió realmente en el Calvario, donde murió realmente; su corazón traspasado por la lanza (Jn. 19:32-37) es la señal definitiva de su muerte humana. (2) Contra Cerinto, Juan identifica el Lógos de Dios, tan Dios como el Padre (Jn. 1:1) con el hombre-Jesús, el Lógos hecho carne (Jn. 1:14) y, en 1 Jn. 5:6, muestra que Jesús era ya el Cristo cuando fue bautizado y siguió siéndolo cuando padeció en la cruz («Este es Jesucristo, que vino mediante agua y sangre; no mediante agua solamente, sino mediante agua y sangre»). Si bien algunos de los escritores primitivos de la escuela de Alejandría favorecieron algún tanto al docetismo, ya desde Ignacio (m. hacia el 115), pasando por Tertuliano, la escuela de Antioquía fue enfáticamente antidoceta y, tras los Concilios de Éfeso (431) y Calcedonia (451), toda la cristiandad aceptó la unidad de persona de Cristo en dos naturalezas verdaderas, divina y humana. Sin embargo, la teología moderna, al divorciar el Cristo de la fe del Jesús histórico, está en peligro de iniciar una nueva forma de docetismo.

DODD, CHARLES HAROLD Este clérigo inglés (1884-1973) se graduó en Oxford y fue profesor de NT en el Mansfield College de Oxford durante quince años (1915-1930). Desde 1930 hasta 1936 fue profesor de exégesis en la Universidad de Manchester y, finalmente, de teología en Cambridge desde 1936 hasta 1949, cuando se retiró de la vida académica, sin cesar por eso en sus múltiples actividades. Incluso en los muchos años de su retiro, Dodd sobresalió grandemente entre sus contemporáneos. Su pensamiento evolucionó a partir de su obra sobre las parábolas de Jesús, en la que defendió lo que se llama una «escatología realizada», pues más tarde modificó notablemente su posición al respecto. Sus obras más importantes fueron *La inter-*

pretación del Cuarto Evangelio (1953) y *Tradición histórica en el Cuarto Evangelio* (1963), en las que se opuso a Bultmann y demostró que era posible y adecuado hablar del «Jesús histórico» como del único Jesús existente.

Desafortunadamente, Dodd, ya desde su *Comentario a Romanos* (1932), sostuvo que la ira de Dios no podía ser entendida en términos de reacción divina contra el pecado de la humanidad, sino como un proceso impersonal de retribución en la historia de la humanidad. En la misma línea, rechazó la idea de propiciación por considerarla esencialmente antibíblica.

Bib. C. H. Dodd, *El Evangelio y la ley de Cristo* (San Sebastián 1967); *La Biblia y el hombre de hoy* (Cristiandad, Madrid 1973); *Las parábolas del Reino* (Cristiandad, 1974); *El fundador del cristianismo* (Herder, Barcelona 1980, 3ª ed.).

DOGMA Este vocablo entró en el cast. a comienzos del siglo XVII y, a través del lat., procede del gr. *dogma, dógmatos* = parecer, decisión, y éste, del vb. *dokéin* = parecer, ser opinión de.

A nivel eclesiástico, dogma es una verdad supuestamente revelada por Dios, que la Iglesia declara solemnemente como tal. Antes de esa declaración, la verdad era, como se dice técnicamente, *dogma quoad se* y el que la niega yerra en la fe, pero no incurre en herejía; en cambio, cuando ha sido declarada por la Iglesia, pasa a ser *dogma quoad nos* y el que la niega es anatematizado como hereje.

Fue especialmente a través de los pronunciamientos dogmáticos del Conc. de Trento y del Vaticano I como llegaron los dogmas a ser considerados como infalibles. Los Reformadores rechazaron esta conexión de lo dogmático con lo infalible. Como escribió K. Barth*: «La Palabra de Dios está por encima del dogma como los cielos están por encima de la tierra» (*Church Dogmatics*, I, Parte 1ª, p. 306).

Mucho discuten los teólogos católicos sobre la forma como un dogma puede deducirse de una verdad revelada en la que no está explícito. J. Henry Newman* en Inglaterra, y Charles Möller en Alemania, propusieron una nueva solución, diciendo que la verdad revelada ha ido creciendo y desarrollándose en la conciencia de la comunidad eclesial desde la época postapostólica, de forma que en cada época refleja el sentir comunitario de la Iglesia. El papa es una figura necesaria en este proceso, pues sirve de catalizador del sentir de la comunidad, y de garantía de que las definiciones dogmáticas de la Iglesia son infalibles.

Bib. Fidel G. Martínez, *Evolución del dogma y regla de fe* (CSIC, Madrid 1962); J. H. Newman, *Desenvolvimiento del dogma* (Revista de Estudios Franciscanos, Barcelona 1907); –*Ensayo sobre el desarrollo de la doctrina cristiana* (UPS, Salamanca 1997); James Orr, *El progreso del dogma* (CLIE, Terrassa 1988); Cándido Pozo, *La teoría del progreso dogmático en los teólogos de la Escuela de Salamanca* (CSIC, Madrid 1959); George Salmon, *La infalibilidad de la Iglesia* (CLIE, Terrassa 1985); Andrés Torres Queiruga, *Constitución y evolución del dogma. La teoría de Amor Ruibal y su aportación* (Marova, Madrid 1977).

DOGMÁTICA (cf. *Teología*) El vocablo dogmático puede tomarse en dos sentidos: (1) como perteneciente al dogma. En este sentido, el Vaticano II elaboró varios documentos bajo el título general de *Constitución Dogmática*; (2) como alguien que no admite crítica contra sus opiniones. Lo tomamos aquí en este 2º sentido. Aun así, el dogmatismo puede tomarse: (A) en general, como un modo de pensar que tiende a decir en todo la última palabra y a no tolerar ninguna contradicción; (B) como dirección científica opuesta al escepticismo.

DÖLLINGER, J. JOSEPH IGNAZ VON Este teólogo e historiador alemán (1799-1890) fue ordenado de presbítero en 1822 y fue profesor de historia eclesiástica en Aschaffenburg desde 1823 hasta 1826, y a continuación, en la Universidad de Munich hasta 1872. Decidido nacionalista, se pronunció a favor de una Iglesia católica alemana, con un metropolitano alemán a la cabeza. Sus protestas contra el absolutismo papal de Pío IX y el revivir de la teología escolástica le ganaron la oposición de los jesuitas, acostumbrados a tener por heréticas otras doctrinas que no fueran las de ellos.

Los temores de Döllinger se confirmaron cuando Pío IX proclamó como dogma la concepción inmaculada de María (1854) y después promulgó el *Syllabus* de errores (1864). En el Vaticano I (1869-1870) atacó vigorosamente la supremacía jerárquica y la infalibilidad del papa. Ante los gritos de muchos obispos contra él, tachándole de «hereje», reaccionó con la misma violencia, lo que le valió la excomunión en 1871 por la publicación de su libro *El Papa y el Concilio* (1869-1870). Con ello, fue removido de su sede episcopal, pero se le permitió asistir a la Misa. Döllinger organizó la llamada Vieja Iglesia Católica, pero lamentó que esta organización prescindiera de algunas prácticas romanas como el celibato y la confesión auricular.

DOMINGO DE GUZMÁN Este fraile español (1170-1221) es famoso por haber fundado la Orden de Predicadores (O.P.), también llamados dominicos por el nombre del fundador. Estudió en la Universidad de Palencia, posteriormente trasladada a Salamanca. Era miembro de una comunidad religiosa aneja a la catedral de Burgo de Osma, cuando, debido a su extraordinaria capacidad como teólogo y predicador, fue enviado al sur de Francia para ayudar a convertir a los albigenses*. Consciente de que, para ganarlos a la causa católica, la vida del predicador debía estar acompañada de un estilo austero de vida, él mismo dio ejemplo de pobreza voluntaria hasta el extremo de no usar calzado y mendigar sus alimentos.

Al principio tuvo poco éxito y se vio obligado a terminar su misión cuando Inocencio III (1198-1216) promovió el uso de la fuerza para acabar con los herejes en 1208. Pero Domingo, fascinado con la idea de un grupo de predicadores eruditos y mendicantes que ganaran a los herejes y a los paganos mediante la predicación del Evangelio y llevando una vida sencilla, atrajo un buen grupo de seguidores. A pesar de esto, el Conc. IV de Letrán (1215), bajo Inocencio III, les negó el reconocimiento, pero en 1216 Honorio III les dio su reconocimiento y, en 1220, fue confirmada su regla.

Desde entonces hasta su muerte, Domingo viajó por Italia, Francia y España, organizando su Orden de Predicadores. Fue canonizado en 1224.

Bib. Guy Bedoulle, *La fuerza de la palabra. Domingo de Guzmán* (ESE, Salamanca 1987); Felicísimo Martínez, *Domingo de Guzmán, evangelio viviente* (ESE, Salamanca 1991); Antonio Villacorta Baños, *El castellano Domingo de Guzmán* (ESE, 1998).

DOMINICOS Se llama así a los frailes de la Orden de Predicadores, fundada por Domingo de Guzmán*. Los dominicos, desde la fundación de la orden, viven en comunidad guardando las normas de las órdenes mendicantes y, al mismo tiempo, dando tiempo suficiente al estudio y a la predicación. Son gobernados democráticamente, mediante la elección de superiores locales y provinciales, bajo un Maestro General.

Del progreso de la Orden de Predicadores da fe el hecho de que, cuarenta años después de la fundación, sus maestros estaban enseñando en Oxford, París, Bolonia y Colonia. Dominicos insignes fueron Alberto Magno* y Tomás de Aquino*. Después de un periodo de conflicto con los franciscanos y de relativa incertidumbre, el pensamiento de Tomás de Aquino fue aceptado por la Iglesia como la base de la teología católica. Tanto es así que, en el Conc. de Trento, sobre la mesa central del Concilio figuraba la *Summa Theológica* de Tomás, como representante de la tradición católica, junto a la Biblia, representante de la revelación. El siglo XVI fue un periodo de auge para la orden dominica con eruditos como Francisco de Vitoria (1485-1546) y Tomás de Vío (1469-1534), más conocido con el nombre de Cayetano, por ser originario de Gaeta. Muchos de los teólogos del Conc. de Trento fueron dominicos, aunque los teólogos jesuitas como Suárez, Belarmino y Laínez dejaron también su impronta en muchas decisiones dogmáticas del Concilio y hasta llevaron a los dominicos a un segundo plano. Con todo, el siglo XVI produjo dominicos de la talla de Melchor Cano (1509-1560), Domingo de Soto (1494-1560), Bartolomé Medina (1528-1580) y Domingo Báñez (1528-1604).

Otro obstáculo al auge de la Orden de Predicadores fue el auge del liberalismo y la Ilustración del siglo XVIII, pero León XIII fomentó las tesis tomistas como norma doctrinal segura. Teólogos notables del C. Vaticano II han sido I. Congar y E. Schillebeeckx.

Bib. William A. Hinnebusch, *Breve historia de la Orden de Predicadores* (ESE, Salamanca 2000, 2ª ed.).

DONATO, DONATISMO Donato fue un obispo cismático de Cartago (313-347), que estuvo al frente de una iglesia cismática hasta que el emperador lo desterró a las Galias el año 347, aunque no faltan historiadores que sostienen que fue exiliado a España. Murió hacia el 350, pero con él no murió todavía el donatismo.

Esta herejía se basaba en algunas enseñanzas de Tertuliano y de Cipriano de Cartago. Como ellos, los donatistas enseñaron que el ministro de los sacramentos (presbítero u obispo) tenía que poseer la gracia de Dios para que el sacramento fuera válido, en lugar de ser una especie de causa instrumental como sostenía el obispo de Roma lo mismo que Agustín de Hipona. Para Donato, la Iglesia era una sociedad visible de los elegidos, separados del mundo, mientras que Agustín desarrolló el concepto católico de una Iglesia invisible (la de la caridad = amor) dentro de la Iglesia visible (la de la fe). Por otra parte, los donatistas sentían tal reverencia por cada palabra de las Escrituras, que el ofrecer una libación en honor del emperador (¡Diocleciano!) o entregar una Biblia a los perseguidores de la Iglesia para que quemasen las Escrituras, era herejía o «traición» de un *tráditor* = entregador de la Biblia. Quien se hubiese comportado de esta manera había de permanecer para siempre fuera de la Iglesia, a menos que se rebautizara. En cambio, Agustín y los católicos admitían a comunión a los *traditores,* lo mismo que a otros desviados, tras la conveniente penitencia eclesiástica impuesta por el obispo respectivo. El emperador Constantino persiguió en un principio a los donatistas, pero viendo que no podía desarraigar la herejía, les otorgó libertad de culto en 321. En el año 388, el obispo donatista Optato organizó partidas de terroristas donatistas en una revuelta que duró hasta su muerte en 398. El donatismo sobrevivió todavía hasta que, en el siglo VII, los musulmanes conquistaron el norte de África y acabaron juntamente con los católicos y con los donatistas.

DONES ESPIRITUALES De estos dones espirituales, vamos a ver: su nomenclatura, su naturaleza, su origen, su finalidad y sus clases. Para ello, me basaré principalmente, aunque no exclusivamente, en 1 Co. 12 (todo el cap.).

(1) Su nomenclatura. El v. 1 los llama simplemente «los espirituales». Pero ya en el v. 4, se les llama «carismas» (gr. *jarísmata*).

(2) Su naturaleza. Viene determinada por su misma nomenclatura, pues *járisma*, aunque distinto de *járis* = gracia, es de la misma raíz en cuanto a que son «regalo» de Dios, no merecido por el ser humano. Ryrie los define del modo siguiente: «Es una capacidad (ingl. *ability*) dada por Dios para servir al Cuerpo de Cristo dondequiera y comoquiera que Él lo dirija».

(3) Su origen. En el v. 4 leemos que «hay variedades de dones, mas el Espíritu es el mismo». Es, pues, el E. Santo quien los imparte y los distribuye.

(4) Su finalidad. Lo dice implícitamente el v. 7: «Mas a cada uno le es dada la manifestación del Espíritu para lo que es de provecho». Esto significa que los dones espirituales *(jarísmata)* son dados: directamente para provecho de la congregación; indirectamente, para provecho del que ejercita el don. Es decir, al revés que la gracia (*járis*). De aquí brotan otras tres principales diferencias entre el *járisma* y la *járis*: (A) El *járisma* es efecto del E. Santo y obra sobre, no dentro, del individuo (cf. 1 S. 16:13; Is. 61:1; Hch. 2:3), por lo cual puede darse en inconversos (cf. Mt. 7:21-23; 1 Co. 13:1-4), mientras que la *járis* penetra toda la persona y actúa desde dentro, manifestándose en el fruto del Espíritu (cf. Gá. 5:22-23). (B) La *járis* es efecto de una elección para la vida eterna, mientras que los *jarísmata* son efecto de una elección para desempeñar ciertos oficios en la iglesia o para obrar en el mundo (cf. Mt. 7:22-23; Lc. 9:1-6 y Jn. 6:70). (C) La *járis* tiene que ver con el oficio sacerdotal de Cristo, pues comporta sacrificio (cf. Ro. 12:1), mientras que los *jarísmata* tienen que ver con el oficio regio de Cristo (cf. He. 6:5 «los poderes del siglo venidero»). Las ideas principales de este punto 4 están sacadas del gran teólogo puritano J. Owen; las hago mías, como en *CPDTB*, Parte III, lecc. 20ª, pero no intento imponérselas a nadie, sabedor de que muchos hermanos piensan de manera diferente.

(5) Sus clases. En este punto, seguiré el orden en que salen en el cap. 12 de 1 Co., no por orden alfabético:

(A) *Lógos sophías* = «Palabra de sabiduría» (v. 8). Es una habilidad especial que tiene relación con una penetración profunda en las verdades de la fe.

(B) *Lógos gnóseos* = «Palabra de conocimiento» (v. 8). Es una habilidad especial que tiene que ver con la capacidad de adquirir información correcta sobre las verdades bíblicas y de exponerlas con claridad y precisión a los oyentes.

(C) *Pístis* = «Fe» (v. 9). No se trata aquí de la fe que justifica, sino de la fe como una habilidad especial para fortalecer a los hermanos en su fe, de forma que estén seguros de que Dios proveerá para sus necesidades en cualquier circunstancia, y de cara a los inconversos para convencerles de la autenticidad del mensaje de la iglesia.

(D) *Jarísmata iamáton* = «Dones de sanidades» (vv. 9, 28, 30). Este don implica un «poder milagroso», que no siempre puede ejercitarse. Pablo lo tuvo, como todos los demás dones, y lo ejercitó en Hch. 19:11-12, pero no lo ejercitó (o no pudo ejercitarlo) en 2 Co. 12:7-9; Fil. 2:27; 1 Ti. 5:23; 2 Ti. 4:20. Bien dice, a este respecto, Ryrie: «Desentenderse de los medios humanos disponibles para curar, y limitarse a orar por una curación milagrosa, es como orar por una cosecha y, luego, sentarse en una mecedora, negándose a plantar o cultivar el suelo».

(E) *Energémata dunámeon* = «Actividades de poderes» (equivalente a poderes milagrosos) ocurre en los vv. 10, 28 y 29 y se manifestaba especialmente en el poder de expulsar a los demonios de los cuerpos de los posesos (cf. Hch. 8:6-7, 13: 19:11-12. Así que el sujeto de este don tiene el poder de exorcizar, pero debe estar bien seguro de poseer el don y de que Dios desea que lo ejercite en un caso concreto, no sea que le pase lo que a los de Hch. 19:13-16. Nótese que este don, por su carácter milagroso, acompaña al de sanidades en los tres lugares en que ocurre en 1 Co. 12.

(F) *Prophéteia* = «Profecía» (v. 10). Este don puede tomarse: (a) en sentido amplio, y tiene que ver con la «proclamación del Evangelio»; (b) en sentido específico, y parece que estuvo bastante extendido en los primeros años de la iglesia (cf. Hch. 2:17-18; 19:6; 1 Co. 11:4-5), pero algunos individuos lo ejercitaron de modo especial (cf. Hch. 11:28; 15:32; 21:9-10). Fue otorgado para fundar la iglesia (cf. Ef. 2:20), por lo que, pasada la era apostólica, no es un don ordinario, sino extraordinario.

(G) *Diakríseis pneumáton* = «Discernimientos de espíritus» (v. 10). Este don era una habilidad especial para distinguir entre enseñanzas genuinas de la Palabra de Dios y las que son falsas o espurias (cf. el «juzgar» de 1 Co. 14:29 y 1 Jn. 4:1-3). Aunque el discernimiento de espíritus entra en la madurez espiritual de He. 5:12-14, este don comporta una habilidad especial, una especie de «instinto sobrenatural» para detectar en un sermón o en un libro una enseñanza que no es conforme a la Palabra de Dios.

(H) *Géne glossón* = «Géneros de lenguas» (vv. 10, 28, 30). Este don resulta inútil si no hay interpretación (cf. 1 Co. 14:14). Sea lo que sea del don de lenguas en la actualidad, una cosa es cierta: la enseñanza de que las lenguas son necesarias como signo de haber sido bautizado en el Espíritu Santo es errónea, pues Pablo dice en el v. 13 que todos han sido bautizados en, o por, el E. Santo, pero que no todos hablan en lenguas (v. 30).

(I) *Herméneia glossón* = «Interpretación de lenguas» (vv. 10, 30). El individuo mismo que hablaba en lenguas podía tener también el don de interpretarlas, pero, de ordinario, eran otros los que ejercitaban este don (cf. 1 Co. 12:10; 14:26-28). Es muy interesante la exhortación de Pablo en 1 Co. 14:13 al que está hablando en lenguas a que ore que interprete (lit.), dando así sentido a las extáticas exclamaciones sin sentido, a la manera como un crítico de arte interpreta al piano una pieza famosa en beneficio de los no iniciados que están presentes. Es sólo una comparación, puesto que el que interpreta lenguas no depende de sus conocimientos naturales, sino del E. Santo que le capacita.

(J) *Apostólous* = «Apóstoles» (vv. 28, 29). Después de un largo y necesario paréntesis (vv. 11-27), en el que Pablo les hace a la memoria a los miembros del Cuerpo de Cristo que son comiembros = miembros (cada uno) por su parte (lit), con lo que se repite implícitamente la idea del v. 7, el Apóstol dice que Dios puso en la iglesia primeramente apóstoles (lit.). No cabe duda de que, dentro del apelativo «apóstol», caben aquí, junto a los Doce del círculo cerrado, algunos pocos más como Pablo y Bernabé, acreditados por Dios con señales especiales (cf. 2 Co. 12:12). Es un oficio (y ministerio, cf. Ef. 4:11) «fundante» (Ef. 2:20). Como tal, dejó de existir a la muerte del último apóstol (Juan). Finalmente, hay que distinguir entre el don del apostolado y la gracia del apostolado (cf. 1 Co. 15:9-11).

(K) *Déuteron prophétas* = «Segundo, profetas» (vv. 28, 29). Inmediatamente detrás de los apóstoles, vienen los profetas. Es también un oficio (y ministerio, cf. Ef. 4:11) «fundante» (Ef. 2:20). Al hablar de «profetas», también hay que distinguir entre el don general de profecía, del que Moisés deseaba que, a ser posible, participara toda la congregación de Israel (cf. Nm. 11:29), deseo que se ha realizado en la iglesia (Hch. 2:17-18; 19:6; 1 Co. 11:4-5), y el don especial de profecía, otorgado, no a todos, sino a algunos miembros de la iglesia (cf. Hch. 11:28; 15:32; 21:9-10).

(L) *Tríton didaskálous* = «Tercero, maestros» (vv. 28, 29; Ro. 12:7 y Ef. 4:11, donde va unido a «pastores»). Los «pastores» están aquí incluidos en su condición específica de «maestros»; en la de «pastores», aparecen en el mismo v. 28 bajo el vocablo gr. *kubernéseis,* del que hablaremos en su lugar. Podemos decir, en este contexto de 1 Co. 12, que el oficio de maestro consistía en explicar lo que el profeta proclamaba, exponiéndolo en afirmaciones doctrinales y aplicándolo a las diversas situaciones en las que la iglesia tenía que vivir y dar su testimonio.

(M) *Antilémpseis* = «Ayudas» (v. 28). Quizás entra aquí el *érgon diakonías* = obra de servicio de Ef. 4:12 y, desde luego, el ayudar a los débiles de Hch. 20:35, teniendo en cuenta que el gr. dice *antilambánesthai tón asthenoúnton*, pues el vb. es de la misma raíz que el *antilémpseis* de 1 Co. 12:28.

(N) *Kubernéseis* = «Dotes de gobierno y administración». Para no contradecir lo que digo en *CPDTB*, Parte III, lecc. 20ª, punto 4, N), debo

Herman Dooyeweerd

añadir que la expresión «dotes de gobierno» está muy ajustada a lo que Pablo intenta expresar, pero tratándose del «gobierno» de la iglesia, los líderes no deben pensar en dominio o señorío (cf. 1 P. 5:1-4), pues han sido puestos «para pastorear el rebaño de Dios» (cf. tamb. Hch. 20:28). Tampoco el *proòstámenos* = puesto al frente, de Ro. 12:8, connota señorío. Más aún, Pablo dice *kubernéseis*, como despersonalizando el oficio del *kubernétes* = piloto de una nave, muy apto para quien, sin ser el capitán del barco, es responsable del timón.

Junto a estos dones, pueden ponerse también: (a) el don (y ministerio) de evangelista (cf. Hch. 21:8; Ef. 4:11; 2 Ti. 4:5), el cual comporta la labor de evangelizar, como pionero que abre el surco para que el maestro pueda seguir depositando allí la semilla de la Palabra de Dios.; (b) la *diakonía* = servicio (cf. Ro. 12:7; Ef. 4:12), don que he mencionado en (M); (c) el don de contribuir (Ro. 12:8) a las necesidades de la iglesia, el merecido estipendio del pastor, los pobres (en primer lugar, los de la propia iglesia), etc. Pablo añade que hay que ejercitar este don en *aplóteti* = con sencillez (sin exhibición, mejor aún que con generosidad); (d) el don de dirigir (gr. *ho proòstámenos*, ya mencionado en (N), del que Pablo dice que hay que ejercitarlo en *spoudí* = con diligencia. No hay tiempo para «dormitar» ni para el «ya vale»; (e) finalmente, mostrar misericordia (gr. *eleùn*), tamb. en Ro. 12:8, del que Pablo dice que debe ejercitarse en *hilaróteti* = con alegría; no a carcajadas (¡hilaridad!), sino como quien goza ayudando a un hermano o hermana de quien tal vez no se ocupan demasiado los más llamados a ello.

Sólo necesito añadir que, en la Iglesia de Roma, el concepto de «don del E. Santo» es muy distinto del que aquí hemos visto. En la teología católica, supuesta la «gracia santificante», el creyente, para alcanzar las cimas de la espiritualidad, tiene que emplear las virtudes y los dones. Las primeras requieren esfuerzo con las necesarias gracias actuales; los segundos requieren docilidad al impulso del E. Santo. La ilustración que se nos daba es la siguiente: En un barco que navega hacia puerto, las virtudes son como los remos; los dones, como las velas que se despliegan al viento. La Biblia no da pie para esas ideas, aunque admite las experiencias místicas en las que el E. Santo se apodera por completo del creyente. Aun dichas experiencias se pueden falsificar, lo que no se puede falsificar es la Palabra misma de Dios ni el impulso notorio de su Espíritu.

Bib. Horacio Alonso, *Dones conflictivos* (CLIE, Terrassa 1995); K. S. Hemphill, *Los dones espirituales* (CBP, El Paso); Harold Horton, *Los dones del Espíritu Santo* (Vida, Miami 1989, 4ª ed.); Alfred Küen, *Dones para el servicio* (CLIE, Terrassa 1993); W. T. Purkiser, *Los dones del Espíritu* (CNP, Kansas City 1979); C. Peter Wagner, *Sus dones espirituales pueden ayudar a su iglesia* (CLIE, Terrassa 1985); Pablo Wickham, *Los dones del Espíritu Santo* (Portavoz, Grand Rapids 1993); Rick Yohn, *Más allá de los dones espirituales* (CLIE, Terrassa 1982).

DOOYEWEERD, HERMAN Nacido en 1894 en Holanda, en el seno de una familia fiel a los principios del teólogo calvinista y hombre de Estado Abraham Kuyper.

Fue Director de la Fundación Abraham Kuyper de la Haya (1922-1926) y Profesor de Filosofía del Derecho en la *Vrije Universiteit* (Universidad Libre) de Amsterdam, desde 1929 hasta su jubilación en 1965. Su contribución al proyecto de una filosofía cristiana comenzó en 1935 con *Una nueva crítica del pensamiento teórico*, revisada en 1953. Murió en 1977.

La intención de Dooyeweerd no fue solamente elaborar una filosofía cristiana, sino abrir canales al diálogo entre las distintas filosofías de su tiempo. El resultado de sus esfuerzos fue la creación de la Asociación de Filosofía Calvinista, instituida en 1935, y que en la actualidad cuenta con miembros en todo el mundo, así como el Centro de Filosofía Reformada *(Centrum voor Reformatorische Wijsbegeerte)* en Utrecht. No se trata de desarrollar una filosofía al servicio de intereses parroquiales, sino de proveer una fundación racional a la teología reformada en general y con proyección universal. Mediante un detenido y profundo análisis de la historia de la filosofía mostró que la crisis de la cultura occidental radica en la protesta filosófica y científica de que la racionalidad humana es autónoma y libre de toda presuposición religiosa. «Nunca ha existido una ciencia que no esté fundada en presuposiciones de una naturaleza religiosa, ni existirá.» Consciente o inconscientemente la existencia humana se rige por ineludibles motivos religiosos, correctos cuando se mueven en la esfera de la revelación bíblica, idolátricos cuando le dan la espalda.
La filosofía y la ciencia pueden lograr su mayor realización cuando parten de una sana base cristiana. «Es una vana ilusión –escribe– suponer que la fe cristiana sólo tiene que ver con el mundo venidero y que no puede decir nada a la ciencia.» «Ninguna esfera de la vida puede ser divorciada del servicio a Dios. Al revelarse a sí mismo como el Creador, Dios ha descubierto al mismo tiempo al hombre el significado de su propia existencia.»
Durante años fue editor de la revista del movimiento: *Philosophia Reformata* (1936-1976), y miembro de la Real Academia Holandesa de Ciencia (1954-1964). Pensadores calvinistas como Cornelio Van Til, a nivel académico, y Francis Schaeffer, a nivel popular, siguieron las líneas trazadas por Dooyeweerd y su escuela.

Bib. H. Dooyeweerd, *La secularización de la ciencia* (Seminario Teológico Juan Calvino, México 1991); *Las raíces de la cultura occidental* (CLIE, Terrassa 1998).

DUNS ESCOTO, JOHN (1266-1308). Llamado el *doctor subtilis*, debido a su talento tan agudo como riguroso. En lo personal demostró una precocidad no frecuente en filosofía. Nacido en Maxton (Escocia), ingresó en la orden franciscana en 1280 y fue ordenado sacerdote en 1291. Estudió en Cambridge y posteriormente en Oxford, bajo la dirección de Guillermo de Ware. En París tuvo por maestro a Gonzalo de Balboa. En la capital francesa estudia las obras de Aristóteles y Platón y todo el pensamiento griego de la antigüedad.
Con Duns Escoto una vez más, el pensamiento cristiano se enfrenta al problema de las *competencias*. ¿Hasta dónde llega la fe en la razón y la razón en la fe? ¿Cuál es el terreno propio de cada cual y sus limitaciones? El tomismo había dado cuenta cabal de la *distinción* entre la filosofía y la teología, a la vez que se había apresurado a mostrar su *armonía*, en la síntesis superior de la verdad revelada. Los averroístas latinos querían cultivar la filosofía pura y simple, sin intromisiones teológicas, a las que consideraban de más. Duns Escoto admite las rigurosas exigencias del saber filosófico. La razón natural no puede desde sí elevarse a lo sobrenatural, propio de la religión. Los contenidos de la fe no se fundan en la razón, ni son exigidos por la misma. Para ello es necesario la revelación, sólo a partir de ella es posible analizar filosóficamente las doctrinas cristianas.
La pretensión verdadera de Escoto es delimitar el campo teológico donde éste pueda desenvolverse con la autonomía e independencia debida, libre de las ilimitadas pretensiones de los racionalistas. Lo que verdaderamente ocurre con Escoto es un *cambio de perspectivas.* En Aquino* se observa un interés en mostrar la congruencia última entre las verdades de fe y las verdades de razón, puesto que ambas se fundan en Dios no puede haber contradicción entre ellas, lo que no es lo mismo que decir que todas las verdades de fe son reductibles a demostración racional. Esto es precisamente lo que Duns Escoto quiere resaltar. Los artículos de fe no son demostrables por pura razón. Si alguno creyera que la fe es demostrable por la razón no hace justicia ni a la una ni a la otra. La razón, por ejemplo, puede ofrecer *argumentos de probabilidad* respecto a la creencia en la inmortalidad del alma, argumentos que tienen cierto poder de persuasión, y que hasta pueden probar que esa inmortalidad *no se opone* a los dictámenes de la razón, pero no constituyen una *demostración* en el sentido estricto.
Duns Escoto considera que no es posible demostrar racionalmente los contenidos de la fe; hay cierta concordancia entre éstos y la razón, pero es de carácter negativo más que positivo. Las verdades cristianas, incluida la creencia en Dios, no implican ninguna *necesidad* racional, se cree en ellas por la autoridad de la revelación*, no por pruebas racionales.

En lugar de buscar la *síntesis* entre la fe y la razón, Duns Escoto se preocupa en mostrar las diferencias, los límites y las competencias de ambos tipos de conocimiento. Otro tanto hará Karl Barth* en pleno siglo xx, dentro de la tradición protestante liberal, contra la que se rebela. Duns Escoto sienta las bases de una filosofía y una teología *positivas*. La teología es autónoma y su *status científico* le viene dado por la revelación, que busca interpretar desde sí misma, sin intromisiones ajenas. Quería garantizar así para la fe una inmunidad a prueba de los asaltos racionalistas, propósito evidente en los llamados *fideístas* y *presuposicionalistas*.

La teología es estudio de lo revelado y, por lo mismo, jamás objeto de prueba. La separación entre filosofía y teología tiene que ser total, como se verá en Lutero* y sus continuadores. Se da aquí, sin percibirlo sus autores, una *reducción* teológica, al limitar, casi recluir, el campo de la teología al estudio de las doctrina y dogmas según se deduce de la letra de las Sagradas Escrituras; de tal modo que la filosofía y la teología se sitúan en frentes opuestos –dejan de estar compenetradas, como en Tomás de Aquino–, autónomos siempre y cada vez más antagónicos.

Duns Escoto marca el inicio de la superación de la Escolástica*, y a la vez el de su decadencia, pues aunque en Escoto se manifiesta una magistral habilidad para el manejo de la dialéctica, de modo que el método escolástico llega a su más alto desarrollo, por otra parte, el método teológico que él utilizó llegó a ser la influencia rectora que condujo a la disolución de las teorías escolásticas y a la crisis de la teología. "Duns Escoto es sin género de dudas uno de los primeros pensadores de la escolástica, aunque se ha exagerado al decir que fue el creador de una nueva síntesis. En todo caso significa un verdadero avance. Sus conceptos son más sutiles, sus distinciones más precisas, sus pruebas más estrictas, su problemática más rica que en el período anterior a él. El que quiera filosofar con santo Tomás, hará bien en añadir en las diversas cuestiones tratadas las ideas de Escoto. Es una mente crítica y se ha hecho acreedor justamente a su título de *Doctor subtilis* (Doctor sutil). Pero ahonda siempre en la crítica llevado por el amor a una verdad más firmemente asentada, no por puro afán de crítica. Dentro de una orientación fundamentalmente agustiniana. Escoto conoce a fondo y explota también a Aristóteles, aunque sin dejarse ofuscar por su autoridad. Su intento es moverse equilibrada y mediadoramente a través de las antítesis ahondadas entre el aristotelismo y el agustinismo. Sabe enfrentarse, independiente y crítico, con las doctrinas recibidas. Esta crítica la ha ejercitado particularmente con santo Tomás" (Johnannes Hirschberger, *Historia de la filosofía*, I, p. 427).

Para Duns Escoto, Dios es principalmente infinito; la infinitud se manifiesta en todos sus atributos y, desde este punto de vista, Dios es inteligible para los seres finitos, sólo es conocido por revelación. Dios es ante todo una voluntad infinita y omnipotente, que sin embargo no se opone a la lógica: no puede hacer que lo que ha sido no haya sido, y esto ocurre porque Dios trata a sus criaturas como entes enteramente libres. Su poder, infinito y absoluto, se detiene, por amor, ante la libertad del ser humano, su creación más perfecta. Para llegar a Dios es preciso un movimiento de la voluntad: el acto supremo de la voluntad. Entonces se fusionan las dos voluntades, la humana y la divina. Voluntad y entendimiento aparecen en su obra como las dos potencias más nobles y perfectas de la naturaleza humana racional. El entendimiento precede a la voluntad, alumbrándole en el camino. La voluntad cuenta con la norma de una virtud intelectual que la dirige. Sin esa dirección no cabe una voluntad bien dispuesta (*Opus Oxoniense*, IV, III). No hay, pues, contraposición entre el intelectualismo tomista y el voluntarismo escotista. Se trata de dos vertientes de un mismo cauce, pero resaltando el énfasis de Escoto en la voluntad como función central del espíritu. AR

Bib. *Obras del doctor sutil Juan Duns Escoto*. BAC, Madrid 1960; *Tratado del primer principio*. Aguilar, Buenos Aires 1974.

E. Bettoni, *El ascenso hacia Dios de Juan Duns Scoto* (Nova, Buenos Aires 1946); O. F. Longpré, *La filosofía de Juan Duns Scoto* (Amorrortu, Bs. As. 1939); G. Quadri, *Autoridad y libertad en la filosofía de Juan Duns Scoto* (Emecé, Bs. As. 1962); Alfonso Ropero, *Introducción a la filosofía*, parte V (CLIE, Terrassa 1999).

Ë

EBIONITAS El vocablo se deriva del hebreo *ebyón* = pobre, plural *ebioním* = pobres, y designa una corriente judeocristiana heterodoxa de la era apostólica, cuyo ascetismo tenía su centro en la pobreza evangélica. Aceptaban a Jesús de Nazaret como al profeta vaticinado en Dt. 18:15, pero negaban que preexistiese antes de su encarnación. En su mayoría, sostenían que Cristo fue un mero hombre sobre quien el Espíritu de Dios descendió en el bautismo, pero le abandonó en el Calvario. Contra ellos escribe Juan (1 Jn. 5:5-6) que el Espíritu mismo da testimonio de que Cristo no sólo vino mediante agua (al ser bautizado Jesús), sino mediante agua y sangre (a través de su pasión y muerte en el Calvario). Rechazaban la autoridad de Pablo, a quien consideraban un apóstata.

Ireneo fue el primero en utilizar este término para designar a unos judeocristianos que vivían al este del Jordán, lo que posiblemente indica cierta relación originaria con la comunidad cristiana de Jerusalén, anterior al año 70, que escapó a Pella, atendiendo a la recomendación de Jesucristo (Mt. 24:15-18). Aislados y en contacto con el gnosticismo*, dieron origen a los ebionitas gnósticos, debido a la influencia de los judíos de Alejandría.

Bib. Hans Joachim Schoeps, *El judeocristianismo* (Marfil, Alicante 1968); R. Trevijano Etcheverría, *Orígenes del cristianismo. El trasfondo judío del cristianismo primitivo* (UPS, Salamanca 1995); César Vidal Mananares, *El judeocristianismo palestino en el siglo I. De Pentecostés a Jamnia* (Trotta, Madrid 1995).

ECK, JOHANN Este teólogo católico (1486-1543) del tiempo de la Reforma se llamaba en realidad Johann Maier, pero su apellido fue sustituido por el de Eck, su lugar de nacimiento en Suabia. Se sabe que estudió en Heidelberg, Tubinga y Friburgo, doctorándose en teología el año 1510. Pero Eck no merecería la pena de ser mencionado en este Diccionario si no fuera por su asociación con Lutero*, de quien se separó luego. Después de varias discusiones por escrito, Eck representó los intereses del papado en la confrontación de Leipzig en 1519, donde dio muestras de una extraordinaria preparación académica, con la que confundió a Carlostadio* y forzó a Lutero a admitir su solidaridad con J. Hus*. Eck fue el principal promotor de la Bula *Exsurge Domine* (1520) de León X, en la que fueron condenadas, con diversas censuras, 41 proposiciones de Lutero. Pero Lutero no se retractó, sino que quemó públicamente la Bula papal. Ello le valió la excomunión de León X mediante la *Bula Decet Romanum Pontificem* (1521).

ECKHART, MEISTER Este dominico alemán (aprox. 1260-1328) estudió en Colonia y en París, donde se graduó en teología el año 1302. En 1304 fue nombrado Superior de la provincia dominica de Sajonia. Enseñó en París desde 1311 hasta 1313 y, hasta 1323, fue profesor de teología en Estrasburgo, donde (así como después en Colonia) adquirió gran prestigio como predicador y director espiritual. Aunque versado en los escritos de Agustín de Hipona, de Tomás de Aquino y de Bernardo de Claraval, fue Dionisio el Pseudo-Areopagita* quien más influyó en él. Eckhart desarrolló una teología mística que suscitó gran interés e influyó poderosamente en místicos como J. Tauler y H. Suso. Primero fue el arzobispo de Colonia Enrique de Virneburgo quien ordenó a Eckhart responder de varias enseñanzas suyas sospechosas. Eckhart apeló entonces al papa, pero sus adversarios consiguieron que su apelación no le llegara a Juan XXII. Sin embargo, su causa fue llevada a la curia de Aviñón y, mientras se preparaba el proceso, murió Eckhart. Juan XXII en su Bula *In agro dominico* de 27 de marzo de 1329 condenó con diversas censuras 28 proposiciones de Eckhart, muchas de las cuales (p. ej. la 10ª, 11ª, 12ª y 13ª) tienen un contenido claramente panteísta.

Bib. M. Eckhart, *El libro del consuelo divino* (Aguilar, Madrid 1963); *Tratados y sermones* (Edhasa, Barcelona 1983); *–Obras escogidas* (Visión, Barcelona 1980 / Edicomunicación, Barcelona 1998).

ECLECTICISMO El vocablo procede del vb. gr. *eklégein* = escoger. En conformidad con esta etim., puede definirse el eclecticismo como «una actitud intelectual que, después de examinar los resultados del pensamiento ajeno, se limita a escoger lo que parece verdadero y valioso». Cuando la aceptación de pensamientos ajenos se lleva a cabo sin examinar su contenido de verdad, es preferible hablar de sincretismo*. Según W. Brugger, cuyas ideas he resumido, «eclécticos fueron la mayor parte de filósofos grecorromanos desde el siglo I a. de J. C., muchos pensadores de la patrística, la filosofía popular de la Ilustración y V. Cousin. Ecléctica es también gran parte de la filosofía americana.»

ECLESIOLOGÍA (cf. *Iglesia*)

Juan Pablo II es recibido por los líderes del ecumenismo en Ginebra

ECONOMÍA DE LA SALVACIÓN Del griego *oikonomia* (de *oikos* = casa y *nomos* = regla), administración de la salvación. La teología utiliza esta expresión para indicar el designio de salvación decretado por Dios, revelado en la Escritura y realizado en Cristo. Designa el ordenamiento total de la historia, con Cristo como centro y punto culminante (Ef. 1:3-14).

ECUMÉNICOS, CONCILIOS (cf. *Concilio*)

ECUMENISMO Del griego *oikumene* = tierra habitada. El ecumenismo es uno de los movimientos cristianos que más actividad y energía ha desplegado en el siglo xx, con sus avances y retrocesos. Obedece a la toma de conciencia del escándalo de la división de los cristianos, manifiesta principalmente en los campos de misión, y al deseo de realizar el deseo de Cristo en la oración por la unidad registrada en Jn. 17:21. El ecumenismo no es igualmente entendido por católicos que por protestantes.

(1) Entre los protestantes, entendiendo por tales sólo a los asociados en el Consejo Mundial de Iglesias*, el ecumenismo comenzó propiamente en 1910 en Edimburgo, en una Conferencia Misionera Internacional a la que asistieron un millar de delegados. Se crearon, en principio, tres organizaciones: El Consejo Misionero Internacional (1921), la Conferencia sobre Vida y Trabajo (1925) y la Conferencia sobre Fe y Orden (1927). En 1937, estas dos últimas abogaron por la fundación del Consejo Mundial de Iglesias. La II Guerra Mundial (1939-1945) impidió que la idea se llevara a cabo con la debida rapidez, pero en 1948, 351 delegados de distintas denominaciones, procedentes de 44 países, se reunieron en Amsterdam y formaron dicho Consejo bajo la presidencia de W. A. Visser't Hooft. Posteriormente, se celebraron reuniones similares en Evanston (1954), Nueva Delhi (1961), donde se adhirió al Consejo la Iglesia Ortodoxa Rusa, Upsala (1968), Nairobi (1975) y Vancouver (1983). Desde 1961 (Nueva Delhi), el Consejo Mundial de Iglesias dispone de una base confesional que dice así: «El Consejo Mundial de Iglesias es una comunión (ingl. *fellowship*) de iglesias que confiesan al Señor Jesucristo como Dios y Salvador según las Escrituras y, por tanto, tratan de cumplir conjuntamente su común llamamiento para la gloria del Dios único, Padre, Hijo y Espíritu Santo».

(2) La Iglesia de Roma también habla de ecumenismo, pero no hay que llamarse a engaño. De cara a la Ortodoxia Greco-Rusa, las diferencias principales son: (A) La Ortodoxia no tiene ningún jerarca superior a los distintos Patriarcas ni admite el papado de Roma, aunque hay quienes lo admitirían como un Presidente de la cristiandad, pero sin el primado universal de jurisdicción que fue solemnemente declarado como dogma de fe en el C. Vaticano I (1870); (B) Tampoco admite la fórmula trinitaria «y del Hijo», al hablar de la procedencia del E. Santo. Sin embargo, muchos estarían dispuestos a admitir la fórmula «del Padre por el Hijo», que también la Iglesia de Roma admite.

De cara a los protestantes, la Iglesia de Roma nunca ha accedido a adherirse al Consejo Mundial de Iglesias, a pesar de estar de acuerdo con la base confesional de éste. Lo que la Iglesia de Roma piensa sobre el ecumenismo está expuesto en el *Decreto Unitatis redintegratio* (Restauración de la unidad), de 21 de noviembre de 1964 y, como documento más importante después del Concilio, en la Encíclica de Juan Pablo II *Ut unum sint* (Para que sean uno), de 25 de mayo de 1995, cuyo punto 97 dice así: «La Iglesia católica, tanto en su praxis como en sus documentos oficiales, sostiene que la comunión de las iglesias particulares con la Iglesia de Roma, y de sus obispos con el obispo de Roma, es un requisito esencial –en el designio de Dios– para la comunión plena y visible. En efecto, es necesario que la plena comunión, que encuentra en la eucaristía su suprema manifestación sacramental, tenga su expresión visible en un ministerio en el cual todos los obispos se sientan unidos en Cristo y todos los fieles encuentren la confirmación de la propia fe. La primera parte de los Hechos de los Apóstoles presenta a Pedro como el que habla en nombre del grupo apostólico y sirve a la unidad de la comunidad, y esto respetando la autoridad de Santiago, cabeza de la Iglesia de Jerusalén. Esta función de Pedro debe permanecer en la Iglesia para que, bajo su única Cabeza, que es Cristo Jesús, sea visiblemente en el mundo la comunión de todos sus discípulos. ¿No es acaso de un ministerio así del que muchos de los que están comprometidos en el ecumenismo sienten hoy necesidad? Presidir en la verdad y en el amor para que la barca –hermoso símbolo que el Consejo ecuménico de las iglesias eligió como emblema– no sea sacudida por las tempestades y pueda llegar un día a puerto».

Tanto en el Decreto del Concilio, como en la Encíclica de Juan Pablo II, se habla mucho de los resultados ya obtenidos en los diálogos con otras confesiones, pero estos resultados –dice el Papa– «no son suficientes para la conciencia de los cristianos que profesan la Iglesia una, santa, católica y apostólica. El fin último del movimiento ecuménico es el restablecimiento de la plena unidad visible de todos los bautizados» (punto 77 de su Encíclica). Al menos, no podrá decirse que Juan Pablo II haya hablado con ambigüedad.

Bib. Juan Bosch Navarro, *Diccionario de ecumenismo* (EVD, Estella 1998); Yves Congar, *Vocabulario ecuménico* (Herder, Barcelona 1972); O. Cullmann y otros, *El diálogo está abierto* (Ed. Cultura Popular, Barcelona 1967); O. Cullmann y O. Karrer, *Unidad en Cristo* (Sígueme, Salamanca 1967); H. Fries y K. Rahner, *La unión de las Iglesias* (Herder, Barcelona 1987); José Grau, *El ecumenismo y la Biblia* (EEE, Barcelona 1973); Juan M. Igartua, *La esperanza ecuménica de la Iglesia*, 2 vols. (BAC, Madrid 1970); H. Küng, *Para que el mundo crea* (Herder, Barcelona 1966); M. Lloyd-Jones, *Unidad cristiana* (Hebrón, Argentina 1973); Juan A. Mackay, *Las Iglesias latinoamericanas y el movimiento ecuménico* (CUPSA, México 1989, 2ª ed.); Julio de Santa Ana, *Ecumenismo y liberación* (Paulinas, Madrid 1987); Gustavo Thils, *El decreto sobre ecumenismo* (DDB, Bilbao 1968); –*Historia doctrinal del movimiento ecuménico* (EUNSA, Pamplona 1976).

EDDY, MARY BAKER Se conoce con este nombre (1821-1910) a la fundadora de la Iglesia de Cristo Cientista. Su nombre de soltera era Mary Morse Baker y fue educada en un hogar congregacionalista devoto, pero más tarde rechazó el calvinismo de sus padres. A pesar de su deficiente formación primaria, debido a su mala salud, estudió, teniendo como profesor a un hermano suyo, ciencias naturales, filosofía moral, lógica, griego y hebreo. No cabe duda acerca de su talento natural. Se casó tres veces: su primer marido murió antes de que naciera su primer hijo, su segundo matrimonio terminó en divorcio y, en 1877, cuando ya tenía 56 años, se casó con uno de sus primeros estudiantes, Asa Gilbert Eddy, de quien tomó el apellido, sin renunciar al de soltera.

Expresó sus ideas en numerosos libros, especialmente en su famoso manual *Ciencia y Salud con Clave para las Escrituras* (1875). En 1879 fundó la Iglesia de Cristo Cientista. Atribuía a la lectura de la Biblia y a la aplicación de los principios metafísicos de P. P. Quimby su curación de varias enfermedades. Su teología tiene muy poco que ver con la ortodoxia cristiana, pues está fundada enteramente en su peculiar «metafísica». Según ella, Dios es la Mente por excelencia; es el principio de todo lo existente, pero no es un Dios personal. No hay otra realidad que la mental. No existe la materia ni, por tanto, el mal, el pecado, la enfermedad ni la muerte –son engaños de la mente carnal–. La Trinidad está constituida por los tres principios de vida, verdad y amor, pero lo de tres Personas en un solo Dios es una enseñanza adquirida del paganismo. Cristo es la verdadera idea de Dios, pero sin encarnación, pues la materia no existe, y sin padecer por nuestros pecados, pues no existe el pecado ni el mal.

Bib. Mather y Nichols, *Diccionario de creencias, religiones, sectas y ocultismo* (CLIE, Terrassa 2001); S. Zweig, *La curación por el espíritu* (Espasa-Calpe, Madrid 1962).

EDERSHEIM, ALFRED Estudioso bíblico austríaco, Alfred Edersheim (1825-1889), hijo de padres judíos fieles a la sinagoga, nació en la ciudad de Viena, en cuya universidad realizó sus estudios. Mientras ejercía de profesor de lengua en la ciudad de Pesth (Hungría), conoció al presbiteriano escocés John Duncan (1796-1870), más conocido como «Rabi» Duncan, que por entonces era capellán de los obreros escoceses que trabajaban en el puente del río Danubio. Edersheim llegó a su fe en Cristo mediante la enseñanza y contacto con Duncan. Con éste marchó a Escocia donde estudió teología en el *New College* de Edimburgo, y más tarde en la Universidad de Berlín. Fue ordenado al ministerio de la Iglesia Presbiteriana en 1846. Inmediatamente después marchó como misionero a Rumanía, a la ciudad de Jassy, para trabajar entre la comunidad judía allí existente.

De regreso a Escocia fue nombrado pastor de la congregación de la Iglesia Libre en Old Aberdeen (1849), hasta que por causa de su delicada salud tuvo que dejar el ministerio y encargarse de la iglesia de San Andrés en Torquay (Escocia), construida especialmente para facilitar su ministerio. Nueve años después volvió a enfermar gravemente, por lo que durante cuatro años tuvo que retirarse a vivir en Bornemouth, tranquila y veraniega ciudad inglesa.

En 1875 cambió su afiliación presbiteriana por la anglicana, siendo ordenado ministro de la Iglesia de Inglaterra ese mismo año. En 1882 marchó a Oxford. Allí llegó a ser muy conocido por sus predicaciones y conferencias universitarias, muchas de las cuales verían la luz en forma de densos libros.

Estudiante meticuloso y paciente fue el evangélico conservador que mejor conoció las doctrinas, prácticas y condiciones del judaísmo de la época del Nuevo Testamento. Se opuso a las corrientes de la alta crítica bíblica, que comenzaba a dominar el estudio del Antiguo Testamento. Fue un defensor convencido de la paternidad mosaica del Pentateuco.

Bib. A. Edersheim, *Profecía e historia en relación con el Mesías* (CLIE); *Usos y costumbres de los judíos en tiempos de Cristo* (CLIE, 1990); *El templo: su ministerio y servicio en tiempos de Cristo* (Portavoz / CLIE, 1990); *La vida y los tiempos de Jesús el Mesías*, 2 vols. (CLIE); *Comentario histórico al Antiguo Testamento*, varios vols. (CLIE, 1995-).

EDWARDS, JONATHAN Este gran teólogo norteamericano (1703-1758) era hijo de un ministro congregacionalista de Massachusetts y entró en el ministerio en el año 1726 después de graduarse de bachiller en Yale. Su primer ministerio fue en la iglesia congregacional de Northampton, Massachusetts, donde ejerció desde 1727 hasta 1750, año en que fue rechazado por la congregación por un asunto que veremos después. Desde 1751 hasta 1757, estuvo sirviendo en un pequeño campamento indio en Stockbridge, lugar fronterizo dentro del Estado de Massachusetts, y murió poco después por inoculación de viruela.

Fue precisamente en aquel campamento indio donde escribió sus obras más grandes: *La libertad de la voluntad*, *El pecado original*, *El propósito de la creación* y *La verdadera virtud*.

(1) En teología, Edwards sigue la línea de Agustín en su descripción de la pecaminosidad humana y de la abundante suficiencia de la gracia. La raíz del pecado del hombre fue su oposición a Dios. La conversión significa un cambio radical del corazón. El verdadero cristianismo incluye no sólo el conocimiento de Dios y de la Escritura, sino también un nuevo «sentido» de la belleza, santidad y verdad de Dios. Toda la humanidad estaba presente en Adán cuando la caída y, como consecuencia, todos los seres humanos comparten la inclinación al pecado que Adán atrajo para sí mismo. Aunque sólo Dios puede juzgar el corazón, la iglesia tiene la responsabilidad de preservar la pureza de la esposa de Cristo, especialmente en la administración de la Cena del Señor. Esto le llevó a repudiar la opinión de su abuelo Salomón Stoddard de que la Cena del Señor debía ser ofrecida a todo el que no fuera un pecador notorio, incluso a quienes no hubieran profesado la fe.

(2) En psicología, mostró que la verdadera religión está en el corazón, como sede de los afectos, las emociones y las inclinaciones, pero descartó las emociones no basadas en una verdadera espiritualidad. En fin, su diligente análisis de la verdadera fe pone de relieve que no es la cantidad de las emociones las que indican una verdadera espiritualidad, sino el origen de esas emociones en Dios y su manifestación en obras de acuerdo con la ley de Dios.

(3) En metafísica, Edwards estuvo inclinado al idealismo. Según él, las leyes físicas no se explican por sí solas, sino que son el resultado de las voluntarias decisiones de Dios. Su metafísica, expuesta precozmente en *Mind* (Mente, 1717-1720), recuerda las ideas de Berkeley*, sin que haya ninguna conexión histórica. Para Edwards Dios es la entidad existente, el universo existe solamente en la mente o idea; Dios es la fuente de las ideas y su excelencia es medida por el grado en el que el ser del hombre o de Dios consienten ser. Después de aceptar mucho de las ideas de I. Newton, escribe: «Hallar las razones de las cosas en filosofía natural es sólo hallar la proporción (el equilibrio) de la acción de Dios. Y el caso es el mismo, ya se suponga que el mundo sea sólo mental en nuestro sentir o no». Sin embargo, Edwards no fue un dualista como lo fueron Newton y Locke, pues dice: «Lo que constituye realmente la sustancia de todos los cuerpos es la idea infinitamente exacta, precisa y estable en la mente de Dios, junto con su estable voluntad de que eso mismo nos será comunicado a nosotros y a otras mentes, de acuerdo con métodos y leyes ciertamente fijados y exactamente establecidos».

(4) En ética, la mayoría de los eticistas de los siglos XVII y XVIII sostenían que los seres humanos poseen una facultad congénita que, debida-

mente cultivada, puede marcar el camino hacia una vida realmente virtuosa. Contra este optimismo moral, Edwards reaccionó vigorosamente, sosteniendo que la verdadera moralidad surge únicamente de la misericordia de Dios que regenera al pecador. La verdadera virtud no puede entenderse ni practicarse aparte de Dios y de su revelación en las Escrituras.

Mérito especial de J. Edwards fue ser el pionero de los modernos avivamientos*, entendiendo el vocablo avivamiento según su propia etimología: «renovar la vida donde parece que ésta se está como extinguiendo». Es una vivificación de individuos, no aislados, sino en conjunto. «Avivar» es el término que usa nuestra RV para designar este proceso de reanimación espiritual (cf. Hab. 3:2, a la vista de Sal. 85:6). Edwards pudo ver que muchos de los supuestamente *avivados* en campañas destinadas a reavivar a los creyentes, después de algún tiempo volvían a la mala vida anterior. Por eso quiso asegurar los métodos de predicación conforme a las leyes de la psicología, a fin de que los oyentes no dependieran de emociones pasajeras, sino de firmes convicciones, basadas en el temor de Dios y en el respeto a su santa ley.

Bib. Jonathan Edwards y G. Whitefield, *Dos sermones que despiertan el alma* (EBD, Santo Domingo 1988).

Mark A. Noll, *EDT*, «Edwards»; Douglas J. Elwood, *The Philosophical Theology of Jonathan Edwards* (Columbia University Press, Nueva York 1960).

EFICAZ, GRACIA (cf. *Gracia*)

EGOÍSMO Por egoísmo se entiende vulgarmente «el desordenado amor de sí mismo». De qué forma influye el egoísmo en la misma historia de la humanidad, nos lo explica elocuentemente Agustín en su *De civitate Dei* (Sobre la ciudad de Dios), 14, 28: «Dos amores hicieron dos ciudades: la terrena la hizo el amor de sí mismo hasta el desprecio de Dios; la celeste, el amor de Dios hasta el desprecio de sí mismo». De las enseñanzas del Señor Jesús sobre el tema destaca Lc. 9:23: «Si alguno quiere venir en pos de mí, niéguese a sí mismo, tome su cruz cada día y sígame». «Negarse a sí mismo» equivale a decirle al Ego un no rotundo, que no le vamos a servir, que no le vamos a obedecer, sino que vamos a «seguir a Jesús», pues Él se negó a sí mismo hasta tal punto que se vació a sí mismo (Fil. 2:7).

El egoísmo como amor desordenado de sí mismo se basa psicológicamente en una falsa estima de sí mismo. Dice a este propósito Pablo en Ro. 12:3: «Porque, mediante la gracia que me fue dada, estoy diciendo a todo el que está entre vosotros que no piense de sí más allá de lo que debe pensar, sino que piense con vistas a ser cuerdo en su pensar, conforme a cada uno ha repartido Dios una medida de fe» (lit.). Pablo previene contra el complejo de superioridad, lo mismo que contra el complejo de inferioridad, mediante una correcta estimación de sí mismo, de sus fuerzas lo mismo que de sus flaquezas.

Por eso, así como hay una justa estimación de sí mismo, hay también un justo y santo amor de sí mismo. Sí, hay una manera de amarse que es destruirse y una manera de odiarse que es amarse (cf. Lc. 9:24-25). Ante la mirada de Dios que nos penetra por todos los lados (cf. Sal. 139:1-6), no sirve la falsa humildad ni el pensar alto de sí. Pidamos a Dios la gracia de vernos a nosotros mismos como Dios nos ve. Estaremos entonces a cubierto de los juicios ajenos. Muchas veces pienso que si nuestro pecho fuera de cristal, echaríamos a correr para que nadie pudiera ver el interior de nuestro corazón. El remedio santo y sano es procurar tener lo más limpio posible ese corazón para que nadie nos tenga por mejores o peores de lo que somos. Es cierto que, mirando a nuestra propia corrupción interior, habríamos de sentir asco de nosotros mismos, pero, si hemos nacido de nuevo por la gracia de Dios, Dios nos ve hermosos con la hermosura de la santidad. No reconocerlo o negarlo por una falsa humildad, es un atentado contra la verdad y contra la gratitud que debemos al Señor.

Esto nos animará a concentrarnos en lo que hacemos para Dios y para el prójimo, en lugar de la morbosa contemplación de nuestro yo. P. ej. el que tiene voz y preparación musical para cantar bien algún himno especial, sólo cuando no piense en cómo le saldrá, sino en la gloria de Dios y en el provecho del prójimo, tendrá garantías de una ejecución perfecta. Por otra parte, una persona que está segura de su propia medida, no hará falta que se deje seducir por falsos halagos. Del gran predicador Juan de Ávila se cuenta que, al descender un día del púlpito, le dijo una señora: «Es el mejor sermón que he oído en mi vida», a lo que respondió él: «Lo siento, señora, ya me lo ha dicho el diablo antes de bajar del púlpito».

La justa estima de sí mismo comporta igualmente la forma de presentarse ante los demás. Una forma desmañada, descuidada o desproporcio-

William Booth, fundador del Ejército de Salvación

nada, de vestir, andar y comportarse, no sólo es una falta de respeto a nuestro prójimo, sino que acusa una carencia de la propia «medida».

EJÉRCITO DE SALVACIÓN (SALVATION ARMY) Se designa con esta expresión una organización religiosa que tiene por objeto «poner bajo la influencia del evangelio a quienes no tienen por costumbre asistir a un lugar de culto», según reza el acta de fundación. La organización está íntimamente ligada a los nombres de sus fundadores, los esposos William y Catherine Booth. Ella (1829-1890), nacida en Derbyshire, era hija de un predicador metodista y fue expulsada de su iglesia en 1848 por sus ideas demasiado entusiastas. William (1829-1912), nacido en Nottingham, era de una familia pobre, se convirtió a los quince años y, en 1852, ya era pastor metodista. Pronto notó que a su ministerio le faltaba una importante misión social. Para él, la vida cristiana incluía, por orden del Señor, romper las cadenas de la injusticia, acabar con la opresión de los débiles, compartir con ellos mesa y hogar, vestir al desnudo y cumplir con las obligaciones de un padre de familia. En reacción contra la mentalidad victoriana conformista, Booth replicó que hablar de una santa pobreza no debía ser indicación de que Dios aprobase la miseria.

En 1855, Booth se casó con Catherine Mumford y comenzó en 1865 la llamada Misión Cristiana en el extremo oriental de Londres, que 13 años después (1878) se convertiría en el Ejército de Salvación, un «ejército» en guerra de doble frente: contra el azote de la pobreza y contra el poder del pecado. Muchos fueron los obstáculos a los que los Booth tuvieron que hacer frente en un principio, pero no cejaron por eso en buscar a los marginados, denunciar el vicio, proveer hogar, alimento, empleo y cuidados médicos, reconciliar familias. Una de las mayores preocupaciones de los Booth llegó a ser rescatar de las garras del diablo a las jóvenes arrastradas a la prostitución.

Puede objetarse al Ejército de Salvación que no observan las ordenanzas (o sacramentos) del bautismo y de la Cena del Señor. Booth respondió que no estaban contra ellas, pero (1) no veía base escritural para considerarlos esenciales para la salvación, y (2) eran objeto de división entre los cristianos. Se explica teniendo en cuenta que no son una iglesia, sino una organización de naturaleza religioso-social. La teología del Ejército de Salvación es claramente arminiana wesleyana (cf. *Metodismo*), con sus virtudes y defectos. Personalmente, no soy arminiano, pero no puedo negar a otros hermanos el derecho a serlo, a no ser que se tenga el arminianismo como una «herejía», lo cual sería mucho decir.

El crecimiento de la nueva organización fue prodigioso. Proliferaron los lugares de predicación, se multiplicaron los evangelistas a tiempo completo, y para 1884 el Ejército constaba de cerca de 1000 unidades. Ya en 1880 había comenzado la expansión a Norteamérica y, en 1882, a Canadá y la India. A finales del siglo xx, la organización está extendida prácticamente por todo el mundo, participando en numerosos avivamientos, pero, a medida que cambian las condiciones religiosas y sociales, le está resultando difícil al Ejército de Salvación captar el pulso de las nuevas circunstancias. A título de observador, figura en el Consejo Mundial de Iglesias. Mientras vivió William fue considerado como General en jefe de la organización.

Bib. Frederick Coutts, *Siempre en pie de guerra* (CLIE, Terrassa 1977).

ELECCIÓN Según la definición dada por el gran maestro Ch. C. Ryrie, elección es «el acto por cual Dios, desde antes de la creación del universo, en Su eternidad, ha escogido para Sí un pueblo o una persona individual».

Aunque en la eternidad sin tiempo no hay sucesión cronológica, la elección divina es simultánea con la predestinación*, pero lógicamente la precede, como puede verse por Ef. 1:4-5. Aunque sea correcta la versión «habiéndonos predestinado» del v. 5, no se debe perder de vista que tanto el *exeléxato* = escogió / eligió del v. 4 como el *proorísas* = habiendo predestinado, son dos aoristos entre los que el indicativo del primero tiene precedencia sobre el participio del segundo.

Remitiendo al lector a mi libro *Curso Práctico de Teología Bíblica*, Parte I, lecc. 17ª, trataré aquí exclusivamente de lo que tiene que ver directamente con el concepto de elección, es decir, con la diferente ordenación que las distintas escuelas teológicas han hecho de los decretos divinos en cuanto a la elección de ciertos individuos a la vida eterna. Estas escuelas son cuatro: supralapsarios, sublapsarios, infralapsarios y arminianos.

1) *Los supralapsarios* (= antes de la caída), también llamados hipercalvinistas (cf. *Calvinismo* y *Calvino*), disponen los decretos divinos de elección conforme al siguiente orden («lógico», es decir, no «cronológico»):

(A) Destinar a unos a la salvación, y a otros a la condenación.

(B) Crear a los seres humanos.

(C) Preparar la caída de los seres humanos.

(D) Proveer salvación para los elegidos en el primer decreto.

(E) Aplicar la salvación a los elegidos, y la condenación a los no elegidos.

2) Los sublapsarios (= por debajo mismo de la caída) disponen los decretos como sigue:

(A) Crear a los seres humanos.

(B) No impedir la caída de esos seres humanos.

(C) Elegir a unos para salvación, dejando a otros en su estado de condenación.

(D) Proveer salvación para los elegidos.

(E) Aplicar la salvación sólo a los elegidos.

3) *Los infralapsarios* (= muy por debajo de la caída), también llamados amiraldianos (entre los que me cuento, cf. *Amiraldismo* y *Amyraut*) disponen los decretos del modo siguiente:

(A) Crear a los seres humanos.

(B) Permitir (tolerar) la caída de los seres humanos.

(C) Proveer salvación para todos los seres humanos sin excepción.

(D) Elegir a muchos para salvación «mediante la fe», dejando en su justa condenación a quienes se obstinan libremente en resistir a la gracia.

(E) Aplicar la salvación a todos los que, por la gracia de Dios, han dejado de resistirle.

4) *Los arminianos* (cf. *Arminianismo* y *Arminio*) disponen los decretos como sigue:

(A) Crear a los seres humanos.

(B) Permitir (tolerar) la caída de los seres humanos.

(C) Proveer salvación para todos los seres humanos sin excepción.

(D) Elegir a quienes previó que habían de creer y perseverar en la gracia.

(E) Dejar en su justa condenación a quienes previó que no creerían ni perseverarían.

En cuanto a las bases escriturales, debo decir que Ef. 1 puede entenderse lo mismo en sentido calvinista que arminiano, aunque éstos no dan a la elección del v. 4 el tono «selectivo» que comporta. Ro. 8:28 ss. favorece a los calvinistas (tiene prioridad la predestinación), y Hch. 2:23 a los arminianos (tiene prioridad la presciencia).

Bib. L. Boettner, *La predestinación* (SLC, Grand Rapids 1968); Gordon Girod, *La fe más profunda* (CLIE, Terrassa 1979); J. W. Jepson, *El amor: la base de todo* (Betania, 1981); Paul J. Jewett, *Elección y predestinación* (Desafío, Grand Rapids); Robert Shank, *La vida en el Hijo* (CNP, s/f);R. L. Smalling, *¡Sí, Jesús! Doctrina de la Gracia* (CLIE, Terrassa 1995); R. C. Sproul, *Escogidos por Dios* (Unilit, Miami 1999); Wilbur F. Tillett, *La doctrina de la salvación* (CLIE, Terrassa 1987); Ernesto Trenchard y José M. Martínez, *Escogidos en Cristo* (L. Bíblica, Madrid 1965); B. B. Warfield, *El plan de salvación* (CCA, México 1966).

ELLUL, JACQUES Filósofo y teólogo reformado frances nacido en 1912 en Bordeaux (Francia). Su madre era una firme creyente protestante, su padre, sin embargo, un escéptico volteriano. Las primeras lecturas que más le impresionaron fueron los escritos de Karl Marx, especialmente *El capital*, aunque nunca entró en el Partido Comunista. «Sobre los 22 años de edad –escribe– estaba también leyendo la Biblia, y ocurrió que fui convertido con una cierta "brutalidad".» Desde entonces su preocupación fue cómo compaginar su nueva fe cristiana con sus viejas ideas marxistas. Ante la imposiblidad de unir ambas doctrinas eligió le fe en Cristo, sabiendo que no puede darse verdadero cristianismo sin consecuencias sociales y políticas.

Doctor en Historia, Sociología y Derecho, fue suspendido por el régimen de Vichy por su participación en la resistencia francesa durante la II Guerra Mundial. Ha sido profesor de historia y sociología en la facultad de derecho y estudios económicos de la Universidad de Bordeaux y en el Instituto de Estudios Políticos (1947-1980).

Estudió teología en la Facultad Protestante de Estrasburgo, compañero y amigo de Bernard Charbonneau y Jean Bosc, con quien fundó la Asociación de Profesionales Protestantes (1947). Es miembro de la Iglesia Reformada de Francia, en cuyo Concilio Nacional ha participado activamente. Aunque ha leído bastante a Calvino*, fue Sören Kierkegaard* quien conquistó su corazón. En sus escritos teológicos enfatiza las bases razonables de la fe, aunque en última instancia creer es una decisión confiada. Asimismo llama la atención a la oración como el centro de la experiencia cristiana, que el mundo contemporáneo no puede entender, pues teme a Dios. Hace falta valor para entrar en combate con Dios en oración.

Al mismo tiempo, el cristiano está al lado de los pobres, lo que, según Thomas Hanks, le coloca a la cabeza de los precursores de la Teología de la Liberación*. Por cuanto Cristo es tanto Señor como Salvador, sin que sea posible separar ambas esferas de su dominio sobre los creyentes, es importante que el amor no se reduzca a la vida interior, sino que penetre también el campo de la ética social.

Filósofos de la ciencia como Aldoux Huxley quedaron muy impresionados con el pensamiento sociológico de Ellul. Otros, como el exmarxista Roger Garaudy, también aprecian grandemente su fe.

Ellul «propone una ética cristiana radical, bíblica, de libertad, santidad y amor contra la tiranía de las autoridades y principados que habitan en las instituciones y colectivos del mundo» (David W. Gill); los cuales se interponen por sistema entre Dios y el individuo humano.

Autor prolífico ha publicado gran número de libros, cerca de 50, su obra figura en los programas de la mayoría de las universidades americanas. Un punto importante en que se aparta del credo evangélico es tocante al destino final de los seres humanos, los cuales serán *juzgados*, conforme a sus obras, pero ninguno *condenado* en persona. «El juicio –escribe– hace una separación. Dios guarda todo lo que ha sido bien hecho y rechaza todo lo que en nosotros ha sido malo.»

Bib. J. Ellul, *La ciudad* (Aurora, Bs. As.); *El hombre y el dinero* (Valencia 1966); *Historia de las instituciones de la antigüedad* (Madrid 1970); *Autopsia de la revolución* (Unión Editorial, Madrid 1973); *¿Es posible la revolución?* (Unión Editorial, 1974); *La razón de ser. Eclesiastés* (Herder, Barcelona 1989); *Contra los violentos* (Ediciones SM, Madrid 1980); *La palabra humillada* (Ediciones SM, 1983).

EMANACIÓN (cf. *Panteísmo*)

EMERSON, RALPH WALDO Este filósofo norteamericano (1803-1882) nació en Boston de padres cristianos, pero liberales. Su padre fue pastor de una de las más importantes iglesias de Boston y él mismo estudió para entrar en el ministerio pastoral, uniendo así su liberalismo religioso con el realismo filosófico de su formación en Harvard. En 1832 abandonó el pastorado y se convirtió en portavoz del transcendentalismo en sus numerosos discursos y escritos. Se le unieron muchas otras personas de las mismas ideas. Emerson quiso retener el potencial espiritual de la fe cristiana prescindiendo de todo el contenido de dicha fe. En un intento romántico de sustituir la revelación divina por una especie de intuición de Dios y de la verdad, desdeñando la verdad de la corrupción del corazón humano mientras proclamaba la inocencia esencial del ser humano y con una falsa visión del futuro como progresiva elevación de la humanidad, Emerson fue el principal promotor del optimismo idealista que ha sido la constante en la experiencia de gran parte de los norteamericanos en el siglo XX.

EMPIRISMO (o *Empiricismo*) El empirismo es un sistema filosófico según el cual la experiencia (gr. *empeiria*) es la única fuente de nuestros conocimientos. Su reacción contra el racionalismo llevó al empirismo al otro extremo. Es cierto que nuestros conocimientos tienen por base la experiencia sensorial, pero no es cierto que estén limitados a lo que nos proporciona dicha experiencia. No todo lo sabemos por inducción, ascendiendo de los datos sensoriales a los principios, sino también por deducción, descendiendo de los principios a los casos particulares. Ya desde Empédocles (483-423), pasando por algunos nominalistas de la Edad Media, hasta llegar a los modernos empiristas como Locke, Condillac y Kant, el empirismo, al par que proporciona una respuesta válida contra el escepticismo filosófico, se diversifica en tantas formas de pensamiento que es preferible ahorrar a mis lectores los quebraderos de cabeza que un análisis detallado requeriría.

ENCARNACIÓN (cf. *Cristo*, p. 6. *Cristo, Hijo de María*)

ENCARNACIONAL, TEORÍA (cf. *Iglesia*)

ENHYPÓSTATOS Este es el término gr. con que los teólogos ortodoxos de la época de Calcedonia (451) trataron de explicar que, aunque la naturaleza humana de Cristo carece de una hipóstasis propia, no por eso deja de ser completa en su subsistir, como lo es en su existir, puesto que no es *anhypóstatos* = sin hipóstasis, sino *enhypóstatos* = en la hipóstasis, es decir, al ser la persona del Verbo formalmente una, pero virtualmente doble, es decir, divina-humana, la hipóstasis divina cubre con su infinitud el vacío que existiría en la naturaleza divina al carecer de hipóstasis propia.

ENTE DE RAZÓN Se entiende por ente de razón lo que sólo existe como contenido del pensamiento, careciendo así de una existencia independiente del pensar. Esto no quiere decir que carezca de todo fundamento real ontológico, es decir, no es una pura creación de nuestro entendimiento. Pondré un ejemplo por el que se puede captar mejor lo que hay de real y de irreal en el ente de razón: La mesa sobre la cual escribo esto es una realidad que ocupa un determinado espacio mediante su extensión, pero si pienso en esa extensión como un ente independiente capaz de albergar dentro de sí determinados cuerpos, esa extensión se convierte en un mero ingrediente mental, es decir, en un ente de razón. También la nada es un ente de razón, pues no tiene ningún ser, pero su pensamiento nos ayuda para conocer, por contraste, la noción de ser y, en consecuencia, la noción de creación de la nada.

ENTENDIMIENTO Tomo este vocablo en su sentido estrictamente psicológico como «la facultad de pensar», propia de los seres espirituales, pues los animales no piensan en el sentido que le damos aquí a esta función del espíritu, sino que son guiados por el instinto. No obstante esta diferencia esencial entre el ser humano y el de los brutos animales, el entendimiento humano tiene un doble objeto: (1) El objeto del entendimiento en general es el ente en cuanto tal. (2) El objeto del entendimiento específicamente humano, habida cuenta de que la mente humana está unida a un cuerpo material, es el ser que se muestra en el ente sensible. ¿Cómo puede una facultad espiritual adquirir el conocimiento de cosas materiales? Estamos aquí en lo más profundo del problema del conocimiento. Contra el realismo exagerado de Platón, según el cual «las ideas son cosas», y contra el idealismo de Descartes, Kant, Hegel, etc. según el cual «las cosas son ideas», el realismo moderado aristotélico-tomista sostiene que «las ideas son representaciones mentales de las cosas», con lo que nuestro entendimiento llega al conocimiento de las cosas materiales mediante la abstracción*. En el argot de la filosofía escolástica, la percepción sensorial presenta al entendimiento las imágenes sensibles de las cosas. Concentrándose en esas imágenes (según la expresión lat. *conversio ad phantásmata*), nuestro entendimiento *abstrae* (extrae) de esas imágenes materiales lo que tienen de inmaterial, un «concepto» de carácter espiritual y universal. Esto se expresa en la fórmula: «Los universales existen fundamentalmente en las cosas, formalmente en la mente».

EPÍCLESIS (cf. *Eucaristía*)

EPICUREÍSMO, EPICURO Epicuro (341-271) fue un filósofo griego que fundó en Atenas una escuela la cual llegó a hacerse famosa por sus enseñanzas hedonistas, pues puso el placer como fin supremo del hombre. Esto no quiere decir que el hombre deba entregarse sin medida al placer, pues el sabio aspira, en realidad, a la ataraxía = no turbación, en la cual consiste la felicidad, mediante el equilibrio entre el goce y el dominio de sí mismo. Su metafísica era materialista, lo mismo que su gnoseología. Aunque admitía que en las esferas celestes hay dioses, decía que no se preocupaban de lo que ocurría en la esfera terrestre y que el sabio ha de vivir sin temor a ellos ni a la muerte. El epicúreo más famoso fue el poeta romano T. Lucrecio Caro (96-55). El apóstol Pablo tuvo un cierto número de epicúreos entre su auditorio del Areópago de Atenas (Hch. 17:18 ss.), donde mostró a sus oyentes que el Dios verdadero, al que ellos no conocían, de cierto se preocupaba de la humanidad, pues no sólo nos ha creado, sino que en Él vivimos, y nos movemos y existimos (v. 28).

EPISTEMOLOGÍA (cf. tamb. *Conocimiento*) Este vocablo se deriva del gr. *epistéme* = ciencia, saber científico. La epistemología trata, pues, del conocimiento en sus bases más profundas, preguntando por la posibilidad de un verdadero conocimiento, por la verdad del pensamiento en su vinculación con la realidad concreta, por el problema de la certeza* y por el criterio de verdad (cf. *Evidencia*).

Podemos decir que cada escuela filosófica tiene su propia epistemología, partiendo de sus pro-

Desiderio Erasmo

pios supuestos: racionalistas, empiristas, realistas, idealistas, etc.

ERASMO, DESIDERIO Este humanista (aprox.1466-1536) fue el mayor erudito de su tiempo, notable por su independencia intelectual, a pesar de la solicitud con que papas, reyes, universidades, etc., trataban de atraerlo a su bando. Conocido como Erasmo de Rotterdam, había nacido de unión ilegítima, lo cual no fue obstáculo para que fuese admitido en la orden agustiniana y ordenado de sacerdote el año 1492, pero salió de la orden y se fue a París a proseguir sus estudios universitarios. Llegó así a ser un erudito en la literatura clásica, así como en el dominio de la lengua latina.

Mucha importancia tuvo para él la visita que, en el año 1492, hizo a Inglaterra, donde conoció al futuro deán de San Pablo, John Colet, quien le animó a unir sus ideales humanistas con el estudio diligente de las Escrituras Sagradas, a fin de llegar al significado real del texto sagrado mediante el conocimiento adecuado de las lenguas originales. Entonces Erasmo se dedicó de lleno al estudio de la lengua griega y, convencido de los errores que se hallaban en la Vulgata Latina, versión oficial en la Iglesia de Roma durante muchos siglos antes y después de Erasmo, produjo en 1517 una nueva versión del NT en latín, pero basada en un NT griego crítico. Este libro, con el NT griego y, conjuntamente, con la nueva versión latina de Erasmo, puso en manos de predicadores y eruditos un valioso *Nuevo Instrumento,* como tituló él mismo la 1ª edición.

Tras esto, Erasmo comenzó a dirigir sus tiros contra varios abusos de la Iglesia de Roma, empezando por los puntos débiles del monasticismo de su tiempo, que él satirizó con su libro *Elogio de la locura.* Contrario, como Lutero, al tráfico de indulgencias, aprobó las 95 tesis de Lutero. Pero, a medida que Lutero radicalizó su postura, Erasmo se separó de él y, en servicio a la Iglesia de Roma, escribió en 1524 su libro *Sobre la libertad de la voluntad,* al que replicó Lutero en 1525 con su *Sobre la esclavitud de la voluntad.*

La realidad es que, mientras Lutero se rebeló claramente contra la autoridad del papa, Erasmo deseaba sinceramente la reforma de la Iglesia, pero no a expensas de la unidad.

Esta actitud sincera de Erasmo no fue comprendida ni por los protestantes ni por los católicos, pues los primeros le tuvieron por vacilante, y los segundos por sospechoso de herejía, tanto que algunas de sus obras fueron puestas en el Índice de libros prohibidos. Sin embargo, su fama y la estima en que sus obras han sido tenidas por unos y otros, lejos de disminuir, han adquirido un nuevo impulso en el mismo siglo XX. Para Hans Küng es el paradigma teológico que el cristianismo moderno necesita.

Bib. Erasmo, *Obras escogidas* (Aguilar, Madrid 1964); *Coloquios* (Espasa-Calpe, Madris s/f); *Elogio de la locura* (Alianza, Madrid 1984); *El Enquiridión o manual del caballero cristiano* (CSIC, Madrfid 1971); *Preparación y aparejo para bien morir* (UPS, Salamanca 2000).

M. Bataillon, *Erasmo y España* (FCE, México 1966); L. Febvre, *Erasmo, la Contrarreforma y el espíritu moderno* (Martínez Roca, Barcelona 1971); Johan Huizinga, *Erasmo*, 2 vols. (Salvat, Barcelona 1989); L. E. Malkin, *Erasmo* (FCE, México s/f); Stefan Zweig, *Erasmo de Rotterdam* (Ed. Juventud, Barcelona 1986).

ERÍGENA, JOHN SCOTUS Este filósofo y teólogo neoplatónico (aprox. 810 - aprox. 877) nació en Irlanda y fue el fundador del primer gran sistema filosófico-teológico de la Edad Media, tanto que se le tiene por el primer escolástico, pero fue condenado más tarde por la Iglesia por sus ideas panteístas*.

Erígena sostenía que la razón tiene la primacía sobre la revelación y que la verdadera filosofía y la verdadera religión son una misma cosa. Según él, lo universal, además de existir en los particulares concretos, existe también como orden aparte. Sigue en esto último a Platón. Todo es creado por Dios, pero no de la nada, sino por medio de la emanación entendida en sentido neoplatónico (en lat. *resolutio*), y todo retorna a Él por un proceso que Erígena llamó en lat. *deificatio*. Erígena se opuso a Godescalco en el tema de la predestinación*. Con una mentalidad claramente pelagiana, negó prácticamente la elección y la predestinación, así como el infierno, pues estaba de acuerdo con Orígenes en cuanto a la «restauración de todas las cosas». En la disputa entablada entre Pascasio Radberto y Ratramno acerca de la transubstanciación, sostuvo la interpretación simbolista del sacramento, diciendo que Cristo se ofrece y se come *mente, non dente* = con la mente, no con los dientes.

Escoto Erígena aspiraba a la constitución de una filosofía que fuera la expresión de una religión verdadera, que se fundiera de tal modo con esta religión que ya no pudiera haber separación entre fe y razón.

Bib. Alfonso Ropero, *Introducción a la filosofía*, cp. IV (CLIE, Terrassa 1999).

ESCATOLOGÍA Este vocablo se deriva del gr. *ésjatos* = último, y suele definirse como «tratado de las últimas cosas». Contra el concepto pagano del tiempo, según el cual el universo repite su historia en un círculo interminable, la Biblia enseña un movimiento lineal del tiempo hasta desembocar en una meta final. Dejando para art. como *Milenio* y *Tribulación* los detalles escatológicos debatidos entre los teólogos, me ciño aquí al concepto general de escatología, pero teniendo en cuenta (1) la diferencia entre la revelación del AT y la del NT, y (2) la diferencia entre la escatología personal y la mundial.

(1) En cuanto a lo primero, y atendiendo (A) a la escatología personal, la primera vez que tenemos una referencia explícita a la vida después de la muerte es en Dn. 12:2, que Jesús recoge en Jn. 5:29 «y saldrán: los que hicieron lo bueno, a resurrección de vida; y los que hicieron lo malo, a resurrección de juicio». Los santos del AT no sabían que hay un cielo y un infierno eternos, y aun así, ¡qué fielmente servían al Señor! Lugares como Job 19:25-27; Sal. 139:8; Is. 26:19 y Ez. 37:11, rectamente interpretados, nada tienen que ver con la resurrección futura. (B) En cuanto a la escatología mundial, el NT suele declarar el triunfo final de Dios sobre los enemigos de Su pueblo y Su juicio insobornable contra los hacedores de maldad (a) en el Día de Yahweh (cf. Is. 13:6; Jer. 30:7; 46:10; Lm. 2:22; Ez. 30:3; Jl. 1:15; 2:1), (b) en la restauración de la monarquía de David (cf. Gn. 49:10; Nm. 24:17; Sal. 2; Is. 9:6; Jer. 23:5-6; Dn. 7:9-14; Zac. 9:9), (c) en el conocimiento que todos adquirirán de Dios (cf. Is. 11:9; 54:13; Jer. 31:34; Hab. 2:14).

(2) En cuanto a lo segundo, los testimonios son tantos y tan claros que sólo voy a citar algunos ejemplos, remitiendo al lector a mi libro *Escatología II* (CLIE) para más detalles. Atendiendo (A) a la escatología personal, (a) He. 9:27 no deja lugar a dudas de que todo ser humano muere una sola vez y, después de esto, sólo queda el juicio; las ideas de una 2ª oportunidad después de la muerte, o de una serie de reencarnaciones, son totalmente ajenas a la Palabra de Dios. (b) Según Jn. 3:16-21; 5:24-25, el destino eterno del hombre se juega en esta vida. (B) A nivel general, el NT nos presenta el cumplimiento final de las antiguas profecías: (a) en cuanto al advenimiento del reino de Dios (cf. p. ej., Mr 1:15, comp. con Dn. 7:22, así como con Mt. 12:28; Lc. 11:20, mostrando que el «reino» viene con el «rey». No obstante, la instalación completa del reino «con poder» pertenece al futuro, cf. Mt. 6:10, 13b; Mr. 13:26: Lc. 11:2). Esto lo que O. Cullmann* daba a entender con su ya famosa distinción entre el «ya» y el «todavía no». (b) En cuanto a los distintos juicios «finales» (cf. Mt. 24:44-51; Mt. 25:1-13; Mt. 25: 14-30; Mt. 25:31-46; Ap. 20:11-15). (c) En cuanto a la etapa final de una eternidad que nunca se acabará, después de los cataclismos que señalarán el final de los tiempos (cf. 2 P. 3; Ap. 21 y 22).

Bib. Amilinenial: W. Hendriksen, *La Biblia y la vida venidera* (TELL, Grand Rapids 1970); José Grau, *Escatología: las últimas cosas* (CLIE, Terrassa 1978); A. A. Hoekema, *La Biblia y el futuro* (SLC, Grand Rapids 1984); G. L. Murray, *La segunda venida de nuestro Señor Jesucristo* (CBP, El Paso 1953).

Premilenial: W. E. Blackstone, *Jesús viene* (Vida, Miami 1982, 8ª ed.); F. Lacueva, *Escatología*, II (CLIE, Terrassa 1983); Tim La Haye, *El comienzo del fin* (Libertador, Maracaibo 1979); J. D. Pentecost, *Eventos del porvenir* (Ed. Libertador, Maracaibo 1977); Samuel Vila, *Cuando Él venga* (CLIE, Terrassa 1983, 4ª ed.); M. F. Unger, *Más allá de la bola de cristal* (CLIE, Terrassa 1976).

ESCEPTICISMO Este vocablo viene del vb.gr. *sképtomai* = observar sin afirmar ni negar. Indica, pues, un estado de duda. Es menester distinguir entre (1) el escepticismo universal, que extiende su duda a todo, y (2) el escepticismo particular, que limita la duda a una esfera deter-

minada. Entre las diversas clases de escepticismo particular, nos interesa especialmente el escepticismo religioso, el cual pone en duda la existencia de todo lo que trasciende la experiencia sensorial, en especial, la existencia de Dios y, con ello, de todo lo sobrenatural y milagroso.
Como pionero del escepticismo propiamente dicho, tenemos a Pirrón de Elis (aprox. 360-270), quien enseñaba que hemos de abstenernos de asentir a cualquier juicio (gr. *epojé* = suspensión del juicio) y pasamos por Sexto Empírico en el siglo II de nuestra era, el gran clásico del escepticismo, hasta M. E. de Montaigne (1533-1592), el más destacado escéptico de la Edad Moderna y, ya en nuestros días, los italianos A. Aliotta (1881-1964) y G. Rensi (1871-1941). En cierto modo, puede contarse entre los escépticos al español M. de Unamuno (1864-1936), si bien podría tenérsele mejor por existencialista, bajo la influencia de S. Kierkegaard.
El escepticismo puede considerarse también, no como un sistema filosófico determinado, sino como método (gr. *méthodos* = camino) para alcanzar la certeza, tomando como punto de partida de la gnoseología la duda universal. En esta misma línea se sitúa la duda metódica de Descartes (cf. *Cartesianismo*).
¿Qué juicio nos merece el escepticismo? Creo que debemos distinguir entre el escepticismo filosófico y el teológico. (1) El escepticismo filosófico (A) no tiene base alguna en la realidad (cf. *Evidencia*) y (B) se contradice a sí mismo, pues a cualquier escéptico se le puede preguntar si duda o no de su propia duda. Si dice que sí, o está soñando o es un loco de atar. Si dice que no, entonces al menos de una cosa está seguro ¡no es un escéptico total! (2) En cuanto al escepticismo teológico, ya es otra cosa. El conocimiento de Dios, como de todo lo sobrenatural, es para la razón humana –ésa es mi opinión– inasequible, pues se funda en pruebas que carecen de la solidez necesaria (cf. *Dios. 25. Dios, Pruebas de la existencia de*). Sin embargo, la fe, don sobrenatural de Dios (Ef. 2:8) nos capacita para ver lo que la razón no puede alcanzar porque no le cabe (cf.1 Co. 2:14). El modo de conocer de la fe es totalmente distinto, por su base, del de la razón, porque de éste al de la fe hay un salto cualitativo. Es decir, no es que la fe añada algo a lo que la razón ya ha conseguido (no es un salto cuantitativo), sino que el conocimiento de la fe es de una cualidad enteramente distinta y superior.
Bib. Montaigne, *Obras* (varias traducciones). Anónimo, *Filosofía del plan de la salvación* (CLIE, Terrassa 1985); F. Sánchez, *Que nada se sabe* (Bs. As. 1944); V. Brochard, *El escepticismo antiguo* (Bs. As. 1944).

ESCOLÁSTICA, FILOSOFÍA El vocablo escolástico viene del gr. *sjolé* = estudio alegre, por lo que los griegos llamaban *sjolastikós* al individuo que se lo pasaba en grande aprendiendo e, incluso, al que era hábil para contar chistes y salidas ingeniosas. ¿Quién pensara que tal cosa tenía algo que ver con la seriedad de las disquisiciones filosóficas de, p. ej., Tomás de Aquino?
Aunque bajo el nombre de filósofos escolásticos figuran muchos pensadores medievales de sistemas y métodos diferentes, el apelativo de escolásticos se da, de ordinario, a los que se inspiraron principalmente en los escritos de Aristóteles (cf. *Aristotelismo*), conocido primeramente a través de Boecio (cf. *Boecio*, A.M.T.S.) y, después, de los comentarios de Averroes y Avicena. El título de «Padre de la escolástica» le pertenece a Anselmo de Canterbury (1033-1109). Le sigue Pedro Abelardo (1079-1142). Pero la escolástica tiene su culminación en Tomás de Aquino (1225-1274), su gran sistematizador, y cuyas enseñanzas fundamentales son, todavía hoy, «doctrina segura» (León XIII) para teólogos y estudiantes de la Iglesia de Roma. Por aquí se puede ver ya que la escolástica es, en primer lugar una filosofía cristiana.
En sentido más amplio, suelen tenerse también como filósofos escolásticos los que basan sus enseñanzas en los escritos de Agustín de Hipona, como Alejandro de Hales (1185-1245 aprox.) y Buenaventura (aprox. 1217-1274). Se dan también casos híbridos, como el del aristotélico Alberto Magno (aprox. 1200-1280), que recibe también la herencia de Agustín, y el del agustiniano J. Duns Scott (1266-1308), que conserva el estilo de Aristóteles.
La filosofía escolástica parece llegar a su ocaso en el siglo XIV con Guillermo de Ockham (cuyas fechas fijas de nac. y m. se desconocen), pero vuelve a resurgir con nueva potencia en pensadores de la talla del español Francisco Suárez (1548-1617), cuyos escritos se apartan algún tanto de la línea segura de Tomás de Aquino. Desde el siglo XIX, la filosofía escolástica ha venido enriqueciéndose con las aportaciones de los filósofos neoescolásticos, siendo el cardenal belga D. Mercier y el filósofo francés E. Gilson* los más notables.
Bib. M. de Wulf, *Historia de la filosofía medieval*, 2 vols. (FCE, México 1943); É. Bréhier, *La filoso-*

fía en la Edad Media (Madrid 1959); Ph. Delhaye, *La filosofía cristiana medieval* (Casal y Vall, Andorra 1961); É. Gilson, *La filosofía en la Edad Media*, 2 vols. (Gredos, Madrid 1958); *–El espíritu de la filosofía medieval* (Emecé, Bs. As. 1952); M. Grabmann, *Filosofía medieval* (Labor, Barcelona 1949); E. Jeaunneau, *La filosofía medieval* (Eudeba, Bs. As. 1967); A. Landgraf, *Introducción a la historia de la literatura teológica de la escolástica incipiente* (Herder, Barcelona 1956); A. Maurer, *Filosofía medieval* (Emecé 1967); Laureano Robles, *La filosofía en la Edad Media* (Episteme, Valencia 1983); Alfonso Ropero, *Introducción a la filosofía*, cap. IV (CLIE, Terrassa 1999); P. Vignaux, *El pensamiento en la Edad Media* (FCE, México 1954); J. Zaragüeta, *Una introducción moderna a la filosofía escolática* (CSIC, Madrid 1947).

ESCOTISMO (cf. *Duns Escoto, John*)

ESCRITURAS, SAGRADAS (cf. *Biblia, Autoridad de la*)

ESENCIA Este vocablo procede del vb. lat. *esse* = ser, existir, haber. Se toma aquí en sentido estrictamente ontológico para significar lo que una cosa es y se distingue así de la existencia* que simplemente nos dice que algo es, es decir, que ese algo es un ente real = que existe realmente. La esencia comprende primeramente la sustancia de la cosa y, por concomitancia, todo lo que se añade a la sustancia, ya sea como calificativo (las cualidades), dimensional (la cantidad con su extensión) o relacional (el vínculo que la conecta con otra cosa). Las cualidades se dividen en constitutivas (p. ej. santo), no constitutivas (p. ej. blanco) y accidentales (p. ej. enfermo).
Excepto Dios, el Ser que subsiste por sí mismo, todos los seres constan metafísicamente de esencia y existencia como sus dos componentes primordiales. Como muy bien entendió Aristóteles y, mejor aún, Tomás de Aquino, la esencia y la existencia se dintinguen realmente (no sólo en sus respectivos conceptos), aunque nunca se las puede separar. En otras palabras, cada una responde a un contenido distinto, pero ambas son necesariamente complementarias. La esencia responde a la pregunta «¿qué es?»; la existencia, a la pregunta «¿sí es?» P. ej. cuando digo «este caballo es blanco», me refiero a una cosa (caballo) que tiene una cualidad no constitutiva (blanco). Pero sólo cuando apunto a un caballo real (no sólo pensado o pintado), la sustancia y la cualidad del caballo se presentan a mi vista como entes reales, no entes de razón (cf. *Ente de razón*). Notará el lector que, en el ejemplo anterior, he dicho «este caballo», refiriéndome a un caballo concreto, individual, porque lo universal (el caballo, sin más) sólo existe formalmente en mi mente, no en la realidad.
Además de la esencia metafísica existe también la esencia física que comprende los elementos que físicamente integran una cosa. P. ej., en cuanto a la esencia metafísica, cada ser humano, además de constar, en la cumbre misma del ser, de esencia y existencia, consta también, en la especie ínfima, de animalidad y racionalidad. Pero, en cuanto a su esencia física, consta de cuerpo orgánico y alma espiritual como los dos ingredientes primordiales distintos que complementan su naturaleza humana.

ESENIOS Secta ascética judía cuyos miembros vivían en la zona occidental del mar Muerto. De ellos hablan Filón, Josefo y Plinio. Estaban organizados conforme a la vida monástica. El movimiento se inició probablemente en el siglo II a. C. y desapareció durante las guerras de los judíos contra Roma y la destrucción de Jerusalén (66-70 d.C.). La terminología del término es incierto, tal vez proceda del arameo *hasaya* = piadosos o silenciosos, de la que derivaron las dos formas griegas *essenói* y *essáioi*.
Observaban los preceptos rituales de la Ley (*torah*), llevaban un vida de disciplina muy estricta, para la que se preparaban a lo largo de tres años de noviciado, ponían todos sus bienes en común y guardaban el celibato. Muchos estudiosos los han identificado con la comunidad de Qumram*, localidad situada al noroeste del mar Muerto, en cuyo valle y en las cuevas sobre la escarpadura se encontraron más de 500 documentos datados paleográficamente en 200 o 300 años antes de Cristo, hasta el año 70 después de Cristo.
Los esenios constituían una grupo importante dentro de la vida religiosa del judaísmo del primer siglo, por eso a los estudiosos resulta un poco extraño que los esenios no aparezcan ni siquiera mencionados en el NT, donde fariseos y saduceos ocupan un lugar tan destacado como adversarios de Jesús.
La explicación puede estar en que los esenios se daban a sí mismos diversos nombres. Por ejemplo, en ninguno de los manuscritos de Qumran aparece el nombre de esenios, hecho que ha permitido a algunos autores el negar que los habi-

tantes de Qumram fueran esenios. Oscar Cullmann* veía una alusión a los esenios en los helenistas del libro de los Hechos (*Secte de Qumram, Héllenistes des Actes et Quatrième Evangile*). También se ha propuesto identificarlos con los destinatarios de la epístola a los Hebreos (Y. Yadin, C. Spicq), pero ninguna de estas hipótesis ha conseguido alcanzar el asentimiento de los estudiosos. Más interés tiene, y en su conjunto ha sido mejor recibida, la hipótesis de C. Daniel, que trata de identificar a los esenios con los enigmáticos herodianos que aparecen varias veces en los evangelios (Mr. 3:6; 12:13; Mt. 22:16). Si la hipótesis de Daniel es cierta, no sólo resuelve el problema de la ausencia de los esenios en el NT, sino que refuta la teoría del Jesús esenio.
Cuando Jesucristo advierte contra «la levadura de Herodes» (Mr. 8:15), no puede referirse a la persona del monarca, que no había fundado ni creado doctrina religiosa alguna, sino a los esenios, favorecidos por Herodes. AR

Bib. Edmond Bordeaux Székely, *Jesús el esenio* (Sirio, Málaga 2000); A. G. Lamadrid, *Los descubrimientos del mar Muerto* (BAC, Madrid 1971); Hartumut Stegemann, *Los esenios, Qumrán, Juan Bautista y Jesús* (Trotta, Madrid 1996).

ESOTERISMO (cf. tamb. *Hermetismo*) Derivado del adjetivo *esoterikos* = íntimo, oculto, reservado, contrapuesto a *exoterikos* = externo, abierto a todos. La imposición de guardar secreto sobre doctrinas y ritos es frecuente en la antigüedad y pervive en algunas sociedades modernas, la misma Iglesia cristiana adoptó una forma de esoterismo consistente en guardar silencio sobre las doctrinas o misterios (del verbo gr. *myein* = cerrar, ocultar) cristianas más profundas, para evitar que fuesen ridiculizadas o malinterpretadas por personas no interesadas en las verdades de la fe. Los perseguidores del cristianismo encontraron buena excusa para sospechar de ellos los peores crímenes, debido al carácter secreto de algunas prácticas inocuas de los cristianos, como la Santa Cena, el bautismo, etc. Cuando la sociedad fue mayoritariamente cristiana (cf. *Cristiandad*), esta práctica cayó en desuso, por otra parte, innecesaria y sin sentido, adoptada por cabalistas, masones, rosacruces, etc. Esotéricos modernos reivindican un cristianismo esotérico que en nada se parece a sus especulaciones, sino es el mismo que vive y perdura en el cristianismo ortodoxo actual.

Bib. Tertuliano, *Apología* (CLIE, Terrassa 2001); Crilio de Jerusalén, *Catequesis* (CLIE, 2001).

ESPACIO El concepto de espacio es algo, a primera vista, tan sencillo que todo el mundo entiende bien expresiones como «esta habitación tiene mucho espacio» o «no me dejan espacio para moverme». Sin embargo, si yo hago la pregunta: «¿es el espacio algo real o aparente?», comenzará a titubear más de un interlocutor. Y, si prosigo preguntando en mayor profundidad: «¿existe el espacio infinito?», el titubeo se convertirá en perplejidad o en confusión. Vamos por partes:
El espacio es, desde luego, el receptáculo en que los cuerpos, ya sea en reposo, ya sea en movimiento, se hallan inmersos. Esto es una realidad, no cabe duda. Pero, donde las dudas comienzan es en, si de tal modo es una realidad, que sigue existiendo aunque se retiren de él todos los cuerpos visibles o invisibles (el aire) que en él se albergan. Ejemplos: si entre dos cuerpos distantes entre sí, se suprimen los cuerpos que hay entre ellos, ¿siguen distando igualmente el uno del otro? Son muchos los filósofos y los científicos que responden «no». Personalmente (y no sólo yo) pienso que sí. Otro ejemplo: Si en el universo no existiera más que un solo cuerpo, ¿podría este cuerpo moverse de un lado a otro? Son igualmente muchos los filósofos y los científicos que responden «no, porque no existe espacio donde moverse». Personalmente opino que sí, «porque el espacio vacío es algo real».
Esta opinión mía se funda, pues, en que –a mi modo de ver– el espacio vacío no sólo es real, sino también infinito. Prescindo de si es posible o no un espacio que no sea tridimensional. Sólo apelo a experimentos reales, aunque sea imposible comprobarlos, con tal que sea posible concebirlos. Si el espacio tiene alguna limitación, pregunto: ¿en que consiste ese límite? ¿En una barrera? Suprímase esa barrera y el espacio continuará existiendo; ¿en la nada? La nada no existe; por tanto, no puede ser barrera a la infinitud del espacio. Sé que mi opinión tiene dificultades, pero creo que puedo resolverlas. En mi opinión, las dificultades se reducen a tres: 1ª, un universo vacío no puede ser más que imaginario, porque no tiene consistencia. Respondo: ya he dicho que para mí el espacio vacío es algo real. 2ª dificultad: un espacio vacío infinito serían tan inmenso como Dios. Respondo: la inmensidad de Dios es cualitativamente diferente de la del espacio, porque ésta tiene partes, y la de Dios no. 3ª dificultad: si el espacio vacío tiene partes, no puede ser infinito, porque suprimiendo alguna parte, dejaría de ser infinito, y de dos finitos no puede resultar un infinito. Respondo: eso es una pura

ilusión, porque si el espacio no tiene límites, por mucho que se supriman partes intermedias, no se le ponen límites a su ilimitada extensión.

Queda otra cuestión por dilucidar: ¿cómo están presentes en el espacio los distintos seres? A esto se responde distinguiendo: (1) Dios, como Ser espiritual infinito, está entero en todas y en cada una de las partes del espacio (cf. *Dios, 12; Dios, Infinitud de. 18' Dios, Omnipresencia de*). (2) Los seres espirituales, como el alma humana, se hallan enteros también en el espacio ocupado y en cada una de las partes de dicho espacio. (3) Los seres corpóreos ocupan el espacio coextendiendo sus partes con las respectivas del espacio ocupado. Esto significa: (A) Que el cuerpo de Cristo no puede estar, al mismo tiempo, en distintos lugares. Sólo a Lutero se le ocurrió que el cuerpo de Cristo está en todas partes, porque «la diestra de Dios está en todas partes». (B) Igualmente, con toda la tradición protestante, negamos que el cuerpo de Cristo esté entero en todas y en cada una de las partes de la hostia. Si la omnipotencia absoluta de Dios puede hacer que ambos casos (A y B) se den en la realidad, es asunto en el que no me atrevo a meterme, pero ¿qué interpretación podrá dar un católico a lugares bíblicos como He. 9:24-28 y 10:12-14, sin torcer su real y obvio significado?

Bib. Xavier Zubiri, *Espacio, tiempo, materia* (Alianza, Madrid 1996).

ESPECIE No tomamos aquí el vocablo especie en su sentido etimológico de apariencia, sino a nivel lógico como un concepto. Se entiende fácilmente con un ejemplo ya clásico: el concepto de la especie humana se distingue del de la especie genérica de los animales mediante la diferencia específica de la racionalidad. Las diferencias existentes dentro de los individuos de una misma especie, por grandes que sean (distintas razas, distintas culturas), no afectan a los elementos constitutivos de la especie.

ESPERANZA El tema de la esperanza puede tratarse, a nivel natural, como «la expectativa de un bien deseado», o como una virtud teologal, por lo que divido en dos el presente artículo.

(1) Como expectativa natural, la esperanza es como una anticipación del futuro, en lo que el ser humano arriesga su libertad, según sea el objeto esperado y la base fundante de la esperanza. (A) Si el objeto esperado es de un valor superior al de la propia vida física, vale la pena asumir el riesgo. «Quemar las naves», como Hernán Cortés, dando por seguro que la conquista del Perú y el honor del soldado español lo merecían, es un riesgo muy grande y poco honorable si se tienen en cuenta los datos que nos suministra la historia. Pero es aún peor, teóricamente, el caso cuando se quema la vida en un ataque de corazón porque le ha tocado a uno el esperado premio de la lotería de Navidad o por el gol que ha sido decisivo para el deseado ascenso del equipo favorito de fútbol, pues, como dice G. Thibon, «quemar las naves no crea la tierra prometida». Por otra parte, cuando el objeto, p. ej. la vida eterna, el amor a Dios, etc., vale la pena de jugarse la vida, es honroso, y hasta obligatorio, el hacerlo, pues «es un cobarde el que, en tal caso, no quema las naves». Como es obvio, hablo de casos extremos, porque Dios puede también querer, y hasta ordenar, que no «se quemen las naves», si han de servir mejor al objeto que se pretende. (B) La base en que fundamos la esperanza es de la mayor importancia, como ya se desprende de lo dicho. No hay base tan firme como la Palabra de Dios. Atendiendo únicamente a que Dios lo había dicho (cf. He. 6:13-18), Abraham creyó en esperanza contra esperanza (Ro. 4:18), tanto cuando Dios le ordenó salir de su tierra sin saber a qué otra tierra iba (cf. Gn. 12:1-4; He. 11:8-10), como cuando le ordenó sacrificar a su único hijo (cf. Gn. 22:1 ss.; He. 11:17-19). No sólo fue el gran modelo de fe, sino también de esperanza y de amor a Dios.

(2) Como virtud teologal, quiero adelantar que el vb. gr. *elpídso* = esperar ocurre 31 veces en el NT, y el sust. *elpís* = esperanza, 53 veces. Pero no siempre tienen la misma acepción, porque pueden significar (A) esperanza propiamente dicha, (B) espera o (C) expectativa. Además, en algunos lugares, no se trata de la virtud teologal, sino de una esperanza natural. Hacen al caso Mt. 12:21; 24:21; Hch. 2:26; 23:6; 24:15; 26:6 y 7; Ro. 4:18; 5:2, 4 y 5; 8:20, 24 y 25; 12:12; 15:4,12 y 13; 1 Co. 13:7 y 13; 15:19; 2 Co. 1:10; 3:12; Gá. 5:5; Ef. 1:18; 2:12; 4:4; Fil. 1:20; 2:19; Col. 1:5, 23 y 27; 1 Ts. 1:3; 2:19; 4:13; 5:8; 2 Ts. 2:16; 1 Ti. 1:1; 4:10; 5:5; 6:17; Tit. 1:2; 2:13; 3:7; Fil. v. 22; He. 3:6; 6:11; 6:18; 7:19; 10:23; 11:1; 1 P. 1:3, 13 y 21; 3:5 y 15; 1 Jn. 3:3. El lector podrá discernir sin dificultad cuándo habla el texto sagrado de esperanza, de espera o de expectativa. Sólo me resta añadir que, por el hecho mismo de tener una esperanza segura, el cristiano, como Abraham, ha de sentirse siempre en esta vida como un «peregrino» en busca de una patria mejor (cf. He. 11:13-16; 1 P. 2:11). De esto se derivan tres consecuen-

cias sumamente prácticas: (a) el cristiano queda liberado del temor al propio futuro, pues Dios le garantiza un futuro inmejorable en la vida eterna; (b) se ha de sentir espoleado a sufrir lo que sea necesario (cf. 1 P. 1:6) y ayudar a los que sufren sin esperanza; (c) a pesar de tener por objeto principal de su esperanza la vida eterna, el cristiano puede, y debe, cooperar al progreso de todos los buenos valores dentro de la historia: la paz, la justicia, el compañerismo, el amor práctico a todos y a todo lo que de algún modo sirva para enriquecimiento espiritual e intelectual para sí mismo y para otros, sin ceder al desánimo, con realismo igualmente distante de un optimismo utópico y de un pesimismo deprimente.

ESPIRITISMO (cf. también *Sectas*) Aunque la práctica de invocar a los espíritus de los difuntos se remonta al origen de la humanidad, el espiritismo moderno nació en 1848 en la pequeña ciudad de Hydesville (EE.UU.), en el modesto hogar de John d. Fox, cuando varias de sus hijas escucharon golpes secos, atribuidos a supuestos espíritus de difuntos. Causó tal sensación que pronto saltó de América a Europa, logrando notables conversiones de escritores y científicos como Conan Doyle, Oliver Lodge, Alfred R. Wallace y Flamarion, que veían en el espiritismo una forma de armonizar la fe en la vida de ultratumba con la ciencia.

Sin embargo, y con el paso del tiempo el espiritismo ha demostrado estar más abierto al fraude de los médiums, comenzado por el de sus primeras iniciadoras, que a la comprobación científica. En el plano teológico, el espiritismo niega la deidad de Cristo, la realidad del castigo eterno a la vez que admite la posibilidad de otras existencias (reencarnación) para eliminar las imperfecciones morales del alma, lo que va contra la doctrina de la salvación por Cristo y la esperanza de la resurrección.

En el orden práctico, el espiritismo obedece a la motivación tan humana de buscar consuelo en situaciones trágicas de muerte, como fue el caso del obispo episcopal Pike, ante la muerte de su hijo. Otro factor importante, es la curiosidad de conocer el más allá de un modo «experimental». A pesar de la amplia literatura espiritista no existen pruebas convincentes a favor de una comunicación entre vivos y muertos. Práctica ésta condenada en las Escrituras y por todas las Iglesias.

Bib. Jon Aizpúrua, *Tratado de espiritismo* (Edicomunación, Barcelona 1991); F. Chaij, *Potencias supranormales que actúan en la vida humana* (Ed. Safeliz, Madrid 1978); Denis, L., *En lo invisible* (Edicomunación, Barcelona 1987); D. Fernández, *El espiritismo* (CBP, El Paso 1969); C. M. de Heredia, *Fraudes espiritistas y los fenómenos metapsíquicos* (Editorial Acerbo, Barcelona 1993); A. Kardec, *El libro de los médiums* (Edicomunicación, Barcelona 1991); –*El Sermón de la Montaña según el espiritismo* (Edicomunicación, Barcelona 1991); –*El Génesis* (Kier, Buenos Aires 1962); –*El evangelio según el espiritismo* (Orión, México 1973); –*Nuevo devocionario espiritista* (Libro-Mex., México 1981); M. S. Porteiro, *Espiritismo dialéctico* (Edicomunicación, Barcelona 1990); M. F., Unger, *El misterio del obispo Pike* (CLIE, Terrassa 1975); S. Vila, *El espiritismo y los fenómenos metapsíquicos* (CLIE, Terrassa 1978, 6ª ed.).

ESPÍRITU Este vocablo entró en el cast. a mediados del siglo XIII y procede del lat. *spíritus* = soplo. Este viene del vb. *spirare* = soplar, respirar.

Como ya vimos en el art. *Esencia*, los seres en general se dividen en espirituales y corpóreos. Pero los espirituales se subdividen en puramente espirituales, como Dios y los ángeles, y espirituales incorporados, como el alma humana. La condición de cada uno de los seres espirituales depende de su grado, mayor o menor, de espiritualidad. (1) Dios, por ser Espíritu Purísimo, es Espíritu, sin más (cf. Jn. 4:24). (2) También los ángeles son espíritus puros, pero en grado infinitamente inferior, pues son compuestos, al menos, de acto y potencia. (3) Finalmente, el alma es de naturaleza espiritual, pero sirve de forma sustancial al cuerpo, con el que tiene una relación necesaria, si bien puede existir, después de la muerte, independientemente del cuerpo. Tanto en el conocer como en el obrar, el alma humana depende del cuerpo conforme a su naturaleza de espíritu incorporado. En esto, como en todo, hay que huir de dos extremos igualmente peligrosos: (A) Si se busca un espiritualismo incorpóreo, como si el cuerpo fuese enemigo del alma, toda la vida experimenta fracasos y anomalías. (B) Si por el contrario, el ser humano se despreocupa de lo espiritual para dedicarse exclusivamente al cultivo del cuerpo, podremos tener buenos atletas, pero seres humanos existencialmente mancos, porque, al ser lo espiritual lo más elevado que existe en el ser humano, el cultivo de lo espiritual comporta el grado más alto de libertad, de acercamiento al Espíritu Supremo y el principio plasmador de todos los valores culturales.

Con esto va dicho que lo espiritual, en la medida de su independencia de la materia, es simple (carece de partes al carecer de extensión), inmortal (incapaz de corrupción natural por su falta misma de composición) y capaz de un conocimiento reflejo (por carecer de extensión), mediante el cual puede conocerse a sí mismo (tiene conciencia de sí mismo), poseerse a sí mismo (por la libre autodeterminación) y elegir entre los valores parciales los más convenientes para su fin último. He dicho que todo esto lo es y lo hace el ser espiritual, en la medida de su independencia de la materia. Esto trae como consecuencia, centrándonos ahora en el ser humano, espiritual incorporado, lo siguiente: (a) el cuerpo, sino se le controla, puede servir de peso y de rémora a la espiritualidad del alma: (b) al conocer las cosas por los sentidos corporales, el espíritu humano está sujeto (tengamos en cuenta la caída original) a conocer imperfectamente y a errar en sus juicios; (c) el cuerpo (la carne) impide que el ser humano se posea a sí mismo y se domine como lo puede hacer un ser puramente espiritual); (d) engañado muchas veces por las apariencias, el espíritu humano estima como valores cosas que no tienen ningún valor (puede haber muchas «nueces vacías» entre las que parecen llenas).

ESPÍRITU SANTO El Espíritu Santo es la tercera Persona de la Trina Deidad, Dios en la unidad de la esencia con el Padre y con el Hijo y procedente del Padre y del (o por medio del) Hijo. En el AT, el término más usado para designar al espíritu es *ruaj.* Como la revelación de la Trina Deidad mantiene latente (para usar la terminología de Agustín de Hipona) en el AT el misterio, es muy aventurado señalar textos en que aparezca explícito el E. Santo como «persona». Si me dan a elegir, me quedo con Is. 48:15; 61:1 y Jl. 2:28.
(1) Que el E. Santo es Persona se demuestra (A) Por Mt. 28:19 (en lín. con el Padre y el Hijo); (B) Por el epíteto gr. *Parákletos* (cf. Jn. 14:26; 15:26 y 16:7 y comp. con 1 Jn. 2:1); (C) Por las funciones de carácter personal que desempeña: (a) enseña (Jn. 14:26); (b) intercede (Ro. 8:27); (c) reparte dones como quiere (1 Co. 12:11); (d) puede ser entristecido (Ef. 4:30).
(2) Que es Dios, se muestra (A) Por Mt. 28:19 (en lín. con el Padre y el Hijo); (B) La Biblia identifica al Esp. Santo con el Yahweh del AT en citas en las que habla Dios directamente, p. ej., Hch. 28:25 comp. con Is. 6:1-13; (C) La blasfemia y la mentira contra el E. Santo son tenidas como hechas contra Dios (cf. Mt. 12:31-32; Hch. 5:3-4); (D) Comp. 1 Co. 3:16 y 6:19, se ve que «templo de Dios» y «templo del E. Santo» son sinónimos; (E) En 1 Co. 2:11 vemos que las cosas de Dios no las conoce más que el Esp. de Dios, por analogía con Lc. 10:22; (F) Ro. 8:11 atribuye al E. Santo la función divina de vivificar (comp. Jn. 1:4; 3:3-8; 4:14; 5:26; 7:37-39).
(3) Que procede del Padre se dice claramente en Jn. 15:26. No se dice explícitamente que proceda del Hijo, pero atiéndase a lo siguiente: (A) En Jn. 15:26, dice Jesús del E. Santo: «el cual yo os enviaré del lado del Padre». Pero en Jn. 14:26, este «envío» se atribuye al Padre, lo cual muestra que el E. Santo es enviado por el Padre y el Hijo conjuntamente, y el envío supone la procesión, como se dice técnicamente. (B) El E. Santo es llamado Espíritu del Señor (Hch. 5:9; 2 Co. 3:17), Espíritu de Jesús (Hch. 16:7), Espíritu de Cristo (Ro. 8:9) y Espíritu de su Hijo (Gá. 4:6), expresiones que indican una procedencia. (C) Si se atiende bien a la letra de Jn. 16:14-15, se ve claramente indicado que el E. Santo recibe del Hijo lo que tiene, y juntamente del Padre, ya que todo lo del Padre es también del Hijo (cf. Jn. 10:30), excepto el ser Padre.
Según la pauta bíblica de que todo lo que el Padre ordena, el Hijo lo ejecuta y el E. Santo lo aplica, se puede concluir que son funciones del E. Santo la justificación, la donación de la gracia, del arrepentimiento y de la fe, la regeneración, la santificación, la glorificación, la morada trinitaria, el sellado, el bautismo y la llenura . De momento, remito al lector a mi libro *CPDTB,* Parte III, leccs. 6ª a la 18ª inclusive. Cada tema será tratado, D.m., en su lugar alfabético respectivo. En cuanto al importante cap. sobre los dones del E. Santo, cf. el art. *Dones espirituales.*

Bib. H. A. Alonso, *El don del Espíritu Santo* (CLIE, Terrassa 1992); Armando Bandera, *El Espíritu que ungió a Jesús* (EDIBESA, Madrid 1995); C. K. Barrett, *El Espíritu Santo en la tradición sinóptica* (Secretariado Trinitario, Salamanca 1978); José Comblin, *El Espíritu Santo y la liberación* (Paulinas, Madrid 1986); Yves M. J. Congar, *El Espíritu Santo* (Herder, Barcelona 1991); Earl C. Davis, *La vida en el Espíritu* (CBP, El Paso); Juan Driver, *El Espíritu Santo en la comunidad mesiánica* (Clara, Bogotá 1992); J. D. G. Dunn, *Jesús y el Espíritu* (Secretariado Trinitario, Salamanca 1981); Carmelo Granado, *El Espíritu Santo en la teología patrística* (Sígueme, Salamanca 1997); Michael Green, *Creo en el Espíritu Santo* (Caribe, Miami 1986, 2ª ed.); H. L. Heijkoop, *El Espíritu Santo* (Manantial 1961); Jürgen Moltmann, *El*

Espíritu de vida (Sígueme, Salamanca 1998); –*El Espíritu Santo y la teología de la vida* (Sígueme, Salamanca 2000); H. Mühlen, *Experiencia y teología del Espíritu Santo* (Secretariado Trinitario, Salamanca 1978); René Pache, *La persona y obra del Espíritu Santo* (CLIE, Terrassa 1982); Edwin H. Palmer, *El Espíritu Santo* (EVD, Edimburgo s/f); Ray Pritchard, *Los nombres del Espíritu Santo* (Portavoz, Grand Rapids 2000); Michael Ramsey, *El Espíritu Santo* (Secretariado Trinitario, Salamanca 1979); Charles C. Ryrie, *El Espíritu Santo* (Portavoz, Grand Rapids); E. Schweizer, *El Espíritu Santo* (Sígueme, Salamanca 1984); A. B. Simpson, *El poder de lo alto* (CLIE, Terrassa 1986); E. Timiadis, *La pneumatología ortodoxa* (DDB, Bilbao 1978); Wayne E. Ward, *¿Quién es el Espíritu Santo?* (CBP, El Paso).

ESPIRITUALIDAD Que el vocablo procede de espíritu es cosa clara, pero, como el vocablo espíritu tiene diversas acepciones, tengo que advertir que en este artículo no voy a tratar, p. ej. de la naturaleza espiritual del alma humana, ni de temas conectados con el E. Santo (para lo cual cf. el art. *Espíritu Santo*), sino de una condición del creyente opuesta a la carnalidad. En este sentido, todo creyente cristiano debiera ser espiritual, es decir, un testimonio vivo de la acción del E. Santo en su vida, acción que tiene por objeto primordial formar en el creyente la imagen de Cristo (Ro. 8:29). La espiritualidad, por tanto, afecta a la persona entera en todas sus situaciones concretas, en relación con las tres Personas de la Deidad. No hay área en la vida del creyente que él pueda reservarse para sí; también su dinero, su negocio, su trabajo, sus relaciones civiles y sociales, están marcados por esa consagración (cf. Ro. 12:1-2) que la espiritualidad exige, como proceso de transformación, cuidando de no seguir con el estilo de vida (el esquema, según la terminología de Pablo) del mundo. Contra el «perfeccionismo» wesleyano, es menester sostener que ese proceso de transformación dura toda la vida, como lo indica el pres. de imp. pas. *metamorfoústhe* de Ro. 12:2, comp. con el mismo tiempo, modo y voz del vb. *pleroústhe* de Ef. 5:18. Nadie puede decir en esta vida: «Ya he llegado a la perfección» (cf. Fil. 3:12-14).

Todo esto no haría falta decirlo, pero la secularización de la vida religiosa en la época moderna ha hecho que, desde diferentes flancos, se haya dado mayor relieve a esta disciplina que ha venido a llamarse la «Teología ascética y mística». El tema tiene su historia: El eremita Antonio de Egipto (aprox. 250-356) basó su espiritualidad en Mt. 7:14; Lc. 18:18-24 y 1 Co. 7:8: ascesis, pobreza, celibato. Esta vino a ser la pauta de la espiritualidad cristiana hasta bien entrada la Edad Media entre los monjes de las distintas órdenes religiosas: agustinos, dominicos, franciscanos, carmelitas, benedictinos, cistercienses, cartujos, etc. Tomás de Aquino puso el «estado de perfección» sólo en los monjes (por sus votos) y en los obispos (por su dedicación pastoral). Con esto, se dejaba a los laicos que se casaban, tenían oficios lucrativos y se esmeraban en cumplir sencillamente la ley de Dios, «fuera del estado de perfección». Sólo en el C. Vaticano II, se ha enderezado parcialmente tal entuerto. Tomás de Kempis (aprox. 1379-1471) propuso, como una especie de Manual de perfeccionamiento espiritual, su famoso libro *La imitación de Cristo*. Ya en la Edad Moderna, el protestante William Law (1686-1761) escribió su *Seria llamada a una vida devota y santa* (1728), una vigorosa exhortación a una espiritualidad severa y sin componendas con el mundo. Por el mismo tiempo, el jesuita italiano Giovanni Scaramelli (1687-1752) establecía como asignatura especial la *Teología ascética y mística*. Para más detalles cf. los arts. *Ascetismo** y *Misticismo**.

Bib. B. Jiménez Duque, *Temas de teología espiritual* (TAU, Ávila 1986); Francisco Lacueva, *Espiritualidad trinitaria* (CLIE, Terrassa 1993); Daniel de Pablo Maroto, *Historia de la espiritualidad cristiana* (Ed. Espiritualidad, Madrid 1990); José M. Martínez, *Introducción a la espiritualidad cristiana* (CLIE,Terrassa 1997); J. Moltmann, *Experiencias de Dios* (Sígueme, Salamanca 1983); Francis A. Schaeffer, *La verdadera espiritualidad* (Logoi, Miami 1974).

ESTADO INTERMEDIO Se entiende con esta expresión el tiempo que media entre el día de la muerte y el de la resurrección. Como el alma humana es de naturaleza espiritual, no muere con el cuerpo, sino que pasa a existir en una medida de tiempo probablemente distinta del actual. Ciñéndonos a la revelación del NT, podemos decir que, desde la hora de la muerte, la condición de los salvos es ya radicalmente distinta de la de los condenados. Aquellos van al «seno de Abraham» (Lc. 16:23), sinónimo, al parecer, del «paraíso» (Lc. 23:43). Los condenados van al *Hádes* (Lc. 16:23), vocablo gr. equivalente al hebr. *Sheól*, con la notable diferencia de que, en el AT, el *Sheól* albergaba tanto a los buenos como a los malos (cf. 1 S. 28:19), mientras que, en la revelación del NT, a partir de la resurrección del Señor (cf. Ef. 4:8; He. 11:40), sólo las almas de los salvos van al mencionado «paraíso», a «estar con Cristo» (Fil. 1:23), mientras que las de los réprobos esperan en el *Hádes* hasta que vuelvan a unirse con sus cuerpos en el día de la resurrección final (cf. Ap. 20:12-15) y entren así en «el lago que arde con fuego y azufre, que es la muerte segunda» (Ap. 21:8), que es el infierno* propiamente dicho.

Por otra parte, tanto la Iglesia de Roma como la llamada Ortodoxia grecorrusa» sostienen que las almas de los difuntos salvos, pero no enteramente purificados de sus pecados, van al Purgatorio* para expiar allí, durante más o menos tiempo, la pena (no la culpa) de los pecados por los que no satisficieron convenientemente en esta vida.

Desde los primeros siglos de la Iglesia, hubo quienes sostenían que el alma muere con el cuerpo, volviendo con él a la vida el día de la resurrección. En nuestros días mantienen esta teoría los bullingerianos y O. Cullmann (cf. su libro *¿Inmortalidad del alma o resurrección de los muertos?*, Londres, 1958, pp. 48-57).

Contra todos estos errores, sostenemos con la Palabra de Dios:

(1) Que el vb. gr. *koimásthai* = dormir, en 14 de las 18 veces que aparece en el NT, así como el sust. *koímesis* = dormición, son un sinónimo de muerte, pero expresan al vivo su condición de «vivos en espíritu» (cf. 1 P. 4:6). El «dormir» del justo es un sinónimo de «estar descansando» (cf. Ap. 14:13), no de que su alma esté muerta o inconsciente en el estado intermedio.

(2) Desde el momento de la muerte, el creyente está «con el Señor» (cf. Lc. 23:43; 2 Co. 5:8; Fil. 1:23). Es curioso que, en cada uno de los citados lugares, aparece una prep. gr. distinta: *metá, prós, sún,* con lo que se da a entender que se trata, no de una mera presencia espacial inerte (*metá*), sino de una comunión personal (*prós,* la misma prep. de Jn. 1:1) y de una unión vital (*són,* la misma prep. de 1 Co. 15:10).

(3) El apóstol prefiere partir a quedar en esta vida (cf. 2 Co. 5:8; Fil. 1:23). Si el «partir» fuese para estar su alma muerta o inconsciente, de seguro que Pablo no habría preferido la muerte a la vida terrenal, donde tanta gloria estaba dando a Dios y tanto provecho a los fieles.

(4) En cuanto al pretendido Purgatorio, baste por ahora tener en cuenta que el único lugar de las Escrituras canónicas en que la Iglesia de Roma basa actualmente la existencia de dicho lugar es 1 Co. 3:15: «Si la obra de alguno se quemare, él sufrirá pérdida, si bien él mismo será salvo, aunque así como por fuego» (RV60). La «pérdida» de la que aquí habla Pablo es la de la recompensa (cf. 2 Co. 5:10). Y lo de «así como por fuego» no significa que él mismo se vaya a quemar, sino su obra, pues era «madera, heno, hojarasca», todo ello materia inflamable ante el fuego de la ira de Dios (cf. 1 Co. 3:12-15; He. 12:29).

Finalmente, una vez más he de repetir que, después de la muerte, no hay una 2ª oportunidad (cf. He. 9:27-28). Hay quienes ven esa 2ª oportunidad en Mt. 12:32, pero examínese ese texto a la luz de Mr. 3:29, y se verá que no se trata de eso, sino de una especial condición pecaminosa que no es asequible al perdón divino, no porque a Dios le falte poder para perdonar cualquier pecado, sino porque el que peca de esa manera se cierra a sí mismo, por su obstinación, el acceso al único remedio posible. Por eso, Mr. 3:29 dice lit. «Mas el que blasfeme contra el Espíritu Santo no tiene perdón jamás, sino que es reo de pecado eterno». Nótese, de pecado; no de juicio.

Bib. José Alonso Díaz, *En lucha con el misterio. El alma judía ante los premios y castigos y la vida ultraterrena* (Sal Terrae, Santander 1967); José Grau, *Escatología* (CLIE, Terrassa 1978); Gisbert Greshake, *Más fuertes que la muerte* (Sal Terrae, Santander 1981); H. H. Rowley, La fe de Israel (CBP, El Paso 1973); W. Hendriksen, *La Biblia y la vida venidera* (TELL, Grand Rapids 1970).

ESTÉTICA Este vocablo procede del gr. *aísthesis* = percepción sensorial, pero aquí la tomamos en el sentido indicado por Baumgarten (1714-1762) como «la ciencia de la percepción propia de los sentidos, frente a la del conocimiento intelectual», pero él mismo hizo saber que el fin de la estética es la perfección del conocimiento sensorial en cuanto que en él reside formalmente la belleza. Así, pues, la estética es una nueva disciplina que tiene por objeto lo bello, como un nuevo «trascendental» unido a los ya clásicos: ente, verdadero, bueno, algo, uno y bello, con una interpredicabilidad propia de los trascendentales: «todo lo que es «ente» es, por ello mismo, «verdadero», «bueno», «uno», «algo distinto», «bello».

Así como lo estrictamente filosófico es cosa de opiniones, lo estético es cosa de gustos. Pero no por eso se rebaja el objeto de la estética, pues hablamos de un «gusto» no grosero, sensual, sino de un gusto parecido a que sienten los místicos ante la contemplación de la suprema belleza.

Pero la estética no es sólo «ciencia»; es también «arte» y, como tal, tiene sus límites. Atacamos así el falso principio del «arte por el arte». No, el arte no es un fin, sino un medio para valores más altos, para el bien, no para el mal. De esta manera, la perfección más exquisita de un desnudo de mujer en la pintura o en la escultura, no es arte propiamente dicho, pues incita al pecado (cf. el art. *Arte cristiano*).

Bib. David Estrada, *Estética* (Herder, Barcelona 1988).

ESTOICISMO Se da este nombre a una escuela grecorromana de filosofía, que tomó su nombre del pórtico (gr. *stoá*) de Atenas donde se reunían los adeptos de esta filosofía, y de la cual fue pionero Zenón el eleata (335-263 a. de C.) y a quien sucedieron filósofos como Cleantes (331-232) y Crisipo (aprox. 280-207), y, ya en nuestra era, Séneca (aprox. 1-65) en su 2ª etapa (desde el año 46, bajo la influencia de Posidonio), Epicteto (aprox. 50-138) y, sobre todo, Marco Aurelio (131-180), emperador desde el 161 hasta su muerte el año 180.

El estoicismo es una mezcla de pensamientos de los filósofos más antiguos, así como de los clásicos Platón y Aristóteles. Voy a tratar de resumir su ideario:

1) El ideal del estoico lo constituye el sabio, que vive en sintonía con la naturaleza, domina sus pasiones, soporta el sufrimiento y es feliz siendo virtuoso.

(2) En metafísica, puede decirse que el estoico es panteísta. Dios es como el alma del mundo, que lleva en sí las «razones seminales» como gérmenes de una evolución que se lleva a cabo de una forma ordenada por el «alma del mundo», pero ejecutada de forma fatalista para el ser humano, cuya verdadera libertad queda excluida.

(3) Al carecer de verdadero conjunto sistemático, el estoicismo pretende sustituir a la religión en el intento de proporcionar al ser humano una educación y una seguridad para todos los hombres, pues todos ellos son iguales.

(4) Por el relieve que dan a la virtud, los estoicos, a pesar de su fatalismo metafísico, abundan en escritos de naturaleza parenética = de exhortación a la virtud.

Muchos de los antiguos escritores eclesiásticos conocidos como Padres de la Iglesia aceptaron algunas de las ideas estoicas, pero eliminando de ellas la jactancia de una vida virtuosa y la insensibilidad de sentimientos de los estoicos. El apóstol Pablo, en su discurso en el Areópago de Atenas, cita (cf. Hch. 17:28) un dicho de Arato (aprox. 315-240 a. de C.), discípulo de Zenón.

Bib. Séneca, *Obras completas* (Madrid 1957); Marco Aurelio, *Soliloquios* (varias versiones); P. Barth, *Los estoicos* (Madrid 1930); J. Brun, *El estoicismo* (Bs. As. 1962).

ETERNIDAD Eternidad es la duración perpetua de un ser sin principio ni fin ni sucesión. Conforme a la clásica definición de Boecio, es «la posesión total, simultánea y perfecta de una vida interminable».

Esta definición es aplicable sólo a Dios (cf. *Dios, 10; Dios, Eternidad de*).

Esto significa que los seres creados inmateriales, como los ángeles y el alma humana, aunque duren siempre, no son propiamente eternos, pues tienen principio y sucesión, si bien esta sucesión no se mide con los mismos parámetros de la sucesión estrictamente temporal (cf. *Tiempo*). Propiamente hablando, dichos seres no son eternos, sino perpetuos.

También suele hablarse de verdades eternas. Sin embargo, todas las verdades, tomadas en abstracto, son intemporales = siempre válidas, pero no eternas.

ÉTICA Este vocablo viene del gr. *éthos* = costumbre y éste, a su vez, de *ethikós* = carácter, manera de ser. Por tanto, la ética tiene que ver con las costumbres. Y, como «costumbres» es, en lat. *mores,* la ética es llamada también filosofía moral. Es, pues, la parte de la filosofía que trata de la moralidad.

Ahora bien, moral es un vocablo que se predica de varios sujetos por analogía de atribución. Así hablamos de una vida moral (o inmoral), de una ley moral, de una prensa inmoral, de un texto de moral, etc.

En todos los tiempos, y en todas las culturas, los seres humanos se rigen por unas determinadas normas de moralidad, de acuerdo con las cuales los hombres se hacen dignos de aprobación si las cumplen, y de desaprobación y condena si las infringen. En el primer caso se les tiene por buenos, y en el 2º por malos, y hasta por criminales, si la infracción constituye delito = pecado grave, externo y notorio. En Ro. 2:12-16, Pablo declara que la ley moral natural es común a todos los seres humanos, según da testimonio la conciencia de que tienen una «ley escrita en sus corazones» (v. 15). Para más detalles, cf. *Conciencia,* 2.

(1) Como disciplina estrictamente filosófica, la ética es una metafísica de las costumbres, no una psicología moral, ni tampoco una teología moral*, pues ésta se apoya en la revelación especial y sigue un método distinto.
Hay un orden moral, válido para todos los seres humanos y para todos los tiempos, puesto que el ser humano es imagen de Dios y su razón finita es una participación de la razón infinita de Dios. Por eso, la ética tiene una base cognoscitiva en la conciencia como un eco de la voz de Dios, y una base constitutiva en la naturaleza misma racional del hombre. De ahí se sigue: (A) que no puede haber una doble moral (para el varón y la mujer, para el hombre en privado y en público, para el cristiano en la iglesia y en el mundo, etc.); (B) que no puede aprobarse la llamada ética de situación, porque, si pudieran tomarse decisiones contra la ley moral universal, ésta perdería su validez ante las diversas situaciones. Otra cosa muy diferente es el caso en que un moralista o cualquier individuo necesita aplicar las normas generales a un caso particular en que las circunstancias exijan tener en cuenta si el cumplimiento estricto de la ley es dañoso al bien de la comunidad o del mismo individuo, pues las leyes son para los hombres, no los hombres para las leyes. Para eso está la casuística (cf. *Casuística*); (C) que tampoco pueden aprobarse los sistemas éticos que intentan elaborar una ética que no está en consonancia con la revelación divina ni con la ley natural, como son, p. ej., el positivismo de Schlick, el psicologismo de Freud, el sociologismo de Durkheim, el hedonismo de Epicuro, el utilitarismo de Stuart Mill, y otros que serán analizados en los arts. respectivos.
(2) Como disciplina teológica, basada especialmente en la revelación especial de Dios, la ética es, ante todo, una ética del amor, del amor de Dios a los hombres y del amor que los hombres debemos a Dios y a nuestro prójimo. (A) El amor de Dios a los hombres se ha mostrado desde un principio: (a) en la creación del universo para beneficio del hombre (cf. p. ej. Gn. 1:28 ss.); (b) en la redención del hombre caído (cf. p. ej., Jn. 3:16; 1 Jn. 3:1, 16; 4:7-12, 16); (c) en la morada y santificación por el Espíritu (cf. p. ej., 1 Jn. 4:13). Para más detalles, cf. *Amor* y, especialmente, *Dios, 1. Dios, Amor de. (B)* El amor que nosotros debemos a Dios tiene su fundamento en Dt. 6:4-5. Este amor a Dios, porque es el único Bueno (Mr. 10:18), debe traducirse en su imitación (Lv. 11:44-45; Mt. 5:48) y en el amor a Cristo (Ef. 5:1-2; Fil. 3:7-8). (C) En cuanto al amor que debemos al prójimo, aparte de lo dicho en el art. Amor, cf. Mt. 5:43-48; 7:12; Jn. 13:34-35; Ro. caps. 12, 13 y 14; 1 Co. 12:13 ss.; 13 (todo el cap.); 1 Jn. caps. 3 y 4 y porciones de los demás caps.
(3) Bien se puede decir que, cumplido el mandamiento del amor, está cumplida toda la ley (cf. Ro. 12:8-10; Gá. 5:13-14; 6:2, 10). Por supuesto, descendiendo a los detalles, desde Éx. 20 en adelante, está la ley mosaica. Contra el legalismo (cf. *Legalismo*) por una parte, y contra el antinomianismo* por otra, sostengo que la ley sólo obliga al cristiano en la medida en que está comprendida en el «mandamiento nuevo» del Señor (Jn. 13:34-35). Como ilustración, tomo un ejemplo de un libro de A. Fructenbaum (del que no dispongo en este momento). Él tuvo que trasladarse de un Estado a otro dentro de Estados Unidos. Cuando estaba en California, obedecía las leyes de tráfico de California. Pero cuando se trasladó a Nueva York, dejó de obedecer las leyes de California y comenzó a obedecer las de Nueva York. Las leyes de tráfico eran iguales en algunos puntos, pero cuando obedecía en Nueva York las leyes de California, no era «por ser de California, sino por ser de Nueva York». Tenemos un argumento convincente de este modo de pensar en Ro. 7:1-6, pues hay un cambio de régimen para el cristiano (v. 6): queda libre de la Ley, no porque la Ley haya muerto, pues todavía es vigente para el inconverso, sino porque él ha muerto a la Ley al morir con Cristo (v. 4). Se preguntará: Si ha muerto, ¿cómo va a pertenecer a otro marido? (v. 3) Muy sencillo: ¡resucitando con Él! (cf. 6:4-5).

Bib. William Barclay, *Guía ética para el hombre de hoy* (Sal Terrae, Santander 1975); D. Bonhoeffer, *Ética* (Trotta, Madrid 2000); Pablo A. Deiros, *El cristiano y los problemas éticos* (CBP, El Paso 1977); Jaime E. Giles, *Bases bíblicas de la ética* (CBP, El Paso 1966); Romano Guardini, *Una ética para nuestro tiempo* (Cristiandad, Madrid 1974); –*Ética* (BAC, Madrid 1999); Salvador Iserte, *Formación ética de la personalidad* (CLIE, Terrassa); Manuel Gutiérrez Marín, *Fe y acción. Ética cristiana existencial* (Irmayol, Madrid 1965); F. Lacueva, *Ética cristiana* (CLIE, Terrassa 1975); Rafael Larrañeta, *La preocupación ética* (ESE, Salamanca 1986); Roger Mehl, *Ética católica y ética protestante* (Herder, Barcelona 1973); Gerald Nyenhuis, *Ética cristiana* (Logoi, Miami 1981); Enrique Stob, *Reflexiones éticas* (TELL, Grand Rapids 1982); Roberto Velert, *Guía ética para el hombre de hoy* (CLIE, Terrassa).

EUCARISTÍA (cf. también *Cena del Señor*) Del griego *eukharistia* = dar gracias, acción de gracias. Aparece en forma de oración en 1 Ts. 5:17 y Col. 3:17. Jesús la empleó en la última cena como acción de gracias por los alimentos (Mt. 26:26-29; Mr. 14:22-25; Lc. 22:15-20 y 1 Co. 11:23 ss.). Por extensión, la Iglesia de Roma aplica este término a la Santa Cena.

EUNOMIANOS (cf. *Arrianismo*)

EUSEBIO DE CESAREA Este escritor eclesiástico (aprox. 265-339) es famoso por su *Historia eclesiástica*, pero también ha pasado a la historia como semiarriano. Bajo la influencia de Orígenes (aprox.185-254), Eusebio negó que el Verbo o Lógos fuese coeterno con el Padre, sino que fue engendrado cuando el Padre quiso, y que la unidad del Padre con el Hijo (Jn. 10:30) consistía en compartir los dos la misma gloria (Jn. 17:5). Así que mostró su contrariedad al ver que, en Nicea (325) se declaraba que el Hijo es consustancial (gr. *homooúsios*) con el Padre. Con respecto al E. Santo, Eusebio sostenía que había llegado a existir por medio del Hijo. Así, pues, por miedo al sabelianismo*, cayó en el error opuesto, el macedonianismo*. En Cristología, Eusebio adoptó un punto de vista muy cercano al del apolinarismo*.

Bib. Eusebio de Cesarea, *Historia eclesiástica* (CLIE, Portavoz, BAC).

EUTANASIA (cf. *Bioética*)

EUTIQUES (cf. *Monofisismo*)

EVANGELIO Entendemos aquí por evangelio, no el protestantismo evangélico ni uno de los cuatro primeros libros del NT, sino, como dice su etimología (*eu-angélion* = buena noticia) un comunicado de parte de Dios de que de tal manera amó al mundo, que llegó a dar a su Hijo unigénito, para que todo el que cree en él, no se pierda, sino que tenga vida eterna (Jn. 3:16).
En realidad, el evangelio no es una doctrina, sino una «Persona-Acontecimiento»: (1) «Persona», porque el evangelio es Cristo (cf. *Cristo,* (17) *Cristo, Singularidad de*). (2) «Acontecimiento», porque la venida de Cristo al mundo fue el gran «acontecimiento», al venir para hacernos la exégesis del Padre (cf. Jn. 1:18) y llamar a los hombres a que orienten su vida de forma que adopten las disposiciones necesarias para entrar en el reino de Dios, cuya irrupción definitiva en el mundo va inseparablemente unida con la venida de Cristo al mundo (cf. Mr. 1:15; Gá. 4:4).
En este sentido, no hay más que un evangelio (cf. Ro. 1:1-3; 1 Co. 15:11; Gá. 1:6-9; 2:2-10). Los elementos esenciales del mensaje evangélico son los siguientes: (A) Cristo es el Mesías esperado (cf. p. ej. Jn. 1:49; 4:25-26, 42); (B) Cristo murió por nuestros pecados, conforme a las Escrituras (1 Co. 15:3); (C) Cristo fue sepultado y resucitó al tercer día, conforme a las Escrituras (1 Co. 15:4); (D) Tenemos testigos veraces de dichos acontecimientos (1 Co. 15:11-15); (E) Cristo ascendió a los cielos, pero volverá de nuevo (Hch. 1:11).

EVANGELIZACIÓN La evangelización es la predicación del evangelio a toda criatura (Mt. 28:19-20; Mr. 16:15; Lc. 24:45-47). Por ella, la Iglesia se constituye en misión permanente (Mt. 28:19 «id»; Mr. 16:15 «id»; Hch. 1:8). Todo el pueblo de Dios está comprometido en esta misión profética (cf. 1 P. 2:9), pero hay un ministerio específico de evangelista (Ef. 4:11; 2 Ti. 4:5), que es ir a predicar el evangelio a los lugares en que no se ha sembrado todavía la semilla (Mt. 13), o no se ha sembrado de forma adecuada, sirviendo así de pionero que abre el surco. Esta labor es el ministerio principal del misionero propiamente dicho, digno del honor y del sustento (cf. 3 Jn. vv. 5-10). No se puede callar aquí el hecho lamentable de que no todos los que llevan el nombre de misioneros lo son en realidad.
El evangelista tiene su programa mínimo en la predicación de los elementos esenciales del mensaje evangélico, según quedan expuestos al final del art. Evangelio.
Es preciso insistir todavía en algo muy importante: (1) el evangelista, como todo proclamador de la Palabra de Dios, ha de predicar con su vida antes que con su palabra; (2) el evangelista, no puede ocultar a los oyentes el costo del discipulado (cf. Lc. 9:23); (3) el evangelista, como todo predicador «de masas», debe orientar a los nuevos convertidos a integrarse en una comunidad eclesial que guarde la ortodoxia, la disciplina y la administración de las ordenanzas (o sacramentos).

Bib. William Abraham, *El arte de la evangelización* (CLIE, Terrassa 2000); C. E. Autrey, *La teología del evangelismo* (CBP, El Paso 1967); Karl Barth, *La proclamación del Evangelio* (Sígueme, Salamanca 1969); H. Bonar, *Consejos a los ganadores de almas* (CLIE, 1982); Raúl Caballero Yoccou, *Comunicación del Evangelio* (FCE, Bs. As. 1976); David Burth, *Manual de evangeliza-*

ción para el siglo XXI (CLIE, 1999); Walter J. Chantry, *El Evangelio de hoy* (EDV, Edimburgo 1995); Leroy Eims, *Ganando almas para Cristo* (CLIE, Terrassa 1982); Juan Esquerda Bifet, *Diccionario de la evangelización* (BAC, Madrid 1998); Michael Green, *La evangelización en la Iglesia primitiva* (Certeza, Bs. As. 1979); Roger S. Greenway, *Apóstoles a la ciudad* (SLC, Grand Rapids 1981); R. B. Kuyper, *Evangelismo Teocéntrico* (TELL, Grand Rapids 1977); Paul E. Little, *Cómo compartir su fe* (CBP, El Paso 1978); Ernest C. Reisinger, *El evangelismo de hoy. Su mensaje y sus métodos* (EBD, Santo Domingo 1990); C. H. Spurgeon, *Ganadores de hombres* (EDV, Edimburgo 1974); John Stott y José Grau, *La evangelización y la Biblia* (EEE, Barcelona 1973); Max Warren, *Creo en la gran comisión* (Caribe, Miami); David Watson, *Creo en la evangelización* (Caribe, Miami).

EVIDENCIA Este vocablo entró en el cast. a comienzos del siglo XV y procede del lat. *évidens* = evidente y éste, del vb. *vidére* = ver. Es, pues, evidente lo que, con sola su presencia, se hace patente a la percepción sensorial o intelectual, de forma que la persona está cierta del dato presente (cf. *Certeza*).

Así, pues, para que haya evidencia, es menester que a la clara manifestación que el hecho, o el principio lógico, presenta de sí mismo, acompañe, por parte del sujeto, una clara visión de lo mismo.

Al filósofo le interesa la evidencia, sobre todo, como criterio de verdad. Para eso, es preciso que el ente mismo se muestre con la suficiente claridad, a fin de que no pueda confundirse con ningún otro. Por parte del sujeto, se requiere que esté en condiciones de captar la realidad y juzgar de ella de modo razonable y desinteresado, lo cual requiere muchas veces gran esfuerzo.

(1) Por parte del objeto evidente, la evidencia es de varias clases: (A) En cuanto a los fenómenos de conciencia, el objeto (lo que yo experimento) está directamente presente al sujeto (el yo). (B) En cuanto a los objetos sensibles que están presentes, los sentidos exteriores nos dan evidencia inmediata de su presencia, de su quididad (de que son «algo»), si nuestros sentidos y nuestra mente están sanos. (C) En cuanto a los primeros principios (p. ej. «el todo es mayor que la parte») y en cuanto a los principios matemáticos (p. ej. «dos y dos son cuatro»), la sola proposición de los términos nos ofrece evidencia inmediata de su verdad. Para no confundirse en esto, es de notar que, en todos los casos que he citado, hay una comparación, porque, como dice Balmes (*Filosofía Fundamental*, Libro I, cap. XXIV, punto 241): «La evidencia exige relación, porque implica comparación. Cuando el entendimiento no compara no tiene evidencia: tiene simplemente una percepción, que es un puro hecho de conciencia; de manera que la evidencia no se refiere a la sola percepción, sino que siempre supone o produce un juicio». Sin embargo, esto que dice Balmes tiene vigencia sólo cuando se aplica a los casos ejemplificados en (C), pues en (A) y (B) no entiendo que se necesite ninguna comparación; basta el sentido común. Balmes, por su simpatía hacia Malebranche, quedó tocado, hasta cierto punto, del idealismo de éste.

(2) Por parte del sujeto vidente, la evidencia puede ser: (A) inmediata, cuando la percepción del objeto no necesita de otro medio para hacerse patente por sí mismo al sujeto; (B) mediata, cuando se necesita un medio conectador, ya sea (a) el raciocinio o (b) el testimonio fidedigno de otra persona (por medio de la fe). Cuando el objeto son las verdades reveladas, y el medio es la autoridad de Dios que las revela, es el caso de la fe sobrenatural, la cual, conforme a Heb. 11:1, es, paradójicamente, una evidencia de lo que no se ve.

EVOLUCIÓN Por el art. *Creación*, vimos que todos los seres limitados fueron creados por Dios. Pero los ateos de todos los tiempos, al no creer en un Dios creador, han tenido que recurrir, de un modo u otro, a la evolución.

El hecho de ser cristiano no quita, que por fe aceptamos a Dios como Creador último de todo cuanto existe, no resta nada a los argumentos y evidencias de los evolucionistas, por lo que hay que ser muy honestos y formados para no entrar en polémicas sin salida.

A riesgo de ser criticado, desde mi punto de vista bíblico y teológico yo no veo ninguna repugnancia en admitir (1) que desde los mismos subátomos se dé una especie de «instinto» (en los seres vivos ya se podría hablar de «conciencia») por el cual cada elemento busque su contraparte y, a medida que el compuesto se haga más complicado, que el instinto «selectivo» se haga más refinado; (2) que la función crea el órgano por adaptación del sujeto al medio y la modificación de éste por medio del sujeto; (3) que no hallo argumentos filosóficos para negar el evolucionismo, ni para demostrar la existencia de un Dios creador. Pero (4) la fe me dice que Dios tuvo que comenzar cualquier proceso de evolución, si ésta

Charles Darwin

se da, y (5) que el ser humano, por su naturaleza espiritual y su dignidad personal como imagen de Dios, no puede ser, como tal, «producto de una evolución», sino, más bien, de una «revolución» dentro de cualquier tipo de evolución, tanto a nivel de ontogénesis (desarrollo de los individuos) como a nivel de filogénesis (desarrollo de la especie).

Voy a intentar exponer mi actual punto de vista sobre el tema. A costa de repetir, diré que la evolución se divide en atea y teísta. La primera, al prescindir de Dios, sostiene que todo se ha desarrollado por procesos naturales. Los principales fautores son Charles Darwin (1809-1882); obra principal: *El origen de las especies*; E. Haeckel (1834-1919), ateo y monista. La segunda tuvo su más erudito defensor en el jesuita francés P. Teilhard de Chardin (1881-1955), entre cuyas obras destacan *El fenómeno humano* y *El medio divino*. Según él, desde la 1ª molécula, formada hace millones de años, el mundo evoluciona en espiral desde el caos al cosmos, de la biosfera a la noosfera, hasta desembocar en el «punto Omega» = Cristo, cuando «Dios sea todo en todos» (1 Co. 15:28).

Ya dije en un párr. anterior que no se puede prescindir de Dios como Creador universal y, sobre todo en la creación del hombre, que sólo el creacionismo salvaguarda el honor y la dignidad de la persona humana. Pero, a nivel puramente científico, me guardaré de alinearme decididamente en contra del evolucionismo, dado que es creciente el número de científicos de todos los colores que se rinden ante la evidencia de los descubrimientos que –según ellos– se están haciendo. Creo, sin embargo, que hablar de «evidencia» es prematuro.

Bib. Creacionismo científico: M. Bowden, *Hombres-Simios, ¿realidad o ficcion?* (CLIE, Terrassa 1984);*Creación y Ciencia*, serie de 14 vols. (CLIE, Terrassa 1979-1989); J. C. Janse, *La tiranía del evolucionismo* (ACLER, Barcelona 1973); H. Henry Morris y J. C. Wihtcomb, *El Diluvio del Génesis* (CLIE, Terrassa 1981); David C. C. Watson, *El gran fraude intelectual* (CLIE, 1981); John C. Whitcomb, *El mundo que pereció* (Portavoz, Grand Rapids 1991); –*La tierra primitiva* (Portavoz, 1994).

Evolucionismo teísta: Édouard Boné, *¿Es Dios una hipótesis inútil? Evolución y Bioética. Ciencia y Fe* (Sal Terrae, Santander 2000); Paul Chauchard, *La creación evolutiva* (Fontanella, Barcelona 1966); Miguel Crusafont Pairo, *Evolución y ascensión* (Taurus, Madrid 1960); Henry Drummond, *La ley natural en el mundo espiritual* (CLIE, Terrassa 1992); Pablo Hoff y David Miranda, *Defensa de la fe* (EMH, El Paso 1997); B. Van Lersel, Ch. Theobald y H. Harling, *Evolución y fe* (Verbo Divino, Estella 2000); James Orr, *Concepción cristiana de Dios y el mundo* (CLIE, Terrassa 1992); Bernad Ramm, *Evolución, biología y Biblia* (Certeza, Bs. As. 1968); E. L. Hebden Taylor, *Reformación o evolución en la biología* (CLIE, Terrassa 1974); Miguel A. Zandrino, *El origen del hombre. Un enfoque bíblico y científico* (Certeza, Bs. As. 1977).

EX ÓPERE OPERATO (cf. tamb. *Sacramento*) Expresión latina para calificar un acto que produce su efecto por sí mismo y no en virtud del que realiza.

EXCOMUNIÓN (cf. *Disciplina*)

EXISTENCIA Este vocablo entró en el cast. a fines del siglo XV y procede del lat. *exsístere* = salir, aparecer, deriv. de *sístere* = colocar. Por tanto, el significado propiamente dicho del vb. cast. existir es «brotar en un momento determinado y aparecer colocado en un espacio también determinado». Por esta razón, podríamos decir, sin incurrir en herejía: «Dios no existe», puesto que en Él no se cumple la definición de existir que acabo de dar. Pero, por otra parte, el vb. ser, el único que define al Ser subsistente por Sí mismo = Dios, pide en cast. un predicado, p. ej. «Yo soy». Esperábamos que el ser humano que habla así, terminara la frase diciendo, p. ej. «Yo soy alto», pero entonces ya no expreso la existencia, sino una cualidad de la esencia. Con estos prenotandos, podemos decir que la proposición «Dios existe» es correcta, con tal que, por «existe», demos a entender que nos referimos al acto por el cual un ser es un ente real.

La existencia es, pues, uno de los dos elementos de que el ente consta metafísicamente. El otro elemento es, como sabemos, la esencia*. Así como la esencia responde a la pregunta «¿qué es?» (¿hombre, flor, martillo, blanco, necio, etc.?), la existencia responde a la pregunta «¿si es?» (¿es un ser real o un ente de razón?) En otras palabras: La esencia lo tiene todo: lo más perfecto que pueda concebirse (Dios) hasta lo más imperfecto (muerte, enfermedad, pecado, feo, sucio, etc.), pero ese todo de la esencia se queda, en la realidad, en nada si le falta la existencia = se ha quedado en el orden lógico, que es del pensamiento. Para ser algo real necesita existir = pasar al orden ontológico.

De esto se derivan consecuencias muy curiosas, en apariencia paradójicas. P. ej. «la existencia no existe» = «lo que hace que todo exista no existe», porque, si existiera, sería «algo» = la esencia de algo. No cabe mayor generosidad que la de la existencia: Por ser acto, actualiza todo lo demás; por ser puro acto, perfecciona todo, sin adquirir perfección ni imperfección a cambio. Si me considero a mí mismo como existente, puedo decir: «Todo lo que tengo es realmente mío por ella, y no se altera con los altibajos de lo que soy; se somete resignadamente (supremo sacrificio) a lo que yo (el sujeto de mi existencia) hago de ella siendo». La única limitación, pues, le viene al ente de la esencia (limitada por el no-ser en los entes finitos, creados, contingentes), no de la existencia.

Espero que el lector se sienta lleno de un asombro gozoso, como yo me sentí la primera vez que estudié la existencia de la mano del gran metafísico español Ángel González Álvarez, en su *Ontología*, especialmente en la p. 106. Y, al asombro gozoso, debe seguir la alabanza y la acción de gracias a Dios, porque a Él le debo ese maravilloso regalo de mi existencia. Y, lo que es aún más, Dios no se contentó con que yo, un alguien distinto de todo lo demás, existiera, sino que, si soy salvo, le debo también que me eligiera, me predestinara y, en un día fijo (cf. Sal. 139:16, lit.), me sacara a la luz, me llamara a ser hijo Suyo, me justificara y me destinara a la gloria Suya (cf. Ro. 8:28-30; Ef. 1:3-14).

Martin Heidegger

Si no soy salvo, no es por culpa de Dios (cf. 1 Ti. 2:4), sino porque yo mismo estoy destruyendo mi existencia por lo que, al no ser lo que debería ser, estoy haciendo de ella.

EXISTENCIALISMO Este vocablo procede, como es obvio, de existencia. Así como hay una polarización excesiva de la esencia, con menoscabo de la existencia, en el realismo exagerado de Platón, así hay también una polarización excesiva de la existencia («la existencia precede a la esencia») en el existencialismo. En el art. Existencia he dejado claro que lo que la esencia tiene de perfección se lo debe a la existencia, pero eso no significa que la existencia preceda a la esencia, sino, al contrario, la esencia precede a la existencia como la potencia precede al acto. En otras palabras: la existencia sólo puede actualizar algo ya supuesto.

A mediados del siglo XX, se puso de moda hablar de existencialismo, como de algo relacionado especialmente con Picasso, Debussy, Camus o H. Miller, cuando todos estos nombres eran sólo reflejos de la influencia que el existencialismo tiene en la pintura, la música, la literatura o el cine. Sin embargo, el existencialismo es, ante todo, una filosofía, aunque es muy difícil de resumir y, sobre todo, de definir, porque una definición del existencialismo choca de frente contra el princi-

Albert Camus

pio primordial del existencialismo, pues se autotitula «indefinible».

Muchas de las ideas que aquí voy a exponer se hallan en mi libro *Catolicismo Romano* (CLIE, Terrassa), lecc. 13ª, puntos 1 y 2. A pesar de la supuesta «indefinibilidad» del existencialismo, trataré de dar una idea aproximada del mismo en tres puntos:

(1) Contra el concepto escolástico de naturaleza humana como esencia que contiene cuanto es necesario para entender qué es el hombre, el existencialismo proclama, repito, que «la existencia precede a la esencia», es decir, «el hombre es lo que llega a ser», pero, atrapado en su existencia, se ve arrojado al mundo, teniendo que hacerse a sí mismo a fuerza de decisiones, entre un manojo de posibilidades, en un mundo sin rumbo y sin sentido. El hombre es, pues, un «proyecto» = arrojado hacia adelante, según la etimología. Es, pues, «libre a la fuerza», lo que produce un estado de angustia permanente, pues la única certeza posible es la de ser un «ser para la muerte». Incluso los existencialistas que creen en Dios, aseguran que la fe es «un salto en el vacío», «un riesgo en la oscuridad».

(2) Contra el método realistaconceptual de la filosofía escolástica, el existencialismo asegura que todo conocimiento racional es imposible. Podemos alcanzar los objetos, no porque podamos adentrarnos en lo profundo de su ser, ya que el ser nos trasciende, sino porque son «algo-que-está-ahí» = *ob-yecto* = arrojado delante de mí, obsceno, por demás –en fraseología de J. P. Sartre. Todavía es más difícil el conocimiento de los demás seres humanos, puesto que el ser humano está cerrado en su total alteridad = totalmente otro. También es frase de Sartre: «El infierno son los demás». Sólo es posible establecer contacto con el prójimo mediante la intuición, la simpatía, el encuentro «existencial». El conocimiento de Dios, por su absoluta trascendencia, es totalmente imposible, por estar fuera de los límites de nuestra experiencia personal intramundana. Para Sartre, que es el verdadero existencialista, «es imposible que Dios exista».

(3) De aquí se sigue que la vida humana sea esencialmente un drama trágico, «una pasión inútil», en frase de Sartre. Es decir, una pieza de teatro en la que las escenas se suceden de modo imprevisible sin conexión causal entre los hechos, ya que nuestras decisiones «libres a la fuerza» están entramadas y atrapadas en la contextura fatal del destino. En este momento, y que me perdonen mis correligionarios protestantes, estimo que no son válidas las consideraciones que, en mi Catolicismo Romano, hago sobre la Iglesia de Roma y el existencialismo. No tienen ningún fundamento. Y, para no cansar demasiado al lector, paso de inmediato a resumir las características diferenciales de los cinco principales existencialistas: Sören Kierkegaard*, Karl Jaspers*, Martin Heidegger, Gabriel Marcel y Jean Paul Sartre.

(A) S. Kierkegaard (1813-1855) es tenido por el pionero del existencialismo. En reacción contra el idealismo extremo de Hegel, y apoyado en el romanticismo de Schelling, Kierkegaard pretende conducir al ser humano a vivir en plenitud su existencia, la cual se realiza mediante una decisión libre y por la fe con que se apoya en Dios. De este modo se supera la angustia que el ser humano siente ante su finitud y la experiencia de la nada.

(B) En posición cercana a la de Kierkegaard, K. Jaspers (1883-1969) sostiene que, frente a la nada experimentada en la angustia, la existencia

se afirma mediante la decisión en favor de ser uno mismo. Esa decisión se funda en la trascendencia que se manifiesta ante las situaciones límite. Cada individuo ha de realizarse desde él mismo en su irrepetible situación histórica. Estas situaciones no pueden superarse mediante conceptos formales; se necesita la supraconceptual fe filosófica que sólo puede dirigirse a un Dios ausente o escondido.
(C) Heidegger (1889-1976) recibió el impacto de los dos anteriores, pero elaboró por su cuenta muchos puntos del sistema existencialista. Para él, el ser se entiende por medio de un análisis del tiempo, según expone especialmente en su obra *Sein und Zeit* = Ser y Tiempo. La existencia es posibilidad, porque el ser humano se halla ante un futuro abierto frente al cual siempre se siente en proceso e incompleto, El ser está ahí, entre las cosas mundanas, con una preocupación fundamental: la de conseguir su autenticidad, cosa imposible, porque la inevitable preocupación por las cosas mundanas le hace sentirse caído, perdiéndose a sí mismo. Para elevarse sobre esto, necesita la angustia, que le presenta la nada como fundamento de todo ente a través de todo tiempo, pasado, presente y futuro: (a) en el pasado, porque el «de dónde» permanece oculto; (b) en el presente, por la futilidad de lo cotidiano; y (c) en el futuro, porque de éste lo único cierto es que se precipita en la muerte.
(D) G. Marcel (1889-1973) es un existencialista francés, teísta, que desarrolla sus ideas sin depender de Kierkegaard ni de los alemanes Jaspers y Heidegger. Ante el misterio de la existencia humana y de la libertad, Marcel ve al hombre como fracturado y separado de su propia vida. Pero vuelve a encontrarse a sí mismo, no por la angustia y la preocupación heideggerianas, sino por la adoración y la esperanza que encuentra rebasándose a sí mismo en el recogimiento y la fidelidad, y apoyándose en la trascendencia del tú divino.
(E) Finalmente, Sartre (1905-1980), también francés, pero en el polo opuesto de Marcel, se apoya en Heidegger, Husserl y Hegel. En realidad, lo que dije en los puntos (1), (2) y (3), vale especialmente de Sartre, porque en él se halla el existencialismo en toda su radicalidad. Según él, el ser humano, libre a la fuerza, debe construir su propio camino totalmente desamparado, sin Dios y sin norma, condenado a aceptar la vida como una pesada carga. Es el «ser roto por la nada, por el no-ser». La conciencia sólo le sirve para percatarse de que «la vida es una pasión inútil», un absurdo del cual le da testimonio la náusea como experiencia fundamental de la existencia humana. En la misma línea atea, se mueve el también francés Maurice Merleau Ponty (1908-1961) aunque con rasgos propios.
No cabe duda de que, en el existencialismo, hay muchos conceptos dignos de reflexión y aceptación (cf. *Alienación*). Incluso puede hablarse de un existencialismo cristiano, similar al propuesto por Marcel y M. F. Sciacca (1908-1975), aunque sin identificarse totalmente con ellos. También el cristiano se ve a sí mismo como un ser caído, alienado, en busca de autenticidad, para dar sentido a la vida, sintiéndose forastero en el mundo. Pero, por la gracia de Dios, puede reencontrarse a sí mismo por fe en el amor de Dios, con la esperanza segura de hallar sentido en la vida, porque su destino no es un «ser para la muerte», sino un «ser para la vida eterna». No hay que angustiarse, no hay que preocuparse ni sentir náusea de existir, sino echarse en los brazos de Dios con humildad y arrepentimiento. El pasado está redimido por el perdón, el presente está afirmado por la fe y el futuro está asegurado por la promesa de un Dios que no puede engañarse ni engañarnos.
El existencialismo yerra por su base filosófica, porque, repito, la esencia precede a la existencia como la potencia al acto (cf. *Existencia*). Que la vida del hombre es un «proyecto» es verdad en el sentido de que Dios nos entrega la existencia para que la realicemos en el tiempo, pero eso no es una desgracia, sino una prueba de que nuestra libertad no es forzada, sino verdadera, con una grave responsabilidad por lo que significa usar bien o mal del regalo que Dios ha puesto en nuestras manos en esa suprema prueba de confianza amorosa: «hazte lo que eres». Para Dios, el ser humano nunca es un «objeto», sino un ser digno de consideración y respeto. ¿Que la vida es un drama? Concedido, pero sólo es una tragedia cuando el hombre se aparta de Dios por el pecado, destruyéndose a sí mismo en la perdición. Finalmente, el cristiano no es un ser «aislado, sin norma ni rumbo», sino solidario de otros, y con otros, en el Cuerpo de Cristo. Sólo el inconverso puede sentir esa soledad, ese aislamiento, esa falta de rumbo, pero eso es culpa suya, porque Dios quiere que todos sean salvos y lleguen al conocimiento de la verdad (1 Ti. 2:4).
Bib. Nicola Abbagnano, *Introducción al existencialismo* (FCE, México 1962); Sabino Alonso-Fueyo, *Existencialismo y existencialistas* (Ed. Guerri, Valencia 1949); Norberto Bobbio, *El existencia-*

lismo (FCE, México 1958); A. Gónzález Álvarez, *El tema de Dios en la filosofía existencial* (CSIC, Madrid 1945); Régis Jolivet, *Las doctrinas existencialistas* (Gredos, Madrid 1962); Bernhard Häring, *El existencialismo cristiano* (Herder, Barcelona); Joseph Lenz, *El moderno existencialismo alemán y francés* (Gredos, Madrid 1955); Ignace Lepp, *La filosofía cristiana de la existencia* (Carlos Lohlé, Bs. As. 1963); Pietro Prini, *Historia del existencialismo. De Kierkegaard a hoy* (Herder, Barcelona); Guillermo Vásquez, *Una mirada al existencialismo* (CBP, El Paso 1970); Samuel Vila, *La nada o las estrellas* (CLIE, Terrassa 1989).

EXORCISMO Este vocablo entró en el cast. a mediados del siglo XIII como conjuro contra el demonio y procede del gr. *exorkídsein* = conjurar; y éste, de *hórkos* = juramento.
En el NT, el vb. gr. *exorkídso* = conjuro, ocurre una sola vez (Mt. 26:63) y el derivado *exorkistés* = exorcista, una sola vez también (Hch. 19:13). Ya en el AT, vemos un exorcismo por 1ª vez en 1 S. 16:14-23. También los pueblos limítrofes de Israel practicaban varias clases de exorcismos para echar a los espíritus malignos. En tiempos de Jesús, el exorcismo era ya una práctica corriente (cf. *Demonio*). Pero el poder de Jesús era un poder único, porque Él no echaba los demonios por medio de ayudas mecánicas ni por medio de la oración ni por invocación a un poder superior, si bien dio a entender que obraba sus exorcismos por el Espíritu Santo (cf. Mt. 12:28; Lc. 11:20). De ahí, el asombro y el temor que sobrecogía a quienes los presenciaban (cf. Mt. 12:23; Mr. 1:27; 5:14-15). Sus enemigos, siempre envidiosos de la fama de Jesús y resistiéndose siempre a creer que Él viniese a anunciar el reino de Dios, inventaron calumnias tan graves como las que vemos en Mt. 12:24; Mr. 3:22. Un dato curioso es que el Señor aparece obrando exorcismos sólo en los evangelios sinópticos. En Juan, es la cruz la que obra como centro de la derrota definitiva del «príncipe de este mundo» (cf. Jn. 12:31; 14:30; 16:11 y comp. con Col. 2:15). También los apóstoles y los otros 70 discípulos (cf. Lc. 10:17-20) compartieron este ministerio (cf. Mr. 6:13; Lc. 9:1-6), aunque, en algún caso difícil (cf. Mr. 9:14-29), por el motivo que fuese, no bastó el exorcismo. Por lo que dice Jesús en Mt. 7:22-23, muchos más, antes y después del nacimiento de la Iglesia, lo ejercitaron sin ser verdaderos discípulos del Maestro (cf. p. ej. Hch. 19:13-17). El apóstol Pablo se vio involucrado, sin querer, en un exorcismo (cf. Hch. 16:16-18).
Por los escritos de los primeros escritores eclesiásticos, sabemos que era corriente la práctica del exorcismo. Es probable que la corriente utilización de esta práctica influyese en que Mr. 16:17 lo registre como don común a todo creyente, pues la porción que va desde el v. 9 hasta el 20 inclusive no figura en los mss. más antiguos. Pronto comenzó el exorcismo a formar parte del rito bautismal. A mediados del siglo III de nuestra era, el exorcista era ya una de las cuatro órdenes menores del clero (cf. *Órdenes menores*). Hasta después del C. Vaticano II, el exorcismo formaba parte del bautismo infantil. El Catecismo de la Iglesia Católica, promulgado el año 1992 por Juan Pablo II, dice así en el punto 1673: «En forma simple, el exorcismo tiene lugar en la celebración del Bautismo. El exorcismo solemne sólo puede ser practicado por un sacerdote y con el permiso del obispo. El exorcismo intenta expulsar a los demonios o liberar del dominio demoníaco gracias a la autoridad espiritual que Jesús ha confiado a su Iglesia. Muy distinto es el caso de las enfermedades, sobre todo psíquicas, cuyo cuidado pertenece a la ciencia médica. Por tanto, es importante asegurarse, antes de celebrar el exorcismo, de que se trata de una presencia del Maligno y no de una enfermedad».
Fuera de la Iglesia de Roma, la Ordenanza del Bautismo revisada por Lutero (1526) omitía el soplo que emite el oficiante en el bautismo. Fuera del bautismo, aconsejaba la oración más bien que el exorcismo. El primer Libro de la Oración Común de la Iglesia Anglicana (1549) contenía un ritual para el exorcismo anterior a la administración del bautismo, pero no aparece ya en las ediciones del año 1552 en adelante. El canon 72 de la Iglesia de Inglaterra prohíbe al sacerdote sin licencia episcopal «echar fuera cualquier demonio».
En nuestro tiempo, a pesar de que muy pocos creen ni siquiera en la existencia del diablo y de los demonios, la práctica del exorcismo ha aumentado considerablemente en muchas denominaciones protestantes, especialmente entre los pentecostales. Yo mismo he estado presente, contra mi voluntad, en algunas de estas prácticas y prefiero callar la boca ante escenas realmente repugnantes.
Bib. C. Balducci, *Los endemoniados hoy* (Marfil, Alcoy 1965); D. Byler, *El diablo y los demonios según la Biblia* (CLIE, Terrassa 1993); Sebastián D'arbó, *Posesiones y exorcismo en profundidad* (Plaza & Janés, Barcelona 1981);

François Dunois Canette, *Exorcistas y exorcismos* (Martínez Roca, Barcelona 1994); Kurt E. Kock, *Ocultismo y cura de almas* (CLIE, 1968); –*Entre Cristo y Satanás* (CLIE, 1974); M. A. Penella, *Los grandes misterios del exorcismo*, 3 vols. (Círculo Amigos de la Historia, Madrid 1977); B. Stamateas, *Endemoniados* (CLIE, Terrassa 1997); Jean Starobinski, *La posesión demoníaca* (Taurus, Madrid 1975); Varios, *Exorcistas y exorcismos* (EEE, Barcelona 1975); M. F. Unger, *Los demonios y el mundo moderno* (Logoi, Miami 1974).

EXPERIENCIA Este vocablo entró en el cast. a comienzos del siglo XV y procede del lat. *experientia,* del vb. *experiri* = poner a prueba, intentar, experimentar, aprender por experiencia. En su sentido estrictamente filosófico, la «experiencia» asume un significado del lat. *experientia* similar al del gr. *empeiría* = comprobación. De ahí proceden vocablos como empírico y empirismo (cf. *Empirismo*).

El significado del vocablo experiencia ha variado un tanto a lo largo de los siglos: (1) En Aristóteles, primero se necesita una percepción y, cuando de esta percepción surge el recuerdo y a este recuerdo pueden asociarse otros recuerdos homogéneos, puede hablarse de *empeiría* = experiencia. (2) En la Edad Media, en cambio, la sola percepción particular es ya llamada experiencia. (3) En el criticismo de Kant, experiencia en sentido pleno es primeramente el juicio de experiencia, que unifica los datos de la experiencia mediante conceptos apriorísticos de la mente para lograr un conocimiento que tenga validez universal; en esto se diferencia del juicio de percepción, cuya validez es puramente subjetiva. (4) Hay un sentido especial de experiencia, de todos conocido, con el que se designa un conocimiento práctico logrado mediante un largo contacto con los hombres y con las cosas. Así se oye, a veces, decir a los viejos acerca de algún joven, por experto que sea éste en tareas intelectuales, sociales, religiosas, «no tiene experiencia». (5) Finalmente, se llama experiencia, en sentido religioso (p. ej. «experiencia de Dios») al conocimiento afectivo, experimental, de las verdades y de los valores espirituales.

La experiencia se divide en externa e interna. La primera se dirige a los datos sensoriales que espontáneamente referimos a una cosa que existe con independencia de nuestra percepción. La segunda, en cambio, designa la vivencia de los propios actos y de los estados psíquicos.

EXPIACIÓN Este vocablo entró en el cast. a mediados del siglo XVI y tiene dos sentidos: uno general y otro especial.

(1) En sentido general, la expiación es la reparación que el orden moral exige del ser humano por la comisión de un pecado, incluidas sus consecuencias. Esa reparación debe comenzar por un arrepentimiento sincero del pecado cometido, la retractación adecuada y la disposición a reparar los daños causados y aceptar el castigo merecido. Así se repara el desorden contra el orden moral y el ofensor se pone de nuevo en la correcta relación con Dios y ante la sociedad, al mismo tiempo que restablece su propio honor.

(2) En sentido especial, la expiación es uno de los aspectos del sacrificio de Cristo en la cruz (cf. *CPDTB*, Parte II, lecc. 13ª, punto 3), del cual extracto lo siguiente: El hebr. del AT expresa la idea de expiación propiamente dicha, como distinta de, aunque conectada con, la propiciación, mediante la forma *Pual* (pasiva intensiva) del vb. *kafar*. Según Gesenius, esa forma (*kupar*) «se usaba para indicar las letras que se borraban al ser tachadas con el mismo estilete que se empleaba para escribir». Aunque en Is. 28:18, *kupar* aparece con el significado de anular, el significado más frecuente es el de limpiar o expiar (cf. Is. 6:7; 22:14; 27:9). En el NT, la idea bíblica de expiación se expresa (A) en Hch. 3:19 por medio del vb. gr. *exaléifein* = blanquear con yeso o cal; (B) en He. 1:3, por medio del sust. *katharismós* = purificación, en el sentido claro de expiación, sentido que aparece también en 1 Jn. 1:7, donde ocurre el vb. derivado *katharídsein*. (C) Y en He. 2:17 por medio del vb. *hiláskesthai* = ser propicio, pero con el claro sentido de expiar.

EXPRESIÓN El vocablo expresión procede etimológicamente del vb. expresar, el cual es frecuentativo del vb. exprimir, del lat. *exprímere* = sacar, pronunciar, y éste es un compuesto de *ex* = de (origen) y *prémere* = apretar, prensar, estrechar. Estos detalles son sumamente interesantes, porque nos dan a entender que lo que expresamos es como si lo sacáramos «prensando, exprimiendo» nuestra mente. Eso significa que la expresión de cada uno se ajusta a lo que tiene en la cabeza, lo mismo que cuando se exprime un limón, se espera que salga jugo de limón. Por eso dijo el Señor, mediante una metáfora similar, que la boca habla de lo que rebosa del corazón. Las distintas formas de expresión tienen que ver con la filosofía y la teología, porque dan a entender la estrecha vinculación que hay entre el alma y el cuerpo, así como su importancia en el orden social y religioso, donde no sólo la expresión verbal, sino más aún el lenguaje del cuerpo (de los ojos, del rostro, del gesto en general, de la marcha) sirven para comunicarnos con el prójimo de un modo que manifiesta a los demás nuestras vivencias íntimas. Este último es un conjunto de expresiones que no se pueden evitar y que, con frecuencia, traicionan la sinceridad de nuestra expresión verbal.

Finalmente, esto nos ha de llevar a considerar el carácter «sagrado» del lenguaje, cuya pureza (gramatical y moral) debemos cultivar. Especial enriquecimiento espiritual se obtiene mediante el estudio amoroso de las Sagradas Letras (2 Ti. 3:15), que nos pueden hacer sabios para la salvación.

F

FAIRBAIRN, A. M. (cf. *Congregacionalismo*)

FALSEDAD Este vocablo entró en el cast. a mediados del siglo XII, de falso y éste, del lat. *falsus*, ptc. pas. del vb. *fállere* = engañar. La falsedad se opone a la verdad, y se divide en ontológica y ética, lo mismo que su contraria la verdad.

(1) La falsedad lógica se da cuando el juicio equivoca el objeto, afirmando lo que debería negarse o negando lo que debería afirmarse. P. ej., si pienso: «la pared que hay enfrente de mí es amarilla», cuando es azul, mi juicio es falso. En cambio, si el juicio no alcanza la plenitud del objeto significado, no hay falsedad. P. ej. si digo: «conozco a Dios», mi juicio no es falso, a pesar de que conozco a Dios sólo en parte. También es menester tener en cuenta que la falsedad, lo mismo que la verdad, se halla en el juicio, es efecto de una comparación, no en el concepto.

(2) La falsedad ontológica se da cuando un objeto se desvía de su respectiva idea. Esta falsedad puede darse en las personas cuando no son lo que deberían ser, pero no en las cosas mismas, excepto cuando son manipuladas por el hombre para que parezcan lo que no son, p. ej. un mineral que parece una piedra preciosa, pero es un «falso» diamante, o cuando el que emite el juicio se engaña pensando que lo que ve es oro porque se parece al oro en el color y en el brillo, o en el arte cuando el artista representa un objeto de forma irreal por contradecir las ideas mismas del artista o las normas del arte. En cambio, no hay falsedad ontológica cuando el objeto contiene más (cf. *Comprensión*) de lo que expresa la idea que tenemos de él.

(3) La falsedad ética se da cuando un ser humano habla o actúa de manera diversa de como piensa. Esto es lo que llamamos mentira (cf. *Mentira*) y es lo contrario de veracidad = verdad ética. También sobre este tercer aspecto hay que advertir que no es mentira la mera ocultación de nuestro interior, a no ser que haya flagrante hipocresía.

FAMILIA El vocablo entró en el cast. hacia mediados del siglo XIII y procede del lat. *familia* y éste de *fámulus* = criado, por lo que el significado primordial del lat. *familia* es el de «conjunto de siervos y sirvientes de una persona».

En realidad, la familia es una comunidad formada de padres e hijos, que se desarrolla conforme a las leyes biológicas naturales a base de la unión conyugal, pero no está fundada en el mero instinto ni en el puro albedrío del hombre, pues posee valores y realiza fines conforme al propósito de Dios al instituirla (cf. Gn. 1:26-28), los cuales no varían con el tiempo, a pesar de los cambios históricos que pueda experimentar la institución familiar.

Tarea primordial de la familia es la educación, a todos los niveles, de los hijos. Es de tal trascendencia esta tarea, que no puede dejarse a merced del azar ni de la arbitrariedad; es una obligación grave de los padres. Sin embargo, aquí puede ser necesaria la intervención subsidiaria de otras instituciones, como la Iglesia y el Estado, cuando los padres no saben, no pueden, o no quieren cumplir con su obligación de formadores natos de su hijos. Tanto la Iglesia como el Estado tienen también el derecho y el deber de inspeccionar y exigir la instrucción escolar necesaria.

Entre cristianos, la consideración del Cuerpo de Cristo ha de primar, tanto a nivel personal, como conyugal, paternal, filial y social (cf. Ef. 5:21; 6:9). Si el amor cristiano anida de veras en el corazón de los padres y de otros formadores subsidiarios, no será necesario aplicar en la educación de los hijos medidas drásticas, sino la práctica de la virtud de la piedad.

Aunque la intención de Dios fue que el matrimonio fuera monógamo (uno con una y para siempre), según vemos en Gn. 2:21-24, el AT provee evidencia suficiente de la poligamia y del concubinato (p. ej. 2 S. 5:13; 1 R. 11:3). Sin embargo, a partir de la constitución de Israel en una nación organizada en forma de monarquía (cf. Jue. 21:25), tanto la poligamia como el concubinato se daban sólo en los reyes. Por Mt. 19:3-9, sabemos que Dios permitió el divorcio como una concesión temporal por la debilidad de la ley para contrarrestar la pecaminosidad del corazón humano. De hecho, vemos que lo mismo hizo Dios con relación a la poligamia y al concubinato, pues, p. ej., no vemos en ningún lugar de la Biblia que Dios reproche a David el tener varias mujeres ni el tener concubinas. Ni siquiera la Palabra de Dios reprocha a Salomón por el número enorme de mujeres y concubinas, sino sólo por tomar mujeres extranjeras que inclinaron su corazón a la idolatría.

En el NT no hay cabida para la poligamia, porque, de lo contrario, el paralelo que establece Pablo en Ef. 5:24-33 entre la unión de Cristo con la Iglesia y la unión del marido con la mujer fallaría por su misma base.

FANTASÍA Este vocablo entró en el cast. hacia mediados del siglo XIII y procede, a través del lat. *phantasía*, del gr. *phantasía* = aparición, imagen, y éste, del vb. *phantídsein* = aparecerse, de *pháinein* = alumbrar, mostrar, aparecer.

La fantasía es la facultad anímica, diferente de la memoria, pero operante especialmente a base de recuerdos, con oficios muy diversos según dirija su atención al servicio de la actividad creadora (imaginación), o se deje invadir por la asociación de contenidos representativos que surgen en ella, ya sea durante la vigilia, ya sea durante el sueño. En mi opinión, sólo en estos casos se debería hablar de fantasía, dejando la actividad creadora para la imaginación. Las trato, pues, por separado.

(1) La fantasía ejerce una función especial en los sueños, donde se ofrecen a la conciencia juegos de imágenes aparentemente desordenados y sin sentido lógico, pero que tienen enorme importancia a la luz de la psicología profunda como símbolos que ofrecen a un experto una pista para indagar el núcleo subconsciente e inconsciente de la personalidad. Ya sea el experto un freudiano, jungiano, adleriano o behaviorista, la experiencia ha mostrado la legitimidad de las normas fundamentales de dicha psicología, pero también ha mostrado la cautela que hay que observar para no deducir conclusiones erróneas y hasta disparatadas. La fantasía de fábulas y mitos propiamente dichos deja traslucir, no sólo la madurez imaginativa del individuo, sino también los rasgos comunes en los diversos pueblos y culturas que han hecho pensar, no sin motivo, en la existencia de un inconsciente colectivo con sus llamados «arquetipos» universales.

(2) La imaginación o fantasía creadora está al servicio del pensar productivo a todos los niveles: científico, técnico, artístico, religioso, etc. Toda innovación en estos terrenos requiere en el hombre la ayuda de la imaginación con su múltiple inventiva. En la medida en que un tema determinado se domina, las tendencias naturales de la conciencia levantan complejos representativos acomodados al tema, los cuales, al combinarse, hacen surgir nuevos conocimientos anticipadores de soluciones antes no previstas. Es obvio que tales anticipaciones han de ser luego examinadas por el pensar lógico, a fin de que la imaginación no se extralimite ofreciendo resultados irracionales so capa de genialidad creadora. Al nombrar lo artístico como nivel en que el pensar productivo tiene su campo, quiero incluir el juego, que combina la facultad especial, casi congénita, del individuo con la observancia de las reglas de juego, ya sea un juego, p. ej. de naipes o un juego deportivo (piénsese, p. ej. en el fútbol) donde hay individuos que exhiben verdaderas genialidades.

William Farel

FAREL, WILLIAM Este reformador francés (1489-1565) estudió en la Universidad de París y, bajo la influencia de J. Lefèvre, se dedicó al estudio de las Escrituras y, al penetrar en la enseñanza paulina acerca de la justificación por la fe, abrazó la fe reformada en 1516. En 1520 fue a Meaux a predicar la fe reformada en la Iglesia de Francia. Por ello fue desterrado en 1522 y estuvo viajando constantemente por Suiza, siempre en debate contra la teología de Roma. Fue durante ese tiempo cuando escribió su *Manual de teología para laicos*, en el que, junto a la correcta enseñanza sobre la justificación, puso también de relieve la necesidad de la santificación por medio de buenas obras y una vida de piedad.

La fama de Farel se debe especialmente a la apertura que consiguió para el protestantismo en Ginebra en los años 1532-1535. Es digna de especial mención la exhortación que dirigió al joven Calvino para que permaneciera en Ginebra. Conseguido esto, se dedicó a predicar en Neuchâtel con gran valentía frente a una intensa oposición.

Bib. Frances Bevan, *La vida de Guillermo Farel* (CLIE, Terrassa 1988).

FARRAR, F. W. Frederic William Farrar (1831-1903) fue un teólogo anglicano, nacido en Bombay donde su padre era misionero. Se educó en las universidades de Londres y Cambridge. Se ordenó en 1854 y fue maestro, famoso por sus métodos originales, durante más de veinte años. Más tarde fue nombrado canónigo y, en 1886, arcediano de Westminster. Siendo canónigo, predicó una serie de sermones sobre el estado del alma en la otra vida, llegando a negar la doctrina del castigo eterno. El líder tractariano E. B. Pusey fue uno de los que se opusieron a su enseñanza, y Farrar modificó algún tanto su posición en su libro *Misericordia y Juicio* (1881). Sintió gran simpatía por las ideas de Darwin y fue Farrar quien sugirió que Darwin fuera sepultado en la Abadía de Westminster, y él mismo predicó el sermón en dicho funeral Algunas de sus ideas liberales tuvieron efímero éxito entre los presbiterianos de Escocia.

FE El vocablo fe entró en el cast. a mediados del siglo XII y procede del lat. *fides* = fe, confianza, crédito. Por aquí puede verse que dicho vocablo puede tomarse en sentido general y en sentido estrictamente teológico. Sólo nos interesa este 2º sentido.

Resumo aquí lo dicho en *CPDTB*, Parte III, lecc. 7ª, punto 3º. Conviene leer tamb. los arts. Arrepentimiento y Conversión.

En primer lugar, hay que distinguir entre la fe objetiva = lo que se cree (cf. Jud. v. 3) y la fe subjetiva = la que ejercita el sujeto. Nos ocupamos específicamente de ésta.

La fe subjetiva es una certeza fundada en una seguridad. Para los griegos, la verdad era un «despertamiento» (gr. *alétheia*). En cambio, para el hebreo era una «seguridad» (hebr. *emunáh*, del vb. *amán* = estar seguro). Así, pues, la fe, ya sea en el favor de Dios (Ef. 2:8), o en el poder mismo de Dios (Lc. 1:37), o en el poder recibido de Dios (Mt. 17:20), o en la fortaleza de la propia conciencia (Ro. 14:22-23), siempre es una certeza fundada en la seguridad (He. 11:1).

El lugar básico para el estudio del concepto de fe es Hab. 2:4b: «mas el justo por su fe vivirá», ya que en él no se trata de la fidelidad de Dios –uso corriente del vocablo *emunáh*– sino de la fidelidad del hombre a Dios. Bien examinado en su contexto, el texto de Habacuc significa que todo israelita, fiel a Yahweh, por mucho que tenga que sufrir por ello, permanecerá con vida. Este texto es citado en tres lugares del NT: Ro. 1:17; Gá. 3:11 y He. 10:38. Es precisamente en este último donde aparece más claro el sentido que fe tiene en Hab. 2:4, conforme al tono general de la epístola.

Es curioso que la noción de fe que Pablo nos da en sus epístolas acomode el sentido a fin de que el vocablo pueda significar la fe que justifica al impío (cf. *Justificación*). P. ej. Ro. 4:3 dice lit. "Creyó Abraham a Dios y le fue reconocido para justicia». El apóstol está citando de Gn. 15:6, cuyo sentido claro (véase el original hebr.) no es que Abram fuese justificado por la fe que puso en Dios, sino que la fe le fue contada por obra justa, puesto que Abram ya era creyente convertido (cf. Gn. 12:1-9).

La fe es, esencialmente, una «actitud» permanente que empapa toda la conducta del creyente desde el momento mismo de su conversión. No es extraño que el cap. 11 de He., con base en la definición del v. 1, nos presente toda una galería de héroes de la fe, los cuales afrontaron las pruebas más duras de la vida como viendo al Invisible (He. 11:27). ¿De dónde le viene a la fe esa fuerza? De ser una certeza inmensamente mayor que la que confiere cualquier evidencia racional, pues se funda en la autoridad de Dios que no puede engañarse ni engañarnos. Por eso, cuando las «creencias» se resquebrajan, el navío de la existencia humana hace agua y, en casos extremos, quienes no tienen talante de cínicos ni de hipócritas, están abocados al suicidio en su sentido literal.

Por lo dicho se ve que el creyente compromete toda su vida en esa actitud de fe. Sirva esto de prenotando cuando pasamos a distinguir los ingredientes de la fe, que son los siguientes:

(1) Una función del intelecto, por la que prestamos nuestro asentimiento a las verdades reveladas; en este sentido decimos que creemos algo (Ej. Hch. 8:37).

(2) Una función del sentimiento, por la que damos crédito a las palabras de una persona; en este sentido decimos que creemos a alguien (Ej. Hch. 16:34).

(3) Una función de la voluntad, por la que nos adherimos de corazón a Dios en Cristo, en virtud del don soberano de su gracia; en este sentido decimos que creemos en alguien. Sólo este ingrediente sirve para obtener la justificación, con tal que el vb. gr. esté en pres.

Una advertencia importante para salvar el concepto ortodoxo de justificación por la fe sola: Podemos ver en la Biblia que somos justificados: (A) mediante la fe (Ef. 2:8, *dat.* con genit.), (B) por fe (Hch. 26:17, *dat.* escueto), (C) en virtud de la fe (Ro. 1:17, *ek* con genit.) y (D) con base en la fe (Fil. 3:9, *ep* con dat.), pero nunca a causa de la fe (*dat.* con acus.), pues entonces la fe sería causa meritoria de la justificación.

¿Cómo describe el NT la noción de fe que justifica? A mi modo de ver, de 3 maneras: (a) como una mirada a la Cruz (cf. Jn. 3:14-15), (b) como un hambre y sed de Cristo (cf. Jn. 6:35); (c) como un recibir a Cristo (cf. Jn. 1:12).

A un lector desprevenido podrá parecerle que hay contradicción entre Stg. 2:17, 24 y Ro. 3:28, pero no hay oposición, sino que se habla de la fe en un contexto diferente: Santiago se refiere a la fe que se muestra en obras; Pablo, a la fe que no es precedida por obras. Yo suelo exponerlo de forma vívida: «La fe justifica al pecador; las obras justifican a la fe» (cf. p. ej. Lc. 6:43-45).

Con respecto a la fe objetiva, baste con decir que su objeto puede ser (A) general, que abarca toda la revelación especial de Dios (cf. Jud. v. 3), y (B) especial, que está limitado a un determinado número de hechos salvíficos (cf. 1 Co. 15:3-4).

La Iglesia de Roma sostiene que el acto de fe es el 1º en la preparación del sujeto para recibir el sacramento del bautismo y, con él, la regeneración (incluida la justificación) y que el hábito de la fe (la fe infusa) es necesaria para disponer a la justificación, pero que todavía no es suficiente para salvar si no va acompañada de alguna contrición* y, al menos, un amor inicial a Dios; y siempre, con relación al sacramento (bautismo o penitencia). Que estas enseñanzas no han variado, puede verse en el nuevo Catecismo de la Iglesia Católica (1992), puntos 977 y 1253.

FE Y RAZÓN Para entender lo que quiero expresar con ese binomio, debo decir en qué sentido se toman aquí ambos vocablos. Entiendo aquí por razón la facultad intelectual de razonar; y por fe, la fe objetiva, más bien que la subjetiva (cf. *Fe*). En este sentido, puede decirse que todas las denominaciones cristianas están de acuerdo en que «la razón se necesita para entender lo que se cree y que el objeto de la fe va en busca de una inteligencia que lo entienda y sepa deducir de los datos de fe conclusiones coherentes y sistemáticas». Es la unión de las antiguas fórmulas lat. *intellectus quaerens fidem* y *fides quaerens intellectum*.

El racionalismo, tanto medieval como moderno ha encumbrado indebidamente el papel de la razón tomándola como árbitro supremo de lo que es o no es «razonable». Con esto, el racionalismo extraeclesial ha dirigido sus ataques contra la fe revelada, ya sea para declararla absurda, ya sea para someter los misterios al análisis de la razón. A nivel intraeclesial, el racionalismo ha tomado, con el paso del tiempo, tres formas distintas:

(1) En la posición clásica de la teología escolástica, se sostenía que la razón puede suministrar un conjunto de datos iniciales, evidentes naturalmente, como preámbulos de la fe. El peligro de tal racionalismo está a la vista, tanto a nivel teórico como práctico, y compromete gran parte de las verdades reveladas, incluidas las «pruebas» de la existencia de Dios (cf. *Dios, 25; Dios, Pruebas de la existencia de*).

(2) Dicho racionalismo fue una característica de la Ilustración del siglo XVIII. En palabras de Kant, «la religión debe confinarse solamente dentro de los límites de la razón», con lo que se elimina toda referencia sobrenatural a la Palabra de Dios, derivando entre los seguidores de Kant, ya hacia la sentimentalidad de Schleiermacher, ya hacia el compromiso social de Ritschl. Encerrar la religión dentro de los límites de la razón supone prejuicios subjetivos, tanto epistemológicos como ontológicos y éticos.

(3) Por otra parte, desde el flanco del empirismo (cf. *Empirismo*), Locke ha podido escribir en su *Ensayo* lo siguiente: «Si algo puede pensarse como revelación que sea contraria a los principios claros de la razón y del conocimiento evidente que la mente tiene de sus propias ideas claras y determinadas, se pueden escuchar sus razones como a un asunto dentro de su provincia» (es el clásico dicho «zapatero a tus zapatos»).

La Iglesia de Roma, a pesar de las variaciones de postura a lo largo de los siglos, siempre sostiene que la credibilidad de las verdades de la fe se confirma por la autoridad de la Iglesia, a la que compete definir cuáles verdades han sido realmente reveladas por Dios. Esta postura equivale, en último término, a someter el entendimiento de las Escrituras a la interpretación de la Iglesia, en lugar de someter la interpretación de la Iglesia a la autoridad de las Escrituras.

A partir de S. Kierkegaard, el existencialismo* considera la fe como «un salto en la oscuridad» o «un salto en el vacío», es decir, como una confianza ilimitada en Dios, más allá de cualquier evidencia o, incluso, contra la evidencia (lo de Tertuliano: *credo quia absurdum* (lo creo porque es imposible). La frase de B. Pascal «tiene el corazón razones que la razón ignora», lleva cierta carga de tipo existencialista, aunque tiene explicación ortodoxa y provechosa. El error del existencialismo está en sostener que, puesto que la fe no necesita razones, no es posible dar ninguna razón de nuestra fe, contra 1 P. 3:15.

Bib. Francisco Conesa, *Creer y conocer* (EUNSA, Pamplona 1994); Walter Kasper, *La fe que excede todo conocimiento* (Sal Terrae, Santander 1988); Alfonso Ropero, *Filosofía y cristianismo* (CLIE, Terrassa 1998); Samuel Vila, *Razón y fe* (CLIE, Terrassa 1970, 3ª ed.).

FELICIDAD

FELICIDAD Todos los seres humanos aspiran a ser felices, pero no todos aciertan a poner el objeto de la felicidad donde debe ponerse de acuerdo con la propia naturaleza del hombre y la voluntad de Dios.

Ya entre los griegos, la felicidad (gr. *eudaimonía*) era el bien supremo del ser humano, dando por supuesto que no era posible alcanzar perfectamente dicho bien en este mundo. Acerca del contenido de la felicidad, se discutía si era el placer, las riquezas, la virtud o el conocimiento, y si era un regalo de los dioses o fruto del esfuerzo personal. Aristóteles se decantó por el conocimiento como actividad más noble del espíritu humano, aunque admitiendo que la virtud moral es esencial para la verdadera felicidad.

Agustín de Hipona y Tomás de Aquino aplicaron el concepto de felicidad a la visión beatífica* de Dios de acuerdo con la revelación (cf. p. ej. Ap. 22:4). Según las enseñanzas de la Iglesia de Roma, hay que distinguir todavía entre la felicidad natural, la cual corresponde a la tendencia natural del espíritu humano, y la felicidad sobrenatural, que es el verdadero destino del hombre y consiste en la mencionada visión beatífica, conocida únicamente por revelación. Como es de suponer, niegan la felicidad sobrenatural cuantos niegan la inmortalidad del alma y la felicidad ultraterrena.

Desde el pundo de vista de la apologética*, Agustín recurrió constantamente al anhelo de felicidad, presente en todos los seres, como una prueba de la existencia de Dios, pues evidencia una aspiración que no puede ser satisfecha por nada finito, sino por la infinitud divina, fuente originaria y creadora de todo ser. En este contexto hay que leer su famoso dicho «nuestro corazón anda inquieto y no descansa hasta que no reposa en Dios».

Bib. Agustín, *Confesiones* (CLIE, Terrassa 2001); –*La utilidad de creer* (CLIE, 2001); Félix González, *Ocho secretos para la felicidad* (CLIE, Terrassa); Salvador Iserte, *El secreto de la felicidad* (CLIE, Terrassa 1985); Rafael Larrañeta, *Una moral de felicidad* (ESE, Salamanca 1984); Julián Marías, *La felicidad humana* (Alianza Editorial, Madrid 1988); Enrique Rojas, *Una teoría de la felicidad* (Dossat, Madrid 1987, 4ª ed.).

FENÓMENO

FENÓMENO El vocablo fenómeno entró en el cast. el año 1730 y procede del gr. *fainómenon* = lo que se deja ver, lo que aparece. Aquí lo tomamos en sentido exclusivamente filosófico para designar lo que nuestra mente puede percibir de los objetos a través de las apariencias sensibles y es registrado así en la conciencia. De suyo, lo fenoménico no significa que el ente en cuestión se nos oculte tras el fenómeno. Fue Kant*, en su *Crítica de la razón pura*, quien contrapuso el fenómeno = lo que aparece, al objeto en sí, pensado como tal = *noúmenon*, conforme a la función de las categorías mentales (gr. *voús* = mente). Para más detalles, cf. el art. *Categoría*.

Un matiz distinto adquiere el fenómeno en la fenomenología de Husserl*. Para él, fenómeno designa todo contenido visto o experimentado directamente. Por eso introdujo lo que se llama en gr. *epojé* = abstención, para designar el aislamiento o suspensión del juicio sobre si los fenómenos suministran un conocimiento real de los objetos o no. Pero *epojé* puede significar también reducción, porque, a medida que la corriente del estado de conciencia fluye hacia el interior de la mente, a partir de la percepción, la mente «reduce» la variedad a formas generales. Todo esto puede resultar extraño a cualquier lector, pero no hay modo de resumir en pocas líneas el pensamiento tremendamente complicado de Husserl.

FEUERBACH, LUDWIG ANDREAS

Este filósofo alemán (1804-1872) fue el más caracterizado seguidor de Hegel entre los discípulos del ala izquierda radical del gran maestro idealista. Es conocido su famoso dicho de que «el cerebro segrega el pensamiento del mismo modo que el hígado segrega la bilis». A diferencia de Sartre, Feuerbach entendía que el ateísmo resultante de sus opiniones no era un mensaje de desesperación, sino un testimonio de la nobleza del ser humano. Por eso escribía en *La esencia del cristianismo*: «¡Dios mismo es el deseo cumplido del corazón, el deseo exaltado a la certidumbre de su realización; el secreto de la teología no es más que la antropología: el conocimiento de Dios no es otra cosa que el conocimiento del hombre!» Más aún, Feuerbach llegó a sostener que el ideal del hombre sin Dios debería ser proyectar una fe tan ennoblecedora y altruista como el cristianismo. Por falta de fe o por desconocimiento de la psicología, Feuerbach no se percataba de que un hombre sin Dios carecería de las más altas motivaciones para obrar de manera noble y altruista.

Ludwig Andreas Feuerbach

Después de estudiar con Hegel en Berlín y ser uno de sus partidarios más entusiastas, Feuerbach pasó después a ser un ferviente antihegeliano, fundando su filosofía en una noción de la realidad que muestra sus raíces en Kant, pero está convencido del fracaso de la razón pura para conocer la realidad. Por lo cual concluye diciendo que «ya que no podemos conocer el mundo en sí, nuestras mentes pueden contribuir a una noción objetiva de lo que realmente existe». A diferencia de Hegel, que ponía la idea universal como fundamento de toda realidad, Feuerbach sostiene que, al contrario, la naturaleza material es la base de la inteligencia. «El estado de conciencia –dice– se desarrolla solamente de la naturaleza.»

Las ideas de Feuerbach influyeron mucho en Marx y Engels, quienes tomaron de él la conclusión de que el reino material es la base de toda ideología. Sin embargo, Marx no estaba de acuerdo con Feuerbach en un punto importante, pues la clave ideológica para Marx no es la humanidad idealizada de Feuerbach, sino los seres humanos en sus relaciones concretas, sociales y económicas.

La influencia de Feuerbach ha sido también grande en la teología posterior. Hay quienes, como John A. T .Robinson, en su libro *Sincero para con Dios*, ha llegado a decir que «Feuerbach tenía razón en un sentido real al querer verter teología en antropología».

Entre los teólogos que con mayor energía se han opuesto a Feuerbach está K. Barth*, pues al optimismo humanista de Feuerbach, Barth opone su negación de que el cristianismo sea una religión y de que la teología natural tenga alguna validez, siendo Dios esencialmente trascendente. No cabe, pues, una reducción de la teología a la antropología.

Bib. L. Feuerbach, *La esencia del cristianismo* (Trotta, Madrid 1998, 2ª ed.); *–Pensamientos sobre muerte e inmortalidad* (Alianza, Madrid 1993); *Tesis provisionales para la reforma de la filosofía* (Labor, Barcelona 1976 / Orbis, Madrid 1986).

Luis Miguel Arroyo Arrayás, *"Yo soy Lutero II". La presencia de Lutero en la obra de Feuerbach* (UPS, Salamanca 1991); M. Cabada Castro, *El humanismo premarxista de Ludwig Feuerbach* (Madrid 1975); *–Feuerbach y Kant: dos actitudes antropológicas* (Madrid 1970); *–Querer o no querer. El debate entre Schopenhauer, Feuerbach, Wagner y Nietzsche* (Herder, Barcelona 1994); Cornelio Fabro, *Feuerbach: La esencia del cristianismo* (EMESA, Madrid 1977); K. Marx y F. Engels, *Tesis sobre Feuerbach y otros escritos filosóficos* (México 1970).

FIDEÍSMO Este vocablo, derivado del lat. *fides* = fe, designa una radicalización de la fe, pues el fideísmo sostiene que las verdades metafísicas y morales son inaccesibles a la razón humana y, por tanto, deben aprehenderse sólo mediante la fe.

En la práctica, hay varias clases de fideísmo que detallo a continuación:

(1) Si la base de la fe se pone en la autoridad, entonces el fideísmo se identifica con el tradicionalismo de J. de Maistre, L. de Bonald y F. de Lamennais.

(2) Si la base de la fe se pone en el sentimiento, como medio de captar lo suprasensible, tenemos un fideísmo del sentido común, apelando al instinto natural de la razón humana para captar las verdades fundamentales de la filosofía (Reid).

(3) Si la base de la fe es un sentimiento racional, que nos capacita para afirmar las verdades religiosas y morales, tenemos el fideísmo de Jacobi.

(4) Si la base de la fe se pone en el sentimiento de absoluta dependencia, tenemos el fideísmo de Schleiermacher, así como de Ritschl y Sabatier y de los modernistas católicos.

(5) Finalmente, se da un fideísmo moderado entre quienes sostienen que los primeros principios del pensamiento sólo pueden ser admitidos con base en un acto de confianza.

En la teología protestante, el fideísmo representa la reacción contra la teología liberal de parte del teólogo alemán Martin Kähler*, para quien lo importante no está en la investigación crítica e histórica, sino en la predicación, pues la fe cristiana no tiene necesidad de justificarse por medio de la demostración histórica, sino que debe fundamentarse en la autociencia.

Fideísta es, asimismo, la argumentación popular que dice que la Biblia no necesita defensa, sino simple y pura testificación; que al pecador no hay que convencerle, sino convertirle.

El fideísmo, en general, es insostenible porque: (A) el supuesto de la imposibilidad por parte de la razón humana para conocer lo suprasensible es falso; (B) el criterio de verdad que propugna (el sentimiento) es insuficiente, pues sólo la evidencia puede asegurarnos la verdad (cf. *Evidencia*).

FIDELIDAD Este vocablo procede, igual que fideísmo, del lat. *fides* = fe y puede tomarse, a mi juicio, en tres sentidos:

(1) Como sinónimo de fe (cf. *Fe*) y entonces responde igualmente al sentido que tienen respectivamente el hebr. *emunáh* y el gr. *pístis*.

(2) Como sinónimo de lealtad, significa el respeto a la palabra dada, ya sea en transacción o en promesa, y tiene su mayor importancia en la lealtad conyugal (cf. *Matrimonio*).

(3) Finalmente, como sinónimo de ajuste, suele emplearse en la versión que se da de los hechos, en la expresión de los pensamientos propios (veracidad) y, de modo especial, en las versiones que se hacen de una lengua a otra. Este ajuste fiel cobra suma importancia cuando se trata de verter a las lenguas vernáculas el original hebreo, arameo y griego de las Sagradas Escrituras.

FILARET, DROZDOV Este teólogo ortodoxo ruso (1782-1867) merece ser mencionado en este diccionario, no sólo por su amplio magisterio en San Petersburgo y por haber sido arzobispo metropolitano de Moscú (1826), sino especialmente por la influencia que ejerció en la teología rusa de su tiempo, a través de las ideas protestantes que había asimilado en su juventud por su estudio de las obras de F. Prokopovich (1681-1736). Filaret mostró una fidelidad intensa a la Palabra de Dios, desestimó el método escolástico a favor del patrístico y apoyó con entusiasmo el trabajo de la Sociedad Bíblica. Por su posición como metropolitano de Moscú, ejerció gran influencia en los asuntos de la Iglesia y el Estado, a pesar del gobierno dictatorial de Nicolás I. Cuando Marx y Engels estaban preparando el movimiento revolucionario comunista, Filaret dio un ejemplo de cristianismo práctico con su manifiesto (1861), que logró la emancipación de los campesinos rusos de la servidumbre anterior.

FILIACIÓN (cf. *Hijo de Dios*)

FILIOQUE La expresión lat. *Filioque* = y del Hijo fue introducida en el Credo nicenoconstantinopolitano como interpolación aprobada el año 589 en el Concilio III de Toledo, lo cual causó un disgusto enorme a los orientales, quienes llegaron a admitir que el E. Santo procede del Padre por el Hijo, pero no del Padre y del Hijo, pues veían disminuido en esta fórmula el papel del Padre como único principio de la Trina Deidad. En realidad, la admisión de la fórmula en la Iglesia occidental llevó a los orientales al cisma de 1054.

Remitiendo a mis lectores a mi libro *CPDTB*, Parte I, lecc. 5ª, me limito a extractar lo que el prof. X. Pikaza dice acerca de las ventajas y desventajas que tiene la incorporación del Filioque al Credo amplio de la Iglesia:

(1) Las ventajas, según el prof. Pikaza, son dos: (A) Sirve para expresar una toma de conciencia sobre la estrecha unión de las tres Personas de la Deidad; (B) Sirve para entender mejor, desde la experiencia espiritual del creyente, la mutua inmanencia de las Personas de la Trina Deidad.

(2) Las desventajas, según el mismo autor, son tres: (a) Sitúa al Padre y al Hijo en un plano de total igualdad frente al E. Santo, rompiendo así la exclusiva primacía del Padre como principio sin principio de la Trina Deidad; (b) desemboca en un origen no personal del E. Santo, pues parece surgir entonces de un principio no personal, de Dios, sino esencial, esto es, de lo que el Padre y el Hijo tienen en común = la consustancialidad; (c) supondría el sometimiento del Espíritu al Verbo y, en consecuencia, el sometimiento del Espíritu al poder de una determinada jerarquía eclesial (al papa como «vicario de Cristo»).

Por consiguiente, como ha sugerido el teólogo ortodoxo ruso P. Eudokimov, el Filioque es ortodoxo siempre que se halle compensado por el *Spirituque* correspondiente. Con otras palabras, se puede decir: «El Espíritu procede del Padre y del Hijo (*a Patre Filioque*); el Hijo, por su parte, procede del Padre y del Espíritu (*a Patre Spirituque*)».

FILÓN Este filósofo helenista (aprox. 20 a. de C. - 50 d. de C.), fue un miembro principal de la comunidad judía de Alejandría y un escritor que, por medio de la interpretación alegórica, halló en los escritos de Platón y de la Stoa semejanzas importantes con las palabras de Moisés.
Mucho fue lo que Filón escribió como comentarios a diversos libros de la Biblia. Pero la abundante producción de Filón no se limitó sólo a la interpretación alegórica de los sagrados textos, sino que trató de otros asuntos, especialmente de la vida contemplativa como visión de Dios.
No es fácil adivinar la dirección del pensamiento de Filón, tanto en cuanto a la aproximación de la filosofía griega al pensamiento hebreo, como en cuanto a su relación con el judaísmo rabínico y con los libros del NT. El debate de los grandes expertos sobre estos temas es tan caluroso, y el pensamiento de Filón tan lleno de ambigüedades, que prefiero evitar a mis lectores más quebraderos de cabeza.

FILOSOFÍA Por su conexión con la teología, la filosofía es uno de los temas más importantes del presente Diccionario. Lamentablemente, muchos hermanos en la fe odian, o desdeñan, la filosofía como si fuese un material corruptor de la Palabra de Dios. Al pensar así, ya están proponiendo su propia «filosofía», porque, de la misma manera que todo ser racional no puede vivir sin pensar, tampoco puede vivir sin filosofar. Cada día más, el término filosofía está entrando en el vocabulario de todo el mundo. Así, no sólo los filósofos profesionales tienen su filosofía, sino que la tienen también los políticos, los científicos, los deportistas y hasta los camioneros.
Aquí vamos a examinar lo que significa filosofía a nivel estrictamente filosófico (valga la redundancia) y es necesario comenzar por el análisis del nombre. El vocablo filosofía parece ser que fue empleado por 1ª vez por Pitágoras (aprox. 580-500 a. de C.) y significa «amigo de la sabiduría», por donde se ve que Pitágoras tomó filosofía en el sentido estricto de «saber por excelencia», pues el vocablo *sofía* = sabiduría significó en un principio la habilidad manual en un arte cualquiera y, después, la habilidad en bellas artes.

Para la escuela neotomista: «La filosofía es el conocimiento de todas las cosas por sus razones últimas, adquirido con la sola luz de la razón natural». Como en todas las ciencias, hay que preguntar cuáles son el objeto material (a cuántos objetos se extiende) y el objeto formal (en qué plano del ser los trata) de la filosofía. A esta doble pregunta respondo: El objeto material de la filosofía es el universo entero, y su objeto formal son las últimas causas.
El hecho de que la filosofía sea un quehacer intelectual no significa que el estudio de la filosofía pueda hacerse «en frío». Al contrario, este excelente quehacer humano requiere una gran pasión, pues su objeto no es cosa de poca monta, ya que abarca a todos los seres y a todo el ser, incluido el propio ser existencial del propio pensador, sus raíces más profundas. Me atrevo a decir que, para ser un buen filósofo, es necesario tener la capacidad de asombrarse y el deseo de indagar los grandes porqués: ¿Por qué estoy aquí? ¿Por qué he nacido? ¿Tiene objeto mi vida? ¿Puedo confiar en mis sentidos, en mi razón? Es natural que, en materia tan importante, los hombres se hayan visto impulsados, desde la más remota antigüedad, a buscar la realidad de una manera segura y clara, para sintetizarla en un sistema detallado y saber a qué atenerse en cada momento.
Que esto no es una tarea fácil, se desprende por el número enorme de sistemas filosóficos que los hombres han ideado a lo largo de los siglos. Es aquí donde la fe ofrece un precioso servicio a la razón, al mismo tiempo que pide a la razón una recta comprensión de lo que se cree. Precisamente por estar dirigida por la fe, la filosofía escolasticotomista es, a mi juicio, el sistema filosófico más acertado. Viene aquí a propósito la distinción que Ortega hace entre creencias e ideas. «Las ideas –dice–, las tenemos; en las creencias, estamos.»
En cuanto a la división de la filosofía, podemos decir, con Tomás de Aquino, que las ramas de esta ciencia son las siguientes:
(1) En el orden del ser:
(A) La gnoseología o estudio del conocimiento del ser (la razón intentando descubrir el ser).
(B La metafísica o estudio del ente en cuanto ente, ya sea (A) en su estructura interna (Ontología) o en su origen primero (Teología natural).
(C) La cosmología o filosofía de la naturaleza.
(D) La psicología o filosofía del alma humana. De estas dos últimas surge la antropología o filosofía del hombre.
(2) En el orden del obrar:
(A) La lógica o filosofía del recto pensar.
(B) La ética o filosofía del recto obrar.

(C) La cultura o filosofía de la inventiva.
En cuanto al método de la filosofía, consiste en llevar a cabo una investigación, una clasificación y un análisis del mundo (incluido el hombre), mediante la razón humana. Por «razón» entiendo aquí, no el racionalismo frío, sino la razón como inserta en la misma vida, la «razón vital», como dirá Ortega. Es forzoso que sea así, por cuanto la filosofía no sólo satisface el anhelo espiritual de conocer la verdad, sino también de orientar la vida de forma que encuentre una dirección segura y se vea preservada de una dispersión inconsecuente. Hasta aquí podríamos hablar del método de la filosofía considerada como una sabiduría terrenal, distinta de la teología o sabiduría celestial, la cual se apoya en la revelación divina, con un método basado en la fe y teniendo por objeto a Dios y su acción en el universo.

Bib. C. Stephen Evans, *Filosofía de la religión* (EMH, El Paso 1990); Etiènne Gilson, *Elementos de filosofía cristiana* (Rialp, Madrid 1981); Alfonso Ropero, *Filosofía y cristianismo* (CLIE, Terrassa 1998); *–Introducción a la filosofía. Una perspectiva cristiana* (CLIE, 1999); Warren C. Young, *Un enfoque cristiano a la filosofía* (CBP, El Paso 1965, 2ª ed.); Bernhard Welte, *Filosofía de la religión* (Herder 1982).

FIN Este vocablo procede del latín *finis* = fin, y su significado corresponde al del gr. *télos,* de donde viene el término teleología = tratado del fin. Antes de pasar adelante, debo advertir que tanto el vocablo cast. como el lat. y el gr. pueden significar dos cosas muy distintas: (1) la causa final; (2) el final de las cosas. De éste trata la escatología (del gr. *ésjaton* = lo último). Aquí sólo voy a tratar del primero.
Como causa final, todo ente aspira a un fin, es decir, tiende a una meta, en la que dicho ente halla su consumación esencial y donde se halla igualmente el límite de su desarrollo. Por donde se ve que sólo los seres limitados tienen una finalidad. Pero hay cuatro formas de finalidad:
(1) Finalidad de la esencia, por la que todo ente debe existir de tal manera que con su propia conducta haga realidad su propia naturaleza esencial.
(2) Finalidad de sentido, por la que todo ente ha de escoger el camino más adecuado para conseguir la meta que se pretende.
(3) Finalidad de la naturaleza, por la que todo ente, previamente a su intervención libre, está destinado a un objetivo (a un fin) que debe conseguirse.
(4) Finalidad utilitaria, por la que el ente considera el provecho mayor o menor que se sigue de obtener el objetivo que se persigue, tanto si el provecho mencionado (a) es para el individuo mismo, o (b) para su especie, o (c) para otros.
Tanto la causa eficiente como la causa final influyen en el efecto desde el exterior, mientras que la causa material y la causa formal son elementos interiores del efecto. Pero, mientras la causa eficiente obra mediante el impulso transmitido, la causa final obra mediante la atracción que el bien considerado ejerce sobre el sujeto. Por supuesto, esta atracción no garantiza que el sujeto consiga el fin que perseguía, puesto que en la consecución de tal meta entra también la casualidad, un conjunto de factores no previstos que pueden frustrar el fin bien intencionado del sujeto. Sin embargo, si la consecución del fin se considera a nivel teológico, teniendo en cuenta la providencia de Dios, no cabe la casualidad, pues para Dios no hay azar*.

Bib. Rafael Alvira, *La noción de finalidad* (EUNSA, Pamplona 1978); Juan Zaragüeta, *La finalidad en la filosofía de Santo Tomás* (Roma 1923).

FINITO Este vocablo procede del lat. *finitus* = limitado, acabado. En el presente art. lo tomamos en sentido general como «lo que tiene un límite», ya sea en el espacio (por su extensión) o en el tiempo (por su duración). Conviene leer tamb. los arts. *Espacio* y *Tiempo*. Lo limitado puede ser:
(1) La cantidad, donde el límite supone la posibilidad de un aumento extensivo que no se llega a realizar.
(2) La cualidad, donde el límite designa una propiedad que podría experimentar un aumento intensivo, el cual no se llega a realizar.
(3) El ser mismo del ente, donde el límite le afecta en su misma profundidad metafísica, al encerrarlo en una determinada clase del ser. Esto es propio de todo ser creado, pues en él el acto (la existencia) está limitado por la potencia (la esencia).
Queda una cuestión metafísica por resolver: ¿Dónde se halla el principio de la limitación del ente? Dentro del campo cristiano, existen dos respuestas distintas: (A) Según el tomismo propiamente dicho, el ser del ente es infinito por su propio concepto, pero es limitado por la esencia potencial. Esta es la solución que he anticipado en (3); (B) Según Suárez (con la mayoría de los jesuitas), el ser puede limitarse por sí mismo, porque el acto (la existencia) no expresa una infinitud positiva, puesto que se identifica realmente con la esencia potencial (cf. *Esencia*).

FINNEY, CHARLES GRANDISON Este clérigo norteamericano (1792-1875), ejerció primero como abogado (1820) en su tierra nativa (Nueva York). Pero en 1821, tras su dramática conversión religiosa, se sintió impulsado a prepararse para el ministerio, estudiando privadamente con el pastor local de Adams, donde residía desde su infancia. Recibió la ordenación en 1824 y, hasta el año 1832, se dedicó a conducir reuniones de avivamiento* a lo largo del Estado de Nueva York, incluyendo la ciudad misma de Nueva York. Desde 1832 hasta 1836, fue pastor de la iglesia presbiteriana de Chatham Street en Nueva York, donde preparó sus conferencias teológicas. En 1836, fue como profesor al Oberlin College en Ohio, donde murió en su retiro, después de haber servido como 2º presidente del colegio de Oberlin durante 15 años (1851-1866). Para entonces, Finney había pasado a ser ministro congregacionalista, sostenedor del perfeccionismo metodista, sin abandonar por eso sus convicciones calvinistas (su texto favorito era Mt. 5:48), mientras conducía algunas reuniones de avivamiento, entre ellas una gira por Gran Bretaña en 1859-1860. Su demasiado optimismo le llevó a esperar que los reavivamientos producirían en Estados Unidos, no sólo un gran progreso espiritual, sino también grandes reformas sociales: una verdadera democracia, la abolición de la esclavitud, la abstinencia de licores y de otros vicios denigrantes y una educación correcta e integral de la niñez y de la juventud.

Bib. C. G. Finney, *El amor de Dios por un mundo pecador* (CLIE, Terrassa); *El verdadero arrepentimiento* (CLIE, Terrassa); *El avivamiento* (CLIE, Terrassa); *El juicio del pecado* (CLIE, Terrassa); *La verdadera sumisión* (CLIE, Terrassa); *Los verdaderos santos* (CLIE, Terrassa).

Anonimo *Charles G. Finney, su vida y su obra* (CLIE, Terrassa); Basil Miller,*Charles Finney* (Betania 1983); J. W. Jepson, *El amor la base de todo* (Betania 1981. Dedica un capítulo a la vida de Finney y el resto a su teología en líneas generales).

FLACIO ILÍRICO, MATIAS Este teólogo croata reformado (1520-1575), nació en la península de Istria y su nombre nativo Vlacic fue latinizado. Estudió humanidades en Venecia (1536-1539) y, más tarde, bajo la influencia de un tío suyo, asistió a las universidades de Basilea, Tubinga y Wittenberg, donde se convirtió a la fe evangélica y llegó allí (1544) a ser profesor de hebreo, de filosofía aristotélica y de Escritura Sagrada.
Su oposición a la confesión de fe luterana de Augsburgo (1530) le obligó a marcharse de Wittenberg a la universidad de Jena, donde contribuyó a formar un centro de teología luterana moderada, oponiéndose a Melancton por su actitud demasiado conciliatoria con la Iglesia de Roma. Su constante actitud polémica le llevó a ser despedido de Jena en 1561. Residió desde entonces, primero en Regensburgo y, después, en Antuerpia, Estrasburgo y Frankfurt.
Flacio es más conocido por sus libros, especialmente por su *Clavis* = llave en lat., donde expuso sus principios hermenéuticos de las Escrituras, y las *Centurias de Magdeburgo*, que compuso en colaboración con otros seis eruditos luteranos, y es una historia monumental de la Iglesia en 13 vols. hasta el año 1308, obra eminentemente polémica, en la que el papa y la Iglesia de Roma son representados como el poder de Satanás en la tierra. La obra halló una apasionada respuesta en los *Anales eclesiásticos* del cardenal César Baronio.

FORMA El vocablo forma (gr. *morfé*) designa lo que viene de dentro afuera, a diferencia de la figura, que viene de fuera adentro, como se puede ver, p. ej. en Ro. 12:2, donde el creyente es exhortado a «ir renovando su forma» (*metamorfústhe*), «dejando la figura (gr. *sjéma*) de este mundo». En filosofía pura, se mantiene este elemento interior en el concepto de forma, pero difiere mucho del que acabo de exponer. Además, con el término forma, se pueden designar realidades muy diversas, como vamos a ver:
(1) A nivel metafísico, forma significó (A) en un principio la figura exterior de un ser corpóreo, pero (B) para Aristóteles pasó a significar el fundamento esencial interno de los seres, mientras Platón entendía por forma el elemento inmutable de un objeto, conforme a la idea que Dios tiene de dicho objeto, idea que sólo imperfectamente se refleja en el objeto concreto durante nuestra vida terrenal.
(2) Conforme a ese sentido metafísico que Aristóteles da al concepto de forma, se contrapone a la materia (cf. *Hilemorfismo*) como principio del ser y del obrar de los entes: el acto determinante del cual la materia es la potencia indeterminada. En este sentido se llama forma sustancial. En los seres vivos, se llama también principio vital y, en los seres humanos cuyo principio vital es el alma espiritual, se llama forma subsistente en sí misma (no se confunda con el Ser subsistente por Sí mismo = Dios). En los espíritus creados puros

= sin mezcla de materia (los ángeles), se llama forma pura.
(3) Según Tomás de Aquino, el ser mismo, como acto de la esencia, es llamado a veces forma e, incluso, lo más formal.
(4) A nivel lógico, se llama forma al vb. sust. es, que sirve de cópula entre el sujeto y el predicado, los cuales, a su vez, reciben el nombre de materia, como, p. ej., cuando digo: «este libro es voluminoso».
(5) En contraposición al contenido, se llama también forma a muy diversos conceptos: Así se habla de (A) forma estética, es decir, la configuración artística como distinta del objeto representado; (B) forma jurídica, la que indica las condiciones exigidas legalmente; (C) forma lógica, la estructura requerida para la rectitud de un concepto, de un juicio, de un raciocinio. Cuando la forma cobra demasiado relieve sobre el contenido, se da el defecto grave del formalismo.
(6) Finalmente, en cast. tenemos la expresión guardar las formas, en el sentido de comportarse conforme a las normas vigentes en el tiempo y en el lugar.
La filosofía moderna suele regirse por el pensamiento de M. Kant*, según el cual la forma pertenece al orden del pensar, no al orden del ser. Kant distingue entre: (a) formas de la percepción (el tiempo y el espacio) y (b) formas del pensamiento (las doce categorías, cf. *Categoría*).
Recientemente, hay quienes entienden forma en el sentido de algo estructurado de modo sistemático, en contraposición a lo carente de estructura, y propugnan una forma de cristianismo que prescinda de las estructuras que la tradición eclesiástica ha estado acumulando a lo largo de los siglos. No estamos conformes con este punto de vista, pues corre el peligro que gráficamente suele expresarse con aquello de «arrojar al bebé junto con el agua de la bañera».

FORNICACIÓN El vocablo procede del lat. *fornicare* = unirse carnalmente a una prostituta, y éste, de *fornix* = lit. «lugar en forma de bóveda»; en concreto, *burdel* = casa de rameras.
Incluso en su fonética, el vocablo tiene afinidad con el gr. *porneía* = prostitución. El vocablo *porneía* ocurre 25 veces en el NT y siempre significa fornicación, mientras que *moijeía* que ocurre 3 veces (32 veces con sus derivados) siempre significa adulterio.
Lugares conflictivos son Mt. 5:32 y 19:9, donde *porneía* suele verterse por concubinato, como en 1 Co. 5:1, donde es evidente que se trata de una unión en grado prohibido por la ley. Sin embargo, el prof. L. Alonso Schökel sostiene, en nota a Mt. 5:32, que «la letra» favorece a la opinión de que Jesús concedió una excepción a favor de los judeocristianos.

FUNDAMENTALISMO Movimiento teológico que intenta preservar lo que se ha creído que son las doctrinas esenciales o fundamentales de la fe. El término fue originalmente usado para designar el movimiento conservador evangélico de EE.UU., en la década de 1920, opuesto al liberalismo o modernismo* teológicos.
La expresión visible del movimiento fue la aparición de la serie de libritos *The Fundamentals: A Testimony to the Truth* (1910-1912), de quien recibió su nombre. En total doce volúmenes, escritos por los autores evangélicos más prestigiosos de la época, en defensa de las ideas centrales heredadas de la Reforma, tales como R. A. Torrey, C. I. Scofield, James Orr, J. G. Machen, E. I. Mullins, G. Campbell Morgan y otros, algunos de los cuales no se consideraban fundamentalistas. Se imprimieron tres millones de copias que fueron enviadas gratuitamente a todos los obreros cristianos del mundo entero, gracias a la ayuda financiera de Lyman Stewart, hombre de negocios del sur de California.
En 1920 se organizó The Fundamentalist Fellowship. La controversia más resonada del fundamentalismo contra el modernismo fue a propósito de la teoría de la evolucion*, cuando en 1925 J. T. Scopes, un maestro de escuela de Dayton (Tennessee) fue denunciado por explicar el evolucionismo en una escuela pública. El dirigente fundamentalista William Jennings Bryand defendió el pleito como abogado en contra de Clarence Barrow, encargado de la defensa. El juicio fue aireado en toda América.
Los puntos principales del movimiento son:
1) Inspiración e inerrancia de la Biblia. 2) La Trinidad. 3) La deidad y nacimiento virginal de Cristo. 4) La creación y caída del hombre. 5) La expiación vicaria de Cristo. 6) La resurrección corporal y ascensión de Cristo. 7) La regeneración de los creyentes. 8) La venidad personal e inminente de Cristo. 9) La resurrección y el destino final de los hombres al cielo o al infierno.
A estas doctrinas puramente teológicas, se añadió la de «la separación bíblica», como característica diferencial del verdadero fundamentalismo. Bien pronto, los fundamentalistas que habían demostrado ser buenos luchadores contra las ideas liberales y modernistas, fueron pésimos

mantenedores de la unidad de Iglesia y del movimiento, llevados por una idea cada vez más estricta y suspicaz del principio de separación bíblica (cf. *Segunda separación*). La campaña en pro de los fundamentos del Evangelio, según se habían expuesto desde los días de la Reforma* hubiera tenido un efecto más universal de no haberse visto envuelta en posiciones beligerantes y separatistas hasta el exceso.

A principios de la mitad del siglo xx comenzaron a exigir la separación de un nuevo enemigo, esta vez no perteneciente al campo modernista, sino al mismo conservadurismo fundamentalista, los motejados neoevangélicos, o nuevos evangélicos, como Carl F. Henry, E. John Carnell y el predicador Billy Graham, llegando incluso a acusar de pseudofundamentalistas a Jerry Falwell y Pat Robertson, por tener la doctrina fundamental, pero carecer de militancia y separación bíblicas.

Bib. David W. Cloud, *Fundamentalismo, modernismo y neoevangelicalismo* (ECB, Barcelona 1998); Pere Piñol, *El fundamentalismo. Historia de un remanente* (ECB, Barcelona 1998).

GALICANISMO Con este vocablo se designa a un movimiento surgido en Francia (de ahí el nombre, pues Francia es, en lat., *Gallia*) con el fin de mermar el poder papal e incrementar el poder del Estado sobre la Iglesia. Desde el principio fue visto por la sede papal como herético.
Los primeros defensores de este movimiento fueron en el siglo XIV los franciscanos Guillermo de Ockham, Juan de Jandun y Marsilio de Padua, Los escritos de este último cooperaron a que surgiera el cisma de Occidente, con dos papas rivales, uno en Avignon y otro en Roma (1275-1342).
Anterior al galicanismo propiamente dicho, ya había aparecido el conciliarismo (cf. *Conciliarismo*), que sostenía el predominio de un Concilio universal sobre el papa. El Concilio universal de Constanza (1414-1418), tuvo que actuar en forma «conciliarista» hasta la elección de Martín V (11 de nov. de 1417) como único papa, pues había entonces tres papas que reclamaban para sí el título exclusivo de «legítimo»: Gregorio XII, Juan XXIII y Benedicto XIII (Pedro de Luna). De este modo, las últimas sesiones del Concilio fueron legitimadas por Martín V. De las anteriores, el nuevo papa guardó silencio, pues había en ellas cosas buenas (según Roma) como la condenación de las doctrinas de J. Wyclif y J. Hus, pero otras favorecían a la causa conciliarista. Para aquel tiempo los personajes más influyentes del galicanismo en la 1ª parte del siglo XV fueron Juan Gerson (1363-1429) y Pedro d'Ailly (1350-1420).
El galicanismo cobró nuevas fuerzas en el siglo XVII, cuando la Sorbona, la famosa universidad de París, se declaró a favor del galicanismo. El igualmente famoso predicador francés, el obispo Bossuet, formuló los artículos galicanos, aprobados y publicados por la Asamblea de los clérigos (el tercer estado) en 1682. La argumentación de Bossuet apelaba al hecho de que Cristo había otorgado a Pedro y, por consiguiente, al papa un poder espiritual, pero no el poder temporal. Por otra parte, la Iglesia, representada auténticamente en los Concilios generales, tenía el poder de rechazar las decisiones papales si llegaba el caso. Luis XIV, como era de esperar, se puso de parte de Bossuet. El 4 de agosto de 1690, Alejandro VIII declaró nulos los cuatro artículos galicanos. Ya en 1682, Inocencio XI había protestado contra dichos artículos, y la Sorbona se sumó entonces a esta protesta. El propio rey se retractó en carta de 14 de setiembre de 1693. Después, el sectario Sínodo de Pistoia hizo suyos los artículos galicanos y Pío VI, en su *Const. Auctorem fidei*», de 28 de agosto de 1794, los condenó junto con los demás artículos del Sínodo pistoyense. La revolución francesa (1789) acabó drásticamente con el galicanismo al obligar al clero francés a suscribir la Constitución civil del clero. El movimiento no volvió a levantar cabeza.

Norman Geisler

GEHENNA (cf. *Infierno*)

GEISLER, NORMAN L. Teólogo evangélico norteamericano, nacido en 1932 y convertido al Evangelio el 12 de febrero de 1950. Cursó estudios en el *William Tyndale College* (1955), *Wheaton College* (1958), *Wheaton Graduate School* (1960) y en la Universidad de Loyola (Ph. D., 1970).
Ejerció el ministerio pastoral durante nueve años. Ha sido profesor durante 34 años en la *Trinity Evangelical Divinity School* de Deerfield (Illinois), en el *Dallas Theological Seminary* de Dallas (Texas), y en el *Southern Evangelical Seminary* de Charlotte (Carolina del Norte). Ha ejercido también un amplio ministerio itinerante dentro y fuera de los EE.UU.
Prolífico escritor, hasta la fecha lleva escritos más de 25 libros. Está especializado en las áreas de filosofía, apologética y ética. Es el fundador de la *Evangelical Philosophical Society* (Sociedad Filosófica Evangélica).

Juan Gill

En el campo de la filosofía cristiana ha dedicado especial atención a la figura y obra de Tomás de Aquino*, cuyas aportaciones ha incluido en su apologética y, de algún modo, recuperado para la teología evangélica.

Bib. N. Geisler, *Ética cristiana del amor* (Caribe, Miami); –y Ros Brooks, *Apologética* (Unilit, Miami 1997).

GERHARD, JUAN Este teólogo (1582-1637) es considerado como el más importante en la historia del luteranismo después de M. Lutero y de M. Chemnitz. Su pastor, J. Arndt, le animó a estudiar teología, asignatura que cursó en Wittenberg, Jena y Marburgo. Al principio, desempeñó con gran éxito un cargo secular como administrador, pero el quebranto de su salud y su inclinación al estudio le llevaron a un género de vida más tranquilo de profesor de teología en Jena desde 1616, donde enseñó hasta su muerte.

Gerhard fue un escritor prolífico, pues escribió de teología, exégesis, historia, sermones y mucho material devocional. Promovió la enseñanza de que la ortodoxia luterana no estaba muerta, sino llena de vida por conducir a una fe cristiana vibrante. No fue, por ello, un innovador, ya que suscribió de todo corazón las confesiones de fe luteranas. Organizó sistemáticamente la teología en su monumental obra dogmática *Lugares teológicos*. Un gran acierto suyo fue introducir la terminología aristotélica en la teología luterana, acierto que fue seguido por los teólogos luteranos del siglo XVII.

GILBERTO DE LA PORRÉE Este teólogo francés del siglo XII, mejor conocido con el nombre de Gilberto Porretano, fue obispo de Poitiers y sostuvo, acerca de Dios, algunas doctrinas que fueron condenadas en el Concilio local de Reims (1148), convocado por Eugenio III. Los errores de que se le acusaba eran los condensados en las cuatro proposiciones siguientes:

(1) «Que la divina esencia, sustancia y naturaleza, que se llama divinidad, bondad, sabiduría, grandeza de Dios y cosas semejantes, no es Dios, sino la forma por la que es Dios.»

(2) «Que las tres personas, Padre, Hijo y Espíritu Santo, no son una sola sustancia ni una sola cosa.»

(3) «Que las tres personas son tres unidades, y se distinguen por tres propiedades que no son lo mismo que las tres personas, sino que son tres cosas eternas, diferentes en número entre sí y entre ellas y la sustancia divina.»

(4) «Que la naturaleza divina no se encarnó ni recibió una naturaleza humana.»

Durante el Concilio, Gilberto se defendió tan hábilmente, que el papa no le impuso ninguna censura; únicamente en cuanto al primer punto hizo notar lo siguiente, según lo consignan las actas del Concilio: «Sólo en cuanto al primero, el Romano Pontífice definió que ninguna razón debe hacer división entre la naturaleza y la persona y que Dios debe llamarse la esencia divina, no sólo en el sentido del ablativo, sino también del nominativo».

Una vez disuelto el Concilio, los enemigos de Gilberto, cuyo jefe era Bernardo el abad de Claraval*, en una declaración que lleva el título de Profesión de fe dijeron que Gilberto había incurrido en herejía a fin de conseguir que el papa le condenara, pero en vano, pues Eugenio III se limitó a declarar lo que ya he mencionado.

Personalmente debo decir que Bernardo era mucho mejor teólogo que su antiguo alumno, el papa Eugenio III, pues tuvo buen olfato para detectar la herejía triteísta en los tres primeros puntos. Sólo el cuarto es ortodoxo, ya que no fue la naturaleza divina la que se encarnó, sino la Persona del Verbo. En este punto, los «padres» del Concilio se habían «pasado», como suele decirse. Por aquí podrá ver el lector con qué cuidado hay que andar a la hora de formular declaraciones de teología trinitaria y cristológica.

GILL JUAN Este hipercalvinista (1697-1771) fue pastor bautista, experto en teología y exégesis. Había nacido en Kettering. del condado de

Northampton, donde aprendió latín y griego. En su afán de aprender, estudió por su cuenta hebreo, teología y filosofía. En 1716, hizo profesión de fe cristiana en la iglesia hipercalvinista de la misma localidad y comenzó pronto a predicar. En 1719 asumió el pastorado de una iglesia en Horsleydown, Southwark, Londres, una congregación que él pastoreó hasta su muerte.
No dejó por eso de estudiar y escribir. En 1745 fue investido doctor honoris causa por la universidad de Aberdeen. Como buen hipercalvinista (cf. *Hipercalvinismo*), Gill no sólo defendió los cinco principios del Sínodo de Dort, sino también que la gracia no debía ser ofrecida a los pecadores inconversos; de ahí que, en sus sermones, nunca hiciese ninguna clase de invitación al arrepentimiento o a la fe. Por eso mismo, no mostró ningún interés por los reavivamientos del siglo XVIII.
De sus numerosos escritos, cabe destacar su gran comentario, versículo por versículo, a toda la Biblia, primero del NT en tres vols. y, después, del AT en seis vols.

GILSON, ETIENNE Este teólogo contemporáneo (1884-1978) merece ser mencionado por su gran contribución a la filosofía tomista. De joven había sido impactado por H. Bergson (1859-1941), el filósofo intuicionista. Gilson enseñó filosofía medieval en la Sorbona (1921-1932) y en el Colegio de Francia (1932-1951). Después de pasar unos años en el Instituto de Estudios Medievales de Toronto, volvió a Francia en 1959 y, cuando ya tenía 75 años, escribió numerosos libros hasta su muerte.
Siempre se definió a sí mismo como «filósofo cristiano tomista», sin desear ser apellidado «neotomista». Opinaba, como su amigo Jacques Maritain (1882-1973), que la filosofía y la teología del Aquinate eran la mejor base para interpretar correctamente la cultura moderna. En mi opinión, destaca entre sus escritos su libro *El ser y la esencia*.
Bib. Etienne Gilson, *Dios y la filosofía* (Emecé, Bs. As. 1945); *La filosofía en la Edad Media* (Gredos, Madrid 1965); *–El espíritu de la filosofía medieval* (Emecé, Bs. As. 1952); *Historia de la filosofía moderna* (Emecé, Bs. As. 1966); *Lingüística y filosofía* (Gredos 1974); *Elementos de filosofía cristiana* (Rialp, Madrid 1981); *El tomismo* (DDB, Bs. As. 1952); *El espíritu del tomismo* (DDB, 1951); *El ser y los filósofos* (EUNSA, 1979); *La unidad de la experiencia filosófica* (Rialp, Madrid 1973); *El realismo metódico* (Rialp, 1963); Antonio Livi, *Etienne Gilson: Filosofía cristiana e idea del límite crítico* (EUNSA); Raúl Echauri, *El pensamiento de Etienne Gilson* (EUNSA).

GLORIA Este vocablo entró en el cast. a mediados del siglo XIII, del lat. *gloria* = gloria, reputación, nombradía. Corresponde respectivamente al hebr. *kabód* y al gr. *dóxa*, deriv. del vb. *dokeín* = pensar, parecer. Ya en el gr. clás. *dóxa* significaba opinión (lo que uno piensa por sí mismo) o reputación (lo que otros piensan de él). En el NT, el gr. *dóxa* ocurre 129 veces, y el deriv. *doxádsein*, 61.
(1) En cuanto al hebr. *kabód*, procede del vb. *kabéd* = ser pesado, en el sentido de «tener mucho peso» = riquezas (Gn. 31:1), posición (Gn. 45:13), poder (Is. 8:7), etc., más bien que de «resultar pesado», aunque también tiene este sentido a veces. Los LXX vertieron invariablemente el hebr. *kabód* por *dóxa*, en atención al honor que este vocablo comporta, aun cuando *kabód* significa también la manifestación que Yahweh hacía de sí mismo en las teofanías o en los relámpagos de una tormenta. A veces, *kabód* es sinónimo de la persona misma, como en Éx. 33:18, donde Moisés no se refiere a la nube luminosa que los conducía, sino al rostro de Dios, como se ve por el v. 20, aunque Dios responde, en un principio (v. 19), mostrando su bondad. En la visión de Isaías (Is. 6:1 ss.), el matiz predominante es el de majestad. Pero aun allí, como en el resto del AT., la gloria que le compete a Dios como causa eficiente y final de la creación tiene al ser humano como único beneficiario. Yahweh asume el papel que le corresponde como único Salvador de su pueblo (no hay otro que salve, sino sólo Él), pero lo es precisamente a favor de su pueblo. Esto nos dice mucho del amor de Dios que es Amor (1 Jn. 4:8, 16).
(2) En cuanto al gr. *dóxa*, el NT registra, en general, el sentido de honor que los LXX le dieron ya en el AT. Es un reconocimiento respetuoso en Lc. 14:10, prestado a un invitado humilde, así como el temor reverente, expresado por las criaturas al Creador en el momento de honrarle verbalmente, como en Ro. 11:36 y, en especial, en Ap. 14:7. Si se refiere al carácter de Dios, puede designar su majestad (Ro. 1:23), su perfección. manifestada en su justicia (Ro. 3:23), su santidad luminosa, que hará de la Jerusalén celestial un día perpetuo (Ap. 21:23). En Ef. 1:17, es llamado «el Padre de gloria» = «el Padre glorioso» (me parece lo más probable en ese contexto). También se designa con el mismo nombre el poder de Dios al levantar de los muertos a su Hijo (Ro. 6:4). Sólo

en Lc. 2:9, designa la manifestación luminosa, frecuente en el AT, de Yahweh. En este sentido, la *dóxa*, en el NT, es transferida a su Hijo Jesucristo. Durante su estado de humillación, el único caso es el de la Transfiguración, según las respectivas alusiones de Juan (Jn. 1:14) y Pedro (2 P. 1:17). Pero, en su estado de glorificación, tenemos, p. ej., Mt. 25:31; Lc. 24:26; Jn. 12:23; 17:5; Hch. 3:13; 9:3 ss.; Fil. 2:9-11; Col. 3:4; 1 Ti. 3:16; Tit. 2:13; He. 1:3; Stg. 2:1; 1 P. 1:21; Ap. 1:12 ss. Es muy significativo Stg. 2:1, donde el hermano del Señor se refiere a Jesucristo como «el Señor de la gloria», donde parece aludir a la revelación de Dios en el tabernáculo, teniendo en cuenta que la presencia de Yahweh en el tabernáculo, en medio de su pueblo Israel, no sólo era una señal de la condescendencia amorosa del Señor, sino también un constante recordatorio de la disposición de Dios a señalar los pecados del pueblo y visitarlos en juicio. De este modo, los lectores de la epístola eran advertidos contra la acepción de personas. Por su unión con el Cristo glorificado, el cristiano puede gloriarse en la esperanza de la gloria de Dios (Ro. 5:2), cuando el cuerpo de su humillación será transfigurado (gr. *metasjematísei*) según la forma del cuerpo de la gloria de Cristo (Fil. 3:21). Que este cuerpo, sin perder su identidad con el actual, será transformado para sernos un instrumento de muy superior calidad que el actual, lo muestra Pablo en 1 Co. 15:43. Finalmente, Cristo, dentro del cristiano, es la esperanza de la gloria (Col. 1:27).

GNOSEOLOGÍA Como puede verse por el nombre, el vocablo significa etimológicamente «tratado del conocimiento». Efectivamente, la gnoseología es la parte de la filosofía que trata de investigar el conocimiento humano, ya sea a nivel psicológico, metafísico o lógico.

(1) A nivel psicológico, investiga: (A) el origen y el desarrollo de las funciones cognoscitivas (psicología empírica) y (B) los actos y facultades del conocimiento (psicología pura).

(2) A nivel metafísico, la gnoseología sitúa el conocimiento en el contexto total del ser. En un sentido menos amplio, tiene por objeto la validez ontológica y los límites del conocimiento.

(3) A nivel lógico, en cambio, la lógica, como parte de la filosofía, no es llamada con el nombre de gnoseología. Es cierto que puede ser una crítica del conocimiento, pero, como tal, ya es metafísica; mejor aún, metafísica fundamental.

Bib. A. Llano, *Gnoseología* (EUNSA, Pamplona 1982); S. Rábade Romero, *Estructura del conocer humano* (G. Toro, Madrid 1969); –*Verdad, conocimiento y ser* (Gredos, Madrid 1965); S. Vanny Rovighi, *Gnoseología* (Morcelliana, Brescia 1963); R. Verneaux, *Epistemología general y crítica del conocimiento* (Herder, Barcelona 1975).

GNOSTICISMO (cf. *Ciencia*, p. 2)

GODELCASCO Nombre latino del monje y teólogo alemán Gottschalk (805-869), impulsado por su padre, el conde Bruno de Sajonia, para que entrara en el convento benedictino de Fulda. El sínodo de Main (829) le liberó de sus votos, pero esta dispensa fue cancelada por la objeción de Rabanus Mauro, el nuevo abad, por lo cual tuvo que trasladarse al monasterio de Orbais. Allí se dedicó al estudio teológico, particularmente a las enseñanzas de Agustín* y Fulgencio sobre la predestinación. Fue el primero que enseñó la llamada «doble predestinación», o sea, que los elegidos son predestinados libremente para bendición y los condenados son predestinados juntamente a la condenación por el conocimiento anticipado que Dios tiene de su culpa.

Godelcasco fue combatido por el mencionado abad Rabanus Maurus, acusándole de semipelagianismo, mientras que por el contrario el arzobispo de Reims, Hincmar, le acusó de negar la salvación universal de Dios, así como la libertad humana. Fue defendido por Wlafrit Staw, Prudencia de Troya, Servatus Lupus, Estramunus y otros, pero fue condenado por los sínodos de Main (848), privado de su ministerio sacerdotal, aprisionado y azotado y condenado a prisión perpetua en el monasterio de Hautvilliers. Firme en sus creencias y propósito, continuó desde su encierro su controversia con Hincmar, acusándole de sabelianismo. Murió sin reconciliarse con la Iglesia, en estado de perturbacion mental a causa de sus sufrimientos y privaciones.

Fue también un poeta lírico, autor del libro *L'Ecloge de Theodolus*, coloquio entre la verdad y el error con la razón como juez imparcial; obra muy apreciada por los hombres del Renacimiento.

GOGARTEN, FRIEDRICH Este teólogo alemán (1887-1967) fue educado en la tradición del idealismo liberal de su país. Estudio en Munich, Jena, Berlín y Heidelberg. Ejerció el ministerio pastoral desde 1913 hasta 1931, y también, desde 1925 a 1931 fue profesor auxiliar de la universidad de Jena. Desde 1931 fue catedrático de teología sistemática en Breslau, y desde 1935, en Gotinga.

Escribió su primer libro sobre el pensamiento religioso de Fichte. No tardó en darse cuenta de que esa posición era difícil de sostener para un cristiano y dijo desengañado: «Hemos entrado tan profundamente en el hombre que hemos perdido a Dios». Gogarten entró luego en el círculo de los defensores de la teología dialéctica, trabando amistad con un joven pastor suizo, Karl Barth*, que también se había desengañado del idealismo y comenzaba una nueva ruta bajo el título de «neoortodoxia».

El ideal de Gogarten era repensar la fe cristiana a nivel histórico, no metafísico, pues la historia era para él un proceso en que, por recíproca interacción, se re-crean el ser y el sentido. Promovió la rebelión contra la teología liberal que prevalecía a principios de siglo, alejándose de la metafísica para acercarse a la historia. Barth acusó entonces a Gogarten de hacer de la historia una segunda fuente de la revelación, mientras que Gogarten replicó que la dialéctica de Barth era una pura abstracción, carente de valor histórico. Gogarten siguió evolucionando en su dialéctica, sosteniendo que la responsabilidad del cristiano consistía en su receptividad (dependiendo de otro en el ser), actividad (existiendo para otros) y apertura (al misterio que constantemente acosa al hombre en su responsabilidad a favor del mundo). Cuando Bultmann presentó su teoría de la «desmitificación», Gogarten lo defendió con calor, pero los mejores intérpretes de Bultmann (Ebeling, Fuchs) han detectado en los escritos de Gogarten numerosas críticas de Bultmann.

Bib. F. Gogarten, *Destino y esperanzas del mundo moderno* (Marova, Madrid); *¿Qué es cristianismo?* (Herder, Barcelona 1977).

GOMARO, FRANCISCO Este teólogo holandés (1563-1641), nació en Brujas y estudió en Estrasburgo, Neustadt, Oxford y Cambridge, antes de doctorarse en Heidelberg en 1594, año en que fue nombrado profesor de teología en Leiden. Allí destacó como defensor ardiente del calvinismo. En 1603, Jacobo Arminio (cf. *Arminianismo*, y *Arminio*) fue también a Leiden como profesor de teología, con lo que surgió la controversia entre ambos. Cada uno defendía su propio punto de vista: Gomaro, monergista; Arminio, sinergista. En 1610, un arminiano, Conrado Vorstius, fue nombrado para suceder a Arminio, Gomaro dimitió como protesta y en 1611 fue nombrado pastor de una congregación calvinista en Middleburg. En 1614 fue a enseñar en el seminario protestante francés de Saumur y, desde 1618 hasta su muerte, estuvo de profesor en Groninga.

Arminianos y gomaristas estuvieron metidos en una polémica por escrito desde 1610 hasta 1618, cuando fue convocado el Sínodo de Dort* para dirimir la disputa. El sínodo se pronunció contra los arminianos y redactó los conocidos cinco puntos del calvinismo sublapsario: elección incondicional, redención limitada, total depravación, gracia irresistible y final perseverancia de los santos. Pero Gomaro no pudo persuadir al sínodo para que se aprobaran sus puntos de vista supralapsarios.

GORE, CARLOS Este erudito anglocatólico (1853-1932) perteneció a una familia aristócrata y fue educado en Harrow, donde fue impactado por la espiritualidad «católica» de B. F. Westcott. Alumno sobresaliente de Oxford, fue elegido catedrático del Trinity College en 1875. Estos primeros años fueron de importancia vital para la formación de Gore, quien emprendió la tarea de imbuir el tradicional «Movimiento de Oxford» con las ideas liberales del criticismo bíblico. Su catolicismo liberal se plasmó en un volumen de ensayos de Oxford, junto con eruditos de su misma mentalidad. Pero lo que más alarmó a los tractarianos tradicionales, conservadores, de la línea de J. H. Newman, fue la serie de estudios que dio en 1889 sobre la encarnación de Cristo, sosteniendo que la humanidad terrenal del Señor implicaba el despojo voluntario de su conocimiento divino. Sin embargo, en mi opinión, Gore no se apartó en esto de la ortodoxia, pues lo que en realidad defendió fue que Cristo no se despojó de su divinidad ni de ninguna de sus perfecciones divinas, sino únicamente del uso independiente de ellas. Gore fue sucesivamente obispo de Worcester (1902-1905), Birmingham (1905-1911) y Oxford (1911-1919). A pesar de su origen aristocrático, Gore era un apasionado de la justicia social, por lo que no tardó en relacionarse con la Unión Socialista Cristiana. Siendo obispo de Birmingham se interesó también vivamente por la Asociación Educativa de Obreros.

Liberado en 1919 de sus obligaciones episcopales, Gore se volvió cada vez más solitario y dedicó los últimos años de su vida a enseñar y escribir, especialmente en defensa de la fe cristiana. Destaca entre sus producciones la trilogía trinitaria: *Creencia en Dios* (1922), *Creencia en Cristo* (1922) y *El Espíritu Santo y la Iglesia* (1924).

GOZO El gozo (gr. *jará*) aparece en Gá. 5:22, después del amor (gr. *agápe*), como fruto del E. Santo, con los que se muestra que es un ingrediente esencial de todo cristianismo auténtico. El vocablo ocurre 59 veces en el NT, y el vb. deriv. *jaírein* = regocijarse 74 veces, pero también pueden considerarse como afines al gozo la alegría (gr. *agallíasis*) con el vb. de la misma raíz *agalliáo* = alegrarse, vocablos que ocurren en el NT cinco y once veces respectivamente, y el vb. *euthuméo* = tener buen ánimo, que, con sus derivados *eúthumos* = persona de buen ánimo, y el adv. correspondiente *euthúmos* = con buen ánimo, suman otras cinco veces más. En total, 154 veces. Podemos resumir el mensaje del evangelio («noticia de gran gozo») con las palabras de los ángeles a los pastores de Belén en Lc. 2:10: «No sigáis temiendo, porque mirad que os evangelizo un gozo grande (gr. *jarán* megálen), el cual es para todo el pueblo» (lit.).

Ya en el AT, el gozo era una característica del pueblo de Israel, que se manifestaba de modo especial en las grandes fiestas que se celebraban en el templo de Jerusalén. El libro de los Salmos resuena en muchos lugares con el gozo de la adoración de la alabanza y de la acción de gracias. En el libro de Neh. 8:10, después de la lectura e interpretación de la Ley, dice Esdras para resumir la gran solmnidad de aquel día: «porque el gozo de Yahweh (hebr. *jedvát Yahweh*) es vuestra fortaleza». Y al final del v. 17, aludiendo a la alegría manifestada por el pueblo al día siguiente, dentro de los siete días de la gran fiesta, leemos en el original hebr. *Watehí simjáh gedoláh meód* = Y hubo regocijo grande sobremanera.

Bib. Josh McDowell y Dale Bellis, *Motivo de gozo y alegría* (Betania, Minneápolis 1990).

GRACIA En este art. tomo el vocablo en sentido estrictamente teológico. El concepto de gracia incluye aspectos distintos que detallaré luego, pero, para abarcar todo género de gracias, podemos definir la gracia como «un favor inmerecido, que Dios otorga libre y soberanamente al ser humano».

(1) En primer lugar, algo sobre la terminología bíblica:

(A) En el hebr. del AT, el concepto de gracia se expresa mediante tres vocablos diferentes: (a) *jen* = gracia, del vb. *janán*, cuyo significado primordial parece ser «inclinarse bondadosamente hacia alguien que inspira compasión» (cf. Gn. 6:8); (b) *jeséd* = misericordia (Éx. 20:6), concepto muy afín al de gracia, como puede verse por el binomio hebr. *jeséd veeméth* = misericordia y verdad, sinónimo del gr. *he járis kaï he alétheia* (Jn. 1:14, 17); (c) *ratsón* = buena voluntad, al que corresponde en el NT el gr. *eudokía* (Lc. 2:14; Fil. 2:13). A estos tres hay que sumar los correspondientes vbs. y adjs.

(B) En el gr. del NT, destaca el ya mencionado *járis*, que ocurre 164 veces (para ver si tiene el significado teológico que le he asignado, es menester consultar una buena concordancia). A esto hay que sumar las 23 veces que ocurre el vb. deriv. *jarídsomai* en el sentido de perdonar (perdón de Dios o de Cristo) y las dos veces que ocurre el vb. *jaritóo* = agraciar (Lc. 1:28; Ef. 1:6), también de la misma raíz. En cuanto al sust. de la misma raíz *járisma* = don, cf. lo que dije en el art. *Dones espirituales*. Volviendo al vocablo *járis* = gracia, puede tener tres sentidos diferentes: (a) sentido objetivo = lo que produce simpatía o buena impresión (p. ej. Lc. 2:52; 4:22; Col. 4:6); (b) sentido subjetivo, que puede considerarse: 1º, de parte del otorgador, cuyo significado se realiza en profundidad en «la iniciativa libre y soberana de Dios, dispuesto a salvar por pura gracia a cuantos se acerquen a Él con fe genuina»; en este sentido la hallamos en contraste con deuda (p. ej. Ro. 4:4, 16), con obras (p. ej. Ro. 11:6) y con ley (p. ej. Ro. 6:14); 2º por parte del receptor, significa gratitud (p. ej. Lc. 17:9; Ro. 6:17; 1 Ti. 1:12); (c) hay un tercer sentido que hace referencia al efecto de la gracia, al estado espiritual de quienes se han ejercitado en cooperar a la gracia de Dios (p. ej. Ro. 5:2; 1 P. 5:12; 2 P. 3:18).

(2) En segundo lugar, hay que distinguir la gracia-favor de la gracia-poder: (A) La 1ª es el «don salvífico fundamental» en que la *járis* de Dios al hombre contrasta con lo que éste pudiese aportar de mérito, esfuerzo u obra, y donde la gracia aparece claramente como «el favor desmerecido de Dios al hombre» (cf. Ro. 5:6-10, nótese la gradación: débiles-pecadores-enemigos); La 2ª es como «una provisión que Dios suministra para ejercer el ministerio» (cf. p. ej. Hch. 6:8; Ro. 1:5; 12:6; 15:15; 1 Co. 3:10; Gá. 2:9; Ef. 3:2, 7-8; 4:7; 2 Ti. 2:1; He. 13:9; Stg. 4:6; 1 P. 4:10). Para más detalles sobre este punto 2, cf. mi libro *CPDTB*, Parte III, lecc. 8ª, punto 3.

(3) Principales divisiones de gracia: (A) común y especial. Como estoy tratando exclusivamente de gracia sobrenatural, para mí la gracia común es la gracia suficiente, es decir, la que Dios ha provisto para todos los seres humanos según 1 Ti. 2:4-6, pero que, en su presciencia, vio que no hallaría en el hombre la cooperación necesaria;

en cambio, la gracia especial es la gracia eficaz, es decir, aquella que, de hecho, hace que el sujeto se rinda voluntariamente a la gracia, p. ej. Hch. 16:14, 29-34; 17:34; 1 Co. 15:10 y muchos otros. Sostengo firmemente que toda gracia es, en principio, resistible. Los calvinistas supra y sublapsarios tienen otra terminología, que considero antibíblica, pues llaman común a la gracia natural, cual la vemos, p. ej. en Hch. 14:16-17, y llaman especial a «la gracia por la que Dios redime, santifica y glorifica a su pueblo" (P. H. Hughes, en EDT), es decir a la gracia eficaz, irresistible, ya que estos calvinistas no creen en la gracia suficiente, resistible, con lo que se ven obligados a llamar insuficiente a la que acabo de llamar suficiente. B) preveniente y concomitante (esto es, acompañante);
La 1ª precede a la posible cooperación del sujeto; la 2ª continúa sosteniendo al sujeto, una vez que éste ha cooperado a la preveniente. En realidad, la gracia es la misma, dependiendo su nombre de la cooperación del sujeto.
En la Iglesia de Roma, especialmente a partir de la Edad Media, ha prevalecido un concepto de gracia muy distinto del que acabo de exponer, con una división fundamental entre gracia actual y gracia habitual, siendo la 1ª una moción del E. Santo para disponer al sujeto a recibir la 2ª, que ellos llaman gracia santificante o gracia justificante (cf. L. Ott, *Fundamentos del dogma*). Cualquiera que estudie sin prejuicios la Palabra de Dios se percatará de que lo que constituye al pecador en «estado de gracia» (por llamarlo de algún modo) no es la comunión espiritual con Dios, sino la unión vital con Cristo, la cual se sostiene siempre firme por el poder de Dios (1 P. 1:5).
Bib. Charles C. Ryrie, *La gracia de Dios* (Portavoz, Grand Rapids 1979); F. Lacueva, *Doctrinas de la gracia* (CLIE, Terrassa 1975).

GREBEL, CONRADO Este reformador (aprox. 1498-1526) fue el 1º en organizar una comunidad cristiana de tipo independiente. Había nacido en Zurich (Suiza), ciudad muy católica por aquel tiempo. Parece ser que estudió en un colegio llamado La Carolina desde los ocho años de edad, y a los dieciséis estudió por poco tiempo en la universidad de Basilea. Desde 1515 hasta 1518 estudió en la universidad de Viena y, finalmente, desde 1518 hasta 1520, en la de París. Era un estudiante de dotes brillantes, sabía griego y latín, pero en su juventud vivió una vida profana y licenciosa. El 6 de febrero de 1522 se casó con una chica llamada Bárbara, a quien había conocido un año antes y a quien amaba ardientemente.
Sin embargo, a pesar de haberse criado en la Iglesia de Roma, Conrado había sido desde antiguo un gran admirador de Zuinglio y pertenecía al círculo de humanistas que se reunían en torno a él. Pocos meses después de contraer matrimonio, se convirtió a la fe evangélica reformada y, bajo Zuinglio, mostró ser un buen discípulo, ávido de una formación enteramente bíblica. Según cita Justo L. González, se lamentaba de la poca hondura de la fe de muchos que se llamaban «protestantes» en los siguientes términos: «Ahora todos quieren salvarse mediante una fe superficial, sin los frutos de la fe, sin el bautismo de la prueba y de la tribulación, sin amor ni esperanza, y sin prácticas verdaderamente cristianas».
Poco a poco se fue distanciando de Zuinglio y, a fines del 1524, Grebel había desarrollado las líneas maestras de su nueva posición teológica. Con un gran número de mennonitas* que le siguieron, defendió con calor el principio de la Reforma *sola Scriptura* = con sola la Escritura y, con ello, el concepto de iglesia independiente, el bautismo de creyentes, una vida de entera obediencia a las enseñanzas del NT, el rechazo del juramento civil (según palabra de Cristo) y el rechazo de toda violencia, incluida la participación en el servicio militar. Con el mismo ardor defendió la necesidad de una iglesia sufriente, dispuesta a cargar con la cruz cada día, la suficiencia de un sencillo lugar de reunión, la tolerancia religiosa de las denominaciones no conformistas y la salvación de los niños que mueren antes del uso de razón sin que se les haya administrado el bautismo de agua.
Estas posturas le acarrearon a él y a sus seguidores muchos sinsabores, pues fueron castigados con multas y prisión por turbar la unidad religiosa que Zurich había alcanzado con el nuevo movimiento religioso dirigido por Zuinglio. Salido de prisión, celebró un bautismo de creyentes el 21 de enero de 1525 y se entregó a la evangelización del norte de Suiza, pero murió de la peste en el verano de 1526, año y medio después de haber fundado su iglesia bíblica.
Bib. Justo L. González, *Historia ilustrada del cristianismo*, tomo 6 (Caribe, Miami); K. S. Latourette, *Historia del cristianismo*, vol. 2 (CPB).

GREGORIO DE RÍMINI Este teólogo (aprox. 1300-1358) nació en Rímini (Italia). Desde su juventud fue muy estudioso. Se hizo monje agustino y llegó a ser profesor de teología en

París (1341-1351). Volvió de nuevo a Rímini el año 1351, al convento de agustinos y llegó a ser prior general de la orden en 1357. De su producción literaria destaca su comentario a los dos primeros libros de las *Sentencias* de Pedro Lombardo*.

La teología de Gregorio de Rímini es básicamente agustiniana, pero en filosofía fue nominalista. Sin embargo, en teología no estaba de acuerdo con Guillermo de Ockham*, pues se atenía a las enseñanzas de Agustín y, como tal, se opuso al semipelagianismo dominante. Todavía en el siglo XIV, Gregorio siguió a Agustín en el tema de los niños que mueren sin el bautismo antes del uso de la razón, sosteniendo, como Agustín, que están condenados al infierno, aunque sufran penas menores que los adultos.

GREGORIO I EL GRANDE Este papa, llamado también en lat. *Magno* (aprox. 540-603) fue primero prefecto de Roma, pero renunció a tan alto cargo secular para convertirse en monje benedictino. El año 590 fue elegido obispo de Roma, pero retuvo su vestidura de monje y su vida estricta de fraile.

En una época en que, en el plano secular, había un vacío de poder en muchas regiones de Italia, Gregorio nombró gobernadores para las ciudades del país e incluso suministró material de guerra para la lucha contra los lombardos, con lo que ayudó grandemente al incremento progresivo del poder temporal de los papas. Algunos historiadores han visto en él un papa preocupado por aumentar su señorío sobre el resto del clero. En mi opinión, carecen de fundamento tales acusaciones.

Fue el primero en utilizar el título de *servus servorum Dei* = siervo de los siervos de Dios, que los papas suelen poner al pie de los documentos pontificios. Gregorio, al menos, lo utilizó sinceramente pues prefería ser contado como «hermano», no como «superior», de los demás obispos. Sin embargo, el C. Vaticano I no tuvo empacho en utilizar el testimonio de Gregorio a favor de la supremacía del papa.

Conforme a su espíritu misionero, Gregorio promovió la misión de Agustín de Canterbury en Inglaterra e hizo lo posible para fortalecer las iglesias de Italia del norte, de Francia y de España, donde mantuvo gran amistad con el obispo de Sevilla, Isidoro (cuñado del rey Leovigildo). También en el asunto del envío de Agustín a evangelizar Inglaterra para completar la obra que, siglos antes, había comenzado Patricio en Irlanda, han visto muchos el afán de «catolicizar» un país que ya era «evangélico», como si Patricio hubiese hecho su labor en oposición al obispo de Roma o sin su consentimiento, lo cual no pudo ser; de lo contrario, no sería tenido como S. Patricio por la Iglesia de Roma.

Bib. Gregorio Magno, *La regla pastoral* (CN, Madrid); *Libros morales* (CN).

GREGORIO NACIANCENO Este gran teólogo oriental (aprox. 329-390) fue uno de los tres escritores eclesiásticos del siglo IV llamados capadocios. Siendo estudiante en Atenas estableció gran amistad con Basilio de Cesarea, la figura principal de los «capadocios» en la lucha contra el arrianismo*. Por cierto, tuvieron también como condiscípulo al que había de ser emperador romano, conocido por Julián el Apóstata, debido a que renegó de la fe cristiana para intentar devolver la vida a la religión muerta del paganismo.

Vuelto a Capadocia, Gregorio se sometió de mala gana a ser ordenado de presbítero para ayudar a su padre, el obispo de Nacianzo y, más tarde, fue consagrado obispo de Nacianzo, también de mala gana, para ayudar a Basilio, entonces obispo metropolitano de Cesarea. A la muerte de Basilio (379), fue llamado a pastorear el pequeño remanente de cristianos ortodoxos de Constantinopla, la capital del imperio de Oriente. Su brillante oratoria y la providencial ascensión al imperio de Teodosio I produjeron el triunfo de la ortodoxia en Constantinopla, de cuya sede fue nombrado obispo con el beneplácito del emperador. Asistió al Concilio de Constantinopla (381) y, poco después, renunció a la sede y se retiró de nuevo a Capadocia.

Más aún que por su oratoria, el prestigio de Gregorio se basa en sus sermones sobre la Trinidad, donde defiende enérgicamente tanto la deidad del Hijo como la del E. Santo y explica ya la doctrina trinitaria en términos de relaciones mutuas dentro de una naturaleza única: «Lo propio del Padre es esto, que no es engendrado, del Hijo que es el engendrado, y del Espíritu que es el que procede» (sermón 25).

En cristología, Gregorio se opuso también a las enseñanzas monofisitas de Apolinar (cf. *Apolinarismo*) quien sostenía que el Verbo había tomado un cuerpo humano, pero sin alma, la cual era suplida por el mismo Verbo. Gregorio arguyó contra él que «lo que no ha sido asumido no puede ser sanado» (*Epist*. 101).

Bib. Gregogio Nacianceno, *La pasión de Cristo* (CN, Madrid); *Homilías sobre la natividad* (CN);

Los cinco discursos teológicos (CN); *Fuga y autobiografía* (CN).

GREGORIO NICENO Este capadocio (aprox. 335-395) era hermano de Basilio de Cesarea y el más joven del grupo de los tres. También cooperó al triunfo definitivo de la ortodoxia contra el arrianismo. Aunque no había recibido la educación universitaria de su hermano Basilio y de Gregorio de Nacianzo, fue superior a ellos como filósofo. Basilio lo consagró obispo de Nisa para tener en él un buen aliado. Tras la muerte de Basilio (379), Gregorio fue uno de los personajes más influyentes en el Conc. I de Constantinopla (381).

Su hermano Basilio y Gregorio de Nacianzo habían hallado el equilibrio de la ortodoxia nicena afirmando la unidad de la *ousía* = sustancia en tres distintas *hupostáseis* = personas. El Niceno vio en esto un peligro de triteísmo, especialmente cuando se dice, para hallar una ilustración del misterio, que es como la unidad de tres hombres en una sola naturaleza humana. Gregorio replicó que es incorrecto decir, p. ej. que Pedro, Juan y Andrés son tres hombres, pues, en realidad, son una misma humanidad en tres individuos. Además, la analogía falla en cuanto a que esos tres individuos humanos pueden obrar diferentes efectos, mientras que las tres personas divinas, por tener una naturaleza divina común, obran los mismos efectos al exterior.

Pero donde su platonismo le hizo desviarse de la ortodoxia fue en su seguimiento de Orígenes en cuanto al universalismo de la redención, con una restauración entera de la creación (incluyendo al diablo). Igualmente peligrosas son su explicación de la expiación y de la eucaristía. En cuanto a lo 1º enseñó que Cristo pagó el rescate a Satanás. quien, «como un pez glotón», cayó en el anzuelo al atacar a la humanidad de Cristo sin percatarse de que, detrás de la humanidad estaba escondida la divinidad. En cuanto a lo 2º enseñaba que la salvación del alma se transmite al cuerpo mediante la eucaristía, porque el pan y el vino se convierten en el cuerpo y la sangre de Cristo, de modo que, al recibirlos, nuestros cuerpos comparten la inmortalidad divina de Cristo. Estaba así preparado el terreno para llegar a la doctrina de la transubstanciación.

Bib. Gregorio de Nisa, *La gran catequesis* (CN, Madrid 1994); *Sobre la vida de Moisés* (CN, 1993); *Sobre la vocación cristiana* (CN, 1992); *Vida de Macrina. Elogio de Basilio* (CN); *La virginidad* (CN).

GREGORIO PÁLAMAS (cf. *Quietismo*)

GROCIO, HUGO Este jurista holandés (1583-1645), nació en Delft y fue educado en la universidad de Leiden, llegando a ser un gran estadista, así como teólogo e historiador. Esto le llevó a la actividad política en un tiempo de intensa lucha entre arminianos y calvinistas. Cuando los calvinistas ganaron la batalla tras el Sínodo de Dort, Hugo, que era un líder de los arminianos, fue sentenciado a prisión de por vida en 1618. En 1621 se escapó de la cárcel en un cofre y llegó a Francia. Regresó a Holanda en 1631, pero tuvo que volver de nuevo a París, donde sirvió como embajador de Suecia desde 1634 hasta su muerte.

A Grocio se le recuerda, sobre todo, como «padre de la ley internacional», por su libro *De Iure Belli et Pacis* (Sobre el Derecho de guerra y paz), que apareció en 1625, y que es un monumento de conocimientos jurídicos, históricos y bíblicos, con los que quiso demostrar que hay una ley natural que el propio Dios no puede alterar, y que existe una ley común entre las naciones, la cual es válida en tiempo de guerra lo mismo que en tiempo de paz. Como teólogo bíblico, escribió su popular libro *Sobre la Verdad de la Religión Cristiana* (1627), destinado a ser un manual misionero para quienes tuvieran contacto con paganos y musulmanes. En otro libro, *Sobre la Satisfacción de Cristo* (1617), defendió la teoría gubernamental de la redención, según la cual Dios, como gobernador supremo del universo, no tenía por qué demandar el pago por el pecado, puesto que es omnipotente, y que la muerte de Cristo tuvo por objeto mostrar que la Ley de Dios había sido quebrantada y, por consiguiente, alguna clase de castigo habían de sufrir quienes quebrantan sus leyes. Por tanto, Cristo no sufrió para pagar por los pecados de otros, sino para mostrar que, cuando se quebrantan las leyes de Dios, hay que sufrir algún castigo. De ahí que la muerte de Cristo no fuera una satisfacción, sino una revelación de la justicia de Dios. Finalmente, en su libro *Via ad Pacem Ecclesiasticam* (Camino hacia la Paz Eclesiástica, 1642), expresó su deseo por la unidad de la Iglesia y de hacer las concesiones necesarias para restaurar la unión con Roma, de forma que fue acusado de convertirse al catolicismo.

GROOTE, GERARDO Aunque poco conocido, este místico holandés (1340-1384) fue el motor de la llamada Devoción Moderna y del estilo de vida de los Hermanos de Vida Común.

Nacido de una familia adinerada, estudió en Alemania y en Francia, y demostró ser un estudiante interesado en toda clase de conocimientos, llegando a enseñar por algún tiempo en Colonia. Se convirtió el año 1374 y regresó a Deventer, lugar de su nacimiento. Al hallar difícil el dominio propio, entró en un monasterio cartujo, donde fue ordenado de diácono en 1379 y, a pesar de no haber sido ordenado de presbítero, llegó a ser un predicador misionero en la diócesis de Utrecht y en los alrededores, con gran aceptación de sus oyentes. Denunció los abusos de los eclesiásticos, manteniendo en todo tiempo la ortodoxia católica y abogando por una reforma desde el interior. La jerarquía eclesiástica reaccionó en contra de él y le retiraron el permiso para predicar. Entonces se retiró a Deventer, fundó la congregación religiosa de los Hermanos de Vida Común y murió de la peste antes de ver cumplidas muchas de sus ideas. En su predicación, Groote daba la máxima importancia a una vida de pobreza en comunidad (sin estar enclaustrados) y de entrega al Señor, para brillar como verdadera Iglesia en el mundo. Muchos de sus pensamientos están reflejados en la famosa obra *La imitación de Cristo*, de su seguidor Tomás de Kempis.

H

HADES Este vocablo gr., que sale en los LXX y en el NTG, es el sinónimo del hebr. *sheól*, el lugar de las almas de los difuntos. El vocablo no dice, de suyo, si es lugar de castigo o de premio (cf. p. ej. 1 S. 28:19; Hch. 2:27; Ap. 20:13). Sin embargo, en Mt. 11:23; Lc. 10:15, aparece como lugar de tormentos. En Lc. 16:23 es claramente el lugar al que van los malvados. De su poder infernal, la Iglesia será atacada, pero no vencida (cf. Mt. 16:18). Finalmente, en Ap. 20:13-14, se nos dice que «la muerte (los sepulcros) y el Hades (el lugar de las almas de los difuntos) entregaron los muertos que había en ellos. Y fueron juzgados cada uno según sus obras. Y la muerte y el Hades fueron lanzados al lago de fuego. Esta es la muerte segunda». Con esto se nos da a entender que habrá llegado el momento en que nadie más morirá. Los impíos pasarán, en cuerpo y alma, al infierno (cf. *Infierno*) para continuar perpetuamente en una existencia desgraciada, la cual no puede ser llamada «vida», puesto que es la muerte segunda: la definitiva separación de Dios. Y los justos pasarán, en cuerpo y alma, al nuevo cielo (Ap. 21:1), para disfrutar allí eternamente de la vida incorruptible que Jesucristo les adquirió mediante el evangelio (2 Ti. 1:10).

HARNACK, ADOLFO Este teólogo alemán (1851-1930) entra en este Diccionario por el daño que con su gran talento de historiador y su nacionalismo ha causado en las generaciones posteriores. Su padre, Teodosio Harnack, era un buen erudito luterano. Harnack fue educado en Dorpat, donde su padre era profesor, y Leipzig. Enseñó ya en las universidades de Leipzig, Giessen y Marburgo, antes de ir a Berlín en 1891, donde enseñó hasta el año 1921. Pronto suscitó las críticas de los teólogos ortodoxos, pero el gobierno alemán lo defendió de quienes le criticaban en la iglesia. Después de la I Guerra Mundial (1914-1918), estuvo a favor de la república alemana, con lo que se ganó la oposición de muchos de sus antiguos seguidores; entre ellos, de su principal alumno, Karl Barth.

Harnack pasó de la ortodoxia al liberalismo de la mano de Ritschl y pronto fue considerado como el portavoz del protestantismo liberal. Su peculiar idea del cristianismo era que la Iglesia, desde el principio, había corrompido el mensaje sencillo de Jesucristo por introducir conceptos de la metafísica griega (cf. su obra *Historia del Dogma*, 7 vols.). Una de sus obras más importantes fue su estudio de Marción (cf. *Marción*), hereje por quien Harnack sentía gran simpatía. Curiosamente, en sus estudios *Lucas el médico* (1906), *Los dichos de Jesús* (1907) y *Los Hechos de los Apóstoles* (1908), Harnack fue llegando a conclusiones cada vez más conservadoras. Reconstruyó el texto-fuente Q y sostuvo que era «un documento de la mayor antigüedad», confesión importante, ya que el Q es la fuente del material común de Mateo y Lucas, no de Marcos, y también sostuvo que Lucas y Hechos fueron escritos por un mismo individuo, compañero de Pablo, como se ve en el «nosotros» desde Hch. 16:10. Finalmente, fijó la fecha de redacción de Lucas y Hechos no más tarde del año 64, y de Mateo poco más tarde del año 70.

HARTSHORNE, CARLOS (cf. *Teología del Proceso*)

HEDONISMO Este vocablo viene del gr. *hedoné* = placer. Designa, pues, una filosofía que tiene por valor supremo el placer. Se considera como hedonista a Demócrito de Abdera (460-370 a.C.), pero el primero de los propiamente llamados hedonistas fue Arístipo de Cirene, discípulo de Sócrates. Como portavoz de la escuela cirenaica, ponía el constitutivo de la sabiduría en la previsión exacta de los resultados, agradables o penosos, de las acciones humanas. Sin embargo, es Epicuro de Samos (341-271 a.C.) el más conocido de los hedonistas (cf. *Epicureísmo, Epicuro*). ¿Tienen algún valor para los hedonistas los preceptos de la ética natural? Para ellos, dichos preceptos son únicamente reglas ordenadas prudentemente con base en los datos de la experiencia, con el fin de que el ser humano quede defendido, del mejor modo posible, de los sentimientos de disgusto y pena. Hedonistas han sido, cada uno a su manera, Bentham, Stuart Mill, Hobbes, Hume y muchos otros (materialistas), que sería prolijo analizar.

El principio básico del hedonismo, que el ser humano obra exclusivamente por el placer, va contra la noción de valor ético y lo contradice también la experiencia. Es cierto que el goce puede ser un aliciente para obrar o mostrar la satisfacción del ser humano por haber realizado su personalidad en la ejecución de un acto bueno. De hecho, la religión cristiana es una religión en la que se exhorta a conseguir la verdadera felicidad. El Señor Jesús llama «felices», no menos de 16 veces, ciertas actitudes y cualidades, y describe la vida sometida a la voluntad de Dios en términos de «fiesta, gozo, vino, joyas, tesoros» (cf. tamb. 1 Co. 7:40; Fil. 4:4 ss.), pero los

Jorge Guillermo Federico Hegel

deberes más serios exigen con frecuencia la renuncia al placer.

HEGEL, JORGE GUILLERMO FEDERICO Este filósofo alemán (1770-1831) es la figura más grande de la filosofía alemana del siglo XIX. En él, llega a su culminación el idealismo* comenzado por Renato Descartes (cf. *Cartesianismo*). Nació en Stuttgart y su padre era un funcionario civil de aquel lugar. Nada hacía presagiar la talla gigantesca de este filósofo, pues en 1793, cuando se graduó en la universidad de Tubinga, su certificado de estudios hacía constar su amable carácter y sus buenos conocimientos de teología y filología, pero también su insuficiente formación filosófica. Se ocupó primeramente en enseñar privadamente a hijos de familias aristocráticas. En 1801 aceptó una cátedra en la universidad de Jena, y en 1816 comenzó a enseñar filosofía en la universidad de Heidelberg, pero en 1818 fue nombrado profesor de filosofía en Berlín, donde se hizo famoso. Murió allí del cólera en 1831.

Según Hegel, la única realidad es la mente del Absoluto, que es Dios; todas las demás cosas no son sino expresiones de esa única realidad. Por tanto, la filosofía es una parte de la teología. Según Hegel, el error se produce cuando el pensamiento o la abstracción son incompletos. La historia es la que pone al descubierto la finitud de los pensamientos y de las acciones, permitiendo a la mente infinita del Absoluto alcanzar niveles cada vez más altos de expresión cultural y espiritual. La más alta realización social del hombre es el Estado, donde la primera célula social, la familia con sus vínculos afectivos, alcanza un nivel más elevado y universal. Por eso, la mente de la nación es divina. Es cierto que la nación puede imponer su voluntad por la fuerza, pero eso no importa, por cuanto la fuerza, aun con la brutalidad de la guerra, es beneficiosa: impide el estancamiento y preserva la salud de las naciones. Dos naciones diferentes pueden ser expresiones de la mente divina. La guerra decide de cuál de las dos expresiones ha de prevalecer sobre la otra.

Hegel dividió la religión en cuatro etapas: cuatro modos de obtener el conocimiento del Absoluto y cuatro vías para el estudio de la providencia divina: (1) La religión natural, el animismo, cuando el hombre adoraba árboles, corrientes de agua o animales. (2) La religión politeísta, cuando el hombre representaba a Dios bajo figuras humanas, construía templos y adoraba estatuas. (3) La religión cristiana, en la que, mediante la Encarnación, Dios se hace presente en el mundo como Dios-hombre. Jesús no hizo distinción entre amigos y enemigos, derribó las desigualdades y expuso una moral que es una expresión espontánea de la vida: una participación de la vida divina. (4) Pero en la Encarnación, Dios estaba todavía confinado a un determinado contexto espaciotemporal. La religión ideal, según Hegel, es una reformulación de las creencias cristianas en términos de filosofía especulativa, porque una religión filosófica no conoce fronteras. Dios es amor, de forma que, aun cuando las tesis y las antítesis son necesarias historicamente, la reconciliación y la síntesis de los extremos es siempre esencial.

Las interpretaciones de Hegel varían muchísimo. Para unos, su cristianismo filosófico es herético, pues es un panteísmo larvado. Para otros, el sistema de Hegel es un intento sincero de articular las verdades cristianas en lenguaje filosófico. Lo que no se puede negar es que su influencia ha sido, y es, amplísima, llegando por un lado hasta la dialéctica historicomaterialista de K. Marx, y por el otro lado a la preocupación apasionada por la conciencia de sí mismo, que hallamos en S. Kierkegaard. En mi opinión, el sistema de Hegel, prescindiendo de sus intenciones, es, ni más ni menos, un panteísmo idealista, en el que todas las mentes son expresiones de la única realidad absoluta y todas las realidades no son otra cosa que expresiones mentales. Su influencia ha sido claramente dañosa y no ha llevado la evolución filosófica hacia adelante (como lo ha hecho el neotomismo), sino hacia atrás, como siempre que el pensar prevalece sobre el ser.

Bib. Hegel, *Fenomenología del Espíritu* (México 1966); *La ciencia de lógica*, 2 vols. (Bs. As. 1956); *Filosofía del Espíritu*, 2 vols (Madrid 1907); *Estética* (Madrid 1908); *Enciclopedia de las ciencias filosóficas*, 3 vols. (Madrid 1942); *Filosofía de la historia universal*, 2 vols. (Madrid 1955); *Filosofía del derecho* (Bs. As. 1944); *Lecciones de historia de la filosofía* (México 1955); *Filosofía de la religión* (FCE, México); *El concepto de religión* (FCE, México 1981).

M. Álvarez Gómez, *Experiencia y sistema. Introducción al pensamiento de Hegel* (UPS, Salamanca 1978); Ernst Bloch, *El pensamiento de Hegel* (México 1949); B. Croce, *Lo vivo y lo muerto en la filosofía de Hegel* (Bs. As. 1943); Carlos Díaz, *El sueño hegeliano del estado ético* (ESE, Salamanca 1987); Arsenio Ginzo Fernández, *G. W. F. Hegel. El concepto de religión* (Madrid 1981); Walter Kaufmann, *Hegel* (Alianza, Madrid 1979, 2ª ed.); Willy Moog, *Hegel y la escuela hegeliana* (Madrid 1932); Alfonso Ropero, *Introducción a la filosofía*, cap. VII (CLIE, Terrassa 1999).

HEIDEGGER, MARTÍN (cf. *Existencialismo*)

HEIDELBERG, CATECISMO DE (cf. *Catecismo*)

HEIM, CARLOS Este teólogo protestante alemán (1874-1958) de línea luterana, enseñó primero en Halle y en Munster, hasta que, a la edad de 46 años, fue nombrado profesor de teología en Tubinga, donde pasó el resto de su vida, escribiendo muchos libros importantes, entre los que destaca su obra en seis vols. *La fe evangélica y el pensamiento contemporáneo.*

Heim tuvo el mérito de reconocer que la Iglesia no puede huir del reto que le presentaba en el siglo xx una cosmovisión orientada científicamente. Si la Iglesia desea mantener su credibilidad, debe entrar en diálogo con el mundo científico y centrar sus energías en el intento de contestar las preguntas que el mundo presenta. Esto le convenció de que la cosmovisión creada por la ciencia moderna no puede resolver las cuestiones más candentes de la existencia humana y de que la realidad de un Dios personal pertenece a una dimensión que no es accesible a la investigación científica. Por tanto, el hombre contemporáneo tiene sólo dos opciones: volverse escéptico o tomar una decisión de fe. Mientras el esquema conceptual del mundo sólo puede conducir al escepticismo, la fe en Jesucristo conduce a una plena satisfacción intelectual y espiritual. Durante los difíciles años 1930-1945, sus simpatías, como las de K. Barth, estuvieron con la Iglesia confesante. El desarrollo de su sistema teológico acusa la influencia del pietismo*.

Carl F. H. Henry

HENRY, CARL FERDINAND HOWARD Teólogo evangélico nacido el 22 de enero de 1913 en Nueva York (EE.UU.). Su padre era luterano y su madre católica, ambos nominales. El 10 de junio de 1933 se convirtió al Evangelio gracias a una larga conversación con un amigo, mientras trabajaba como periodista en su ciudad natal. Dos años después ingresó en el *Wheaton College* (B.A., 1938) y más tarde en el *Northern Baptist Seminary* de Chicago (B.D.; Th. D.). En 1949 se doctoró en filosofía por la Universidad de Boston. En 1941 fue ordenado al ministerio y contrajo matrimonio con Helga Bender, hija de misioneros en Camerún (África) de la que ha tenido dos hijos. Fue pastor de *Elmhurst Baptist Church* y de *Humboldt Park Baptist Church* de Chicago. Durante un tiempo fue profesor de filosofía y religión en el Seminario Bautista del Norte. En 1947 formó parte fundacional del Seminario Teológico Fuller de Pasadena (California) y fue nombrado profesor de filosofía y teología.

En 1956 Billy Graham le propuso la dirección de una nueva revista evangélica: *Christianity Today*, cargo que ocupó durante 12 años. En 1968, después de dejar la dirección de la revista, de bastante renombre por entonces, viajó a Cambridge (Inglaterra) donde comenzó a escribir su obra monumental: *Dios, revelación y autoridad*, publicada en 6 vols. (1976-1983), donde defiende el teísmo bíblico y la total inerrancia e infalibilidad de las Escrituras.

Patrocinado por Visión Mundial, agencia evangélica de ayuda social, ha dado conferencias en la mayor parte de los países del mundo. En compañía de su esposa visitó América Latina invitado por la Fraternidad Teológica Latinoamericana.

Fue el Presidente del Congreso Mundial de Evangelismo en Berlín (Alemania, 1966), de la Sociedad de Teología Evangélica americana (1967-1970) y de la Sociedad Teológica Americana (1980-1981).

Se le puede clasificar entre el grupo de jóvenes teólogos que, educados en el fundamentalismo*, vinieron a sentirse incómodos con la estrechez de miras e insuficiencia estratégica e intelectual de éste, llegando a formar parte del movimiento llamado neoevangélico, con una determinada preocupación por la vida cultural y social. Según Derek J. Tidball, el interés evangélico contemporáneo por los temas sociales es sin duda parte del fruto de la obra de Henry.

Bib. C. F. Henry, *El Evangelio en el siglo XX* (Certeza, Bs. As. 1973); *Diccionario de teología* (editor asociado, TELL, Grand Rapids 1985).

HEREJÍA Este vocablo entró en el cast. a mediados del siglo XIII y procede de hereje, que también entró en el cast. por el mismo tiempo. Hereje procede, a través del bajo lat. *haeréticus*, del gr. *hairetikós* = partidista, y éste de *haíresis*, vocablo que ocurre 9 veces en el NT y que, añadidas a las 3 en que ocurre el deriv. *hairéomai* = escoger, más una (Mt. 12:18) de *hairetídsein* = escoger, y otra (Tit. 3:10) de *hairetikós* = hereje, suman 14. Si nos ceñimos al vocablo gr. *haíresis*, teniendo en cuenta igualmente los lugares del AT en que los LXX usaron el vocablo, veremos que puede recibir diferentes acepciones: (1) una elección (p. ej. en Lv. 22:18, 21, donde ofrendas según la elección de ellos significa «ofrendas voluntarias»); (2) una opinión que se escoge (p. ej. en 2 P. 2:1, donde las opiniones destructivas son efecto de falsas enseñanzas); (3) una secta o partido que sostiene ciertas opiniones, y se usa en el NT: (A) con referencia a saduceos y fariseos (cf. Hch. 5:17; 15:5); (B) con referencia a cristianos (cf. Hch. 24:14; 28:22); (C) con referencia a una secta o partido dentro del Cuerpo de Cristo (equivalente a «cisma» en 1 Co. 11:19; Gá. 5:20), resultante en este caso, no precisamente de falsas enseñanzas, sino por falta de amor y sobra de egocentrismo, y que produce divisiones dentro de la comunidad eclesial.

El uso de *haíresis* que llegó a predominar en la cristiandad es el ya mencionado de 2 P. 2:1, por lo cual podemos definir la herejía en sentido estricto como «una negación deliberada de la verdad revelada, junto con la aceptación del error».

Los credos o confesiones de fe* fueron surgiendo en la Iglesia precisamente como fórmulas condensadas de la fe cristiana en su lucha contra las diversas herejías que también surgían en los debates trinitarios y cristológicos, tales como el arrianismo, el apolinarismo, el nestorianismo y el monofisismo (pueden verse en sus respectivos arts.)

La Iglesia de Roma distingue entre *herejía* (error en la fe), *cisma* (división por falta de amor) y *apostasía* (abandono de la fe católica), y divide la herejía en formal, cuando el que se adhiere al error es un católico bautizado, y material, cuando una persona no católica se adhiere al error por ignorancia.

HERMENÉUTICA Este vocablo procede del vb. gr. *hermeneúo* = interpretar; y éste, de Hermes (al que corresponde en la mitología romana Mercurio), semidiós tenido por «intérprete de los dioses» y, al mismo tiempo, como mensajero y dios protector del comercio.

Hermenéutica es, pues, ciencia y arte de la interpretación. Este último vocablo ya nos habla de «mediación», pues la acepción primordial del lat. *intérpres* es «mediador». En efecto, toda interpretación es una comunicación desde un emisor hasta un receptor, en la cual es menester que ambos se pongan de acuerdo acerca del sentido de una palabra, y de una frase, en su trasvase de un lenguaje a otro. Esto requiere: (1) una reflexión filosófica, a nivel psicológico, sobre la estructura del comprender; (2) un método adecuado para orientarse adecuadamente hacia una recta comprensión; (3) un conocimiento suficiente del sentido de aquello que se quiere comunicar; (4) una especie de «adivinación», por parte del receptor, de lo que el emisor trata de comunicar, no sólo con su palabra, sino, más aún, con su gesto y con el talante de toda su persona; (5) una dialéctica de la comunicación, ya que en ella el intercambio de comprensión del objeto puede, con un sostenido diálogo, llegar a nuevas correcciones, aclaraciones y profundizaciones.

Sólo desde el siglo XVII se ha entendido por hermenéutica la interpretación de las Sagradas Escrituras o de textos transmitidos por tradición. Fue Schleiermacher quien amplió este sentido de la hermenéutica a través del arte de comprender en general la palabra hablada o escrita. Y, partiendo de lo dicho en (4), fue Heidegger, en *Ser y Tiempo*, quien entendió la comprensión interpretativa en sentido estrictamente existencial, ya que la manera de ser y de entender del hombre se revela, sobre todo, en el lenguaje.

Todo lector que haya considerado atentamente lo que precede, no podrá menos de darse cuenta de la importancia que tiene la hermenéutica, no sólo para la comunicación a nivel de diálogo humano, sino especialmente para la recta versión y comprensión de la Palabra de Dios (cf. *Biblia, Interpretación de la*).

Bib. R. Barthes, H. Bouillard, P. Ricoeur y otros, *Exégesis y hermenéutica* (Cristiandad, Madrid 1976); Moisés Chávez, *Hermenéutica: el arte de la paráfrasis libre* (Caribe, Miami); Hans Georg Gadamer, *Verdad y método*, 2 vols. (Sígueme, Salamanca 1988, 1982); Claude Geffré, *El cristianismo ante el riesgo de la interpretación* (Cristiandad, Madrid 1984); David Lozano Medina, *Rabinismo y exégesis judía* (CLIE, Terrassa 1999); E. Schillebeeckx, *Interpretación de la fe* (Sígueme, Salamanca 1973).

HERMETISMO Aquí tenemos otro vocablo derivado de Hermes como el anterior. Se da el nombre de «escritos herméticos» a un conjunto de obras atribuidas a un tal Hermes Trismegistos (Hermes tres veces el más grande), título que le mereció su enorme saber, según una leyenda popular citada por Lactancio a primeros del siglo IV de nuestra era. Según esa misma leyenda, dicho Hermes fue identificado en Occidente con Mercurio, llamado Thoth por los egipcios, pero no fue un dios, sino un hombre de la antigüedad, que escribió muchos libros sobre el conocimiento de las cosas divinas, de una forma que se ha visto en él al pionero del esoterismo* (vocablo que significa «para los de dentro», del gr. *eso* = dentro) y, en parte, del gnosticismo (*cf. Ciencia, 2*).

Clemente de Alejandría, en su *Strómata* (Tapices), de comienzos del siglo III, asocia el nombre de Hermes Trismegistos con la astrología (entendida en sentido esotérico). Como todo lo esotérico, también los escritos herméticos son eclécticos, como se puede ver en toda la literatura hermética de los siglos II y III de nuestra era. La cosmogonía de Poimandres supone el conocimiento de Gn. 1 y 2; las referencias al *Lógos* son frecuentes y hasta pasajes enteros de dicha literatura se parecen mucho a ciertas porciones del evangelio según Juan.

HESICASMO Este vocablo es la transliteración cast. del gr. *hesujasmós* = tranquilidad. El vocablo mismo no está en la Biblia, pero hay en el NT tres derivados: (1) el vb. *hesujádso* = estar tranquilo, estar quieto, estar en paz, que ocurre 5 veces (Lc. 14:4; 23:56; Hch. 11:18; 21:14 y 1 Ts. 4:11); (2) el sust. *hesujía* = reposo, silencio, que ocurre 4 veces (Hch. 22:2; 2 Ts. 3:12; 1 Ti. 2:11 y 12) y el adj. *hesújios* = reposado, pacífico, que ocurre 2 veces (1 Ti. 2:2 y 1 P. 3:4).

En un principio, el vocablo *hesujasmós* designaba a ciertos monjes cristianos que vivían en celdas, pero no como ermitaños, sino como anacoretas* en comunidad con otros. Fue un místico, Simeón el Neoteólogo (940-1022), el primero que adoptó las enseñanzas del hesicasmo y les dio la sistematización teológica y el ímpetu místico que tuvo en el Oriente, especialmente desde el siglo XIV. Enseñaba que Cristo y el Espíritu Santo son una sola persona, que tiene un cuerpo compuesto de luz divina y de un resplandor (gloria), que está en torno al creyente y dentro de él, del mismo modo como el aire físico rodea y penetra al hombre. Cuando el hombre nace de nuevo mediante el E. Santo, se establece así una unión mística con Cristo.

Pero fue el monje del monte Athos, Gregorio Pálamas (1296-1359, cf. *Quietismo*) quien mejor defendió la posición doctrinal de los hesicastas. Un tal Barlaam, monje calabrés (aprox. 1290-1350), les había acusado de herejía, allá por el año 1337, como si la doctrina acerca de la luz divina menoscabase la trascendencia de Dios al brotar de la esencia divina. Gregorio Pálamas replicó que hay una diferencia radical entre la esencia divina que, por su trascendencia, no se puede conocer ni definir, y la actividad inmanente de la energía divina, que se comunica al creyente místico por medio de la gracia. Por tanto, la luz divina e increada es una operación de la energía divina, no una comunicación directa de la esencia de Dios. Para adquirir esta experiencia mística, el creyente sólo necesita que sus pasiones, tanto las del cuerpo como las del alma,

estén aquietadas y santificadas, aun cuando no hayan muerto del todo. Después de mucho debate, el punto de vista de Gregorio Pálamas fue aceptado en los Concilios (no ecuménicos) de Constantinopla en 1341, 1347 y 1351. Este último declaró su aprobación de las doctrinas de Pálamas en los puntos siguientes: (A) que las energías divinas son increadas, (B) que Dios no es compuesto, a pesar de la unión de Cristo con el E. Santo; (C) que el término «divina» puede atribuirse a las energías de Dios, no sólo a su esencia, y (D) que los hombres no participan de la esencia de Dios, pero sí de las energías y de la gracia de Dios. Desde entonces, los creyentes de la Ortodoxia tienen a Gregorio Pálamas en el catálogo de sus santos.
El hesicasmo ha ejercido mucha influencia en las iglesias ortodoxas de Rusia y de Bulgaria durante el siglo XIX, resurgiendo poderosamente en Rusia.

HILARIO DE POITIERS Este teólogo francés (aprox. 315-366), nació en el paganismo de una familia noble, pero halló que la filosofía pagana era un preparativo útil para el evangelio, como lo halló después Agustín de Hipona. Poco después de su conversión fue nombrado obispo de Poitiers. Tuvo que marchar al exilio en Asia Menor por haber resistido a las tendencias arrianas que había en la Iglesia de las Galias. Durante el destierro, adquirió conocimientos de 1ª mano sobre la teología oriental. Bajo la influencia de Basilio de Ancira, un origenista, Basilio intentó, en sus libros *De synodis* (Sobre los sínodos, 359) y *De Trinitate* (Sobre la Trinidad, 356-359), reconciliar a los teólogos occidentales con el enfoque teológico de los orientales.
En cuanto a la divinidad de Jesucristo, podemos asegurar que las enseñanzas de Hilario son enteramente ortodoxas; pero en cuanto a su humanidad, no podemos decir lo mismo, pues su doctrina está teñida de docetismo. En efecto, enseñaba que Cristo poseía un cuerpo celestial, con el cual podía realizar todas las funciones de un cuerpo humano y pasar por el sufrimiento, pero lo hacía sólo mediante una concesión especial de la divinidad, y aun así no se puede decir que sintiera verdaderamente el dolor ni que, por su propia naturaleza humana, estuviera sujeto a las necesidades humanas. Por ser su cuerpo de origen celestial, sus operaciones humanas eran, por sí mismas, teúrgicas; es decir, en él los milagros eran su actividad normal, no una excepción a la regla.
De este modo, Hilario tomó una posición diametralmente opuesta al arrianismo y al nestorianismo, pero cayó en una especie de monofisismo y, desde luego, de docetismo. Sin embargo, está considerado como santo en la Iglesia de Roma.
Bib. Hilario de Poitiers, *La Trinidad* (BAC, Madrid); *Tratado de los misterios* (Ciudad Nueva, Madrid 1993).
Luis F. Ladario, *El Espíritu Santo en San Hilario de Poitiers* (UPC, Madrid 1977); Alejandro Martínez Sierra, *La prueba escriturística de los arrianos según S. Hilario de Poitiers* (UPC, Madrid 1965).

HILEMORFISMO El vocablo es un compuesto de dos términos gr. *húle* = materia y *morfé* = forma. Designa, por tanto, la composición de materia y forma en los entes finitos. Fue Aristóteles el primero que elaboró esta enseñanza filosófica, y fue desarrollada ulteriormente por la filosofía escolástica.
En Aristóteles, y en la filosofía escolástica de orientación aristotélica, sólo los seres corporales están compuestos de materia y forma, con lo que el hilemorfismo resulta una teoría de la filosofía natural, no de la metafísica. Aristóteles había observado que la corrupción (gr. *fthorá*) de una sustancia daba origen a la generación (gr. *génesis*) de otra, con lo que, permaneciendo una misma materia (la «materia prima», indeterminada), surgía una nueva sustancia, distinta de la anterior por un principio sustancial determinante: la forma sustancial. Esta transformación requiere la intervención de una causa eficiente, que saque dicha forma «de la potencia de la materia».
La filosofía escolástica elaboró, con base en esta teoría aristotélica, un vasto sistema filosófico, especialmente en dos direcciones: (1) Si la materia prima es pura potencia y es la forma sustancial la que la determina, el binomio «materia-forma» es equivalente al de «potencia-acto», con lo que esta composición adquiere un alcance metafísico por el cual puede atribuirse, no sólo a los seres corpóreos, sino también a los espirituales como el ser humano y hasta a los espíritus puros finitos como son los ángeles. (2) Si la materia del cuerpo humano recibe la forma sustancial por medio de su alma espiritual, esto significa que esa forma única no sólo es principio de la vida en los niveles vegetativo y animal, sino también de la misma corporeidad, cuya extensión espacial se debe a la cantidad, la cual es un accidente. Una multiplicidad de formas, que actuasen en los diversos principios minerales del cuer-

po humano, ya no serían formas sustanciales, sino accidentales, y el todo resultante vendría a ser una unión accidental de varios entes autónomos. Esta ha sido la doctrina aceptada, en general, por los tomistas y, entre los franciscanos, por Buenaventura. En cambio, Duns Escoto defiende la existencia de una forma de la corporeidad, a través de la cual la materia prima del cuerpo viene a estar capacitada para recibir el alma espiritual, que da la unicidad al todo. Por otra parte, los jesuitas, en general, admiten la multiplicidad de formas en el ser humano, sin que esto sea obstáculo para la unicidad del todo.

HIPERCALVINISMO (cf. *Elección, 1; Supralapsarios*)

HIPERDULÍA Este vocablo gr. es un compuesto de *hupér* = sobre y *doulía* = servidumbre. En la Iglesia de Roma designa la veneración que es debida a la Virgen María por ser madre de Dios. No es simplemente *doulía*, veneración común a todos los santos canonizados en la Iglesia católica, pero tampoco llega a *latreía* = adoración, la cual se debe sólo a Dios en su Trina Deidad, a Cristo por la unión hipostática y a los elementos consagrados del pan y del vino, por hallarse realmente presente en ellos, según Roma, Cristo vivo. Mientras el culto de latría exige la genuflexión de parte del creyente, el de dulía sólo demanda una leve inclinación de cabeza, y el de hiperdulía una inclinación más profunda. Estos detalles merecen ser tenidos en cuenta, a fin de que no acusemos de mariolatría a los católicos.

HIPOCRESÍA Este vocablo procede del gr. *hupókrisis* = respuesta de un actor. Sus deriv. el vb. *hupokrínomai* = fingir, responder en el teatro, y el sust. *hupokritės* = actor, comediante, hipócrita, llevan todos la connotación de «fingimiento» = lenguaje o conducta que no se ajusta a la realidad. En el NT, *hupokrínomai* sale una sola vez (Lc. 20:20), *hupókrisis* sale 6 veces, y *hupocritės* 17, siempre con esta significación de fingimiento, casi siempre por maldad, excepto en Gá. 2:13, donde Pedro finge por cobardía.

El hebr. tiene *janéf* = irreverente, profano. Los LXX vertieron *janéf* por vocablos que siempre significan «iniquidad» o «impiedad»: *ánomos* = sin ley (Is. 9:17), *asebés* = sin piedad, impío (p. ej. Job 8:13; 20:5), *paránomos* = inicuo, criminal (Job 17:8), y sólo en Job 34:30: 36:13 usan *hupokritės* con el significado de «impío» (no de «hipócrita», como aparece en la RV60, en Job 36:13).

HIPÓLITO Este eclesiástico (aprox. 170-236), tenido en la Iglesia católica por uno de los santos Padres de la Iglesia, vino a Roma desde el Mediterráneo oriental y, por eso, escribía en griego, a pesar de residir en un país donde se hablaba el latín. A pesar de su oposición al obispo legítimo de Roma, Calixto I, Hipólito es considerado en la Iglesia católica como un escritor eclesiástico de primera categoría y como santo. De ciertos documentos hallados el año 1851, se desprende que es cierto que mostró su rebeldía contra Calixto, aunque dicha rebeldía no se debió a la ambición, sino al distinto enfoque que ambos tenían respecto a la disciplina eclesiástica, donde Hipólito mantenía una postura muy rígida, mientras Calixto mantenía una actitud misericordiosa (en realidad, la correcta, según la Palabra de Dios). Nada dicen dichos documentos sobre su actitud con Urbano I, el sucesor de Calixto, pero sí que se reconcilió con Ponciano, el sucesor de Urbano, y que ambos sufrieron el martirio por la fe cristiana. Hipólito poseía una erudición prodigiosa que abarcaba todas las ramas de la ciencia eclesiástica: filosofía, teología, historia y exégesis. Era un hombre bien educado, criado en círculos cultos, mientras Calixto era un exesclavo. Discípulo de Ireneo, Hipólito destacó como erudito más bien que como pensador profundo. De su abundante producción literaria hay que destacar (1) Su *Filosofoúmena*, que es una refutación de todas las herejías, donde sostiene que los herejes sacaron sus doctrinas falsas de la filosofía pagana; (2) el *Suntágma*, una refutación de otras treinta y dos herejías; (3) Su *Comentario a Daniel*, el comentario exegético más antiguo que se conoce; (4) *Sobre Cristo y el Anticristo*, donde se muestra partidario, como Ireneo, del milenarismo*; (5) *Crónica*, que comienza con la creación del mundo y termina en el año 234, cuando la Iglesia gozaba de relativa tranquilidad. En esta obra, escrita poco antes de su martirio, Hipólito renuncia a sus ideas milenaristas.

Bib. Gabino Uribari Bilbao, *La emergencia de la Trinidad inmanente: Hipólito y Tertuliano* (Universidad Comillas, Madrid 2000).

HIPÓSTASIS Este vocablo (gr. *hypostasis*) ocurre 5 veces en el NT: 2 Co. 9:4, en sentido de firmeza, cf. RV09; 2 Co. 11:17. que lit. expresa el mismo sentido que el anterior; He. 1:3, donde es sinónimo de «realidad sustancial»; He. 3:14, donde debe verterse por «seguridad», como en la B. de las Américas, y He. 11:1, donde su sentido es de «base firme» = «seguridad» o «certeza segura».

En las controversias trinitarias y cristológicas de los siglos IV y V, cuatro eran los vocablos gr. más usados: *ousía* = esencia, *hupóstasis* = sustancia, *fúsis* = naturaleza y *prósopon* = rostro, máscara, persona. Durante el siglo IV, *ousía* se usaba como sinónimo de *hupóstasis*, pero los capadocios* insistieron en diferenciarlas con el fin de designar las personas divinas con el vocablo *hupóstasis*, y la divinidad común a las tres con el vocablo *ousía*. Para los latinos, *ousía* equivalía a esencia lo mismo que a sustancia, mientras que el equivalente latino de *hupóstasis* era subsistencia.

En cambio, en Calcedonia (451), se descartó *ousía* y se usó *fúsis* para referirse a las dos naturalezas completas de Cristo en un único *prósopon* y una única *hypostasis*. Al distinguir entre *prósopon* y *hypostasis*, la definición solemne del Concilio dio a entender, como lo muestra la versión lat. del *Denzinger*, que el 1º equivale a «persona» y el 2º a «subsistencia», teniendo en cuenta que, en lat. persona significa «máscara de actor», pero también «papel desempeñado en la sociedad». Esta última denominación, de tono jurídico, era la que mejor expresaba lo que los romanos entendían por *persona* = individuo con plenos derechos civiles. En el NT, el vocablo *prósopon* ocurre 76 veces, de ordinario con el significado de «rostro», pero algunas veces, el sentido claro es de «persona», lo mismo que ocurre con el vb. *prosopolemptéin* = hacer acepción de personas (Stg. 2:9), con el sust. concr. *prosopolemptés* = aceptador de personas (Hch. 10:34) y el sust. abst. *prosopolempsía* = acepción de personas (Ro. 2:11; Ef. 6:9; Col. 3:25 y Stg. 2:1).

Después de Calcedonia, continuó el debate entre los teólogos sobre si la naturaleza humana de Cristo, asumida por la persona divina del *Lógos*, quedaba o no incompleta por carecer de personalidad propia, siendo así *anhupóstatos* = impersonal, según enseñaba la escuela teológica de Alejandría. Hubo algunos clérigos de la escuela teológica de Antioquía que llegaron a sostener que la naturaleza humana de Cristo tenía su propia hipóstasis, pero poner dos hipóstasis en Cristo era caer en la herejía de Nestorio, ya condenada en Éfeso (431). La solución fue hallada en el año 543 por un tal Leoncio de Bizancio, quizás monje palestino buen conocedor de los términos teológicos. Según han admitido todos los teólogos ortodoxos posteriores, Leoncio dijo que la naturaleza humana de Cristo, a pesar de carecer de propia hipóstasis, no se la podía llamar *anhupóstatos* = impersonal, sino *enhupóstatos* = intrahipostática, puesto que la hipóstasis divina de Cristo, al ser una perfección infinita, contiene en sí misma virtualmente la perfección de la naturaleza humana y puede así prestársela. Esto es lo que damos a entender cuando decimos que la hipóstasis de Cristo es «divinohumana», sin tener que recurrir a una tercera hipóstasis que sirva de vínculo de unión entre ambas.

HIPÓTESIS Este vocablo procede del gr. *hupóthesis* = fundamento, asunto, suposición. Este tercer vocablo cast. es el que mejor designa el contenido del vocablo gr., pues en su propia etim. se palpa el sentido: subposición = posición debajo de algo. Por tanto, hipótesis es «un supuesto que se acepta para explicar hechos observados» P. ej. para explicar las leyes de las combinaciones químicas, se suponía que los cuerpos estaban compuestos de partículas mínimas, llamadas en gr. *átomos* = no cortado, indivisible. La física actual niega, con base en la experiencia, que dicho «átomo» sea digno de su nombre, pues es divisible.

Esto significa que hablar de «hipótesis» indica dar a una teoría un grado, mayor o menor, de probabilidad, puesto que, si investigaciones posteriores llevan a verificar la seguridad de dicha teoría por exclusión de cualquier otra explicación aceptable, llegamos a la certeza, es decir, de la hipótesis a la tesis. Por otra parte, a pesar de que muchos de nuestros conocimientos sean hipotéticos, no puede decirse que una hipótesis sea conocida sólo hipotéticamente como tal, pues estamos «seguros» de que es una hipótesis. De lo contrario, tendríamos un *regressus ad infinitum*.

HISTORIA En sentido amplio, el vocablo designa «todo lo que sucede». En sentido estricto historia es «lo que le pasa al hombre», en frase de Ortega. Pero lo que le pasa al hombre tiene su raíz, por una parte, en su libre autorrealización por medio de continuas decisiones, dentro del espacio (su contexto ambiental) y del tiempo (su contexto genético, educativo, etc.). Por otra parte, y aquí entramos en teología, tiene su raíz en la providencia de Dios que, de un modo u otro, nos pone en el mundo y nos va colocando en distintas situaciones que nos ponen a prueba y de las que depende nuestro destino final. Desde el cap. 1 del Gn., Dios se presenta como el agente principal, causa primera, del acontecer histórico. Este aspecto ha sido destacado por grandes expertos en historia y en teología de la historia, como lo fue en la antigüedad Agustín de Hipona (354-430), en la Edad Moderna el obispo católico J. B. Bossuet (1627-1704) y en nuestros días los protestantes O. Cullmann (1902 -no sé cuándo ha muerto), J. Moltmann (1926 -) y R. Niebuhr (1892-1971) y el religioso católico B. Forte (1949-), cuya *Teología de la historia* (1995, Ediciones Sígueme, Salamanca) es uno de mis libros preferidos.

Sin salir del sentido estricto, hay dos clases de historia, que en alemán tienen vocablo diferente: (1) *Historie*, que es la narración de lo que acontece, y *Gesichte*, que es la intrahistoria de cada ser humano, pues cada ser humano, con su modo de actuar, no sólo entra en la historia, sino que él mismo hace historia. Este es el quehacer específicamente humano, por el que el hombre se va haciendo a sí mismo en una superación cotidiana por la que se «trasciende» hasta la muerte. Incluso en su ascensión, racional o mística, hacia Dios, el hombre no puede escapar de su contexto espaciotemporal. Por eso, el hombre no puede cumplir la misión sobrenatural que Dios le ha encomendado, sino realizando su misión natural dentro de la historia. En otras palabras, para ser «santo» necesita antes ser «hombre cabal». Pero los hombres no somos «islas»; somos naturalmente, por disposición divina, seres sociales, miembros de comunidades (familia, municipio, iglesia) y, en último término, de la humanidad universal. «Nada humano me es ajeno», decía Terencio. Por eso, un acontecer es realmente histórico cuando guarda relación con todo lo humano desde una conducta individual responsable.

Finalmente, la actuación éticamente responsable del ser humano, dentro de la sociedad en que está inmerso, hace que su «hacer historia», su *Gesichte*, sea fecunda para la «historia», la *Historie universal*. Las actuaciones irresponsables trastornan, no sólo al individuo que las ejecuta, sino el mismo curso de la historia, la cual, a la larga o a la corta, se tomará su venganza, según lo demuestra la historia misma.

Bib. Ignacio Ellacuría, *Filosofía de la realidad histórica* (Trotta, Madrid 1996); Henri-Irénée Marrou, *Teología de la historia* (Rialp, Madrid 1978); Reyes Mate, *Filosofía de la historia* (Trotta, Madrid 1993); A. Millán-Puelles, *Ontología de la existencia histórica* (Rialp, Madrid 1978, 3ª ed.); José Ortega y Gasset, *Historia como sistema* (Alianza Ed., Madrid 1981); Alfonso Ropero, *Historia, fe y Dios* (CLIE, Terrassa 1994); X. Zubiri, *Naturaleza, Historia y Dios* (Ed. Nacional, Madrid 1978).

Carlos Hodge

HODGE, CARLOS Este teólogo presbiteriano (1797-1878) fue el más importante defensor de la teología calvinista conservadora del siglo XIX en Estados Unidos. Nacido en Filadelfia, fue educado en el Seminario de Princeton, Nueva Jersey, y allí mismo experimentó su conversión durante un avivamiento. También allí llegó a enseñar literatura bíblica desde 1822 hasta 1840, año en que sucedió a su amigo Archibald Alejandro (1772-1851) como profesor de exégesis y teología, cargo que desempeñó hasta su muerte.

Hodge escribió muchos libros, entre los que destaca su *Teología Sistemática* en tres vols. (1872-1873). Además de sus comentarios a Romanos, Efesios, 1 y 2 Corintios, escribió sobre temas devocionales e históricos, incluyendo una discusión sobre la Guerra Civil norteamericana y un ataque al darwinismo.

Como defensor denodado de la autoridad de la Biblia contra los recientes hallazgos de la alta crítica, Hodge nunca cedió a los avances del liberalismo, siendo igualmente enemigo del romanticismo sentimentalista de Schleiermacher. Su calvinismo tendía, sobre todo, a ensalzar la soberanía de Dios como fuente de la salvación y de todo bien. Se percató pronto de que la Iglesia de Roma y el Movimiento de Oxford daban demasiado valor al poder salvífico de la Iglesia, de que Carlos Finney* y Horacio Bushnell*, de varias maneras, subestimaban los efectos del pe-

Holocausto: Esta foto dio la vuelta al mundo: evacuación del gueto de Varsovia

cado en las facultades naturales del ser humano, y de que los teólogos norteamericanos eran demasiado indulgentes con las modernas opiniones acerca del pecado y de la gracia a costa de sus convicciones bíblicas.

Defendió la autoridad de la Biblia y su claridad y precisión para exponer los efectos del pecado original, especialmente con respecto al libre albedrío del hombre, defendiendo su libertad de elección, pero negando su capacidad para elegir el bien. Por otra parte, a pesar de lo voluminoso de su *Teología Sistemática*, lamento graves lagunas en los temas del E. Santo y, sobre todo, de la Iglesia.

Le sucedió en la cátedra su hijo mayor, Archibald Alejandro Hodge (1823-1886), a quien puso ese nombre precisamente por el afecto que profesaba a su amigo, el ya mencionado Archibald Alejandro. Archibald Alejandro Hodge destacó también como teólogo, pastor y misionero en la India, así como por la claridad y precisión que demostró en su libro más conocido *Outlines of Theology* (1860), de gran utilidad. De todos modos, su figura queda un poco en la sombra, debido a la talla de su padre.

Bib. *Teología sistemática*, 2 vols. (CLIE, Terrassa 1991); *Comentario a I Corintios* (EDV, Edimburgo 1969); *Comentario a II Corintios* (Desafío, Grand Rapids 2000); *Santidad práctica* (ELE, Bs. As. 1966); *De la Insignia cristiana* (Felire, Barcelona 1964).

Alfonso Ropero, *Los hombres de Princeton. Alexander, Hodge y Warfield* (EP, Ciudad Real 1994).

HOLL, CARLOS Este historiador y teólogo alemán (1866-1926), contribuyó de modo notable al estudio de Lutero. En 1906 fue nombrado profesor de historia en la universidad de Berlín, donde llegó a ser un gran experto sobre Lutero. Su enorme erudición acerca del gran reformador le capacitó para descartar algunas obras de Lutero como no genuinas, mientras sacaba del olvido otras obras que habían sido escritas por Lutero.

Este mismo conocimiento de las obras de Lutero le capacitó para analizar escrupulosamente el pensamiento teológico del reformador y le convenció de que el fundamento de la fe de Lutero era una respuesta a algo que brotaba de sus sentimientos más íntimos con los que tuvo que enfrentarse. «Lutero se dio cuenta –dice Holl– que estaba frente a frente de Dios sin otro soporte que sus pecados.» Esta es la razón, según Holl, por la que Lutero se rebeló contra la Iglesia: como un hombre honrado que no pudo hacer otra cosa que la que su conciencia le demandaba.

El fallo de la tesis de Holl está en que da mayor relieve a las experiencias psicológicas y a las conclusiones lógicas de Lutero que a las convicciones a que éste llegó con el hallazgo de las verdaderas enseñanzas de la Biblia. No es extraño que Holl reaccionase contra el punto de vista forense de Lutero en su exposición de la justificación por la fe.

HOLOCAUSTO Este vocablo es transliteración del gr. *hólos* = entero y *kaustós* = quemado, ptc. pas. del vb. *kaío* = quemar, encender. Es el 1º de los sacrificios mencionados en Lv. (cf. Lv. 1). En hebr. se llama *oláh* = subida, quizá porque es el que más alto sube hasta Dios como perfectamente agradable al quedar totalmente consumido.

Pero el objeto del presente art. no es precisamente tratar de la primera ofrenda descrita en el libro del Levítico, sino de lo que, desde mediados del siglo xx, ha venido a ser llamado «holocausto», con referencia al exterminio que el régimen nazi hizo de unos seis millones de judíos, especialmente en las cámaras de gas de Auschwitz.

Considerado de este modo, el «holocausto» ha causado tal impacto entre los teólogos no simpatizantes con Hitler, que han llegado a decir que la historia de la humanidad no puede ya interpretarse en sentido lineal, continuo, sino que, ante ese acontecimiento, la historia se ha convertido en interrupción. En mi opinión, este juicio resulta un poco exagerado. Pero para quienes no resulta exagerado es para los propios judíos que le han sobrevivido. Ricardo Rubinstein lo ha expresado así: «Después de Auschwitz, es imposible creer en Dios». De modo más desenfadado se expresó un judío que, al ser llevado –como él preveía– a las cámaras de gas, escribió en lugar bien visible: «Oh Dios, en el día del juicio tendrás que pedirme perdón».

Creo que ha sido J. Moltmann quien mejor ha interpretado la terrible problemática suscitada por el «holocausto». «Teologizar –dice él– sobre el Holocausto sería un esfuerzo vano. Dios estaba en Auschwitz participando en el sufrimiento de las víctimas porque es el Dios crucificado, no el Dios impasible de la teología tradicional.» Lo mismo pensaba la filósofa judía E. Stein, después convertida al catolicismo, carmelita descalza más tarde y mártir finalmente, con su hermana Rosa, en Auschwitz. Como expresó el poeta español José A. Valente: «Y después de Auschwitz / y después de Hiroshima, cómo no escribir».

Bib. Zygmunt Bauman, *Modernidad y Holocausto* (Sequitur, Madrid 1998); Hans Jonás, *Pensar sobre Dios y otros ensayos. El concepto de Dios después de Auschwitz* (Herder, Barcelona 1998); Hans Küng, *Teología para la postmodernidad* (Alianza, Madrid 1989); Enzo Traverso, *La historia desgarrada. Ensayo sobre Auschwitz y los intelectuales* (Herder, Barcelona 2000).

HOMBRE (cf. *Antropología*, tamb. *Alma y Aristotelismo*)

HOMOSEXUALIDAD En España hay un amplio vocabulario para designar la homosexualidad, ya se trate de hombres o mujeres, en sentido activo o pasivo. Tratándose de mujeres, se las suele llamar, tanto a la más activa como a la más pasiva (teniendo en cuenta la postura o la diferente configuración genital) «tortilleras», aunque cada vez cunde más el vocablo técnico «lesbianas». Si la homosexualidad es entre varones, se suele reservar el título de homosexual para el activo en la unión, y al pasivo en la unión se le suele llamar «maricón». Esta es la homosexualidad que suele estar penada por la Iglesia de Roma con su nombre técnico de «sodomía», que inmediatamente nos recuerda la conducta abominable de los habitantes de Sodoma y Gomorra (cf. Gn. 13:10-13; 18:16-33; 19:1-29). También se suele aplicar lo de homosexual y maricón respectivamente al que se deja masturbar por otro, sea cual sea el medio, y al que lo masturba.

La Palabra de Dios condena sin contemplaciones la homosexualidad (cf. Lv. 18:22; 20:13; Ro. 1:24-27; 1 Co. 6:9-10; 1 Ti. 1:9-10). Si el lector lee atentamente esas porciones, notará lo siguiente: (1) En el AT, no se menciona la homosexualidad entre mujeres, no sabemos si es porque no existía o porque la mujer no ocupaba el mismo rango social que el varón; (2) En Ro. 1:26-27, se menciona 1º a las mujeres, no sabemos si es porque el vicio era más frecuente entre ellas o porque a Pablo le parecía más abominable; (3) el vocablo gr. *arsenokoítes*, que aparece tanto en 1 Co. 6:9 como en 1 Ti. 1:10, debe verterse del mismo modo en los dos: «los que se echan con varones», es decir, los que yo llamo homosexuales activos; y (4) además, delante de los *arsenokoÓtai* de 1 Co. 6:9, están los *malako* = afeminados, con referencia clara a los homosexuales pasivos.

A pesar de esta actitud claramente condenatoria de la Palabra de Dios hay escritores modernos, incluso algunos que se llaman «cristianos», y aun líderes religiosos, que defienden unas relaciones homosexuales estables y afectuosas, basándose en el falso principio de que el único criterio válido para juzgar una conducta sexual es el amor. Después de la distinción que A. Nygren hizo, en su obra *Agápe y Eros*, entendiendo por *agápe* «el amor que da» y por *éros* «el amor que consigue», ha venido a enseñarse un amor generoso que puede sustituirse por un amor erótico. Pero la Palabra de Dios no enseña que el *agápe* pueda ser sustituido por el *éros*, sino que lo erótico puede preparar la sexualidad y hallar su cumplimiento y satisfacción en el amor *agápe* de los esposos dentro del matrimonio. Así que la verdadera prueba del amor en el matrimonio es, según Pablo, la relación amorosa entre Cristo y la Iglesia (cf. Ef. 5:22-33). No cabe, en el amor como en el sexo, una meta más alta.

Bib. S. Freud y otros, *La homoxesualidd en la sociedad moderna* (Siglo Veinte, Bs. As. 1973); Jorge A. León, *Lo que todos debemos saber sobre la homosexualidad* (Caribe, Miami 1976).

HONOR Con este vocablo se designa el respeto y la estima que se merece una persona o una cosa. Visto desde el propio sujeto que se merece el honor, viene a ser más bien lo que llamamos honra, equivalente a buena fama o buena reputación, fruto del mérito o del esfuerzo de la persona, la cual tiene derecho a que se le respete. El honor del ser humano suele ir en la Biblia asociado a su rango dentro de la comunidad (cf. Sal. 45:9) y a su autoridad (cf. Est. 10:2). De ahí surge la obligación de no perjudicar la honra del prójimo con la calumnia, así como de no menoscabarla mediante la detracción. En cambio, no es lícito defender la propia honra mediante el duelo con el uso de armas mortíferas, porque, por una parte, no restablece el derecho del ofendido (que puede ser el que, de los dos, caiga muerto o herido en el combate) y, por otra parte, ambos se arrogan un derecho que no tienen a disponer de sus vidas.

Los vocablos que la Biblia usa para designar el honor (hebr. *kabód* y gr. *timé*) tienen un significado más amplio que el que les da el cast. *Kabód* significa gloria (éste es el sentido más corriente en la Biblia), honra, esplendor, majestad, alguien de «peso real», pues el significado primordial del vb. *kabéd* es precisamente «ser pesado» = persona de peso por la posición, las riquezas, el mérito, etc. El gr. *timé* ocurre 41 veces en el NT e, incluso cuando significa «precio», el sentido es de estima. Lo mismo hay que decir del vb. *timáo* = honrar, que ocurre 21 veces, del adj. *tímios* = honroso, honorable, que ocurre 13 veces, y del sust. *timiótes* = valor, precio, dignidad, que ocurre una sola vez (Ap. 18:19). El ser humano tiene la obligación de honrar a sus padres (Dt. 5:16; Mt. 19:19; Ef. 6:1-3), a las viudas (1 Ti. 5:3), al rey (1 P. 2:17), a los líderes religiosos (1 Ti. 5:17), a las personas ancianas (Lv. 19:32), a los amos (1 Ti. 6:1; al esclavo bueno (Pr. 27:18), a las esposas (1 Ts. 4:4; 1 P. 3:7), los creyentes unos a otros (Ro. 12:10), a todos los hombres (1 P. 2:17), a los que son como Epafrodito (Fil. 2:29) y, contra lo que sucede en el mundo, a los de rango inferior (1 Co. 12:23-24).

Dios es el Ser Perfectísimo y fuente de toda perfección, de todo valor y de todo honor. A Él le corresponde, en primer lugar, la honra y la gloria de parte de todas sus criaturas por lo que es y por lo que hace (cf. Lv. 10:3; 1 Cr. 29:12; Dn. 4:37; 1 Ti. 1:17; 6:16; Ap. 4:9, 11; 5:12; 7:12).

HONRADEZ El vocablo honradez entró en el cast., lo mismo que honra y honrado, el año 1140. Pero, a mediados del siglo XIII, entraba en el cast. *honesto*, del lat. *honestus* = honrado, honorable, con el mismo significado que honrado. Así se ve aún en el ingl. *honest* = honrado, sincero, y en *honesty* = honradez. Posteriormente, el cast. ha derivado a otros significados que pueden confundir. P. ej. honrado puede designar a una persona que recibe honor de los demás, y honesto, deshonesto han adquirido un matiz sexual: *honesto* = casto; *deshonesto* = disoluto. Por suerte, no han llegado todavía a arrinconar a los vocablos específicos.

En la Biblia, el vocablo honradez designaba primordialmente cuanto merecía honor en la conducta de una persona (cf. p. ej. Hch. 6:3; Ro. 12:17), pero pasó luego a significar veracidad, sinceridad, apertura, ausencia de dolo o engaño, ya sea en el carácter personal o en el modo de comportarse en los negocios. En este sentido, se prohíben el hurto y la extorsión (Éx. 20:15; 22:2), así como el fraude mediante el uso de pesas y medidas falsas (Lv. 19:35-36; Dt. 25:13-16; Sal. 24:3 ss.; Ez. 45:10 ss.; Os. 12:7; Am. 8:4-5; Mi. 6:11) y toda falta de sinceridad (Sal. 5:6; Mt. 5:33-37; Ro. 1:29; 3:13; Hch. 5:1-11).

En el NT, quedan excluidos del reino y de la ciudad de Dios los ladrones y los mentirosos (1 Co. 6:9-10; 1 P. 4:15; Ap. 21:8, 27). Pablo tenía una sensibilidad especial en esta materia, cuidando de no dar ocasión a ningún falso rumor (cf. Hch. 20:4-5; Ro. 12:17; 2 Co. 8:18-21). Finalmente, los escritos joánicos establecen una conexión necesaria entre «conocer la verdad», «decir la verdad» y «practicar la verdad» = «andar en la verdad» (cf. Jn. 8:12; 1 Jn. 1:6, 8; 2:4; 2 Jn. vv. 1-2; 3 Jn. v. 3).

El materialismo reinante, así como las «propagandas» y toda clase de sofismas inventados para cohonestar la falta de honradez en lo político, en lo social y hasta en lo religioso, han conseguido que incluso los creyentes dejen mucho que desear en esta materia. En este punto, son dignos de respeto y de aplauso los cuáqueros* por su énfasis en la sinceridad en el trato social, su prohibición de juramentos y su hostilidad a toda clase de violencia, incluida la guerra a todos los niveles.

Bib. John F. MacArthur, *El poder de la integridad* (Portavoz, Grand Rapids 2000).

HOOKER, RICARDO Este teólogo anglicano (1554-1600) nació cerca de Exeter y fue educado en Oxford, antes de llegar a ser el predicador más famoso de Londres. Se opuso decididamente a los puritanos, quienes por boca de Walter Travers (aprox. 1548-1635) sostenían que la Iglesia de Inglaterra no había logrado introducir una reforma plenamente escritural. Hooker le replicó, primero de palabra (1586) y después por escrito en su obra en 8 vols. *De las leyes de la política eclesiástica*. Le animó a escribirla el arzobispo de Canterbury, Whitgift, y la alabó grandemente la reina Isabel I.

Para defender la postura de la Iglesia anglicana, Hooker sostuvo que la base de todas las cosas es la Palabra de Dios y dicha Palabra hay que encontrarla supremamente en la Sagrada Escritura. Pero ésta no es la única Palabra de Dios al hombre. Esto le diferenciaba de los puritanos y

le convierte en el padre del anglicanismo, al asentar la característica anglicana más señalada: la defensa de la razón, que no tiene nada que ver con el racionalismo, sino con la aplicación del sentido común a la interpretación de las Escrituras y al comportamiento humano. «Por consiguiente –escribe–, la medida natural para juzgar nuestros hechos es la sentencia de la razón, que determina y establece lo que es bueno para hacer» (I, x, 8). Apelar a la razón no es declarar su autonomía e independencia de Dios, sino recurrir a la facultad universal del hombre que le hace posible recibir la revelación en forma de Palabra de Dios. En este punto son la humildad y la disposición correcta las que posibilitan la recepción del testimonio divino.
En el polémico tema de la Santa Cena*, Hooker adoptó una postura reconciliatoria y práctica: «Lo que estos elementos sean en sí mismos no importa; es suficiente para mí, que los tomo, que sean el cuerpo y la sangre de Cristo, en cuyo testimonio me basta su promesa, su palabra que Él sabe cómo cumplirla; por qué debe poseer la mente del fiel comulgante otra cogitación que esta: Oh, Dios mío, tú eres fiel. Oh, alma mía, tú eres feliz» (V, LXVII, 7,12).
En política, Hooker sostenía que, al cambiar las vicisitudes de los tiempos, cambian también las leyes específicas, incluidas las de la Escritura, pero lo que no cambia es la ley natural. Por tanto, la Iglesia no tiene por qué estar sujeta a la Escritura o a la tradición; es libre para adaptarse a su contexto histórico. Con un talento digno de mejor causa, Hooker llegó a sostener el erastianismo, es decir, la teoría que defiende el derecho del Estado a controlar las actividades de la Iglesia, pero sostuvo al mismo tiempo que la soberanía pertenece, en último término, al pueblo. Con estas ideas, ejerció gran influencia en las ideas libertarias de Locke y Burke.
En teología, Hooker era calvinista, pero su cristología era algún tanto subordinacionista y no se extendió mucho sobre la expiación redentora llevada a cabo por Cristo en la Cruz.

Bib. Stephen Neill, *El anglicanismo*, pp. 111-115 (Madrid 1986).

HUMANISMO Este vocablo es derivado de humano y, como tal, puede significar varias cosas:
(1) Lo propio del ser humano en su condición de caído por el pecado. En este sentido, se suele decir: «Fulano ha cometido un desatino, pero eso es muy humano». Es una falsa excusa. Tal desatino no tiene justificación moral.
(2) Lo propio del hombre según su naturaleza, prescindiendo de su condición espiritual, como cuando decimos: «Cambiar de opinión es muy humano». Eso es bueno, si antes estábamos en un error, pero no es bueno si estábamos en lo cierto.
(3) Lo propio del hombre en sus buenas disposiciones, aun dentro del orden natural. P. ej. «Fulano no se ha vengado de sus enemigos; es muy humano = clemente». Eso es digno de ser alabado, porque esa clase de peces no suelen caer en la barca de Pedro (Jn. 21:11).
(4) Lo propio del hombre dentro del orden sobrenatural, por falta de elevación. En este sentido llama Pablo hombres a los fieles de Corinto que eran carnales (1 Co. 3:3b: ¿no sois carnales y andáis como un hombre? (= un inconverso).
(5) Lo propio del hombre dentro del orden sobrenatural, por su gran elevación, como si decimos: «Fulano educa muy bien a sus hijos; es todo un hombre». Una frase como ésta no suele oírse, quizás porque muchos piensan que, para ser un creyente espiritual, se necesita dejar a un lado lo que es específicamente humano. Es un error miserable, puesto que nadie puede ser de verdad un santo si no es, al mismo tiempo, cabalmente humano.
(6) Teniendo en cuenta que humanismo ha venido a significar un movimiento surgido en la Edad Media con el afán de fomentar la vuelta al humanismo clásico, se dice que alguien es un humanista (no un humano), cuando está a favor de los ideales del Renacimiento. Esto puede surgir (A) De un deseo de perfección puramente humana, lo cual no es pecado; o (B) De un deseo de perfección como creyente espiritual, ávido de sana cultura, lo cual es una virtud (cf. 2 Co. 5:17; Gá. 6:15); en este sentido se habla (y se discute agriamente) sobre si cabe un humanismo cristiano, o (C) De un deseo de acomodarse a los vicios frecuentes entre los clásicos griegos y romanos. Pienso por ejemplo, en el *Decamerón* de Boccaccio. Y eso es pecaminoso, sin lugar a dudas; tanto más cuanto que el vicio está embellecido por el arte y se hace más atractivo.
Ciñéndonos al debate sobre si cabe o no un humanismo cristiano, bueno será tener en cuenta que algunos de los más antiguos escritores eclesiásticos como Justino (siglo II) sostenían que el *Lógos* ha puesto la cultura bajo su control (cf. su *Apología*, 1, 46). Hasta la época del Renacimiento (siglos XIV-XVI), se prestó poca atención a este humanismo, pero con el advenimiento del humanismo renacentista, se dio mayor valor a la existencia humana como tal, a la vez que se quitó

valor a la creencia medieval cristiana en la otra vida. Sin embargo, hubo buenos creyentes que tomaron del humanismo clásico cosas buenas como el amor a la belleza de la naturaleza y a los estudios humanísticos, como medios de sana cultura, compatible con la espiritualidad y aun favorable para ella. Con todo, el humanista cristiano, por mucho que valore la cultura, tandrá que confesar que el ser humano sólo se halla completamente desarrollado cuando llega a tener una recta relación espiritual con Dios. Se opusieron decididamente al humanismo cristiano hombres como el fraile dominico Jerónimo Savonarola (1452-1498) y el reformador Zuinglio (1484-1531). En cambio, estuvieron a favor del humanismo, del lado católico, hombres influyentes como Tomás Moro y Erasmo de Rotterdam y, del lado protestante, Lutero y Calvino, aunque no lo confiesen. Por ambos lados, la corriente del humanismo cristiano ha llegado hasta nuestros días. Por el lado protestante, algunos pietistas alemanes, los moderados de la Iglesia de Escocia, la mayoría de los anglicanos y el mismo Kant.

El humanismo cristiano más importante de la actualidad es el *personalismo* de E. Mounier (1905-1950), rico y complejo en su programa, en cuya línea se mueven también Jean Lacroix, Maurice Nédoncelle, Paul Ricoeur* y Jacques Maritain (1882-1973), creador del «humanismo integral», que expresado sumariamente dice: «La criatura no debe ser desconocida ni aniquilada ante Dios; tampoco debe ser rehabilitada sin Dios, o contra Dios; ha de rehabilitarse en Dios».

Bib. Risieri Frondizi y Jorge J. E. Gracia, *El hombre y los valores en la filosofía latinoamericana del siglo XX* (FCE, México 1974); José Gómez Caffarena, *La entraña humanista del cristianismo* (EDV, Estella 1995, 2ª ed.); J. A. Ibáñez-Martín, *Hacia una formación humanística* (Herder, Barcelona 1972, 2ª ed.); Daisaku Ikeda, *El nuevo humanismo* (FCE, México 2000); W. Jaeger, *Humanismo y teología* (Rialp, Madrid 1964); Salvador Mañero, *El humanismo, tema de nuestro tiempo* (CSIC, Madrid 1963); A. Millán-Puelles, *La formación de la personalidad humana* (Rialp, Madrid 1970); J. Mouroux, *Sentido cristiano del hombre* (Stvdivm, Madrid 1972, 2ª ed.); Andrés Torres Queiruga, *Recuperar la creación. Por una religión humanizadora* (DDB, Bilbao 1998); R. Verneaux, *Filosofía del hombre* (Herder, Barcelona 1977, 5ª ed.).

HUME, DAVID Este filósofo escocés (1711-1776) fue educado en Edimburgo, donde había nacido, y desde muy joven se entregó de lleno a la filosofía; con él se acaba en Gran Bretaña la era de la Ilustración*. De su abundante producción literaria, destaca su obra en tres vols. *Tratado de la naturaleza humana* (1734-1737), escrito en Francia, que no logró interesar al público por su difícil lenguaje y su contenido abstracto. En cambio, sus *Ensayos* (primer vol. en 1741) fueron muy bien recibidos. Sus éxitos mayores fueron su *Historia natural de la religión* (1757) y sus *Diálogos sobre la religión natural*, que, por consejo de sus amigos, no fue publicado durante su vida. Pero el libro que le hizo inmensamente rico fue su *Historia de Inglaterra* (1754-1762). Las obras filosóficas de Hume alcanzaron mayor fama en Francia que en Inglaterra.

Por mucho que se le quiera defender, Hume fue un ateo empirista y escéptico, negador del principio de causalidad y de la realidad de la sustancia. El propio «yo» es para Hume un haz de representaciones sin sujeto propio. Las acciones humanas están ya determinadas por las disposiciones anteriores. El hombre es bueno de nacimiento y, por tanto, moral. Pero, ¿qué significa moral para Hume? Lo que es realmente útil. En materia de religión, es cierto que Hume no dijo expresamente que Dios no existe, pero atacó los argumentos a favor de la existencia de Dios, como no podía menos al haber negado la conexión de causa y efecto. En su negación de todo lo sobrenatural, Hume negó la posibilidad del milagro, puesto que nuestros conocimientos –decía él– se basan en la experiencia , y esta experiencia nos confirma la regularidad de las leyes naturales. P. ej. contra el informe de que ha resucitado un muerto, se levantarán millones de hombres sensatos que sostendrán que los muertos no resucitan. Esto es un sofisma evidente, puesto que los millones de hombres que sostengan que los muertos no resucitan se apoyan en una ley común de la naturaleza, mientras que el que afirma que los muertos resucitan puede apoyarse en un informe de primera mano sobre el hecho indudable de muertos que han resucitado, como ocurre con las resurrecciones llevadas a cabo por el Señor y, sobre todo, con su propia resurrección, hecho de 1ª importancia para la fe cristiana, atestiguado por centenares de testigos (cf. cap. 15 de 1 Co.).

Bib. D. Hume, *Tratado de la naturaleza humana*, 3 vols. (Ed. Nacional, Madrid 1981); *Investigación sobre el entendimiento humano* (Losada, Bs. As. 1945); *Historia natural de la religión. Diálogos sobre la religión natural* (Sígueme, Salamanca 1974).

Ernst von Aster, *Locke, Hume, Kant y Fichte* (Revista de Occidente, Madrid 1925); Sergio Rábade, *Hume y el fenomenismo moderno* (Gredos, Madrid 1975); Alfonso Ropero, *Introducción a la filosofía*, cap. VII (CLIE, Terrassa 1999).

HUMILDAD Este vocablo entró en el cast. hacia mediados del siglo XIII, del lat. *humílitas* = baja estatura, humildad, abatimiento, y éste, de *humus* = tierra (en el sentido de «suelo», lugar bajo, etc.; para oficios nobles el lat. tiene *terra*).
La humildad, más bien que expresada en un vocablo técnico, es presentada en la Biblia en una serie de actitudes que tienen como denominador común el sentimiento de la propia pequeñez, de la propia indignidad moral y de la dependencia de Dios en todo.
Por otra parte, hay una falsa humildad como la de aquel famoso abad que solía decir de sí mismo: «y vuestro abad que indignamente os preside», hasta que un buen día, un inocente novicio se atrevió a decir: «y nuestro abad que indignamente nos preside». Allí se acabó la humildad del abad con la reprimenda que propinó al pobre novicio. También es falsa la humildad de quienes suelen acusar a sus prójimos (con fundamento o sin él) de «viles gusanos, infames pecadores, destinados al infierno, etc.».
La humildad ocupa un lugar muy alto en la tradición cristiana desde que la Palabra de Dios se lo concedió. Si algo vale el hombre es por lo que Dios ha puesto en él (cf. Sal. 8:4-5 y comp. 2 Co. 3:5-6). «El Dios Alto y Sublime» (cf. Is. 6:1) habita con el quebrantado y humilde de espíritu (Is. 57:15. cf. Mt. 5:3) y exige, a su vez, que el hombre se comporte humildemente ante Él (cf. Mi. 6:8). Jesús dio un sublime ejemplo de humildad al lavar los pies a sus discípulos (Jn. 13), oficio del esclavo, como quien había tomado la forma de esclavo al despojarse a sí mismo de toda reputación y aparecer en este mundo como un cualquiera (Fil. 2:7-8). Por tanto, cualquiera de los suyos que quiera ser el primero, será siervo de todos (Mr. 10:44).
El apóstol Pablo era realmente humilde, porque conocía bien la «medida» que Dios le había dado y no necesitaba compararse con otros (cf. 2 Co. 10:12-14). Por eso exhortaba a los fieles de Roma: a cada cual que está entre vosotros, que no tenga más alto concepto de sí que el que debe tener, sino que piense de sí con cordura, conforme a la medida de fe que Dios repartió a cada uno (Ro. 12:3). Y dice a los fieles de Filipos: Nada hagáis por contienda o por vanagloria; antes bien

Jerome de Praga y Juan Hus

con humildad, estimando cada uno a los demás como superiores a él mismo (Fil. 2:3). Si nos medimos con la medida con que nos mide Dios, seremos verdaderamente humildes sin despreciar a nadie y sin estar orgullosos de la propia humildad.
Para Agustín, heredero de la cultura clásica, la humildad consistía en conocerse a uno mismo, igual que Balmes*, cuando dice: «La humildad es el conocimiento claro de lo que somos sin añadir ni quitar nada». Según Teresa de Jesús* la humildad es «andar en la verdad», que recuerda el dicho de Agustín: «Si me preguntáis cuál es el camino que conduce al conocimiento de la verdad, qué cosa es la más esencial en la religión de Jesucristo, os responderé: Lo primero es la humildad, lo segundo es la humildad y lo tercero es la humildad, y cada vez que me hagáis la misma pregunta, os daré la misma respuesta».
La humildad es el fundamento de la fe y su perfección más lograda, pues no es otra cosa que realizar en uno mismo el ser y carácter de Jesucristo: «Aprended de mí, que soy manso y humilde de corazón» (Mt. 11:29).

Bib. Rafael Marañón Barrio, *La divina humildad* (CLIE, Terrassa 1997); A. Murray, *Humildad: hermosura de la santidad* (CLIE, Terrassa).

HUS, JUAN Este teólogo y reformador checo (aprox. 1372-1415) nació en el pueblo de Husinec (Bohemia). Estudió en la universidad de Praga, en cuya facultad de artes fue recibido como

Biblia checa editada en 1579

profesor en 1398. Después fue ordenado de presbítero, aunque lo que le movió a ello fue el prestigio del rango clerical, la seguridad financiera y codearse con la crema de los círculos académicos. Pero experimentó una conversión, tras la cual adoptó un estilo de vida sencillo y se preocupó, sobre todo, de crecer espiritualmente.

En 1402, Hus fue nombrado rector y predicador oficial de la capilla de Belén de Praga. Entonces comenzó a madurar su posición religiosa y eclesial bajo la influencia del teólogo checo Mateo de Janov y, sobre todo, de las ideas de Juan Wycliff. En 1407, Hus era ya un reformador, amenazando, con su talante evangélico, tanto el predominio del catolicismo como el poder que el imperio germánico ejercía todavía en Bohemia. Alejandro V dio poderes al arzobispo de Praga para acabar drásticamente con la herejía. De este modo le fue retirada a Hus la licencia para predicar, pero Hus no se sometió y fue excomulgado en 1410. Siguió atacando la práctica de las indulgencias y la política papal, por lo que, dos años más tarde, tuvo que huir de la ciudad hacia el sur de Bohemia. Bajo promesa de salvoconducto, viajó en 1414 al Concilio de Constanza, pero fue arrestado allí y juzgado por herejía, a consecuencia de su libro *La Iglesia* (1413), donde exponía sus ideas. Como no se retractó, fue declarado culpable y quemado en la pira el 6 de julio de 1415. Para los checos, es su mártir.

Aparte de sus ataques a muchas prácticas inmorales del clero romano, la teología de Hus fue una mezcla de enseñanzas evangélicas y católicas. Por una parte, sostuvo la responsabilidad del individuo ante Dios, por ser Cristo cabeza de la Iglesia, no el papa. Por eso, sólo Cristo puede perdonar los pecados. Decía que la iglesia verdadera es más amplia que la comunión de la Iglesia romana, pues incluye a todos los que, como Pedro, confiesan que Cristo es el Hijo del Dios viviente. Esta fe es la roca sobre la cual está establecida la Iglesia verdadera. Sin embargo, todavía retuvo la enseñanza católica acerca del purgatorio. También sostuvo que los fieles corrientes, no sólo los clérigos, podían participar del pan y de la copa en la Cena del Señor y parece ser que negó la transubstanciación, sosteniendo una presencia que él llamó «sacramental», quizás una especie de companación semejante a la sostenida por Lutero. Puso de relieve la importancia de la predicación de la Palabra de Dios y supervisó una versión de la Biblia en checo para ayudar a los fieles a entender las Escrituras.

Tanto en su afán de verdadera espiritualidad como en su defensa del sacerdocio común de todos los fieles y del canto congregacional, Hus fue un precursor de la Reforma y tuvo gran influencia en muchos teólogos checos a lo largo de los siglos posteriores. En el C. Vaticano II, los obispos checos abogaron por la rehabilitación de Juan Hus sin conseguirlo.

Bib. Débora Alcock, *Aplastado pero... vencedor.* Relato novelado de la vida de Juan Hus (CLIE, Terrassa 1977); Justo L. González, *Historia ilustrada del cristianismo*, vol. 5 (Caribe, Miami 1978); John T. McNeill, *Los forjadores del cristianismo*, vol. 2 (CLIE, Terrassa 1987); Samuel Vila, *El cristianismo evangélico a través de los siglos*, cap. 26 (CLIE, 1982).

IDEA Este vocablo procede del vb. gr. *ideón* = ver y, por eso, su significado primordial es el de «aspecto» exterior de una cosa según sus rasgos característicos. Viniendo después a significar el «aspecto» interior o contenido esencial de la cosa. La idea se distingue del concepto* en que éste supone el ser de las cosas cuya esencia reproduce al «concebirlas», mientras que la idea precede al ser de esas mismas cosas como arquetipo conforme al cual han sido configuradas. Por tanto, la idea es una causa ejemplar. Esto adquiere peculiar relieve en el realismo* extremo de Platón, según el cual las ideas son realidades independientes supramundanas, hallándose únicamente en Dios en toda su pureza y perfección.

Agustín de Hipona siguió en esto a Platón, y especialmente a Plotino, al considerar a Dios como la Idea absoluta que abarca todas las esencias en su plenitud infinita, prescindiendo de las imperfecciones con las que aparecen en los seres creados. Tomás de Aquino, al sostener un realismo* moderado, incorpora elementos platónicos a su concepción aristotélica. Partiendo de la misma nomenclatura, Hegel se va al otro extremo en su idealismo* extremo, al sostener como fundamento primitivo de todo ser la «Idea absoluta» que, identificada con Dios, viene a ser el «Todo» panteísta que evoluciona continuamente alcanzando su perfección en el despliegue de las cosas.

Pero el realismo de Platón y de Agustín se enfrenta a una dificultad insoluble: Si las cosas materiales están configuradas conforme a las ideas inmateriales, ¿cómo puede la mente humana, de naturaleza espiritual, alcanzar el conocimiento de dichas cosas? Tomás de Aquino halla la solución de dos modos complementarios, siguiendo a Aristóteles: (1) Apelando a la causa formal o forma interna de las cosas, considera dicha forma como una reproducción de la idea de Dios sobre cada cosa; (2) Después, mediante la abstracción* de las ideas a partir de las cosas mismas, puesto que las ideas no son cosas (contra el realismo extremo) ni las cosas son ideas (contra el idealismo extremo), pero las ideas son representaciones de las cosas (realismo moderado). De este modo, nuestros conceptos, en cuanto que reflejan las ideas, pueden llamarse ideas en el sentido más profundo. Sólo el conceptualismo hace imposible el conocimiento de las cosas en su esencia por haber roto la conexión entre el concepto y la idea.

IDEALISMO Este vocablo puede significar cosas muy distintas, según lo que se entienda por ideal, ya que idealismo procede directamente, no de idea, sino de ideal, como se muestra por el hecho de que ambos entraron en el cast. al mismo tiempo (hac. 1570), mientras que idea había entrado ya hac. 1440. Actualmente entendemos por ideal: (1) lo que es una ilusión inalcanzable; en este sentido se llama idealista al que la persigue; (2) lo que es digno de ser conseguido por su perfección, como cuando decimos: «Tal hombres es para tal mujer su marido ideal»; (3) lo que sirve de meta a un ideario filosófico, político, social, etc.; p. ej. el ideal del socialismo es llegar a la comunidad de los medios de producción; (4) finalmente, ideal es lo que se opone a real (es decir, al ser en cuanto «ente»), y éste es el sentido en que tomamos aquí el vocablo, por ser su sentido primordialmente filosófico.

Por tanto, estamos aquí en un concepto que sirve de gozne a toda clase de pensar filosófico, pues todo sistema filosófico se clasifica, en fin de cuentas, por la forma en que conecta el ser con el pensar. Cuando el pensar prevalece sobre el ser, tenemos el idealismo; cuando el ser prevalece sobre el pensar, tenemos el realismo. Ahora bien, ¿qué es lo que garantiza la evidencia del ser y, por tanto, la certeza que tenemos de conocer realmente las cosas (el *nóumeno*), y no sólo su apariencia (el fenómeno)? Sin duda alguna, la realidad misma del ente cognoscible, no la forma en que lo concebimos, aunque ésta sea necesaria para determinar el objeto material de nuestros conocimientos.

A nivel estrictamente filosófico, ni las ideas de Platón ni el motor inmóvil de Aristóteles nos prestan el modo de llegar a un idealismo exclusivamente espiritual, porque ambos admiten, junto al ser eterno y espiritual de Dios, una materia igualmente eterna (cf. *Dualismo, 2*). En cambio, en la filosofía cristiana este idealismo se realiza de la forma más pura, puesto que Dios es un Ser puramente espiritual, en quien se identifican el ser y el pensar, y conforme a cuyas ideas está formado todo cuanto existe fuera de Dios. Esa es la razón por la que todo ser, desde su origen en Dios Creador, está penetrado por la luz del espíritu y, por tanto, es algo verdadero y cognoscible. Pero el idealismo del que trato en el presente art. no es el idealismo realista de la filosofía cristiana, sino del que se opone de tal modo al ser, que llega a ser un idealismo gnoseológico. En este sentido, el pensar humano no nos conduce a una representación del ente como objeto previamen-

te dado, sino a la producción misma del objeto. Pero el entendimiento humano no puede producir ninguna cosa fuera de sí. Entonces, ¿cómo puede producir un objeto? Sólo cuando el objeto del conocimiento es el puro contenido del pensar, es decir, cuando el objeto mismo pasa a ser su propio «fenómeno», como sucede en el idealismo kantiano. Este es un paso en falso, pues ya hemos puesto al ser a merced del pensar.
Desde un punto de vista teísta, el defensor más conocido del idealismo es G. Berkeley*, pero el idealismo filosófico propiamente dicho ha de buscarse en Descartes, Kant y Hegel. Este idealismo ha influido desfavorablemente en gran parte de la teología liberal de los últimos siglos, llegando a ser una fuente muy importante del liberalismo teológico protestante.

IDENTIDAD Este vocablo es un compuesto artificial de los vocablos lat. *idem* = lo mismo, y *éntitas* = entidad. Al decir «lo mismo», ya se anuncia que estamos ante una comparación, es decir, ante una relación entre dos cosas que se consideran idénticas. Pero una identidad absoluta es una *tautología* = dice lo mismo. Por tanto, ha de haber alguna distinción entre dichos términos idénticos.
El concepto de identidad no es unívoco, sino análogo. Esto significa que, con dicho nombre, pueden significarse muchas cosas. Voy a analizar los principales sentidos:
(1) Identidad nominal formal, cuando dos o más nombres designan a la misma persona (p. ej. Napoleón y Bonaparte, a pesar de que él no fue el único Bonaparte, pero sí el más famoso).
(2) Identidad conceptual formal, la cual puede ser (A) total, como cuando decimos «el cuadrado es un rectángulo de lados iguales»), o (B) parcial, como cuando decimos «el cuadrado es un rectángulo», ya que todos los cuadrados son rectángulos, pero no todos los rectángulos son cuadrados).
(3) Identidad conceptual material, cuando dos conceptos formalmente distintos coinciden en un mismo sujeto (p. ej. Fulano es justo. La forma de «justo» no es idéntica a la de Fulano = este hombre, pero coinciden en el mismo sujeto).
(4) Identidad intencional, cuando se habla de una identidad entre la mente que piensa y el objeto pensado, según la conocida frase de Aristóteles: «El alma es, en cierto modo, todas las cosas», porque todas pueden estar representadas en el espíritu humano.
(5) Identidad lógica, cuando varios entes coinciden en el mismo concepto (p. ej. Pedro y Pablo son idénticos (mejor, iguales) en lo que tienen de común como individuos de la especie humana).
(6) Identidad objetiva, como suele llamarse por falta de otro término más preciso, es la que se da en el juicio categórico afirmativo, cuando de un sujeto se predica algo que entra en su constitución metafísica, física o existencial, como cuando decimos «el ser humano es racional» (constitutivo metafísico) o «el ser humano es corpóreo» (constitutivo físico) o «el ser humano es mortal» (constitutivo existencial, porque supone la caída).

IDENTIDAD, PRINCIPIO DE Muchos consideran este principio como la forma positiva del principio de no contradicción. Parece ser el único modo de no interpretarlo como una mera tautología («A = A»). Según otros filósofos, significa que «el ente es» = «el ente tiene una esencia determinada», o «el ente es inteligible» = «el ente puede ser conocido intelectualmente», lo cual, al fin al cabo, no es otra cosa que un intercambio de trascendentales: «el ente es verdadero».

IDEOLOGÍA Según su etimología, este vocablo tiene que ser un «tratado sobre las ideas» y, por cierto, en un principio significó «la ciencia de las ideas». Pero F. Bacon, al hablar de los ídolos, se refiere ya al engaño que en nuestra mente producen los prejuicios sociales, con lo que pone la base para el sentido posterior del vocablo, aunque el concepto de ideología no implica de suyo un intento de engañar mediante una máscara que oculte los verdaderos intereses de un grupo de opinión. El creyente mismo ha de tener una ideología sana, conforme con las enseñanzas de la Palabra de Dios. Sin embargo, es muy difícil evadirse de la connotación partidista del término, por la cual tiende a dividir la opinión común en distintas formas de ver la realidad, de formarse cada uno «su idea». P. ej. el marxismo auténtico (el de Lenin) llama ideología a todo sistema de ideas acerca de la sociedad, como si la ideología estuviese limitada a lo social.
A nivel gnoseológico, sería una tarea propia de la crítica de la ideología investigar la dependencia del pensamiento filosófico con respecto a las circunstancias históricas y sociales, de forma que la filosofía asumiera el papel de testimonio de la verdad frente a realidades sociales y políticas que se hacen pasar por buenas para el bien común sin serlo realmente. No hay duda de que el conocimiento filosófico está ligado a las condiciones sociales en que se lleva a cabo, pero también es

verdad que esas mismas condiciones sociales no están fatalmente determinadas, sino que pueden analizarse y cambiarse cuando se oponen al progreso humano, tanto individual como social, según las normas de la ley natural y de la revelación positiva.

Bib. Vittorio Marcozzi, *Ideologías modernas y cristianismo* (Taurus, Madrid 1963); Nguyen Ngoc Vu, *Ideología y religión según Marx y Engels* (Sal Terrae, Santander 1978).

IDOLATRÍA (cf. *Imágenes*)

IGLESIA (1) Importancia del tema. El tema de la Iglesia es de capital importancia por lo que la Palabra de Dios nos dice de ella: (A) Fue adquirida por Cristo al precio de su sangre (Hch. 20:28); (B) Cristo la ama, nutre y cuida (Ef. 5:25, 29); (C) Un día saldrá a su encuentro, cuando la tenga ya completamente santa en toda su gloria (Ef. 5:27); (D) La ocupación principal de Cristo en la presente dispensación es construir su Iglesia (Mt. 16:18), mediante los ministerios específicos (Ef. 4:11) y mediante la obra del ministerio común de los fieles (Ef. 4:12).

(2) El nombre. El vocablo Iglesia procede del gr. *Ekklesía* (de *ek* = de y *klésis* = llamamiento) a través del lat. *Ecclésia* y significa, en general, una convocación (cf. Hch. 19:32, 41), no precisamente la gente que es convocada. En el hebr. del AT, el vocablo correspondiente es *qahál* y, con la mayor frecuencia, aunque no siempre (cf. Gn. 28:3; 49:6; Sal. 26:5), designa la congregación de Israel. Sin embargo, en el NT, el vocablo, que ocurre 114 veces, suele referirse a los fieles mismos, ya estén reunidos en un lugar determinado o no. Y, ya en este sentido, puede referirse (A) a la Iglesia universal, sin fronteras de tiempo ni espacio, y designando siempre personas regeneradas por el E. Santo, como en 1 Co. 12:13; Ef. 1:22-23; He. 12:23; (B) a la iglesia local, como en Ro. 16:5; 1 Co. 16:19; Col. 4:15; 1 Ti. 6:12, compuesta de personas que han hecho profesión de fe en Cristo como Salvador, pero puede haber entre ellas quienes no han sido regenerados (cf. p. ej. 1 Jn. 2:19; Ap. 3:20).

(3) El concepto preciso. En el punto anterior hemos visto la división de Iglesia en universal y local, como designaciones más precisas que, p. ej. visible e invisible, ya que la iglesia invisible no existe, pues consta esencialmente de personas de carne y hueso, pero sí existen en la Iglesia muchos elementos invisibles, que no es lo mismo. Aun así, puede preguntarse: ¿En qué punto preciso es local una iglesia? Con los datos que nos suministra el NT, podemos decir: (A) Una familia de creyentes, entre los que se cuenten también los criados, puede llamarse iglesia (cf. Ro. 16:5; 1 Co. 16:19; Col. 4:15); (B) Cuando leemos, p. ej. «a la iglesia de Dios en Corinto», hemos de pensar que se refiere al conjunto de familias creyentes que se reúnen en la «localidad» de Corinto y sólo a ellas, no a las que se reúnen en otros lugares. En esta clase de «iglesia» ha de tener el cristiano su membresía en sentido estricto. (C) Pero a veces, Pablo dirige una epístola, no a una localidad, sino a una región; p. ej. en Gá. 1:2. Este mismo aspecto regional se advierte en Hch. 9:31; Gá. 1:22. (D) Finalmente, otras veces, el lugar de la Iglesia es el universo. Esta designación corresponde al «cuerpo de Cristo, que es la Iglesia» (cf. *Iglesia*. (4), [C]). Los símbolos bajo los cuales el NT nos la presenta son muy variados: una planta (Jn. 15:1-5), un edificio (Mt. 16:18), un cuerpo (1 Co. 12:13), una novia o esposa (2 Co. 11:2; Ef. 5:25-32); un rebaño (Jn. 10:16). De esto hablaré en el punto (4), (C).

Todo lo dicho en este punto se refiere al concepto preciso de Iglesia, con lo cual ya anticipo que no todos los conceptos que se tienen de la Iglesia son precisos. P. ej. no lo son: (a) el concepto de la Iglesia de Roma, que consiste en ser una sociedad de miembros que tienen la misma fe, usan los mismos sacramentos y son gobernados por el papa y por los obispos en comunión con él (cf. C. Vaticano II, const. *Lumen Gentium*, p. 14); (b) el de la Iglesia anglicana, que consiste en ser «la congregación de los creyentes, en la que se predica la pura Palabra de Dios y se administran debidamente los Sacramentos conforme a lo ordenado por Cristo» (art. XIX de la Iglesia de Inglaterra). Es menester tener en cuenta que la cabeza visible de esta Iglesia es el rey o la reina de Inglaterra; (c) el de la Iglesia presbiteriana, reflejado en la Conf. de fe de Westminster, cap. XXIV: «La iglesia católica o universal, que es invisible, consta de todo el número de los elegidos. La iglesia visible, que es también católica o universal bajo el Evangelio, consta de todos los que en todo el mundo profesan la verdadera religión, junto con sus hijos». Vemos aquí una falsa división en Iglesia invisible y visible; (d) el de las iglesias bautistas, reflejado en el art. XXXIII de la Confesión de fe de 1646: «La iglesia es la compañía de santos visibles, llamados y separados del mundo por la Palabra y el Espíritu de Dios para profesar visiblemente la fe del Evangelio, estando bautizados en dicha fe». Aparte de otras ambigüedades, parece como si la iglesia local fuese la universal. Sin embargo, late ahí una verdad de primerísima importancia que ya destaqué en mi libro sobre *La Iglesia como cuerpo de Cristo* (lecc. 1ª, punto 5) del modo siguiente: «Las iglesias locales no son propiamente partes de un todo superior que las englobe, sino células locales completas, en las que la Iglesia universal se concreta y manifiesta».

(4) Singularidad de la Iglesia. También este tema reviste gran importancia por haber muchos que no se percatan de que la Iglesia es una sociedad que no existía antes de Pentecostés. En efecto:

(A) La Iglesia no es el Reino de Dios, porque, como Cristo su Cabeza, no ha venido a mandar, sino a servir (Mt. 20:28), aun cuando ya goza de las bendiciones espirituales del Reino (Col. 1:13), al que se entra por el arrepentimiento y la fe (cf. Mr. 1:15). Si se olvida esto, no se pueden interpretar debidamente las parábolas de Mt. 13. Lo de «reinar» vendrá, sí, cuando Cristo reine (cf. Ap. 20:4-6; 22:5).

(B) La Iglesia no es la continuación de Israel, porque (a) la Iglesia comienza cuando el E. Santo empieza a ejercer su nuevo ministerio de transformar a las personas mediante el agua de la Palabra y el fuego de su amor (cf. Jn. 3:1-8; 14:17; Ro. 12:1-2); (b) la Iglesia es algo único, que no existía antes de Pentecostés (cf. Ef. 2:11 o 3:13).

(C) La Iglesia tiene una relación singular con Cristo, porque Él es (a) su Fundador (Mt. 16:18), (b) su Piedra fundamental (Ef. 2:20), (c) su Cabeza (Ef. 1:22-23), (d) su Esposo (2 Co. 11:2; Ef. 5:25 ss.) y (e) su Juez (Ap. caps. 2 y 3). En cuanto a (c), debo distinguir, como lo hago en mi libro *Curso Práctico de Teología Bíblica*, Parte II, lecc. 18ª, punto 4, siguiendo a Grudem (resumo): En 1 Co. 12, todo el cuerpo es tomado como metáfora; aquí no se ve a Cristo como cabeza unida al cuerpo (cf. vv. 16-17, ya que la oreja, el ojo y el olfato están en la cabeza). En cambio, en Ef. 1:22-23; 4:15-16; Col. 2:19, Cristo es la cabeza, y la Iglesia es el resto del cuerpo, distinto de la cabeza, pero unido a ella. A estos dos aspectos de la Iglesia, los llamo respectivamente «el Cuerpo Místico de Cristo» y «el Cuerpo del Cristo Místico», por falta de terminología más precisa.

(D) La Iglesia tiene una relación especial con el E. Santo. Aparte de lo dicho en el art. Espíritu Santo, añadiré que, en sus funciones con referencia al creyente individual, (a) Hch. 2:1 ss. nos presenta al E. Santo «bautizando» con fuego a los mismos a quienes lo había prometido el Señor (Hch. 1:5); (b) por Hch. 2:41-42, combinado con Hch. 10:44-48; 11:15-16; 19:1-7, podemos asegurar que el día de Pentecostés comenzó el bautismo cristiano propiamente dicho, no en Jn. 4:1-2, pues entonces no había sido dado el E. Santo; (c) Además de bautizar en el cuerpo de Cristo (1 Co. 12:13), el E. Santo habita en el creyente individual (1 Co. 6:19), en la iglesia local (1 Co. 3:16) y en la Iglesia universal (Ef. 2:22); y (d) como agente ejecutivo de la Trina Deidad, el E. Santo transmite a la iglesia la vida comunitaria de la regeneración que a Él le compete (Jn. 3:5; 2 Co. 13:14), el amor del Padre (Ro. 5:5) y la verdad entera del Hijo (Jn. 14:26; 15:26; 16:13-15) y el poder que tal vida comporta (Lc. 24:49; Hch. 1:8: 9:31) y (e) como Don por excelencia (Ro. 5:5), Él es el que reparte los dones a la Iglesia según su voluntad (cf. *Dones espirituales*).

(5) Principios y pautas. ¿Establece el NT principios y pautas intocables?

(A) Muchos piensan que no. (a) P. ej. la iglesia local ha de tener líderes, pero, ¿es necesario que se llamen obispos, supervisores, ancianos, diáconos? ¿No podrían llamarse también administradores, sin salirse de las pautas del NT? (b) Otro ej. el NT enseña el principio de que los fieles se congreguen. Pero entonces se reunían en casas. ¿Vale la pena gastar dinero en edificar templos o debemos seguir la pauta de reunirnos en casas? (c) Otro ej. El principio que subyace a la práctica del bautismo de agua es mostrar que se abandona la vida anterior y se entra en una nueva. ¿No podría esto llevarse a cabo con una pequeña habitación en lugar del baptisterio, y que el candidato entrase allí con ropas viejas y saliese con ropas nuevas? (cf. Col. 3:9-12). (d) Además, la Iglesia primitiva estaba bajo la influencia de una cultura determinada, la del pueblo judío, tanto en su organización como en sus ordenanzas y en su disciplina. ¿Significa eso que hay que seguir esos principios y esas pautas en todo tiempo y en todo contexto cultural? (e) Finalmente, ¿no debe haber cierta flexibilidad entre los principios y las pautas? P. ej. El evangelio y la salvación son principios irrenunciables, pero, ¿no puede haber muchos modos de presentar el evangelio y diferentes experiencias en la conversión?

(B) Otros piensan que sí (a este grupo se adhiere Ryrie (*Basic Theology*, cap. 71), y opino que está en lo cierto). La razón es que, según el NT (cf. 2 Ti. 3:15-17), las Sagradas Escrituras mismas dicen ser suficientes para toda obra buena. Y, en 1 Ti., Pablo expuso con todos los detalles la vida y el gobierno de la iglesia local para que Timoteo supiera cómo conducirse en la casa de Dios e instruir a otros sobre ello (1 Ti. 3:15). En esa misma epístola (2:11-14), se rechaza específicamente el condicionamiento cultural. Finalmente, Pablo (1 Co. cap. 11) esperaba que las iglesias siguiesen las tradiciones (v. 2, lit.) que incluían tanto los principios como las pautas.

(6) Clases de gobierno en la iglesia. La Iglesia es un organismo, en el que están insertos los ministerios, tanto el común (aunque diversificado según los dones) como el específico, y ambos son permanentes. Pero, para el buen orden de la iglesia local, se necesita una organización (cf. Hch. 14:23), en la cual están insertos los oficios. Puesto que la organización supone una iglesia local independiente, el nombramiento de los oficios que gobiernan la iglesia corresponde al presbiterio de la iglesia local misma (cf. 1 Ti. 4:14).

Se da por supuesto que, sea cual sea la forma de gobierno en la iglesia, siempre será una «teocracia», porque el verdadero Señor de la Iglesia es Cristo mismo. Esto significa que los oficiales que gobiernan la iglesia son representantes de la iglesia de cara a Dios, pero delegados de Cristo de cara a la iglesia. Por eso, aunque tienen el deber de preocuparse por el bienestar de la congregación, es a Dios a quien tienen que rendir cuentas, no a la congregación (cf. He. 13:17).

Sin embargo, no se puede privar a la congregación de su derecho a voz y voto en materias que afectan al bienestar de la iglesia, aun con los inconvenientes que esto pueda tener por falta de la debida formación bíblica y espiritual de los miembros.

Ya en su principio, vemos diferentes formas de gobierno en la iglesia: (A) un solo pastor, ancianos y diáconos en la iglesia de Jerusalén (cf. Hch. 15:22-23); (B) un amplio presbiterio en Antioquía (cf. Hch. 13:1-3); y (C) una organización claramente congregacional en Corinto, con una membresía numerosa (cf. Hch. 18:8), sin mención alguna de ancianos ni pastores. ¡Así les iba a ellos! Muchos carismas (cf. 1 Co. 1:7), muchas banderías (cf. 1 Co. 1:11-12; 3:3-5), mucho desorden (cf. 1 Co. todo el cap. 14) y mucho descuido en el uso de la disciplina (1 Co. 5:1-6).

Sin embargo, es de notar que Pablo nunca ordena a los fieles de Corinto «cambiar de régimen», lo que insinúa que, en la iglesia, no hay ninguna forma de gobierno que pueda decirse la única bíblica. Todas tienen sus ventajas y sus inconvenientes. Veamos las principales formas de gobierno:

(A') Iglesia de Roma: Un Sumo Pontífice, infalible y gobernador de todos y cada uno de los pastores, y de todas y cada una de las ovejas: el Papa de Roma, Vicario de Cristo y sucesor de S. Pedro en sucesión ininterrumpida. Y un colegio episcopal, en el que cada obispo es sucesor del colegio apostólico. Junto a todos estos disparates, están los numerosos errores doctrinales de la Iglesia de Roma.

(B') Iglesia anglicana: Un Primado, el arzobispo de Canterbury, aunque el Jefe del Estado es la cabeza visible, dando así al poder secular facultades legislativas; estructura (archidiócesis, diócesis, parroquias) semejante a la de Roma, pero con profesión de fe reformada (los XXXIX artículos), abierta a toda clase de opiniones: evangélicas, liberales, ecuménicas, etc.

(C') Iglesia presbiteriana: Cada congregación nombra un cuerpo de ancianos asociados al pastor, con el que forman la sesión. Los ministros y ancianos representativos de cada sesión hacen un presbiterio. Los presbiterios se agrupan en sínodos. Sobre los sínodos está la Asamblea General. Aunque la pirámide se forma de abajo arriba, pienso que es demasiada jerarquización.

(D') Iglesias bautistas: Muchas de las iglesias llamadas libres (no conformistas), entre las que destacan los bautistas (cf. *Anabautistas*) y los congregacionalistas, se rigen por la «teocracia» que he descrito anteriormente en este mismo punto (6).

(E') Iglesias de Hermanos: En ellas, la función supervisora y gubernativa está en manos de un grupo de ancianos, aunque, a la corta o a la larga, destaca uno como el pastor principal, convirtiéndose prácticamente en un pastor bautista. A veces, la congregación provee los fondos necesarios para que un anciano se dedique a tiempo completo a la predicación y enseñanza, pero sin poderes gubernativos, lo cual es un punto débil.

(7) Ordenanzas de la iglesia. En toda iglesia reformada que se guíe por la Palabra de Dios, se administran las dos ordenanzas del bautismo* y la Cena del Señor*.

(8) El culto cristiano. Tanto el hebr. *abodá* como el gr. *latreía* indican un servicio a Dios en forma de adoración, la cual, con sus secuelas de alabanza, acción de gracias, confesión de la propia indignidad y petición, constituye la parte más importante del culto y de la vida misma del cristiano. Como voces de Dios, están la predicación de su Palabra y la celebración de las ordenanzas, pero también la exhortación, la corrección mutua y el perdón de las ofensas.

Aunque la Palabra de Dios no impone un determinado esquema de culto, Justino Mártir, en su *Apología*, I, 67, nos ha conservado un esquema completo del culto dominical con el siguiente orden: lectura bíblica, sermón, oración en la que podían participar todos, la Cena del Señor tras las plegarias y acción de gracias del presidente y la colecta que se entrega al pastor o presidente para ayuda de huérfanos, viudas, enfermos, encarcelados y demás necesitados.

No se olvide que la vitalidad debe coexistir con el orden, y que al poder gubernativo de los pastores compete, mediante el discernimiento de espíritus, mantener el equilibrio necesario entre lo carismático y lo edificante, a fin de que ni se asfixien los movimientos del E. Santo ni el culto derive en actitudes extravagantes. Por la Palabra de Dios no se puede probar que las mujeres estén excluidas de este ministerio, pues lo que Pablo parece prohibir en 1 Co. 14:34 es que las mujeres –apartadas entonces de los maridos en las reuniones de iglesia– causaran desorden en la reunión, y en 1 Ti. 2:11-12 que las mujeres actúen en la predicación y en la enseñanza en las reuniones eclesiales. No hay en la Palabra de Dios ni siquiera una insinuación de que una mujer ejerciese el pastorado (sí la diaconía) en la iglesia local.

Tanto la Iglesia de Roma como los anglocatólicos admiten en el culto la idea de un sacrificio cultual (la «Misa») que, de algún modo, produce los mismos efectos que el sacrificio de la Cruz. La epístola a los hebreos, especialmente los caps. 9 y 10, refuta cumplidamente tal error.

(9) La disciplina eclesiástica (cf. *Disciplina*)

(10) Otros ministerios de la iglesia. Según Santiago (cf. Stg. 1:27), «La religión pura y sin mácula delante de Dios el Padre es esta: Visitar a los huérfanos y a las viudas en sus tribulaciones, y guardarse sin mancha del mundo» (RV60). Aquí tenemos un programa de otros ministerios de suma importancia para cada iglesia local y para cada creyente. Como puede verse en dicho v., Stg. habla 1º de hacer el bien y 2º de evitar el mal («guardarse sin mancha del mundo»). Consideremos brevemente ambos aspectos:

(A) La 1ª parte del v. se refiere a ministrar a los más necesitados de ayuda: los huérfanos, que no tienen padre ni tutor que les garantice sus derechos, y las viudas, que, destituidas del apoyo del varón, se hallan en situación similar a la de los huérfanos. Como necesitados de socorro financiero, tanto los unos como las otras deben ser aliviados según la Palabra de Dios. Tras el fracaso del «comunismo blanco» de Hch. 4:32 ss., tenemos todavía Hch. 11:27-30; 2 Co. 8:18-22; Stg. 2:2-3, 15-16; 1 Jn. 3:17. Acerca de las viudas, en especial, Pablo trata de todo el asunto en 1 Ti. 5:3-16.

(B) En cuanto a lo de guardarse sin mancha del mundo, la iglesia está en el mundo de manera parecida a la de un barco que está en el agua (cf. Jn. 17:9-18). Cristo no envió a sus discípulos a fundar monasterios, sino a serle testigos en todas partes (Hch. 1:8). Es muy bueno que el barco entre en el agua, pero es muy malo que el agua entre en el barco. Por tanto, ¿de qué tiene que separarse la iglesia? De lo mundano, no del mundo. ¿De quién tiene que separarse el creyente? No de los del mundo, sino de la mundanalidad de los que se llaman hermanos (cf. 1 Co. 5:9-13). Fuera de esta única separación, la Palabra de Dios no enseña en ninguna parte una segunda separación, que podría conducirnos a un proceso *ad infinitum*.

Bib. Eclesiología evangélica: H. E. Dana, *Manual de eclesiología* (CBP, El Paso 1984); H. Harvey, *La Iglesia. Su forma de gobierno y sus ordenanzas* (CPB, CLIE, Terrassa 1984); A. Küen, *Ekklesía*, 7 vols. (CLIE, Terrassa); R. B. Kuyper, *El cuerpo glorioso de Cristo. La santa Iglesia* (TELL, Grand Rapids 1980); F. Lacueva, *La Iglesia, Cuerpo de Cristo* (CLIE, 1973); Bill J. Leonard, *La naturaleza de la Iglesia* (CBP, El Paso 1987); Thomas Witherow, *La Iglesia, su naturaleza y gobierno* (EP, Ciudad Real 1995).

Eclesiología católica: Armando Bandera, *La Iglesia imagen de Cristo* (ESE, Salamanca 1969); –*La Iglesia sacramento del mundo* (ESE, 1971); L. Boff, *Iglesia: carisma y poder* (Sal Terrae, Santander 1992, 6ª ed.); Luis Bouyer, *La Iglesia de Dios* (Stvdivm, Madrid 1973); J. A. Estrada, *Del misterio de la Iglesia al pueblo de Dios* (Sígueme, Salamanca 1988); Paul Faynel, *La Iglesia*, 2 vols (Herder, Barcelona 1974); H. Küng, *La Iglesia* (Herder, Barcelona 1975, 2ª ed.); H. de Lubac, *Meditación sobre la Iglesia* (DDB, Bilbao 1964, 4ª ed.); J. Maritain, *La Iglesia de Cristo* (DDB, 1972); E. Sauras, *El cuerpo místico de Cristo* (BAC, Madrid 1952).

IGNACIO DE LOYOLA (cf. tamb. *Jesuitas, Teología de los*) Este vasco (1491-1556) era el hijo menor de un señor muy rico y pasó su juventud en la carrera militar, en la que esperaba alcanzar gloria y honor. Su ilusión quedó truncada cuando, en una defensa heroica de Pamplona contra los franceses, una bala de cañón le rompió una pierna y, por muchos remedios que buscó para la herida, nunca sanó debidamente, quedándole una cojera manifiesta. Mientras convalecía de la herida, pidió que le trajeran algún libro de aventuras caballerescas, pero como no hallaron ninguno en casa, le trajeron un libro de vidas de santos. Esta lectura le condujo a convertirse para ser soldado de Cristo y se fue a Manresa, en cuya cueva estuvo algún tiempo en ayuno y oración (1522-1523) y donde, según cuenta él mismo en su *Autobiografía*, recibió de la Virgen María grandes consuelos y el esquema de sus Ejercicios espirituales, que fueron terminados en 1535 y han sido el principal instrumento para formar la espiritualidad jesuita. Después del Principio y fundamento, donde el ejercitante debe convencerse de que su fin en esta vida es la gloria de Dios, vienen las verdades eternas, luego la contemplación de la vida de Jesús en los evangelios, que le estimula a seguir a Cristo y abrazarse con la cruz por amor a Cristo. Por eso, la espiritualidad de Ignacio se centra en el servicio por amor, de modo que el cristiano, al ver el amor que el Señor le ha mostrado, se pregunta siempre: «¿Qué más puedo hacer por Cristo?»

Después de esto, Ignacio atravesó un tiempo de intensa crisis espiritual, parecida a la de Lutero. Ni ayunos ni oraciones lograron quitarle la idea de que Dios requería de él un gran sacrificio para perdonarle, hasta que un día, estaba él orando y confesándole a Dios todos sus pecados, uno por uno, casi a punto de abandonar la empresa, cuando repentinamente recibió la convicción de que Dios no requería tal confesión minuciosa de todo pecado pasado, «y así de aquel día adelante quedó libre de los escrúpulos, teniendo por cierto que nuestro Señor le había querido librar por su misericordia». Entonces vio que estaba libre para dedicarse a grandes empresas. Fue a Palestina para establecerse como misionero a los turcos, pero no se lo permitieron los franciscanos que estaban a cargo de los santos lugares. Decidió, pues, volver a estudiar, no fuese que la falta de conocimientos teológicos frustrase su obra. Doce años pasó Ignacio en estos estudios, primero en Barcelona, después en Alcalá, más tarde en Salamanca y, por los continuos problemas que le causaba la Inquisición, terminó sus estudios en París.

Pronto se le unió allí otro grupo de seguidores, entre los que destacaban Francisco Javier y Diego Laínez. Con ellos hizo los conocidos votos monásticos de pobreza, castidad y obediencia, y un voto especial de absoluta obediencia al papa. En 1539 quedó formada la Compañía de Jesús y, en 1540, Pablo III aprobó la nueva orden religiosa, de la que fue nombrado primer general el propio Ignacio. Cuando murió en 1556, había más de mil jesuitas, esparcidos por toda Europa, así como en Brasil, la India, el Congo y Etiopía.

Bib. Ignacio de Loyola, *Obras completas* (BAC, Madrid); *Ejercicios espirituales* (Sal Terrae, Santander 1987);

Quintín Aldea, ed., *Ignacio de Loyola en la gran crisis del siglo XVI* (Sal Terrae); Santiago Arzubialde, *Ejercicios espirituales. Historia y análisis* (Sal Terrae); Jean-Claude Dhótel, *¿Quién eres tú, Ignacio de Loyola?* (Sal Terrae, Santander 1984); Justo L. González, *Historia del Pensamiento Cristiano*, tomo III (Caribe, Miami 1992); John T. McNeill, *Los forjadores del cristianismo*, vol. 2 (CLIE, Terrassa 1987); José María Rambla, *El peregrino. Autobiografía de S. Ignacio de Loyola* (Sal Terrae); Francisco José Ruiz Pérez, *Teología del Camino. Una aproximación antropológica-teológica a Ignacio de Loyola* (Sal Terrae, 2000); Santiago Thió, *La intimidad del peregrino. Diario espiritual de S. Ignacio de Loyola* (Sal Terrae).

ILUMINACIÓN Este nombre tiene su origen en la enseñanza de Agustín de Hipona, seguida en el siglo XIII por la escuela agustiniana, lo mismo que por la franciscana del estilo de Buenaventura*, según la cual, todo conocimiento humano cierto, necesario y universal requiere, además de la potencia cognoscitiva y la representación de la cosa por percepción sensorial o por la fantasía, un concurso especial de Dios mediante la irradiación de una luz espiritual en la cual el hombre se une con el mismo Dios, sin caer, por eso, en el ontologismo* ni en el dogma de la visión beatífica. En cambio, Tomás de Aquino sostiene que, para eso, es suficiente la fuerza del entendimiento agente. La escuela agustiniana moderna interpreta la iluminación en términos de la luz sobrenatural de la gracia, partiendo de una vida de fe, al estilo de las palabras de Anselmo de Canterbury: «Creo para entender».

ILUMINISMO (cf. *Misticismo*)

ILUSIÓN Este vocablo procede del lat. *illusio* = engaño, y éste del vb. *illúdere* = jugar, burlarse de, ultrajar. Se entiende generalmente por ilusión una esperanza frustrada, según la clásica coplilla: «Hojas del árbol caídas / Juguete del viento son / Las ilusiones perdidas / Hojas son, ¡ay!, desprendidas / Del árbol del corazón». Pero aquí tomamos el vocablo ilusión en sentido gnoseológico, como algo que es opuesto (1) a la realidad; (2) al fenómeno, en los que hay una adecuación de la mente con la cosa pensada. La ilusión supone una distorsión de las facultades sensitivas o intelectuales, por lo que se divide en sensorial y lógica.

(A) Hay ilusión sensorial cuando la percepción muestra el objeto distinto de como es, lo cual puede suceder (a) por falta de experiencia en el paso del estímulo exterior a la percepción, como ocurre, p. ej., al ver lágrimas en el rostro de una imagen que no está llorando; (b) si las impresiones sensitivas quedan falsificadas por influjo de la fantasía, como cuando una niña asegura haber visto a la Virgen María por alucinación (ilusión en sentido estricto).

(B) Hay ilusión lógica (a) en general, cuando se confunden los conceptos, p. ej. por no entender bien el lenguaje del que habla o escribe: (b) en sentido estricto, cuando el ser humano se deja inducir a un falso juicio, ya sea por causa de la ilusión sensorial, ya sea por engaño de un astuto sofista.

La nomenclatura de la ilusión es diferente en Kant, quien distingue entre la ilusión empírica (tanto la sensorial como la lógica) y la ilusión trascendental, cuando el hombre sucumbe a la tentación de aplicar a la «cosa en sí» las categorías que sólo tienen validez en el ámbito de la experiencia.

ILUSIONISMO El vocablo suele usarse en sentido vulgar para designar toda clase de juegos, mágicos o no, con los que se llega al asombro del espectador por la pericia del ilusionista. Pero aquí tomamos el vocablo en sentido filosófico, donde es sinónimo de escepticismo*, pues es la opinión según la cual todo lo que los hombres ordinariamente juzgan real, no es más que una ilusión.

El ilusionismo puede darse entre los pragmatistas de la escuela ficcionalista de Hans Vaibinger, quien supone que todo conocimiento humano se asienta sobre ficciones, aunque muchas de ellas son recomendables como fomentadoras de la vida.

ILUSTRACIÓN Se da este nombre a un movimiento intelectual, comenzado primero en Inglaterra y en Francia, que surgió como efecto de varios factores: elementos procedentes del empirismo, del racionalismo idealista y, en último término, del cartesianismo. Pero podemos asegurar que el elemento determinante de la Ilustración fue el orgullo de la razón libre cuando, ante los avances de la ciencia natural, ciertos intelectuales creyeron que la razón humana tenía la capacidad de comprender exhaustivamente la realidad y de transformar todas las esferas de la vida mediante dicho conocimiento.

Pero los «ilustrados» no tuvieron en cuenta que el esquema de la historia había cambiado ya. Europa ha cambiado de un modo rápido y, con Europa, el pensamiento filosófico. Y esta transformación del pensamiento determinará poco después en Francia el cambio radical que conocemos con el nombre de Revolución francesa.

En el aspecto religioso, la Ilustración tuvo como factor determinante el cansancio provocado por las divisiones religiosas, cuando el deseo común era encontrar en la razón un principio de unidad. ¿Qué hacer, entonces? Sólo quedaba el recurso de extraer de los diversos credos algo común a todos, llegando a una religión natural que excluyese la revelación especial y todo lo sobrenatural. Así surgió el deísmo moderno como forma de religión pura. Es el paso de la mentalidad de Bossuet a la de Voltaire, del cristianismo a la *Enciclopedia*: la crítica de todas las convicciones tradicionales, desde la fe cristiana hasta la monarquía absoluta, con el supuesto derecho divino de los gobernantes. Y todo ello, con el carácter propagandístico de la filosofía de la Ilustración y su influencia literaria sobre la masa de la gente culta.

El racionalismo* inherente a este movimiento se echa de ver especialmente en la Ilustración alemana (Kant, Leibniz, Lessing, Wolff), mientras en Francia y Holanda se unió al idealismo* de Descartes y Spinoza, y en Inglaterra se unió al empirismo* de Locke y Hume.

Bib. Armando Plebe, *Qué es verdaderamente la Ilustración* (Doncel, Madrid 1971); Max Horkheimer y T. W. Adorno, *Dialéctica de la Ilustración* (Trotta, Madrid 1998, 3ª ed.); Alfonso Ropero, *Introducción a la filosofía*, cap. VII (CLIE, Terrassa 1999).

IMAGEN En la filosofía platónica de Agustín de Hipona y de la Edad Media, desempeña un papel importante la idea de imagen. ¿Qué entendemos aquí por imagen? Tanto a nivel filosófico como a nivel bíblico, la imagen es una representación plástica de algo, al que hace referencia necesariamente como su forma exterior. Cuando esta forma es una forma originaria, se llama prototipo. Y, si la imagen es enteramente igual a su prototipo, se llama retrato.

Iconoclastas destruyendo las imágenes de un altar durante la Reforma

(1) A nivel mental, la imagen se distingue del concepto* por su plasticidad; en la imagen entra en juego la fantasía, pero no en el concepto puro. (2) A nivel extramental, difiere de la semejanza* en que la imagen conserva mejor los rasgos característicos comunes; por eso sugiere la idea de una estatua, mientras que la semejanza puede hallarse en una pintura. Con todo, la semejanza limita a la imagen, de modo que ésta no comporta identidad* con el objeto representado.

IMAGEN DE DIOS EN EL HOMBRE

Según Gn. 1:26, Dios creó al ser humano (hebr. *Adám*) a su imagen y semejanza. La versión lit. del v. es: «Entonces dijo Dios: Hagamos al ser humano en nuestra imagen (hebr. *tsélem*) conforme a nuestra semejanza (hebr. *demút*), etc.». Para más detalles sobre este v. cf. mi libro *Curso Práctico de Teología Bíblica*, Parte I, lecc. 4ª, p. 2.

A pesar de la diversificación que el texto sagrado parece ofrecer aquí, el concepto total que ambas (imagen y semejanza) incluyen se expresa por medio de cualquiera de las dos (cf. Gn. 5:1; Stg. 3:9). Aunque las referencias explícitas al hombre como imagen de Dios son escasas (Gn. 1:26-27; 5:1-3; 9:6; 1 Co. 11:7; Stg. 3:9), lo que significa como interpretación del valor del ser humano, ya sea en su condición natural, ya sea en su elevación sobrenatural, aparece en muchos otros lugares (cf. tamb. Sal. 8; Ro. 1:18 ss.; 8:29; 1 Co. 15:49; 2 Co. 3:10; 4:4; Ef. 4:22-24; Fil. 3:21; Col. 1:15; 3:10).

A lo largo de la historia de la teología, han sido diversas las interpretaciones que se han dado de la imagen de Dios en el hombre:

(1) Agustín de Hipona dice (*Sobre la Trinidad*, 14, 4): «Tenemos que hallar en el alma del hombre la imagen del Creador que está inmortalmente plantada en su inmortalidad»; por eso buscó las huellas (lat. *vestigia*) de la imagen de Dios en el alma humana (memoria, inteligencia y voluntad). Pero esta imagen es parcial, pues el hombre no es sólo alma.

(2) Otros han definido la imagen como expresión del dominio de Adán sobre el resto de la creación, conforme a Gn. 1:26-28, e incluso comp. con Gn. 9:1-7, Sal. 8 y He. 2:5-9. Esta interpretación olvida que dichas porciones hablan de una función del hombre como imagen de Dios, más bien que una definición de la imagen.

(3) Calvino y, con él, la teología reformada entendieron que la imagen de Dios no se limita al alma, sino que, aun ahora, todavía brillan en el cuerpo del hombre «algunas chispas» de la imagen de Dios (cf. *Institutio* , I, XV, 3). Y, en la misma obra (I, XV, 4), interpreta la imagen en térmi-

nos éticos e intelectuales: Dios es santo, justo e inteligente; también lo era el hombre antes de la caída. Comentando Gn. 1:26, dice Moriarty: «Puesto que los hombres la conciben como un todo, la noción de imagen debería aplicarse a toda la persona y no sólo a lo que la antigua psicología denominaría su espíritu, sobre el que la antropología hebrea no poseía una noción clara y distinta. En este pasaje, el escritor sagrado se interesa más por la función del hombre que por su esencia. Dicha función es definida como un ejercicio de soberanía responsable sobre la creación».

(4) Recientemente Brunner (*Dogmática*, vol. 2, p. 64) ha centrado la atención en la naturaleza social de la imagen, haciendo notar, por parte de Dios, el «hagamos» y el «nuestra» y, por parte del hombre, el v. 27 que, de la unidad, conduce a la dualidad: «Y creó Dios al hombre (hebr. *Adám*) a su imagen, a imagen de Dios lo creó; varón y hembra los creó». En cambio, K. Barth sostiene que, en fin de cuentas, la única imagen de Dios es Cristo. Con esto pierde su historicidad el relato de la creación, según lo vemos en Gn. 1:26-28. Una teología bíblica que tenga en cuenta dicha porción, ha de sacar las conclusiones que la hermenéutica bíblica exige. Las principales son: (A) El hombre es el vicegerente de Dios en la tierra, portándose con ella como se porta Dios con todo el universo; (B) El ser humano fue hecho para tener comunión íntima con Dios, destinado así a ser semejante a Él en integridad, rectitud y santidad; (C) La enseñanza bíblica de la imagen de Dios en el hombre es el fundamento de la dignidad humana (cf. Gn. 9:6; Stg. 3:9).

IMÁGENES, VENERACIÓN DE El Decálogo, en su 2º mandamiento, prohíbe rigurosamente hacer y adorar imágenes de toda clase, incluso del mismo Dios (cf. Éx. 20:4-6; 32:5-8; Dt. 5:8-10; Is. 40:18-25; 44:9-20). Por condescendencia pedagógica, la Palabra de Dios habla de ojos, oídos, dedos, manos, brazo, corazón, pies, etc., de Dios, pero queda bien claro que se trata de antropomorfismos (cf. *Antropomorfismo*). Durante los primeros siglos de la Iglesia, los cristianos se abstuvieron de hacer imágenes, tanto pintadas como esculpidas, aunque expresaban su devoción a Cristo en las catacumbas por medio de símbolos (cruz, pez, canastillo con panes, etc.) que lo representaban. Con el triunfo de Constantino (313), los cristianos se vieron libres para utilizar en sus lugares de reunión pinturas de carácter pedagógico para enseñar a los catecúmenos las verdades del evangelio mediante historias de la vida de Jesús. Así era todavía a fines del siglo VI cuando el papa Gregorio I escribió una carta a Sereno, obispo de Marsella, en la que le decía lo siguiente: «Se nos ha dicho que has roto imágenes bajo la excusa de que debían ser adoradas. Y te alabamos por haber prohibido adorarlas, pero te reprendemos por haberlas roto. Pues una cosa es adorar una pintura, y otra aprender mediante la historia de la pintura qué es lo que hay que adorar».

También el emperador León III, llamado el *iconoclasta* = rompedor de imágenes, recibió poco después del 726 una carta del papa Gregorio II en la que le decía: «Dices que nosotros adoramos piedras, paredes y tablillas. No es, emperador, como tú dices, sino para ayudar a nuestra memoria y para que, guardándolas, nuestra mente inexperta y obtusa se enderece y se eleve a lo alto por medio de aquellos cuyos son estos nombres y estos títulos y estas imágenes, no como si fueran dioses, según tú nos acusas; ¡lejos de nosotros tal cosa!» No obstante, los iconoclastas continuaron rompiendo imágenes y estatuas de santos, hasta que la emperatriz Irene (780) cambió la política de sus predecesores y el 13 de octubre de 787 se reunió el C. Niceno II, en el que se definió la legitimidad de toda clase de imágenes «tanto de nuestro Dios y Salvador Jesucristo, como de su santa Madre nuestra Señora, de los ángeles buenos y de todos los santos», y fueron anatematizados los iconoclastas. Finalmente, el Concilio de Trento, en la sesión XXV, ante el despertar del movimiento iconoclasta con la Reforma protestante, expidió el Decreto de 3 de diciembre de 1563, por el que se manda «tener, retener y dar el debido honor y veneración a las imágenes de Cristo, de la Virgen Madre de Dios y de los otros santos, no porque se crea que tengan alguna divinidad o virtud por la que se les haya de rendir culto, sino porque el honor que se les rinde, se rinde a los prototipos que las imágenes representan».

Bib. T. Gay, *DC*, *Imágenes*.

IMAGINACIÓN (cf. *Fantasía, 2*)

IMITACIÓN DE CRISTO A Tomás de Kempis (aprox. 1380-1471) se atribuye una obra con este mismo título. La escribió en latín y ha sido traducida a la mayoría de las lenguas por el enorme atractivo que ejerció desde un principio, aunque sólo la primera parte trata propiamente de la imitación de Cristo. Con todo, no ha sido el único libro que se ha escrito con ese título u otro similar. En el siglo XIX, destacan *Imago Christi* (1889) de James Stalker, y *In His Steps* (En sus pisadas, 1899) de Charles Sheldon. Pero, sin salirnos de la Biblia, ¿en qué consiste la imitación de Cristo?

Imitar a Cristo es reproducir en nosotros su imagen, así como Él es la imagen del Padre (Col. 1:15; 2:9; He. 1:3); es como copiar sus virtudes (Mt. 11:28; Mr. 10:38-39; Hch. 7:60; Ro. 8:29-30; 12:2; 2 Co. 3:18: Ef. 2:8-10; Fil. 2:12-13). Imitar a Cristo consiste prácticamente en seguirle (cf. Lc. 9:23, entre los numerosos textos registrados en los evangelios). ¿A qué «distancia» hay que seguirle? A esto responde Pedro (1 P. 2:21): «Pues para esto (para sufrir por hacer el bien –v. 20) fuisteis llamados; porque también Cristo padeció por vosotros, dejándoos un modelo para que sigáis de cerca sus pisadas» (lit.). A la luz de este texto han de entenderse las porciones que nos hablan de la imitación de Cristo (p. ej. 1 Co. 11:1; Fil. 2:5; He. 12:1-3; 1 Jn. 2:6; 4:7-11).

Comparando estos textos de las epístolas con los numerosos que en los evangelios hablan de seguir a Jesús, surge la pregunta: ¿Es necesario seguir a Cristo para salvarse o sólo para ser su discípulo? Todo depende de la respuesta que se dé a esta otra: ¿Es lo mismo ser discípulo que ser creyente? Pienso que los conceptos son distintos, pero, en la realidad, todo creyente en Cristo debe ser discípulo de Cristo. Para mí, una porción definitiva es el texto ya mencionado de 1 P. 2:21. Pero, además, nótese la primera frase de Lc. 9:23: «Mas decía dirigiéndose a todos» (lit.). En el fondo es cuestión de espiritualidad (cf. Ro. 12:1-2; 1 Co. 2:14-15). Todo el que, por fe, se ha entregado al Señor y ha entendido 1 P. 1:13-25, no podrá menos de seguir a quien tanto ha hecho por nosotros. ¿Se salvará, pues, quien no siga a Cristo de cerca como exhorta Pedro (1 P. 2:21) y el mismo Señor (Lc. 9:23)? Si de veras ha creído, tiene vida eterna (cf. Jn. 5:24), pero se salvará así como por fuego (cf. 1 Co. 3:15). El asunto es demasiado serio como para tomarlo a la ligera.

La imitación de Cristo ha sido, a lo largo de los siglos, el ideal de todo cristiano que haya tomado en serio su fe, aunque también es cierto que unos han llegado a plasmarlo en sus vidas con mayor perfección que otros. Ya en la época postapostólica, los escritos de los Padres de la Iglesia» (p. ej. los de Ignacio de Antioquía, martirizado el año 107), se afanan en mostrar cómo imitaron los mártires a Cristo en su humildad, en sus padecimientos y en su muerte triunfal. Esta clase de literatura fortaleció a miles de millares durante las persecuciones de los emperadores romanos contra la fe cristiana. Pero cuando Constantino proclamó la religión cristiana como religión oficial del imperio, muchos «cristianos» de 2ª clase llenaron las iglesias, y el ideal de la imitación de Cristo sólo pudo hallarse en los monasterios. Sin embargo, en la Edad Media, hasta la época de la Reforma, el ideal fue practicado por minorías de clérigos, monjes, personas casadas, solteras, viudas. Después del apóstol Pablo, nadie ha encarnado dicho ideal como Francisco de Asís (1182-1226), y aun después de la Reforma, lo vivieron también en el catolicismo, entre otros muchos, Teresa de Ávila* (1515-1582), Juan de la Cruz* (1542-1591) y Carlos de Foucauld (1858-1916).

En el protestantismo, se sintió igualmente la influencia del Kempis a lo largo y a lo ancho de todas las denominaciones, tanto más cuanto más cerca se hallaba del misticismo una persona o un grupo. Sólo Lutero parece no haberla entendido. Sin embargo, el ideal surgió de nuevo en William Law* (1686-1761) los Wesley* y Kierkegaard* y, sobre todo, en los afectos al misticismo. La psicología moderna ha intentado una explicación del deseo de imitar a Cristo en la necesidad congénita del ser humano de identificarse con grandes personalidades a fin de construir la propia personalidad. En mi opinión, sólo la gracia de Dios puede capacitar a un ser humano para el heroísmo que suponen Lc. 9:23; Gá. 2:20; 6:14;1 Ts. 1:6; 2 Ts. 1:7, no un impulso subconsciente.

IMPERATIVO CATEGÓRICO Esta expresión se debe a Kant. Kant quería hacer una ética del deber, una ética que obliga. Se busca, pues, un *imperativo* = algo que mande. Pero la mayoría de los imperativos no sirven para fundamentar la ética porque son hipotéticos, condicionados. P. ej. si yo le digo a alguien: ¡aliméntate!, se supone una condición: si no quieres morirte. Por tanto, Kant requiere un imperativo que sea incondicional, que obligue por sí mismo; en otras palabras, un imperativo categórico. Ahora bien, es propio de tal imperativo ser formal, no material, porque no prescribe nada concreto, sino la forma de la acción: obrar por respeto al deber. Kant lo expresó en la siguiente fórmula: «Obra de tal manera que la máxima de tu voluntad pueda a la vez ser en todo tiempo el principio de una legislación universal».

Kant pensó correctamente al poner de relieve el carácter incondicional de la ley moral. Pero su criticismo (cf. *Crítica de la razón pura*) le obligó a interpretar la razón, a nivel práctico (cf. *Crítica de la razón práctica*), como una exigencia de universalidad formal, sin entrar en si el contenido es racional o no; lo cual es un grave error, porque si la razón humana está ciega para penetrar en la racionalidad del contenido de la ley, no podrá reconocer los verdaderos valores que ligan incondicionalmente a la libertad humana. Además, como se ve por la formulación del imperativo categórico, la ética de Kant es autónoma: eleva la voluntad del individuo humano a la condición de una voluntad que se supone, sin base alguna, santa y omnipotente, sin estar ligada a una instancia superior, como es la del Supremo Legislador.

IMPOSIBILIDAD Hablando con todo rigor lógico, la imposibilidad se opone a la posibilidad de modo contradictorio, no contrario. En otras palabras, imposible se contrapone, no sólo a lo contingente (lo que puede ser o no ser), sino también a lo necesario (lo que no puede no ser). Pero hay tres clases de imposibilidad: metafísica, física y moral.

(1) La imposibilidad metafísica puede ser intrínseca o extrínseca. (A) Es intrínseca cuando expresa un absurdo, esto es, algo que pugna con el principio de no contradicción, como, p. ej. un círculo cuadrado, puesto que la noción misma de círculo excluye la de cuadrado. Esta imposibilidad es absoluta desde cualquier punto de vista. (B) Es extrínseca cuando expresa la incapacidad de una causa para producir algo. En este sentido, no hay nada imposible para Dios, Causa Suprema e Infinita. Por eso, volviendo al ejemplo anterior, cuando decimos que Dios no puede crear un círculo cuadrado, no es que menoscabemos la omnipotencia divina, sino que el objeto propuesto «un círculo cuadrado» es un «ser que no puede ser» = una contradicción en sus propios términos. Si Dios lo hiciese, haría una mentira metafísica = un «no-ser» en la región misma del «ser».

(2) Existe imposibilidad física cuando el sujeto (animado o inanimado) carece de capacidad para producir algo. Esta incapacidad puede ser activa o pasiva. (A) Es activa, cuando el sujeto no tiene fuerza para producir el efecto; p. ej. un niño de dos meses no puede levantar un saco que pesa cien kilos. (B) Es pasiva, cuando el sujeto es incapaz de algo por impedírselo las leyes naturales; p. ej., es imposible que el agua de una bañera arda.

(3) La imposibilidad moral (moral no significa aquí ética) se da cuando el efecto requiere un esfuerzo extraordinario y, por tanto, acontece muy raras veces; p. ej. escalar el Everest por el lado más difícil. También resulta moralmente imposible lo que depende del azar; p. ej. echar al aire cien monedas de una vez y que todas caigan de cara.

IMPOSICIÓN DE MANOS (cf. tamb. *Ministerio*) En este art. tratamos de la imposición de manos en los múltiples aspectos que entraña su sentido primordial: una prolongación y una identificación.

Ya en el AT el adorador ponía las manos sobre el animal que iba a ser sacrificado para morir como ofrenda por el pecado, y el sumo sacerdote hacía lo mismo con el 2º macho cabrío en el Día de la Expiación, confesando sobre él los pecados del pueblo (cf. Lv. 1:4; 16:21).

El gr. del NT usa las expresiones *epíthesis jeirÙn* = imposición de manos y *epitíthemi jeÓras* = imponer las manos. La 1ª ocurre cuatro veces: Hch. 8:18; 1 Ti. 4:14; 2 Ti. 1:6 y He. 6:2. En Hch. 8:18 se trata del don del E. Santo; en los demás casos, de la ordenación para el ministerio. La 2ª ocurre 20 veces, cuyo sentido especial se puede ver por el mismo texto o por el contexto. Esos sentidos o usos especiales son los siguientes:

(1) Dar sanidad a los que la necesitan, como en Mr. 5:23; Lc. 13:13 y Hch. 28:8.

(2) Comunicar el E. Santo, generalmente al recibir el bautismo, aunque no siempre, como en Hch. 8:14-19; 19:6; 2 Ti. 1:6.

(3) Al pronunciar una bendición, como en Mt. 19:13-15.

(4) La ordenación o la separación de personas para un ministerio o un oficio, especialmente en la iglesia local, como en Hch. 6:56; 13:3; 1 Ti. 1:18; 4:14.

A través de los siglos, la Iglesia ha seguido con esos usos, especialmente en la administración de cuatro sacramentos:

(A) En el bautismo por infusión, que finalmente prevaleció en la Iglesia de Roma.

(B) En la confirmación, donde la imposición de la mano del ministro se requiere para la validez del sacramento. Las iglesias que practican el bautismo de adultos no tienen confirmación.

(C) En la ordenación sacerdotal, donde también se requiere para la validez la imposición de manos del obispo.

(D) En la unción de los enfermos, aunque en este sacramento no se requiere para la validez la imposición de manos del ministro.

La identificación y prolongación que la imposición de manos comporta, va conectada en las iglesias episcopales, incluida la Iglesia de Roma, con la sucesión apostólica. Este concepto confiere cierta seguridad de continuidad histórica, pero no está respaldado ni por la Palabra de Dios ni por la historia misma.

IMPRECATORIOS, SALMOS Se llaman Salmos imprecatorios aquellos que contienen deseos de daño para algunas personas, como ocurre en Sal. 5:10; 10:15; 55:15; 109:9 ss., etc. Estos salmos son una piedra de escándalo para muchos por ignorancia del verdadero significado de la Palabra de Dios. El gran expositor bíblico J. A. Motyer tiene sobre este tema un art. sumamente iluminador, dentro de su gran concisión, en el *EDT*. En resumen se puede decir:

En primer lugar, también en el NT hay imprecaciones (cf. p. ej. Mt. 23:13 y ss.; Gá. 1:8-9; Ap. 6:10; 18:20).

En 2º lugar, el salmo imprecatorio 69 tiene garantizada su autoridad y su inspiración en Jn. 2:17; 15:25; Hch. 1:16, 20; Ro. 11:9 ss.; 15:3.

En tercer lugar, dichos salmos no están en un contexto de baja moralidad. Al contrario; junto a las imprecaciones se halla una espiritualidad elevada (cf. p. ej. Sal. 139).

Más aún, nótese que (A) todas las imprecaciones están en forma de oraciones que dejan la venganza en manos del Señor, y (B) expresan una santa indignación: El salmista anhelaba la vindicación del nombre de Dios (cf. Sal. 9:19 ss.; 83:16-17). La rectitud moral de su odio se echa de ver especialmente en Sal. 139:19-22.

Las imprecaciones, en su *forma positiva*, al decir de José Alonso, no son más que las expresiones de la Ley y de los Profetas, que aseguran para los malvados los mayores castigos en nombre de la justicia de Dios. En lo que pueden tener de *forma optativa*, la creencia en la retribución temporal obliga a los justos a esperar desde esta vida la punición de los culpables. Sin ese castigo ejemplar, la santidad, la justicia y hasta la veracidad divinas sufrirían un fracaso irreparable. Más que ir cargado el acento sobre el mal del malvado va, de hecho, sobre la afirmación de atributos divinos sometidos a prueba.

Bib. J. García Trapiello, *El problema moral en el Antiguo Testamento* (Herder, Barcelona 1977); Giuseppe Barbaglio, *Dios ¿violento?* (EDV, Estella 1995).

IMPUTACIÓN El vocablo imputación y el vb. *imputar*, del que se deriva, entraron en el cast. hacia el 1440. Imputar procede del lat. *imputare* = inscribir en cuenta, atribuir, imputar. El gr. correspondiente es *logídsomai* y ocurre en el NT 40 veces, de las que hacen a nuestro propósito Ro. 4:3, 5, 8, 9, 11; 2 Co. 5:19; Gá. 3:6; 2 Ti. 4:16 y Stg. 2:23. En el AT, tenemos el vb. *jasháv* en lugares como Lv. 7:18; 17:4. El aspecto forense de la imputación se echa de ver especialmente en Ro. 4:5, donde Pablo dice lit. «mas al que no trabaja, pero cree en el que justifica al impío, su fe le es contada por justicia». «Por justicia» (gr. *eis dikaiosúnen* = para justicia) significa que el acto de creer le es contado como si hubiera obrado justamente con la justicia perfecta que la ley requiere.

Pero podría preguntarse: ¿Cómo puede Dios hacer lo que en Dt. 25:1 y Pr. 17:15 es una abominación? Puede porque la situación es totalmente distinta: En Dt. 25:1 y Pr. 17:15, los jueces sólo pueden declarar justo a un inocente, no a un malhechor. En cambio, en la justificación divina, hay una sustitución (cf. p. ej. 2 Co. 5:21). Dios transfiere al pecador la justicia de Cristo y transfiere a Cristo el pecado del pecador. Pero es preciso analizar bien dicha porción para percatarse de que, en dicha transferencia, Cristo no lleva el pecado en el corazón, sino en los hombros, pues sigue siendo interiormente inocente en la cruz. Entonces, para que el paralelismo sea correcto, es menester que el pecador que lleva el pecado en el corazón, lleve sobre los hombros la justicia de Cristo. Esto se confirma en Ro. 5:19, en el paralelismo entre Adán y Cristo: «Porque así como mediante la desobediencia de un solo hombre los muchos fueron constituidos (gr. katestáthesan) injustos, así también mediante la obediencia de uno solo los muchos serán constituidos (gr. katastathésontai) justos» (lit.).

Habrá notado el lector que Pablo dice «constituidos», no «hechos». En otras palabras, así como mediante la desobediencia de Adán, somos presentados de pie, como malhechores, ante el tribunal de Dios, así también mediante la obediencia de Cristo, somos presentados de pie, como inocentes, ante el mismo tribunal. Ese es el significado, y no otro, del vb. gr. *kathístemi*. Por consiguiente, es falsa cualquier versión que, en lugar de «constituidos» diga «hechos», ya que el cambio interior del pecador no se lleva a cabo mediante la justificación, sino mediante la regeneración interior por el E. Santo en el nuevo nacimiento.

Para evitar otra confusión, ha de tenerse en cuenta que la analogía entre la obra de Adán y la de Cristo en Ro. 5 no es simple ni total, porque (A) mientras que la imputación de la justicia de Cristo al pecador es obra de la libre y soberana voluntad de Dios en su amor a la humanidad caída, en cambio nuestro pecado no es una mera imputación de la transgresión de Adán, ya que nosotros mismos hemos sido transgresores por su causa (léase bien el v. 15); (B) La imputación del pecado al pecador, siendo un acto forense de Dios (v. 19) no necesita ninguna base en el interior del pecador, según lo dicho sobre 2 Co. 5:21. Sin embargo, la Palabra de Dios (cf. p. ej. Ro. 3:23) nos asegura que existe esa base, y con efecto universal: «todos». Dios es soberano, pero no es caprichoso (cf. Ez. 18:25-32).

INCINERACIÓN Este vocablo entró en el cast. a principios del siglo XVIII y procede del vb. lat. *incinerare* = convertir en ceniza; y éste, del sust. *cinis, cíneris* = ceniza. Se llama así para designar, en el funeral de seres humanos, el acto de quemarlos totalmente en lugar de enterrarlos. El tema merece ocupar un lugar en este Diccionario por el hecho de que la costumbre de incinerar es cada vez más común en la sociedad e incluso a las iglesias. En la Iglesia de Roma se negaba la sepultura eclesiástica a todo el que hubiera dispuesto que lo incineraran. En esto, como en todo lo referente a lo penal, el nuevo Código de Derecho canónico, promulgado por Juan Pablo II el año 1983, hace alguna concesión, pues el can. 1176, párr. 3. dice así: «La Iglesia aconseja vivamente que se conserve la piadosa costumbre de sepultar el cadáver de los difuntos; sin embargo, no prohíbe la cremación, a no ser que haya sido elegida por razones contrarias a la doctrina cristiana».

Como para nosotros, los evangélicos, el código de fe y costumbres es la Palabra de Dios, sin menospreciar las costumbres fielmente observadas por nuestros mayores, ¿qué debemos pensar acerca de este tema que no carece de importancia? Recojo aquí la información que me ha llegado de un querido hermano de Vigo.

(1) Los primitivos cristianos preferían seguir la costumbre del antiguo pueblo de Dios, devolviendo al polvo lo que procede del polvo (cf. Gn. 3:19). La incineración originaba grandes preocupaciones a los cristianos porque les recordaba las prácticas paganas y parecía negar la doctrina de la resurrección corporal. Muchos preferían incluso seguir la costumbre judía de embalsamar a los muertos.

(2) Las Escrituras nunca mencionan la incineración como práctica del pueblo de Dios. Al contrario, mencionan la sepultura como un acto de la mayor dignidad (cf. Job 5:26). Y no sepultar es una indignidad extrema (cf. 1 R. 21:24; Ec. 6:3; Jer. 8:1-2; 14:16). Incluso en Am. 2:1 se insinúa, al menos, la misma enseñanza.

(3) En la Biblia, quemar a alguien es símbolo de destrucción y juicio (cf. Lv. 21:9; 1 S. 31:11-13; 1 R. 13:2; 21:24, etc.).

(4) Nuestro cuerpo no es nuestro, sino del Señor (cf. 1 Co. 6:13, 15, 19-20; Col. 2:17). «Él nos hizo, y no nosotros a nosotros mismos» (Sal. 100:3). El cuerpo le pertenece al Señor, pues Él lo creó y lo redimió, al formar parte del ser humano (cf. Gn. 2:7; 1 Ts. 5:23).

(5) El Señor Jesucristo nos dio ejemplo también en esto, pues fue sepultado, no quemado. Y debemos, en todo, «seguir sus pisadas» (1 P. 2:21). En los últimos siglos, la cremación-incineración de cadáveres fue utilizado por los librepensadores como un argumento contra la resurrección de la carne o de los cuerpos. El tema está abierto para el debate, teniendo en cuenta factores de carácter sanitario, demográfico y emocional.

INCONSCIENTE Para hablar con precisión de este asunto, es menester distinguir lo inconsciente de lo subconsciente, ya que muchas personas confunden ambos términos. También debo añadir que esa diferenciación depende del punto de vista del psicólogo que haya hecho escuela propia: Freud, Jung, Adler, Muñoz Espinalt, etc. P. ej.:

(1) Freud distingue entre consciente, preconsciente e inconsciente. Los impulsos instintivos (el «Ello») radican en el inconsciente, influyendo desde allí en nuestra vida activa sin ser reconocidos por el sujeto. Las normas que nos impone el superyo (normas cívicas, morales y religiosas) desde la infancia se instalan en nuestro subconsciente (o preconsciente, como lo llama él) y desde allí ejercen su «censura» impidiendo que los impulsos instintivos contrarios al superyo» salgan al exterior. Al quedar bloqueados, pero no desarraigados del inconsciente, toman uno de estos tres caminos: (A) producen una perturbación de la personalidad mediante neurosis y complejos, o (B) se enmascaran para subir al consciente en forma de sueños o actos fallidos (equivocaciones, olvidos, etc.); o (C) son «sublimados» (elevados) a zonas superiores donde adoptan formas compatibles con la ética y la buena sociedad a través del arte, la religión, el afán de investigación, el deseo de dominar, etc.

(2) Jung coloca en la zona más profunda de la psique los complejos. Entre éstos y el inconsciente individual, que alberga los instintos vitales personales, se halla el inconsciente colectivo, donde se hallan los símbolos arquetípicos, heredados de nuestros antepasados y cristalizados en leyendas, cuentos de hadas, mitologías, etc. En el extremo superior del consciente, aparece la «persona», es decir, nuestra proyección al exterior en forma de personaje oficial, militar uniformado, agente etiquetado, etc. El centro del eje psíquico es el «Yo-Mismo», esto es, la personalidad propia, irrepetible, que se desarrolla por un proceso de concentración de los polos opuestos y de absorción de los arquetipos en la singularidad de un «Yo» normalmente evolucionado (integración).
(3) Adler encara decididamente los problemas de la adaptación psicosocial, insistiendo en la formación de un recto sentido de comunidad y viendo en el egocentrismo la raíz de los complejos y, por consiguiente, de las neurosis. Según Adler, el individuo humano, entre los dieciocho meses y los tres años de edad, se da cuenta de su papel en el mundo, de acuerdo a como le tratan quienes le rodean, elige su estilo de vida y emprende su línea de movimiento hacia la superación propia (a ser cada vez «más»), ya sea por un camino recto con un sentido normal de comunidad, ya sea por un camino equivocado –la indolencia, las ilusiones, el egocentrismo–. El sujeto normal afrontará con normalidad las dificultades de la vida. En cambio, el sujeto egocéntrico se bate en retirada ante los problemas de la vida, adquiere actitudes neuróticas para camuflar su cobardía y desemboca en el complejo de inferioridad. Pero como sigue aguijoneado por su instinto de superación, tiende a compensarse mediante una mascarada de superioridad, manifestada en actitudes asociales: la mentira, la infidelidad, la tiranía, el crimen, la perversión sexual, el suicidio.
(4) Como hice notar en mi libro *La clave de la grafología* (Bruguera, Barcelona, 1968), pgs. 193-205, todas las explicaciones anteriores me resultan mancas. En cambio, veo muy acertada la solución de mi ya fallecido profesor de psicología y grafología, Carlos Muñoz Espinalt, quien, conforme a la famosa definición orteguiana «Yo soy yo y mi circunstancia», sostiene que los factores del individuo ofrecen un esquema manco de la personalidad humana, si no se los conjuga con los factores del ambiente en los que está inmerso. El esquema de Muñoz Espinalt es parecido al planteamiento de un partido de fútbol entre dos equipos: el *Yo* y el *Ambiente*, con sus «defensas», «enlaces» y «delanteros». (A) El *Yo* está distribuido en tres estratos: (a) El inconsciente, sede de los instintos, las intuiciones y los complejos; (b) el subconsciente, sede de la memoria (depósito de recuerdos) y de los hábitos (formas de reacción adquirida; (c) el consciente, con las facultades específicas del hombre: la voluntad, el sentimiento y la inteligencia. (B) El *Ambiente* está distribuido también en tres estratos: (a) El medio, zona ambiental inmediata a nuestro consciente y capaz de ser controlada por el individuo; sus factores son: la cultura, las fuerzas del medio y los lazos espirituales; (b) el submedio, en situación correlativa a la del subconsciente en el *Yo*, con sus hábitos sociales y la solera social; (c) el inframedio, cuyos factores son los complejos sociales (grupos sociales anticomunitarios), la acción de los líderes (elementos conductores y orientadores) y los instintos universales (conjunto de fuerzas de la naturaleza). Creo que éste es el esquema que mejor conjuga todos los factores y que mejor se atiene a los datos de la experiencia.

Bib. Josep Otón Catalán, *El inconsciente, ¿morada de Dios?* (Sal Terrae, Santander 2000).

INDIVIDUALISMO Como todos los «ismos», el vocablo individualismo denota, en principio, una acentuación del valor del individuo humano, en contraposición al gregarismo de la «masa». En sentido amplio, se aplica a familias y grupos en los que se cultiva el orgullo de clase o «solera social», como diría Muñoz Espinalt. El individualismo toma un tono más radical cuando el relieve que se da al individuo es con menoscabo de la vinculación a la comunidad (Nietzsche, Proudhon). Todavía adquiere mayor radicalización cuando se realza al individuo hasta el punto de reducir a la sociedad a una suma de entes individuales con una libertad de movimientos que tienen por único límite el derecho igual de los demás, con la consecuencia inevitable de que «el pez grande se come al chico» y, en lugar de una sociedad de hombres libres, surge el ejercicio despótico del poder con las apariencias de «libertad, igualdad y fraternidad». Sólo el cristianismo puede ofrecer un remedio eficaz contra todos los abusos individuales y sociales, si se practica la doctrina paulina del Cuerpo de Cristo (cf. 1 Co. 12:13 ss.). FL
Por otra parte, y desde el punto de vista histórico, el individualismo, entendido como doctrina que constituye al individuo como fundamento de

toda ley, fue una reacción necesaria a una sociedad estratificada y regida por gremios, cofradías y corporaciones, donde el individuo quedaba anulado, sin posibilidad de elección ni libertad para ser lo que su conciencia o su razón le dictaran. En ese sentido, la apelación de Lutero a su «conciencia individual» fue un grito y un reclamo revolucionarios para su época.
Si bien el término individualismo tiene un carácter peyorativo, sinónimo de egoísmo, tiene otro necesario de defensa de los valores del individuo, su libertad e idiosincrasia, que en cuanto persona no puede ser sacrificado a la sociedad. En esta doctrina se fundamenta la crítica de los Estados totalitarios que no respetan ni reconocen las verdades individuales.
El cristianismo, como bien hizo notar S. Kierkegaard*, consiste en la proeza de atraverse a ser uno delante de Dios, en el pecado y la condenación, en la fe y la salvación, por encima del cristianismo masificado que ignora el llamado personal a la conversión individual y al supremo atrevimiento de ser él mismo ante Dios.
El mensaje de Jesús consiste esencialmente en un llamamiento personal a formar parte responsable y consciente del Reino de Dios, donde los individuos se reconcilian con la comunidad y la comunidad fortalece los valores individuales, mediante el reconocimiento de los dones y ministerios de cada cual. AR

Bib. Jean Baubérot y J. P. Willaime, *El protestantismo de A a Z,* «Individualismo protestante» (Gayata, Barcelona 1996); Sören Kierkegaard, *La enfermedad mortal* o *De la desesperación y el pecado* (Sarpe, Madrid 1984); Alfonso Ropero, *Fe, historia y Dios* (CLIE, Terrassa 1994); Varios, *Las individualidades en la historia*. II Conversaciones Internacionales de Historia (EUNSA, Pamplona 1985).

INDIVIDUO El vocablo, ingresado en el cast. hacia 1440, procede del latín *indivíduus* = indivisible, inseparable. A nivel filosófico, significa el sujeto concreto de una esencia determinada, como cuando decimos «este hombre», clasificado no sólo en la esencia específica de «hombre», sino también en la singularidad irrepetible de «este» hombre (Pedro, Pablo, Andrés, etc.). Se opone, pues, a lo universal, pues lo «humano abstracto» sólo existe realmente en nuestro pensamiento conceptual, mientras que «este hombre» es esencialmente singular, no puede multiplicarse. De aquí se deriva, a nivel teológico, el valor del individuo humano como algo «irrepetible». Dios no se repite nunca: No hay dos hombres iguales, dos hojas de árbol iguales ni dos gotas de agua exactamente iguales.
Derivado de individuo es el vocablo individuación, es decir, aquello por lo que este individuo es éste y no otro. Escoto y su escuela llaman también *haeccéitas* = talidad a la individuación, en cuanto a que «este hombre que es Pedro», no sólo está singularizado como «Pedro», sino también como «tal Pedro». Sobre el proceso de individuación a nivel psicológico cf. los arts. *Inconsciente* e *Integración*.
Los teólogos discuten sobre cuál es el principio de individuación, es decir, cuál es el fundamento ontológico de la individuación; p. ej., ¿qué es aquello por lo cual «este hombre» es «éste» y no otro? Hay tres respuestas: (1) Escoto responde que su propia *haecceidad* = simplemente, por la singularidad irrepetible de este ente concreto. En mi opinión, esta es la solución más acertada. (2) Tomás de Aquino responde que, en los entes corpóreos, como es el hombre, el principio de individuación está en su ubicación espaciotemporal, es decir, en la materia de que consta, recortada por la cantidad (su extensión interna). Por tanto, en el ángel, espíritu puro, la diversidad individual es necesariamente diversidad específica: cada ángel es de diferente especie. Siempre admiré el talento de Tomás, pero en esto no puedo seguirlo. (3) Leibniz, que continúa la línea emprendida en este tema por Suárez, responde con su principio de los indiscernibles: Dos cosas que convinieran en todo tendrían que coincidir, según el principio de identidad; no es suficiente para distinguirlas el que ocupen espacios contiguos, tienen que distinguirse en algo. Y este principio se aplica incluso a los mínimos elementos posibles en que puedan dividirse los átomos. Así, primero, todo individuo se individúa por su entidad; segundo, el principio de individuación consiste en negaciones y, tercero, el principio de individuación es la existencia.
La filosofía contemporánea rechaza las doctrinas que eligen la materia o la forma como principio de individuación y tiende a fundamentar lo individual en sí mismo: la entidad individual existe como tal irreductiblemente.

INDUCCIÓN Este vocablo procede del lat. *inductio*, y éste del vb. *indúcere* = llevar, conducir, inducir. Sólo a nivel lógico nos da lo que entendemos aquí por inducción. Es lo contrario de deducción*: Mientras ésta va de lo universal a lo particular, y de la esencia a sus propiedades esen-

ciales, la inducción va de los casos particulares a una ley general válida para todos los casos de la misma clase. Se divide en completa e incompleta. (1) Es completa si parte de la observación de todos los casos particulares, pues su tarea es una enumeración, no un raciocinio. (2) Es incompleta si de un número relativamente corto de casos particulares saca una conclusión válida para todos los casos semejantes.
Pero, ¿cómo puede ser válida una inducción con tan menguados presupuestos? La pregunta no tiene en cuenta que la inducción no puede probarse por medio de un silogismo deductivo (se saldría de su esfera), sino por medio de lo que se llama «principio de convergencia». Aunque no pueda ofrecer una certeza basada en exactitudes matemáticas ni científicas, es válida, siempre que se haga según las exigencias de todo buen método inductivo, sin generalizaciones hechas a la ligera.

INDULGENCIAS Tomamos aquí el vocablo en el sentido técnico que tiene en la Iglesia de Roma. Procede del latín *indulgentia* y se refiere a «la remisión de la pena temporal por los pecados, ya perdonados en cuanto a la culpa, que un fiel dispuesto y cumpliendo determinadas condiciones consigue por mediación de la Iglesia, la cual como administradora de la redención, distribuye y aplica con autoridad el tesoro de las satisfacciones de Cristo y de los santos» (*Código de Derecho Canónico*, 992).
Según la doctrina católica, pues, después que se ha perdonado la culpa del pecado, queda una cantidad, mayor o menor, de pena (castigo) que hay que pagar de una de estas cinco formas: (1) cumpliendo la satisfacción que impone el sacerdote en la administración del sacramento de la penitencia; (2) por medio de obras virtuosas; (3) aplicando el fruto del sacrificio de la Misa, del mismo valor que el del Calvario; (4) padeciendo, por más o menos tiempo, en el Purgatorio; (5) por medio de indulgencias concedidas por el papa o por el obispo. Como es bien sabido, fue este asunto de las indulgencias lo que ocasionó la controversia entre M. Lutero y el fraile dominico J. J. Tetzel en 1517 al comienzo de la Reforma.
Nada mejor que copiar lo que la Iglesia de Roma enseña en el Catecismo oficial de la Iglesia Católica (puntos 1471 ss.), garantizado por Juan Pablo II el 11 de octubre de 1992: 1471. «La doctrina y la práctica de las indulgencias en la Iglesia están estrechamente ligadas a los efectos del sacramento de la Penitencia.»
«Qué son las indulgencias. La indulgencia es la remisión ante Dios de la pena temporal por los pecados ya perdonados en cuanto a la culpa, que un fiel dispuesto y cumpliendo determinadas condiciones consigue por mediación de la Iglesia, la cual, como administradora de la redención, distribuye y aplica con autoridad el tesoro de las satisfacciones de Cristo y de lo santos.»
«La indulgencia es parcial o plenaria según libere de la pena temporal debida por los pecados en parte o totalmente.»
«Todo fiel puede lucrar para sí mismo o aplicar por los difuntos, a manera de sufragio, las indulgencias tanto parciales como plenarias (Código de Derecho Canónico, cans. 992-994).»
Como en los puntos siguientes, el Catecismo se extiende mucho en explicaciones que no caben en este art.; me limito a extractar lo principal:
«El pecado grave nos priva de la comunión con Dios y por ello nos hace incapaces de la vida eterna, cuya privación se llama la pena eterna del pecado. Por otra parte, todo pecado, incluso venial, entraña apego desordenado a las criaturas, que tiene necesidad de purificación, sea aquí abajo, sea después de la muerte en el estado que se llama Purgatorio. Esta purificación libera de lo que se llama la pena temporal del pecado. Una conversión que proceda de una ferviente caridad puede llegar a la total purificación del pecador de modo que no subsistiría ninguna pena.»
«El perdón del pecado y la restauración de la comunión con Dios entrañan la remisión de las penas eternas del pecado. Pero las penas temporales del pecado permanecen. El cristiano que quiere purificarse de su pecado y santificarse con ayuda de la gracia de Dios no se encuentra solo. En la comunión de los santos existe entre los fieles –tanto entre quienes ya son bienaventurados como entre los que expían en el purgatorio o los que peregrinan todavía en la tierra– un constante vínculo de amor y un abundante intercambio de todos los bienes. Así, el recurso a la comunión de los santos permite al pecador contrito estar antes y más eficazmente purificado de las penas del pecado. Estos bienes espirituales, los llamamos también el tesoro de la Iglesia, que es el valor infinito e inagotable que tienen ante Dios las expiaciones y los méritos de Cristo nuestro Señor, Sólo en Cristo, Redentor nuestro, se encuentran en abundancia las satisfacciones y los méritos de su redención» (cf He. 7:23-25; 9:11-28).
«Las indulgencias se obtienen por la Iglesia que, en virtud del poder de atar y desatar que le fue concedido por Cristo Jesús, interviene en favor

de un cristiano y le abre el tesoro de los méritos de Cristo y de los santos para obtener del Padre de la misericordia la remisión de las penas temporales debidas por sus pecados. Puesto que los fieles difuntos en vía de purificación son también miembros de la misma comunión de los santos, podemos ayudarles, entre otras formas, obteniendo para ellos indulgencias, de manera que se vean libres de las penas temporales debidas por sus pecados.»

La enseñanza católica sobre las indulgencias no se ha alterado con este nuevo documento, pero los abusos han quedado orillados con una maestría y un tacto extraordinarios. El Catecismo cita como fuente principal de su actual enseñanza sobre las indulgencias la Constitución apostólica *Indulgentiarum* doctrina de Pablo VI, uno de los papas más sabios de la época moderna, todo hay que decirlo.

Bib. T. Gay, *DC*, «Indulgencias»; *Manual de Indulgencias* (PPC, Madrid 1995).

INERRANCIA E INFALIBILIDAD DE LA BIBLIA (cf. *Biblia, Inerrancia e infalibilidad de la*)

INFALIBILIDAD PONTIFICIA Según la enseñanza oficial de la Iglesia de Roma, el papa es infalible, no siempre, sino con ciertas condiciones. El Concilio Vaticano I en su sesión IV (18 de julio de 1870) definió solemnemente como dogma revelado por Dios «que el Romano Pontífice, cuando habla ex cátedra, esto es, cuando en el desempeño de su cargo de pastor y doctor de todos los cristianos define con su suprema autoridad apostólica que la Iglesia universal debe sostener una doctrina sobre la fe y las costumbres, dispone, por la asistencia que le fue prometida en el bienaventurado Pedro, de aquella infalibilidad con la que el Redentor divino quiso que su Iglesia estuviese equipada al definir una doctrina sobre la fe y las costumbres: y, por tanto, que las definiciones de ese mismo Romano Pontífice son de suyo irreformables, no por el consentimiento de la Iglesia. Y si alguien se atreviera a contradecir a esta definición Nuestra, lo cual no consienta Dios, sea anatema».

Esta enseñanza de la Iglesia de Roma se apoya en los siguientes presupuestos: (1) Que Cristo estableció el oficio de un «Vicario» suyo en la tierra; (2) Que este oficio lleva consigo la infalibilidad en asuntos de fe y costumbres; (3) Que este oficio, con el privilegio de la infalibilidad, fue primero desempeñado por el apóstol Pedro; (4) Que el obispo de Roma es el sucesor de Pedro. Los únicos textos bíblicos que se aducen son Mt. 16:16-19, Lc. 22:31-32 y Jn. 21:15-17. Los teólogos evangélicos sostienen, con razón, que ninguno de los cuatro presupuestos tiene base alguna en la Palabra de Dios, En efecto, (A) Como el propio H. Küng ha apuntado, Mt. 16:18 no habla de la infalibilidad, sino de la indefectibilidad (no morirá), de la Iglesia. (B) En Lc. 22:32, Jesús no oró para que Pedro fuese infalible, sino para que, convertido de su infidelidad al Señor, supiese fortalecer a sus hermanos tras el triste caso de su propia experiencia. (C) En Jn. 21:15-17, Jesús no confiere a Pedro ningún privilegio sobre los demás apóstoles, sino que le exige tres confesiones de amor por las tres negaciones después que había dicho: «Aunque todos se escandalicen de ti, yo nunca me escandalizaré» (Mt. 26:33).

Como consta por las actas del Concilio, fue el propio Pío IX quien impuso la definición de su propia infalibilidad, según ha demostrado el mismo H. Küng en su libro *¿Infalible?* y en el que introdujo con un prólogo,*Cómo llegó el Papa a ser infalible*. Las anécdotas narradas en este 2º libro muestran el verdadero carácter, despótico y morboso, de dicho papa.

Los evangélicos sostenemos: (a) que ningún hombre es infalible en este mundo (Ro. 3:4); (b) que sólo la Palabra de Dios es infalible y suficiente para toda obra buena (2 Ti. 3:16-17; 2 P. 1:21); (c) que en ella nos habla el infalible Espíritu de Dios (Jn. 16:13: 1 Jn. 2:20, 27).

Bib. August Bernhard Hasler, *Cómo llegó el papa a ser infalible* (Planeta, Barcelona 1980); George Salmon, *La infalibilidad de la Iglesia* (CLIE, Terrassa 1985); Jesús Sancho Bielsa, *Infalibilidad del pueblo de Dios* (EUNSA, Pamplona 1979); Francis Simons, *Infalibilidad y evidencia* (Ariel, Barcelona 1969).

INFIERNO En este tema, conviene no confundir el Infierno propiamente dicho, con el hebr. *Sheól* ni con el gr. *Hádes*. En la Palabra de Dios se distinguen claramente estos lugares de ultratumba:

(1) El sepulcro o lugar de los cuerpos de los difuntos; en hebr. *shájat* = fosa, del vb. *shájat* = corromper, destruir (cf. p. ej. Sal. 103:4) y en gr. *diafthorá* = corrupción (6 veces) y *thánatos* = muerte en Hch. 2:24; 1 Co. 15:55 y Ap. 20:13-14. En el original no aparece ningún otro vocablo.

(2) El lugar de las almas de los difuntos se llama en hebr. *sheól* y en gr. *hádes* (cf. *Hades*).

(3) El Infierno propiamente dicho, que por su carácter exclusivo de futuro lugar eterno de los condenados no aparece en el hebr. del AT. En el gr.

del NT tiene el nombre de *géenna*. De las doce veces en que ocurre, todas tienen ese significado, excepto en Stg. 3:6, cuyo sentido es probablemente metafórico.
(4) El Cielo como lugar definitivo de los salvos, después del Juicio Final (cf. *Escatología*).
(5) El «seno de Abraham» (cf. Lc. 16:22), donde se hallaban las almas de los justos antes de la muerte del Señor, como explicación más probable.
(6) El Paraíso (recuperado, cf. Ap. 22:1-5), que, por Lc. 23:43, parece ser que fue inaugurado por el alma de Cristo (cf. Hch. 2:27, 31), llevando consigo el alma del buen ladrón. Para ver qué clase de lugar es, si es distinto del cielo y de la Jerusalén Celestial, cf. *Paraíso*.
Centrándonos en el tema de este art., vamos a considerar los siguientes puntos acerca del Infierno:
(A) Está preparado para el diablo y sus ángeles (los demonios). Así lo dice Jesús en Mt. 25:41. Dios no manda al infierno; es el pecador obstinado quien se prepara para él (cf. p. ej. Ro. 2:4-11; 9:22-23).
(B) Es un castigo eterno (cf. Mt. 18:8; 25:41, 46; Mr. 3:29; 2 Ts. 1:9; He. 6:2; Jud. v. 7; Ap. 14:11). Siempre hubo, especialmente desde Orígenes, quienes negaron la eternidad del infierno. Recientemente, el pastor anglicano John Stott, en el libro *Essentials* (hay trad. cast.), ha sostenido con gran habilidad y una argumentación que hace reflexionar, que los réprobos serán aniquilados (cf. *Aniquilación*), al ser arrojados al lago de fuego (Ap. 20:15). Es precisamente Jud. v. 7 la porción que da pie para pensar que Stott podría estar en lo cierto, pues la eternidad del castigo de Sodoma, Gomorra y las ciudades vecinas consiste en que su destrucción perdura para siempre, no en que estén quemándose perpetuamente, pues esto es obviamente falso.
(C) Finalmente, he llegado a la convicción de que el fuego del Infierno (p. ej. en Mt. 3:10,12; 5:22; 13:42, 50;18:9; 25:41; Ap. 21:8) no es un fuego real, sino metafórico.
Me apoyo en las siguientes razones: (a) el Señor lo designa siempre con el nombre de *géenna*. Este vocablo arameo procede de *ge-Hinnóm* = valle de Hinnón, un lugar al sur de Jerusalén, en el que se ofrecían sacrificios humanos al dios pagano Moloc en tiempo de Acaz y Manasés (cf. 2 R. 16:3; 21:6). Allí se arrojaban los cadáveres de los sacrificados y allí eran consumidos por el fuego. En tiempo de Jesús, allí se echaban las basuras y se quemaban para librar de malos olores a la ciudad. Resulta, pues, símbolo de destrucción, según lo dicho en (B); (b) un fuego con azufre (Ap. 21:8), si no destruye al condenado en un instante, sería un tormento insufrible, modelo del más refinado sadismo e impropio de un Dios que incluso en su justicia usa de misericordia; (c) si se supone que el Infierno es eterno, lo cual es problemático (discutible), la mejor solución es la dada por C. S. Lewis, quien, en su libro *El problema del dolor*, sostiene que el Infierno es un lugar en el que los condenados están reducidos a un estado de «exhombres», meros harapos de una humanidad totalmente echada a perder en la rebeldía en que los halló la muerte.

INFINITO Este vocablo procede del lat. *infinitus* = ilimitado, y es lo contrario de *finitus* = limitado.
(1) Por una parte, el infinito puede ser: (A) absoluto, cuando carece de toda clase de límites (Dios es el único, porque es infinito en la misma región del ser); y (B) relativo, cuando carece de límites con respecto a determinadas propiedades (p. ej. infinitos en duración son los espíritus puros y el alma humana). Sin embargo, en la antigua filosofía griega, infinito era lo imperfecto, lo inacabado. En ese sentido decía Aristóteles que la materia prima, por ser indeterminada, es «infinita».
(2) La filosofía escolástica medieval distinguía: (A) el infinito potencial o indefinido, que puede (a) aumentarse indefinidamente (p. ej. un número puede multiplicarse infinitamente) o (b) disminuirse indefinidamente (p. ej. un número puede dividirse infinitamente). Precisamente por eso, el cálculo que se hace con el infinito matemático se llama cálculo infinitesimal; y (B) el infinito actual, que excluye positivamente todo límite, ya que, en su aspecto respectivo, nada puede haber más allá de él.
(3) Acerca de la infinitud absoluta y actual de Dios, es menester hacer notar lo siguiente: (A) por ser una infinitud en la región misma del «ser», Dios no puede ser encasillado en ninguna de las categorías del ser, pues está por encima de todos los grados del ser creado; (B) por ser una infinitud cualitativa (de perfección), no cuantitativa (de extensión), supera al ser de todos los demás seres, pero no encierra dentro de sí el ser individual de los seres creados. En otras palabras: entre Dios y las criaturas hay más seres (mayor número de seres), pero no hay más ser (mayor perfección del ser). Suelo poner el ejemplo siguiente: Un hombre sabio junto con cincuenta necios forman cincuenta y un hombres, pero el hombre sabio posee mayor sabiduría que entre los cincuenta necios juntos.

INFRALAPSARIOS (cf. *Elección*, 3)

INMANENCIA El vocablo procede del lat. *immanére* = quedar dentro, permanecer en. Al implicar un «no salir afuera», es lo contrario de trascendencia*. El término puede tener cuatro sentidos diferentes:

(1) A nivel gnoseológico expresa dependencia de la conciencia, es decir, que el objeto no existe independientemente del acto de conocerlo, sino que su ser consiste en ser pensado y permanece en la conciencia mientras es pensado. Este es el idealismo que llega a su culminación con Hegel. No podemos estar de acuerdo con esta escuela de pensamiento, porque subordina el ser al pensar.

(2) A nivel experimental significa estar restringido al ámbito de la experiencia sensible. Lo suprasensible queda fuera de dicho ámbito en la trascendencia del *noúmeno*, pues no es experimentable. Es la enseñanza de Hume por la parte del empirismo, y de Kant por la parte de la crítica de la razón pura. Tampoco podemos estar de acuerdo con esta interpretación por su agnosticismo, ya que, en esta teoría incluso lo experimentable es puro fenómeno = apariencia. Semejante a esta teoría es el modernismo* religioso, pues enseña que la religión se limita a la mera experiencia subjetiva.

(3) A nivel metafísico tiene dos sentidos diferentes: (A) El que le da el panteísmo: No hay nada que trascienda de los límites de este mundo, pues el Absoluto (Dios o la naturaleza) está en todos los seres, que no son más que momentos y modos de su despliegue, con lo cual se niegan la infinitud y la libertad de Dios, al negar su trascendencia; (B) El que le da la filosofía escolástica: Dios está inmanente en su creación sin confundirse con ella precisamente por su infinita trascendencia, por la cual mantiene su diferencia de todo lo creado, a la vez que confiere a todas las criaturas el ser en sí mismas.

(4) Un sentido especial cobra el vocablo inmanente cuando lo referimos a la vida como actividad inmanente en oposición a transeúnte (cf. *Acción*).

INMORTALIDAD Con este vocablo expresamos tanto la propiedad de «poder no morir» como la de «no poder morir». Por supuesto, esto sólo puede aplicarse a los seres vivos. Nadie dirá de una piedra que es «inmortal», a pesar de que puede perdurar en su ser por mucho más tiempo que un perro. La inmortalidad se divide en esencial, natural y gratuita.

(1) Inmortalidad esencial es la que compete a un ser por su propia esencia, la cual subsiste por sí misma. Sólo Dios es inmortal en este sentido y por eso dice de Él Pablo en 1 Ti. 6:16 «el único que tiene inmortalidad».

(2) Inmortalidad natural es la que poseen los seres espirituales creados (el ángel y el alma humana) para seguir viviendo en virtud de su naturaleza, según ha sido creada por Dios. En efecto, el ser espiritual es incorruptible, pues no tiene partes en las que pudiera descomponerse. Hay teólogos que niegan la inmortalidad natural del alma apelando, especialmente, a 2 Ti. 1:10, donde dice Pablo que Jesucristo quitó la muerte y sacó a luz la vida y la inmortalidad por medio del evangelio. Este texto no tiene nada que ver con el tema porque: (A) No trata de la inmortalidad física del alma, sino de la esperanza de inmortalidad futura del ser humano que reciba el evangelio: (B) No se trata de producir la inmortalidad, sino de sacarla a luz.

(3) Inmortalidad gratuita es la que posee el ser corpóreo, no por naturaleza, sino como don de Dios. En virtud de su constitución orgánica, el cuerpo humano tiende a descomponerse (cf. Gn. 2:7; 3:19; Ec. 12:7). Esta inmortalidad es la que poseían Adán y Eva antes de la caída, en el sentido de «poder no morir» (cf. Gn. 2:17; 3:19), y la que disfrutarán los bienaventurados en la gloria, en el sentido de «no poder morir» (cf. Ap. 21:4). Si se admite que los réprobos estarán en un infierno eterno (cf. *Infierno*), no se puede hablar en este caso de inmortalidad, sino de existencia perpetuamente duradera, pues eso no es vida, sino muerte eterna (cf. Ap. 20:14).

Según lo dicho, la revelación divina, y aun la misma razón humana, demuestran lo que acabo de exponer acerca de la inmortalidad. Como puede suponerse, niegan la inmortalidad del alma humana todos los materialistas, los criticistas, los panteístas y los biologistas. También van contra nuestra tesis los partidarios del eterno retorno y de la reencarnación (cf. *Metempsícosis*), pues atentan contra la condición de la existencia humana y contra la dignidad de la persona.

Bib. L. Boetnner, *La inmortalidad* (CLIE, Terrassa 1974, 3ª ed.); Oscar Cullmann, *La inmortalidad del alma o la resurrección de los muertos* (Studium, Madrid 1970); J. Pieper, *Muerte e inmortalidad* (Herder, Barcelona 1982 3ª ed.); A. Ropero, «La inmortalidad del alma, ¿doctrina bíblica o filosofía griega» (*Alétheia* nº 8, Barcelona 1995); M. F. Sciacca, *Muerte e inmortalidad* (Miracle, Barcelona 1962).

INMUTABILIDAD El vocablo significa, como lo dice su etimología, incapacidad de cambiar o, visto del lado positivo, capacidad de no cambiar. En el primer caso, es un defecto, como cuando decimos: «Ese individuo no se inmuta por nada» = no tiene sentimientos. En el segundo, es una perfección.

La inmutabilidad, en su verdadero sentido filosófico y teológico, es la imposibilidad de que un ente cambie en su esencia o en sus propiedades. Puede ser absoluta, que es propia de Dios (cf. *Dios, 14. Dios, Inmutabilidad de*) y relativa, que pertenece a los seres creados. Los seres puramente materiales, aunque nunca cambien, no se puede decir que sean en realidad inmutables (cf. lo dicho a este respecto en *Inmortalidad*), pues carecen de vida y, por tanto, del movimiento espontáneo. Pero, por eso mismo, están más expuestos al movimiento dirigido y, por tanto, a los cambios impuestos por agentes exteriores. En cambio, cuanto más desligado de la materia está un ente, tanto menos cambio experimenta. En el ser humano mismo, el cambio está en relación inversa de la elevación de sus facultades espirituales, como se muestra en el conocimiento que puede llegar hasta los estados místicos en que una suma actividad se conjuga con una profunda inmutabilidad.

Finalmente, un ente no pierde su inmutabilidad ni (A) por conocer algo, ya que la información que recibe no es una sustancia, sino un accidente integrador, ni (B) por ser conocido por alguien, ya que esto le es extrínseco. Lo mismo ocurre cuando alguien que está sentado a mi derecha se cambia a mi izquierda; es un cambio totalmente exterior, que en nada afecta al ente como tal.

INSPIRACIÓN (cf. *Biblia, Inspiración de la*)

INSTINTO Este vocablo entró en el cast. a primeros del siglo XV y procede del lat. *instinctus*, y éste, del vb. *instínguere*, variante muy rara de *instigare* = incitar, estimular.

El instinto, en sentido general, es la disposición natural de los seres vivos para obrar en orden a un fin. Por ser natural, es una disposición o, mejor dicho, un conjunto de disposiciones heredadas que incitan al ser vivo a relacionarse de un modo especial con ciertos objetos del entorno y a obrar después en forma específicamente adecuada a la conservación de la especie.

La acción instintiva es desencadenada por determinados objetos animados que rodean al sujeto viviente, como son, p. ej. para un perro la presencia cercana de un conejo como presa codiciable, a la cual, sin embargo, no se lanza por la presencia igualmente cercana de un león como enemigo temible. A esto ayuda el conocimiento del lenguaje de signos especiales como el gesto y el grito («lenguaje corporal»), así como el olor de la adrenalina, de dichos animales en el ejemplo expuesto. Este conocimiento es innato, aunque en un determinado periodo de la vida necesita ser modelado por la experiencia.

También el hombre, por ser un animal vivo, posee instintos de toda clase, pero de forma muy diferente de la del animal bruto, pues (1) en el hombre, el instinto no es una propiedad característica; más bien, a mayor nivel de humanidad corresponde un nivel menor de reacciones instintivas; además, (2) en el hombre, el instinto no está tan unívocamente determinado como en el animal; personas del mismo tipo caracterial reaccionan de forma distinta ante una situación incitante; y (3) en el hombre, aspectos como el «lenguaje corporal» no se conocen por instinto, sino que dependen de un aprendizaje y de una práctica basada en la experiencia.

Ciñéndome a la doctrina escolástica sobre el instinto, diré que el tema (A) en su vertiente metafísica, pertenece a la filosofía de la naturaleza, y (B) en su vertiente psicológica, constituye una sección dentro del tema de los sentidos internos. La compleja doctrina resultante considera al instinto como una facultad cognoscitiva y apetitiva de la sensibilidad interna, diferenciándose así (a) de todo proceso en que actúan los reflejos condicionados y (b) de la habilidad que se adquiere por medio de la memoria sensitiva.

INTEGRACIÓN (cf. *Alienación*)

INTELECTUALISMO Como en todos los *ismos*, intelectualismo es el aspecto indeseable de lo intelectual. En efecto, ser intelectual es cosa buena, pues indica que el sujeto usa su intelecto. Dios mismo es, en este sentido, sumamente intelectual, pues «entiende» muy bien lo que sabe y usa su intelecto para producir y gobernar todo lo creado. Pero los seres inteligentes necesitan, además del intelecto, el sentimiento, la libertad, etc. En cambio, el intelectualismo atribuye tal preponderancia a lo intelectual (a la idea, a la razón, a lo suprasensible) que hace de lo intelectual una especie de «coto cerrado». Y esto puede darse a distintos niveles:

(1) A nivel metafísico, tenemos el idealismo trascendental alemán, que hace de todo el ser una «posición» de la razón, error evitado cuidadosa-

mente por Platón, Aristóteles y Tomás de Aquino. En especial, éste hace ver que el ser, en su causa primera (Dios), se identifica con el intelecto, de donde se sigue que todo ente, por el hecho de serlo, es conforme a la mente, racional o intuitiva.
(2) A nivel gnoseológico, está el racionalismo, que hace de la razón el criterio supremo de todo conocimiento, error evitado igualmente por Aristóteles y Tomás de Aquino al afirmar la primacía del intelecto sobre la voluntad contra Escoto. En efecto, es cierto que la voluntad abre las ventanas para que entre la luz, pero la luz del conocimiento natural va directamente al intelecto y, por medio de él, a la voluntad.
(3) A nivel psicológico, se yerra cuando, con detrimento de las demás fuerzas del espíritu, se concede un espacio excesivo a la vida intelectual, error evitado por Aristóteles y Tomás de Aquino al determinar la esencia de la bienaventuranza conforme a la citada preeminencia del intelecto sobre la voluntad. En teología, esto tiene singular importancia a la hora de señalar en qué consiste la visión beatífica de Dios en el cielo.
(4) Finalmente, a nivel ético, está el intelectualismo erróneo de Sócrates, según el cual la virtud no era más que un «saber acerca del bien», sin pretender un conocimiento que influya directamente en la conducta. En cambio, en la teología bíblica, es justamente esta clase de conocimiento experimental de Dios la que introduce al ser humano en las cimas más altas del auténtico saber (cf. Jn. 17:3; 1 Co. 8:1-3).

INTENCIONAL Este vocablo es derivado de intención; y éste del vb. lat. *inténdere* = tender hacia, dirigirse hacia, que es precisamente lo que hace nuestra mente cuando pone su atención sobre un objeto. Por ello,
(1) se llama intencional, en sentido lato, todo lo que está orientado hacia algo, como, p. ej. la causa agente hacia su actividad peculiar.
(2) En sentido estricto, se llama intencional lo que posee una orientación consciente hacia un objeto, como ocurre en nuestros actos cognoscitivos y apetitivos, pues todos ellos apuntan, «tienden», a algo. Como esto implica una relación de la facultad anímica al objeto conocido o deseado, estos mismos objetos, en cuanto que son «representados» (pensados o queridos) por el sujeto, se dice que tienen un ser intencional.

INSPIRACIÓN (cf. *Biblia, Inspiración de la*)

INTERCESIÓN DE CRISTO (cf. *Cristo, 8. Cristo, Intercesión de*)

INTERMEDIO, ESTADO (cf. *Estado intermedio*)

INTERPRETACIÓN (cf. *Hermenéutica*)

INTERPRETACIÓN DE LENGUAS (cf. *Dones espirituales, 5, I*)

INTUICIÓN Este vocablo procede del vb. lat. *intuéri* = mirar atentamente, contemplar, fijarse en. En sentido estricto, intuición es la visión directa de algo concreto que se muestra como presente al sujeto. En este sentido, el conocimiento intuitivo se diferencia del abstractivo, pues éste prescinde de la presencia concreta de lo conocido. Hay dos clases de intuición: sensorial e intelectual.
(1) Se llama intuición sensorial la que está ligada a distintos órganos del cuerpo y se halla también en los animales, aunque no con la perfección con que se da en el hombre. Como se ve por su etimología, el vocablo intuición se refiere primordialmente al sentido de la vista, que en el hombre es el más importante. Sin embargo, por cierta analogía, también los demás sentidos poseen, a su manera, alguna clase de intuición. Así es como los ciegos pueden «ver» (y leer) por medio del tacto.
(2) Se llama intuición intelectual, en sentido estricto, la que se da en el espíritu puro, lo cual se cumple perfectamente y en grado infinito en Dios, quien se ve a Sí mismo y a todo ser creado en el espejo de Sí mismo. Como el hombre no es puro espíritu, sino un ser corpóreo, no cabe en él la intuición intelectual (contra el ontologismo y ciertas formas de idealismo), pero se da en el conocimiento intelectual del hombre, en sentido amplio, cierta intuición en cuanto que dicho conocimiento participa de algunos rasgos propios de dicha intuición intelectual. ¿Cuáles son estos rasgos? (A) El conocimiento conceptual del hombre versa sobre lo universal y abstracto, se realiza por medio de la reflexión o de la intuición sensorial. No obstante, como lo universal se aprehende primariamente en el ente como «ser existente», dicho conocimiento puede llamarse intuitivo en cuanto que capta sus objetos directamente, sin intervención del raciocinio. (B) Además, el hombre puede abarcar de un vistazo, sin mediación del raciocinio, relaciones de mucho mayor amplitud que las que le ofrece la mera intuición sensorial, aunque sea ésta la que le presta el apoyo; p. ej. en la visión artística de un panorama plasmable en un cuadro, por lo que merece

el nombre de intuición intelectual. A veces, esta intuición aparece como una inspiración otorgada al ser humano, cuando se le abren de repente perspectivas no previstas ni soñadas.

En la medida en que se separa del sistema escolástico, la filosofía moderna separa de muchas maneras lo intuitivo de lo conceptual y discursivo, negándole al conocimiento humano la facultad de aprehender la cosa en sí y destruyendo así el fundamento mismo de la metafísica.

A nivel teológico, la Palabra de Dios enseña abundantemente que a Dios sólo se le puede conocer discursivamente, a posteriori, mediante el conocimiento de lo creado (cf. p. ej., Hch. 14:15-17; 17: 24-28; Ro. 1:18-20), no por intuición (cf. Jn. 1:18; 1 Ti. 6:16).

Finalmente, la intuición intelectual llega a su grado más alto en la doctrina católica sobre la visión beatífica de la esencia divina (cf. *Beatífica, Visión*).

INTUICIONISMO Aquí tenemos otro *ismo*, del cual no necesitamos hablar mucho, pues ya habrá adivinado el lector de qué se trata. Con el vocablo se designan todas las corrientes filosóficas que atribuyen a la intuición un papel predominante, con menoscabo de los demás modos de conocer. La forma extrema del intuicionismo la constituye el tantas veces mencionado ontologismo* y, hasta cierto punto, los sistemas filosóficos de Platón, Bergson y Scheler.

INVOCACIÓN DE LOS SANTOS (cf. *Santos, Invocación de los*)

IRENEO DE LYON Este escritor eclesiástico del siglo II (aprox. 130-200) merece un puesto en la historia de la teología por su contribución al desarrollo de la misma. Además, su testimonio es digno de tenerse en cuenta por haber sido discípulo de Policarpo de Esmirna, quien, a su vez, fue discípulo del apóstol Juan. Aunque Ireneo era de origen griego (gr. *Eirenáios* = pacífico), se le conoce también como «Padre de la Iglesia» en el sector occidental, por haber sido posteriormente obispo de Lyon en la Galia.

De todo lo que escribió han sobrevivido sólo dos tratados. Resumo su pensamiento:

(1) En su *Demostración de la predicación apostólica*, escrita con fines apologéticos o catequísticos, Ireneo presenta a Cristo y al cristianismo como el cumplimiento de las profecías del AT y afirma que la historia de la salvación está estructurada siguiendo los diferentes pactos de Dios con el hombre.

(2) En su *Refutación de las herejías* (su obra principal), Ireneo lanza un enérgico ataque contra el gnosticismo (cf. *Gnosticismo*), ya que los gnósticos sostenían una interpretación mitológica de la Biblia, la maldad innata de la materia y una escatología espiritualizada. Ireneo defiende contra ellos una interpretación de la Biblia acorde con la predicación apostólica, así como las doctrinas bíblicas de la creación, la redención, la resurrección corporal y el milenarismo.

(3) Pero lo más original del pensamiento de Ireneo fue su doctrina sobre la recapitulación: El Hijo de Dios, enteramente Dios, se hizo el Hijo del Hombre, totalmente hombre. Por su nacimiento virginal, la encarnación del Hijo de Dios implicaba que, al asumir nuestra humanidad entera, Cristo recapituló en sí mismo todo lo humano. Lo que se perdió por la desobediencia de Adán, se rescató por la obediencia del postrer Adán, Cristo, el cual recorrió todas las etapas de la vida humana, resistió todas las tentaciones, murió y resucitó victorioso de la muerte y del diablo. La analogía con Adán y Eva, tenía que incluir como la nueva Eva a la Virgen María. Este fue uno de los graves errores de Ireneo, al echar en una época tan temprana el fundamento de la Mariología.

Bib. Ireneo, *Contra las herejías*, 5 vols. (AM, Sevilla 1999); A. Orbe, *Antropología de San Ireneo* (BAC, Madrid); –*Teología de San Ireneo*, 4 vols. (BAC, Madrid).

IRRACIONAL En una primera consideración superficial del término, irracional es simplemente lo contrario de racional. Pero esto se presta a serios equívocos, pues en realidad el vocablo irracional puede significar cosas muy diversas:

(1) A nivel psicológico, lo irracional es una vida consciente más o menos sustraída a la dirección de la razón natural, especialmente una vida esclava de los sentimientos e instintos de la vida sensitiva.

(2) A nivel lógico, lo irracional, propiamente hablando, es lo contrapuesto a la razón, pero teniendo en cuenta que hay objetos que no son captables por la razón, sin que por eso sean irracionales o contra la razón (ése es precisamente el gran sofisma del racionalismo). En efecto, para nuestro pensar conceptual, no todo lo que existe es comprensible, empezando por el propio individuo cognoscente y, sobre todo, cuando se trata de Dios, el cual es totalmente incomprensible a pesar de sernos cognoscible.

(3) Finalmente, a nivel ontológico, hay un doble irracionalismo: (A) El que supone que hay un ente

absolutamente irracional. ¿Cómo puede ser un ente absolutamente irracional? Sí, contestan Schopenhauer y Nietzsche entre otros, el ser, en su más profunda esencia, es irracional y, en último término, sólo puede concebirse como voluntad ciega o impulso vital. (B) También es irracionalismo ontológico el materialismo* al afirmar que la materia inanimada es la primordial causa de todo cuanto existe. Para refutar esta doble clase de irracionalismo, nos basta con hacer notar que la verdad de todo ser es convertible con el ente, pues tanto la verdad como el ente pertenecen al orden de lo trascendental.

IRRESISTIBLE (cf. *Gracia*, 3)

IRVING, EDUARDO Este ministro de la Iglesia protestante de Escocia (1792-1834) se hizo especialmente famoso por su afán de introducir en el protestantismo la dimensión carismática (cf. *Carismático, Movimiento*).

Nacido en Haddington y educado en la universidad de Edimburgo, donde se graduó en 1809, Irving era un hombre de singulares dotes oratorias, que llegó a creerse un profeta enviado por Dios con un mensaje específico para el protestantismo británico. Respondió enseguida a una invitación para pastorear una pequeña congregación en Londres el año 1822. Su éxito como orador fue tal, que en 1827 se construyó la gran iglesia de Regent Square para poder contener a las multitudes. Por temor al liberalismo y desencantado del evangelicalismo, Irving quiso buscar en el pasado las soluciones a los problemas del presente. Pensó que una de las razones del poder de la Reforma era su teología sacramental y, por eso, puso tremendo énfasis en la presencia y el poder del E. Santo en la recepción del bautismo. Era, pues, el suyo un carismatismo sacramental.

Sus esperanzas se vieron confirmadas cuando entró en contacto con un grupo de anglicanos premilenaristas. Debido en parte a la influencia de Coleridge, creyó que era inminente la 2ª Venida del Señor y vio en ello el gran remedio contra la herejía del liberalismo y la poca energía del evangelicalismo, con plena confianza de que, en un breve periodo anterior a dicha Venida, tendría lugar un espectacular y postrero derramamiento del E. Santo. En este nuevo ideal de escatología carismática, Irving condujo a su premilenarismo a J. N. Darby* y otros primeros Hermanos de Plymouth. Sin embargo, el gran movimiento de los Hermanos no comparte en modo alguno las ideas de Irving.

El siguiente paso en la trayectoria de Irving fue su convicción de que los dones extraordinarios del E. Santo serían otorgados de forma ordinaria en el mencionado periodo previo a la 2ª Venida del Señor. También desarrolló una Cristología «carismática» al sostener que el Hijo de Dios, al asumir la naturaleza humana, la recibió en su condición de caída*, pero que la constante actividad del E. Santo le preservaba del pecado.

Tales puntos de vista forzosamente tenían que enemistarle con la Iglesia de Escocia, de fuerte tradición calvinista. Esta oposición se acentuó cuando Irving anunció que Cristo triunfaría de modo universal. Finalmente, en la primavera del 1830 se corrió el rumor de que en la parte oriental de Escocia se había experimentado el fenómeno de hablar en lenguas y, al año siguiente, esto se mostraba en la iglesia de Regent Square. Fue entonces cuando el presbiterio escocés prohibió a Irving predicar y le amenazó con la deposición. Irving y sus seguidores más fieles reaccionaron fundando la que vino a llamarse Iglesia Católica Apostólica, de la cual él fue designado el «ángel». Pronto fue dominado por los nuevos «apostóles» que poseían los dones extraordinarios, mientras que él mismo nunca habló en lenguas. Su salud decayó rápidamente y en diciembre de 1934 fallecía en Glasgow.

La discusión sobre Irving ha continuado hasta nuestros días, hallando favorable acogida entre algunos escritores de dentro y de fuera del movimiento carismático. Uno de los críticos más favorables a Irving es C. G. Strachan, como lo ha mostrado en su libro *La teología pentecostal de Eduardo Irving* (Londres, 1973), donde sostiene que las manifestaciones de los dones espirituales en la iglesia de Irving no se debían a una especie de «desbordamiento de un sentimiento religioso», sino a una consecuente fidelidad «en el estudio sistemático y la predicación de la Palabra de Dios».

Bib. Arnold Dallimore, *The Life of Edward Irving* (Banner of Truth, Edimburgo 1983); Gordon Strachan, *The Pentecostal Tehology of Edward Irving* (Hendrickson, Peabody 1988, 2ª ed.).

ISRAEL EN LA HISTORIA DE LA SALVACIÓN (cf. *Iglesia, 4. Singularidad de la Iglesia, B*)

ISRAEL EN LA PROFECÍA (cf. *Profecía, Israel en la*)

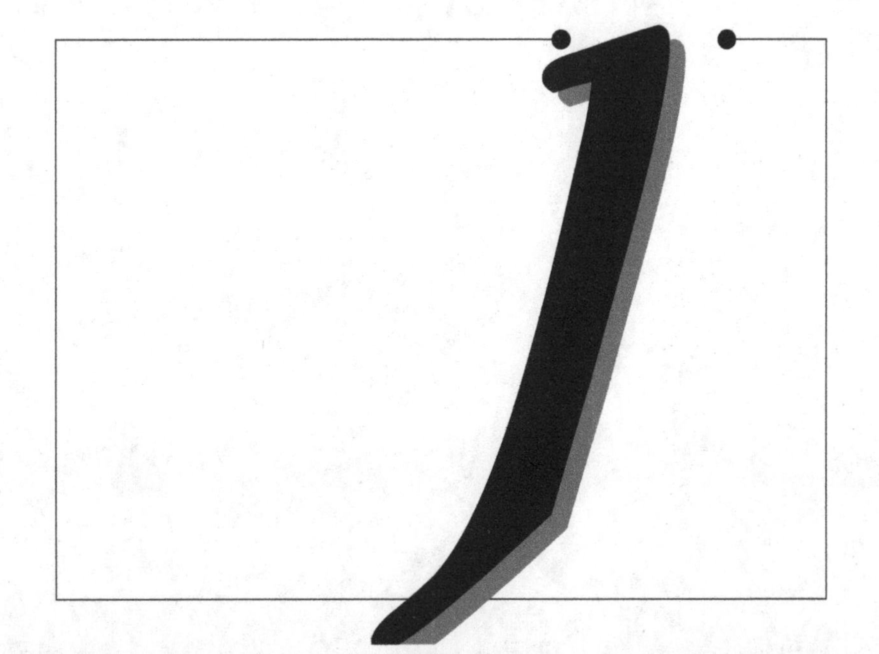

JANSENISMO Este vocablo se deriva del teólogo holandés Cornelio Jansenio (1585-1638), y fue un intento de conciliar las enseñanzas católicas de base agustiniana con las de los protestantes. El primer intento serio de esta clase lo había hecho el profesor de Lovaina Miguel Bayo (1513-1589), el cual enseñaba que, por la «caída», hemos perdido no sólo los dones naturales y preternaturales, sino también parte de nuestra naturaleza, que está ahora corrompida y, como resultado, no podemos volvernos hacia Dios, porque nos faltan tanto la capacidad como el deseo de hacerlo, ya que el albedrío se ha corrompido y no puede desear el bien. Después de las repetidas condenaciones papales de las proposiciones de Bayo, sus enseñanzas volvieron a la palestra con la obra principal de Jansenio, el *Augustinus* = Agustín, publicada póstumamente en Lovaina en 1640.

Jansenio había sido educado en Lovaina y después en París donde recibió su doctorado en 1617. Poco después fue nombrado director del Seminario de Santa Pulqueria en Lovaina y profesor de exégesis en la universidad. En 1630 fue nombrado Regio Profesor de Sagrada Escritura y, en 1635, Rector de la universidad. En 1636 fue consagrado obispo de Yprès, cuya presentación correspondía a la corona española, y allí murió del cólera en 1638.

Su libro *Augustinus* fue un ataque amplio y erudito contra las opiniones de los jesuitas que, en el C. de Trento, habían defendido con acierto y éxito la capacidad del libre albedrío para aceptar o resistir a la gracia de Dios. Jansenio se jactaba de haber leído, desde sus días de estudiante universitario, unas 8 veces todas las obras de Agustín de Hipona, y unas 30 veces las que tratan de la gracia y de la predestinación. La obra se divide en tres vols. En el 1º, expone y refuta el pelagianismo; en el 2º expone las doctrinas de Agustín sobre la gracia, el libre albedrío y la predestinación; y en el 3º trata de mostrar que las opiniones de los jesuitas se parecen más a las enseñanzas de Pelagio que a las de Agustín.

El error más grave de Jansenio fue que, en su defensa de las enseñanzas de Agustín, fue mucho más radical que el propio Agustín, si bien es verdad que los escritos de Agustín en su ancianidad, como es el libro *Sobre la predestinación de los santos* (428-429), muestran una posición radicalizada por la controversia pelagiana, por lo que Calvino y Lutero llegaron a decir: «Agustín es enteramente nuestro».

La verdad es que Jansenio, lejos de exponer imparcialmente las enseñanzas de Agustín, levanta su propio sistema, apelando a la autoridad de Agustín a favor suyo. El pensamiento de Jansenio puede resumirse del modo siguiente: (1) A causa de la «caída» original, la libertad de la voluntad ha quedado muy limitada; la «indiferencia» (poder pecar o no pecar) anterior de Adán ha sido destruida por el pecado original; (2) La gracia que bastaba para conducir al inocente Adán hasta Dios resulta ahora insuficiente, porque, al quedar nuestra libertad esclavizada por el pecado, es incapaz de hacer el bien; (3) Somos incapaces de amar a Dios; sólo podemos amarnos a nosotros mismos y a las criaturas; (4) Podemos llegar a observar los mandamientos externamente, pero sólo por orgullo o por temor, nunca por amor. Así que nuestra obediencia a la ley de Dios no es sino un cascarón vacío de toda bondad; (5) La gracia que impone su dominio a la voluntad humana es irresistible e infalible, y (6) La predestinación es absoluta y doble: unos están predestinados a la salvación y otros a la condenación. En todo esto, Jansenio sostenía que su doctrina era distinta de la de Calvino, pero fue justamente acusado de afirmar enseñanzas protestantes. En mi opinión, fue más lejos que el propio Calvino, no sólo en cuanto al monergismo, sino también en cuanto a la incapacidad de hacer el bien.

Los jesuitas de Lovaina intentaron impedir la publicación de la obra, pero se encontraron con que varios profesores de Lovaina defendían las enseñanzas de Jansenio. El *Augustinus* fue entonces impreso en París. Ante el peligro de contagio internacional, la Inquisición condenó la obra en 1641, pero la facultad de Lovaina se negó a aceptar el decreto de condenación. En 1643, Urbano VIII condenó el *Augustinus*. Como esto tampoco puso fin al debate, Inocencio X condenó en 1652 cinco proposiciones que se suponían contener el núcleo de la obra. Para no alargarme demasiado, traduzco del latín del *Denzinger-Schönmetzer* la 1ª, que es precisamente la más radical: «Algunos preceptos de Dios son imposibles para los hombres justos, según las fuerzas de que disponen, a pesar de que quieran y se esfuercen; falta además la gracia con la que se hagan posibles». Esta proposición es directamente contraria a la doctrina de Agustín, quien expresamente afirma: «Dios no manda imposibles, sino que, al mandar, enseña que hagas lo que puedas, que pidas lo que no puedas y ayuda para que puedas».

Con el francés Antonio Arnauld (1612-1694), el jansenismo fue llevado al campo de lo devocional y de la disciplina eclesiástica, defendiendo el rigorismo contra el supuesto laxismo probabilista de los jesuitas y convirtiéndose en un movimiento de resistencia contra la jerarquía eclesiástica. La abadía cisterciense de Port-Royal, de la que era abadesa una hermana de Arnauld, se negó a someterse y tuvo que ser clausurada en 1709, siendo dispersados todos sus ocupantes. Arnauld tuvo que marchar al destierro, pero su antorcha fue recogida por un pensador genial que se llamaba Blas Pascal (1623-1662), cuyas *Provinciales* pronto eclipsaron al *Augustinus*. R. García Villoslada decía (1944) que las *Cartas provincianas* de Pascal habían hecho a la Compañía de Jesús mayor daño que entre todos los escritos publicados contra los jesuitas. Como dichas *Cartas* no contenían ningún error dogmático, Pascal escapó del anatema. La jerarquía preparó un «formulario», que todo el clero francés debía firmar, en el cual se sostenía que las cinco proposiciones condenadas por el papa reflejaban correctamente el pensamiento de Jansenio. Muchos se negaron, y ni el propio Luis XIV se atrevió a reprimirlo por la fuerza, mucho menos cuando a principios del siglo XVIII, el jansenismo se hizo aliado del galicanismo. En 1713, Clemente XI volvió a condenar varias proposiciones sospechosas de jansenismo del sacerdote francés Pascasio Quesnel (injustamente condenadas, todo hay que decirlo), pero finalmente el jansenismo se unió a las fuerzas que condujeron a la Revolución Francesa de fines del siglo XVIII. Su último exponente en Francia fue el abad jacobino Enrique Gregoire (1750-1831) por motivos exclusivamente políticos. En Holanda, sin embargo, los jansenistas nombraron un arzobispo cismático de Utrecht como su líder eclesiástico, y este grupo ha perdurado hasta el presente, formando parte, desde el siglo XIX, de la Iglesia llamada, desde Döllinger, «los Viejos Católicos».

Bib. Karl Rahner, dir., *Sacramentum Mundi*, vol. IV. *Jansenismo* (Herder, Barcelona).

JASPERS, KARL (cf. también *Existencialismo, B*) Karl Jaspers (1883-1969), nació en Oldenburg (Alemania); desde pequeño padeció una enfermedad bronquial que le obligó a llevar una vida reposada, y contribuyó, sin duda, a suscitar en él una temprana reflexión existencial, así como a interesarse por cuestiones filosóficas. Decepcionado con la filosofía enseñada en la universidad, que le parecía una pseudociencia, decidió entonces estudiar medicina en la universidad de su ciudad natal, donde obtuvo el doctorado en 1909. Después de trabajar en el hospital psiquiátrico de la Universidad de Heidelberg, ingresó como «Privatdozent» de psicología en la Facultad de Filosofía de la misma universidad. En 1921 fue nombre profesor de filosofía y depuesto en 1937 por su espíritu independiente y oposición al régimen nacionalsocialista. Su esposa, Gertrud Mayer, era de origen judío. Se llegó a recomendarle el divorcio para no hacerse sospechoso al gobierno nazi y recobrar sus privilegios académicos. El matrimonio permaneció unido y en ningún momento abandonaron Alemania, pese a los peligros reales y potenciales. Terminada la guerra Jaspers fue uno de los principales promotores para la reanudación de actividades en la Universidad de Basilea, donde prosiguió su labor intelectual.

Sus primeros cursos versaron sobre «psicología comprensiva» y sobre la «psicología de las concepciones del mundo», interesándose cada vez más por la filosofía. Si en principio sospechó del carácter «científico» y útil de la filosofía, al tiempo que desarrollaba su propio pensamiento llegó a la conclusión de que la ciencia, o mejor, las ciencias son por sí mismas insuficientes, pues requieren un examen crítico y éste solamente puede darlo la filosofía. Enmarcado en el ámbito de la filosofía existencial, muy próximo al pensamiento de Kierkegaard, Jaspers cree que es en la existencia concreta donde se da todo saber y todo posible descubrimiento del ser. La pregunta por el ser y por la realidad es una pregunta humana: la pregunta que se hace a sí mismo el hombre en cuanto «existente». La filosofía no se limita a partir de la «experiencia posible», como quería Kant, sino que debe partir de la «existencia posible». Mientras que en Dilthey* y en Ortega*, la vida acaba haciéndose a sí misma en lo supremo, lo Absoluto, la vida como existencia es en Jaspers el reconocimiento del hecho de que la existencia se halla sumida, dentro de su finitud y humillación, en el ámbito de un posible descubrimiento del Ser verdadero, de la ineludible trascendencia. Lo trascendente como tal, es Dios. Así, paso a paso, la filosofía moderna va introduciendo a Dios en la vida desde la misma vida. Aunque Dios, la trascendencia, no pueda ser algo conocido, tal como mantenía la filosofía mística, al menos podemos saber que es algo fundamental, es decir, que «funda» el ser, la realidad. El hombre se halla *fundado* en la trascendencia, *religado* a ella, como dirá Zubiri.

Lo primero que intenta la filosofía de la existencia es *orientarse* en el mundo, se trata de una labor de orientación, un saber a qué atenerse.

Esta orientación puede llevarse a cabo de dos modos: de forma científica, con la que se llega a un conocimiento superficial del mundo partiendo de lo objetivo y universal, y de forma filosófica, con la que se accede a un conocimiento algo más profundo, reflexionando sobre la forma de orientación anterior.

Ahora bien, el saber mundano llega a un límite en el que fracasa y en este momento ha de hacerse un *esclarecimiento de la existencia*, respondiendo a cuestiones referentes al ser humano y analizando situaciones límite típicas de éste: muerte, dolor, lucha, culpa. La única salida para encontrar sentido a la existencia humana es la metafísica, ciencia que responde a lo absoluto y trascendente, Dios.

Así, por conducto de la filosofía de la existencia, Jaspers introduce el tema de Dios de un modo riguroso y filosófico. En Jaspers, el «yo soy yo y mis circunstancias en el mundo» de Ortega ha pasado a convertirse en «yo soy yo y mis circunstancias *implicadas en Dios, circunvaladas por Él*». Dios no es mero «objeto» del conocimiento, sino «valor de vida», fundamento e impulso de la existencia. Jaspers está interesado en alcanzar por todos los caminos el origen donde se deje oír en el mundo con la suma convicción la exigencia de valor que proporciona el auténtico Ser. El Ser nos atrae hacia todos lados, pues es el horizonte infinito sin cerrar para nosotros. Este Ser, que se nos presenta como horizonte inabarcable, se retira, se ausenta, se oculta. Este Ser es lo que llamamos lo envolvente (*Umgreifende*). Es aquello que no hace más que *notificarse*, que no se nos presente Él mismo, sino donde se nos presenta todo lo otro.

Existimos en lo envolvente. El ser envolvente en sí es mundo y trascendencia; el ser de lo envolvente que somos nosotros es existencia empírica, conciencia en general, espíritu, existencia. La verdad se nos hace consciente en todas sus posibilidades, su extensión, su amplitud y profundidad únicamente con los modos de los envolvente (*Umgreifende*). Dios es la circunstancia en la que uno se encuentra al nacer, pues nada existe que no quede envuelto por su presencia. Su presencia lo llena todo y en ella queda nuestra existencia humana esclarecida.

Aparte del tema Dios, Jaspers quiso mostrar cómo la pérdida de la fe en la revelación no excluye en modo alguno la apropiación siempre renovada del insustituible contenido de la verdad de la Biblia. La fe filosófica y la fe revelada pueden encontrarse, sin llegar a la identidad, en el punto de una veracidad sin límites para consigo mismo y para con el otro. AR

C. T. Russell, 1884-1916

N. H. Knorr, 1942-1977

J. F. Rutherford, 1916-1942

F. W. Franz, 1977-

Presidentes de la sociedad Watch-Tower

Bib. K. Jaspers, *La filosofía desde el punto de vista de la existencia* (FCE, México 1953); *La filosofía*, 2 vols. (Revista de Occidente, Madrid 1958-1959); *La fe filosófica* (Losada, Bs. As. 1953); *La fe filosófica ante la revelación* (Gredos, Madrid 1968); *Cifras de la trascendencia* (Alianza, Madrid 1984); *Nietzsche y el cristianismo* (Deucalión, Bs. As. 1955); *Nietzsche* (Sudamericana, Bs. As. 1963).

A. Kremer-Marietti, *Jaspers y la escisión del ser* (Edaf, Madrid 1977); Alfonso Ropero, *Introducción a la filosofía*, cp. IX (CLIE, Terrassa 1999); Jurt Salamun, *Karl Jaspers* (Herder, Barcelona).

JEHOVÁ, TESTIGOS DE Este es el nombre adoptado en 1931 por el movimiento organizado por Carlos Taze Russell en la década de 1870. Russell había nacido en 1852 en Pittsburg (Pensilvania). Su familia era congregacionalista, pero Russell reaccionó contra la educación que se le había dado. A la edad de 18 años comenzó una clase de Biblia en Pittsburg y este grupo llegó a organizarse en el movimiento que ahora conocemos con el nombre de Testigos de Jehová. En 1876 Russell vino a ser el pastor de dicho grupo y, en 1879, comenzó a publicar la revista *El Atalaya de Sión*, precursor del actual *La Atalaya* (ingl. *Wach-tower*), convertido en Sociedad en 1884. En 1908, Russell trasladó su cuartel general a Brooklyn (Nueva York), donde se encuentra en la actualidad. A su muerte en 1916, el nuevo líder vino a ser el juez José F. Rutherford (1869-1942), gran organizador y prolífico escritor. Con él comenzó la organización a crecer rápidamente, hasta llegar a los 3.200.000 miembros, más o menos, en este año 2.000. Pero, en 1981, los Testigos de Jehová se hallaban divididos en dos tendencias totalmente distintas: la del canadiense Jaime Penton, cuyo grupo quiso volver a las enseñanzas bíblicas de la justificación por la fe sola y al estudio diligente de la Palabra de Dios, y la del grupo mayoritario, bajo el liderato de Natán Knorr, que rechazó las propuestas del grupo de Penton y expulsó de la organización a los partidarios de Penton. Bajo el mandato de Knorr, se produjo una edición de la Biblia bajo el título *Versión del Nuevo Mundo*, en la que se han alterado los textos originales donde ha sido conveniente para que encajaran en las doctrinas de la secta. En cambio, no hallé ningún fallo en su Interlineal Griego Español.

Aunque los Testigos de Jehová insisten en que sus enseñanzas son conforme a la Biblia, quienes estudien a fondo sus escritos se percatarán de que se parecen, en muchos puntos, a las de los Adventistas del Séptimo Día (cf. *Adventismo*). Para no cansar al lector con comparaciones entre sectas, voy a tratar de resumir las enseñanzas de los Testigos: Creen que sólo el Padre es propiamente Jehová (según piensan ellos que así se escribe en hebr., contra lo que hoy se da por descontado: que debe ser Yahwéh o, al menos, Yawé), que Jesús era el Mesías, aunque no tan Dios como el Padre, pero que ahora es el arcángel Miguel; que el alma humana es mortal y que el infierno no durará siempre; que sólo 144.000 elegidos de todas las épocas van al Cielo y pueden tomar la Cena del Señor en la tierra, pues los demás miembros de la secta, por santos que sean, irán al paraíso que volverá a existir en la tierra (nótese su versión de Lc. 23:43: «De cierto te digo hoy: estarás conmigo en el paraíso»); que es antibíblico dar y tomar sangre en forma de transfusión, pues es un modo de alimento (cf. Hch. 15:29); que no se debe beber alcohol ni fumar, ni celebrar la Navidad ni los cumpleaños, ni saludar la bandera, ni leer los periódicos, ni jugar a juegos de azar, ni al ajedrez ni a ciertos deportes. Dicen que la Iglesia de Roma es la Gran Ramera de Ap. 17, y que todas las religiones, excepto la de ellos, son falsas y pertenecen a la Babilonia de la que es un deber salir, conforme a lo de Ap. 18:4. Que todas estas enseñanzas, por su escatologismo de corte racionalista, ejercen un gran atractivo no se puede dudar, pero dejan sin respuesta las grandes cuestiones de la vida y de la fe cristiana.

Bib. Mather y Nichols, *Diccionario de creencias, religiones, sectas y ocultismo* (Completa bibliografía) (CLIE, 2001); R. Vallés Casamayor, *El cáncer del año 2000. Las sectas,* cap. 2 (CLIE, 1989).

JERÓNIMO Este escritor eclesiástico de los siglos IV y V (aprox. 347-420) es uno de los más importantes Padres de la Iglesia del sector oriental, aunque él fue bautizado en Roma como *Eusebius Hierónimus*, a cuya iglesia local sintió un apego especial durante toda su vida y llegó a escribir en un latín envidiable, aunque sin llegar al de Ambrosio de Milán. Había nacido en una pequeña ciudad en los antiguos límites entre Italia y Dalmacia (en la actual Yugoslavia). Sus padres eran católicos acaudalados y enviaron a su hijo a Roma para que tuviera una educación superior bajo la tutoría de un tal Donato, experto gramático. Al final de sus estudios, cuando tenía veinte años, fue a Trèves, capital del imperio franco, donde experimentó una especie de conversión, de resultas de la cual renunció a un cargo secular para dedicarse a la meditación y a obras espirituales. Entonces se volvió a su país nativo y a la limítrofe Aquilia, donde se encontró con Rufino y otros clérigos y algunas mujeres devotas, interesados todos ellos en el asceticismo. Allí comenzó Jerónimo a cultivar la ascética e interesarse por los estudios de toda clase.

El año 373, Jerónimo decidió viajar al Oriente y, durante algún tiempo, residió en el desierto sirio al sudeste de Antioquía. Allí aprendió a la perfección el hebreo y perfeccionó el griego que ya sabía. Fue ordenado de presbítero en Antioquía y partió después a Constantinopla, donde estudió con Gregorio de Nacianzo*. En 382 regresó a Roma, donde se hizo muy amigo del papa Dámaso, de quien llegó a ser secretario. De Dámaso partió el primer impulso para que Jerónimo llevara a cabo la versión de la *Vulgata*. En efecto, el logro más importante de Jerónimo fue la traducción al latín de los originales de la Biblia que él conocía a la perfección. El fruto de su trabajo fue la *Vulgata Latina*. Es de notar que Jerónimo no consideraba como inspirados los libros apócrifos* que la Iglesia de Roma declaró parte de las Escrituras en el C. de Trento; sólo los añadió como libros devocionales, no atreviéndose a excluirlos del todo en su *Vulgata*.

Jerónimo fue un gran experto en las Escrituras, así como en la filología, la historia y la geografía de Israel, y sus numerosos comentarios son dignos de estudio, pero sus conocimientos teológicos fueron más bien escasos, lo que le sirvió para tratar sarcásticamente los debates de su tiempo acerca de la gracia, el libre albedrío y la predestinación.

Bib. Jerónimo, *Epistolario*, 2 vols (BAC, Madrid); *Comentario al Evangelio de San Marcos* (CN, Madrid 1989 / CLIE, próx. pub.); *La perpetua virginidad de María* (CN); *Comentario al Evangelio de Mateo* (CN).

JESUCRISTO (cf. *Cristo*)

JESUITAS, TEOLOGÍA DE LOS

Después de un encuentro con el protestantismo en París, Ignacio de Loyola, fundador de la Compañía de Jesús (cf. *Ignacio de Loyola*), añadió a sus *Ejercicios Espirituales* unas «Reglas para pensar dentro de la Iglesia», entre las que se halla la de «elogiar tanto a la teología positiva como a la escolástica», pues, como decía él, «los doctores positivos (Agustín, Jerónimo, Gregorio el Grande) promueven el amor y el servicio a Dios, y los doctores escolásticos (Tomás de Aquino, Buenaventura, Pedro Lombardo) definen y explican para nuestros tiempos las cosas que son necesarias para la salvación eterna, y refutan y exponen todos los errores y las falacias». Así, las *Constituciones* de 1550-1551 nombran a Aristóteles como la autoridad en filosofía, y a Tomás en la doctrina escolástica. Al hacerlo así, el plan de estudios de la orden en 1598 mostró que el teólogo dominante del catolicismo era Tomás de Aquino y no Pedro Lombardo, pero también declaró que, sobre ciertos temas, las opiniones de Tomás no eran obligatorias. Los jesuitas han demostrado siempre ser ardientes devotos de la Virgen María y acogieron la opinión escotista sobre la Inmaculada Concepción.

Los primeros generales de la Compañía, en especial Claudio Acquaviva (1543-1615) se preocuparon por asegurar «la solidez y la uniformidad de doctrina» entre los centros docentes de los jesuitas. La Compañía de Jesús se constituía en adalid de la Contrarreforma, saliendo en defensa del libre albedrío contra el protestantismo* y contra el rigorismo jansenista*, pero esto exigió de los teólogos jesuitas una mayor atención al estudio de la Biblia, de los Santos Padres y de la Historia de la Iglesia; en una palabra, a la teología llamada «positiva» para distinguirla de la escolástica. Pronto tuvieron en sus filas teólogos especializados en cada una de las ramas

El jesuita Pedro Canisio

de una Facultad de filosofía y de teología: Pedro Canisio (1521-1597) escribió una *Suma de la doctrina cristiana* (1554); el cardenal Roberto Belarmino*, el gran polemista contra los protestantes; Francisco de Toledo (1532-1596), experto en teología escolástica; Jacob Gretser (1562-1625), en historia y patrística; Pedro de Fonseca (1528-1599), en filosofía aristotélica; Leonardo Lessio (1554-1623), en teología dogmática y moral; Luis de Molina (cf. *Molinismo*), con su solución al problema del conocimiento divino de los futuribles (cf. *Dios, 19, Dios, Omnisciencia de*) por medio de la «ciencia media»; y el mayor teólogo de los jesuitas, Francisco Suárez*, con su «congruismo».

Entre otros jesuitas famosos de aquella época, merecen especial mención Diego Laínez (1512-1565) y Alonso Salmerón (1515-1585) por su participación activa en el C. de Trento, y Juan de Mariana (1536-1623), quien, con Suárez, defendió el derecho a la rebeldía legítima y al tiranicidio, con lo que provocaron, especialmente en Inglaterra y en Francia, acusaciones de sedición que perjudicaron a los jesuitas. También fueron acusados de «laxistas» (cf. *Laxismo*) en la controversia jansenista (cf. *Jansenismo*), ya que los jansenistas eran probabilioristas (cf. *Probabiliorismo*), mientras que los jesuitas eran, y son, probabilistas*.

Ignacio de Loyola

Después de aquella «edad de oro» de la Compañía de Jesús, nunca han faltado entre los jesuitas grandes expertos en todas las ramas del saber, a través de las vicisitudes de los tiempos en que llegaron a ser expulsados de sus países, e incluso fue suprimida la orden por Clemente XIV (1769-1774). Aunque León XIII (1878-1903) propuso las enseñanzas de Tomás de Aquino como «doctrina segura», la Universidad Gregoriana, fundada en Roma bajo su pontificado, siempre ha tenido como profesores a miembros de la Compañía de Jesús, más o menos seguidores de Tomás. Ya en el siglo xx, y a pesar de los esfuerzos de Pío XII (1939-1958) por parar los avances de los teólogos de vanguardia, han sido los jesuitas los principales abogados de un cambio en las disciplinas teológicas para ponerlas al día conforme a los avances de la ciencia secular. Destacan en este sentido el francés P. Teilhard de Chardin*, K. Rahner*, Enrique de Lubac (1896-1991) y Juan Danielou (1905-1974). La influencia de estos teólogos se hizo sentir grandemente en los documentos del C. Vaticano II.

JOAQUINISMO Se da este nombre al original movimiento teológico promovido por el abad calabrés Joaquín de Fiore (aprox. 1135-1202), quien elaboró una interpretación trinitaria y escatológica de la historia, de mayor alcance que el que de ordinario se le supone, como ha demostrado B. Forte en su *Teología de la Historia*.

Joaquín era monje cisterciense antes de fundar su propio monasterio de San Juan de Fiore. Allí se dedicó a la contemplación y al estudio de la Biblia, especialmente del Apocalipsis. Cuando murió fue tenido por santo en aquellos lugares, pero sus enseñanzas estaban llamadas a ser atacadas por los principales teólogos de su tiempo, y su tratado sobre la Trinidad, donde se oponía a lo enseñado por Pedro Lombardo, fue condenado en el IV Conc. de Letrán (1215).

Pero el aspecto más original y más problemático de las enseñanzas de Joaquín no fue su doctrina sobre la naturaleza de la Trina Deidad, sino su interpretación de la historia de la humanidad de forma que reflejara las relaciones trinitarias: Así como el Espíritu procede del Padre y del Hijo, así una edad (lat. *status*, en sentido de «situación») del Espíritu procederá de la edad del Padre en el AT y de la edad del Hijo en el NT. Para eso, dividió la historia en tres edades relacionadas respectivamente con cada una de las divinas Personas: La 1ª es la que va desde Adán hasta Cristo y pertenece al Padre. La 2ª es la que va desde Cristo hasta el año 1260 y pertenece al Hijo. Y la 3ª es la que va desde el año 1260 hasta el final de los tiempos y es la del E. Santo. ¿Por qué razón fijó Joaquín el año 1260 como fecha final de la época correspondiente al Hijo? Por un procedimiento matemático que no deja de ser arbitrario, pero consiste en lo siguiente: Desde Adán hasta Cristo transcurrieron 42 generaciones. Ahora bien, para conservar el paralelismo entre los dos Testamentos, hay que contar también con 42 generaciones, que, a 30 años por generación, suman 1260 años. Es cierto que, con este cómputo, las generaciones del AT resultan desiguales y más largas, pero en el NT, perfección del Antiguo, las generaciones deben ser exactas. En cuanto a la duración de la época del E. Santo, Joaquín no se atrevió a fijar fechas, pero identificó esa edad con el milenio* del Apocalipsis.

Mientras Joaquín de Fiore vivió, no fue condenado. Sólo después de su muerte fueron condenadas sus enseñanzas trinitarias y, aun así, el decreto de Inocencio III dice al final, según traduzco del latín: «Pero de ningún modo queremos que, por ello, se menoscabe el prestigio del monasterio fiorense (fundado por el propio Joaquín); porque allí la constitución es canónica y la observancia es sana; más aún cuando el mismo Joaquín ordenó que todos sus escritos fuesen enviados a esta Sede Apostólica para ser aprobados o corregidos, dictando una carta que firmó de su puño y letra en la que confiesa firmemente que sostiene la misma fe que sostiene la Iglesia Romana, la cual, por disposición del Señor, es madre y maestra de todos».

Pero por entonces no se había prestado mucha atención a las implicaciones que para la vida de la sociedad y de la propia Iglesia tenía el esquema joaquinista de la historia. Fueron los franciscanos «espirituales», entre ellos el propio general de la orden Juan de Parma, quienes adoptaron dicho esquema y lo reinterpretaron diciendo que ellos eran los representantes de la era del Espíritu que estaba por llegar y que, por tanto, no estaban sometidos a ninguna autoridad ni de la Orden ni de la Iglesia. Ante esto, las autoridades eclesiásticas, y en especial el franciscano Buenaventura*, tuvieron que oponerse al joaquinismo, el cual revivió durante la época de la Reforma, tanto entre los católicos como entre los protestantes, y aun hasta bien entrada la Edad Moderna.

Bib. José Ignacio Saranyana, *Joaquín de Fiore y Tomás de Aquino. Historia doctrinal de una polémica* (EUNSA, Pamplona 1979).

JUAN CRISÓSTOMO (cf. *Crisóstomo, Juan*)

JUAN DE DAMASCO Este escritor eclesiástico figura en el *Enchiridion Patristicum de Rouît* de Journel como el último de los Padres de la Iglesia. Se desconocen las fechas de su nacimiento y de su muerte, aunque se dan como fechas aproximadas las de 652 y 750 respectivamente. Sí se sabe que nació en Damasco de una familia cristiana de posición económica acomodada, que tenía por apellido Mansur. Allí fue educado y ocupó al principio el cargo de colector de tributos entre los cristianos para el califa, pero se unió más tarde a su hermano adoptivo Cosmas como monje en el monasterio de San Sabas cerca de Jerusalén. Fue ordenado de presbítero y dedicó el resto de su vida a escribir libros y componer himnos. Juan defendió el uso de las imágenes (cf. *Imágenes, Veneración de*) y fue condenado por el sínodo iconoclasta del año 754, pero vindicado por el Concilio II de Nicea, donde se definió la legitimidad de la veneración de las imágenes el 13 de octubre de 787. Debido a su gran erudición, fue llamado posteriormente en gr. *Jrusórroas* = derramador de oro. Se dice en un cuento árabe que, por su defensa de las imágenes, le fue amputada la mano derecha, pero que la Virgen María se la restituyó milagrosamente. Con esto aumentó su devoción a la Virgen, como lo muestra en otra «historia» que él recoge y en la que se narra la muerte y asunción de la Virgen a los cielos con una serie de detalles que están tomados, sin duda, de la muerte, resurrección y ascensión a los cielos del Señor.

Todavía se puede ver en lo que resta del monasterio de San Sabas la celda en que Juan escribió la mayor parte de sus obras, tomando mucho material de autores anteriores, pero organizándolo espléndidamente en forma original. Fueron traducidas a varios idiomas, entre ellos el latín, y utilizadas posteriormente por autores de la talla de Pedro Lombardo y Tomás de Aquino en Occidente y por casi todos los teólogos del Oriente. Su opinión era que tanto las Escrituras Sagradas como los Santos Padres eran inspirados por el E. Santo y, por tanto, procuró siempre ajustarse a las enseñanzas de la Biblia y de los más acreditados escritores eclesiásticos de los primeros siglos. Refutó a los iconoclastas, a los nestorianos, a los acéfalos, a los monoteletas, a los maniqueos y a los mahometanos, pero su obra principal es *De la fe ortodoxa* (3ª parte de su célebre *Fuente del conocimiento*), que puede llamarse la primera exposición sistemática del dogma católico.

Bib. Juan Damasceno, *La fe ortodoxa* (CN, Madrid); *Homilías cristológicas y marianas* (CN).

JUAN DE LA CRUZ Este gran místico y poeta español (1542-1591), nació en Hontiveros (hoy, Fontiveros), en la provincia de Ávila, de padres toledanos de noble linaje, pero venidos a menos. Se llamaba Juan de Yepes y Álvarez antes de entrar en la orden carmelitana en 1563. Estudió primero en Medina del Campo bajo la tutoría de los jesuitas y, después, teología en Salamanca y fue ordenado de presbítero en 1567. Era un tiempo en que la disciplina de la orden estaba experimentando cierto relajamiento. Apenado por ello, vino a tomar contacto con Teresa de Ávila*, también carmelita y, por consejo de ella, se puso a reformar la orden. Los superiores tuvieron miedo del celo reformador de Juan y lo hicieron encarcelar en Toledo (1576-1578), de donde pudo escaparse. Parecidas dificultades sufrió Teresa, pero ambos consiguieron reformar la orden. Por obra de Juan, los carmelitas se dividieron en calzados y descalzos. Estos, que eran los más estrictos, se separaron bajo el liderato

Juan de la Cruz

de Juan los varones, y de Teresa las monjas. La muerte de Juan a los 49 años de edad en Úbeda fue el resultado de sus muchas privaciones durante sus esfuerzos en pro de la reforma de la orden. Fue canonizado por Benedicto XIII el 27 de diciembre de 1726. Pío XI lo nombró Doctor de la Iglesia.

Sus obras completas ocupan, en la edic. de 1966, de la Editorial Apostolado de la Prensa, más de 1.000 pp. y están dispuestas por el siguiente orden: *Subida al Monte Carmelo*, donde «se contiene el modo de subir hasta la cumbre del monte, que es el alto estado de perfección que aquí llamamos unión del alma con Dios. Sigue *Noche oscura del alma*, que no es sino la segunda parte de la anterior, pero es la más conocida por sus famosas *Canciones del alma*, donde se declaran los efectos de las purificaciones del espíritu: la de la parte sensitiva (la noche del sentido) y la de la parte espiritual (la noche del alma); después trata de la vía iluminativa y de la vía unitiva. Viene luego el *Cántico espiritual*, que, en realidad, es la obra más hermosa y más perfecta de Juan, pues viene a ser un tratado completo de ascética y mística en cuatro partes, tratando en ellas respectivamente de la vía purgativa, de la vía iluminativa, de la vía unitiva y del estado beatífico; es una «Declaración de las canciones que tratan de la muy íntima y calificada unión y transformación del alma en Dios compuestas en la oración por él mismo». A esto siguen las *Cautelas*.

Bib. Juan de la Cruz, *Obras completas* (BAC, Madrid / EMC, Burgos / EDE, Madrid); *Subida al Monte Carmelo; Noche oscura del alma; Cántico espiritual* (CLIE, próx. publ.).
Francisco Brändle, *Biblia en San Juan de la Cruz* (EDE, Madrid 1990); Gerald Brenan, *San Juan de la Cruz* (Laia, Barcelona 1980, 2ª ed.); Crisógono de Jesús, *Vida de San Juan de la Cruz* (BAC, Madrid 1960); L. Cristiani, *San Juan de la Cruz. Vida y doctrina* (Madrid 1983); Luis Díaz Martínez, *San Juan de la Cruz, una vida entregada a Dios* (Úbeda, Jaén 1981); Eduardo T. Gil de Muro, *El aire de la Almena. Vida de san Juan de la Cruz* (Madrid 1990); Maximiliano Herráiz, *La oración, palabra de un maestro: San Juan de la Cruz* (EDE, Madrid); A. López Castro, *Sueño de vuelo. Estudios sobre San Juan de la Cruz* (UPS, Salamanca 1998); MªJesús Mancho, *Palabras y símbolos de San Juan de la Cruz* (UPS, 1993); Eulogio Pacho, *Iniciación a San Juan de la Cruz* (EMC, Burgos); Alfonso Ruiz, *San Juan de la Cruz, maestro de oración* (EMC); Francisco Ruiz Salvador, *San Juan de la Cruz, el hombre, los escritos, el sistema* (BAC, 1968); Colin Thompson, *El poeta y el místico* (Swan, Madrid 1985).

JUAN EL BAUTISTA Damos lugar en este Diccionario a este pariente del Señor por el hecho singular de haber sido su Precursor. Era hijo del sacerdote Zacarías y de Elisabet, también de la tribu de Leví y emparentada con María la madre de Jesús. Su nacimiento fue predicho por el ángel Gabriel (Lc. 1:11 ss.). Pasó los primeros 30 años en un desierto y comenzó su predicación unos seis meses antes del ministerio público del Señor, ya que había nacido seis meses antes que él (Lc. 1:36).

Otro dato interesante de Juan es su carácter parecido al del profeta Elías, por lo que fue tenido por algunos como Elías resucitado. No era Elías en persona, pero sí en espíritu (cf. Mt. 3:4, comp. con 2 R. 1:8; Mr. 9:11-13; Lc. 1:17).

Su mensaje era muy sencillo: El reino mesiánico estaba a punto de manifestarse y era urgentemente necesario prepararse por medio de un verdadero arrepentimiento para un acontecimiento tan importante. Juan tenía del reino un concepto correcto, no como el del pueblo, que esperaba un Mesías politicomilitar que les sacudiese el yugo de los romanos. Pero, por otra parte, anunciaba a Jesús «con el aventador en la mano» (cf. Mt. 3:12) y «con el hacha puesta a la raíz de los árboles» (cf. Lc. 3:9). Pero al ver que Jesús hacía los milagros para sanar a los enfermos y

resucitar a los muertos, pero no para acabar con el poder romano, envió al Señor la embajada que nos narran Mt. 11:3 y Lc. 7:19: «Eres tú el que viene, o esperaremos a otro?»
Juan murió decapitado por orden de Herodes Antipas, ya que Juan le repetía que su situación no era moralmente correcta, pues vivía con la mujer de su hermano Felipe, Herodías, que fue la que realmente causó la muerte de Juan (cf. Mt. 14:1-12).

JUDAIZANTES Se designa con este nombre a los no judíos que guardaban ciertas prácticas del judaísmo. El vb. gr. *ioudáidsein* = judaizar, seguir costumbres judías, ocurre sólo una vez en el NT (Gá. 2:14), lugar en que Pablo increpa a Pedro porque «con su simulación»(v. 13), obligaba a los gentiles a vivir como judíos (B. de las Am.). Al separarse de los gentiles en la comida, es como si Pedro les dijera: «A no ser que practiquéis las leyes que regulan la dieta judía y el estilo de vida de los judíos, no podemos tener comunión con vosotros». Esto equivalía a una escisión profunda en el Cuerpo de Cristo. En la versión de los LXX, sólo aparece el vb. mencionado en Est. 8:17, como versión del vb. hebr. en su forma *Hitpael* (reflexiva) *mithyahadím* = se hacían judíos.
En cambio, el Señor había hecho ciertos cambios en las leyes del AT concernientes a los alimentos (cf. Mr. 7:1-23) y, Pablo «apóstol a los gentiles» (Ro. 11:13) estaba en contra de imponer medidas dietarias a los no judíos. En Jerusalén (cf. Hch. 15:1-29) hubo una fórmula temporal de compromiso y, tras esto, 2 Co. 5:17; Gá. 5:6; 1 Ti. 4:3-5 no dejan lugar a dudas de que la dieta antigua se acabó.

JUICIO Este término puede tomarse a nivel filosófico y a nivel de la teología bíblica. Por su conexión semántica, voy a tratar de los dos en este art.
(1) A nivel filosófico, en lógica concreta, tenemos tres pasos: término, juicio y raciocinio. El término (p. ej. «caballo») es una mera representación gramatical de una idea que tengo en mi mente (p. ej. la idea de caballo). Con esto, no avanzamos ni un paso en lógica. Es menester llegar al juicio, que siempre se halla implícito, p. ej. al designar un caballo concreto, del cual podemos decir («predicado»), una serie de notas que van de lo más genérico, el ser (el caballo es un ser) hasta la última diferencia (el caballo es un animal irracional). Por consiguiente, juicio es el acto de la mente por el que se predica algo de algo. El juicio se divide en (A) posible, cuando se enuncia una mera posibilidad sin que nuestro asentimiento tenga nada que ver con ello, p. ej. todo hombre es desleal (cf. Ro. 3:4). Ya asienta yo o no a ese juicio, es una verdad revelada; (B) real, cuando yo presto mi asentimiento a la verdad enunciada en dicho v. Entonces yo estoy de acuerdo con lo enunciado en Ro. 3:4. En realidad, mi juicio real es una confesión, pues equivale a decir: Yo soy un desleal, puesto que soy hombre.
Así se entiende que todo juicio es un asentimiento, es decir, una afirmación, lo mismo da que el juicio sea positivo o que sea negativo, pues si, p. ej. digo: «Cristo es impecable», estoy afirmando que a Cristo no le alcanza el pecado. Si bien se mira, sólo mediante un juicio se comienza a pensar, pues, siguiendo con el ej. arriba propuesto, basta que yo piense «caballo» para que implícitamente piense, al menos, «el caballo es un ser». El juicio es verdadero solamente cuando se ajusta a la verdad, es decir, a la realidad, ya que la verdad lógica es una derivada de la verdad ontológica. Como si digo «la nieve es blanca»; pero es falso cuando no se ajusta a la verdad, como si digo: «un pentágono es un polígono de cuatro lados».
Profundizando algo más en la idea de juicio (gr. *krísis* = el acto de juzgar), vemos que todo juicio compone o divide al afirmar o negar (acerca los dos términos, sujeto y predicado, p. ej. «el hombre es racional», o los separa, p. ej. «el hombre no es fiable»). Las consecuencias prácticas de esto saltan a la vista.
El juicio lleva nuestro conocimiento hasta su realización completa, de forma que el raciocinio* no significa una ulterior perfección de la esencia del conocimiento, sino un progreso desde un conocimiento hasta otro.
(2) Pasando ahora al nivel teologicobíblico, (A) es conveniente examinar primero la terminología bíblica. En el hebr. del AT, el vocablo para juicio es *mishpát*, de la raíz *shaphát* = poner derecho. En el gr. del NT, tenemos (a) *krísis* = acto de juzgar, como en Jn. 5:24; (b) *kríma* = veredicto, como en Ro. 2:2, y (c) *katákrima* = condenación, como en Ro. 8:1. (B) una nota común a todos los juicios de Dios es ser el modo de desplegar su misericordia, así como su ira, sobre individuos y naciones (cf. Éx. 6:6; 7:4; Ec. 3:17; 12:14; Dn. 7:22; Jl. 3:2; 2 Co. 5:10). Todos los seres humanos serán juzgados, tanto los vivos como los muertos (cf. Hch. 10:42), tanto los cristianos como los no cristianos (Ro. 14:10-12). Esta clase de juicio va asociada a la 2ª Venida del Señor

(cf. Mr. 8:38; Jn. 12:48; 1 Co. 4:5; 2 Ts. 1:5-10). El juicio es conforme a las obras (cf. Mt. 16:27; Ro. 2:6; Ap. 22:12) ya sea para recompensas (cf. 1 Co. 3:13-15; 2 Co. 5:10), ya sea para castigo (cf. Ap. 20:12). El creyente no puede comparecer en juicio de castigo (cf. Jn. 5:24, gr. *krísin* = el acto del juicio, Ro. 8:1), pues es ya salvo por fe (cf. p. ej. Jn. 3:16, 36; 5:24; Ro. 3:28; 5:1; 1 Jn. 5:10-12). Las obras no salvan, pero son la evidencia de una verdadera fe (cf. Stg. 2:18). (C) Otra nota común a todos los juicios de Dios es que son (a) serios, pues Dios no habla en broma (cf. Gn. 2:17), (b) justos (cf. Ro. 2:5; Ap. 15:3; 16:7; 19:2) y (c) inescapables (cf. Ro. 2:3). Todo esto hay que ponerlo de relieve siempre, pero especialmente hoy cuando hay tantos que ignoran, o pasan por alto, estas verdades cuya aceptación o rechazo determina ir al cielo o al infierno.

(3) Otro tema importante, aunque discutible entre los teólogos, es el de si hay un solo juicio final o varios juicios relativamente finales. Para este tema remito a la Sexta Parte de mi libro *Escatología II* (CLIE), que trataré de resumir. Los teólogos amilenaristas admiten sólo un juicio escatológico de Dios, el «Juicio Final» de Ap. 20:11-15. Como premilenarista, pretribulacionista y dispensacionalista convencido, sostengo que son cinco los juicios escatológicos de Dios: (A) El de las obras del creyente ante el tribunal (gr. *béma*, no *thrónos*) de Cristo (cf. p. ej. 2 Co. 5:10); (B) el de Israel, como se describe en Mr. 25:1-30; (C) el de las naciones, es decir, de los gentiles, descrito en Mt. 25:31-46; (D) el de los ángeles caídos, después del Milenio (cf. 2 P. 2:4; Jud. v. 6: Ap. 20:7-10) y el final ante el Gran Trono Blanco (cf. Ap. 20:11 ss.). Para detalles y pruebas, remito al lector a mi mencionado libro Quienes deseen examinar el punto de vista de los amilenaristas, pueden consultar el de José Grau, *Escatología I* (CLIE).

JUSTICIA El vocablo justicia se deriva del lat. *iustitia* y entró en el cast. el año 1132. Este último se deriva del adj. *iustus* = justo, conforme a derecho. Finalmente, éste se deriva del sust. *ius, iuris* = derecho, justicia. En cuanto al sentido que el término recibe en concreto, podemos dar tres significados distintos: (1) como pieza de derecho natural; (2) como atributo comunicable de Dios y (3) como virtud cardinal. Trato por separado de cada una de estas clases de justicia.

(1) Como pieza de derecho, la justicia tiene su función primordial en poner a salvo el Derecho* que constituye el orden de la comunidad*, procurando un orden de tal clase que garantice la realización del bien común. Dentro de ese orden es donde hay que considerar las distintas clases de justicia, que son cuatro: (A) conmutativa, que regula las transacciones y los derechos sobre los bienes personales de hombre a hombre (horizontal), exigiendo una igualdad equitativa; (B) distributiva, que afecta a los gobernantes en su deber de distribuir equitativamente entre los ciudadanos tanto las cargas como los beneficios (vertical de arriba abajo); (C) legal, que afecta a los ciudadanos en sus deberes con el Estado (vertical de abajo arriba) y (D) social, que afecta específicamente a las relaciones sociales de individuos, empresas, comunidades, etc., en los aspectos laborales, salariales, etc., pues considera al ser humano, no como individuo, sino como ser social.

(2) Como perfección comunicable de Dios, el concepto bíblico de justicia apunta hacia una conformación con la ley. (A) Dios siempre obra conforme a ley, pues si la ley es «una norma que obliga», nadie está tan obligado como Dios: (a) obligado por su esencia, pues no puede dejar de ser (Éx. 3:14-15); (b) obligado por su naturaleza, pues Dios es luz (1 Jn. 1:5); (c) obligado por su palabra, pues no puede volverse atrás (cf. p. ej. Ro. 11:29; He. 6:17-18); (d) obligado por su corazón, pues Dios es amor (1 Jn. 4:8, 16). (B) Dios tiene que ser justo, porque tiene que juzgar: «Los cielos declararán su justicia, porque Dios es juez» (Sal. 50:6, cf. tamb. Ro. 2:5-6). (C) El hebr. expresa el concepto de justicia mediante los vocablos *tsedeq* o *tsedaqáh* = justicia, rectitud. El concepto bíblico de justicia implica un profundo respeto a la persona y a sus derechos inalienables y va unido a la misericordia y a la humildad (cf. Mi. 6:8). Hay otros aspectos de justicia que tienen que ver con la justificación (cf. *Justificación*). Para más detalles, cf. mi libro *Un Dios en tres Personas* , lecc. 18ª.

(3) Como virtud cardinal, en cuanto a su etim. y orden numérico (cf. *Cardinales, Virtudes*). Teniendo en cuenta que la virtud es «la perfección moral en la que el hombre entero se orienta correctamente a Dios», y descartadas las virtudes teologales (fe, esperanza y caridad = amor generoso, cf. *Amor*), voy a resumir lo que dice Tomás de Aquino, en la *Summa Theologiae*. En la 1-2, cuestión 66, art. 4, dice de la justicia que «es la mayor de las virtudes morales, por ser la más cercana a la razón, lo cual es evidente tanto por parte del sujeto como del objeto. Del sujeto, porque tiene por sujeto la voluntad. Y en cuanto al objeto o

materia, porque se refiere a las actividades por las que el hombre queda en orden, no sólo consigo mismo, sino también hacia otros». Y en la 2-2, cuestión 58, art. 11, añade: «la materia de la justicia es una actividad exterior según que ella misma, o el objeto que usamos por medio de ella, guarda proporción con otra persona a la que nos debemos por medio de la justicia. Ahora bien, se dice de cualquier persona que es suyo lo que se le debe según la igualdad de proporción. Y por eso el acto propio de la justicia no es otra cosa que dar a cada uno lo suyo». Por aquí podría pensarse que sobra este punto (3) del art. justicia, como si fuera una repetición del (1). Sin embargo, hay que tener en cuenta que aquí consideramos la justicia como virtud cardinal del hombre justificado, la cual sólo puede cumplirse perfectamente con la gracia de Dios, mientras que en el punto (1) hemos considerado la justicia como deber de todo hombre que vive en sociedad.

JUSTIFICACIÓN Tomamos el vocablo en sentido estrictamente bíblico, no en el sentido vulgar de no tener excusa, como cuando alguien dice: «Esto no tiene ninguna justificación», lo que equivale a decir: «No existe ninguna razón que cohoneste esto».

La justificación del pecador, según la Palabra de Dios, es un acto forense, no causativo. Grudem define así la justificación: «Es un acto legal, instantáneo, de Dios, en el cual (1) piensa de nuestros pecados como perdonados, y de la justicia de Cristo como perteneciente a nosotros, y (2) nos declara justos a sus ojos». En esto consiste lo que se llama justicia imputada, conforme a la sustitución descrita en 2 Co. 5:21. Sobre esta clase de justicia no tengo que añadir nada, sino remitir al art. *Imputación*.

Pero hay otras clases de justicia en conexión con esto, y de ésas voy a tratar específicamente en el presente art.

(A) La justicia exigida. Es la que Dios exige en el cumplimiento perfecto de su Ley y es menester recordar que Dios no puede rebajar sus normas ni pasar por alto la transgresión. No le dijo a Adán pecador, tras la prohibición de Gn. 2:17: «Por esta vez, pase; pero no vuelvas a desobedecer». El ser humano tiene que cumplir la totalidad de la Ley o quedar bajo condenación: «Porque cualquiera que guarde la ley, pero tropiece en un solo (precepto), se ha hecho reo de todos». (Stg. 2:10, lit.).

(B) La justicia satisfecha. Nadie, pues, puede satisfacer a Dios por el incumplimiento de su Ley. «No hay un solo justo, ni uno para que toda boca se cierre y todo el mundo quede bajo el juicio de Dios» (Ro. 3:10-19). ¿Qué remedio queda? El que ha sido dispuesto por Dios mismo: la sustitución efectuada en el Calvario: «Cristo nos redimió de la ley, hecho por nosotros maldición, porque está escrito: Maldito el que es colgado en un madero». (Gá. 3:13).

(C) La justicia revelada. Oigamos de nuevo a Pablo: «Porque en él (esto es, en el Evangelio) la justicia de Dios se revela por fe y para fe, como está escrito: Mas el justo por la fe vivirá». En efecto, el Evangelio no es otra cosa que la «buena noticia» de que el Hijo de Dios se hizo hombre para ser levantado en la Cruz, a fin de que «todo el que cree no perezca, sino que tenga vida eterna» (Jn. 3:16).

(D) La justicia cumplida. Por la obra de Cristo, la justicia que la ley exigía se cumple en los que, unidos a Cristo, caminan según el Espíritu, conforme a Ro. 8:4: «Para que la justicia de la ley se cumpliese en nosotros, los que no andamos conforme a la carne, sino conforme al Espíritu».

(E) La justicia practicada. Es lo que Stg. llama hacedores de la Palabra (gr. *poietaí lógou*) en Stg. 1:22. Juan, usando el vb. gr. de la misma raíz, dice: «Hijitos, nadie os engañe; el que hace la justicia (gr. *ho poiÙn dikaiosúnen*) es justo, como él (Jesucristo, de los vv. 2-6) es justo». (1 Jn. 3:7). Todo el cap. 3 de 1 Jn. da a entender que está hablando de una cosa muy seria, que pone a prueba a todo el que profesa ser creyente, sin pasar quizá de ser un falso profesante.

KÄHLER, MARTÍN Este teólogo protestante alemán (1835-1912) nació cerca de Königsberg. Su padre era pastor luterano. Káhler estudió primero leyes en la universidad de Königsberg, y teología en Heidelberg, Tubinga y Halle. Excepto los tres años que pasó en Bonn (1864-1867), toda su carrera como profesor de teología sistemática y exégesis del NT la pasó en Halle. Su obra cumbre en tres tomos es *Die Wissenschaft der christlichen Lehre* (La ciencia de la doctrina cristiana, 1883), cuyo tema primordial es la doctrina de la justificación, pero la obra por la que más se le recuerda hoy es *Der sogenannte historische Jesus und der geschichtliche, biblische Christus* (El llamado Jesús histórico, y el histórico Cristo bíblico, 1892), donde rechazó la tesis liberal de la diferencia entre el Jesús que realmente vivió y murió en Palestina y el Cristo que proclamaron los apóstoles y creyeron los primeros cristianos. Kähler sostuvo que el Cristo del que da testimonio el NT es el mismo Jesús histórico y que el liberalismo bíblico fallaba por su base. Al pueblo no hay que darle los últimos resultados de una erudición tendenciosamente errónea, sino el libre acceso al objeto de su fe: al Jesús histórico proclamado por los apóstoles y creído como «el Señor» (1 Co. 12:3).

En la historia de la teología ha pasado como el representante más genuino del fideísmo*. Sin negar el lugar de la crítica histórica, Kähler quiso salvar la fe de la Iglesia en Cristo estableciendo una distinción conceptual entre el Jesús *histórico* –que es objeto de la investigación crítica– y el Cristo *operador de la historia*, es decir, sujeto y motor de la historia, sólo conocido por la fe. Kähler resalta la unidad del Cristo histórico con el bíblico; para él la llamada a la fe no viene de un Jesús histórico independiente del Cristo predicado, sino precisamente de ese que se transmite y opera en la historia a través del testimonio de la Biblia. Según Kähler, los Evangelios no se proponen desarrollar históricamente la vida de Jesús, sino expresar la fe en Cristo, que tiene su fundamento en la existencia histórica de Jesús y que terminó de fundamentarse en los hechos de la resurrección de Cristo. Sólo desde este momento final fue posible una interpretación adecuada de la existencia histórica de Jesús. De ahí que para Kähler, lo importante no está en la investigación crítica e histórica, sino en la predicación, pues la fe cristiana no tiene necesidad de justificarse por medio de la demostración histórica, sino que debe fundamentarse en la autociencia.

Bib. Daniel Vidal, *Teólogos del siglo XX* (IEE, Madrid 1995).

Manuel Kant

KAIROS Término griego que traduce la palabra hebrea que significa tiempo, referido a la acción de Dios en el mundo. *Kairos* es primariamente una medida apropiada, una proporción adecuada, en el sentido de tiempo definido, ocasión o tiempo oportuno (Ro. 6:6; Gá. 6:10). En contraste con la otra palabra griega para tiempo, *chronos*, de la que deriva el castellano cronología, *kairos* destaca no la duración de un período, sino su peculiaridad: «El Padre ha puesto en su sola potestad tanto los tiempos (*chronos*) como las sazones (*kairos*)» (Hch. 1:7). *Chronos* define la duración y la cantidad, *kairos* la calidad, el tiempo significativo. Dios fija los tiempos y los momentos por su buena voluntad (1 Ts. 5:1), y especialmente «la plenitud de los tiempos» (Ef. 1:10), es decir, la intervención decisiva de Dios por la encarnación redentorada y la parusía final. Del principio al fin, Dios es el señor del tiempo*.

Bib. W. E. Vine, *DEPNT*, «Tiempo»; Modesto Barciano, *Kairós. Tiempo humano e histórico-salvífico en Clemente de Alejandría* (Burgos 1976).

KANT, MANUEL Este filósofo alemán (1724-1804), uno de los mayores talentos de la historia, nació y murió en Königsberg, y allí pasó toda su vida, pues era un hombre sedentario y nunca salió de los límites de la Prusia oriental. Se crió en un ambiente de honesta artesanía (su padre era guarnicionero) y de profunda religiosidad pietista. Estudió en la universidad de Königsberg y

en 1770 fue nombrado profesor de Lógica y Metafísica en dicha universidad, cargo que desempeñó hasta 1797, cuando tuvo que retirarse por su mala salud.
De todas sus obras destacan dos que analizo por separado:
(1) *Kritik der reinen Vernunft* (Crítica de la razón pura). Esta obra fue publicada en 1881, y Kant la modificó notablemente en 1887. Para no distraer al lector con demasiados temas, me limito aquí a tres:
(A) Los juicios (cf. *Juicio*, 1) se dividen primero en analíticos y sintéticos. (a) Es analítico cuando el predicado está contenido en el concepto del sujeto. p. ej. «la esfera es redonda». (b) Es sintético cuando el predicado no está incluido en el concepto del sujeto, sino que añade algo a ese concepto, p.ej. «la mesa es de madera»: añade una especificación, pues hay mesas que no son de madera. Pero Kant añade una nueva distinción: juicios a priori y juicios a posteriori. La filosofía realista (cf. *Realismo*) tiene por analíticos los juicios a priori y por sintéticos los a posteriori. Pero para el idealismo (cf. *Idealismo*) kantiano, no es así exactamente, pues Kant admite que los juicios analíticos son todos a priori, y que los sintéticos son muchas veces a posteriori, pero no siempre, porque hay también juicios sintéticos a priori y son básicos para la ciencia, pues, además de ser universales, aumentan el saber. ¿Qué ejemplos aporta Kant de tales juicios sintéticos a priori? «La suma de los tres ángulos de un triángulo es igual a dos rectos», «todo fenómeno tiene su causa», «Dios existe». Kant se engaña en los tres ejemplos: son juicios sintéticos, pero los tres son a posteriori.
(B) Las intuiciones puras. Así llama Kant al espacio* y al tiempo*, partiendo del supuesto siguiente: El conocimiento está integrado por lo que me dan las sensaciones (un caos) y lo que pone mi mente: Primero, el espacio y el tiempo, como condiciones necesarias para que yo perciba. No son cosas, sino formas a priori de la percepción sensorial. Otro error garrafal de Kant, porque el espacio y el tiempo son realidades que han existido y existen, aunque yo no exista ni las conozca.
(C) Las categorías. De éstas ya traté cumplidamente en el art. *Categoría*, por lo que remito al lector a dicho art.
(2) *Kritik der praktischen Vernunft* (Crítica de la razón práctica, 1788). Kant se percató de que el hombre no vive de teorías, sino de la praxis, y además es un ser moral. La razón pura tiene que ver con el ser, la práctica con el deber ser. Pero como en el reino del deber no se dan proposiciones demostrables por la razón pura, lo que tiene que ver con el carácter moral del hombre debe expresarse en postulados de la razón práctica. Estos postulados son primordialmente tres: La libertad del ser humano, la inmortalidad del alma y la existencia de Dios. Llamamos de nuevo la atención a este nuevo error de Kant. Dichos «postulados» son proposiciones demostrables a posteriori por la razón humana.
El idealismo crítico de Kant tuvo enorme influencia en quienes han seguido, de cerca o de lejos, sus pasos: Fichte, Schelling, el gran Hegel y Schleiermacher, que pueden verse en sus respectivos arts.

Bib. E. Kant, *Crítica de la razón pura*, 2 vols. (Losada, Bs. As. 1970); *Crítica de la razón práctica* (Espasa-Calpe, Madrid 1975); *La religión dentro de los límites de la mera razón* (Alianza, Madrid 1986, 2ª ed.); *Principios metafísicos de la naturaleza* (Alianza, Madrid 1989); *Antropología* (Alianza, Madrid 1992).
Adela Cortina Orts, *Dios en la filosofía trascendental de Kant* (UPS, Salamanca 1981); Alejandro Llano Cifuentes, *Fenómeno y trascendencia en Kant* (EUNSA, Pamplona 1976); A. Ropero, *Introducción a la filosofía*, cap. VII (CLIE, Terrassa 1999); Roger Verneaux, *Crítica de la «Critica de la razón pura»* (Rialp, Madrid 1978).

KENOTICISMO Este vocablo procede del gr. *kénosis* = vaciamiento y éste, del vb. *kenóo*, usado en Fil. 2:7 para expresar el anonadamiento que de sí mismo llevó a cabo el Señor Jesús.
Aunque el término fue usado por los escritores eclesiásticos durante la controversia cristológica del siglo v, puede decirse que la teología kenótica comenzó con los escritos de Tomasio Gottfried (1802-1875), teólogo luterano alemán. Del lado británico, los principales representantes son Carlos Gore (1853-1932) y Pedro T. Forsyth (1848-1921).
En fin de cuentas, lo que se debate en el kenoticismo es lo siguiente: (1) Lo que los evangelios nos presentan acerca del Hijo de Dios hecho hombre y, como verdadero hombre, teniendo que aprender a andar, a leer, que fue creciendo, que tuvo hambre y sed, etc., ¿puede decirse realmente de la persona de Cristo? Sobre esto, la Biblia no da lugar a dudas: El niño que nació en Belén es el mismo que creó el universo. (2) De acuerdo. Los credos están en lo cierto: Cristo es verdadero Dios y verdadero hombre. Pero, si las propiedades de cada naturaleza parecen contra-

dictorias (ignorante y omnisciente, débil y omnipotente, muy pequeño e inmenso, etc.), ¿cómo podemos hablar de una sola persona? (3) Desde el siglo XIX, la fenomenología de la «consciencia» ha adquirido un papel importante; según eso hay que preguntarse: ¿Hay en Cristo un solo «centro» de conciencia, como en nosotros, o hay dos, uno divino y otro humano, con lo que difícilmente puede sostenerse la unidad de la persona en Cristo?

En mi opinión, todo cristiano que entienda bien las conclusiones a que llegó el C. General de Calcedonia (451), debe estar preparado para responder a esas preguntas del kenoticismo. Voy a intentar responderlas con la mayor brevedad posible: (A) En su Encarnación, el Hijo de Dios no se despojó de su Deidad, ni de sus perfecciones divinas, sino del uso independiente de tales perfecciones; (B) Por la unión hipostática (unión en la persona), el Hijo de Dios extiende la virtud infinita de su divina subsistencia a fin de que cubra también la naturaleza humana y ésta sea completa en el plano de la sustancia, de la subsistencia y de la existencia, a pesar de carecer de personalidad propia (cf. *Cristo* (20) *Cristo y la Unión hipostática*, y *Enhypóstatos*); (C) Es cierto que la «consciencia» es un atributo de la persona, pero su papel de «centro» debe ser analizado con mucho cuidado, porque el término «consciencia» (o, como suele escribirse, «conciencia») puede significar dos realidades distintas: (a) el «centro último de atribución y decisión» (*principium quod*), y éste es la persona, lo mismo en Cristo que en nosotros; (b) la «conciencia» como facultad cognoscitiva de introspección (*principium quo*), y en este sentido es una perfección de la naturaleza intelectual y, por consiguiente, es doble en Cristo: posee «conciencia divina» y «conciencia humana». El paso de una a otra se efectuaba por medio del E. Santo. Así, p. ej. el grito de Mt. 27:46 se compagina con lo de He. 9:14 «mediante el Espíritu eterno».

KERIGMÁTICA, TEOLOGÍA El vocablo gr. *kérugma* = bando, proclama, se usaba en el gr. clásico para referirse a una noticia proclamada mediante un heraldo (gr. *keryx*), de forma que lo que se anunciaba se hacía efectivo por el mismo hecho de anunciarlo. En ese sentido, el NT lo usa para designar el contenido del evangelio, tanto como la proclamación del mismo. El vb. gr. de la misma raíz, *kerússo* = predicar, proclamar, se usa así en Mr. 1:14 (*kerússon* = proclamando), para designar la predicación de Jesús concerniente al contenido del v. 15 como esquema resumido, pero completo, de la «buena noticia»: «En el reloj de Dios ha sonado la hora de la gran oportunidad (gr. *ho kairós*) y el reino de Dios se ha puesto al alcance de la mano; arrepentíos y creed en el evangelio». En la predicación apostólica, el mensaje cristiano abarca en su contenido la vida y la obra de Cristo, con especial énfasis en su muerte y en su resurrección, según estaba profetizado en las Escrituras (cf. p. ej. 1 Co. 15:1-4). En este sentido, el *kérugma* se distingue de la *didaché*, pues en el 1º es Dios quien llama a los seres humanos a una decisión de fe y de membresía en la comunidad de la fe, mientras que en el 2ª es encargada la iglesia de instruir, a los ya hechos discípulos, en las verdades de fe y costumbres que Cristo enseñó (cf. Mt. 28:19-20). Otras porciones que contienen formulaciones kerigmáticas son Ro. 1:1-4; Hch. 2:22-24 y 1 Ti. 3:16.

Pero si hablamos de una teología específicamente kerigmática es por el debate surgido en torno a la relación que el «mensaje proclamado» guarda con el «Jesús histórico». Los eruditos modernos se preguntan: ¿Dónde encaja el Jesús histórico en el esquema teológico? Porque un kerigma sin el Jesús histórico mal puede proveer base para la fe, y un Jesús sin el kerigma no permite en modo alguno el ejercicio de una fe que no es exigida por la misma proclamación.

R. Bultmann cree que ha solucionado el problema afirmando que la fe nunca debe descansar sobre los resultados de la investigación histórica, sino sólo sobre el kerigma mismo. Pero, en este caso, ¿no estaremos cerca de retirar del kerigma, de una vez, los datos evangélicos sobre la vida, la muerte y la resurrección de Jesús? Bultmann se negó a dar este paso, pero cayó continuamente en nuevas contradicciones.

KESWICH, CONVENCIÓN DE Convención anual inglesa que desde 1875 viene celebrándose cada verano en la ciudad de Keswick (Cumbria), para profundizar en la vida espiritual y promover la unidad de los cristianos en el Espíritu: «Todos uno en Cristo Jesús» (*All one in Christ Jesus*).

Sus orígenes se remontan a la campaña evangelística de D. L. Moody y Sankey en Gran Bretaña de 1874-1875, y a los escritos devocionalistas americanos como Asa Mahan, W. E. Boardman y los señores Smith. El nombre se deriva de la ciudad donde el vicario anglicano T. D. Harford-Battersby invitó a los Smith a hablar sobre la santidad en la vida común. Otro de sus fundadores y orador privilegiado fue E. H. Hopkins.

Sören A. Kierkegaard

El propósito de tales reuniones es promover la vida victoriosa en Cristo, conducir a una experiencia de santidad práctica y a la unión espiritual de todos los verdaderos creyentes. Contrariamente al concepto wesleyano de santidad, Keswick enseña que la tendencia pecaminosa no es erradicada de la vida del creyente, sino amortiguada por una vida llena del Espíritu, aunque su principal tesis: «Santidad por fe en Cristo, no por mi propio esfuerzo», fue combatida por John C. Ryle, argumentando que el NT únicamente apoya la afirmación: «Salvación por fe sola, pero nunca santidad por fe sola».

La Convención de Keswick permanece para una meta; pero a intervalos se han hecho esfuerzos para que se cambie por otra. Su testimonio es que el Cristo viviente recibido por fe como Salvador, puede dar, también por fe, liberación instantánea y permanente del pecado; «el Espíritu Santo convierte esta verdad, aprehendida por fe, en conducta y experiencia efectiva» (Webster, en *F. B. Meyer*, p. 194).

Críticos como J. S. Baxter cree que «la teoría de la identificación en la muerte de Cristo, que es su eje central, es un error patético» (*His Deeper Work in Us*, pp. 120-125), que ha conducido a la desilusión y esclavitud espiritual, aunque no en todos los casos, como se puede ver en el testimonio del misionero en China Hudson Taylor (*El secreto espiritual de H. Taylor*, PE/Vida).

Keswick siempre ha enfatizado la importancia de las misiones, por lo que ha ejercido una influencia notable en el movimiento misionero moderno. En la actualidad este tipo de convenciones, incluso con el mismo nombre, se ha extendido por todo el mundo. Conferenciantes notables han sido F. B. Meyer; W. G. Scroggie; A. Murray; R. A. Torrey; H. A. Ironside; E. F. Kevan y J. Stott, entre otros muchos. AR

KIERKEGAARD, SÖREN A. Sören Aaby Kierkegaard (1813-1855), hijo de un pastor de ovejas, primero, y un próspero negociante en telas, después, nació en Copenhague, Dinamarca, y pudo dedicarse por completo al estudio y la escritura gracias a la pequeña fortuna que, al morir, le dejó su padre en herencia. Estudió teología y se doctoró en la misma, pero nunca llegó a ejercer de pastor, ni siquiera a ordenarse, debido a la oposición de las autoridades eclesiales.

En Kierkegaard encontramos un testigo de la verdad evangélica, un alma quebrantada que sufre y padece un terrible dolor oculto: la convicción de que ni la Iglesia ni los creyentes quieren atender al Evangelio. Kierkegaard siempre se consideró a sí mismo un «espía al servicio de Dios», un Dios que descubre el pecado de la Cristiandad, llamarse cristiana sin serlo.

En 1850 Kierkegaard dio a conocer *Ejercitación del cristianismo*, que contiene un velado ataque a las jerarquías eclesiásticas, en especial al obispo Jacob Pier Mynster, a quienes acusa de acomodaticios y estar excesivamente influidos por el hegelianismo. El cristianismo, dice, sólo puede practicarse a imitación* de Cristo.

Casi ignorado filosófica y teológicamente en su día, Kierkegaard fue descubierto a partir de 1914, cuando la Primera Guerra Mundial despertó a los hombres de sus sueños e ilusiones de buena voluntad entre los hombres nacidos bondadosos. Kierkegaard enfatiza el pecado y gracia, que no se vive en masa, sino como individuos. A Cristo, dice, no se le sigue como sociedad –aunque sea eclesial–, sino como individuo*, por experiencia personal. La fe es un acto individual. Lo que Kierkegaard pregona es la vieja enseñanza de Lutero, la vuelta al cristianismo del «sígueme tú». «¡Deja de ser un número y sé tú mismo», exclama Kierkegaard.

Frente a la crítica del racionalismo ilustrado, Kierkegaard defenderá un cristianismo de base vivencial. «La lucha por el cristianismo no podrá continuar siendo la lucha por una doctrina, sino será una lucha por la existencia.» «Me pareció que la Providencia extendía sobre mí la mano y me decía: Tu tarea es llamar la atención hacia el cristianismo... El cristianismo se ha desvanecido tanto en el mundo, que ante todo hay que hacerse una concepción exacta de él» (*Diario*, 1840).

A partir del dato revelado Kierkegaard desafía el pensamiento en boga en sus días, y conduce a los hombres a pensar en sí mismos, no como seres humanos que quedan absorbidos y disueltos en la raza, sino como hombres individuales, que existen concretamente por un acto creativo de Dios. «La raza humana, el notable rasgo de que, justamente porque cada individuo está creado a imagen de Dios, el individuo único es superior a la especie» (*Diario*, 1850).

Muchos filósofos habían hecho del hombre un género animal, ya que sólo en los animales el género es superior al individuo. El género humano tiene, en cambio, la característica de que el individuo es superior al género. Esta es, según Kierkegaard, la enseñanza fundamental del cristianismo y es el punto en que hay que entablar la batalla contra la filosofía hegeliana y, en general, contra toda filosofía que se valga de la reflexión objetiva. Kierkegaard considera como aspecto esencial de la tarea que se ha propuesto, la inserción de la persona individual, con todas sus exigencias, en la investigación filosófica. «Hay pecado cuando delante de Dios, o teniendo la idea de Dios, uno no quiere desesperadamente ser sí mismo» (*La enfermedad mortal*, II, I).

El pensamiento central y decisivo de Kierkegaard respecto al cristianismo es el de que cada creyente individual puede y debe llegar a ser *contemporáneo* de Cristo. La Encarnación es un hecho histórico y, por lo tanto, un objeto adecuado de fe. Pero no es un acontecimiento histórico corriente, sino la venida de lo eterno en el tiempo, el que Dios infinito haya tomado carne humana en una situación histórica real. Por eso puede aprehendérsele sólo por un acto de fe «de segundo grado», o sea, la fe religiosa en sentido estricto. La naturaleza divina de Cristo no está de incógnito en Su naturaleza humana, en el sentido de que esté hábilmente escondida para todos, menos para las mentes filosóficas mejor adiestradas. Su presencia es más bien un misterio absoluto y una paradoja, inaccesible hasta para los intentos más ingeniosos y sublimes de la mera inteligencia natural; pero, no obstante, está al alcance de quien quiera que pida en la oración el poder para reconocerlo. La fe está del otro lado de la «muerte de la razón», o más bien, el franco reconocimiento de su incapacidad para aprehender esta verdad. Además, la fe viene como un don de Dios mismo; Él es quien da la condición especial para captar Su presencia encarnada. Kierkegaard llama «Instante» a la situación en la que un individuo recibe la fe para confesar la Encarnación, la presencia de Dios eterno como un hombre individual en la historia.

El significado de la contemporaneidad es proporcional al hecho histórico mismo. En el caso de la Encarnación, Kierkegaard distingue entre los creyentes y todos los demás interesados en el hecho; y sostiene que *sólo* el primer grupo es contemporáneo de Cristo en Su realidad histórica plena, y que todos los miembros de este grupo son *igualmente* contemporáneos de este acontecimiento teándrico, es creer en Él. Así, no podría uno haber oído y visto a Cristo en la tierra sin llegar a creer en Él y, por lo tanto, sin participar en la verdad histórica de la Encarnación. Ese testigo ocular estaría a una distancia tan remota de Cristo como cualquier historiador o filósofo incrédulo de una época posterior. El ser contemporáneo de Cristo, como de un acontecimiento histórico cualquiera, es únicamente una ocasión para tener fe en Él, ocasión que se les dio tanto a quienes lo siguieron en la tierra como a los que lo condenaron a muerte. Pero los primeros se convirtieron en sus discípulos sólo porque creyeron en Él y sólo de esta manera fueron plenamente contemporáneos suyos.

Entre lo mucho que se podría decir de la aportación de Kierkegaard al cristianismo, baste una apreciación general de su vena mística o espiritual, que no siempre es apreciada. «A la grupa de tanta doctrina católica –escribe el Dr. Demetrio G. Rivero–, tenía que venir Kierkegaard, precisamente él, para darnos de la caridad –entiéndase bien: en cuanto ésta es amor al prójimo– el tratado definitivo. Lo que en los tiempos modernos representan un san Juan de la Cruz con su *Cántico espiritual*, o la *Llama del amor divino*, y un san Francisco de Sales con su *Tratado del amor de Dios*, viene a representarlo Kierkegaard, también de forma soberana... Diremos que quizá sea también la primera filosofía práctica –con mucho de teología bíblica– acerca de las obras de la caridad... El máximo escritor cristiano de los cuatro siglos últimos y entre los primeros de todos los escritores de esos mismos siglos tan pródigos en escritores geniales.» AR

Bib. S. Kierkegaard, *Obras escogidas*, 9 vols. (Guadarrama 1961-1969); *El amor y la religión* (Santiago Rueda, Bs. As. 1960); *El concepto de la angustia* (Espasa-Calpe, Madrid 1979); *Estética y ética* (Ed. Nova, Bs. As. 1959); *Mi punto de vista* (Aguilar, Bs. As. 1972); *Temor y temblor* (Ed. Nacional, Madrid 1975); *Migajas filosóficas* (Trotta, Madrid 2000).

Hans Küng

C. F. Bonifaci, *Kierkegaard y el amor* (Herder, Barcelona 1963); J. A. Collado, *Kierkegaard y Unamuno* (Gredos, Madrid 1962); J. Collins, *El pensamiento de Kierkegaard* (FCE, México 1958); T. Haecker, *La joroba de Kierkegaard* (Rialp, Madrid 1930); R. Jolivert, *Introducción a Kierkegaard* (Gredos, Madrid 1950); T. Kampmann, *Kierkegaard como educador religioso* (CSIC, Madrid 1953); R. Larrañeta, *La interioridad apasionada. Verdad y amor en Kierkegaard* (ESE, Salamanca 1990); A. Ropero, *Introducción a la filosofía*, cap. VIII (CLIE, Terrassa 1999); Francesc Torralba, *Poética de la libertad. Lectura de Kierkegaard* (Caparrrós, Madrid 1998).

KNOX, JUAN Este reformador escocés (1515-1572) nació en Haddington y fue educado en la universidad de San Andrés. Fue ordenado sacerdote en 1540, pero para entonces había aprendido de su maestro G. Wishart (1513-1546) una mezcla de ideas luteranas y calvinistas, incluyendo los puntos de vista de M. Bucer sobre la Cena del Señor. Wishart murió en la hoguera, pero tres meses después murió asesinado el mundano cardenal escocés Beaton. Como consecuencia de esto, también Knox tuvo que buscar protección en el castillo de San Andrés. Era reina de Escocia María Estuardo, pero por su forzado exilio, era regente de Escocia su madre María de Guisa, francesa y católica como su hija, y consiguió que en julio de 1547 una flota francesa sitiara y bombardeara el castillo, obligando a sus ocupantes a capitular. Knox y sus compañeros fueron deportados y enviados a galeras, hasta que en 1549, por intervención del gobierno inglés, fue liberado.

Vuelto a Inglaterra, comenzó a predicar en muchos puntos del país. La predicación de Knox cerca de la frontera escocesa atrajo a tantos escoceses que el gobierno escocés se puso nervioso. Knox aceptó una invitación para predicar en la corte de Eduardo VI, pero rechazó la oferta de ser obispo de Rochester. Cuando María Tudor, católica y mujer de Felipe II, llegó al trono inglés en 1553, Knox estuvo por algún tiempo dudando sobre si procedía morir pronto en la hoguera o huir del país. Por fin, decidió huir a Ginebra en 1555, donde los reformadores suizos, especialmente J. Calvino, tuvieron mucha influencia en él. A finales del 1555, Knox volvió por un breve tiempo a Escocia, donde tuvo la suerte de librarse de una acusación de herejía. En 1559, los acontecimientos se precipitaron en Escocia. El pueblo escocés se alzó contra la Regente y la dominación francesa; se produjeron graves desórdenes y las tropas del gobierno se lanzaron contra las fuerzas protestantes poniéndoles en grave aprieto. Fue entonces cuando Inglaterra, ya bajo la protestante Isabel I, decidió intervenir con un potente ejército. Las tropas francesas fueron sitiadas en Leith y tuvieron que capitular (1560), con lo que la influencia gala llegó a su fin. El triunfo del protestantismo en Escocia quedó asegurado cuando María Estuardo abdicó en 1567 y Knox predicó el sermón de coronación para Jacobo VI, el niño de María, quien fue educado en el protestantismo durante la regencia de lord James Stewart, conde de Moray y protestante, con lo que se volvía al total restablecimiento de la Reforma en Escocia.

Bib. Ricardo Cerni, *Historia del Protestantismo* (EDV, Edimburgo 1995); G. P. Fisher, *Historia de la Reforma* (CLIE, Terrassa); Thomas Lindsay, *La reforma en su contexto histórico*, vol. I, *La Reforma en su desarrollo social*, vol. II (CLIE,Terrassa); John T. McNeill, *Los forjadores del cristianismo*, vol. 2 (CLIE, 1987); Samuel Vila, *El cristianismo evangélico a través de los siglos*, cap. 35 (CLIE, 1982).

KÜNG, HANS Damos entrada en este Diccionario a este teólogo católico suizo (1928-), por su enorme influencia en otros teólogos católicos de vanguardia e incluso entre los anglicanos.

Küng nació en Suiza y recibió una educación muy variada en el Colegio Alemán de Roma, en la Universidad Gregoriana y en la Sorbona, con estudios adicionales en Berlín, Londres, Amsterdam y Madrid. Se ordenó de sacerdote en 1955 y sirvió primero como párroco. Pero, al adquirir prominencia con sus escritos teológicos, fue nombrado en 1960 profesor de teología en la facultad católica de Tubinga. Por sus puntos de vista progresistas y ecumenistas, ayudó a promover muchas de las reformas que introdujo el C. Vaticano II.

Su interés por el ecumenismo llegó al límite en su libro sobre la justificación*, donde intentó reconciliar las enseñanza católicas y protestantes sobre la justificación, reinterpretando las enseñanzas del C. de Trento y de K. Barth sobre este punto clásico de división denominacional. El propio K. Barth le felicitó y le dijo: «Vd. ha reflejado fielmente mi pensamiento. No sé lo que pensarán sus colegas católicos sobre esto». En mi opinión, su obra cumbre es *La Iglesia*, monumental tratado de Eclesiología moderna y ecuménica.

Küng se percató de que la dirección progresiva iniciada por Juan XXIII se estaba frustrando por el autoritarismo de Pablo VI y se vio a sí mismo en el papel de «la oposición leal de su Santidad». En descargo de Pablo VI hay que decir que su labor de equilibrador de las distintas tendencias de los obispos conciliares y posconciliares fue muy ardua. Comparándolo con Juan Pablo II, decía el propio Küng hace un par de años (quizás en 1998): «Pablo VI pasaba largo tiempo reflexionando sobre un asunto. Cuando se decidía a dictaminar, su decisión era firme y segura. Juan Pablo II se precipita demasiado a dar su veredicto.» Sin embargo, no todo pudo ser para Küng un camino de rosas durante el pontificado de Pablo VI, vistas sus opiniones sobre tantos puntos «calientes» del magisterio de la Iglesia. Frente a la publicación de la Enc. *Humanae Vitae* de Pablo VI, Küng reaccionó poniendo en tela de juicio el papel pastoral del papa y emprendiendo una profunda investigación de la autoridad papal en su libro *¿Infalible?* (Londres, 1972). Küng fue seriamente amonestado en 1975, pero se negó a retractarse y fue depuesto de su posición oficial como profesor católico. Pero, desgraciadamente, Küng se ha ido al campo del liberalismo bíblico al negar la infalibilidad de las Escrituras, teniendo por leyendas muchas de las historias del NT, ha rechazado la cristología de Calcedonia, ha rebajado la trascendencia de Dios y parece presentar a Cristo más como un modelo que imitar que como un Salvador en quien creer. No es, pues, de extrañar que un Vaticano más conservador que el de Pablo VI negase en 1982 conceder a Küng una audiencia hasta que él se retracte de sus extremas opiniones.

Bib. H. Küng, *La justificación según Karl Barth* (Barcelona 1965); *Estructuras de la Iglesia* (Barcelona 1965); *Para que el mundo crea* (Herder, Barcelona 1965); *La Iglesia* (Herder, Barcelona 1975, 4ª ed.); *La encarnación de Dios* (Herder, Barcelona 1970); *Sinceridad y veracidad. En torno al futuro de la Iglesia* (Barcelona 1970); *Sacerdotes ¿para qué?* (Barcelona 1972); *¿Infalible? Una pregunta* (Buenos Aires 1972); *Libertad del cristianismo* (Barcelona 1975); *Lo que debe permanecer en la Iglesia* (Barcelona 1975); *Ser cristiano* (Cristiandad, Madrid 1977); *El desafío cristiano* (Cristiandad, 1982); *¿Existe Dios?* (Cristiandad); *¿Vida eterna?* (Cristiandad / Trotta, Madrid 2000); *Proyecto de una ética mundial* (Trotta, Madrid 1991); *Mantener la esperanza. Escritos para la reforma de la Iglesia* (Trotta, 1993); *El judaísmo. Pasado, presente y futuro* (Trotta, 1993); *El cristianismo. Esencia e historia* (Trotta, 1997); *Teología para la postmodernidad* (Alianza, Madrid 1989); *Credo* (Trotta, 1994).

KUYPER, ABRAHÁN Este teólogo y estadista holandés (1837-1920) nació en Maassluis. Su padre era ministro de una iglesia reformada. Fue un brillante estudiante en la universidad de Leiden y abrazó los puntos de vista más avanzados en teología. Durante su primer pastorado experimentó una conversión evangélica. Bajo la influencia de la piedad de los fieles encomendados a su cargo, comenzó de nuevo a estudiar la teología según los moldes de la tradición calvinista. Escribió muchos libros y centenares de artículos sobre teología, filosofía, política, arte y cuestiones sociales. En todos ellos trató de elaborar una perspectiva cristiana del mundo y de la vida.

En 1874 entró en el parlamento como miembro del reciente partido antirrevolucionario, el más moderno partido político en la historia de Holanda en su oposición a los principios de la Revolución Francesa y del liberalismo político.En 1900, el partido de Kuyper triunfó en las elecciones parlamentarias y fue elegido primer ministro. Logró quebrar la huelga de ferroviarios de 1902, pero perdió las elecciones de 1905. Sin embargo, continuó su influencia en la vida pública, hasta poco antes de su muerte, como editor del diario *De Standaard* (El Estandarte).

Se le recuerda, sobre todo, por su desarrollo de la doctrina de la gracia común y sus puntos de vista sobre el Reino de Dios en el pensamiento cristiano. Siempre estuvo alerta contra los peligros del autoritarismo totalitario, pues era un gran amante de la libertad y reconocía que tanto los negocios como el gobierno pueden oprimir a los débiles. Por eso, veía la función primordial del Estado como la de preservar la justicia de Dios en la sociedad. Muchos movimientos cristianos contemporáneos han tenido su origen en las enseñanzas de Kuyper, mereciendo especial mención el de Francis Schaeffer*.

Bib. A. Kuyper, *Cerca de Dios* (CLIE, Terrassa 1968); *Mujeres del Antiguo Testamento* (CLIE, 1983).

LAGO DE FUEGO (cf. *Infierno*)

LAICISMO (cf. *Liberalismo*) Se refiere a la doctrina política que defiende la independencia del hombre o de la sociedad, y especialmente del Estado, frente a las injerencias de las Iglesia en particular, o de la religión en general. Es un largo proceso histórico evidente en la Edad media, que se acelera en el Renacimiento y la Reforma, con la abolición de los monasterios y la consideración de cualquier trabajo ordinario como servicio prestado a Dios y al hombre. La laicización llegó primero al pensamiento, en especial a la filosofía y las ciencias, y después a la educación de la sociedad en general, donde los teóricos del laicismo pedían escuelas sin influencia religiosa, separación Iglesia y Estado en todas las materias, relegando el cultivo de la religión al terreno privado de la familia y el indiviudo.
El laicismo está estrechamente ligado con el librepensamiento y con el anticlericalismo*, favoreciendo la libertad de cultos para que ninguna Iglesia o religión monopolice el panorama religioso y nigue a otros la libertad que reclama para sí.

LAICO (cf. también *Clérigos*) El vocablo procede directamente del gr. *laós* = pueblo, latín *laicum*. Se usa para designar en la Iglesia al que no es clérigo*, al miembro ordinario del pueblo creynte. En castellano existe el derivado *lego*, aplicado a los religiosos no sacerdotes, término hoy en uso por el laico, para nombrar al *seglar*.
La versión griega del AT de los Setenta utiliza *laos* para designar al pueblo de Dios por oposición a los sacerdotes y levitas. En el NT el término ocurre 143 veces en el NT, entre las que destacan tres (cf. 1 P. 2:9-10). La referencia primera va a Israel, «el pueblo de Dios» y, después, al «nuevo pueblo» en que gentiles y judíos forman un solo Cuerpo de Cristo. En este sentido, se identifica con lo de *tón kléron* = las heredades de 1 P. 5:3. No hay, pues, en el NT una casta «clerical», contradistinta de la masa de fieles del «pueblo» (cf. *Clérigo*) y superior al mismo.
En la Iglesia de Cristo todos sus miembros son iguales, y aquellos que la presiden, cuidan y alimentan no son jerárcas, sino ministros* (del latín *minus* = menos), es decir, siervos del Pueblo de Dios, para que éste cumpla su ministerio. Tal es el propósito de la ascensión* de Cristo al cielo y su derramamiento de dones a la Iglesia, «a fin de perfeccionar a los santos para la obra del ministerio, para la edificación del cuerpo de Cristo, hasta que todos lleguemos a la unidad de la fe y del conocimiento del Hijo de Dios» (Ef. 4:11-12). En este sentido, *Lumen Gentium*, n. 38 tiene razón cuando dice que «cada uno de los laicos debe ser ante el mundo un tetigo de la Resurrección y de la vida del Señor Jesús, y una señal del Dios vivo. Todos juntos y cada uno por su parte deben alimentar al mundo con frutos espirituales (Gá. 5:22), e influir en el espíritu que anima a los pobres, a los mansos y a los pacifícios, a quienes el Señor proclamó bienaventurados en el Evangelio (Mt. 5:3-9)». En una palabra, «lo que es el alma en el cuerpo, son los cristianos en el mundo» (*Ep. a Diogneto*).
De todo ello se desprende que si de los pastores, evangelistas y maestros se espera una dedicación especial a la Iglesia y al mundo, de los laicos, entendidos no como «segunda clase» de cristianos, ni como un orden inferior, sino como Pueblo de Dios, se espera un compromiso en las cosas temporales acorde a su alto llamamiento celestial. A ellos les correponde poner en práctica la doble misión de testimoniar la salvación en Cristo en el mundo y de animar la vida de la Iglesia con sus dones, pues han sido llamados al apostolado por el mismo Señor en virtud de su conversión y bautismo.

Bib. Raúl Berzosa Martínez, *Ser laico en la Iglesia y el mundo* (DDB, Bilbao 2000); Mario E. Fumero, *Los ministerios y el discipulado en la Iglesia normal* (Peniel, Tegucigalpa 1998); David Haney, *El Señor y sus laicos* (CBP, El Paso); Javier Hervada, *Tres estudios sobre el uso del término laico* (EUNSA, Pamplona 1973); A. G. Hamman y P. Chauvet, *Sacerdocio de los bautizados, sacerdocio de los presbíteros* (DDB, Bilbao 2000); R. Mahoney y R. Frost, *Cómo Jesús edifica su Iglesia. Cada miembro un ministro* (World MAP, Burbank 1991); Ray C. Stedman, *La Iglesia resucita* (CLIE, Terrassa 1975); Varios, *El laicado en la Iglesia* (UPS, Salamanca 1989).

LATITUDINARISMO Este vocablo procede directamente del lat. *latitudo, latitúdinis* = anchura, y éste del adj. *latus* = ancho. Con él se designa a un grupo de teólogos anglicanos de fines del siglo XVII y durante el XVIII, que tenían en gran estima la autoridad de la razón y eran de un temple tolerante y antidogmático. Los orígenes del latitudinarismo hay que trazarlos hasta la apelación que Ricardo Hooker (1553-1600) hizo a la luz de la razón como autoridad suplementaria de la Biblia, idea que fue adoptada a principios del siglo XVII por clérigos como Guillermo Chillingworth (1602-1644). Pero, sobre todo, los latitudinarios eran producto de los platonistas de Cambridge en la época de la Revolución Inglesa del tiempo de los Cromwell, aunque carecían de la profundidad mística e imaginativa de aquellos. Muchos llegaron a ser clérigos de altura. P. ej. Juan Tillotson, arzobispo de Canterbury; Eduardo Stillingfleet, obispo de Worcester; Simón Patrick, obispo de Chichester y Ely; Gilberto Burnet, obispo de Salisbury; y Tomás Tenison, arzobispo de Canterbury. Todos ellos reaccionaron contra el calvinismo de los puritanos con una mentalidad amplia de arminianos. Igualmente llenaron las filas de los progresistas y liberales en el campo intelectual con hostilidad hacia la filosofía escolástica y con abierta simpatía hacia la nueva filosofía «mecánica» de Descartes. Llevados del respeto al «teatro de la naturaleza», siempre estaban dispuestos a prestar su apoyo a los avances científicos. Ensalzaban las nuevas matemáticas de Isaac Barrow e Isaac Newton como señales de la nueva era luminosa.

Como buenos latitudinarios, trataban de unir todas las denominaciones, desde los no conformistas hasta los anglocatólicos, con mengua de los principios religiosos, al tiempo que decían: «la verdadera filosofía nunca puede hacer daño a una sana teología», eslogan que en la práctica equivale a la acomodación de las Escrituras y de la patrística a la luz de la razón. Junto a esta vaguedad teológica y espiritual, cultivaban una religión fuertemente moralista, pues el trasfondo para el surgimiento del latitudinarismo fue el bajo nivel personal de moralidad de los círculos de la corte del tiempo de la Restauración de la monarquía, así como el triunfo de las ciencias naturales en el mundo intelectual. En realidad, participaban del escepticismo de D. Hume*. Fueron los precursores del ala «ancha» de la Iglesia anglicana del siglo XIX y de los modernistas anglicanos del siglo XX. Por otra parte, su carencia de verdadero mensaje para el pueblo y su horror al sentimiento en la religión contribuyeron mucho a que el avivamiento evangélico del siglo XVIII diera espléndidos resultados espirituales.

LAW, GUILLERMO Este escritor y místico anglicano (1686-1761) nació en King's Cliffe, condado de Northampton, y estudió leyes en Cambridge, graduándose en 1708 como B.A. (algo así como «bachiller en artes»). En 1711 fue ordenado de diácono en la Iglesia anglicana, pero rehusó prestar el juramento de vasallaje a Jorge I, de la nueva dinastía de Hannover. Law participó activamente, a favor de la ortodoxia, en las varias controversias religiosas que agitaron a la Iglesia de Inglaterra durante el siglo XVIII. En 1740 se retiró a King's Cliffe, donde permaneció hasta su muerte dedicado a una vida de intensa piedad.

La contribución más valiosa de Law fue la de sus escritos devocionales, entre los que destaca su libro *A Serious Call to a Devout and Holy Life* (Una seria llamada a una vida devota y santa, 1729), donde mostró que si un cristiano desea de veras seguir al Señor Jesucristo, tiene que hacerlo en todas las áreas de la vida, lo mismo en el negocio que en el entretenimiento y en las prácticas de sincera piedad: humildad, negación del «yo» y renuncia a todo lo mundano. Este libro llegó a ser el favorito de líderes religiosos de tan distinta procedencia como Juan Wesley, Jorge Whitefield, Samuel Johnson y Alejandro Whyte. Sin embargo, J. Wesley se sintió preocupado cuando Law, hacia el 1734, se apartó de la teología mística dejándose influir por las obras de Jacob Boehme*. La ruptura (1738) se hizo pública en 1756, en una carta abierta en que Wesley criticó la teología de las obras de Law. Otros escritos de Law son *Spirit of Prayer* (El espíritu de oración, 1749 y 1750) y *Spirit of Love* (El espíritu de amor, 1752 y 1754).

Bib. William Law, *El espíritu de oración* (Yatay, Madrid 2000); Andrew Murray, *Cómo ser libres del egoísmo. Escritos seleccionados de W. Law* (CLIE, Terrassa 1981).

LAXISMO Este vocablo procede del lat. *laxus* = flojo, sin severidad, y se designa con él al sistema moral que permite seguir la opinión que va en favor de la libertad del ser humano, aun en el caso de que sea poco probable. Es, pues, lo contrario del sistema tuciorista (cf. *Tuciorismo*). El laxismo brotó especialmente a fines del siglo XVII y comienzos del XVIII, sobre todo en Francia, como reacción contra el rigorismo probabiliorista (cf. *Probabiliorismo*) de los jansenistas de Port Royal (cf. *Jansenismo*).

LEGALISMO El vocablo procede de legal, y éste de ley (cf. *Ley*). El legalismo es un sistema ético que hace de la ley la norma de la conducta moral del cristiano, y cuya observancia lleva a la salvación (justicia propia –cf. Fil. 3:9–, contra lo que Pablo dice en Gá. 5:4), mientras que su inobservancia acarrea la condenación eterna. Es, pues, lo contrario del antinomianismo* y un peligro todavía mayor.

Los legalistas o neonomianos (gr. *neós nómos* = nueva ley) hacen tal énfasis en la responsabilidad cristiana que la obediencia se convierte en una «obra» más bien que en el «fruto» o evidencia de la fe. De esta forma, el legalismo acaba con la seguridad y el gozo de la salvación del cristiano, tendiendo a crear una piedad excesivamente introspectiva. Llegó a estar tan difundido entre las iglesias reformadas del siglo XVIII que ocasionó algunas reacciones drásticas.

LEIBNIZ, GODOFREDO GUILLERMO

Este brillante filósofo y teólogo protestante (1646-1716) nació en Leipzig de una familia de tradición jurídica. Su padre era profesor de filosofía en la universidad de Leipzig, y allí estudió primeramente leyes Leibniz, pero pronto volvió su atención a la filosofía y a las matemáticas. Estudió también las literaturas de la antigüedad, así como el griego y el latín. Además, trabajó seriamente en cuestiones jurídicas e históricas, se inició en la alquimia y sintió inmensa curiosidad por todas las ramas del saber. Después de varios viajes por Francia e Inglaterra, desde 1673, ya asentado de nuevo en su país natal, fue nombrado bibliotecario de Hannover, donde vivió ya casi siempre. Por iniciativa suya se fundó en 1700 la Academia de Ciencias de Berlín, de la que fue el primer presidente.

Leibniz fue un gran promotor de la unión de las iglesias cristianas. Sentía gran admiración hacia el catolicismo, pero no quiso abjurar de su fe protestante, sino unir de nuevo las dos confesiones. A pesar de sus esfuerzos, y los de Bossuet y Rojas Espínola de la parte católica, el plan fracasó. Leibniz murió en soledad y casi abandonado, después de una vida intensa de piedad y maravillosa actividad intelectual.

(1) En cuanto a su teología, el optimismo racionalista le llevó a considerar a Dios como un agente libre que, en teoría, podía haber creado cualquier tipo de mundo que hubiera querido; pero, en la práctica, Dios tuvo que crear el mejor mundo posible, en el que los seres humanos son premiados o castigados de acuerdo a su conducta. Dios no es responsable del mal que hay en el mundo; el mal es resultado de la libertad humana. Leibniz fue el primero en usar el vocablo «teodicea» como título de un libro que publicó en 1710, en el que sostuvo que la existencia del mal es una condición necesaria de la existencia del mayor bien moral.

(2) En cuanto a su filosofía, su libro clave es la *Monadología* (1720), libro que compuso para el príncipe Eugenio de Saboya. *Mónada* es un vocablo que procede directamente del griego y significa «unidad». Según Leibniz, las «mónadas» son sustancias simples (sin partes) e indivisibles (gr. *átomos*), pero entran a formar parte de los compuestos, que son los elementos de las cosas. Por ello, estas mónadas átomos son inextensas, inmateriales. No hay mónadas materiales; la mónada es un átomo formal, incapaz de generación y de corrupción, por lo que sólo puede producirse por creación y desaparecer por aniquilación. Las mónadas no tienen «ventanas», es decir, no hay nada que pueda salir de una mónada e influir en otra; pero, en cambio, tienen «cualidades» por las que se distinguen entre sí y están cambiando continuamente, no de forma extrínseca, sino como despliegue de sus posibilidades intrínsecas. Otros aspectos de su filosofía son: (A) La «armonía preestablecida». Como las mónadas no tienen «ventanas», la incomunicación resultante impide al hombre conocerlas y al mundo contenerlas de forma ordenada («cosmos», no «caos»). ¿Cómo, pues, se solucionan esos graves problemas? Según Leibniz, Dios ha establecido que cada mónada, al desarrollar sus posibilidades, coincida con todas las restantes, como un conjunto numeroso de relojes construidos de tal manera que marchen siempre de acuerdo, sin tocarlos y sin que se influyan mutuamente; (B) Las «ideas innatas». Todas las ideas proceden de la actividad interna de la mónada; nada es recibido desde fuera (en la metafísica de Leibniz no cabe el empirismo). La mente humana, por su fuerza representativa de la realidad, las produce. En la escolástica tradicional rige un principio inviolable que dice: «No hay nada en el entendimiento que no haya estado antes en el sentido». Leibniz lo modificó del modo siguiente: «No hay nada en el entendimiento que no haya estado antes en el sentido, exceptuando el propio entendimiento»; (C) La existencia de Dios demostrada «a priori». Leibniz admite, y usa, la demostración «a posteriori» de la existencia de Dios. Pero, según él, hay que probar 1º la «posibilidad» de Dios para asegurar de veras su existencia. Leibniz la prueba mediante el argumento ontológico, ya usado por Anselmo de Canterbury y también por Descartes. Dice Leibniz: «Si Dios es posible, existe. Es así que es posible, puesto que la esencia divina no encierra en sí la negación de la posibilidad de existir. Luego Dios existe».

Leibniz tuvo un talento digno de mejor causa. Pero su abandono del realismo escolástico tomista le hizo desvariar, tanto en el campo de la filosofía como en el de la teología.

Bib. William G. Leibniz, *Nuevos ensayos sobre el entendimiento humano* (Ed. Nacional, Madrid 1977); *Nuevo tratado sobre el entendimiento humano* (Aguilar, Madrid 1970); *Monadología y discurso de metafísica* (Sarpe, Madrid 1984); *La profesión de fe del filósofo* (Aguilar, Bs. As. 1966); *La Teodicea o tratado sobre la libertad del hombre y el origen del mundo* (Aguilar, Madrid 1928); *Pensamientos* (Espasa-Calpe, Madrid 1934); *Discurso de metafísica* (Alianza, Madrid 1982).
W. Dilthey, *De Leibniz a Goethe* (FCE, México 1945); W. González Oliveros, *El pensamiento irénico y jurídico de Leibniz* (AJL Mádrid 1947); J. Ortega y Gasset, *La idea del principio en Leibniz* (Revista de Occidente, Madrid 1967); A. Ropero, *Introducción a la filosofía*, cap. VII (CLIE, Terrassa 1999).

LENGUAJE El vocablo es un derivado de lengua y, en su sentido vulgar, es «la manera de hablar de una persona». El lenguaje tiene por objeto la comunicación de los pensamientos, de los deseos y de los sentimientos por medio de sonidos; en esto se distingue de la mímica y del grafismo. Sólo el ser humano es capaz de usar el lenguaje, pues es el único de los seres corpóreos que tiene pensamientos y puede expresarlos de forma articulada inteligible.

Como forma de hablar, el lenguaje incluye el gesto, así como el tono y el timbre del que habla. El uso repetido establece una conexión permanente, supuesta la mutua comprensión de los interlocutores sobre la identidad del contenido por ambos pensado o presentido. Esto hace que personas mayores con dificultades de vista, oído y comprensión entiendan bien a sus familiares, mientras les cuesta mucho entender a extraños. Todo esto tiene enorme importancia para el estudio de la teología y de la exégesis. (1) De la teología, porque sólo cuando se conoce el significado de los términos técnicos, inevitables, que usan los teólogos, se pueden entender los temas de la teología, algunos de ellos ya difíciles de suyo, debido a su profundidad. (2) De la exégesis, por la fidelidad que la Palabra de Dios exige en su trasvase a otras lenguas. En este trasvase hay que tener en cuenta: (A) lo que cada palabra ha significado en cada época desde que entró en la lengua respectiva; (B) la clase del contexto cultural en el que se ha trasvasado, pues palabras que significan una cosa para un hebreo, significan algo diferente para un español, para un alemán, para un chino. Aquí brilla el carácter sagrado del lenguaje, de nuestro lenguaje, en el cual Dios ha querido que se vierta su Palabra eterna, su lenguaje.

Por otra parte, como han notado los filósofos Unamuno y Marías, «cada lengua lleva implícita, mejor encarnada en sí, una concepción de la vida universal, y con ella un sentimiento –se siente con palabras–, un consentimiento, una filosofía y una religión», que es preciso tener en cuenta a la hora de traducir el mensaje de las Escrituras al lenguaje no sólo de nuestra comunidad, sino de nuestro tiempo.

Bib. W. Alston, *Filosofía del lenguaje* (Alianza Ed., Madrid 1974); Darío Antiseri, *El problema del lenguaje religioso* (Cristiandad, Madrid 1976); F. Conesa y J. Nubiola, *Filosofía del lenguaje* (Herder, Barcelona 1999); E. Gilson, *Lingüística y filosofía* (Gredos, Madrid 1974); D. Hatz, *Filosofía del lenguaje* (Martínez Roca, Barcelona 1966); John Macquarrie, *God-talk, el análisis del lenguaje y la lógica de la teología* (Sígueme, Salamanca 1976).

LESSING, GOTTHOLD EFRAÍN Este dramaturgo y escritor alemán (1729-1781) era hijo de un pastor protestante y fue educado en la ortodoxia luterana, pero después de estudiar en Leipzig y en Berlín adoptó la filosofía entonces popular de la Ilustración. En 1770 fue nombrado bibliotecario del duque de Brunswick en Wolfenbüttel, donde pronto suscitó una controversia con la publicación de unos fragmentos de un manuscrito del orientalista H. S. Reimaro (1694-1768).Tales fragmentos eran esencialmente un libreto deísta que rechazaba la validez de la revelación bíblica y explicaba los orígenes del cristianismo desde un punto de vista naturalista. Lessing respondió a sus críticos con una serie de escritos polémicos, pero fue silenciado por el censor de Brunswick en 1778. Sus ideas teológicas fueron desarrolladas en su más madura obra dramática *Natán el Sabio* (1779) y en su ensayo *La Educación de la Raza Humana* (1780).

Con sus *Fragmentos*, Lessing abrió la puerta de par en par al liberalismo bíblico (cf. *Modernismo*). Pero no se contentó con eso, pues su racionalismo le llevó a negar la posibilidad de hallar la verdad en la religión y en la historia. Según él, las verdades históricas son contingentes, mientras que las verdades de la razón son necesarias. La historia es un proceso y, por eso, la comunicación y la percepción de las verdades religiosas pueden variar cuando la historia cambia. Así pues, nadie puede esperar hallar la verdad histórica, porque no hay tal cosa como un señor de la historia dentro de la historia, que nos pueda decir cuál es la verdad en fin de cuentas.

Bib. G. E. Lessing, *Escritos filosóficos y teológicos* (Ed.Nacional, Madrid 1982); *Natán el sabio* (Espasa-Calpe, Madrid1985).

LEY El vocablo entró en el cast. el año 1158 y procede del lat. *lex, legis*. Para este último se han propuesto tres etim. diferentes: de los vbs. lat. *légere* = leer; de *légere* = escoger; de *ligare* = atar. En mi opinión, esta es la única etim. admisible, pues la ley «liga» al ser humano con la norma y, en último término, con Dios («re-ligión»).
Estoy, pues, usando el vocablo ley en su sentido estricto, como norma moral del ser humano. No voy a tratar de las leyes del pensamiento, ni de las leyes científicas ni de las leyes de la naturaleza. Ahora bien, la ley como norma del ser humano puede ser:
(1) Constitutiva, que consiste en la perfección propia de cada ser. Esa perfección puede considerarse (A) en su principio, la naturaleza humana; es la verdad del hombre en su correcta relación con Dios (cf. Ec. 12:13); (a) en su condición original, la imagen de Dios en el hombre reflejaba nítidamente en la conciencia esta norma constitutiva de la conducta; (b) deteriorada la imagen de Dios por el pecado, el hombre debe reencontrar su norma en la forma en que Dios ha revelado su voluntad. (B) en su término, la perfección es la salvación eterna (cf. 1 Ti. 2:4), necesidad radical del hombre (cf. Ro. 3:23). Y a una mayor necesidad corresponde una mayor obligación.
(2) Preceptiva. Toda ley supone un legislador. La naturaleza humana no es autónoma en cuanto a sus normas de conducta. El ser humano no quedaría ligado éticamente si no fuera por reflejar la norma preceptiva, la ley del Supremo Rector del universo. Ahora bien, Dios ha puesto su ley: (A) natural, escrita sin letras en la conciencia de cada ser humano (cf. Ro. 2:14-15); (B) escrita en las dos tablas del Decálogo (cf. Éx. 20; Dt. 5) y en muchas otras prescripciones hasta llegar, según los rabinos, a 613. Como puede verse por las porciones indicadas, esta ley marcaba el pacto con el pueblo de Israel, un pacto de esclavitud (cf. Gá. 4:24; 5:1) y, por tanto, en su forma escrita, afectaba sólo a los judíos.
(3) Declarativa. Para que una ley obligue en concreto a una persona es menester que sea suficientemente promulgada y que se haga conocer de los sujetos a quienes afecta. Por tanto, la ligadura próxima e inmediata de la norma con el sujeto moral es la conciencia, por la cual nos percatamos de la existencia de la ley y de nuestra obligación de observarla (cf. Ro. 2:15; 3:20; 7:7; 14:23).

LEY Y EVANGELIO De este tema he tratado ya en los arts. *Antinomianismo** y *Ética**. A costa de repetir algunos conceptos, voy a tratar de este difícil y discutido tema, tal como hice en mi libro *Ética cristiana* (CLIE), lecc. 20ª, punto 2, aportando algunos detalles nuevos que no aparecen allí.
Se trata, en fin de cuentas, de responder adecuadamente a la siguiente pregunta: ¿Es todavía la ley mosaica la norma moral del cristiano? Hay que evitar dos extremos igualmente antibíblicos: el legalismo* y el antinomianismo*. Para proceder con orden, divido la respuesta en tres puntos:
(1) No cabe duda de que la ley mosaica no es un medio de salvación. Pablo asegura en Ro. 3:28: «el hombre es justificado por fe sin las obras de la ley». «Sin las obras de la ley» significa claramente que Dios considera justo al pecador creyente y arrepentido, sin tener en cuenta para nada su «mérito» como cumplidor de la ley ni su «demérito» como mal cumplidor. La epístola a los gálatas tiende toda ella a mostrar esta verdad y los textos del NT podrían multiplicarse, pero no es necesario porque en esto todos los evangélicos estamos de acuerdo.
(2) Tampoco cabe duda de que la ley mosaica no tiene poder para condenar al cristiano. Dice Pablo en Ro. 8:1: «Ahora, pues, ninguna condenación hay para los que están en Cristo Jesús». «Ninguna» significa lo que expresa: ni mucha ni poca. Esto se hace evidente por el vb. están. Es cierto que dicho vb. está suplido en el original, pero también es cierto que la idea está implícita en la expresión gr. *en Jristò Iesoú* = en Cristo Jesús, donde la prep. gr. *en* significa la unión vital del creyente con Jesucristo muerto por nuestros pecados y resucitado para nuestra justificación (cf. Ro. 4:25). También en este punto podrían multiplicarse los textos del NT, pero tampoco es necesario porque todos los evangélicos estamos de acuerdo también en esto.
(3) La analogía con que Pablo expresa que estamos libres de la ley (Ro. 7:6) tiende claramente a decirnos que tenemos un segundo marido, Jesucristo, por cuya obra hemos muerto respecto al marido anterior, la ley (Ro. 7:4). Por consiguiente, ese primer marido no tiene ninguna autoridad sobre nosotros (Ro. 7:1-3). Esto implica:
(A) Que la ley escrita no es la norma moral del creyente. La razón es muy sencilla: Esa ley era

el pacto de esclavitud para el pueblo de Israel (cf. Éx. 19:5; Dt. 5:2), no para los gentiles (cf. Ro. 2:14). Ahora bien, la salvación por el mensaje del evangelio es para todas las naciones (cf. Mt. 28:19). ¿Quedarán los gentiles obligados al pacto de esclavitud al hacerse cristianos? ¡De ningún modo! Texto clave: Ro. 10:4: «Porque el fin de la ley es Cristo, para justicia a todo aquel que cree». J. Murray, cuya competencia es indiscutible, y nada sospechoso de participar de mi opinión, tiene que confesar que el gr. *télos* = fin no significa un punto de destino, sino una terminación. Y no puede hablarse de algo solamente «ceremonial», puesto que, para Pablo, la ley mosaica formaba un todo compacto (cf. Gá. 5:3-4). Además,

(B) La norma moral del cristiano es la ley de Cristo. En 1 Co. 9:21 dice Pablo: «no estando yo sin ley de Dios, sino dentro de la ley de Cristo» (lit.) ¡El cristiano no carece de ley! Pablo había dicho en el v. anterior: «aunque yo no esté sujeto a la ley».

La ley sólo «sujeta» cuando «obliga», puesto que «obligar» = «atar». Sin embargo, Pablo no se declara autónomo o *ánomos* = sin ley, sino *énnomos Jristoú* = metido en la ley de Cristo, teniendo por ley a Cristo. Como dice E. Trenchard en *1ª Corintios* (Madrid, Editorial Literatura Bíblica. 1970), p. 145, «sujeto a la voluntad de Cristo por las operaciones del Espíritu de Dios». Y, ¿cuál es la ley de Cristo? ¿Hace falta decirlo? Su nuevo mandamiento (cf. Jn. 13:34-35).

(C) En el mandamiento nuevo de Cristo subyace, de forma positiva, todo lo que «por naturaleza es de la ley» (Ro. 2:14). Es decir, el cristiano no puede practicar el pecado (1 Jn. 3:4-10). Una «praxis» pecaminosa denotaría una falsa profesión de fe. Así escapamos del antinomianismo. Esto es, si hay en el creyente un amor genuino a Dios y al prójimo, al cumplir así la ley de Cristo (cf. Ro. 13:8; Gá. 6:2; Stg. 1:25; 2:12 «la ley de la libertad»), cumplirá también todos los aspectos positivos de la ley y aun los rebasará como rebasa el amor todas las fronteras y todos los obstáculos. En este aspecto, «las cosas viejas pasaron; he aquí todas son hechas nuevas» (2 Co. 5:17).

(D) Por consiguiente, podemos concluir que, en realidad, para el creyente ya no hay «obligación», sino «devoción» (la consagración total de Ro. 12:1), así como tampoco se le exigen «obras», sino «fruto» (cf. Gá. 5:22-23) o, si se prefiere, buenas obras como evidencia de haber sido creados de nuevo en Cristo (cf. Ef. 2:10).

Bib. Derek Bigg, *Continuidad y discontinuidad en el Nuevo Testamento* (prox. publ.); E. F. Kevan y J. Grau, *La Ley y el Evangelio* (EEE, Barcelona 1973, 2ª ed.); M. Lutero, *Comentario de I Corintios* (CLIE, Terrassa 2000); Gottlieb Söhngen, *La Ley y el Evangelio* (Herder, Barcelona 1966).

LIBERALISMO El vocablo procede de liberal; éste, del lat. *liberalis* = propio de quien es libre; y éste, de *liber, líbera, líberum* = libre.

Puesto que liberalismo procede de liberal, es menester analizar el significado de liberal para saber de qué estamos tratando en el presente art. Liberal puede significar:

(1) Generoso. No lo entiendo aquí en este sentido.

(2) Partidario de la libertad de conciencia. Admitimos esta clase de liberalismo (cf. *Libertad*), pero no voy a tratar de él en el presente art.

(3) Partidario de la libertad absoluta. Este es el único sentido en que tomamos aquí el adj. liberal, y éste es el liberalismo con el que no estamos conformes, puesto que la libertad del ser humano no es un valor absoluto, sino relativo; no es un fin, sino un medio.

El liberalismo tiene su clima favorable en todas las formas de «librepensamiento»: ateas, agnósticas, escépticas, etc. Por eso, siempre ha existido de alguna manera, pero es un fenómeno específico a partir de la *Enciclopedia*, la Revolución Francesa y la Ilustración.

Los liberales o librepensadores pueden distribuirse en tres grupos:

(A) Los que admiten la libertad del individuo, con tal que respete la libertad del prójimo y las exigencias del bien común. Son los «románticos» del liberalismo.

(B) Los que ponen especial énfasis en que el ejercicio de la religión sea confinado al interior del hogar o de las «iglesias», sin manifestaciones de carácter público. Son los «clásicos» del liberalismo.

(C) Los que persiguen con saña toda manifestación religiosa en todos los niveles de la sociedad, especialmente en la educación y en los medios de difusión. Son los «duros» del liberalismo, llevados de su odio a toda injerencia de lo religioso en lo social.

En política se entiende por liberalismo la doctrina que defiende los derechos del individuo frente al Estado, mientras que en economía, se refiere a la libre competencia en el mercado, sin limitación del Estado, que fácilmente conduce a la explotación de los débiles por las multinacionales del capitalismo.

LIBERALISMO BÍBLICO (cf. *Modernismo*)

LIBERTAD La libertad es la capacidad del ser espiritual para tomar por sí mismo una dirección frente a los bienes relativos conocidos, para elegir o no elegir el bien limitado o para escoger este o aquel bien concebidos como limitados.

Con esta definición descriptiva por delante, la libertad puede ser de tres clases:

(1) Libertad física (ausencia de coacción). Es la facultad inherente a todo ser humano, por la cual una persona tiene derecho a pensar, expresarse, obrar y servir a Dios de acuerdo a su conciencia, siempre que respete las leyes civiles justas y los derechos ajenos. Toda persecución política o religiosa es una conculcación flagrante de este derecho fundamental humano.

(2) Libertad psicológica (ausencia de impulso externo o interno determinante, en el sentido de obstaculizar el libre juego del humano albedrío). Es la facultad psíquica por la que la voluntad, radicalmente indiferente ante la presentación de bienes relativos y limitados, escoge entre obrar o no obrar, obrar una cosa u otra. Esta libertad no sólo es compatible con la obligación moral, sino que halla en ella su fundamento. Desde el punto de vista historicoexistencial, ha de tenerse en cuenta que, según la Biblia, el libre albedrío perdió por el pecado su normal funcionamiento respecto a los motivos y valores religiosomorales y está esclavizado por el pecado hasta que «la verdad le da la libertad» (cf. Jn. 8:32-34; Ro. 7:14-25; 1 Co. 2:14). Esta libertad está constantemente expuesta a gran número de presiones: sociales, culturales, de los medios de difusión, etc., todo lo cual condiciona en gran medida el juego del libre albedrío.

(3) Libertad moral (ausencia de obligación). El hombre no es una realidad hecha de una vez para siempre, como una piedra, ni es simplemente una realidad en desarrollo, como un animal necesitado de adiestramiento, sino una realidad existente en vías de desarrollo perfectivo y consciente. Dios puso al hombre en la existencia y le dotó de vida, pero con el encargo de hacerla él mismo, aunque destinado a completar la obra en unión con el Señor (Jn. 15:5) y obligado moralmente a comportarse conforme a la voluntad de Dios, pues no es totalmente autónomo. En efecto, la libertad humana no es un fin en sí misma, sino un medio que debe usarse rectamente. Por eso, la libertad tiene sus normas y su retribución: su premio o su castigo respectivamente, según que se haya usado para el bien o para el mal (cf. 2 Co. 5:10).

¿Por qué hizo Dios libre al hombre, arriesgándose así en el problema del mal y del pecado? No somos quiénes para juzgar a Dios (cf. Ro. 9:20-21). Pero sí podemos aventurar una respuesta diciendo que Dios no quería marionetas de teatro guiñol que le obedeciesen a impulsos de un ciego instinto, como movidos mecánicamente mediante hilos invisibles, sino seres conscientes y responsables, con el tremendo riesgo de poder decir a Dios: ¡No!

Pero Dios no nos ha dejado sin remedio. Cuando su Palabra (su verdad salvadora) es obedecida por el hombre, éste queda libre del óxido de la libertad, que es la inclinación a hacer lo que no nos conviene. Una persona no es más libre por poder hacer lo que le da la gana, sino por estar desembarazada de todo lo que le impida perfeccionar su personalidad. «Si el Hijo os libertare, seréis realmente (gr. *óntos*) libres» (Jn. 8:36).

Bib. Warren W. Wiersbe, *Disfrute de su libertad* (Portavoz, Grand Rapids 1990).

LIMBO Del latín *limbus* = borde. El borde de los infiernos. Según la enseñanza catolicorromana, el limbo se divide en dos: el limbo de los padres, o morada de los justos del AT muertos antes de la encarnación del Hijo de Dios; y el limbo de los niños, morada de los niños que mueren antes de limpiar el pecado original. Implica la pena de daño (privación de la visión de Dios), pero no pena de sentido. El tema es muy debatido en la actualidad en la teología católica y no hay declaración doctrinal de la Iglesia de Roma acerca de este tema.

De hecho no aparece en el nuevo *Catecismo de la Iglesia Católica*, aunque es parte de la enseñanza tradicional de la misma, en el contexto de la herencia del pecado original y la necesidad del bautismo de agua para el perdón de los pecados y la cuestión de los infantes que mueren sin bautizar. Ludwig Ott trata de forma completa, aunque concisa, de este tema bajo la tesis siguiente: «Las almas que salen de esta vida en el estado del pecado original son excluidas de la visión beatífica de Dios» (*Fundamentos del Dogma Católico*, en su Libro 2°, párr. 25).

Ott apela 1° al magisterio de la Iglesia (Conc. II de Lyon y Conc. de Florencia): «Las almas de los que mueren en pecado mortal o con solo el original, bajan enseguida al infierno, aunque para ser castigadas con penas diferentes (lat. *disparibus*). Inocencio III, en su carta al arzobispo de Arlés (1201), aclara el sentido de dichos concilios con las palabras siguientes: «El castigo (lat.

poena) del pecado original es la carencia de la visión de Dios, pero el castigo del pecado actual es el tormento de la *gehenna* perpetua». Al 1º se le suele llamar «pena de daño», y al 2º «pena de sentido».

En cuanto a la prueba bíblica, Ott apela a Jn. 3:5, entendiéndolo del bautismo de agua, pero hace las acotaciones siguientes: «La regeneración espiritual de los niños puede efectuarse de forma extrasacramental mediante el bautismo de sangre, como el de los niños de Belén. Otros medios de emergencia tales como las oraciones de los padres o de la Iglesia (bautismo de deseo), según opina Cayetano, o la obtención del uso de razón en el momento de la muerte, para que el niño pueda decidirse por Dios o contra Dios, como opina H. Klee, o el sufrimiento y la misma muerte del niño como una especie de bautismo de sangre, según opina H, Schell, son posibles, pero que eso sea así en la realidad no puede probarse por la Revelación». Y apela al Conc. de Florencia, nº 712 del antiguo Denzinger.

Viene luego la prueba de los «Padres de la Iglesia». Agustín de Hipona y gran parte de los latinos opinaron que los niños van al Infierno, aunque para sufrir en palabras de Agustín, «la pena más suave de todas». En cambio, los Padres» griegos, la mayoría de los teólogos escolásticos y los teólogos más recientes, enseñan que los niños sufren sólo la «pena de daño» en un lugar que llaman «Limbo de los niños». Según Tomás de Aquino, los niños que mueren sin bautismo antes del uso de la razón, gozan de una felicidad natural que es compatible con la mencionada «pena de daño».

Hasta aquí, Ludwig Ott. Del lado protestante, ha prevalecido la enseñanza de Calvino, que es, en fin de cuentas, la de Agustín. Resumo lo dicho en la lecc. 31ª. de mi libro *El hombre: su grandeza y su miseria* (CLIE), donde creo reflejar la opinión de la inmensa mayoría de los evangélicos:

(1) Por nacimiento, también los niños se hallan bajo condenación (cf. Sal. 51:5; Jn. 3:6; Ro. 5:12,14; 1 Co. 7:14; Ef. 2:3).

(2) Lugares como Mt. 19:14 no pueden aducirse como pruebas de que los niños sean naturalmente salvos. Dice A. H. Strong en su *Systematic Theology*: «las palabras del Salvador no insinúan que los niños sean criaturas sin pecado, ni sujetos del bautismo, sino sólo que su humilde docilidad, su intenso afán y su confianza ingenua señalan los rasgos necesarios para ser admitidos en el reino de Dios» (p. 661. Pickering and Inglis, Londres 1958).

(3) Los niños no se salvan (A) por su condición natural, (B) ni por el bautismo de agua, (C) ni por un acto personal de fe, del que son incapaces, sino (D) por la acción regeneradora del E. Santo en el momento de la muerte. Es entonces cuando el E. Santo les aplica la obra de la redención. Dice Strong (o. c., p. 663): «Así como los restos de la depravación natural en el cristiano quedan desarraigados, no por la muerte, sino en la muerte, mediante la visión de Cristo y la unión con Él, así también el primer momento de la consciencia de un niño puede coincidir con una visión tal de Cristo Salvador, que realice la completa santificación de su naturaleza».

(4) Véase el art. *Caída del hombre*, donde aclara también el tema del Limbo.

LIMITADA, REDENCIÓN (cf. *Redención, Extensión de la*)

LITERALISMO El cristianismo evangélico conservador sostiene que el único sentido que la Biblia admite es el geográfico-histórico-literal, en que las palabras del original se toman según el significado que realmente tienen en el texto, el contexto próximo y el general de la Palabra de Dios.

Pero una cosa es abogar por el sentido literal y otra muy distinta ser literalistas. Pongo énfasis en esto, porque hay una inmensa mayoría de hermanos y hermanas que piensan que una versión determinada de la Biblia es adecuada en la medida en que el léxico y la sintaxis del hebreo, del arameo o del griego originales se vierten al pie de la letra p. ej. al cast. Dos ej., uno del AT y otro del NT: Pr. 23:26, donde una versión al pie de la letra dirá: Dame, hijo mío, tu corazón. Una versión apropiada literal es: Hijo mío, préstame atención. Jn. 2:4, donde una versión al pie de la letra tiene que decir: ¿Qué a mí y a ti, mujer? Una versión apropiada literal es. ¿Qué tienes tú que ver con mis asuntos, mujer?

En otras palabras, cada lenguaje tiene el léxico y la fraseología que son propios de la cultura en que está inmerso el pueblo que los usa. Por eso, no se puede pedir que el léxico y la fraseología que hallamos en los originales de la Biblia, al ser trasvasados a otra lengua, digan lo mismo al pie de la letra. Aquí vale el adagio escolástico: «Lo que se recibe, se recibe según el modo del recipiente». Si de una botella se sirve vino en un vaso, el vino se acomoda a la forma del vaso que no es la misma que la de la botella. Otro ej. donde se percibe mejor lo que digo es: El alma humana es espiritual, pero al ser recibida en un cuerpo material, se encuentra en condiciones muy distintas de las que tienen los espíritus separados. Algo de este tema se ha dicho ya en los arts. *Biblia, Interpretación de la*, y *Lenguaje*.

Finalmente, es normal que no haya más que una sola versión al pie de la letra, mientras que pueden darse varias versiones correctas, suficientemente literales, de un mismo pasaje. Quiérase o no, el que traduce interpreta. Y la interpretación de un texto literario es un arte, según ha puesto de relieve Lázaro Carreter en su libro *Cómo se comenta un texto literario* (Ediciones Cátedra, S.A., Madrid).

LITURGIA (cf. también *Adoración*) Del griego *leiton ergon* = obra pública. En el griego clásico era cualquier servicio más o menos obligatorio hecho al Estado o a la divinidad. El término fue usado en la versión de los Setenta para indicar el oficio sagrado de los sacerdotes en el templo. En el NT significa el ministerio de Cristo, sacerdote eterno. Desde el siglo IV en adelante pasó a indicar el acto de culto. En la Edad Media se prefirieron algunos sinónimos como *officium, cultus, functio, ritus*, etc.

Existen muchos ritos litúrgicos. En Oriente, el copto, etíope y armenio. En Occidente, el ambrosiano, mozárabe y galicano. Tras el Concilio de Trento se formó el *Ceremonial romano*, mediante la publicación del *Breviario romano, Misal romano, Pontifical romano* y *Ritual romano*. El Vaticano II, dedicó a la reforma de la liturgia la constitución *Sacrosanctum concilum* (1963), en la que se define la liturgia como una acción sagrada a través de la cual, en un rito, en la Iglesia y mediante la Iglesia, se ejercita y continúa la obra sacerdotal de Cristo, es decir, la santificación de los hombres y la glorificación de Dios.

Las iglesias protestantes tradicionales observan una elaborada liturgia para todos los cultos, que ha sido reducida al mínimo en las llamadas iglesias libres o evangélicas, donde la espontaneidad, la participación comunitaria, el canto congregacional y el testimonio de los creyentes, ocupan el lugar de la liturgia.

Bib. Annibale Bugnini, *La reforma de la liturgia (1969-1975)* (BAC, Madrid 1999); Carlos López Lozano, *Liturgia e himnología protestantes* (prox. publ.); Sebastián Rodríguez, *Antología de la liturgia cristiana* (CLIE, Terrassa 1999).

LOCKE, JUAN Este filósofo inglés (1632-1704) fue el 1º de los grandes empiristas británicos y su influencia ha sido mucho mayor que la de los demás filósofos de su país. Estudió filosofía, medicina y ciencias naturales en Oxford y, después, por cuenta propia y con mayor interés, los escritos de Descartes y Bacon. Fue consejero, médico y preceptor del hijo y del nieto de lord Shaftesbury (abuelo del más conocido moralista del mismo apellido). Esto le llevó a intervenir en política frente a la monarquía. Tuvo que emigrar durante el reinado de Jacobo I y participó en la revolución inglesa de 1688.

Locke sostenía que el conocimiento deriva solamente de la experiencia. Su obra más importante *Ensayo sobre el entendimiento humano* (1690) toma en cuenta la percepción del conocimiento religioso tanto por medio de la razón como de la revelación. Otra obra suya, digna de ser mencionada en este Diccionario es *Lo razonable del cristianismo* (1695) donde defiende la revelación divina, que, según él, queda garantizada por los milagros de Cristo y por el cumplimiento de la profecía.

En cuanto al origen del conocimiento, Locke dice que el alma humana es como una tabla lisa en la que no hay nada escrito. La experiencia es la que va suministrando las ideas que se imprimirán en ella. Hay dos clases de ideas: simples y compuestas. Las primeras proceden de los sentidos o de la reflexión; las segundas resultan de la actividad de nuestra mente, que combina o asocia las ideas simples, cuya formación se funda en la memoria.

Tenemos un doble motivo para oponernos al pensamiento de Locke: (1) en teología, limita al mínimo el cuerpo doctrinal cristiano y da base para el deísmo*; (2) en filosofía, con él comienza esa desconfianza en nuestra facultad cognoscitiva, que culminará en el escepticismo de Hume* y en el criticismo de Kant*.

Bib. John Locke, *Ensayo sobre el entendimiento humano*, 2 vols. (Ed. Nacional, Madrid 1980); *Ensayo sobre el gobierno civil* (Aguilar, Madrid 1976); *La racionalidad del cristianismo* (Paulinas, Madrid 1977).

F. Chatelet, *La filosofía del mundo moderno* (Espasa-Calpe, Madrid 1976); W. Dilthey, *Hombre y mundo en los siglos XVI y XVII* (FCE, México 1947); A. Ropero, *Introducción a la filosofía* (CLIE, Terrassa 1999).

LÓGICA Todo el mundo tiene alguna idea de lo que el vocablo lógica significa y todo el mundo usa cierta lógica en la vida diaria. No importa que la gran mayoría ignore las leyes del silogismo y la estructura del razonamiento. Un tendero, por poco experto que esté en el oficio, rechazará una moneda falsa sin tener que esperar a pensar el siguiente silogismo: «Aquí no podemos admitir monedas falsas. Es así que esta moneda es falsa. Luego no la debo admitir». Sí, es seguro que no habrá formulado en su cabeza dicho silogismo. Pero estaba implícito en su cerebro. Es lo que se llama lógica natural, frente a la lógica científica que es la que aquí estudiamos.

¿Qué es, pues, la lógica? En su sentido más amplio es el estudio de la estructura y de los principios del razonamiento. Pero en sentido estricto, la lógica es el estudio de los modos de probar un aserto con argumentos de tal fuerza que sería irracional rechazar la conclusión después de aceptar las premisas. El vocablo «premisa» viene del lat. *prae missa* = enviada de antemano, y «conclusión» viene del lat. *conclúdere* (*con cláudere*) = encerrar. Basta, pues, la etim. para percatarse del significado de un silogismo, del *gr. súllogos* = reunión.

El objeto de la lógica es el pensar considerando las relaciones de los contenidos del pensamiento en cuanto tales, no como actividad del sujeto pensante (pues esto corresponde a la psicología). Los contenidos del pensamiento pueden estudiarse según su interna estructura, lo cual pertenece a la lógica pura o formal, o bien según su relación al objeto y su función representativa, función propia de la lógica real o material, que mejor debería llamarse crítica del conocimiento = gnoseología.

El núcleo de la lógica formal es el estudio del raciocinio, entendiendo este término de forma más amplia que silogismo*. En otras palabras, todo silogismo es un raciocinio, pero no todo raciocinio es silogístico.

La lógica ha sido estudiada desde Aristóteles en la forma en que ha llegado hasta nosotros, dividida en tres partes, que estudian respectivamente el concepto, el juicio y el raciocinio; pero los filósofos y científicos modernos admiten el método inductivo (cf. *Inducción*) como una 4ª parte de la lógica formal, aunque muchas de las cuestiones que tratan los filósofos de la naturaleza y de las ciencias del espíritu pertenecen a la lógica material.

Finalmente, la lógica trascendental de M. Kant* es un criticismo, perteneciente a la gnoseología, más bien que a la lógica.

Bib. E. Agazzi, *La lógica simbólica* (Herder, Barcelona 1967); C. E. Alchourrón, José M. Méndez y Raúl Orayen, *Lógica* (Trotta, Madrid 1995); R. Blanché, *Introducción a la lógica contemporánea* (Lohlé, Bs. As. 1963); I. M. Bochenski, *Los métodos actuales de pensamiento* (Rialp, Madrid 1977); G. W. F. Hegel, *Lógica*, 2 vols. (Orbis, Madrid 1985); E. Husserl, *Investigaciones lógicas* (Revista de Occidente, Madrid 1967); W. Kneale, *El desarrollo de la lógica* (Tecnos, Marid 1972); J. Maritain, *El orden de los conceptos* (Club de Lectores, Bs. As. 1974); A. Menne, *Introducción a la lógica* (Gredos, Madrid 1976); J. J. Sanguineti, *Lógica* (EUNSA, Pamplona 1982); R. Verneaux, *Introducción general y Lógica* (Herder, Barcelona 1980).

LOGOS Si este término halla gran resonancia en el oído de un filósofo, mucho mayor resonancia ha de hallar en el oído de un cristiano, ya que el Logos de los escritos joánicos es, ante todo, el Verbo de Dios, el Hijo, la segunda Persona de la Trina Deidad. Pero vamos por partes, considerando el término separadamente en sus dos niveles.

(1) A nivel filosófico, es de advertir que el gr. *lógos* procede del vb. *légein* que puede significar tres cosas: (A) leer; (B) escoger y (C) reunir. Fue precisamente en este tercer sentido como fue usado en un principio el vocablo: la «reunión» que se produce al hablar, cuando se une el concepto con el signo que lo expresa. Digo «signo», no «palabra», porque el concepto puede expresarse con signos que no son palabras, p. ej. la mímica, el porte, la conducta. Fue así como Cristo resultó para nosotros el Logos del Padre (cf. Jn. 14:9). Siguiendo a nivel filosófico, diré que el uso ha consagrado el sentido de logos de forma que signifique (a) la palabra hablada; (b) el contenido intelectual = la palabra pensada, que los escolásticos llamaron *verbum mentis* = palabra de la mente; (c) en especial, aquel contenido del pensamiento que indica la razón de algo y, por tanto, la razón que se da sobre una convicción o una acción. Se llama ilógico lo que contradice a las normas de la lógica. Sobre la historia del término logos, a nivel estrictamente de la filosofía, basta con añadir que Heráclito y los estoicos entendieron el logos como «razón universal que todo lo penetra y lo domina mediante los *lógoi spermatikói* = las simientes de las que las cosas llegan a ser», mientras que para otros, como Filón, el logos era un ser mediante el cual creó Dios el mundo y, por tanto, representaba un puente entre el Dios trascendente y el mundo material.

(2) A nivel teológico, y (A) comenzando por el AT, el término logos (hebr. *dabar* = palabra o *imrá* =

dicho) evocaba en su concepto la palabra de Dios (a) que dio origen a la creación del universo (Gn. 1:1-3; Sal. 33:6,9); (b) la palabra de revelación que llegó a los profetas (cf. p. ej. Jer. 1:4, 11; 2:1; 7:2); (c) la palabra como equivalente a la ley (Sal. 119:9, 105); (d) la palabra como agente de Dios para salvación o juicio, que siempre consigue su propósito (Sal. 107:20; Is. 55:11; Jer. 23:29; Os. 6:5). (B) En el NT, aunque este trasfondo y, sobre todo, el de Pr. 8:22-31, es importante en los escritos juánicos, Juan rompe definitivamente con los conceptos griegos y va mucho más allá de la perspectiva del AT al afirmar la preexistencia personal y la encarnación del Logos de Dios. Este es el verdadero creador del mundo, la luz verdadera que ilumina a todo hombre y pasó desapercibida para el mundo malo (Jn. 1:1-5, 9-10). La forma en que los «Padres de la Iglesia» llamados apologistas usaron los conceptos de la filosofía griega causó problemas en tiempo del debate trinitario y cristológico. La teología trinitaria posterior rectificó los errores pasados, en especial debido al genio de Agustín de Hipona que puso las bases para una teología ortodoxa del Logos.

LOISY, ALFREDO FERMÍN Este modernista francés (1857-1940) nació en Ambrières de la Lorena francesa y estudió para ser sacerdote católico en el seminario de Chalons-sur-Marne y después en el Instituto Católico de París. Se dedicó desde el principio a aplicar a la Biblia los métodos de la crítica modernista. Fue ordenado en 1879 y, en 1881, comenzó a enseñar hebreo y asirio en dicho Instituto; en 1890 llegó a ser profesor de exégesis bíblica. Enseñaba que el Pentateuco no pudo ser obra de Moisés, que los primeros caps. del Génesis no contienen una relación fidedigna de los orígenes de la humanidad y que los libros históricos, incluidos los del NT, se compusieron de manera imprecisa. Por sus enseñanzas modernistas fue depuesto en 1893 y durante cinco años fue capellán de una escuela para niñas.

En 1902, Loisy publicó *El Evangelio y la iglesia* contra la obra *La esencia del cristianismo* (1900) del protestante liberal alemán A. Harnack* Éste sostenía que la esencia del cristianismo consistía en aceptar la enseñanza de Cristo acerca de la paternidad de Dios y la fraternidad de los hombres, es decir, era la religión de Jesús, no la religión acerca de Jesús. El cristianismo dentro de una iglesia institucionalizada era una perversión del evangelio original. Loisy replicó que Jesús predijo un verdadero reino futuro. Al no cumplirse inmediatamente la profecía de Jesús sobre el reino, surgió la iglesia organizada con su jerarquía, su culto y sus credos como el instrumento necesario para que, mediante él, pudiera ser proclamado a todo el mundo el evangelio cristiano. A la sede romana no le cayó bien la argumentación de Loisy y en 1903 *El Evangelio y la iglesia*, junto con otros cuatro de sus libros, fue puesto en el *Índice de libros prohibidos*. En 1907, Pío X en su decreto *Lamentabili* y en su encíclica *Pascendi* condenó las enseñanzas de Loisy como «la síntesis de todas las herejías». Al no aceptar esta condenación papal, fue excomulgado en 1908. En 1906, había cesado ya de ejercer sus funciones sacerdotales.

Bib. R. García de Haro, *Historia teológica del modernismo* (EUNSA, Pamplona 1972); Gonzalo Redondo, *La Iglesia en el mundo contemporáneo (1775-1939)*, 2 vols. (EUNSA, Pamplona 1979).

LOMBARDO, PEDRO Este teólogo medieval (aprox. 1100-1160), más conocido como «Maestro de las Sentencias», por el libro que mencionaremos luego, nació en Novara de la Lombardía italiana y estudió en las universidades de Bolonia, Reims y París las enseñanzas de Pedro Abelardo* y Bernardo de Claraval*. Desde 1140, enseñó en la escuela catedralicia de París, de cuya sede fue nombrado obispo en 1159.

En sus escritos, Lombardo unió su habilidad para usar el método escolástico con una posición firme en cuanto a la fe cristiana. Su fama se debe a sus *Cuatro libros de sentencias*, donde trata de forma sistemática, por 1ª vez en Occidente, los temas de la teología. En el Libro I, trata de la Trinidad, la providencia y el mal; en el II, de la creación, el pecado y la gracia; en el III, de la encarnación, la redención, las virtudes y los mandamientos; y en el IV, de los sacramentos y las últimas cosas. Fue el 1º en señalar que los sacramentos son siete y no más que siete.

Los *Cuatro libros de sentencias* fueron introducidos como texto oficial de teología por Alejandro de Hales* el año 1222 y se hicieron tan populares que, hasta ya entrado el siglo XVII, los candidatos al doctorado en teología tenían que comentar sus tesis sobre temas de las *Sentencias*. En el siglo XVII, los *Cuatro libros de sentencias* cedieron el paso a la *Summa* de Tomás de Aquino. Sin embargo, en las oposiciones a canonjías se siguió usando la obra de Pedro Lombardo hasta el siglo XX.

A pesar de su ortodoxia y su popularidad, todavía fue criticado Pedro Lombardo por algunos de sus contemporáneos. Unos le acusaban de sostener la opinión de Abelardo de que Cristo no era hombre perfecto, sino que había asumido una humanidad, mientras otros decían que sus afirmaciones sobre la Trinidad no eran adecuadas. Pero el IV Conc. de Letrán (1215) reconoció la ortodoxia de la obra y quedaron derrotados quienes esperaban que las *Sentencias* fueran condenadas.

LULIO, RAIMUNDO Este es el nombre latinizado del pensador mallorquín Ramón Llull (1233-1316). Su padre participó en la armada que libró a Mallorca de los moros mahometanos. El joven Raimundo se crió teniendo relaciones de influencia que le permitieron viajar mucho y tener contactos con el mundo musulmán. En su juventud fue mundano, de «escandalosa galantería» –según él–. Pero una serie de visiones de Cristo crucificado le convirtieron de su vida mundana a la seguridad de que sus pecados estaban perdonados, dedicándose inmediatamente a predicar el evangelio a los infieles, después de abandonar su familia, su hacienda y su patria. Su propósito era triple: (1) escribir libros de apologética, en especial para los mahometanos; (2) incitar a los papas, prelados y príncipes seculares a fundar facultades para el estudio de las ciencias cristianas y del árabe; (3) dar su vida como mártir de la fe cristiana entre los mahometanos. Para la conversión de los infieles, Raimundo aprendió el árabe y se consagró al estudio de la lógica. Estudió las ciencias, fue místico, poeta y filósofo. Rompió con la tradición medieval al escribir, no sólo en latín, sino también en mallorquín y en árabe. Fue un escritor fecundo, pues escribió unos 290 libros, de los que perduran unos 240. Es famosa su novela *Blanquerna*.
Lulio pensaba que la conversión de los infieles requiere que la verdad cristiana sea presentada racionalmente, pues creía que la razón puede y debe demostrarlo todo, con lo que la filosofía de Lulio se convierte en apologética. Ideó un procedimiento para hallar la verdad y probarla de modo tajantemente persuasivo; es lo que llamó en latín *Ars Magna* (El Gran Arte). En este libro, procura proporcionar respuestas incontrovertibles a las cuestiones de la teología (especialmente, de la teología trinitaria), de la metafísica y de las ciencias naturales. El libro consiste en una complicada combinación de conceptos referentes a Dios y al alma humana, formando unas tablas que podían manejarse como un simbolismo matemático para hallar y demostrar los atributos de Dios, etc. A pesar de la atracción que ejerció sobre algunos pensadores como Leibniz, el valor filosófico y teológico de tales tablas es más que problemático.
Lulio participó en tres viajes misioneros al norte de África (1291,1307 y 1313). Su sistema misionero consistía en desafiar a debate a los principales mahometanos, asegurándoles que él se haría mahometano si lograban persuadirlo. Prueba de lo difícil de su cometido es que sólo en su tercer viaje, a la avanzada edad de 80 años, vio a algunos mahometanos convertirse en Túnez. Finalmente naufragó en el Mediterráneo, fue hecho prisionero y apedreado en las calles de Bugía, muriendo como mártir de la fe cristiana.
Bib. R. Llull, *El libro del ascenso y descenso del entendimiento* (Orbis, Madrid 1985); *El libro del amigo y del amado* (Edicomunicación, Barcelona 1993).
Alfonso Ropero, *Introducción a la filosofía*, cap. V (CLIE, Terrassa 1999); Samuel M. Zwemer, *Raimundo Lulio. Primer misionero entre los musulmanes* (SLC, Grand Rapids 1977).

LUTERANISMO Así como el calvinismo tiene sus peculiares características (cf. *Calvinismo*) que han configurado a las iglesias protestantes de tradición reformada, así también hay una tradición luterana que ha configurado a las iglesias protestantes que siguen el cuerpo doctrinal enseñado por Lutero* y modificado, en algunos puntos, por Melanchton*. Ese cuerpo doctrinal se resume en tres puntos, que Lutero expresó en latín: (1) *Sola Scriptura* = sólo la Escritura. Para Lutero, la única autoridad en materia de fe y costumbres es la Biblia. Así lo enseñó y lo defendió públicamente contra la autoridad del papado y de los concilios eclesiásticos, las especulaciones de la razón y las emociones de la experiencia religiosa. Las Sagradas Escrituras tienen un propósito soteriológico. Así como la ley es el medio por el cual Dios juzga y condena al pecador, la palabra del evangelio es el medio de salvación y de gracia en virtud de la obra expiatoria de Cristo. La palabra del evangelio es para Lutero, ante todo, la *viva vox evangelii* = la voz viva del evangelio; es decir, la predicación hablada del mensaje evangélico, activada por el Espíritu Santo. Muchos de los posteriores seguidores de Lutero tendrán aquí una piedra de tropiezo, pues estarán inclinados a menoscabar la autoridad y la fuerza salvadora de la revelación escrita.

De rodillas junto al Jordán, donde tuvo lugar el bautismo de Cristo, Juan Hus, Martín Lutero, Felipe Melanchton y Justus Jonas, unidos por su afán de predicar el Evangelio puro

(2) *Sola gratia* = sólo por gracia. La única razón por la que somos salvos es la gracia de Dios. No hay otro medio por el cual pueda conseguirse la salvación. El hombre pecador, totalmente depravado por el pecado, no puede hacer nada en orden a su salvación: ni alcanzarla por su propio esfuerzo ni merecerla con buenas obras. También la santificación es por gracia. Dios se complace en la fe del cristiano, no porque esa fe sea una virtud, sino por el amor de Cristo, quien es el objeto de la fe. Dios se complace en la vida santa del cristiano, no por la bondad de sus obras, sino por el amor de Cristo, cuya justicia imputada sigue cubriendo al creyente. Incluso el culto de adoración, aun de la más elevada, agrada a Dios, no por la intensidad del fervor ni la sinceridad del corazón, sino por el amor de Cristo crucificado, en quien el cristiano ha puesto su fe. En este punto, se muestra a las claras el nominalismo de Lutero, para quien la naturaleza del creyente no es propiamente transformada por la gracia, sino cubierta por la gracia (así entendió Lutero Sal. 32:1-2).

(3) *Sola fide* = sólo mediante la fe. El artículo de la justificación por la fe sola es para Lutero *articulus stantis aut cadentis Ecclesiae* = el artículo por el que la Iglesia permanece en pie o cae. Sólo por medio de la fe, como de un instrumento, el pecador recibe todos los beneficios que Cristo nos adquirió mediante su muerte en cruz: la justicia de Cristo, el perdón de los pecados, la reconciliación con Dios y la vida eterna con la seguridad de la salvación. En este punto, todos los evangélicos estamos totalmente de acuerdo con Lutero (cf. tamb. los arts. *Fe* y *Justificación*).

Al final mismo del art. Cena del Señor hallará el lector la peculiar teoría de Lutero sobre la companación. Lutero no aceptó la enseñanza católica de la transubstanciación, pero sí una especie de consustanciación*.

Bib. R. García-Villoslada, *Las raíces históricas del luteranismo* (BAC, Madrid 1976, 2ª ed.); Adolfo González Montes, *La Reforma luterana y la tradición católica* (UPS, Salamanca 1987); *–Religión y nacionalismo. La doctrina luterana de los dos reinos como teología civil* (UPS, 1982).

LUTERO, MARTÍN La figura de Martín Lutero (1483-1546) destaca sobre la de los demás reformadores del siglo XVI por haber sido el 1º de ellos que se enfrentó a la jerarquía romana en la forma que veremos luego.

Lutero nació en Eisleben, Alemania. Su padre, de origen campesino, trabajaba en las minas. Su niñez no fue feliz, pues sus padres eran demasiado severos con él. Durante toda su vida fue presa de la angustia y, en muchos momentos, de la depresión. No fueron mejores sus experiencias en la escuela, pues sus maestros le golpeaban si no se sabía la lección. Se educó en la escuela de la catedral de Magdeburgo, en la de 2ª enseñanza de Eisenach y en la universidad de Erfurt desde el 1501 hasta el 1505.

En julio del 1505, poco antes de cumplir los 22 años, Lutero ingresó en el monasterio agustino de Erfurt. Su padre quería que fuese abogado, pero a él no le gustaba ese oficio, y el enfrentamiento con su padre fue, sin duda, una de las causas que motivaron su entrada en religión. También recordaba el rigor con que había sido tratado en el hogar paterno. Y, como motivo que le inclinó definitivamente a abrazar el estado religioso, dos semanas antes había experimentado un terror tremendo en medio de una tormenta eléctrica en la que un joven que le acompañaba murió por efecto de un rayo. Lutero quería, ante todo, alcanzar la salvación eterna.

Tampoco en el monasterio alcanzó la paz que tanto ansiaba para su alma. Su primera misa como sacerdote (1507) fue para él una experiencia sobrecogedora pensando que estaba ofreciendo nada menos que a Jesucristo. En el confesionario, temía que se le olvidaran algunos pecados. Castigaba su cuerpo, como lo ordenaba el monaquismo, pero tampoco esto le satisfacía. Los místicos hablaban del amor como el mejor camino para ir a Dios, pero Martín no tardó en percatarse de que amar a Dios no es cosa fácil. Entonces su superior, que era su propio confesor, tomó una medida sorprendente, recordando que Jerónimo halló una puerta de escape de las tentaciones en el estudio del hebreo. Aunque los problemas de Martín no eran los de Jerónimo, se le ordenó que se preparara para dar cursos sobre las Sagradas Escrituras en la universidad de Wittenberg. En 1512, consiguió su doctorado en teología y comenzó a explicar Génesis (1512) y Salmos (1513). Pero su gran descubrimiento llegó explicando Romanos (1515) y Gálatas (1516). No fue sin tremenda lucha interior, pues no entendía al principio la frase de Ro. 1:17 «en el evangelio la justicia de Dios se revela». Su gozo y su liberación fueron enormes cuando llegó a percatarse del verdadero sentido de «la justicia de Dios».

Poco a poco, Lutero fue convenciendo a sus colegas de la universidad. Al enseñar sus nuevos puntos de vista, no pretendía contraponerla a la teología tradicional de la Iglesia. Es menester aclarar que Lutero no intentó salir de la Iglesia, sino reformarla, sacándola de su escolasticismo para devolverla a las raíces agustinianas. El estallido sobrevino en 1517, cuando León X, deseoso de terminar cuanto antes las obras de la Basílica de San Pedro en Roma, encargó la venta de las indulgencias al dominico Juan Tetzel, quien se excedió en sus expresiones (que van mucho más allá de la enseñanza romana sobre las indulgencias*. La frase más conocida de Tetzel fue: «tan pronto como la moneda suena en el cofre, el alma sale del purgatorio».

Tales excesos disgustaron (A) a los católicos bien informados, que sabían que esa no era la verdadera enseñanza de la Iglesia; (B) a los humanistas del Renacimiento, que se dolían de la ignorancia y de la superstición que reinaban por doquier; y (C) al espíritu nacionalista alemán, que veía cómo, por medio de la venta de indulgencias, se explotaba al pueblo alemán. Entonces Lutero clavó sus famosas 95 tesis en la puerta de la iglesia del castillo de Wittenberg. Estaban escritas en latín, que era todavía el idioma oficial de la cristiandad. Algunas de ellas tenían en sí mismas un impacto fuerte para el pueblo, como p. ej. la tesis 51: «El papa debería dar de su propio dinero a los pobres a quienes exprimen los vendedores de indulgencias, aunque tuviera que vender la Basílica de San Pedro», y la tesis 82: «Si el papa tiene poder para sacar las almas del purgatorio, debe utilizar tal poder, no por razones tan triviales como el recaudar fondos para construir una iglesia, sino sencillamente por amor y gratis». Cuando se distribuyeron copias en alemán de las famosas tesis, el elector de Brandeburgo envió las tesis a Roma y el propio emperador Maximiliano rogó al papa que interviniera en el asunto.

León X reaccionó cautelosamente, poniendo el asunto bajo la jurisdicción de los agustinos y Lutero fue convocado al capítulo general de Heidelberg. Lutero temía ser condenado y quemado, pero muchos de los monjes se mostraron a su favor, en parte porque la disputa entre Lutero y Tetzel era un caso más de la vieja rivalidad entre dominicos y agustinos. Así que Lutero regresó a Wittenberg fortalecido por el apoyo de su orden. El papa emprendió entonces otro camino. En breve (1518) tenía que reunirse en Augsburgo la asamblea de todos los potentados alemanes bajo la presidencia del emperador. El legado papal a esa reunión era el erudito cardenal Cayetano (cf. *Tomás de Vío*). La entrevista con Cayetano no dio resultado, porque el cardenal se negó a discutir con Lutero y exigió que se retractara, pero el fraile no estaba dispuesto a retractarse mientras no se le convenciera de que estaba equivocado. Sabiendo que el cardenal tenía autoridad para arrestarle, aun a pesar del salvoconducto imperial, Lutero huyó a escondidas en medio de la noche, regresó a Wittenberg y apeló a un concilio general.

En esto estaban las cosas cuando murió el emperador y, frente a las aspiraciones de Francisco I de Francia, triunfó la candidatura de Carlos I de España, nieto de los Reyes Católicos por parte de madre, y de Maximiliano por parte de su padre Felipe el Hermoso. El candidato ideal habría sido el elector Federico el Sabio, pero fue descartado porque protegía a Lutero. Tras una breve tregua, intervino en el asunto el temible teólogo Juan Eck (cf. *Eck [Johann]*), quien, en lugar de atacar a Lutero, atacó a Carlostadio, profesor de Wittenberg partidario de Lutero, retándole a un debate en Leipzig en 1519. Lutero se dio cuenta de la estrategia de Eck y acudió personalmente a discutir con él, pero cuando llegó el momento del debate, Eck mostró su formidable preparación académica y obligó a Lutero a declarar que el Concilio de Constanza se había equivocado al condenar a Juan Hus y que un sencillo creyente con la Biblia tenía mayor autoridad que todos los papas y concilios juntos contra ella. Esto bastó para los propósitos de Eck: mostrar que Lutero era hereje, puesto que defendía las enseñanzas de los husitas.

Entonces León X promulgó (15 de junio de 1520) su bula *Exsurge dómine* (Levántate, Señor), en la que ordenaba que fueran quemados los libros de Lutero y se le daban sesenta días para someterse al papa bajo pena de excomunión. Lutero, en lugar de retractarse, quemó públicamente la bula papal, con lo que rompía definitivamente con Roma. Lutero fue excomulgado por León X en la bula *Decet Romanun Pontíficem* = Es conveniente que el Romano Pontífice (3 de enero de 1521). Faltaba ver la actitud que iban a tomar los príncipes alemanes y, especialmente, el emperador. Aunque Carlos era un católico convencido, utilizó la cuestión de Lutero contra el papa cuando éste parecía inclinarse a favor de Francisco I de Francia. Se convocó entonces la dieta de Worms y allá fue Lutero ante el emperador y algunos personajes de los principales del Imperio. El encargado de interrogarle le presentó un montón de libros y le preguntó si los había escrito él. Tras examinarlos, Lutero respondió que sí. A continuación, el interlocutor le preguntó si estaba dispuesto a retractarse de lo escrito. Este era un momento difícil, y Lutero pidió 24 horas para considerar su respuesta. Concedido esto, al día siguiente la concurrencia era grande. Presidía el emperador, rodeado de soldados españoles. En medio del mayor silencio, se le preguntó a Lutero si se retractaba. El fraile contestó cautelosamente (a) que mucho de lo que había escrito era doctrina cristiana que tanto él como sus enemigos sostenían y, por tanto, no tenía que retractarse de ello; (b) que otra parte trataba de las injusticias a que estaban sometidos los alemanes y tampoco se retractaba de esto para no aumentar la injusticia; además no era éste el objetivo de la Dieta; (c) que una 3ª parte consistía en ataques contra ciertos individuos y, en puntos de doctrina que sus enemigos rechazaban, quizás había sido expresada con demasiada aspereza. Tampoco de esto tenía que retractarse, a no ser que se le convenciera de que estaba equivocado. Su interlocutor insistió: «¿Te retractas o no?» A lo que respondió Lutero en alemán: «No puedo ni quiero retractarme de cosa alguna, pues ir contra la conciencia no es justo ni seguro. Dios me ayude. Amén». Así quedó Lutero solo, pero con Dios, pues había roto con la Iglesia y con el Imperio.

Bib. M. Lutero, *Obras*, 10 vols. (Aurora/Paidós, Bs. As. 1977); *Comentarios al NT*, 7 vols. (CLIE, Terrassa 1999-2001)

James Atkinson, *Lutero y el nacimiento del protestantismo* (Alianza Editorial, Madrid 1971); Roland H. Bainton, *Martín Lutero* (CUPSA, México 1989); Federico Fliedner, *Martín Lutero. Emancipador de la conciencia* (CLIE, 1983, 5ª ed.); Ricardo García-Villoslada, *Martín Lutero*, 2 vols. (BAC, Madrid 1976); Justo L. González, *Historia Ilustrada del Cristianismo*, vol. 6 (Caribe, Miami 1978); Albert Greiner, *Lutero* (Aymá/Sarpe, Madrid 1985); Hans Lilje, *Lutero* (Salvat, Barcelona 1989); Heiko Oberman, *Lutero, un hombre entre Dios y el diablo* (Alianza Ed., Madrid 1992); Pedro R. Santidrián, *Lutero* (Ed. Hernando/Castell, Barcelona 1991); Joan Busquets, *¿Quien era Martín Lutero?* (Sígueme, Salamanca 1986); Varios, *Lutero ayer y hoy* (Aurora, Buenos Aires 1984).

LLOYD-JONES, DAVID MARTYN Si damos cabida a este hombre (1899-1981), básicamente un predicador del Evangelio, no es porque emprendiese un camino nuevo en teología, filosofía o exégesis, sino por haber sido en el siglo xx el líder indiscutible de los evangélicos ingleses. Había nacido en Gales, pero hizo su carrera universitaria en Londres. Le esperaba un brillante porvenir en el mundo como médico distinguido, pero, poco después de su conversión, se sintió llamado al ministerio cristiano en 1926. Cuando alguien le decía: «¡Qué sacrificio tan grande ha hecho Usted!», solía contestar: «¿Sacrificio? ¡Ninguno! No he perdido nada y lo he recibido todo». Yo mismo se lo oí decir, pues me unió con él gran amistad al venir a Inglaterra después de mi conversión al evangelio.

Como suele decirse, hizo «sus primeras armas» como pastor de una iglesia en Aberavon (1927-1938), donde puso a prueba su extraordinaria memoria al aprenderse al pie de la letra sus largos sermones. En varias reuniones de ministros del evangelio, en las que se dignó admitirme, cuando alguno le rogaba que explicase algún texto difícil, solía decir sin tener que abrir la Biblia: «Vea el versículo siguiente y tendrá la respuesta». Parece que se sabía de memoria las Sagradas Escrituras.

En 1938 fue llamado a ser asistente y después sucesor del también famoso G. Campbell Morgan (1863-1945) en la Westminster Chapel de Londres. Allí se dedicó casi enteramente al púlpito, aunque siempre estaba dispuesto a apoyar empresas que sirviesen para extender el evangelio, especialmente entre estudiantes. Así desempeñó un papel importante en los comienzos de la *InterVarsity Fellowship* (Compañerismo Interuniversitario) y en el *Banner of Truth Trust* (Consorcio del Estandarte de la Verdad). Su gran mérito estuvo en introducir de nuevo la predicación expositiva continua de las Escrituras, un tanto olvidada en Gran Bretaña (y en otros países) a favor de los sermones temáticos, muchas veces moralizantes y hasta insustanciales. Así expuso en una larga serie El Sermón del Monte, Efesios y Romanos. Sus mensajes fueron recogidos por hábiles taquígrafos y publicados más tarde, no sin repugnancia de su parte, pues pensaba que así carecían de la fuerza que el Espíritu Santo confiere al ministro de Dios en la predicación oral de la Palabra. Pero la mayor parte de su predicación fue evangelística al ser invitado a predicar en casi todas las iglesias evangélicas de Gran Bretaña y muchas otras de Europa y de Estados Unidos.

Su teología era enteramente reformada metodista, al estilo de Jorge Whitefield*. Era un ferviente abogado de la unidad evangélica, pues se daba cuenta de que gran parte de los evangélicos en Gran Bretaña (¿sólo en Gran Bretaña?) ponían la lealtad a sus tradiciones denominacionales por encima de la unidad cristiana, lo cual era un tremendo peligro frente al falso ecumenismo del Consejo Mundial de Iglesias.

Renunció en 1968 a su cargo de predicador en la Westminster Chapel, pero continuó activo en la predicación hasta poco antes de su muerte. Su influencia ha sido poderosa en todo el mundo de habla inglesa y en otros países donde sus sermones y sus obras han sido traducidos a varios idiomas.

Sus amplios conocimientos de teología, historia y ciencia, unidos a una clara perspicacia psicológica, le llevó a profundizar con singular originalidad en personajes y acontecimientos de la Iglesia. Las dos pasiones de su vida fueron la gloria de Dios y la salvación de las almas. Ambas dominan su predicación y le dan este tono de urgencia y seriedad respecto a la conversión y la presencia de Dios. Dios ocupaba un lugar tan central en él que en su lecho de muerte dijo a su esposa Bentham y a su hija: «No me impidáis ir a la gloria».

Bib: D. M. Lloyd-Jones, *Del temor a la fe* (Portavoz, Grand Rapids); *La fe a prueba* (Portavoz); *¿Por qué lo permite Dios* (Portavoz); *Unidad cristiana* (Portavoz); *La vida en el Espíritu* (TELL, Grand Rapids); *El sermón del monte*, 2 vols. (EDV); *¿Qué es la Iglesia?* (CLIE); *La autoridad* (Certeza), *La depresión espiritual* (TELL).

Ian H. Murray, *D. M. Lloyd-Jones: The First Forty Years, 1899-1939*, vol I. *The Fight of the Faith, 1939-1981*, vol II, (Banner of Truth, Edimburgo 1982, 1990).

MACDONALD, JORGE Este teólogo escocés y hombre de letras (1824-1905) nació en Huntly, del condado de Aberdeen y fue educado en el King's College de Aberdeen y en el seminario teológico de Highbury en Londres. Comenzó su ministerio en una iglesia congregacionalista de Arundel, Sussex occidental, pero fue obligado a dimitir por el disgusto que sus sermones causaban a los fieles. Se marchó entonces a Manchester y comenzó a escribir. Pasó gran parte de su vida con mala salud y escaso de dinero, aunque viajó a Norteamérica para una serie de conferencias en 1872-1873.

MacDonald publicó cinco vols. de ensayos teológicos y tres series de sermones. Siendo un hombre en quien la imaginación prevalecía sobre el intelecto, escribió 26 novelas en las que hizo uso de los conocimientos que tenía de las leyes inconscientes sobre las que se basa el comportamiento humano. También escribió un número considerable de poemas en la línea romántica de los escritores alemanes Novalis y Hoffmann.

Aunque sus convicciones brotaban del calvinismo escocés, su romanticismo le inclinó a un universalismo peculiar. Su idea predominante era que nuestra obediencia a los preceptos de Cristo son una respuesta al amor de nuestro Padre celestial, que quiere llevar a todos los hombres al cielo. Este amor se revela en los sufrimientos de Dios. Los hombres que se percatan de esto comienzan un proceso de crecimiento espiritual. Quienes rechazan a Cristo se quedan en enanos espirituales. Sin embargo, MacDonald abrigaba la esperanza de que, finalmente, a todos los incrédulos se les dará un día la oportunidad de percatarse de su estado y de la perfecta belleza del amor divino y, como resultado de esta visión, se arrepentirán y se volverán a Dios.

MACHEN, JUAN GRESHAM Nació en Baltimore (EE.UU.) en 1881, su padre era un eminente y próspero abogado. Su madre le enseñó los rudimentos de la fe cristiana reformada que profesaban –Confesión de Fe y Catecismo– y puso en él el amor por la literatura clásica inglesa y francesa. Estudió en la Universidad Johns Hopkins (1901) y en el *College* y Seminario Teológico de Princeton. Animado por su profesor de NT marchó a Alemania a proseguir sus estudios en Marburgo y Gotinga, donde la teología liberal de Wilhelm Herrmann le hizo atravesar una crisis de fe y conciencia, pero superó victorioso el conflicto manteniéndose fiel a su firme convicción de que la Biblia es infalible y de que la tradición calvinista escocesa estaba en lo cierto.

Ordenado al ministerio de la Iglesia Presbiteriana de Norteamérica en 1914. Enseñó Literatura y Exégesis del NT en el Seminario de Princeton de 1906 a 1929. Durante la Primera Guerra Mundial sirvió en Francia con la Asociación Cristiana de Jóvenes (YMCA).

Admirador y seguidor a la vez de su profesor B. B. Warfield*, siempre defendió la teología reformada o calvinista de Princeton, influenciada por la experiencia avivamentista americana y la filosofía del sentido común de la escuela escocesa. Debido a las tendencias liberales del seminario Machen lo abandonó en 1929 y fundó uno nuevo con el nombre de *Westminster Theological Seminary*, radicado en Filadelfia. Compañeros profesores del Princeton le secundaron en su empresa y formaron parte del nuevo claustro de enseñanza, que pretendían conservar la enseñanza del «viejo Princeton». Expulsado de su Iglesia por insubordinación, al participar en una Junta Independiente de Misiones (1933), decididamente reformada y evangélicamente conservadora, de la que no quiso renunciar, fundó la Iglesia Presbiteriana Ortodoxa (1936), después de haber intentado recusar el veredicto condenatorio de la Asamblea General.

Murió el 1 de enero de 1937 de una neumonía mientras buscaba apoyo para sus proyectos denominacionales en Birsmarck (Dakota del Norte).

Se opuso rotundamente al liberalismo teológico por considerarlo no una versión moderna de la fe cristiana, sino una negación de la misma. Cristianismo y modernismo, decía, son dos religiones completamente distintas. Aunque nunca se consideró un fundamentalista, apoyó la controversia fundamentalista en su defensa de la teología cristiana clásica e histórica. Escribió eruditos ensayos sobre el nacimiento virginal de Cristo y la teología paulina.

En valiente profesión de fe expresó lo siguiente: «El cristiano no puede sentirse satisfecho en tanto que alguna actividad humana se encuentre en oposición al cristianismo o desconectada totalmente del mismo. No hay deber más urgente que el de dominar el pensamiento del mundo con objeto de convertirlo en un instrumento de la verdad en lugar de un instrumento del error» (*Cristianismo y cultura*, p. 13).

Escritor prolífico, entre sus numerosas obras, destacan *El origen de la religión de Pablo* (1921), *Cristianismo y liberalismo* (1923), *El nacimiento virginal* (1927) y *La fe cristiana en el mundo mo-*

derno (1936). En todas ellas brillan su enorme erudición y la pureza de su ortodoxia. En vida y después de muerto, ha sido admirado y fuertemente criticado. Pero tanto sus defensores como sus críticos han reconocido la ortodoxia de sus escritos y la integridad de su vida. AR

Bib. J. G. Machen, *El hombre* (EDV, Edimburgo 1969); *Cristianismo y cultura* (Felire, Barcelona 1974).

MACKINTOSH, HUGH ROSS H. R. Mackintosh (1870-1936), nació en Paisley (Escocia). Estudió en la Universidad de Edimburgo y en *New College* de la misma ciudad. Amplió sus estudios en las Universidades alemanas de Friburgo, Halle y Marburgo, donde tuvo como profesores a Wilhelm Herrmann y Martin Kähler (1835-1912). En 1896 fue ordenado ministro de la Iglesia de Escocia. Después de varios pastorados fue nombrado profesor de teología sistemática en *New College* (1904-1935); y profesor de teología dogmática en la Universidad de Edimburgo. Durante un tiempo también fue profesor de teología en las Universidades de Londres y Gales. En 1932 fue elegido Moderador de la Asamblea General de su Iglesia de Escocia. Murió el 8 de junio de 1936.

Al principio estuvo sometido a la influencia de la teología de Albert Ritschl (1822-1889), que después se desplazó hacia Karl Barth*, de hecho, fue uno de los primeros teólogos de habla inglesa que llamó la atención sobre éste. Finalmente su teología adquirió el carácter de Calvino y Knox, en cuanto a su énfasis en la predicación y la evangelización. Su estudio más importante y central en su teología está dedicado a la experiencia del perdón de los pecados como esencia del Evangelio. Discípulos destacados fueron T. F. Torrance (1913-) y Donald Baillie*. Sensible, transparente, dedicado, erudito, «paso a paso –dice uno de sus estudiantes– nos introducía en las profundidades donde habitaba nuestro pecado, y a través del amor de Dios, que podía llegar más allá de nuestro pecado».

Mackintosh conocía muy bien el liberalismo teológico del protestantismo alemán. Su perdurable interés por los escritores protestantes alemanes del siglo XIX le llevó a traducir al inglés las obras de Schleiermacher* y Ritschl*. En *La doctrina de la Persona de Cristo* (Edimburgo, 1912) prefiere la teoría kenótica de que Cristo se despojó de su deidad a la declaración del Conc. de Calcedonia de que la única Persona del Hijo de Dios subsiste en dos naturalezas distintas sin confusión. En *La experiencia cristiana del perdón* (Londres, 1927) niega el aspecto propiciatorio del sacrificio de Cristo y sostiene una mezcla de conceptos tradicionales y de la teoría de Abelardo sobre la influencia moral de la muerte de Cristo.

Bib. H. R. Mackintosth, *Corrientes teológicas contemporáneas* (Aurora. Bs. As., org. 1937).

MAL Mal es lo contrario de bien. Puesto que todo ente, en cuanto tal, es bueno (son trascendentales convertibles), el mal no puede ser una cualidad positiva del ser, sino la falta de la bondad que debería corresponderle conforme a su esencia. En otras palabras, el mal no es una «negación», sino una «privación».

Se distinguen dos clases de mal: (1) Mal físico, que consiste en la ausencia de una perfección ontológica exigida por la naturaleza del ser respectivo, p. ej. el dolor y (2) mal moral, que consiste en la libre decisión de la voluntad contraria al bien moral. No hay ningún mal subsistente por sí mismo, puesto que todo mal supone un sujeto que, en su propia entidad, alberga cierta medida de bondad. No admitimos, pues, las doctrinas dualistas que, junto al principio del bien, admiten un primer principio del mal.

En cuanto al origen del mal, jamás tiene una causa que aspire directamente a producirlo, ya que el objeto de la voluntad es el bien. Si el libre albedrío se desvía hacia el mal, es porque lo ve bajo las apariencias de bien. También aquí hay que distinguir: (A) Un mal físico puede ocurrir (a) porque concurren dos causas cada una de las cuales tiende a su propio bien, como un accidente de tráfico; o (b) porque se desea un bien que excluye necesariamente otro, como en una operación quirúrgica para salvar la vida. (B) En cuanto al mal moral, su fundamento es la decisión pecaminosa de la voluntad creada con libre albedrío. Después de la caída original (cf. *Caída del hombre*), el albedrío del ser humano está inclinado hacia el mal, con lo que se ha perdido el equilibrio que había, antes del pecado, entre la inclinación al bien y la inclinación al mal (cf. *Libertad*).

No debe pasar desapercibido el hecho de que el mal produce un cambio a peor, no sólo en quien lo hace, sino también en las comunidades donde el individuo vive. De ahí el daño que todo pecado produce en el Cuerpo de Cristo que es la Iglesia, por la íntima unión de los miembros de dicho Cuerpo (cf. *Cuerpo de Cristo*).

También ha de tenerse en cuenta que el individuo humano llega a la existencia con las malas inclinaciones que llamamos concupiscencias* y

que nace en medio de relaciones sociales, familiares, etc., que le prestan ocasión, y aun estímulo, para el mal.
Finalmente, el mal parece presentar una objeción seria contra la omnipotencia de Dios. En efecto, si Dios nos ama y sabe cómo remediar el mal, ¿por qué no lo remedia?
Respondo brevemente, remitiendo al lector a mi libro *CPDTB*, Parte I, lecc. 13ª, 2ª parte: (a) en cuanto al mal físico, Dios ha establecido las leyes naturales de la gravedad, la impenetrabilidad, etc., cuyos efectos sólo en casos extraordinarios suspende. Si se cae una teja de un alto tejado y mata a un hombre, no va a dejarla suspendida en el aire hasta que el hombre haya pasado. Además, Dios infinitamente sabio y amoroso, es también infinitamente poderoso para convertir los males en mayores bienes (cf. Gn. 50:20 y Ro. 8:28); y (a) en cuanto al mal moral, Dios hizo al hombre libre y responsable; ¿por qué no lo protegió con una gracia eficaz para que no cayera? Esto es demasiado preguntar (cf. Ro. 9:21). No obstante, Dios ha provisto el remedio contra ese mal, pues ha enviado a su Hijo Unigénito a «pagar la factura» (cf. Jn. 3:16) y al E. Santo para vencer el poder condenador del pecado (cf. Ro. 6:1-11) y dar muerte a las obras de la carne (Ro. 8:12-13).
Bib. Agustín, *Confesiones* (CLIE, Terrassa 2001); Francisco Conesa, *Dios y el mal* (EUNSA, Pamplona 1996); Adolphe Gesche, *Dios para pensar*. vol. I. *El mal, el hombe* (Sígueme, Salamanca 1995); Charles Journet, *El mal. Estudio teológico* (EUNSA, 1976); Alfonso Ropero, *Filosofía y cristianismo*, cap. V (CLIE, 1997); A. D. Sertillanges, *El problema del mal* (EPESA, Madrid 1951).

MALEBRANCHE, NICOLÁS Este filósofo francés (1638-1715), religioso del Oratorio fundado en París por Bérulle, nació en París de una familia distinguida. Siempre tuvo mala salud. Estudió primero filosofía en el Colegio de la Marche y después teología en la Sorbona, antes de entrar en el Oratorio (1660). Los oratorianos tenían gran inquietud intelectual y se interesaban por Descartes, mientras tomaban ideas de Platón y de Agustín de Hipona. Desde el año 1664 estuvo estudiando a Descartes y también se sirvió de los escritos de A. Geulincx. En 1674 comenzó su producción literaria y su relación con muchas de las grandes figuras de su tiempo: Fénelon, Bossuet, Leibniz, etc. Como resultado de sus estudios y de la correspondencia con los citados personajes, Malebranche cayó en el ocasionalismo* y en el ontologismo*, aunque de forma moderada. Después de una vida de recogimiento y piedad, murió santamente en el Oratorio de París.
Bib. Alfonso Ropero, *Introducción a la filosofía*, cap. VI (CLIE, Terrassa 1999).

MANIQUEÍSMO Se da este nombre a la doctrina de un tal Manes, siropersa que nació el año 216 d. de C. y fue criado dentro de una secta judeocristiana en un lugar al sur de Babilonia, pero después se rebeló contra ella y murió ajusticiado el año 276. Su doctrina es una combinación del viejo dualismo persa de Zoroastro (cf. *Zoroastrismo*) con elementos gnósticos y cristianos. Actualmente, se tiene al zoroastrismo como una de las últimas y más completas formas de gnosticismo*.
La gnosis maniquea explica el mundo mediante un complejo drama cósmico en la lucha primordial de dos principios originadores respectivamente de la luz y de las tinieblas. En un principio, el reino de las tinieblas invadió el de la luz con sus malas emanaciones, pero la luz contraatacó al de las tinieblas con emanaciones buenas y le engañó haciéndole tragar partículas de luz. De esa mezcla de luz y tinieblas surgió el universo para rescatar la luz cautiva en el reino del mal y castigar a los jefes de las tinieblas encarcelándolos.
En el maniqueísmo existen la luz y las tinieblas, pero no existe la culpa ni el pecado, pues en el hombre habitan dos almas que luchan entre sí: un alma luminosa que procede del bien, y un alma corporal que procede del mal. Puesto que la materia pertenece al reino de las tinieblas, los seguidores de Manes prometían abstenerse de comer carne, de adquirir propiedades terrenales, del trabajo corporal lucrativo y de la procreación por medio del matrimonio.
Aún en vida de su fundador, el maniqueísmo se extendió por la India y la China, llegando después a penetrar en el occidente cristiano (cf. los arts. *Albigenses* y *Cátaros*).
Agustín de Hipona* perteneció por algún tiempo al maniqueísmo antes de su conversión.

MARCIÓN Este hereje del siglo II (aprox. 80-160) se crió en Sínope del Ponto, donde parece ser que su padre era obispo y él mismo un rico constructor de barcos, que llegó a fundar iglesias rivales de las iglesias de Roma. Fue a Roma ofreciendo a la sede romana una respetable suma de dinero, pero el año 144 fue puesto fuera de comunión a causa de sus enseñanzas y se le devolvió el dinero que había dado.

Pero a Marción se le conoce mejor por su obra sobre el texto y el canon de la Biblia. Rechazó el AT diciendo que no era un libro cristiano y coleccionó su propio canon del NT consistente en una versión abreviada del evangelio según Lucas y diez epístolas de Pablo, pues excluyó las pastorales. Su teología consiste en una serie de *antíthesis* = contradicciones entre el AT y el NT. De todos sus escritos, sólo ha llegado a nosotros lo que puede verse en las obras de los escritores eclesiásticos que le refutaron, especialmente en los cinco libros de Tertuliano *Contra Marcionem* (Contra Marción).

Marción distinguía entre el Dios Creador del AT, el Dios de los judíos, vengativo y malhechor, con características irreconciliables, y el Dios Redentor, el Padre amoroso, un Dios desconocido en el AT hasta que fue revelado por Jesucristo. Cristo no era el Mesías, sino el que reveló al Padre el año 15 del emperador Tiberio. Con esta fecha, Marción ocultaba los detalles de la concepción y del nacimiento de Jesús. Según él, Cristo no nació, sino que apareció en el mundo, sin más. Pareció que sufría, pero sólo murió para comprar la salvación de los hombres y se resucitó a sí mismo del sepulcro. Los primeros discípulos de Cristo se hicieron judaizantes, por lo que el Padre llamó a Pablo para restablecer el verdadero evangelio. Aun así, algunas de sus epístolas sufrieron interpolaciones de parte de los judaizantes, así que Marción tuvo que restaurar los «verdaderos» escritos de Pablo.

Según Marción, la carne es impura; por tanto, sólo los no casados deben ser bautizados, excepto al final de la vida cuando tiene que abrirse la puerta de la salvación para todos. La salvación es de pura gracia; no existe ninguna ley. Y en la comunión no debe usarse el vino, sino sólo agua.

Los «Padres de la Iglesia» reaccionaron, no sólo refutando sus heréticas enseñanzas, sino también acelerando la formulación de un canon, un credo y una organización de la Iglesia de acuerdo con las enseñanzas del NT.

MARIOLOGÍA Mariología significa «tratado sobre María», es decir, sobre la madre de Jesús de Nazaret. En este art. tenemos que contrastar las enseñanzas de la Iglesia de Roma con las de la Palabra de Dios. El tema tiene dos niveles que estudiaremos por separado: cristológico y soteriológico.

(1) A nivel cristológico, el primer tema es el de la maternidad divina de María. El Conc. de Éfeso (431), en su primer anatematismo definió que «Emanuel es de veras Dios y que, por tanto, la Virgen santa es madre de Dios (gr. *theotókon*), puesto que engendró según la carne al Verbo de Dios hecho carne». La definición es correcta de acuerdo con la Palabra de Dios (cf. Lc. 1:35, 43; Gá. 4:4). Si el Hijo de Dios nació de una mujer, esa mujer es madre del Hijo de Dios, que es Dios como el Padre. En efecto, María ejerció con la única persona (¡divina!) de Jesús la misma función maternal que nuestra madre ejerció con nuestra persona, pues la relación «madre-hijo» es personal. Es cierto que la Biblia nunca llama a María «madre de Dios», porque el gr. *méter theos* o *méter toú theos* vendría a significar respectivamente «madre de la divinidad» o «madre de Dios Padre», lo cual es totalmente falso en ambos sentidos.

Sin embargo, para entonces la devoción a María había crecido tanto que, de esa correcta definición dogmática, vino a deducirse una especie de sacralización del útero de María, como si el haber engendrado según la carne al Verbo de Dios requiriese:

(A) La perpetua virginidad de María, contra lo que la Biblia enseña en Mt. 1:25 y siempre que se menciona a los «hermanos» (gr. *adelphoí* = hijos del mismo vientre) de Jesús. Este dogma fue declarado en el Conc. II de Constantinopla (553) que definió a María como *aeiparthénos* = siempre virgen. Para esa fecha, había crecido mucho el aprecio de la vida monástica y el menosprecio del matrimonio, como estado imperfecto del cristiano.

(B) La inmaculada concepción de María. Definida solemnemente por Pío IX (1854) en su Bula *Ineffabilis Deus*, donde definió «que la doctrina que sostiene que la beatísima Virgen María, desde el primer instante de su concepción, fue preservada inmune de toda mancha del pecado original ha sido revelada por Dios y, por tanto, ha de ser creída firme y constantemente por todos los fieles». Es de notar que hasta fines del siglo XIII todos los teólogos católicos habían negado dicho dogma, siendo el franciscano Juan Duns Escoto (cf. *Duns Escoto, John*) el 1º que lo defendió con su doctrina de la doble redención: liberativa, para cualquier bautizado, libre del pecado ya contraído, y preservativa, gracia concedida únicamente a María. Los teólogos romanos intentan probar bíblicamente tal dogma con Gn. 3:15, mal traducido en la Vulgata Latina al verter el pron. masc. hebr. *hu* por «ella», y con Lc. 1:28, urgiendo que el ptc. de prt. *kejaritoméne* significa «repleta de gracia», abarcando todo el espacio y todo el tiempo de María (por ser un vb. terminado en *óo*) para poder incluir también su concepción. Tales teólogos olvidan (o ignoran) que ese vb. (*jaritóo*) sale también en Ef. 1:6, sin que a nadie se le ocurra decir que todos los creyentes hayan sido concebidos sin pecado. Los mariólogos del siglo XX han ido más lejos que Pío IX al defender que María no tenía por qué contraer el pecado original.

(C) Unido al dogma anterior está la enseñanza católica de que «nadie puede evitar durante toda su vida todos los pecados veniales, a no ser por especial privilegio de Dios, como lo sostiene la Iglesia acerca de la bienaventurada Virgen». Sin embargo, no es dogma por no haber sido definido directamente.

(D) La asunción* corporal a los cielos. El primer documento eclesiástico a favor de este dogma es una leyenda, referida y aceptada por Juan Damasceno (cf. *Juan de Damasco*), en la que se aplican a la muerte y supuesta resurrección de María, al estilo de la «ciencia-ficción», detalles parecidos a los que la Biblia nos dice de la muerte y resurrección del Señor (puede verse en mi libro *Catolicismo romano*, lecc. 18ª, p. 1, nota 26). Este dogma fue definido por Pío XII (1950) en su Bula *Munificentissimus Deus*, donde definió «ser dogma revelado por Dios que la Inmaculada Madre de Dios, siempre Virgen María, terminado el curso de su vida terrenal, fue arrebatada en cuerpo y alma a la gloria celestial». Las presuntas bases bíblicas de este dogma son las mismas que las de la Inmaculada Concepción: Gn. 3:15 y Lc. 1:28. Así que su base es igual de débil en ambos casos. De intento he subrayado el inciso «terminado el curso de su vida terrenal», porque con él Pío XII dejó en libertad a los teólogos católicos para sostener que María murió como los demás seres humanos, o que subió al cielo sin pasar por la muerte, pues ha habido teólogos en el siglo XX que han defendido que María no tenía por qué morir, puesto que no tenía ningún pecado.

(2) A nivel soteriológico, el primer paso hacia la moderna mariología fue dado al enunciar el paralelismo «Eva-María», en el sentido de que, así como Eva fue la 1ª causante de nuestra ruina, así también María dio el primer paso para nuestra salvación. Este paralelismo aparece ya en Justino a mitad del siglo II, es repetido con mayor fuerza por Ireneo a primeros del siglo III. Agustín de Hipona dio el paso definitivo al afirmar que María es «madre espiritual de los miembros de Cristo que somos nosotros, porque cooperó con amor para que en la Iglesia nacieran los fieles, que son miembros de aquella cabeza». Apoyado en tales afirmaciones, y en las que la devoción exaltada a María fue acumulando a lo largo de los siglos, Pío X, en su enc. *Ad diem illum* (1903), proclamó que «Cristo tomó un cuerpo de carne en el vientre de su purísima Madre y, al mismo tiempo, un cuerpo espiritual formado por todos aquellos que habían de creer en Él. Por tanto, se puede decir que María llevó en su seno al Salvador y, al mismo tiempo, a todos aquellos cuya vida estaba incluida en la vida del Salvador». Como bases bíblicas, Pío X cita Lc. 2:11; Ro. 12:5 y Ef. 5:30. Si analizamos la argumentación del papa, veremos en ella dos importantes equívocos: (a) enlaza el elemento fisiológico de la maternidad de María con el espiritual de la salvación, como si fuese también madre espiritual del Salvador; (b) retrotrae nuestra salvación individual al momento de la concepción de Cristo en el vientre de María como si los creyentes hubiésemos sido hechos miembros de Cristo en el vientre de María en el momento de la encarnación del Salvador.

De este falso fundamento han surgido las falsas enseñanzas siguientes:

(A) La mediación universal de las gracias. En la Edad Media, estaba bien establecida la devoción a María, junto con un gran temor a Cristo, «severo» como suelen ser los hombres. Así fue como María comenzó a ser tenida como universal medianera junto al Padre. Escritores y teólogos como Bernardo y Buenaventura veían a María como el «acueducto» por el que descienden a nosotros todas las gracias y por el que suben al Padre nuestras oraciones. Germán de Constantinopla dice a la Virgen a comienzos del siglo VIII: «Nadie puede recibir una gracia, sino a través de ti». Pero el campeón indiscutible en esta competición fue el italiano Alfonso Mª. de Liguori (Ligorio), el cual llega a decir en su libro *Las Glorias de María*: «Hay cosas que se piden a Cristo y no se reciben, pero si se piden a María son otorgadas». Cita en su favor la leyenda de las Florecillas de S. Francisco, según la cual el hermano León vio una escala roja para subir al cielo, con Cristo arriba, por la cual muchos frailes trepaban sin éxito. Vio entonces otra escala blanca, con la Virgen arriba, por la cual se subía fácilmente, pues María conducía de la mano a sus devotos para que escalaran sin dificultad el cielo. ¿Cómo puede conciliarse esto con Hch. 4:12; 1 Ti. 2:5; He. 4:16 y 1 Jn. 2:1-2? La jerarquía sabe que eso es falso, pero lo consiente y a los devotos de María no hay quien los convenza de lo contrario. Por fin, León XIII, en su enc. *Octobri mense* (1891), dice: «Así como nadie puede acercarse al Padre, sino por el Hijo, así, de modo semejante, nadie puede acercarse a Cristo, sino por su Madre». Los papas siguientes se han expresado en términos parecidos. Sin embargo, en honor a la verdad, hay que decir que el C. Vaticano II, en la LG, p. 62, declara acerca de esto: «Lo cual, sin embargo, ha de entenderse de tal manera que no reste ni añada a la dignidad y eficacia de Cristo, único Mediador». El *Nuevo Catecismo de la Iglesia católica*, de Juan Pablo II, tiene muy buen cuidado en atenerse en todo a las enseñanzas del Vaticano II.

(B) La corredención de María. Así como el punto anterior trata de la aplicación de la redención, este otro va más allá, pues trata de la participación de María en la realización misma de la redención. Esta nueva doctrina no se menciona explícitamente en ningún documento eclesiástico anterior a León XIII. Desde éste hasta Pío XI, los papas siguieron la corriente de los teólogos al usar los términos «corredimir» y «corredentora». Sin embargo, los papas que han sucedido a Pío XI hasta el presente nunca han usado esas expresiones en documentos oficiales. Quedan, pues, por ver los documentos de Pío X (1903-1914), Benedicto XV (1914-1922) y Pío XI (1922-1939): (a) Pío X, en su ya citada enc. *Ad diem illum*, dice que María «nos merece de *congruo* (= porque Dios así lo quiere), como dicen, lo que Cristo nos mereció de *condigno* (= porque así lo exige la justicia)». El texto y el contexto favorecen la opinión de que Pío X se refirió a la corredención; (b) Benedicto XV fue mucho más lejos. En un documento, silenciado por el Denzinger desde la ed. 32ª, afirmó que María «podía ser llamada propiamente corredentora porque ofreció a Cristo en el Gólgota al Padre, juntamente con la renuncia a sus derechos maternales». Eso significa, ni más ni menos, que Cristo no habría podido ofrecerse en sacrificio por nosotros si María no hubiera renunciado al derecho que tenía sobre el cuerpo de Cristo como Hijo suyo que era. ¿Puede decirse mayor desatino? ¡Como si Cristo hubiese tenido que pedir permiso a María antes de dejar resuelto su plan de ir a la Cruz! (cf. Mt. 16:22-23). Lo extraño es que Pío XII repitiera las palabras de Benedicto XV en su enc, *Mystici Corporis* (1943). Pío XI, muy cauto, calló acerca de esta materia; (c) Finalmente, a mitad del siglo XX y reinando Pío XII, los mariólogos españoles (y alguno suelto de Italia y Yugoslavia), llegaron a defender que María corredimió a la humanidad de *condigno*, teniendo que inventar una subdivisión del *condigno* en *de condigno ex condignitate* = en justicia por condescendencia de Dios, por parte de María, y *de condigno ex stricta iustitia* = en estricta justicia, por parte de Cristo. Incluso se esperaba que el Vaticano II definiera la corredención de María. No fue así, pero el contenido quedó confirmado, pues el Concilio repite las palabras de Agustín ya citadas (p. 53), hace depender de la aceptación de María la encarnación del Verbo, para que María «contribuyese a la vida» (p. 56), repite las expresiones de Benedicto XV, tomándolas de Pío XII (p. 58) y afirma que la Virgen «padeciendo con su Hijo cuando moría en la cruz, cooperó de forma enteramente singular a la obra del Salvador» (p. 62). El cambio significativo es que el Vaticano II en lugar de corredención, prefiere hablar de «cooperación a la obra de la redención» (*Lumen gentium*).

(C) María, madre de la Iglesia. Aunque el Vaticano II, citando de Agustín, afirma que María «es verdadera madre de los miembros de Cristo» (p. 53), ningún documento del Concilio llama a María «Madre de la Iglesia», pero Pablo VI, en el discurso pronunciado el 21 de nov. de 1964 en la sesión de clausura de la 3ª etapa conciliar, declaró solemnemente (p. 25): «Así, pues, para gloria de la Virgen y consuelo nuestro, Nos proclamamos a María Santísima Madre de la Iglesia, es decir, Madre de todo el pueblo de Dios, tanto de los fieles como de los pastores que la llaman Madre amorosa, y queremos que de ahora en adelante sea honrada e invocada por todo el pueblo cristiano con este gratísimo título». Debo añadir que esta intervención de Pablo VI constituyó una indebida intromisión en las tareas del Concilio y un solemne «bofetón» a los «Padres del Concilio», como si no hubieran exaltado bastante a la madre del Señor.

(D) Finalmente, ya en la Edad Media cundió la costumbre de llamar a María *Regina coeli* = Reina del cielo (cf. Jer. 7:18; 44:17-19, 25), entrando con este título a formar parte de la Letanía lauretana, una letanía enteramente dedicada a la Virgen María, que forma parte del Rosario, devoción recomendada encarecidamente a todos los fieles por la jerarquía eclesiástica. Añadido esto a todo lo que hemos visto de los excesos de la devoción a María, fácilmente se comprende que los fieles católicos entiendan que quien manda en el Cielo no es Dios, sino María.

MÁRTIR Mártir es la transliteración del gr. *mártus, márturos* = testigo. En sentido amplio, el vocablo puede aplicarse a todos los creyentes, convocados a ser «testigos de Cristo» hasta lo último de la tierra (cf. Hch. 1:8), pero, en sentido estricto, se aplica únicamente a quienes dieron la vida por la fe o la moral cristianas. Durante las persecuciones de los tres primeros siglos de nuestra era, los mártires gozaban de especial veneración, como se ha descubierto en las catacumbas donde los cristianos se recluían para tener sus cultos y participar de los elementos de la Cena del Señor. La oración a los santos comenzó por la oración a los mártires, a fin de que ellos intercedieran por los cristianos delante del Señor.

Aunque el bautismo de agua es necesario en la Iglesia de Roma para obtener la regeneración espiritual, se puede suplir: (1) por el «bautismo de sangre» = el martirio, con el cual se obtiene la regeneración espiritual con el perdón total de todos los pecados y de la pena, tanto eterna como temporal (cf. *Indulgencias*). La razón que da Tomás de Aquino para este perdón total es que el martirio muestra el más alto grado de amor a Cristo (cf. Jn. 15:13) y la más perfecta semejanza a la muerte del Señor. Sin embargo, el martirio no incorpora a la estructura visible de la Iglesia (pues no es sacramento) ni, por tanto, imprime carácter (cf. *Carácter*), pues estas dos cosas son propias del bautismo de agua; y (2) por el «bautismo de fuego» = el deseo eficaz del bautismo de agua (para quienes están a punto de morir sin poder recibir el sacramento). Para alcanzar, con éste, la regeneración espiritual, es necesario que el sujeto se disponga mediante un acto de perfecta contrición (no basta la atrición). Por él se perdonan todos los pecados mortales y la pena eterna que merecen, pero no los pecados veniales ni la pena temporal, excepto cuando la contrición es extremadamente profunda y universal.

La veneración de los mártires fue aumentando desde el siglo IV, cuando ya se buscaban y se veneraban los restos mortales (las «reliquias», cf. *Reliquias*) de los mártires, hasta extremos ridículos y falsificaciones reprobables. Como ya dije al comienzo de este art. la Iglesia de Roma tiene por mártires no sólo a los que dan su vida por la fe cristiana, sino también a los que se dejan matar mansamente en aras de la moral católica; p. ej. los sacerdotes por no violar el sigilo de la confesión, o las mujeres por no consentir en el abuso sexual que algún hombre quiera hacer de ellas, tanto si el hombre consigue su intento como si no lo consigue.

Mártir

MARXISMO Doctrina economicosocial de Karl Marx (1818-1883) y sus seguidores. El filósofo y economista alemán, nació en Tréveris, y en unión de Federico Engels, redactó el *Manifiesto del Partido Comunista* (1848) y expuso su doctrina en *El Capital* (1867).

(1) A nivel filosófico, el marxismo representa una vigorosa reacción contra el idealismo de Hegel* y el dualismo al estilo de Descartes* por considerar que son ideologías destinadas a servir a la burguesía y a debilitar la posición del proletariado que aspira a verse libre de la opresión del capitalismo. La filosofía del marxismo tiene su base primordial (A) en el *materialismo dialéctico*, que puede resumirse del modo siguiente: (a) La materia bruta es independiente del pensamiento que es materia consciente. (b) Esta materia se desarrolla por antítesis sucesivas, es decir, de forma dialéctica. (c) Este análisis filosófico conduce a un método de pensamiento y acción que abarca todas las áreas del conocimiento; después, (B) en el materialismo histórico, donde los principios del materialismo dialéctico se extienden a la vida social. Según esta teoría, (a) la historia está determinada por las antítesis o contradicciones entre los modos y relaciones de producción. (b) Tales contradicciones desembocan en la lucha de clases, a causa del desequilibrio económico producido por la *plusvalía* (= mayor valor) del producto creado por el obrero o el campesino durante una hora de trabajo y el salario que recibe por ese trabajo. (C) Como consecuencias de tales conclusiones, se advierte: (a) que Marx considera al ser humano primariamente como «productor» que se realiza esencialmente mediante su trabajo; (b) al convertirse el trabajo en «mercancía» en la sociedad burguesa, se rompe la unidad esencial de trabajo y realización

Karl Marx

social del productor, con lo que el hombre se aliena respecto de sí mismo; (c) la sociedad queda escindida entre la clase de los que se ven obligados a vender su trabajo (proletarios) y la clase de los propietarios de los medios de producción (capitalistas), que compran la fuerza del trabajador, pero están igualmente alienados; (d) la mayor expresión del ser alienado es la religión, «opio» de los oprimidos y medio de dominar de los opresores.

El marxismo ha adoptado diferentes formas a lo largo del siglo XX y de acuerdo con la idiosincrasia de los países donde ha proliferado. No es lo mismo el marxismo de Lenin que el de Stalin o el de Mao-Tse-Tung. El existencialista J. P. Sartre fue durante muchos años fervoroso marxista, pero rompió el carnet del partido comunista francés cuando los tanques rusos invadieron en 1968 las calles de Praga. Poco después, con o sin el consentimiento de la U.R.S.S., los partidos comunistas de Europa occidental adoptaron las reglas del juego democrático para su ascenso al poder. Finalmente, debido a la política de apertura del líder ruso Gorbachov desde 1985 y, más aún, de Boris Yeltsin desde 1991, el marxismo propiamente dicho sólo se mantiene firme en China y en Cuba.

A nivel puramente filosófico, mi oposición al marxismo como sistema antihumano se basa en dos hechos que siempre he hecho notar: (1) El marxismo desconoce que el ser humano está existencialmente alienado por el pecado, antes de cualquier otra alienación; (2) si estoy en contra del marxismo no es porque sea demasiado revolucionario, sino porque es demasiado poco revolucionario, pues revoluciona la sociedad, pero no puede revolucionar el corazón del individuo.

(2) A nivel teológico, para tener en cuenta la tirantez que ha existido, desde un principio, entre el marxismo y el cristianismo, es preciso tener en cuenta algunos detalles de la biografía de K. Marx. De raza judía y de familia luterana, se le ha podido llamar un «humanista postcristiano», que ya en su tesis doctoral aprueba la frase de Prometeo: «En una palabra, odio a todos los dioses». Pero su crítica principal contra la religión es que la consideraba superflua y pensaba que, si se suprimían las condiciones miserables por las que el pueblo cree hallar su compensación en la otra vida, la religión se marchitaría por sí sola, lo cual no se ha cumplido ni en Rusia ni en ninguna otra parte bajo control comunista.

El cristianismo niega al marxismo la verdad de sus principales proposiciones: liberación del hombre por su liberación económica y social; interpretación materialista del hombre y de la historia, negando toda trascendencia; empleo de la violencia revolucionaria entre las clases sociales; disolución del individuo* en la colectividad, sumiendo la libertad humana en una organización social totalitaria.

Bib. Aguirre, Cortázar, Loidi y Mardones, *Socialismo, nacionalista, cristianismo* (DDB, Bilbao 1979); N. Berdiaev, *El cristianismo y la lucha de clases* (Espasa-Calpe, Madrid 1963); –*El cristianismo y el problema del comunismo* (Espasa-Calpe, 1968); J. Y. Cálvez, *El pensamiento de Carlos Marx* (Taurus, Madrid 1976); M. D'Arcy, *Comunismo y cristianismo* (Herder, Barcelona 1978, 4ª ed.); Gabriel del Estal, *Marxismo y cristianismo, ¿diálogo o enfrentamiento?* (Monasterio del Escorial, 1977); Rafael Gómez Pérez, *El humanismo marxista* (Rialp, Madrid 1977); Nguyen Ngoc Vu, *Ideología y religión según Marx y Engels* (Sal Terrae, Santander 1978); A. Piettre, *Marx y el marxismo* (Rialp, Madrid 1977, 4ª ed.); A. Ropero, *Introducción a la filosofía*, cap. IX (CLIE, Terrassa 1999); Varios, *Hombre marxista y hombre cristiano* (EEE, Barcelona 1977); G. Wetter, *El materialismo dialéctico* (Taurus, Madrid 1963); G. Yurre, *El marxismo*, 2 vols. (BAC, Madrid 1976).

MATERIALISMO Se entiende por materialismo la doctrina que enseña que sólo existe la materia o lo que depende de la materia. En este sentido amplio, pueden llamarse materialistas los sistemas filosóficos de Demócrito y de Epicuro, pasando por el mecanicismo y el positivismo hasta el materialismo práctico de quienes viven como si sólo existiera lo material y, desde luego, el materialismo dialéctico e histórico de K. Marx (cf. *Marxismo*). En sentido estricto, el materialismo es una postura filosófica con su propia ontología, según la cual se niega radicalmente la existencia del espíritu, tanto puro (Dios y los ángeles) como incorporado (el alma humana).

La oposición al materialismo surge desde dos flancos: (1) del lado filosófico, se oponen al materialismo (A) las filosofías dualistas, como la de Descartes; (B) las filosofías antirreduccionistas, las cuales, aun admitiendo el aspecto materialista del universo, se niegan a concluir que el universo no sea otra cosa que materia. (2) Del lado teológico, es cierto que, a veces, parece como si la Biblia pusiera énfasis en la idea de que el hombre es parte de la creación material, pero también pone en claro que el hombre es un ser espiritual dominador de la naturaleza (cf. Gn. 1:26 ss.; 2:7 ss.) y que su alma espiritual continúa existiendo después de la muerte física (cf. 2 Co. 5:1-10).

Materialismo freudiano. Para S. Freud (1856-1939), Dios, la naturaleza espiritual del alma humana, la libertad, la moral, etc., quedan reducidos a materia, a meros fenómenos de orden psíquico, que tienen su fundamento en la libido. La imagen que Freud ofrece del hombre no difiere sustancialmente de la animal y es incapaz de explicar los valores del espíritu y la dignidad de la persona humana. En esa misma línea se mueven H. Marcuse y E. Fromm.

Materialismo histórico. Marx no puede probar que todo lo que existe es material, sino que lo da por supuesto, lo que representa una laguna en su pensamiento. El materialismo histórico comprende dos facetas o momentos: la interpretación y la praxis; la explicación teórica y la acción revolucionaria. Para Marx, la estructura fundamental de la vida humana es la economía, los bienes materiales. Por eso, hasta que no se suprima la primera alienación* humana, que es producida por la propiedad privada, no se llegará a destruir lo que justifica todas las alienaciones, la religión. Las fuerzas económicas constituyen el verdadero motor de la historia. Conociendo los hechos económicos, se descubren las leyes necesarias de la historia y de la vida humana; partiendo de lo que es, de lo que existe realmente desde la perspectiva materialista, sabremos lo que necesariamente vendrá, pues la historia –dice– responde a las leyes de la dialéctica.

Es indudable que los condicionamientos económicos influyen en el modo de pensar de la gente, pero también es cierto que el pensamiento y la vida de los hombres responden, con mayor operatividad, a motivos de orden espiritual: creencias religiosas, ideas políticas, filosóficas, artísticas, etc. Éstas rigen la vida individual y social. Al descartar Marx el principio de la existencia de Dios, su humanismo no puede derivar, no ha derivado de hecho, en un alto concepto del hombre, tal como ofrece la fe que considera al hombre creado a imagen y semejanza de Dios, el máximo garante de la libertad y dignidad humanas.

Bib. J. L. López Ibor, *La agonía del psicoanálisis* (Espasa-Calpe, Madrid 1973, 3ª ed.); A. Ple, *Freud y la religión* (BAC, Madrid 1969); R. Gambra, *La interpretación materialista de la historia* (CSIC, Madrid 1960); I. M. Bochenski, *El materialismo dialéctico* (EUNSA, Pamplona 1975); D. Sabiote Navarro, *El problema del humanismo en Erich Fromm y Herbert Marcuse* (UPS, Salamanca 1985); G. Wetter, *El materialismo dialéctico* (Taurus, Madrid 1963).

MATRIMONIO El vocablo entró en el cast. el año 1335 directamente del lat. *matrimonium* = matrimonio. Su etim. es incierta. Puestos a aventurarse, yo votaría a favor de *matris munus* = función propia de la madre, por cuanto en el matrimonio de tiempos de la Roma clásica, la madre llevaba el peso principal del hogar. No puede venir de la raíz *mon*, de *monére* = avisar, como en «monumento», pues podría parecer un «aviso» para no casarse, lo cual es absurdo. Por otra parte, *munus* = regalo o función (según el contexto) no suele cambiar la u en o, como se ve en *communio* = *com munus*. Por tanto, lo dejo a la consideración y elección del lector.

Entrando ya en el contenido del art., el matrimonio puede considerarse como simple contrato ya cualificado por las normas de la Palabra de Dios, o como tal contrato hecho entre cristianos.

(1) Como simple contrato, he de advertir de entrada que el matrimonio no es un contrato cualquiera, p. ej. como el de compra-venta de una casa, que se puede hacer y deshacer por mutuo consentimiento de los contratantes, sino un contrato cualificado por las normas de la Palabra de Dios. Una vez contraído, el matrimonio es indisoluble por voluntad de Dios (cf. Gn. 2:24). Véase el art. *Divorcio*. Además, por voluntad de Dios,

es «de uno con una», monógamo. Gn. 4:19-24 presenta la figura de Lamec, retataranieto de Caín, como el primer bígamo, lleno de maldad y toda clase de violencia. Es cierto que, ya desde Abraham, Dios consintió en que tuviese una 2ª mujer, pero esa anomalía resultó en un cúmulo de disgustos. Posteriormente, Dios consintió en que un hombre tuviese muchas mujeres (poligamia), pero nunca en que una mujer tuviese varios hombres (poliandria). Es curioso observar que, en 1 R. 11, no se reprocha a Salomón el que tuviese mil mujeres, sino en que fueran extranjeras (v. 1), por lo que desviaron su corazón hacia la idolatría (vv. 3-8). Partiendo de que el matrimonio en Israel estaba bajo el signo del matrimonio de Yahweh con la nación israelita, como se ve en Isaías y Jeremías y, especialmente, en Ez. 16 y todo el libro de Oseas, resulta difícil encontrar una razón por la que Dios permitió la poligamia en Israel. Pero lo cierto es que esta especie de «manga ancha» con el Israel del AT viene a poner más de relieve la santidad del matrimonio cristiano, según la vemos, sobre todo, en Ef. 5:26 ss., con el simbolismo de la unión de Cristo con su Esposa la Iglesia.

(2) Como contrato entre cristianos, el matrimonio no añade nada al simple contrato matrimonial cualificado, excepto en el simbolismo, ya citado, de la unión de Cristo con la Iglesia. Pero está muy bien el testimonio mismo de los contrayentes cristianos ante la comunidad eclesial a la que pertenecen, prometiéndose mutuamente fidelidad, afecto incondicional y exclusivo, etc. No es un «estado de imperfección», como hasta hace sólo 50 años solían decir los teólogos católicos. Ni, por eso, hacemos de menos el celibato voluntariamente aceptado y mantenido (cf. *Sexualidad*). El matrimonio, sobre todo entre cristianos, lleva consigo grandes ventajas de todo orden, pero también graves responsabilidades, especialmente hacia los hijos; más aún, en la actual sociedad «permisiva», donde tantos peligros acechan a los niños desde la misma cuna, pasando por la escuela, la calle, los estudios superiores, el servicio militar, etc. Por otra parte, un joven realmente cristiano puede ser un admirable testigo de Cristo en un ambiente donde todo, o casi todo, parece estar contra la exhibición de las propias creencias religiosas.

Bib. Salvador Iserte, *El matrimonio de éxito* (CLIE, Terrassa 1979); F. Lacueva, *Ética cristiana* (CLIE, 1975); –*Catolicismo Romano* (CLIE, 1972); Wayne Mack, *Fortaleciendo el matrimonio* (Portavoz, Grand Rapids 1990).

MAURICE, JUAN FEDERICO DENISON (cf. *Socialismo cristiano*)

MAYORES, ÓRDENES En la Iglesia de Roma, el sacramento* del Orden ha sufrido ciertas variantes a lo largo de los siglos, pero pronto surgió la división entre órdenes mayores y órdenes menores (cf. *Menores, Ordenes*). En la Iglesia católica, las órdenes mayores son de institución divina; son tres, a saber, de mayor a menor, el episcopado, el presbiterado (impropiamente llamado «el sacerdocio») y el diaconado.

El C. Vaticano II, en la *Lumen Gentium*, p. 28, dice así: «Cristo, a quien el Padre santificó y envió al mundo (cf. Jn. 10:36), ha hecho partícipes de su consagración y de su misión, por medio de sus Apóstoles, a los sucesores de éstos, es decir, a los obispos, los cuales han encomendado legítimamente el oficio de su ministerio, en distinto grado, a diversos sujetos en la Iglesia. Así, el ministerio eclesiástico, de institución divina, es ejercido en diversos órdenes por aquellos que ya desde antiguo vienen llamándose obispos, presbíteros y diáconos».

En 1972, el orden del subdiaconado, que desde antiguo había sido contado entre las órdenes mayores, fue abolido, y así figura en el nuevo Código de Derecho canónico y en el *Catecismo de la Iglesia católica* de Juan Pablo II.

Para recibir el diaconado es necesario emitir el voto del celibato, del cual el papa puede dispensar y lo hace con suma facilidad. Casi con la misma facilidad, dispensa también del presbiterado, y rarísimas veces del episcopado.

Aunque sin tal voto de celibato, son reconocidas también dichas órdenes mayores entre la llamada Ortodoxia, los anglicanos y el grupo de los «Viejos Católicos» (cf. *Döllinger*). La mayoría de las denominaciones protestantes rechazan esa división de órdenes, y aun se oponen a toda clase de ordenación por imposición de manos, quizás en la oposición a la Iglesia de Roma y todo tipo de autoritarismo clerical.

MECANICISMO Este vocablo viene de mecánica; y éste, del gr. *mejané* = máquina. Sin embargo, no debe confundirse mecanicismo con maquinismo = el imperio de la máquina. En sentido estricto, mecanicismo es el intento de explicar la estructura interna de los cuerpos naturales mecánicamente, esto es, por meros cambios de lugar de partes que de suyo son invariables. Según esta teoría, los cuerpos visibles son sólo uniones permanentes de átomos. Por tanto, todo

cambio tiene que efectuarse o por transmisión del movimiento o por fuerzas que produzcan un movimiento local, como son la fuerza de la gravedad o la fuerza de la propulsión. Hay tres clases de mecanicismo:
(1) Mecanicismo mitigado, enseñado primeramente por Empédocles de Agrigento (483-423 a. C.) y mejor detallado por Anaxágoras de Klazomenas (499-428 a.C.), según el cual hay una pluralidad infinita de principios homogéneos en sí mismos, pero cualitativamente diversos entre ellos. En la parte más pequeña de cada cosa hay partes pequeñísimas de todas las demás. La causa de todo cambio es la mente, una materia más sutil que las demás, que carece de mezcla, pero no es espiritual. Como las partículas de las que están hechas las cosas (gr. *omoiomerí*) no son accesibles a los sentidos, nuestro conocimiento es siempre limitado. Los fenómenos particulares se explican por mecanicismo estricto, esto es, por diferencias meramente cuantitativas entre los elementos.
(2) Mecanicismo atomístico estricto, enseñado primero por Leucipo de Mileto (siglo v a. C.), pero desarrollado por su discípulo Demócrito de Abdera (460-370), según el cual hay una multitud infinita de átomos indivisibles, que sólo se diferencian por la magnitud, la forma, la posición y la distribución; su único principio de actividad es el peso, son inmutables y su movimiento es eterno; se mueven en torbellinos y se engarzan de diversas formas, produciendo así las cosas. Todo, incluso el alma, está compuesto de átomos materiales. Por eso, el movimiento es, ante todo, local. Pero, ¿dónde tiene lugar ese movimiento? En el vacío, el cual no es la nada, sino el espacio. El conocimiento se realiza del modo siguiente: Las cosas emiten una especie de imágenes sutiles (gr. *eídola*), compuestas de átomos más finos, que penetran en los órganos de los sentidos, con lo que la mente recibe una copia de la cosa.
(3) Mecanicismo universal y materialista, enseñado por el filósofo inglés Tomás Hobbes (1588-1679), según el cual toda metafísica viene a ser una teoría sobre los cuerpos, por lo que Hobbes busca una explicación naturalista de los fenómenos; su mecanicismo permite la existencia de las causas material, formal y agente, pero niega la existencia de la causa final. La lógica resulta una fundamentación del pensamiento matemático sobre bases nominalistas*, ya que no existe un alma espiritual. Las ideas surgen espontáneamente al aprehender las cualidades sensibles y se conectan por asociación mecánica. Este mecanicismo llega hasta la organización del Estado, el cual es un cuerpo artificialmente construido con principios tomados de la experiencia, como son el apetito de posesión y de poder y necesita un pacto, por el cual el Estado adquiere un poder absoluto, llegando a ser la fuente de lo justo y de lo injusto. De ahí el concepto pesimista que del hombre tiene Hobbes, expresado en su conocida máxima latina: *homo hómini lupus* (el hombre es un lobo para el hombre). El ser humano no tiene más interés en sus semejantes que el de buscar los medios para poderlos someter. Un sistema que niega todo lo espiritual no tenía más remedio que llegar a una conclusión tan siniestra.
Bib. D. M. Mackay, *Fe cristiana y ciencia mecanicista* (Certeza, Bs. As. 1968).

MEDIACIÓN Este vocablo viene de *medio* = lo que está entre dos extremos. De ahí la máxima moral de la escolástica: *In medio consistit virtus quando extrema sunt odiosa* (la virtud está en el medio, cuando los extremos son odiosos). Reteniendo la etimología, no vamos a tratar aquí de esta clase de mediación, sino la que existe como función de intervenir entre dos partes con el propósito de un encuentro, de una transacción o de una reconciliación. Esta función puede ejercerse a nivel forense, ante los tribunales de justicia, o en plan de arbitraje, donde un buen hombre, llamado por ambas partes como «juez de paz» interviene poniendo una mano sobre una parte, y la otra sobre la otra parte, en señal de transacción o de reconciliación entre ambas. De esto hablaba Job (cf. Job 9:33 «No hay entre nosotros árbitro que ponga su mano sobre nosotros dos»).
El problema de Job es el problema de todo ser humano, alienado de Dios por el pecado, como dice Dios por medio de Isaías: «He aquí que no se ha acortado la mano de Yahweh para salvar, ni se ha endurecido su oído para escuchar; pero vuestras iniquidades han hecho división entre vosotros y vuestro Dios, y vuestros pecados han hecho ocultar de vosotros su rostro para no oír» (Is. 59:1-2). La misericordia de Dios no permitió que quedásemos sin salvación y proveyó el medio con un Mediador suficiente y universal (cf. 1 Ti. 2:5), que sirviese de «puente» para pasar por encima de la «división» efectuada por nuestros pecados (cf. Is. 59:2). Jesucristo es el Hombre-Dios que Job necesitaba y nosotros hemos conseguido: Como Hombre, puede poner una mano

Felipe Melanchton

sobre cada uno de nosotros, pues es de nuestra raza y nuestro pariente más próximo (cf. He. 2:10-15) y, como Dios, puede poner la otra mano sobre el Padre, pues es de la misma «talla» que Él (cf. Jn. 1:1; 10:30). Más aún, por el misterio de la encarnación en el mismo rostro del Hombre-Jesús se ve igualmente el rostro del Padre-Dios (cf. Jn. 14:9-10). Esta es la mediación a nivel cristológico. Y, por la reconciliación en la cruz del Calvario, Dios ya no oculta de nosotros su rostro (cf. Is. 59:2), sino que se ha vuelto de cara a la humanidad pecadora, deseando y esperando que cada uno de nosotros se vuelva también de cara hacia Él (cf. 2 Co. 5:18-20). Esta es la mediación a nivel soteriológico. La Palabra de Dios no respalda ninguna otra mediación, ni de la Virgen María (cf. *Mariología, 2), A*) ni de la jerarquía eclesiástica (cf. *Iglesia 3) y 6*). A nivel humano, la Biblia sólo nos habla de la mediación de intercesión de unos por otros en esta vida (cf. p. ej. Gn. 18:22-32; Éx. 3:10; 32:7-14; 2 S. 6:14-18; Ef. 1:15 ss.; 6:18-20; 1 Jn. 5:16).

MEDIOTRIBULACIONISTAS Se da este nombre a una rama del premilenarismo (cf. *Milenarismo, 3*). Es la opinión de que el arrebatamiento de la Iglesia se realizará a mitad de la 70ª semana de Daniel, es decir, inmediatamente antes de los tres años y medio durante los que será notoria y virulenta la persecución suscitada por el Anticristo, pues ésta será la propiamente llamada «Gran Tribulación». Su principal apoyo bíblico es Ap. 7:14, pero este v. no se refiere a la Iglesia, la cual aparece ya arrebatada en el cap. 4.

MELANCHTON, FELIPE Este teólogo protestante de tiempos de la Reforma (1497-1560) nació en Bretten, Alemania, y a los 16 años de edad ya era M. A («maestría en artes») por la universidad de Tubinga. Fue, pues, un niño prodigio. Su apellido alemán era Schwarzerd = Tierra negra, que él cambió vertiéndolo al griego Melancthon (*mélan áncthon*). Como buen experto en griego y como humanista bien impuesto en los estudios bíblicos, pronto entró en el círculo de Erasmo, quien le admiraba. En 1518 fue a Wittenberg como profesor de griego y, ya en su primera conferencia pública, se ganó la admiración de Lutero*, con quien vino a unirle una gran amistad que duró toda la vida.

En Wittenberg absorbió pronto la teología de la Reforma, uniendo así su formación humanista y su gran talento con la fe bíblica correcta. En 1521 escribió su *Loci Communes*, la primera sistematización de las ideas luteranas en un libro que pronto llegó a ser el Manual de texto de teología dogmática de estilo luterano y que le fue de gran utilidad a Melanchton en sus contactos con otros protestantes de varias denominaciones y con los católicos. En cambio, le faltaba sentido práctico y manifestó ciertas debilidades en situaciones de conflicto. Sin embargo, apoyado por Lutero, ejerció gran influencia en el Coloquio de Marburgo (1529), donde se opuso a Zuinglio en el tema de la presencia de Cristo en la Cena del Señor, y redactó la Confesión de Augsburgo (1530) entre otros documentos que fueron muy importantes para la causa de la Reforma.

En Regensburgo (1541), Melanchton mostró su capacidad de diálogo, junto con Bucer, frente a los representantes católicos Juan Eck y Gaspar Contarini, con quienes llegaron a un acuerdo en cuanto a la justificación, acuerdo que se frustró por la dureza de posiciones de los sectores respectivos a quienes ni unos ni otros llegaron a persuadir. En su afán ecuménico, Melanchton llegó a firmar los artículos de Schmalkalda (1537), y admitió que si el papa permitiera la predicación del verdadero evangelio, le concedería su superioridad sobre los demás obispos. También sostenía que muchas creencias y ritos del catolicismo eran *adiáphora** = sin importancia y, por tanto, era tan legítimo admitirlos como rechazarlos. Con la derrota de las fuerzas protestantes en Mühlberg (1547), Melanchton propuso el *Ínterin* de Leipzig (1548), transigiendo con los católicos en un intento de salvar lo que se pudiera de las ideas luteranas en un contexto ideológico no luterano.

Sin embargo, fue un pensador independiente. Su doctrina sobre la Cena del Señor, se acercaba a la posición de Calvino; en cuanto al libre albedrío, se acercaba a Erasmo, y en cuanto a la justificación sostenía un punto de vista más forense todavía que el de Lutero. Pero su sinergismo arminiano (sostenía que el hombre podía rechazar la gracia de Dios lo mismo que recibirla) le valió los ataques de los fieles a las enseñanzas luteranas. Esto y su transigencia con las enseñanzas de la Iglesia de Roma socavaron su autoridad como líder de la Reforma y le tuvieron involucrado en constantes conflictos dentro del luteranismo, sobre todo después de la muerte de Lutero, su principal valedor.

MENONITAS El vocablo se deriva del líder anabaptista holandés Menno Simons (1496-1561) y designa una denominación evangélica que ha llegado hasta nosotros, descendiente de los que vinieron a ser llamados «Hermanos Suizos» del siglo XVI. La meta de estos «Hermanos» era la restauración total del cristianismo del NT. Sus doctrinas básicas se hallan en las *Cartas Programáticas* de Conrado Grebel*, el principal de los tres líderes que murió de muerte natural, pues los otros dos, Félix Mantz y el exsacerdote Jorge Blaurock murieron mártires en aras de la fe evangélica.

Las doctrinas básicas de los menonitas pueden resumirse del modo siguiente:

(1) De ningún modo debe confundirse la comunidad eclesial con la comunidad civil, pues la iglesia consiste sólo de quienes han decidido personalmente unirse al Cuerpo de Cristo. Todo lo que se necesita para unirse a este Cuerpo es arrepentirse del pecado, morir al pecado y resucitar con Cristo a una nueva vida.

(2) La comunidad cristiana no ha de recibir ningún apoyo del mundo ni de los gobernantes seculares. Los ministros del Señor han de ser escogidos únicamente por la congregación y sustentados mediante las ofrendas voluntarias de los hermanos. El Estado tiene su función, y los cristianos han de obedecer sus leyes, siempre que no se opongan a la conciencia cristiana, pero no debe inmiscuirse en los asuntos espirituales.

Menno Simons

(3) No debe usarse la violencia para defender la fe. Los creyentes deben estar dispuestos a ser una comunidad de sufrimiento, puesto que el mundo no comprende sus caminos. En todo caso, los cristianos no deben derrocar a los gobernantes malvados, sino estar listos para afrontar la persecución. Tampoco es lícita la lucha armada, ni siquiera para defender a la patria contra los enemigos.

(4) Una persona no tiene fe por estar predestinada, sino que está predestinada por tener fe. Dios nunca es causa del mal. Es la voluntad culpable del ser humano la que crea el mal. El mal verdadero consiste en buscar el propio bien en lugar de entregarse a Dios a imitación de Dios mismo que se nos entrega sin violar nuestra libertad y permitiendo que seamos tales como somos. En la vida y en los sufrimientos de Cristo tenemos la manifestación más clara del modo como Dios se entrega a Sí mismo.

(5) La fe viene por el oír, pero a esto ha de seguir la conversión por la que el hombre abandona su pecado y su egoísmo y se entrega a Dios. En esa conversión, mediante la aplicación de la sangre de Cristo los pecados son lavados y comienza una vida nueva y santa por el poder del Espíritu, que confiere al cristiano el poder de resistir al pecado. Si alguien dice que ha sido convertido

y carece de ese poder, es un hipócrita que debe ser puesto fuera de comunión.

(6) Las ceremonias cristianas han de ser sencillas y carentes de todo ritualismo. No ha de haber canto litúrgico, pues no consta en el NT. La acción central del culto es la lectura de la Palabra y su exposición. El bautismo es símbolo del lavamiento de regeneración y, por tanto, debe ser administrado únicamente a los adultos que pueden hacer profesión de fe. La Cena del Señor es un símbolo de la comunión que une a los cristianos con Cristo y entre ellos. Los indignos no deben participar de ella, porque eso rompería el vínculo de unión simbolizado por la Cena.

(7) Por los credos tradicionales (cf. *Credos*) podría pensarse que no hay más artículos de fe que los que tratan del nacimiento y la muerte redentora de Cristo, pero es también importante estudiar e imitar la vida de Cristo, una vida de obediencia, amor y servicio. Ser fiel en seguir tanto la letra como el espíritu del Sermón del Monte no es legalismo cuando esa obediencia está basada en el amor de Dios y del prójimo. Sólo es legalista y esclavizante la obediencia farisaica. El amor a Dios y al prójimo debe llevarnos a un genuino compromiso (entrega) cristiano y a un esfuerzo genuinamente misionero. De hecho, las misiones menonitas han obtenido grandes frutos en África. Indonesia, India y en algunas partes de Europa y América Latina.

Bib. Harold S. Bender y John Horsch, *Menno Simons su vida y sus escritos* (HP, Scottdale 1979); Cornelius J. Dyck, *Introducción a la historia menonita* (Clara/Semilla, Bogotá 1996); Rafael Falcón, *La Iglesia menonita hispana en Norte América* (1932-1982) (HP, Scottdale 1985); John S. Oyer y Robert S. Kreider, *Historias de inspiración y coraje* (Clara/Semilla, Santa Fe, 1997); Milka Rindzinsky, *Confesión de Fe de las Iglesias menonitas* (HP, Scottdale 1983); J. C. Wnger, *Cómo surgieron los menonitas* (HP 1979); –*Qué creen los menonitas* (HP 1979).

MENORES, ÓRDENES Se llaman así las que se reciben antes del diaconado (cf. *Mayores, Órdenes*). Según el antiguo Código, el estado clerical se adquiría mediante la tonsura (cf. *Tonsura*), la cual era una ceremonia sagrada, pero no una ordenación. Después había cuatro órdenes menores: portero, lector, exorcista y acólito. Prácticamente, no tenían ninguna función que ejercer: ni el «portero» abría ninguna puerta sagrada, ni el «lector» leía nada en las funciones sagradas, ni el «exorcista» echaba fuera demonios, función reservada al obispo, ni el «acólito» acompañaba al sacerdote en la misa más que cualquier monaguillo.

Por supuesto, ninguna de esas órdenes menores era sacramento; tampoco lo era el subdiaconado (ahora suprimido), aunque en él se emitía el voto del celibato.

Según el nuevo Código de Derecho Canónico, promulgado por Juan Pablo II el año 1984, quedan dos órdenes menores: lector y acólito, que ahora tienen sus funciones específicas y deben ejercerlas en las funciones sagradas antes de recibir el diaconado. Desde la ordenación de acólito hasta la de diácono, previa solicitud del acólito escrita y firmada de su puño y letra, deben transcurrir por lo menos seis meses. Una función especial, reservada anteriormente a los presbíteros y diáconos, y concedida ahora a los acólitos, es «en circunstancias especiales» hacer la exposición y la reserva del Santísimo Sacramento, pero no pueden dar la bendición eucarística, la cual está reservada al sacerdote o al diácono. Por supuesto, ninguna de esas dos órdenes menores es sacramento ni exige el voto del celibato. Cualquier lector o diácono puede renunciar a su estado clerical, sin más requisito que notificarlo a la respectiva autoridad eclesiástica.

MENTAL, RESERVA Según la doctrina católica, nunca es permitido decir una mentira*, aunque, de suyo, la mentira es pecado venial*, pero es lícita la reserva mental, que consiste esencialmente en que la persona que habla le da a una palabra o a una expresión un sentido diferente del que tienen en la conversación normal. Un ej. que resulta jocoso: Dos policías van en busca de un ladrón del que están seguros que ha pasado hace poco por el camino que llevan. A la puerta de un monasterio está un fraile de anchas mangas con las manos metidas en las mangas. El fraile ha visto al ladrón, pero no quiere delatarlo. Le preguntan los policías: «¿Ha visto Vd. a un ladrón que salió corriendo hace unos minutos?» El fraile, sin sacar las manos de las mangas, responde: «Por aquí no ha pasado». Quiere decir que no ha pasado por sus mangas, pero los policías, no pudiendo sospechar el doble sentido del fraile, le creen y regresan para buscar al ladrón por otro camino.

La reserva mental se divide en estricta y amplia. (1) Es estricta cuando el sentido de la frase no puede adivinarse a base de las circunstancias externas, como es el caso del ejemplo que he propuesto anteriormente. (2) Es amplia cuando

el verdadero sentido de la frase puede deducirse de las circunstancias exteriores o de la forma en que la gente suele usar la expresión; p. ej. cuando una criada responde: «La señora no está en casa», en el sentido de «no está en casa para recibir visitas». Según la propia moral católica, la reserva mental estricta está prohibida, pues equivale a una mentira. En cambio, la amplia está permitida y, a veces, hasta es obligatoria, cuando se trata de salvaguardar un hecho que el interlocutor no tiene derecho a conocer. Si es necesario, esta reserva puede confirmarse con juramento. En la Iglesia católica, esto tiene especial aplicación al sigilo de la confesión, pues el confesor no puede, bajo ningún pretexto, declarar, ni aun indirectamente, lo oído en confesión, ni aun con peligro de su propia vida. Pero también puede darse en otros profesionales; p. ej.: Si un individuo cualquiera le pregunta al médico que está tratando a una señora encinta si está embarazada, el médico puede responder: «No lo sé», sobrentendiendo: «para decírselo a Vd.» Pero si el interlocutor tiene derecho a saber la verdad, no es lícito ocultarla mediante una reserva mental. P. ej. si el que pregunta al médico es el propio marido de dicha mujer, el médico no puede ocultarle la verdad. Tampoco puede ocultarla la persona que es llamada a testificar sobre algún crimen que ella misma presenció. En cambio, puede ocultar la verdad el propio criminal ante los jueces diciendo: «no soy culpable», pues es la forma convencional de decir: «no soy culpable ante la ley hasta que se demuestre que lo soy».
Como evangélicos, ¿qué debemos pensar de la reserva mental? En general, creo que podemos estar de acuerdo con lo que enseña sobre esto la moral católica (me parece muy significativo que ni el nuevo Código ni el nuevo Catecismo mencionen la reserva mental). El Señor mismo la usó en Mt. 21:23-27, donde a la ilegítima reserva mental de los fariseos respondió con una legítima reserva mental. Pero el Señor siempre se opuso a la hipocresía, y tanto Pablo (cf. 1 Ti. 3:8 «de doble palabra») como Santiago (1:8; 4:8 «de doble alma») se expresan como el Señor. Como dice D. W. Gill: «La reserva mental no siempre es, de suyo, un problema; la falta de honradez y de integridad son siempre problemas con los que hay que habérselas en la comunidad de la fe» (*EDT*).

MENTIRA Según la etim. dada por Agustín de Hipona, *mentiri est contra mentem ire* = mentir es ir contra la propia mente. Y, en verdad (sin tener que respaldar la etim. de Agustín), la mentira es una palabra, un signo o una acción que expresan lo contrario de lo que uno piensa o quiere. La mentira suele dividirse en (1) maliciosa cuando uno miente haciendo daño al prójimo; (2) oficiosa cuando se miente por necesidad o conveniencia, y (3) jocosa cuando se dice para divertirse; deja de ser mentira cuando alguien dice cosas tan desproporcionadas que toda persona sensata sabe que lo dice por hacer reír, como suelen hacerlo los cómicos profesionales.
La verdadera mentira, aunque siempre es, de suyo, pecado venial, según la Iglesia católica, nunca está permitida. En la Palabra de Dios no existen pecados veniales «Todo pecado es infracción de la ley» (1 Jn. 3:4) y, entre los que van al «lago que arde con fuego y azufre», están «todos los mentirosos» (Ap. 21:8). Otros lugares bíblicos son Éx. 20:16; Pr. 12:22; 25:18; 26:18-19, 28; Hch. 5:1-11; Ef. 4:25; Col. 3:9; Ap. 22:15. Sin embargo, en la Biblia hay tres casos en que la mentira podría excusarse por estar en peligro la propia vida: (A) Las mentiras de Abraham en Gn., caps. 12 y 20; (B) la de las comadronas egipcias para salvar la vida de los varones hebreos recién nacidos, en Éx. cap. 1; y (C) la de Rahab para proteger su vida y la de los espías de Israel en Jos. cap. 2.
Finalmente, participa de la maldad de la mentira decir lo que es verdad pensando que es falso; en cambio, es una falsedad, pero no es una mentira, decir lo que es falso pensando que es verdadero. Cuando la mentira no se expresa de palabra, sino con la acción, se llama hipocresía.

MÉRITO Este tema del mérito es de singular importancia en la Iglesia de Roma, puesto que, según la teología católica, la salvación eterna depende, en último término, de la cooperación meritoria del ser humano. Se designa con el nombre de mérito a toda obra realizada en obsequio o beneficio de otra persona que está dispuesta a ofrecer la adecuada recompensa. La teología católica aplica a esto porciones como Mt. 5:12; 25:34 ss.; Ro. 2:6; 1 Co. 3:8; 2 Ti. 4:8. Pero tales lugares hablan de galardón prometido a las obras buenas, no de retribución debida por las buenas obras.
Siguiendo con el análisis de la doctrina católica sobre el mérito, y de menos a más, la Iglesia de Roma enseña lo siguiente: (1) nadie puede merecer de ninguna forma la 1ª gracia actual (cf. *Gracia*); (2) la justificación puede merecerse de congruo mediante la cooperación a la gracia ac-

tual; y (3) la salvación final puede merecerse de condigno por condescendencia guardando o readquiriendo la gracia habitual. Para la terminología de las distintas clases de mérito (cf. *Mariología, 2), B*).

¿Cuáles son las cosas que se pueden merecer según la teología católica? (A) Toda persona ya justificada puede merecer de congruo para sí y para otros muchas clases de favores divinos. (B) Sólo Jesucristo puede merecer por otros (lo hizo en el Calvario) de condigno por estricta justicia. Según los mariólogos «maximalistas», también la Virgen María pudo merecer por nosotros de condigno por condescendencia (cf. *Mariología, 2), B*). (C) La persona ya justificada puede merecer de condigno para sí misma: (a) aumento de gracia; (b) aumento de gloria, y (c) la obtención de la salvación final, con tal que tenga la gracia santificante en el momento de morir, dogma de fe (cf. Denzinger, ed. XXXII y post., nº 1582).

Sólo resta añadir algo sobre la evolución histórica acerca de la doctrina católica del mérito. Ya los primeros escritores eclesiásticos, especialmente la Didajé, el Pastor de Hermas y el Seudo-Clemente de Roma hablan como si la conversión y el bautismo otorgaran sólo el perdón de los pecados pasados asegurándoles el apoyo de Dios para que puedan ganarse otros beneficios divinos y la vida eterna. Tertuliano dio a los vocablos mérito y satisfacción el sentido que la ley romana les daba. Quienes han pecado después del bautismo no deben esperar el perdón, sino por medio de la confesión, humillándose a sí mismos, o mediante el ayuno. Los teólogos medievales introdujeron luego las clases de mérito que ya conocemos y llegaron a establecer el concepto de merecer y satisfacer por otros (cf. *Indulgencias*), enseñanza que ha llegado hasta nosotros, pues el nuevo *Catecismo* todavía habla de los méritos de los santos (ps. 1173, 1476) y continúa usando los términos mérito y demérito en relación con las obras de los fieles (p. 1732). En los ps. 2008-2011 usa los mismos términos y clasificaciones del mérito que inventaron los medievales, pero con una fraseología que podría parecer aceptable bíblicamente. P. ej. dice el p. 2008: «El mérito del hombre ante Dios en la vida cristiana proviene de que Dios ha dispuesto libremente asociar al hombre a la obra de su gracia. La acción paternal de Dios es lo primero en cuanto que Él impulsa, y el libre obrar del hombre es lo segundo en cuanto que éste colabora, de suerte que los méritos de las obras buenas deben atribuirse a la gracia de Dios en primer lugar, y al fiel seguidamente». Teólogos de vanguardia como H. Küng y K. Rahner hablan del mérito en términos casi totalmente bíblicos y aceptables para los protestantes actuales. M. Lutero insistió en que la doctrina católica sobre el mérito hace pensar a los fieles que pueden obedecer la ley de Dios por su propio esfuerzo, mientras que nadie es capaz, ni antes ni después de llegar a la fe, de hacer nada que pueda de verdad merecer el premio de Dios. En buena teología evangélica hay que rechazar la noción católica de mérito, y aceptar únicamente la de galardón o recompensa.

Bib. F. Lacueva, *Catolicismo romano*, lecc. 25ª (CLIE, Terrassa 1972); M. Lutero, *Comentario a 1ª Juan y Judas* (CLIE, 2001).

METAFÍSICA Este vocablo gr. es usado por muchas personas para designar lo que les resulta demasiado abstracto o difícil de entender. En su sentido estricto, fue usado por 1ª vez a fines del siglo v de nuestra era por un neoplatónico llamado Simplicio, pero la ciencia por él designada había sido estudiada ya de forma sistemática por Aristóteles*, para quien el gr. *meta phusicá* significaba «lo que se halla más allá de lo físico», es decir, «de la totalidad de la realidad empírica corpórea en cuanto sometida a la *phúsis*». Por tanto, es metafísico lo que, por su esencia misma, no puede experimentarse como ocurre en las ciencias de la naturaleza, sino que exige un esfuerzo del pensamiento sistemático y crítico para resolver la estructura básica de la realidad misma.

Lo metafísico, según Aristóteles, se presenta de dos formas: (1) lo que no puede ser objeto de experiencia, aunque está entrañado en lo experimentable, como, p. ej., la esencia; (2) lo que no puede ser objeto de experiencia por ser trascendente a lo empírico, como es, p. ej. el espíritu y, en grado infinito, Dios (cf. *Dios, 9) Dios, Espíritu*). De estas dos formas surgen las dos ramas de la metafísica propiamente dicha: la Ontología y la Teología Natural, para distinguirla de la Sobrenatural, que se conoce por la revelación escrita y se estudia con ayuda de la fe.

Esas dos ramas constituyen la metafísica pura, porque investigan el ser metafísico mismo y afectan a todo ente. En cambio, la metafísica aplicada comprende la Filosofía de la naturaleza (Cosmología) y la Filosofía del hombre (Psicología y Antropología).

Por aquí se ve la gran importancia de la metafísica, por cuanto representa el área medular de la filosofía. Aristóteles la llamaba filosofía primera, porque se ocupa de lo que es primero en el orden de la realidad: el ser de cada ente y, en primer lugar, de Dios, de quien todo procede y por quien todo se sostiene (cf. p. ej. Col. 1:15-16; He. 1:2-3).

En cuanto al método que ha de observarse en la investigación de la metafísica, hemos de decir, contra el racionalismo*, que no puede ser meramente analítico o deductivo, ya que no se pueden conocer los determinantes del ser por puro análisis de su concepto; y, contra el naturalismo* inductivo, porque toda inducción presupone como válidas las supremas leyes de la ontología. El método adecuado es, pues, analítico y sintético, deductivo e inductivo.

Contra este método que propugnamos están: (A) los materialistas y los positivistas, ya que ambos rechazan la metafísica misma; (B) los trascendentalistas al estilo de Kant, que ponen la fuente de la ciencia en los juicios sintéticos a priori (cf. *Kant, Manuel, 1), A*), algo que todos los tomistas rechazamos; y (C) el existencialismo*, que trata de superar la metafísica, bajo el pretexto de que se ha limitado a investigar el ente sin plantearse la cuestión ontológica fundamental acerca del ser. Esto no es cierto, puesto que la metafísica aristotélica, especialmente por obra de Tomás de Aquino (cf. *Escolástica, filosofía*), ha dilucidado cumplidamente la cuestión ontológica fundamental del ser.

Algunos teólogos, especialmente del lado protestante (ya ocurrió en tiempos de la Reforma), han desechado totalmente la metafísica, como todo lo que huela a obra de la razón humana, como si la filosofía sirviese para desestimar la revelación divina. Es cierto que los cristianos no necesitamos adoptar un determinado sistema filosófico, pero también es cierto que muchos conceptos de las verdades reveladas incluyen afirmaciones metafísicas, pues comportan implicaciones acerca de la estructura de la realidad. Tal ocurre, p. ej. con los conceptos de creación, milagro, espíritu, revelación, gracia, Ser Supremo.

Bib. A. González Álvarez, *Tratado de metafísica* (Gredos, Madrid); Alfonso Ropero, *Filosofía y cristianismo. Pensamiento integral e integrador* (CLIE, Terrassa 1998); Francisco Suárez, *Introducción a la metafísica* (Espasa-Calpe, Madrid 1966, 3ª ed.).

METEMPSÍCOSIS (cf. tamb. *Reencarnación*) Del griego *metem* = paso y *psicoys* = alma. Creencia que pretende que el alma pasa a animar a otros cuerpos después de la muerte, tanto humanos como animales, e incluso vegetales, como castigo o proceso purificador, según la ley del *karma* o compensación universal. Era una doctrina peculiar de las religiones orientales, adoptada por el orfismo griego y ridiculizada por apologetas cristianos como Tertuliano. Muy pocos occidentales que creen en la reencarnación aceptan el paso del alma a cuerpos inferiores al hombre.

METODISMO Con este nombre se designa a varios grupos protestantes. Sus raíces están en la obra de los hermanos Juan (1703-1791) y Carlos (1708-1789) Wesley, hijos de un vicario anglicano. Un amigo y condiscípulo en Oxford de los Wesley, Jorge Whitefield (1714-1770), también contribuyó a formar el metodismo. De entrada, debo decir que mientras los Wesley eran arminianos, pues sostenían que un verdadero creyente puede perder la salvación, Whitefield era de raíces calvinistas y consiguió que su rama metodista se haya mantenido dentro del calvinismo sublapsario hasta nuestros días. Pero todavía es mucho lo que une a las dos ramas del metodismo y que voy a resumir tan brevemente como me sea posible.

El metodismo sostiene que: (1) toda doctrina evangélica ha de basarse en las Sagradas Escrituras como única norma de fe y costumbres; (2) Dios es soberano en la dispensación de su gracia, conforme a sus perfecciones de misericordia y justicia, sin que, por eso, se haya de eliminar la responsabilidad humana; (3) la fe evangélica debe conformarse a las enseñanzas de la Iglesia acerca de la Trina Deidad y de la cristología de Calcedonia; (4) el ser humano es totalmente incapaz para lograr su propia salvación; (5) la justificación por la fe sola es una verdad central y determinante, conduciendo a la transformación efectuada por el nuevo nacimiento; y (6) es menester hacer hincapié en la santificación mediante la obra del Espíritu Santo. Este último punto era notable en una época en que esta dimensión de la salvación estaba en peligro de ser pasada por alto. En mi opinión, debe enfatizarse también en nuestro tiempo y en los países de habla hispana.

Sólo cuatro años (1795) después de la muerte de Juan Wesley, salieron los metodistas de la Iglesia anglicana, pero sin adscribirse a ninguna otra denominación ya establecida, dando lugar, sin embargo, a la escisión del metodismo en múltiples ramas, precisamente lo que temía J. Wesley. Las enseñanzas del metodismo wesleyano han sido elaboradas sucesivamente por el erudito bíblico Adam Clarke (1760-1832) y por el teólogo Richard Watson (1781-1833), hasta hallar su expresión clásica en el *Compendium* de William Burt Pope (1822-1903).

Bib. Justo L. González, *La era de los dogmas y las dudas* (Caribe, Miami 1982); Frank Baker, *John Wesley and the Church of England* (Epworth Press, Inglaterra 2000); Thomas A. Langford, *Methodist Theology* (Epworth, 1999); John Munsey Turner, *Modern Methodism in England* (Epworth, 1997).

MILAGRO Este vocablo entró en el cast. el año 1495 y procede del lat. *miráculum* = cosa admirable, maravilla; y éste, del vb. *mirari* = asombrarse.

En sentido amplio, se suele llamar milagro a todo lo que suscita admiración; en este sentido se habla, p. ej. de los milagros de la técnica. En sentido estricto, milagro es «un hecho notorio y extraordinario que sólo puede tener origen divino». Ha de ser (1) un hecho notorio, para que tenga carácter de signo. Esta cualidad es la nota principal en los milagros de Jesús reseñados en el evangelio según Juan, quien los llama precisamente *semeía* = señales (cf. Jn. 2:11, 23; 3:2; 4:48, 54; 6:2, 14, 26, 30; 7:31; 9:16; 10:41; 11:47; 12:18, 37; 20:30). Hay quien llama milagro a la conversión y al nuevo nacimiento, pero no son milagros por no ser notorios, es decir, porque no son objeto de percepción sensorial; (2) extraordinario, que sobrepase la forma ordinaria de actuar de Dios. Por falta de esta nota, no puede ser llamada milagro, p. ej., la creación; y (3) de origen divino. Por falta de esta nota, no pueden llamarse milagros en sentido estricto los hechos que superan las fuerzas del ser humano, aunque puedan ser producidos por los ángeles tanto buenos (p. ej., en Mt. 28:2) como malos (p. ej., en Hch. 19:15-16).

Contra esta definición de milagro suele argüírse (A) que no podemos saber con certeza cuándo un hecho ha sucedido fuera del orden natural. A esto respondemos que no conocemos hasta dónde pueden llegar las fuerzas naturales, pero sí conocemos hasta dónde no pueden llegar. P. ej., sabemos que es posible curar a un enfermo grave, pero también sabemos que nadie puede resucitar a un muerto, a no ser por un poder de origen divino; (B) que, contra uno que asegure que ha visto resucitar a un muerto, se alzarán cien millones asegurando que los muertos no resucitan (p. ej. en 1 Co. 15:12). Tampoco esta objeción es válida, porque el que asegura con verdad que ha visto resucitar a un muerto, da testimonio de lo que ha visto; en cambio, quienes aseguran que los muertos no resucitan, lo hacen (a) por ignorancia, porque nunca lo han presenciado; o (b) de mala fe, por sus prejuicios contra todo lo sobrenatural; (C) que en nuestros días no ocurren milagros. Precisamente apoyado en Mr. 16:15-20, según figura en la RV09 y RV60 (pero que no aparece en los mss. más antiguos y fiables, como son el sinaítico y el vaticano) el movimiento pentecostal (cf. *Carismático, Movimiento*) sostiene que hoy pueden suceder, y de hecho suceden entre ellos, verdaderos milagros.

Bib. René Latourelle, *Milagros de Jesús y teología del milagro* (Sígueme, Salamanca 1998); C. S. Lewis, *Los milagros* (Ed. Encuentro, Madrid 1991); José Mª Riaza Morales, *Azar, ley, milagro* (BAC, Madrid 1964).

MILENARISMO (cf. *Milenio*)

MILENIO Este vocablo procede directamente del lat. *mille anni* = mil años, y designa, por tanto, un periodo de tiempo de mil años. Su base teológica está en Ap. 20:2-7, porción en la que se repite seis veces la expresión gr. *jilía éte* = mil años. Estamos, pues, ante algo revelado. Los adversarios del milenarismo suelen decir que la expresión ocurre únicamente en dicha porción. Para hacer frente a esta objeción, basta con decir que muchas verdades reveladas aparecen en la Biblia menos de seis veces, incluso una sola vez (p. ej. la concepción virginal de Jesús, en Mt. 1:18). Los sistemas teológicos en torno al tema del milenio son tres:

(1) Amilenarismo. Según este sistema, (A) no hay tal cosa como un periodo literal de mil años de paz en la perspectiva profética del futuro; (B) las porciones que hablan de un reino terrenal deben aplicarse a la Iglesia; (C) Satanás fue atado cuando Cristo triunfó sobre él en la Cruz; (D) los «bienaventurados» de Ap. 20:4 son los santos que murieron mártires durante la era presente de la Iglesia, y (E) la Segunda Venida de Cristo es un solo momento en que todos los muertos volverán a la vida al mismo tiempo para ser juzgados ante el Gran Trono Blanco (Mt. 25:46; Jn. 5:29; Ap. 20:11 ss.). Juzgue el lector por sí mismo sobre tales bases.

(2) Posmilenarismo. Según este sistema, la Segunda Venida de Cristo se llevará a cabo después del milenio (literal de mil años o un número aproximado). En la era presente, con el aumento

de la predicación del evangelio, habrá un aumento progresivo de paz y de moralidad, que preparará a la humanidad para la Venida del Señor. Un siglo XX de guerras y de aumento de la violencia y la inmoralidad ha dado al traste con el optimismo posmilenarista.

(3) Premilenarismo. Según este sistema, la 2ª Venida de Cristo se llevará a cabo antes del milenio (literal de mil años). Durante el milenio, Cristo, y sus santos con Él, reinarán sobre la tierra en paz y prosperidad, aunque muchísimos corazones no habrán sido regenerados, lo que explicará la rebelión final de Ap. 20:7-9. Los premilenaristas se subdividen en:

(A) Pretribulacionistas, los cuales sostienen que la Iglesia será arrebatada antes de que comience la Gran Tribulación. Esta opinión es la que mejor se compagina con todos los pasajes proféticos, especialmente con los de Apocalipsis, ya que en Ap. 4:1 ss. vemos en el Cielo a la Iglesia representada por los 24 ancianos, sacerdotes y reyes (cf. 1 P. 2:9).

(B) Mediotribulacionistas. Estos opinan que la Iglesia será arrebatada a mitad de la semana 70ª de Daniel, es decir, antes de los tres años y medio de virulenta persecución por parte del Anticristo. Se basan en Ap. 7:14, pero este v. no se refiere a la Iglesia, ya arrebatada en Ap. 4:1.

(C) Postribulacionistas, quienes afirman que la Iglesia será arrebatada al final de la Gran Tribulación. Se basan: (a) en Jn. 16:33 «En el mundo tendréis aflicción (gr. *thlípsin*)». Pero Ap. 7:14 no habla de una simple aflicción, sino de «la Gran Tribulación» (gr. *tís thlípseos tís megáles*); (b) en Mt. 24:40-41 «el uno será tomado, el otro será dejado, la una será tomada, la otra será dejada». Esto debe entenderse dentro del contexto de la Segunda Venida del Señor, cuando unos serán tomados para ser llevados a juicio, otros serán dejados para testimonio.

Después de todo esto, cabe preguntarse: ¿Cómo, pues, entró en la Iglesia el amilenarismo, hasta el extremo de condenar el milenarismo? En efecto, el nuevo Catecismo promulgado por Juan Pablo II, en su punto 676, dice así: «incluso en su forma mitigada, la Iglesia ha rechazado esta falsificación del Reino futuro con el nombre de milenarismo (cf DS 3839), sobre todo bajo la forma política de un mesianismo secularizado, "intrínsecamente perverso" (cf Pío XI, *Divini Redemptoris*)».

¿A qué se debe esta oposición de la Iglesia de Roma al milenarismo? (1) Al surgimiento del método alegórico de interpretación de la Biblia, debido a Clemente de Alejandría (cf. *Clemente de Alejandría, Tito Flavio*), maestro de Orígenes: (2) a la unión de la Iglesia y el Estado bajo Constantino (313), cuando los cristianos, libres ya de persecución, comenzaron a perder de vista el cumplimiento del profetizado reinado de Cristo en la tierra; (3) a la enorme influencia de Agustín de Hipona*, que identificó a la Iglesia con el Reino de Dios, no dejando así espacio para un futuro reino mesiánico; y (4) a la interpretación demasiado materialista del milenio por parte de algunos escritores eclesiásticos de los siglos II y III de nuestra era. Sin embargo, esa exégesis equivocada no debe hacer olvidar los testimonios de escritores de esos mismos siglos, de la talla de Justino, Ireneo, Tertuliano y Lactancio, que se expresaron como nosotros, y cuyos escritos pueden verse en mi citado libro, *Escatología* II, lecc. 23ª, punto 5.

MINISTERIO Este vocablo procede del lat. *ministerium* = servicio; y éste, de *minister* = servidor, vocablos que corresponden respectivamente a los gr. *diakonía* y *diákonos*. En la Roma clásica, *minister*, de *minus* = menos, era lo opuesto a *magister*, de *magis* = más.

Por eso, el *magister* = magistrado o maestro, a quien se le reconocía un más en competencia y honestidad, era lo opuesto de *minister* a quien se le adjudicaba un menos en categoría, pues era un servidor del pueblo. En el pueblo judío, la función noble del magistrado correspondía a los jueces, a quienes la Biblia llama dioses por participar de la función divina de juzgar a los demás (cf. Sal. 82:6; Mr. 7:1; Jn. 10:34-35). En cuanto a los términos bíblicos que llevan este sentido de ministerio = servicio, tenemos los siguientes:

(1) El hebr. del AT tiene *mesharét* = servidor en el templo, por lo que los LXX lo vertieron por el gr. *leitourgós*, de donde viene «liturgia». En un sentido amplio, se llama *mesharét* al servidor inmediato de un prominente personaje (cf. Éx. 24:13; Jos. 1:1), con lo que empalmamos ya con el sentido etim. del vocablo ministro.

(2) El NT usa preferentemente *diákonos* = servidor, ya en sentido general (cf. Fil. 1:1), ya en sentido específico para designar un oficio determinado dentro de la iglesia local. La sinonimia con *doúlos* = esclavo, y la aplicación de ambos términos a Cristo (cf. p. ej. Mt. 20:26; Mr. 10:43; Lc. 22:27; Ro. 15:8; Fil. 2:7) y después a sus apóstoles y a los colaboradores de éstos (cf. Ro. 1:1; Gá. 1:10; Col. 4:12; Tit. 1:1; Stg. 1:1; 2 P. 1:1) ilumina el papel glorioso del ministerio cristiano,

dentro de la autohumillación que exige. La *diakonía*, al fin y al cabo, tiene por fuente y modelo al Señor = Jesucristo (cf. 1 Co. 12:5).
(3) Otro término que el NT usa es *huperétes* = remero de galeras subalterno. Se aplica a Juan Marcos, como «subalterno» de Pablo, en Hch. 13:5, y Pablo se lo aplica a sí mismo, respecto de Dios, en Hch. 26:16; 1 Co. 4:1. Corresponde al hebr. *hazzán*, que designaba al guardián de los rollos de la Ley en la sinagoga (cf. Lc. 4:20). Lc. 1:2 tiene *huperétas toú lógou* = ministros de la palabra.
(4) Finalmente, el NT usa *leitourgós* = ministerio sagrado, no sólo como servicio a la iglesia, sino como culto al Señor (cf. Hch. 13:2; Ro. 13:6; 15:16, 27; Fil. 2:25; He. 1:14; 8:2).
El ministerio se divide en (A) común, que es el que cada miembro del Cuerpo de Cristo ejercita de acuerdo con el don que le ha sido otorgado por el Espíritu (cf. *Dones espirituales*) y (B) específico, que es el que se ejercita en el pastorado mediante la predicación y la enseñanza autorizada de la Palabra.
Es menester distinguir bien entre ministerio y oficio*. El 1º se ejercita en virtud del llamamiento de Dios; Cristo regala a su Iglesia hombres dotados por el Espíritu (cf. Ef. 4:7-11); el 2º se desempeña por nombramiento o designación. El 1º es un servicio para el organismo de la Iglesia y tiende al bien universal de la Iglesia, aunque sea localizable en muchos aspectos; el 2º está para el buen orden de la organización y emerge del mismo concepto de iglesia local. Ambos pueden darse en una misma persona. P. ej. Felipe era diácono (oficio) en Jerusalén (cf. Hch. 6:5) y evangelista (ministerio) más allá de Jerusalén (cf. Hch. 8:5, 26; 21:8). Pedro era apóstol (por ministerio) más allá de Jerusalén (cf. Hch. 1:22; 1 P. 1:1; 2 P. 1:1), y anciano (por oficio) en Jerusalén (cf. Hch. 11:2 ss. ; 15:7 ss.; 1 P. 5:1). Pablo era apóstol por llamamiento de Dios (cf. Gá. 1:1, 11) y anciano = maestro en Antioquía (cf. Hch. 13:1). Juan era apóstol (uno de los Doce) y anciano (columna) en Jerusalén (cf. Gá. 2:9) y en Éfeso (cf. 2 Jn. v. 1; 3 Jn. v. 1).
Antes del C. Vaticano II (1962-1965), el ministerio específico ha sido tenido en la Iglesia de Roma como una casta aparte, jerárquicamente establecida y provista de cierto poder mediador con el carisma correspondiente que le garantizaba su funcionamiento normal. Este poder era triple: (a) de gobernar a los fieles; (b) de enseñar infaliblemente, en las condiciones determinadas por el C. Vaticano I, y (c) de regenerar espiritualmente y santificar mediante los sacramentos. Aun después del C. Vaticano II, sostiene que entre el ministerio común de los simples fieles y el específico de los clérigos ordenados *in sacris* (cf. *Ordenación*), hay una diferencia esencial, no sólo de grado; aunque, en honor a la verdad, debo decir que tal diferencia resalta mucho menos en una exposición como la que hace S. Wiedenhofer en la sección 4.2 de la Eclesiología, dentro del voluminoso y excelente *Manual de Teología Dogmática*, bajo la dirección de Theodor Schneider (Herder).
Bib. Jean Delorme, dir., *El ministerio y los ministerios según el Nuevo Testamento* (Cristiandad, Madrid 1975); F. Lacueva, *La Iglesia, cuerpo de Cristo* (CLIE, Terrassa 1973); C. H. Spurgeon, *Un ministerio ideal*, 2 vols. (EDV, Edimburgo 1964); W. T. Purkiser, *La imagen del ministerio en el Nuevo Testamento* (CNP, Kansas City 1969).

MISIONOLOGÍA Este vocablo está compuesto del lat. *missio, missiónis* = envío, y del gr. *lógos* = tratado. Es, pues, tratar de la misión y de los misioneros en la iglesia cristiana.
Ya en el AT (cf. Is. 49:6, comp. con Lc. 2:32), Israel estaba llamado a ser *hor goim* = luz de las naciones. En el NT, tenemos la llamada a los discípulos de Cristo para serle testigos hasta lo último de la tierra (cf. Mt. 28:18-20; Hch. 1:8).
Como hemos visto ya en su etim., *misión* implica la idea de ser enviado (cf. Jn. 20:21; Ro. 10:15). En realidad, toda la Iglesia es un misterio hacia dentro y una misión hacia fuera, aunque el primer objetivo de la iglesia es la edificación de sus miembros, pues una iglesia mal construida no puede ser luz del mundo (cf. Mt. 5:14). Esa misión tiene el objeto de extender por todo el mundo el evangelio: *tó euangelion* = la buena noticia de la salvación de Dios en Cristo, ofrecida libremente a todo ser humano (cf. 1 Ti. 2:4). Es cierto que Dios puede salvar al mundo sin la cooperación de ésta o aquella iglesia, pero el candelero que no brille será removido (cf. Ap. 2:5).
En consecuencia, podemos decir que todo miembro de una iglesia local tiene el privilegio y el deber de ser misionero (cf. Hch. 4:31; 1 Ts. 1:8). Sin embargo, en sentido estricto, el término se aplica a una persona elegida y separada por Dios para la comunicación de un mensaje (cf. Is. 6:9; Jer. 1:5; Jn. 15:16; Hch. 9:15). Lo ideal es que el misionero dedique todo su tiempo a la tarea de difundir el evangelio (cf. Hch. 6:3-4), pero puede alternar su ministerio, cuando lo necesite para ganarse el sustento, con una profesión secular digna (cf. Hch. 20:34; 1 Co. 4:12).

Cualidades del misionero: (1) hombre de oración, pues toda competencia apostólica viene de la unión con Dios (cf. 2 Co. 3:4-5) y se conserva mediante la oración en dependencia continua de Dios, ya que un activismo autógeno puede llevar a la herejía de creerse autosuficiente e indispensable. Como alguien ha dicho: «todos somos necesarios, pero ninguno es indispensable»; (2) lleno de amor a Cristo y a los hombres. Si para cada cristiano el amor es la perfección (cf. p. ej., Mt. 5:45-48; Ro. 13:8-10; Gá. 5:6, 14; 1 Jn. 3:16-18), cuánto más para el hombre de Dios (1 Ti. 6:11), pues a él más que a otros el amor de Cristo le apremia a misionar, teniendo siempre en mente la obra de la Cruz (cf. 2 Co. 5:14-21); (3) llamado especialmente a la obra, pues supone una especial elección por parte del Señor (Jn. 15:16) y una transmisión del mismo Espíritu que le fue dado a Cristo sin medida (cf. Jn. 3:34), para la gran obra de la redención del mundo (cf. Jn. 20:21-22); y (4) competentemente equipado para la obra (cf. 2 Ti. 3:17), pues todo portador de un mensaje debe estar bien enterado del mensaje que lleva.

Los métodos misioneros deben ser los mismos que se usaron en la época apostólica. Podemos señalar los siguientes: (A) la unidad oficial y responsable era la iglesia local. Tenemos la mejor prueba en la iglesia de Antioquía, la 1ª que envió misioneros fuera de su propia región (cf. Hch. caps. 13 al 15); (B) los misioneros estaban bajo el control de la iglesia local. Eso es lo que se desprende de los caps. 13 al 15 de Hch. No parece que estuvieran sostenidos con sueldos fijos, pero Pablo deja bien claro que «ordenó el Señor a los que anuncian el evangelio vivir del evangelio (gr. *ek toú euangelíou zîn*)»; (C) en el NT no hay indicación de que una iglesia local, fundada por misioneros de otros lugares, fuese sostenida después desde fuera. En cambio, vemos que las iglesias «indígenas» ayudaron a la misma «iglesia madre» (cf. 2 Co., todo el cap. 8); (D) los métodos de captación son los de siempre: todo misionero necesita conocer lo más y mejor posible: (a) el contenido de su mensaje; (b) los destinatarios de su mensaje; y (c) el método para comunicar su mensaje, lo cual requiere una especie de diccionario común al emisor y al receptor; (E) Cristo no dijo a sus discípulos: «Esperad a que vengan», sino «id» (Mt. 28:19). La misión no puede reducirse a un culto de evangelización el domingo por la tarde, sino que es básicamente salir al encuentro de la gente allí donde están.

Bib. Rolland Allen, *La expansión espontánea de la Iglesia* (Aurora, Bs. As. 1970); Félix Asensio, *Horizonte misional a lo largo del Antiguo y del Nuevo Testamento* (CSIC, Madrid 1974); David J. Bosch, *Misión en transformación: cambios de paradigma en la teología de la misión* (Desafío, Grand Rapids 2000); Paulo Branco, *Introducción a las misiones* (CLIE, Terrassa 1992); Samuel Cueva, *La iglesia local en misión transcultural* (CLIE, 1991); –*Misión transcultural* (CLIE, 1995); Juan Driver, *La obra redentora de Cristo y la misión de la Iglesia* (Desafío, 1998); Justo L. González, *Historia de las misiones* (Aurora, Bs. As. 1970); R. S. Greenway, *Apóstoles de la ciudad. Estrategias bíblicas para misiones urbanas* (SLC, Grand Rapids 1981); A. J. Gordon, *El Espíritu Santo en las misiones* (CLIE, 1984); Donald G. Miller, *Naturaleza y misión de la Iglesia* (CUPSA, México 1980); C. René Padilla, comp., *Bases bíblicas de la misión: perspectivas latinoamericanas* (Desafío 1996); R. Ricardo, *Odres nuevos para las misiones* (CLIE); Angel Santos Hernández, *Misionología. Problemas introductorios y ciencias auxiliares* (UPC, Santander 1961); –*Teología biblicopatrística de las Misiones* (UPC, Santander 1962); –*Bibliografía misional* (UPC, Santander 1965); Valdir Steurnagel, *Obediencia misionera y práctica histórica* (Desafío, 1996); J. R. W. Stott, *La misión cristiana hoy* (Certeza, Bs. As. 1977); –y Basil Meeking, *Dialogando sobre la misión* (Nueva Creación, Grand Rapids 1988).

MISTERIO El vocablo entró en el cast. hacia la mitad del siglo XIII y procede del gr. *mustérion* = arcano, secreto; y éste, del vb. *múein* = cerrar. Por tanto, el misterio, en realidad, designa algo oculto o difícilmente accesible para nosotros. En este sentido toma el común de la gente el vocablo misterio. En sentido estricto, el misterio es de orden religioso.

A nivel teológico, hay que distinguir entre: (1) misterios en sentido amplio; son verdades ocultas en cuanto a su existencia, pero que pueden entenderse una vez reveladas; p. ej. el misterio de la Iglesia (cf. Ef. 3:3-6), y (2) misterios en sentido estricto o absolutos; son verdades que, tanto en su existencia como en su esencia, permanecen ocultas e inaccesibles a toda inteligencia creada; a esta clase pertenecen , p. ej., los misterios de la Trina Deidad y de la Encarnación del Hijo de Dios.

El misterio absoluto no es: (A) un absurdo, porque éste implica contradicción en sus propios tér-

Carlos de Foucauld

minos, p. ej. «un círculo cuadrado»; (B) un enigma, porque el enigma nunca nos dice la primera palabra, pero el misterio nunca nos dice la última.
Bib. Hilario de Poitiers, *Tratado de los misterios* (Ciudad Nueva, Madrid 1993).

MÍSTICA Mística, del gr. *mystikos*, se refiere a la experiencia de Dios a través del misterio que lo revela. Ambos vocablos vienen del vb. gr. *múein* = iniciar en los misterios*. Atendiendo a esta etim., parecería que el místico es una persona rara, es decir, extraña, encerrada en su caparazón y falta de comunicación. Es en esta perspectiva como se comprende la distinción que hace Ortega entre el «místico» que no dice nada de lo que ha visto, y el «teólogo» que nos habla de Dios. Atendiendo a la experiencia mística del apóstol Pablo (cf. 2 Co. 12:1-4), se puede estar tentado a dar la razón a Ortega (cf. el v. 4), pero eso se debe a una falsa versión de dicho v. que dice lit. lo siguiente: «pues fue arrebatado al paraíso y oyó palabras sagradas de las que no es lícito al hombre hablar». Pablo se calla porque se le ha prohibido hablar de lo que vio y oyó. No cuesta mucho hallar místicos de primera fila que nos han dicho lo que vieron y oyeron, como son Catalina de Sena, Ignacio de Loyola, Teresa de Ávila* y Juan de la Cruz*, y que no se ocuparon sólo de la vida interior.
El verdadero misticismo es aquel en que una persona dedicada de veras al Señor (Ro. 12:1-2) trata, con la gracia de Dios, de purificar su corazón (cf. *Ascetismo*) y esforzarse en conocer a Dios cuanto más mejor (cf. *Conocimiento de Dios*), hasta llegar al tercer grado, que es el de intuición mística. En este sentido, y contra la opinión de algunos autores exclusivistas, podemos asegurar que todo fiel cristiano está llamado a ser místico, sin tener, por eso, que encerrarse en un claustro o permanecer célibe de por vida. Más aún, cuanto mejor místico sea, tanto más se preocupará también de los demás (cf. Fil. 2:4, 12). Un teólogo ruso ortodoxo dice así sobre esto: «Si la experiencia mística es la prueba personal del contenido de la fe común, la teología es una expresión, para el beneficio de todos, de aquello que puede ser experimentado por cada persona».
Esto significa, con toda razón, que toda verdadera teología ha de ser mística, no sólo una asignatura especial a la que se da el nombre de «teología ascética y mística». En otras palabras: La verdadera teología es la que nos enseña a conocer a Dios, no sólo a saber mucho acerca de Dios. Pero, a lo largo de la historia de la Iglesia, especialmente a partir del Pseudo-Dionisio (cf. *Dionisio el Areopagita*), ha surgido un misticismo alegorizante de la Biblia y encerrado en un hermetismo heterodoxo. Así llegó hasta la Edad Media, donde destaca el Maestro Eckhart*, que tanta influencia ejerció sobre otros místicos de Alemania y de Flandes. Podemos incluir en este grupo a los quietistas (cf. *Quietismo*) del estilo de Miguel de Molinos*.
Sin embargo, no todos los seguidores de Eckhart llegaron a caer en el panteísmo atribuido a su maestro. Brillaron entre los auténticos místicos hombres como Juan de Ruysbroeck*, Gerardo Groote* y Tomás de Kempis*. También en el siglo XX han florecido verdaderos místicos, entre los que destacan Arintero, Carlos Carreto, Tomás Merton y Raymond.
Bib. Armando Bandera, *El P Juan G. Arintero. Renace la mística* (TAU, Ávila 1987); Juan Domínguez Berrueta, *Filosofía mística española* (CSIC, Madrid 1947); R. Garrigou-Lagrange, *Las tres edades de la vida interior* (DDB, Bs. As. 1944 / BAC, Madrid); Juan González-Ariento, *La evolución mística en el desenvolvimiento y vitalidad de la Iglesia* (FIDES, Salamanca 1944); *–La verdadera mística tradicional* (ESE, Salamanca 1980, 2ª ed.); Hilda Graef, *Historia de la mística* (Herder, Barcelona 1970); William Johnston, *Teología mística* (Herder, Barcelona 1997); Baldomero Jiménez Duque, *Teología de la mística* (Madrid 1963); Nazario de Santa Teresa, *Filosofía de la mística* (Stvdivm, Madrid 1953).

MÍSTICA, TEOLOGÍA E HISTORIA 1) *Naturaleza y esencia de los místico*. El misticismo es lo que queda de la religión cuando se la despoja de sus elementos dogmáticos y rituales socioculturales. No es lo que se *añade* a la religión en manifestaciones sobrenaturales de carácter ascético y de éxtasis, sino lo que *queda*, la comunión con Dios de persona a persona. El orden del culto, la liturgia, la labor ministerial, su apariencia y servicio, el desarrollo doctrinal, incluso el dogmático, están dominados todos por el devenir histórico y obedecen, en su aspecto externo, a tiempos y necesidades históricas que por unos y otros motivos se han perpetuado hasta el día de hoy y que, en muchos casos, especialmente dentro de la Iglesia de Roma, han sido objeto de una profunda revisión y renovación litúrgica. La renovación del rito en una religión tan escasamente ritualista como el cristianismo evangélico, pero tan cargada en el catolicismo, indica una fuerza del Espíritu y un triunfo de las consideraciones místicas de la fe por encima de la inercia tradicional.

La experiencia mística no es tanto lo religioso en su máxima *intensidad*, como la *esencia* de lo religioso. No se trata de intensidad, sino de adecuación a la naturaleza de la acción espiritual de Dios en el hombre. También hay intensidad en el fanatismo y la superstición, pero les falta correspondencia lógica y de naturaleza con el espíritu religioso, que es por naturaleza respuesta al *impulso* de lo divino en el hombre, que en Cristo se ha manifestado de una forma plena y definitiva.

2) *Palabra e historia*. La teología moderna tiende a enfatizar el carácter *histórico* de la Revelación y de la salvación que testimonia. Así tenemos una historia de la salvación y un Dios histórico, que se manifiesta en la historia de Israel, de Jesucristo y de los primeros tiempos de la Iglesia. Parece como si la Biblia pudiera reducirse a eso, a manifestación de la historicidad de Dios y la fe cristiana. Ciertamente el pensamiento hebreo está muy dominado por lo «histórico» de su religión, en cuanto el Dios único y verdadero está asociado desde el principio a la elección de un pueblo peculiar, Israel, el pueblo de la promesa. Pero la Biblia, con su conjunto de multiformes relatos, no nació de la reflexión sobre una filosofía de la historia conducida por Dios. La realidad de la Biblia, aquello de lo que da testimonio, nació del descubrimiento de Dios. La palabra que interpela a Adán y Eva respecto a sus actos de comer del fruto prohibido; la palabra que inquiere a Caín sobre Abel; la palabra que ordena a Abraham a dejar su tierra y su parentela; la palabra que habla a Moisés desde una zarza ardiente; la

Juan G. Arintero

palabra que se escuchó en el Jordán y en el monte de la Transfiguración sobre la naturaleza y misión de Cristo; la palabra que transformó a Saulo en Pablo; la palabra que regenera a judíos y gentiles... La Palabra, eso es lo que últimamente cuenta. No la lista de reyes, o las historias de guerras judaicas y todo ese lenguaje que sirve de soporte a la Palabra primordial, Cristo, el Logos, la Palabra eterna. Sólo de ésta habla la Escritura. Todo lo demás es vehículo expresivo. La palabra humana, por su misma naturaleza espiritual, autónoma e independiente, está en nosotros, pero no la hemos creado nosotros, es la imagen más cabal de la divinidad. Sin forma ni materia, pero formando y materializando todo.

La palabra que no llama al arrepentimiento y la conversión, la palabra que el místico trata de entender en toda su pureza sin revestimientos condicionados por la historia de su expresión. «La biografía del hombre o la de su palabra es un incesante desarrollo hasta el momento en que el hombre se identifica con la palabra que Dios ha dicho para él. Dicha palabra está a nuestra puerta y llama; si abrimos, ella entra y cena con nosotros, según Ap. 3, 20» (Valerio Mannucci).

3) *Teología dogmática y teología mística*. Un exceso de lógica y racionalismo ha llevado a la teología cristiana occidental a prestar más atención a lo que se puede llamar la *técnica* del dogma que a la vida del espíritu, la cual también tiene su

lógica y su razón. Occidente ha dedicado más hombres y tiempo a la historia y el desarrollo del dogma que al historial y el desarrollo del carácter cristiano, llamado a reflejar en sí el carácter de Cristo. La teología mística no es un subproducto para distracción de monjes y ascetas encerrados en sus celdas. Por el contrario, es la *conciencia crítica* de la teología, que constantemente se ve tentada a dejarse llevar por el gnosticismo de corte intelectual, racionalista. La mística, entendida en su mejor acepción, como Agustín, Tomás de Aquino, Nicolás de Cusa, levanta su voz en medio de los teólogos para recordar que la tarea primordial del hombre religioso, cristiano, no consiste esencialmente en pensar bien, sino en obrar bien y adorar a Dios (cf. *Apofático*). El pensamiento correcto suele seguir a una vida correcta. Como luego se dirá desde un frente contrario: los teólogos se han preocupado de interpretar la historia, lo que hace falta es transformarla.

El énfasis en el conocimiento correcto –ortodoxia– ha llevado a la intolerancia –persecución del hereje–; intolerancia que permanece en la actualidad, aunque desvestida de violencias externas. Si lo fundamental, desde un punto de vista evangélico, es el buen obrar, el buen fruto que identifica al árbol, el resultado es la tolerancia* y la apertura, el saber sentarse a los pies de los que anuncian la paz y contribuyen al mejoramiento del carácter espiritual. Como experto horticultor, el buen místico sabe injertar lo mejor de aquí y lo mejor de allá para producir mejores frutos, dar resultados más excelentes.

4) *Protestantismo y misticismo*. Existe el prejuicio de que el protestantismo es lo más alejado del misticismo. No es totalmente cierto en su origen, aunque sí en su posterior evolución escolástica y confesional. El protestantismo inicial representa esencialmente la denuncia de los místicos contra la institución jerárquica y la sobrecargada mediación sacramental. Por esa razón los místicos siempre han sido sospechosos por la jerarquía, hasta su total asimilación. «Algo de la idea de que los sacramentos no son realmente necesarios para la perfección, o más bien que la única cosa necesaria en la vida espiritual es la oración y la meditación sobre las Escrituras por parte del individuo, puede hallarse también en el libro titulado *Theologia Germanica,* que estuvo bastante en boga durante toda la segunda mitad del siglo XV y cuya influencia puede apreciarse en Erasmo y en Lutero», escribe el historiador P. Hughes. El énfasis protestante en el *solo Jesús*, sin más mediaciones para llegar a Dios, recoge la aspiración mística de la época. El énfasis reformado puesto en la sola gracia y la sola mediación de Cristo, así como en el sacerdocio universal de todos los creyentes, son elementos inconfundibles de la aspiración mística que no ve con buenos ojos el cargado sistema eclesial. Calvino admira y cita con frecuencia los escritos del místico católico Bernardo de Claraval* (Cf. Dennis E. Tamburello, *Union with Christ. John Calvin and the Mysticism of St. Bernard*. Westminster-John Knox Press 1995).

5) *Rebeldía y misticismo*. La iconoclasia, el antirritualismo, el desprecio de las vestiduras sacerdotales, el sacerdocio universal de los creyentes, el iluminismo, todas éstas y otras corrientes que se han dado en la historia secular de la Iglesia no son sino brotes del ánimo místico que en toda época suspira por manifestarse. Thomas Müntzer, en el siglo XVI, se puso a la cabeza de la reforma radical de los «espirituales» que, en nombre de acceso directo a Dios, rechazaron la mediación pastoral y litúrgica, en pro de una experiencia más directa e íntima del Evangelio (Cf. Hans-Jürgen Goertz, *Thomas Müntzer. Apocalyptic Mystic and Revolutionary*. T&T Clark, Edimburgo 1994). Por eso, cuando la Reforma se consolidó al modo de Roma: sistema eclesial, dogmático y jerárquico, de su seno brotaron voces de protesta: Pietismo*, Puritanismo*, Avivamiento* evangélico, todos unidos por un mismo pensamiento, que es idéntico al que motivó la actuación de Lutero y de todos los reformadores de todos los tiempos: vuelta a los orígenes, a la sencillez primaria, donde Dios es todo en todos; donde se difuminan las líneas de separación entre clero* y laicos*, porque todos son hermanos en Cristo e hijos de Dios con la misma vía libre de acceso al Trono celestial, las mismas prerrogativas y los mismos privilegios.

6) *Comunidad de vida*. El misticismo, al ser experiencia de inmediatez con Dios, propicia y favorece la comunidad de vida entre los cristianos más allá y por encima de toda diferencia dogmática, condicionada como está históricamente. Las doctrinas, las creencias, importantes en sí, son guías y soportes de la espiritualidad. El espíritu –la comunión con Dios– es lo primario y esencial (Juan cap. 4). La vida es primero, luego viene la conceptualización del fenómeno y manifestación de esa vida. La lógica y el sistema sirven a la vida, no al revés.

El lenguaje místico tiene a menudo notables semejanzas con el lenguaje metafísico de las filosofías. El místico, con todo, se diferencia del filósofo en estar preocupado no por conocer, sino por ser salvo y vivir en Dios y para Dios. La mística es una búsqueda religiosa de liberación ya en la vida presente, mediante la unión y participación de la naturaleza divina (2 P. 1:4), fuente de salvación. Emprender de manera consecuente el camino de la mística requiere ciertas condiciones de ascética*, de apartamiento del mundo. AR

Bib. Claudio Gutiérrez Marín, *Místicos españoles del siglo XVI* (Aurora, Bs. As. 1946); Hans Jürgen Aden, *Vivencia de Dios. La experiencia mística* (Herder, Barcelona 1984); Pedro Sala Villaret, *Los místicos, ¿eran protestantes?* (CLIE, prox. pub.).

MÍSTICO Adjetivo que califica todo hecho psicológico por el cual el hombre cree experimentar directamente la realidad absoluta, es decir, Dios, y por consiguiente todo lo que concierne a este género de experiencia psicológica. La experiencia mística es uno de los fenómenos que aparecen en todas las religiones, tanto primitivas como modernas. Es objeto de estudio constante por parte de psicólogos e historiadores de las religiones.

La conocida y tan citada expresión de Agustín: «Nos hiciste Señor para ti, y nuestro corazón no descansa hasta reposar en ti», es, palabra por palabra, calcada de la expresión mística del pensamiento griego y del neoplatonismo de la época. Otro tanto podríamos decir en referencia al hinduismo y la mayoría de las grandes religiones de la humanidad. Varía el marco de referencia, los distintos caminos que llevan a esa experiencia de comunión con lo Eterno, pero el sentido y la meta son idénticos. Un regreso al Centro, un retorno al Paraíso, como lo vieron los Padres de la Iglesia, una vuelta al Hogar, si se recuerda las parábola del hijo pródigo. AR

Bib. Carlos Domínguez Morano, *Experiencia mística y psicoanálisis* (Sal Terrae, Santander 1999); William James, *Las variedades de la experiencia religiosa* (Madrid 1994); Juan Martín Velaso, *El fenómeno místico. Estudio comparado* (Trotta, Madrid 1999); Schlüter Rodés y González Faus, *Mística oriental y mística cristiana* (Sal Terrae, 1998); Varios, *La experiencia mística* (Biblia y Fe nº 69. Escuela Bíblica, Madrid 1997).

MITO Este vocablo viene del gr. *múthos* = fábula, leyenda. En este sentido, todo el mundo entiende el significado del vocablo. Así surgió la mitología como historia ficticia de los dioses que se comportan como seres humanos dotados de poder sobrehumano, pero con los vicios de los humanos. Los mitos tienen considerable importancia en la psicología profunda de Jung, para quien los mitos vienen a ser expresiones del inconsciente colectivo. Otros autores modernos sostienen que los mitos reflejan aspectos fundamentales del pensamiento humano, que la modernidad racionalista había pasado por alto. Cuando ésta pretendía eliminar como irracional todo lo que se ajustara a los cánones del racionalismo estricto, en realidad estaba creando con ello su propio mito particular. Del mito, se admite en la actualidad, no podemos escapar. No se trata ahora de abrir la puerta al irracionalismo, ni ir en pos del racionalismo, sino de entender lo que hay de *logos*, palabra y sabiduría, en el mito. El mito enuncia la verdad más difícilmente expresable de las cosas, no alcanza a darnos un saber preciso sobre lo que ellas son, sino sobre el cómo son, a qué se parecen. El mito se mueve en el modesto terreno de la metáfora, la analogía, el símbolo, «formas de expresión con dos caras: una que se parece a la realidad que se quiere expresar y otra que no se le parece. La lógica peculiar del mito exige un cierto grado de humildad para renunciar a determinadas pretensiones del intelecto, sin desesperar de la verdad en sí misma» (Federico Blanco Jover).

Bultmann* entiende el mito al modo ilustrado y racionalista de tal manera que su desmitificación no satisface a los investigadores modernos y menos a los creyentes que afirmen la inspiración de la Palabra de Dios. Toda investigación científica, histórica o exegética que no tenga en cuenta el principio fundamental de la inspiración e inerrancia de las Sagradas Escrituras, debe ser descartada ya desde el principio. No es adecuado para determinar lo que debe tenerse por mítico (legendario o simbólico) el sentido moderno de la historia y del significado. Sólo la exégesis bíblica puede determinarlo en función de su estudio de los géneros literarios y de la mentalidad. El lenguaje simbólico, presente en las Escrituras, es indispensable a toda expresión de las relaciones del hombre con la trascendencia divina. La revalorización actual del mito como vehículo de transmisión de saberes perennes muestra que no hay que apresurarse a la hora de hacer conjeturas, y menos de aplicar las herramientas críticas de una época determinada a la eterna Palabra de Dios.

Bib. Joseph Campbell, *El poder del mito*. Emecé Editores, Barcelona 1991); Luis Cencillo, *Los*

mitos, su mundo y su verdad. BAC, Madrid 1998); Lluís Duch, *Mito, interpretación y cultura*. Herder, Barcelona 1998); Mircea Eliade, *Imágenes y símbolos*. Taurus, Madrid 1974, 2ª ed.); *–Mito y realidad*. Guadarrama, Madrid 1978, 3ª ed.); Carl G. Jung, *Símbolos de transformación* (Paidós 1974); *–El hombre y sus símbolos*. Caralt Editor, Barcelona 1977); *–Psicología y simbólica del arquetipo* (Paidós, 1992, 2ª ed.); Claude Lévi-Strauss, *Mito y significado* (Alianza Editorial, Madrid 1994, 2ª ed.); Manfred Lurker, *El mensaje de los símbolos* (Herder, Barcelona 1994); José María Mardones, *El retorno del mito* (Síntesis, Madrid 2000); María Jesús Palmer, *La voz de los símbolos* (Eride Editorial, 2000); Paul Ricoeur, *La metáfora viva* (Europa, Madrid 1975).

MODALISMO (cf. *Monarquismo*)

MODERNISMO El calificativo modernismo fue inventado por los censores eclesiásticos catolicorromanos más integristas, indicando así que para ellos lo «moderno» era lo malo, el peligro para la Iglesia, El miedo a lo «nuevo» arranca de los días de la Inquisición, cuando no había peor descalificación que la de *innovatores*. Modernistas eran todos los que deseaban la reforma de la Iglesia y de su doctrina para adaptarla al cambio social, cultural y político, que se llevará a la práctica a mediados del siglo XX en el llamado *aggiornamento**.

Como en otras palabras que acaban en *ismo*, también aquí ocurre una extremación, porque lo moderno puede ser bueno, pero ya podemos decir que el modernismo es malo; sobre todo, cuando se aplica a la teología o a la exégesis, como es el caso en el presente art.

No es fácil definir el modernismo teológico, porque: (1) nacido en el siglo XIX, ha estado variando hasta el presente; (2) hay varias clases de modernismo, desde un liberalismo más o menos moderado hasta el modernismo más extremo; y (3) hay diferencias notables entre el modernismo de Europa y el de Estados Unidos. Sin embargo, se pueden detectar algunas características que son comunes a todo sistema modernista de teología o exégesis, que voy a resumir: A) un deseo de adaptar las ideas religiosas a la cultura y a los modos de pensar modernos; B) la suposición de que la terminología teológica y bíblica debe cambiar, lo mismo que ha cambiado el mundo desde que el cristianismo comenzó a existir; (C) todas las creencias deben pasar la «prueba de examen» conforme a las normas de la razón y de la experiencia; no se pueden basar únicamente en la autoridad de la Biblia o de la Iglesia; (D) Dios no es trascendente al mundo (fuera del mundo o sobre el mundo), sino inmanente al mundo, puesto que es el alma y vida del mundo tanto como su creador; por tanto, a Dios se le puede hallar en la vida entera lo mismo que en la Biblia; (E) por consiguiente, existe un sentimiento universal, común a toda la humanidad, como trasfondo de las instituciones y de los credos de las distintas religiones y como prueba de que las buenas obras están por encima de todas las confesiones y profesiones; (F) la sociedad se mueve hacia la realización del reino de Dios, que consistirá en un estado de perfección moral humana; y (G) la obra de Dios entre los hombres es una tarea de redención y salvación, no de castigo por el pecado, y el fin deseado se alcanzará mediante un progreso ascendente.

El modernismo teológico nació en Alemania y viajó pronto a Inglaterra y a Estados Unidos, pero ayudaron a su proliferación en los países anglosajones las tendencias anchas de la Iglesia de Inglaterra en su rama liberal, y el unitarismo* de Norteamérica. A su nacimiento en Alemania coadyuvaron los sistemas filosóficos derivados de Kant por la doble vía: (a) la racionalista de su *Crítica de la razón pura* (Fichte, Schelling, Hegel); y (b) la sentimentalista de su *Crítica de la razón práctica* (Schleiermacher, Schopenhauer, Ritschl). Pero se puede decir que el modernismo nació con F. C. Baur y la Escuela de Tubinga; tras él, nombres como D. F. Strauss, E. Renan, A. Loisy, Wellhausen y, sobre todos ellos, Harnack.

Entre los modernistas protestantes, destaca como pionero el francés Augusto Sabatier (1839-1901). Pero ha sido en la Iglesia de Roma donde el modernismo se ha hecho más notorio, por motivos que vamos a ver: Un grupo de teólogos llamados positivos por su oposición a la teología escolástica, protestaron de que, desde la época de la Reforma protestante, la Iglesia católica se hubiese encerrado más en su sistema tradicional, sin punto de conexión con el pensamiento moderno y los avances científicos. Sin apartarse de la ortodoxia bíblica ni de la tradición patrística, propugnaban un nuevo léxico y nuevos modos de exponer la doctrina católica, de forma que fuese accesible a todos los fieles. El propio León XIII (1878-1903) les alentó en su propósito.

Fue entonces cuando Loisy* se lanzó a exponer sus ideas modernistas. Loisy (1857-1940) no se quedó solo en su intento. Le siguió el jesuita inglés Jorge Tyrrell*, de mayor talento aún que

Loisy, y excomulgados por el nada intelectual Pío X (1903-1914). El filósofo francés Mauricio Blondel* (1861-1949) ejerció mucha influencia sobre Loisy y Tyrrell. Pero el factor común entre los eruditos implicados en el movimiento modernista fue la amistad que mantuvieron con el barón alemán Federico von Hügel, quien puso en contacto a los unos con los otros, y pudo escapar de la condenación pontificia lo mismo que Blondel. Pío X, canonizado por Pío XII en 1954, era un hombre sencillo y piadoso y vio que la doctrina modernista era una amenaza mortal a la fe católica, pero se pasó algún tanto al enjuiciar las ideas modernistas que él tituló «la síntesis de todas las herejías», en su enc. *Pascendi* de 1907. No contento con eso, en 1910 impuso al clero católico un juramento antimodernista, que había de ser suscrito por todos los que aspirasen a recibir los grados académicos en cualquier universidad eclesiástica.

Pío XII, en su enc. *Humani Géneris* (1950) fue más allá al condenar los métodos de la teología positiva y ordenar que se siguieran enseñando y creyendo las conclusiones filosóficas y teológicas de la escolástica tomista, pero llegó tarde a cortar las ortodoxas corrientes modernas. En el C. Vaticano II (1962-1965), los teólogos implícitamente desechados en la *Humani Géneris* imponían sus puntos de vista a una minoría todavía recalcitrante. Pero ha sido también a partir del Vaticano II cuando la erudición católica teológica y bíblica ha recuperado su confianza en el estudio crítico de la Biblia y de los orígenes del cristianismo sin tener que recurrir al modernismo, si bien es cierto que, no por eso, ha quedado extirpado de la erudición católica el liberalismo modernista, como puede verse en Hans Küng* y otros que sería prolijo enumerar.

Bib. R. García de Haro, *Historia teológica del modernismo* (EUNSA, Pamplona 1972); Gonzalo Redondo, *La Iglesia en el mundo contemporáneo (1775-1939)*, 2 vols. (EUNSA, Pamplona 1979); Daniel Rops, «Una crisis del espíritu: el modernismo» (*Arbor*, t. LVI, Madrid 1963).

MÖHLER, JUAN ADAM Este teólogo católico del siglo XIX (1796-1838) jugó un papel muy importante en la nueva estructuración de la teología católica, desde su cátedra en Tubinga y después en Munich. Una labor parecida llevó a cabo el cardenal inglés J. H. Newman*.

Desde muy joven, Möhler tuvo interés en conocer las obras de los principales teólogos protestantes de su tiempo, especialmente de Hegel* y Schleiermacher*, pues aplicó a su doctrina sobre la Iglesia el concepto hegeliano sobre el espíritu objetivo.

Tanto Möhler como Newman se propusieron ahondar en las raíces bíblicas y patrísticas, superando el talante apologético, antiprotestante y antimoderno de la teología entonces imperante, mediante una visión más espiritual de la unidad eclesiástica con preferencia a la unidad institucional, aunque sin negar, por eso, la evolución medieval y moderna hacia una autoconciencia y una competencia funcional de la jerarquía.

Su obra principal es *Die Einheit in der Kirche* (La unidad en la Iglesia, 1825), donde Möhler contempla a la Iglesia como realización de la vida divina según ha sido transmitida a la humanidad por el E. Santo. La expresión viva del E. Santo que vivifica a la totalidad de los creyentes es la tradición viva de la Iglesia. El C. Vaticano II, en la *Lumen Gentium* (1964) recoge las conclusiones de Möhler y Newman, especialmente en el p. 7 del cap. 1.

Este nuevo modo de encarar la teología católica suscitó, en un principio, acusaciones de heterodoxia, pero el propio Pablo VI hizo notar, al final del Concilio, la influencia que Möhler y Newman habían tenido en la nueva concepción católica de la Iglesia.

MOLINISMO Este sistema teológico debe su nombre al jesuita Luis de Molina (1535-1600) y significa uno de los intentos más logrados para explicar cómo se conjuga el conocimiento que Dios tiene de los futuribles (cf. *Dios, 19) Dios, Omnisciencia de, C*) con el libre albedrío del hombre (cf. *Libertad*).

Por la intervención decisiva de los jesuitas en el C. de Trento (1547), el canon 4º de la sesión 6ª del Concilio quedó formulado así: «Si alguien dice que el libre albedrío del hombre, movido y despertado por Dios, de ningún modo coopera asintiendo a Dios que lo despierta y lo llama, para que así se disponga y prepare a obtener la gracia de la justificación, y que no puede disentir, si quiere, sino que, como una cosa inanimada, no hace absolutamente nada y se comporta de modo meramente pasivo, sea anatema».

Quedaban, pues, triunfantes los jesuitas. Pero tenían que vencer aún dos dificultades: (1) Si el libre albedrío podía resistir siempre a la gracia, todas las gracias eran suficientes, pero ninguna era eficaz. En el sistema molinista, es el libre albedrío el que convierte en eficaz la gracia suficiente al cooperar libremente con la acción divina. Los tomistas arguyeron que esto era arrebatar a Dios su soberanía, y el General de la Compañía de Jesús, Claudio Aquaviva, tuvo que ordenar a los jesuitas defender la existencia de gracias eficaces in *actu primo*, es decir, en un signo anterior a la presciencia de Dios. (2) Por otra parte, si el libre albedrío se halla en indiferencia radical para cooperar con la gracia de Dios o resistir a ella, la presciencia de Dios tiene que esperar, por decirlo así, a que la libertad humana se decida para saber con ciencia de visión lo que va a resultar en cada caso. Pero, ¿cómo conocerá Dios los futuribles, ya que son más que posibles y menos que futuros, pues nunca sucederán, pero sucederían si se diese un cuadro de circunstancias que no se van a dar? A las dos dificultades respondió Molina de un solo golpe mediante su teoría de la ciencia media, llamada así porque es intermedia entre la ciencia de simple inteligencia de los infinitos posibles y la ciencia de visión de los ya determinados futuros. Esa ciencia media consiste en el conocimiento que Dios tiene de todos los cuadros de circunstancias en que los seres humanos pueden verse y elegir de entre ellos el cuadro que a Él le plazca. Ni que decir tiene que los evangélicos no podemos estar de acuerdo con esas lucubraciones filosóficas acerca de Dios, sino atenernos a la Palabra de Dios, bien expresada en los escritos paulinos, correctamente interpretados por los Reformadores.

Bib. F. Lacueva, *Un Dios en tres personas*, lecc. 37ª (CLIE, Terrassa 1974).

MOLINOS, MIGUEL DE (cf. *Quietismo*)

MOLTMANN, JÜRGEN Este teólogo protestante (1926-) ha sido profesor de teología sistemática en Tubinga desde 1967. Comenzó a ser muy conocido con su obra *Teología de la esperanza* (1967), una de las obras que más han influido en el periodo posterior a la Segunda Guerra Mundial, no sólo en el Occidente, sino también en el llamado Tercer Mundo. Pero son también muy importantes *El Dios crucificado* (1974), *La Iglesia en el poder del Espíritu* (1977) y *Trinidad y reino de Dios* (1981), libro de singular profundidad.

En *Teología de la esperanza*, Moltmann enfoca la teología sobre la resurrección como promesa de Dios para el futuro del mundo. Pero, en una escatología dialéctica, hace ver que dicha promesa es también un incentivo para una actividad de nuestra parte en orden a la transformación del mundo actual.

En *El Dios crucificado*, interpreta la muerte de Jesús, abandonado por su Padre, como el acto de amorosa solidaridad de parte de Dios con todos los impíos y abandonados por Dios. Como acto de identificación amorosa de Dios con todos los que sufren, eleva el problema del sufrimiento a la historia misma de la Trina Deidad en la esperanza del triunfo final sobre todo sufrimiento.

En *La Iglesia en el poder del Espíritu*, interpreta a la Iglesia como una comunidad abierta y carismática de discípulos de Jesús, comprometidos en compañerismo con los pobres y los oprimidos.

Finalmente, en *Trinidad y reino de Dios*, frente a interpretaciones humanistas o monoteístas de la Trina Deidad, Moltmann desarrolla una hermenéutica realmente trinitaria de la historia bíblica: «Si el hombre siente la infinita pasión del amor de Dios que en él se expresa, llega a entender el misterio del Dios trino. Dios padece con nosotros, Dios padece por nosotros, Dios padece en nosotros: esta experiencia revela al Dios trino. Esta experiencia es trinitaria y debe entenderse trinitariamente. Por eso, el problema de la teología fundamental sobre el acceso a la doctrina trinitaria conduce hoy día a la cuestión de la capacidad o incapacidad de Dios para sufrir». Para este punto, cf mi libro *CPDTB*, Parte I, lecc. 10ª, p. 4, donde hago notar que la inmutabilidad de Dios no es sinónimo de inmovilismo, porque Dios sufre realmente, se siente afectado por la conducta de los seres humanos. La Biblia nos lo presenta con sentimientos como el amor y la ira, y con emociones como los celos y el furor.

Muchas de las afirmaciones de Moltmann están teñidas, en esta materia, de ataques a K. Rahner, por el aparente modalismo (cf. *Monarquismo*) de éste, evidente también en K. Barth. Algunas afirmaciones de Moltmann, en su oposición a Rahner, se van al otro extremo, resultando muy difícil admitirlas en todo su sentido, aunque su esfuerzo sea loable, tanto en su libro sobre la Trinidad como en todos los demás.

Bib. J. Moltmann, *Conversión al futuro* (Marova, Madrid); *Diaconía en el horizonte del Reino de Dios*. Hacia el diaconado de todos los creyentes (Sal Terrae, Santander 1987); *Discusión sobre la teología de la esperanza* (Sígueme, Salamanca); *El Dios crucificado* (Sígueme, 1977, 2ª ed.); *El experimento esperanza* (Sígueme); *El futuro de la creación* (Sígueme, 1979); *El hombre* (Sígueme, 1986, 4ª ed.); *El lenguaje de la liberación* (Sígueme);*Experiencias de Dios* (Sígueme, 1983); *Ilustración y teoría teológica* (Sígueme); *La dignidad humana* (Sígueme, 1983); *La Igle-*

sia, fuerza del Espíritu (Sígueme, 1978); *Teología de la esperanza* (Sígueme, 1989, 5ª ed.); *Teología política-Ética política* (Sígueme, 1987); *Trinidad y reino de Dios* (Sígueme, 1987, 2ª ed.); *Un nuevo estilo de vida* (Sígueme, 1981); *Utopía y esperanza)* (Sígueme).
B. Fernández García, *Cristo de esperanza: la Cristología escatológica de J. Moltmann* (UPS, Salamanca 1988); Pedro Laín Entralgo, *Esperanza en tiempo de crisis* (Círculo de Lectores, Barcelona 1993).

MONARQUISMO Esta herejía, también llamada monarquianismo, deriva su nombre del gr. *monarjía* (*móne arjé* = poder soberano, mando supremo). Surgió en el siglo III de nuestra era y, ya desde el principio, se bifurcó en dos formas distintas, pero ambas tienen en común admitir en Dios una sola Persona, enfatizando tanto la igualdad de las Personas de la Deidad, que borran realmente la Trinidad, haciendo de ella un conjunto de fases o modos de esa única Persona. Como ya he mencionado, se divide en dos formas distintas:
(1) *Monarquismo dinámico.* El principal fautor de esta herejía fue el patriarca de Antioquía Pablo de Samosata (aprox. 200-273). Admitía en Dios una sola Persona, viendo en Jesucristo un mero hombre, cuya conciencia de ser portador del Logos divino fue creciendo bajo el poderoso influjo del Espíritu de Dios hasta llegar a merecer honores divinos = *apoteósis**, pero sin llegar a ser Dios en su esencia misma. El Logos, pues, no es sino la revelación del Padre, mientras que el Espíritu no es otra cosa que el poder de Dios que controlaba toda la vida de Jesús: sus pensamientos, sus palabras, sus obras. Esta herejía ha revivido en la era moderna entre los unitarios* de todos los colores.
(2) *Monarquismo modalista.* También llamado sabelianismo, por ser su fautor principal un tal Sabelio. En realidad, la forma modalista llegó a Roma de la mano de Noeto de Esmirna hacia el año 190, pero su verdadero sistematizador fue Sabelio, que llegó a Roma hacia el 215 y fue excomulgado el año 220. Los sabelianos, sin embargo, hallaron en Roma el apoyo de muchos eclesiásticos y parece ser que hasta los obispos de Roma Víctor I (189-198), Ceferino (198-217) y Calixto I (217-222) estuvieron próximos a caer en la herejía. Sabelio reconocía en Dios una sola Persona con tres modos distintos de manifestarse: como Creador, como Redentor y como Santificador. Al poner en Dios una sola Persona, tuvo que ser el Padre mismo, tomando en Cristo el modo de Redentor, quien padeció y murió en la Cruz, por lo que estos herejes fueron también llamados patripasianos del lat. *Pater passus* = el Padre padeció.

MÓNADA (cf. *Leibniz, Godofredo Guillermo*, [2])

MONERGISMO Este vocablo viene directamente del gr., lo mismo que sinergismo y energismo. Los tres tienen que ver con la cooperación del libre albedrío a la obra de la gracia. Los voy a tratar en este art., resumiendo lo que digo en mi libro *CPDTB*, Parte I, lecc. 20ª.
(1) Monergismo viene de *mónos* = único y *érgon* = obra, y significa que, en la obra de la gracia, sólo Dios obra; el ser humano se limita a recibir la acción de Dios, pues es un «cadáver» espiritual. Así se expresan los calvinistas supra y sublapsarios. Objeciones contra esta teoría: (A) Entonces serían inútiles las exhortaciones al arrepentimiento (cf. p. ej. Hch. 17:30), porque, ¿qué respuesta puede dar un «cadáver»? (B) Si la gracia de Dios es irresistible, ¿qué responsabilidad se puede exigir a quienes no la reciben? (C) Si sólo los elegidos reciben gracias que conducen eficazmente a la salvación, ¿dónde queda la buena voluntad de Dios de que «todos los hombres sean salvos y vengan al conocimiento de la verdad»? (D) La Biblia habla de modo diferente cuando se trata de la preparación para la salvación y para la condenación (cf. Mt. 25:34 y 41; Ro. 2:4 y 5; 9:22 y 23).
(2) Sinergismo viene de *sun* = con y *érgon* = obra, y significa que el albedrío humano actúa en conjunción simultánea con la gracia de Dios. Así se expresan los arminianos de todos los colores. Objeciones contra esta teoría: (A) En Hch. hallamos muchos ejs. de la acción soberana de Dios quebrando la resistencia del pecador (cf. Hch. 2:37, 47; 5:14; 8:34-37; 9:6 ss; 10:44-48; 13:12; 16:14, 30; 17:34; 19:5). (B) Mención aparte merece Hch. 13:48, cuya última frase dice lit.: «y creyeron cuantos habían sido ordenados a la vida eterna». Cosa extraña, el jesuita J. Leal, en su comentario a Hch., dice: «Se refiere al llamamiento eficaz, la vocación eficaz a la fe, que es la puerta para la vida eterna». (C) Varios textos nos presentan la fe como una gracia de Dios (cf. p. ej. 1 Co. 3:5-7; Fil. 1:29. (D) Es cierto que la salvación se ofrece a todos (cf. Jn. 1:9; 8:12; 9:5, 39; 1 Ti. 2:4-6). Pero también es cierto que la salvación es obra de la soberana iniciativa de Dios (cf. Sal. 3:8; Jon. 2:9; Ef. 2:1-10; Tit. 2:11; He. 2:10).

(3) Energismo viene de *en* = en y *érgon* = obra, y significa que la gracia de Dios obra en el libre albedrío, capacitándolo para creer, arrepentirse y obtener la salvación. El vocablo no aparece en ningún texto de teología que yo conozca, pero está patente en la Palabra de Dios que, en este tema, usa únicamente el prefijo «en», como puede verse, p. ej., en 1 Co. 12:6, 11; Gá. 5:6; Ef. 3:20; Fil. 2:13; Col. 1:29; 1 Ts. 2:13; He. 4:12; Stg. 5:16. Así nos expresamos los calvinistas infralapsarios o amiraldianos.

¿Cómo doblega la gracia de Dios el libre albedrío sin forzarlo? Por medio de una atracción amorosa, explícita lit. en lugares como (a) Jer. 31:3, donde Dios dice a su pueblo Israel: «Con amor eterno te he amado; por eso, te he atraído con misericordia»; (b) Os. 11:4: «Con cuerdas humanas los atraje; con cuerdas de amor». (c) Jn. 6:44 que dice lit.: «Nadie puede venir a mí, a no ser que el Padre que me envió lo arrastre». Aquí la acción de atraer está descrita por el Señor bajo la imagen de un pescador que echó al mar la red barredera y la está arrastrando hasta su barco.

MONISMO El vocablo viene directamente del gr. *mónos* = único, y se refiere a un sistema filosófico según el cual toda la realidad es finalmente una. Wolff fue el primero que usó el término monismo. Eso de una puede entenderse cuantitativa o cualitativamente; (1) en el primer sentido, todo es uno numéricamente (Parménides, Spinoza); aplicado a la religión, conduce a formas de panteísmo o panenteísmo (escuelas neoplatónica y hegeliana). Este monismo fue sometido a una elaboración especial por obra de Haeckel. (2) en el segundo, todo es de una misma clase, ya sea (A) física (naturalismo, materialismo), ya sea (B) espiritual (idealismo); aplicado a la religión, conduce al idealismo metafísico (Berkeley) o al pansiquismo (teología del proceso). El monismo, en sus dos sentidos ya expuestos, falla por su base, porque tiende a una posición reduccionista; con la univocidad de los conceptos de ser y de sustancia, el espíritu se reduce a un subproducto de procesos físicos, desaparece la personalidad y, con ella, la libertad, se desvanece la diferencia entre el bien y el mal y se pierde la trascendencia de Dios. Además, en el monismo materialista se da el absurdo de que se busca el principio de unidad en la materia, que es precisamente un principio de multiplicidad. El único monismo que podemos aceptar es el de origen (cf. Hch. 17:24-29).

MONOFISISMO Este vocablo viene directamente del gr. *mónos* = uno y *phúsis* = naturaleza. A nivel teológico, es la herejía opuesta al nestorianismo (cf. *Nestorianismo*), y sostiene que en Cristo hay una sola naturaleza. Pero así como hay una sola forma de nestorianismo, hay, en cambio, varias formas de monofisismo:

(1) Eutiques (378-454), superior de un monasterio, afirmó, según parece, que la naturaleza humana de Cristo fue absorbida, hasta cierto punto, por la divina.

(2) Otros sostenían que la naturaleza divina se había anonadado, entendiendo así el vb. *ekénosen* de Fil. 2:7.

(3) Finalmente, otros sostenían que las dos naturalezas se habían mezclado, resultando una 3ª naturaleza distinta de las dos anteriores. La forma más sutil de esta clase de monofisismo fue defendida por el patriarca Severo de Antioquía (465-538), según el cual la unión de las dos naturalezas en Cristo era semejante a la del alma y el cuerpo en el compuesto humano.

A todas estas formas de monofisismo se opusieron la gran mayoría de los pastores y de la propia grey cristiana. El monofisismo fue condenado en el Conc. de Calcedonia (451), donde se definió que «uno y el mismo Cristo, Hijo, Señor, Unigénito, ha de ser reconocido en dos naturalezas, sin confusión, sin cambio, sin división, sin separación». Los evangélicos debemos aceptar esta definición, pues es conforme a lo que de Jesucristo nos dice la Biblia.

MONOTEÍSMO Este vocablo viene directamente del gr. *mónos* = uno y *theós* = Dios. Se trata, pues, de afirmar que Dios es uno. Lo contrario del monoteísmo es el politeísmo*. En Dios no cabe una unidad compuesta, ya sea sustancial o accidental. Pero la unidad de simplicidad infinita, como es la de Dios, puede ser de tres clases:

(1) Unidad predicamental o numérica. Es la que corresponde a un ser que es «uno entre muchos». Esta unidad no es aplicable a Dios porque es radicalmente diferente de todos los demás seres.

(2) Unidad trascendental o esencial. Es aquella por la que un ser está integrado en sí mismo y distinto de cualquier otro (convertibilidad de los trascendentales). Así, cuanto más perfecto es alguien en cuanto al ser, tanto más uno es. En este sentido, Dios es perfectísimamente uno.

(3) Unidad de singularidad o unicidad. Es aquella por la que un ser es algo único, irrepetible, en su especie. De ésta tratamos en este art.

En efecto, no hay más que un solo Ser infinitamente perfecto y Hacedor de todo lo que no es Él mismo. Este monoteísmo (A) es doctrina fundamental de la Biblia (cf. p. ej. Dt. 6:4; Is. 44:6; Jn. 5:44; 17:3 *tÚn mónon alethinÚn theón*; 1 Co. 8:4; Ef. 4:6: 1 Ti. 1:17; 2:5; 6:15). Es notable el uso del hebr. *ejad* en el texto clave, que es Dt. 6:4, puesto que *ejad* puede indicar una unidad plural, como es la del Dios único en esencia y trino en personas (comp. con Gn. 2:24, donde tenemos el hebr. *basar ejad* = una carne).
En cambio, el hebr. usa el termino *yajid* para expresar la unicidad absoluta, como en Zac. 12:10, donde Dios anuncia que llegará un día en que «me mirarán a mí a quien han traspasado (cf. Jn. 19:37). Y se lamentarán por él, como quien se lamenta por el único (gr. *hayajid*, *ha* es el art.). Es traducción estrictamente literal.
(B) Lo que la Biblia afirma, lo asegura también la razón teológica. La creación del universo y el orden que en él impera suponen un solo Supremo Hacedor. Si hubiese dos Seres a los que se les pudiera llamar Dios en toda la plenitud de las perfecciones que convienen a la naturaleza divina, su existencia sería un absurdo, puesto que en la noción genuina del Ser Supremo, no sólo se incluye que sea independiente, sino que todo lo demás dependa de Él.

MONOTELISMO Podría pensarse que, con la definición de Calcedonia (451), la controversia cristológica había tocado a su fin. Pero los conceptos filosóficos volvieron a oscurecer el panorama: Si había en Cristo dos naturalezas completas, ¿habría también dos voluntades? ¿Y cuál de las dos tomaría las decisiones? ¿Hay en Cristo uno o dos sujetos de operación?
A estas preguntas, el monotelismo (del gr. *mónos* = uno, y *thélesis* = voluntad) dio respuestas falsas, afirmando que en Cristo hay una sola voluntad decisoria y una sola energía (gr. *mónos energés* = uno solo el que actúa) o agencia principal de operación, por lo que la herejía recibió también el nombre de monenergismo.
El principal fautor de esta nueva herejía fue el patriarca de Constantinopla Sergio, muerto en 638, aunque parece ser que no negó la existencia de dos voluntades como agencias ejecutivas, sino la espontaneidad de la voluntad humana de Cristo para ponerse en acción por sí misma. Acosado por los defensores de la fórmula calcedonense, Sergio recurrió al papa Honorio I (625-638), quien en dos cartas a Sergio, el año 634, no sólo le dio la razón, sino que se apoyó para ello en Mt. 14:36 y Jn. 5:30.
Esta herejía fue condenada en el Conc. III de Constantinopla (680-681), donde se definió que «en él (Cristo) hay dos voluntades naturales y dos modos naturales de obrar; y que esas dos voluntades no se oponen mutuamente, sino que la voluntad humana sigue y no resiste ni se opone, sino más bien se somete, a su omnipotente y divina voluntad». Previamente, el 28 de marzo del 681, el Concilio condenó, entre otros monoteletas, a Sergio y al papa Honorio I, algo antes inaudito. Y lo definitivo de esta condenación es que el papa León II (682-683), en carta al emperador Constantino IV, refrendó todas las declaraciones del Concilio y la condenación de Honorio I.
Autores protestantes como A. H. Strong* y J. F. Walvoord, por ejemplo, han sostenido que el Conc. III de Constantinopla se equivocó (erró o fue herético). El tema es de tremenda importancia por el significado que arroja sobre la realidad de la encarnación del Hijo de Dios. En mi opinión, la solución al tema de las dos voluntades y las dos actuaciones es muy sencilla: Si por «decisión» entendemos la responsabilidad del sujeto que decide, no cabe duda de que hay en Cristo un solo sujeto (un *principium quod*, diría Tomás de Aquino), pero si se entiende como la facultad volitiva u operativa (el *principium quo*) con la que alguien decide o actúa, la «decisión», como los demás actos de una agencia operativa, pertenece a la naturaleza con la que se hace. P. ej., cuando Cristo dice en Mr. 14:36 «pero no lo que yo quiero, sino lo que tú», está expresando un sujeto único, divino, de decisión: el «yo» del Hijo de Dios, como Persona realmente distinta del Padre, pero lo está diciendo con su mente, boca y labios humanos.

MONTANISMO Esta herejía tomó el nombre de su fundador Montano (m. el 179) y surgió el año 170 en Frigia, donde Montano declaró estar poseído del E. Santo y comenzó a profetizar en un estado de frenesí. Se le unieron pronto dos mujeres, Prisca y Maximila, discípulas suyas, que también profetizaban. En virtud de estar poseídos por el E. Santo, Montano y sus secuaces sostenían que se estaba inaugurando una nueva dispensación de la revelación divina. Esta nueva revelación no contradecía a la que había sido dada por medio de Jesucristo, sino que la superaba en el rigor de su ética y en algunos detalles escatológicos.
La ética montanista constituía una protesta contra la prontitud con que la Iglesia institucional perdonaba los pecados y contra su adaptación a

Templo Mormón cerca de Ezeiza Buenos Aires, Argentina

las exigencias de la sociedad secular. Los montanistas no sólo alababan el martirio, sino que aconsejaban provocarlo. Aunque admitían el matrimonio como un mal necesario (influencia gnóstica), sostenían que los viudos no podían casarse de nuevo.

Su escatología estaba fundada en la idea montanista de que con ellos terminaría la revelación divina e inmediatamente después vendría el fin del mundo. A pesar de eso, comenzaron a organizarse jerárquicamente y se extendieron rápidamente por toda el Asia Menor, por el norte de África y llegaron hasta Roma. El adepto más sobresaliente de esta herejía fue Tertuliano (m. hacia el 212), quien fue atraído al montanismo por su disciplina rigurosa y creía que esta tendencia estaba de acuerdo con Jn. 16:12-13 como enseñanza de que el E. Santo tenía todavía más enseñanzas que impartir a los fieles cristianos.

El montanismo fue condenado en varios concilios locales y, contra la pretensión montanista de nuevas revelaciones y un rigorismo mayor en la disciplina eclesiástica, se atribuyó a los obispos la plenitud de la posesión del E. Santo, mientras que las verdades de fe y costumbres se aseguraban mediante el concepto de sucesión apostólica, la fijación del canon de las Escrituras y el establecimiento de una confesión de fe bautismal más amplia que la que existía.

Estos movimientos espirituales extremistas siempre surgen cuando se ha relajado la vida de fe y se ha contemporizado con las exigencias de la vida secular: «Como ejemplar para la historia posterior puede considerarse el hecho de que en los períodos de crisis surjan movimientos proféticos, carismáticos y escatológicos, que se alzan contra el relajamiento de la vida de fe, contra la sobrevaloración de las estructuras y contra las pretensiones clericales de poder. Tales movimientos están marcados por la preocupación de preservar la identidad de la fe, que ven en peligro en razón de la inoportunidad de la predicación o (lo que es más frecuente) por una adaptación excesiva» (B. J. Hilberath, en Th. Schneider, ed., *Manual de teología dogmática*).

MORALIDAD (cf. *Ética*)

MORMONISMO Este grupo religioso moderno, llamado también Iglesia de Jesucristo de los Santos de los Últimos Días, fue organizada primeramente en Fayette, Nueva York, por el norteamericano José Smith (1805-1844), quien decía haber traducido el llamado *Libro de Mormón* de unas planchas de oro escritas en egipcio antiguo. Más tarde, él mismo redactó otros dos libros, según él, inspirados por Dios: *Doctrinas y Pactos*, y *La Perla de Gran Precio.* Estos tres libros constituyen las bases del mormonismo. Después de la muerte de Smith, han sido añadidas nuevas «revelaciones».

En julio de 1843, Smith «recibió una revelación» en la que se permitía la poligamia. Pero esta nueva «revelación» fue rechazada por varios adeptos de la secta, quienes denunciaron en un panfleto a Smith como desviacionista. Smith y sus hermanos reaccionaron incendiando la oficina de la publicación y, como, represalia, él y su hermano Hyrum fueron encarcelados en junio de 1944 y asesinados por una turba que asaltó la prisión. Entonces la mayoría de los mormones aceptaron como jefe a Brigham Young, bajo cuyo liderato la secta ha llegado a su actual fuerza, a pesar de que, durante el siglo xx, se han dado graves disensiones sobre varios puntos de creencia y de práctica. El grupo principal es el que está radicado en Utah, cuya iglesia sobrepasa los tres millones de miembros.

Entre los errores de esta herejía destacan cinco: (1) Dios tiene un cuerpo físico; (2) Todos los seres humanos, incluyendo a Cristo, fueron engendrados por Dios en el principio antes de nacer en la tierra; (3) Jesús ha llegado a ser Dios y también nosotros podemos llegar a ser dioses; (4) Adán hizo bien en desobedecer a Dios, porque, si no hubiera comido del árbol prohibido, no habría podido tener hijos; (5) El ser humano se halla en estado de prueba y ha de determinar su futuro estado de existencia mediante las buenas obras.

Bib. Marvin W. Cowan, *Los mormones: Sus doctrinas refutadas a la luz de la Biblia* (EMH, El Paso 1994); Mather y Nichols, *Diccionario de creen-*

cias, religiones, sectas y ocultismo (Completa bibliografía) (CLIE, Terrassa 2001).

MORTAL, PECADO Según la teología católica, se llama mortal al pecado que causa la muerte espiritual del alma, al privarla de la gracia santificante.

Para que un pecado sea tenido por mortal es preciso, además de pleno conocimiento y plena libertad en la transgresión de una ley divina, que la materia sea tenida por grave por el sujeto que comete el pecado. Una materia es grave: (1) por su misma calidad, como ocurre con los pecados contra la castidad; (2) por su cantidad, como ocurre con el hurto (cf. *Robo*); (3) por las circunstancias, como una acción en sí buena, o levemente mala, que causa grave tropiezo a quien la presencia; (4) por la intención, como cuando alguien dice una mentira para perjudicar gravemente a otra persona.

Los pecados mortales se perdonan: (A) por el Bautismo (cf. *Bautismo*), siempre que el sujeto tenga fe, atrición (cf. *Contrición*, [2]) y alguna intención de recibir el sacramento, y el ministro del sacramento tenga intención suficiente (hacer lo que hace la Iglesia); (B) por el sacramento de la penitencia (cf. *Penitencia, Sacramento de la*); (C) por la contrición (cf. *Contrición, 1*) con deseo de recibir el sacramento (el bautismo o la penitencia, si se trata de pecados mortales cometidos después del bautismo) tan pronto como sea posible; (D) por el martirio (cf. *Martirio*).

Esta división del pecado en mortal (grave) y venial (leve) es propia de la tradición católica, pues la Palabra de Dios no presta ninguna base para ello. El pecado para muerte de 1 Jn. 5:16-17 no hace al caso, pues, con la mayor probabilidad, se trata de un pecado que requiere una disciplina drástica, como en 1 Co. 5:5; 11:30.

Bib. Th. Schneider, *Manual de Teología Dogmática* (Herder, Barcelona 2000).

MOTIVO, MOTIVACIÓN Estos vocablos proceden del lat. *motivus* = referente al movimiento; y éste, de *movére* = mover, impulsar, remover, etc. Pueden considerarse a nivel filosófico y a nivel moral.

(1) A nivel filosófico, el término motivo puede tomarse en sentido amplio o en sentido estricto: (A) en sentido amplio es todo lo que influye en el origen y la dirección del querer, exceptuando la facultad volitiva misma; (B) en sentido estricto, es un valor presentado a la mente como bien apetecible; el mal, como tal, no puede ser objeto de la voluntad. Siempre que se quiere un mal es porque tiene la apariencia, imaginada o real, de un bien.

Por consiguiente, cuando algo se presenta a la mente como un valor desde cualquier punto de vista, es decir, como un bien absoluto, la voluntad tiende necesariamente, con necesidad psicológica (sin coacción), hacia él. Entre dos bienes prevalece el que, en la balanza del libre albedrío tiene, por decirlo así, mayor peso. A veces, los motivos para elegir un bien u otro parecen equilibrarse de tal modo que, para una persona reflexiva, resulta muy difícil la decisión en un sentido o en el otro.

(2) A nivel moral (motivación), se requiere como base moral de una acción que el motivo, tomado en sentido estricto, pertenezca al orden moral, ya que lo amoral y lo inmoral no pueden ser fundamento ético (cf. *Ética*) de ningún acto humano. También es preciso que los medios que se emplean para la acción, así como las demás circunstancias, sean moralmente buenos. Una acción alcanza su nivel moral más alto cuando el motivo es el amor a Dios y al prójimo, pero son motivos moralmente válidos el valor que se da a la obediencia, el respeto a la ley, el deseo de ir al Cielo, así como de escapar de la condenación eterna, etc. Es, pues, falsa la pretensión de M. Kant* de que el único motivo realmente moral es «el respeto al deber por el deber».

MOULE, HANDLEY CARR GLYN Teólogo y eclesiástico angloevangélico, H. C. G. Moule (1841-1920), nació en Dorchester (Inglaterra), hijo menor de H. Moule, vicario de la Iglesia anglicana de Fordington (Dorset), por quien siempre sintió el más vivo aprecio y respeto. Su infancia transcurrió felizmente. Hizo una carrera excepcionalmente brillante en *Trinity College* de Cambridge. Ganó la medalla Browne de lenguas clásicas en 1863; fue *Felow* de Trinity entre 1865 y 1881. Ordenado al ministerio anglicano en el año 1867 en la catedral de Ely. Durante un tiempo ayudó a su padre en labores pastorales de la parroquia. En 1873 regresó a Cambridge hasta 1877. Cuando en esa misma ciudad se fundó el *Ridley Hall Theological College*, dedicado a la enseñanza de los principios evangélicos, Moule fue elegido su primer Director (1881-1899), desde cuya posición ejerció una poderosa influencia evangélica en la Iglesia de Inglaterra. En 1899 fue elegido para la cátedra de teología Norrisian en la Universidad de Cambridge; y en 1901 fue elevado al episcopado como sucesor del obispo

de Durham B. F. Westcott*. Allí continuó extendiendo su influencia evangélica.
Erudito, espiritual, maestro del arte de escribir, supo cómo llegar a todo tipo de lectores: cultos y sencillos. Escribió muchos himnos y poemas, así como comentarios a casi todas las Epístolas del NT. Sin embargo, al decir de Sir Robertson Nicoll (1851-1923), aunque fue un gran comentarista fue mejor aún un teólogo que un exégeta: «Tiene un dominio perfecto del gran sistema evangélico y sabe cómo mantener el dogma en conexión constante con la experiencia viva».
Fue un exponente destacado de la Convención de Keswick* y de una sana espiritualidad ecuménica familiarizada con los clásicos espirituales de todas las épocas y comuniones. Admirador del estilo de Charles Spurgeon*, él mismo fue un predicador de frase limpia, natural y directa, escogiendo su lenguaje con mucho cuidado.
Creyó y defendió el principio reformado *Sola Scripture*, sin apartarse ni por un momento de su gran devoción primaria y principal por la Biblia. Representó al partido evangélico dentro del anglicanismo en la Conferencia de la Tabla Redonda sobre la Santa Comunión (1900). Contribuyó a que D. L. Moody y Ira Sankey predicaran a los jóvenes universitarios.
«La gloria íntima del Evangelio, el brillo central misterioso de su mensaje, ¿qué es? Es el que Dios se dé a sí mismo al hombre. Es la unión del hombre, y luego la comunión con nada menos que Dios en Cristo» (*El antiguo Evangelio*..., p. 40).
Bib. *Bosquejos de doctrina cristiana*; *Exposición de la epístola a los Romanos*; *Estudios sobre Efesios*; *Estudios sobre Colosenses*; *Estudios sobre Hebreos*; *Santidad que es en Cristo*; *El antiguo Evangelio para una nueva era* (Todas publicadas por CLIE).
J. Baird, *The Spiritual Unfolding of Bishop H. C. G. Moule* (Londres 1926); J. B. Harford y F. C. MacDonald, *H. C. G. Moule* (Londres 1922).

MOVIMIENTO Este vocablo viene de mover; y éste, del lat. *movére* = mover, impulsar, etc. Puede tomarse en sentido amplio y en sentido estricto.
(1) En sentido amplio, movimiento designa cualquier cambio, según lo entendió la filosofía escolasticotomista. Aristóteles lo definió así: «es el acto del ente en potencia en cuanto en potencia». Voy a explicar esta definición de forma que cualquier lector la entienda: El hecho de que sea un acto del ente (es decir, del ser existente) indica que no es una cosa pasiva, es algo que camina, por decirlo así. Es en potencia, porque todavía no ha llegado a la meta. En cuanto en potencia indica que ya estaba allí, pero oculto; de lo contrario, ya habría llegado a la meta. Un ej.: Cuando un escultor hace una estatua de bronce, el movimiento, el cambio, no afecta al bronce en cuanto bronce, ya que el bronce sigue estando en la estatua, sino que afecta únicamente a la estatua que es lo que estaba en potencia en el bronce. Según Aristóteles, hay tres clases de movimiento: (A) cuantitativo, que consiste en un aumento o una disminución; (B) cualitativo, que consiste en una alteración; y (C) local, que es un cambio de lugar.
(2) En sentido estricto, sólo se entiende por movimiento el local, es decir, el cambio de lugar de un cuerpo. Este se divide, a su vez, en natural y violento. (A) Es natural el que se realiza mediante un impulso interno que dirige al objeto hacia su lugar natural; p. ej. el que dirige hacia abajo a los cuerpos que pesan más que el aire. (B) Es violento el que se comunica a los cuerpos desde el exterior en contra de su impulso natural, de forma que la causa agente, el motor, se halla fuera del objeto. La llamada ley de la inercia hace que todo cuerpo oponga al movimiento una resistencia que debe vencerse mediante una fuerza. Si la fuerza es menor que la resistencia, el objeto no se moverá de su lugar.
Con una serie de sofismas o aporías (del gr. *aporía* = sin salida), Parménides (nacido en 540 a.C.) y, sobre todo, Zenón (nacido en 500 a.C.), niegan la existencia del movimiento. Para Parménides y para Zenón, las cosas tienen que ser consistentes; más aún, consisten en consistir. Y, como el movimiento no es un ente, no puede existir. Tuvo que venir Aristóteles para dar la correcta definición de movimiento y echar, así, por tierra todos los sofismas de Zenón. Para el pensamiento de Demócrito, cf. *Mecanicismo, 2)*.

MUERTE Este vocablo procede directamente del lat. *mors*, *mortis* = muerte. Para todo ser humano, la muerte tiene un significado primordial: Es el fin de la existencia corporal al haber dejado de funcionar los órganos vitales del cuerpo. Esta definición hasta los ateos la admiten. Para quienes creemos en la espiritualidad del alma, la muerte es, en principio, la separación del alma del cuerpo al cual informaba. Hay cuatro clases de muerte y en todas se da (lo más probable) una separación, no una destrucción.
(1) Muerte física. Es la cesación irreversible (a no ser por milagro) de las funciones vitales cor-

porales (cf. p. ej. 2 S. 14:14; Ro. 6:23; He. 9:27). No se destruye la persona, sino que se separa el alma del cuerpo.
(2) Muerte espiritual. Es la que ocurre cuando el ser humano se enajena de Dios por falta de interés o por expresa hostilidad (cf. p. ej. Gn. 2:17; Mt. 8:22; Jn. 5:24-25; 8:21, 24; Ro. 6:23; Ef. 2:1; Stg. 5:20; Jud. v. 12). No destruye el alma, sino que la separa espiritualmente de Dios.
(3) Muerte segunda = muerte eterna. Es la separación permanente de Dios, en la que incurren los incrédulos que se niegan a creer en Dios, en Cristo, en el evangelio, y los impíos que se niegan a abandonar su indiferencia o su hostilidad respecto a Dios, a Cristo, al evangelio. En esta vida, hay remedio contra esta muerte por medio de la conversión. Dios no niega su gracia a nadie ni las oportunidades para ello, pero con la muerte física se acaba el periodo de prueba y no queda una segunda oportunidad (cf. p. ej. Mt. 10:28; He. 9:27-28; Ap. 2:11; 20:6, 14-15; 21:8). Como digo, es una separación, no una destrucción.
(4) Muerte al pecado. Es una separación del pecado, consistente en: (A) dar muerte de una vez (gr. *nekrósate*) a los miembros (inclinados hacia las cosas) de sobre la tierra: la fornicación, etc. (Col. 3:5, lit.), señales evidentes de una verdadera conversión; (B) ir dando muerte continuamente (gr. *thanatoúte*) a las obras de la carne (Ro. 8:13, lit.), tarea de purificación con la ayuda del E. Santo.
Leyendo el cap. 15 de 1 Co. se saca la conclusión de que la muerte debe ser bien acogida, a la vista de la resurrección* gloriosa que ha de seguirse. Pero, sin salir de dicho cap., ha de tenerse en cuenta que es nuestro postrer enemigo (cf. 1 Co. 15:25-26). No se puede esconder ni negar ese rostro frío y horripilante de la muerte. Y, cuanto más cercano está alguien al momento de la muerte, más cerca se nota el frío de su aliento. Me pregunto: ¿qué consuelo puedo tener ante esa presencia negra, cada día más cercana y de la que no puedo escapar? Notemos que se puede escapar, aunque indignamente, de la vida; pero nadie puede escapar de la muerte (cf. p. ej. Ap. 6:16; 20:14). La misma inescapabilidad de la muerte se ve en He. 9:27: «está establecido para los hombres morir una sola vez» (lit.). Y, en un contexto sobre las vaciedades de esta vida, Ec. 3:2 nos dice que hay un tiempo (gr. *kairós*, en los LXX) señalado para dar a luz, y un tiempo señalado para morir (lit.). Ec. 7:1-4 dice lit.: «Mejor es el prestigio que un buen perfume; y el día de la muerte, que el día del nacimiento. Mejor es ir a casa de duelo que a casa de banquete, porque aquello es el fin de todo hombre, y al que vive le sirve para reflexionar. Mejor es la tristeza que la risa, porque con un rostro triste se mejora el corazón. El corazón del sabio está en la casa del duelo; el corazón del necio, en la casa del jolgorio». Sin embargo, por mucho que nos impresione el funeral de un amigo o de un familiar, siempre estamos tentados a pensar: «No es mi funeral, sino de alguien que no soy yo».
Pero, en todo caso, la muerte tiene también sus ventajas: (a) con ella se acaban los sufrimientos, que, a veces, pueden ser insoportables; se acaban los problemas, se acaban las preocupaciones, que pueden ser inquietantes; (b) ¡por fin, se ha llegado al final de la carrera! No hay que temer una reencarnación* con sus imprevisibles vicisitudes.
Nadie niega la existencia de la muerte, pero hay quienes tratan de olvidarla o de sentirse indiferentes ante ella. Es la táctica del avestruz, pero no resulta esconder la cabeza bajo la arena; la muerte viene galopando y ¡desgraciados aquellos a quienes coja por sorpresa! El cristiano que está bien preparado para el Cielo puede afrontarla con valentía, con gozo de ir a los brazos del Amado, con la inmensa alegría de una eternidad feliz, sin que se necesite para ello «paladear la muerte» de una forma morbosa. Hay quien no sólo la paladeó, sino que la sorbió hasta las heces por nosotros, matando en la cruz a la que nos mataba. No somos librados de la muerte, pero sí del miedo a la muerte (cf. He. 2:14-15).
Bib. R. Baxter, *La esperanza cristiana para la otra vida* (CLIE, Terrassa 1984); *–El Descanso eterno de los santos* (CLIE, 1991); L. Boros, *El hombre y su última opción* (EVD, Estella 1977, 4ª ed.); Tim LaHaye, *Vida en el más allá* (CLIE); Joachim E. Meyer, *Angustia y conciliación de la muerte en nuestro tiempo* (Herder, Barcelona 1983); Juan Antonio Monroy, *Entre la vida y la muerte* (CLIE); H. Thielicke, *Vivir con la muerte* (Herder, 1984); Samuel Vila, *Vida después de la muerte* (CLIE); Max Scheler, *Muerte y supervivenca. Ordo amoris* (Revista de Occidente, Madrid 1934); Basilea Schlink, *¿Qué hay después de la muerte?* (CLIE); H. Vorgrimler, *El cristiano ante la muerte* (Herder, 1981).

MUNDO El vocablo mundo (gr. *kósmos*) tiene muchos sentidos diferentes:
(1) El conjunto de seres (cosas, personas) que nos rodean, es decir, la totalidad de lo visible. De él trata la Cosmología, como filosofía de la naturaleza. En un contexto más cerrado, expresa el «es-

pacio vital», la totalidad de aquello que es accesible al animal y, sobre todo, al hombre (el entorno).
(2) El Mundo que cada uno se crea, según su profesión, sus aficiones, etc. Así decimos de alguien: «Vive en su mundo». Es la única acepción enteramente subjetiva del vocablo (el dintorno).
(3) Las 3 divisiones, ya clásicas en nuestro tiempo: (A) El Viejo Mundo de aquende el Atlántico, donde nos ha tocado nacer, vivir y morir. En el siglo xx, vino a subdividirse en: (a) El Mundo Libre de las democracias occidentales, y (b) El Mundo Comunista de la dictadura estatal; (B) El Nuevo Mundo de las Américas, que nuestros antepasados desconocieron hasta finales del siglo xv de nuestra era; y (C) El Tercer Mundo, con su pobreza ancestral y sus hábitos más o menos primitivos, como se palpa en muchas naciones de África y de Iberoamérica.
(4) La humanidad entera, perdida y revuelta, a la que Dios amó hasta el punto de entregar a la muerte a su Hijo unigénito para salvarla de la perdición (cf. Jn. 3:16; 17:15, 18).
(5) Este planeta Tierra, con todas sus vicisitudes, al que el Hijo de Dios se dignó descender encarnado (cf. Jn. 1:14; 17:5, 11-13, 24).
(6) El Mundo hostil a Dios, a Cristo, al evangelio: el Mundo que no lo conoció (cf. Jn. 1:10), ni lo recibió (cf. Jn. 1:11) y por el que Cristo no rogó (cf. Jn. 16:33; 17:9, 14, 16, 25). Aunque el Mundo-Kósmos siempre es propiedad de Dios, goza, por permisión divina, de cierta independencia, con la que puede incluso dirigirse contra su Creador. Este Mundo incluye también el ambiente cultural y social que la humanidad pecaminosa ha producido y desarrollado. En este sentido se describe al diablo
Estos tres últimos significados son los que más resaltan a lo largo de la Palabra de Dios. Pero a nivel metafísico, queda:
(7) El Mundo ontológicamente interpretado, ya sea (A) en sentido panteísta, con lo que se borra la diferencia radical entre Creador y criatura (Spinoza, Hegel); (B) en sentido dualista (maniqueos, gnósticos), con dos principios independientes: el del bien y el del mal (cf. los arts. *Gnosticismo* y *Maniqueísmo*); (C) en sentido monista (materialistas) sin Dios, sin principio trascendente ni fin dirigido desde el exterior, un Mundo que se desarrolla por evolución endógena; y (D) el Mundo del eterno retorno, de Nietzsche.

NADA Del latín *nata*, de *nasci* = nacer. Carencia de ser, lo que no es, que no existe de manera absoluta.

¿Se puede decir «algo» de nada? ¿Es la nada algún ser para que nos ocupemos de ella? La nada sólo puede ser considerada como negación del ser. Esta negación del ser puede ser considerada de dos modos: (1) absoluto, cuando el concepto de nada se opone absolutamente al ser tanto real como posible; (2) relativo, cuando el concepto de nada se opone al ser real, pero no al ser posible. Cuando los creacionistas decimos: «Dios creó el mundo de la nada», tomamos el vocablo nada en sentido relativo, porque Dios crea seres que no existían, pero no crea, no puede crear, absurdos, que se contradicen en sus propios términos, como un «círculo cuadrado».

Esta es la nada considerada como negación del ser, pero también puede considerarse la nada como privación del ser, lo cual sucede cuando una persona o una cosa carece de alguna propiedad o perfección de la cual es capaz y que le correspondería conforme a su naturaleza, como ocurre con la ceguera en el ser humano.

Este es el concepto de nada propio de la filosofía escolasticotomista y se funda en el principio de contradicción. Fuera de la filosofía escolástica, se dan diferentes conceptos de nada:

(A) Según el idealismo alemán (Hegel), el ser y la nada son compatibles, no por identidad pura, sino por la de identidad y no identidad.

(B) El nihilismo disuelve el ser en la nada, ya sea (a) negando los valores absolutamente válidos (Nietzsche), ya sea (b) diciendo que todo carece de sentido (Sartre).

(C) El Maestro Eckhart* da a Dios el nombre de Nada, no para negar la existencia de Dios, sino para poner de relieve que no es como los seres finitos y nombrables: Dios es radicalmente la Nada de todo lo finito. Eckhart es, en el fondo, un neoplatónico que enfatiza la vía negativa en el conocimiento de Dios.

(D) Heidegger, existencialista evolutivo hasta su muerte en 1976, parece que enseñó en un principio la nada como nada absoluta, pero últimamente enseñó que la nada es, en realidad, el velo del ser que se muestra como el no-ser y, en este sentido, como la nada.

NATURALEZA Este vocablo viene del lat. *natura* = naturaleza, nacimiento, temperamento, orden natural. Corresponde en todos sus sentidos al gr. *phúsis*. Por tanto, según se tome en uno u otro sentido designará cosas semejantes por analogía de atribución, pero realmente distintas:

(1) Por su relación con el nacimiento, el vocablo naturaleza designa la peculiaridad nativa de un viviente.

(2) Por su relación con el ser de cada ente designa todo lo que le corresponde según su esencia (dones naturales). (A) En Dios, Ser Supremo e Infinito, Él es su misma esencia natural. (B) En nosotros, además de lo que nos corresponde por esencia, están también los dones sobrenaturales de toda clase, puesto que proceden de la libre disposición de Dios, por encima de todo lo que nosotros podamos ser, hacer o merecer.

Además, hay que tener en cuenta que el ser humano está caído de su condición natural originaria, por lo que lo sobrenatural que adviene a su naturaleza no la cambia físicamente, aunque la eleve espiritualmente. Nunca se ha dado el estado de naturaleza pura.

(3) Por su relación con el obrar, naturaleza es el principio remoto de la actividad de un ser. Este es el sentido que más nos interesa, pues designa el aspecto dinámico del ser en cuanto fundamento interno de sus dimensiones activa y pasiva. Desde este punto de vista, todo ente tiene su naturaleza, incluso Dios, si eliminamos la imperfección que en Él supondría el desarrollo propio de los entes finitos, pues Dios no está sujeto al devenir por el carácter especial de su eternidad, aunque esto no menoscaba Su movilidad activa y pasiva (mover y conmoverse). Igual que en el punto (2), también aquí afecta la caída a la naturaleza (principio remoto de actividad) del hombre, lo mismo que a sus facultades específicas (principios próximos de actividad).

(4) Como orden natural de las cosas, naturaleza es el plan constructivo ingénito en todo ente. Así se llama ley natural a la que tiene sus raíces en la naturaleza, y se llama contrario a la naturaleza lo que va contra las leyes naturales. Cf. tamb. *Revelación natural* y *Teología natural*.

(5) Considerada como un todo, naturaleza es el conjunto de todos los seres que tienen una naturaleza en desarrollo progresivo (sujeto al devenir). Según el panteísmo (Spinoza), esta totalidad incluye también a Dios como *natura naturans*. Sin embargo, entendida correctamente, la naturaleza es el conjunto de los seres espaciotemporales que, por su propia naturaleza, se producen, se desarrollan y se unen para constituir el orden de la naturaleza. En este sentido, suele aparecer personificada en «la madre naturaleza».

Al concepto genuino de naturaleza humana se opone el naturalismo, tanto (A) el puramente filosófico (Nietzsche) que quiere convertir al hombre en un trozo de naturaleza, como (B) el teológico (Rousseau), que afirma la imposibilidad de una comunicación sobrenatural de Dios con los hombres.

Bib. J. M. Aubert, *Filosofía de la naturaleza* (Herder, Barcelona 1972); J. Maritain, *Filosofía de la naturaleza* (Club de Lectores, Bs. As. 1967).

NECESARIO Es necesario, en sentido general, lo que no puede no ser. En este sentido, necesario se opone: (a) a lo imposible (lo que no puede ser); (b) a lo contingente (lo que puede no ser). Esta necesidad del ser puede ser de varias clases:

(1) Necesidad ontológica. Es la que se funda en la naturaleza misma del ser. Se divide en:

(A) Metafísica, (a) propia del Ser en cuyo concepto se incluye necesariamente la existencia (Dios), aunque esta existencia tenga que demostrarse a posteriori; y (b) propia de los principios generales de la metafísica y de la matemática, cuya necesidad descansa en el principio de contradicción, p. ej. el todo es mayor que una parte, dos y dos son cuatro, demostrables por evidencia inmediata.

(B) Física, fundada en leyes naturales o físicas, p. ej. la fuerza de la gravedad hace que una bala de cañón perfore una pared, pero Dios puede suspender el efecto de tal fuerza.

(C) Moral, que supone causas libres. Puede ser: (a) objetiva, cuando algo realmente es un medio necesario para conseguir un fin; ésta es la que se llama necesidad de medio, para distinguirla de la necesidad de precepto, que tiene lugar cuando algo es necesario, no por ser medio para el fin, sino por estar mandado; (b) subjetiva, cuando se cree que obrando de cierto modo se obtendrá el resultado apetecido.

(2) Necesidad lógica es la que señala lo ineludible de una conclusión, puestas las premisas de las que necesariamente fluye. No se trata, pues, de la necesidad de lo deducido, sino de la necesidad de la deducción.

Cf. tamb. los arts. *Contingencia, contingente* e *Imposibilidad*.

NEGACIÓN Este vocablo procede de negar; y éste, del lat. *negare* = decir que no, rehusar.

La negación no puede darse en el concepto, sino en el juicio, y expresa el no ser de algo. Esta negación es verdadera cuando corresponde a la realidad; p. ej. «este papel es blanco» (lo es efectivamente). Hay casos en que la negación expresa una realidad positiva mediante otra negación, p. ej. «ese hombre no es ciego» = «ese hombre puede ver» (así es, en efecto).

La negación de la negación tiene importancia decisiva para la metafísica, pues señala el modo de conocer a Dios (el Infinito) negando al mismo tiempo todo límite, puesto que la infinitud no es directamente accesible al espíritu humano. Esta clase de juicio es verdadero, porque Dios es realmente infinito. Esta es la llamada *vía negationis*, tantas veces mencionada. Sin embargo, no puede tomarse como única vía para llegar al conocimiento de Dios, porque ese exclusivismo conduce a la teología negativa, a la cual están inclinados los místicos (Eckhart). Cf., sin embargo el art. *Mística, misticismo* para ver que esa inclinación es propia de algunos místicos, no de todos.

La filosofía dialéctica entiende de modo diferente la negación de la negación, pues no consiste en establecer la identidad de un juicio o de un contenido a base de dos negaciones, sino en alcanzar algo nuevo, más amplio, que ya estaba contenido potencialmente en lo anterior (Hegel). Cf. tamb. *Dialéctica*.

NEOESCOLÁSTICA (cf. *Escolástica, filosofía*)

NEOORTODOXIA (cf. *Barth, Karl*)

NEOPLATONISMO (cf. *Plotino*)

NESTORIANISMO Se conoce con este nombre la herejía que halló su principal fautor en el patriarca de Constantinopla Nestorio*. Sostenía que cada una de las dos naturalezas de Cristo poseía su propia personalidad, admitiendo entre ambas naturalezas una unión accidental afectiva, moral, de mutua pertenencia, etc., pero no sustancial y personal, como nos la presenta la Palabra de Dios. Por eso, llegó a admitir que María podía ser llamada «portadora del Verbo», pero no «madre del Verbo». Se apoyaba, como sus contrarios los monofisitas*, en el falso supuesto de que a cada naturaleza individual corresponde una hipóstasis o persona. Tal base es falsa, pues la persona responde a la pregunta «¿quién?» (*principium quod*), mientras que la naturaleza responde a la pregunta «¿con qué?» (*principium quo*).

El nestorianismo fue condenado en el C. de Éfeso (431), el cual definió que «Emanuel es según verdad Dios y, por esto, la Virgen santa es madre de Dios, pues engendró según la carne al Verbo de Dios hecho carne».

NESTORIO Nestorio (380-451) nació en Siria y estudió en un monasterio de Antioquía de Siria, probablemente bajo Teodoro de Mopsuestia, siendo pronto un fervoroso defensor de la ortodoxia contra los arrianos (cf. *Arrianismo*). Fue nombrado patriarca de Constantinopla en 428 y su primer acto oficial fue quemar una iglesia arriana. En ese mismo año predicó Nestorio una serie de sermones en los que atacó la devoción, ya popular, a María bajo el título de *theotókos* = engendradora de Dios. Le pareció que era una herejía similar al apolinarismo* y sostuvo que, en lugar de *theotókos*, había que llamar a María *jristotókos* = engendradora de Cristo. Pues decía: «el Verbo pasó por ella, pero no nació de ella», «¿cómo puede una criatura dar a luz a su Creador?» «¿Diremos que Dios tiene dos o tres meses de edad?» No admitía, pues, una verdadera «comunicación de idiomas y de atributos» de una naturaleza de Cristo a la otra pasando por la persona única.
Su mayor adversario fue Cirilo de Alejandría*, quien pronto se percató de que Nestorio negaba la unión hipostática de las dos naturalezas en Cristo. El año 430 el papa Celestino I condenó a Nestorio y, en ese mismo año, Cirilo preparó sus anatematismos, el primero de los cuales sirvió para la condenación del nestorianismo en Éfeso, según hemos visto en el art. precedente.
No cabe duda de que, en la enemistad de Cirilo con Nestorio, hubo muchos malentendidos, pues recientemente se ha descubierto un libro de Nestorio en el que explícitamente niega la herejía por la que fue condenado. Sin embargo, sus claras frases de ataque a la comunicación de idiomas no dejan lugar a dudas de que su pensamiento cristológico estaba teñido de funesta herejía. Justamente, pues, fue su doctrina condenada en Éfeso.

NEWMAN, JUAN ENRIQUE Este filósofo y teólogo anglicano y, después, catolicorromano (1801-1890), experimentó en su adolescencia una conversión a Cristo por fe en la sección más calvinista de la parte evangélica del anglicanismo. Fue después a Oxford, donde brilló por su clara inteligencia y su singular poder para expresarse. Quedó allí después de graduarse, siendo reconocido por su piedad y su sana predicación. En cambio, su hermano Francisco, que ha-

Juan Enrique Newman

bía pasado por experiencias similares a las de Juan Enrique, se fue a los Hermanos de Plymouth para caer luego en el agnosticismo.
Newman luchó continuamente con la doctrina acerca de la Iglesia inspirándose en los escritos de los Padres de la Iglesia, como se refleja en su primer libro *Los arrianos del siglo cuarto* (1833). Pero en su afán de hallar el canal de la presencia y del poder del E. Santo, se volvió en algunos puntos tan carismático como Eduardo Irving*. Sin embargo, creía que la respuesta que él buscaba en su lucha sobre la doctrina de la Iglesia no estaba en los dones del E. Santo en general, sino en el don específico del apostolado, siempre presente en la sucesión apostólica del episcopado.
Los *Sermones parroquiales* que Newman predicó en la iglesia de Santa María en Oxford causaron un impacto notable en sus oyentes y en sus lectores. Así se fue formando la teología anglocatólica del Movimiento de Oxford (1833), junto con otros clérigos como Keble* y Pusey*. Su contribución a los *Tratados para estos tiempos* (1834-1841) hizo que el nuevo Movimiento recibiera también el nombre de *Tractarianismo*.
Durante algún tiempo, Newman sostuvo la teoría de que la Iglesia anglicana era la verdadera sucesora de la Iglesia primitiva, como una vía media entre el protestantismo rígido y el catolicismo heterodoxo, pero poco a poco («cada día un paso más», solía decir, cambió de pensar y en 1845 fue recibido en la Iglesia Católica. Poco después se publicó su *Ensayo sobre el desarrollo de la*

doctrina cristiana (1845). Pero el libro más famoso de Newman fue su autobiografía *Apología Pro Vita Sua* (1864). La tremenda sinceridad con que escribió este libro calmó el revuelo que sus ideas habían causado tanto entre los anglicanos como entre los católicos.

La independencia de su pensamiento teológico (aunque tiene ciertas afinidades con el de Möhler*), lo hizo sospechoso frente a una Iglesia que se estaba moviendo hacia la definición de la infalibilidad papal en el C. Vaticano I (1870). Newman estaba convencido del papel que el papa representaba como centro visible de unidad en la Iglesia, pero no creía que eso le diera derecho al absolutismo autoritario ni a la exclusiva del oficio magisterial.

Newman fue creado cardenal por León XIII en 1879, pero su teología continuó siendo mal entendida hasta que el C. Vaticano II enfocó la doctrina sobre la Iglesia y sobre la Revelación de forma parecida a como Newman la había formulado, por lo que puede decirse que se adelantó a su tiempo por casi cien años. Incluso me atrevo a decir que Newman salvó a la Iglesia católica del callejón sin salida al que había llegado en el problema de la evolución dogmática.

Según la Iglesia católica, una verdad revelada es, de suyo, dogma de fe, pero sólo nos consta que es dogma de fe cuando la Iglesia, representada especialmente en el papa como centro de unidad, lo define con su autoridad infalible. Pero esta autoridad papal no «inventa» el dogma; la verdad definida como «dogma» tiene que hallarse, de algún modo, en las fuentes de la revelación: la Escritura y la Tradición constitutiva. La cosa está clara cuando la doctrina está explícita (con las mismas palabras o con diferentes, pero de sentido equivalente) en dichas fuentes. Pero, ¿qué diremos si la doctrina definida como «dogma» no se halla explícita ni implícitamente en las fuentes? Las explicaciones que los teólogos católicos venían dando dejaban mucho que desear, hasta que el teólogo holandés E. Schillebeeckx (1919 -), en su libro *Revelación y teología* (Salamanca, Sígueme, 1968), encuentra tres tipos de solución entre los teólogos:

(1) Histórico. Sostiene una identidad fundamental entre las diferentes fases históricas de captación, por parte de la conciencia cristiana, de lo definido como «dogma». En otras palabras, la Iglesia siempre ha creído los mismos dogmas. Esta era la solución adoptada por los Manuales de teología hasta poco antes de la Segunda Guerra Mundial. Pero hace ya siglo y medio desde que los mejores especialistas católicos juzgaron insostenible este método.

(2) Lógico. Se basa en el principio de que la razón humana, mediante un silogismo analítico, puede encontrar nuevas verdades virtualmente contenidas en lo profundo del contenido mismo revelado. Contra este método, Schillebeeckx arguye que la fe no puede desarrollarse por medio de la razón natural.

(3) Teológico. Es el propuesto por Möhler y, especialmente, por Newman en el siglo XIX, y seguido por el propio C. Vaticano II, como el mismo Pablo VI reconoció al final del Concilio. E. Schillebeeckx lo expone así: «Todo el desarrollo dogmático parte de una intuición global todavía implícita en muchos aspectos, que se encamina a través del pensamiento implícito (experimental y subconsciente) y explícito (formulado y consciente) hacia las definiciones dogmáticas. El silogismo, por tanto, no nos coloca ante una verdad nueva, sino que pone al descubierto el movimiento evolutivo por el que habíamos llegado ya a esta verdad en nuestra experiencia espontánea». Añade que la falta de proporción entre el conocimiento vivo, subconsciente, y la técnica refleja del pensamiento formulado, hace que nuestra expresión gramatical de las verdades divinas sea siempre incompleta e inadecuada. Para catalizar el conjunto global del conocimiento experimental de los creyentes y tener seguridad de que las formulaciones dogmáticas no traicionan el sentido de la verdad revelada, Newman sostiene la necesidad de una comunidad eclesial visible, dotada de un magisterio infalible.

Bib. J. H. Newman, *Desenvolvimiento del dogma* (Revista de Estudios Franciscanos, Barcelona 1907); *–Ensayo sobre el desarrollo de la doctrina cristiana* (UPS, Salamanca 1997); *Apologia pro Vita Sua* (BAC, Madrid 1977 / Encuentro, Madrid 1996); *Escritos autobiográficos* (Taurus, Madrid 1963); *El sueño de un anciano* (Rialp, Madrid 1954); *Sermones católicos* (Rialp, Madrid 1959); *El asentimiento religioso* (Herder, Barcelona 1960); *Pensamientos sobre la Iglesia* (Estela, Barcelona 1964); *La fe y la razón* (Encuentro, Madrid 1993); *Discursos sobre la fe* (Rialp, Madrid 2000, 2ª ed.).

Antonio Álvarez de Linera, *El problema de la certeza en Newman* (CSIC, Madrid 1946); José Morales, *Newman, el camino hacia la fe* (EUNSA, Pamplona 1978); C. Regina, *El cardenal Newman en sus escritos* (Paulinas, Madrid 1966); Meriol Trevor, *John H. Newman, crónica de un amor a la verdad* (Sígueme, Salamanca 1989).

NIEBUHR, HELMUT RICARDO Este teólogo norteamericano (1894-1962) y su hermano Reinhold fueron los líderes del llamado «Realismo cristiano», de carácter parecido al de la neoortodoxia europea (cf. *Barth, Karl*). Después de asistir a las escuelas de su denominación (presbiteriana), Ricardo Niebuhr ejerció el pastorado en San Luis (1916-1918), enseñó teología en el *Eden Seminary*, hizo estudios para el doctorado en la Universidad de Yale y, en 1931, aceptó el cargo de profesor en la Escuela Bíblica de Yale, donde permaneció hasta su muerte.

Aunque, en muchos aspectos, siguió la línea de la ortodoxia clásica, puede decirse que Niebuhr se mantuvo a caballo entre el corifeo de los teólogos liberales del siglo XIX, Federico Schleiermacher y el corifeo de la neoortodoxia del siglo XX, Carlos Barth. Del liberalismo tomó su dedicación a sostener la naturaleza esencialmente experimental de la religión, y de la neoortodoxia europea la crítica contra el optimismo liberal sobre el poder de la razón humana. Su línea ortodoxa quedó reflejada en su punto de vista sobre la soberanía de Dios, conforme a la tradición agustiniana y reformada.

Niebuhr estaba interesado en múltiples temas. Aspiraba, sobre todo, a un concepto del mundo que fuese, al mismo tiempo, cristiano, crítico e integrador. Esto se palpa ya en su obra *El significado de la revelación* (1941), donde sostiene que en las experiencias reveladoras percibimos al Absoluto, pero no lo percibimos de manera absoluta, por lo que no debemos menospreciar otras revelaciones y creencias para imponer las nuestras. La revelación es, ante todo, personal, no proposicional. Lo que se revela tiene un significado, pero no es una información al estilo de un periodista. La tarea principal del creyente es contemplar toda la vida de acuerdo con nuestro modelo, que es Jesucristo. Este aspecto es el tema principal de su obra *Cristo y la cultura* (1951), donde estudia a (A) Cristo contra la cultura; (B) El Cristo de la cultura; (C) Cristo sobre la cultura; (D) Cristo y la cultura en paradoja; y (E) Cristo, el transformador de la cultura.

En su tercera obra *Monoteísmo radical y cultura occidental* (1960), pide un enfoque integrador de la cultura, la política, la ciencia, la religión, etc.

Bib. Richard Niebuhr, *Cristo y la cultura* (Península, Barcelona 1969).

NIEBUHR, REINHOLD Como ya hemos visto en el art. anterior, Reinhold (1892-1971) era hermano mayor de Helmut Ricardo Niebuhr y, como él, fue un teólogo y eticista influyente. Ambos eran hijos de un pastor de la iglesia reformada evangélica. Para ser precisos, deberemos decir que el interés de Reinhold estaba enfocado hacia la ética más que a la teología; más en la doctrina sobre el hombre que en la doctrina sobre Dios. Después de graduarse en Yale (1914), aceptó un pastorado en la iglesia presbiteriana de Detroit (1915) y allí permaneció trece años. Su experiencia entre los obreros de la compañía Ford, donde ejerció su ministerio pastoral, y frente al creciente poder corporativo de la industria locomotriz, transformó profundamente su pensamiento, abandonando las ideas sociales del protestantismo liberal que habían predominado durante los primeros años del siglo XX.

Después de la publicación de su primer libro *¿Necesita religión la civilización?* (1927), abandonó Detroit para ser profesor de cristianismo aplicado en Nueva York (1928). En 1932 se publicó uno de sus libros más influyentes, *El hombre moral y la sociedad inmoral*, donde deshizo completamente las respuestas que el protestantismo liberal daba a las estructuras sociales de su tiempo, y se dedicó a construir una teología de la justicia como respuesta verdadera de la fe bíblica a las realidades del poder secular; llegó incluso a aceptar ciertos aspectos del análisis marxista, hasta describirse a sí mismo como «marxista cristiano». No obstante, las raíces de su teología pueden encontrarse en la línea de la neoortodoxia europea de Barth y, sobre todo, de Bonhoeffer.

La Segunda Guerra Mundial (1939-1945) le llevó a abandonar sus ideas socialistas y pacifistas, pero permaneció, sin embargo, siendo un activista social comprometido, contribuyendo a formar la sociedad «Americanos para la Acción Democrática» y el partido liberal de Nueva York. Su obra maestra es *La naturaleza y el destino del hombre* (dos vols. respectivamente en 1941 y 1943). Es una exposición contemporánea completa de los temas cristianos fundamentales. En ella R. Niebuhr trata el que llamó «el más acuciante problema de la humanidad: ¿Qué pensará el hombre de sí mismo?»

No puede negarse que la obra de R. Niebuhr significa el mayor esfuerzo teológico de los dos primeros tercios del siglo XX, pero sus críticos le achacan que mostró más interés en las paradojas de la vida humana que en la salvación que se nos ofrece por medio de Jesucristo, y que el uso mismo que hizo de la Biblia fue para mostrar que tiene mucho que decir para la moderna condi-

Federico Nietzsche

ción de la humanidad más bien que por ser la palabra infalible de Dios.

NIETZSCHE, FEDERICO Federico Nietzsche (1844-1900), hijo de un pastor luterano, estudió filología en Bonn y en Leipzig, llegando a ser profesor de esa asignatura en Basilea a los 25 años en 1869. En 1879, la enfermedad le obligó a dejar la cátedra y vivió independiente dedicándose a escribir sobre temas filosóficos. En 1889 perdió la razón y murió totalmente enajenado.

En su *Ecce Homo* (1888), Nietzsche ensalza la agresividad frente a la pasividad. A. Schopenhauer, filósofo del pesimismo, había recomendado una moral de autorrenuncia, pero Nietzsche exalta el valor de la guerra como ocasión de mostrar valores superiores (espíritu de sacrificio y de generosidad) y sostiene la idea del caballero, animoso y valiente, que entiende la vida generosamente. Por eso afirma que el cristianismo es hostil a la vida, diciendo «no» al instinto. Oponiéndose al espíritu cristiano de cargar con la propia cruz y plegarse a las circunstancias, afirma la voluntad de poder que puede transformar los valores humanos y crear un nuevo Superhombre. Por eso toma sus modelos de los personajes del renacimiento, sin escrúpulos y sin moral, pero con magníficas condiciones para la vida.

Frente al cristianismo de ultratumba, Nietzsche anuncia dramáticamente en *Así hablaba Zarathustra* (1883) que la muerte de Dios («Dios ha muerto; nosotros lo hemos matado», dice) abre nuevos horizontes para quienes tienen la suficiente fuerza de voluntad para hacer frente al reto que eso comporta. Por tanto, ante la vida humana se ponen en conflicto dos actitudes: lo dionisíaco y lo apolíneo, es decir, lo que corresponde respectivamente a los dioses griegos Diónysos y Apolo; el 1º es el símbolo de lo impulsivo, de lo excesivo, de lo erótico, de la orgía como culminación del afán de vivir; el 2º el símbolo de la serenidad, de la claridad, de la medida, de la razón intelectual. Así se expresa ya en *El origen de la tragedia* (1872).

Su última obra, *La voluntad de poder* se publicó después de su muerte con ese título que no es de Nietzsche y en forma que no corresponde enteramente a su pensamiento, como lo ha demostrado Schlechta haciendo ver las manipulaciones que sufrieron los escritos de Nietzsche para hacerle pasar por racista y amigo del totalitarismo de estilo nazi. Hitler tuvo en gran estima sus escritos, tanto que pensó que la mejor forma de premiar a Mussolini por la ayuda que le prestó durante la Segunda Guerra Mundial era regalarle, para su cumpleaños, las obras completas de Nietzsche.

Su influencia en la filosofía posterior es notable, como puede verse en el existencialismo de Sartre y de Camus y en la «teología de la muerte de Dios».

Bib. F. Nietzsche, *Así habló Zarathustra* (Aguilar / Alianza, Madrid 1972); *El Anticristo* (Alianza, Madrid 1874); *Ecce Homo* (Alianza 1978, 3ª ed.); *El crepúsculo de los Idolos* (Alianza, 1973); *Ecce Homo* (PPP, Madrid 1983); *Entorno a la voluntad de poder* (Península, Madrid 1973); *El gay saber* (Narcea, Madrid 1955); *La genealogía de la moral* (Alianza, 1972); *Más allá del bien y del mal* (Alianza, 1972); *El nacimiento de la tragedia* (Alianza, 1978, 3ª ed.).

G. Bataille, Sobre Nietzsche. *Voluntad de suerte* (Taurus, Madrid 1972); E. Fink, *La filosofía de Nietzsche* (Alianza, 1966); Javier Hernández-Pacheco, *Friedrich Nietzsche. Estudio sobre vida y tras-*

cendencia (Herder, Barcelona); Karl Jaspers, *Nietzsche y el cristianismo* (Deucalión, Bs. As. 1955); Alfonso Ropero, *Introducción a la filosofía,* cap. VIII (CLIE, Terrassa 1999); G. Sobejan, *Nietzsche en España* (Gredos, Madrid 1967); Gustave Thibon, *Nietzsche o el declinar del espíritu* (DDB, Bs. As. 1951); B. Welte, *El ateísmo de Nietzsche y el cristianismo* (Taurus, Madrid 1962).

NO CONFORMISTAS En sentido estricto, se llama no conformistas a los protestantes que, en conciencia, no pudieron estar conformes con el rumbo que tomaba la Iglesia anglicana, especialmente después de 1662, cuando los que disentían de ella (ingl. *Dissenters*) formaban el grupo compuesto de congregacionalistas, presbiterianos, bautistas y cuáqueros, a los que, en el siglo XVIII, se unieron los metodistas y, más tarde, otros grupos menores. Los no conformistas existen en muchos otros países con diferentes características según los casos, pero en todos tienen en común la defensa de la libertad de conciencia y de religión y la separación de la iglesia del poder secular.

Bib. George Herbert Curteis, *Dissent in its Relation to the Church of England* (Macmillan, Londres 1872).

NOMINALISMO El vocablo viene de nombre; y éste, del lat. *nomen, nóminis* = nombre, título, renombre. Cuando el vocablo nombre se entiende como opuesto a lo real, el término nominalismo significa todo lo que aparenta ser algo sin la realidad del contenido; p. ej. un cristiano nominal designa a una persona que sólo es cristiana de nombre, no en la realidad.

En este art. no tomamos el vocablo nominalismo en ese sentido genérico, sino en su sentido estrictamente filosófico y teológico: la enseñanza que no admite la existencia del universal ni en las cosas ni en el pensamiento. En su forma radical, aparece en Roscelín de Compiègne (aprox. 1050-1120), que sólo reconoce la universalidad de los nombres. Por eso, la tesis de que todo lo real es necesariamente individual llevó a Roscelín al triteísmo, pues la divinidad, común a tres personas divinas, no podía existir, según su pensamiento, sino multiplicándose en otros tantos individuos.

Pero la esencia del nominalismo no consiste solamente en negar la existencia de los universales; se extiende también al reconocimiento de la actividad divina sin exigir una evidencia física, con lo que empalma con la antigua tradición agustiniana y franciscana, la cual, frente al aristotelismo tomista que daba relevancia a la organización racional de las verdades teológicas, enfatizaba el valor de la fe en términos de aceptación voluntaria de lo revelado por Dios. Esto dio pie a que el nominalismo pudiera considerarse como una forma de voluntarismo (p. ej., en *Duns Escoto, John**). Es así como el nominalismo entraba en el campo de la teología, afectando a Lutero, que se identificaba a sí mismo como nominalista y, aunque en menor grado, también en Calvino por su rechazo de toda especulación acerca de Dios.

Afín al nominalismo es el conceptualismo*.

Entre los nominalistas posteriores, merecen ser mencionados:

(1) Nicolás de Autrecourt (a mediados del siglo XIV), para quien el principio de contradicción y la experiencia interna son los únicos principios del conocimiento. No se puede conocer otra sustancia que la del propio «yo». La Iglesia de Roma condenó 60 proposiciones suyas.

(2) Juan Buridán (muerto a mediados del siglo XIV) de ideas filosóficas y físicas audaces, con las que ejerció gran influencia sobre científicos tan dispares como Leonardo da Vinci, Galileo Galilei, Alberto de Sajonia y Domingo de Soto. Se hizo famosa su teoría sobre la cuestión de si la voluntad puede decidirse ante circunstancias totalmente iguales. El asno de Buridán se murió de hambre ante dos montones de heno iguales por no poder decidirse sobre cuál tendría que empezar a comer.

(3) Gabriel Biel de Spira (muerto en 1495). Fue un hábil expositor del occamismo e influyó en las ideas filosóficas, claramente nominalistas, de Lutero*.

Bib. T. de Andrés, *El nominalismo de Guillermo de Ockham como filosofía del lenguaje* (Gredos, Madrid); Alfonso Ropero, *Introducción a la filosofía*, cap. V (CLIE, Terrassa 1999).

NOVACIANO Muy poco es lo que conocemos de este personaje, pero sí sabemos que era sacerdote, teólogo y educado, hasta el punto de figurar a la cabeza del clero de Roma durante los dos meses que mediaron entre el martirio del papa Fabián (236-250) y la elección, por mayoría de votos, de Cornelio (250-253). Sabemos también que salió a la palestra en los años 249-251 con ocasión del problema de la restauración de los caídos. No se trataba ahora de los caídos en fornicación –ya se había impuesto la postura moderada del papa Calixto I (217-222)–, sino de los caídos en apostasía durante la persecución de Decio. Al igual que Calixto, Cornelio se mostraba dispuesto a perdonar a los pecadores sinceramente arrepentidos. A esto se opuso Novaciano, cuya actitud rigorista era similar a la que Hipólito había adoptado contra Calixto. Fue excomulgado por un sínodo romano. Entonces estableció una Iglesia cismática que sobrevivió hasta el siglo VIII, fundida con grupos de tendencias montanistas (cf. *Montanismo*).

Desde el punto de vista doctrinal, su obra principal es un gran volumen: *De Trinitate* (Sobre la Trinidad), donde se esfuerza en probar la divinidad del Hijo, por una parte, y su distinción real del Padre, por otra. A pesar de esos esfuerzos, no logra ni lo uno ni lo otro. Se queda corto al probar la Deidad de Cristo, porque, en su intento de refutar el sabelianismo (cf. *Monarquismo, 2*), enfatiza tanto la distinción entre el Padre y el Hijo que hace de éste un ser inferior al Padre o menor que el Padre. Y se queda «largo» al probar la distinción entre el Padre y el Hijo, pues escasamente puede evitar la acusación de diteísmo.

NOVÍSIMOS (cf. *Escatología*)

NUNCIO APOSTÓLICO Se da este nombre en la Iglesia de Roma al prelado (de ordinario, arzobispo) que actúa como delegado especial del papa en las naciones cuyo Estado es oficialmente católico. Sólo en su condición de delegado papal puede imponer su autoridad a los obispos y cardenales del país. A veces, como ha ocurrido en España durante casi todo el siglo XX, su función puede ser muy delicada porque ha de tener en cuenta los derechos y obligaciones del poder ejecutivo secular. Con frecuencia tiene que ceder en sus exigencias para evitar enfrentamientos del Jefe del Estado con el Vaticano.

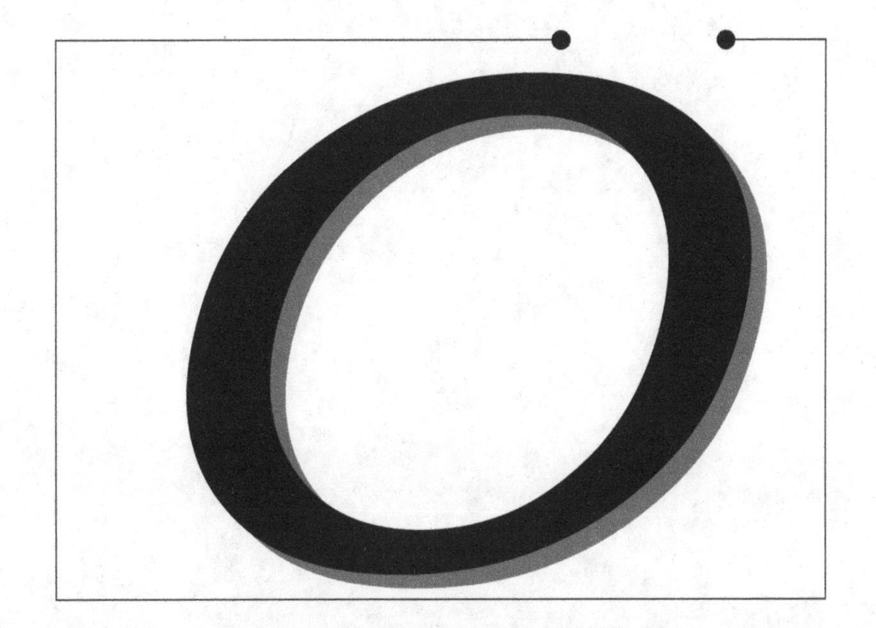

OBISPO Del griego *episkopos* = supervisor, inspecto. El término aparece en el NT (Hch. 2:17; 20:28) para designar un cargo o función en la primea comunidad cristiana. En este contexto es sinónimo de presbítero o anciano*, encargado de dirigir y supervisar.
Desde mediados del siglo II aparece ya claramente como cima de una jerarquía, como cabeza visible y sucesor de los apóstoles. Su misión o función es la de presidir la comunidad, enseñar e imponer las manos para ordenar y confirmar.
Mientras la Iglesia dependió de su matriz judía, las asambleas cristianas reflejaban la estructura de las sinagogas, con un consejo de ancianos* al frente de las mismas, pero a medida que el cristianismo se gentiliza, se vuelve grecolatino y la autoridad pasa de los ancianos o presbíteros (*presbyteroi*) a los obispos (*episkopos*). La autoridad se concentra ahora en una persona que a su vez acrecienta sus poderes y, en consecuencia, es sacralizada en sus funciones. En el siglo II ya vemos recortarse con personalidad propia la figura del obispo que destaca del consejo de ancianos y que es quien verdaderamente ejerce la autoridad. No son los ancianos, sino el obispo la máxima autoridad, en un proceso gradual de jerarquización que afecta a los mismos obispos, divididos ahora en metropolitanos y patriarcas, dependiendo de la importancia política y económica de las grandes ciudades del imperio. El obispo tendrá más autoridad cuanto más importante sea su sede. Los obispos de las grandes ciudades se convirtieron en objeto de consultas y recursos de parte de las iglesias dependientes del distrito. El prestigio de una iglesia local de haber sido fundada por un apóstol contaba mucho, pero contaba más todavía la importancia politicoeconómica de la ciudad misma. Algo parecido ocurre hoy día incluso en aquellas iglesias más independientes y rabiosamente congregacionales.
Al expandirse el cristianismo por todo el orbe, se hizo necesario una división geográfica que permitiera una organización territorial. La Iglesia adoptó para sus propósitos la división política del imperio romana en provincias. Al igual que la vida política y social de las provincias se concentraba en sus capitales, también la comunidad cristiana de una ciudad importante se convirtió en el centro de referencia para los cristianos de la provincia. Y así como las diferentes ciudades tenían una importancia distinta en el orden político, tenían también una diferencia de importancia jerárquica en las iglesias.
A partir del siglo III los sínodos se celebraron en la respectiva capital de provincia, convocados y presididos por el obispo del lugar, que con ello alcanzaba una cierta preeminencia sobre los otros obispos de la provincia. Así surgió la institución de los metropolitanos, cuya jurisdicción se extendía a toda la provincia, con primacía sobre los otros obispos de su distrito. Era un hecho que venía desde largo tiempo atrás, sin que tuviera otra justificación que la realidad histórica. Ahí se daba una adecuación de la estructura eclesiástica a la organización imperial. Así como el imperio se dividía en diócesis con varias provincias, y cada una de esas diócesis era gobernada por un alto funcionario, la Iglesia adoptó este mismo sistema para hacerlo suyo.
En virtud a esta evolución jerárquica se llegó a una división a gran escala de la Iglesia antigua, que dio origen a los patriarcados, figurando un patriarca a la cabeza de cada uno. Cinco fueron las ciudades con categoría patriarcal, nunca alcanzada por el resto: Alejandría, Antioquía, Roma, Constantinopla y, por último, Jerusalén. Tenemos así cuatro patriarcados en Oriente, mientras que Occidente contaba con uno solo, el de Roma, que explica la importancia eclesiástica y evolución posterior de esta iglesia, de la que derivó su pretensión de primada sobre la Iglesia universal.
Respecto a la figura del obispo como dirigente de la comunidad, la evolución corrió pareja a la de las iglesias. Se puede decir que la Iglesia se hizo a imagen y semejanza de las estructuras políticas del imperio. El modo de ejercer autoridad, las vestiduras de sus ministros, el alcance de su jurisdicción, fue calcado por los dirigentes eclesiásticos de las autoridades civiles.
Algunas de Iglesias nacidas de la Reforma mantienen la función del obispo, en especial la luterana y la anglicana (y la metodista, por extensión), pero hacen de la comunidad y de los fieles la base del sacerdocio común de todos los creyentes. No es, por tanto, un cargo jerárquico, como en la Iglesia de Roma. AR

OBJETIVISMO Como contrario al subjetivismo*, el objetivismo es una tendencia filosófica según la cual el valor del conocimiento depende del objeto independientemente del sujeto. El realismo aristotelicotomista es un sistema objetivo*, pero no excluye la acción del sujeto en el problema del conocimiento.
Por otra parte, el trascendentalismo lógico (p. ej. Fichte) es una variedad de objetivismo, pero no se le puede llamar realismo, porque a ese mundo objetivo que el trascendentalismo propugna no le corresponde ser real.

OBJETIVO Se opone, casi siempre, a subjetivo*, teniendo en cuenta que «objeto» no es sinónimo de «ente real». Puede llamarse objetivo:

(1) Lo propio del objeto en cuanto tal, lo que está frente a lo propio del sujeto.

(2) Lo que está fundado en el objeto. Esta es la principal acepción de objetivo. Así, a la ciencia se le exige objetividad. Sin embargo, esta objetividad no indica una falta de interés personal en el pensar o en el investigar.

(3) Lo intencional (cf. *Intencional*, [2]), aplicado a los actos en cuanto relacionados con el objeto. Así, un concepto objetivamente considerado es el concepto en cuanto que manifiesta un objeto por el contenido mental incluido en él.

En el idealismo gnoseológico (p. ej. en Kant), objetivo es lo que se entiende como informado por las categorías del sujeto trascendental, en oposición a lo subjetivo considerado como lo existente sólo para el individuo.

OBJETO Este vocablo procede directamente del lat. *obiectum* (*ob-iectum* = lo arrojado delante, lo que está ahí delante de mí). Por tanto, ya desde su etim., objeto connota esencialmente una relación con el sujeto delante del cual está colocado el objeto. La gente llama «cosas» a los objetos, pero el filósofo llama objetos a las cosas. Siempre a nivel filosófico, objeto significa:

(1) En su acepción amplia, todo aquello a lo cual se dirige el acto consciente de un sujeto. Por eso, el ente en sí no es objeto, sino en cuanto es cognoscible o apetecible por un sujeto. Así entendido, se divide en: (A) material, esto es, el ente concreto al que se dirige el sujeto, y (B) formal, es decir, el aspecto especial bajo el cual se considera el objeto material.

(2) En sentido estricto, sólo lo que está delante del sujeto independientemente de éste y al que el sujeto debe amoldarse. En este sentido, no podemos decir, p. ej., que el conocimiento de Dios tenga objeto, ya que Dios no depende de nada ni de nadie. No se olvide, pues, que es un antropomorfismo inevitable hablar de los distintos objetos del conocimiento de Dios: posibles, futuros, futuribles (cf. *Dios, 19. Dios, Omnisciencia de*).

(3) Desde otro punto de vista, objeto designa el ente material al que se dirige la percepción, prescindiendo del propio «yo», experimentado como sujeto de actos intencionales, no como contenido del acto consciente (cuando yo mismo soy objeto de mi pensar o querer).

OBLIGACIÓN Este vocablo viene del lat. *obligare* = atar, sujetar, comprometer (*ob-ligare* = atar por delante, sin esconder la intención). A base de esta etim. se entiende pronto lo que es la obligación.

(1) En sentido amplio, designa las acciones concretas a las que está obligada una persona. En este sentido se dice: «Tengo muchas obligaciones».

(2) En sentido estricto, designa el deber que la ley moral impone a una persona libre para que haga u omita ciertas acciones. No se trata, pues, de una necesidad física, sino moral (cf. *Necesidad*). La obligación tiene en cuenta la libertad de la persona, pues la ley no puede imponerse por la fuerza. Sólo es efectiva cuando se acepta con libertad. La obligación es tanto más grave cuanto más necesario es el fin que tiene en cuenta. Por eso, no hay obligación más grave para el ser humano que aceptar la salvación eterna que Dios le ofrece en el evangelio (cf. p. ej. Mr. 1:15; 2 Co. 6:1-2). Esto ya supone la revelación divina, con lo que dicha obligación adquiere una motivación más alta. Como la obligación requiere el conocimiento de la ley, la ignorancia, el error y la inadvertencia impiden que una obligación sea efectiva, pero para que eximan de culpabilidad es menester que sean invencibles, pues si son vencibles (es decir, si pueden superarse mediante la debida diligencia en atender a las próximas circunstancias del sujeto y del objeto) no eximen de culpa, aunque la gravedad de la culpa depende del mayor o menor grado de negligencia en atender a las mencionadas circunstancias.

También es menester saber si lo que se requiere para alcanzar el fin es necesario con necesidad de medio o con necesidad de precepto (cf. *Necesidad*, [2]). En el primer caso, la obligación produce su efecto penal aunque se ignore la ley, como ocurre en el caso de alcanzar la salvación eterna, aunque Dios nunca deja en ignorancia invencible a la persona dotada del uso de razón (cf. p. ej. Hch. 17:30; 1 Ti. 2:4-6). En el 2º caso, depende de si la ignorancia del precepto es culpable o no. Los niños que no han llegado al uso de razón no son sujetos de obligación.

Es grave error pensar que la obligación es incompatible con la libertad. La verdadera libertad no sólo es compatible con la obligación, sino que halla en ella su fundamento: tanto más libre es un ser humano cuanto más obligado, pues la obligación se impone para evitar que la libertad se desvíe. Podemos verlo en Dios mismo: Nadie tan libre como Dios, y, sin embargo, nadie tan obligado: obligado por su esencia, por su naturaleza, por su Palabra, por sus promesas, por sus amenazas. Eso nos asegura precisamente que Dios cumplirá su palabra, para nuestra felicidad eterna o para nuestro castigo eterno.

OCASIÓN Este vocablo viene del lat. *occasio, occasionis* = ocasión, oportunidad, con lo que corresponde al gr. *kairós* = sazón, oportunidad. El lat. *occasio* procede, a su vez, del vb. *occídere*, comp. de *ob* y *cádere* = caer, ir a parar, ocurrir, sucumbir, decaer. Tal vb.viene, pues, a significar «lo que ocurre delante de uno», donde *occídere* viene a ser sinónimo de *accidere* = caer, ocurrir, con todos los sentidos que el vocablo accidente* puede tomar. Además de este sentido, prestado por la misma etimología, el vocablo ocasión puede tomarse en sentido filosófico y en sentido moral.

(1) A nivel filosófico, es menester distinguir el concepto de ocasión (A) del concepto de causa, pues la ocasión no causa, de suyo, el efecto; y (B) del concepto de condición necesaria (*sine qua non*), pues la ocasión tampoco es, de suyo, algo necesario para que el efecto se produzca. Frente a este concepto tradicional de ocasión, está el del ocasionalismo (cf. *Ocasionalismo*), especialmente en el holandés Arnold Geulincx (1624-1669), para quien el concepto de causa ocasional vino a desplazar al concepto tradicional de causa agente.

(2) A nivel moral, ocasión es todo aquello que, de algún modo (A) incita al pecado (p. ej., para un borracho, el mero hecho de entrar en un bar) o (B) pone en peligro próximo de cometerlo (p. ej. para un cazador, disparar sobre un objeto sin saber si es una persona). No cuenta el peligro remoto, pues ése es inevitable en la práctica; basta con salir a la calle para hallarse en toda clase de peligros. A pesar de lo dicho en (B), una persona puede (y, con frecuencia, debe) confrontar inculpablemente el peligro próximo («ocasión próxima»), convirtiéndolo en remoto. P. ej. un albañil trabajando al descubierto en un lugar muy alto; o un ginecólogo teniendo que observar a una mujer desnuda; o un sacerdote solicitado en confesión por una penitente, con tal que resistan enseguida al mal impulso instintivo y acudan a Dios en oración.

La Palabra de Dios (p. ej. en Ef. 5:16) nos exhorta a sacar provecho de las buenas ocasiones. Merece la pena analizar la 1ª parte de dicho v., que dice así en el original gr.: *exagorazómenoi tÚn kairón* = aprovechando lo mejor posible la ocasión. Nótese que el vb. contiene la palabra *agorá* = plaza principal del mercado. Con eso da a entender Pablo que la ocasión «está a la venta» en el mercado de la vida y, si no se la lleva Dios, se la llevará el diablo. El cristiano, pues, debe comprar esa ocasión, darle la libertad y sacarla del mercado (por eso lleva el vb. el prefijo *ex*), con lo que se aprovecha de ella lo mejor posible (el vb. está en la voz media, que designa aquí beneficio para el sujeto que actúa). En la mitología griega y romana, la ocasión estaba personificada por una hermosa dama que llevaba su largo cabello echado por delante de los ojos y dejaba así desnuda la nuca, por lo que el refrán cast. dice: «la ocasión la pintan calva»; no se la conoce bien, sino cuando ya ha pasado, pero entonces ya no tiene remedio: esa ocasión no vuelve a pasar jamás. Por tanto, es necesario adivinarla antes de que llegue y asirla por la cabellera cuando pasa.

OCASIONALISMO Este vocablo, derivado de ocasión, designa un sistema filosófico según el cual los seres creados no son realmente causas agentes, sino sólo ocasiones para que Dios actúe como única Causa agente que existe. El ocasionalismo puede ser universal o particular.

(1) El ocasionalismo universal se basa (A) en una concepción mecanicista del mundo (cf. *Mecanicismo*) o (B) en un falso concepto del concurso de Dios con las causas creadas (cf. mi libro *CPDTB*, Parte I, lecc. 20ª).

(2) El ocasionalismo particular reviste diversas formas: (A) El principal representante es el holandés Arnold Geulincx (1624-1669), profesor de Lovaina y, después de su conversión al calvinismo, en Leyden. En él, el concepto de causa *occasionalis* vino a desplazar al de causa *effciens*. (B) Renato Descartes (1596-1650), por poner el fundamento del ser en el concepto de sustancia cayó también en el ocasionalismo al no poder resolver la dificultad concerniente a la unión entre alma y cuerpo, impidiendo la acción recíproca entre ambos (cf. *Cartesianismo*); finalmente (C) Nicolás Malebranche* (1638-1715), miembro del Oratorio, tratando de evitar el ocasionalismo craso, simbolizado en el símil de dos relojes puestos puntualmente en la misma hora por una mano divina, cae en él al afirmar que la causalidad divina tiene en cuenta las ocasiones del ser creado, con lo que los seres creados vienen a ser meras condiciones para el obrar de Dios.

Bib. Alfonso Ropero, *Introducción a la filosofía*, cap. VI (CLIE, Terrassa 1999).

OCCAM, GUILLERMO DE Este filósofo franciscano (aprox. 1290-1349) nació al sur de Londres, quizás en la ciudad cuyo nombre llevó y estudió en Oxford. Llamado el *Doctor invencibilis* fue profesor en Oxford y después en París. Fue acusado por sus enseñanzas antieclesiásticas y citado a Avignon, donde a la sazón estaba el papa. Huyó y se refugió en la corte de Luis de Baviera, a quien parece que le dijo: «Emperador, defiéndeme con la espada y yo te defenderé con la pluma». Fue excomulgado por Juan XXII. Al morir el emperador, trató de reconciliarse de nuevo con el papa y se retractó de su anterior actitud. Murió en Munich, probablemente durante la peste, y allí fue enterrado (cf. tamb. *Conceptualismo*).

Occam defendía la soberanía del emperador frente a la autoridad pontificia. El sostener la opinión de que el papa debe someterse a un concilio general, Occam se erigió en precursor de las tendencias democráticas dentro de la jerarquía eclesiástica y, al mismo tiempo, estableció los fundamentos del espíritu laico* con su defensa de la distinción entre el Papado y el Imperio, poderes que habrían de marchar separadamente.

La conservación y revitalización del pensamiento de Occam fue el trabajo del teólogo alemán Gabriel Biel (1418-1495); que ejerció una considerable influencia sobre M. Lutero*.

Bib. Guillermo de Occam, *Tratado sobre los principios de la teología* (Aguilar, Bs. As. 1968 / Sarpe, Madrid 1985).

N. Abbagnano, *Guillermo de Ockham* (México 1941); T. de Andrés, *El nominalismo de Guillermo de Ockham como filosofía del lenguaje* (Gredos, Madrid); L. Baudry, *Guillermo de Occam. Su vida, sus obras, sus ideas sociales y políticas* (Emecé, Bs. As. 1946); G. Canella, *El nominalismo de Guillermo de Occam* (Universidad, Córdoba 1962); T. De Andrés, *El nominalismo de Guillermo de Occam como filosofía del lenguaje* (Gredos, Madrid 1965); S. J. C. Giacón, *Guillermo de Occam. Ensayo histórico crítico sobre la formación y la decadencia de la escolástica*, 2 vols. (Universidad, Santiago de Chile 1961); R. Guelluy, *Filosofía y teología en Guillermo de Ockham* (Kraft, Bs. As. 1948); A. M. Hamelin, *La escuela franciscana desde sus comienzos hasta el occamismo* (Universidad, Córdoba 1959); G. de Lagarde, *El nacimiento del espíritu laico en la declinación de la Edad Media* (Carlos Pérez, ed., Bs. As. 1971); E. A. Moody, *La lógica de Guillermo de Occam* (Columba, Bs. As. 1947); Alfonso Ropero, *Introducción a la filosofía*, cap. V (CLIE, Terrassa 1999).

OCULTA, COMPENSACIÓN Se da este nombre en la Iglesia de Roma a la forma en que un criado o un obrero juzga que no se le paga suficientemente y piensa que no hay posibilidad de obtener un aumento de salario sin crearse graves problemas, por lo que se resarce ocultamente, ya sea trabajando menos o (si eso no es factible por vigilancia severa del amo) sustrayendo de los bienes del amo o empresario. También se puede robar la cantidad de dinero o de bienes necesaria para salir de una extrema necesidad, e incluso de una grave necesidad. Si el amo o el empresario compensase después al criado u obrero respectivamente, éstos estarían obligados a restituir de algún modo lo adquirido ocultamente. La teología moral católica ordena a los confesores que no permitan fácilmente a los penitentes el recurso a la compensación oculta.

OCULTISMO El vocablo procede del lat. *occultus*, ptc. del vb. *occúlere* = esconder, disimular. En sentido amplio, está oculto todo lo que no está a la vista. En sentido estricto, se llama oculto todo lo que llega a conocerse de manera no normal. Esto puede hacerse (1) de forma religiosa, que es la manera como se acercan a lo misterioso la fe y, sobre todo, la mística*; (2) de forma profana, dentro de la cual hay que distinguir (A) lo que se sale de lo normal, ya sea (a) en individuos aptos para ser puestos en trance o éxtasis no religioso, ya sea (b) en estados patológicos que caen fuera de las aptitudes normales, incluyendo aquí la hipnosis, la histeria, etc.; (B) lo insólito que ocurre sin o con las aptitudes normales, ya sea (a) por medio de las fuerzas físicas de la mente en individuos especialmente dotados; ya sea (b) por medio de la parapsicología, donde se incluyen la visión de lo oculto en el interior del hombre (el tercer ojo), la visión del aura y del halo, la telekinesia, las materializaciones, la visión de lo lejano tanto en el espacio como en el tiempo, etc.; y finalmente (C) lo extranatural que no puede ser causado sino por seres incorpóreos, ya sea (a) por almas de difuntos, ya sea (b) por espíritus demoníacos (siempre mediante médiums). Este último grupo (2, C) es realmente peligroso (cf. *Espiritismo*).

En efecto, la Palabra de Dios nos dice claramente cómo y cuándo hemos de explorar lo oculto, especialmente si se trata de conocer la voluntad de Dios en una situación concreta. Para ello, el primer requisito es estar en estrecha comunión con Dios (cf. p. ej. 1 Jn. 2:20); el 2º, estar dispuesto a rendir nuestra voluntad a la de Dios (cf. Ro. 12:1-2); y el 3º, esperar que Dios nos hable por medio de su providencia; si somos pacientes y orantes, Él nos lo hará saber de algún modo. Antes de Pentecostés, cuando el E. Santo no había sido dado para morar en los creyentes, el modo ordinario de consultar a Dios era por medio de los Urim y Tumim (cf. p. ej. 1 S. 23:9) y, después, echando suertes (cf. p. ej., Hch. 1:26). Pero, después de Pentecostés, la Iglesia no echa suertes, sino que se deja guiar por E. Santo (cf. p. ej. Hch. 13:2, 4).

Pero la Palabra de Dios nos dice también cómo no se debe explorar lo oculto. Basta con leer 1 S. 28:3-l9. Saúl acudió a la bruja de Endor cuando vio que Yahweh no le respondía ni por sueños, ni por Urim ni por profetas (v. 6). Saúl nunca fue convertido y llevaba una vida abominable desde su 1ª desobediencia cuando lo de Amalec (cap. 15), por lo cual fue abandonado por Dios y, tras consultar a la bruja de Endor, acabó derrotado por los filisteos y se suicidó. En mi opinión, fue el espíritu de Samuel el que se le apareció cuando lo de la bruja, no un espíritu demoníaco. Además del pecado de acudir a médiums, como hizo Saúl, hay muchos otros medios peligrosos de explorar lo oculto, como el tarot, la cartomancia, la quiromancia, etc.

Lo extranatural se ha dado en todas las épocas de la historia del hombre, pero está adquiriendo especial virulencia en nuestros días. Tengamos siempre presente lo que dice Pablo en 2 Ti. 3:13-4:5 y obremos en consecuencia.

Bib. Peter Beyerhaus, *Signos del ocultismo* (FELIRE, Barcelona 1980); W. C. van Dam,*Los muertos no mueren* (Susaeta Ediciones / Tikal / Unidad Editorial 1995); *–Ocultismo y fe cristiana* (CLIE, Terrassa 1993); John P. Newport, *Demonios, demonios, demonios. Una guía cristiana para la baraúnda del ocultismo* (CBP, El Paso).

OFICIO DIVINO Con esta expresión se designa el rezo del Breviario, con sus Horas canónicas, notablemente abreviadas después del C. Vaticano II, que los sacerdotes tanto seculares (los «curas») como regulares (los religiosos), así como las monjas de clausura, están obligados a rezar vocalmente cada día.

OFICIOS DE CRISTO (cf. *Cristo, 11) Profeta; 15) Rey de Israel; y 18) Sumo Sacerdote*)

OFICIOS EN LA IGLESIA (cf. *Iglesia, 6) Clases de gobierno en la iglesia*)

OMAN, JUAN WOOD Este teólogo presbiteriano británico (1860-1939), nació en Stenness (islas Orkney) y fue educado en Edimburgo y después en Erlangen (Heidelberg) y en Neuchâtel. Pasó la mayor parte de su vida activa en la Iglesia Presbiteriana de Inglaterra, 1º en un largo pastorado en Northumberland (1889-1907) y después como profesor de teología sistemática y de apologética en el Colegio de Westminster de Cambridge (1907-1935).

Oman fue influido grandemente por el pensamiento liberal alemán. Muy preocupado por la crisis que para el cristianismo produjo la Ilustración, Oman tomó interés en Schleiermacher*, cuyo pensamiento refleja especialmente en sus obras *Gracia y personalidad* (1918) y *Lo Natural y lo Sobrenatural* (1931). Su pensamiento puede resumirse del modo siguiente, teniendo en cuenta que su estilo alemán hace difícil, muchas veces, su lectura:

(1) Cada ser humano tiene capacidad para discernir santamente lo sobrenatural, aun prescindiendo de los credos y de la autoridad externa de la iglesia, si lo procura con sinceridad y reverencia.

(2) Cada ser humano es totalmente libre para interpretar el sentido divino de las experiencias de su propia vida.

(3) Cada ser humano puede encontrar su liberación del dominio de su ambiente en la medida en que entiende y acepta el dominio del reino de Dios.

OMNIPOTENCIA DE DIOS (cf. *Dios 17) Omnipotencia de*)

OMNIPRESENCIA DE DIOS (cf. *Dios 18) Omnipresencia de*)

OMNISCIENCIA DE DIOS (cf. *Dios 19) Omnisciencia de*)

ONOLATRÍA Literalmente culto del asno. Leyenda calumniosa referida por Josefo y que data del siglo II a.C., que atribuía a los judíos la adoración de un ídolo con cabeza de asno. Más tarde se aplicó a los cristianos la misma acusación de adorar a un hombre crucificado con cabeza de asno. Arnobio, Minucio Félix y Tertuliano replicaron llamando la atención sobre los dioses con forma de animal adorados por sus calumniosos detractores. AR

Bib. Minucio Félix, *El octavio* (CLIE, Terrassa 2001); Tertuliano, *Apología contra gentiles* (CLIE, 2001).

ONTOLOGÍA Este vocablo procede del gr. y significa «tratado del ente». La ontología es la

parte más importante de la metafísica*, pues trata del ente en cuanto ser. Aristóteles la llamaba «filosofía primera». Más tarde fue llamada Metafísica pura». Después de Wolff (1679-1754), gran sistematizador, adquirió su nombre específico, con el que se la conoce en todos los Manuales de filosofía.
La ontología halló en Kant su máximo enemigo, pues él suprimió toda la metafísica. Al otro extremo está el existencialismo* que pone en el ser la realidad última. Con la llegada del neotomismo, la ontología ha vuelto a reclamar el puesto que, con todo derecho, le corresponde.
Bib. Salvador Cuesta, *Ontología* (UPC, Santander 1948); J. Finance, *Conocimiento del ser* (Gredos, Madrid 1966); E. Gilson, *El ser y los filósofos* (EUNSA, Pamplona 1979); A. González Álvarez, *Tratado de metafísica. Ontología* (Gredos, 1961); P. G. Grenet, *Ontología* (Herder, Barcelona); A. Marc, *Dialéctica de la afirmación. Ensayo de metafísica reflexiva*, 2 vols. (Gredos 1969); J. Maritain, *Siete lecciones sobre la existencia* (Club de Lectores, Bs. As. 1981).

ONTOLÓGICO, ARGUMENTO (cf. tamb. *Dios, 25) Pruebas de la existencia de, A*)
Prueba de la existencia de Dios fundada a la vez en la noción misma del ser, que es impensable si no existe, y en la noción de perfección que implica la existencia, puesto que lo perfecto, si no existiera, sería por ello mismo imperfecto. El argumento ontológico fue primeramente expuesto por Anselmo* y, a su manera, continuado por Descartes, Spinoza, Leibniz, Hegel, cuyo germen se encontraba ya en el pensamiento de Agustín (*Confesiones* VII, 4).
Básicamente dice que Dios es el ser mayor que puede ser pensado. Si no existiera podría concebirse algo más grande que Él; por tanto, Dios tiene que existir. Cuando el necio (cf. Sal. 14:1) oye esta expresión, entiende lo que oye lo que entiende «está en su entendimiento» aun cuando no entienda que ese algo, mayor que lo cual nada puede pensarse, exista. Pues una cosa es la presencia de algo en el entendimiento, y otra cosa es entenderlo. Ahora bien, el necio debe admitir que lo que oye y entiende está en el entendimiento. Pero, además, ha de estar en la realidad, pues si sólo estuviese en el entendimiento aquello de que no puede pensarse nada mayor, no sería lo mayor que puede pensarse, pues le faltaría para ello ser real. «Si aquello mayor que lo cual no puede pensarse nada está en el entendimiento únicamente, aquello mismo, mayor que lo cual nada puede ser pensado, será algo mayor que lo cual es posible pensar algo.» Por lo tanto debe existir, tanto en el entendimiento como en la realidad, algo mayor que lo cual nada puede pensarse, y este algo es precisamente Dios.
Sin embargo este argumento ha sufrido múltiples críticas, entre ellas la de Tomás de Aquino*, quien dice que, en primer lugar, no todos los hombres identifican con Dios el ser perfecto mayor que el cual no puede darse otro; en segundo lugar, supuesto que se diese tal identificación, del argumento de Anselmo sólo se entiende que, lo designado por el hombre como Dios, existe en la mente, pero no en la realidad. Para afirmar que existe en la realidad habría que aceptar que entre las cosas reales se da algo superior a cuanto se puede pensar, cosa que no aceptan los que afirman que no existe Dios, siendo esto lo que hay que demostrar. En definitiva, el argumento ontológico pretende pasar de la existencia ideal a la existencia concreta y real.
Bib. Anselmo, *Proslogion* (Orbis, Barcelona 1985); Julián Marías, *San Anselmo y el insensato y otros estudios de filosofía* (Revista de Occidente, Madrid 1944); Alfonso Ropero, *Introducción a la filosofía*, caps. IV, VI (CLIE, Terrassa 1999).

ONTOLOGISMO Sistema filosófico que pretende que Dios es el objeto primero de la inteligencia y lo juzga todo a la luz del ser primero. El ontologismo, basado en las enseñanzas de Platón y de Agustín de Hipona, tiene por verdadero fundador a N. Malebranche*, que lo expresaba en la siguiente frase: «Todo lo vemos en Dios». Con eso, no quería decir Malebranche que veamos en Dios incluso lo concreto material, pues para eso tenemos la experiencia sensible, sino las ideas de las cosas espirituales. Tampoco quería decir que esa visión directa en la esencia misma de Dios sea igual que la visión beatífica de los santos en el cielo; más bien, que se ve la esencia divina como «arquetipo de todas las ideas». Gioberti lo expresaba en una frase similar: se ve la esencia divina como «causa de las cosas creadas».
En el siglo XIX, defendieron el ontologismo el ya mencionado V. Gioberti (1801-1852) y G. C. Ubaghs, profesor de Lovaina, sacerdotes católicos, como también Rosmini*, aunque según M. Rast, «Rosmini se incluye, al parecer sin razón, entre los ontologistas». El ontologismo en general fue condenado por Pío IX en 1861 (cf. Denz.-Schönm., nos. 2841-2847). En 1888, León XIII condenó 41 proposiciones de Rosmini (cf.

Denz.-Schönm., nos. 3201-3241). Aparte de esta condenación de la Iglesia de Roma, el ontologismo es falso tanto a nivel filosófico como a nivel teológico:
(1) A nivel filosófico, porque confunde el Ser divino, concreto e infinitamente trascendente, con el ser en cuanto tal, abstracto e indeterminado, el cual es aprehendido por nosotros en toda percepción y en todo pensamiento. No hay conocimiento humano, sino a partir de lo sensible.
(2) A nivel teológico, porque la Palabra de Dios nos dice que a Dios nadie lo ha visto jamás (Jn. 1:18), ni puede verlo, pues habita en una luz inaccesible (1 Ti. 6:16). Sólo el Hijo, «que está en el seno del Padre lo dio a conocer» (Jn. 1:18). El conocimiento directo de Dios siempre es por revelación, y la razón llega a Él indirectamente sólo a partir de las cosas creadas (cf. Ro. 1:20).

OPOSICIÓN El vocablo viene del lat. *oppónere (ob pónere)* = poner delante, oponer, objetar. Entre los varios sentidos en que suele tomarse, lo tomamos aquí en sentido estrictamente filosófico para significar «la exclusión que existe entre dos contenidos cuando la posición de uno impide la del otro». Según sea la fuerza y el ámbito de dicha exclusión, la oposición se divide en:
(1) contradictoria, que es la existente entre el ser y el no ser y, por ende, entre cualquier contenido y su negación. De ahí que no admita medio.
(2) contraria se llama la que existe entre dos contenidos de signo positivo, los cuales se excluyen mutuamente dentro de un círculo limitado; p. ej. la alegría y la tristeza. Esta admite, y requiere, medio. En el ejemplo citado, será la calma serena, ni alegre ni triste.
(3) privativa, que es la que hay entre una perfección y su carencia; p. ej. entre la salud y la enfermedad y, por analogía de atribución, entre un hombre sano y otro enfermo.
(4) relativa, que es la que existe entre dos términos opuestos relativamente, como la que hay entre «padre» e «hijo». Esta oposición tampoco admite medio, pero sí consustancialidad de los términos, como nos enseña la revelación divina acerca de las personas de la Deidad que se oponen relativamente (*ad alium*), pero se identifican en la esencia (*ad se*). Para más detalles acerca de la oposición relativa, cf. *Trinidad*.

OPTIMISMO Este vocablo viene del lat. *óptimus* = buenísimo, el mejor, superl. de *bonus*. El vocablo puede tomarse en diferentes sentidos:
(1) En sentido cultural (Lessing, Fichte, Hegel, Marx), es el que imagina una supuesta evolución continua por la que la humanidad asciende progresivamente a estadios más elevados. Es un optimismo sin fundamento alguno y no cuesta ningún esfuerzo ver cómo la experiencia contradice tal clase de sueño.
(2) En sentido metafísico, se divide en (A) absoluto, ya sea (a) porque concibe este mundo como el mejor posible, como expresión necesaria de la sabiduría y de la bondad de Dios (Leibniz), ya sea (b) porque tiene como fundamentalmente bueno todo lo existente, haciendo consistir el mal únicamente en la finitud del ente creado (Spinoza); y (B) moderado (escolasticotomista), que ve algo valioso en sí en todo ente y concibe el mal como algo que está encauzado al bien por la sabiduría, el poder y el amor de Dios (cf. p. ej. Gn. 50:20; Ro. 8:28), aunque no logremos penetrar muchas veces en los designios particulares de Dios.
(3) En sentido psicológico, es la disposición de ánimo que inclina a verlo todo «de color de rosa», como suele decirse. Es admisible únicamente en el sentido que acabo de explicar en (2), (B) y siempre en grado relativo, pues, p. ej. por mucha que sea la condición espiritual de un creyente, no es como para ver «de color de rosa» la enfermedad dolorosa y la muerte física.
El optimismo metafísico absoluto es totalmente insostenible, pues ignora, o no advierte, que el Infinito no puede hallar en lo finito una expresión absolutamente necesaria. Aunque es cierto que Dios siempre obra de acuerdo con sus perfecciones infinitas, por parte del objeto de su actuación (el ser finito), Dios no puede obrar lo mejor posible, porque, por una parte, lo esencialmente finito siempre puede ser superado en cada grado de su realización, y por otra parte, Dios no puede ser manipulado para hacer que actúe con detrimento de su libertad (contra Leibniz). Además (contra Spinoza), el mal moral no es una mera carencia, sino una privación; por lo que Dios mismo ha de tener alguna razón que justifique la permisión de su existencia.
(4) En sentido cristiano, es la actitud cristiana de confianza en el poder de Dios, que cumple su voluntad en medio de las adversiones, conforme al plan que ha diseñado para las edades, por el cual este mundo se encamina hacia un ser mejor, donde mora la justicia, un cielo nuevo y una tierra nueva (cf. Ap. 21).

ORACIÓN Muchas son las definiciones que se han dado de la oración: «Elevar el corazón a

Dios y pedirle mercedes» (Catecismo de Astete); «la respiración del alma» (Agustín de Hipona); «el aliento viviente de la iglesia de Cristo» (E. P. Clowney), etc. Sencillamente, oración es «toda comunicación amorosa entre el alma y Dios». Esta comunicación es posible porque agradó a Dios revelarse a nosotros de tal modo que los seres humanos pueden dirigirse a Él de forma personal. Y, al decir personal, adelanto ya que toda oración eclesial va dirigida al Padre por el Hijo en el Espíritu. Una persona que no ha oído nada del Dios verdadero puede todavía orar a Dios conocido como el Ser Supremo y Creador (cf. Ro. 1:19-20), pues el Dios que desea la salvación de todos (cf. 1 Ti. 2:4), necesariamente ha de impartir a todos los medios necesarios para ello. O, quizás, sólo ha oído el nombre de Jesucristo (no el de Dios) y puede dirigirse a Cristo como único medio de salvación, ya que el E. Santo a todos confiere gracia suficiente para que se percaten de su condición miserable, aspiren a salir de tal condición y adivinen que hay un Ser Supremo amoroso y Salvador. Cuando se trata de un creyente que ha perdido la comunión con Dios, la obra de la redención (cf. 1 Jn. 1:7-10) restablece la comunión perdida, renovándola por medio de Cristo.

Desde muy antiguo se divide la oración en mental y vocal: la 1ª es una comunión mental con Dios, efectuada por medio de la meditación. Esta meditación puede tener por objeto, ya sea (A) los novísimos (las ultimas verdades), medio apto para abandonar el pecado (vía purgativa), (B) la vida, muerte y resurrección de Cristo, a fin de imitar al Señor y seguir sus pisadas (vía contemplativa), (C) la visión de Dios en toda su obra y en las circunstancias de nuestra vida, como medio de amar más y mejor a Dios (vía unitiva). El creyente espiritual que ha alcanzado la vía unitiva puede comunicarse con Dios (mental y vocalmente) aunque sea en plena calle y en medio del barullo y del tráfico, aunque no sea recomendable salir del propio aposento para orar (cf. Mt. 6:6).

La oración vocal consiste en expresar oralmente nuestra comunión con Dios. Ejemplos magníficos de toda clase de oración encontramos en la Palabra de Dios, especialmente en los Salmos. También aprendemos allí que la mejor oración es la de alabanza; después, la de acción de gracias; luego, la de intercesión por otras personas; finalmente, la de petición por las propias necesidades, 1º las espirituales, pero también las temporales en la medida que a Dios le plazca, que será la que más nos convenga.

Stg. dice que la oración eficaz del justo tiene mucho poder (5:16b). En ese tono nos exhorta a pedir a Dios, sin dudar, sabiduría (1:5-7). También dice que si nos falta algo conveniente, es porque no pedimos (4:2, comp. con Mt. 7:7-12) o porque pedimos mal, para gastar en nuestros malos deseos (4:3). Ya decía Agustín de Hipona que no obtenemos lo que pedimos porque pedimos *mali*, *male*, *mala*; es decir, porque somos malos (no tenemos comunión con Dios), porque pedimos mal (sin atención, sin confianza, sin perseverancia) o porque pedimos cosas malas (que no nos convienen). Por otra parte, Dios no quiere las vanas repeticiones (cf. Mt. 6:7), pero sí las repeticiones angustiosas como la del náufrago que pide insistentemente ayuda (cf. Mt. 15:21-28; Lc. 11:5-8; 18:1-8). Dios escucha y bendice esta clase de oración individual, pero más todavía la oración corporativa (cf. Mt. 18:19) y, especialmente, la oración eclesial (cf. p. ej. Hch. 9:11; 12:5, 12; Ef. 5:19-20; 1 Ti. 2:1-3, 8; Stg. 5:13-18).

Quizás estaríamos tentados a pensar que Jesús, el Hijo unigénito del Padre, no tenía por qué orar, puesto que es el Dios de cielos y tierra. Pero este pensamiento tiene resabios de monofisismo (cf. *Monofisismo*), pues olvida que Jesús era hombre perfecto y que cuanto mayor era su comunión con el Padre, tanto mejor sabía la distancia infinita entre él en cuanto hombre y el Padre, modelo y fuente infinita de santidad. Su absoluta dependencia como esclavo del Padre (cf. Fil. 2:7-8) lo llevaba a orar continuamente. Los evangelios nos dan testimonios abundantes de esa oración de Jesús (cf. p. ej. Mt. 26:36-44, comp. con He. 5:7; Mr. 1:35; Lc. 3:21; 5:16; 6:12; 9:18).

A pesar de que el Hijo y el E. Santo son personas de la Deidad, tanto como el Padre, la Palabra de Dios nos muestra que también ellos oran con oración de intercesión. En cuanto al Hijo, cf. *Cristo*, (8), *Cristo*, *Intercesión de*. En cuanto a la intercesión del E. Santo, cf. Ro. 8:26-27 y Ef. 6:18. Para más detalles, cf. mi libro *CPDTB*, Parte II, lecc. 16ª y Parte III, lecc. 18ª, punto 4.

A lo largo de la historia de la Iglesia, los cristianos han practicado toda clase de oraciones de las mencionadas en este art. Han usado continuamente el Padrenuestro, los Salmos y otras formas bíblicas de orar (Cf. tamb. *Adoración*). Sin embargo, no se puede soslayar el hecho de que muy temprano, en la historia de la Iglesia, entraron formas espurias de oración a María la madre del Señor y a los santos. Más tarde, entró el rezo del Breviario (cf. *Oficio divino*), mezcla de cosas buenas (p. ej. el Salterio entero) y de otras anti-

bíblicas, como las muchas oraciones a María y al santo principal de cada día.
En la Iglesia de Roma, la oración más popular es la del Rosario, que se reza pasando las cuentas (hechas de distinto material: madera, pétalos de rosas comprimidos, etc.). El Rosario completo consta de 150 cuentas, todas ellas para rezar Avemarías, además de 15 cuentas para los Padrenuestros intercalados entre cada grupo de diez Avemarías, con lo que la oración a María resulta diez veces mayor que la oración a Dios.
Orar siempre es hacerlo todo para agradar a Dios, decía Agustín. La oración es la puerta para recibir la luz divina y desde ahí iluminar a otros, de modo que la teología sin oración es mero ejercicio racional, mera teosofía, El teólogo, pues, y no sólo el místico o el fiel creyente, está tan necesitado de la oración para su labor científica como la última ama de casa para enfrentar las obligaciones de su hogar. Otro tanto se puede decir del pastor, por más atareado que esté, quien suprime la oración para ganar tiempo, lo pierde. Si no hay vida interior la experiencia del Evangelio se agota, el testimonio cristiano se anula, la santificación no se cumple.
Bib. A. Bandera, *Oración cristológica* (ESE, Salamanca 1990); E. M. Bounds, *La oración, fuente de poder* (EEE, Barcelona 1972); *–La realidad de la oración* (CLIE, Terrassa 1981); *–El predicador y la oración* (CLIE, 1980); *–El propósito de la oración* (CLIE, 1978); J. Bunyan y T. Goodwin, *La oración* (EDV, Londres 1967); Luis Cencillo, *La comunicación absoluta. Antropología y práctica de la oración* (San Pablo, Madrid 1994); L. A. T. van Dooren, *La oración, el hálito vital del creyente* (Latimer, Inglaterra 1964); José M. y Pablo Martínez, *Abba, Padre: teología y psicología de la oración* (CLIE, 1992); D. M. M'Intyre, *La vida de oración a solas* (CLIE, 1989); Andrew Murray, *La escuela de la oración* (CLIE, 1982); C. Spurgeon, *Doce sermones sobre la oración* (TELL, Grand Rapids 1992); R. A. Torrey, *El poder de la oración y la oración de poder* (CLIE, 1989).

ORDEN Este vocablo viene del lat. *ordo, órdinis* = orden, fila, clase, sucesión. En el presente art. tomamos el vocablo como versión del gr. *kósmos* = orden, mundo. Se dice que hay orden donde una pluralidad de elementos está gobernada por una ley que le da sentido y reduce a la unidad dicha pluralidad. Visto desde una perspectiva estética, el orden se llama armonía. Los elementos de que consta el orden pueden ser independientes, p. ej. los soldados de un regimiento, o dependientes, p. ej. los miembros del organismo humano. Finalmente, orden no es sinónimo de uniformidad; al contrario, resplandece en la variedad. Tampoco equivale a posición estática, pues lo mismo puede resplandecer en un hermoso retrato que en una exhibición atlética.
El orden llega (1) radicalmente al ente en su estructura trascendental (*ente* = uno), pero también (2) abarcando los grados del ser en su pluralidad ontológica de seres finitos (extensión del ser), (3) en su existencia sustancial concreta (comprensión del ser) y en las relaciones de unos seres con otros (relación del ser).
El concepto de orden surgió del pensamiento platónico, pero se abrió paso en el neoplatonismo de Plotino, colocando en la cumbre del ser el «Uno» y descendiendo por toda la escala de perfecciones hasta los demás seres.

ÓRDENES SAGRADAS (cf. *Mayores, Órdenes* y *Menores, Órdenes*)

ORGANISMO Este vocablo entró en el cast. tardíamente (1884) y viene de órgano; y éste, del gr. *órganon* = instrumento, herramienta (de *érgon* = obra, trabajo).
Todo lo que tiene algún orden* está, de algún modo, organizado, pero organismo no es lo mismo que organización; el 1º designa los miembros que integran el conjunto con sus funciones específicas, mientras que la 2ª designa la estructura y la ordenación de dichos miembros (cf. *Iglesia, 6) Clases de gobierno en la*).
En sentido metafórico, se designa con el nombre de organismo a entidades semejantes al organismo biológico, como son las entidades sociales, económicas o religiosas.

ORÍGENES Este erudito exegeta (aprox. 185-254) fue el teólogo más eminente de la primitiva Iglesia griega. Nació en Alejandría de padres cristianos. Su padre murió mártir en la persecución del emperador Severo (202). Llevado de su celo por la santidad celibataria tomó al pie de la letra Mt. 19:12 y se castró a sí mismo, para poder enseñar a sus alumnas sin peligro de escándalo o tentación. Defendió ardorosamente la fe cristiana contra paganos, judíos y herejes. Su obra *Contra Celso* es un monumento de apologética como respuesta contundente al tratado que Celso había escrito para atacar al cristianismo.
Su otra gran obra *Doctrinas Fundamentales* (en gr. *Sobre los principios*) presenta la teología cristiana a un nivel no conocido anteriormente en la

Iglesia. Sostiene firmemente la inspiración de la Biblia, aunque prefiere los sentidos alegórico y tipológico al literal. Interesado por la formación bíblica de sus alumnos, produjo los *Hexapla* = Seis pliegues, edición de la Biblia en seis versiones: el texto hebreo, una transliteración griega, y las versiones griegas de Aquila, Símmaco, los LXX y Teodocio.

Orígenes sostenía que ciertos principios fundamentales estaban claramente expresados en la Biblia, mientras que otros habían sido dejados a la especulación de los cristianos. Entre estos últimos estaban las creencias de que las almas que habían pecado en una vida anterior estaban encerradas en la tierra en cuerpos humanos como parte de un proceso purificador, y de que todos los seres racionales, incluidos el diablo y sus ángeles, serían admitidos a la salvación mediante la gracia de Dios y elegirían libremente amar a Dios.

En cuanto a la Trinidad de personas en Dios, Orígenes sostuvo la distinción real de las personas de la Deidad juntamente con la unidad de sustancia. Esta enseñanza preparó el camino para los grandes pensadores ortodoxos como Atanasio, Jerónimo y los Padres capadocios. Por otra parte, a veces habló del Hijo y del E. Santo como sometidos al Padre, lo cual preparó el camino para el subordinacionismo y, finalmente, el arrianismo.

Murió mártir en la persecución de Decio, aunque el emperador Justiniano consiguió que un sínodo local de Constantinopla (543) condenara 9 proposiciones sacadas de los escritos de Orígenes (cf. DS, 403-411), y el Conc. V de Constantinopla (553) lo condenó como hereje en una larga lista que comprende también a Arrio, Eunomio, Macedonio, Apolinar, Nestorio y Eutiques (cf. DS, 433). Estas condenaciones impidieron que sus obras circularan íntegras, y muchas de ellas han sobrevivido únicamente en traducciones latinas que no siempre reflejan el verdadero sentido del original griego.

La Iglesia se ha mostrado severa con su memoria, pese a que en todo momento Orígenes evitó cuidadosamente la herejía. Fue un gran buscador, pero por encima de todo un estudioso de las Escrituras, objeto principal de su erudición. Sus comentarios bíblicos han quedado como una de las grandes fuentes donde se ha alimentado la ciencia de los Padres de la Iglesia.

Bib. Orígenes, *Contra Celso* (BAC, Madrid 1967); *Sobre el libre albredrío* (Lumen, Bs. As. 1990); *Tratado de la oración* (A. Mariano / Sígueme, Salamanca 1998); *Homilías sobre el Génesis* (CN, Madrid); *Homilías sobre el Éxodo* (CN, Madrid 1992); *Comentario al Cantar de los Cantares* (Ciudad Nueva, Madrid 1994).

Henri Crouzel, *Orígenes* (BAC, Madrid 1998); Marcelo Martínez Pastor, *Teología de la luz en Orígenes* (UPC, Madrid 1963); A. Ropero, *Introducción a la filosofía*, cap. II (CLIE, Terrassa 1999).

ORIGINAL, PECADO (cf. *Caída del hombre*)

ORR, JAIME Este teólogo y polemista escocés (1844-1913), nació en Glasgow y se educó principalmente en la Universidad de aquella ciudad, graduándose en filosofía y en teología. Después de 17 años de ministerio pastoral, dejó su parroquia de Hawick (1891) para ejercer la cátedra de historia de la Iglesia en el *Divinity Hall* de Glasgow y, en 1900, fue nombrado profesor de Apologética y Teología Dogmática en el *Trinity College* de la misma ciudad. Su obra más famosa es *El concepto cristiano de Dios y del mundo* (1893).

Contribuyó a popularizar la doctrina evangélica, con influencia considerable en Norteamérica. En todo momento buscó defender la ortodoxia evangélica en medio de los muchos ataques y desafíos de la época. En 1897, dio dos series de conferencias en los Estados Unidos, las cuales se publicaron después con los títulos respectivos de *El Progreso del dogma*, su mejor obra, y *Factores descuidados en el estudio del progreso primitivo del cristianismo*.

Fue uno de los primeros y principales oponentes de la teología de Ritschl, que por entonces dominaba el pensamiento protestante. También se opuso a Wellhausen y su hipótesis documentaria del Pentateuco, afirmando la autoridad mosaica de éste. Asimismo se enfrentó a Harnack con su obra *The Progress of Dogma* (1901), mostrando la lógica divina del desarrollo histórico de la fe cristiana; cómo el orden tradicional de la dogmática, que comienza con la teodicea y concluye con la escatología, obedece a la cronología en que esas doctrinas han sido formuladas históricamente.

James Orr conocía de primera mano la filosofía y la teología tanto de Alemania como de Gran Bretaña. Como su colega Jaime Denney*, sostenía básicamente una posición evangélica, pero admitía también que era necesario reafirmar la fe en el contexto de las nuevas corrientes de la filosofía y de la teología. Por eso, llegó a admitir

la evolución teísta y trató de contradecir el veredicto negativo de A. Harnack, como hemos dicho, sobre la historia de los dogmas sosteniendo que los dogmas se han desarrollado de acuerdo con una lógica interna reconocible.
Colaboró en la controversia fundamentalista, considerada como una defensa de la fe evangélica y de la plena inspiración de la Biblia; sin embargo se apartó del fundamentalismo en lo tocante a la inerrancia de la Escritura, que siempre la consideró un suicidio en el terreno de la apologética. Sobre la evolución de las especies y del hombre defendió una postura que hoy llamaríamos «evolucionismo teísta», aunque en muchos aspectos se opuso al darwinismo. A pesar de todo escribió varios artículos para la serie *The Fundamentals*. Fue editor de *The International Standard Bible Encyplopaedia* (1915), su obra magna y más influyente, que aún goza del merecido prestigio, dado su alto valor académico y bíblico.
Murió el 6 de septiembre de 1913 encumbrado por una aureola de erudición y piedad, donde se daban cita el conocimiento filosófico y científico con el bíblico y teológico.
Bib. James Orr, *El progreso del dogma* (CLIE, Terrassa 1988); *Concepción cristiana de Dios y el mundo* (CLIE, 1992)

ORTEGA Y GASSET, JOSÉ No hay duda de que este gran pensador (1883-1955) ha sido, como dice J. Marías, «el máximo filósofo español» (*Historia de la Filosofía*, Revista de Occidente, Madrid, 1969). «Ningún escritor español del siglo XX ha alcanzado tal renombre en los círculos cultos nacionales y extranjeros» (*Historia de la Filosofía*, de J. Hirschberger, tomo II, p. 508). Nació y murió en Madrid. En la Universidad de Madrid se doctoró en filosofía el año 1904, y en esa misma Universidad fue profesor de Metafísica (1910-1936). En 1905, marchó a Alemania y estudió en las Universidades de Leipzig, Berlín y Marburgo; en esta última fue discípulo del neokantiano Hermann Cohen. Mi entusiasmo por Ortega no me impide decir que fue un realista en filosofía y un agnóstico a su manera en religión. Digo «a su manera», porque, después de leer a Barth, dijo que eso era «teología: decir de Dios; no callar de Dios, como hacen los místicos». Sin embargo, el Ortega de la «trascendencia», al estilo de Heidegger, no es el pensador religioso angustiado como Unamuno. Más bien, me atrevo a decir que lo ordinario de Ortega era «callar de Dios». Y, cuando en los últimos años de su vida, se metió en teología, y hasta en exégesis,

José Ortega y Gasset

más le habría valido callarse para no desbarrar. En otro orden de cosas, hay que destacar su papel en la política, especialmente durante la 2ª República (1931-1939). Era un idealista de la libertad y de la democracia, también a su manera, y cuando vio el cariz que tomaban los acontecimientos, pronunció su célebre frase: «No me gusta el perfil de la República». Como no contentó ni a tirios ni a troyanos, hizo muy bien en vivir en el exilio (Francia, Holanda, Argentina, Portugal, Alemania), donde no dejó de trabajar y dar conferencias (era buen lingüista). Desde 1945 hasta su muerte, volvió a residir en España, donde continuó trabajando incansablemente.
Sin quitarle méritos como literato, me permito decir que, precisamente por su extraordinaria maestría en el manejo de la imagen, de la metáfora en todos sus aspectos, Ortega fascina de tal modo al lector, que se necesita mucha formación y un agudo espíritu crítico para discernir en sus escritos lo incuestionable y lo problemático. El pensamiento de Ortega se puede resumir en tres apartados:
(1) La simbiosis del «yo y mi circunstancia». Este concepto, peculiarmente orteguiano, aflora ya en *Adán en el paraíso* (1910) para ser desarrollado

Patriarca ortodoxo Aleksii II

en *Meditaciones del Quijote* (1914). La vida, dice Ortega, es una «con-vivencia», una «co-existencia»; «el escenario ubicuo para la tragedia inmensa del vivir». «Yo soy yo y mi circunstancia; la realidad circunstante forma la otra mitad de mi persona.»

(2) El perspectivismo. Este concepto aparece en *Meditaciones del Quijote* y en *El Espectador.* Véanse estas frases: «La realidad, precisamente por serlo y hallarse fuera de nuestras mentes individuales, sólo puede llegar a éstas multiplicándose en mil caras o haces». «Lo que de la realidad ve mi pupila no lo ve otra. Somos insustituibles, somos necesarios.» «La perspectiva es uno de los componentes de la realidad. Lejos de ser su deformación, es su organización.» Me permito añadir que esto es cierto, no sólo a nivel metafísico, sino, sobre todo, a nivel psicobiológico.

(3) El raciovitalismo. ¿Son compatibles la razón y la vida? ¿Se puede razonar sin vivir? ¿Se puede vivir sin razonar? *En Meditaciones del Quijote* (1914), Ortega inicia este tema. Véanse estas frases: «La razón no puede, no tiene que aspirar a sustituir la vida. Esta misma oposición, tan usada hoy por los que no quieren trabajar, entre la razón y la vida es ya sospechosa». «Al destronar la razón, cuidemos de ponerla en su lugar.» «La razón pura tiene que ser sustituida por una razón vital donde aquella se localice y adquiera movilidad y fuerza de transformación.»

La razón, escribe en frase magistral, es una breve isla flotando en el inmenso mar de la vitalidad primaria. A partir de aquí puede el apologeta cristiano construir todo un sistema pensamiento bíblico que haga justicia a la razón y a la fe por igual. Ortega, como escribe Marías, «subraya con pleno vigor el carácter de la vida como dinámico hacer con el mundo; no se trata de una relación intelectual, una especie de dualidad-objeto, sino de una trato vital, una ocupación que lleva consigo la necesidad de una *comprensión* del mundo como tal en su integridad, como horizonte total, no ya una suma de conocimientos acerca de las cosas: y esa sugerencia afecta constitutivamente al hombre en su mismo ser. Por tanto, el hombre, definido por su vivir, consiste en hacerse en el mundo, el trato con él, y le pertenece esencialmente, como ingrediente de esa vida, la comprensión de ella y del mundo en que se hace, el cual, a su vez, es primariamente mi circunstancia» (J. Marías, *Filosofía española actual*. Espasa-Calpe, Madrid 1956).

Bib. J. Ortega y Gasset, *Obras completas*, 6 vols. (Revista de Occidente, Madrid 1955, 3ª ed.); *La idea de principio en Leibniz* (Alianza, Madrid 1979); *El sentimiento estético de la vida* (Tecnos, Madrid 1995).

Ubaldo Casanova Sánchez, *Ortega, dos filosofías* (Stvdivm, Madrid 1960); Paulino Garragori, *Introducción a Ortega* (Alianza, Madrid 1970); Julián Marías, *Ortega, circunstancia y vocación*, 2 vols. (Revista de Occidente, Madrid 1973); Antonio Rodríguez Huéscar, *Semblanza de Ortega* (Anthropos, Barcelona 1994); Alfonso Ropero, *Filosofía y cristianismo*, cap. IV (CLIE, Terrassa 1997); –*Introducción a la filosofía*, cap.VIII (CLIE, 1999); S. M. Tabernero del Río, *Filosofía y educación en Ortega y Gasset* (UPS, Salamanca 1993).

ORTODOXIA El vocablo procede directamente del gr. *orthós* = derecho y *dóxa* = opinión, designando así la creencia correcta, en oposición a la herejía (*heterodoxia* = diferente opinión). Con este nombre, pues, se suele designar en general «el cuerpo doctrinal del cristianismo que se basa en las verdades reveladas y es, por tanto, normativo en materia de fe y costumbres para la Iglesia universal».

Pero, en sentido específico, Ortodoxia designa a las iglesias orientales separadas de la Iglesia de Roma en la Edad Media (año 1054) a consecuencia de la inserción del filioque* en el símbolo nicenoconstantinopolitano.

Después del C. Vaticano II, se ha suavizado la tradicional tirantez entre la Ortodoxia grecorusa y la Iglesia de Roma. Pablo VI y el patriarca Atenágoras de Constantinopla levantaron las respectivas excomuniones, y recientemente la Ortodoxia participa activamente en el movimiento ecuménico*.

Bib. Ángel Santos Hernández, *Iglesias de Oriente. I. Puntos específicos de su teología* (UPS,

Santander 1959); –*II. Repertorio bibliográfico* (UPS, 1963); Vladimir Soloviev, *Rusia y la Iglesia Universal* (Librería Editorial Santa Catalina, Bs. As. 1936); Ken Ware, *El dios del misterio y la oración* (Narcea, Madrid 1998).

OSIANDER, ANDRÉS Este teólogo luterano (1498-1552), nació en Guzenhausen, cerca de Nuremberg y estudió hebreo en la Universidad de Ingolstadt, llegando a ser un gran hebraísta. Fue ordenado de sacerdote católico en 1520, entró en la orden de los agustinos y fue nombrado profesor de hebreo en Nuremberg. Pero dos años después abrazó el luteranismo, asistió al Coloquio de Marburgo en 1529, a la Dieta de Augsburgo en 1530 y firmó los artículos de Esmalcalda en 1537. Su sobrina Margarita Osiander llegó a ser la esposa del reformador inglés Tomás Cranmer*.
Como experto en las Sagradas Escrituras, Osiander preparó una nueva versión de la Vulgata Latina y una armonía de los cuatro Evangelios. Pero tenía un carácter irritable y era agresivo por temperamento. Por eso, no se consideró prudente que participara en el Coloquio de Ratisbona (1541). En 1548, el emperador Carlos V proclamó el Ínterin de Augsburgo, al cual no se sometió Osiander, por lo que fue obligado a dimitir como predicador y reformador en Nuremberg. Después del Ínterin de 1548 fue a Königsberg (1549) y se unió a la facultad de teología. Su obra *Sobre la justificación* (1550) envolvió a Osiander en una agria disputa con F. Melanchton, sosteniendo que éste daba demasiado énfasis a la justicia imputada. Para Osiander, la justificación del pecador no era simplemente una imputación de la justicia de Cristo mediante una declaración forense de inocencia, sino también una justicia otorgada mediante la morada de Cristo en el creyente. Como esta posición doctrinal no era ni católica ni luterana, Osiander fue condenado a muerte y el duque Alberto de Prusia lo ejecutó en 1552 ante una multitud que cantaba salmos. Una vez más se hacía evidente el proverbial *odium teologicium,* con graves consecuencias para la libertad de conciencia y el amor fraternal entre cristianos.

OTTO, RODOLFO Este teólogo y filósofo luterano alemán (1869-1937) nació en Peine, cerca de Hannover. Educado en Erlangen y en Gotinga, fue profesor de teología en Breslau (1914-1917) y en Marburgo (1917-1929). Su interés dominante era defender la integridad de la experiencia religiosa (con raíces en Lutero, así como en Kant* y en Schleiermacher*) de la amenaza planteada por el materialismo, pero continuó explorando la naturaleza esencial de dicha experiencia, por lo que marchó a la India en 1911 y estudió seriamente el sánscrito.
Este interés llevó a Otto a la investigación que culminó en su obra *Das Heilige* (Lo Santo, 1917), tenida por una de las obras clásicas de psicología religiosa. Para él, en el corazón de la religión existe una experiencia que no puede reducirse a ninguna otra categoría; más bien, hay que hablar de lo «santo» o, mejor, de lo «numinoso» (para huir de categorías «morales») y situarlo en el plano de las categorías kantianas de la mente y del, también kantiano, imperativo categórico. Lo «numinoso», en efecto, nos sitúa ante la presencia de «algo» totalmente más allá de nuestra capacidad intelectual y, sin embargo, se tiene conciencia de que ese «algo» está allí. Como, para Otto, esta experiencia de lo espiritual es suprarracional, todo lenguaje religioso es un esfuerzo por expresar lo inexpresable. Estaba convencido de que los teólogos de su tiempo habían puesto tanto énfasis en el papel de la razón en la religión, que se había perdido el aspecto no-racional de la experiencia religiosa. En este punto, Otto se muestra deudor a Schleiermacher*.
Otto se opone a la definición de Dios, en especial en la teología protestante en particular, y la cristiana en general, a través de conceptos claros y distintos y de predicados pensados como absolutos, perfectos y sumos, característica de la religión racional liberal. En su lugar, muestra la presencia de lo racional e irracional en la idea de Dios. Otto muestra con claridad que, a) La experiencia religiosa brota de las facultades intuitivas y emocionales (cf. *Afectividad*) del hombre, no de las racionales. b) La religión se caracteriza por la sensación de lo numinoso, aquello que se presenta a la experiencia humana como misterioso, oculto, desconocido, sorprendente. c) El temor reverencial, el miedo y el asombro están en la base de las creencias y actitudes religiosas.

Bib. Rudolf Otto, *Lo santo, Lo racional y lo irracional en la idea de Dios* (Alianza, Madrid 1980); Mircea Eliade, *Lo sagrado y lo profano* (Guadarrama, Madrid 1979, 3ª ed.).

OWEN, JUAN Este gran teólogo puritano inglés (1616-1683), fue el pensador sistemático más grande, junto a Ricardo Baxter*, en la tradición teológica puritana. Se educó en Oxford, donde la tradición aristotélica era fuerte, por lo que tuvo una seria lucha espiritual hasta su conversión definitiva en 1642. Sin abandonar los estudios teológicos, se dedicó también a la causa parlamentaria. Pastoreó una iglesia en Fordham y después en Coggeshall desde 1643 hasta 1651. En estos años acompañó a las tropas de Cromwell, primero a Escocia y más tarde a Irlanda. En 1651 fue nombrado deán de la Christ Church de Oxford. Al llegar la restauración monárquica, Owen fue echado de la iglesia de Oxford (1660) y se hizo no conformista (cf. *No conformistas*). Durante los 20 años siguientes, fue el líder del No conformismo y pastor de una iglesia congregacionalista en Londres.

Sin embargo, el aspecto que más nos interesa de Owen es el teológico. En 1643 publicó su libro *Un despliegue del arminianismo*, exposición vigorosa del calvinismo sublapsario, el cual campea sobre todo en su obra *La muerte de la muerte en la muerte de Cristo* (1647), donde defiende la redención limitada con más ingenio que fortuna, pues su argumentación parte de un principio que los amiraldianos* hallamos falso (cf. mi libro *La persona y la obra de Jesucristo,* lecc. 44ª, punto 1 y nota 64).

Su experiencia como capellán del ejército republicano le sirvió para rechazar la enseñanza cuáquera sobre la «luz interior», pero en su obra *El reino de Cristo y el poder del magistrado* (1652) trató de mostrar las diferencias entre la autoridad civil y la religiosa. Tolerante por temperamento, como lo muestra su libro *Sobre la tolerancia* (1648), al final de su vida trabajó por la formación de una iglesia nacional favorable a la reconciliación de los disidentes.

Bib. John Owen, *Obras*, 16 vols. (The Banner of Truth Trust, Edimburgo 1971-1976, varias ediciones); Peter Toon, *God's Stateman: The Life and Work of John Owen* (Paternoster Press, Exeter 1971).

OXFORD, MOVIMIENTO DE (cf. *Newman, Juan Enrique*)

P

PACTO (cf. tamb. *Alianza*) Este vocablo viene del lat. *pactum* = pacto, convenio, tratado; y éste, del vb. dep. *pacisci* = llegar a un acuerdo, firmar un tratado. En la Biblia, está representado por el hebr. *berith* y el gr. *diathéke*.

El hebr. *berith* viene, probablemente, de la raíz *barár* = cortar, como muchos otros vocablos de la misma familia que no hacen al caso aquí. Así hallamos la frase bíblica *karath berith* (cortar un pacto). Los orientales solemnizaban los pactos mediante el sacrificio de animales, pasando las partes contratantes por entre las víctimas cortadas en dos mitades. Pero los pactos divinos son unilaterales (cf. Gn. 15:9-17, sólo Dios pasa, bajo el símbolo de una antorcha de fuego). Por eso, el correspondiente vocablo gr. es *diathéke* = pacto por medio de. En el uso bíblico, todos los pactos de Dios con los hombres tienen cuatro características comunes: (a) el pactante es sólo Dios; (b) se solemniza por medio de la sangre de las víctimas (cf. Lv. 17:11, comp. con He. 9:22), que apuntan al Calvario, ya que, sin la obra de la Cruz, no habría base de conciliación (cf. 2 Co. 5:19); (c) contienen promesas de Dios, sin o con condiciones; (d) Dios ofrece una señal visible o una seguridad oral de la continuidad del pacto.

En cuanto al número de dichos pactos, los dispensacionalistas (cf. *Dispensacionalismo*) sostenemos que son seis (o, por lo menos, cinco), según veremos a continuación:

(1) Noéico (mejor que noético, para evitar ambigüedades semánticas), que Dios concertó con Noé (Gn. 6:17) y lo formalizó luego (Gn. 8:20 o 9:17). Dios no le pide ninguna promesa de aceptación, pero impone condiciones valederas para toda la descendencia de Noé. Dios hace también promesas incondicionales (Gn. 8:21-22). Esta seguridad queda sellada con la señal de este pacto (Gn. 9:12-17).

(2) Abrahámico. Implícitamente anunciado en Gn. 12:1-3, se formaliza en el cap. 15 y se ratifica solemnemente en 22:15-18. Su señal es la circuncisión (cap. 17). Dios hace ahora promesas grandes y de largo alcance en el tiempo.

(3) Sinaítico, que es ya mucho más complejo, pues ahora toma la forma de un acuerdo entre soberano y vasallos, con la diferencia de que los pactos humanos de esta clase están basados en el poder del soberano, mientras que éste se basa en el amor de Dios hacia su pueblo. Es anunciado en Éx. 19, pero sus cláusulas se hallan en Éx. 20 y ss. y en Dt. 5 y ss. En cuanto a su formulación y su significado espiritual, cf. mi citado libro, pp. 254-256.

(4) Palestino, que aparece en Dt. caps. 29 y 30. Aun cuando forma parte de la confirmación del sinaítico, es considerado por muchos autores como un pacto distinto. (A) En parte, es condicional (cf. Dt. 28:9 y ss.). Pero, (B) en parte es incondicional en sus aspectos escatológicos, haciendo que Israel cumpla la condición de arrepentirse en la 2ª Venida del Mesías (cf. Dt. 30:1-10, comp. con Is. 66:19-20; Zac. 12:10-14; 13:6).

(5) Davídico. Tiene que ver específicamente con el Reino, el Rey y el trono de la casa de Israel. Es incondicional en cuanto al mantenimiento de la dinastía (cf. 2 S. 7:4-16; Sal. 89:3-4, 26-37; Sal. 132:11-18; Lc. 1:32-33, comp. con Is. 9:6; 42:1, 6; 49:8; 55:3-4; Dn. 2:44; 7:14, 27); sin embargo, es condicional respecto al rey individual (cf. 2 S. 7:14; Jer. 22:30; Ez. 21:26; Os. 3:4; 10:3). Jesús procedía físicamente, a través de su madre, de David por la vía de Natán, no de Salomón (cf. Lc. 3:23, 31-32).

(6) Nuevo pacto. En contraste con el pacto sinaítico, dado por medio de Moisés, el nuevo se establece por medio de Jesucristo (cf. p. ej. Jn. 1:17). Fue anunciado en el AT (cf. p. ej. Jer. 31:31-37; Ez. 36:22-27; Jl. 2:28-32) y cumplido por Cristo (cf. p. ej. Mt. 26:28 y paral.; He. 8:6; 9:7-9, 23; 10:5-16). Tiene mejores promesas (He. 8:1-12) y mejor sacrificio (He. 9:11-28; 10:1-18). Suscrito con la sangre del Redentor (He. 9:14-15) ha hecho desaparecer el antiguo (He. 8:13). Este nuevo pacto (A) tiene un aspecto incondicional escatológico cuando cada judío recibirá sus bendiciones y no necesitará que otro hermano le enseñe el conocimiento de Dios, pero (B) se cumple ya en la dispensación de la Iglesia, aunque condicionalmente: en la medida en que cada persona recibe al Señor Jesucristo como su Salvador personal y testifica del perdón que le fue otorgado por medio del derramamiento de la sangre del Mediador, participando así de las bendiciones espirituales del nuevo pacto.

PADRES APOSTÓLICOS Con esta expresión se designa a un grupo de escritores eclesiásticos de finales del siglo I y comienzos del siglo II de nuestra era, muy cercanos por tanto a los escritos canónicos del apóstol Juan. La colección consta de cartas que guardan cierta semejanza con las de Pablo. Hay (1) tres documentos con nombre falso: (A) La Didajé o Doctrina de los doce apóstoles (años 90/100); (B) la 2ª de Clemente a los corintios (aprox. 150) y (C) la Epístola de Bernabé (96/98). Hay también (2) varios documentos genuinos de cuatro obispos

Guillermo Paley

de la iglesia postapostólica: (A) la 1ª de Clemente romano a los corintios (96/98), (B) varias cartas de Ignacio, obispo de Antioquía, mártir en 107; (C) una carta del obispo de Esmirna, Policarpo (aprox. 108) y un informe de su martirio (156/157); y (D) unos fragmentos de un documento de Papías, obispo de Hierápolis (aprox. 130), conservados por Eusebio de Cesarea.

Bib. *Los Padres apostólicos*, ed. J. B. Lightfoot (CLIE, Terrassa 1990).

PADRES DE LA IGLESIA (cf. *Patrística*)

PADRES DEL DESIERTO Movimiento iniciado por creyentes egipcios que, abandonando el relativo bienestar de la vida del mundo, marchaban al desierto para dedicarse por completo a Dios a la espera de la Segunda Venida de Cristo. A raíz del reconocimiento de la Iglesia por parte del Estado a partir de la conversión de Constantino, muchos cristianos encontraron en la vida dura practicada en la soledad y miseria del desierto el substituto del martirio*, que tanta importancia había ocupado en la vida cristiana anterior.

La enemistad del diablo y la lucha contra el diablo se interiorizaban. Ya no se trata de enfrentrarse a jueces, magistrados, leones y populacho instigado por Satanás, sino al mismo Satanás tentando a los santos y ascetas del desierto. Las batallas por la fe cambiaron de escenario, en lugar de la arena del circo, la arena yerma de las soledades. AR

Bib. San Atanasio, *Vida de Antonio* (Sígueme / Ciudad Nueva); J. Lacarrière, *Los hombres ebrios de Dios* (Aymá, Barcelona 1964); San Paladio, *Historia lausiaca* o *Los padres del desierto* (AM, Sevilla 1991).

PALEY, GUILLERMO Este teólogo anglicano (1743-1805) se graduó en Cambridge, donde llegó a ser profesor, en el *Christ's College*, de filosofía y teología. No era un pensador original, pero era un expositor erudito y claro. De que no tenía «pelos en la lengua», como suele decirse, son muestra la crítica tremenda a los 39 artículos de la Iglesia anglicana, el consejo a sus alumnos de que «hicieran un sermón y robaran cinco» y la pregunta que le inmortalizó, en su ataque al escepticismo: «¿Quién puede refutar una burla?»

Es muy conocido su argumento del designio para probar la existencia de Dios. Con gran lujo de detalles lo expone en su *Teología natural* (1802), donde introduce la metáfora más famosa de la filosofía de la ciencia, la imagen del relojero. El reloj es un universo en miniatura, cada parte forma del todo de un modo tan preciso que marca regularmente los minutos y horas de cada día. Cada parte ha sido fabricada por separado, moldeada a su manera y colocada en el lugar exacto para producir el movimento de su maquinaria. Si así no fuera el reloj no serviría de nada. El movimiento de las piezas del reloj evidencia una mente inteligente que lo ha diseñado y construido. El reloj como tal no se ha hecho solo, en algún tiempo pasado fue creado por uno o varios artífices con el propósito definido de señalar las horas. Por su uso deducimos su construcción y diseño. Los organismos viventes, continúa Paley, son mucho más complicados que los relojes, en un grado tal que sobrepasan todo cálculo. ¿Cómo, entonces, explicar la asombrosa adaptación de animales y plantas en una simbiosis casi perfecta? Sólo la hipótesis de un diseñador inteligente puede haberlos creado, porque sólo un relojero inteligente puede hacer un reloj.

Las marcas del diseño en la naturaleza son tan evidentes que no se pueden pasar por alto, dice. El diseño de todo cuanto existe exige la existencia de un diseñador. Este diseñador no es otro que la persona de Dios. Y si Dios ha cuidado con tanto detalle la naturaleza, hasta el organismo más humilde e insignificante, mucho más cuidará de la humanidad. No hay, dice, razones para tener miedo de que vayamos a ser olvidados o abandonados.

El argumento del diseño había sido particularmente atacado por David Hume*, 23 años antes, en

Wolfhart Pannenberg

su libro *Diálogos sobre la religión natural* (1779), y en la actualidad el científico evolucionista Richards Dawkins (*El relojero ciego*, Labor, Barcelona 1988). Es un argumento hoy muy poco utilizado, excepto por la apologética popular.

En 1782, Paley fue nombrado arcediano de Carlisle y, ya renombrado como escritor y conferencista, amasó una buena fortuna que le permitió vivir cómodamente. Su obra *Una mirada a las evidencias del cristianismo* (1794) ganó tal prestigio que, por más de un siglo, llegó a ser asignatura obligatoria para poder entrar en la Universidad de Cambridge. Su definición de la virtud era «hacer bien a la humanidad, en obediencia a la voluntad de Dios, y en atención a la felicidad eterna». AR

Bib. G. Paley, *Las epístolas de Pablo* (CLIE, Terrassa 1984).

PANENTEÍSMO Este vocablo ha sido inventado por la teología contemporánea y debe distinguirse del panteísmo*. Panenteísmo, del gr. *pan en theó* = todo en Dios, significa que el universo está en Dios, lo cual puede entenderse de tres maneras:

(1) En el sentido bíblico de Hch. 17:28 «Porque en Él vivimos, nos movemos y existimos». Dios nos envuelve y nos penetra totalmente por razón de su inmensidad.

(2) En el sentido expuesto primero por el jesuita francés P. Teilhard de Chardin*, basado en una evolución teísta del universo. Según él, desde que el universo fue formado hace millones de años, el mundo evoluciona en espiral hacia una mayor complejidad molecular, paralela de una progresiva concienciación. Dios dirige la evolución desde dentro, más bien que desde arriba: del caos al cosmos, de la biosfera a la noosfera, hasta desembocar en el «punto Omega», Cristo, cuando Dios sea todo en todos (1 Co. 15:28). Parece ser que Teilhard entendió ese v. en sentido panenteísta, no panteísta.

(3) En un sentido emanatista. A) Plotino* sostuvo que el universo es una emanación de Dios en un desbordamiento de su ser creador: Dios crea sacando el mundo de sí mismo, no de la nada. (B) Los idealistas del tipo de Berkeley (cf. *Berkeley, George*) afirmaban que el mundo tiene que ser real sólo como un pensamiento en la mente de Dios. (C) Por otra parte, A. N. Whitehead y C. Hartshorne explicaron el panenteísmo en la forma que ha llegado a ser la teología del proceso (cf. *Proceso, Teología del*). Según Whitehead*, el panenteísmo viene exigido por el principio de causalidad, ya que Dios no puede ser una excepción a los principios básicos de la realidad. Whitehead era, ante todo, un ferviente admirador de Platón, hasta el punto de afirmar que «toda la filosofía occidental viene a reducirse a notas al pie de página de Platón».

Una teología que sea realmente bíblica sólo puede admitir la 1ª de las tres clases de panenteísmo que acabo de explicar, pues las otras dos (2) y (3) atentan contra la idea bíblica de Dios como el Ser subsistente por sí mismo (cf. *Dios, 9) Dios, Espíritu*).

PANNENBERG, WOLFHART Teólogo luterano alemán, nacido en 1928 en Stettin (hoy Polonia), Profesor de teología sistemática en Wuppertal, Maguncia y Munich, se dio a conocer oponiéndose al programa desmitologizador de su maestro Bultmann*, afirmando que revelación e historia son categorías teológicas significativas y que la resurrección de Jesús es el eje sobre el que gira todo el cristianismo. Fue animador del círculo de teología de Heidelberg, orientado al estudio de los problemas históricos, porque una «comprensión de la revelación que la ve en contraposición al conocimiento natural, cae en el peligro de confundir la revelación histórica con un saber oculto y arcano de tipo gnóstico»; *gnosticismo** en el que indudablemente ha caído mucho del pensamiento religioso moderno.

Pannenberg se distancia de la tradición fideísta luterana en la importancia que concede al lugar de la razón en la teología, frente a teólogos como Paul Althus*. El puesto de la razón en teología hace que ésta se pueda contemplar como una ciencia, recuperando así la gran tradición de la Edad Media, que juzgaba natural que la teología fuese la ciencia por antonomasia. La teología no puede ser ciencia en el sentido moderno de físicomatemática, pero sí en el de ciencia humana o del espíritu. Y es tan rigurosa y exigente en su método como las ciencias naturales. Dios, objeto del discurso teológico, es «la realidad que todo determina» y ninguna ciencia puede permanecer ajena a esa clave de lo real y del ser.

En la línea de Scheler, Pannenberg ha profundizado el carácter *abierto* del hombre, que reclama la existencia de una realidad trascendente que le colme. La vida humana, defenderá una y otra vez, está unida inextricablemente a lo religioso. «En todo lo que le acontece sobre la escena terrestre tiende el hombre a desbordarse escapando de todo, sin que nada pueda llenarlo radical y definitivamente» (Pannenberg). Esto evidencia la destinación del hombre a Dios, en una línea de razonamiento muy semejante a la de Agustín*, y el «existencial sobrenatural» de Karl Rahner*. AR

Bib. *Antropología en perspectiva teológica* (Sígueme, Salamanca 1993); *El hombre como problema* (Herder, Barcelona 1976); *Pascua y hombre nuevo* (en colaboración) (Sal Terrae, Santander 1983); *La revelación como historia* (en colaboración) (Sígueme, 1977); *Fundamentos de cristología* (Sígueme, Salamanca 1974); *La fe de los apóstoles* (Sígueme, 1975);*Teología sistemática*, varios vols. (Sal Terrae, Santander 1993-1995); *Teoría de la ciencia y Teología* (Cristiandad, Madrid 1981); *Cuestiones fundamentales de teología sistemática* (Sígueme, 1976);*El destino del hombre* (Sígueme, Salamanca 1981); *Ética y eclesiología* (Sígueme, Salamanca 1986); *Teología y reino de Dios* (Sígueme, Salamanca 1974). M. Fraijó, *Introducción al pensamiento de Pannenberg* (Cristiandad, Madrid 1988).

PANTEÍSMO Este vocablo viene directamente del gr. *pan theós* = todo (es) Dios. El panteísmo, en todas sus clases, sostiene que existe una única sustancia absoluta, eterna, infinita e impersonal. Se divide en tres clases principales:

(1) Emanatista, según el cual todo lo existente sale del Absoluto sin que éste se altere. Este Absoluto, el «Uno» de Plotino*, está totalmente indeterminado. Se manifiesta y se determina desde el *noús* = mente, 1ª reflexión del Absoluto sobre sí mismo, hasta llegar al grado ínfimo de la materia. El mundo ha sido producido por el Uno de sí mismo, no creado de la nada.

(2) Evolucionista, según el cual Dios se realiza a sí mismo en el desarrollo progresivo del Universo (Hegel). El Absoluto es la Idea universal (panteísmo idealista). Según expresión propia de Hegel, «todo lo real es racional y todo lo racional es real». Frente al realismo extremo de Platón, según el cual «las ideas son cosas», Hegel replica que «las cosas son ideas». El espíritu absoluto se posee a sí mismo en el saber.

(3) Estático, según el cual Dios es la sustancia o naturaleza única (*la natura naturans*), pues las cosas (*la natura naturata*) son únicamente accidentes: modos o atributos de la sustancia única (cf. *Spinoza*). En el orden gnoseológico, Dios se conoce a sí mismo mediante el atributo fundamental del pensamiento, mientras que, empíricamente, las cosas se distinguen unas de otras por la extensión, que es el otro atributo fundamental (cf. *Cartesianismo*).

Todas las clases de panteísmo incurren en contradicciones internas: (A) Al identificar necesariamente al Dios simplicísimo e inmutable con el Universo plural y mudable, las determinaciones (atributos y modos) que afectan a las cosas, afectan también necesariamente al fundamento ontológico de las mismas (la *natura naturata* de Spinoza). (B) En el panteísmo, todo ocurre necesariamente, con lo que desaparece la libertad humana y, con ella, la responsabilidad moral; se destruyen las bases de la moral y de la religión, pues adorar a Dios es adorarse a sí mismo. (C) El panteísmo contradice la experiencia interior de nuestra conciencia, pues si no fuésemos sustancias distintas de Dios no podríamos tener conciencia del «yo».

Bib. James Orr, *Concepción cristiana de Dios y el mundo* (CLIE, 1992); Xavier Zubiri, *Naturaleza, Historia, Dios* (Ed. Nacional, Madrid 1978, 7ª ed.).

PAPA, PAPADO Del latín *papa*, derivada del griego *pappas* = padre, nombre con que se designa, desde antiguo, al obispo de Roma. La más antigua mención comprobada, en la tumba de Marcelino, dato del año 296. En ese momento se aplicaba también a otros obispos orientales. Es sólo a finales del siglo IV que aparece referida exclusivamente al obispo de Roma (cf. *Diccionario de los Papas y Concilios*, p. 11).

Conforme existe en la actualidad, la mejor descripción del papa como «Sumo Pontífice», se ha-

lla en la Const. *Lumen Gentium*, p. 23, del C. Vaticano II, que dice así: «El Romano Pontífice, como sucesor de Pedro, es el principio y fundamento perpetuo y visible de unidad, así de los Obispos como de la multitud de los fieles». En todo el documento se palpa la influencia de Newman (cf. *Newman, Juan Enrique*). Aunque el C. Vaticano II, llenando la laguna del C. Vaticano I, destaca la colegialidad episcopal, no deja por eso de señalar la infalibilidad y el supremo poder de jurisdicción del papa en la línea del Vaticano I.
Como es de suponer, este concepto del obispo de Roma como papa supremo e infalible no ha bajado del «Cielo» de una vez; ha tenido su evolución lenta, pero segura.
En la Iglesia primitiva, por diferentes motivos, se dio especial importancia a cuatro sedes episcopales: Alejandría, Antioquía, Constantinopla y Roma. Esta última, como centro de difusión de las enseñanzas venidas del Oriente, donde se definieron, desde el siglo IV hasta el XI, los principales dogmas trinitarios, cristológicos y soteriológicos.
Comienza la preponderancia de Roma con una frase de Ignacio de Antioquía (martirizado el año 107) en su epístola a los romanos, donde, entre frases encendidas de alabanza a la sede romana, dice de ella en la introducción que es *prokatheméne tís agápes* = la presidenta del amor (quizás por el amor con que eran acogidos allí los fieles que llegaban de otras regiones). Ireneo, muerto a comienzos del siglo III, en su obra *Contra las herejías*, 3,3,3, dice que «a esta iglesia (la romana), por su especial primacía, es menester que acuda toda iglesia, es decir, los fieles de todas partes, puesto que en ella se ha conservado la tradición que viene de los apóstoles». En ese mismo siglo III, comenzaron a usarse como base del papado textos como Mt. 16:16-19; Lc. 22:31-32 y Jn. 21:15-17, como puede verse en Tertuliano. No obstante, otros autores eclesiásticos posteriores hablaron con mayor cautela.
No es extraño, pues, que el Conc. de Calcedonia (451) admitiese sin protestas la carta de León I. Este papa, gran erudito y de fuerte voluntad, hizo que aumentase el prestigio papal junto con el prestigio de la Urbe, a lo que contribuyó la profunda impresión que causó al rey de los hunos, Atila, quien desistió por entonces del saqueo de Roma. Al caer el imperio de Occidente (430), el obispo de Roma asumió el título de «Sumo Pontífice» que había usado el emperador, mientras que el emperador de Constantinopla vino a hacer las veces de Jefe Supremo civil e, indirectamente, religioso de obispos y fieles, función que había correspondido al obispo de Roma.

Juan Pablo II

El papado ganó la principal batalla contra el nuevo Imperio Romano-germánico bajo Enrique IV, a quien el papa Gregorio VII (1073-1085) obligó a capitular en Canosa.
El poder del papado llegó a su culminación bajo Bonifacio VIII (1294-1303), con su teoría de las dos espadas, la espiritual y la temporal, en manos de Pedro (cf. Lc. 22:38; Jn. 18:10) y, por tanto, en las suyas como sucesor de Pedro. En ese mismo documento (la famosa bula *Unam Sanctam*), definió como dogma de fe que a toda criatura humana le es absolutamente necesario para salvarse el estar sometida al Romano Pontífice (cf. Dezinger, nº 875). Quedaba, así, excluida de la salvación toda la Iglesia oriental, que ya se había separado de Roma a mediados del siglo XI.
La autoridad papal sufrió un duro golpe con el cisma de Occidente (1378-1417); más aún, con el conciliarismo* que surgió a raíz del cisma y con el galicanismo* surgido después en Francia. También se adhirieron al conciliarismo los jansenistas (cf. *Jansenismo*), apelando a un Concilio general cuando la bula *Unigenitus* de Clemente XI condenó sus enseñanzas. También debe tenerse en cuenta la conducta inmoral de algunos

papas del Renacimiento, especialmente del valenciano Alejandro VI quien, de su puño y letra, firmó los certificados de nacimiento de sus dos hijos César y Lucrecia Borgia, habidos de una mujer casada cuando era ya cardenal. Los papas del C. de Trento Paulo IV y Pío IV y, después, Pío V devolvieron al papado el prestigio perdido, que ya no se ha vuelto a perder.

Las tendencias anticristianas y liberales de la Revolución Francesa y de la Ilustración favorecieron el ultramontanismo* como reacción extremista de gran parte de los católicos. Con Pío IX (1846-1878) el papado llegó a su clímax, pues el C. Vaticano I (1870) definió solemnemente como dogmas de fe la supremacía de jurisdicción y la infalibilidad del papa (cf. *Infalibilidad papal*). Pío IX fue quien personalmente impuso la definición a muchos obispos que todavía se resistían a votar dichos dogmas. A un obispo que se atrevió a decirle que el dogma de la infalibilidad que se pretendía definir debía ser contrastado con la Tradición, le contestó el papa: «La Tradición soy yo». Y hasta se cuenta que bendijo paternalmente a los que, al entrar él en el aula conciliar montado en su silla gestatoria, prorrumpieron en gritos de «¡Aquí está Dios en la tierra! ¡Aquí está Dios en la tierra!» ¿Cabe mayor desacato a la autoridad incomunicable de Dios?

Por nuestra parte, nos basta con desmontar los argumentos que a favor del papado se han montado con base en Mt. 16:16-19; Lc. 22:31-32 y Jn. 21:15-17. (a) Mt. 16:16-19 no puede contradecir, p. ej. a Ef. 2:20 y 1 P. 2:4-5. La Iglesia no está fundada sobre la persona de Pedro, sino sobre la confesión que hace en el v. 16. (b) En Lc. 22:31-32, el Señor no le promete a Pedro ninguna clase de infalibilidad, sino que le da el encargo de fortalecer en la fe a sus hermanos cuando se haya convertido de su deslealtad hacia el Maestro. (c) Finalmente, en Jn. 21:15-17, Jesús tampoco le confiere a Pedro ninguna infalibilidad, sino que lo rehabilita en el oficio de pastor de la grey de Dios (cf. 1 P. 5:2-4) después que Pedro le asegura que le ama más que los otros, precisamente porque le había sido más desleal que los otros, a pesar de sus promesas en Mt. 26:33; Mr. 14:29. Que Pedro nunca actuó como Jefe supremo e infalible de la Iglesia puede verse por su actuación en Hch. caps. 11 y 15 así como en Hch. 8:14 y Ef. 4:4-6, donde Pablo no menciona a Pedro entre los siete vínculos de la unidad eclesial. Finalmente, no puede probarse que Pedro fuera obispo de Roma. Ireneo mismo dice (Contra las herejías, 3.3.2 y 3.3.3) que «los apóstoles Pedro y Pablo fundaron la iglesia de Roma y encomendaron a Lino la mayordomía (lat. *episcopatum*) de administrar la iglesia». Si, según eso, Lino fue el primer obispo de Roma, el papa no puede ser sucesor de Pedro, sino, a lo más, de Lino.

Bib. Francisco Dvornik, *Bizancio y el primado romano* (DDB, Bilbao 1968); Javier Paredes, dir., *Diccionario de los Papas y los Concilios* (Ariel, Barcelona 1998); Klaus Schatz, *El primado del papa* (Sal Terrae, Santander 1996); Jean-Marie-René Tillard, *El obispo de Roma. Estudio sobre el papado* (Sal Terrae, 1986); Peter de Rosa, *Vicarios de Cristo* (Martínez-Roca, Barcelona 1989).

PARTICIPACIÓN Este vocablo viene del lat. *participare* = repartir, participar. Puede tomarse en sentido estrictamente filosófico o a nivel teológico.

(1) A nivel filosófico, la participación es un concepto platónico. Según Platón, toda idea tiene en Dios su realización exhaustiva. Las cosas de este mundo presentan únicamente una participación de esa realidad de las ideas divinas en tanto que partícipes del espíritu divino, pero adheridas a la materia sólo pueden ser como una sombra de ese mundo superior, como describe Platón en la alegoría de la caverna (cf. *Platonismo*). Pero la participación platónica posee también un sentido dinámico. Como la idea no puede avenirse con lo material, el paso de la idea a las cosas materiales (o mezcladas con materia, como el hombre) debe efectuarse por medio de un demiurgo (gr. *demi ergós* = servidor del pueblo), es decir, de un eón superior enviado por Dios para ocuparse de la materia. Este concepto de participación acompaña a todos los sistemas filosóficos deudores del platonismo: neoplatónicos, Agustín de Hipona, etc. Tomás de Aquino le da una forma especial al fundirlo con el aristotelismo, al sostener que todo participa de la plenitud de Dios, el Ser absoluto e infinito que incluye en sí todas las perfecciones en su forma más elevada y perfecta. Todas las criaturas están formadas según la causalidad ejemplar de Dios como causa agente de todo lo creado, de modo que cada criatura refleja a su manera un sector de esa plenitud de Dios. Un nuevo concepto de participación aparece en Nicolás de Cusa (1401-1464), según el cual la razón humana no puede tener acerca de Dios sino ignorancia; en cambio, el intelecto, capaz de ver los contrarios reducidos a la unidad, obtiene así algún conocimiento del Infinito por coincidencia de los contrarios (la

docta ignorantia). El mundo, como efecto de Dios, participa de su incognoscibilidad.
A nivel teológico, la participación, siempre de acuerdo con su etim. de *partem cápere* = tomar una parte, se diferencia notablemente de la comunión, como puede verse en el art. *Comunión*.

PASCAL, BLAS Este genial matemático francés (1623-1662), de espíritu profundo y gran religiosidad, se hizo famoso, no sólo por sus escritos, sino más aún por su conversión al jansenismo*. Cuenta él mismo en su Memorial (que se halló cosido a la ropa después de su muerte) la fecha precisa de su conversión definitiva en aquella noche de fuego del 23 de noviembre de 1654: «El Dios de Abraham, el Dios de Isaac, el Dios de Jacob, no el Dios de los filósofos y los sabios».
Al visitar la comunidad jansenista de Port-Royal, fue invitado a levantar el prestigio para el líder de la comunidad, Antonio Arnauld, acusado de herejía por la Sorbona. Así lo hizo Pascal con una serie de panfletos, entre los que destacan las Cartas provinciales. En ellas atacó con gran ingenio a los jesuitas, colocando en una columna a los grandes doctores de la antigüedad: Ambrosio, Agustín, Jerónimo, Crisóstomo, etc., y en otra columna paralela los apellidos de los jesuitas españoles terminados en ez: Pérez, Domínguez, Martínez, Laínez, etc., pero acentuados a la francesa: Peréz, Dominguéz, Martinéz, Lainéz, etc., con lo que obtenía un efecto que cubría de ridículo a sus rivales. Nos contaba nuestro profesor de Historia de la Iglesia en la Universidad Pontificia de Salamanca que Pascal, con sus Provinciales, había hecho más daño a los jesuitas que entre todos los escritos que se han publicado contra la Compañía de Jesús.
Dejando a un lado el asunto de Port Royal, volvamos al Pascal religioso y filósofo. Aparentemente enemigo del cartesianismo, y casi escéptico, Pascal es, sin embargo, cartesiano en buena medida. Pero, ante todo, su obra es una apología del cristianismo, plasmada en sus *Pensamientos*, geniales reflexiones sobre la miseria y la grandeza del ser humano: «El hombre es una caña frágil, pero es una caña que piensa», «tiene el corazón razones que la razón ignora», «¿es acaso por razón por lo que te amas?» «Hay dos excesos: excluir la razón y no admitir más que la razón», «de buena gana me dejo persuadir por testigos que se dejan matar», «se hace un ídolo de la verdad misma, pues la verdad fuera del amor (fr. *charité, no amour*) no es Dios; es su imagen, un ídolo que no se debe amar ni adorar» «No es

Blas Pascal

justo que alguien se adhiera a mí, aunque lo haga gustosa y voluntariamente. Engañaría a aquellos en quienes yo despertara ese deseo, pues no soy el fin de nadie y no tengo con qué satisfacerles. ¿Es que no puedo morir en cualquier momento? Y de este modo, por tanto, morirá también el objeto de su adhesión.»
De este pequeño muestrario del pensamiento de Pascal, emergen dos conclusiones igualmente evidentes: (1) Pascal no deja de ser un empírico genuino, pues empieza siempre por los datos, especialmente por el fenómeno inexplicable del ser humano, corrupto y sujeto a toda clase de miserias espirituales y corporales, pero mostrando, por otra parte, vestigios de su prístina grandeza al reconocer con su mente esta condición bipolar; (2) Pascal es agustiniano desde lo más profundo. El propio Agustín habría podido firmar sin reparo la mayor parte, si no todos, de sus *Pensamientos*.
En la actualidad, lejos de decaer el interés por Pascal, más bien hay que afirmar que está aumentando.

Bib. Blas Pascal, *Pensamientos* (Orbis, Madrid 1985).
Justo L. González, *Historia del pensamiento cristiano* (Miami 1992-2000); A. Ropero, *Introducción a la filosofía*, cap. VIII (CLIE, Terrassa 1999).

PASCUA La Pascua era la primera de las tres fiestas anuales de los judíos, a las que todos los varones adultos tenían que asistir en el santuario (cf. Éx. 23:14-17). En hebr. se llamaba *pesaj*, del vb. *pasaj* = pasar sobre, en el sentido de omitir la plaga en el lugar señalado con la sangre del cordero (cf. Éx. 12:12-13). La Pascua estaba asociada a la fiesta de los panes sin levadura, la semana en la que la levadura se excluía estrictamente de la dieta de los hebreos (cf. Éx. 23:15). En el gr. del NT se llama *Pásja* y continúa siendo la 1ª y la más importante fiesta anual del calendario cristiano. Con base en Eusebio de Cesarea, en su *Historia Eclesiástica* (311-325), 4. 24. 1-8, se puede trazar su existencia hacia atrás hasta el tiempo de Aniceto de Roma, martirizado en el año 166, y Policarpo de Esmirna, martirizado en el año 156. Probablemente, según la misma fuente, puede trazarse hasta el 125, año en que nació Polícrates de Éfeso (más detalles en *Pascuales, Controversias*). Históricamente, la Pascua está relacionada con la décima plaga, la de la muerte de los primogénitos de Egipto. Los hijos de Israel tenían que preparar un cordero para cada familia. De ese cordero, había que extraer la sangre y untar con ella el dintel y los dos postes de la puerta de entrada a la casa (cf. Éx. 12:7). La señal de la sangre garantizaba la seguridad de la casa así marcada. El cordero se mataba tras la puesta del sol del día 14 del mes de Nisán. Había que asarlo y se comía con pan sin levadura y con hierbas amargas (cf. Éx. 12:8), simbolizando lo apremiante de la partida y el recuerdo de la cruel esclavitud sufrida en la tierra de Egipto (cf. Dt. 16:3). Se usaban cuatro copas de vino mezclado con un poco de agua y, en sus momentos apropiados, se cantaba el gran Hallel: los salmos 113-118. Para postre, frutas mezcladas con vinagre servían de recuerdo de la obra de barro y ladrillo que tenían que hacer durante su esclavitud en Egipto (cf. Éx. 1:14). Si la familia era pequeña, se podía invitar a los vecinos para participar en la cena pascual. Lo que sobraba del cordero debía ser quemado aquella misma noche (cf. Nm. 9:12). Si alguien, por razones justificadas, no podía celebrar la Pascua en la fecha establecida, tenía permiso para celebrarla en el segundo mes. Pero si el descuido era voluntario, el infractor era castigado con la muerte (cf. Nm. 9:13). A las mujeres se les permitía participar en la celebración, pero no tenían la obligación de hacerlo (cf. 1 S. 1:3, 7; Lc. 2:41). La experiencia pascual había de repetirse cada año como medio de instrucción para las generaciones venideras (cf. Éx. 12:24-27). Otros detalles sabáticos y festivos pueden verse en Éx. 12:16; Lv. 23:8-14 y Nm. 28:18-25.

La observancia de la Pascua fue interrumpida con frecuencia en el AT. Desde la celebración al pie del Sinaí (cf. Nm. 9:1-14) no volvió a celebrarse hasta después de entrar en Canaán (cf. Jos. 5:10). Los piadosos reyes Ezequías (cf. 2 Cr. 30) y Josías (cf. 2 R. 23:21-23) exigieron que se observara. Ya no volvió a celebrarse hasta después de la dedicación del 2º. templo, como leemos en Esd. 6:19-22. En los evangelios se mencionan varias Pascuas a las que asistió Jesús (cf. Lc. 2:42-43; Jn. 2:13) y, en especial, la que él mismo celebró, en el aposento alto, en la víspera de su muerte (cf. Mt. 26:17-30 y paral.). Los judíos siguen celebrándola, con panes sin levadura, hierbas amargas y otras cosas, pero sin sacrificio de cordero. Nuestro «Cordero», el cordero de Dios (cf. Jn. 1:29) fue inmolado en el Calvario y resucitó, pero sigue teniendo en sus manos, en sus pies y en su costado las señales de su inmolación (cf. p. ej. Jn. 20:20, 27; Ap. 5:6). La muerte de Cristo cambió la situación al rasgarse el velo del templo (cf. Mt. 27:51; Mr. 15:38), teniendo los cristianos acceso al nuevo Lugar Santísimo (cf. He. 4:14-16) a través del velo del cuerpo de Cristo (cf. He. 10:18-22). Cristo, cordero sin mancha ni contaminación (cf. He. 9:14; 1 P. 1:19) es ahora «nuestra Pascua» (cf. 1 Co. 5:7). El cristiano tiene que abandonar la «vieja levadura» de la maldad y sustituirla con «panes sin levadura (panes) de sinceridad y de verdad» (cf. 1 Co. 5:8). Es significativo que Juan anote en la muerte de Cristo (cf. Jn. 19:36) el detalle de Éx. 12:46 «ni le quebraréis ningún hueso».

PASCUALES, CONTROVERSIAS En la segunda mitad del siglo II (cf. *Pascua*) surgieron disputas en la Iglesia acerca de si la Pascua había de celebrarse siempre en domingo o, más bien, variar de acuerdo con el día 14 del mes lunar de Nisán, en el que había ocurrido la muerte de Cristo. La 1ª controversia tuvo lugar entre Melitón y Claudio Apolinar (150-160). Las iglesias orientales prefirieron celebrarla el 14 de Nisán, pero, ante las burlas de los judíos por tal dependencia, la Iglesia de Roma prefirió celebrarla al domingo siguiente para no coincidir con la Pascua judía. Una controversia posterior surgió en cuanto a la diferente manera de calcular la luna de Pascua. El problema que tuvo que ser afrontado fue reconciliar el año lunar judío con el año solar del Imperio romano, de acuerdo con el calendario juliano. Antioquía siguió la costumbre de los judíos, mientras que Alejandría siempre celebró la Pascua después del equinoccio de pri-

mavera. El C. de Nicea (325) decidió seguir la costumbre de Alejandría.
Vinieron después otras diferencias entre la Galia, Roma y Alejandría. En Alejandría se usaba un ciclo de 19 años; en Roma, un ciclo de 84 años. Dice Agustín (387) que aquel año la Pascua se celebró en la Galia el 21 de marzo, en Roma el 18 de abril y en Alejandría el 25 de abril. A instigación de Dionisio el Exiguo (525), se adoptó el cálculo de Alejandría y es el que se usa hasta la actualidad. Sin embargo, la Galia estaba usando desde 457 su propio cálculo con un ciclo de 532 años, lo cual causó gran confusión en Roma hasta el tiempo de Carlomagno (800).
La controversia, que se ha extendido desde el siglo XVI hasta nuestros días se debe a que el calendario solar romano (el «juliano» porque lo estableció Julio César en el siglo I a. de C.) carecía de exactitud, pues en el año 1582 la diferencia con el verdadero calendario solar había llegado a ser significativa (13 días), por lo que Gregorio XIII lo corrigió suprimiendo los 13 días acumulados. La Iglesia anglicana aceptó esta corrección en 1752, pero las iglesias orientales no la han aceptado todavía; ellas celebran, a veces, la Pascua un domingo más tarde porque se rigen por el calendario juliano. El C. Vaticano II (en 1963), en el apéndice a la Constitución SC, p.1, dice lo siguiente: «El sacrosanto Concilio no se opone a que la fiesta de la Pascua se fije en un domingo determinado dentro del calendario gregoriano, con tal que den su asentimiento todos los que están interesados, especialmente los hermanos separados de la comunión con la Sede Apostólica». Sin embargo, todavía continúan las diferencias 37 años más tarde.

PASIÓN Este vocablo viene del lat. *passio, passionis*; y éste, del vb. dep. *pati* = sufrir, soportar, permitir. Puede entenderse a nivel logicometafísico, a nivel psicologicomoral o a nivel teologicobíblico.
(1) A nivel logicometafísico, pasión es lo opuesto a acción. Ambas tienen que ver con el cambio; en ese proceso, la acción hace referencia a la causa eficiente; la pasión, al objeto que experimenta el cambio como efecto de la acción. En este sentido, entran a enumerarse entre las diez categorías aristotélicas: sustancia, cantidad, cualidad, relación, lugar, tiempo, posición, estado, acción y pasión. Excepto la sustancia, las otras nueve categorías son accidentes, que necesitan de la sustancia como de su soporte lógico y metafísico. Pongo ejemplos para que mejor entiendan este tema toda clase de lectores: «Este hombre (sustancia) que tengo delante de mí es alto (cantidad), rubio (cualidad) padre de un hijo (relación), está en el jardín (lugar), a las tres de la tarde (tiempo), de pie (posición), en mangas de camisa (estado), cortando leña (acción) y se ha hecho un corte en un dedo (pasión)».
(2) A nivel psicologicomoral, pasión es una disposición anímica que tiene su centro en la zona del sentimiento y nos hace reaccionar, de acuerdo con el tipo caracterial de cada ser humano, ya sea en forma brusca (furor de la ira) en sujetos activos-emotivos-primarios, ya sea en forma tranquila, pero tenaz (resentimiento) en sujetos pasivos-emotivos-secundarios (cf. *Temperamento*). Tomás de Aquino trata de las pasiones en la *Suma Teológica*, I-II, qs. 22-48 (más de 150 pgs.). Prescinde, en general, de la revelación divina; por lo que se mueve en un plano natural, según la relación intencional a bienes o males actuales; por ej. concibe el amor y el odio, no desde la perspectiva de la Palabra de Dios, sino únicamente como una inclinación (amor) o una aversión (odio).
(3) A nivel teologicobíblico, pasión (gr. *páthos, páthous*) es una emoción o un sentimiento desordenados del ser humano inconverso, que deben ser sometidos al gobierno del E. Santo. El vocablo gr. citado se halla en plural en Ro. 1:26; Col. 3:5. De la misma raíz es *páthema, pathématos* (cf. Ro. 7:5; Gá. 5:24), que puede también significar deseo sexual prohibido. Sinónimo, aunque de diferente raíz etim., es el vocablo *epithumía, epithumías* (cf. 2 Ti. 2:22 *neoterik's epithumías* = pasiones juveniles), con sus parientes etim. *epithumetés* = codiciador (única vez en 1 Co. 10:6 , en pl.) y el vb. *epithuméo* = codiciar, desear desordenadamente. *Epithumía* ocurre 38 veces en el NT y significa un deseo intenso bueno o malo. La mayoría de las veces indica un mal deseo, ya sea por el objeto (cf. Mr. 4:19), o por la dirección que sigue (cf. Gá. 5:16), o por el medio de que se sirve (cf. Jn. 8:44; Ro. 6:12; 1 Jn. 2:17) o por la forma que toma (cf. Col. 3:5; 1 P. 2:11). Finalmente, un sentido afín al mencionado de *epithumía* tiene el sust. *hedoné* las 5 veces que ocurre (Lc. 8:14; Tit. 3:3; Stg. 4:1, 3 y 2 P. 2:13). Las malas pasiones son manifestaciones del pecado de naturaleza que hay en el hombre y que lo domina (cf. Ro. 7:5, 15-23). Según Pablo, eso es consecuencia de la prohibición del pecado (cf. Ro. 7:7-11). El remedio que la Palabra de Dios propone es el arrepentimiento, que culmina en la resolución de negarse a sí mismo (cf. p. ej. Mr.

1:15; Lc. 9:23; Hch. 2:38; 17:30; Ro. 6:11-13; 8:12-13; Col. 3:5), así como el uso frecuente de los medios de gracia, especialmente la vigilancia y la oración (cf. p. ej. Mt. 26:41).

PATRÍSTICA Este vocablo viene directamente del lat. *pater, patris* = padre, fundador, padre de la patria, etc. En el sentido que le damos en este art., nos referimos a los llamados Padres de la Iglesia o Santos Padres, insinuando así que «engendraron», por medio de su «santidad literaria», a las generaciones posteriores de creyentes. La Iglesia de Roma hace así una diferencia fundamental entre los Santos Padres y el Padre Santo, forma correcta de designar al papa, el cual no «engendra con su santidad», sino que «santifica con su paternidad», lo cual es posible en la Iglesia de Roma, aun en los papas más indignos, puesto que no santifican en cuanto hombres, sino en cuanto representantes ministeriales de Cristo.
(1) Filosofía patrística. Es el conjunto de ideas filosóficas que influyeron en la exposición del pensamiento de los primeros escritores eclesiásticos que designamos con el apelativo de «Padres de la Iglesia». Esta filosofía no constituye una unidad sistemática. En realidad, el cristianismo no tenía al principio ninguna necesidad de filosofar para sostener la fe evangélica. Fueron los filósofos convertidos los que dieron los primeros pasos en forma de apologías cuando trataban de presentar el evangelio a los gobernantes y a las clases educadas de su tiempo. Estos escritores tuvieron que oponerse al politeísmo pagano, al escepticismo de los epicúreos, al gnosticismo de los «iniciados», etc. Los escritores eclesiásticos tuvieron que emplear armas diferentes para atacar errores también diferentes. P. ej. contra el escepticismo de los epicúreos, echaron mano del estoicismo, del platonismo y, especialmente, del neoplatonismo. En cambio, contra el gnosticismo tuvieron que oponer a la «falsa gnosis», la «verdadera gnosis» (Clemente de Alejandría*), combinación cuidadosa del pensamiento filosófico griego con la tradición cristiana ortodoxa. A través de Agustín de Hipona*, esta filosofía patrística pasó a la escolástica medieval, con sus virtudes y sus defectos. Sin embargo, el filósofo más insigne de la antigüedad pagana, que tanta influencia había de tener sobre la escolástica medieval, Aristóteles, tuvo muy poca influencia sobre la patrística, dominada por el pensamiento platónico o neoplatónico.
(2) Teología patrística. Es la que se funda principalmente en la confesión básica de Jesucristo como «el Señor» (cf. 1 Co. 12:3; Fil. 2:11). Esta teología usó como arma principal las Sagradas Escrituras, especialmente el NT. Es cierto que, tanto en los debates trinitarios (p. ej. en Nicea) y cristológicos (p. ej. en Calcedonia), así como en los antropológicos (controversia pelagiana) y eclesiológicos (controversia donatista), los Padres de la Iglesia tuvieron que echar mano de un vocabulario metafísico heredado de la filosofía griega: esencia, naturaleza, sustancia, persona, hipóstasis, etc. Pero en la tensión resultante de ajustar los conceptos filosóficos a la teología, el árbitro era siempre la Palabra de Dios, si bien en esto la escuela de Antioquía llevaba ventaja por su interpretación literal de la Biblia (p. ej. en Juan Crisóstomo), frente a la interpretación alegórica de la escuela de Alejandría (p. ej. en Orígenes). Que no siempre la discusión teológica patrística se mantuvo dentro de los precisos límites que impone la Palabra de Dios, se mostró posteriormente con el indebido auge del monasticismo y de la mariología.
Una gran parte de los vocablos usados en este art. tiene su desarrollo en los arts. respectivos de doctrinas o de autores. No he querido citarlos expresamente para evitar que el lector hallara difícil mantener la atención sobre el curso de las ideas.
Bib. Hans von Campenhausen, *Los padres de la Iglesia*, vol. I, *Los Padres griegos*; vol. II, *Los Padres latinos* (Cristiandad, Madrid 1974); Hubertus R. Drobner, *Manual de Patrología* (Herder, Barcelona 1999); Johannes Quasten, *Patrología*, 3 vols. (BAC, Madrid 1991); José Vives, *Los Padres de la Iglesia* (Herder, Barcelona 1988).

PAZ (cf. *Pacifismo*)

PECADO Este vocablo viene del lat. *peccatum*; y éste, del vb. *peccare* = faltar, errar, ofender. Al hablar del pecado, es menester atender a su significado, a su contenido y a su raíz.
(1) En cuanto al significado, es menester recurrir a la terminología bíblica. (A) En su sentido general, el pecado es llamado en el hebr. del AT *jattah*, de *jet* = barrera. En el NT es llamado *hamartía*, del vb. *hamartánein* = fallar, errar el blanco. (B) En su sentido específico, el hebr. registra (a) *pesaj* = rebelión (cf. Is. 1:2), transgresión, al que corresponden los gr. *parábasis* = pie que traspasa (siempre en relación con la ley) y *paráptoma* = caída por traspasar el límite (cf. p. ej. Ro. 5:14-15, donde salen los dos por ese orden); y (b) *awén*

= maldad, iniquidad, vanidad, al que corresponde el gr. *kakía* en todos los lugares que ocurre, excepto en Mt. 6:34.
(2) En cuanto al contenido, el concepto de pecado no es unívoco, sino análogo.
En último término, siempre es una ofensa contra el carácter santo de Dios (cf. p. ej. Sal. 51:4). Son muchos, y variados, además del concepto general de pecado, los conceptos específicos en que se vierte el contenido del pecado. P. ej. (A) original, el que hemos contraído por herencia, y personal, el que hemos cometido como persona determinada; (B) actual, el acto de pecar, y habitual, el hábito de pecar; (C) mortal (cf. *Mortal, Pecado*) y venial (cf. *Venial, Pecado*); (D) *contra natura*, que en la Iglesia de Roma significa todo pecado sexual externo con el que se quiere impedir la procreación; por tanto, comprende: (a) la masturbación, (b) el onanismo conyugal, con base en Gn. 38:9, por lo que a los católicos casados se les prohíbe usar anticonceptivos bajo pena de negarles la absolución, (c) la bestialidad (cf. Éx. 22:19b), (d) la mayoría de los pecados denunciados en Lv. caps. 18 y 20, y (e) el pecado de sodomía, tanto en varones como en mujeres, que Pablo llama «contra el uso natural» (Ro. 1:26-27); (E) pecado de pensamiento, de deseo, de palabra y de obra; (F) pecados contra Dios, contra el prójimo y contra uno mismo; (G) delito, que supone un pecado grave, externo y notorio: una acción u omisión voluntaria, castigada por la ley con pena grave; y (H) crimen, que consiste en producir al prójimo la muerte o una herida grave.
(3) En cuanto a la raíz del pecado, no me cabe duda de que la raíz última del pecado no es el orgullo ni el egoísmo, sino el afán de independencia del Creador, a fin de usar la libertad como le venga en gana a cada uno. La enormidad de este pecado radical se echa de ver: (A) en que el ser humano está inevitablemente religado a su principio y fin, que es Dios; va, pues, contra su propia estructura existencial; (B) en que el ser humano es esencialmente social, por lo que dicho afán de independencia es un absurdo impracticable, ya que mi prójimo tiene los mismos derechos que yo para. p. ej. obtener el mismo cargo, el mismo dinero, la misma mujer, etc., que yo también ambiciono. ¿Invocaremos el derecho del más fuerte? Esa es «la ley del caos».
Lo cierto es que, por la caída*, el ser humano nace esclavo del pecado. Hasta qué punto llega esa «esclavitud» es cosa que se discute entre los teólogos. Sólo la Palabra de Dios puede darnos la pauta, especialmente Romanos y Gálatas. ¿Cómo se interpreta esa «esclavitud»? Todos están de acuerdo en que no consiste en una fuerza que obra desde el exterior (ni Dios ni el diablo fuerzan la voluntad humana), sino en una depravación interior, contraída por herencia de Adán. ¿Hasta dónde llega esta depravación? Lutero sostuvo que fue absoluta, quedando borrada la imagen de Dios en el hombre, cosa abiertamente contraria a la Palabra de Dios (cf. Stg. 4:9). En cambio, Calvino admite que la imagen de Dios quedó muy deteriorada, pero no totalmente borrada. Aunque menciona «una depravación y corrupción hereditaria de nuestra naturaleza» (*Inst.*, II. i.8), la relaciona como un juicio de Dios sobre la humanidad, más bien que con la herencia física de Adán. Ch. Hodge acierta, en mi opinión, al defender la libertad natural de elección del hombre caído, negándole, en cambio, la capacidad (ingl. *ability*) para escoger el verdadero bien, a causa de la desorientación de la mente. Sólo el nuevo nacimiento puede proveernos una nueva orientación.
Finalmente, la Iglesia de Roma, según la enseñanza tradicional, sostiene que Adán y Eva perdieron por el pecado los dones sobrenaturales (la gracia y las virtudes) y los preternaturales (la inmortalidad y el dominio sobre la concupiscencia), pero conservaron los naturales (el libre albedrío para escoger el bien o el mal); esto va expresamente contra Ro. 7:7-23. Desde mediados del siglo XX, ha surgido en la Iglesia de Roma, especialmente de la mano de K. Rahner*, la teoría del «existencial sobrenatural», según la cual, el ser humano fue creado en su estructura existencial con una «apertura hacia lo sobrenatural». El pecado socavó esa «apertura», por lo que los seres humanos nacen con ese «vacío» que está pidiendo (sin mérito alguno) ser llenado por la gracia de Dios con base en la obra redentora de Cristo. El único modo de conocer bien la realidad del pecado es en el Calvario. Como dice K. Barth (*Church Dogmatics*, IV, I, p. 240), «en que Él toma nuestro lugar, se decide cuál es nuestro lugar». Tanto Rahner como Barth son deudores en esto a la filosofía existencialista de M. Heidegger.

Bib. Francisco Lacueva, *El hombre, su grandeza y su miseria* (CLIE, Terrassa 1976); John H. McClanahan, *El hombre como pecador* (CBP, El Paso); Josef Pieper, *El concepto de pecado* (Herder, Barcelona).

PELAGIANISMO Esta herejía toma su nombre del monje inglés Pelagio (360-422). Este era un hombre austero que, por sus victorias sobre el pecado, exaltó indebidamente el poder de la libertad del ser humano. Según él, el albedrío del hombre está suficientemente capacitado para obtener la salvación, perseverar en la virtud y merecer así la vida eterna sin necesidad de la gracia divina. Acorralado por Agustín de Hipona, llegó a admitir una gracia de iluminación de la mente, pero se negó a admitir una gracia de capacitación de la voluntad.

Consecuente con su defensa del libre albedrío, Pelagio negó también el pecado original, añadiendo que nuestros primeros padres eran ya mortales antes de cometer el pecado de desobediencia al mandato de Dios en Gn. 2:17. Fue un mal ejemplo para su posteridad, pero les dañó a ellos solos, no a sus descendientes.

El bautismo, supuesta la conversión, es necesario para borrar los pecados personales, ya que no existe el original. Por eso, no es necesario bautizar a los niños hasta que hayan llegado al uso de la razón y hayan cometido pecados personales.

Por su ascetismo y su ortodoxia en cuanto a los temas trinitarios y cristológicos, Pelagio tuvo mucha aceptación en Roma desde el año 400, pero el avance de los godos sobre Roma en 410 hizo que Pelagio y sus seguidores se dispersaran. Su compañero Celestio fue, en realidad, el primer pelagiano que incurrió en censura de la Iglesia el año 411. Bajo los obispos de Roma Inocencio I (402-417) y Zósimo (marz. 417-dic. 418), la herejía pelagiana fue condenada en los Conc. locales de Cartago XV y XVI (cf. DS, nos. 222-230) y, después, en el Conc. universal de Éfeso, Actio VII del 31 de agosto de 431 (cf. DS, nos. 267-268).

Lo curioso del caso es que, a pesar de estas condenaciones, un grupo de obispos italianos dirigidos por Julián Eclanense, se erigieron en defensores de las enseñanzas pelagianas, acusando al gran defensor de la ortodoxia Agustín de Hipona de incurable maniqueo y atacando de paso su predestinacionismo.

La caída final del pelagianismo provocó dos movimientos antitéticos: (1) el semipelagianismo (cf. *Semipelagianismo*) y (2) el predestinacionismo (cf. *Predestinación*) exagerado. En honor de la verdad, hay que decir que la Iglesia de Roma, al rechazar el pelagianismo, no apoyó del todo los puntos de vista de Agustín (cf. *Agustinismo*).

Bib. Juan B. Valero, *Las bases antropológicas de Pelagio* (UPC, Madrid 1980).

PELAGIO (cf. *Pelagianismo*)

PENITENCIA (cf. *Arrepentimiento, Contrición, Indulgencia*)

PENITENCIA, SACRAMENTO DE LA

(1) Base bíblica aportada por la teología catolicorromana: Mt. 16:19; 18:18; 28:16-20; Jn. 20:22-23; 2 Co. 5:20. Respondemos:

(A) Mt. 16:19: 18:18 y Jn. 20:22-23 se refieren a la disciplina eclesiástica de poner fuera de comunión y de readmitir a la comunión, conforme a lo ya hecho por Dios, como lo expresa el gr. original: «habrá sido atado habrá sido desatado».

(B) Mt. 28:16-20 habla de hacer discípulos mediante la predicación del evangelio, no de absolución sacerdotal.

(C) 2 Co. 5:20 dice claramente: «Reconciliaos con Dios», no con un sacerdote.

(2) Elementos:

(A) Materia. Los pecados; necesaria, para los mortales; suficiente, para los veniales. Dice el *CDLIC* en el no. 1446: «Cristo instituyó el sacramento de la Penitencia en favor de todos los miembros pecadores de su Iglesia, ante todo para los que, después del Bautismo, hayan caído en pecado grave y así hayan perdido la gracia bautismal y lesionado la comunión eclesial». ¿Dónde está la base bíblica de todo esto?

(B) Forma. En la parte occidental de la Iglesia de Roma es la siguiente: «Dios, Padre misericordioso, que reconcilió consigo al mundo por la muerte y la resurrección de su Hijo y derramó el Espíritu Santo para la remisión de los pecados, te conceda, por el ministerio de la Iglesia, el perdón y la paz. Y yo te absuelvo de tus pecados en el nombre del Padre y del Hijo y del Espíritu Santo». Esta última frase es una usurpación del poder de Dios y de Cristo, como Dios, según Mr. 2:7, 10.

(C) Ministro. Todo sacerdote válidamente ordenado que tenga licencias para oír confesiones y absolver. Debe ser misericordioso como lo es Dios y está obligado al sigilo más estricto (*CDLIC*, 1461-1467). «En caso de peligro de muerte, todo sacerdote, incluso privado de la facultad de oír confesiones, puede absolver de cualquier pecado y de toda excomunión» (1463). Esto es consecuencia de la doctrina católica sobre el carácter*, que no se borra jamás. De conformidad con la P alabra de Dios, cualquier creyente puede ayudar a un moribundo inconverso a reconciliarse directamente con Dios mediante el arrepentimiento y la fe, pues es rey, sacerdote y profeta (cf. 1 P. 2:9-10).

(D) Sujeto. Todo adulto de mente suficientemente sana que haya pecado después del Bautismo de agua (*CDLIC*, 1446). Y admite (1447) que «A lo largo de los siglos la forma concreta según la cual la Iglesia ha ejercido este poder recibido del Señor ha variado mucho». Así «se curan en salud», como suele decirse, del hecho de que en los tres primeros siglos de la Iglesia, no existía la confesión a los oídos de un sacerdote. En efecto, se observaba la práctica bíblica de la disciplina eclesiástica.

(3) Partes del sacramento:

(A) Contrición*. La requiere el *CDLIC*, 1451-1454. Destaco del p. 1431 lo siguiente: «La penitencia interior es una reorientación radical de toda la vida, un retorno, una conversión a Dios con todo nuestro corazón, una ruptura con el pecado, una aversión del mal, con repugnancia hacia las malas acciones que hemos cometido». Esto está muy bien (cf. p. ej. 1 Co. 6:11), pero nada tiene que ver con ningún sacramento, pues no es un lavamiento exterior el que Pablo menciona, sino el de Jn. 3:5 rectamente interpretado.

(B) Confesión auricular. El *CDLIC* la trata en los nos. 1455-1458. En consonancia con el C. de Trento (Dezinger, 1680), afirma (1456): «los penitentes deben enumerar todos los pecados mortales de que tienen conciencia tras haberse examinado seriamente, incluso si estos pecados son muy secretos». 1457 «Todo fiel llegado a la edad del uso de razón debe confesar al menos una vez al año los pecados graves de que tiene conciencia». 1458 «Sin ser estrictamente necesaria, la confesión de los pecados veniales, sin embargo, se recomienda vivamente por la Iglesia.» Y cita un hermoso párr. de Agustín en su *In Ioannis Evangelium*, 12,13: «El que confiesa sus pecados actúa ya con Dios. Dios acusa tus pecados; si tú también te acusas, te unes a Dios. El hombre y el pecador son, por así decirlo, dos realidades: cuando oyes hablar del hombre, es Dios quien lo ha hecho; cuando oyes hablar del pecador, es el hombre mismo quien lo ha hecho. Destruye lo que tú has hecho para que Dios salve lo que Él ha hecho». Muy bien dicho, pero Agustín no se refiere aquí para nada a la confesión sacramental, sino a la confesión hecha directamente a Dios.

(C) Satisfacción. El *CDLIC* la trata en los nos. 1459 y 1460. «La absolución quita el pecado, pero no remedia todos los desórdenes que el pecado causó; el pecador debe hacer algo más para reparar sus pecados: debe satisfacer de manera apropiada o expiar sus pecados» (1459). «La penitencia que el confesor impone debe tener en cuenta la situación personal del penitente y buscar su bien espiritual. Debe corresponder todo lo posible a la gravedad y a la naturaleza de los pecados cometidos. Puede consistir en la oración, en ofrendas, en obras de misericordia, servicios al prójimo, privaciones voluntarias y, sobre todo, la aceptación paciente de la cruz que debemos llevar» (1460). En todo esto, ¿dónde está la base bíblica para aplicarlo a un sacramento?

(4) Efectos. Los trata el *CDLIC* en los nos. 1468-1470.

(A) «Toda la virtud de la penitencia reside en que nos restituye a la gracia de Dios y nos une con Él con profunda amistad. El fin y el efecto de este sacramento son, pues, la reconciliación con Dios» (1468).

(B) «Este sacramento reconcilia con la Iglesia al penitente. El pecado menoscaba o rompe la comunión fraterna. El sacramento de la Penitencia la repara o la restaura, el penitente perdonado se reconcilia consigo mismo, se reconcilia con los hermanos, se reconcilia con la Iglesia, se reconcilia con toda la creación» (1469).

(C) «En este sacramento, el pecador anticipa en cierta manera el juicio al que será sometido al fin de esta vida terrena. Porque es ahora, en esta vida, cuando nos es ofrecida la elección entre la vida y la muerte. Convirtiéndose a Cristo por la penitencia y la fe, el pecador pasa de la muerte a la vida y no incurre en juicio (Jn. 5:24)»

Pese a todas las citas bíblicas aportadas a su favor, no hay nada en todas ellas que pueda probar la existencia del sacramento de la Penitencia en el Nuevo Testamento.

Bib. Pedro Fernández Rodríguez, *El sacramento de la penitencia. Teología del pecado y del perdón* (ESE, Salamanca 2000); V Simposio Internacional de Teología, *Reconciliación y penitencia* (EUNSA, Pamplona 1983).

PENSAMIENTO (cf. *Pensar*)

PENSAR Este vocablo entró en el cast. a mediados del siglo XII y procede del lat. *pensare* = pesar, meditar, juzgar, etc., siempre con la idea de valorar usando los platillos de una balanza. *Pensare* es frecuentativo de *pendo*, *pependi*, *pensum*, con los mismos significados.

Pensar es el acto más noble del ser humano; por él se distingue de los animales brutos, los cuales carecen de intelecto. Es cierto que el hombre no puede detenerse en el puro pensar; ha de querer y ha de obrar, pero sin la luz del pensamiento el esfuerzo de la voluntad sería vano. El pensar se distingue esencialmente del percibir sensorial, porque aunque arranque de lo concreto sensible es propio de una naturaleza espiritual, pues tiene por objeto formal el ser mismo. Por tanto, su objeto material es todo ente en cuanto tal, así como las relaciones implicadas en su sentido.

La causa final del pensar es llegar, mediante el juicio, al abrazo de la mente con el objeto. En fin de cuentas, el sujeto que piensa no es una facultad exclusiva de su espíritu; es un ser humano de carne y hueso, de un determinado temperamento, con una cosmovisión peculiar, etc. Pero, si su pensar ha de ajustarse al ser, ha de buscar el *éthos* de la verdad mediante la educación de su pensamiento, en orden a conseguir la sensatez de juicio, la rectitud lógica, la claridad de ideación y de expresión, la humilde docilidad, no prejuzgada, para aprender de todo y de todos. Cuanto más equilibrada sea su psicología y más pura su intención, tanto mayor será el éxito en el encuentro objetivo con la verdad.

En el avance del pensar hacia la consecución de la verdad, es decir, del abrazo con la verdadera realidad del ser, hay una continua toma dialéctica de posiciones: raciocinio, duda, pregunta, etc. En el epílogo de Ortega y Gasset a la *Historia de la Filosofía* de Julián Marías (Revista de Occidente Madrid, 1969), hallamos las cuatro acciones del pensar dialéctico que, según el gran filósofo español, no deben soslayarse: (1) pararse ante cada aspecto de la realidad para tomar una vista de él; (2) seguir pensando o pasar a otro aspecto; (3) conservar los aspectos ya vistos, teniéndolos presentes; y (4) integrarlos en una vista suficientemente total para el tema que en cada caso nos ocupe.

No de otra manera se habría expresado la escolástica tomista, aun cuando no se halle en ella la mención explícita de perspectivismo, tan querida de Ortega. Tanto Ortega como Tomás de Aquino someten el pensar al ser sin confundirlos al estilo de Parménides o de Hegel.

PENTECOSTALISMO (cf. *Carismático, Movimiento*)

PERCEPCIÓN Este vocablo viene del lat. *percípere* = apoderarse de algo; y éste, del pref. intens. per y el vb. *cápere* = coger. Con base en esta etim., ya podemos adivinar cuál será la definición de percepción a nivel filosófico. Consiste en aprehender por medio de los sentidos un conjunto de datos sensibles. A la construcción de la imagen sensorial pueden cooperar, junto con las impresiones que proceden del objeto sensible, otros factores subjetivos diversos: una atención bien centrada o bien distribuida; una anticipación de esquemas que se adivinan desde la apercepción; la interpretación intelectual de sentido por parte del ser humano pensante; etc.

Esto significa que la percepción sensorial se inscribe dentro de un conjunto de factores psíquicos que constituyen la totalidad psicológica, sin dejar de ser, por eso, el primer acto del conocimiento sensible que descomponemos después en sus diversos elementos. Se distingue de la representación sensorial en que ésta es una presentación intencional de un objeto, una especie de reactualización de datos sensoriales, vestigios de percepciones anteriores, mientras que la percepción nos presenta los objetos directamente como cosas, es decir, como sustancias existentes en sí.

El elemento último de la percepción sensorial es la sensación. La psicología antigua, de corte «atomista», pensaba falsamente que la percepción era una especie de mosaico de sensaciones simples elementales formadas previamente, al estilo de las pequeñas percepciones de Leibniz. Para Spinoza, todo conocimiento es un modo de percibir. La percepción clara y distinta de Descartes, si algo significa, no es otra cosa que la conjunción de una atención perfecta por parte del sujeto y de una patencia perfectamente clara por parte del objeto.

PERFECCIÓN Este vocablo procede del lat. *perfícere*, comp. del pref. intens. *per* y *fácere* = hacer. Perfecto es, pues, según su etim., «lo completamente hecho». No obstante, esta frase puede indicar imperfección, si por ello se entiende «lo ya acabado» = «lo que no continúa siendo». Pero también puede significar «lo bien consumado» = «lo que existe de manera tan perfecta que ya no se le puede añadir ninguna perfección más». Es significativo el hecho de que en el idioma hebr., el vb. tiene dos tiempos principales: el «perfecto» y el «imperfecto». A primera vista, podríamos pensar que el «perfecto» es el mejor. Pero no es así, porque si yo digo. p. ej. *jaféts* = agradó (pf.), significa que «ya no agrada»; en cambio, si digo *yajpóts* = agradará (impf.), no estoy enunciando propiamente algo futuro, sino que «continúa agradando»; por eso, se usa muchas veces el impf. como pres. (cf. Éx. 3:14-15 , es un impf. «Yo seré el que seré», que se traduce correctamente por «Yo soy el que soy»).

Como es de suponer, tomamos aquí los vocablos perfección, perfecto en el sentido de que el

ente que tenemos en cuenta ha alcanzado ya el fin señalado para él.
Esto nos lleva a una serie de distinciones necesarias para entender bien el tema que nos ocupa.
(1) Perfección absoluta es la que compete únicamente a Dios por ser perfecto: (A) en todos los aspectos pensables; (B) en grado infinito y perfectamente simple; y (C) sin progreso posible (devenir) porque su eternidad no admite sucesión; siempre ha existido, existe y existirá con la misma perfección.
(2) Perfección relativa es la que compete a los entes creados, finitos y compuestos. Esta perfección puede ser de dos clases: (A) esencial. Es la que tiene cada ente al pertenecer a un grado determinado en la escala del ser, ya se trate de un ser humano, de un animal, de un vegetal o de una piedra. Esta perfección puede considerarse (a) en su estado originario; así podemos decir que un niño recién nacido es un hombre perfecto, pues no le falta nada de la esencia de hombre, o (b) en su estado final; así podemos decir de un profesor que es un maestro consumado; (B) existencial. Es la propia del ser humano, considerado como un proyecto que debe ser llevado a cabo mediante una voluntad libre y consciente (cf. *Existencialismo*).
(3) Perfección moral-espiritual es la que, en principio, se alcanza mediante el ejercicio de la virtud y de la unión con Dios. Para que sea cabal, y no deficiente, es menester que el ser humano no deje baldías las restantes disposiciones, sino que las desarrolle en la medida de lo posible. ¿Hasta dónde puede llegar esa medida? (cf. *Perfeccionismo*).

PERFECCIONISMO Aspirar a la perfección moral-espiritual no sólo es bueno, sino también ordenado por Dios a su pueblo (cf. Lv. 11:44-45; 19:2; Mt. 5:48; 1 P. 1:14-16).
Pero una cosa es aspirar a la perfección, lo cual obliga a todos los creyentes, y otra muy distinta abogar por el perfeccionismo, entendiendo por tal la enseñanza de que el cristiano puede llegar a un estado tal de santidad que ya no pueda cometer pecados:
(1) por haber alcanzado la cima del amor y de las demás virtudes cristianas, como es el caso de Juan Wesley* (cf. *Metodismo*). Wesley sostenía que tanto la justificación como la santificación se reciben por gracia mediante la fe, no al mismo tiempo, sino en secuencia progresiva. El cristiano que de veras aspira a la perfección recibe la santidad por amor perfecto. A veces, esta experiencia se describe como un «bautismo en el E. Santo» o como una «segunda bendición». Una vez conseguida la perfección, ya no se puede hablar de «pecados», sino «defectos» explicables por la fragilidad de la voluntad humana: son «transgresiones involuntarias de la ley de Dios». Este perfeccionismo es contrario (A) a la experiencia, pues precisamente los mayores santos son los que se han visto a sí mismos como grandes pecadores, no como perfectos; (B) a la Palabra de Dios, como puede verse por Lc. 17:10 y Fil. 3:12.
(2) por haber alcanzado una perfección tal que el cristiano está ya a salvo del pecado, haga lo que haga, de forma que lo que era pecado antes de la santificación perfecta ya no lo es en dicho estado de perfección (cf. *Quietismo*). Esto es una herejía manifiesta, de corte gnóstico, abiertamente contraria a la Palabra de Dios (cf. p. ej. 1 Jn. 1:6-10; 3:4-10).
Bib. John Wesley, *La perfección cristiana* (CNP, Kansas City 1979); Leo G. Cox, *El concepto de Wesley sobre la perfección cristiana* (CNP, 1983).

PERIJÓRESIS (cf. *Trinidad*) Expresión griega que significa literalmente que una persona contiene a las otras dos (sentido estático) o que cada una de las personas interpenetra a las otras, y recíprocamente (sentido activo). El adjetivo *perijorético* designa el carácter de comunión que rige entre las divinas personas.

PERSEVERANCIA Referida a la perseverancia de los santos hasta el final de la vida, señala la parte activa que el creyente desempeña en la práctica constante de la virtud, pero mejor podríamos hablar de preservación, porque es, ante todo, la gracia de Dios la que posibilita dicha perseverancia.
La perseverancia final es prometida a todos los verdaderos creyentes en Cristo, como puede verse, p. ej. en Jn. 6:39-40; 10:28-30; 1 Co. 1:8-9; Fil. 1:6; 1 Ts. 5:23-24; 1 P. 1:4-5). Es consecuencia lógica de la unión del cristiano con Cristo (Ro. 8:1; Col. 3:1-4) y, en último término, de la elección (cf. *Elección*), como puede verse por Ro. 8:28-30; Ef. 1:4-14).
Hay porciones que parecen contradecir esta enseñanza, como p. ej. He. 3:12; 6:1-9; 10:1-2; 2 P. 2:20, que han de estudiarse en su contexto con ayuda de un buen comentario.
De los grandes Reformadores, sólo Lutero sostuvo que, puesto que la justificación es por la fe, el creyente que pierde la fe, pierde también la perseverancia. No advirtió que la fe del creyente

es sostenida por la gracia irreversible de Dios (cf. Ro. 11:29).
Consecuentes con su sinergismo, los arminianos holandeses e ingleses, incluidos los metodistas wesleyanos, rechazan la doctrina de la perseverancia final. En cambio, los Hermanos, a pesar de su sinergismo, admiten la perseverancia como consecuencia lógica de la seguridad de salvación (cf. *Seguridad*).
Bib. John MacArthur, *Salvos sin lugar a dudas* (CLIE, Terrassa 1995); Sugel Michelen, *El que perseverare hasta el fin* (EBD, Santo Domingo 1986).

PERSONA Este vocablo procede del lat. *persona* = máscara de actor. Se llamaba así porque, por medio de ella (*per* = a través de), sonaba la voz del actor y porque esa voz *per-sonaba* = sonaba fuerte (*per* = pref. intens.), de forma que podía llegar a todos los puntos del auditorio.
Como el concepto de persona es análogo (se cumple también en Dios), debemos dar una definición que abarque a todo ser espiritual. Así persona es «todo individuo de naturaleza espiritual en su modo peculiar de incomunicabilidad». Como las personas de la Trina Deidad (cf. *Trinidad*) son consustanciales, no se puede hablar de Dios como de tres «individuos», sino de un sólo Ser individual que subsiste en tres personas por tres modos incomunicables de subsistir, con lo que un solo Dios es compatible en su única esencia con tres personas o hipóstasis realmente, e infinitamente, distintas entre sí. Es el misterio fundamental de nuestra fe, del cual ya no hablaré más en el presente art.
A nivel humano, cada persona es un individuo de naturaleza concreta incomunicable. Digo «de naturaleza concreta», porque su naturaleza específica es común a todos los individuos de la especie humana. También los ángeles son personas, pero aquí no tratamos de ellos, sino sólo de los seres humanos.
La persona se distingue por tener un centro, la personalidad*, por la que es sujeto de atribución de todo lo que tal individuo es: es hombre (o mujer), es niño (o adulto), es sano (o enfermo), es artista (o literato, filósofo, teólogo, etc.). Por eso, se llama en lat. *suppósitum* = puesto debajo, como soporte de todos los atributos, y en gr. *hupóstasis* = estabilidad debajo.
Los seres de naturaleza inferior a la humana aparecen y desaparecen, quedando sólo la especie, pero la persona humana tiene un destino individual por encima del de la especie y de la sociedad en la que está inmersa. Esta preeminencia se muestra, sobre todo, en su libertad, mediante la cual determina su propio camino sin estar atada por las leyes esenciales de la especie. Por eso, no se puede tratar a una persona como a una cosa, aunque se la puede obligar moralmente a que contribuya al bien de la comunidad.
Los filósofos han tratado a la persona de una de estas tres maneras: (1) como un momento de tránsito en la evolución de la idea absoluta (Hegel y Marx, siguiendo la línea de Parménides y Platón), con lo que se volatiliza su auténtica personalidad; (2) como un individuo aislado, solitario y libre de ataduras, con lo que se le hace víctima de su propio desenfreno (conceptualismo, materialismo); o (3) como un ser espiritual que debe desarrollarse libremente conforme a la ley inscrita en él, pasando así a la madurez de su personalidad (es la solución de la filosofía cristiana, con base en lo mejor de la escolástica medieval).
La metafísica griega, así como su lenguaje, tenía una limitación fundamental y gravísima: la ausencia completa del concepto y del vocablo mismo de *persona*, que tantos problemas trajo en el sector oriental de la Iglesia en los debates cristológicos y trinitarios. La introducción del concepto de persona en su peculiaridad ha sido una obra del pensamiento cristiano y de la revelación a que este pensamiento se refiere.
Bib. A. Ropero, *Filosofía y cristianismo*, cap. VIII (CLIE, Terrassa 1997); Fernando Vela López, *Persona, poder, educación. Una lectura de E. Mounier* (ESE, Salamanca 1989); X. Zubiri, *El hombre y Dios* (Alianza, Madrid 1984).

PERSONALIDAD Podríamos decir que la personalidad es aquello por lo que la persona se distingue de todas las demás en su propio centro incomunicable de atribución y decisión consciente. Con esta definición, puede hablarse de personalidad incluso en el interior de la Trina Deidad (cf. *Trinidad*). Visto así el concepto de personalidad, la persona humana se distingue de todo lo demás que es y tiene. Esto se entiende mejor con algunos ejemplos: «yo soy el que habla» (correcto, habla el sujeto); «yo soy mi lengua» (incorrecto, la lengua es un órgano del sujeto); «yo tengo un alma» (correcto, el alma es una parte esencial de mi ser); «yo tengo una persona» (incorrecto, yo no tengo una persona, sino que soy una persona).
Esto que ya es cierto a nivel metafísico, lo es también a nivel de experiencia (empírico), pues la personalidad es el aspecto de la persona ac-

cesible a la percepción tanto sensorial como intelectual. De ahí que la psicología pueda investigar la personalidad con métodos diversos, ya cualitativos, como la observación atenta, ya cuantitativos, como los diferentes tests y cuestionarios. En este terreno que compete directamente a la psicología como ciencia particular, la filosofía propiamente dicha no puede dar leyes a la psicología, pero sí cuestionarla sobre sus presupuestos de tipo filosófico, en lo cual no puede justificar un proceder independiente de los dictados de la razón y de la fe.

El estudio de la personalidad ha dado lugar en nuestro tiempo a numerosas escuelas de pensamiento con sus métodos peculiares, en las que no podemos detenernos aquí.

Bib. Osvaldo O. Marino, *Neuiasis. Una teoría bíblica-psicológica de la personalidad* (CLIE, Terrassa 1994; Paul Tournier, *El personaje y la persona* (CLIE, 1996).

PESIMISMO Este vocablo viene del adj. lat. *péssimus* = malísimo. Es lo contrario de optimismo*. Puede considerarse a nivel psicológico y a nivel metafísico.

(1) A nivel psicológico, es una disposición de ánimo que inclina al sujeto a ver todo por el lado «oscuro». Depende mucho de factores temperamentales y de las circunstancias de la vida de cada uno. Pero, por encima de las circunstancias, está la visión que uno tenga de la vida. Un concepto cristiano de la existencia humana es el mejor remedio contra este pesimismo. Como dice Jaime Fernández en su libro *Con la música a otra parte*: «No debemos dejar que lo que ha ocurrido en la vida rompa nuestras ilusiones. No es bueno que los golpes del pasado acaben obligándonos a no soñar».

(2) A nivel metafísico, es la idea (A) de que la esencia de las cosas es fundamentalmente mala (maniqueísmo radical), contra la enseñanza de la filosofía y de la teología acerca del valor único del ser; o (B) de que en este mundo el mal físico y moral prevalece sobre el bien (p. ej. en Hartmann), contra la doctrina bíblica de la providencia de Dios; o (C) de que este mundo no es otra cosa que «un valle de lágrimas», del que sólo se puede escapar mediante la negación y la huida del mundo (Schopenhauer*). Todo lo cual está muy lejos de lo que escribió, p. ej., en Ro. cap. 8, el gran optimista Pablo de Tarso.

PIETISMO Este vocablo viene del lat. *pietas* = piedad, sentido religioso, devoción. En el lat. clás., el vocablo tenía otros sentidos, como ternura, amor a la patria, etc., que no hacen al caso aquí. El gr. del NT tiene para piedad el sust. abstr. *eusébeia*, que ocurre 15 veces y debe verterse siempre por «piedad». Además, existe el sust. concr. *eusebés* (3 veces, y siempre con el significado de piadoso), el vb. *eusebéo* = mostrar piedad, honrar piadosamente (2 veces) y el adv. *eusebòs* = piadosamente (dos veces).

El pietismo ha sido un movimiento heterogéneo a lo largo de la historia de la Iglesia y, por ello, difícil de definir unívocamente. Vulgarmente, indica una piedad hipócrita, «de fachada» (cf. 2 Ti. 3:5). Sin embargo, el verdadero pietismo merece imitación a pesar de algunos defectos que después consideraremos.

El padre del pietismo parece haber sido el joven pastor alemán F. J. Spener (1635-1705). Se había criado en el seno de una familia luterana devota y se dio pronto cuenta de que su fe piadosa guardaba poca relación con la teología que se enseñaba en las universidades. Estando en Suiza, estableció contacto con el ex jesuita Juan de Labadie, el cual insistía en que, para poder entender la Biblia, era necesaria la inspiración directa del E. Santo. El movimiento labadista le impactó grandemente y se propuso introducirlo en su iglesia. Vuelto a Alemania, sirvió como pastor en Estrasburgo y, luego, en Francfurt. Fue allí donde Spener expresó su preocupación por el estado de la congregación, que no era muy bueno como secuela de la Guerra de los Treinta Años (1618-1648). Para mejorar la condición lamentable de su iglesia, propugnaba más estudio, y más profundo, de las Escrituras en pequeños grupos por las casas de los creyentes, el ejercicio del sacerdocio universal por parte de todos los cristianos, una vida de piedad consecuente con la fe profesada, un espíritu de amor mutuo en las controversias doctrinales, un adiestramiento de los pastores que fuese más allá de la formación intelectual y que el púlpito volviera a ser lugar de instrucción y alimento espiritual de la grey, más bien que de disquisiciones doctas sobre puntos de doctrina oscuros o poco importantes para la vida cristiana.

Más tarde, Spener fue predicador de la corte de Dresde, donde persuadió a A. H. Francke (1663-1727) a que siguiera sus recomendaciones en la universidad de Leipzig en el año 1689. Pronto tuvo Francke tantos alumnos de exégesis bíblica, que la oposición de la ortodoxia luterana al pietismo no se hizo esperar. J. Deutschmann, uno de los teólogos de Wittenberg, les acusó de te-

Platón

ner 283 doctrinas heréticas. Los pietistas se vieron entonces obligados a fundar su propia universidad en Halle (1694), la cual llegó a ser un centro de expansión de ideas pietistas en toda Alemania y, dado el interés que Spener había infiltrado a favor de las misiones, en todo el mundo. Es interesante el hecho de que el famoso conde Nicolás L. Zinzendorf (1700-1760) fue uno de los que estudiaron en la universidad de Halle. Como su maestro Spener, también Francke se interesó por la expansión de la piedad fuera de las iglesias hasta llegar a remediar las condiciones sociales de su tiempo. Entre las instituciones filantrópicas y educativas relacionadas con la universidad de Halle, hay que mencionar la fundación de un orfanato, una sociedad bíblica y un hogar para viudas.

Debido al contexto «confesionalista» que siguió a la Reforma y las disputas teológicas, el pietismo no prestó tanta atención a la doctrina como a la experiencia religiosa, con honda preocupación social.

Bib. Donald G. Bloesch, *El renacimiento evangélico* (CLIE, Terrassa 1979); K. S. Latourètte, Historia del cristianismo, vol. 2 (CBP, El Paso 1983, 5ª ed.); Williston Walker, *Historia de la Iglesia cristiana*, VII, 5 (CNP, Kansas City 1988, 8ª ed.).

PLACER (cf. *Epicureísmo, Epicuro*)

PLATONISMO Se designa con este vocablo la doctrina de Platón (427-347 a. C.), el primer filósofo sistemático, propiamente dicho. Nació y murió en Atenas, pero hizo varios viajes a Egipto, a Cirene y a Sicilia. Su verdadero nombre era Aristocles, pero se le puso de sobrenombre Platón en atención a sus anchas espaldas. De antemano, es menester advertir que Platón no sólo fue un gran filósofo, sino también un hombre interesado en otras disciplinas, especialmente en la política, donde sostuvo su utopía: la idea de que podía llevarse a cabo su teoría acerca del Estado perfecto y que, por diversas circunstancias, no pudo llevar a la práctica. Frustrado su proyecto político, Platón se dedicó de lleno a la meditación filosófica, heredando de Sócrates este interés y pasándolo, a su vez, a su discípulo favorito Aristóteles. Con el dinero que la generosidad de un amigo le suministró, fundó una escuela de filosofía en una finca dedicada al héroe Academo, que por eso se llamó la «Academia». Cuando había cumplido 80 años, gastados en la investigación de la realidad, Platón sentía que su alma quería desprenderse de las ataduras de su cuerpo y llamó a una flautista tracia para escuchar música, y a un caldeo para hablar con él del más allá. Su muerte fue, pues, muy distinta de la de su maestro Sócrates.

Se conservan casi todas sus obras, en las cuales el valor literario adorna bellamente su doctrina filosófica, por lo que se le llamó «la abeja ática». Además escogió como género literario el diálogo que, como método filosófico, es la puesta en práctica de la dialéctica que propugnaba, recomendando siempre su propia meditación a lo largo de los 24 diálogos que escribió, entre los que destacan: de sus escritos de juventud, *Apología de Sócrates*, *Critón* y *Eutrifón*; de los de su madurez, *Protágoras*, *Gorgias*, *Fedón*, *Banquete* y *Fedro*; y de los de su vejez, *Teeteto*, *Parménides*, *Filebo*, *Timeo* y *Critias*. Además escribió una obra extensa, la 2ª sobre la teoría del Estado, en la que no aparece Sócrates: las Leyes. El protagonista de estos diálogos es siempre su querido maestro Sócrates. No se crea por esto que Platón es deudor de Sócrates en su sistema filosófico. Conforme fueron pasando los años, fue evolucionando el pensamiento de Platón. De sus años de madurez es de donde voy a extraer el resumen de su ideario, dividiéndolo en tres partes.

(1) Ontología. No hay pensamiento sin objeto. Luego entre el pensar y el ser hay un paralelismo exacto: a los grados del ser corresponden los grados del pensar. Por tanto, sólo las ideas puras tienen ser absoluto e inmutable. La realidad sensible, concreta, mudable, que nos rodea no puede ser objeto de la ciencia, pues es una mezcla

del ser y no-ser, y sólo el ser es inteligible. Podemos tener idea universal de un árbol, de un perro, de un hombre, pero el árbol, el perro y el hombre concretos, visibles, no son realmente, puesto que son y no son. Así pues, cuanto menos tengan de lo sensible los objetos, más tendrán de lo inteligible. Se establece entonces la siguiente gradación: (A) de lo material sensible tenemos opinión (gr. *dóxa*); corresponde a la Física; (B) de lo material inteligible tenemos razón discursiva (gr. *diánoia*); corresponde a la Matemática; y (C) sólo del ser puro, plenamente inteligible, tenemos intuición (gr. *nóesis*); corresponde a la Dialéctica, que es la verdadera Ontología. Esta dialecticidad no es meramente lógica, sino también ontológica, de la realidad misma. Las ideas son cosas.

(2) Psicología. El hombre consta de alma y cuerpo, pero el alma no es la forma del cuerpo como ocurre en el hilemorfismo aristotélico, sino que está en el cuerpo como el auriga está en el carro que conduce; caída por una culpa cósmica original en este cuerpo que le sirve de cárcel. El alma inmaterial, invisible, tiene tres funciones: (A) racional (gr. *noús*), por la que se comunica con las ideas y está alojada en la glándula pineal; (B) irascible (gr. *thumós*), creada por dioses inferiores y alojada en el tórax; y (C) concupiscible (gr. *epithumía*), que es causa de las pasiones inferiores, se aloja en el vientre, está en lucha constante con la *noús* y muere con el cuerpo. El alma preexiste al cuerpo y no muere con él. Hay sanciones después de la muerte en la región de los muertos, pero Platón admite la transmigración de las almas hasta que éstas logren volver a la eterna plenitud de la Verdad. Para entender la conexión platónica de la Ontología con la Psicología, acude Platón al famoso mito de la Caverna: En una caverna hay unos hombres que se encuentran allí desde su infancia; están sujetos a un poste de tal modo que no pueden moverse ni mirar hacia atrás, sino sólo al fondo de la caverna. La caverna tiene una abertura por donde penetra la luz del exterior. Fuera de ella, hay un muro y, detrás, un camino por el cual pasan hombres llevando todo género de objetos. Los encadenados sólo ven las sombras de todas esas cosas, que, por encima del muro, se proyectan sobre el fondo de la caverna. Por fin, uno de los encadenados logra soltarse de sus ataduras y contempla la realidad exterior. Al principio el sol lo deslumbra y casi lo ciega; pero, poco a poco, comienza a habituarse y empieza a ver: Primero, las sombras; después, las imágenes de las cosas, reflejadas en las aguas; finalmente, las cosas mismas. Después de un largo esfuerzo, logra contemplar el sol mismo. Se da cuenta entonces de que lo que había vivido en la sujeción es irreal y despreciable. Pero si se atreviera a hablar con sus antiguos compañeros de cautiverio y les dijera que ese mundo no es real, se reirían de él; y, si trataba de sacarlos de allí, lo matarían. Por supuesto, todo eso es una alegoría, pero, ¿cuál es su simbolismo? La caverna es el mundo de lo sensible, cuyas sombras son las cosas. El verdadero mundo es el que está fuera, el mundo de las ideas. Sus cosas simbolizan las ideas, y el sol es la idea del Bien.

(3) Ética. La conducta humana debe tener una norma estable, que me permita saber cuándo un acto mío es bueno o malo y en qué medida contribuye a mi felicidad, a la que naturalmente aspiro. A esto responde Platón: (A) la norma de mis actos no puede ser el placer, por cuanto es inestable y propio de la función concupiscible, la más baja del alma; (B) la suma felicidad no puede alcanzarse en lo mudable, sino en lo inmutable y absoluto, que es la idea del Bien. Platón siempre habla del Bien como de una Idea, pero atendiendo a su realismo extremo, bien puede afirmarse que esa Idea mayúscula, absoluta, es Dios mismo. Así lo entendieron los neoplatónicos, después Agustín de Hipona y la tradición cristiana medieval de talante agustiniano. Esta idea del Bien –dice Platón– ha de ser mi norma suprema; mi vida moral consiste en la participación de la idea del Bien en mis actos libres. Dicha participación sólo se consigue por medio de la virtud (gr. *areté*), fuerza y conquista progresiva de la felicidad verdadera. Así como la salud es el mayor bien del cuerpo, la armonía de la virtud es el mayor bien del alma. Por eso vale la pena luchar por esa armonía por medio de la suprema virtud que es la sabiduría, porque quien posee la sabiduría posee todas las demás virtudes. El mal, para Platón, no es un verdadero ser; es una «privación» (gr. *stéresis*), le falta algo que debería tener. Dios es inocente; de Él no puede provenir ningún mal. El hombre libre es responsable del mal moral. Y en cuanto al mal físico, su raíz está en la finitud del mundo visible; va unido necesariamente a esta condición miserable.

No cabe duda de que la filosofía de Platón encierra verdades sublimes que cualquier cristiano podría firmar. De ahí la seducción que ejerció sobre Agustín de Hipona, quien llegó a llamar «divino» a Platón, mientras apellidaba «ateo» a Aristóteles. Hizo falta el talento de Tomás de Aquino para conjugar ambas filosofías en una síntesis escolástica cristiana, en la que merecidamente

el sistema aristotélico, de un realismo moderado, había de tener la primacía.
Bib. Platón, *Obras completas* (Aguilar, Madrid). G. M. A. Grube, *El pensamiento de Platón* (Gredos, Madrid 1973); J. Vives, *Génesis y evolución de la ética platónica* (Gredos, 1970).

PLOTINO Plotino, el verdadero fundador del neoplatonismo (204-270), pues de su maestro Ammonio Saccas (aprox. 175-242) sabemos muy poco, nació en Egipto y fue un hombre importantísimo en su época. Llevó una vida de extraño y misterioso ascetismo. Sus escritos fueron recopilados por su discípulo favorito Porfirio (aprox. 233-300) en seis grupos de nueve libros, por lo cual fueron llamados Enéadas (del gr. *ennéa* = nueve). Podemos asegurar que la verdadera filosofía se había acabado en el siglo III a. C. con la muerte de Aristóteles, para reaparecer en el siglo III d. C. con Plotino. Este extraño personaje comía y dormía sólo lo indispensable; era vegetariano, permaneció célibe toda su vida y no se dejó retratar, porque –decía– «no quería dar lugar a una sombra de otra sombra». No es, pues, extraño que ejerciera tanta influencia en los primeros escritores eclesiásticos y en los místicos medievales, tanto que gran número de las obras de dichos místicos son de inspiración neoplatónica.
El sistema neoplatónico de Plotino puede resumirse de la manera siguiente:
(1) En la cúspide de su jerarquía metafísica está el Uno, que es al mismo tiempo el ser, el Bien y la Deidad. Del Uno proceden, por emanación, todas las cosas por el siguiente orden: (A) la *noús* = mente, el mundo del espíritu y de las ideas. Como la mente supone una reflexión, ya comienza con ella una dualidad; (B) el alma, reflejo de la *noús*, intermedia entre ella y el cuerpo que informa y que guarda todavía huellas de la unidad (del Uno); y (C) la materia, lo múltiple, lo indeterminado, casi un no-ser. El alma tiene que liberarse de la materia, en la que recae una y otra vez en las sucesivas reencarnaciones por las que pasa. Pero todavía existe la posibilidad del éxtasis (gr. *ek-stasis* = transporte, salida fuera de sí), en el que el alma se libera enteramente de la materia hasta unirse con el Uno y convertirse en el Uno mismo. Según Porfirio, el discípulo favorito de Plotino, éste experimentó varias veces, en su vida terrenal, estos éxtasis.
(2) Pero, además de las almas particulares, Plotino habla de un «alma del mundo» animadora y vivificadora de todo lo que existe por debajo del Uno, a la manera de un Hijo de Dios, engendrado por el Uno como un segundo dios, una imagen en la que el Uno se mira, pero no es tan Dios como el Uno por la inevitable dualidad de la *noús*. Ahora bien, todo lo demás, el mundo, es producido por Dios mediante la *noús*, que viene así a ser el demiurgo (gr. *demiourgós* = servidor del pueblo). Este demiurgo no crea las cosas, sino que las engendra; éstas son una emanación del Uno a través del primer emanado que es la *noús*, el Hijo mismo del Uno. Como dice Plotino: «Encontrándose en toda plenitud, debió engendrar; una tal potencia no podía quedar incapaz de engendrar». Como puede verse, estamos aquí muy lejos del *Logos* de Juan 1:1-4. El neoplatonismo de Plotino es claramente panteísta, pues no hay en él verdadera distinción entre Dios y el mundo.
Bib. Plotino, *Las Ennéadas*, 3 vols. (Gredos, Madrid 1930); Porfirio, *Vida de Plotino* (Gredos); A. Ropero, *Introducción a la filosofía*, cap. III (CLIE, Terrassa 1999).

PLURALISMO Este vocablo procede de plural; y éste, del lat. *plures* = muchos. Por tanto, pluralismo es lo contrario de monismo*. Según este sistema, la realidad está articulada en varios sectores que no se pueden reducir a la unidad. Como ocurre con el monismo, también el pluralismo se divide en varias clases:
(1) El pluralismo ontológico es el sistema en el que (A) el ser se deduce de dos o más principios absolutos que se limitan mutuamente (p. ej., en el dualismo metafísico) o (B) el ámbito de los valores se escinde completamente del ámbito del ser (p. ej., en el neokantismo). En ambos casos, el pluralismo es incompatible con la filosofía cristiana.
(2) El pluralismo social existe (A) cuando en la sociedad se admiten varias agrupaciones distintas según los diversos ámbitos, debido a que todos los valores humanos pueden contribuir a estructurar la sociedad. Este pluralismo no sólo es compatible con la filosofía escolaticotomista, sino que es incluso necesario para evitar el monismo totalitario del Estado (marxismo, fascismo, etc.). Sin embargo, (B) la sociedad moderna tiende a un pluralismo extremo, donde todo el conjunto social se organiza de acuerdo con los criterios individualistas de un grupo determinado, con lo cual se corre el peligro (a) de que los intereses de grupo hagan saltar el vínculo social del Estado (anarquismo) o (b) de que el poder del Estado venga a ser un juguete en manos del grupo prepotente, con la consiguiente opresión de los grupos más débiles (dictadura de clase).

(3) Dentro del pluralismo social, pero distinto de él por faltarle el necesario vínculo exterior, está el pluralismo ideológico, el cual tiene lugar cuando los seres humanos difieren radicalmente en sus convicciones últimas, es decir, las que afectan a la religión y al sentido de la vida humana. Puesto que el Estado tiene el deber, no sólo de aceptar, sino también de promover la libertad de conciencia, es inevitable que esto pueda provocar conflictos en el terreno de la acción social y política, con detrimento de una concepción valorativa común. No obstante, (A) todos los individuos están obligados a reflexionar sobre la necesidad de un acuerdo fundamental (una especie de pacto social) en el reconocimiento de la inviolable dignidad del ser humano, aun en el plano natural; y (B) es menester que todos los individuos admitan que la pluralidad inevitable de ideologías no debe dar paso al relativismo* absoluto, que sacrifica la justa pretensión de la verdad absoluta, desacreditando así las convicciones metafísicas y religiosas fundamentales. Sí que puede darse un pluralismo ideológico basado en el hecho de que el ser humano, en esta vida, no posee una intuición directa de la verdad (contra el ontologismo), sino que puede considerar la misma verdad desde distintos aspectos (cf. *Ortega y Gasset, José, 2) El Perspectivismo*).

PODER Tomamos aquí el vocablo poder como un sust., no como un vb. No me refiero en este art. al concepto metafísico de potencia*. Hay un sentido profundo, ontológico, en la noción de poder, puesto que, por el mero hecho de existir, todo ser se impone al afirmarse a sí mismo. Pero, en sentido propio, el poder compete al ser humano en el plano personal y en el plano social, designando toda oportunidad de imponer la propia voluntad dentro de una relación social aun en el caso de que otros se opongan (cf. *Pluralismo*).
La cualidad en la que se funda el poder es la autoridad*. El poder, sea cual sea el sujeto que lo ejerza, no puede imponerse por la fuerza, debe ajustarse al derecho. Por eso, el área preferente del poder es el Estado. El fin de la acción política, que es edificar un orden justo y asegurar la paz social, sólo puede llevarse a cabo mediante el poder; de lo contrario, la multiplicidad de intereses impediría la reducción a la necesaria unidad social. Por supuesto, lo mismo que los demás valores humanos, también el poder puede ser, y lo es en muchos casos, objeto de abuso (cf. p. ej. Ec. 4:1; 8:9; Mi. 2:1-2; Stg. 5:1 ss.). Pero el abuso, por su misma índole, no puede ser la regla, sino la excepción. Siempre queda la legitimidad del uso del poder por quien tiene autoridad para ejercerlo.
La Palabra de Dios reconoce que el poder en los asuntos humanos es una de las realidades de la vida presente. El ejercicio del poder es, según la Biblia, bueno y justo y, por tanto, es menester que el cristiano se someta a las autoridades porque, en fin de cuentas, éstas han sido establecidas por Dios, quien delega su autoridad en agentes humanos (cf. p. ej., Sal, 8:5-8; 82:6; Jn. 10:34; Ro. 13:1). La Palabra de Dios habla, por supuesto, del poder de Dios (cf. p. ej., Is. 40:10-17, 22-26), del poder de Cristo (cf. p. ej., Lc. 4:14; 5:17; 11:20), del poder del E. Santo (cf. p. ej., Ro. 15:13). El mismo evangelio es poder (cf. p. ej., Ro. 1:16; 1 Co. 1:18).
La Palabra de Dios reconoce también que las fuerzas del mal tienen poder. Lo deben al que las creó (cf. Col. 1:16), pero, después que cayeron en el mal, lo usan contra la causa de Cristo y los resultados destructivos de su actividad pueden verse en todas las áreas de la vida individual y social (cf. p. ej., Hch. 13:27; 1 Co. 2:6-8; Ef. 6:10-16). Ese poder maligno será definitivamente destruido en la 2ª Venida de Cristo (cf. p. ej. 1 Co. 15:24-28).

Bib. Hendrikus Berkhof, *Cristo y los poderes* (TELL, Grand Rapids 1985).

POLITEÍSMO Este vocablo viene directamente del gr. *polú* (o *poly*) = mucho, y *theós* = dios. Es, por tanto, la creencia en muchos dioses, lo contrario del monoteísmo*. Se distingue también del panteísmo*, aunque a veces tanto el politeísmo como el panteísmo pueden darse en una misma tradición religiosa.
A principios del siglo xx se creía generalmente que el politeísmo había sido una etapa en la evolución desde el animismo hasta el monoteísmo. Actualmente se rechaza este concepto y se considera al politeísmo como el fruto de una respuesta precientífica a las preguntas del hombre primitivo sobre las diversas áreas del mundo natural, ya que la mayoría de los dioses se relacionaban con algún aspecto concreto de la naturaleza. Los dioses venían así a resultar la personificación de los fenómenos naturales, así como de los héroes de la antigüedad con los mismos vicios de éstos. Dentro de los dioses se establecía cierta jerarquía: Zeus era para los griegos el principal, correspondiente al Júpiter = Padre de los dioses, de los romanos. En los países limítrofes de Israel, aparecen en la Biblia los dioses dominantes

de cada región, especialmente como deidades relacionadas con la fertilidad, con lo que el dios podía ser representado bajo la imagen de un ser humano, de un animal como el becerro, de un árbol e incluso de un falo. Todavía hoy, el monoteísmo es la religión del cristianismo, del judaísmo y del islamismo, pero el politeísmo impera (1) en las grandes religiones del Oriente, como el hinduismo, el budismo, el confucianismo, el taoísmo y el sintoísmo, y (2) en las religiones tribales africanas.

A veces, un grupo o una nación escogía como principal un solo dios, sin negar la existencia de dioses inferiores. Esto es lo que se llama técnicamente henoteísmo, del gr. *hen* = uno y *theós* = dios. Un caso claro lo tenemos en 2 R. 5:17, donde Naamán, agradecido a Eliseo por haberle sanado de la lepra, le ruega que le dé tierra de Israel para, sobre ella, sacrificar holocausto exclusivamente al Dios de Israel. Para Naamán, aquel pequeño enclave en su patria, Siria, del país de Israel, era suficiente para ofrecer sacrificios al Dios de Israel. En realidad, con la curación por fe, Naamán se había convertido en monoteísta y quería actuar de acuerdo con ello. Lo demuestra su modo de hablar en el v. 18, petición de un recién convertido, débil aún en la fe.

A pesar del politeísmo, casi general fuera de las fronteras de Israel, fue un filósofo el primero que se atrevió a confesar la unidad de Dios hasta considerarse a sí mismo como un enviado de Dios para una misión especial. Por esta confesión fue sentenciado a muerte Sócrates por «impiedad» y «ateísmo». Su discípulo favorito Platón (cf. *Platonismo*) siguió esta tradición monoteísta y sostuvo que, en un Estado bien gobernado, debería llevarse a cabo una rigurosa revisión de la mitología griega antes de usarla, porque en ella eran presentados los dioses cometiendo actos malvados y obscenos.

La Palabra de Dios condena la adoración de toda clase de imágenes, incluidas las del verdadero Dios (cf. Éx. 20:4) y tiene a las imágenes de los ídolos por «vaciedades» sin sentido, ridículas (cf. p. ej., Is. 44:9-20). El NT no sólo confirma esta condenación del politeísmo, sino que Pablo llega a identificar los dioses de los corintios con los demonios (cf. Ro. 1:22 ss.; 1 Co. 10:19-21). Para la demostración de que el misterio de la Trina Deidad no significa un politeísmo (triteísmo), cf. el art. *Trinidad*.

El hombre moderno, especialmente el que no cree en Dios o vive como si Dios no existiera, es, en realidad, un politeísta, idólatra del dinero, del placer carnal, del poder político, etc. Pablo llama idolatría a la avaricia, en gr. *pleonexía* = afán de poseer más (cf. Col. 3:5). Acaso va por ahí la advertencia final del apóstol Juan en 1 Jn. 5:21.

POSIBILIDAD Este vocablo viene del lat. *possibilis* = posible; y éste, del vb. *posse* = poder, ser capaz de. Esta posibilidad se divide en extrínseca e intrínseca. Ambas tienen alcance metafísico, ya que lo posible (a) no es la nada, pues la nada no tiene esencia; (b) no es un ente de razón, porque éste sólo puede existir en el pensamiento, mientras que lo posible puede existir realmente fuera del pensamiento.

(1) Posibilidad extrínseca es la que corresponde a todo lo que puede ser producido por alguna causa. Aunque la Causa suprema, Dios, es inaccesible a la experiencia sensible, la filosofía debe tenerla también en cuenta, puesto que la posibilidad extrínseca del ser finito descansa en la omnipotencia de Dios.

(2) Posibilidad intrínseca es la que corresponde a todo aquello que no implica contradicción en sus propios términos, como sería, p. ej. un círculo cuadrado, ya que las definiciones mismas de «círculo» y de «cuadrado» son incompatibles; en otras palabras, hacer un círculo que, a la vez, sea cuadrado es un imposible metafísico = un contra-ser, por lo cual no cabe en el ámbito de la omnipotencia de Dios, ya que el ser y la verdad son convertibles. La posibilidad intrínseca de los seres no tiene como fundamento último la omnipotencia de Dios (contra Occam) ni en la voluntad libre de Dios (contra Escoto y Descartes), sino en la propia estructura del ser finito que lo vincula con el Ser necesario.

Llegados a este punto, cabe preguntar: Puesto que la extensión del ente es infinita, ¿de qué forma cae cada uno de los seres en el ámbito de la omnipotencia de Dios? La única respuesta válida es: A través de su omnisciencia (cf. *Dios, (9) Dios, Omnisciencia de*).

POSITIVISMO Este vocablo viene de positivo; y éste, del vb. lat. *pónere* = poner, colocar, quitarse de encima.

El positivismo debe su nombre, conforme a su etim., a que, por principio, se atiene sólo a lo puesto, exigiendo a toda ciencia que se limite a comprobar los hechos percibidos y establecer las leyes por las que se rige su regularidad. El verdadero fundador del positivismo es Augusto Comte (1798-1857), según el cual las ciencias recorren, en su desarrollo, tres estadios: (1) teológico, que

B. Russell

explica los hechos recurriendo al influjo sobrenatural de Dios o de los dioses; (2) metafísico, que trabaja con conceptos esenciales y universales; y (3) positivo, que se limita a describir los hechos y comprobar su regularidad. A través de su biografía, Comte aparece como un científico competente, pero de unas características temperamentales que, a causa de numerosas frustraciones de todo orden, lo condujeron al desequilibrio mental y al abatimiento.

El neopositivismo del llamado «Círculo de Viena» tiene como pionero a M. Schlick (1882-1936). A él han pertenecido también Reichenbach (1891-1953), Ph. Frank (1884-1966) y R, Carnap (1891-1970), aunque Reichenbach y Carnap han abandonado el positivismo riguroso. Según los filósofos del mencionado «Círculo de Viena», sólo tiene sentido lo que es «verificable», es decir, lo que puede comprobarse por la experiencia de los sentidos. Por consiguiente, carecen de sentido los enunciados de la metafísica, lo mismo que las afirmaciones sobre los valores y normas.

Ligada al positivismo está la filosofía analítica, interesada en mostrar, mediante el análisis del lenguaje, que los asertos metafísicos carecen de sentido, puesto que se apoyan en errores de lógica del lenguaje. Con mayor o menor radicalismo, cabe inscribir en esta escuela filosófica a Jorge Eduardo Moore (1873-1958), Bertrand Russell (1872-1970), L. Wittgenstein (1889-1951) y Alfred Julio Ayer (1910-1989).

El positivismo resulta falso, no sólo a la luz de la fe, sino también a la sola luz de la razón, pues su propia autolimitación lo conduce a destruirse a sí mismo, ya que no puede demostrar su afirmación fundamental sin contradecirse.

Bib. A. J. Ayer, *Lenguaje, verdad y lógica* (Martínez Roca, Barcelona 1971); –*Ensayos filosóficos* (Planeta-Agostini, Barcelona 1986); George Edward Moore, *Defensa del sentido común y otros ensayos* (Orbis, Barcelona 1983); Bertrand Russell, *El conocimiento humano. Su alcance y sus límites* (Taurus, Madrid 1977); –*Escritos básicos* (Planeta-Agostni 1985); L. Wittgenstein, *Tractatus Logico-Philosophicus* (Alianza, Madrid 1973); –*Lecciones y conversaciones sobre estética, psicología y creencia religiosa* (Paidós, Barcelona 1996).

Jorge Vicente Arregi, *Acción y sentido en Wittgenstein* (EUNSA, Pamplona 1984); V. Kraft, *El Círculo de Viena* (Taurus, Madrid 1966); F. Inciarte, *El reto del positivismo lógico* (Rialp, Madrid 1974).

POSTRIMERÍAS (cf. *Escatología*)

POSTULADO Este vocablo entró en el cast. el año 1709 y viene del lat. *postulare* = pedir, solicitar, pretender. Su significado filosófico no siempre ha sido el mismo.

(1) Aristóteles llama postulado (gr. *aítema*) a una proposición que alguien admite temporalmente sin prueba en una discusión científica, pues es demostrable *per se*, aunque no es inmediatamente evidente. El que «alguien» la admita no significa, para Aristóteles, que tal proposición sea un presupuesto (*hupóthesis*) común.

(2) Muy diferente es el significado que el término postulado adquiere en la filosofía de Kant. Como él mismo dice en su *Crítica de la razón práctica*, «es una proposición teorética, pero como tal no demostrable, en tanto que va unida inseparablemente a una ley práctica con validez incondicional a priori». Kant admite tres postulados que no podrían demostrarse con base en la razón pura, a saber: la libertad de la voluntad humana, la inmortalidad del alma y la existencia de Dios.

POTENCIA El vocablo potencia viene del lat. *posse* (*potis esse*) = poder, ser capaz de. En sentido metafísico, único que consideramos aquí, forma, con el acto (cf. *Acto*), la estructura fundamental de los seres finitos. Este es el concepto que Aristóteles tiene de potencia (gr. *dúnamis, dynamis*, de donde «dinamita»), mientras que para acto reserva el término *enérgeia* (de donde, «energía»). La esencia de la potencia consiste en su relación al acto como real posibilidad o aptitud para él. Esto indica que la potencia puede ser de dos clases: pasiva y activa.

(1) Pasiva es la aptitud para recibir un acto. Se subdivide, según Aristóteles, en (A) potencia pura, la que no ha recibido aún ningún acto y por eso es absoluta posibilidad (la materia prima) y (B) mixta, que ha recibido ya algún acto, pero todavía es capaz de ulterior actuación (la materia segunda). Ahora bien, no existe una potencia en abstracto, sino que toda potencia es la aptitud para un acto determinado; p. ej. una semilla no está en potencia para cualquier árbol, sino para un árbol determinado. Por eso, en dicha potencia ya existe el acto, aunque sólo en potencia. Aristóteles tuvo que defender esto contra los megáricos, que negaban la posibilidad de lo posible, afirmando que lo real existe sólo en el ejercicio del acto. Si eso fuese cierto, una persona sería ciega cuando cierra los ojos de día; y un arquitecto dejaría de ser arquitecto cuando no está construyendo. Y contra los eleáticos, que negaban la mutabilidad del ser, Aristóteles define el movimiento como el acto de la potencia en cuanto en potencia. P. ej. si me estoy trasladando de un lugar a otro, estoy actuando, puesto que ya he salido de un lugar, pero estoy en potencia, porque no he llegado todavía al otro.

En la potencia pasiva se incluye la llamada potencia obediencial, que consiste en la aptitud de la criatura para recibir la actuación de Dios, incluso por encima de los límites impuestos por la naturaleza.

(2) Activa es la facultad o poder para producir un acto. Esta clase de potencia se da en Dios en grado infinito = omnipotencia (cf. *Dios, 17), Dios, Omnipotencia de*), mientras que en Él no puede darse la potencia pasiva, porque repugna a su misma esencia ser actuado por cualquier otro ser. Y, como está siempre en acto, tampoco necesita actuarse a Sí mismo; no produce su actividad, sino su obra. También se da en los seres finitos la potencia activa por la cual pueden actuar; en ella se incluye ya un cierto acto, porque, según el principio de causalidad, nadie puede producir lo que no tiene de algún modo, ya sea formalmente, en virtud de la misma forma, como p. ej., pensar para un ser espiritual, o virtualmente, por medio de la aptitud presente en esa misma forma, como p. ej., moverse localmente para un ser espiritual unido a la materia, como es el caso del alma humana.

La filosofía escolasticotomista afirma que todo ser en potencia necesita de la acción de un ser en acto para pasar de la potencia al acto. Esta afirmación es muy discutible. Son muchos los filósofos, a los que me sumo, que sostienen la suficiencia de la potencia activa para ponerse por sí misma en acto. En esto, como en muchos otros temas metafísicos, el talento del español Francisco Suárez (1548-1617) ha marcado unas pautas que han configurado la metafísica moderna no tomista como una alternativa aceptable para todo pensador cristiano, ya sea católico o protestante.

PRAGMATISMO Este vocablo procede del gr. *prássein / práttein* = poner por obra. De ahí que Aristóteles llamase praxis a toda acción que lleva en sí misma su sentido. Pero, una vez más, como en todos los ismos, el pragmatismo relativiza el concepto de verdad, al decir que la verdad no se mide por su objeto, sino por el resultado que puede obtenerse con él. Si un conocimiento resulta fecundo para la acción del sujeto se le puede llamar «verdadero», ya concuerde o no con la realidad objetiva. Por tanto, no hay verdad que sea válida universalmente, porque lo que beneficia a uno daña a otro.

El pragmatismo tuvo ya su fundador en el neokantiano alemán F. A. Lange (1828-1875), pero ha tenido su mayor desarrollo en Norteamérica y en Inglaterra. Por eso, pasa por ser su verdadero fundador el norteamericanoa William James (1842-1910), hijo de Henry James. Y su segundo de a bordo Juan Dewey (1859-1952) también era norteamericano. El pragmatismo aplicado a la conducta humana se llama técnicamente behaviorismo, del ingl. *behaviour* = modo de comportarse.

En cualquiera de sus formas, el pragmatismo resulta falso. Es cierto que el conocimiento verdadero, el que se ajusta a la realidad, tiene que servir a la vida y tener en cuenta las finalidades prácticas. Pero también es cierto que la promoción de la vida depende de la comprensión que el ser humano tenga de sí mismo, de la finalidad de su existencia y del ámbito en el que está inserto; es decir, depende de la realidad objetiva, fundamento de toda otra verdad.

Bib. John Dewey, *La reconstrucción de la filosofía* (Planeta-Agostini, Barcelona 1986); *–El arte como experiencia* (FCE, México 1949); *–En busca de la certeza* (FCE, México 1952); *–Libertad y* *cultura* (UTEHA, México 1965); –*Naturaleza humana y conducta* (FCE, 1966, 2ª ed.); W. James, *Pragmatismo* (Sarpe, Madrid 1984); –*La filosofía de la experiencia y otros ensayos* (Emecé, Bs. As. 1947); –*La voluntad de creer y otros ensayos* (Hispanoamérica, México 1941); –*El significado de la verdad* (Aguilar, Madrid 1957); –*Las variedades de la experiencia religiosa* (Madrid 1994). Luis Farré, *Unamuno, William James, Kierkegaard* (Aurora, Bs. As. 1967); H. M. Kallen, *la filosofía de W. James* (Ficher, Bs. As. 1961); D. E. Lawson, *John Dewey. Visión e influencia de un pedagogo* (Nova, Bs. As. 1971); J. Mañach, *Dewey y el pensamiento americano* (Taurus, Madrid 1959); A. Mataix, *La norma moral en John Dewey* (Revista de Occidente, Madrid 1964); Alfonso Ropero, *Introducción a la filosofía*, cap. IX (CLIE, Terrassa 1999); H. Van Wesep, *Siete sabios y una filosofía del pragmatismo* (H. Sudamericana, Bs. As. 1965); H. K. Wells, *El pragmatismo, filosofía del imperialismo* (Platina, Bs. As. 1964).

PREDESTINACIÓN Este vocablo viene del lat. *prae* = delante y *destinare* = fijar, destinar, designar, elegir, etc. Por donde se ve que predestinar significa destinar de antemano, con lo que guarda estrecha relación con el concepto teológico de elección*.

El gr. del NT no tiene ningún vocablo para predestinación, pero sí el vb. *proorídsein* = predestinar, con ese significado en las seis veces que el vocablo ocurre (Hch. 4:28; Ro. 8:29, 30; 1 Co. 2:7; Ef. 1:5, 11). De esas seis veces, dos (Hch. 4:28 y 1 Co. 1:7) se refieren a la predestinación de la obra de Cristo, y las otras cuatro a la de los seres humanos elegidos por Dios antes de la fundación del mundo. Es curioso notar que el vocablo cast. «horizonte» es la transliteración del ptc. de pres. del vb. gr. *orídsein* = limitar, separar, puesto que es la línea que separa el cielo de la tierra. Esto arroja mucha luz sobre el significado del compuesto *proorídsein* = predestinar.

La forma en que se entiende la predestinación depende, como la elección, de la escuela teológica que cada uno siga (cf. *Elección*). Tres cosas son ciertas, en mi opinión, que es la de todos los amiraldianos, por ser infralapsarios, a la luz de la Palabra de Dios:

(1) Cuando la Palabra de Dios habla de la predestinación en unión de «preconocimiento», como en Hch. 2:23 (gr. *prognósei*) y en Ro. 8:29 (gr. *proégno*), no se refiere a una mera «presciencia»; es un conocimiento afectivo, experimental, electivo. (2) Ro. 8:29-30 nos presenta claramente (A) el orden de la intención, poniendo en primer lugar *proégno* = preconoció, después *proórisen* = predestinó, y así sucesivamente: y (B) el orden de la ejecución, poniendo 1º *ekálesen* = llamó, 2º *edikaíosen* = justificó, y en 3º, *edóxasen* = glorificó. (3) Es digno de observación (contra los calvinistas radicales) que la Palabra de Dios habla de modo diferente cuando se refiere a la predestinación y a la reprobación. Basta con leer atentamente tres porciones: (A) Mt. 25:31-46 (el juicio de los gentiles). (a) En cuanto a los salvos, leemos en el v. 34: «heredad el reino preparado para vosotros desde la fundación del mundo». (b) En cuanto a los réprobos, leemos en el v. 41: «Apartaos de mí, malditos, al fuego eterno preparado (¿para vosotros? ¡No!) para el diablo y sus ángeles»; (B) Ro. 2:4-5 (los designios de Dios para el individuo). (a) De bondad (v. 4): «¿O menosprecias, ignorando que su benignidad te guía al arrepentimiento?» (b) El pecador se busca su propia ruina (v. 5): «Pero por tu dureza y por tu corazón no arrepentido, atesoras para ti mismo ira»; (C) Ro. 9:21-23 (la soberanía de Dios). (a) Con los réprobos, en el v. 22 (ellos se lo buscan): «Dios soportó con mucha longanimidad (gr. *makrothumía*) los vasos de ira preparados (¿por Dios? ¡No!) para destrucción». (b) Con los salvos, en el v. 23: «y para hacer notorias las riquezas de su gloria, las mostró para con los vasos de misericordia que Él preparó de antemano».

Desde los primeros siglos de la Iglesia, no tardaron en dibujarse dos tendencias opuestas: la de Antioquía con su énfasis en la presciencia, y la de Alejandría con su énfasis en la predestinación en sentido paulino. Máximo representante de Antioquía es Juan Crisóstomo*, y de Alejandría Agustín de Hipona*. En sus últimos escritos, Agustín radicalizó su línea predestinacionista de forma ultracalvinista, antibíblica en mi opinión, aunque así fue como la recibieron los seguidores de Agustín en la Edad Media, incluyendo a Tomás de Aquino y los tomistas posteriores y, después, los principales Reformadores (Lutero, Zuinglio, Calvino). Llegó a ser la enseñanza oficial de la Iglesia de Inglaterra por obra de Cranmer y la de los jansenistas. La Contrarreforma, del brazo de los jesuitas, enfatizó de modo indebido el papel del albedrío humano frente a la soberanía de Dios, aunque en Trento se llegó a un compromiso para mantener el debido equilibrio. Más tarde, estalló la controversia llamada de *Auxiliis* entre los dominicos y los jesuitas, viéndose obligado el papa a dar por acabado el debate y que cada grupo pudiera sostener su opinión sin censurar la del contrario. No obstante, León XIII recomendó la doctrina de Tomás de Aquino como enseñanza segura. (Para más detalles, cf. los arts. *Gracia*, *Libertad* y *Molinismo*.)

Bib. L. Boettner, *La predestinación* (SLC, Grand Rapids 1968); Gordon Girod, *La fe más profunda* (CLIE, Terrassa 1979); Paul J. Jewett, *Elección y predestinación* (Desafío, Grand Rapids); Robert Shank, *La vida en el Hijo* (CNP, s/f); R. C. Sproul, *Escogidos por Dios* (Unilit, Miami; Wilbur F. Tillett, *La doctrina de la salvación* (CLIE, Terrassa 1987); Ernesto Trenchard y José M. Martínez, *Escogidos en Cristo* (L. Bíblica, Madrid 1965); B. B. Warfield, *El plan de salvación* (CCA, México 1966).

PREDICABLES Este vocablo viene del lat. *prae* = delante y *dicare* = proclamar solemnemente. Sin embargo, no hablaremos aquí de la predicación de sermones, sino de la afirmación que se hace de algo o de alguien, p. ej., cuando digo «este papel es blanco», afirmo de un sujeto (el papel) que es blanco. Así blanco es aquí el predicado del sujeto papel.

Para que algo sea predicable (es decir, pueda ser predicado) necesita cierta universalidad (cierta extensión). Pero es menester hacer de antemano una distinción en el concepto de lo universal: (1) Atendiendo al contenido, dos conceptos diferentes, p. ej. «papel» y «mesa», difieren entre sí, pero (2) atendiendo al modo, ambos se predican de modo universal de los objetos concretos a que se extienden respectivamente; así «papel» resulta el género de las distintas especies de papeles; y lo mismo «mesa» con respecto a las distintas clases de mesas.

(1) Los conceptos dispuestos conforme a su contenido constituyen lo que Aristóteles llamó las categorías, las cuales pertenecen a la ontología y se denominan también primeras intenciones.

(2) Dispuestos según el modo de predicación, los conceptos forman cinco grupos de predicables: género, especie, diferencia específica, propio y accidente lógico. Los predicables pertenecen a la lógica y se denominan también segundas intenciones. ¿Por qué son cinco, ni más ni menos? Lo voy a demostrar: Un concepto se predica de un objeto o (A) con referencia a la totalidad, (a) denotando la esencia enteramente determinada = la especie (p. ej, la de hombre), pues por debajo de la especie sólo quedan individuos de la misma especie humana; o (b) la esencia parcialmente determinada = el género (p. ej. el animal), pues abarca varias especies, incluyendo la humana; o (B) con referencia a una parte, ya sea (a) el concepto determinante de la especie = la diferencia específica, p. ej. la racionalidad con respecto al hombre; ya sea (b) un determinante esencialmente unido al concepto específico = propio, p. ej. la facultad de reír es propia del hombre; ya sea (c) un determinante meramente accidental = accidente lógico, p. ej. el acto de reír en el hombre, puesto que, por diversas causas, un ser humano con la facultad de reír puede mantenerla inactiva. No estará de más señalar el detalle de que la Palabra de Dios nos presenta al Señor Jesús tres veces llorando, pero nunca riendo.

PRESBITERIANO Con este término, derivado del gr. *presbyteros* = anciano (como oficio en una congregación), se denomina tanto una forma de gobierno como un sistema de doctrina.

(1) Como forma de gobierno designa un grupo de oficiales sometidos a Cristo, a su Palabra y a su Espíritu, con autoridad delegada para ejercer el ministerio de la Palabra, la práctica de las ordenanzas y la aplicación de la disciplina. En su forma específica, (cf. *Iglesia*, [6] *Clases de gobierno en la Iglesia*).

(2) Como sistema de doctrina, puede resumirse del modo siguiente, con base en la *Confesión de fe* de Westminster*: (A) El fin supremo de la creación del hombre es la gloria de Dios (art. común a todas las denominaciones cristianas); (B) Por naturaleza, el hombre es hostil a Dios y culpable de su pecado; (C) La salvación es obra de Dios y tiene su origen en la elección libre de su amor; (D) Cristo, el Hijo eterno de Dios, mereció la vida eterna para los elegidos mediante su obediencia perfecta y murió en la cruz como su representante para expiar sus pecados; (E) El E. Santo aplica la salvación a los que el Padre ha dado a Cristo, regenerándolos para que acepten a Cristo conforme les es ofrecido en el evangelio y dándoles gracia para perseverar; (F) El pecador es libre para rechazar a Cristo, pero si escoge aceptar a Cristo es sólo porque Cristo lo ha escogido a él primero; y (G) Todas estas doctrinas se ajustan a la tradición apostólica, a la vista de lo que Pablo dice al contestar objeciones como en Ro. 9:14 y 19. Como puede ver el lector, estas enseñanzas siguen la línea del calvinismo radical, y algunas de ellas, p. ej., las mencionadas en (C), (D) y (E) podrían ser sostenidas por los calvinistas supralapsarios (cf. *Elección, 1*). La mencionada en (D), entendida en el sentido de que Cristo nos mereció la salvación mediante su vida sin pecado, es falsa, puesto que la Palabra de Dios siempre vin-

cula la salvación de los elegidos a la obra de Cristo en la muerte y resurrección de Cristo (cf. p. ej. Ro. 4:25). Finalmente, la mencionada en (G), como garantía bíblica de la reprobación positiva, es una mala interpretación de Ro. 9:14 y 19, como hemos visto en el art. *Predestinación, 3)*.

PRESCIENCIA (cf. *Dios, 19) Dios, Omnisciencia de, y 23) Dios, Presciencia de*)

PRINCIPIO Este vocablo viene de príncipe; y éste, del lat. *princeps* (de *primus* = primero, y *caput* = cabeza). Así el lat. *principium* vino a significar: comienzo, principio, origen, fundamento, etc. Puede considerarse en sentido filosófico y en sentido teológico.

(1) A nivel filosófico, principio (gr. *arjé*) es aquello de donde algo o alguien procede de alguna manera en cuanto a su ser, su obrar o su conocer. Se llama primer principio el que, en su orden respectivo, no procede de otro. El concepto de principio es más amplio que el de causa, puesto que la relación causa/efecto implica diversidad y dependencia del efecto con respecto a la causa, elementos que no son esenciales para el concepto de principio, como veremos luego.

(2) A nivel teológico, Dios Padre es llamado principio sin principio porque no procede de otro, mientras que el Hijo y el E. Santo proceden del Padre, sin ser causados por el Padre; por tanto, tienen en el Padre su origen como Personas, pero no en cuanto a su esencia, puesto que los tres son mutuamente consustanciales, es decir, tienen en común la misma esencia, sustancia y naturaleza, no de forma específica (serían tres dioses de la misma especie), sino de forma individual (son un solo individuo subsistiendo en tres personas). Para otros detalles, cf. *Trinidad*).

PRIVACIÓN Se llama privación a la carencia de un estado o de una cualidad en un objeto (persona o cosa) que debería poseerlos para ser perfecto en su orden, p. ej. la ceguera en un ser humano. La privación es siempre un mal, ya sea físico, ya sea moral (cf. *Mal*).

PRISCILIANISMO Se designa con este vocablo la corriente doctrinal que tomó su nombre de Prisciliano, noble español que vivió y murió en el siglo IV de nuestra era. Este hombre encabezó un movimiento ascético (cf. *Ascetismo*) que daba especial énfasis a la virginidad, a la pobreza voluntaria y a una dieta vegetariana como medios de alcanzar una alta espiritualidad, notoria por el ejercicio del don de profecía (cf. *Dones espirituales, 5. F*). Sostenía que también las mujeres necesitan conocer bien las Escrituras y pueden ejercitar los dones del E. Santo, en especial el mencionado don de profecía. Es curioso el hecho de que, a pesar de dichas «innovaciones» en la vida de la Iglesia en aquella época, muchos clérigos y hasta varios obispos le apoyaron. También estaba convencido de que la revelación divina no estaba confinada al canon de las Escrituras. Incluso parece ser que mostró cierto interés por la literatura oculta.

En un principio, Prisciliano no atacó directamente a las autoridades eclesiásticas ni fomentó la fundación de monasterios donde practicasen sus doctrinas. Llegó a gozar de tal prestigio por su ascetismo que fue nombrado obispo de Ávila. Sin embargo, algunos obispos llegaron a sospechar que las enseñanzas y actividades de los seguidores de Prisciliano tenían resabios de maniqueísmo (cf. *Maniqueísmo*) y hasta de brujería. La situación se tornó crítica para Prisciliano cuando estos cargos fueron presentados contra él delante del emperador Máximo el año 385, quien lo mandó ejecutar en Triers, junto con seis de sus seguidores. Esta ejecución a manos de un gobernante civil suscitó la indignación de muchas personas no implicadas en la herejía y se produjo una reacción temporal a favor de Prisciliano, a quien algunos comenzaban a considerar mártir. El Concilio I (regional) de Toledo, reunido el año 400, condenó las enseñanzas priscilianistas, según puede verse en el Dezinger, nos. 188-208, evitando así un cisma nacional. No obstante, es muy discutible que el propio Prisciliano sostuviera los errores acerca de la Trinidad que el Concilio condena. En el siglo VI, el movimiento había desaparecido, pero, incluso en la actualidad, hay quienes defienden a Prisciliano de los cargos de herejía y hechicería presentados contra él.

Bib. Henry Chadwick, *Prisciliano de Ávila* (Espasa-Calpe, Madrid 1978).

PROBABILIDAD Este vocablo viene de *probable* = lo que se puede probar. En lógica, se llama probable una proposición a favor de cuya verdad hay razones fuertes, pero sin excluir la contraria; por lo que, de lo probable, no se da certeza, sino opinión. En la vida de cada día hay que contentarse muchas veces con un grado de probabilidad que parezca superar el del contrario. llegando así a una certeza relativa, que suele llamarse certeza moral. Como veremos en los arts. que siguen a continuación, sólo así se puede estar seguro de la licitud de una acción a base de un juicio que no pasa de probable. La probabilidad puede ser:

(1) a priori, cuando se calcula a base de consideraciones de carácter general, independientes de la experiencia que se tenga con respecto a los casos examinados;

(2) a posteriori, cuando se deduce claramente de los casos ocurridos, siguiendo las normas de la estadística.

El cálculo de probabilidades ha llegado a alcanzar recientemente gran importancia, no sólo ya en las matemáticas, sino también en el de la física. Pascal* apelaba al cálculo de probabilidades para probar desde una perspectiva puramente filosófica y apologética la verdad del cristianismo.

PROBABILIORISMO Con este nombre, del lat. *probabilior* = más probable, se designa al sistema de teología moral, según el cual, entre el conflicto entre las demandas de la ley y los derechos de la libertad, una persona puede ir en favor de la libertad únicamente cuando las razones a favor de la opinión humana son ciertamente más probables que las que están a favor de la ley. Este sistema fue el que sostuvieron los jansenistas (cf. *Jansenismo*), y el que, por la influencia jansenista, predominó en varios países católicos de Europa durante los siglos XVII y XVIII.

PROBABILISMO Con este vocablo, del lat. *probábilis* = probable, se designa al sistema de teología moral según el cual una persona puede seguir la opinión que es contraria a la ley, con tal de que tenga certeza moral de que las razones a favor de la libertad son suficientemente fuertes, incluso cuando hay mayor probabilidad a favor de la opinión que favorece a la ley. Es la opinión corriente entre los jesuitas. A mi juicio, sólo puede sostenerse el probabilismo en forma de *equiprobabilismo* = igual probabilidad, es decir, cuando las razones a favor de la libertad son tan fuertes (ni más ni menos) o casi tan fuertes como las que favorecen a la ley.

PROFECÍA Este vocablo viene del vb. gr. *prófemi* = predecir, pronosticar, comp. de *pro* = delante, antes y *femí* = decir. De ahí procede el cast. fama, gr. *féme* = lo que se dice. De acuerdo con su etim., la profecía, en sentido general, es un modo especial de conocer la verdad. Aquí la tomamos en sentido bíblico, como una clase de revelación de la verdad de Dios por obra del E. Santo, siendo uno de sus dones (cf. *Dones espirituales*, [7] *Profecía*). La profecía verdadera es siempre un medio sobrenatural de conocer la verdad. En Israel, era uno de los tres medios de comunicar la verdad (cf. p. ej. Jer. 18:18: «no faltará del sacerdote la instrucción, ni del sabio el consejo ni del profeta la palabra» (lit.).

Como función peculiar, el profeta habla al pueblo de parte de Dios, mientras que el sacerdote se dirige a Dios a favor del pueblo (cf. He. 5:1). Sin embargo, también el sacerdote ejercía una función profética al transcribir, interpretar y poner al día la ley de Dios; en este sentido están juntos el sacerdote y el profeta, p. ej. en Is. 28:7. El hebr. *nabí* = profeta viene del vb. *nabah* = proclamar. A veces, el profeta era también *roéh* = vidente (cf. 1 S. 9:19). Con alguna frecuencia, la inspiración profética surgía de repente en medio de un éxtasis; puede ocurrirle incluso, por providencia de Dios, a un malvado (cf. p. ej. 1 S. 19:23-24). En Ap. 1:10, no me cabe duda de que Juan está refiriéndose a un éxtasis profético.

Los profetas, propiamente dichos, del AT tenían cierto tiempo de «entrenamiento». Por eso, se habla de «escuelas de profetas», y se les llama «hijos de profetas», aunque sólo lo sean espiritualmente (cf. p. ej. 1 S. 10:10; 2 R. 6:1; Am. 7:14) Tanto en el AT como en el NT, el profeta es un varón del Espíritu (cf. Os. 9:7, lit.; 1 Co. 14:37). Hay un dato revelado acerca de esto, que no debe pasar desapercibido. El profeta no es el juez de la validez de su mensaje (cf. p. ej. 1 R. 22:5-17; Jer. 23:9-21; 2 Co. 11:4-13; 1 Jn. 4:1-3). Su palabra tenía que ser probada, ya sea por su carácter profético (cf. 1 Co. 14:29-33), ya sea por estar de acuerdo con la ley de Moisés (cf. Dt. 13:1-5), ya sea por estar de acuerdo con la enseñanza del Señor Jesús (cf. Mt. 7:15-20; 24:11; 2 P. 2:1). En fin, como todos los demás carismas (cf. 1 Co. 12:10), también la profecía es algo que no sirve para salvar a nadie si falta el amor (cf. 1 Co. 13:2).

En 1 Co. 12:28, 29; Ef. 2:20; 4:11 aparecen los profetas junto a los apóstoles como ministerios fundantes, irrepetibles después de la era apostólica, y con un don que desborda ampliamente, por su función y garantía, al de los profetas, p. ej., de 1 Co. 14:29 ss.

Además de los profetas, la Palabra de Dios menciona también profetisas. Cinco mujeres son llamadas con ese título en el AT: María, la hemana de Moisés (Éx. 15:20), Débora, juez de Israel (Jue. 4:4), Hulda (2 R. 22:14-20; 2 Cr. 34:22-28), Noadías (Neh. 6:14) y la esposa de Isaías (Is. 8:3). También se mencionan profetisas falsas (Ez.

13:17). En el NT, se llama profetisa a la anciana Ana (Lc. 2:36) y las cinco hijas del diácono y evangelista Felipe son presentadas en Hch. 21:9 profetizando (gr. *profeteúousai*). En su primer sermón de Pentecostés, Pedro cita de Jl. 2:28 «y vuestros hijos y vuestras hijas profetizarán» (cf. Hch. 2:17) y no cabe duda de que Pablo admite el don de profecía en las mujeres, por la forma de hablar en 1 Co. 11:5.

PROGRESO Este vocablo viene del lat. *progressus, us* = avance, desarrollo, progreso; y éste, del vb. dep. *prógredi* = avanzar, ir más lejos, progresar. Este vb. es comp. de *pro* = delante de, en lugar de, a favor de, y *gradi* = andar, caminar, marchar. Por tanto, el cast. grado es una transliteración del lat. *gradus, us*, = paso. Todo ello, muy interesante y sugestivo, como puede verse.
De ahí que el significado general del vocablo progreso indique siempre un avance, una mejora, un desarrollo progresivo, en las diversas áreas en que cabe dicho progreso. Así,
(1) En el terreno económico significa una mejora de las condiciones de existencia y trabajo (aumento de la producción, consumo de bienes, etc.).
(2) En el terreno político significa democratización de las estructuras sociales y políticas, igualdad de oportunidades, seguridad social, paz, orden, etc.
(3) En el terreno de la técnica significa posibilidad de mayor longevidad, inmunidad de enfermedades infecciosas, protección contra accidentes, mayor facilidad de comunicaciones, etc. En todo esto, es menester ser realista; no esperar milagros ni magia. Además, hay que tener en cuenta que el progreso deja de ser deseable cuando no facilita el desarrollo cultural y espiritual del ser humano.
(4) En el terreno del progreso personal del ser humano, la Palabra de Dios arranca de la perfección anterior a la caída* original, para hacer notar la inutilidad de los esfuerzos que el hombre caído hace para mejorar su situación y avanzar (piénsese, p. ej., en la torre de Babel, la violencia anterior al diluvio, la decadencia progresiva de la nación judía hasta terminar en el destierro asirio y babilónico. Tanto la Palabra de Dios como la experiencia histórica nos muestran que la mejora del hombre y su auténtico progreso a todos los niveles dependen, no de su esfuerzo natural, sino de la redención llevada a cabo por Jesucristo y de la conducción del E. Santo. Todo lo demás es simple utopía, como lo ha mostrado el siglo xx, deshaciendo el optimismo de los filósofos liberales con el hecho espantoso de sus dos grandes Guerras Mundiales y sus numerosas guerras en muy diversos países de muy diferentes culturas.
(5) En cuanto al progreso en el terreno de la evolución natural, cf. *Evolución*.
(6) En cuanto al progreso en la evolución dogmática, cf. los arts. *Dogma* y *Newman*.

PROPICIACIÓN Este vocablo procede de propicio, transliteración del adj. lat. *propitius* = favorable, benigno, bien dispuesto. Para este tema voy a resumir lo que digo en mi libro *CPDTB*, Parte II, lecc. 13ª, punto 2.
Entre los aspectos específicos de la obra de la redención llevada a cabo por Jesucristo en el Calvario, ocupa el primer lugar el sacrificio*, pues era necesario para destruir el pecado que nos ocasionó la muerte: «se ha manifestado (Cristo) para destruir el pecado por el sacrificio de sí mismo» (He. 9:26b). Pero, además de muertos, llevábamos encima la ira de Dios contra el pecado. Para retirarla de nosotros, Dios «envió a su Hijo en propiciación por nuestros pecados» (1 Jn. 4:10).
En cuanto a la terminología bíblica, (1) el hebr. del AT tiene el vb. *kafar* = cubrir, y el sust. *kapporéth* = cubierta. A éste corresponde el gr. *hilastérion* en He. 9:5; (2) en el gr. del NT, hallamos cuatro vocablos, todos de la misma raíz: (A) el vb. *hiláskomai* = ser propicio (cf. Lc. 18:13). Ya no es necesario suplicarlo, pues la propiciación ya se hizo en el Calvario; (B) el adj. *hileós* = propicio (cf. Mt. 16:22; He. 8:12, cita de Jer. 31:34); (C) el sust. *hilastérion* = propiciatorio (cf. Ro. 3:25; He. 9:5); y (D) el sust. *hilasmós* = propiciación (cf. 1 Jn. 2:2; 4:10), de mucha más fuerza que *hilastérion*, pues nos describe a Cristo como la propiciación personificada y, por tanto, permanente hasta el fin de los siglos.

PROPIEDAD Este vocablo viene de propio; y éste, del adj. lat. *proprius* = propio, perteneciente a algo o a alguien. Por tanto, la propiedad es un determinante. Determinante es aquello que confiere una señal distintiva a una cosa que estaba aún indeterminada. Ahora bien, algo puede ser determinado (1) en cuanto al ser, como p. ej., la forma con respecto a la materia, y los accidentes con relación a la sustancia; o (2) en cuanto al concepto, como p. ej., la diferencia específica con respecto al género; en este 2º sentido, el propio es también un determinante conceptual (cf. *Predicables*).

Este propio que acabo de mencionar en 2º lugar puede referirse (A) al ser en general, como los transcendentales; o (B) al ser determinado ya, como p. ej., el género, la especie o el individuo. El vocablo propiedad puede tomarse en el sentido concreto de los bienes que pertenecen a un individuo con exclusión de los demás. Pero, como el hombre es esencialmente un ser social, el derecho de propiedad regula la forma en que los hombres pueden usar de la propiedad, no de forma absoluta, sino relativa, por cuanto está ligada a la comunidad en razón del bien común. Frente a los desposeídos están los propietarios. Cuanto mayor es el número de propietarios, más segura está la propiedad y más provechosa resulta para el bien común. Cuando está mal distribuida, siempre hay peligro de que la masa de los desposeídos se alcen contra la propiedad (comunismo).
Dentro del concepto de propiedad entran otros bienes que no son cosas, sino personas o valores, sobre los cuales no se puede ejercer un poder omnímodo.

PROTESTANTISMO Este vocablo viene de protestar, según la etim. lat. de *pro* = a favor de, y *testari* = ser testigo, atestiguar, conforme a la 1ª acepción del vb. lat. *testari*.
Esto significa, ni más ni menos, que el protestantismo nació como un movimiento de testimonio, como se ve implícitamente en la declaración de Lutero* en la Dieta de Worms (1521) ante Carlos V, pero la palabra lat. *protestatio* fue usada por primera vez de forma explícita en la Dieta de Espira (o, Spira), en contra de muchas prácticas de la Iglesia de Roma. Pronto se delineó el ámbito de lo protestante de forma que cubriera las denominaciones surgidas de la Reforma, con exclusión de la Iglesia de Roma y de la llamada Ortodoxia.
Las características fundamentales del protestantismo se hallan en la bien conocida trilogía de (1) *Sola Fide* = Sólo por la fe (Justificación por la fe, cf. Ro. 3:28); (2) *Sola Gratia* = Sólo de gracia (No sirve el mérito ni el esfuerzo del hombre, cf. Ef. 2:8); (3) *Sola Scriptura* = Sólo con la Escritura (No vale la tradición , cf. 2 Ti. 3:14-17).
Con esta radicalidad sintieron y expresaron su pensamiento los primeros Reformadores: Lutero, Calvino, Zuinglio, Beza, Knox, etc. No todos los posteriores han sido tan radicales con cada uno de esos tres puntos básicos. Y en la medida en que el liberalismo teológico, el eclecticismo o el ecumenismo han penetrado en los círculos protestantes, tanto menos ha conservado el protestantismo sus características peculiares.
Centrándonos en Europa, la mayor parte de los países latinos, meridionales, rechazaron la Reforma, especialmente por la acción drástica de las autoridades civiles, espoleadas por la jerarquía católica y las órdenes religiosas, especialmente los jesuitas, nacidos específicamente para la Contrarreforma. En cambio, la mayor parte de los países septentrionales: anglosajones, escandinavos, etc., la acogieron con gusto, con la ayuda de las autoridades civiles y en desafío a la jerarquía católica. En este Diccionario, no voy a enumerar los distintos países en que fue acogida la Reforma protestante, centrando la atención en determinados individuos que contribuyeron de modo especial a su expansión.
No debe pasar desapercibido el hecho de que Lutero y Calvino no intentaban crear una Iglesia independiente de la oficial, sino reformar la ya existente (de ahí, el nombre de Reforma). Fue la Iglesia de Roma la que se negó a reformarse y puso fuera de comunión a los Reformadores con los numerosos anatemas del C. de Trento (1545-1563).

Bib. Historia y teología: Ricardo Cerni, *Historia del protestantismo* (EDV, Edimburgo 1995, 2ª ed.); J. Leslie Dunstan, *Protestantismo* (Plaza & Janés, Barcelona 1963); Freddy Durrlemann, *Protestante ¿por qué?* (TELL, Grand Rapids s/f); José Mª Gómez-Heras, *Teología protestante. Sistema e historia* (BAC, Madrid 1972); Emile G. Léonard, *Historia general del protestantismo,* 4 vols. (Ediciones 62, Barcelona 1967).
En España y América: Carmelo E. Álvarez, *El protestantismo latinoamericano* (CUPSA, México 1981); Jean-Pierre Bastian, *Historia del protestantismo en América Latina* (CUPSA, México 1990); *–Protestantismo y sociedad en México* (CUPSA, 1983); *–Protestantismo y modernidad latinoamericana* (FCE, México 1994); Valentín Cueva, *Historia ilustrada de los protestantes en España* (CLIE, Terrassa 1997); Manuel López Rodríguez, *La España protestante* (Sedmay, Madrid 1976); José M. Martínez, *La España evangélica ayer y hoy* (CLIE, 1994); José Miguez Bonino, *Rostros del protestantismo latinoamericano* (Desafío, Grand Rapids); Ricardo Oostendorp, *La historia de las Iglesias evangélicas desde Lutero hasta la República Dominicana* (ICR, Santo Domingo 1989); Marcos Antonio Ramos, *Panorama del protestantismo en Cuba* (Caribe, Miami 1986); Julio de Santa Ana, *Protestantismo, cultura y sociedad* (Aurora, Bs. As. 1970); Varios, *El protestantismo en España: pasado, presente y futuro* (CEM, Madrid 1997).

PROVIDENCIA Este vocablo viene del lat. *pro* = delante, antes, y *videre* = ver de antemano, en el sentido específico de procurar, tomar medidas, organizar, significados incluidos en el vb. lat. *providére*, más bien que en los sinónimos *praevidére* y *praescire*, que se refieren específicamente al conocimiento previo, anterior a la provisión de medios. En sentido estricto, la providencia divina se distingue así del gobierno divino, que es el modo de poner por obra lo planeado por la providencia. Para más detalles, cf. *Dios, 24), Dios, Providencia de, y 11), Dios, Gobierno de.*

PSICOLOGÍA Este vocablo viene directamente del gr. *psujé* (o, *psyjé*) = alma, y *lógos* = tratado. Así, pues, según su etim., psicología es la parte de la filosofía que trata de lo anímico. El vocablo mismo fue inventado en el siglo XVII por Ch. Wolff, pero el significado del vocablo ha variado muchas veces. Aristóteles fue el primero en elaborar una doctrina sistemática acerca del alma humana, tratando acerca de los tres grados de vida: vegetativa, sensitiva (animal) e intelectual (espiritual). Al mismo tiempo, el alma era la única forma sustancial del cuerpo (la materia). Este concepto fue seguido por la escolástica medieval, y ha resucitado modernamente en la neoescolástica tomista. Con la llegada del empirismo*, la psicología vino a ser tratada como ciencia de los hechos de conciencia. Recientemente, se han deslindado bien los campos de la psicología metafísica y de la psicología empírica.

(1) La psicología metafísica investiga las últimas raíces ónticas de la vida consciente con referencia al sujeto que vive esas vivencias en el interior de su alma espiritual. Para ello tiene que echar mano de un método reductivo, ya que no puede conocer intuitivamente lo espiritual y tampoco puede deducirlo todo como si fuera un problema matemático ni haciendo una ampliación inductiva de lo que conoce por los sentidos, sino considerando los hechos empíricamente dados desde el punto de vista de las leyes universales del ser, para comprender por este medio la existencia y la esencia del alma. Así es como se ha considerado la psicología metafísica ya desde Anaxágoras, pasando por Platón, Aristóteles, Plotino, Agustín y hasta hoy.

(2) La psicología empírica se ocupa de las vivencias conscientes y trata de describir sus rasgos característicos, sus mutuas conexiones y la relación con el inconsciente, a fin de deducir leyes psicológicas, tanto particulares como generales. Dentro del ámbito de la psicología empírica, cabe tratar de (A) la psicología de la religión, (B) la psicología profunda y (C) la psicología social. Todavía queda gran número de asignaturas bajo el epígrafe general de psicología aplicada, p. ej. la psicoterapéutica, la psicología forense, la psicotecnia, etc., con ramas auxiliares como la grafología.

Psicología de la religión y de la psicología profunda:

(A) En cuanto a la psicología de la religión, los psicólogos han concentrado sus investigaciones en las raíces y en los frutos de la religión. Se dibujaron no menos de cuatro líneas de investigación que convergieron a fines del siglo XIX en la obra clásica de William James (1842-1910) *Variedades de experiencia religiosa* (1902). W. James menciona dos clases de religión: religión de mente sana y religión de mente morbosa, y sostiene que la diferencia está en los diversos factores de temperamento y personalidad.

Con Sigmund Freud (1856-1939), la psicología de la religión tomó un nuevo giro, pues él distingue entre religión primitiva y religión desarrollada. Con los modernos avances de la antropología, muchos de los datos en que Freud basa su teoría han resultado incorrectos (p. ej. sobre el «complejo de Edipo» y el «totemismo»).

C. G. Jung (1875-1961) fue discípulo de Freud, pero se apartó luego de él. Para Jung, la religión no es tan importante por sus conceptos teológicos como por la experiencia religiosa, a base de la cual pueden formularse los conceptos teológicos. Para que un hombre tenga una personalidad integrada necesita tener algún propósito por el cual vivir; ése es el papel esencial de la religión. En el esquema psicológico de Jung, juegan un papel importante los «arquetipos» del inconsciente colectivo (cf. *Inconsciente*).

(B) En cuanto a la psicología profunda, puede decirse que esta expresión designa la investigación y la terapia que se sirven del método psicoanalítico, arrancando de las bases puestas por Freud y Jung y mencionadas en el párrafo anterior. La mayor parte de los elementos de la psicología profunda pueden hallarse en la obra de Freud sobre la interpretación de los sueños. También Jung da gran importancia a la interpretación de los sueños, pero resalta también la importancia de los actos fallidos, las equivocaciones voluntarias, las tachaduras y repeticiones en la escritura, etc. Jung añade: «El ritual ceremonial, los ritos de iniciación y las prácticas ascéticas, en todas sus formas y variaciones, me interesan profundamente como tantas técnicas para conseguir una relación apropiada con las fuerzas psíquicas». Ha sido notable el impacto que la psicología profunda ha producido en la apologética, en la psicoterapéutica y en la psicología pura; (a) en la apologética, cabe destacar la obra *El psicoanálisis y la experiencia religiosa*, de W. W. Meissner (Londres, 1984); (b) en la psicoterapéutica, destacaré la obra clásica *Psicología, religión y sanidad* (Londres, 1951), de Leslie Weatherhead; y (c) en psicología pura, como teoría general de la actividad humana, cabe destacar por el lado protestante a Paul Tillich en *Teología de la cultura* (Oxford, 1959), y por el lado católico a Hans Küng en *Freud y el problema de Dios* (Londres, 1979).

Desgraciadamente, a pesar de lo interesantes que puedan resultar la mayoría de las obras que acabo de mencionar, ninguna de ellas se ajusta completamente a la Palabra de Dios en la forma en que la Biblia nos describe la antropología y las motivaciones de la conducta humana.

Bib. Wilhelm Bitter, *Psicoterapia y experiencia religiosa* (Sígueme, Salamanca 1967); Gary R. Collins, *Manual de Psicología cristiana* (CLIE, Terrassa 1983); *–Orientación psicológica eficaz* (Caribe, Miami 1978); *–Consejería cristiana efectiva* (con Sergio Mijangos) (Portavoz, Grand Rapids 1992); R. Cramer, *La psicología de Jesús y la salud mental* (Caribe, 1976); John W. Drakeford, *Psicología y religión* (CBP, El Paso 1980); Victor Frankl, *Logoterapia y análisis existencial* (Herder, Barcelona 1994, 2ª ed.); Bernhard Grom, *Psicología de la religión* (Herder, 1994); Jorge A. León, *Psicología de la experiencia religiosa* (Caribe, 1973); *–Psicología pastoral para todos los cristianos* (Caribe, 1989, 8ª ed.); Wayne Oates, *La religión a la luz de la psicología* (Aurora, Bs. As. 1970); Wilhelm Pöll, *Psicología de la religión* (Herder, 1967); Paul Tournier, *Medicina de la persona.* (CLIE, 1996); *–Técnica psicoanalítica y fe religiosa* (CLIE, 1996).

PSICOLOGISMO Una vez más, tenemos una polarización extremista de un tema: aquí, de la psicología, pues el psicologismo atribuye a la psicología la primacía entre todas las ciencias psicológicas, quedando absorbidas en ella la lógica y la gnoseología; sólo es verdadero el pensar que se lleva a cabo según las leyes psicológicas. Hay distintas clases de psicologismo, según el modo de concebir dichas normas.

(1) El psicologismo antropológico (Hume) sostiene que la norma consiste en la peculiaridad específica del hombre, de forma que hay una norma de verdad que es válida sólo para los hombres. Hume es un materialista que no merece crédito para un creyente.

(2) El psicologismo tipológico (Dilthey) afirma que los distintos tipos de pensar conducen necesariamente a diferentes concepciones del universo. Dilthey (1833-1911) fue un destacado historiador de la historia del espíritu. Escéptico en religión, ejerció gran influencia sobre Ortega y Gasset*. Tampoco puede ser seguido por un creyente.

(3) El psicologismo cultural (Spengler) sostiene que el nivel cultural de cada momento influye decisivamente en la norma de la verdad. Según Spengler, en *La decadencia de Occidente* (Madrid, 1944), la historia es una manifestación de la vida y, como todo lo viviente, ofrece formas típicas que pueden ser comparadas entre sí. Ello permite inferir regularidades paralelas, hasta tal punto que del pasado es dable hacer predicciones acerca del futuro. Su obra es una pura ficción histórica, que ha sido desacreditada por historiadores de la talla de A. Toynbee.

PURGATORIO Para el estudio de este tema, propio de la Iglesia de Roma y de la Ortodoxia oriental, nada mejor que atenerse a lo que dice el nuevo *CDLIC* (1992). Trata del tema en los nos. 1030-1032 y en el 1472 (cf. tamb. *Penitencia, Sacramento de la, 3), C*).

En el no. 1030, dice el mencionado *CDLIC* que «los que mueren en la gracia y en la amistad de Dios, pero imperfectamente purificados sufren después de su muerte una purificación, a fin de obtener la santidad necesaria para entrar en la alegría del cielo». A esto debemos responder que los justos han pasado de muerte a vida (Jn. 5:24) y no pueden sufrir ninguna clase de condenación por su unión con Cristo (Ro. 8:1).

En el no. 1031 dice: «La Iglesia ha formulado la doctrina de la fe relativa al Purgatorio sobre todo en los Concilios de Florencia (cf. Dezinger 1304) y de Trento (cf Dz. 1820; 1580). La tradición de la Iglesia, haciendo referencia a ciertos textos de la Escritura (por ejemplo, 1 Co. 3:15; 1 P. 1:7) habla de un fuego purificador». Acerca de esto, añade en el no. 1472 lo que ya sabemos por el art. Indulgencias: que, perdonada la culpa, queda una pena temporal que hay que pagar aquí abajo o en el Purgatorio. Respondemos que la Palabra de Dios no menciona ninguna pena o castigo por los pecados ya perdonados, sino el perdón absoluto mediante la sangre de Cristo, si confesamos que hemos pecado (cf. 1 Jn. 1:7-10). En cuanto a los textos bíblicos citados, 1 Co. 3:15 no puede hablar del Purgatorio, pues es algo que se manifestará en el «Día de Yahweh»: la pérdida de recompensa para los que han edificado con material combustible; y en 1 P. 1:7, Pedro no habla del estado intermedio, sino de las pruebas que se sufren en esta vida; lo del «fuego» es una metáfora aplicada de la purificación del oro, que nada tiene que ver con el Purgatorio de ultratumba. Al final del no. 1031, el *CDLIC* cita un texto de Gregorio I el Grande, donde interpreta Mt. 12:31 del Purgatorio; dice: «En esta frase ("no le será perdonado ni en el futuro") podemos entender que algunas faltas pueden ser perdonadas en el siglo futuro». ¿Faltas? Nada menos que el pecado «imperdonable» (cf. *Pecado*). Además, ¿no quedamos en que en el Purgatorio no se perdonan pecados, sino que se expía la pena temporal? ¡Qué exégesis y qué lógica!

En el no. 1032, dice que «esta enseñanza se apoya también en la práctica de la oración por los difuntos, de la que ya habla la Escritura (y cita 2 Mac. 12:46, que no reconocemos como Escritura canónica y, además, Judas Macabeo no pide sufragios por las almas de los difuntos, sino sacrificios para que resuciten purificados de la contaminación legal), para que, una vez purificados, puedan llegar a la visión beatífica de Dios (¿y dónde están sus almas mientras tanto?, decimos nosotros). La Iglesia también recomienda las limosnas, las indulgencias y las obras de penitencia en favor de los difuntos». Termina con una cita de Juan Crisóstomo, apoyada en Job 1:5 y en 1 Co. 41:5, que nada tienen que ver con el Purgatorio, suponiendo que, corrigiendo la errata última, será 1 Co. 4:1-5.

«La pena o castigo no se elimina sin más con el perdón de los pecados, sino que ha de borrarse, ya sea antes de la muerte con la penitencia correspondiente, ya sea después de la muerte mediante un proceso de purificación pasiva. Esto último se llama Purgatorio. Y en esa purificación *post mortem* los vivientes pueden ayudar a los difuntos con su intercesión y oraciones» (F. J. Nocke).

De los Reformadores, sólo Lutero mantuvo en un principio la doctrina católica del Purgatorio, pero pronto se apartó del todo de ella. Sólo las denominaciones que se han alejado de la ortodoxia de la Reforma protestante pueden admitir alguna forma de purificación penal *post mortem*.

Bib. A. Royo Marín, *Teología del más allá* (BAC, Madrid 1968); Varios, *Los novísimos* (UPS, Salamanca 1998, 2ª ed).

PUSEY, EDUARDO B. Aunque oscurecido por el prestigio de Newman*, E. B. Pusey (1800-1882), merece ser mencionado por haber sido el verdadero líder del Tractarianismo en la Iglesia de Inglaterra. Tras educarse en Oxford, llegó a ser miembro del *Oriel College*. Terminadas las guerras napoleónicas, estuvo dos años estudiando en Alemania y regreso a Inglaterra hecho un gran experto en lenguas semíticas, siendo luego nombrado Profesor Regio de hebreo.

Desde su regreso, se opuso fuertemente al liberalismo teológico que había visto en Alemania. Con Keeble y Newman, trató de atacar al liberalismo por medio de un énfasis en los carismas y sosteniendo que los obispos anglicanos poseían el poder y la autoridad de los apóstoles en legítima sucesión de ellos. Gran parte de los anglicanos se puso en contra de ese movimiento y, entonces, Newman y otros dejaron el anglicanismo y entraron en la Iglesia de Roma en 1845, pero Pusey se mantuvo fiel a su programa, convirtiéndose así en el líder indiscutible de los tractarianos, a los que, desde entonces, se les llamó puseítas.

El programa de Pusey puede resumirse del modo siguiente: piedad personal, conservadurismo bíblico, una teología con fuerte énfasis en la expiación, el valor de la liturgia y un episcopado histórico indispensable.

QUIETISMO Este vocablo viene de quieto. La razón por la que se llama así a este movimiento místico es por la creencia de que Dios se complace en obrar en un corazón que se mantiene pasivo o quieto. El término se aplica indebidamente a ciertos místicos de la Edad Media, especialmente al místico flamenco Juan de Ruysbroeck (1293-1381), denunciado por sostener enseñanzas parecidas a algunas de las proposiciones condenadas de Meister Eckhart*, aunque la doctrina de J. de Ruysbroeck es completamente ortodoxa y más parecida al pietismo* protestante de Spener que al quietismo semipanteísta de Eckhart*.

El quietismo propiamente dicho tuvo por fundador al sacerdote español Miguel de Molinos (1628-1696). Sostenía Molinos que «uno tiene que abandonar su ser entero en Dios y después permanecer como un cuerpo sin vida, ya que Dios desea actuar en nosotros sin nosotros». En 1687, Inocencio XI condenó 68 proposiciones sacadas de los escritos de Molinos (cf. Dz, nos. 2201-2268), algunas de las cuales son ortodoxas desde el punto de vista protestante; pero muchas otras son impías y justamente condenadas por afirmar que, como Dios lo hace todo en el creyente, éste no debe preocuparse de su propia conducta, pues sus actos contra la ley de Dios no son pecado ni mortal ni venial, aunque sean obscenos o causen daño a otros y deshonor al mismo Dios.

Después de la condenación de Molinos, surgió en Francia una especie de semiquietismo que tuvo por promotor al piadoso arzobispo de Cambrai, Francisco de Fénelon (1651-1715) en apoyo de las enseñanzas de Juana María Bouvier de la Motte-Guyon (1648-1717), Madame de Guyon, como se la conoce generalmente. Inocencio XII condenó 23 proposiciones de Fénelon (cf. Dz, nos. 2351-2373), porque en ellas se ponía el puro amor como único motivo válido del obrar cristiano, llegando a decir, p. ej., que «la meditación es un ejercicio propio del amor interesado» (prop. 15) y que «los santos místicos excluyeron del estado de las almas transformadas el ejercicio de las virtudes» (prop. 21). Estas proposiciones son manifiestamente falsas y condenables (cf. *Motivo, motivación*), pero están muy lejos del sucio quietismo de Molinos, por lo cual no sé hasta qué punto pueden ser expresión de ninguna clase de quietismo.

Bib. Miguel de Molinos, *Guía espiritual* (edición González Noriega) (E. Nacional, Madrid 1977); *Guía espiritual* (ed. Tellechea Idígoras) (UPS, Salamanca 1975); *Defensa de la contemplación* (UPS, 1975).

Pilar Moreno, *El pensamiento de Miguel de Molinos* (UPS, Salamanca 1992).

En estas cuevas de Qumran se encontraron los manuscritos bíblicos más antiguos que se conocen hasta la fecha, algunos a sólo cincuenta años de distancia de la que se cree fecha original de la redacción

QUMRAN Localidad situada al noreste del mar Muerto, el valle de Qumran, que desemboca en este mar, y conjunto de edificios en ruinas de épocas helenisticorromanas situadas sobre una escarpadura al norte del valle, llamado Kilbert Qumran. Entre 1947 y 1957 se descubrieron en once cuevas de las inmediaciones los restos de más de 500 documentos datadas paleográficamente en doscientos o trescientos años antes de Cristo, hasta el año 70 de la era cristiana.

Con las excavaciones practicadas de 1951 a 1956 quedó de manifiesto que aquellos documentos habían formado parte de la biblioteca de una comunidad religiosa judía en los años 130 a. C. a 30 d. C. Entre Kilbert Qumran y el mar Muerto se hallaba el cementerio de la comunidad, con unos mil cadáveres enterrados.

El idioma predominante era el hebreo pero también algunos escritos están en arameo y hasta en griego. La regla de la comunidad aporta valiosos datos sobre el estilo de vida que allí se observaba. Un hecho de gran importancia es que este descubrimiento permite conocer unos textos bíblicos anteriores en mil años a los existentes hasta entonces.

Parece ser que los hasidim, que sufrieron la peor de las persecuciones desencadenas por Antíoco IV contra la práctica de la religión judía, se refugiaron en estas cuevas y empezaron a hacer vida

comunitaria esperando la liberación de la patria mediante la intervención divina, con la llegada del Mesías.
El éxito político y militar de los asmoneos les dejó confusos y desolados. Perplejos sólo confiaban que había de levantarse un jefe al que pudieran reconocer como «Maestro de Justicia». Con esta idea se retiraron al desierto de Judea, donde se organizaron como el verdadero resto de Israel. Declararon ilegítimos a los sumos sacerdotes asmoneos ya que, a su entender, sólo los hijos de Sadoc podían ejercer legítimamente el sacerdocio. El último sumo sacerdote sadoquita había sido depuesto por Antíoco IV en el año 171 a. C. En consecuencia, no tomaban parte en el culto del templo, ya que lo consideraban profanado por la impiedad de los sacerdotes.
Los que entraban a formar parte de la comunidad recibían el nombre de «voluntarios de la santidad» y cada grupo de diez debía tener al frente un «sacerdote» que era el hombre más piadoso del grupo. En la comunidad había un jefe que llamaban Maestro de Justicia, que impartía a sus seguidores la interpretación de la ley más estricta que la de los rigurosos fariseos, con claros tintes apocalípticos y, por tanto, rigurosamente predestinacionistas: «A los impíos los has creado para el tiempo de la ira; desde que estaban en el vientre de su madre los has predestinado para el día de la ruina» (1 QH 7,21).
Los miembros de esta comunidad de Qumran serían, casi con toda probabilidad, una rama o escisión de los que nosotros conocemos por esenios*. El nacimiento del grupo debe fijarse en la segunda mitad del siglo II a. C. La figura más destacada del conjunto de los documentos del mart Muertto es la denominada «Maestro de Justicia», a quien es difícil de identificar históricamente. El Maestro de Justicia era sacerdote y, con bastante probabilidad, pertenecía a la estirpe de Sadoc, a juzgar por el papel que la misma tenía entre el grupo. Se ha sugerido que Juan el Bautista, al retirarse al desierto, mantuvo algún contacto con esta comunidad, pero nadie puede asegurarlo, aunque está dentro de lo posible. También se ha supuesto que Pablo mantuvo relaciones con las comunidades de Qumran cuando se retiró al desierto, pero su afirmación de que no consultó con carne ni sangre niega esta suposición, que, por otra parte, no tiene ningún apoyo en los escritos bastante extensos del propio apóstol. Y menos que nada, Jesucristo ni fue esenio ni miembro de la comunidad de Qumran. AR

Bib. *Textos de Qumran*, edición y traducción de Florentino García Martínez (Trotta, Madrid 1992); A. G. Lamadrid, *Los descubrimientos del mar Muerto* (BAC, Madrid 1971); J. T. Milik, *Diez años de descubrimientos en el desierto de Judá* (Madrid 1961); César Vidal Manzanares, *Los manuscritos del mar Muerto* (Martínez Roca, Barcelona). José M. Casciaro Ramírez, *Qumran y el Nuevo testamento* (EUNSA, Pamplona 1982). H. Stegemann, *Los esenios, Qumran, Juan Bautista y Jesús* (Trotta, Madrid 1996).

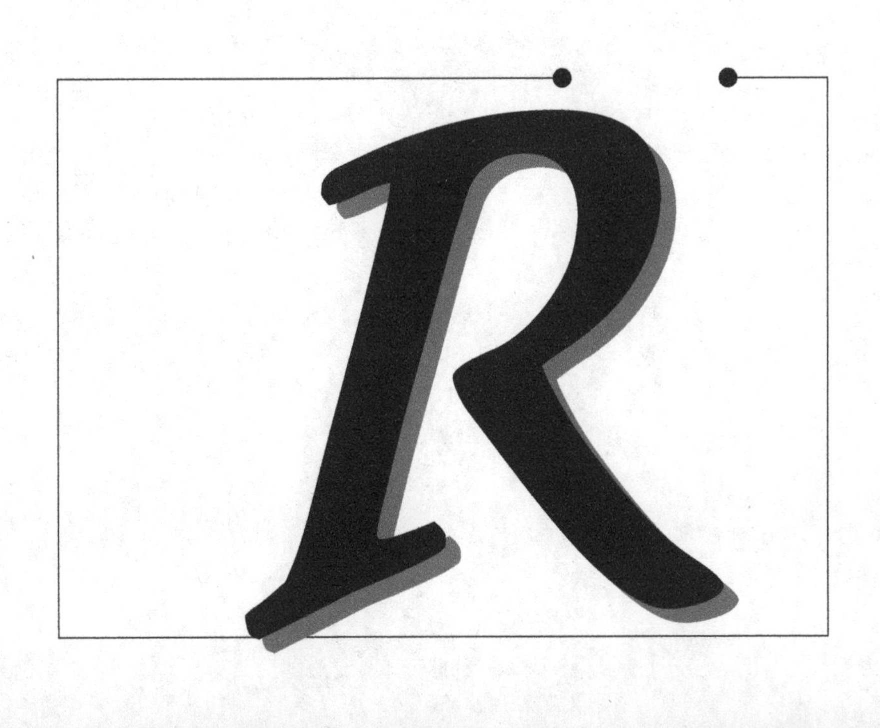

RACIOCINIO Este vocablo viene del vb. lat. dep. *ratiocinari* = razonar; y éste, del sust. *ratio, rationis* = cálculo, cuenta, relación, facultad de razonar, etc. Antes de entrar en el tema, he de hacer una advertencia necesaria para hablar con toda precisión en esta materia. Pensar es propio de todo ser de naturaleza espiritual (incluidos Dios y los ángeles), pero razonar es propio del ser humano que, para llegar al conocimiento de la verdad, necesita pasar de una afirmación a otra en virtud de la conexión existente entre ambas, mientras que Dios y los ángeles, seres puramente espirituales, conocen por intuición, directamente. El raciocinio puede ser inmediato y mediato.
(1) Raciocinio inmediato es pasar de una afirmación a otra sin que medie una tercera que las une; p. ej., si de la simplicidad del alma humana deduzco directamente su inmortalidad por la mera penetración en el concepto de «simplicidad».
(2) Raciocinio mediato es pasar de una afirmación a otra mediante una tercera que las une; p. ej., si de la afirmación de que Pedro es un hombre deduzco que es mortal, mediante la afirmación de que todos los hombres son mortales. Este modo de razonar se llama silogismo*. Además del silogismo, hay las siguientes clases de raciocinio mediato:
(A) Raciocinio por analogía, cuando de la semejanza de dos proposiciones relacionadas mutuamente se infiere que también los miembros de una tienen propiedades semejantes a las de los miembros de la otra.
(B) Raciocinio por convergencia, cuando la conclusión se infiere de varias proposiciones conjuntamente, porque cada una de ellas resultaría insuficiente para lo que se quiere demostrar.
(C) Raciocinio apagógico (del gr. *apágein* = llevar a alguien a juicio), cuando se infiere la imposibilidad de una proposición mostrando que de ella resulta una conclusión contradictoria (refutación).
(D) Raciocinio de retorsión (comúnmente llamado *argumentum ad hóminem*), cuando se demuestra que un argumento se vuelve contra su autor, puesto que, si se admitiera como válido, negaría los presupuestos mismos en que se asienta la tesis del adversario.

RACIONALISMO Una vez más, tenemos un extremismo por el énfasis indebido en lo que constituye la raíz del vocablo. Razonar (cf. *Raciocinio*), es decir, usar la razón* es connatural al ser humano, habida cuenta de que nuestro espíritu no razona aisladamente de las aportaciones de los sentidos; al contrario, razona precisamente a base de lo aportado por los sentidos, sin contar la intervención de la voluntad, el concurso de la Causa primera (Dios), etc. Pero el racionalismo desatiende todos esos factores que intervienen en el conocimiento humano y admite como único factor de la intelección humana la función de la razón. Este sistema cae por su base con sólo considerar que la unilateralidad del racionalismo priva a la razón humana de su papel esencial de *ancilla theologiae*, de «sierva de la teología», como debe ser. El racionalismo es de cuatro clases:
(1) Racionalismo gnoseológico (Descartes) que, al disgregar la síntesis escolástica hilemorfista y, por ende, el vínculo del conocimiento intelectual con el sensorial, tuvo que recurrir a la teoría de las ideas innatas, suficientes para el tratamiento apriorístico de todas las ciencias. De este modo, sólo la razón nos proporciona ideas claras y distintas; las sensaciones son ideas oscuras y confusas. Esta exageración del papel de la razón suscitó la reacción del empirismo* inglés. Fue entonces cuando Kant (cf. *Kant, Manuel*) trató de construir un puente entre ambas teorías extremas mediante su *Crítica de la razón pura*, pero no lo consiguió porque los conceptos así obtenidos (el *nóumeno*) son un producto híbrido de unas categorías intelectuales cuya esencia es totalmente diferente de la naturaleza de las sensaciones obtenidas empíricamente (el fenómeno).
(2) Racionalismo teológico (Wolff, la Ilustración) que juzga todo, incluso las verdades de la fe, con arreglo a la razón meramente humana, no admitiendo nada que rebase los límites de la razón; así no es posible el misterio*. No hay otra religión admisible que la religión de la razón. No es de extrañar que la Revolución Francesa de finales del siglo XVIII rindiera culto a la Diosa-Razón en la figura de una prostituta paseada por las calles de París, con todos los honores, por una turba ebria de pasión anticristiana y antidivina. Existe también un semirracionalismo teológico (Hermes, Günther) que subordina los misterios cristianos a la filosofía, por lo cual justamente fueron condenados respectivamente por Gregorio XVI (1835 , cf. Dz, nos. 2738-2740) y por Pío IX (1857, cf. Dz, nos. 2828-2831).
(3) Racionalismo ético (Sócrates), según el cual sólo el conocimiento del bien es decisivo para la conducta moral. Este racionalismo no tiene en cuenta la función de la voluntad y del sentimiento (ya que suprime el papel de la emoción).
(4) Racionalismo crítico (Popper), según el cual los enunciados de la ciencia no pueden demostrarse; sólo sirven como hipótesis, pero se pue-

Carlos Rahner

den mantener mientras no se muestre su falsedad. Según Albert, esto es también válido para la filosofía y la teología. También este racionalismo es insostenible, puesto que no puede por sí mismo establecer un criterio mediante el cual pueda probarse su verdad o su falsedad.

Finalmente, es necesario advertir que, a pesar de sus muchas afinidades, racionalismo no es exactamente igual que intelectualismo*.

RADBERTO, PASCASIO Si mencionamos a este teólogo medieval y monje benedictino (aprox. 785-860) es por haber sido el primer defensor del dogma católico de la transubstanciación (cf. *Cena del Señor*), que defendió en su libro *Sobre el cuerpo y la sangre del Señor* (831). La oposición no se hizo esperar y el rey francés Carlos II el Calvo entregó la 2ª ed. revisada del libro de Radberto a Ratramno (844), que también era monje benedictino del mismo monasterio que Radberto (cf. *Ratramno*). Finalmente, fue la enseñanza de Radberto la que triunfó, pues el Conc. IV de Letrán (1215), bajo Inocencio III, definió como dogma dicha doctrina y, en forma solemne, la confirmó el Conc. de Trento (1551), bajo Julio III.

RAHNER, CARLOS Este jesuita alemán (1904-1984) ha sido el teólogo católico más relevante del siglo XX y uno de los que más contribuyeron a que el Conc. Vaticano II (1962-1965) modernizara las enseñanzas de la Iglesia de Roma. Nació en Friburgo, entró en la Compañía de Jesús en 1922 y fue ordenado sacerdote en 1932. En 1934 comenzó a estudiar filosofía con M. Heidegger (cf. *Existencialismo*), que era entonces profesor de filosofía en Friburgo. En 1949 entró en la Facultad de teología de Innsbruck. En 1964 fue a Munich y, en 1967, a Münster donde acabó su labor universitaria en 1971, retirándose a Munich para proseguir su actividad literaria.

La filosofía de Rahner es una especie de tomismo trascendental donde el pensamiento de Aquinate se combina con elementos de Kant, Hegel, Heidegger y, especialmente, de J. Maréchal (1878-1944). Su método trascendental y antropológico no es fácil de definir, pero podemos dar una idea del mismo: En toda experiencia humana hay una experiencia prereflexiva de Dios, por la cual la naturaleza humana se trasciende a sí misma. Sobre esta base hay que reinterpretar los dogmas de la Iglesia, de forma que no sean formulaciones fosilizadas en el lenguaje del pasado, sino portadoras de un significado existencial en términos de la experiencia humana con sus modernos condicionamientos. Esto tiene importantes consecuencias a tres niveles.

(1) A nivel gnoseológico, todo acto del conocimiento humano es predicado sobre un conocimiento implícito del ser, tan pronto como el hombre se interroga a sí mismo sobre la base misma de su existencia. Esto lleva a la conclusión de que el ser, en su extensión universal y, por tanto, también el Ser absoluto de Dios, está tras todo conocimiento humano. De esta forma, la persona humana, por la naturaleza misma de su intelecto, está abierta al conocimiento de Dios. Desde el punto de vista meramente filosófico, esta teoría de Rahner es falsa, en mi opinión de escolasticotomista.

(2) Esta apertura del intelecto humano al conocimiento de Dios se convierte en el centro del humano existir a nivel específicamente antropológico, puesto que Dios ha implantado en la naturaleza humana lo que Rahner llama «el existencial sobrenatural» (cf. *Caída del hombre*), es decir, la potencia obediencial para recibir la gracia, de forma que la pérdida de la gracia por el pecado de Adán fue como un desgarro en el «existencial sobrenatural» del hombre. Este desgarro ha sido curado por la obra de la redención en el Calvario, la cual, al ser universal en su extensión, extiende también su ámbito para incluir a

los miembros de otras religiones y, en último término, también a los ateos (cf. *Conc. Vaticano II, Lumen Gentium*, pp. 13-17). En esto, Rahner no hace justicia a los resultados de la caída original, según constan en la Palabra de Dios. El ser humano ha perdido algo más hondo que el «existencial sobrenatural»; ha quedado corrompido hasta el fondo de su corazón (cf. Jer. 17:9).

(3) A nivel cristológico, Rahner considera a Cristo como el único ser en el que la mencionada potencia obediencial de la naturaleza humana llega a su total cumplimiento: la naturaleza humana de Cristo está intrínsecamente abierta, según Rahner, a la recepción de la naturaleza divina y, por tanto, se sitúa en el pináculo de la evolución* humana.

Su inmensa bibliografía abarca más de 3.000 títulos, libros, cursos, conferencias, entrevistas, sermones. El suyo es un diálogo constante mantenido con el hombre moderno, la sociedad y sus condiciones.

Bib. Karl Rahner, *Escritos de teología*, 7 vols. (Taurus, Madrid 1961-1969); *Amar a Jesús. Amar al hermano* (Sal Terrae, Santander 1982); *Dios con nosotros* (BAC, Madrid 1979); *Mysterium Salutis* (con H. Schlier) (Cristiandad, Madrid 1969); *Curso fundamental sobre la fe. Introducción al concepto del cristianismo* (Herder, Barcelona); *Tolerancia, libertad, manipulación* (Herder); *La Iglesia y los sacramentos* (Herder, Barcelona 1964);

Antonio Vargas-Machuca, ed., *Teología y mundo contemporáneo. Homenaje a K. Rahner* (UPC, Madrid 1975); H. Vorgrimler, *Vida y obra de Karl Rahner* (Madrid 1965); D. L. Gelpi, *Iniciación a la teología de Karl Rahner* (Sal Terrae, Santander 1967).

RAMUS, PEDRO Este humanista francés (1515-1572), llamado en lat. *Petrus Ramus*, se llamaba en realidad Pierre de la Ramée y se educó en el Colegio de Navarra de la Universidad de París. Fue nombrado profesor de oratoria y de filosofía por el rey Enrique II en 1551, pero el año 1561 se hizo protestante y fue asesinado con muchos otros el día de San Bartolomé en la matanza de París. Los puritanos consideraron a Ramus como el gran mártir de Francia.

La tarea de Ramus consistió en un intento, bien intencionado, pero poco afortunado, de sustituir la filosofía aristotélica, que , según él, «no tiene más que ficciones», por otra de corte humanista, de una lógica bien organizada y que sirva, no sólo para pensar bien, sino también para vivir bien. Por esta parte, su filosofía preparó el camino para el pietismo*.

Sostenía Ramus que todo conocimiento debe ser referido a Dios y, al haber sido creado por Dios, toda la enciclopedia del saber debe dividirse en las distintas artes liberales conforme a cada área particular del conocimiento; p. ej., la dialéctica es el arte de discurrir bien, la gramática es el arte de hablar bien, la religión es el arte de vivir bien, etc. Su método estribaba en dividir cada idea en dos partes; luego subdividir cada parte en otras dos, y así sucesivamente, añadiendo el estudio de diagramas que ilustren el texto de la exposición. Sin embargo, este empeño por dividir y subdividir impuso una estructura arbitraria sobre su teología, siendo de escaso interés su *Comentario sobre la religión cristiana* (1576). Por otra parte, su apoyo al congregacionalismo lo puso en conflicto con Teodoro Beza.

No obstante, la visualidad directa que el método educativo de Ramus ofrecía hizo que el «ramismo» se extendiera, especialmente en Alemania. Tuvo seguidores en todas las áreas del saber, con lo que su influencia se dejó sentir en la exposición bíblica y teológica, hasta que J. H. Alsted (1588-1638) la extendió a todo, llegando así hasta Diderot y la *Enciclopedia* francesa y, por otros lados, a Holanda, a Inglaterra con el puritanismo de Cambridge y, desde el siglo XVII, a Harvard y Yale de Estados Unidos.

Su dicotomía de fe y observancia, así como el doble pacto de obras (antes de la caída y después de la caída), además del pacto de gracia, pone a Ramus en contra de un punto importante de la Reforma protestante. Por otra parte, su énfasis en el enfoque visual está en abierto contraste con el énfasis que la Reforma puso sobre el enfoque en la palabra.

Bib. Alfonso Ropero, *Introducción a la filosofía*, cap. VI (CLIE, Terrassa 1999).

RATRAMNO Como puede ver el lector en el art. *Radberto*, este monje benedictino (m. en 868), se opuso luego a la doctrina de Radberto sobre la transubstanciación. No es el único que escribió contra la enseñanza de Radberto (lo hicieron también Escoto, Erígena y Rábano Mauro), pero sí el que dedicó un tratado especial a este tema, a petición de Carlos II el Calvo, rey de Francia desde 840 hasta 877. Igual que el libro de Radberto, también el suyo se titula *Sobre el cuerpo y la sangre del Señor*. Ratramno sabía que podía apoyarse en la enseñanza de Agustín de Hipona y de Ambrosio de Milán. También escribió un tratado sobre la predestinación, identificándose en esto con Godescalco (cf. *Godescalco d'Orbais*). Un escritor anglosajón (m. hacia el 1020), por nombre Aelfric, tomó muchos conceptos del escrito de Ratramno y, como las obras de Aelfric fueron publicadas por el arzobispo anglicano M. Parker, tuvo gran influencia sobre el reformador inglés Nicolás Ridley (aprox. 1500-1555), muerto mártir en la estaca con otros muchos (cf. *Reformadores ingleses*). Como Ratramno había muerto dentro de la Iglesia de Roma, su libro fue puesto en el *Índice de libros prohibidos* en 1559, a raíz del surgimiento de la Reforma.

RAZÓN Entiendo aquí por razón la facultad de razonar (cf. *Raciocinio*). Esta facultad es, en realidad, la misma que el entendimiento, propia de un ser espiritual como es el alma humana, y distinta del conocimiento sensorial. Pero aquí la consideramos en sentido estricto.

(1) Todo el mundo distingue entre «entender» y «razonar». Ya Platón distinguía entre el *noús* para el conocimiento intuitivo, y la *diánoia* para el pensamiento discursivo. También Tomás de Aquino distingue entre el *intellectus* (del lat. *inter légere* = leer entre) que se usa para el conocimiento de los principios, y la *ratio* como facultad que se usa para el conocimiento abstractivo, que divide y une, llegando desde los principios a las conclusiones. No difiere mucho la terminología de Kant, pues él distingue entre el entendimiento, que se refiere a los conceptos y juicios de la ciencia empírica, y la razón, que se refiere a las ideas y a lo trascendente, que, en fin de cuentas, permanece incognoscible para la razón pura. Para los contenidos de la metafísica esenciales para la existencia humana, Kant apela a la fe en los postulados de la razón práctica. La superioridad de la razón sobre el entendimiento alcanza su cima en Hegel, porque la razón suprime en el movimiento dialéctico las contradicciones insolubles para el entendimiento.

(2) Desde otro punto de vista, el término razón significa «fundamento», aquello por lo que algo tiene consistencia. En este sentido ha de tomarse el principio de razón suficiente, ya sea (A) como principio ontológico = todo objeto o hecho tiene un fundamento ontológico suficiente; ya sea (B) como principio lógico = todo juicio que excluya la duda ha de poderse demostrar como válido en virtud de un fundamento cognoscitivo que asegure la verdad (cf. *Certeza*). Una mera opinión tiene bastante con razones de probabilidad para justificarse. Negar el principio de razón suficiente (a) como principio ontológico equivale a conceder la validez de unos hechos determinantes y negar las consecuencias y, (b) como principio lógico, a conceder la verdad de unas premisas y negar la verdad de una conclusión correcta conforme a dichas premisas. Como nota informativa, añadiré que Leibniz fue el 1º que dio expresión al principio de razón suficiente. Antes de él, a partir de Platón, tanto Aristóteles como los filósofos y teólogos medievales no lo mencionan por su nombre; sólo de modo implícito en el principio de causalidad, por la estrecha conexión que guarda con él (cf. *Causa, causalidad*). A. González Álvarez dice lo siguiente: «También se hace preciso distinguir entre causa y razón. Suele llamarse razón, en la acepción que aquí interesa considerar, a todo lo que ilumina el espíritu clarificando o explicando algo, es decir, dando razón de ello» (*Ontología*, p. 401. Gredos, Madrid 1987)

(3) Desde un tercer punto de vista, hay que distinguir entre: (A) razón objetiva, que es la razón ontológica, cuando se pregunta por el porqué del hecho, y (B) razón cognoscitiva, que es el fundamento lógico, cuando se pregunta por el porqué de nuestro juicio sobre el hecho. La razón objetiva última, que ya no se funda en ninguna otra, recibe el nombre de fundamento radical.

Para Ortega y Gasset*, testigo del ocaso de la razón ilustrada, la razón es, ante todo, una forma y función de la vida, «una función vital y espontánea del mismo linaje que el ver o el palpar» (Ortega, *Meditaciones del Quijote*); concepción que coloca a la razón en su lugar en la vida del hombre, en común acuerdo con la antopología bíblica.

REALIDAD Este vocablo viene del lat. *res* = cosa, hecho, ser, objeto. Por tanto, la realidad designa siempre algo que existe objetivamente, en contraposición al mero fenómeno = apariencia y a la ilusión = engaño, del vb. lat. *illúdere* = burlarse de.

Toda persona de mente sana sabe lo que significa la realidad, tanto la de un ente concreto como la del conjunto de entes. Si se hace una encuesta en la calle y se pregunta a cada persona que pasa por allí: «Cree usted que existe alguna realidad?», es fácil que, en vez de contestarnos, se marchen malhumorados, pensando que les estamos tomando el pelo ¡tan evidente es la realidad! Pero para el filósofo, y para el teólogo, no es cosa de juego, sino de la mayor importancia. Si no estoy seguro de lo que veo con mis propios ojos, es que mi vista o mi razón comienzan a nublarse. Y si no estoy seguro de lo que me dice la Palabra de Dios, se cae el fundamento en el que se asienta mi fe (cf. He. 11:1). ¿Por qué, pues, hay quienes niegan la realidad de las cosas, especialmente las que se conocen por fe? No hay más que una respuesta; digámoslo claro: Porque el ser humano tiene la razón envanecida y el corazón entenebrecido por el pecado. «Los sedicentes sabios se han vuelto tontos» (cf. Ro. 1:21-22). No obstante, a nivel filosófico, hemos de usar las armas de la razón natural, será también útil consultar los arts. *Idealismo* y *Realismo*.

REALISMO Este vocablo viene, como realidad, del lat. *res* = cosa, hecho, ser, objeto. Se suele usar en contraposición a idealismo*, sistema que da la primacía a la idea (las cosas son ideas). Al otro extremo, está el realismo absoluto de Platón (las ideas son cosas). Entre estos dos extremos está el realismo moderado o idealista (las ideas son representaciones de las cosas). Este es el sistema escolasticotomista, conforme con lo que la fe nos dice a nivel sobrenatural (cf. p. ej. He. 11:1; 2 P. 1:16-21).
En realidad, todos aceptan algo real, por lo menos la existencia del propio yo pensante. Incluso el materialista, que sólo admite la realidad de lo material, contradice su propia base filosófica cuando habla de su «ideal político o social», lo cual no es mera materia.
La posición firme del realismo idealista, como posición de la metafísica clásica, está en el principio de la convertibilidad de los transcendentales (cf. *trascendencia*): Un ente es tanto más ser cuanto más uno, verdadero, bueno y bello es. Así lo más espiritual es lo más real y más inteligible, puesto que hasta lo material es inteligible: (A) por estar hecho según su idea en la mente creadora de Dios, y (B) por ser aprehendido por la vía del espíritu, que es la del intelecto. Así es como el realismo idealista une lo objetivo y lo subjetivo, pues admite que existe lo real en sí, con independencia de su representación en nuestra mente, pero, por otra parte, afirma que el fin de nuestro conocimiento es aprehender ese ente tal como es en sí, aunque no de la manera como existe en sí, sino dentro de los límites en que nos es posible el conocimiento de la esencia de lo real; es decir, no es una mera apariencia de lo real lo que conocemos. Este concepto realista idealista de nuestro conocimiento repercute en dos ámbitos diferentes: (a) en el del mundo sensorialmente perceptible, donde se opone al escepticismo y (b) en lo relativo a lo universal, donde se opone al nominalismo, al conceptualismo y al realismo platónico. Es un mérito del realismo moderado, iniciado en Aristóteles, poner de relieve que el contenido del concepto está conectado en la unidad concreta de un ente real con las determinaciones (cf. *Comprensión*) que constituyen lo individual como tal. En otras palabras, entre dicho contenido y las determinaciones mencionadas no hay distinción* real.

REBAUTISMO Por el pref. *re-*, ya puede colegirse que en este art. vamos a tratar de la repetición del bautismo* de agua. Las principales denominaciones que se precian del nombre de cristianas sostienen que el bautismo válidamente administrado es irrepetible, puesto que dicho bautismo es un rito de iniciación y simboliza el hecho de una vez por todas en el injertarse en la obra de la redención de Cristo (cf Ro. 6:3-11) y en el revestirse de Cristo (cf. Gá. 3:27).
Sin embargo, la repetición del bautismo de agua se ha llevado a cabo en la historia de la Iglesia por diferentes motivos.
(1) Dice el teólogo católico Th. Schneider: «La concepción marcadamente pneumatológica de la Iglesia y del bautismo llevó, especialmente en África, a una controversia acerca de la validez del bautismo de los herejes: ¿Debían ser bautizados de nuevo los cristianos bautizados en una secta herética o cismática si volvían a la Iglesia católica? A partir del siglo II la práctica no fue uniforme en este punto: en África y en amplias zonas del Oriente se partía del supuesto de que los herejes, al no tener el Espíritu Santo, mal podían transmitirlo. En Roma y en Alejandría se ponía menos énfasis en el don del Espíritu, y más en la fuerza del nombre de Cristo, que se invocaba sobre el bautizando; por ello se reconocía el bautismo conferido fuera de la Iglesia y se acogía a los convertidos simplemente con la imposición de manos. Más tarde Agustín (m. en 430) distinguiría entre la validez y la eficacia del bautismo, imponiendo así la práctica romana en el ámbito de la Iglesia occidental». Sólo cuando se duda de la validez del bautismo anterior, admite la Iglesia de Roma la repetición bajo condición («si no estás bautizado») del bautismo.
(2) Esta práctica es seguida en la llamada Ortodoxia y en la Iglesia anglicana. En cambio, las denominaciones que sólo admiten el bautismo de creyentes, como son los bautistas, y todos los que siguen la doctrina del bautismo de adultos en base al testimonio de su fe, practican la repetición del bautismo de agua al no reconocer la

validez del bautismo de infantes, por cuanto no consideran una *repetición* de algo que, propiamente, no fue bautismo según la Biblia, sino la administración por vez primera del bautismo según se refleja en el NT.

RECONCILIACIÓN Este vocablo viene del lat. *reconciliatio* = restablecimiento, reconciliación; y éste, del vb. *reconciliare* = reconciliar, restablecer, que es comp. del pref. *re-* y del simple *conciliare* = unir, conciliar, atraer, etc. Tomamos aquí el término en sentido teológico, como uno de los aspectos específicos de la obra de la redención. Para más detalles ver *CPDTB*, Parte II, lecc. tercera, p. 4.

El pecado nos separa de Dios (cf. Is. 59:1-2) y, para superar este obstáculo, necesitábamos que alguien nos proveyese una reconciliación con el Dios ofendido. La porción bíblica que mejor expresa esta faceta es 2 Co. 5:18-20. Doy la trad. lit. del original gr.: «Mas todas las cosas proceden de Dios, el que nos reconcilió (gr. *katalláxantos*, ptc. de aor.) consigo mismo mediante Cristo, y nos dio el ministerio de la reconciliación (gr. *katallagís*), como que Dios estaba reconciliándonos (gr. *katallásson*, ptc. de pres.) consigo en Cristo, no teniéndoles en cuenta sus pecados, y poniendo en nosotros la palabra de la reconciliación. Por tanto, estamos haciendo de embajadores a nombre de Cristo, como si Dios estuviera exhortando por medio de nosotros; requerimos en nombre de Cristo: Sed reconciliados (gr. *katallágete*. ptc. pas. de aor.) con Dios».

Observará el lector en esta versión lit. que el original no dice en el v. 20 «os exhortamos», sino «exhortamos, mejor, requerimos, etc.». Pablo no exhorta a los fieles de Corinto a que se reconcilien con Dios, ¡ya lo están!, sino que expresa su modo de evangelizar a inconversos para que se dejen reconciliar por Dios. Adrede he puesto el original del vb. reconciliar (*katallássein*) y del sust. reconciliación (*katallagé*), para poner de relieve el significado del gr. que es una «transacción de mutuo intercambio».

Para que no quede ninguna confusión acerca del papel de la reconciliación, he de advertir:

(A) Que Dios no se volvió de cara al mundo por la reconciliación, sino por la propiciación*. Precisamente porque ésta había surtido su efecto, Dios quedó dispuesto a reconciliarnos consigo en Cristo.

(B) Que el concepto de transacción se echa de ver en la frase del v. 19 «no teniéndoles en cuenta (a los hombres) sus pecados», ya que el vb. *logídsomai* implica que el pago por nuestros pecados fue cargado a la cuenta de Cristo, como si nuestra deuda con Dios fuera, en realidad, suya.

(C) Que, como en los demás aspectos especiales de la redención, también éste es de carácter objetivo, esto es, hace referencia a la obtención de la redención. Por eso, para que la transacción sea mutua, personalmente efectiva, es necesario que cada individuo humano se apropie por fe el beneficio de dicha obra. Por eso añade Pablo: «Reconciliaos con Dios». Como diciendo: «Dios ya se dio la vuelta hacia ti. Ahora te toca a ti darte la vuelta hacia Él».

REDENCIÓN Este vocablo viene del vb. lat. *redímere* = rescatar, redimir, comprar; y éste es comp. del pref. *re* y del simple *émere* = comprar. Tomamos el término, una vez más, como expresión de uno de los aspectos específicos de la obra de la Cruz, no en el sentido general que suele darse al vocablo redención. Y, como en los demás aspectos específicos de la obra del Calvario, resumiré lo que sobre este tema digo en *CPDTB*, Parte II, lecc. tercera, p. 5.

Uno de los grandes perjuicios que nos acarreó el pecado fue ponernos en esclavitud, (A) del diablo (cf. 1 Jn. 5:19), (B) del pecado mismo (cf. Jn. 8:34; Ro. 6:16, 20; 2 P. 2:19), (C) del poder de las tinieblas (cf. Col. 1:13), (D) del miedo a la muerte (cf. He. 2:15) y (E) de toda clase de error (cf. Jn. 8:32).

Era, pues, necesario que alguien nos rescatase de tan variada esclavitud. Lo hizo nuestro gran Mediador: nos rescató pagando el precio mediante el derramamiento de su sangre, pues «vino para servir y para dar su vida en rescate por muchos» (Mt. 20:28; Mr. 10:45). Sigo en el rescate el mismo orden que he seguido arriba en la esclavitud: Nos rescató (a) del diablo, pues vino «a deshacer las obras del diablo» (cf. 1 Jn. 3:8), (b) de nuestros pecados (cf. 1 P. 1:18-20), (c) del poder de las tinieblas (cf. Col. 1:13), (d) del miedo a la muerte (cf. He. 2:15 «y librar a todos los que por el temor de la muerte estaban durante la vida sujetos a servidumbre»), (e) del error en todas sus formas (cf. Jn. 8:31-32: «Dijo entonces Jesús a los judíos que habían creído en él: Si vosotros permanecéis en la palabra, la mía, verdaderamente discípulos míos sois, y conoceréis la verdad, y la verdad os libertará» lit.).

La «compra» llevada a cabo para nuestra redención se expresa en el gr. del NT mediante dos verbos: (1) *agorádsein* = comprar en el *ágora* = mercado (cf. 1 Co. 6:20; 7:23; 2 P. 2:1 y Ap. 5:9) y (2) *exagorádsein* = comprar en el ágora y sacar de ella al esclavo comprado (cf. Gá. 3:13; 4:5). Notemos esta diferencia: Todos hemos sido comprados (redimidos), porque por todos fue pagado el precio, pero no todos son libertados (salvados), porque no todos prefieren la libertad (cf. 2 P. 2:1). Pero el precio se expresa específicamente por medio de los vocablos, todos de la misma raíz: el vb. *lutróo* (cf. Lc. 24:21; Tit. 2:14; 1 P. 1:18), y los sust. *lútron* (cf. Mr. 20:28: Mr. 10:45), *lútrosis* (cf. Lc. 1:68; 2:38; He. 9:12) y *lutrotés* (cf. Hch. 7:35).

REDENCIÓN, EXTENSIÓN DE LA Se entiende por extensión de la redención el ámbito de los seres humanos que fueron objeto de la redención llevada a cabo en el Calvario. Este ámbito es más o menos amplio según la opinión que se sustente sobre la elección y la predestinación. En pocas palabras, depende de cómo se conteste a la pregunta siguiente: «¿Por quiénes murió Cristo, sólo por los elegidos o por todos los hombres?» A esta pregunta responden los calvinistas supra- y sublapsarios diciendo que Cristo murió sólo por los elegidos (cf. *Elección, 1) y 2*). En cambio, los calvinistas infralapsarios y los arminianos (cf. *Elección, 3) y 4*) responden que Cristo murió por todos los hombres, con base en numerosos textos bíblicos (p. ej., Jn. 3:16; 1 Ti. 2:4-6).
Según la teología catolicorromana, es una verdad de fe que Cristo murió por todos los hombres. Según el C. de Trento, el Padre celestial envió a su Hijo Cristo Jesús «para remidir a los judíos que estaban bajo la Ley como para que las naciones que no seguían la justicia alcanzaran la justicia y todos recibieran la adopción de hijos de Dios». A pesar del valor universal de la redención operada por Cristo, los frutos de ésta no se aplican a todos los hombres. La apropiación de los frutos de la redención a cada hombre –lo que suele llamarse la redención subjetiva– tiene lugar cuando el individuo se asocia a la muerte y resurrección de Cristo mediante la fe y los sacramentos.
En principio, estoy convencido de que la solución del problema consiste en plantear debidamente la cuestión: En la cruz del Calvario, ¿efectuó Cristo la salvación de todos los hombres, de algunos o de ninguno? Decididamente, respondo: Cristo no efectuó en el Calvario la salvación de nadie, sino que proveyó salvación para todo aquel que cree. Y, si hemos de aceptar la Palabra de Dios, hemos de aceptar también que el ser humano cree en el evangelio o lo rechaza libremente (cf. *Predestinación, 3)*, así como *Cristo, 4)*, *Cristo, Extensión de la redención objetiva de*).
Bib. J. J. Murray, *La redención consumada y aplicada* (CLIE, Terrassa 1998).

REENCARNACIÓN Como puede verse por el pref. *re-*, el vocablo significa «volver a encarnarse» = «volver a nacer» físicamente, se entiende. El nuevo nacimiento del que habló Jesús (cf. Jn. 3:3-8) es un nacimiento sobrenatural, espiritual, que nada tiene que ver con el tema que nos ocupa. La reencarnación es llamada también metempsícosis, vocablo gr. que significa «traslado del alma» (transmigración de las almas) y es la creencia en que las almas humanas están encerradas en los cuerpos como en una cárcel de corrección y deben experimentar una purificación progresiva mediante sucesivas encarnaciones en diferentes cuerpos.
Esta creencia está muy extendida, ya desde la antigüedad, en el budismo y el hinduismo. Fue enseñada especialmente por Platón y los neoplatónicos, por los gnósticos y maniqueos y en la Edad Media por los cátaros o albigenses. Durante el Renacimiento, por algunos neoplatónicos italianos.
En nuestros días, la aceptan los espiritistas, los teósofos, los Rosa Cruz, etc.
La creencia en la reencarnación es contraria (1) a la sana metafísica, ya que el hilemorfismo* requiere una relación trascendental irreversible del alma hacia su cuerpo individual; de ahí, la necesidad de que el cuerpo resucitado sea idéntico al cuerpo que murió; (2) a la enseñanza de la Biblia, que expresa la muerte del ser humano como experiencia única y definitiva (cf. He. 9:27-28). FL *Reencarnación y cristianismo*. La mayoría de los escritores reencarnacionistas suelen referirse a la tradición cristiana de los primeros siglos como favorable a su teoría. Orígenes (185-254) es comúnmente citado como una autoridad indiscutible en este punto. Pero éste no enseño la reencarnación, sino una curiosa versión de la *preexistencia* del alma, que al nacer en la tierra recibe la recompensa o el castigo de lo realizado *en el cielo*, para explicar así las deformidades y desventajas con que muchos entran en la vida nada más nacer. Pero nunca enseñó que las condiciones de nacimiento están determinadas por previas existencias en la tierra. Orígenes, de hecho, escribió en contra de la reencarnación, defendida por pitagóricos y platónicos, igual que hicieron Tertuliano y otros apologistas. «No decimos –es-

cribe Orígenes–, en absoluto que se dé la transmigración del alma, ni que ésta caiga en animales irracionales: (Contra Celso, VIII, 30).» Su *hipótesis*, bastante extraña en el campo de la teología cristiana, era que todos los espíritus fueron creados desde la eternidad y dotados de una misma perfección inicial. Muchos, sin embargo, abusaron de su libertad y pecaron. Este pecado habría sido la ocasión de que Dios creara este mundo visible, en el cual vivien los espíritus rebeldes encerrados en cuerpos materiales. Después de la muerte, las almas serán entregadas a un fuego purificador. Pero, al fin de los tiempos, en la restauración universal, todos los pecadores se salvarán y serán reintegrados a la suprema felicidad, y Dios será todo en todos (Cf. *Apocatástasis*).

Ahora bien, es cierto que algunos seguidores Orígenes no sólo creyeron en la preexistencia de las almas y la restauración final de todos en la bienaventuranza inicial, sino también la reencarnación, propiamente dicha. En este punto los discípulos se apartaron del maestro, para quien la reencarnación es una «fábula inepta e impía». Pero se trató de unos cuantos personajes sin trascendencia ni continuación. El sínodo de Constantinopla del año 542, convocado y presidido por el Patriarca Menas, se pronunció tajantemente contra tales desviaciones de la fe ortodoxa de la Iglesia.

Justino Mártir, Ireneo, Clemente de Alejandría, Hipólito, Tertuliano, Minucio Félix, Gregorio de Nisa y Agustín se opusieron a la reencarnación o transmigración del alma enseñada por los gnósticos y pitagóricos, así como a la teoría platónica de la preexistencia del alma, doctrina que sólo prendió en Orígenes, como queda dicho, y fue rechazada de inmediato por las iglesias. La mayoría ridiculizaron en especial la metempsícosis o transmigración del alma humana a cuerpos de animales, como después hará el genial escritor y teólogo español Francisco de Quevedo en *Providencia de Dios*, siguiendo a Tertuliano. La misma condena de Constantinopla se repitió en los concilios ecuménicos de Lyon (año 1274) y Florencia (año 1439), que afirman el tránsito inmediato de este vida al estado definitivo en el más allá, conforme al texto sagrado de la epístola a los Hebreos que dice: «De la misma manera que está establecido para los hombres que mueran una sola vez, y después de esto el juicio» (9:27). AR

Bib. David Christie-Murray, *Reencarnación. Creencias ancestrales y testimonios modernos* (Robin Book, Barcelona 1990); Willem Cornelis van Dam, *Los muertos no mueren* (Susaeta Ediciones / Tikal / Unidad Editorial 1995); Alfonso Ropero, *Renacimiento, experiencia y destino* (CLIE, prox. pub.); Estevao Tavares Bettencourt, *La reencarnación* (PPC, Madrid 1986); Tomás J. Valenciá, *La verdad de la reencarnación a la luz del Evangelio* (Editorial 7 1/2. Barcelona 1980).

REFLEXIÓN Este vocablo procede del lat. *refléctere* = volver hacia atrás, volver a pensar en algo; y éste, es comp. del pref. *re-* y del simple *fléctere* = doblar, encorvar. Por eso, ya en un sentido amplio, la reflexión indica una mirada de comprobación o comparación, en contraste con la percepción o el juicio espontáneo sobre algo. En sentido estricto, la reflexión significa el «retorno» desde el objeto aprehendido en una primera intención, al acto propio del sujeto cognoscente en una segunda intención. Es cierto que los actos propios están siempre en el trasfondo mismo de la conciencia cuando los realizamos, pero la reflexión tiene de peculiar que centra la atención en los propios actos, los saca del trasfondo y con esta conciencia refleja, llega a conceptos y juicios propios de la reflexión.

Es preciso distinguir (1) la reflexión psicológica, que se dirige a los actos como actividades psicológicas de tipos específicos (percepción, representación, etc.), (2) la reflexión lógica, que se dirige a la manera abstracta de pensar y a las relaciones lógicas que se derivan de ella (p. ej., la inferencia de un contenido de pensamiento a partir de otro) y (3) la reflexión ontológica, que consiste en un «retorno» completo del espíritu humano hacía sí mismo, es decir, desde los datos concretos dados en lo sensible hasta el ser mismo del espíritu y de sus actos específicos.

La reflexión, por ser un acto específico del ser espiritual (los animales no pueden reflexionar en sentido estricto), ennoblece el espíritu humano capacitándolo para centrar el pensamiento en las verdades reveladas y sacar de ellas el provecho que Dios dio al revelarlas. Por eso abundan tanto en la Biblia las exhortaciones a reflexionar, a caer en la cuenta de lo que Dios nos dice en su palabra (cf. p. ej. Ro. 2:3-11, 17-24; 3:1, 9, 29-31; 4:1, 9-10; 6:1, 15-16, 21-23; 7:1, 7, 13, etc.).

REFORMA (cf. tamb. *Protestantismo*) La Reforma del siglo XVI se presentó desde el principio como un fenómeno complejo, pero radicalmente cristiano. Así lo reconocen hoy tanto sus partidarios como sus detractores. En el espíritu de la profecía se enfrentaron a los abusos de las autoridades eclesiásticas y de los teólogos irresponsables con un claro y rotundo «así dice el Señor», «así dice la Biblia». En este punto todos estuvieron de acuerdo: Lutero, Zuinglio y Calvino. Sólo desde la Biblia y mediante la Biblia se manifiesta Dios a su pueblo.

No consideraron la Biblia como un valor en sí mismo, sino como un medio que señala al fin de la revelación: Jesucristo. El cristocentrismo reformado es patente en todas sus manifestaciones. Hubo otros movimientos anteriores, y también posteriores, que defendieron un cristocentrismo personal, pero unas veces olvidaron la Trinidad, otras la individualidad de la persona creyente. Los reformadores no rompieron con lo verdadero de la tradición, sino que buscaron en todo conservar todo lo que era genuinamente cristiano. La ruptura de la Iglesia fue más impuesta que buscada; inevitable, más que deseable.

La Reforma fue una vuelta al Evangelio, lisa y llanamente. No aceptó ninguna autoridad contra la autoridad de Cristo en su Palabra; ni revelación de visionarios contra la revelación divina en las Escrituras. La única autoridad en doctrina y práctica fue la Palabra de Dios. Por eso fue evangélica y cristocéntrica.

Para los radicales la Reforma se quedó a medias. Para los reformadores lo que contaba era enseñar a los hombres el camino de salvación sin lugar a errores ni distracciones. Frente a la ruptura entre Dios y el hombre provocada por el pecado, los reformadores no buscaron otro puente que el mismo tendido por el cielo: Jesucristo. A clarificar la perfección de ese camino, su absoluted y suficiencia dedicaron la mayor parte de sus energías.

Hablaron del juicio* y predicaron la gracia*, según la Escritura, como nunca antes se había hecho. Al anunciar a los hombres y al Estado que se sometieran a la autoridad de Dios en su Palabra, no estaban predicando la ley, al modo del legalismo impuesto por los dirigentes religiosos de antaño, sino que hablaban sobre todo del Dios de la gracia, la fidelidad y la misericordia, dispuesto a perdonar y entrar en una nueva relación de libertad con los hombres.

Al enfatizar la fe sola, la Reforma logró su propósito de salvar la gracia de la cosificación y el sacramentalismo de carácter mágico. La fe no es una mera virtud, como se venía diciendo, sino un acto de confianza en Dios, fuente de una nueva vida sometida a la voluntad divina, en respuesta a su amor. La fe la pone Dios mismo en el pecador. Y esa fe, desnuda y sin obras, es lo único que el pecador puede presentarle. Es Dios únicamente quien justifica, quien declara al hombre hijo adoptivo suyo en Cristo Jesús. AR

Bib. J. P. Fisher, *Historia de la Reforma* (CLIE, Terrassa 1984); Manuel Gutiérrez Marín, *La Reforma protestante, un mensaje actual* (IEE, Madrid 1972); Alfonso Ropero, *Historia, fe y Dios* (CLIE, 1995); G. Wisse, *Las tres columnas centrales de la Reforma* (Misión Evangélica, varias ediciones).

REGENERACIÓN Por su misma etim., este vocablo tiene el sentido específico de «nueva generación», no en el sentido de una reencarnación*, sino de generación espiritual, la cual es «nueva» (como se ve en el pref. *re-*) porque supone ya la generación natural del sujeto. Sigo en este art. lo que escribí en *CPDTB*, Parte III, lecc. 6ª, puntos 1, 2 y 4.

(1) Concepto bíblico de regeneración. Es «una renovación interior del pecador, por la acción soberana del E. Santo, por la que el hombre caído en Adán y muerto en sus pecados y delitos, nace de Dios espiritualmente por pura gracia». Esto lleva consigo la comunión en la divina naturaleza (cf. 2 P. 1:4). El vocablo gr. *palingenesía* = regeneración sólo ocurre en Tit. 3:5, pero el concepto de regeneración puede verse en muchos lugares, p. ej., Jn. 1:12-13; 3:3, 5-8; Ro. 6:3-14, 17-22; 12:2; 1 Co. 2:14-15; 2 Co. 4:6; 5:17; Ef. 2:1-10; 4:22-24; Fil. 2:13; Col. 3:9-11; Tit. 3:3-7; 1 P. 2:2; 2 P. 3:18; 1 Jn. 2:29; 3:6-10; 4:7; 5:4, 18). Por el injerto en Cristo (Ro. 6:5, cf. Jn. 15:1-5), la regeneración adquiere una dimensión cristológica, como se ve en 2 Co. 5:17; Gá. 6:15; Ef. 2:5,10; Col. 2:13. Stg. 1:18 y 1 P. 1:23 añaden el detalle de que somos regenerados mediante la palabra.

(2) ¿Qué es antes, la justificación o la regeneración? A esta pregunta, (A) los calvinistas propiamente dichos responden: la regeneración; (B) los arminianos responden: la justificación. (C) Respondo yo por mi cuenta, distinguiendo entre regeneración y nuevo nacimiento. (a) La regeneración se lleva a cabo cuando el E. Santo implanta la simiente de la palabra en el corazón. Por analogía con la parábola del sembrador (Mt. cap. 13) y por la experiencia espiritual, esa simiente se puede frustrar después de la concepción, ya sea por falta de fondo, por no haber arraigado (v. 13), ya sea por ahogo, sofocada por las concupiscencias varias de lo mundano (v. 14), terminando en aborto. Sólo los del v. 15 llegan desde la concepción al parto. (b) ¡Ese es el momento decisivo de

dar a luz! Nótese que la intención del sembrador fue siempre buena. El suelo (el sujeto) no hizo nada a favor de la semilla, sino sólo recibirla, aunque pudo hacer algo en contra de la semilla: obstaculizarla. Y esto es precisamente lo que hacen, respectivamente, (a)= los regenerados, porque Dios los salva con Su gracia, y (b)= los no regenerados, porque resisten obstinadamente a la gracia de Dios. Con todo, Dios mantiene su soberanía; 1º, porque Él es siempre el que toma la iniciativa; 2º, porque es poderoso para quebrantar cualquier resistencia, aunque muchas veces, por sus justos juicios, no la quebranta.

(3) ¿Implica la regeneración un cambio ontológico de la persona? Eso es lo que enseña la Iglesia de Roma (cf. L. Ott, *Manual de teología dogmática* [Herder, Barcelona], y Tomás de Aquino, *Suma teológica*, 1-2, q. 110, 2, a.m.), por concebir la gracia como una cualidad física que se infunde en el sujeto y se convierte en una sobrenaturaleza creada. Pero la Palabra de Dios nos hace ver que el cambio que opera la regeneración no está en el orden del ser, sino en el orden del obrar, puesto que es: (A) un cambio espiritual, obrado por el E. Santo, que impulsa a nuestro espíritu en un sentido contrario al anterior (cf. Gá. 5:16); (B) un cambio psicológico, porque nuestra psique recibe nuevo poder y nueva orientación (cf. Ro. 12:2); y (C) un cambio moral, porque, con la nueva orientación, el E. Santo origina nuevos hábitos en el plano del discernir y del actuar (cf. He. 5:14).

REINO DE DIOS Hablar de reino supone un territorio o una esfera en la que impera un «rey», quien establece las leyes de dicho reino. El reino de Dios carece de las imperfecciones que son inevitables en los reinos del mundo: es un reino santo, justo, de paz y amor. Un reino digno de alabanza y de gratitud. Pero la entrada del mal en el universo por la rebelión de Satanás y sus ángeles, y la posterior caída de Adán (cf. *Caída del hombre*), dio lugar a que se obre contra la voluntad de Dios manifestada en su Ley y a que se establezca en el mundo un «reino de las tinieblas» (cf. p. ej., Col. 1:13). De entrada me atrevo a decir que reino de Dios es sinónimo de reino de los cielos. Precisamente es Mateo, escribiendo para los judíos en especial, el que más usa la expresión reino de los cielos para evitar el uso del nombre de Dios en lo posible. Los premilenaristas sostenemos que Dios establecerá un reino mesiánico en la tierra, de mil años de duración, después de la Gran Tribulación y antes de la rebelión final (cf. Ap. 20:1-10). Conviene distinguir, respecto al reino de Dios, su presencia en Israel (cf. *Cristo, 15), Cristo, Rey de Israel*) y en la Iglesia (cf. *Iglesia, 4), Singularidad de la Iglesia, A) y B*).

(1) La expresión «Reino de Dios» no aparece en el AT, pero el concepto de Dios como rey y de su gobierno regio aparecen por doquier: (A) a nivel general, Dios gobierna todo lo que existe, siendo el Autor y Conservador de todo lo creado (cf. p. ej. Sal. 47:2; 103:19 y 145:13). Es, según el hebr., el *malkuth Yahweh*; (B) a nivel nacional, Dios es el Rey de Israel, del pueblo de su pacto especial (cf. Ro. 9:4). Dios es el Rey de Jacob (cf. Is. 41:21) y, por eso, Israel es un reino de sacerdotes (cf. Éx. 19:6). Israel es rebelde hacia su verdadero Rey (Israel era una teocracia) y Dios los castigará con el exilio y, finalmente, con la dispersión. Pero en los profetas (cf. p. ej. Is. 2:1-4; 11:1 ss.; 40:10; 49:7; 52:7; Dn. 2:44; 7:14, 27; Mi. 4:1-5) late la esperanza del reino escatológico, cuando Dios reinará de veras, directamente en Israel y, a través de Israel, en todas las naciones, conforme a la promesa hecha a Abraham: «en ti serán benditas todas las familias de la tierra» (Gn. 12:3).

(2) En el NT, la expresión «el reino de Dios» o «el reino de los cielos» aparece con bastante frecuencia, especialmente en los sinópticos (cf. *Sinópticos, Evangelios*). Como precursor y heraldo del Rey, Juan el Bautista proclamó: «Arrepentíos, porque el reino de los cielos se ha acercado» (Mt. 3:2). Cristo inicia su ministerio en Galilea con la misma proclamación (cf. Mt. 4:17), que aparece ampliada en Mr. 1:15: «El tiempo se ha cumplido y el reino de Dios se ha acercado; arrepentíos y creed en el evangelio». Esta proclamación del reino fue confirmada con toda clase de obras poderosas (milagros) a favor de los pobres y los oprimidos por el diablo (cf. Mt. 12:28). No obstante, aquella generación no reconoció en Jesús de Nazaret al Rey prometido, porque esperaban un caudillo politicomilitar, que les trajera la paz y la prosperidad, librándolos del yugo de los romanos. Pero Cristo no apareció como un libertador político, sino, ante todo, de la esclavitud del diablo (cf. 1 Jn. 3:8b). Jesús dijo también (cf. Lc. 17:20-21) que el Reino de Dios (gr. *he basileía to Theos*) no vendría con aparato exterior, pues se realiza en el interior (gr. *entÚs*) del ser humano. Era necesario: (A) que el pueblo entrara en el reino por las realidades espirituales del arrepentimiento, la fe (cf. Mr. 1:15), la humildad (cf. Mt. 18:3); sólo un remanente, profetizado ya en Sof. 3:12-13, tendrá las debidas disposiciones; (B) que el Rey muriera para llevar los pecados del pue-

blo sobre sí mismo, antes de entrar en su gloria (cf. Lc. 24:26, 44-47). En Jn. 18:36-37, en el diálogo con Pilato, Jesús confiesa ser rey de un reino que no es de (gr. *ek* = procedente de) este mundo. Pero, conjurado por el sumo sacerdote, confesó también la futura inauguración del reino mesiánico (Mt. 26:64: «y además os digo, que desde ahora veréis al Hijo del Hombre sentado a la diestra del poder de Dios, y viniendo sobre las nubes del cielo», lit. y comp. con Hch. 1:11). El Reino, como tal, finalizará cuando todos los enemigos hayan sido puestos por escabel de los pies del rey (cf. 1 Co. 15:25-28), conforme a la promesa de Dios en Sal. 110:1.

Sólo me resta añadir (a) que la Iglesia no es la continuación de Israel (cf. Ef. 3:1-6), (b) que Cristo no es el Rey de la Iglesia (no hay un solo v. que lo afirme), (c) que Cristo no reina ahora en ningún territorio (cf. Ap. 11:15); no está aún sentado en el trono de Ap. 5:6 (comp. con 4:6 , correctamente traducido), y (d) que la Iglesia no es el Reino, pero es Esposa y Cuerpo del Rey (cf. Ef. 5:23-32), lo cual es superior.

Bib. George Eldon Ladd, *El Evangelio del Reino* (Vida, Miami 1985).

RELACIÓN Este vocablo viene del lat. *relatio, relationis* = lo que hace referencia; y éste, del supino *relatum*, del vb. *referre* = volver a llevar, hacer referencia, comp. del pref. *re-* y el simple *ferre* = llevar. En sentido estricto, el término relación expresa «el modo de haberse un ente con respecto a otro». Una relación supone siempre un sujeto, un término y un fundamento. P. ej., en la relación de paternidad, hay un sujeto que es el padre, un término que es el hijo y un fundamento que es la generación. La relación no puede existir sola, porque no es una sustancia*, sino un accidente*. Pero es un accidente muy especial, puesto que la esencia de todo accidente es la inherencia a una sustancia; p. ej. la cantidad y la cualidad de una mesa son accidentes, porque son inherentes a la misma mesa, pero la esencia de la relación no consiste en ser inherente, en ser-in, sino en referirse a otro, en ser-ad.

Estas nociones de tipo filosófico son de enorme importancia, no sólo por sí mismas, sino especialmente por la repercusión que tienen sobre el misterio de la Trina Deidad (cf. *Trinidad*). Si en Dios puede haber tres Personas realmente distintas en una sola naturaleza individual es precisamente porque la relación consiste esencialmente en un *esse-ad*, en hacer referencia a otro. Ahora bien, una relación real supone un *esse-in* que le preste la realidad; de lo contrario, será una relación de mera razón.

De suma importancia es la distinción entre relación trascendental y predicamental:

(1) Relación trascendental o esencial es la que rebasa los límites de una categoría*, entrando también en la constitución esencial de un sujeto; p. ej. la relación de dependencia mutua entre materia y forma y entre potencia y acto, y de dependencia no mutua entre la criatura y el Creador.

(2) Relación predicamental o accidental es un determinante que se añade al sujeto ya completo en su constitución esencial, pues es una categoría del accidente; p. ej. la relación de dependencia no esencial. Por aquí puede verse la dificultad de situar las relaciones divinas en una u otra de estas dos clases de relación. Opino que son trascendentales, porque entran en la constitución misma de las Personas divinas, pero, por otra parte, no implican ninguna dependencia esencial, si bien podemos hablar de mutua interdependencia, puesto que, p. ej., si el Hijo, como Palabra del Padre, depende del Padre, también el Padre, al pronunciar esa Palabra, depende del Hijo, pues, aunque no debe su ser personal a la Palabra, sí lo debe al acto eterno de pronunciarla.

RELATIVISMO El relativismo consiste en afirmar que la verdad es relativa, es decir, que varía de un tiempo a otro, de un lugar a otro, de una persona a otra. Hay un sentido en que es cierto que la verdad finita es relativa, puesto que la conformidad del conocimiento con el objeto implica una relación. También hay otro sentido en que es válido el relativismo, a saber, cuando se admite que nuestro conocimiento puede comprender el objeto con mayor o menor perfección, pero nunca de forma exhaustiva. De ahí, la validez del perspectivismo (cf. *Ortega y Gasset, José, 2*). No hablamos ahora de estas clases de relatividad, sino del caso en que la norma de la verdad no está en el objeto mismo, sino, p. ej., en la estructura del sujeto. Ya dijo Protágoras (aprox. 480-410 a. C.) que «el hombre es la medida de todas las cosas».

En nuestro tiempo, el relativismo se halla en la mayoría de las áreas de investigación: (1) En el área de la ética, tenemos los sistemas que consideran que las normas morales son relativas (A) según la cultura o (B) según el contexto particular en que ha de tomarse una decisión (ética de situación). (2) En el área de la religión, los relativistas consideran que las diferentes creencias y prácticas religiosas son el producto legítimo de diferentes fondos históricos y culturales. (3) El relativismo se halla incluso en el área de las ciencias naturales, afirmando que el progreso del conocimiento científico está en función de factores personales y sociológicos, más bien que en factores exclusivamente empíricos o matemáticos. En realidad, el relativismo se reduce a ciertas preguntas de orden epistemológico; p. ej. ¿Hay algún sitio objetivo para la verdad? ¿Puede el conocimiento humano trascender sus condiciones subjetivas e históricas de modo suficiente como para comprender verdades universalmente válidas? ¿Nos ofrece la Palabra de Dios acceso a las últimas verdades, universales y eternas? Todo ser humano de sana razón tiene que responder afirmativamente a dichas preguntas. A nivel puramente filosófico, podemos demostrar: (A) que, p. ej., los juicios sobre hechos simples de conciencia son absolutamente verdaderos, es decir, válidos para todo entendimiento sano; (B) que el relativismo incurre en contradicción al asegurar que conoce la naturaleza esencialmente relativa de la verdad, pues (a) si no la conoce como es en sí, no puede hacer ninguna afirmación válida acerca de ella; y (b) si la conoce como es en sí, ya la conoce de manera universalmente válida.

RELATIVO Un ser sería absoluto si no dijera relación a ningún otro: pero no hay ningún ser (ni aun el Ser de Dios) que no diga alguna clase de relación a otro. Esta relatividad puede darse a tres niveles:

(1) A nivel lógico, es relativo aquello que no puede definirse sin relación a otro ser; p. ej. «padre»; en su mismo concepto implica un término de esa relación, es decir, «hijo» (cf. *Relación*).

(2) a nivel ontológico, es relativo (A) lo que posee el ser sólo por relación a otro ente; p. ej. los accidentes; sólo existen por su inherencia a la sustancia; (B) aquello cuyo ser funda necesariamente una relación real a otro, como ocurre con todo ser finito por razón de su misma finitud.

(3) a nivel etiológico (de los valores), es relativo lo que vale sólo de manera condicionada. Esto sólo puede darse en valores intermedios, no en los valores finales.

Se llama correlativo lo que está en relación recíproca con otro ser; p. ej. «mayor» es aquello que necesariamente supone algo «menor».

RELIGIÓN Este vocablo es de etim. incierta, pues se discute si viene: (a) de *re-ligare* = volver a unir, es decir, vincularse consciente y voluntariamente al Ser Supremo, principio y fin de todas las cosas, sabiéndose ligado a Él trascendentalmente; (b) de *re-légere* = volver a leer, como un cuidadoso considerar algo; o (c) de *re-elígere* = volver a elegir, esto es, elegir conscientemente adorar y servir al que amorosamente nos eligió al darnos el ser. Hay opiniones para todos los gustos. Personalmente, me inclino por (a). Ya Cicerón parece ser que escogió esta etim. al definir la religión como «dar a lo divino el honor, el respeto y la reverencia apropiados», y distinguió entre religión = honrar debidamente a los dioses, y superstición = un temor vacío de los dioses.

De todos los seres creados, sólo el hombre puede tener religión, pues sólo él, como ser de naturaleza espiritual, puede hacer efectiva, de modo consciente y voluntario, su relación a Dios, reconociéndolo como su origen y su fin. Por tratarse del Ser Supremo, su principio y su fin último, en dicho reconocimiento reside el más alto deber ético y la más elevada perfección del ser humano. Sin religión, el ser humano queda deformado en lo más noble de su ser.

La religión reclama del ser humano la entrega de todo su ser, y sólo cuando esta entrega se hace a Dios, se puede hablar de religión. Cuando la entrega no es a Dios, sino a otro ser, no hay religión, sino idolatría. La Palabra de Dios describe como idolatría especial la del dinero (cf. Mt. 6:24; Col. 3:5). La verdadera religión consta de *pístis* = fe y *práxis* = práctica (cf. p. ej. Mt. 7:24-27; Stg. 2:14-17; 1 Jn. 3:6-8) y compromete al hombre en lo intelectual, en lo emocional, en lo volitivo y en todas las áreas de la conducta: individual, familiar, social y civil.

Para no confundirse con el vocablo religión, bueno será hacer ciertas distinciones:

(1) La *teología* = ciencia de Dios en su revelación, es importante, pero debe ir acompañada de la *doxología* = alabanza y práctica de la fe.

(2) La ética trata de una manera de vivir aceptable para Dios y para los hombres, pero puede darse a escala meramente natural o deísta, no teísta; la religión incluye la ética, pero dice relación esencial a lo divino.

(3) El rito puede ser una expresión de la actitud religiosa, pero de suyo es algo esencialmente externo; la religión es necesariamente interior, aunque también debe manifestarse al exterior.

(4) La ignorancia involuntaria de la verdadera religión puede permitir a un ser humano con recta intención ser salvo por *fe virtual* = fe en un Salvador al que no se conoce por su nombre.

Pero éste no es el caso (A) de la *fe implícita* = creer lo que cree la Iglesia, ni (B) de la fe en cualquier deidad. El principio relativista de la igualdad de todas las religiones es falso a todos los niveles; no hay más religión verdadera que la que Dios nos ha enseñado en su Palabra.

La neoortodoxia (Barth*, Brunner*) distorsiona el concepto verdadero de religión, al establecer una dicotomía entre la religión cristiana y la revelación divina, como si fueran incompatibles entre sí.

Bib. August Brunner, *La religión* (Herder, Barcelona 1974); –*Muchas religiones y una sola verdad* (Paulinas, Madrid 1966); Arno G. Gaebelein, *¿El cristianismo es religión?* (CLIE, Terrassa 1985); Claudio Gancho, *El cristianismo ¿una religión?* (BAC, Madrid 1998); Eusebio Gil, *El hecho religioso. Fenomenología* (UPC, Madrid 1975); José Grau, *¿Todas las religiones iguales?* (EEE, Barcelona 1974); Paul Tillich, *El futuro de las religiones* (Aurora, Bs. As. 1976).

RELIQUIAS Este vocablo viene del lat. *reliquiae, reliquiarum* = restos; éste, de *reliquus* = restante; y éste, del vb. *relínquere* = dejar tras sí, abandonar. En el sentido en que lo tomamos aquí, reliquias designa todos o parte de los restos mortales de algún santo canonizado por la Iglesia, así como de objetos que estuvieron en contacto con el cuerpo de personas santas, p. ej. fragmentos que se suponen haber pertenecido a la cruz física donde murió Cristo.

La Iglesia de Roma siempre sostuvo que las reliquias de los santos deben ser veneradas. Como documento más importante, cito del C. de Trento, ses. XXV (3 de dic. de 1563) lo siguiente: «También deben venerar los fieles los cuerpos santos de los santos mártires y de otros (santos) que viven con Cristo, pues fueron miembros vivos de Cristo y templos del Espíritu Santo, por medio de los cuales los hombres reciben de Dios muchos beneficios». Numerosos cán. del antiguo *CIC* se refieren al culto y veneración de las reliquias. El C. Vaticano II, en *SC*, punto 111, dice: «De acuerdo con la Tradición, la Iglesia rinde culto a los santos y venera sus imágenes y sus reliquias auténticas». El nuevo *CIC* se refiere también a las reliquias suponiendo «la gran veneración del pueblo (a las reliquias insignes)». Sin embargo, ni el nuevo *CDLIC* ni el moderno *Manual de teología dogmática* de Schneider mencionan ni siquiera el vocablo.

¿Tiene algún fundamento bíblico ese culto a las reliquias de los santos? La Iglesia de Roma, aunque no lo cita en ningún documento, se apoya en 2 R. 13:21: «Y aconteció que al sepultar unos a un hombre, súbitamente vieron una banda armada y arrojaron el cadáver en el sepulcro de Eliseo; y cuando llegó a tocar el muerto los huesos de Eliseo, revivió y se levantó sobre sus pies». ¿Da pie este texto para la veneración de las reliquias? Me basta con transcribir la nota que, a pie de página, trae la católica Santa Biblia (San Pablo, 1993, Madrid) en nota a este v.: «La leyenda de los vv. 21 ss denota el gran poder de Eliseo, que ni siquiera terminó con su muerte». De modo semejante se expresa L. Alonso Schökel, en la *Biblia del Peregrino*: «El sepulcro del profeta se hizo famoso, y la leyenda recuerda que hasta en muerte dio vida con su contacto». Como evangélico conservador, no puedo admitir que sea una «leyenda», sino que, siendo un hecho histórico, muestra el caso excepcional en que Dios quiso honrar así la memoria de tan grande siervo de Dios.

Bib. T. Gay, *DC*, «Reliquias».

REPRESENTACIÓN Este vocablo viene del vb. lat. *repraesentare* = representar, poner ante los ojos, y es un comp. del pref. *re-* y el prc. de pres. *praesens*, del vb. *praeesse* = estar delante de, comp. de *prae* = delante, y *esse* = ser, estar. Por donde puede verse que, en último término, representación procede de *ens, entis* = ente, el ser de algún modo existente. Puede entenderse en sentido filosófico o en sentido teológico específico.

(1) En su sentido estrictamente filosófico, representación es, en general, la presentación intencional de un objeto mediante una percepción, ya sea sensorial o intelectual. En sentido estricto, en una «reactualización» de datos sensoriales en virtud de los vestigios de percepciones anteriores. Todas las representaciones proceden, en último término, del material suministrado por los sentidos y, viceversa, los datos suministrados por los sentidos pueden combinarse con representaciones.

La aparición de representaciones en la conciencia no suele ocurrir de forma aislada, sino en conexión con otras imágenes según las leyes de la asociación y de los complejos. La facilidad o dificultad para conservar y reproducir representaciones depende de los diversos tipos caracteriales: visuales, acústicos, motores, más aptos para ver formas que colores y viceversa, etc. En determinados tipos, la imagen eidética resulta una representación tan viva y estable como la representación que produce una imagen de la percep-

ción. Una representación obsesiva se aferra de tal modo a la conciencia que no sirve obstinarse en rechazarlas, pues se fijan todavía más y llegan a originar percepciones engañosas: (A) ilusiones, cuando lo así representado se une a lo percibido formando un conjunto engañoso, o (B) alucinaciones, cuando sólo lo no existente es percibido, y lo existente es excluido del campo de la representación.
A veces ocurren *sinestesias* = percepción conjunta (del gr. *syn* = con, y *aísthesis* = sensación, percepción), cuando las imágenes representativas de un campo sensorial, p. ej. visual, se combinan con imágenes representativas de otro campo sensorial, p. ej. acústico, como cuando decimos «ese vestido es de un amarillo chillón».
(2) En sentido teológico específico, representación es la función que Jesucristo ejerce en favor de nosotros y en lugar de nosotros con su vida, su muerte, su resurrección y su continua intercesión, mientras que sólo fue sustituto nuestro en la cruz del Calvario (cf. *Cristo, 19), Cristo, Sustituto de la humanidad pecadora*). Me niego a admitir que Jesucristo fuese nuestro representante con su vida, puesto que (A) su vida fue santísima, no para representarnos ante el Padre, sino para cualificarlo debidamente como sumo sacerdote (cf. He. 7:26-28); (B) toda su vida fue (a) en primer lugar para cumplir la voluntad del Padre (cf. p. ej. Fil. 2:8) y (b) en 2º lugar para beneficio nuestro (cf. p. ej. Mt. 1:21), pero no como nuestro representante. Cristo no nos salvó con su obediencia activa, sino sólo con su obediencia pasiva, al aceptar voluntariamente la muerte como nuestro sustituto. Se corre, si no, el riesgo de pensar que Cristo cumplió la Ley por nosotros, de forma que nosotros no tenemos ninguna necesidad de cumplirla. Para ver con claridad este asunto, cf. los art. *Antinomianismo* y *Ley y Evangelio*.

REPROBACIÓN (cf. *Predestinación*)

RESPONSABILIDAD Este vocablo viene de responsable; y éste, del vb. lat. *respondere* = responder. En efecto, el hombre, como ser moral, debe responder de sus actos ante su conciencia, ante los demás y, sobre todo, ante el Juez Supremo (cf. Sal. 51:4; Lc. 15:18, 21), y aceptar las inevitables consecuencias de su conducta (cf. p. ej. 2 S. 12:10-12).
El sujeto de la responsabilidad es todo ser humano capaz de acción moral, pues una persona sólo es capaz de que se le impute un acto y, por tanto, de salir responsable por ello, cuando tiene el conocimiento moral suficiente y una libertad que está impedida por la coacción, por un impulso interno demasiado fuerte o por la sorpresa. Diversas clases de enfermedades mentales disminuyen, y hasta pueden suprimir enteramente, la responsabilidad (cf. *Culpa, culpable*).
El objeto de la responsabilidad es la acción plenamente humana procedente del corazón (cf. p. ej., Mt. 12:34; 15:19). Aunque los movimientos llamados en lat. *primo primi* = espontáneos de las concupiscencias no son libres, la voluntad libre puede influir en ellos frenándolos, ya sea directamente (resistiéndolos), ya sea indirectamente (enfocando la atención a un objeto bueno que sea lo bastante fuerte como para contrapesar la fuerza de la pasión).
Se habla de responsabilidad colectiva cuando la acción es imputable a dos o más sujetos que tienen conciencia de su solidaridad.
Bib. Robert Sheehan, *Responsables ante el Dios soberano* (EP, Ciudad Real 1998).

RESTAURACIÓN, MOVIMIENTO DE

Restaurar, del latín *restaurare* = recuperar o recobrar. Da nombre al Movimiento de Restauración que a principios del siglo XIX quiso recuperar el cristianismo original del NT, acabando con las divisiones denominacionales bajo el común denominador de la Biblia interpretada directamente y sin mediaciones confesionales.
El movimiento tuvo su inicio en Estados Unidos, aproximadamente en el año 1800, en el contexto de los grandes avivamientos* que conmocionaron la gran nación. Barton W. Stone (1772-1844), pastor de una iglesia presbiteriana en Cane Ridge, dejó su denominación para emprender la búsqueda del cristianismo del NT unido bajo una sola Iglesia. El resultado fue la fundación de la Iglesia Cristiana, toda vez que el nombre «cristiano» había sido dado por autoridad divina, excluyendo cualquier otro.
Por su parte, los emigrantes escoceses Thomas Campbell (1763-1854), y su hijo Alexander Campbell (1788-1866), verdadero artífice del Movimiento de Restauración, concebían la unidad cristiana principalmente en términos individuales, es decir, la acción voluntaria de los individuos que les haría salir de sus iglesias para convertirse en cristianos solamente, y no en términos de la unión de sectas. En 1839 escribió un artículo titulado «La unidad de los cristianos», donde proponía un congreso de todos los grupos protestantes, incluyendo las iglesias griegas y catolicorromanas. Todos debían hacer la promesa de «aban-

donar cualquier dogma, formas o costumbres que fueran consideradas por toda la cristiandad como carentes de autoridad divina».

El principio básico de los Campbell, muy en línea con el lema reformado *Sola Scriptura*, era "hablar donde la Escritura habla y callar donde la Escritura calla».

Los grupos de Stone y los Campbell, tan semejantes en aspiraciones y doctrinas, se unieron en 1830, dando lugar a años de optimismo y extraordinario crecimiento. A finales del siglo, sin embargo, tuvo lugar una división irreparable a causa de las controversias sobre las sociedades misioneras y la música instrumental en la adoración. Los que se opusieron a esto se denominan Iglesias de Cristo, los otros vinieron a ser conocidos como Iglesias Cristianas, que son el grupo mayor. Las Iglesias Cristianas ganaron el norte del país, mientras que las Iglesias de Cristo se concentraron en el sur. Las primeras se abrieron a la nueva teología liberal y al criticismo bíblico, las segundas se mantuvieron firmes en sus doctrinas conservadoras.

Como tantos movimientos de restauración y unidad, este acabó por convertirse en un factor más de separación, constituido en lo que no pretendían ser, una nueva denominación o grupo protestante. «No existimos para perpetuar la división –escribe Reuel Lemmons–. Sin embargo ese ha sido nuestro único producto en los pasados veinticinco años... Lo que fue un movimiento dinámico, con una súplica casi universal de unir a todas las sectas, se ha convertido en un laberinto de partidismo, un dogmatismo que es peligroso, que nos puede aislar de aquellos que estamos tratando de salvar, tanto a creyentes como a incrédulos» (*La Voz Eterna*, marzo 1989). AR

Bib. Thomas Campbell, Barton W. Stone, Juan Antonio Monroy, *Movimiento de restauración. Historia y documentos* (Madrid 1987); B. J. Humble, *La historia de la Restauración* (La Voz Eterna, Houston 1989-1991).

RESURRECCIÓN Este vocablo viene del vb. lat. *resúrgere* = levantarse, restablecerse, resurgir y sólo en sentido religioso eclesiástico (desconocido de los paganos) resucitar, comp. del pref. *re-* y del simple *súrgere* = levantarse, surgir, elevarse. Es precisamente en el sentido religioso, bíblico, confesado por la Iglesia, como tomamos aquí el término resurrección. No trato aquí de la resurrección del Señor (cf. *Cristo, 13), Cristo, Resurrección de*), sino de la nuestra y en sentido físico, no moral ni espiritual.

Alexander Campbell

(1) En el AT, la idea de la resurrección corporal va progresando lentamente, de tal forma que los únicos vv. de todo el AT que hablan de dicha resurrección son Dn. 12:2 y 13. Y aun así, el «Y muchos» con que comienza el v. 2, da pie a algunos expositores para pensar que se refiere, ante todo, a los mártires judíos durante la persecución de Antíoco IV Epífanes, a mediados del siglo II a. C. La afirmación conservadora extremista de M. J. Harris, en el *NDT*, de que «encuentra expresión en cuanto menos ocho pasajes del AT (Job 19:26; Sal. 17:15; 49:15; 73:24; Is. 26:19; 53:10-12; Dn. 12:2, 13)», es totalmente gratuita con respecto a los primeros siete. Una exégesis basada en la versión lit. de tales pasajes no permite que se apliquen a la resurrección.

(2) En el NT, en cambio, la idea de la resurrección corporal está claramente expresada. Descarto los casos de resurrección en los que todavía se espera la muerte, como fueron los del hijo de la viuda de Naín (cf. Lc. 7:14-15), de la hija de Jairo (cf. Lc. 8:49-56) y de Lázaro (cf. Jn. 11:38-44), así como los aludidos en He. 11:35, a saber, los que se nos narran en 1 R. 17:17-24 y 2 R. 4:25-37. El NT (A) menciona la resurrección tanto de justos como de injustos (cf. Jn. 5:29; Hch. 24:15), pero (B) pone especial énfasis en la resurrección de los creyentes (cf. Jn. 6:39-40, 44, 54; Ro. 8:11; 1 Co. 6:14; 15:20, 23, 42-44, 50-55; 2 Co. 5:1-10; Fil. 3:20-21; 1 Ts. 4:13-18), puesto que la de los condenados al Infierno no puede llamarse una nueva dimensión de la vida, sino de una existencia miserable y desgraciada,

lejos de Dios en la muerte segunda (cf. Ap. 20:11-15; 21:8).

Son dignos de estudio especial los vv. 42-44 de 1 Co. 15, que dicen así lit.: «Así también (es) la resurrección de los muertos. Se siembra algo corruptible, y resucita incorruptible. Se siembra una cosa despreciable, y resucita gloriosa; se siembra una cosa débil, y resucita poderosa. Se siembra un cuerpo animal, y resucita un cuerpo espiritual. Si hay un cuerpo animal, también hay un cuerpo espiritual».

El v. 42 comienza diciendo que la resurrección de los muertos es también así, es decir, como el brillo (gr. *doxa* = gloria) de las estrellas, las cuales se distinguen unas de otras por la diferencia de su brillo. Los cuerpos de los resucitados tendrán un grado de esplendor glorioso correspondiente al grado de santidad que tenían sus almas cuando les sorprendió la muerte. La 2ª parte del v. se refiere a la forma que tenía el cuerpo muerto cuando se sembró, es decir, cuando se enterró. Pablo está usando la metáfora del grano que no se vivifica si no muere antes (v. 36). El Señor Jesús había usado esta misma metáfora en Jn. 12:24. El cuerpo, cuando es entregado a la tierra, se halla en estado de degradación, de corrupción, pero se siembra precisamente porque se espera que vuelva a surgir de nuevo, como en una nueva primavera, lozano, incorruptible.

Se siembra una cosa despreciable (v. 43). Despojado de toda la gloria que tenía después de haber sido formado maravillosamente por las manos de Dios (cf. Sal. 139:13-16), pero destinado a morir a causa del pecado, el cuerpo muerto está depreciado (gr. *en atimía* = sin estima), es decir, despreciable; los más íntimos familiares ya no lo quieren tener en casa; debe estar oculto bajo tierra para que no se vea su estado miserable. Pero resucita glorioso, con mucha mayor gloria que la que pudo tener cuando más hermoso estaba, porque ahora su gloria es para siempre, inmortal, puesto que ha sido redimido para siempre del imperio de la muerte (cf. He. 2:14-15). Se siembra una cosa débil (v. 43b), porque han podido contra él los principios de la disolución: la enfermedad se cebó en él y, finalmente, fue presa fácil de la muerte. Pero resucita poderoso (gr. *en dynámei* = con poder. Por algo viene de ahí el vocablo «dinamita»), es decir, tan fuerte que no podrán ya con él ninguna de las debilidades a las que estaba expuesto antes y que acabaron con él.

Se siembra un cuerpo animal (v. 44a. gr. *psyjikón* = animal, natural), que ha terminado mal sin remedio, porque era un cuerpo adaptado a las características de nuestra existencia terrena, sometido a las concupiscencias desordenadas y gobernado por una voluntad inclinada al pecado. En cambio, resucita un cuerpo espiritual (gr. *pneumatikón*), no porque sea de naturaleza espiritual, puesto que tendrá consistencia física, ni tampoco porque esté animado por el E. Santo (aunque sí morará en él, puesto que estará completamente transformado en gloria, cf. 2 Co. 3:18), sino porque estará gobernado por el alma espiritual, hasta el punto de ser regido por la voluntad con la misma facilidad con que son regidos por ella los actos puramente espirituales como, p. ej., el pensamiento; en menos de una décima de segundo, vuela el pensamiento a las más remotas regiones del universo; así de libre se sentirá el cuerpo resucitado, pues no estará sometido como ahora ni a la ley de la gravedad que hace pesados a los cuerpos, ni a la ley de la impenetrabilidad que les impide moverse a través de obstáculos (cf. Jn. 20:19, 26). FL

En cuanto al modo o condición de los cuerpos resucitados, los muertos resucitarán con el mismo cuerpo que tuvieron en la tierra. El IV concilio de Letrán (1215) declara: «Todos ellos resucitarán con el propio cuerpo que ahora llevan». Esta verdad de fe se expresa teológicamente diciendo que se trata de una *identidad numérica*. Tal identidad numérica no exige que todas las partes materiales que alguna vez han pertenecido al cuerpo terreno tuvieran que hallarse en el cuerpo resucitado, lo cual es imposible, porque en la vida terrena la materia del cuerpo cambia numerosas veces; y, sin embargo, el hombre sigue siendo el mismo numéricamente desde el principio al fin de su vida. Los cuerpos resucitarán en su *integridad*, libres de imperfecciones y exentos de cualquier corrupción de la vida presente. Resucitarán *incorruptibles*, tanto los de los salvos como los de los condenados, puesto que los creyentes permanecerán para siempre en la gloria y los de los impíos en la condenación. Por último, resucitarán en su mayor *perfección natural*.

Los cuerpos de los creyentes, como se ha dicho, serán transformados y glorificados según el modelo del cuerpo resucitado de Jesucristo. Además de esto, los cuerpos gloriosos, por su perfecta sujeción al alma glorificada, gozarán de cuatro dones sobrenaturales, llamados por la teología *dotes*: 1) La *claridad* que desborda el alma sobre el cuerpo como consecuencia de disfrutar de la visión de Dios. «Entonces los justos resplandecerán como el sol en el reino de su Padre» (Mt. 13:43). 2) La *impasibilidad*, es decir, la inmunidad de todo mal, no habrá corrupción, ni deformidad, ni defecto alguno, ni podrán sufrir ni morir: «Enjugará Dios toda lágrima de los ojos de ellos; y ya no habrá muerte, ni habrá más llanto ni clamor, ni dolor; porque las primeras cosas pasaron» (Ap. 21:4). 3. La *agilidad*, por la cual los cuerpos están libres de la gravedad de los cuerpos terrestres y pueden trasladarse de un punto a otro con suma facilidad, como hacen los ángeles. 4) La *sutileza*, penetrabilidad, es decir, el poder de los cuerpos gloriosos de penetrar sin ninguna dificultad y sin mutua lesión en otros cuerpos, a semejanza de Cristo resucitado.

Todo ello indica que la vida en la gloria no será una monótona y aburrida existencia estática, sino que poseerá un rico *dinamismo progresivo*, conforme a las infinitas posibilidades de la humanidad, presentes en el propósito original de Dios en la creación, arruinado por el pecado y restaurado por la redención. El ser glorificado, aunque finito, no dejará de crecer en el ser infinito de Dios (2 P. 1:4). AR

Bib. E. M. Bounds, *La gloria de la resurrección* (Vida, Miami 1981); J. R. Cochrane, *Destino de gloria* (CLIE, Terrassa 1996); Samuel Vila, *La nada o las estrellas* (CLIE, 1989).

RETRIBUCIÓN Este vocablo viene del vb. lat. *retribúere* = dar a cambio, dar en recompensa, comp. del pref. *re-* y del simple *tribúere* = asignar, abonar, atribuir.

En sentido amplio, retribución designa lo que corresponde a una persona, ya sea por su ser, ya sea por su obrar. Es algo exigido por la justicia. Pero en sentido estricto, retribución es el premio debido por las acciones buenas o el castigo merecido por las acciones malas.

(1) En cuanto al premio, existe un valioso premio moral en el testimonio de la buena conciencia y en la buena reputación justamente adquirida. Pero el premio máximo se halla en la perfección final del ser humano que se logra con la obtención de la felicidad* eterna. Como la obtención de este fin va conjuntamente con la gloria de Dios (cf. *Gloria, C*), no puede decirse (contra Kant) que no sea «ética» la aspiración a tal fin, puesto que la perfección final del ser humano no puede menos de ser conforme a la ética. También en la educación y en la vida social se dan premios y distinciones como motivos éticamente justificados.

(2) En cuanto al castigo, es la justa retribución por una acción culpable. Por eso, la transgresión de la ley de Dios es justamente castigada con la pérdida de la felicidad eterna por haber malogrado el fin último de la moralidad. En último término, la transgresión de la ley humana justa implica la transgresión de la voluntad de Dios, de quien son delegadas las autoridades superiores (cf. Ro. 13:1). Por tanto, también el castigo impuesto por el Estado es una justa retribución por la violación libre y culpable del derecho. Sin embargo, hay una diferencia notable entre la sanción divina y la sanción humana, puesto que (A) la retribución divina se determina por la medida de la malicia interior, que sólo Dios puede juzgar, mientras que (B) la retribución humana se determina por los fines de intimidación y corrección, necesarios para el bien de la comunidad, de aplicación externa, ya que la autoridad humana no puede juzgar el interior del ser humano.

REVELACIÓN Este vocablo viene del vb. lat. *revelare* = descubrir, revelar, apartar un velo, comp. del pref. *re-* (en su sentido antagónico) y *velare* = ocultar, cubrir con un velo; y éste, del sust. *velum* = velo, cortina. Tomamos aquí el vocablo en sentido religioso, como manifestación de lo oculto por el poder superior de Dios. De acuerdo con la Biblia, Dios mismo ha satisfecho el deseo de conocer lo oculto, innato en el hombre, mediante la revelación de sí mismo y de sus planes con respecto a la humanidad. Esta revelación se divide en natural y sobrenatural.

(1) La revelación natural o general va unida a la creación y consiste en la manifestación de la existencia y de ciertas perfecciones de Dios que son perceptibles por la sola razón (cf. p. ej., Sal. 19:1-6; Ro. 1:19-20; Hch. 14:17). La revelación natural es posible (contra Barth) porque la razón humana puede captar lo concerniente a Dios a posteriori, ascendiendo de los efectos a la Causa Suprema.

(2) La revelación sobrenatural o especial es la que se realiza mediante la palabra misma de Dios comunicada a los hombres (cf. p. ej. Sal. 19:7-13, desarrollados ampliamente a todo lo largo del Sal. 119). Se llama (A) sobrenatural, porque no la exige la naturaleza humana ni puede alcanzarla por sus propias fuerzas, y (B) especial, porque es una manifestación particular que Dios hizo primero a su pueblo Israel, pero proyectada finalmente para toda la humanidad. El objeto de esta revelación pueden ser: (a) verdades naturales, cuyo conjunto es difícil de captar clara y rápidamente por la razón humana; (b) verdades sobrenaturales, cuya existencia sólo puede cono-

Paul Ricoeur

cerse por revelación de Dios, y (c) misterios propiamente dichos, porque no podemos comprender su esencia, ni siquiera después de sernos revelados por Dios. La revelación sobrenatural es posible (contra el racionalismo) porque Dios es un ser personal, inteligente, libre y omnipotente, cuya acción al exterior no está limitada por las leyes naturales.

Para que la aceptación de la revelación sobrenatural sea obligatoria, el hecho de la misma debe estar garantizado de forma que pueda producir, al menos, una certeza* práctica.

Bib. Derek Bigg, *La racionalidad de la revelación* (EEE, Barcelona 1973); León Morris, *Creo en la revelación* (Caribe, Miami 1979); Bernard Ramm, *La revelación especial y la Palabra de Dios* (Aurora, Bs. As. 1967); René Latourèlle, *Teología de la revelación* (Sígueme, Salamanca 1982, 5ª ed.).

RICOEUR, PAUL Filósofo francés nacido el 27 de febrero de 1913 en Valence (Dróme, Francia). Huérfano de madre al poco de nacer él, y de padre, dos años después, en la batalla de Marne (1915). Estudió y se licenció en filosofía en Rennes (1933), catedrático de Historia de la Filosofía en Estrasburgo y de Filosofía General en la Sorbona. Profesor y decano en Nanterre (1966-1970).

Su obra es una filosofía de la voluntad, que va de una fisiología del querer en *Le volontaire et l'involuntaire* (Lo voluntario y lo involuntario, 1950), a una ética y hasta una metafísica del querer en *Finitude et culpabilité* (Finitud y culpabilidad, 1960). Su contribución más importante sigue siendo su confrontación con el psicoanálisis y su reflexión de fenomenólogo sobre Freud. En 1965, apareció *De l'interpretation. Essai sur Freud* (De la interpretación. Ensayo sobre Freud) en el que, enfrentándose al problema del símbolo toma a Freud como ejemplo. Concebía entonces el psicoanálisis como una especie de ascesis de la reflexión filosófica que le permitía eliminar las ilusiones de la conciencia. Freud fue igualmente un maestro de la acción, en la medida en que enseñó una especie de educación perpetua en la realidad. Lacan y su círculo hicieron lo posible para ridiculizarlo, tachándole de espiritualista. Fruto de estas agrias polémicas es *Le conflit des intérprétations* (El conflicto de las interpretaciones, 1969) que reúne unos ensayos hermenéuticos, en realidad realizados durante diez años, dio posiblemente el panorama más vasto y más exacto de su pensamiento. Y, en primer lugar, la filiación con respecto a Heidegger y a Husserl, gracias a los que el problema de la comprensión y del conocimiento histórico dejó de ser una simple cuestión de método para convertirse en un problema ontológico: «La cuestión de la historicidad ya no es la del conocimiento histórico concebido como método»; ésta designa la manera en que lo existente «está con» los existentes; la comprensión más la réplica de las ciencias del espíritu a la explicación naturalista; se refiere a una manera de estar junto al ser, un estar previo al encuentro de estados particulares. A la vez, el poder de la vida para distanciarse libremente con respecto a ella misma, para trascender, se convierte en una estructura del ser finito. Si el historiador puede medirse con la cosa misma, igualarse a lo conocido, es porque él y su objeto son ambos históricos. La explicación de este carácter histórico es previa a toda metodología. Lo que era un hito para la ciencia –saber la historicidad del ser– se convierte en una constitución del ser. Lo que era una paradoja –saber la pertenencia del intérprete con respecto a su objeto– se convierte en un rasgo ontológico.

De este modo, a partir de allí, Ricoeur definió su propio pensamiento, su propia hermenéutica: «Queda en el aire una dilucidación simplemente semántica siempre que no mostremos que la comprehensión de las expresiones polívocas o simbólicas es un momento de la *comprehensión de sí*... Pero el sujeto que se interpreta al interpretar los signos ya no es el *cogito*: es un existente que descubre por la exégesis de su vida que ha puesto en el ser antes incluso de que él se ponga y se posea. Así la hermenéutica descubriría una manera de existir que permanecería en su totalidad "ser interpretada"».

Al mismo tiempo, al referir la interpretación de los «sentidos escondidos» esencialmente a la exégesis, al conservar el análisis como una exégesis de su propia vida, Ricoeur marcó la unión que se establece con la filosofía de las religiones y, de una manera general, con el pensamiento religioso. No obstante, el cristiano y el humanista deciden aceptar este volver a poner en cuestión de modo fundamental la conciencia que es el psicoanálisis. De éste, escribió Ricoeur, hay que esperar «una verdadera destitución de la problemática clásica del sujeto como conciencia... La lucha contra el narcisismo –equivalente freudiano del falso *cogito*– conduce a descubrir el enraizamiento del lenguaje en el deseo, en las pulsiones de la vida. El filósofo que se entrega a este duro aprendizaje practica una verdadera ascesis de la subjetividad, se deja desposeer del origen del sentido...»

Dura lección, duro aprendizaje para el filósofo de la reflexión clásica, pero que, a fin de cuentas, se articula con la nostalgia filosófica siempre presente de la ontología y, por ello, de la vida: «Es, efectivamente, a través de la crítica de la conciencia como el psicoanálisis apunta hacia la ontología». Ahora bien, «la ontología es la tierra prometida para una filosofía que empieza por el lenguaje y por la reflexión; pero, como Moisés, el sujeto parlante y reflexivo puede percibirlo sólo antes de morir».

Característico del pensamiento de Ricoeur es una actitud esencialmente «afirmativa» frente al «negativismo» de algunos filósofos existenciales o existencialistas. Fundamental en el pensamiento de Ricoeur es la relación entre la conciencia y el cuerpo, lo que le ha llevado a una fenomenología del cuerpo y a un análisis de la distinción entre lo subjetivo y lo objetivo.

Ricoeur es un eterno insatisfecho epistemológico, porque ningún sistema le resulta totalmente satisfactorio. A pesar de todo, Ricoeur se atreve a ser optimista desde la fe, que es una *vivencia* constante en él.

Miembro de la Iglesia Reformada Francesa, la fe es parte de su filosofía de la esperanza, que en ningún momento es una forma de evasión o ilusión. Para Ricoeur, la tarea actual consiste en asumir justamente nuestra secularización*, las preguntas del hombre moderno, las credulidades e incredulidades del hombre de nuestra época, de nuestra era tecnológica, en la cual se ha producido la desacralización del mundo, y a la vez la conquista de la racionalidad y la responsabilidad. Colaboró con la revista protestante *Christianisme Social* y con la católica *Esprit*, fundada por E. Mounier*.

A Ricoeur le interesa descifrar con claridad y profundidad la cuestión de la existencia humana. Por eso no acepta el apelativo de filósofo cristiano, sino de cristiano que hace filosofía. AR

Bib. P. Ricoeur, *El lenguaje de la fe* (Aurora, Bs. As. 1978); *Metáfora viva* (Cristiandad, Madrid 1980); *Tiempo y narración*, 3 vols. (Cristiandad, 1987); *Finitud y culpabilidad* (Taurus, Madrid 1982); *Ideología y utopía* (Gedisa, Madrid 1989); *Historia y verdad* (EE, Madrid 1990); *El discurso de la acción* (Cátedra, Madrid 1992); *Amor y justicia* (Caparrós, Madrid 1993); *Lo justo* (Caparrós, Madrid 1998); *Filosofía* (Tecnos, Madrid 1982); J. Masiá Clavel, T. Domingo y Alberto Ochaita, *Lectura de Paul Ricoeur* (Universidad Comillas, Madrid 1998).

RITSCHL, ALBRECHT Este teólogo alemán (1822-1889) fue quizás el teólogo protestante más importante durante el apogeo del protestantismo liberal (1875-1930). Nació en Berlín y era hijo de un obispo. Estudió en varias universidades y fue profesor, primero en Bonn (1852-1864) y después en Gotinga (1864-1889), donde escribió sus obras más importantes: *La doctrina cristiana de la justificación y de la reconciliación* (1974), *Teología y metafísica* (1881) e *Historia del pietismo* (1880-1886). Seguidor de Schleiermacher*, tuvo por discípulo a Harnack*.

La teología de Ritschl se caracteriza por su repudio de la metafísica, del misticismo y del pietismo (que él tenía por actitudes egoístas y amorales), y por su énfasis en las implicaciones éticas del cristianismo y su relevancia para la vida y el testimonio de la Iglesia. Concebía el cristianismo como una elipse con dos puntos focales, siendo uno el Jesús que nos reveló el amor de Dios hacia nosotros reconciliándonos, y el otro la inauguración del reino de Dios, que Ritschl definió como «la organización de la humanidad por medio de la acción inspirada por el amor».

Junto con estas enseñanzas, ya defectuosas, Ritschl enseñó que la justificación no tiene lugar en el corazón del creyente, sino en la vida de la Iglesia y que la muerte de Cristo no fue una propiciación por los pecados, sino un acto de lealtad a su vocación de llevar a los hombres a una plena comunión con Dios. Al distinguir entre lo objetivamente demostrable y lo creíble por la fe de la

Iglesia, estableció un foso insalvable entre el Jesús histórico y el Cristo de la fe, negando así la enseñanza tradicional sobre el pecado original, la encarnación del Verbo, la revelación divina, la resurrección y el reino de Dios.

Bib. José Mª Gómez-Heras, *Teología protestante. Sistema e historia* (BAC, Madrid 1972); H. R. Mackintosth,*Corrientes teológicas contemporáneas* (Aurora. Bs. As., org. 1937).

ROBO Este vocablo viene del germ. *raubÙn* = saquear, arrebatar, robar con violencia. Es sinónimo de hurto, del lat. *furtum*; y éste, de *fur, furis* = ladrón. Se define como «la usurpación del bien ajeno contra la voluntad razonable de su dueño». Digo «razonable» porque hay casos en que el poseedor de un bien no tiene ningún derecho a conservarlo. Cuando se emplea la violencia, el cast. usa el vocablo *rapiña*, del lat. *rápere* = arrebatar, raptar. Aunque la Palabra de Dios no distingue entre pecado mortal* y pecado venial*, sí que considera unos pecados más graves que otros (cf. Jn. 19:11). Es manifiesto que no es lo mismo robar un millón de monedas que una moneda. Consecuente con su distinción entre pecado mortal y venial, la enseñanza católica sobre el robo considera pecado grave robar la cantidad correspondiente al salario de un día. Por tanto, si el salario de un obrero es 60.000 pesetas al mes, robarle 2.000 pesetas sería grave; pero sería leve robarle 1.999 pts. Aunque parezca ridículo, por algún sitio hay que trazar la línea divisoria. El nuevo *CDLIC*, en el nº 2401, dice lo siguiente: «El séptimo mandamiento prohíbe tomar o retener el bien del prójimo injustamente y perjudicar de cualquier manera al prójimo en sus bienes. Prescribe la justicia y la caridad en la gestión de los bienes terrenos y de los frutos del trabajo de los hombres. Con miras al bien común exige el respeto del destino universal de los bienes y del derecho de propiedad privada. La vida cristiana se esfuerza por ordenar a Dios y a la caridad fraterna los bienes de este mundo». No hay en todo el libro mención alguna de cantidades matemáticas. Habrá notado el lector que la Iglesia de Roma, por un mal cálculo en la distribución de los vv. de Éx. 20 y Dt. 5, tiene como 7º el 8º mandamiento del Decálogo.

Si acudimos a la Palabra de Dios, veremos que la ley mosaica trata del robo y de la necesaria restitución de una manera muy equitativa y pormenorizada (cf. Éx. 21:29-36; 22:1-14; Lv. 19:35; Nm. 5:5-10; Dt. 19:14; 25:13-16). El NT menciona el hurto o robo (gr. *klémma*), el ladrón (gr. *kleptés* y *hárpax* = bandido, rapaz) y el vb. hurtar (gr. *kléptein*) en Mt. 6:19-20; 19:18; 24:43; Mr. 10:19; Lc. 12:33, 39; 18:20; Jn. 10:1, 8, 10; 12:6; Ro. 2:21; 13:9; 1 Co. 6:10; Ef. 4:28; 1 Ts. 5:2, 4; 1 P. 4:15; 2 P. 3:10; Ap. 9:21. Afín al robo, está la codicia (gr. *pleonexía*), que sale 10 veces, de las que hacen al caso Mr. 7:22; Lc. 12:15; Ro. 1:29; Ef. 5:3; Col. 3:5; 1 Ts. 2:5; 2 P. 2:3, 14. El sust. concreto *pleonéktes* = codicioso (avaro, en la RV) sale 4 veces (1 Co. 5:10-11; 6:10; Ef. 5:5). La gravedad de este pecado se echa de ver en que la Palabra de Dios lo asemeja a la idolatría (cf. Ef. 5:5; Col. 3:5). En 1 Ti. 6:17-19, Pablo exhorta a los ricos de este mundo a no poner la esperanza en las riquezas, que son inciertas, sino en el Dios vivo; contra la codicia, la generosidad (cf. Ef. 4:28: 1 Ti. 6:18). El Señor había dicho que hay dos señores: Dios y *Mamón* = el dinero personificado, el ídolo por excelencia (cf. Mt. 6:24). El cristiano debe evitar, por supuesto, el robo en todas sus formas (quitar y retener lo ajeno), como algo que pertenece al pasado, a la situación anterior a la conversión (cf. 1 Co. 6:11; Ef. 4:28). Pablo deja bien claro que no se debe tener comunión con el que, llamándose hermano, es codicioso (gr. *pleonéktes*) o ladrón (gr. *hárpax*). Peor todavía cuando un hermano defrauda, roba o estafa al hermano (cf. 1 Co. 6:8-10) o, teniendo bienes de este mundo, ve a su hermano tener necesidad y le cierra su corazón (cf. Stg. 2:15-16; 1 Jn. 3:16-18); es un atentado contra el Cuerpo de Cristo (cf. 1 Co. 12:12-27).

Quizás no haya mejores palabras para ilustrar este art. que las que dirige Pablo a los fieles de Galacia: «No nos cansemos, pues, de hacer el bien; porque a su tiempo segaremos, si no desmayamos. Así que, según tengamos oportunidad (¡cuántas hay!), hagamos bien a todos, mayormente a los de la familia de la fe» (Gá. 6:9-10).

ROMANO, CATOLICISMO

Aunque la rama alta de la Iglesia de Inglaterra se da a sí misma el apellido de católica (los anglocatólicos) y también los ortodoxos orientales se tienen por verdadera Iglesia de Dios, aunque rehúyen llamarse católicos para que no se les confunda con los de la Iglesia de Roma, para el tema de este art., en general, cf. *Catolicismo*. En cuanto a su forma de gobierno, cf. *Iglesia, 6), Clases de gobierno en la iglesia (A')*. Y en cuanto a las enseñanzas distintivas del Catolicismo romano, cf. los art. que tratan de ellas, como p. ej. *Indulgencias, Infalibilidad Pontificia, Mariología*, etc.

ROMANTICISMO Este vocablo viene de romántico; éste, de romance; y éste, del lat. bajo *románice* = a la romana. No lo tomamos aquí en el sentido que le da la gente cuando dice, p. ej. «no te pongas romántico». Lo único que tiene de común con el tema que nos ocupa es su tinte sentimental. En efecto, el romanticismo nació como una reacción contra el racionalismo*. F. D. E Schleiermacher* ya había manifestado su antipatía hacia las afirmaciones doctrinales y su simpatía hacia la experiencia individual. Una característica peculiar del romanticismo es que abarca la vida espiritual en toda su amplitud y en todas las áreas del pensamiento y de la acción: religión, filosofía, historia, música, poesía, arquitectura, etc. En cuanto a su contenido, el romanticismo es muy difícil de definir. A. O. Lovejoy (1873-1962) llegó a decir que «ha llegado a significar tantas cosas que, por sí solo, no significa nada». Esto es posible por el hecho de que el romanticismo ha repudiado el concepto y lo universal, para que el individuo, con toda su peculiaridad irrepetible, pasara a primer plano. Más que el entendimiento y la voluntad dominan el sentimiento y la fantasía. Por eso, la poesía era el campo mejor abonado para la expansión del espíritu romántico. El inglés S. T. Coleridge (1772-1834), probable inventor del vocablo «existencialista», condenaba el esfuerzo por hallar pruebas de la existencia de Dios, ya que Dios es inmanente en todo lo que existe. «Toda revelación , –decía– es *ab intra* = de adentro.»
Este mismo inmanentismo forma parte del concepto que el romanticismo tiene del hombre. La limitación que el racionalismo de la Ilustración imponía a la razón* discursiva se supera por lo que Newman* llamaba «el sentido ilativo». Según Coleridge, este sentido capacita a las personas para discernir «realidades invisibles u objetos espirituales». No es de extrañar la afición que tenía Coleridge a las drogas que amplían el campo de la conciencia más allá de las limitaciones del tiempo y del espacio. Pero es probable que el primer gran romántico haya sido A. W. von Schlegel (1767-1845), quien publicó una serie de arts. (1809-1811) en los que comparó el romanticismo con el clasicismo, a favor de la vitalidad del 1º y contra el mecanicismo del 2º. Este filósofo tomó tan en serio lo objetivo que se volvió hacia el Dios personal. También Blas Pascal* lo hizo sin necesidad de convertirse en romántico.
El romanticismo, como todos los sistemas extremistas, rompe el equilibrio que, en el ser humano, debe existir entre el pensar y el sentir, entre la razón y la vida, entre la deducción y la intuición. Dios es trascendente e inmanente y, al crear al hombre, le dejó la impronta de su trascendencia lo mismo que de su inmanencia.

ROSMINI SERBATI, ANTONIO Este sacerdote católico italiano (1797-1855), que llegó a ser embajador de Cerdeña ante el papa, sostuvo un tipo especial de ontologismo*, que W. Brugger titula «Espiritualismo cristiano». Podemos resumir el pensamiento de Rosmini diciendo que tiene de peculiar la búsqueda de un *primo vero* = primer verdadero, que pueda servirnos de norma para conocer las demás verdades: un «inteligible» de cuya unión con la inteligencia resulta la inteligencia misma.
Las opiniones de Rosmini ya levantaron oposición tan pronto como se publicaron sus obras, las cuales fueron denunciadas ante la Congregación romana del Índice, pero él no tenía miedo a sus adversarios, porque tanto Gregorio XVI (1831-1846) como Pío IX (1846-1878) lo habían colmado de elogios por sus eximias virtudes, hasta el punto de que Pío IX pensó en nombrarlo cardenal. Sin embargo, después de su muerte, cuando salieron a la luz pública sus obras completas, León XIII (1878-1903), mediante decreto del S. Oficio de 14 de dic. de 1887, condenó justamente 40 proposiciones de Rosmini, muchas de las cuales (cf. Dz, nos. 3201-3240) son indudablemente de tipo ontologista (cf. *Ontologismo*, donde se halla también la refutación de este sistema filosoficoteológico).

S

SÁBADO Este vocablo viene del hebr. *shabath* = descanso. En el AT, el descanso sabático había de observarse estrictamente bajo pena de muerte (cf. Éx. 31:14; Nm. 15:32-36). Dios mismo santificó el día séptimo (cf. Gn. 2:1-3). La observancia del sábado es el tema del 4º mandamiento del Decálogo (cf. Éx. 20:8-11; Dt. 5:12-15; en este último se implica en el descanso sabático un motivo humanitario). Is. 56:4-8 enumera recompensas especiales para los que guardan los sábados. Nótese el énfasis que Jer. 17:19-27 y Ez. 20:12-24 ponen en la observancia del sábado. Por eso, el sábado es el día del descanso judío. Además del descanso del séptimo día de la semana, había de observarse cada siete años un año de descanso sabático para la tierra (cf. Éx. 23:10-11; Lv. 25:1-7, 18-22; Dt. 15:1-11) y cada 50 años un jubileo (del hebr. *iobel* = cuerno de carnero, con el que se proclamaba el jubileo) sabático especial (cf. Lv. 25:8-54). Jesús mismo observaba el sábado, no sólo como día de reposo, sino también acudiendo a la sinagoga para enseñar (cf. Mr. 6:2). También destacó el carácter humanitario del sábado, haciendo en ese día numerosas curaciones que le concitaron el odio de los judíos (cf. Mt. 12:1-12; Mr. 2:23-28; 3:2-4; Lc. 6:1-11; 13:10-16; 14:1-6; Jn. 5:9-18; 7:22-23; 9:14-16). Pablo, el apóstol de los gentiles, también observaba el sábado (cf. p. ej., Hch. 13:14 ss.; 14:1; 16:13; 17:2; 18:4-6). Pero escribiendo a los fieles de Colosas les dice: «nadie os juzgue en comida o en bebida, o en cuanto a días de fiesta, luna nueva o sábados» (2:16), lo cual indica que a todo esto se refiere en 2 Co. 5:17, cuando dice: «De modo que si alguno está en Cristo, nueva criatura es; las cosas viejas pasaron; he aquí todas son hechas nuevas».

Muchos creyentes llaman «Día del Señor» al domingo, como que hace ahora las veces del sábado. Contra esto debo decir: (1) que la expresión bíblica «Día del Señor» no se refiere al día de descanso semanal (cf. *Día del Señor*); (2) que el domingo nunca es llamado «Día del Señor», sino el primer día de la semana (cf. p. ej. Jn. 20:1, 19; Hch. 20:7; 1 Co. 16:2); (3) que la expresión gr. en *tÍ kuriakÍ heméra* = en el día señorial, lit. de Ap. 1:10, no significa el domingo, sino el «Día del Señor» (cf. *Día del Señor*); es decir, Juan fue transportado en éxtasis al «Día de Yahweh»; y (4) que, en fin de cuentas, el creyente no es «cristiano de un día», sino que toda su vida debe estar dedicada al Señor (cf. Ro. 12:1-2).

Sabatarianismo

SABATARIANISMO Este vocablo viene del lat. *sábbatum* = sábado (cf. *Sábado*) y se usa para designar la opinión que sostiene que es menester reservar un día en cada semana para la observancia religiosa del sábado, según las normas de la ley mosaica. El sabatarianismo se divide en estricto y moderado, también llamado semisabatarianismo.

(1) El sabatarianismo sostiene que la ley mosaica sobre el sábado o séptimo día de la semana es (A) de ley natural, pues existía antes del diluvio (cf. Gn. 2:2-3), (B) por tanto, universal; (C) de carácter moral, no meramente ceremonial; y (D) no fue abrogada en el NT. Defensores de este tipo estricto de sabatarianismo han existido en la Iglesia oriental en el siglo IV y en la Iglesia de Irlanda en el siglo VI, donde se impuso la observancia sabática del sábado y del domingo conjuntamente. Pero la quintaesencia del sabatarianismo surgió después de la Reforma entre diversos grupos de unitarios, y especialmente en los Adventistas del Séptimo Día*. Los Adventistas creen que han surgido con el propósito expreso de proclamar la observancia del sábado como exigida por Dios a todos los hombres. Hay Adventistas que ven en la observancia del domingo la «marca de la Bestia» en cumplimiento de la profecía de Ap. 14:9 ss. ¡Qué imaginación!

(2) El semisabatarianismo mantiene las mismas exigencias que el sabatarianismo, con la variante de que transfiere tales exigencias al domingo. Ya en los siglos IV y V, teólogos de la Iglesia oriental defendían la identidad práctica del sábado judío y del domingo cristiano. Pero puede decirse que el primer semisabatariano fue Alberto Magno*, al dividir el mandamiento sobre el sábado en (A) un mandamiento moral de observar un día de descanso después de seis días de trabajo; y (B) un símbolo ceremonial aplicable, en sentido literal, sólo a los judíos. Tomás de Aquino* elevó esto a doctrina oficial de la Iglesia de Roma, punto de vista que fue sostenido también por gran número de los teólogos reformados. El semisabatarianismo llegó a su quintaesencia en los puritanos ingleses y, mediante ellos, en el Nuevo Mundo a través de los colonizadores de primera hora. En 1831 se estableció la *Lord's Day Observance Society* (Sociedad para la observancia del Día del Señor), cuyos esfuerzos por mantener el semisabatarianismo sólo tienen éxito actualmente en denominaciones que mantienen estrictamente la tradición puritana.

SABELIANISMO (cf. *Monarquismo, 2*)

SABIDURÍA Este vocablo viene del vb. saber; y éste, del lat. *sápere* = tener sabor, tener juicio, entender, de donde *sapientia* = sabiduría, sensatez, filosofía (gr. *filos* = amigo, y *sofía* = sabiduría). Es notable el doble sentido del lat. *sápere* = tener saber, tener sabor, con lo que se enaltece el grato «sabor» que acompaña a los amantes de la filosofía.

En sentido estricto, la sabiduría es un saber que trata de lo esencial, es decir, de las causas y de los fines últimos del ente, un saber que ayuda a considerar lo terreno a la luz de la eternidad, *sub specie aeternitatis*, en frase de Spinoza y, por tanto, a «poner las cosas en su sitio» asignándoles el lugar que les corresponde en la ordenación jerárquica del universo. Como dice repetidamente Tomás de Aquino*, *sapientis est ordinare* = al sabio compete ordenar. No debe confundirse sabiduría con ciencia*, la cual, en su sentido más general, no trata de las causas ni de los fines últimos del ente, sino de los objetos concretos que se estudian en las diversas ramas del saber humano.

Tomás de Aquino distingue tres grados de sabiduría, de menos a más: (1) un entender natural que modela la vida como resultado de la meditación filosófica; (2) por encima del anterior, la sabiduría procedente de la fe (¿el «saber de salvación», de 2 Ti. 3:15?) y de la ciencia teológica, que ordena las cosas en el conjunto del mundo sobrenatural; y (3) por encima de todo, la sabiduría como don del E. Santo (cf. 1 Co. 12:8); con ella, más bien que conocer, el ser humano experimenta lo divino, y va en busca del orden que Dios ha querido en todas las cosas. Si a este tercer grado se le da el título de saber místico, tenemos los tres grados del conocimiento, según los describe la filósofa judía Edith Stein*, muerta en las cámaras de gas nazis y canonizada por Juan Pablo II con el título monástico de Santa Teresa Benedicta de la Cruz.

SACERDOCIO Este vocablo es híbrido, en el sentido de que la 1. parte (*sacer*) viene del lat. *sacer*, *sacra*, *sacrum* = sagrado, santo, augusto, pero la 2ª (docio) viene directamente del indoeuropeo *dhe* = hacer. Por tanto, ya en su etim. el vocablo connota el concepto de «hacer algo sagrado», como función especial del sacerdocio.

El pueblo de Israel era «un reino de sacerdotes» (cf. Éx. 19:6; Is. 61:6), pero existía una casta sacerdotal especialmente consagrada para servir a Dios en el templo y ofrecer los sacrificios. En la Iglesia, todos somos sacerdotes (cf. Ro. 12:1; 1 P. 2:9; Ap. 1:6; 5:10), para ofrecer sacrificios espirituales, agradables a Dios por medio de Jesucristo (cf. 1 P. 2:4), incluyendo el ministerio de alabanza y de beneficencia (cf. Mal. 1:11; He. 13:15-16). No hay más *iereús* = sacerdote, en el sentido técnico del hebr. *kóhen*, que Jesucristo (cf. Sal. 110:4; He. 5:6; 7:11-28; 10:21). Y el clero (cf. *Clérigo*) no es la jerarquía eclesiástica, sino todo el pueblo de Dios (cf. 1 P. 5:3 en el original). Los primeros escritores eclesiásticos sostuvieron este concepto bíblico de sacerdocio, pero no tardó en penetrar la desviación. Ya en Ireneo (m. hacia el 202) se encuentran algunas expresiones que parecen indicar que, en la Eucaristía, no sólo se recibe algo, sino que también se ofrece a Dios algo. pero es en los escritos de Cipriano (m. hacia el 258) donde hallamos por 1ª vez los términos «altar», «sacrificio» y «sacerdocio ministerial», en relación con la Eucaristía. En la Edad Media, se incrementó su carácter sacrificial, y se introdujo el término «Misa», del lat. *missa*, ptc. pas. fem. del vb. *mittere* = enviar, quizás como recuerdo de la jurisprudencia romana al dar el veredicto: *causa missa est* = la causa ha sido enviada.

Lutero protestó contra tales distorsiones. Dice, p. ej. «Cada zapatero puede ser un sacerdote de

Dios, sin dejar su horma mientras lo ejerce». No todos los reformadores fueron tan explícitos. Sin embargo, sólo en la Iglesia de Roma, en la ortodoxia y entre los anglocatólicos, se admite un sacerdocio específicamente ordenado, distinto del común de los fieles.

El C. Vaticano II, en la Const. *Lumen Gentium*, p. 10, párr. 2º dice así: «El sacerdocio común de los fieles y el sacerdocio ministerial o jerárquico, aunque diferentes esencialmente y no sólo en grado, se ordenan sin embargo el uno al otro, pues ambos participan a su manera del único sacerdocio de Cristo. El sacerdocio ministerial, por la potestad sagrada de que goza, forma y dirige el pueblo sacerdotal, confecciona el sacrificio eucarístico en la persona de Cristo y lo ofrece en nombre de todo el pueblo de Dios. Los fieles, en cambio, en virtud de su sacerdocio regio, concurren a la ofrenda de la Eucaristía y lo ejercen en la recepción de los sacramentos, en la oración y acción de gracias, mediante el testimonio de una vida santa, en la abnegación y caridad operante».

La posición evangélica se deduce claramente de la epístola a los hebreos, que dice que Cristo tiene un sacerdocio único, el cual no admite, como el de Aarón, ni sucesor, ni vicario, ni asistentes. Cristo es el primero y último sacerdote de los cristianos en el cielo y en la tierra.

Bib. T. Gay, *DC*, «Sacerdotes»; Elías Royón, *Sacerdocio: ¿Culto o ministerio?* (UPC, Madrid 1976); Pio-Gonçalo Alvez de Sousa, *El sacerdocio ministerial en los libros «De Sacerdotio» de San Juan Crisóstomo* (EUNSA, Pamplona 1978).

SCHAEFFER, FRANCIS AUGUST Escritor evangélico estadounidense nacido el 30 de enero de 1912 en el seno de una familia no cristiana. Su conversión al Evangelio tuvo lugar en su adolescencia, después de una intensa lectura de la Biblia por sí solo. Sintiendo el llamado a ser pastor, realizó sus estudios en el *Hampden-Sydney College* de Virginia y en el *Westminster Theological Seminary* de Filadelfia, fundado por J. G. Machen*, para pasar, más tarde, al *Faith Theological Seminary* de Wilmington, recientemente fundado por la Iglesia Presbiteriana Bíblica; denominación en la que sirvió como pastor en diversas congregaciones del estado de Pennsilvania: Gove City y Chester.

En 1947 visitó varios países europeos y quedó gratamente impresionado por la herencia reformada de países como Suiza y Holanda. Allí conoció a P. Benoit, director del Instituto Bíblico

Francis August Schaeffer

Emmaus, y a Hans Rookmaaker. En Noruega tuvo la oportunidad de saludar al gran líder evangélico O. Hallesby, y en Inglaterra a M. Lloyd-Jones*, cuya influencia se dejó sentir en todo su pensamiento.

Por entonces su mayor preocupación era el Concilio Mundial de Iglesias* y la necesidad de separarse de él y de todo liberalismo teológico y neoortodoxia, como la representada por Karl Barth*. Durante un tiempo fue miembro del Concilio de Iglesias Cristianas, organización fundamentalista, creada para contrarrestar el ecumenismo moderno.

En 1935 contrajo matrimonio con Edith Seville, hija de un eminente misionero en China. Tuvieron tres hijos. En 1954 se radicaron en Huémoz (Suiza), donde comenzaron la obra que les haría internacionalmente famosos: *L'Abri* (El Refugio). Jóvenes de todo el mundo acudieron a él para escuchar respuestas inteligentes a preguntas honestas. A darse cuenta de que la «verdad verdadera» sólo se encuentra en la fe cristiana, el único sistema auténtico que toma en serio la realidad, en cuanto parte de un Dios que está ahí y es soberano sobre toda su creación. Muchos jóvenes llegaron a conocer a Cristo salvíficamente. Nuevas obras se abrieron en Holanda, Inglaterra y Estados Unidos. El secreto consistía en dos principios bien definidos: La verdad importa, la gente importa. Pero El Refugio no era sólo un lugar para intelectuales, sino para creyentes

dispuestos a vivir la realidad del Espíritu Santo y de la vida por fe, dando conocer las necesidades económicas y personales a Dios únicamente.
A partir de 1968, buscando ampliar su audiencia, comenzó a publicar sus libros, cintas de cassette e incluso películas de cine.
Calvinista ortodoxo dio mucha importancia a la autoridad infalible e inerrante de la Escritura como la cuestión crucial del distintivo evangélico. Participó en el Concilio de Inerrancia Bíblica que tuvo lugar en Chicago (EE.UU.) y en el Congreso de Evangelización Mundial de Lausanne (Suiza) y viajó por varias partes del mundo. Fiel a la doctrina reformada del pacto defendió el paidobautismo.
Murió de cáncer el 15 de mayo de 1984 en Rochester (Minnesota, EE.UU.). Sus últimas palabras fueron: «Su gracia es suficiente».
Profundo pensador y apologista ayudó a argumentar desde la razón, que es muy distinto al racionalismo; a reconquistar la confianza en el cristianismo histórico como una verdad inteligente y, por tanto, comunicable. Mark Noll, de Wheaton College, dijo: «Schaeffer ha sido uno de nuestros evangelistas y apologistas más efectivos». El Seminario del Pacto (*Covenant Seminary*) de St. Louis fundó el Instituto Francis A. Schaeffer, bajo la dirección de Jerram Barrs. AR
Bib. *Arte y Biblia; Génesis en el tiempo y en el espacio*; *La Iglesia al final del siglo XX*; *Los caminos de la juventud hoy*; *Muerte en la ciudad*; *Retorno a la libertad y a la dignidad*; *25 estudios bíblicos básicos* (todas editadas por EEE, Barcelona); *Polución y muerte del hombre* (CBP, El Paso); *La fe de los humanistas* (FELIRE, Barcelona); *La verdadera espiritualidad* (Logoi, Miami); *Dios está presente y no está callado* (Logoi); *Bautismo* (Unilit); *¿Qué le pasó a la raza humana?* (con el Dr. C. E. Koop, Vida, Miami).

SACRAMENTO Este vocablo viene del lat. *sacramentum* = juramento militar o juramento de fidelidad a los cónsules, en el lat. clásico. En último término, procede del adj. lat. *sacer, sacra, sacrum* = sagrado, santo, augusto. De ahí surgió la acepción de sacramento en sentido religioso. Advierto que la mayoría de los evangélicos llamamos «ordenanzas» (ritos ordenados por Cristo) al Bautismo* de agua y a la Cena del Señor*, ritos que otras denominaciones llaman sacramentos. Como la vida de la Iglesia de Roma es básicamente sacramental, me refiero a la noción de sacramento que se halla en los catecismos y Manuales de teología de la Iglesia de Roma.
El gr. *mystérion* fue vertido tempranamente por el lat. *sacramentum*. De ahí que el Bautismo y la Cena del Señor, como partes importantes del *kérygma* apostólico, vinieron a ser considerados como productores de la comunión eclesial en el misterio mismo del Verbo hecho carne (cf. 1 Ti. 3:16). Por eso, la Vulgata Latina tradujo por *sacramentum* el *mystérion* de Ef. 5:32. Después de Agustín de Hipona*, el sacramento vino a definirse como «un signo exterior y visible de la gracia interior y espiritual». Para que los fieles del AT no se quedasen sin sacramentos, los escritores eclesiásticos de los primeros siglos de la Iglesia vieron en la circuncisión el correspondiente al Bautismo (cf. Col. 2:11-12) y en la Pascua el correspondiente a la Cena del Señor (cf. 1 Co. 5:7). Los primeros reformadores admitieron como sacramentos solamente el Bautismo y la Cena del Señor, según hemos mencionado más arriba.
La Iglesia de Roma siempre dio la mayor importancia a los sacramentos del Bautismo y de la Eucaristía, que se estudian en sus respectivos art., pero admitieron luego otros cinco: Confirmación, Penitencia, Extrema Unción, Orden y Matrimonio, que también se estudian en sus respectivos art.
Los antiguos catecismos definían el sacramento como «un signo externo que confiere eficazmente la gracia que significa, siendo un instrumento de santificación instituido por Cristo para ser usado permanentemente». Lo de «eficazmente» es para poner de relieve que los sacramentos confieren la gracia, como definió el C. de Trento, *ex ópere operato* = por la realización misma del rito, no por las disposiciones del ministro ni del sujeto, con tal que el sacramento haya sido válido al ser administrado. El nuevo *CIC*, en su canon 840 expresa el concepto romano de sacramento del modo siguiente: «Los sacramentos del Nuevo Testamento, instituidos por Cristo nuestro Señor y encomendados a la Iglesia, en cuanto que son acciones de Cristo y de la Iglesia, son signos y medios con los que se expresa y se fortalece la fe, se rinde culto a Dios y se realiza la santificación de los hombres, y por tanto contribuyen en gran medida a crear, corroborar y manifestar la comunión eclesiástica; por esta razón, tanto los sagrados ministros como los demás fieles deben comportarse con grandísima veneración y con la debida diligencia al celebrarlos». Todos estos conceptos son recogidos y explicados por el nuevo *CDLIC*, especialmente en los nos. 1114-1134. Como hemos visto en el art. *Sacerdocio*, la vinculación del sacramento con el sacerdocio y el sacrificio es manifiesta.

Según la Iglesia de Roma hay tres sacramentos irrepetibles, el Bautismo, la Confirmación y el Orden, los cuales imprimen carácter*. El Bautismo produce la regeneración espiritual, y la Penitencia produce la gracia santificante cuando se ha perdido por el pecado mortal que haya sido cometido después de la recepción del Bautismo. Los demás sacramentos producen, de suyo, un aumento de gracia, puesto que se supone que el sujeto posee la gracia al recibirlos. Recibirlos en pecado mortal es un gran sacrilegio*. Todos los sacramentos constan de materia, forma, ministro y sujeto.

Bib. F. Lacueva, *Catolicismo romano* (CLIE, Terrassa 1972).

Sacramentología católica: Leonardo Boff, *Los sacramentos de la vida* (Sal Terrae, Santander 1985); Víctor Codina y Diego Irarrazával, *Sacramentos de iniciación* (Paulinas, Madrid 1987); Karl Rahner, *La Iglesia y los sacramentos* (Herder, Barcelona 1964); Varios, *Sacramentalidad de la Iglesia y sacramentos* (EUNSA, Pamplona 1983).

SACRIFICIO Este vocablo viene del lat. *sacrum fácere* = hacer sagrado (cf. los arts. *Sacerdocio* y *Sacramento*). Vulgarmente se habla de hacer un sacrificio como sinónimo de privarse de algo muy estimado o placentero. Es un abuso del lenguaje. Las penalidades que alguien se impone por amor a Dios o al prójimo se llaman también sacrificios en la Iglesia de Roma y sirven para expiar la pena temporal por los pecados; también pueden ser impuestas por el confesor como parte del sacramento de la Penitencia (cf. *Penitencia, Sacramento de la, 3), C*). La Biblia no conoce otra expiación por el pecado que la que llevó a cabo el Redentor en la Cruz, mediante el derramamiento de su sangre (cf. p. ej. Lv. 17:11; He. 1:3; 7:27; 9:22; 1 Jn. 1:7).

El sacrificio ha sido, desde la más remota antigüedad, una observancia religiosa universal, aunque variase el modo de ofrecerlo. Entre los paganos, era corriente hacer sacrificios humanos para aplacar a los dioses. En Israel, Dios mismo ordenó los sacrificios, y los cinco principales se hallan en los 7 primeros caps. del Levítico, a saber: (1) el holocausto, (2) la ofrenda de cereal, (3) la ofrenda de paz, (4) la ofrenda por la mancha del pecado y (5) la ofrenda por la culpa del pecado.

Entre los aspectos específicos de la obra de la redención*, ocupa el primer lugar el de sacrificio. Como pecadores obstinados e incapaces de hacer cosa alguna para nuestra salvación, lo único que merecíamos era la muerte, la 1ª (cf. Ro. 6:23) y la 2ª (cf. Ap. 20:11-15). Pero Dios, en su infinito amor misericordioso, tuvo compasión de nosotros, y envió a su Hijo Unigénito a sufrir la pena capital por nuestros pecados, muriendo en lugar nuestro en la Cruz. Refiriéndose a Cristo, dice lit. He. 9:26: «De otra manera, habría sido necesario que padeciese muchas veces desde la fundación del mundo; pero ahora, una sola vez en la consumación de los siglos, se ha manifestado para la anulación del pecado mediante su sacrificio».

El cristiano, como sacerdote* que es, depende en su salvación del sacerdocio de Cristo, pero debe corresponder con el sacrificio espiritual de sí mismo, mediante una mente renovada (cf. Ro. 12:1-2) y, especialmente, mediante sacrificios de alabanza y de beneficencia (cf. He. 13:15-16).

SACRILEGIO Este vocablo viene del lat. *sacrilegium* = sacrilegio, profanación, violación de cosas sagradas; y éste, de *sacrílegus* = ladrón de objetos sagrados (de *sacer* = sagrado, santo, augusto, y *légere* = recoger). Así se entiende mejor Ro. 2:22b: «(tú) el que abomina de los ídolos, ¿saqueas templos?» (lit.). En este sentido, era un sacrilegio.

El nuevo *CDLIC*, en el nº 2120, define así el sacrilegio: «Consiste en profanar o tratar indignamente los sacramentos y las otras acciones litúrgicas, así como las personas, las cosas y los lugares consagrados a Dios. El sacrilegio es un pecado grave, sobre todo cuando es cometido contra la Eucaristía, pues en este sacramento el Cuerpo de Cristo se nos hace presente sustancialmente».

SALVACIÓN Este vocablo viene del lat. tardío *salvare* = salvare; y éste, de *salus, salutis* = salud, salvación, conservación, saludo. A nivel teológico, expresa la provisión de Dios para remediar la condición del ser humano perdido por el pecado; de ahí, la contraposición del gr. *sotería* = salvación, bienestar, liberación, preservación, con *asotía* = desenfreno, vida de perdición. En el NT, el vocablo *sotér* = salvador ocurre 24 veces, *soteria* = salvación 45 veces y *sotérios* = salvación 5 veces; siempre con el sentido mencionado anteriormente. Pero el ser humano está perdido en cuerpo, alma y espíritu; por lo cual el vb. *sózo* = salvar, que ocurre 106 veces, también significa sanar o preservar la vida; y (A) ciertamente lo significa en Mt. 8:25; 9:21-22; 10:22; 14:30; 16:25; 24:13, 22; 27:40, 42, 49; Mr. 3:4; 5:23, 28, 34; 6:56; 8:35; 10:52; 13:13, 20; 15:30-

31; Lc. 6:9; 7:50; 8:36, 48, 50; 9:24; 17:19; 18:42; 23:35, 37, 39; Jn. 11:12; 12:27; Hch. 4:9; 14:9; 27:20, 31; 1 Ti. 2:15; 2 Ti. 4:18; He. 5:7; Stg. 4:12; 5:15; Jud. v. 5. (B) En cambio significa salvación espiritual (primordial o únicamente), ya sea en la regeneración, ya sea en la santificación, en Mr. 10:26; 16:16; Lc. 8:12; 13:23; 18:26; 19:10; Jn. 3:17; 5:34; 10:9; 12:47; Hch. 2:21, 40, 47; 15:1, 11; 16:30-31; Ro. 5:9-10; 8:24; 9:27; 10:9, 13; 11:14, 26; 1 Co. 1:18, 21; 3:15; 5:5; 7:16; 9:22; 10:33; 15:2; 2 Co. 2:15; Ef. 2:5, 8; 1 Ts. 2:16; 2 Ts. 2:10, 1 Ti. 1:15; 2:4; 4:16; 2 Ti. 1:9; Tit. 3:5; He. 7:25; Stg. 1:21; 2:14; 5:20; 1 P. 3:21; 4:18; Jud. v. 23. Entre ellos, quiero destacar, por su especial dificultad, dos: (a) 1 Ti. 2:15, donde el gr. *sothésetai* significa, en mi opinión, se resarcirá de la subordinación al varón que Pablo menciona en los vv. 11-14, siendo la principal educadora de los hijos (por criarlos bien, no por darlos a luz); y (b) 1 Ti. 4:16, donde lo de *seautòn sóseis* = te salvarás a ti mismo significa, con la mayor probabilidad, cumplir con la grave responsabilidad de los pastores de la grey de Dios, semejante a la del atalaya en Ez. 3:16-21 y 33:1-9. Aun cuando no aparece en el texto de Ro. 6:23 el vocablo salvación, sí pueden verse en él los tres pasos de la salvación espiritual: justificación, santificación y glorificación.

(1) A nivel objetivo, la salvación está centrada en Cristo, no sólo como objeto central de la fe (cf. 1 Co. 15:3-4), sino también porque su mismo nombre hebr. *Yeshúah*, transliterado por 1ª vez en Mt. 1:21 como *leso'n* (acus. de *leso's*), nos dice quién es: «Yahweh-salva»: «Dará a luz un hijo y llamarás su nombre Jesús, porque él salvará a su pueblo de sus pecados». Por eso dice Juan (Jn. 1:17): «Pues la ley fue dada por medio de Moisés, la gracia y la verdad vinieron por medio de Jesucristo»; es decir, con Jesús de Nazaret, el Mesías esperado, se hicieron palpables la misericordia y la fidelidad de Dios. Y, por su sacrificio en la Cruz, «nos fue hecho desde (gr. *apò*) Dios sabiduría, y no sólo justificación, sino también santificación y redención» (1 Co. 1:30, lit.).

(2) A nivel subjetivo, la salvación está ligada a la fe del sujeto; y ésta, a la correcta proclamación del evangelio (cf. Ro. 10:17). Si el predicador presenta adecuadamente el evangelio, toda la responsabilidad por el fracaso será del oyente (cf. Ez. 3:16-21 y 33:1-9). Una presentación adecuada del evangelio comprende los siguientes elementos: (A) una clara explicación de los hechos que tienen que ver con la salvación, a saber: (a) todos hemos pecado y necesitamos salvación (Ro. 3:23); (b) el castigo del pecado es la muerte (Ro. 6:23); (c) Cristo murió por nosotros (Ro. 5:8); que este mensaje vaya acompañado de buena música, vocal o instrumental, es factor secundario; (B) una invitación apremiante a responder personalmente a Cristo (a) con fe (Ro. 10:9-10); (b) el único arrepentimiento que se requiere para salvación es un cambio de mentalidad con respecto a Cristo como el único que puede alcanzarnos la salvación con el perdón de nuestros pecados (cf. Hch. 17:30-31); y (C) una promesa de perdón y vida eterna para todo el que viene al Señor con fe (cf. Jn. 3:16; 6:35-37; Hch. 2:38; 3:19). Toda otra promesa: de descanso, paz, gozo, felicidad, bendición, etc., es subsiguiente a ésta e insuficiente sin ésta.

A través de la historia de la Iglesia, la enseñanza bíblica de la salvación ha estado siempre en peligro de ser malentendida. Ya desde Pelagio (cf. *Pelagianismo*), se llegó a pensar que la salvación era algo que se podía ganar y merecer. La Iglesia de Roma siempre enseñó la necesidad de obrar bien y recibir los sacramentos para alcanzar la salvación (cf. *Sacramento*). Sin embargo, el planteamiento que del tema hace Bernd Jochen Hilberath en el nuevo *Manual de teología dogmática*, es digno de consideración: «A la dogmática actual le incumbe el cometido de esclarecer, en su horizonte experimental y con los medios conceptuales que tiene a su disposición, que por gracia se entiende un hecho relacional, la inclinación benigna de Dios al hombre, capacitándolo para una vida humana verdadera. A la reflexión creyente se le plantean de continuo las cuestiones acerca de la relación entre libertad humana y gracia divina, acerca de la relación entre la libertad liberada para sí misma y aceptada en la fe y la acción libertadora, así como sobre la relación entre voluntad salvífica general y los numerosos caminos de la fe» («Doctrina de la gracia», secc. 3).

Otras corrientes modernas yerran grandemente al considerar a Cristo sólo como un maestro de moralidad o creer que la salvación es, ante todo, la liberación del hambre, de la pobreza, de la guerra. Es cierto que el cristiano, y la iglesia como comunidad, han de preocuparse por las necesidades materiales de los seres humanos, pero la Biblia considera como fundamental la tarea espiritual y, como objeto principal de la salvación, la liberación del pecado.

Bib. Bert Dominy, *La salvación: obra de Dios* (CBP, El Paso); William E. Hull, *La experiencia cristiana de la salvación* (CBP, El Paso); Wilbur F. Tillett, *La doctrina de la salvación* (CLIE, Terrassa 1987).

SANIDAD Este vocablo viene del lat. *sanus* = sano de salud, cuerdo, correcto. Si una persona está enferma, física o mentalmente, sanidad significa la curación de dicha enfermedad. Antes de la caída*, Adán y Eva estaban perfectamente sanos de cuerpo y alma. Es curioso notar que el hebr. tiene para salud el vocablo *shalóm* = paz, del vb. *shalám* = completar. El hombre en paz con Dios, con el prójimo y consigo mismo es un hombre completo, cuya vida se prevé larga. Hay una conexión natural entre la salud del ser humano y su observancia de la ley de Dios (cf. Éx. 15:26; Dt. 28:58-61). El clima del Edén les era también favorable, aunque, como nos decía nuestro profesor de AT en la Universidad Pontificia de Salamanca, el dominico Alberto Colunga, «el clima lo llevaban dentro». No sólo estaban libres de enfermedad, sino que gozaban también del bienestar que resulta de la comunión con Dios. Pero, por el pecado, entró la muerte (cf. Ro. 5:12) y, como «prólogo» para la muerte, la enfermedad. Y, puesto que el reino del pecado es el reino de Satanás, Cristo vino a deshacer las obras del diablo (cf. 1 Jn. 3:8) y, por eso, sus sanaciones eran liberaciones del poder del diablo (cf. p. ej. Mt. 17:18; Mr. 5:1-15). Sus obras de sanidad eran obras de salvación*. ¿Existe actualmente este poder de sanidad? Antes de responder a esto, es menester advertir que una curación puede realizarse por medios naturales o sobrenaturales.

(1) La sanidad natural ha progresado muchísimo en el siglo xx y, tanto el incrédulo como el creyente pueden, y deben, echar mano de los médicos y de las medicinas. También forma parte del ministerio de la iglesia. En Stg. 5:14-16, el enfermo (el gr. *astheneó* indica una enfermedad grave, correspondiente al hebr. *jolí*) debe llamar a los ancianos, quienes han de ir a ungirlo con aceite y orar por él. Pero no basta con orar. Como dice Ryrie, «orar sin poner los medios naturales es como dejar pasar la estación de la siembra y echarse en una mecedora a esperar que salga la cosecha». Por cierto, el vb. gr. usado en Stg. 5:14 para ungir no es el ritual *jrío* (de donde *Jristós* = Ungido), sino el medicinal *aleífo*. Es menester recordar que toda sanidad proviene de Dios, (A) ya sea que se obtenga por medio de fuerzas naturales que Dios creó, exteriores al hombre (p. ej. hierbas medicinales, tan usadas en la medicina china desde mucho antes de Cristo), o interiores del hombre (como la fuerza de la mente para dominar el cuerpo, hasta el extremo en que lo hacen los gurús), (B) ya sea que se obtenga por factores providenciales (p. ej., un médico que se halla casualmente en el lugar del accidente), (C) ya sea que se obtenga por factores directamente conectados con la obra de la redención (como es el caso de las sanidades sobrenaturales).

(2) La sanidad sobrenatural tiene conexión con los *jarísmata iamáton* = dones de sanidades (cf. 1 Co. 12:9). Para esto, cf. *Dones espirituales, 5), D)*. Los dones de sanidades fueron dados por el E. Santo a ciertos individuos de la iglesia para beneficio de la comunidad (cf. 1 Co. 12:7, 9, 28) y aparecen como distintos de los *energémata dunámeon* = actividades de poderes (dones de hacer milagros). Se discute mucho sobre si dichos dones de sanidad continúan todavía en la iglesia (cf. *Carismático, Movimiento*). En los Evangelios se reconoce la sanidad natural obrada por los médicos (cf. Mr. 2:17; Lc. 4:23), pero se menciona mucho más la sanidad sobrenatural basada en la obra de la redención. Conforme al ya mencionado sentido de paz (cf. Lc. 2:14), Jesús vino a dar plenitud total a las personas (cf. *Salvación*). En Hch. tenemos sanidades sobrenaturales efectuadas por los apóstoles (cf. p. ej., Hch. 3:6-8; 5:12; 9:32-41; 14:8-10; 19:11-12; 20:9-12 y 28:8-9). En las epístolas, aparte de la mención, ya hecha, de los dones de sanidad y de la contribución de los ancianos (en parte natural, y en parte sobrenatural) en Stg. 5:14-16, tenemos los casos de cuatro creyentes enfermos cuyas enfermedades no fueron sanadas: Pablo (cf. 2 Co. 12:7-9), a pesar de las muchas sanidades que él había realizado, Epafrodito (cf. Fil. 2:25-27), Timoteo (cf. 1 Ti. 5:23) y Trófimo (cf. 2 Ti. 4:20).

Bib. Kent Chant, *Sanidad en la Biblia* (CLIE, Terrassa 1990); Mario E. Fumero, *La sanidad emocional* (Unilit, Miami 1995); Richard Mayhue, *La promesa de sanidad* (Portavoz, Grand Rapids 1995); S. I. McMillan, *Ninguna enfermedad* (Vida, Miami 1986); Alfonso Ropero, *Salud, enfermedad y fe* (CLIE, 1999); Pedro Torres, *Sanidad en Isaías* (CLIE 2000).

SANTIDAD Este vocablo viene del lat. *sanctus* = santo, sagrado, inviolable; y éste, del vb. *sancire* = hacer inviolable mediante un acto religioso, consagrar, sancionar. Como objeto de la virtud de la religión*, lo santo es el valor más alto, específicamente distinto de todos los demás y propio de lo divino (cf. *Dios, 27), Dios, Santidad de*). A causa de su infinita trascendencia, tanto como de su infinita inmanencia, Dios es objeto de amor, pero también de temor, más aún, de pavor, actuando sobre el sentimiento del hombre como el *mysterium tremendum et fascinosum* = la fuerza misteriosa, sobrepotente, ante la cual la criatura se asusta, pero también es arrebatada por esa fuerza. Además, esta perfección divina (cf. *Dios, 21), Dios, Perfecciones de*) es comunicable, por lo que las criaturas de Dios, como son personas, lugares, objetos, pueden ser santas, sagradas, inviolables, por su unión con el Dios infinitamente santo. El cristiano es copartícipe de la naturaleza divina (cf. 2 P. 1:4), para cuyo concepto cf. *Regeneración, 3)*. Conviene tener presente la terminología bíblica al respecto:

(1) El hebr. del AT tiene tres vocablos para expresar la santidad: (A) *qadosh*, de la raíz *qad* = cortar) e indica separación; (B) *tsadiq* / *tsedheq* = justo, e indica respeto a los derechos ajenos; y (C) *asher* = recto, que no se aparta de la norma, e indica determinación de marchar sin desviaciones; como dato curioso, añadiré que es el mismo vocablo con que el hebr. designa al hombre dichoso (cf. p. ej., Sal. 1:1).

(2) El gr. del NT tiene cinco vocablos que expresan la idea de santidad: (A) *hágios*, de *hádsomai* = venerar y corresponde al hebr. *qadosh*; (B) *hósios* = santo moralmente, de rectitud incorruptible, sancionada; (C) *díkaios* = justo, conocido por los hombres como tal, el que más se acerca al sentido del hebr. *tsadiq*; (D) *hierós* (no aparece aplicado a personas) = sagrado, intocable, inviolable, de la misma raíz que *ierón* = templo y de *iereús* = sacerdote (cf. *Sacerdocio*); y (E) *hagnós* = puro, es decir, limpio de contaminación legal y de mancha moral (con esto se entienden mejor textos como 2 Co. 7:11; 11:2; 1 Ti. 5:22; Tit. 2:5, 1 P. 3:2 y 1 Jn. 3:3). La santidad es una exigencia de la vida cristiana, hasta el punto de que, sin ella, «nadie verá al Señor» (He. 12:14).

La Biblia trata de la santidad (a) de Dios (cf. *Dios*, [27], *Dios, Santidad de*); (b) de Cristo en cuanto hombre, en virtud de la unión hipostática (cf. *Cristo* [20], *Cristo y la Unión hipostática*), por lo cual era metafísicamente impecable (cf. *Cristo*, [7], *Cristo, Impecabilidad de*); y (c) nuestra (cf. Hch. 9:13; Ro. 1:7; 16:15; 1 Co. 1:2, etc.). Y eso, de dos maneras: 1ª, posicional, por la unión con Cristo (gr. *hágioi*, cf. los textos que acabo de citar) y es fruto de la obra de Cristo; 2ª, experimental y progresiva (gr. *hósios*, *hosíos*, *hosiótes*, en Lc. 1:75; Ef. 4:24; 1 Ts. 2:10; 1 Ti. 2:8; Tit. 1:8, y los citados en (2), (E), y es efecto de la operación del E. Santo. En cuanto a *díkaios* = justo, su sentido posicional o experimental depende de qué clase de *dikaiosúne* = justicia se trata (cf. *Justificación*).

SANTIFICACIÓN Este vocablo viene del vb. lat. *sanctificare* = santificar (de uso exclusivamente religioso), es decir, hacer santo = *sanctum fácere* (cf. *Santidad* y *Santos*). La santificación es la 2ª etapa en el proceso de salvación*, entre la justificación y la glorificación (cf. Ro. 6:22). Para su relación con la regeneración, cf. *Regeneración, 2) y 3)*. La santificación es obra del E. Santo en el interior del creyente, pero requiere también en su proceso la cooperación voluntaria del ser humano.

Podemos definirla del modo siguiente: «Es una obra progresiva de Dios y del hombre, la cual nos hace cada vez más libres del pecado y más parecidos a Cristo en nuestra vida actual». No estará de más advertir que dicha cooperación voluntaria del ser humano es, ante todo, una docilidad al E. Santo más bien que un esfuerzo por santificarse.

(1) Si se considera en unión con la regeneración, la santificación es instantánea (cf. 1 Co. 6:11; Tit. 3:5 «renovación»).

(2) Si se considera como un proceso, la santificación es progresiva, ya se tome en sentido de «hacer lo santo» o de «apartarse de lo no santo» (purificación, del gr. *pur* = fuego), como puede verse por lugares como Ro. 6:12 ss.; 8:13; 2 Co. 3:18; Fil. 3:9-14; Col. 3:10; He. 12:1, 14; Stg. 1:22; 1 P. 1:15; 1 Jn. 3:3, etc.). Cf. también *Separación*. La santificación se acaba y completa en el momento de morir, pero, puesto que abarca al hombre entero, sólo será de veras completa en la glorificación, «la redención de nuestro cuerpo» (Ro. 8:23). Se discute si la santificación es de crisis o de proceso.

Creo que puede darse, y se da, de las dos maneras: (A) hay quienes súbitamente se percatan, por obra del E. Santo, de que están llevando una vida carnal, se arrepienten y deciden salir de la carnalidad y ser cristianos espirituales, lo cual es cosa de dedicación (cf. *Espiritualidad*). El texto clave es Ro. 12:1-2. Por ser cosa de «dedicación», la espiritualidad puede darse ya en el momento mismo de la conversión*; (B) pero hay otras personas que, sin renunciar a la espiritualidad, no acaban de entregarse (quizá, por temperamento) y marchan en la vida cristiana entre avances y retrocesos. No se confunda la espiritualidad, cosa de dedicación, con la madurez, cosa de tiempo, siendo el texto clave He. 5:12-14. Traduzco lit. el v. 14: «mas de maduros es el alimento sólido, de los que por la costumbre tienen los sentidos ejercitados (gr. *gegymnasména*, de donde viene gimnasia) para el discernimiento del bien y del mal». De esto se deduce que se dan casos aparentemente paradójicos: (a) el de alguien muy espiritual ya en su conversión, pero sin madurez (no podría dar la defensa de 1 P. 3:15); (b) el de alguien carnal (¡o inconverso!) con la madurez suficiente para manejar la Palabra con toda maestría y aconsejar a otros correctamente sobre el camino que hay que tomar para comprobar lo que Dios quiere (Ro. 12:2), sin que ellos tengan intención de salir del pecado.

La santificación es un fin que requiere sus medios. Aparte del E. Santo, que es un medio trascendente, y de la fe, primordial medio subjetivo, hay medios objetivos que sustentan, aquilatan y aumentan la fe y nos hacen más receptivos a la gracia, como son la Palabra de Dios (cf. p. ej. Sal. 119:9, 98, 104-105; 2 Ti. 3:16-17; 2 P. 1:19), las ordenanzas (cf. Mt. 28:19; Lc. 22:19), la comunión con los hermanos (cf. Gá. 6:2, 10, también las buenas obras santifican) y la oración (medio principal para sintonizar con Dios, cf. p. ej. Dn. 9:4-10; Ro. 8:26-27) y obtener con eficacia lo bueno que deseamos (cf. p. ej. Éx. 32:7-14; Stg. 5:13-18).

Hasta aquí, hemos visto el concepto bíblico de santificación. Pero es asombrosa la rapidez con que las desviaciones penetraron ya en la Iglesia en los siglos II y III de nuestra era: 1º fue el moralismo (cf. *Ley y Evangelio*, predomina la observancia de la ley sobre el nuevo nacimiento); 2º fue el sacramentalismo (cf. *Sacramento*); 3º fue el ascetismo*; 4º fueron las desviaciones conjuntas de los conceptos: de gracia, pasando de ser un favor de Dios a ser una cualidad infusa; de fe, pasando de ser una entrega cordial a ser un asenso intelectual; y de purificación, pasando de ser una batalla contra el pecado a ser una «penitencia» sacramental y extrasacramental.

La Reforma restableció el sentido bíblico de los conceptos que acabo de mencionar, pero luego surgieron las tendencias de la Reforma: 1º el pietismo*; 2º el perfeccionismo metodista (cf. *Metodismo*), según el cual el creyente espiritual puede llegar a evitar todo pecado en esta vida (contra 1 Jn. 1:8, 10), aunque tenga «sus defectos»; y 3º el pentecostalismo extremo, con la exigencia de ejercitar el don de lenguas como muestra segura de la recepción del E. Santo. Uno de los errores del metodismo está en afirmar que toda conversión genuina lleva necesariamente aneja la espiritualidad (recuérdese lo dicho en (2) sobre este tema), lo cual eliminaría por completo la existencia de los creyentes carnales, contra 1 Co. 3:1-4, donde Pablo se dirige (v. 1) a hermanos carnales (gr. *sarkínois* = de carne, débiles) como a niños en Cristo (además, inmaduros) y en el v. 3, los llama por dos veces *sarkikoí*, el vocablo que expresa propiamente la carnalidad.

Bib. Carmelo E. Álvarez, *Santidad y compromiso* (CUPSA, México 1985); Jerry Bridges, *En pos de la santidad* (Unilit, Miami 1995); Everett L. Cattell, *El Espíritu de santidad* (CNP, Kansas City 1975); Judson Cornwall, *Seamos santos* (Vida, Miami 1980); Charles G. Finney, *Los verdaderos santos* (CLIE); Charles Hodge, *Santidad práctica* (ELE, Bs. As. 1966); H. A. Ironside, *Santidad falsa y verdadera* (CLIE); William MacDonald, *El mandamiento olvidado: Sed santos* (Portavoz, Grand Rapids 1998); J. I. Packer, *El renacer de la santidad* (Caribe, Nashville 1995); H. C. G. Moule, *Santidad que es en Cristo* (CLIE); Ruth Paxson, *Llamados a ser santos* (CLIE); Juan Carlos Ryle, *El secreto de la vida cristiana* (EDV, Edimburgo 1976, 2ª ed.); George Allan Turner, *La santidad cristiana* (CNP, Kansas City 1985); A. W. Tozer, *La búsqueda de Dios* (Editorial Alianza, 1977).

SANTOS Para la etim. de este vocablo, cf. *Santidad*. Cuando nuestras versiones dicen santo, en la mayoría de los casos es la trad. del hebr. *qadosh* y del gr. *hágios*, los cuales indican un estado que designa a todos los creyentes por igual, por haber sido consagrados a Dios en virtud de la expiación llevada a cabo en el Calvario y por la recepción del E. Santo. En cambio, para expresar la condición a la que debe aspirar el cristiano en su conducta, el original usa preferentemente justo, que es la trad. del hebr. *tsadik* y del gr. *díkaios*. El contraste se percibe mejor cuando *hágios* va asociado con *díkaios*, como en Ap. 22:11, o con *pistós* = fiel, como en Col. 1:2. Esta condición de justo, en el sentido del que practica la justicia (p. ej., en 1 Jn. 3:7), es cierto que requiere la cooperación del creyente, pero nadie llega a un nivel en que demande una «canonización» (cf. *Canonización de los santos*), como puede verse, p. ej., por Fil. 3:11-15, donde el gran apóstol de los gentiles confiesa que todavía no es perfecto, aunque se esfuerza por llegar a la meta de una vida en que resplandezca el poder de la resurrección de Cristo. No cabe duda de que él sería el primero en protestar de que se le llame «San Pablo». Para ver cómo se introdujo esta desviación de la ortodoxia bíblica, cf. el mencionado art. *Canonización de los santos*.

SARTRE, JUAN PABLO (cf. *Existencialismo*)

SATANÁS (cf. *Demonio y Diablo*)

SATISFACCIÓN Este vocablo viene del lat. *satis fácere* = hacer lo suficiente / lo bastante. Lo tomamos aquí sólo en su sentido teológico y bíblico y corresponde a la obra de Cristo en la Cruz. La Biblia nos enseña que, por el pecado, fueron violadas la santidad y la justicia de Dios, las cuales exigían que el pecado fuese castigado con la muerte, ya que el pecador no puede ofrecer a Dios una satisfacción, 1º por ser criatura, limitada en su ser y en su obrar; 2º por estar manchado por el propio pecado.
Gracias al amor de Dios, su plan eterno incluía la obra del Calvario (cf.1 P. 1:20). Allí nuestro Salvador, el Señor Jesucristo, hecho pecado por nosotros (2 Co. 5:21), satisfizo cumplidamente en nuestro lugar las demandas de la santidad y de la justicia divinas.
En la Palabra de Dios no aparece explícitamente el vocablo satisfacción, pero el concepto de satisfacción se halla con mucha frecuencia: (1) en el hebr. del AT, con el sust. *kofer* = precio de rescate, o con el vb. *kafar* = cubrir, pagar para rescatar (cf. p. ej. Nm. 35:31-32). En Is. 53:11, leemos que el Mesías sufriente «verá el fruto de la aflicción de su alma y quedará satisfecho (hebr. *yisba*)», porque Él mismo habrá dado satisfacción a la justicia de Dios, según las expresiones de los vv. 4-6 del mismo cap.; (2) en el NT, el concepto que más se acerca a la idea de satisfacción es el de propiciación*, como puede verse en Ro. 3:21-26; He. 9:5; 1 Jn. 2:2; 4:10. El más significativo es He. 9:5, donde el autor sagrado usa para «propiciatorio» el gr. *hilastérion*, que, por tanto, es el equivalente del hebr. *kaporeth* = cubierta (la tapa que cubría el Arca de la alianza), del mencionado vb. *kafar*. La vicariedad de la satisfacción brilla con los más intensos colores en 2 Co. 5:21 y Gá. 3:13.
Sólo los teólogos liberales, como Ritschl*, Harnack* y W. N. Clarke* muestran su heterodoxia dejando de lado la idea de satisfacción para ver únicamente en el Calvario la manifestación del amor de Dios a los pecadores.

SCHLATTER, ADOLFO Este teólogo alemán (1852-1938) nació en St. Gall, Suiza, donde su padre era farmacéutico y predicador no ordenado en una iglesia independiente. Fue educado primero en Basilea y después en Tubinga, donde parece ser que entró en contacto con el biblista conservador J. T. Beck.
Schlatter comenzó su pastorado en su país de nacimiento, pero pronto se dedicó a la enseñanza: del NT en Berna (1880-1888), de teología sistemática en Greifswald (1889-1893), de teología en Berlín (1893-1898) y nuevamente de NT en Tubinga (1898-1930), donde fue el maestro más influyente de una generación de pastores evangélicos alemanes. Daba mucha importancia al estudio del judaísmo tardío y del periodo entre los dos Testamentos por creerlo necesario para entender bien el NT. En 1885 escribió su amplio estudio sobre la fe, restableciendo el concepto bíblico de justificación por la fe contra el extremismo luterano. El resto de su prolífica producción incluye numerosos comentarios sobre la mayoría de los libros del NT, así como obras de teología y ética. Muy pocos de sus escritos, desafortunadamente, se hallan en castellano o en inglés.

SCHLEIERMACHER, FEDERICO DANIEL ERNESTO Este famoso teólogo alemán (1768-1834), a quien se considera el fundador del protestantismo liberal, nació en Breslau en el seno de una familia devota. Su padre era capellán militar de la Iglesia reformada.
Al principio se educó con los Moravos, cuyo pietismo* le impresionó mucho. Pero en 1787 entró en la Universidad de Halle, donde estudió con afán a Platón, a Spinoza y, sobre todo, a Kant. Su sentimentalismo, avivado por el pietismo, hizo que siguiera a Kant, no por la vía de la *Crítica de la razón pura*, sino por la vía de la *Crítica de la razón práctica*.
Schleiermacher pasó sus años de madurez en Halle y en Berlín, donde se asentó finalmente en 1807 hasta poco antes de su muerte y donde enseñó toda clase de asignaturas, excepto el AT. Al oponerse vigorosamente a las áridas especulaciones de la Ilustración, sostuvo que la verdadera esencia de la religión consiste en el sentimiento, el cual nos concede una experiencia inmediata de Dios. Tal redefinición de la esencia de la religión hizo del conocimiento de Dios una experiencia radicalmente subjetiva. En su madurez, Schleiermacher definió la religión como «el sentimiento de absoluta dependencia». Por tanto, la teología es una asignatura de tipo histórico, cuyo oficio es informarnos de la experiencia religiosa de cada nueva generación. Al tomar este camino, rompió con la teología paulina y reformada, al negar la caída original y la subsiguiente corrupción de la naturaleza humana y sostener que la justicia y el pecado han coexistido siempre en el ser humano. Para él, la cristología tradicional había perdido el tiempo en discusiones sobre la persona y la obra de Cristo, en lu-

gar de la experiencia inmediata de la redención misma, donde Cristo es el ejemplo ideal y, al mismo tiempo, la fuente de la «consciencia de Dios» con la que se vence al pecado. Su eclesiología consiste en que los creyentes experimentan la regeneración (es decir, según él, la adquisición de la conciencia que Cristo tenía de Dios) en la vida corporativa de la iglesia de cada época, más bien que mediante la fe en los hechos históricos de la muerte y resurrección de Cristo (contra 1 Co. 15:1-4).

Su redefinición de la teología cristiana ejerció su impacto más fuerte en el tema de la autoridad. Según él, ninguna autoridad, ya sea de la Biblia, de los credos o de la Iglesia, debe prevalecer sobre la experiencia inmediata de los creyentes. Esto le llevó a rechazar, por irrelevantes, doctrinas bíblicas tales como la concepción virginal de Cristo, la Trinidad y la Segunda Venida.

Las ideas de Schleiermacher contribuyeron al fracaso del deísmo ilustrado del siglo XIX, pero también al surgimiento del liberalismo en Norteamérica.

Bib. Friedrich D. E. Schleiermacher, *Sobre la religión. Discurso a sus menospreciadores cultivados* (Tecnos, Madrid 1990, original 1799); John T. McNeill, *Los forjadores del cristianismo*, vol. 2 (CLIE, Terrassa 1987).

Federico Daniel Ernesto Schleiermacher

SCHWEITZER, ALBERTO Este polifacético alemán (1875-1965) nació en Alsacia de una familia luterana, estudió órgano de niño hasta llegar a ser un experto musicólogo, se graduó en teología y filosofía en la Universidad de Estrasburgo y, más tarde, en medicina en la misma Universidad. Inmediatamente, a la edad de 30 años, partió como médico misionero, con su esposa que era enfermera, a la misión de Lambaréné en Gabón (África ecuatorial francesa). En medio de grandes adversidades, incluyendo las dos Guerras Mundiales de 1914 y 1939, trabajó entre el pueblo y llegó a construir su propio hospital con los fondos adquiridos en las conferencias y recitales de órgano que daba en varios países de Europa. En 1952 recibió el premio Nobel de la Paz y se opuso enérgicamente al armamento atómico.

Schweitzer escribió muchísimo sobre materias muy diversas: Su disertación para graduarse en medicina llevaba por título *El Estudio Psiquiátrico de Jesús* (1913), donde refutó la teoría de que Jesús era paranoico. En 1923 se publicó su *Filosofía de la Civilización*, dos gruesos tomos sobre la filosofía de la religión. Escribió sobre el misticismo de Pablo (1930), Goethe (1932), el pensamiento indio (1935) y sus libros autobiográficos *La Luz dentro de nosotros* (1959) y *La enseñanza sobre el respeto a la vida* (1965). Muchos le han criticado por su paternalismo y por no mantener los modernos medios de sanidad en sus hospitales.

En *La búsqueda del Jesús histórico* (1906), Schweitzer sostiene ideas muy extrañas sobre la conciencia que Cristo tenía acerca de la escatología, pues afirma que Jesús predicó el mensaje del reino como un acontecimiento entendido conforme al pensamiento apocalíptico de los judíos de su tiempo y que se equivocó al tratar de provocar la intervención de Dios mediante la oposición a los poderes de su tiempo. Quedó destrozado bajo las ruedas de la historia y se vino abajo la escatología por la que había vivido, pero su «espíritu» sigue todavía vivo y estamos llamados a compartirlo. Se le pueden perdonar estos desvaríos, por el fuerte énfasis que puso en una conducta limpia y en la necesidad del discipulado.

Bib. A. Schweitzer, *Investigación sobre la vida de Jesús,* 2 vols. (EDICEP, Valencia 1966); *El pensamiento de la India* (FCE., México 1952); *El camino hacia ti mismo* (Sur, Buenos Aires 1958); *De mi vida y pensamiento* (1966); *J. S. Bach. El músico poeta* (1977).

Jean Pierhal, *Albert Schweitzer* (Noguer, Barcelona 1975).

SCHWENCKFELD, GASPAR Este teólogo no ordenado, místico y reformador radical (1489-1561), nació de noble linaje en Silesia, re-

Ciro Ingerson Scofield

gión que entonces pertenecía a Austria, pero ahora pertenece a Polonia. Se hizo luterano en 1518 y fue consejero del duque Federico II en la promoción de la Reforma (1520-1526), pero se separó de Lutero y de otros reformadores por disentir de ellos acerca de la naturaleza y significado de la Cena del Señor. Sostenía, como una vía media entre el catolicismo y la Reforma, que la verdadera eucaristía no es la participación externa en el rito de la Cena del Señor, sino en la alimentación espiritual del pan celestial que es la carne celestial del Señor. Esta absorción espiritual de la carne celestial de Cristo se obtiene por medio de la fe justificante que incorpora al comulgante en el postrer Adán. Por consiguiente, los que desde el AT ejercieron la fe participaron igualmente del Cristo espiritual y deben considerarse cristianos. Pero la fe justificante no era para él un asunto forense, como en Lutero, sino la necesaria regeneración espiritual mediante una experiencia interior de la fe. Su idea central era la convicción de que toda la vida religiosa debe ser una cualidad espiritual interior. Su cristología va de la mano con su doctrina sobre la eucaristía, pues sostenía que, para que la carne celestial de Cristo se hiciera disponible para los creyentes por medio de la comunión eucarística, se requería que Cristo sufriese en la cruz en su naturaleza divina, no sólo en la humana, y que fuera después glorificado en las dos naturalezas, de forma que resulta difícil discernir la diferencia entre las dos naturalezas. Con razón lo censuró Lutero como eutiquiano (cf. *Monofisismo, 3*).

Igualmente espiritual es su eclesiología. Según él, la iglesia verdadera no es una organización externa, sino la comunión interior de personas que se alimentan espiritualmente de Cristo, lo cual es posible en todas las denominaciones que profesan la fe en Cristo, incluida la Iglesia de Roma. El bautismo de agua no sirve para nada sin el bautismo interior del Espíritu Santo; en este punto, se apartaba especialmente de la Iglesia de Roma, según la cual el bautismo de agua es el medio principal de la regeneración espiritual. No por eso se acercaba a los anabautistas con los cuales mantuvo una controversia que duró más de cincuenta años (1495-1556).

Las presiones políticas forzaron a Schwenckfeld a dimitir de su cargo de consejero del duque Federico II y exiliarse el año 1529 en Estrasburgo, donde fue bien acogido por los reformadores allí residentes, pero el Coloquio* de Marburgo (1529) rechazó sus ideas, lo que le acercó a los anabautistas, pues aunque no aprobaba sus enseñanzas acerca del bautismo de agua, la disciplina de la iglesia y su escatología radical, convenía en su oposición al bautismo de niños, la participación en la guerra y la práctica de jurar.

SCOFIELD, CIRO INGERSON Este teólogo y misionero norteamericano (1843-1921), nació en Mississippi y fue educado en Tennessee. Después de servir en el ejército de los confederados, estudió leyes y el presidente Grant lo nombró fiscal de Kansas. Se convirtió en 1879 y en 1882 aceptó un pastorado congregacionalista en Dallas. Obtuvo su formación teológica a los pies de J. H. Brookes, un ministro presbiteriano bien empapado en los escritos de Darby* y otros Hermanos de Plymouth. Inmediatamente aceptó el dispensacionalismo* premilenial y pretribulacionista (cf. *Milenio, 3), A*).

Scofield destacaba, sobre todo, por su imponente figura y su conducta intachable. Fue un campeón de la ortodoxia evangélica en una época de modernismo y decadencia espiritual. Su ministerio pastoral, primero en Dallas (1882-1895) y después en Northfield oriental, Maine (1895-1902) obtuvo gran bendición celestial con las conversiones obtenidas durante su predicación. Su celo misionero lo llevó, cuando aún estaba estudiando con Brookes, a misionar a los ferroviarios y a los mecánicos. En 1902 regresó a su iglesia de Dallas, que lo dejó libre de preocupaciones pastorales a fin de que se dedicase a enseñar y escribir. En 1885, había comenzado *la Revista Dividiendo Rectamente la Palabra de*

Verdad (cf. 2 Ti. 2:15), pero sus obras bien conocidas son el *Curso por correspondencia de toda la Biblia* (1896) y, especialmente, la *Biblia anotada de Scofield*, a cuya preparación dedicó nueve años antes de ser publicada en 1909, y de la que se habían vendido en 1985 más de dos millones de ejemplares. Scofield mismo hizo una importante revisión de su Biblia en 1917.

Las enseñanzas de Scofield han tenido sus seguidores y sus críticos. No tengo necesidad de mencionar nombres de unos ni de otros. Sus enseñanzas han sido puestas al día por los más insignes profesores del Seminario Teológico de Dallas: L. S. Chafer*, J. Walvoord, D. Pentecost y Ch.C. Ryrie*.

Bib. C. I. Scofield, *Traza bien la Palabra de verdad* (EP, Grand Rapids); *Como un viento recio. Doctrina del Espíritu Santo* (CLIE, Terrassa); *Biblia anotada de Scofield* (Publicaciones Españolas, Milwaukee).

SECTAS En cuanto a la etim. de este vocablo, las apariencias engañan. A primera vista, parecería que ha de provenir del vb. lat. *secare* = cortar, cuyo ptc. pas. fem. secta significa precisamente cortada, pero J. Corominas demuestra que viene del vb. lat. *sequi* = seguir y, más en concreto, del sust. lat. *secta* = línea de conducta que uno sigue. Así, a nivel general, puede definirse como «un grupo cuya identidad consiste parcialmente en pertenecer a un grupo social más amplio», especialmente cuando esto se aplica a un grupo religioso. El vocablo se aplica frecuentemente a grupos que mantienen su identidad característica sin separarse del grupo más amplio, como, p. ej. los fariseos entre los judíos o los puritanos dentro de la Iglesia de Inglaterra. En sentido estricto, secta es un grupo que se separa de los grupos religiosos existentes, tales como los primeros cristianos que se separaron del judaísmo (cf. Hch. 26:5; 28:22) o los reformadores que se separaron de la Iglesia de Roma en el siglo XVI. El vocablo gr. para secta es *haíresis* = partido religioso, facción, falsa doctrina y, por transliteración, herejía. Como es obvio, el sentido de secta depende de la óptica de quien la juzga. P. ej. el protestantismo evangélico es una «secta» para la Iglesia de Roma, pero para nosotros los evangélicos es la verdadera «ortodoxia». Sin embargo, en este art. damos a entender, con el nombre de secta, exclusivamente a los grupos que todas las denominaciones que profesan la fe cristiana tienen por heréticos. Aquí voy a tratar sólo de los más conocidos y, para mayor comodidad, los citaré por orden alfabético:

(1) Ciencia Cristiana (cf. *Ciencia Cristiana*)

(2) Cristadelfianos. Fueron fundados por el doctor inglés Juan Thomas (1805-1871), pero fue su sucesor, Roberto Roberts, el que les dio el lema en su libro *La cristiandad descarriada de la Biblia*. Su doctrina puede resumirse así: (A) El Hijo de Dios no es coeterno con el Padre, sino que comenzó a existir cuando la virgen María dio a luz a Jesús de Nazaret; anteriormente, sólo existía potencialmente en la voluntad divina; (B) Después de su resurrección, su naturaleza humana se transformó en la naturaleza divina.

(3) Espiritismo. Todos los espiritistas tienen en común comunicarse con los difuntos o con los espíritus demoníacos por medio de los llamados médiums, pero hay dos clases de espiritismo: (A) religioso, el de los que llegan a reunirse como iglesias y tienen gran respeto a Jesús como líder espiritual, pero suelen negar su divinidad y su sacrificio expiatorio. En sus reuniones, los espíritus hablan con diferentes voces, pero nunca comunican el gozo que, según el NT, comunica la presencia del Señor; (B) profano, que es el más corriente. Por medio de médiums profesionales, las personas que acuden a ellos hablan, –según dicen ellas mismas– con los difuntos, les preguntan y les responden. Se discute si esa comunicación se hace realmente con los espíritus de los difuntos –según es mi opinión– o con los espíritus demoníacos que imitan las voces de los difuntos respectivos. Caso típico es el de la médium de Endor en 1 S. 28 (cf. *Ocultismo*).

(4) Gnosticismo (cf. *Ciencia, 2*)

(5) Moonies (cf. *Unificación, Iglesia de la*)

(6) Mormones (cf. *Mormonismo*)

(7) Testigos de Jehová (cf. *Jehová, Testigos de*)

Bib. Juan Bosch, *Para conocer las sectas* (EVD, Estella 1998); Mather y Nichols, *Diccionario de creencias, religiones, sectas y ocultismo* (CLIE, Terrassa 2001); R. Vallés Casamayor, *Las sectas: el cáncer del año 2000* (CLIE 1989); J. K. Van Baalen, *El caos de las sectas* (TELL, Grand Rapids 1982); –*Invasores de la cristiandad* (CLIE, 1971).

SECULARIZACIÓN Este vocablo procede del sust. lat. *saéculum* = generación, edad, época, siglo. Los primeros cristianos de lengua latina utilizaron esta palabra para designar las dos etapas en que se divide la historia: *el siglo*, o, más propiamente, *este siglo*, que define la etapa de la vida del hombre en la tierra, que se caracteriza por su condición temporal y de preparación para el cielo. En cambio, *siglo futuro* signifi-

ca la eternidad, la plenitud de la vida en comunión con Dios y los santos en el cielo.
En el presente art. lo tomamos en la acepción religiosa de *mundo*. Así se dice de un cura, de una monja o de un fraile, que se ha secularizado cuando «ha colgado los hábitos» –según expresión vulgar–, ya sea con dispensa papal o sin ella. A veces, se dice también de los eclesiásticos, o de la Iglesia misma, que se ha secularizado (o se ha aseglarado) cuando su conducta desdice mucho de su profesión religiosa.
En sentido estricto, la secularización, término usado por primera vez el año 1648 en la Paz de Westfalia, designa la transferencia de propiedades eclesiásticas a manos del poder secular. Este es el sentido primordial del vocablo y del que todos los demás se derivan:
(1) Separación de la Iglesia y el Estado. Es el llamado «laicismo del Estado» (cf. *Liberalismo*). Como la Iglesia y el Estado son dos sociedades distintas, con fines y medios también distintos, la separación de la Iglesia y del Estado es algo que todo creyente debe aprobar y defender. Cuando una de las dos sociedades absorbe los poderes de la otra, sólo se pueden esperar desafueros de todo orden.
(2) Materialismo de la sociedad civil. Con frecuencia se aplica el término secularización a la manera en que las sociedades modernas se preocupan exclusivamente de asuntos puramente temporales, materiales. En esto no hay distinción de clases; tanto los capitalistas como los proletarios, la burocracia y la gente común, organizan su vida prescindiendo absolutamente de los valores del espíritu y de la providencia de Dios.
(3) Separación de competencias. A falta de mejor título, expreso con esto lo que vulgarmente se implica en la expresión «zapatero, a tus zapatos». ¿Tiene la ciencia algo que decir a la fe? Sí, y mucho, y el creyente que no lo admita tiene la vista muy corta; quizá tendrá que revisar el método de su exégesis. ¿Tiene la fe algo que decir a la ciencia? Sí, y mucho; especialmente, indicándole qué rutas no debe seguir; absolutizar la ciencia conduce a resultados desastrosos. «La ciencia por la ciencia» es un principio tan falso como «el arte por el arte», porque el ser humano es, ante todo, un ser moral.

SECULARIZACIÓN, TEOLOGÍA Y PROCESO DE El proceso de secularización se inicia con la edad moderna y significa que el hombre y el mundo se afirman en su autonomía radical y absoluta frente a cualquier interpretación religiosa de la realidad. Los antecedentes más importantes de la secularidad como ideología: secularismo, son Descartes*, con la razón natural como criterio último de todo conocimiento; Augusto Comte, Nietzsche y Marx. Unos y otros anuncian un nuevo estadio, científico, técnico y materialista, donde la religión resulta innecesaria y contraproducente para la autonomía absoluta del hombre. Frente a este secularismo que se alza contra el hecho religioso, se encuentra el proceso de secularización como fenómeno histórico que, sin arremeter contra la religión, reclama la separación de poderes religiosos y seculares. Es una toma de conciencia necesaria y exigida por la fe cristiana, que fundamenta la autonomía verdadera y relativa de las realidades terrenas dentro de una visión creyente de la existencia humana.
Mientras que en una visión sacral de la vida y de la sociedad las causas desconocidas de una enfermedad, o de un fenómeno natural, se atribuye rápidamente a Dios o al pecado, el hombre secular indaga las causas para poner remedios adecuados a cada caso. En este sentido es un esfuerzo justo y legítimo, que no atenta contra la creencia en Dios, como fundamento último de todo cuanto existe, en cuanto Creador, sino con rémoras animistas de un pasado remoto. Como realidad histórica y sociológica, el proceso de secularización responde al hecho incuestionable de la diferenciación progresiva de la esfera secular con respecto a la esfera religiosa. La secularización bien entendida lleva al creyente a (1) reconocer la legítima autonomía de las realidades temporales; (2) a asumir los valores propios y el progreso del mundo; y (3) a comprometerse libre y responsablemente en la búsqueda de soluciones eficaces para estructura el orden temporal en conformidad con los criterios evangélicos.
Dietrich Bonhöeffer* y Friedrich Gogarten, fueron los primeros teólogos que entendieron que la secularización no es sólo un resultado del impacto de la fe cristiana, sino una exigencia de la libertad y de la responsabilidad que la misma fe concede al hombre. La secularización, en cuanto fenómeno histórico, es un desarrollo positivo del cristianismo, que se acelera con la Reforma*, y marca el fin de la sociedad *sacra* medieval, considerada como una evolución histórica del cristianismo constantiniano, pero en modo alguno como parte integral de la fe cristiana. «Las raíces corrientes de la corriente secularizadora se hallan en las controversias de la teología protestante después de la segunda guerra mundial»,

escribe Peter L. Berger. Su eclosión pública fue la publicación del libro del teólogo inglés John Robinson, *Sincero para con Dios* (año 1963), a cuyo éxito se sumaron pensadores americanos como W. Hamilton, P. Van Buren, G. Vahanian, T. Altizer y H. Cox, que arribaron al concepto provocativo de la llamada «teología de la muerte de Dios». Van Buren, Hamilton y Altizer aceptaron incluso ser llamados «cristianos ateos». No tiene nada de extraño que Karl Barth* calificara su ideología de «movimiento absurdo». AR

Bib. Harvey Cox, *La ciudad secular* (Península, Barcelona 1968); *–La religión en la ciudad secular* (Sal Terrae, Santander 1985); Leslie Dewart, *El futuro de la fe* (Nova Terra, Barcelona 1969); Ch. Duquoc, *Ambigüedad de las teologías de la secularización* (DDB, Bilbao 1973); T. Luckmann, *La religión invisible* (Sígueme, Salamanca 1973); L. Maldonado; *La nueva secularidad* (Nova Terra 1698); Giacomo Marramao, *Cielo y tierra. Genealogía de la secularización* (Paidós, Barcelona 1998); E. Mascall, *Cristianismo secularizado* (Kairós, Barcelona 1971); D. Rhymes, *La oración en la ciudad secular* (Sígueme, 1969); R. Richard, *Teología de la secularización* (Sígueme, 1970); J. Robinson, *Sincero para con Dios* (Libros del Nopal, Barcelona 1967); A. Rossi, *El Evangelio ante la secularización* (MC, Madrid 1974).

SEGUNDA SEPARACIÓN Esta expresión se halla en boca de protestantes excesivamente fundamentalistas* para dar a entender que un cristiano consecuente, no sólo debe separarse de quienes se comportan indignamente, sino también de aquellos que no se separan de los que se comportan indignamente. Un ejemplo concreto para entender bien este tema: Los evangélicos no debemos unirnos a individuos o grupos de notoria heterodoxia o de conducta indigna de un creyente (cf. 1 Co. 5:1-13; 2 Jn. vv. 7-11), como es, p. ej., el Consejo Mundial de Iglesias*, pues en él hay unitarios (niegan la Trinidad y la Deidad de Cristo) y liberales (niegan la inerrancia de las Escrituras). Ahora bien, cuando el famoso predicador evangélico Billy Graham asiste a reuniones de dicho Consejo, ¿se le debe, por eso, negar la diestra de compañerismo (cf. Gá. 2:9) y no admitirlo a predicar en la iglesia local? Estoy convencido de que eso iría contra la clara enseñanza de la Biblia, que no enseña más que una separación (la de los textos citados anteriormente). Además, 1º, si se admite una segunda separación, habrá que admitir una tercera, una cuarta, y así hasta el infinito, puesto que, si p. ej. hay quienes no niegan la diestra de compañerismo a Billy Graham, ¿tendremos que negar también la diestra de compañerismo a los que se unen a quien se une a los indignos (tercera separación)? 2º, por cierto la Biblia nos refiere, condenándola, la conducta de un líder de iglesia que practicaba la segunda separación (cf. 3 Jn. vv. 9-10) ¿Que no es el mismo caso, pues Diótrefes no expulsaba a quienes recibían a indignos? ¡Tanto peor, pues había menos motivo para esta separación!

Bib. John Asbrook, *Principios bíblicos de separación* (ECB, Barcelona 1998).

SEGURIDAD DE SALVACIÓN Para este art., voy a resumir lo que digo en mi libro *CPDTB*, Parte III, lecc. 10ª. De entrada tengo que advertir que no es lo mismo seguridad de la salvación que certeza de la salvación. La 1ª apunta a un hecho objetivo, la 2ª, a un estado subjetivo.

(1) Charles C. Ryrie define del modo siguiente la seguridad de la salvación: «La seguridad eterna es la obra de Dios que garantiza que el don de la salvación, una vez recibido, es para siempre y no puede perderse». ¿Cómo se demuestra? (A) Es una verdad claramente expresada en las Escrituras, como puede verse por Jn. 10:27-30; Ro. 8:38-39; 11:29; Fil. 1:6; 2 Ts. 3:3 y, con la mayor probabilidad, 2 Ti. 1:12. (B) Hay otras porciones en las que se dice que los verdaderos creyentes tendrán vida eterna, p. ej. Jn. 3:16, 36; 5:24; 6:4-7, 38-40 y 1 Jn. 5:11-13. Vida eterna es la que comienza en el momento de la conversión y perdura por toda la eternidad. (C) Otras porciones importantes son Ro. 8:1; Ef. 1:13-14; 1 P. 1:3-9. (D) Finalmente, esta verdad se deduce: (a) de la preservación final de los elegidos, conforme la vemos en 1 P. 1:5 (cf. *Perseverancia*); (b) de la intercesión eficaz de Cristo (cf. He. 7:25; 1 Jn. 2:1-2); y (c) de la unión de los creyentes con Cristo (cf. Jn. 15:1 ss.; Ro. 6:4 ss.; 12:4 ss.; 1 Co. 12:13 ss.; Ef. 2:1-6; 4:15-16; Col. 3:1-3).

(2) La certeza de la salvación es, como he dicho al principio, (A) un estado subjetivo del creyente, que puede sufrir sus altibajos, y hasta desaparecer temporalmente en muchos casos, debido a múltiples factores, siempre conectados con la fuerza de nuestra fe (cf. p. ej. 1 Jn. 3:19-21), si bien puede ser también efecto de una conciencia demasiado delicada. En todos esos casos, se puede perder el gozo de la salvación (cf. Sal. 51:12), pero no se puede perder la salvación. Pero, (B) también puede darse una falsa confianza en una salvación que no existe. Las Escrituras nos advierten también contra esa falsa con-

fianza en muchos lugares, que sólo puedo citar, recomendando a los lectores la lectura de mi libro *CPDTB*: (a) el caso de Judas que, sin duda, creía ir, en todo, por «el buen camino» (cf. Mt. 10:1-8; Mr. 6:7-13; Lc. 6:12-16; 9:1-6); (b) las palabras de Jesús en Mt. 7:21-23; Mr. 4:5-6, 16-17; (c) las de Pablo en 2 Co. 11:13, 15; Gá. 2:4) y (d) las de Juan en 1 Jn. 2:18-19; 4:1-6, según lo profetizado por Pablo en Hch. 20:29-30.

(3) Es cierto que hay algunos lugares conflictivos, pero todos tienen solución satisfactoria si se estudian en su contexto próximo o remoto. Los examino brevemente:

(A) Jn. 15:6. Este v., como todo el cap. hasta el v. 16, trata del «fruto», no de la «unión». Dice Ryrie (op.cit., p. 333): «El creyente que no permanece, aunque todavía está en Cristo, pierde sus oportunidades y recompensas, tanto en la vida como en el tribunal de Cristo».

(B) 1 Co. 9:24-27. Tampoco aquí se trata de perder la salvación, sino de quedar descalificado (gr. *adókimos*) de la competición (léase en el *NTT*).

(C) Gá. 5:4. Este v. no enseña que el creyente pueda separarse de Cristo, sino que, quien intenta usar la ley como base para la justificación está renunciando a la única base, la gracia (cf. Ef. 2:8).

(D) He. 6:1-8. Este es uno de los pasajes más difíciles, pero Ryrie ha mostrado de modo convincente que se trata de creyentes inmaduros, como lo prueba el contexto anterior y los vocablos-clave del mismo texto: iluminados, gustaron, partícipes.

(E) He. 10:26-31. Puede entenderse en el mismo sentido que el anterior (y cf. He. 12:28-29), especialmente si se compara con Nm. 15:24-31, teniendo en cuenta que la epístola va dirigida a los hebreos.

(4) Finalmente, un poco de historia acerca de la enseñanza de la Iglesia sobre la seguridad de la salvación:

(A) Los primeros escritores eclesiásticos no trataron directamente del tema. El ejemplo de ermitaños y monjes influyó en que surgiera la idea de una salvación frágil, dependiente de la virtud del individuo.

(B) Aunque Agustín de Hipona se convirtió en el campeón de la soberanía de Dios, con su distinción entre la «gracia» y el «carácter sacramental» dejó la puerta abierta a la inseguridad de la salvación.

(C) La Edad Media es la época funesta en la que la Iglesia de Roma falsea los conceptos bíblicos de fe, gracia y salvación, hasta hacer depender del libre albedrío la salvación final.

(D) La Reforma restableció la enseñanza bíblica sobre el tema y, excepto los arminianos* consecuentes, todas las denominaciones protestantes evangélicas sostienen la enseñanza bíblica de la seguridad de la salvación.

Bib. H. A. Ironside, *Seguridad absoluta* (CLIE, Terrassa); John MacArthur, *Salvos sin lugar a dudas* (CLIE); J. C. Ryle, *Seguridad de salvación* (EP, Ciudad Real).

SEMIPELAGIANISMO Al refrendar el obispo de Roma, por ser la capital del imperio, la condena unánime de la herejía pelagiana (cf. *Pelagianismo*), Agustín de Hipona pronunció su célebre frase: «Habló Roma, se acabó el pleito». Pero el pleito no se acabó, como Agustín deseaba, sino que surgió, al siglo siguiente, la llamada «herejía de los marselleses», por incubarse en un monasterio de Marsella. Sólo en el siglo XVI o comienzos del XVII, recibió el nombre de semipelagianismo. Esta herejía fue condenada en el II Concilio local de Orange (529) y después en el Conc. Universal de Trento (1545-1563).

El movimiento surgió 1º en un monasterio del norte de África, pero cobró especial virulencia en dos monasterios del sur de Francia, teniendo por fautores a Juan Casiano en Marsella (m. en 435) y Vicente de Lérins (m. en 450), en el de Lérins. Ambos están canonizados por la Iglesia de Roma. A éstos se unieron Genadio de Marsella y el obispo Fausto de Riez (m. ambos a fines del siglo V o comienzos del VI). Sus principales opositores, aparte de Agustín, fueron los obispos Próspero de Aquitania (aprox. 390-463), Fulgencio de Ruspe (468-532), del norte de África, y Cesáreo de Arles (470-542), canonizados también los tres por la Iglesia de Roma. Ya en mayo del 431, el obispo de Roma Celestino I (422-432), en carta a los obispos de las Galias, les incitaba a seguir las enseñanzas de Agustín a este respecto (cf. Dz, nos. 237-249). Ya mencioné al principio la condenación de la herejía cuando todos sus principales fautores habían muerto.

Los puntos principales de esta herejía son:

(1) La gracia de Dios es necesaria para salvarse, pero el libre albedrío es suficiente para buscar y merecer dicha gracia y para perseverar en ella, una vez obtenida. Ponían esta comparación: Un enfermo tiene poder para darse cuenta de su enfermedad y para hacer venir al médico, aunque sólo la medicina le puede curar.

(2) No hay ninguna predestinación previa a lo que Dios ve en su presciencia que cada ser humano va a hacer (creer o no creer).

(3) Los niños que mueren antes del uso de razón sin haber sido bautizados («regeneración sacramental») se salvan o se condenan de acuerdo con lo que Dios ve qué harían si llegasen a ser adultos. Tales enseñanzas son abiertamente contrarias a la Palabra de Dios.

SENSACIÓN Este vocablo viene del bajo lat. *sensatio*; y éste, del vb. *sentire* = darse cuenta, percibir por los sentidos, pensar, opinar. En sentido estricto, la sensación es el último elemento de la percepción* sensible. P. ej., estoy viendo desde aquí unos árboles, todavía cubiertos de follaje verde, porque estamos aún a mediados de setiembre. En mi retina se reflejan a un mismo tiempo la figura, el tamaño y el color de los árboles. A esta excitación fisiológica, sigue otra en el nervio óptico y, finalmente, en la corteza cerebral. Me doy perfecta cuenta de esta sensación, con lo que el acto consciente, paralelo a la actividad nerviosa, constituye una actividad psicofísica.
Por tanto, a nivel psicológico, la sensación presenta varias propiedades: Cualidad, intensidad, figura, magnitud y duración; algo así como las que se requieren para una buena fotografía. Dichas propiedades no son entes reales, sino intencionales (cf. *Intencional, 2*). En otras palabras, tenemos la sensación de lo «verde», de lo «grande», de lo más o menos «redondeado», pero nuestro acto consciente no es «verde», ni «grande» ni «redondo».
En la sensación hay un umbral más arriba o más abajo del cual no cabe la percepción sensorial. Este umbral es distinto en los diferentes individuos, y hay notables diferencias entre el umbral de los seres humanos y el de animales como el buey, el caballo, el perro o el gato. P. ej. las ondas de aire tienen que rebasar una determinada intensidad para poder oír un sonido; por otra parte, el oído humano puede distinguir décimas de vibración, pero no milésimas. El mismo umbral existe para la vista en los volúmenes y en las distancias: hay un límite más allá del cual el ojo no percibe ya el objeto sin el auxilio, respectivamente, de los prismáticos y de la lupa y, en mayor escala, del telescopio y del microscopio. La superposición de distancias en las percepciones visuales produce ilusiones ópticas, haciendo que algunos objetos parezcan extraordinariamente mayores o menores de lo que son en realidad.
La importancia de este tema se ve en el juicio y la interpretación de hechos sorprendentes. Ya que en lo puramente empírico se puede padecer una ilusión, hay que ser lo suficientemente humildes para admitir lo sobrenatural, que sobrepuja la capacidad sensorial, y precavidos para no dejarse engañar por alucinaciones religiosas en las que el sentimiento puede ayudar a sufrir la ilusión*.
Bib. M. W. Knapp, *Sensaciones de Dios o de Satanás... cómo distinguirlas* (CLIE, Terrassa 1987).

SENSIBILIDAD Este vocablo procede, como el anterior, del vb. lat. *sentire* = darse cuenta, percibir sensorialmente, pensar, opinar. Tomamos el vocablo en sentido estrictamente filosófico a dos niveles:
(1) A nivel de la facultad cognoscitiva, significa la capacidad para recibir sensaciones (cf. *Sensación*) y se dirige a lo singular concreto. Pero, al aprehender el objeto sensible en función de su receptividad psicofísica, no se comporta de manera totalmente pasiva, sino que configura lo aprehendido a través del modo de recibirlo.
(2) A nivel de la facultad apetitiva, el vocablo designa, supuesto que tratamos de un ser de naturaleza espiritual, la función espontánea de las tendencias*, en cuanto que éstas preceden la acción consciente y directora de la persona, precisamente en lo que dichas tendencias se diferencian de la voluntad espiritual.
Tomás de Aquino (*Suma teológica*, 1, q. 81) toma el término sensibilidad en el sentido sumamente específico de sensualidad. En el art. 1 de la citada cuestión, dice que sensualidad «parece ser que se deriva de movimiento sensual, por lo cual pertenece al apetito sensitivo». En el art. 2, dice, apoyado en el testimonio de Gregorio de Nisa y de Juan de Damasco, que «hay dos fuerzas, la irascible y la concupiscible, como partes del apetito sensitivo». Y en el art. 3, dice, apoyado en Juan de Damasco, que «tanto la concupiscencia como la ira están sometidas a la razón».

SENTIDO La etim. de este vocablo es la misma que la de los dos anteriores. Se usa en dos acepciones: subjetiva y objetiva.
(1) En su acepción subjetiva, hay tantos sentidos como potencias existen en el hombre y en el animal, destinadas a aprehender la realidad sensible, Se dividen en: (A) sentidos externos, a través de los cuales se forman las sensaciones (cf. *Sensación*) y (B) sentidos internos, encargados de elaborar el material recibido por los externos. Esta acepción subjetiva se aplica también, en sentido amplio, a la vida del espíritu, por la cual una persona es más abierta, es decir, más receptiva, que otras y se dice de ella que tiene sentido de lo musical, de lo religioso, de la amistad, etc.

(2) En su acepción objetiva, designa una cualidad del objeto que corresponde al sentido existente en el sujeto y es afín a su comprensión intelectual. Esta clase de sentido mira (A) primero, a su finalidad, a lo que le da el sentido, el valor, de la existencia (sentido teleológico). Pero el sentido teleológico requiere que el fin sea asequible y tenga, él mismo, (B) sentido metafísico, puesto que el fin y el valor reciben del ser su cualidad de poseer sentido. Afín a esta acepción, está (C) el sentido semántico: la referencia indicadora de signo, (a) respecto a lo significado (p. ej. la palabra como signo del pensamiento) o (b) respecto a la significación (p. ej., un apretón de manos como signo de una buena acogida , el «lenguaje corporal»). De aquí se deriva el carácter sagrado del lenguaje (cf. Ef. 4:25, 29), una porción de la Palabra de Dios que fácilmente se olvida.

SENTIMIENTO También este vocablo viene, como los tres anteriores, del vb. lat. *sentire*. El significado de este término ha evolucionado al progresar el conocimiento de la psicología humana. Antiguamente se creía que las potencias del alma humana eran la memoria, el entendimiento y la voluntad. Así las usa Agustín de Hipona como ilustración de las tres Personas de la Deidad. Pero la psicología moderna descarta el papel de la memoria como potencia anímica, relegándola al almacén de los recuerdos, y sostiene correctamente que las potencias del alma, o «formas de vivencia», como también se las llama, son el conocimiento, el sentimiento y la tendencia volitiva. La escolástica medieval clasificaba el sentimiento dentro de la facultad apetitiva (cf. *Sensibilidad, 2*). La diferencia funcional entre las tres potencias está en que, mientras que en el conocer, el alma se representa intencionalmente (cf. *Intencional, 2*) los objetos en una dirección vivencial en que el sentido es de fuera adentro, y en la tendencia trata de alcanzar bienes sensibles o espirituales con un modo de atracción en que el sentido es de dentro afuera, «no somos cazadores, sino presas», decía G. Thibon, en el sentimiento no se halla la intencionalidad en ninguno de los dos sentidos, sino que constituye un estado subjetivo, un estado de ánimo. Así se distingue de la agitación sentimental aguda que llamamos emoción. Dos ejemplos, uno del apetito concupiscible y otro del apetito irascible: (a) el amor es un sentimiento; la pasión amorosa, una emoción; (b) la ira es un sentimiento; la furia es una emoción. La estructura de la vida anímica no puede concebirse (1) como dividida en compartimentos estancos, sino que forma un todo donde el sentimiento está fundido con el conjunto de la vida consciente, a la cual envuelve y de cuyo funcionamiento total es un reflejo, no sólo a nivel psíquico, sino también fisiológico; mucho menos (2) como si los sentimientos estuviesen compuestos de unos pocos elementos «atomizados» a partir de una base material. Es cierto que el placer y el dolor se hallan en el fondo de todo estado de ánimo, pero no por eso puede afirmarse que sean elementos químicos de los sentimientos ni de las emociones.

Una clasificación exhaustiva de los sentimientos se nos llevaría demasiado tiempo y espacio, pero merecen destacarse: (A) el sentimiento de angustia, como reflejo más o menos consciente de un riesgo, real o imaginario, del propio ser o del propio obrar; situación extremadamente peligrosa por las consecuencias que puede acarrear (profunda depresión, demencia, suicidio); (B) el sentimiento de seguridad, debido a una percepción intelectual, lúcida y acertada, de la realidad en su grado más alto (¡la certeza de que tenemos un Padre celestial que nos ama, nos protege y nos conduce a nuestro mayor bien!, cf. Gn. 50:20; Ro. 8:28); (C) el sentimiento de culpabilidad, que, si se alimenta morbosamente, conduce al complejo de culpa, tan magistralmente descrito por Dostoievsky en su novela *Crimen y Castigo* (se cura con el pensamiento de que Dios es un Amor esencialmente perdonador, cf. p. ej., Dn. 9:9; Jn. 8:10-11); y (D) el sentimiento de inferioridad, que, si no se remedia a tiempo (¿qué mejor remedio que la experiencia constante de, p. ej., 1 Co. 12:13 y ss.?) desemboca en el complejo de inferioridad, debido al cual muchos seres humanos se manifiestan con una psique disminuida y una eficacia operativa mermada por la mediocridad y destinada al fracaso y a ser una carga para los demás (cf. *Complejo, 2*).

SER Como vb., aparece en el cast. en el siglo x y sus formas resultan de una fusión de dos verbos latinos: *esse* = ser y *sedére* = estar sentado. En cambio, como sust. aparece en cast. en el siglo xvi. Aquí lo tomamos sustantivado como «la perfección por la cual algo es ente» (Lotz).

¿Qué diferencia hay entre el ser y el ente? Podemos estar de acuerdo con Heidegger en que hay una diferencia ontológica, puesto que el ser es el fundamento potencial del ente, de todo ente finito, puesto que el Ser Supremo no está compuesto de esencia y existencia. El ente lo abarca todo, es decir, tiene la máxima extensión y, por eso mismo, la mínima comprensión (cf. *Comprender, comprensión, 2*), pues sólo tiene la nota universalísima de ser; una nota que, siendo común a todos los entes, sólo se halla sola por abstracción*. Pero, por esa misma única nota, se distingue radicalmente de la nada, que es el «no-ser» absoluto.

A nivel lógico, el ser es el trascendental radical, pues es el concepto irreducible, al que todos los demás se reducen, y a partir del cual todos se entienden. Todos los trascendentales (cf. *Trascendencia*): ente, uno, verdadero, bueno y bello, tienen su propiedad específica en la medida en que tienen el ser. En otras palabras, todas las demás perfecciones son participaciones del ser (son de una manera u otra). Por eso mismo, todo ser creado es un ser y algo más. Es decir, no hay ningún ser creado que sea sólo ser, pues forzosamente es un individuo de una especie determinada. P. ej. si pienso en una piedra, una verdura, un perro, pienso en algo que, además de ser un ente (un ser existente), es también respectivamente una piedra, una verdura o un perro; la existencia es, en todos, la misma; se diferencian en la esencia. Por eso digo en el art. Existencia que «la existencia no existe». En efecto, si existiera sería sujeto de una proposición: «la existencia es» ¿qué? ¡Nada! Porque, si es algo, será espiritual o material, visible o invisible, corpóreo o incorpóreo, mineral, vegetal, animal o individuo humano, y todo eso es un determinante de la esencia, no de la existencia.

En su sentido primitivo, el vb. ser significa también existir, estar y haber (imperson.), como puede verse, p. ej., en las versiones de la Biblia en las que leemos (Jn. 1:1): «En el principio era el Verbo, y el Verbo era con Dios y el Verbo era Dios», puesto que el ente es (1) en primer lugar, lo existente, pero también (2) lo posible, como algo a lo que corresponde, o debe corresponder, el ser, e incluso (3), el «ser» lógico, expresado en la cópula del juicio, ya que, al decir, p. ej. «esto es un papel», o «esto es blanco», enunciamos una existencia de algo («papel», «blanco»), predicable* de un sujeto que es «algo», es decir, una clase de ser.

La ciencia que trata del ser se llama Ontología, del gr. *ón*, ptc. de pres. del vb. *eimí* = ser, y de *lógos* = tratado. Como Dios es también un ser, por analogía –no se olvide–, también el Ser Supremo es objeto de una ciencia única, que ya desde Aristóteles tiene dos polos dentro de una misma Metafísica*, que son la Ontología y la Teología Natural.

A nivel gnoseológico, surge la pregunta: ¿cómo se conoce el ser? Para empezar, debo decir que no se puede pensar sin pensar algo; si no hay objeto, tampoco puede haber conocimiento. Contra cartesianos, escotistas y existencialistas, es menester sostener que, como dice A. González Álvarez (*Ontología*, p. 35), «en el orden del conocer, lo primero es el objeto, lo segundo el acto, lo tercero el sujeto». ¿Y cuál es el objeto de nuestro entendimiento? El ente, cognoscible universalísimo; pero, ¿lo conocemos 1° en su calidad específica de ente, sin más? ¡no! ¿Qué es lo 1° que nuestra inteligencia aprehende cuando se dirige al exterior? Conoce un ente concreto sensible. Entra aquí en juego el agudo problema del conocimiento*. El alma humana es un ser espiritual, cierto, pero sólo puede salir al exterior por medio de los sentidos corporales. En realidad, no es ella la que sale al exterior, sino que son los objetos sensibles los que entran en su interior, no físicamente, sino como representaciones intencionales* de ellos mismos.

Bib. J. Finance, *Conocimiento del ser* (Gredos, Madrid 1966); E. Gilson, *El ser y los filósofos* (EUNSA, Pamplona 1979); A. González Álvarez, *Tratado de metafísica. Ontología* (Gredos, 1961); J. Maritain, *Siete lecciones sobre la existencia* (Club de Lectores, Bs. As. 1981); Leonardo Polo, *El acceso al ser* (EUNSA 1964).

SEXUALIDAD Lo sexual es objeto, a un mismo tiempo, de distintas ciencias. Aquí nos interesan su aspecto social y su aspecto teológico.

(1) A nivel social, la sexualidad aparece en su aspecto relacional desde Gn. 2:18-25, de donde se desprende que la procreación como objeto de la sexualidad legítima no es el primer fin del matrimonio, pues está subordinado a la «ayuda mutua» que hombre y mujer deben prestarse. Por otra parte, el uso del sexo muestra inmediatamente el carácter de la persona, su capacidad de amar de veras, generosamente, y de comunicarse normal y eficientemente con el cónyuge. Este aspecto social, relacional, de la sexualidad aparece especialmente en la frase de Adán (Gn. 2:23) «ésta sí que es hueso de mis huesos y carne de mi carne», expresión que se repite para dar a entender la unión solidaria de familiares (cf. p. ej., Jue. 9:2) o compatriotas (cf. p. ej., 2 S. 5:1). La gran fuerza instintiva del sexo hace necesaria (A) una legislación que lo proteja contra su abuso (cf. p. ej. Éx. 20:14; Ro. 1:26-27; 1 Co. 6:13-18; Ef. 5:3; 1 Ts. 4:3) y (B) una educación que lo proteja contra su inhibición (cf. p. ej.

Pr. 5:18-19; todo el Cantar; 1 Co. 6:12-15; 7:3 ss.; 1 Ti. 4:1-5). La historia de la Iglesia nos muestra que, hasta bien entrado el siglo xx, perduró desde muy temprano un concepto maniqueo de la sexualidad, dándose prioridad absoluta al celibato y a múltiples e insensatas formas de ascetismo*. Los reformadores del siglo xvi hicieron mucho para restablecer el concepto bíblico de sexualidad. La sociedad profana de nuestros días (divorcio, prostitución, homosexualidad, etc.) parece conocer únicamente el abuso de la sexualidad. Pero también el creyente ha de esforzarse por controlar, con la gracia de Dios, sus impulsos sexuales y evitar las ocasiones próximas de pecar (cf. *Ocasión, 2*).

(2) A nivel teológico, tenemos ya en Gn. 1:26-28 el dato curioso de que la sexualidad y su uso mandado se mencionan a continuación de la creación del hombre en la imagen de la Trina Deidad y conforme a su semejanza. Recomiendo a mis lectores la lectura de un buen comentario a este respecto, porque no quiero echar al vuelo mi fecunda imaginación en este asunto. Me limito a hacer notar que el original de Gn. 1:27 dice «macho y hembra los creó», cuando uno esperaría «varón y mujer los creó»; pues bien, para macho el hebr. tiene *zakhár* = el que recuerda; y, para hembra, *neqebáh* = la perforada. Si se tiene en cuenta ahora que, en la relación de Dios con su pueblo, Dios es el que se acuerda (cf. p. ej. Ez. 16:60; Lc. 1:54, 72; Hch. 10:4 y muchísimos otros), y su pueblo es su Esposa (¿la perforada?), se habra captado la profundidad de dicha relación. Todo el que lea con ojos limpios el cap. 16 de Ezequiel habrá de conmoverse, después de mucho «erotismo», al llegar a los cuatro últimos vv. que voy a citar de la *BAm*.: «Yo recordaré sin embargo mi pacto contigo en los días de tu juventud, y estableceré para ti un pacto eterno. / Entonces te acordarás de tus caminos y te avergonzarás cuando recibas a tus hermanas, las mayores que tú y las menores que tú; y te las daré por hijas, pero no por causa de tu pacto. / Estableceré mi pacto contigo; y sabrás que yo soy el SEÑOR: / para que recuerdes y te avergüences, y nunca más abras la boca a causa de tu humillación, cuando yo te haya perdonado por todo lo que has hecho, declara el Señor Dios». (el subrayado es mío). No debemos olvidar que la Biblia no enseña que el *agápe* = amor generoso, del más alto nivel (cf. p. ej. Jn. 3:16; 1 Jn. 3:1) sustituye al *éros* = amor sexual (cf. *Amor*), aunque sí enseña que el *éros* tiene su perfección en el contexto del agápe. Por eso, la prueba del amor en el matrimonio es, según Pablo, la relación agápe entre Cristo y su Esposa, la Iglesia (cf. Ef. 5:22, 33). En el Sal. 34:8, dice David: «Gustad y ved que el Señor es bueno» (¿sexualidad a nivel místico?). Decía Juan de Ávila: «El sacerdote tiene que decir a los fieles a qué sabe Dios». En lenguaje evangélico, todo buen predicador debe hablar así de Dios desde su propia experiencia de comunión íntima con el Señor: «Yo lo he gustado personalmente, y os puedo asegurar que Dios es tan bueno que sabe a gloria».

Bib. W. Nelville Capper y H. Morgan Williams, *Sexo y matrimonio* (Certeza, Córdoba 1966); Kathryn Lindskoog, *A partir del Edén* (Caribe, Miami 1977); Bernardo Stamateas, *Sexualidad y erotismo en la pareja* (CLIE, Terrassa 1999); Varios, *Sexo y Biblia* (EEE, Barcelona 1973); Ed Wheat, *El placer sexual ordenado por Dios* (Betania, Miami 1980).

SHEKINÁH Con este vocablo expresa el hebr. del AT la manifestación visible de la gloria de Dios. Es un término derivado del vb. *shakán* = habitar. Esta gloria puede manifestarse de distintas maneras (cf. *Gloria*), pero la *shekináh* es una manera específica que Dios usó mediante la nube que rodeaba dicha gloria (cf. Éx. 40:34-38) y que, en la aparición de Dios en el Sinaí, presto a dar la Ley, aparecía acompañada de truenos y relámpagos (cf. Éx. 19:9, 16).

Esta *shekináh*, la nube gloriosa, apareció por 1ª vez cuando Dios conducía a Israel desde Egipto, protegiendo al pueblo mediante «una columna de nube y fuego» (cf. Éx. 13:21; 14:19). Ella fue la que vindicó la misión y la autoridad de Moisés contra los murmuradores (cf. Éx. 16:10; Nm. 16:42) y la que cubría el Sinaí (cf. Éx. 24:16). En muchas ocasiones, Dios se manifestaba en la nube sobre el propiciatorio que cubría el Arca (cf. Éx. 25:22; Lv. 16:2; He. 9:5). Ezequiel pudo contemplar la salida de la *shekináh* del templo a causa del pecado del pueblo (cf. Ez. 10:18), como anuncio de la destrucción del templo de Salomón. Reapareció en Jesucristo, verdadera *shekináh* de Dios (cf. Mt. 17:5; Lc. 2:9: Jn. 1:14); en ella subió al cielo (cf. Hch. 1:9) y en ella volverá (cf. Mr. 14:62: Ap. 14:14).

SHEÓL Con este vocablo expresa el hebr. del AT el lugar (o, mejor, estado) en que se encuentran las almas de los difuntos en el estado intermedio*. Es equivalente del gr. *Hádes* y no debe confundirse, como hacen algunas versiones, con Infierno*.

SIGNO Con este nombre se designa a todo aquello que, previamente conocido, conduce al conocimiento de otra cosa. Para que el signo pueda realizar esta función es necesario que entre el signo y lo significado por él haya una relación de cognoscibilidad, es decir, ha de saberse que existe una conexión entre ambos. Esta conexión puede ser (1) natural, p. ej. el humo como signo del fuego, o (2) convencional, como ocurre con el lenguaje como signo de lo que pensamos o sentimos; entre ambos está (3) el signo sacramental (cf. *Sacramento*), que está en el punto medio de la distancia que separa al signo natural del convencional, como p. ej. el agua del bautismo es signo del lavamiento espiritual por analogía de proporcionalidad (cf. Analogía), puesto que así como el lavamiento corporal limpia las manchas del cuerpo, el lavamiento espiritual que significa la regeneración espiritual (cf. Jn. 13:10; 15:3; 1 Co. 6:11; 1 P. 3:20-21) sirve para limpiarnos de nuestros pecados.

SILOGISMO (cf. *Raciocinio*)

SÍMBOLO Este vocablo viene del gr. *súmbolon*; y éste, del vb. *sumbállein* = juntar, hacer coincidir. En efecto, el vocablo se usaba en la antigüedad para designar la mitad de un objeto que se partía en dos (p. ej. un sello) y, de este modo, servía para que dos personas, p. ej. el anfitrión y el invitado se reconocieran mutuamente (cf. lo de la «piedrecita blanca» en Ap. 2:17). Del mismo modo, el credo apostólico, como «símbolo de la fe» sirve para que los cristianos de todo el mundo puedan reconocerse mutuamente mediante la recitación, o el canto, hechos colectivamente, de dicho credo. Por esa misma «coincidencia» se llama también símbolo al signo sacramental (cf. *Signo, 3*).

Para que algo, entre el mundo de los signos, pueda llamarse símbolo, parece ser que se requieren cuatro notas: (1) que sea una imagen o acción sensible, no una mera expresión lingüística; (2) lo simbolizado ha de ser algo suprasensible, en lo que se diferencia, p. ej. de las señales de tráfico; (3) el símbolo sirve de «santo y seña» dentro de una comunidad, sólo se comprende dentro de dicha comunidad; y (4) el símbolo no sólo «habla» al entendimiento, sino al hombre entero en una experiencia vivencial. En cuanto a esta cuarta nota, el símbolo (A) puede permanecer dentro del ámbito de lo mundano, como la bandera de la patria o el anillo matrimonial, o (B) elevarse a lo trascendente, a lo divino, como ocurre en el signo sacramental, según lo dicho anteriormente, y en el simbolismo de la luz (cf. 1 Jn. 1:5).

Bib. John Baldock, *El simbolismo cristiano* (EDAF, Madrid 1992); Louis-Marie Chauvet, *Símbolo y sacramento* (Herder, Barcelona 1994); Louis Dupré, *Simbolismo religioso* (Herder, 1999); Mircea Eliade, *Imágenes y símbolos* (Taurus, Madrid 1974, 2ª ed.); Manfred Lurker, *El mensaje de los símbolos* (Herder, 1994).

SIMPLICIDAD Este vocablo viene del adj. lat. *simplex, símplicis* = simple, sencillo, natural, puro. La simplicidad es una forma de unidad (cuanto más simple más uno en sí mismo), por carencia de partes y, por tanto, es lo opuesto de composición. Lo simple es, pues, indivisible. Pero, como dice Lotz (*DF*, p. 509), «hay que distinguir cuidadosamente la simplicidad por pobreza de la simplicidad por abundancia». Ejemplo extremo de la 1ª es la simplicidad del ser, cuyo concepto exhibe únicamente esa nota (cf. *Ser*). Ejemplo extremo de la 2ª es la simplicidad de Dios (cf. *Dios, 28), Dios, Simplicidad de*), pues carece de toda composición, incluso de la composición metafísica de potencia y acto, de la cual no se libran ni los ángeles, a pesar de ser espíritus puros. Ejemplo intermedio de simplicidad por riqueza es el del alma humana, la cual, siendo inextensa, está unida al cuerpo extenso formando ontológicamente una sola naturaleza completa con él. Aunque también el principio vital de los vegetales y de los animales es inextenso, depende del cuerpo de forma que no puede existir sin él; en cambio, el alma humana puede existir también sin el cuerpo, aunque nunca pierde su relación trascendental hacia él (cf. *Relación*, [2]). De ahí se deriva la identidad del cuerpo de glorificación con el cuerpo de humillación (cf. 1 Co. 15:36; Fil. 3:21).

Desde el punto de vista del conocimiento, la simplicidad es aquello por lo que los aspectos filosóficamente más relevantes de las cosas están ocultos debido precisamente a su simplicidad y cotidianidad. Es posible no darse de cuenta de algo, porque está siempre ante los ojos (L. Wittgenstein, *Investigaciones filosóficas*).

SINCRETISMO Este vocablo está tomado directamente del gr. *sunkretismós* = coalición de dos adversarios contra un tercero; y éste, compuesto de la conj. *sun* = con y el vb. *kretízein* = portarse como un impostor (propiamente, portarse como un cretense, cf. Tit. 1:12-13).

Este uso clásico del término dio paso, en el siglo XVII, a la designación de aquellos que, como Jor-

ge Calixto (1586-1656), procuraban la unidad entre todas las denominaciones protestantes. Más tarde, ya en el siglo XIX, fue adoptado para designar cualquier religión que resulta de la fusión de dos o más religiones. Los fautores de este sincretismo usaron el término para pretender demostrar que la religión del AT es una fusión de la religión cananea y la hebrea o de la religión hebrea y la babilónica, algo que ningún creyente ortodoxo puede admitir.
Actualmente, el término se usa, tanto en filosofía como en teología, para designar todo sistema que intenta conciliar doctrinas diferentes sin razón suficiente.

SINERGISMO (cf. *Monergismo, 2*)

SÍNTESIS Este vocablo viene del gr. *súnthesis* = composición. En sentido filosófico, síntesis es «la unión de varios contenidos cognoscitivos en un producto totalizador de conocimiento» (De Vries). La síntesis se produce ya en la percepción sensorial, puesto que los datos suministrados por los diferentes sentidos exteriores e interiores son reunidos, mediante el sentido común, en una sola intuición espacial que se complementa, por obra de la imaginación o de la memoria, con otros contenidos anteriores, merced a los cuales se inserta también en el tiempo.
Como método, la síntesis es «la reunión consciente de productos mentales en unidades superiores», siendo este método el opuesto al análisis*. Ya desde Aristóteles, todo juicio* es llamado «síntesis de conceptos». (1) Cuando el predicado se halla implícito en el contenido del sujeto, el juicio se llama analítico; p. ej. «la esfera es redonda», porque todas las esferas son redondas por definición. (2) Cuando el predicado añade al contenido del sujeto algo que no se halla previamente en él, el juicio se llama sintético; p. ej. «la mesa es de madera», porque no todas las mesas son de madera (cf. *Kant, Manuel, 1), A*).
A diferencia de la filosofía de Aristóteles, que parte del principio de identidad (A es igual a A, y nunca será no A), la filosofía de Hegel se edifica sobre el de la contradicción creadora resultante en una síntesis. En el nacimiento de las ideas se produce un triple desarrollo. Primero la tesis, el momento del desarrollo de la idea; segundo la antítesis, el momento del indicado desarrollo, que se desenvuelve en un tercer elemento, la síntesis, el momento del mismo proceso que supera y trasciende a ambos y que, a la vez, constituye la tesis del proceso posterior, y así hasta el infinito. El gran mérito de la síntesis es asumir, conservándolo, lo que la tesis afirma y lo que la antítesis niega, es decir, resumir lo que había de verdad, tanto en una como en otra.

SISTEMA Este vocablo viene del gr. *sústema, sustématos* = conjunto; y éste, del vb. *sunístemi* = reunir, componer. Como puede verse, hay bastante afinidad entre sistema y síntesis. De las 16 veces que el verbo *sunístemi* ocurre en el *NTG*, destaca Col. 1:17, donde Pablo dice que «en él (en el Hijo , v. 13) todas las cosas se conservan unidas juntamente» (gr. *sunésteken*), es decir, adquieren su consistencia y se mantienen en la debida cohesión (cf. mi libro *CPDTB*, Parte I, lecc. 19ª, 2ª Parte, punto 4, F).
En sentido estrictamente filosófico, sistema es la reunión de conocimientos articulados como un todo. De aquí se sigue que, para que haya sistema, se necesitan dos elementos: (1) pluralidad de conocimientos; (2) conexión ordenada de dichos conocimientos. Por eso, toda ciencia procura sistematizar su material. Ni los conocimientos aislados, ni los conocimientos inconexos pueden formar un sistema.
En filosofía, no se puede formar un sistema que exprese el orden esencial de los objetos mismos, p. ej. algo parecido al sistema periódico de los elementos. Es inevitable la necesidad de echar mano de presupuestos ajenos al propio sistema.

SITUACIÓN, ÉTICA DE Se designa con este vocablo a una posición doctrinal, expresada de diferentes formas, según la cual un ser humano puede tomar sus decisiones éticas, no conforme a unos principios válidos para todos los tiempos y para todos los lugares, sino «a la luz de las circunstancias», las cuales pueden ser diversas en los distintos seres humanos. Esta posición deja anticuados todos los códigos de moralidad y, por supuesto, es muy atractiva para el hombre moderno, siempre en búsqueda de escapatorias, ya se trate de la ley, de la autoridad o del derecho del prójimo. Para ver que esta posición es insostenible en sí misma, cf. *Ética, 1), B*).
Bib. F. Lacueva, *Ética cristiana* (CLIE, Terrassa 1975); José M. Martínez y José Grau, *Iglesia, sociedad y ética cristiana* (EEE, Barcelona 1971).

SOBRENATURAL Literalmente, este vocablo designa lo que rebasa lo natural, es decir, lo perteneciente a la naturaleza. Pero el vocablo «naturaleza» es susceptible de varias acepciones, lo que hace que también lo sea el término sobrenatural. Destacaré las significaciones más corrientes en filosofía y en teología.

(1) Como equivalente a suprasensible, si por «natural» se entiende lo sensible y corporal. Según esta acepción, todo lo espiritual es sobrenatural.

(2) Como equivalente a oculto (cf. *Ocultismo*).

(3) Como equivalente a trascendente. En este sentido, lo divino, especialmente lo milagroso, suele llamarse sobrenatural. Hay que advertir que el vocablo no existe en la Biblia, lo cual no es de extrañar, puesto que el hebr. del AT nos presenta a Dios causando directamente que cambien las estaciones del año, que caiga la lluvia, que crezca la hierba, que cada ser vivo produzca otros seres de la misma especie, etc.; de Dios proviene directamente todo, incluso las acciones humanas, y los milagros (cf. *Milagro*) mismos no se consideran como sobrenaturales, sino como acontecimientos en los que se pone especialmente de relieve el poder de Dios, ya sea para proteger a su pueblo, ya sea para castigar a él o a sus enemigos, ya sea para indicar a sus hijos la dirección que deben tomar. Con razón dice Philip Yancey en su libro *The Jesus I Never Knew* (El Jesús que nunca conocí, Vida, Miami), aludiendo a la costumbre de Juan de llamar señales a los milagros de Jesús, que «una señal no es lo mismo que una prueba; una señal es meramente una señalización para el que está mirando en la dirección correcta». En la Biblia no aparece una separación dualista de Dios y el mundo (deísmo) ni una identificación de Dios con el mundo (panteísmo), sino un perfecto equilibrio entre la trascendencia y la inmanencia de Dios.

(4) Como equivalente a lo que no pertenece a la naturaleza ni es exigido por ella. En este sentido, la enseñanza tradicional de la Iglesia de Roma distingue (A) los dones naturales; p. ej., la inteligencia; (B) los dones preternaturales; p. ej., el dominio sobre la concupiscencia; y (C) los dones sobrenaturales; p. ej., la gracia santificante (cf. *Naturaleza, 2)* y mi libro *Catolicismo romano*, lecc. 22ª, puntos 1 y 2).

Bib. J. Alfaro, *Lo natural y lo sobrenatural. Estudio histórico desde Santo Tomás hasta Cayetano (174-1534)* (Madrid 1952); Giuseppe Colombo, *El problema de lo sobrenatural* (Herder, Barcelona 1961).

SOCIALISMO El vocablo viene de social, lo cual no nos ilumina mucho para comprender el sentido del término. De ahí que, por socialismo, se puede entender (1) una determinada concepción del universo; (2) un sistema de orden social; y (3) un movimiento de crítica y reforma social en el ámbito de la política, de la organización cooperativa y de la organización sindical. Por exigencia de la dialéctica*, el socialismo ha evolucionado, ya sea hacia un comunismo democrático, ya sea hacia un socialismo cristiano*, resultándole difícil mantener su identidad no marxista.

Desde mediados del siglo XIX hasta la Primera Guerra Mundial (1914-1918), sólo existe el socialismo marxista, con una cosmovisión única, totalmente materialista y atea. Pero, hacia el 1917, se hace la escisión entre el comunismo y el socialismo revisionista; éste comenzó a desconectarse más y más del materialismo dialéctico e histórico, integrándose en movimientos democráticos con otros partidos de izquierda. La estrepitosa caída del comunismo soviético en los países del este europeo ha producido en la URSS un vacío político que sólo Dios sabe en qué irá a parar. Por otra parte, la Iglesia ortodoxa rusa, que, desde la Segunda Guerra Mundial, tenía libertad completa, no ha sabido corresponder con una actitud amistosa hacia las demás denominaciones que profesan la fe cristiana, sino que se ha convertido en una dictadura religiosa, contraria al espíritu del Evangelio, tanto y más que la Iglesia de Roma, que ha girado hacia posiciones ecuménicas.

Bib. Norberto Bobbio, *¿Qué socialismo?* (Plaza & Janés, Barcelona 1978); Jacques Droz, dir., *Historia general del socialismo* (Ediciones Destino, Barcelona 1976); Iring Fetscher, dir., *El socialismo. De la lucha de clases al Estado providencia* (Plaza & Janés, Barcelona 1984); Juan Roger Riviere, *Historia de los movimientos sociales* (CECA, Madrid 1971).

SOCIALISMO CRISTIANO Desde la guerra del campesinado en Alemania en los primeros años de la Reforma, la cuestión social sufrió un serio retroceso en los países protestantes, traumatizados por el recuerdo de la rebelión popular y sus trágicas consecuencias. De esta manera, la lucha por el bienestar social de las masas se dejó en manos de personas ajenas a las Iglesias, e incluso enfrentadas a ellas, por identificarlas con el *status quo* del poder y la reacción. Casi todos ellos sentían una tremenda desconfianza de la Iglesia, a la que consideraban aliada de los patronos y sancionadora, en nombre de Dios, del estado de injusticia que padecían los obreros, el cual se intentaba disimular con actos de caridad y filantropía a nivel individual y así contentar a los justamente descontentos. La Iglesia establecida se había dejado manipular como una agencia de policía moral al servicio del gobierno para el orden en el pueblo, con el premio de una recompensa futura celestial por su miseria terrenal. Con la revolución industrial las Iglesias protestantes estuvieron a punto de perder para siempre a las masas obreras, abandonadas a su propio destino.

En esa encrucijada aparecieron dos figuras señeras en Inglaterra, F. D. Maurice (1805-1872), un teólogo y un pensador cristiano, y J. Ludlow (1821-1911), un hombre de fe y acción, ambos anglicanos. Uno fecundó al otro en un movimiento recíproco. Los dos, por amor a la Iglesia y a la humanidad, escogieron su lugar de acción y se propusieron nada menos que «socializar el cristianismo y cristianizar el socialismo», fórmula sencilla pero genial, en un tiempo que las iglesias condenaban los principios socialistas.

Hubo muchos personajes notables en aquella época que se ocuparon de remediar los males sociales de su día, que tomaron las obras de misericordia como parte ineludible de su ministerio cristiano. El mundo evangélico, sin teoría social, dio muestras de poseer una acción social más eficiente que la de muchos teorizantes. Nombres que han llenado las páginas de la historia cristiana son George Müller, lord Shaftesbury, Charles Spurgeon, Doctor Barnardo, etc. Sin embargo, encomiables como son, no pasaron de ser iniciativas privadas en línea con la piedad individualista, que dejaron intactas las pésimas condiciones laborales y sociales del sistema de producción competitiva, alienando así la mayoría de la clase trabajadora para el Evangelio y la Iglesia.

Con Ludlow, sin embargo, se inicia una nueva manera de entender y vivir radicalmente el Evangelio en el mismo centro del problema: la producción industrial, que iba a alterar, positivamente, no sólo la condición de trabajo, sino todo el conjunto de relaciones sociales y humanas. Fue un adelantado de su tiempo.

En 1864, aprovechando la celebración de una gran exposición industrial en Londres, con la que se pretendía demostrar que el futuro y progreso de las naciones consiste en el comercio y no en la rapiña militar, tuvo lugar un encuentro entre grupos de obreros franceses y organizaciones sindicales británicas que dieron lugar a la creación de la Asociación Internacional de Trabajadores (AIT), que la historia conoce con el nombre de la Primera Internacional y de la que formó parte Karl Marx, el cual había hecho público su *Manifiesto del Partido Comunista* en 1848. Maurice y Ludlow se adelantaron a ellos en teoría y práctica, con la creación de cooperativas de obreros. Allí donde unos ponían lucha ellos buscaban fraternidad, solidaridad, cooperación.

La Iglesia de Roma publicó en 1864 la encíclica papal *Quanta cura*, que iba acompañada de un catálogo de ochenta proposiciones inaceptables para el fiel romano (*Syllabus errorum*). El papa señalaba al principio protestante del libre examen como el causante directo del liberalismo económico y del socialismo, consecuencia de éste. Habrá que esperar a 1981 a que otro papa, esta vez Juan Pablo II, introduzca en su encíclica dedicada al trabajo, *Laborem exercens*, la novedad –en un documento pontificio– de la participación laboral en la producción. En ella se dice: «Pero hay que subrayar ya aquí, en general, que el hombre que trabaja desea *no sólo* la debida *remuneración* por su trabajo, sino también que sea tomado en consideración en el proceso mismo de producción, la posibilidad de que él, a la vez que trabaja incluso en una propiedad común, *sea consciente* de que está trabajando en "algo propio"» (15). Aunque represente un retraso de casi un siglo y medio respecto a Ludlow y la teología social anglicana es de agradecer y significa el reconocimiento indirecto de lo acertado y profético que en su día fueron los socialistas cristianos de Ludlow, Maurice y Kingsley (1819-1875), escritor y hombre de acción.

Ludlow fue el primer hombre de Iglesia de la era industrial en ver claramente que el cristianismo tenía una doble tarea que realizar. Antes de él la atención se había concentrado únicamente en el individuo, tanto de parte de aquellos que aceptaban el viejo orden social como de los que se quejaban de él. Ludlow advirtió que junto a la conversión y la libertad espiritual, la Iglesia tiene que estar al lado de la emancipación política y la libertad industrial; al lado de la democracia, definida como «la autogestión gigante de una nación, regulándose a sí misma como un solo hombre, en sabiduría y justicia delante de Dios» (*Christian Socialist*, I, p. 49). Con ese fin en mente formuló el esquema de «producción cooperativista», creyendo que iba a mantener las relaciones humanas en la industria; educar a los obreros en la comunión y el control de sí mismos; y transformar la base global de la sociedad desde un antagonismo de clases a uno de servicio mutuo. Dándose cuenta de que el tiempo para semejante cambio no había llegado, estuvo dispuesto a esperar hasta que se pudiera dedicar al tipo de carrera en la cual pudiera promover mejor la responsabilidad moral de los trabajadores y su bienestar social. Habiéndola encontrado, consumió sus energías en guiar y relacionar amistosamente las sociedades; mucho más que cualquier otro es pedagógicamente valioso. Sabía que ni la política ni los movimientos populares iban a tener ninguna posibilidad de éxito a menos que los defectos que había detectado en su larga experiencia fueran corregidos.

Por encima de todo, sintió pavor de que el advenimiento de Estado servil, donde los ciudadanos llegarían a ser cómodos pensionistas de una plutocracia, vendieran sus almas por un plato de lentejas. Hasta el final se entregó a sí mismo en la consecución de un pueblo que pudiera darse cuenta de que, para utilizar las palabras de la primera pancarta de 1848, «no habrá verdadera libertad sin virtud, ni ciencia auténtica sin religión, ni industria capaz sin el temor de Dios y amor al prójimo». Personajes distinguidos de este movimiento fueron William Temple* y Charles Raven. AR

Bib. Isabel de Cabo, *Los socialistas utópicos* (Ariel, Barcelona 1995); J. Messner, *El experimento inglés del socialismo* (Rialp, Madrid 1957); Alfonso Ropero y Charles Raven, *Socialistas y cristianos* (prox. pub.); Alan Wilkinson, *Christian Socialism: Scott Holland to Tony Blair* (SCM Press, Londres 1998).

SOCIEDAD Otro vocablo de la misma raíz que socialismo. En general, sociedad es cualquier reunión de seres humanos que se forma de manera estable y activa con el fin de alcanzar una meta común. Cuando esta reunión se funda en un vínculo natural, es una comunidad*, más bien que una sociedad. Esta sociedad tiene límites muy amplios, pues abarca, por un extremo, a la familia; y, por el otro, a la humanidad entera; entre ambos extremos, al municipio, la nación y las organizaciones internacionales. A veces, sociedad se convierte en término elitista, pues designa los grupos cerrados en los que hasta es mal visto el matrimonio con personas que no son del grupo. En sentido jurídico, sociedad es toda agrupación de naturaleza económica, especialmente las que se forman con fines laborales o industriales.

Todo ente social requiere, para poder obrar, una organización. Esta organización necesita órganos directores con la debida autoridad, a fin de que la sociedad mantenga su unidad y su estabilidad en la prosecución activa de sus metas. Este poder de mandar por parte de la autoridad y el correspondiente deber de obedecer de los miembros de la sociedad en perfecta subordinación, son esenciales para el concepto de sociedad y, por tanto, ordenados por Dios de acuerdo con el carácter esencialmente social del ser humano. Nótese el uso del vb. gr. *hupotássein* = subordinar (no «sujetar») en voz med.-pas. en textos bíblicos como Lc. 2:51; Ro. 13:1, 5; 1 Co. 14:34; 15:28; 16:16; Ef. 1:22; 5:21 (y, suplida la elipsis, en el v. 22); Col. 3:18; Tit. 2:5, 9; 3:1; He. 12:9; 1 P. 2:13, 18; 3:1, 5; 5:5.

El liberalismo* aburguesado del siglo XIX dio origen a un concepto de sociedad que servía de parapeto protector con el que las clases burguesas se sentían a salvo del Estado, hasta reducirlo a un marco vacío de sentido. Esto es un abuso del verdadero concepto de sociedad.

SOCINIANISMO, SOCINO El socinianismo debe su nombre a dos teólogos protestantes no ordenados, nacidos en Sena (o, Siena) de Italia, de nombres Lelio (1525-1562) y Fausto (1539-1604), de apellido Sozzini, pero han pasado a la historia con sus nombres en lat.: Laelius Socinus y Faustus Socinus. El tío era un hombre educado, de alta clase social y personalidad atractiva, que trabó amistad con Calvino y Melancton, pero se expresó ambiguamente en su *Confesión de fe* (1555).

Por su influencia en la formación del sistema teológico sociniano, destacó su sobrino Fausto. Educado privadamente por dos tíos suyos, especialmente por Lelio, al morir éste en 1562, recogió sus papeles y se dedicó de lleno al estudio de la teología, siendo pronto un defensor de creencias antitrinitarias. En 1578 se trasladó a vivir a Polonia, donde existía una fuerte comunidad antitrinitaria. Al principio solicitó la membresía en una secta unitaria de los anabautistas*, pero se la negaron porque no admitía la necesidad del bautismo de agua. Acerca de la Cena del Señor, sostenía que era una mera «conmemoración», no una ordenanza obligatoria. Sin embargo, se unía en el culto con dichos anabautistas y hasta llegó a ser su principal líder teológico, sufriendo frecuentemente la persecución, tanto de parte de los protestantes como de los católicos.

Socino creía que las Escrituras deben interpretarse a la luz de la razón, debiendo ser contado entre los primeros que sometieron la Biblia al criticismo racionalista. Guiado por esta «luz», llegó a negar la Deidad de Cristo, diciendo que sólo se le puede llamar «Dios» por delegación de poderes del Padre después de su resurrección. Por

Baruj Spinoza

otra parte, admitió los milagros de Cristo y su concepción virginal como «signos» dados a la humanidad para indicar el papel único de Cristo como «Dios por delegación». No admitía que la muerte de Cristo tuviese efecto expiatorio, pues decía que Dios puede perdonar los pecados mediante el arrepentimiento y las buenas obras, sin necesidad de la redención llevada a cabo por Cristo. También negó el pecado original, la predestinación y la resurrección corporal a nivel general de todos los creyentes. Fue él quien echó los cimientos de los posteriores movimientos unitarios, los cuales han ido todavía más lejos que él, pues muchos de ellos niegan también los milagros de Jesús y sus poderes divinos por delegación.

Bib. John T. McNeill, *Los forjadores del cristianismo*, vol. 2 (CLIE, Terrassa 1987).

SOFISMA Este vocablo entró en el cast. a principios del siglo XV y procede del gr. *sófisma, sofísmatos* = habilidad, artificio; éste, del vb. *sofízein* = actuar con habilidad, actuar fraudulentamente; y éste, de *sófos* = hábil, sabio.

En filosofía, se da el nombre de sofisma a todo raciocinio*, que tiene la apariencia de ser concluyente, pero está viciado, ya sea (1) porque introduce en el silogismo un 4º término (contra la regla «los términos han de ser tres»); ya sea (2) por «petición de principio», es decir, por suponer ya demostrado el punto de partida que hay que demostrar; ya sea (3) por dialelo, esto es, por formar un círculo vicioso en que se pretende probar una cosa por otra y ésta por la 1ª; ya sea (4) por equivocar la cuestión, no estableciendo el punto exacto e intentando la demostración de una proposición que no es, en realidad, la que hay que demostrar ni está conectada necesariamente con ella.

SPENER, FELIPE JACOBO (cf. *Pietismo*)

SPINOZA, BARUJ Este filósofo holandés (1632-1677) nació en Amsterdam, de una familia judía española que había emigrado a Portugal y de allí tuvieron que exiliarse debido a la persecución religiosa que se levantó en aquel país al ascender al trono la Casa de Braganza. Su nombre hebreo (Baruj) significa «bendito», por lo que se le conoce también como Benito (del lat. *benedictus*) Espinosa. De joven, estudió con afición la literatura rabínica y también, privadamente con Francisco van den Ende, latín y literatura clásica.

Spinoza fue acusado de herejía y expulsado de la sinagoga por no admitir las creencias judías acerca de los ángeles, la naturaleza de Dios y la inmortalidad del alma. Para ganarse la vida, se dedicó entonces a pulimentar cristales ópticos, aunque también recibía donativos de amigos holandeses. Perdió una buena oportunidad de ganar dinero al no aceptar la cátedra de filosofía en Heidelberg.

Su reputación como gran filósofo y eticista quedó establecida desde que publicó en 1663 su obra sobre Descartes, *Los Principios de la filosofía de Decartes demostrados geométricamente*. Pero su obra maestra, publicada después de su muerte, es *La ética demostrada por orden geométrico*.

Su formación filosófica no puede ser más extraña. Después de estudiar a fondo la filosofía de Descartes (cf. *Cartesianismo*), enlazándola con el escotismo (cf. *Duns Escoto*), con el occamismo (cf. *Occam*) y hasta con el suarismo*, tampoco perdió de vista sus fuentes hebreas: la Biblia, el Talmud y los filósofos judíos medievales, especialmente Maimónides y la Cábala; finalmente, las filosofías de Giordano Bruno y de Hobbes. La metafísica que de ahí resultó fue una clase especial de panteísmo, que puede verse en *Panteísmo, 3)*.

Bib. B. Spinoza, *Obras completas* (trad. de O. Cohan y Mario Calés), 5 vols. (Acervo Cultural, Bs. As. 1977; *Tratado teológico-político* (Alianza,

Madrid 1986); *Ética demostrada según el orden geométrico* (Editora Nacional, Madrid 1980 / Trotta, Madrid 2000).
Carlos Brandt, *Spinoza y el panteísmo* (Cúrate, Barcelona 1972); Hubertus G. Hubbeling, *Spinoza* (Herder, Barcelona); Alfonso Ropero, *Introducción a la filosofía*, cap. VI (CLIE, Terrassa 1999).

SPURGEON, CARLOS HADDON Predicador bautista inglés, Spurgeon (1834-1892) nació el 19 de junio de 1834 en Kelvedon (Essex, Inglaterra). Su padre y abuelo eran pastores congregacionalistas. Él fue convertido en una pequeña capilla metodista de Colchester, a la que asistió casualmente en una tarde de nieve, por estar más cerca de su casa. Convencido por sus propias lecturas bíblicas decidió bautizarse cuando tenía 15 años, pese al disgusto de sus padres que eran paidobautistas. El acto tuvo lugar el 3 de mayo de 1850. Enseguida comenzó a enseñar en la Escuela Dominical. Su fama de «niño predicador» creció por todas partes.
En 1851, a la edad de 17 años, fue llamado a pastorear la pequeña iglesia bautista en Waterbridge, y en 1854 recibió una invitación de la importante e histórica iglesia bautista de *New Park Street* en el sur de Londres, la cual creció tan aprisa que tuvieron que edificar el primer Tabernáculo Metropolitano en 1859.
El 8 de enero de 1856 contrajo matrimonio con Ana Thompson y fundó el colegio para predicadores que lleva su nombre. En 1869 creó el orfanato de Stockwell, que aún continúa activo. También fundó y sostuvo mediante las ofrendas del Tabernáculo la *Temperance and Clothing Association* para ayudar a familiar necesitadas a causa del vicio de la borrachera de los padres; así como la *Pioneer Mission* y la *Colportage Association*. Como muchos evangélicos de su generación creía que el Evangelio debía aplicarse también a asuntos sociales, políticos, económicos, igual que a la iglesia, la familia y la vida individual. Apoyó la política liberal del primer ministro británico W. E. Gladstone y enseñó a no dividir artificialmente entre lo sagrado y lo secular. Así es como los evangélicos victorianos, sin ninguna teoría ni teología social se lanzaron como nadie a la labor social.
Durante su pastorado la iglesia Tabernáculo Metropolitano llegó a tener 6.000 miembros además de 14.592 convertidos durante su ministerio, que ingresaron en otras iglesias. Predicó asimismo en Escocia (1855), Irlanda (1858) y Ginebra (Suiza, 1860). Hay que tener en cuenta que su propósito no fue «reunir una gran cantidad de personas» en su iglesia, sino «que ésta aprenda de verdad cómo orar». Para él, «la oración es el nervio ligero que mueve los músculos de la omnipotencia». Como maestro del arte de orar enfatizó la necesidad de argumentar con Dios en oración, de persuadirle, de mostrar que se va en serio delante del trono de gracia.
En agosto de 1887 comenzó una controversia, conocida como la *Downgrade*, de difícil traducción, dentro de la Unión Bautista de Inglaterra a causa de la creciente tendencia en los pastores bautistas a aceptar el liberalismo acerca de la inspiración de la Biblia y la historicidad de ciertas partes de las Escrituras. Viendo rechazados por mayoría absoluta sus alegatos contra el modernismo dentro de la Unión, se separó de ésta en octubre de ese mismo año. Nunca aceptó el título de «reverendo» y se negó a ser ordenado.
Su precaria salud le obligó a pasar temporadas en el clima más cálido de Menton (Francia), donde murió el 31 de enero de 1892.
Calvinista convencido, se le llamó «heredero de los Puritanos», en cuanto de ellos recibió la base y fundamento del Evangelio de la gracia de Dios en toda sus dimensiones, anchura y profundidad. «La antigua verdad que predicó Calvino –escribe–, que predicó Agustín, que predicó Pablo, es la verdad que yo debo predicar hoy, o por el contrario ser un traidor a mi conciencia y a mi Dios. No puedo moldear la verdad; no conozco tal cosa como embotar los filos de una doctrina. El Evangelio de John Knox es mi Evangelio. Aquello que tronó en toda Escocia debe tronar en Inglaterra de nuevo».
Spurgeon sostuvo que el arminianismo* no afecta meramente unas pocas doctrinas que pueden separarse del Evangelio, sino que implica toda la unidad de la revelación bíblica y afecta nuestra idea de todo el plan de la redención en casi cada punto. Sin embargo apoyó la campaña evangelizadora de Moody en Gran Bretaña, no sin recibir críticas de aquellos que se consideraban guardianes del calvinismo puro.
Otra controversia principal en la que se vio envuelto se centraba en el surgimiento de la influencia católica romana en la Iglesia anglicana. En 1864 predicó un sermón titulado «La regeneración bautismal», que dio mucho que hablar. Hay que ver este sermón sobre el telón de fondo del Movimiento de Oxford*, también conocido como el Movimiento Tratadista y motejado como *Puseyismo* (por uno de sus líderes, E. B. Pusey*), movimiento que comenzó en Oxford en 1833, sólo

Edith Stein

veinte años antes, y que preocupó a hombres como el obispo evangélico Ryle. AR

Bib. C. Spurgeon, *Solamente por gracia* (PE); *Apuntes de sermones* (PE); *Un ministerio ideal*, 2 vols. (EDV); *Ganador de hombres* (EDV/CLIE); *No hay otro Evangelio* (EDV); *Discursos a mis estudiantes* (CBP); *Tres meditaciones inspiracionales* (TELL); *Tesoro de David. Los Salmos*, 2 vols. (CLIE); *Sermones selectos*, 5 vols. (CLIE); *Lecturas matutinas* (CLIE); *Según la promesa* (CLIE); *Doce sermones doctrinales* (CLIE); *Doce sermones evangélicos* (CLIE); *Sermones sobre la segunda venida* (CLIE); *Doce sermones sobre la resurrección* (CLIE); *Libro de cheques del banco de la fe* (CLIE); *Sermones y bosquejos del banco de la fe* (con F. B. Meyer, CLIE); *Doce sermones sobre la oración* (TELL).

Iain Murray, *Spurgeon, un príncipe olvidado* (EDV, Barcelona 1964); A. S. Rodríguez y García, *Biografía de Spurgeon* (CLIE, Terrassa 1987).

STEIN, EDITH Edith Stein nació el 12 de octubre de 1891 en Breslau, la actual Wroclaw (Polonia) en el seno de un familia judía ortodoxa y practicante de origen polacoalemán. La más pequeña de once hermanos, creció sin padre, ya que éste murió cuando Edith sólo tenía un año. A la pérdida de su padre le sigue, en plena adolescencia, la pérdida de Dios. Antes de cumplir 20 años Edith había renunciado a su fe hebrea. A los 21 años se declara absolutamente atea: «Me siento incapaz de creer en la existencia de un Dios», escribe a su amigo el filósofo polaco Roman Ingarden.

Tras cursar psicología en la Universidad de Breslau y filosofía en Gotinga, se sintió atraída, sin llegar a la devoción, por la doctrina y el pensamiento del gran fenomenólogo alemán Edmund Husserl (1859-1938), judío de raza como ella, que por entonces agrupaba a un puñado de figuras punteras en el pensamiento filosófico posterior: Max Scheler y Martin Heidegger.

El estudio de la filosofía* había llevado a Husserl, como más tarde a Edith, y otro gran número de filósofos educados en el hostil ambiente positivista*, a la fe cristiana. En 1886 Husserl se convirtió a la fe evangélica y fue bautizado en la Iglesia luterana.

Atea convencida, la fenomenología de su maestro comenzó a acercar a Edith Stein de nuevo a Dios. En aquella época admiraba sobre todo a Adolfo Reinach, mano derecha de Husserl y más joven que éste, muerto en el campo de batalla en 1917, durante la Primera Guerra Mundial. Reinach y su esposa habían descubierto el poder del Evangelio mediante la Iglesia evangélica, en la que se hicieron bautizar en los primeros días de la guerra. A Edith Stein no le podía pasar inadvertido estas revoluciones espirituales producidas en aquellas personas que admiraba por su probidad intelectual y científica. Por entonces conoce al fenomenólogo Max Scheler, cuando éste se hallaba en lo más alto de su entusiasmo por el catolicismo.

La muerte de Reinach le privó de uno de sus pocos amigos y confidentes. Quizá por simpatía y para honrar su memoria, y por indubitable inquietud interior, Edith comenzó a leer el Nuevo Testamento, y además a un autor hasta entonces ignorado, pero cuya estrella comenzaba a alborear en la conciencia filosófica europea: el escritor danés, entre filósofo y místico, Sören Kierkegaard*. Edith lee una de sus mejores obras religiosas, *Ejercitación del cristianismo*, pero no acaba de convencerle. La insistencia de Kierkegaard en la soledad del hombre ante Dios, la interpretación de la fe como aventura, como salto hacia lo incierto, no le satisfacen. Para incertidumbre la suya. Edith pide certezas.

En el verano de 1921, mientras se encontraba pasando unos días de vacaciones en casa de sus amigos, los filósofos Theodor y Eduvigis Conrad-Martius en Bergzabern (Palatinado), ocurrió el «milagro»: descubre la *Vida de Santa Teresa de Jesús*, y en su lectura encuentra la fe que desde hacía tiempo llevaba buscando a tientas. Se instruye en la doctrina católica y al final de su catecumenado solicita el bautismo que le es administrado el 1 de enero de 1922 en la parroquia de San Martín de Bergzabern. Fue acompañada en su bautismo por la filósofa evangélica, en cuya casa había encontrado la verdad, Eduvigis Conrad-Martius. Eran dos pensadoras de rango europeo que, sin renunciar a su formación filosófica y quizás por ella, habían encontrado el camino hacia Cristo por sendas paralelas. Sus diferencias doctrinales y encontrada filiación eclesial no impidieron que ambas se encontrasen unidas por los estrechos lazos comunes de la fe y la amistad, en uno de los momentos cruciales de la iniciación cristiana, que es el bautismo. Edith, de blanco, llevaba el traje nupcial de su amiga Eduvigis, la cual, con licencia del obispo, hizo de madrina. Acto solemne y significativo en el plano ecuménico, antes del ecumenismo*.

Deseosa de entrar en el claustro, los superiores le aconsejan calma. El Vicario General del Obispado de Espira, Josef Schwind, su director espiritual, la presentó a la comunidad de dominicas de Santa Magdalena en la misma ciudad y en su Colegio permaneció durante ocho años como profesora en el gimnasio femenino y en la escuela de formación de maestras, desde 1923 a 1931. El 21 de marzo de 1931 se despidió de las dominicas de Espira con destino al Instituto Alemán de Pedagogía Científica de Münster, ya que su intento de ser nombrada asistente en Freiburgo fracasó. Sus trabajos van desde la traducción del *De veritate* de Tomás de Aquino hasta relacionar los sistemas de Husserl y Santo Tomás, pasando por sus conferencias sobre la vocación y el destino de la mujer, pidiendo ya entonces el acceso de la mujer al sacerdocio.

El 14 de octubre de 1933 entró en el Carmelo de Colonia, cambiando entonces su nombre por el de Teresa Benedicta de la Cruz.

Con la llegada de Hitler al poder comenzó el principio del fin de la carrera de Edith, como la de tantos otros de su raza. Perseguida por ser judía, tuvo que renunciar a su cátedra universitaria y huir al convento holandés de Echt, para no poner en peligro a las demás religiosas. Era el 31 de diciembre de 1938. Edith entonces escribe una carta dirigida al papa, pidiéndole una audiencia y rogándole que publique una encíclica contra el nazismo, a la que Roma no contesta. Precisamente, a este dato se agarraron los judíos del Centro Wiesenthal para protestar contra la canonización de Edith Stein, pues piensan que esta manera de proceder busca tapar el silencio de Pío XII sobre la *shoah*.

El 2 de agosto de 1942, Edith es detenida por la Gestapo en Holanda, junto a su hermana Rosa, que la había seguido en la conversión y en la vocación carmelitana. Ambas son conducidas a Auschwitz y quemadas en las cámaras de gas siete días más tarde.

Discípula de Juan de la Cruz, el otro gran carmelita, así como de Santa Teresa*, Edith compuso una de sus pocas obras teológicas, *La ciencia de la cruz*, escrita con ocasión de la celebración del IV centenario del nacimiento de San Juan de la Cruz. En este escrito Edith Stein se plantea el problema de la contemplación infusa y de la experiencia de Dios, que identifica con la «teología mística», y que caracteriza a la mística carmelitana:

«Esta contemplación... es algo más puro, tierno, espiritual e interior que todo el conocimiento que procede de la vida natural del espíritu y está levantado sobre todo lo temporal constituyendo un verdadero principio de la vida eterna en nosotros. No se trata tan sólo de aceptar el mensaje de la fe percibido por los oídos, ni tan sólo de un mero volverse a Dios a quien sólo conoce de oídas, sino de un toque interior de la divinidad, de un percibir a Dios, que tiene fuerza suficiente para desligar el alma de todas las cosas creadas y encumbrarla, sumergiéndola al mismo tiempo en un amor cuyo objeto se desconoce» (E. Estein, *La ciencia de la cruz*, pp. 170-171. Dinor, San Sabastian, 1959). AR

Bib. Edith Estein, *La ciencia de la cruz* (Dinor, San Sabastian, 1959 / EMC, Burgos).

Christian Feldman, *Edith Stein. Judía, filósofa y carmelita* (Herder, Barcelona 1988); W. Herbstrith, *El verdadero rostro de Edith Stein* (Encuentro, Madrid 1999); Theresia Matre Dei, *Edith Stein. En busca de Dios* (Verbo Divino, Estella 1992); Teresa Renata del Espíritu Santo, *Edith Stein. Una gran mujer de nuestro siglo* (Dinor, San Sebastián 1960); Alfonso Ropero, «La dimensión ecuménica de la espiritualidad en la vida y obra de Edith Stein» (*Revista Agustiniana*, Madrid, septiembre-diciembre. 1999).

STOTT, JOHN R. W. Predicador angloevangélico nacido el 27 de abril de 1921 en Londres (Inglaterra), hijo de un médico agnóstico y madre luterana, de origen alemán, que le enseñó la fe cristiana. Fue convertido en su adolescencia mediante el ministro evangélico Eric Nash, del *Inter-Collegiate Christian Union* (ICCU), de quien recibió el amor por la Biblia, leyéndola desde entonces una vez al año, lo que ha ha hecho de él uno de los mejores predicadores expositivos del siglo xx, así como un defensor convencido de la predicación bíblica expositiva como el centro y la esencia del culto cristiano. «La adoración correcta es imposible sin predicación.»

Influenciado por Martyn Lloyd-Jones*, se dedicó al estudio serio y riguroso de la Biblia, toda vez

John R. W. Stott

que el cristiano no tiene nada que temer del intelecto, sin todo lo contrario, aunque había sido prejuicio común entre los miembros del *ICCU*.
Después de sus estudios universitarios y teológicos fue ordenado al ministerio de la Iglesia anglicana y nombrado pastor de la iglesia *All Souls* de Londres. Entonces tenía 29 años. También llegaría a ser capellán de la Reina de Inglaterra.
Lleno de celo evangelístico y erudición neotestamentaria, Stott ha recorrido los cinco continentes dando conferencias y ganando multitud de personas para la causa del Evangelio. A veces ha predicado a audiencias de 17.000 estudiantes.
Dos son las características de su carrera y pensamiento: El lugar privilegiado de la predicación bíblica expositiva, rica en doctrina y sana en espíritu; y la preocupación por los temas sociales desde una óptica cristiana evangélica. Como resultado de esto último en 1982 fundó el Instituto Londinense para el Cristianismo Contemporáneo, actualmente Impacto Cristiano, por su unión con el Proyecto Shaftesbury.
Participó en el Congreso Mundial de Evangelización de Lausana (Suiza, 1974), y en muchos otros encuentros y convenciones misioneras y pastorales.
Pacifista absoluto durante la Segunda Guerra Mundial, y después, actualmente se define como un «pacifista nuclear» (no a la guerra nuclear), pero comprendiendo la vieja doctrina de la «guerra justa». Preocupado por el tema de la perdición eterna de los no creyentes, ha explorado la cuestión de la aniquilación*, aunque su pensamiento se mueve en la relevancia social y moderna del Evangelio. Su estudio sobre pneumatología representa una corrección a algunos compañeros de ministerio que se inclinaron por la renovación carismática. AR

Bib. J. R. W. Stott, *Cristianismo básico* (Certeza); *Las controversias de Jesús* (Certeza); *Creer es también pensar* (Certeza); *Hombres nuevos* (Certeza); *La nueva humanidad: el mensaje de Efesios* (NC); *La contracultura cristiana: una exposición del Sermón del Monte* (NC); *Cómo comprender la Biblia* (Certeza); *La misión cristiana hoy* (NC); *La evangelización y la Biblia* (EEE); *El cuadro bíblico del predicador* (CLIE); *Sed llenos del Espíritu* (Caribe); *Guarda el buen depósito* (Hebrón); *Cómo llegar a ser cristiano* (NC); *Los problemas del liderazgo cristiano* (NC); *La fe cristiana frente a los desafíos contemporáneos* (Desafío, 1998); *La predicación: Puente entre dos mundos* (Desafío, Grand Rapids 1998).

STRAUSS, DAVID FEDERICO Este teólogo alemán (1808-1874) nació en Ludwigsburg, cerca de Stuttgart, y estudió en Tubinga con F. C. Bauer. Estuvo por breve tiempo en Berlín, donde se entusiasmó con la filosofía de Hegel, y fue nombrado tutor en el seminario teológico de Tubinga (1832-1835), donde escribió su famosa *Vida de Jesús*, por la que fue obligado a dimitir. La misma oposición encontró al ser nombrado profesor de teología en la universidad de Zurich (1839). Así que pasó el resto de su vida escribiendo biografías y alguna que otra incursión en el campo de la teología. En 1864, movido por el éxito de la *Vie de Jesús* de Renan, publicó una nueva *Vida de Jesús*, con la pretensión de que llegase a todo el pueblo alemán. En ella cambia de tono y de opiniones. La forma es injuriosa. Acusa a la Iglesia de mala y, dice, es necesario abolirla. Compara a los clérigos a ratones de campo y son representados como viles esclavos de sus intereses y enemigos de la verdad. Strauss conversa la palabra mito para referirse a la vida de Jesús, pero le cambia el sentido. Deja de significar una creación inconsciente de la comunidad cristiana y pasa a ser una invención más o menos refleja y buscada.
En 1872 se publicó su última obra, *La fe antigua y la nueva*, en la que Strauss aceptó el materialismo* científico y el evolucionismo darwiniano (cf. *Evolución*), y rechazó la creencia en un Dios personal y la vida después de la muerte, insistiendo en que lo único que queda es el sentimiento de que dependemos absolutamente del universo.

Bib. D. F. Strauss, *La antigua y la nueva fe* (trad. de Augusto Manzano, Madrid 1888).
Miguel Ángel Taber, *David F. Strauss: La vida de Jesús* (EME, Madrid 1977).

STRONG, AUGUSTO HOPKINS Este teólogo norteamericano (1836-1921), profesor y ministro bautista, nació en Rochester, Nueva York. Obtuvo su primera graduación (BA) en Yale (1857), y su graduación definitiva en teología en el Seminario teológico de Rochester (1859). Entre el 1859 y el 1860, pasó un año en Alemania, estudiando en la universidad de Berlín. En su 25º cumpleaños (1861) fue ordenado ministro evangélico, e invitado a pastorear la Primera Iglesia Bautista de Haverhill, Massachusetts, pasando en 1865 a pastorear la Primera Iglesia Bautista de Cleveland, Ohio, donde permaneció hasta 1872; entre sus miembros estaba J. D. Rockefeller. En 1872, Strong fue elegido Presidente del Seminario teológico de Rochester y profesor de teología en el mismo centro, donde enseñó durante 40 años, hasta su retiro en 1912. Todavía emprendió una gira a diversos países del mundo cuando contaba 80 años de edad (1916-1917), a raíz de la cual escribió su libro *Una Gira de Misiones, Observaciones y Conclusiones*.

De su variada producción literaria, destaca su *Teología Sistemática*. A pesar de sus más de 1.100 pgs. en letra pequeña, la llama «un compendio». En ella, muestra una erudición pasmosa, pero también las debilidades teológicas de este hombre fuerte (inglés = *Strong*). En efecto, aquí se mezclan brillantes citas literarias con atinadas ilustraciones, y doctrinas teológicas ortodoxas con enseñanzas platónicas erróneas y concesiones al criticismo y al evolucionismo*. En mi opinión, su posición más fuerte está en la defensa del bautismo de adultos y del calvinismo amiraldiano, y sus debilidades en su defensa del evolucionismo, del monismo ético, del monotelismo, de la falibilidad de las Escrituras y de la aplicación de la analogía del ser (correcta) a la analogía de la sustancia (incorrecta), con la que no se puede evitar cierta identidad de sustancia en Dios y en nosotros, al ser la sustancia un género, no un trascendental.

SUARISMO Con este vocablo se designa la dirección escolástica propia del jesuita español Francisco Suárez (1548-1617) frente a la de otros escolásticos, especialmente ante la de Escoto*, y la de Tomás de Aquino*, con las que tiene mayores afinidades. Su obra cumbre es, en lat. *Dis-*

A. H. Strong

putationes metaphysicae . Las características de dicha metafísica pueden verse en los tres aspectos siguientes:

(1) «Suárez es el 1º que ofrece un desarrollo completo, sistemático y cerrado de la metafísica.»

(2) «Suárez transmite a la posteridad el concepto clásico de metafísica, tal como lo crearon (en cuanto a la cosa, si no en cuanto al nombre) Platón y Aristóteles. En esta metafísica, el tema de Dios no se separa del tratado general del ser, sino que constituye su natural prolongación y coronación.»

(3) «Suárez representa un sano eclecticismo, de criterio seguro, que toma de cualquier parte lo eternamente verdadero, y que está siempre abierto a cuanto le pueda enseñar algo nuevo.»

Desde la perspectiva escolástica de Tomás de Aquino, creo que es más atinada en su concepto fundamental del ser*. El tomismo ve la razón interna de la existencia del ente en el ser considerado como acto: el acto por el cual la esencia pasa de ser posible a ser real. En cambio, el suarismo ve el ser como el estado de existir. Consecuente con su concepto del ser, Suárez niega la distinción real de esencia y existencia, lo que a mí me parece una grave equivocación (cf. *Existencia*). Pero Suárez, no sólo se interesó en la metafísica, sino que contribuyó también grandemente al desarrollo del derecho de gentes y de la filosofía del Estado. Su influencia se notó en la escolástica posterior, tanto católica como protestante (Leibniz, Schopenhauer).

Bib. Francisco Suárez, *Disputaciones metafísicas* (edición bilingüe) (Gredos, Madrid, 1961); *Introducción a la metafísica* (Primera de las Disputaciones) (Espasa-Calpe, Madrid 1966); *Guerra, intervención, paz internacional* (Espasa-Calpe, 1956); *De anima*, 2 vols. (Labor, Madrid 1978-1981).

SUBDIACONADO Entre las sagradas órdenes del sacramento católico del Orden (cf. *Mayores, Órdenes y Menores, Órdenes*), figuraba, hasta el año 1972 en que fue abolida, la del subdiaconado. Sus funciones consistían, durante las misas de terno, en cantar la epístola, presentar el pan y el vino al preste (el principal oficiante) y limpiar después la patena y el cáliz. Antes de recibir la ordenación de subdiácono, los candidatos debían emitir el voto de castidad perfecta.

SUBJETIVISMO Este vocablo viene del adj. lat. *subiectus* = sometido (*sub iectus* = puesto debajo), sujeto. Es lo contrario de objetivismo* y designa el punto de vista filosófico según el cual lo decisivo para el valor del conocimiento no es el objeto, sino la constitución del sujeto, conforme al conocido dicho de Protágoras de que «el hombre es la medida de todas las cosas».

El subjetivismo se extiende a varias áreas del ser: (1) a ciertas formas de pensamiento comunes a todos los seres pensantes; (2) a la naturaleza del hombre en cuanto que está sometida a cambios históricos; (3) a los tipos raciales, psicológicos o sociológicos; o (4) a la peculiaridad subjetiva de cada individuo humano. A esta última acepción se adscribe el subjetivismo en sentido estricto.

El carácter relativista* del subjetivismo se acentúa a medida que la verdad se hace depender más de las condiciones cambiantes. En principio, todo subjetivismo se basa en un desconocimiento de la naturaleza del espíritu como algo abierto al ámbito sin límites del ser* y, por tanto, merece nuestro rechazo. A la vez, el subjetivismo expresa y reivindica la opinión del sujeto desde su perspectiva vital, como una parte esncial del todo, de modo que se han podido hacer afirmaciones contradictorias y decir que lo subjetivo es lo falso y que lo subjetivo es lo verdadero, según se entienda el valor de lo subjetivo.

Bib. Alfonso Ropero, *Filosofía y cristianismo*, cap. VII (CLIE, Terrassa 1997).

SUBJETIVO Como el anterior, también este vocablo procede del lat. *subiectus* = sometido, sujeto. Es lo contrario de objetivo*. A nivel filosófico, el único que nos interesa aquí, subjetivo puede significar (1) lo que existe de parte del sujeto; (2) en sentido más estricto, lo no fundado en el objeto, sino en los juicios (o en los sentimientos) arbitrarios del sujeto; también (3) los actos intencionales (cf. *Intencional, 2*) considerados como actos reales (*accidentes*) del sujeto; y (4) según el modo de hablar de los antiguos escolásticos, lo referente al sujeto en cuanto que existe en sí mismo y, así, existir subjetivamente significa existir en sí mismo como ente real, no como objeto del pensamiento.

SUBLAPSARIOS (cf. *Elección, 2*)

SUBORDINACIONISMO Con este nombre genérico se designan dos herejías antitrinitarias: (1) el arrianismo* que subordina el Hijo al Padre, y (2) el macedonianismo, llamado así del patriarca de Constantinopla Macedonio (m. hacia 370), que subordina el E. Santo, no sólo al Padre, sino también al Hijo, haciendo del Espíritu Santo una criatura del Verbo. A los macedonianos se les llamó también «pneumatómacos», del gr. *pneumatómajos* = el que lucha contra el Espíritu (de *pneúma* = espíritu y *májomai* = luchar).

SUBSISTENCIA Este vocablo viene del lat. *subsístere* = mantenerse firme, permanecer de pie. Por eso, su equivalente gr. es *hupóstasis* = firmeza, seguridad, base firme. Este es el sentido que *hupóstasis* tiene en He. 11:1. A nivel estrictamente filosófico, subsistencia es lo que posee el ser no en otro, sino en sí mismo. Es cierto que esto se aplica también a la substancia*, pero de distinto modo: referente a la substancia, implica su distinción del accidente* con el significado de «sujeto de adhesión que no está adherido a otro», pero referente a la subsistencia significa «lo que puede existir como substancia completa»; p. ej. la naturaleza humana concreta, individual (cf. *Persona*).

Sólo Dios es el Ser perfectamente subsistente por sí mismo (cf. *Dios, 9), Dios, Espíritu y Dios, 28), Dios, Simplicidad de*). Los ángeles* (espíritus puros) son formas esenciales que tienen subsistencia perfecta. El alma* human tiene una especie peculiar de subsistencia, pues, por una parte, necesita el cuerpo para tener una subsistencia completa, pero, por otra parte, siendo una substancia espiritual, independiente de la materia, comunica el ser a ésta y, por tanto, su subsistencia no depende del individuo humano, sino que la subsistencia de éste depende de la del alma. Al ser reconocido el vocablo subsistencia como equivalente del gr. *hupóstasis* y del lat. *persona*, la teología cristiana aplicó la idea de subsistencia al misterio de la Trinidad* con tres subsistencias que tienen en común la misma naturaleza, esencia, substancia, y al misterio de la Encarnación, con una sola subsistencia divina que cubre también a la naturaleza humana de Cristo a fin de que sea una naturaleza realmente completa (cf. *Enhypóstatos*), es decir, un hombre (cf. Jn. 8:40; 1 Ti. 2:5).

SUBSTANCIA Este vocablo se escribe y se dice sustancia, si se toma en sentido genérico (p. ej. «esto no tiene sustancia» = «esto no tiene meollo, no tiene sabor, no es nutritivo, no tiene fundamento, etc.»), pero, a nivel estrictamente filosófico, es conveniente escribir y decir substancia, no sólo para distinguir su sentido específico del genérico, sino también para observar su etim. y comprender el contenido de su concepto. El término substancia se deriva del lat. *substantia* = substancia, ser, realidad, soporte, bienes de fortuna; y éste, del vb. *substare* = estar debajo. Su afinidad etim. con subsistencia*, hizo que, en las controversias trinitarias y cristológicas, hubiera cierta confusión en el uso de estos términos, pero, como hemos dicho en el art. *Subsistencia*, no tardaron en definirse los respectivos sentidos específicos. Según eso, en cuanto a que se diferencia de la subsistencia, la substancia es el sujeto de adhesión de los accidentes que no está adherido a otra substancia.
Toda substancia es también principio fundamental (remoto) de actividad, es decir, es una naturaleza*. Conforme a la teoría escolástica del hilemorfismo*, la substancia se divide en completa e incompleta. La primera no necesita de otra para existir por sí sola; la segunda es necesariamente una parte de una substancia completa.
Hay muchos conceptos erróneos de substancia, que expongo a continuación: (1) por su carácter analógico, se opone al panteísmo; (2) por su extensión, se opone al materialismo y al dinamicismo leibniziano; y (3) por su carácter de verdadera realidad objetiva, se opone al actualismo, ala filosofía de la vida (Bergson) y al existencialismo.
Conocemos la substancialidad del propio yo por el testimonio de la conciencia, puesto que percibimos interiormente que nuestros actos de pensar, sentir, querer, no tienen substancia propia, sino que están necesariamente referidos a un sujeto o centro del cual proceden.

SUBSTITUCIÓN Este vocablo viene del lat. *substitúere* = reemplazar, poner una cosa en lugar de otra, comp. de *sub* = debajo y *statúere* = establecer, colocar, determinar, opinar. En el cast. actual se escribe y se dice sustitución, sustituir, sustituto, y así lo haré en este art. Voy a resumir lo que digo en *CPDTB*, Parte II, lecc. 11ª.
Tenemos aquí lo que algunos llaman «el problema de Dios ante el pecado». Pero Dios no tiene problemas, sino soluciones. El problema es del pecador (cf. Is. 59:1-2). Dios ama al pecador, pero odia el pecado, porque es Amor (cf. 1 Jn. 4:8, 16), pero también es Luz (cf. 1 Jn. 1:5). La solución que Dios da al problema del pecado del hombre está resumida en 2 Co. 5:21. Dios no condona el pecado, ni condena al pecador, sino que lo sustituye.
Is. 59:1-2 dice que Dios es siempre Salvador, pero el pecado ha hecho separación entre nosotros y Dios. La sima no puede ser más ancha: por un extremo, el hombre pecador (Ro. 3:23); por el otro, el Dios infinitamente santo (Is. 6:3). Hacía falta un «puente» lo bastante ancho para unir las dos orillas tan separadas entre sí. Dios puso ese «puente» al hacer a Jesús de Nazaret el gran «Pontífice», el único, entre Dios y los hombres (1 Ti. 2:5; He. 4:14-16), pues el lat. *póntifex*, según su etim. es «el que hace puentes» y «el que hace de puente»; históricamente, era «el funcionario romano que estaba encargado del puente del Tíber». Pero la sima abierta por el pecado es inmensamente más ancha que el cauce del Tíber.
La sustitución de que aquí hablamos tuvo lugar en el Calvario. Para ser precisos, Jesús nos sustituyó por medio de su muerte, sufriendo voluntariamente (Jn. 10:17-18) lo que nosotros merecíamos por nuestros pecados, no por medio de su vida santa, la cual era necesaria para cualificarle como sacerdote apto (cf. He. 7:26). Se dice que «Cristo cumplió la Ley por nosotros, en nuestro lugar», pero eso es un grave disparate teológico. La hondura alcanzada por la sustitución del Calvario está patente en el grito de Jesús: «Dios mío, Dios mío, ¿a qué fin me desamparaste?» (Mt. 27:46; Mr. 15:34, versión lit.) La fuerza de ese «me desamparaste» se nota mucho mejor en el gr.: *enkatélipes me*, pues el aor. *enkatélipes* = desamparaste está formado por el pref. *en* = dentro, el pref. *katé* = conforme a, con sujeción a, y el aor. act. del vb. *leípein* = dejar, por lo que po-

dría parafrasearse del modo siguiente: «¿para qué me dejaste atado y encerrado?» Por eso, cuando le gritaban: «¡Sálvate a ti mismo!», «¡A otros salvó, a sí mismo no se puede salvar!» expresaban, sin querer, una gran verdad: No se podía salvar, porque en ello se jugaba nuestra salvación. Se engañan, sin embargo, quienes ven en el Calvario a un Dios airado castigando a un Dios inocente. Dios-Padre estaba también sufriendo interiormente y amando a un Hijo que cumplía estrictamente la voluntad de su Padre, pero el Hijo, en su naturaleza humana, se había hecho solidario nuestro cargando con nuestros pecados (1 P. 2:24) y el Padre tuvo que someterlo a padecimiento (Is. 53:10); fue necesario (Lc. 24:46).

Pasando por alto otros detalles, que pueden verse en mi mencionado libro, me fijaré únicamente en Is. 53:5b, que dice así en el hebr. *Ubajaburató* («Y con su azotaina») *nirpá* («curación») hubo (se suple el vb.) *lánu* («para nosotros»). Esta traducción estrictamente lit. sugiere que Cristo no nos salvó directamente en la Cruz, ni a los elegidos ni a nadie, sino que allí hizo provisión de salvación para todo aquél que crea (cf. Jn. 3:16).

Y, finalmente, algo que no se debe olvidar: Los sufrimientos de Cristo en la Cruz no habrían podido ser efectivos para nuestra salvación si Cristo no se hubiera hecho solidario con nosotros, de acuerdo con He. 2:14. Por eso, el *jaburató* del hebr. en Is. 53:5. viene de la raíz *jabár* = unir. Así fue posible la sustitución. Cf. tamb. Lv. 16:8; Mt. 20:28; Mr. 10:45; Ro. 3:23-26; Gá. 3:13; 1 Ti. 2:6; He. 9:7, 12, 28.

SUCESIÓN APOSTÓLICA La Iglesia de Roma sostiene que sus obispos son sucesores de los apóstoles o de algún obispo puesto por los apóstoles. Ya Ireneo (aprox. 140-202), dice «que los apóstoles Pedro y Pablo fundaron la iglesia de Roma y pusieron a Lino por primer obispo de ella; que a él le sucedió Anacleto; y a éste, Clemente, que vio a los apóstoles y conversó con ellos». En otros lugares insiste en la sucesión apostólica de los obispos. Con todo, algunos teólogos católicos, especialmente H. Küng en su libro *La Iglesia*, no admiten la credibilidad de Ireneo ni la misma sucesión apostólica. «La verdadera sucesión apostólica, dice Küng, no es la sucesión de los obispos, sino la sucesión del mensaje apostólico.» Tal es la postura protestante y evangélica.

Esta ha sido siempre la enseñanza católica. El nuevo *CDLIC*, basado siempre en documentos del C. Vaticano II y del nuevo *CIC*, la menciona en los puntos 77, 94, 815, 831, 833, 1087, 1209, 1399 y 1576. Destaco el 1399, donde dice así de las iglesias orientales separadas de Roma: «Estas Iglesias, aunque separadas, tienen verdaderos sacramentos y, sobre todo, en virtud de la sucesión apostólica, el sacerdocio y la Eucaristía, con los que se unen aún más con nosotros con vínculo estrechísimo».

En cambio, acerca de los protestantes, dice en el nº 1400: «Las comunidades eclesiales nacidas de la Reforma, separadas de la Iglesia católica, no han conservado la sustancia genuina e íntegra del misterio eucarístico, sobre todo por defecto del sacramento del Orden». Con esta declaración se dice implícitamente que ninguna denominación protestante, ni siquiera los anglocatólicos, posee la sucesión apostólica, a pesar de que todos los anglicanos se jactan de ser sucesores de los apóstoles.

Bib. José Grau, *El fundamento apostólico* (EEE, Barcelona 1966); Otto Karrer, *Sucesión apostólica y primado* (Herder, Barcelona 1963).

SUFRIMIENTO Además de lo dicho en *Dios, 17) y 24)*, sobre la omnipotencia y la providencia de Dios ante el problema del mal, y especialmente en el art. *Mal*, es conveniente leer detenidamente la reacción de Jesús en Lc. 13:1-5 ante la insinuación de que el sufrimiento es un castigo de Dios a los pecadores. Jesús replica que también los que obran bien están abiertos al sufrimiento y que todos debemos arrepentirnos para no perecer. La pregunta correcta no es: «¿por qué sufren unos más que otros?», sino: «¿qué hemos hecho nosotros de bueno para continuar viviendo?» (cf. 2 P. 3:9).

La pregunta se hace más aguda: ¿Y por qué tenía que sufrir el Hijo de Dios? ¡Vedle desconsolado en la agonía de Getsemaní, vedle desesperado en la Cruz, vedle morir indefenso, burlado de los malos, abandonado de los buenos, negado por Cefas, traicionado por Judas; sólo Juan y algunas mujeres están al pie de la Cruz! El Hijo de Dios, el Soberano de cielos y tierra, se despoja de todo (cf. Fil. 2:6-8) «menos de su amor» (C. Wesley). Es el único ser humano que, desde la eternidad, sabe que está destinado a morir violentamente (cf. 1 P. 1:20). Basta leer detenidamente los Evangelios para ver hasta qué punto, increíble, vino a sufrir aun antes de nacer (cf. Jn. 8:41, a la luz de Mt. 1:18-19), dado a luz en un pesebre, escuchando profecías sombrías la 1ª vez que entra en el templo (Lc. 2:34-35), llenando de turbación, no de regocijo, a su amada Jerusalén (Mt. 2:3), yendo de una parte a otra porque lo persiguen (Mt. 2:13-14), sus discípulos no lo entienden (Mr. 4:41; Jn. 6:60, 66), los curados por él le desobedecen, teniendo que ir a ocultarse (Mr. 1:40-45), las «fuerzas vivas» lo odian a muerte y, por fin, acaban con él, ¿por qué? Sencillamente, por no haber escuchado los sabios consejos de Satanás. ¿No podía haber triunfado por las buenas y haber convertido almas a millones? Vive unos 33 años, ¡y se pasa 30 haciendo de carpintero! ¿Qué clase de «Salvador» es éste? Sólo Lucas nos ha conservado la conmovedora escena en que Jesús llora a gritos (gr. *éklausen*, no es el mudo *edákrusen* = derramó lágrimas, de Jn. 11:35) sobre Jerusalén (cf. Lc. 19:41-44). Comentándola, dice Yancey: «Los discípulos le habían propuesto a Jesús que hiciera descender fuego sobre ciudades impenitentes; por contraste, Jesús pronunció un grito de impotencia, un asombroso «¡Oh, si al menos conocieras en este día lo que es para tu bien!" de labios del Hijo de Dios. No quería imponerse por la fuerza a los que no querían» (*El Jesús que nunca conocí*). Y, poco antes: «Dios no es un nazi. De hecho, el Soberano del universo se hizo víctima de él, impotente ante un grupo de soldados en el huerto. Dios se hizo débil con un solo designio: para permitir a los seres humanos que escogieran libremente qué es lo que quieren hacer con Él».

Bib. Donald A. Carson, *¿Hasta cuándo, Señor?* (Andamio, Barcelona 1995); Herbert Carson, *Dios mío, ¿por qué sufro?* (EP, Ciudad Real 1986); James Dobson, *Cuando lo que Dios hace no tiene sentido* (Unilit, Miami 1984); W. Glyn Evans, *Mi amado adversario* (Unilit, 1985); Victor Frankl, *El hombre doliente* (Herder, Barcelona 1994, 3ª ed.); Salvador Iserte, *Victoria sobre el sufrimiento* (CLIE, Terrassa 1992); C. S. Lewis, *El problema del dolor* (Caribe, Miami 1977); D. M. Lloyd-Jones, *¿Por qué lo permite Dios?* (Portavoz, Grand Rapids 1992); Philip Yancey, *¿Dónde está Dios cuando se sufre?* (CLIE, 1980); *–Desilusión con Dios* (Vida, Deerfield 1990).

SUJETO Este vocablo viene del lat. *subjectum* = lo puesto debajo; es lo contrario de *objeto* = lo puesto delante, y ya desde su entrada en el cast. el año 1490, se ha escrito y dicho sin la b que aparece en objeto, así como en subjetivismo y subjetivo. El término se usa a cuatro niveles.

(1) A nivel gramatical, sujeto es lo opuesto a predicado; p. ej. «la mesa es grande»; «mesa» es el sujeto del que se afirma (se predica) que es «grande».

(2) A nivel gnoseológico (del conocimiento), el vocablo abarca la totalidad de las funciones del sujeto cognoscente, en cuanto que se distingue del sujeto psicológico individual.

(3) A nivel psicológico, que es el nivel que ha obtenido la primacía en nuestra época, es el «yo» en cuanto que produce actos (cf. *Acto*), especialmente actos intencionales (cf. *Intencional*).

(4) Finalmente, a nivel ontológico, el vocablo sujeto es, según su etim., la realidad que está en la base de todo lo que descansa sobre él. La realidad viva, experimentable psíquicamente, de que el «yo» tiene por suyos sus actos y estados, se expresa denominando sujeto de los mismos al «yo».

SUN MYUNG MOON (cf. *Unificación, Iglesia de la*)

SUPRALAPSARIOS (cf. *Elección, 1*)

TAOÍSMO Se designa con este vocablo la que ha venido a llamarse «la más grandiosa y profunda creación del espíritu chino» (W. Brugger). Recibe su nombre del filósofo chino Lao-Tsé, cuyas fechas de nacimiento y muerte se desconocen, pero es seguro que vivió entre los siglos VI y V a.C. Su filosofía se halla recopilada en un pequeño libro llamado *Tao* = Camino, aunque, con la mayor probabilidad, no es obra suya, sino de un discípulo posterior, quizás de Chuang-Tsé (399-295 a.C.), el principal de ellos. La idea básica del Tao es la inacción en un esfuerzo de armonizar con la naturaleza. La mejor manera de tratar el mal y la violencia es no hacer nada, porque el mal y la violencia se derrotan a sí mismos. («Cuantas más leyes hay –decía Lao-Tsé– más ladrones hay»). No quería decir que hay que evitar toda acción, sino sólo las hostiles.

La doctrina de Lao-Tsé, con su indiferencia absoluta, permaneció como una ciencia esotérica, sin conseguir muchos adeptos hasta que se transformó en doctrina moral y metafísica. Su contraste con el cristianismo es muy agudo, pues el concepto taoísta de Dios es, en realidad, panteísta (cf. *Panteísmo*). Debido a su enseñanza sobre la inacción, el taoísmo es fatalista. Lo único bueno que queda son algunos preceptos morales y filosóficos, pero, igual que el budismo* y el confucianismo (cf. *Confucianismo*), es una filosofía religiosa que se centra en el ser humano, mientras que el cristianismo se centra en el amor de un Dios personal, que tuvo a bien socorrer al ser humano caído por el pecado (cf. *Caída del hombre*).

Bib. Lao-Tse, *Tao Te Ching*, versión de Stephen Mitchell (Gaia, Barcelona 2000); –*Hua Hu Ching*, versión de Brian Walker (Edaf, Madrid 1998); Wang Chen, *El tao de la paz* (Edaf, Madrid 2000); José Grau, *¿Todas las religiones iguales?*, cap. V (EEE, Barcelona 1974); Antonio Medrano, *Tao Te King de Lao-Tse. El taoísmo y la inmortalidad* (América Ibérica, Madrid 1994). Henri Maspero, *El taoísmo y las religiones chinas* (Trotta, Madrid 2000).

TAUTOLOGÍA Este vocablo no se conocía en castellano hasta el año 1739, procede del gr. y está formado por *t'autó* (contracción de *tò autó*) = lo mismo y *lógos* = discurso. Por tanto, tautología es el vocablo con el que se define un juicio cuyo predicado es totalmente idéntico al sujeto. Lo cual puede hacerse de dos maneras.

(1) Legítimamente, para recalcar una cualidad importante del sujeto; p. ej. «el Dios veraz siempre dice la verdad», pues si es veraz, necesariamente ha de decir la verdad, y es forzosamente un juicio analítico. En cambio, si digo «el Dios veraz no puede mentir», no hay adecuación total, pues el «no mentir» no agota el concepto de «veraz». En otras palabras, Dios es veraz no sólo no diciendo la mentira, sino también diciendo la verdad, pues «verdad» y «mentira» son términos contrarios (se niega la extensión), pero no son contradictorios (se niega también la forma). En un idioma como el hebreo, parecen tautológicas frases como «murió de muerte» o «murió muriendo», pero no lo son, pues la 1ª significa que fue una «muerte» especial, esto es, pestilencia; y la 2ª es una forma de expresar una muerte atroz (por la agonía o por la violencia).

(2) Pero también es tautológica, en mal sentido, cualquier expresión en la que se usan términos diversos (en realidad, idénticos), para aparentar un sentido distinto del que tienen realmente. Esto es una especie de sofisma*.

TÉCNICA Este vocablo viene del gr. *téjne* = arte, y éste es el significado que tuvo desde la antigüedad, incluyendo la habilidad para hacer cosas útiles, lo mismo que cosas bellas. De este significado se derivan todos los demás: (1) las reglas para la realización de un arte; p. ej. la técnica del dibujo; (2) las reglas para utilizar las fuerzas naturales con el fin de satisfacer las necesidades humanas; p. ej., la técnica artesana; (3) En la era moderna, las reglas del empleo de las máquinas, es decir, la técnica mecánica.

Como parte de la filosofía, la técnica postula que se muestren, sobre todo, las condiciones que la naturaleza humana exige para aprovechar los adelantos de la técnica y aprender a evitar, en lo posible, los ineludibles riesgos que para el ser humano comporta una técnica artesana y, en especial, la técnica mecánica. A veces, el técnico tiene que alejarse de su familia, con peligro de su salud, en desigualdad económica con respecto a los grandes capitalistas que manejan los negocios, etc.

El abuso de la técnica conduce a la tecnocracia cuando se considera a la técnica como un fin en sí misma, llegando al extremo de hacer del obrero un esclavo de la máquina, con desdoro de su dignidad fundamental de ser humano.

TÉCNICA Y HUMANIZACIÓN Según el filósofo marxista Herbert Marcuse, «la tecnología se ha convertido en el gran vehículo de la reificación», es decir, de la cosificación, de la reducción del hombre a cosa (*El hombre unidimen-*

sional, Seix Barrall, Barcelona 1968). Por su parte, Oswald Splenger se lamentaba de que todo lo orgánico sucumbía a la creciente organización y lo humano a la técnica, pero desde un punto de vista bíblico y cristiano hay que señalar:
1) La técnica es la expresión más acabada de la conquista del orden material que el ingenio ha desplegado a lo largo de los siglos, cumpliendo así la misión recibida del Creador de realizar el señorío humano sobre la naturaleza (Gn. 1:28), que conlleva responsabilidad técnica hacia la misma.
2) La técnica eleva el nivel material de vida, con su correlato psicológico y moral. La técnica crea bienes que mejoran la vida humana, superando las inclemencias naturales. En este sentido el hombre ha sido técnico desde el principio: *homo faber-homo téchnicus*. El prodigioso aumento de la técnica moderna, debido a su fundamento científico, lo que ha hecho es más necesario devolver a la técnica su dimensión humana (espiritual) de la técnica.
3) La técnica contribuye a la unificación social, al poner a disposición de todos los hombres lo que sólo era patrimonio de los poderosos. Por tanto, la técnica facilita la unificación de los diferentes sectores sociales, uniforma las costumbre y racionaliza las actitudes, cuya contrapartida es el peligro de la masificación psicológica y la creación de un tipo artificial de hombre, incapaz de afirmar su propio espíritu personal.
4) La técnica especializa a la persona, abriéndole nuevos campos de trabajo y experiencia creadores. Gracias a la técnica el hombre ha vencido el agotador trabajo bruto y ha dejado atrás la lacra de la esclavitud humana, utilizando máquinas en su lugar, ganando así espacio para el trabajo creativo y el ocio espiritual.
5) La técnica ha contribuido a liberar a la mujer, creando puestos de trabajo más aptos para su condición femenina y a hacerlos compatibles con su misión de esposa y madre, facilitando una promoción social de las mujeres en general.
6) La técnica libera al hombre de la fatiga y de la muerte prematura por el esfuerzo realizado en su trabajo. La técnica no sólo hace más productiva la labor, sino también más confortable y llevadera.
Para la fe el problema planteado por el progreso tecnológico no es la técnica así, que va unida al hombre desde sus orígenes, sino el hombre que, fascinado por su poder sobre la naturaleza, se aleje cada vez más de su fundamento divino y, llevado por la autosuficiencia, estime que ya no necesita a Dios. No hay peligro de que tal cosa ocurra, excepto coyunturalmente, ya que el mismo poder casi ilimitado de la técnica para el bien y para el mal ha hecho consciente al hombre de una recuperación urgente de los valores éticos y espirituales. La fe ayuda al hombre a discernir en sus descubrimientos el reflejo y la señal de un Pensamiento superior ante el que es responsable. AR

Bib. Pedro Arana Quiroz, *Progreso, técnica y hombre* (EEE, Barcelona 1973, 2ª ed.); José Ortega y Gasset, *Meditación de la técnica* (Espasa-Calpe, Madrid 1965); E. Mayz, *Esbozo de una crítica de la razón técnica* (Univ. Simón Bolívar, Caracas 1974); Lewis Mumford, *Técnica y civilización* (Alianza, Madrid, 1979, 3ª ed.); Carlos París, *Mundo técnico y existencia auténtica* (Revista de Occidente, Madrid 1973);

TEILHARD DE CHARDIN, PEDRO Jesuita francés (1881-1955) especializado en paleontología. Debido a sus ideas sobre la evolución*, los superiores de la orden le prohibieron seguir enseñando (1926) y lo enviaron a China. Por ironías de la vida, fue allí donde Teilhard descubrió una de las tres formas de hombre primitivo en el Sinántropo (el «Hombre de Pekín»). En 1946 regresó a Francia, pero se le prohibió enseñar o publicar temas filosóficos. En 1951, se trasladó a Nueva York donde trabajó hasta su muerte.
Debido a la prohibición de sus obras, cuando él murió muy pocos conocían a fondo sus ideas. Pero, al publicarse sus libros *El fenómeno humano* (1959) y *El medio divino* (1960), su influencia se extendió rápidamente. Posteriormente se publicó su libro *El futuro del hombre* (1964).
Aparte de sus discutibles ideas sobre evolución y su falsa interpretación de 1 Co. 15:28, no se pueden admitir desde el punto de vista estrictamente cristiano las siguientes enseñanzas de Teilhard: (1) que el pecado* es un subproducto de la evolución; (2) que la caída original* es un símbolo del estado incompleto del mundo en el proceso evolutivo; (3) que la encarnación del Verbo adquiere su significado primordial en el punto Omega de la evolución universal: (4) que la salvación del hombre no es un producto de la gracia de Dios, sino del esfuerzo de la humanidad por alcanzar la inserción en Cristo, el punto Omega.
El juicio crítico de Sergio Quinzio de la obra de Teilhard es demoledor, pero necesario de tener en cuenta: «La obra de Teilhard de Chardin se descubre en conclusión, como una ulterior trans-

cripción diluyente del cristianismo en la historia, como la última etapa de un bimilenario retroceso ante posiciones y valores mundanos. El exagerado entusiasmo y la sentimental adhesión con que ha sido acogida por muchos son documentos de la condición patológica de la cristiandad en el mundo contemporáneo. Prueba de la entidad de la crisis es la misma ambigüedad de las soluciones y la confusión de las respuestas. Así, la figura huidiza y contradictoria de Pierre Teilhard de Chardin reproduce perfectamente, con sus incertidumbres, sus autoengaños, sus oscilaciones, sus miedos, sus exaltaciones, su hábil activismo, su sustancial impotencia y su fascinación un tanto insólita, la figura de la Iglesia contemporánea. El problema abordado por Teilhard sigue planteado y más agravado aún a causa de su fracaso».

Bib. Teilhard de Chardin, *Cartas de viaje*; *El grupo zoológico humano*; *La aparición del hombre*; *La visión del pasado*; *El medio divino*; *Nuevas cartas de viaje*; *El porvenir del hombre*; *El fenómeno humano*; *La energía humana*; *Génesis de un pensamiento*; *La actividad de la energía*; *Escritos del tiempo de guerra*; *Cartas de Egipto (1905-1908)*; *Cartas de Hastings y de Paris*; *Ciencia y Cristo*; *Como yo creo* (todas editadas por Taurus, Madrid).
Claude Cuénot, *Ciencia y fe en Theilhard de Chardin* (Plaza & Janés, Barcelona 1976, 5ª ed.); John O´Manique, *Energía en evolución* (Plaza & Janés, Barcelona 1976); Sergio Quinzio, *Qué ha dicho verdaderamente Teilhard de Chardin* (Doncel, Madrid 1972); Robert Speaight, *Teilhard de Chardin, biografía* (Sal Terrae, Santander 1971).

TEÍSMO Este vocablo viene del gr. *Theós* = Dios, pero no debe confundirse con el deísmo*, pues considera a Dios, no sólo como un Ser personal, sino también como un Ser constantemente activo en el mundo, en la historia y en la vida de los seres humanos con su gobierno y providencia, mientras que el deísmo solo considera a Dios como Creador y Conservador del Universo, pero niega que Dios intervenga en el mundo (niega el milagro), ni en la historia (niega la providencia), ni en los asuntos humanos (defiende el albedrío del hombre contra la moción de la gracia), admitiendo únicamente la religión natural.
El teísmo es defendido por el Islam, el judaísmo y el cristianismo. Teólogos de estas tres religiones lo han sostenido siempre como una tradición filosófica que se remonta hasta Platón (cf. *Platonismo*).

TEMPLANZA Este vocablo, llamado temperancia antes del año 1438, viene del lat. *temperantia* = mesura, moderación, templanza; y éste, del vb. *temperare* = combinar adecuadamente, tener moderación. Es una de las cuatro virtudes cardinales*. En gr. le corresponde el sust. *enkráteia* = dominio propio (así debe traducirse las cuatro veces que ocurre en el NT: Hch. 24:25; Gá. 5:23; 2 P. 1:6 , dos veces, así como en Tit. 1:8 «dueño de sí mismo»), continencia, continente (idea predominante en 1 Co. 7:9), abstinencia (1 Co. 9:25), moderación. Por todos los lugares citados, puede colegirse el papel importante que juega la *enkráteia* en la espiritualidad cristiana. El fruto del Espíritu que comienza con el *agápe* = amor generoso, sublime, termina coronado con la *enkráteia* = dominio propio, en Gá. 5:22-23. Muchos hermanos y pastores de la grey muestran su espiritualidad defectuosa al llegar a la *enkráteia*: quizá tengan otras virtudes, pero les falta templanza; pierden los estribos a la menor provocación.

TEMPLE, GUILLERMO Este eclesiástico inglés (1881-1944), fue además un gran maestro, filósofo y teólogo, y un hombre humilde y piadoso, que sufrió de gota la mayor parte de su vida, que se interesó por las misiones, por las clases trabajadoras (Ya en 1909 era presidente de la Asociación Educativa de los Obreros) y por el ecumenismo, siendo el primer presidente del Consejo Mundial de Iglesias (1939) y del Consejo Británico de Iglesias (1943), así como miembro del Partido Laborista inglés, hasta su elección arzobispal. Algunos de sus críticos le llamaban el «arzobispo rojo».
Guillermo era hijo del arzobispo de Canterbury Federico Temple. Se graduó en Oxford (1900-1904) con los más altos honores en Humanidades. Ordenado de presbítero en 1909, fue Rector de St. James, Piccadilly (1914-1917), pasando después a ser canónigo de Westminster (1919-1920), obispo de Manchester (1921-1929), arzobispo de York (1929-1942) y arzobispo de Canterbury (1942-1944).
Entre sus muchos libros destacan sus obras sobre temas filosoficoteológicos, tales como *Mente Creadora* (1917), *Cristo, Verdad* (1924), *Naturaleza, Hombre y Dios* (1934). De su interés por lo social es buena expresión su *Cristianismo y Orden Social* (1942); y de su devoción, *Lecturas en el Evangelio de S. Juan* (1939).
La idea clave del pensamiento de Guillermo Temple era que, en la encarnación del Verbo, Dios no nos ofrece ninguna explicación, sino la salva-

ción, la cual es una invitación divina a la actividad amorosa y autosacrificial, a fin de desarraigar el mal en la vida de los individuos y en las estructuras de la sociedad. Dentro de su cristología, el énfasis estaba en la teología de la encarnación, más bien que en la doctrina de la redención, vista a la luz de aquélla.

A pesar de su alto rango eclesiástico en la Iglesia anglicana, Temple dio una orientación cristocéntrica a toda su labor. Por encima de la lealtad a la Iglesia, decía, está la de Cristo. «La lealtad de la juventud cristiana debe ser primera y principalmente a Cristo mismo. Nada puede tomar el lugar del devocional diario en íntima comunión con el Señor. Esta lealtad a Cristo hallará su expresión en la membresía activa y fervorosa en la iglesia. Necesitamos hombres que busquen la dirección del Espíritu de Cristo para determinar lo que es correcto y se entreguen a ello en cuerpo y alma. Aventura y lealtad a Cristo es lo que queremos.»

Bib. John Macquarrie, *El pensamiento religioso en el siglo XX* (Herder, Barcelona 1975); James W. McClendon, *Teólogos destacos del siglo XX* (CPB, El Paso 1972); Alfonso Ropero, «William Temple, una nota de optimismo personalista» (*Acontecimiento* nº 37, Madrid 1995).

TENDENCIA Este vocablo viene del vb. *tender*; y éste, del lat. *téndere* = tender, desplegar, dirigirse, inclinarse a. En sentido amplio, tendencia es todo apetito, sensitivo o espiritual, concupiscible o irascible. Pero, en sentido estricto, es el apetito sensitivo en cuanto que está dirigido a fines percibidos por medio de los sentidos. En el conjunto de la vida sensitiva, el lugar que pertenece a la tendencia está entre el conocimiento, el sentimiento y el impulso motriz, pues es una fuerza esencial e indispensable que nos inclina a obrar en forma adecuada al fin que persigue.

Como los animales hallan todo su sentido en la esfera sensitiva, las reacciones de sus tendencias están dispuestas de modo que se orientan necesariamente en orden a la satisfacción de los instintos (cf. *Instinto*) que en ellos puso el Creador. En cambio, el ser humano, al estar integrado en un conjunto más elevado, dichas tendencias deben ser orientadas por el apetito espiritual, es decir, por la voluntad, y cuanto mayor es el control que el hombre tiene de sus tendencias sensitivas, tanto más se acerca a la realización de sus valores más altos. Cuando existe una deficiencia fisiológica, psicológica o moral, se llega a la perversión de las tendencias. Con todo, ha de tenerse en cuenta que la voluntad humana sólo puede controlar las tendencias de modo indirecto (p. ej. dirigiendo la atención a motivos que ayudan a frenar el impulso de la tendencia sensitiva, no por represión. También es un error dar a la tendencias vitales un valor supremo, por encima de los valores del espíritu (L. Klages).

TENTACIÓN Este vocablo viene del lat. *temptare* (o, *tentare*, frecuentativo de *tenere*) = palpar, tentar, intentar. Aquí lo consideramos exclusivamente a nivel teológico. El gr. del NT tiene para tentación el vocablo *peirasmós*, del vb. *peirázein* (con los mismos significados que el lat. *temptare*); y éste, del sust. *peÓra*, *peÓras* = tentativa, experiencia. No hay un vocablo distinto para tentación y para prueba. Pero se llama prueba cuando es Dios quien la envía para poner a prueba a los suyos (cf. Gn. 22:1, 2, 12; Dt. 8:2, 16; 13:3; Jue. 2:22; Job 1:12; Sal. 66:10-12; 119:67, 71; Zac. 13:9; He. 12:4-11). Aunque en el Padrenuestro, según el orig., pedimos a nuestro Padre Celestial: «No nos metas en tentación» (cf. Mt. 6:13; Lc. 11:4), la idea es claramente: «no nos pongas en una prueba demasiado dura», pues en Stg. 1:13 leemos: «Nadie que está siendo tentado diga: De parte de Dios soy tentado –porque Dios no puede ser tentado de cosas malas, ni tienta Él mismo a nadie» (lit.) Es precisamente el pueblo de Dios quien a veces tienta a Dios (cf. Dt. 6:16; Hch. 15:10; 1 Co. 10:9-11; He. 3:7-12).

En contraste con la acción de Dios para poner a prueba, Satanás tienta para causar daño y, en especial, para incitar a seguir los propios caminos y abandonar el camino que traza Dios. Este fue el astuto plan de Satanás al tentar a Jesús en el desierto y en otras ocasiones de su vida terrenal (cf. Mt. 4:1-11; 16:21-23; 26:36-41; Lc. 4:1-13). El mismo plan tiene el diablo al tentar a los hijos de Dios (cf. Gn. 3:1-4; Job. 1:12; Lc. 22:31; Hch. 5:9) y poner estorbos en su camino (cf. 2 Co. 2:11; 11:14; 12:7; 1 Ts. 2:18).

Por eso decía Agustín, que hay dos clases de tentaciones, una para «probar», la cual viene directamente de Dios; otra para «seducir» que tiene por autor al demonio, el cual, para conseguir más fácilmente su fin, se sirve del mundo y de la concupiscencia.

La principal fuente de tentaciones es la propia concupiscencia, el pecado que mora en nosotros (cf. Gá. 5:16-18; Ef. 4:22-32; Col. 3:8; Stg. 1:13-15 y 1 Jn. 2:15-17). El remedio que Dios ha provisto para nosotros es resistir al diablo, firmes en la fe (cf. Stg. 4:7; 1 P. 5:9) y huir del pecado y de lo que incita al pecado (cf. p. ej. Mt. 5:22, 28-37;

6:19-21, 24; 1 Co. 6:18; 10:14; 1 Ti. 6:11; 2 Ti. 2:22). Un remedio especial es fijar los ojos en Jesús, en sus sufrimientos y en su gloria (cf. He. 4:14-16; 7:25; 12:2-4).

TEOCRACIA Este vocablo viene del gr. *Theós* = Dios y *krátos* = soberanía, señorío, dominio. Por tanto, una teocracia es una sociedad de la que Dios es el soberano.

El ejemplo típico de teocracia se ha dado únicamente en Israel en el AT. Dios era el Rey (cf. Dt. 33:5), Israel era su ejército (cf. Éx. 7:4), las guerras de Israel eran guerras de Dios (cf. Nm. 21:14), la ley era la Ley de Dios (cf. Éx. 18:16) y sus reyes eran los reyes que Dios escogía (cf. Dt. 17:14-15).

En el NT, el reinado de Dios por medio de Jesucristo es de carácter escatológico (cf. Ap. 11:15; 20:4). Al presente, Dios no reina en el mundo, sino el diablo (cf. Lc. 4:6; Jn. 14:30; 16:11; 2 Co. 4:4; 1 Jn. 5:19). Cristo es Rey de Israel, no de la Iglesia (cf. *Cristo, 15), Cristo, Rey de Israel*).

Por otra parte, la Iglesia no es una teocracia en la misma forma que en Israel, ni es en modo alguno la continuación de Israel (cf. *Iglesia, [4], [B]*), porque Dios no impone su dominio sobre los fieles de modo que sean excluidos de ella los que no guardan las constituciones de la Iglesia. Pero tampoco es una democracia (cf. *Iglesia 6), Clases de gobierno en la Iglesia*) en el sentido de que los fieles, con su voto, puedan introducir o cambiar lo que les plazca. Aunque los ancianos necesitan el respaldo de la congregación, a la que deben notificar de antemano todo cambio que piensen conveniente hacer, es a ellos a quienes corresponde como guardianes y guías la responsabilidad delante de Dios (cf. Hch. 20:28; 1 Co. 4:1-3); 1 P. 5:2-3) y los fieles deben obedecerles y someterse a ellos (cf. He. 13:17). Esta es mi convicción, mientras no se me demuestre otra cosa con la Biblia en la mano.

Por desgracia, ninguna denominación cristiana ha seguido en la práctica lo que se dice y predica en teoría. La Iglesia católica hasta tiempos recientes, Calvino en Ginebra, Cromwell en Inglaterra, impusieron una teocracia a la fuerza. Y aun entre las denominaciones más «democráticas», la tentación de imponerse «de parte de Dios» es muy fuerte (cf. 3 Jn. vv. 9-10).

TEODICEA Este vocablo fue usado la 1ª vez por Leibniz (1646-1716) y viene del gr. *Theós* = Dios y la raíz *dik-* = justo, justicia, justificar. Por tanto, según su etimología, teodicea significa «justificación de Dios». Dios no necesita ninguna «justificación», ¿quién se atreverá a pedirle cuentas (cf. Ro. 9:20), se trata de justificarlo frente al razonamiento humano de aquellos problemas que desestabilizan la existencia y dejan perpleja la inteligencia, como la realidad del mal*. El verdadero título de lo que el vocablo teodicea intenta expresar es Teología natural (cf. *Teología, 1*), tanto a nivel filosófico (cf. *Metafísica*), como a nivel teológico (cf. *Revelación, 1*).

Bib. J. García López, *Nuestra sabiduría racional de Dios* (CSIC, Madrid 1950); R. Garrigou-Lagrange, *Dios*. I. *Su existencia*. II. *Su naturaleza*, 2 vols. (Palabra, Madrid 1980); Ángel González Álvarez, *Tratado de metafísica. Teología natural* (Gredos, Madrid 1968).

TEOFANÍA Este vocablo viene del gr. *Theós* = Dios y *fainein* = brillar, alumbrar (en la voz act.); en la voz med. y pas.: aparecerse, manifestarse (cf. p. ej. Mt. 1:20 «se apareció», gr. *efáne*, aor. pas.). En el gr. clásico está la expresión pl. *tó theofánia* para designar las fiestas de primavera en Delfos. En sentido teológico, la teofanía como aparición de Dios se ha dado, a lo largo de la historia, en cuatro formas:

(1) en forma humana, siendo la más notable la que vemos en Gn. 18:1-15, 22-33. En este episodio, se distingue claramente Dios de los dos acompañantes, que son claramente dos ángeles en forma humana (no es una aparición de la Trinidad);

(2) en forma no humana, misteriosa, como ocurrió en Gn. 15:17. En el momento de pactar con Abraham, Dios pasó por entre las víctimas del sacrificio en la forma de un horno humeante y una antorcha de fuego;

(3) en forma angélica (cf. *Ángel de Jehová*), en una forma que, ya desde Justino, se ha tenido como aparición del Cristo preencarnado;

(4) en Jesucristo Hombre (cf. Jn. 1:1, 14, 17: 14:9; Col. 1:15), que es la teofanía por excelencia, puesto que no hay mejor manera de ver a Dios que viéndole en Jesús. Conforme a Jn. 14:9, no puede haber en Dios cosa alguna que no pueda verse en Cristo. En su persona, en sus palabras y en su obra entera, Jesús nos presentó a Dios Padre como realmente es.

TEOLOGALES, VIRTUDES Para la etim. cf. *Teología*. Se llaman teologales las virtudes que tienen por objeto directo a Dios mismo, conocido por la revelación. Son tres: fe, esperanza y caridad (amor) y se tratan en sus respectivos lugares.

Ignacio Ellacuría, teólogo de la liberación, asesinado en El Salvador

TEOLOGÍA Este vocablo viene del gr. *Theós* = Dios y *lógos* = tratado, discurso. La teología se divide en dos clases:

(1) Teología natural. Es la que se basa en la capacidad que el ser humano tiene para conocer a Dios (su existencia, su esencia y su modo de obrar) por medio de la razón natural. Como parte de la metafísica, la teología natural estudia lo concerniente a Dios investigando el ente en su causa eficiente primera y en su causa final última (cf. *Causa, causalidad*).

(2) Teología sobrenatural. Es la que se basa en la revelación sobrenatural (o, especial) de Dios (cf. *Revelación, 2*) y se conoce, en última instancia, mediante la fe. Y, del mismo modo que la fe no destruye la razón, sino que la complementa, así también la teología no se opone a la filosofía, sino que, por una parte, la dirige para que no se desvíe y, por otra, se sirve de ella para sus fines, sin impedirle trabajar por sus propios medios y perseguir sus propios objetivos. La teología sobrenatural se divide en: (A) fundamental, que trata de demostrar que la revelación es un hecho histórico y fiable; (B) positiva, que investiga las fuentes para recoger de ellas el contenido revelado y (C) especulativa, encargada de exponer científicamente dicho contenido. Esta última (a) recibe dicho nombre (del lat. *speculari* = observar, atisbar, explorar, investigar), porque a ella le compete investigar los conceptos y las razones del contenido teológico y exponerlo de forma ordenada; (b) se llama dogmática (del gr. *dogma* = opinión, creencia, parecer, decisión), si se considera desde el punto de vista de las decisiones tomadas por la Iglesia con respecto a verdades reveladas que es obligatorio creer; en este sentido se habla de los «dogmas» trinitarios, cristológicos, soteriológicos, etc. Aunque los teólogos católicos y Barth* llaman «dogmática» a su teología, le corresponde mejor (c) el nombre de sistemática, dando a entender que, en la investigación teológica, se ha seguido un método de articulación de los distintos elementos siguiendo un orden que va desde los fundamentos (teología fundamental) hasta el final (escatología).

Bib. E. H. Bancroft, *Fundamentos de teología bíblica* (Portavoz, Grand Rapids 1960); L. Berkohf, *Introducción a la teología sistemática* (TELL, Gran Rapids 1973); –*Teología sistemática* (TELL, 1972); L. S. Chafer, *Teología sistemática*, 2 vols. (Pub. Españolas, Dalton 1974); José Grau, *Introducción a la teología* (CLIE, Terrassa 1977); Charles Hodge, *Teología sistemática* (CLIE 1991); F. Lacueva, *Curso práctico de teología bíblica* (CLIE, 1998); G. H. Lacy, *Introducción a la teología sistemática* (CBP, El Paso 1972); James Leo Garret, *Teología sistemática* (CBP, El Paso 1996); Myer Pearlman, *Teología bíblica y sistemática* (Vida, Miami 1988, 18ª ed.); Stantos W. Richardson, *Manual de teología sistemática* (CLIE, Terrassa 1998); C. C. Ryrie, *Teología básica* (Unilit, Miami 1993); Gordon J. Spykman, *Teología reformacional* (TELL, Grand Rapids 1994); O. H. Wiley, *Introducción a la teología cristiana* (CNP, Kansas 1948).

TEOLOGÍA DE LA LIBERACIÓN Este nombre se da a una posición teológica que surgió en Latinoamérica en la década de los 60 del siglo XX. Comenzó entonces allí, de la mano de teólogos católicos como Gustavo Gutiérrez (n. en 1928) y Leonardo Boff (n. en 1938). Por entonces, había muerto en la guerrilla el comunista Ché Guevara, pero también había muerto en la guerrilla el sacerdote católico Camilo Torres Restrepo, del que los comunistas decían que tenía un solo defecto: que «creía en Dios».

Hay, pues, en este movimiento una mezcla de fe «hasta las últimas consecuencias» y de pasión politicosocial a favor de los pobres, de los oprimidos, de los desheredados. Esta misma combinación se halla en la teología *anti-apartheid* del arzobispo anglicano Desmond Tutu, de raza negra,

en la de los católicos republicanos de Irlanda del norte y de Jaime Cone (n. en 1938) en Norteamérica, también contra la discriminación racista.
¿Cuál debe ser nuestra actitud, como cristianos, frente a este grave problema? ¿Adoptaremos la táctica del avestruz, teniendo en cuenta que la mayoría de los que se quejan no son realmente cristianos? ¿Exhortaremos a los oprimidos a empuñar las armas contra los opresores, ya sea el Estado, ya sea la burguesía capitalista? Ni lo uno ni lo otro. No tenemos más remedio que aprobar la frase de G. Gutiérrez, cuando dice: «Nos ponemos de parte de los pobres, no porque sean buenos, sino porque son pobres». Con todo, el fallo más importante que yo hallo en la teología de la liberación es que, arrancando del ejemplo del Éxodo, ve en la liberación del pueblo de Israel un ejemplo de la liberación de los oprimidos de las garras del opresor y, por tanto, coloca la liberación material por encima, al menos, de la liberación espiritual, olvidando que la primordial y más necesaria liberación es la liberación de la esclavitud del pecado (cf. Jn. 8:34). Si el pueblo de Israel no hubiese quebrantado la ley de Dios, nunca habría sido esclavo de nadie. Y, precisamente cuando estaban bajo el dominio del poder romano, se atrevieron a replicar a Jesús: «Linaje de Abraham somos, y jamás hemos sido esclavos de nadie» (Jn. 8:33). ¿Cabe mayor cerrazón? A nivel teológico, lo más conveniente (y urgente) es investigar las raíces del fenómeno, antes de pasar a dictaminar los remedios. Hay que confesar que el C. Vaticano II (1962-1965) en la Constitución Pastoral *GES*, puntos 63 y ss., puso los cimientos de una actitud social correcta ante el problema de la opresión. De esta posición abierta a sistemas sociales que antes eran considerados impracticables, como el socialismo, surgió un sacerdocio católico latinoamericano comprometido cada vez más con los pobres y los oprimidos, resultando en la fundación de la Conferencia Episcopal de Latinoamérica (CELAM) en 1968. El propio arzobispo «rojo» de Recife (Brasil), Hélder Cámara, fue un adalid entusiasta de este movimiento.
El papa actual, Juan Pablo II, sin mencionar la teología de la liberación, ha escrito páginas muy acertadas en sus encíclicas *Laborem exercens* (1981) y *Sollicitudo rei socialis* (1987), yendo a las raíces del problema y tratándolo magistralmente. Sin embargo, es de criticar su doble postura: favorece la causa de los obreros en Polonia, su tierra natal, mientras descalifica a los teólogos de la liberación en América.

Bib. Pedro Arana Quiroz, *Providencia y revolución* (SLC, Grand Rapids 1986); Armando Bandera, *La Iglesia católica ante el proceso de liberación* (BAC, Madrid 1975); Alberto Barrientos, *Teología de la liberación. Una respuesta pastoral* (Unilit, Miami 1991); Leonardo Boff, *Jesucristo el Liberador* (Latin. Libros, Bs. As. 1974, 2ª ed.); José María Castillo, *Los pobres y la teología. ¿Qué queda de la teología de la liberación?* (DDB, Bilbao 1997); Samuel Escobar, *La fe evangélica y las teologías de la liberación* (CBP, El Paso 1987); –*Evangelio y realidad social* (EMH, El Paso 1988); Rosino Gibellini, *La nueva frontera de la teología en América Latina* (Sígueme, Salamanca 1977); Gustavo Gutiérrez, *Teología de la liberación. Perspectivas* (Sígueme, 1990); Tomás Hanks, *Opresión, pobreza y liberación: Reflexiones bíblicas* (Caribe, Miami 1982); Felicísimo Martínez Díez, *Teología latinoamericana y teología europea. El debate en torno a la liberación* (Paulinas, Madrid 1989); José Miguez Bonino, *La fe en busca de eficacia* (Sígueme, 1977); Juan Antonio Monroy, *Un enfoque evangélico a la teología de la liberación* (CLIE, Terrassa 1991); Emilio A. Núñez, *Teología de la liberación. Una perspectiva evangélica* (Caribe, Miami 1988, 3ª ed.); John Perkins, *Justicia para todos* (Nueva Creación, Grand Rapids 1988).

TEOLOGÍA DIALÉCTICA Se da este nombre a la teología sostenida por un grupo de teólogos protestantes (K. Barth*, E. Brunner*, F. Gogarten* y otros), según los cuales la razón natural no puede decir nada de Dios ni siquiera por analogía. Ningún predicado, ni el más común (trascendental), como el ser, puede aplicarse, sin más, a Dios y a la criatura. Y, si se aplica a Dios, ha de ser únicamente por la vía negativa, esto es, diciendo lo que Dios no es. La única forma de conocer a Dios es la autorevelación de Dios. El ser creado es, según la teología dialéctica, sinónimo de pecado, frente al concepto escolástico de ente que, en cuanto tal, es necesariamente bueno, verdadero y bello. Si se le da el nombre de dialéctica (cf. *Dialéctica*) a esta teología es porque –en este supuesto– el hecho y el objeto de la revelación sólo pueden saberse por medio de afirmaciones opuestas (dialécticas), que no pueden armonizarse entre sí como sucede en la teología escolástica*.

TEOLOGÍA DISPENSACIONAL (cf. *Dispensación, dispensacionalismo*)

TEOLOGÍA ESCOLÁSTICA Se llama así la teología que se forjó en las escuelas de teología de la Edad Media, en especial a partir de la obra de Pedro Lombardo*. Muchas eran las desviaciones que, para entonces, habían entrado ya en la Iglesia de Roma. Y muchas más las que penetraron después. El teólogo más importante de la teología escolástica ha sido Tomás de Aquino*. Aun después de él, han entrado muchos más errores, como p. ej. los dogmas marianos de la Inmaculada Concepción (1854) y de la Asunción corporal a los cielos (1950), así como la Infalibilidad Pontificia y la Supremacía absoluta del papa sobre todos y cada uno de los pastores y sobre todas y cada una de las ovejas (1870). La exhortación del C. Vaticano II (1962-1965) a leer y estudiar la Biblia, a que todos los fieles tengan acceso a ella (cf. Constitución *Dei Verbum*, punto 22) es un paso que debemos alabar, pero los puntos posteriores no dejan lugar a dudas: la interpretación de las Escrituras ha de hacerse según las normas del Magisterio de la Iglesia.

TEOLOGÍA MORAL (cf. *Ética, 2*)

TEOLOGÍA NATURAL (cf. *Teología, 1*)

TEOLOGÍA ORTODOXA Con este nombre se designa a la teología oriental grecorrusa de las iglesias que están en comunión con el patriarcado de Constantinopla, después de separarse de Roma el año 1014 con ocasión de la inclusión del *Filioque* (= y del Hijo) en el Credo nicenoconstantinopolitano.

La divergencia con la teología católica (cf. *Teología escolástica*) arranca del tiempo posterior al II Conc. de Nicea (787). Eso significa que los ortodoxos orientales aceptan todas las doctrinas católicas definidas antes del IV Conc. de Constantinopla (870). Incluso en la discusión sobre la veneración y adoración de las imágenes, las diferencias no eran notables. Lo que motivó la separación de la Ortodoxia fue la insistencia de Roma en que el único sucesor de Pedro es el obispo de Roma, mientras que los ortodoxos, aun concediendo que el papa puede ostentar un primado de honor, sostienen que todos los obispos que no se desvían de la fe cristiana son igualmente sucesores de Pedro. La sima se agrandó con la inserción del *Filioque* en el Credo, hecho que he mencionado más arriba.

A partir de la separación, la historia de la Ortodoxia ha seguido el curso siguiente:

(1) Una teología apofática* (del gr. *apófasis* = denegación, negativa). Con el apoyo, especialmente, del Pseudo Dionisio, los teólogos ortodoxos insisten en que la naturaleza de Dios es totalmente incomprensible y, por tanto, todas las afirmaciones sobre Dios deben seguir la vía negativa. La teología no es una ciencia sobre Dios, sino un conocimiento de su revelación especial, es decir, lo que verdaderamente sabemos de Dios es únicamente lo que a Él le place descubrirnos.

(2) Un conocimiento experimental de Dios, que conduce a una iluminación que supera a todo otro conocimiento que pueda tenerse de Dios: Es una visión interior de la luz verdadera, porque Dios es luz. Esta idea, que cobró su mayor fuerza en el siglo XII, tuvo por campeón a Máximo el Confesor (aprox. 580-662), llamado así por lo que sufrió por defender sus enseñanzas. De él es el siguiente pensamiento: «Una mente perfecta es aquella que, mediante una fe verdadera, conoce en la suprema ignorancia al supremamente incognoscible». El principal expositor de esta doctrina es Gregorio Pálamas (1296-1359), principal fautor del «hesicasmo» (del gr. *esujía* = quietud), en cast. «quietismo» (cf. *Quietismo*). Sostenía Pálamas que Dios es totalmente inaccesible e incomunicable en su esencia (gr. *ousía*), pero accesible y comunicable en sus energías (gr. *enérgeia*).

(3) Un concepto de salvación como deificación*, según el cual sólo los puros de corazón verán a Dios (cf. Mt. 5:8). Esa pureza viene únicamente por medio de la gracia en la economía de la redención. Aquellos a quienes la Palabra de Dios llama «hijos de Dios» (cf. Jn. 1:12) y «copartícipes de la naturaleza divina» (cf. 2 P. 1:4) son verdaderamente deificados; son «dioses creados», en contraste con el Dios increado. Ya desde Atanasio (aprox. 296-373), comenzó a decirse: «Dios se hizo hombre para que los hombres pudieran ser hechos dioses». El mencionado Máximo el Confesor decía: «Cuando uno es deificado por la gracia, viene a ser todo lo que Dios es, excepto la identidad de naturaleza».

Al surgir la Reforma protestante, se planteó ante la Ortodoxia el problema de cómo reaccionar frente a tal acontecimiento. Dos posturas distintas salieron a flote:

(A) Cuando Melancton envió al patriarca Joasaf de Constantinopla una versión griega de la Confesión de Augsburgo, con el fin de que hallase en ella la verdadera fe cristiana, Joasaf no contestó, pero sí contestó, más de veinte años después, su sucesor Jeremías condenando, entre otros «errores protestantes», la justificación mediante la fe sola, la *sola Scriptura*, el rechazo de las imágenes, la invocación de los santos, la predestinación agustiniana y el *Filioque*.

(B) Una respuesta muy diferente vino del patriarca Cirilo Lucaris en 1620, quien compuso una Confesión de fe articulada en términos esencialmente calvinistas. Tal desvío de la tradición ortodoxa le valió a Lucaris ser condenado, después de su muerte en 1638, por un sínodo de Constantinopla y, 34 años después, por un sínodo del patriarcado de Jerusalén. La teología ortodoxa quedó así alineada con la católica en casi todas las doctrinas que separan a Roma de la Reforma, excepto en cuanto a la autoridad papal y el canon de la Escritura, materias en las que concuerdan con la Reforma.

Desde mediados del siglo XIX, el desarrollo de la teología ortodoxa se debe a escritores como Vladimiro Solovyev, Nicolás Berdyaiev, Sergio Bulgakov y otros menos conocidos. Todos estos hombres han trabajado activamente, cada uno a su modo, por la reunificación del cristianismo. Sin embargo, su insistencia en que el acuerdo debe hacerse sobre la totalidad de la tradición contenida en los concilios ecuménicos y conservada fielmente únicamente en la Ortodoxia, es una prueba de que su ecumenismo es tan cerrado como el de Roma, o más todavía. No es mejor el trato que han recibido de las autoridades eclesiásticas de su país. Berdyaiev, al llegar a Occidente, adoptó una forma especial de existencialismo* y no volvió a Rusia. Bulgakov, en cambio, se desvió por otra ruta diferente: Según él, el mundo creado es una unidad que se mantiene coherente por medio de la sofía = la sabiduría de Dios, como principio de la creación. El mundo creado, finito y relativo, es totalmente diferente del Dios Absoluto, pero la sofía los conecta como un tercer ser entre Dios y el mundo, participando de la naturaleza creada lo mismo que de la divina. Esto amenaza con sustituir la Trinidad por una Cuaternidad, por lo cual el patriarcado de Moscú condenó justamente sus enseñanzas como heréticas.

Después del Conc. Vaticano II (1965), el papa Pablo VI y el patriarca de Constantinopla Atenágoras se levantaron mutuamente las excomuniones que pesaban sobre ambos desde la separación del Oriente el año 1014. Eso no significaba la «reunión», pero era un buen paso hacia ella. El papa actual, Juan Pablo II, visitó al sucesor de Atenágoras Dimitrios I en 1979 y recibió la visita de éste en 1987. Todo eso y mucho más, acerca de los contactos de Roma con la Ortodoxia y las esperanzas de Roma acerca de una futura reunificación, puede verse en la encíclica *Ut Unum Sint* (Para que sean uno), firmada por Juan Pablo II el día 25 de mayo de 1995.

Bib. Vladimir Lossky, *Teología mística de la Iglesia de Oriente* (Herder, Barcelona 1983).

TEOLOGÍA REFORMADA Se entiende por teología reformada la que se debe al estudio teológico de los reformadores; en especial, de Lutero, Calvino, Melancton y Zuinglio, sin despreciar la formulada sobre base calvinista por teólogos como R. Baxter y L. S. Chafer (amiraldianos , cf, *Amiraldismo*) y J. Owen (sublapsario, cf. *Sublapsarios*).

Lo que tiene de común la teología reformada, a diferencia de la católica (cf. *Teología escolástica*), es su fundamentación exclusiva en la Biblia (cf. p. ej. Gá. 1:8-9) y su apelación a la exclusiva dirección del E. Santo (cf. p. ej. 1 Jn. 2:20, 27) en la interpretación de las Escrituras. La teología liberal y modernista no merece ser mencionada como teología reformada.

Por supuesto, como también los teólogos protestantes son hombres falibles, casi todos han tenido sus flaquezas, las cuales, sin embargo, han servido en la providencia de Dios para clarificar, por la misma dialéctica del pensamiento teológico, muchas verdades bíblicas que habrían podido quedar en la oscuridad; pienso, p. ej. en el milenarismo (cf. *Milenio*). Con los avances modernos de la exégesis bíblica, podemos ver con cierto optimismo el futuro, por los excelentes libros que se están publicando, tanto a nivel académico, como a nivel práctico y devocional, estimulantes de un sano ecumenismo.

Bib. L. Berkohf, *Teología sistemática* (TELL, 1972); Gordon J. Spykman, *Teología reformacional* (TELL, Grand Rapids 1994).

TEOLOGÍA SISTEMÁTICA (cf. *Teología, 2), C), c*)

TEOSOFÍA Este vocablo viene del gr. *Theós* = Dios y *sofía* = sabiduría. La verdadera sabiduría acerca de Dios se obtiene únicamente con base en la Palabra de Dios, pero la teosofía intenta un conocimiento misterioso de Dios y de las cosas mediante el desarrollo de disposiciones que se suponen existentes en todos los seres humanos. La verdadera fundadora de la teosofía moderna fue Helena P. Blavatsky (1831-1891), cuyas obras son de un tecnicismo difícil de entender.

La cosmovisión teosófica es muy complicada, pero puede resumirse del modo siguiente: (1) el mundo consta de una serie de emanaciones situadas en diversos grados entre Dios y la mate-

Teresa de Jesús

ria. En este aspecto, la teosofía es una gnosis panteísta; (2) el hombre consta de siete sustancias diferentes, desde lo más craso de su organismo corporal hasta lo más espiritual de su mente; todas ellas están conectadas con el «hilo de plata», que permite la salida de la mente con el cuerpo astral, sin que se deteriore el organismo corpóreo; (3) existe la reencarnación, mediante la cual, en sucesivas etapas, el ser humano va acumulando experiencias en la escuela de la vida hasta que es apto para fundirse con Dios en el nirvana. Durante los intervalos entre las distintas reencarnaciones, la mente humana conoce todo su pasado y todo su futuro, pero lo olvida rápidamente al encarnarse de nuevo, de manera parecida a como se olvidan los sueños si no se registran bien en la memoria, o por escrito, en el momento de despertar; (4) el hombre se perfecciona mediante la ascesis y la meditación trascendental. Como puede verse, la teosofía es una mezcla de cristianismo y de budismo ocultista (cf. *Ocultismo, 2), C*). Algunos aspectos teosóficos pueden hallarse en las obras de los Rosacruces.

Mather y Nichols, *Diccionario de creencias, religiones, sectas y ocultismo* (Completa bibliografía) (CLIE, 2001).

TERESA DE ÁVILA Esta mística española (1515-1582), mejor conocida como Santa Teresa de Jesús, se llamaba Teresa de Cepeda y Ahumada y nació en Ávila el 28 de marzo de 1515. Su madrastra murió cuando Teresa tenía 13 años y, tres años más tarde, cuando se casó su hermana mayor, fue llevada en Ávila al convento de las agustinas, pero tuvo que salir debido a una enfermedad. Siempre débil de salud, pero de gran energía espiritual, después de mucha reflexión y tortura espiritual, entró allí mismo en el convento de las carmelitas el 2 de noviembre de 1535. Fue tratada con deferencia debido a su noble linaje, pero en 1555, tras una «2ª conversión», como suele llamarse, alcanzó un elevadísimo grado de oración mental, acompañado de frecuentes visiones extáticas. Entre los superiores de la orden, unos creían que sus visiones eran diabólicas, y otros pensaban que eran realmente del Señor. Halló especial ayuda en los jesuitas, sobre todo en el P. Baltasar Álvarez, su confesor. Tuvo por entonces la experiencia de la transverberación de su corazón por un dardo encendido que un ángel le clavó, según su propio testimonio. Yo mismo he visto, conservado en un tubo de cristal, su corazón transverberado y, francamente, no sé qué pensar de todo ello.

Lo cierto es que, no contenta con el estado espiritual de su convento, Teresa se lanzó a una reforma radical de la orden, fundando la austera orden de «Carmelitas descalzas de la primitiva regla de S. José», el 24 de agosto de 1562, después de haber sido aprobado su proyecto por Paulo IV. También halló la aprobación del General de la Orden, del que consiguió permiso para fundar otros conventos de carmelitas descalzas, así como de varones, donde encontró el apoyo incondicional del también carmelita Juan de la Cruz*. Como él, también Teresa levantó las sospechas de la Inquisición, «siempre alerta contra los iluminados», pero escapó gracias a su amistad con el rey Felipe II, y pudo continuar fundando conventos de la orden. Fue canonizada por el papa Gregorio XV en 1622.

Teresa escribió mucho y fue una verdadera maestra de espiritualidad. Además de su copioso epistolario, escribió dos obras autobiográficas y otras dos dirigidas a sus monjas: *El Camino de perfección* y *El Castillo interior*.

Bib. Teresa de Jesús, *Obras completas*, ed. Maximiliano Herráiz (Sígueme, Salamanca 1998); *Obras completas*, 2 vols. ed. Silverio de Sta. Teresa y Tomás Álvarez (EMC, Burgos); *Camino de perfección. Castillo interior* (CLIE, prox. pub.).

Tomás Álvarez, *Santa Teresa y la Iglesia* (EMC, Burgos); Secundino Castro, *Ser cristiano, según Santa Teresa* (EDE, Madrid); Daniel de Pablo Maroto, *Santa Teresa, doctora para una Iglesia en crisis* (EMC, Burgos); Mauricio Martín del Blanco, *Santa Teresa en la realidad de nuestro barro* (EMC); María Jesús Ramírez, *Así pensaba Teresa* (EMC).

TERTULIANO Este escritor eclesiástico (aprox. 155-212 o, según otros, 160-222) nació en Cartago, y su nombre completo era Quinto Séptimo Florente Tertuliano. Sus padres eran paganos y lo enviaron a Roma a estudiar leyes. Allí rechazó la vida licenciosa de la Urbe y se convirtió al cristianismo. Vuelto a Cartago, se entregó apasionadamente a la defensa de la fe cristiana. Desilusionado más tarde con la que él estimaba laxitud de Roma en perdonar a los reincidentes, rompió con la Iglesia y se adhirió fervorosamente al montanismo*.

Tertuliano lució en sus escritos su vasta erudición y su profundo conocimiento del idioma latino. Gran parte de su terminología se hizo clásica en los posteriores debates de la Iglesia occidental. Fue él quien inventó el vocablo «Trinidad», con referencia al misterio de las tres Personas de la Deidad con una substancia común. Igualmente, fue él el 1º en exponer claramente el misterio de la encarnación del Verbo como la unión de sus dos naturalezas en una sola persona. Al hablar del origen del alma humana, defendió el traducianismo (cf. *Alma*), que, por vía agustiniana, llegó a la teología luterana y, con alguna modificación, tiene adeptos entre teólogos de otras escuelas. Tertuliano es especialmente famoso por sus frases ingeniosas y llenas de colorido; p. ej., «La sangre de los mártires es semilla de cristianos», «Somos de ayer y hemos llenado el orbe y todo lo vuestro; os hemos dejado solitarios los templos», «Nosotros, los pececillos, siguiendo a nuestro Pez Jesucristo (aludiendo al vocablo gr. *ijthús* = pez, que tiene las iniciales de *Iesoús Jristós Theoú Huiós Soter*), nacemos en el agua (alude al bautismo)», «Peca la carne, limpia la carne, reina como Dios la carne de Dios.» Por supuesto, en el conciso idioma latino, las frases suenan muchísimo mejor.

De entre su variada producción, destacan sus obras *Contra Marción* (207 / 208) y *Contra Práxeas* (213 / 218), pero, sobre todo, su *Apologético* (197), dirigido a los magistrados romanos para defender a los cristianos contra los crímenes de que eran acusados y para exigir para ellos el mismo trato legal que se otorgaba a los demás ciudadanos del imperio.

Bib. Tertuliano, *Apología contra gentiles; Exhortación al martirio, Tratado de la paciencia; La oración* (CLIE, Terrassa 2001).

THORNWELL, JAIME HENLEY Este eminente teólogo presbiteriano (1812-1862) nació en Carolina del Sur, donde fue educado. Leyendo la Confesión de fe de Westminster, se convirtió al calvinismo y llegó a ser uno de los fundadores de la Iglesia Presbiteriana en los Estados Confederados de Norteamérica (1860). Ejerció el ministerio en varios lugares de Carolina del Sur: Lancaster (1835-1838) y Columbia (1840-1841; 1855-1861). La Asamblea lo eligió presidente en 1847. Thornwell estuvo en continuo conflicto con Charles Hodge*, quien decía de «ultra-ultra-ultra calvinista». De 1841 a 1851, fue presidente del Colegio de Carolina del Sur, del cual extirpó la fuerte influencia del deísmo* y del unitarismo*, y de 1855 a 1862, fue profesor de teología en el Seminario teológico de Columbia.

Thornwell murió demasiado temprano, no pudiendo componer una teología sistemática al estilo de la de Hodge, pero escribió muchísimo sobre teología. A pesar de que su teología era ultracalvinista, en palabras de Hodge, Thornwell muestra en sus escritos una vasta erudición en filosofía clásica y moderna y en la historia del pensamiento, preocupado por reunir en un gigantesco sistema la razón y la fe, la teología y la filosofía, el dogma y la ética. En contraste con Hodge, una de sus preocupaciones fue la eclesiología. Sostenía una espiritualidad demasiado elevada, utópica, para la Iglesia, mientras se oponía vigorosamente a la implicación de la Iglesia en asuntos del Estado y en materias de reforma social, defendiendo con el mismo vigor la esclavitud como lícita según la Biblia.

Bib. *The Collected Writings of James H. Thornwell*, 4 vols. (The Banner of Truth, Edimburgo 1986, 2ª ed.).

B. M. Palmer, *The Life and Letters of James Henley Thornwell* (The Banner of Trust, 1974).

THIELICKE, HELMUT Teólogo reformado alemán, nació el 4 de diciembre de 1908 en Barmen y murió en 1985. Estudió filosofía y teología en Greifswald, Marburgo, Erlanga y Bonn. Obtuvo el doctorado en filosofía en 1931 y en teología en 1934. Hizo su habilitación como profesor universitario en Erlanga. Fue pastor y más parte director del departamento de teología de la Igle-

Helmut Thielicke

sia evangélica de Württemberg. Durante el nacionalsocialismo se le prohibió viajar, escribir y dar conferencias. Desde 1945 hasta 1954 fue profesor titular en Tubinga y desde 1954 lo fue de la universidad de Hamburgo. En 1951 ocupó el cargo de rector de la universidad de Tubinga y de presidente de la conferencia de rectores de Alemania occidental. En 1960 fue rector de la universidad de Hamburgo.

Para Thielicke ser hombre significa ser libre para el bien y para el mal. Según esto, la libertad de decisión en un mundo pluralista puede desembocar en la inseguridad y desorientación: política y ciencia pierden su centro, si no tienen como objetivo el desarrollo del hombre total. Sólo a partir de una recuperación de la trascendencia perdida, de la relación con Dios, se puede lograr hacer al hombre capaz de reconocer que la vida tiene un sentido y de comprenderse a sí mismo como unidad.

Hay que decir al hombre de dónde viene y adónde va, el fin para el que ha sido concebido, sólo esto podrá salvarse de los idealismos reduccionistas. AR

Bib. Helmut Thielicke, *Esencia del hombre. Ensayo de antropología cristiana* (Herder, Barcelona 1985); *–Si Dios existiera* (DDB, Bilbao 1971); *El sentido de ser cristiano, invitación al tiempo y a la esperanza* (Sal Terrae, Santander); *Vivir con la muerte* (Herder, Barcelona 1984).

TIEMPO Este vocablo viene del lat. *tempus, témporis* = tiempo, hora, estación del año, oportunidad. Como puede verse, el lat. no tiene dos vocablos distintos para tiempo, en contraste con el gr., donde hallamos *jrónos* = el tiempo de nuestros relojes y *kairós* *= ocasión, oportunidad (el tiempo del reloj de Dios).

(1) A nivel filosófico, el tiempo es la medida de duración de los seres cambiantes. Ya Aristóteles lo definió como «la numeración del movimiento según un antes y un después». En esto se distingue radicalmente de la eternidad*, la cual excluye el cambio. Tiempo y espacio* son dos categorías que envuelven al ser corpóreo. Mientras el espacio es cosa de «posición» (estar junto, cerca, lejos), el tiempo es cosa de «sucesión» (estar antes, simultáneamente, después). Otra diferencia notable entre ambos es que el espacio es reversible: una cosa o una persona puede volver a ocupar el lugar que dejó (a no ser que lo haya ocupado otro, por supuesto); en cambio, el tiempo es irreversible (la ocasión que pasó no puede volver a su tiempo, de ahí la exhortación de Ef. 5:16; Col. 4:5, a redimir el *kairós*). El tiempo, pues, se divide en pasado, presente y futuro:

(A) Pasado es el tiempo que se hundió en la historia; ya no existe, pero puede conservarse (a) subjetivamente, en la memoria: (b) objetivamente, en sus efectos.

(B) Presente es el tiempo que existe mientras digo «ahora» (cf. 2 Co. 6:2, para ver su importancia), contando con la fluidez del tiempo, que se escabulle de las manos sin poder ser atrapado, semejante a las aguas corrientes de un río. El instante actual es un elemento indivisible del tiempo.

(C) Futuro es lo que no existe todavía, pero existirá, pues la rueda del tiempo no tiene paradas. Dios lo conoce ya en su presencia eterna. Por fortuna, o por desgracia, nosotros no lo podemos conocer, pero el cristiano puede descansar gozoso sabiendo que su futuro está en las manos de Dios (cf. Sal. 31:15).

(2) A nivel psicológico, podemos decir que el tiempo «se encoge» o «se estira», según lo pasemos en el placer o en el dolor, distraídos o aburridos, etc. Nuestra imaginación puede también llenarlo de ilusiones o de pesadillas.

(3) A nivel teológico, entre lo posible y lo existente en algún tiempo, está lo futurible (cf. *Dios, 19), Dios, Omnisciencia de, C*), que es lo que nunca sucede, pero sucedería si se dieran determinadas circunstancias que no se dan (cf. p. ej. 1 S. 23:7-13).

Agustín* fue, sin lugar a dudar, el pensador más original y novedoso sobre el tiempo, desde una perspectiva netamente bíblica, que se adelanta a las hipótesis de la física cuántica. Para él el tiempo es *real*, existe, es una *criatura*. Dios lo ha creado desde el momento en que *son* el mundo y el hombre. El tiempo no es divino, no existe desde la eternidad. Comienza con la creación y tiene un fin, pertenece al orden mortal. Es necesariamente el tiempo de toda la humanidad. Así introduce Agustín una de las ideas decisivas de la filosofía de la historia, la de *totalidad**.

El tiempo que comienza y acaba, que es unidad y totalidad, y constituye el ámbito del discurso histórico, tiene en consecuencia, un sentido en la doble dirección que ello implica, o sea, que posee a la vez una *dirección* y una *inteligibilidad*. Está claro que la dirección va del inicio al fin. El inicio es la creación*, el fin la resurrección* de los cuerpos. Así lo enseña la Escritura. La humanidad progresa inmersa en este drama permanente. Avanza hacia un bienestar que finalmente debe realizar y anular el devenir hasta la última floración en que los justos verán a Dios cara a cara.

Bib. Agustín, *Confesiones* (CLIE, Terrassa 2001); François Châtelet, dir. *Historia de la filosofía*, vol. IV (Espasa-Calpe, Madrid 1982); Xavier Zubiri, *Espacio, tiempo, materia* (Alianza, Madrid 1996).

TILLICH, PABLO Este famoso pensador alemán (1886-1965) ha sido llamado por algunos «el más teólogo de los teólogos», aunque otros preferiríamos llamarlo «el más filósofo de todos los teólogos». Su influencia en el pensamiento teológico del siglo XX, tanto entre los católicos como entre los protestantes, es similar a la de Barth* y a la de Bultmann*. Como ellos, debe al existencialismo* los orígenes filosóficos de su sistema y, como ellos, acepta totalmente la crítica liberal de la Palabra de Dios escrita.

Tillich nació en Stardezel (Prusia). Según su propia autobiografía, sus primeros años produjeron en él un impacto decisivo. Su padre era un ministro luterano conservador y trató de que su hijo también fuera conservador. En cambio, su madre era de mente muy abierta y le animó a tener un espíritu de aventurero intelectual. Andando el tiempo, fue la madre la que venció. Estudió filosofía y teología en Breslau y allí hizo su doctorado en filosofía con una tesis sobre Schelling. Fue ordenado como ministro luterano en 1912. Sirvió en la Primera Guerra Mundial (1914-1918) como capellán del ejército alemán, lo que le proveyó de una experiencia de 1ª mano del poder destructivo de la naturaleza humana y del deber de

Paul Tillich

todo cristiano de preocuparse de su entorno. Su *Teología de la cultura* (1959) muestra su decisión de refugiarse en el arte para superar el impacto cruel de la guerra.

Tillich fue profesor de filosofía y de teología toda su vida. Su oposición a Hitler le valió ser despedido en 1933 de la facultad de filosofía en Frankfurt. Poco después emigró a los Estados Unidos, donde se nacionalizó como ciudadano norteamericano en 1940. Allí enseñó durante 33 años, sucesivamente en el Seminario teológico de Nueva York, en la Universidad de Columbia, en la de Harvard y en la de Chicago. Puede decirse que toda su obra literaria fue escrita durante esos años.

El pensamiento teológico de Tillich arranca de lo que él mismo llama «el principio de correlación»: «La teología sistemática usa el método de correlación. Más o menos conscientemente, siempre lo ha utilizado; pero ahora debe hacerlo consciente y abiertamente, sobre todo si ha de prevalecer el punto de vista apologético. El método de correlación explica los contenidos de la fe cristiana a través de la mutua interdependencia de las cuestiones existenciales y de las respuestas teológicas».

Inclinado a juzgar imparcialmente, me atrevo a decir que es mucho y bueno lo que se puede aprender en la obra cumbre de Tillich, especialmente lo que dice sobre «La Vida y el Espíritu. Historia y Reino de Dios». Pero también tengo la obligación de prevenir a mis lectores contra los graves errores patentes en los escritos de Tillich, que voy a resumir lo mejor posible:

(1) En cuanto a la Biblia, críticos imparciales han notado que Tillich ve el mensaje cristiano como «un conjunto de verdades sagradas que han

Tolerancia

aparecido en medio de la situación humana como cuerpos extraños procedentes de un mundo extraño».

(2) En cuanto a Dios, según Tillich, Dios está más allá del ser y de las cosas. Es el fundamento mismo del ser. Y el Ser mismo transciende la existencia. «Dios es la respuesta simbólica del hombre a la búsqueda de valor para superar la angustia de la situación límite del hombre entre el ser y el no ser.» El pecado es una «alienación», «el enajenamiento del ser».

(3) Sobre la encarnación del Verbo, dice Tillich: «La aserción de que "Dios se hizo hombre" no es una aserción paradójica, sino un desatino. Es una combinación de palabras que sólo tiene sentido si con ella no se pretende decir lo que precisamente dicen tales palabras».

(4) Finalmente, sobre la regeneración espiritual: «La regeneración es un estado de cosas universal, es el estado en que se hallan los hombres después de ser lanzados al seno de la nueva realidad que es manifiesta en Jesús como el Cristo. Sus consecuencias subjetivas son fragmentarias y ambiguas, y no constituyen el fundamento de una pretendida participación en el Cristo».

Bib. *En la frontera* (Stvdivm, Madrid); *El coraje de existir* (Ed. Laia, Barcelona 1973, 3ª ed.); *La dinámica de la fe* (Ariel, Barcelona); *Amor, poder y justicia* (Nopal, Barcelona 1970); *Se conmueven los cimientos* (Ariel, Barcelona 1968); *El futuro de las religiones* (Ed. Megápolis, Buenos Aires); *Teología de la cultura y otros ensayos* (Barcelona 1974); *El nuevo ser* (Ariel, Barcelona 1973); *Teología sistemática*, 3 vols. (Sígueme, Salamanca 1981-1984). Carl J. Armbruster, *El pensamiento de Paul Tillich* (Sal Terrae, Santander 1967); Pedro F. Castelao, *El trasfondo de lo finito. La revelación en la teología de Paul Tillich* (DDB, Bilbao 2000); L. Racine, *El Evangelio según Paul Tillich* (Stvdivm, Madrid); Alfonso Ropero, *Introducción a la filosofía*, cap. X (CLIE, Terrassa 1999); Varios, *Paul Tillich: Su obra y su influencia* (Stvdivm, Madrid).

TOLERANCIA Este vocablo proviene del lat. *tolerare* = soportar, aguantar; y éste, de la raíz *tóllere* = levantar, llevarse, quitar (los mismos significados que tiene el vb. gr. *airein*). El término se aplica a muchas cosas y muy diversas; p. ej. «mi estómago tiene intolerancia a ciertos alimentos», «no puedo tolerar a los niños cuando hacen mucho ruido». No lo tomamos aquí en estos sentidos.

La tolerancia consiste en estar dispuesto a soportar las convicciones ajenas, en especial las referentes a la religión y a la moral, aunque nos parezcan falsas. Esto no significa que hayamos de aprobarlas o sentir indiferencia frente a lo bueno y lo malo, lo verdadero y lo falso. Más aún, como cristianos debemos hacer lo posible para que los seres humanos con quienes entramos en contacto se persuadan de su error y detesten la falsedad, porque sólo la verdad puede hacernos libres (cf. Jn. 8:32).

La necesidad de la tolerancia tiene su base en el principio fundamental de la libertad del ser humano. También la tiene en el concepto mismo de la fe, la cual no puede imponerse por la fuerza. Por eso mismo, no se puede tolerar que a uno le obliguen a actuar contra el juicio de su propia conciencia.

Por desgracia, ninguna de las denominaciones cristianas puede presentar una historia libre de intolerancias. Actualmente, el país en que, por principio, se cultiva mejor la tolerancia es Estados Unidos, gracias a hombres de arraigada convicción religiosa, como Rogerio Williams (aprox. 1603-1683) y Guillermo Penn (1644-1718) que lograron implantarla en las colonias norteamericanas de Rhode Island y Pennsylvania respectivamente.

El relativismo* reinante en grandes zonas de la sociedad, tanto a nivel científico, como (especialmente) a nivel religioso, ético y filosófico, aboga por una tolerancia absoluta que, en la práctica, se ve muchas veces negada por los mismos que la propugnan.

Las circunstancias de los últimos decenios del siglo xx, con el resurgir del Islam y viejas creencias que parecían olvidadas, han convertido en actualidad el término tolerancia, que parecía superado en gran parte del mundo occidental. El pensamiento crítico y personal progresista relacionaba la reivindicación de la tolerancia con un estadio anterior, entendiendo que los tiempos presentes demandaban más bien la conquista de cuotas superiores de bienestar social y emancipación histórica. La intolerancia hizo su primera aparición en los años 80 para sorpresa de muchos, mezclándose con fenómenos como el fundamentalismo religioso*, el sectarismo y la xenofobia.

Se ha demostrado, una vez más, que no basta con enseñar una idea para que sea puesta en práctica por el hombre o la sociedad. Los pensadores de la Ilustración* pensaban que bastaba hablar de las excelencias de la tolerancia para que sus condiciones se dieran en la realidad. Partían del falso presupuesto de la bondad innata del ser humano, al que es preciso instruir para que modifique su comportamiento. El comportamiento intolerante en cualquier campo, teológico, social, filosófico, moral, político, que renace una y otra vez, es una prueba evidente de la corrupción de la naturaleza humana, que nada menos que la gracia de la salvación puede llevarla a amar a los enemigos y buscar la reconciliación, paz y bien de todas las cosas.

Hay quien confunde tolerancia con permisión, dando lugar a trágicas confesiones en nombre de la verdad absoluta del cristianismo. La tolerancia es una actitud política de respeto y protección de las minorías, permisión puede ser una debilidad moral, intelectual o un comportamiento diplomático para conseguir fines ulteriores. El cristianismo no se contenta con la simple tolerancia –que conlleva un espíritu de superioridad–, sino que en todo busca el reino de la libertad de los hijos de Dios, con actitud responsable, confianza en Dios y amor y respeto al prójimo, no haciendo nada que atente contra su dignidad personal, su libertad de conciencia y su derecho a discrepar.

Bib. Fernando Fuente, dir., *Cultura de la tolerancia* (BAC, Madrid 1996); Henry Kamen, *Los caminos de la tolerancia* (Guadarrama, Madrid 1967); Alfonso Ropero, *Nueva era de intolerancia* (EP, Ciudad Real 1995); Josh MacDowell y Bob Hostetler, *La nueva tolerancia* (Unilit, Miami 1999).

TOMÁS DE AQUINO Este teólogo dominico (1225-1274) es, sin duda, el mayor teólogo de la Iglesia católica y el hombre de mayor talento para profundizar en filosofía y teología y exponer con claridad meridiana el fruto de sus estudios. En realidad, es el fundador de la escolástica. De él ha dicho E. Gilson: «No es la originalidad, sino el vigor y armonía de la construcción lo que encumbra a santo Tomás sobre todos los escolásticos».

Tomás de Aquino

Tomás nació en Roccasecca, cerca de Nápoles. Su padre era el conde de Aquino, de donde le vino el apellido a Tomás. Siendo muy joven, y a pesar de la fuerte oposición de la familia, entró en la orden dominicana, nueva orden mendicante fundada por el español Domingo de Guzmán*. Desde el principio, los dominicos habían puesto fuerte énfasis en la predicación y en la necesidad de una buena preparación académica. Tomás fue enviado a París en 1245 para estudiar y, después, a Colonia (1248-1252), donde tuvo por profesor al teólogo de la misma orden Alberto Magno*. De su sencilla sabiduría, dice mucho la siguiente anécdota: Un fraile de su mismo convento, para reírse de él, le dijo: «Tomás, mira un burro volando». Las risas aumentaron cuando Tomás fue a ver una cosa tan extraordinaria, pero él, muy tranquilo, respondió: «Yo creía que era más fácil que un burro volara que el que un fraile mintiera». Pasó el resto de su vida, hasta su muerte, enseñando y escribiendo copiosamente en París, Roma, Orvieto (junto a Urbano IV, que lo consultaba asiduamente), Viterbo (bajo Clemente IV) y en Nápoles, donde enseñó en el estudio de la orden y en la Universidad. En 1274 fue llamado por Gregorio X al II Concilio de Lyon, pero cayó enfermo en el camino y murió el 7 de marzo de ese mismo año en el monasterio cisterciense de Fossanuova. Fue canonizado por Juan XXII en 1326 y hecho Doctor de la Iglesia por Pío V en 1567. León XIII recomendó vivamente la «sabiduría áurea de Sto. Tomás» en 1879 y lo declaró patrono de las escuelas católicas en 1880.

Atendiendo a los límites que nos impone este Diccionario, la exposición de los principales puntos de vista del tomismo requiere un buen resumen, difícil de hacer. Pero, para quienes se hayan familiarizado con la línea escolástica que seguimos, resultará útil lo que ordenadamente voy a decir a continuación:

(1) Relación de la filosofía con la teología. Son dos ciencias distintas, dos tipos de saber: la teología se funda en la revelación divina y se aprende con el ejercicio de la fe; la filosofía se funda en la razón humana y se aprende mediante el ejercicio de esa misma razón natural.

(2) Gnoseología, o teoría del conocimiento. Todo conocimiento comienza por la experiencia sensorial. El objeto primordial del conocimiento es el ser en cuanto sensible. Dios es el Ser Supremo, pero sólo puede conocerse a posteriori (cf. *Conocimiento*). (A) Tomás demuestra la existencia de Dios mediante cinco vías: (a) Por el movimiento*: todo lo que se mueve es movido por otro; ha de haber un Primer Motor inmóvil; (b) Por la causa* eficiente: tiene que haber una 1ª causa; (c) Por la contingencia*: todo ser creado es contingente; ha de haber un Ser Necesario; (d) Por los grados de perfección: tiene que haber un Ser que sea sumamente perfecto y causa de toda perfección; y (e) Por el orden existente en el mundo, que requiere un Ordenador universal. Hasta qué punto tienen fuerza demostrativa dichas pruebas, a mi juicio, cf. *Dios, 25), Dios, Pruebas de la existencia de*); (B) A Dios se le conoce (a) por analogía, (b) no por univocidad, porque nuestro conocimiento es limitado, (c) ni por equivocidad, porque el efecto ha de parecerse a la causa y, por tanto, la creación ha de parecerse al Creador.

(3) Metafísica, o filosofía pura. (A) Basado en Aristóteles, Tomás sostiene que el ser es el concepto más universal de todos, pero esta universalidad está por encima de todos los géneros, pues es la universalidad de los trascendentales*; (B) exceptuando a Dios, en quien no cabe ninguna composición, en todos los seres creados hay una distinción real entre la esencia* y la existencia*; (C) exceptuando a Dios, todos los seres creados constan de acto* y potencia*; (D) hay cuatro causas principales: (a) material, (b) formal, (c) eficiente, y (d) final.

(4) Teología natural. Dios es (A) el Ser subsistente por Sí mismo, su esencia es existir; (B) el único Ser Necesario, todo lo demás es contingente; (C) inmutable, puesto que no está compuesto de potencia y acto; (D) eterno, porque el tiempo importa cambio; (E) simple, es decir, sencillo, porque no tiene ninguna composición; (F) infinito, porque no hay en el puro Ser potencia que lo limite; (G) infinitamente sabio, pues conoce perfectamente todo lo posible y todo lo existente; y (H) moralmente perfecto, por su santidad infinitamente transcendente.

(5) Cosmología, o Filosofía de la naturaleza. (A) Dios creó el mundo de la nada; (B) por la revelación sabemos que el mundo tuvo un comienzo, pero no repugna (no hay contradicción metafísica) que el mundo pudiese haber sido creado por Dios desde la eternidad, ya que Dios, causa eterna, pudo haber causado desde que existe, esto es, desde la eternidad; (C) Dios es, no sólo la causa eficiente del mundo, sino también su causa final.

(6) El hombre. (A) Basado en Aristóteles, Tomás defiende el hilemorfismo (cf. *Hilemorfismo*): el hombre está compuesto de materia (el cuerpo) y del alma, que es la forma del cuerpo; (B) pero, por ser el alma de naturaleza espiritual, sobrevive a la muerte y espera la reunión con el cuerpo (con respecto al cual tiene relación transcendental) en la resurrección; (C) frente al traducianismo*, Tomás defiende que Dios crea directamente cada alma en el seno materno.

(7) Ética. (A) Así como en metafísica existen los primeros principios del ser, así también en ética existen los primeros principios del obrar, que son las leyes. (B) La ley se divide en (a) eterna, el plan por medio del cual Dios gobierna la creación; (b) natural, que es la participación de las criaturas racionales en la ley eterna; (c) humana, que es la aplicación de la ley natural a las comunidades de cada lugar; y (d) divina, que es la revelación de la ley de Dios por medio de las Escrituras y de la Iglesia. (C) Las virtudes se dividen en (a) morales, conocidas como cardinales: prudencia, justicia, fortaleza y templanza; y (b) teologales: fe, esperanza y caridad (amor generoso).

El clásico sistema tomista, después de dos siglos de decadencia, surgió vigoroso en el siglo XVI con el cardenal dominico Tomás de Vío (1469-1534), más conocido como «Cayetano», y en el siglo XVII con el también dominico Juan de Santo Tomás (1589-1644), principal representante del tomismo clásico y más ceñido al pensamiento de Tomás que Cayetano.

El tomismo volvió a triunfar en el siglo XIX, especialmente gracias al apoyo ya mencionado de

León XIII, tomando el nombre de neotomismo. Neotomistas clásicos son los italianos Sanseverino, Tongiorgi y Taparelli, el cardenal Mercier, fundador de la Universidad de Lovaina; los franceses R. Garrigou-Lagrange, J. Maritain y E. Gilson; Böumker en Alemania; F. Copleston, en Inglaterra. Neotomistas trascendentales (que han tratado de adaptar al tomismo el pensamiento de Kant) son el francés J. Maréchal, el canadiense B. Lonergan y el alemán K. Rahner, como principales representantes de dicho movimiento. Entre los tomistas no católicos destaca el anglicano E. L. Mascall y el evangélico Norman L. Geisler*.

Bib. Tomás de Aquino, *Suma de teología*, 5 vols. (BAC, Madrid 1988-1990); *Suma contra gentiles*, 2 vols. (BAC); *Compendio de teología* (CLIE, próx. pub.).

Armando Bandera, *Eclesiología histórico-salvífica en la Escuela de Santo Tomás de Aquino* (Esin-Casals, Barcelona 1996); Gregorio Celada Luengo, *Tomás de Aquino, testigo y maestro de la fe* (ESE, Salamanca 1999); G. K. Chesterton, *Santo Tomás de Aquino* (Espasa-Calpe, Madrid 1973, 10ª ed.); Ghislain Lafont, *Estructura y método en la «Suma Teológica» de Santo Tomás de Aquino* (EUNSA, Pamplona 1976); Otto Hermann Pesch, *Tomás de Aquino. Límite y grandeza de una teología medieval* (Herder, Barcelona 1992); Miguel Ponce Cuéllar, *La naturaleza de la Iglesia según Santo Tomás* (EUNSA, 1979); J. Rassam, *Introducción a la filosofía de Santo Tomás de Aquino* (Rialp, Madrid 1980); Alfonso Ropero, *Introducción a la filosofía*, cap. IV (CLIE, Terrassa 1999); José Ignacio Saranyana, *Joaquín de Fiore y Tomás de Aquino. Historia doctrinal de una polémica* (EUNSA, 1979).

TONSURA Este vocablo procede del lat. *tonsus*, ptc. pas. del vb. *tondére* = esquilar, cortar el pelo, podar. Se usa en el léxico eclesiástico para designar una ceremonia sagrada (no una ordenación), en la cual el obispo cortaba un pequeño mechón de pelos de la parte anterior y posterior de la cabeza del ordenando, como señal de que había ingresado en el estado clerical. Esta ceremonia ha desaparecido después del nuevo *CIC*, y ni siquiera la nombra el nuevo *CDLIC*.

TOTALIDAD Este vocablo viene del adj. lat. *totus* = todo entero (equivalente del gr. *hólos*). Del gr. *hólos* se derivan los vocablos *holismo*, cuya característica es la derivación de lo sencillo a partir de lo complejo por el método de eliminación y simplificación (sistema difícil de sostener) y *holística*, apelativo con el que se designa a la medicina que diagnostica y receta de acuerdo con el contexto total de la persona humana, no sólo de acuerdo con el cuadro de síntomas de orden fisiológico.

Este concepto de totalidad se aplica en diferentes áreas del saber filosófico y científico. Como la unidad es uno de los transcendentales (cf. *trascendencia*), el concepto de totalidad se aplica por analogía en las distintas áreas. Así, (1) en biología, aparece la entelequia como factor totalizante de los organismos; (2) en psicología, las vivencias psíquicas no pueden comprenderse partiendo de elementos simples, sino en base a la totalidad de la persona; (3) en sociología, sólo la idea de totalidad puede ayudar a superar la aporía de individualismo versus colectivismo.

El que las partes formen un todo no es bastante para obtener la idea de totalidad. Ya desde Aristóteles, existe el axioma «el todo es antes que las partes». Este axioma no fue entendido por Aristóteles como si el todo existiera antes que las partes, pues eso no siempre es exacto, sino en el sentido de que lo decisivo en el todo no es lo que las partes sean en sí, sino lo que hace de ellas una totalidad. De este axioma se deriva el siguiente: «el todo es más que las partes»; en otras palabras, la suma de las partes no constituye todavía una totalidad, pues se requiere además el orden y la articulación de las partes entre sí y esto, a veces, exige un factor especial de totalidad, p. ej. un principio de orden dentro de la unidad.

A veces, un todo es parte de una totalidad superior; p. ej. el cuerpo y el alma de Cristo forman un todo (la naturaleza humana) que, a su vez, es parte, por la unión hipostática, de la persona divina de Cristo (cf. *Cristo, 20), Cristo y la Unión hipostática*). Sin embargo, hay totalidades que no pueden ser parte de un todo superior. p. ej. la persona. De ahí, el valor inalienable de la persona dentro de cualquier comunidad.

TRABAJO El vocablo viene del vb. *trabajar* = esforzarse, procurar por, sufrir; y éste, del bajo lat. *tripaliare* = torturar, der. de *tripálium* = especie de cepo o instrumento de tortura. Siglo VI. Esto lo sé gracias a la erudición lingüística de J. Corominas, quien, en su *Breve Diccionario Etimológico de la Lengua Castellana*, añade lo siguiente, de sumo interés: Este vocablo, trabajo, (*tripálium*) es cpt. de *tres* y *palus*, por los tres maderos cruzados que formaban dicho instrumento, al cual era sujetado el reo». «No es extraño, con esta etim., que el concepto de trabajo sea uno de los más incomprendidos en nuestra sociedad española y latina, como si sólo el trabajo manual mereciera tal nombre, que a la vez se le asocia con el mal y la fatiga que hay que evitar por todos los medios. El trabajo como maldición, en una palabra.

Lejos de determinantes culturales hay que definir el trabajo de un modo también holístico, según lo dicho en el art. *Totalidad*. También es trabajo orar, estudiar, impartir clases, escribir, tocar el piano o hacer diseños. Es cierto que muchas de las actividades mencionadas pueden tomarse como un juego, pero ha de tenerse en cuenta que algo que en sí es juego, puede resultar penoso y laborioso para el que lo ejecuta.

También trabaja la máquina, pero sólo en la medida en que el hombre la manipula en el movimiento y en la superación de la resistencia y lo pone alerta ante el peligro de accidente. También trabaja el animal, compartiendo la fatiga con el hombre que aprovecha y dirige su trabajo. Pero el trabajo propiamente dicho es una actividad específica del ser humano, y un privilegio que le confiere honor y nobleza.

El trabajo es siempre una bendición de Dios, nunca una maldición. Sin embargo, puede trocarse en maldición debido a la malicia del hombre: (1) a la del que trabaja sin descanso, arruinando su salud física, moral y espiritual, si trabaja por su cuenta; (2) a la del burgués que lo explota, haciéndole trabajar más de la cuenta o dándole un salario por debajo de lo justo; o (3) a la de la sociedad en la que dominan unas circunstancias laborales que rebajan y hacen enfermar al ser humano en lugar de perfeccionarlo y fortalecerlo. En todas estas situaciones, es necesario que el trabajador adquiera también una cultura* que lo perfeccione intelectual, moral y espiritualmente.

Bib. Frank Deeks, *Trabaja... pero seguro* (EEE, Barcelona 1978); J. Kreitmann, *El problema del pan, de la paz y de la libertad* (CLIE, Terrassa 1984); J. C. McLelland, *Trabajo y justicia* (EMH, El Paso 1977).

TRADICIÓN Este vocablo procede del lat. *traditio, traditionis* = transmisión, entrega; y éste, del vb. *trádere* = entregar, transmitir, entregar. De esta misma raíz procede el vocablo traidor. Por tradición, en sentido general, se entiende todo género de costumbres familiares, locales, nacionales, en las diferentes áreas (religiosa, moral, cultural), que se transmiten de generación en generación. Es, pues, un proceso que mantiene viva la continuidad de una institución. A nivel teológico eclesiástico, tradición designa lo que nos ha sido transmitido oralmente de las enseñanzas de Cristo y de los apóstoles, sin haber sido puesto por escrito; se contrapone, pues, a las Escrituras, y suele dividirse en *constitutiva* = lo que se transmite, y *explicativa* = la interpretación autorizada de lo que se transmite. Contra el *sola Scriptura* de la Reforma, la Iglesia de Roma defendió en Trento (cf. Dz, nº 1501), en el Vaticano I (cf. Dz, nº 3006) y en el Vaticano II (cf. const dogmática *Dei Verbum*, puntos 21 y 24) la paridad de autoridad de la Escritura y de la tradición, como el mejor recurso para defender numerosas doctrinas antibíblicas.

Volviendo al significado general de tradición, es necesario advertir que toda sana tradición necesita ponerse al día sin perder lo fundamental; de lo contrario, caerá en uno de los dos extremos que detallo a continuación:

(1) El conservadurismo (o, tradicionalismo) extremo, por el que la tradición llega a ser un coto cerrado de costumbres y creencias contra cualquier innovación que en seguida es tildada de traición a los ideales.

(2) El progresismo igualmente extremo que, bajo pretexto de renovación radical, «arroja al niño juntamente con el agua de la bañera». Esta actitud no tiene en cuenta que una innovación provechosa sólo es posible cuando se apoya en fundamentos sólidos, previamente adquiridos.

Los errores llamados integristas y progresistas, siempre presentes en el campo religioso, radican en la misma piedra angular: la interpretación del pasado tradicional, sea éste la manera cómo se concibe la Iglesia en un momento dado o cómo se entiende la Escritura en las distintas escuelas existentes. Equivocadamente, ambas posturas suelen confundir tradición con inmovilismo o estatismo, cuando la tradición es un concepto insoslayable de la verdad, que no se cierra ni tiene fin, cúmulo ilimitado de continua asimilación, aunque homogénea por muy dinámicamente que se quiera acelerar su desenvolvimiento. «Dos cualidades se requieren de cualquiera que aspire a la vocación de lo que Cotton Mather llamó una vez, "los rememoradores de Dios" (*the Lord's remembrancer*): una reverencia crítica por la tradición cristiana en todas sus modalidades, tan variadas y complementarias, y un sentido de membresía de la Iglesia universal, que se extiende en el tiempo y en el espacio.»

TRADUCIANISMO Este vocablo se deriva del vb. lat. *tradúcere* = trasportar, traducir. Se usa en sentido teológico como alternativa al creacionismo, al tratar del origen del alma humana (cf. *Alma*).

TRANSMIGRACIÓN DE LAS ALMAS (cf. *Reencarnación*)

TRANSUBSTANCIACIÓN Este vocablo viene del lat. *trans* = al otro lado de, y *substantia* = sustancia. Según la ortografía moderna, se suele escribir sin b, transustanciación. Con este término se designa en la Iglesia de Roma «la conversión de toda la sustancia del pan en la sustancia del cuerpo de Cristo, y de toda la sustancia del vino en la sustancia de su sangre». (cf. Dz, nos. 1321, 1642, 1652). En el Conc. de Florencia (22 de nov. de 1439), se especifica que «en virtud de las palabras mismas (del sacerdote), se convierten la sustancia del pan en el cuerpo de Cristo, y la sustancia del vino en la sangre, pero de manera que Cristo entero se contiene bajo la apariencia (lat. *specie*) del pan, y entero bajo la apariencia del vino. Bajo cada una de las partes de la hostia consagrada y del vino consagrado, se halla Cristo entero» (Dz, nº 1321).
Para entender este asunto, hay que saber que, al hablar de la transustanciación, la Iglesia de Roma entiende el concepto de sustancia* en sentido aristotélico: «lo que está debajo, sosteniendo a los accidentes*». Según la misma filosofía aristotelicotomista, el principal accidente es la cantidad*. Aquí empiezan los problemas, aunque la teología tomista siempre ha encontrado soluciones pintorescas. Si Cristo viene entero a sustituir a la sustancia del pan y del vino, ha de venir vivo y con todas las partes de su cuerpo debidamente coordinadas. ¿Cómo puede hacerse eso? Viene con su cantidad interna, pero sin la extensión, con la cual tendría que coextenderse a la extensión de la cantidad del pan y del vino. Pero esto traería consigo dos dificultades: 1ª, sería un cuerpo extremadamente «enano»; no sería el mismo que está en el Cielo; 2ª, no podría estar entero en la hostia y entero en cada una de las partes de la hostia. ¡Solucionado! ¿Y dónde se sustenta la cantidad del pan y del vino, pues ha quedado ahí después de la consagración? ¡En ninguna parte! No puede sustentarla el cuerpo de Cristo, primero porque ha venido con sus propios accidentes; segundo, porque los accidentes de pan no pueden adherirse a un cuerpo humano. No puede sustentarse en sí misma porque es un accidente. A esto responde la Iglesia de Roma: 1º, la cantidad es un accidente especial, que puede hacer las veces de la sustancia y sustentar los demás accidentes; 2º, la sustancia del cuerpo de Cristo no sustenta directamente a la cantidad, pero sí indirectamente; 3º, la cantidad está en la eucaristía *per modum substantiae* (a modo de sustancia), entendiendo la «sustancia», como el ser sustancial sin añadiduras. Esto se entenderá mejor con una ilustración: «En una botella de litro cabe más vino que en una de medio litro», ¿es esto una verdad filosóficamente pura? ¡No! Es menester distinguir: «hay más cantidad de vino, pero no hay más sustancia de vino, porque la sustancia del vino es la misma en un litro que en medio litro o en la millonésima parte de un litro».
Este proceder argumentativo es demente por completo. Si no fuera por su carencia de fundamento bíblico (cf. *Cena del Señor*), sería como tremendo atentado contra la misma razón humana. Supongamos que alguien nos muestra una mesa y nos dice: «¿Ve Vd. esta mesa? ¡Pues no es una mesa, sino las apariencias de una mesa! ¡Toque Usted!, ¿qué me dice? –¡Que es una mesa de madera!– Pues, ¡no señor! ¡Es una cantidad de madera, pero sin madera!» ¿Qué diremos de ese individuo? Si habla en serio, que está loco de remate. No es extraño que gran parte de los teólogos católicos actuales renuncien al concepto abstruso y absurdo de transustanciación y prefieran el de transignificación: «el pan y el vino, sin cambiar físicamente, pasan a significar realidades superiores: el cuerpo y la sangre de Cristo» (cf. 1 Co. 10:16-17).

TRASCENDENCIA Este vocablo viene del lat. *trans* = al otro lado de, y *ascéndere* = subir. Por tanto, *trascender* = rebasar subiendo. En sentido general, significa superar algo, p. ej., un obstáculo, un límite. Es lo contrario de inmanencia*. El término se aplica por analogía a distintas áreas del ser:
(1) A nivel gnoseológico, trascendente es lo que no depende de nuestra conciencia. P. ej., el mundo exterior a mí no depende de mi conciencia, que se supone ya existente cuando el mundo se hace objeto de mi conocimiento. Pero incluso dentro de mi misma conciencia, se da el caso de un acto de conocimiento que, a su vez, trata de comprender un acto volitivo también mío, pero lo halla ya como independiente de él.
(2) A nivel lógico, la trascendencia es propia de aquellos conceptos tan universales que rebasan todos los géneros, especies y diferencias específicas, y por eso se les llama los trascendentales: ente, uno, verdadero, bueno, bello, intercambiables.
(3) A nivel metafísico, trascendente es todo lo que rebasa el mundo de los sentidos: (A) el espíritu,

incapaz de ser percibido sensorialmente, rebasa así el mundo visible. El alma humana participa de esta trascendencia por su naturaleza espiritual, a pesar de ser la forma* sustancial del cuerpo; (B) Dios, como Espíritu Infinito (cf. *Dios, 9), Dios, Espíritu, y Dios, 12), Dios, Infinitud de*), es también infinitamente trascendente, sin dejar de ser infinitamente inmanente*. En virtud de esta ambivalencia, Dios no necesita del mundo y excede la comprensión por parte de todo ser creado y, por otra parte, penetra en lo íntimo de cada ser creado, moldeándolo y conduciéndolo al destino que tiene planeado la divina voluntad (cf. Hch. 17:24-28).
El concepto de trascendencia ha cobrado una relevancia especial en la filosofía existencialista (cf. *Existencialismo*).

TRINIDAD Este vocablo viene del lat. *trinus* = triple. Dios no es triple en su esencia única, pero sí en sus tres Personas realmente distintas entre sí. Como en todo lo visible, cada individuo humano es una persona que se distingue de las demás por su propia naturaleza individual, por lo que la razón humana jamás habría podido conocer un solo Dios en tres Personas. Ni aun después de revelado, puede ser comprendido este misterio*. El vocablo *Trinidad* no se halla en ninguna parte de la Biblia, pero por la revelación especial de Dios, sabemos: 1º que en Dios, hay un Padre, un Hijo y un Espíritu Santo (cf. p. ej. Mt. 28:19; 2 Co. 13:13); 2º, que son Personas distintas, pero que son un solo Dios; 3º, que el Hijo es engendrado por el Padre (cf. p. ej. Jn. 1:18; 3:16; Ro. 8:32: 1 Jn. 4:9-10) y que el E. Santo procede del Padre (cf. Jn. 15:26) y del Hijo, pues es enviado por Él (el mismo v.). El misterio de la Trinidad sólo oscuramente se ve en el AT. Su revelación clara aparece en el NT, y el texto más fuerte es Mt. 28:19, donde aparecen en la misma línea el Padre, el Hijo y el E. Santo como Personas distintas, bajo un solo «nombre». Ningún unitario (cf. *Unitarismo*) puede torcer el sentido del original.
Acerca de lo que es cada Persona de la Trinidad, cf. los arts. *Dios*, *Cristo* y *Espíritu Santo*. A costa de repetir conceptos, diré que las Personas divinas se distinguen realmente entre sí por las mutuas relaciones, en base a las cuales se constituyen como Personas. Estas relaciones son tres: Paternidad, Filiación, y Espiración pasiva. A pesar de que el E. Santo procede del Padre y del Hijo (*a Patre Filioque*, según la formula insertada en el Credo por el Conc. III de Toledo -589), no surgen de ahí dos relaciones distintas, porque la Espiración activa une al Hijo con el Padre en un solo principio. He dicho que las Personas de la Trina Deidad «se distinguen realmente entre sí por las mutuas relaciones». Esto es posible únicamente porque, entre todos los accidentes*, la relación*, es el único que, de suyo, no indica inherencia (*esse in*), sino referencia a otro (*esse ad*). Ahora bien, cuando la relación es real, lo cual ocurre en la Trinidad (de lo contrario, no cabría la distinción real), la relación requiere un *esse in* (la esencia divina, común a las tres Personas), además del *esse ad*, propio de cada Persona. Una ilustración para aclarar esto: Un padre humano, por el hecho de ser «padre» dice relación (*esse ad*) a un «hijo» y, si es más viejo que el hijo, no es por ser padre, sino por ser «hombre» antes de ser padre. Pero Dios Padre no es Dios antes de ser Padre, sino que lo es eternamente, por lo cual engendra un Hijo que, necesariamente, es tan eterno como Él (para más detalles, cf. mi libro *CPDTB*, Parte I, leccs. tercera, 4ª, 5ª y 6ª).
Bruno Forte caracteriza al Padre como «Silencio», al Hijo como «Palabra», y al E. Santo como «Encuentro» (retorno del Hijo al Padre). La «Palabra», el Hijo (cf. Jn. 1:1,16), vino a nosotros en el tiempo, pero era pronunciada eternamente en el seno del Padre (cf. Jn. 1:18), desde el «Silencio» eterno del Padre. La «Palabra» nos habla en el silencio, porque la Palabra no habla por sí sola; es el Padre quien habla, no en sí mismo –¡es el Silencio!– sino en la Palabra (cf. Jn. 14:9-10). Pero en el Silencio eterno el que habla la Palabra, porque vive de pronunciarla, espera una respuesta. La respuesta se produce al reconocer el Hijo, la Palabra, que, como Persona, depende del Silencio del Padre, y esto produce un Encuentro definitivo del Hijo con el Padre, de la Palabra con el Silencio, y ese Encuentro es el propio E. Santo. En frase de Agustín de Hipona, así tenemos: Amante (Jn. 3:16), Amado (Mt. 3:17) y Amor (Ro. 5:5).

Bib. Agustín, *Tratado sobre la santísima Trinidad* (BAC, Madrid 1948); Leonardo Boff, *La Trinidad, la sociedad y la liberación* (Paulinas, Madrid 1986); Bruno Forte, *Teología de la Historia* (Sígueme, Salamanca, 1995); Eberhard Jüngel, *La doctrina de la Trinidad* (Caribe, Miami 1980); F. Lacueva, *Un Dios en tres Personas* (CLIE, Terrassa, 1974); Carlos Madrigal, *Explicando la Trinidad al Islam* (CLIE, 1999); Jürgen Moltmann, *Trinidad y Reino de Dios* (Sígueme, Salamanca 1986, 2ª ed.); Stuart Olyott, *Los tres son uno* (EP, Ciudad Real 1987); Tomás de Aquino, *Suma teológica* I: *Tratado sobre la santísima Trinidad* (BAC,

Madrid 1953); A. W. Wainwright, *La Trinidad en el Nuevo Testamento* (Secretariado Trinitario, Salamanca 1976).

TRITEÍSMO El vocablo viene del gr. *tris* = tres veces, y *Theós* = Dios. Por tanto el triteísmo es una herejía que consiste en afirmar que las tres Personas de la Deidad son tres individuos de la misma naturaleza divina: tres dioses iguales en todas las perfecciones que competen a Dios como Ser Supremo. La imposibilidad metafísica de tal concepto puede verse en el art. *Unidad, 3*). Cayeron en este error algunos seguidores del monofisismo* tardío, como Juan Ascunages y Juan Filópono, por no acertar a concebir tres personas en un solo ser individual.

El influjo de la filosofía platónica (cf. *Platonismo*) hizo que algunos escritores eclesiásticos del siglo IV (sobre todo, Gregorio de Nisa , cf. *Gregorio Niceno*), sin caer en la herejía, diesen del misterio de la Trinidad* una explicación peligrosa. Decía Gregorio de Nisa que así como podemos decir que Santiago, Juan y Pedro son un solo hombre, a pesar de ser tres individuos, también se puede decir que el Padre, el Hijo y el E. Santo son un solo Dios aunque sean tres Personas distintas.

TROELTSCH, ERNESTO Este teólogo alemán (1865-1923) fue un erudito en las áreas de la filosofía, la teología, la historia y la sociología. Nació en Augsburgo y estudió teología en Erlangen, Berlín y Gotinga. Después de un breve pastorado, fue profesor de teología en Bonn (1892-1894) y en Heidelberg (1894-1914), y de filosofía en Berlín desde 1915. De talante liberal, fue muy activo en política, llegando a ser ministro de cultura en Prusia. Su pensamiento estuvo influido por Kant*, Hegel*, Schleiermacher*, Ritschl* (a quien tuvo de profesor en Gotinga) y, sobre todo, Dilthey*. De ahí, su relativismo*.

Troeltsch sostenía que todas las religiones del mundo eran diferentes, pero relativas a una determinada situación histórica y que, por consiguiente, era legítimo en conciencia que cada individuo suscribiera la fe en la que se hallaba históricamente situado. Si Troeltsch ponía la religión cristiana por encima de las demás, no era por ser la única religión revelada por Dios, sino porque, por una parte, encajaba mejor en la perspectiva hegeliana de la historia y, por otra, porque los valores éticos del cristianismo están modelados por las decisiones vivas de los creyentes dentro de la situación histórica de la cultura occidental.

Ernesto Troeltsch

Su libro más famoso es *La enseñanza social de las iglesias cristianas* (1912). En él examina, bajo el influjo del sociólogo alemán Max Weber, las áreas de la familia, la economía, la política y la cultura, concluyendo que, en todas ellas, el cristianismo se ha mostrado exhibiendo dos tendencias contradictorias, pero, al mismo tiempo, complementarias: compromiso y rechazo. Este ritmo paradójico se expresa en las tres formas de la iglesia, la secta y el misticismo: (1) En la iglesia, por su compromiso con la sociedad y la cultura; (2) en la secta, por rechazar todo compromiso con el mundo; y (3) en el misticismo, por expresarse en su espontaneidad religiosa individual. Pero cada una de estas formas está condicionada por sus distintas situaciones sociales y culturales.

Las ideas de Troeltsch han hallado favor en muchos teólogos del siglo XX, pero su relativismo histórico no puede satisfacer a ningún creyente verdadero, porque sacrifica gran parte de lo que es esencial en la religión cristiana.

Bib. E. Troeltsch, *El carácter absoluto del cristianismo* (Sígueme, Salamanca); *El protestantismo y el mundo moderno* (FCE, México).

TUBINGA, ESCUELA DE Tubinga es una ciudad universitaria al sur de Alemania. A fines del siglo XVIII y comienzos del siglo XIX, existía allí una escuela de teología conservadora, siendo su fautor G. C. Storr (1746-1805). Pero el título de «Escuela de Tubinga» está asociado principalmente con Fernando Christian Baur (1792-1860). Aunque Baur comenzó a enseñar en Tubinga en

1826, la fundación de la escuela puede ser fechada en 1835, cuando apareció la *Vida de Jesús* de D. F. Strauss*, alumno de Baur. Esta obra fue como la esquela de defunción de la antigua escuela conservadora, y el certificado de nacimiento de una radical oposición a todo lo sobrenatural.

Pero a mediados de siglo el antisobrenaturalismo radical de Baur comenzó a sufrir serios ataques. *Las Homilías Clementinas* en las que Baur había imaginado ver una caricatura del apóstol Pablo en la persona del mago Simón, se demostró que no habían sido escritas en el siglo II como Baur aseguraba, sino a fines del siglo III o comienzos del siglo IV. Por otra parte, la investigación que poco después del año 1870 llevaron a cabo los eruditos T. Zahn y J. B. Lightfoot sobre las cartas de Ignacio de Antioquía, mostró que dichas cartas, escritas a comienzos del siglo II, no mostraban ningún indicio de la fuerte controversia que Baur había imaginado entre cristianos judíos y gentiles en tiempos de Ignacio. También se ha probado suficientemente que los libros del NT fueron escritos en fecha mucho más temprana que la que Baur sostenía.

Bib. Ferdinand Christian Baur, *Investigación sobre la vida de Jesús* (EDICEP, Valencia); Horton Harris, *The Tübingen School. A Historial and Theological Investigation of the School of F. C. Baur* (Baker, Grand Rapids 1990).

TUCIORISMO Se designa con este nombre, en teología moral, al sistema que sostiene que, cuando las demandas de la ley entran en conflicto con las exigencias de la libertad o del bienestar del individuo, se debe escoger siempre, a toda costa, cumplir la ley, a no ser que uno esté totalmente cierto de que, en un caso dado, está exento de cumplirla. Un ejemplo de este caso sería si, dada la grave obligación de oír misa los domingos y días festivos, un individuo estuviera paralizado de las dos piernas y no tuviera quien lo llevase a la iglesia.

ULTRAMONTANISMO Este vocablo procede del lat. *ultra* = más allá de, y *mons, montis* = monte. Fue llamado así porque dicho movimiento surgió a favor del poder del papado (más allá de los Alpes) en distintos países como reacción contra las tendencias anticatólicas y liberales surgidas a raíz de la Revolución Francesa de finales del siglo XVIII. El ultramontanismo alcanzó su clímax en tiempo de Pío IX (1846-1878), especialmente con los dogmas de la infalibilidad papal y la supremacía absoluta del papa durante el C. Vaticano I (1870).

El C. Vaticano II (1962-1965), a pesar de que mantuvo los dogmas proclamados en el Vaticano I, debilitó muchísimo a los ultramontanos al aprobar una participación mayor del colegio episcopal en los asuntos de la Iglesia y una mayor voz de los laicos en las comunidades eclesiales. Sin embargo, desde que Juan Pablo II fue elegido en 1978, el ultramontanismo ha vuelto a levantar la cabeza con las actuaciones papales de centralización del poder y de su personal imposición como jefe indiscutible de la Iglesia católica. No conocemos el futuro, pero mi impresión personal es que el sucesor de Juan Pablo II ha de volver al progresismo que caracterizó a Juan XXIII y a Pablo VI.

UNCIÓN Este vocablo procede del lat. *unctio, unctionis* = unción, ungimiento; y éste, del vb. *úngere* = untar, ungir. Aquí tratamos únicamente de la unción en sentido religioso.

El vocablo hebr. *Meshiaj* = Mesías significa Ungido, lo mismo que el gr. *Jristós* (Cristo), porque Jesús es el Ungido por excelencia (cf. Is. 61:1, citado en Lc. 4:18-19, 21). En el AT, eran ungidos con aceite personas y objetos para separarlos de lo profano y dedicarlos al servicio de Dios. El tabernáculo, su mueblaje y los vasos sagrados fueron ungidos así, como también, especialmente los levitas de la clase sumosacerdotal que habían de servir en el tabernáculo y en el templo (cf. Éx. 28:40-42; 29:1-46; 30:30-33). Hay también referencias a la unción de profetas (cf. 1 Cr. 19:16; Is. 61:1), pero la mayoría de las referencias son acerca de la unción de los reyes, ya desde el principio de la monarquía hebrea (cf. 1 S. 10:1; 16:13; 1 Cr. 1:39). Por su condición de pueblo consagrado a Yahweh, todo Israel es llamado también el ungido (cf. He. 11:26 *toú Jristoú* –¡no es una referencia a Jesús de Nazaret, a pesar de las apariencias!)

En el NT, es abrumadora la evidencia de que Jesús de Nazaret es el Ungido por excelencia. El vocablo gr. *Jristós* ocurre en el NT 529 veces, siempre aplicado a Jesús de Nazaret, siendo 3 Jn. el único lugar donde no aparece. Se da el caso curioso de que sólo en las comunidades grecorromanas donde no se entendería su significado, perdió el artículo, formando el nombre Jesucristo. Pero en los Evangelios y en Hch., se ve claramente que hablar de Cristo es hablar del Mesías, del gran Ungido (cf. Mt. 1:16; Mr. 8:29; Hch. 2:36; 4:27).

El hecho del ungimiento de los reyes y de los sacerdotes en el AT fue bien recordado por los cristianos a lo largo de la historia de la Iglesia, pues desde los siglos VIII y IX, se hizo costumbre el ungimiento de reyes y obispos al tomar posesión de su cargo. El ungimiento de los reyes perduró hasta bien entrado el siglo XIX, y se hacía con el óleo de los catecúmenos para distinguirlo del ungimiento de los obispos y sacerdotes, que se lleva a cabo con el crisma. Y estamos ya dentro del sistema sacramental de la Iglesia de Roma. El día de Jueves Santo el obispo de cada diócesis consagra el óleo de los catecúmenos, el óleo de los enfermos y el crisma (mezcla de óleo y bálsamo). Óleo es el nombre técnico con el que se designa el aceite consagrado.

(1) El óleo de los catecúmenos se usa en el bautismo*.

(2) El óleo de los enfermos se usa en la Unción de los enfermos, comúnmente llamada Extremaunción (cf. *Unción de los enfermos*).

(3) El crisma se usa en los tres sacramentos que implican consagración: el bautismo* por el que una persona se hace miembro de Cristo, la confirmación* por la que se hace soldado de Cristo, y el orden, por el que se hace jerarca de la Iglesia (cf. *Mayores, órdenes*), concretamente, en el presbiterado y en el episcopado (en el diaconado no se hace unción). El modo de ungir con el crisma es el siguiente:

(A) En el bautismo y en la confirmación, se unge la frente, en forma de cruz, del sujeto de dichos sacramentos.

(B) En la ordenación del presbítero, se ungen totalmente las palmas de las dos manos, sólo por el anverso; de ahí que, cuando se da a un presbítero la Unción de los enfermos, han de ungirse las dos palmas por el reverso.

(C) En la consagración del obispo, se unge totalmente la parte superior de la cabeza, no la cara. El óleo es símbolo del E. Santo, como puede verse por la expresión «derramado» en Hch. 2:33 y Ro. 5:5, que designa la efusión de un líquido con referencia explícita al E. Santo. Pero la Biblia no conecta la unción con aceite con ningún sacramento. Con respecto a Stg. 5:14, cf. *Unción de los enfermos*.

UNCIÓN DE LOS ENFERMOS Con este nombre se designa en la Iglesia de Roma el sacramento* que antes del C. Vaticano II se llamaba Extremaunción. Aunque lo de «Extrema» solía explicarse como que era la última de las unciones que se administran a un católico, los fieles la entendían como que era la que se administraba *in extremis* = a punto de morir. En efecto, para no asustar al enfermo ni a sus familiares, lo corriente era llamar al cura cuando el enfermo estaba ya inconsciente y, en muchísimos casos, cuando ya estaba clínicamente muerto.
Con el Vaticano II, entraron notables variantes en este sacramento, que están reflejadas en el nuevo *CIC* y en el nuevo *CDLIC*, la principal de las cuales es que, anteriormente, el peligro de muerte tenía que derivar de una enfermedad grave, mientras que ahora se puede recibir antes de una grave operación quirúrgica y antes de la ejecución de la pena capital.
Lo mismo que el C. de Trento (cf. Dz, nos. 1695, 1716, 1717), también el *CDLIC* apela a Stg. 5:14-16. Pero este pasaje alude a una costumbre de la época, ahora obsoleta (cf. Mr. 6:13). El énfasis de dicha porción cae sobre «la oración de la fe» (cf. Mt. 9:2) como poder curativo, y el perdón de pecados mutuamente confesados (Stg. 5:16-17). No puede probarse que el pasaje se refiera a un sacramento, «un rito simbólico instituido por Cristo a perpetuidad».
Pablo VI, mediante una constitución apostólica del 30 de nov. de 1972, estableció que, en el rito romano, se observara lo siguiente: «El sacramento de la Unción de los enfermos se administra a los gravemente enfermos ungiéndolos en la frente y en las manos con aceite de oliva debidamente bendecido o, según las circunstancias, con otro aceite de plantas, y pronunciando una sola vez estas palabras: «Por esta santa unción, y por su bondadosa misericordia te ayude el Señor con la gracia del Espíritu Santo, para que, libre de tus pecados, te conceda la salvación y te conforte en tu enfermedad» (*CDLIC*, nº 1513).
En el nº 1514, el mismo documento especifica que la Unción de los enfermos «no es un sacramento sólo para aquellos que están a punto de morir. Por eso, se considera tiempo oportuno para recibirlo cuando el fiel empieza a estar en peligro de muerte por enfermedad o vejez. Si el enfermo se recupera (nº 1515), puede recibir de nuevo el sacramento si vuelve a agravarse. Es apropiado recibirlo antes de una operación importante. «Y esto mismo puede aplicarse a las personas de edad avanzada cuyas fuerzas se debilitan.»
En el nº 1516 repite lo que ya estaba antes en vigor en cuanto al ministro de este sacramento: «Sólo los sacerdotes (obispos y presbíteros) son ministros de la unción de los enfermos».
Finalmente, los efectos de este sacramento (nos. 1520, 1521, 1522 y 1523) son los siguientes: (1) «Un don particular del E. Santo» (una gracia de consuelo, de paz y de ánimo); (2) «La unión a la Pasión de Cristo. El sufrimiento viene a ser participación en la obra salvífica de Jesús»; (3) «Una gracia eclesial». Y, citando del Vaticano II, *Lumen Gentium*, 11), afirma de los que reciben este sacramento: «uniéndose libremente a la pasión y muerte de Cristo, contribuyen al bien del Pueblo de Dios»; (4) «Una preparación para el último tránsito. Esta última unción ofrece al término de nuestra vida terrena un escudo para defenderse en los últimos combates y entrar en la casa del Padre».
La teología católica ha dado siempre muchísima importancia a este sacramento, afirmando que ha podido salvar a millones de fieles católicos por las siguientes razones: (A) son muchísimos los católicos que mueren sin recibir la absolución sacramental (cf. *Penitencia, Sacramento de la*), ya por fallecer de accidente, ya por no asustar al enfermo; el único remedio que les queda es este sacramento; (B) aunque es un sacramento* de vivos y, normalmente, han de preceder la confesión y el viático*, puede hacer las veces del sacramento de la Penitencia, cuando el sujeto no puede confesarse, perdonando así los pecados graves, supuesta cierta atrición (cf. *Contrición*, [2]), al menos interpretativa, es decir, la que tendría el sujeto si se diera cuenta de su estado; (C) en este caso, se supone a la Unción de los enfermos como necesaria con necesidad de medio (cf. *Necesario, 1), C), a*).

UNDERHILL, EVELYN Esta escritora británica (1875-1941), criada en una familia anglicana de clase social media, fue primero agnóstica, según ella misma se definía, pero poco antes de su casamiento con H. S. Moore, estuvo a punto de hacerse católica. Ya en 1909 había escrito muchas historietas y tres novelas de carácter simbólico. Pero su verdadera carrera literaria comenzó con la obra *Misticismo* (1911), donde presentó las tradiciones místicas cristianas como diagramas simbólicos de encuentros con la «realidad última». Al principio, trató de evitar un punto de vista claramente cristiano con el propósito de conseguir un círculo más amplio de lectores, pero en *La vía mística* (1913) ya procuró establecer el carácter místico del NT. Buena conocedora de los movimientos místicos a lo largo de los siglos, Evelyn abordó el misticismo desde un punto de vista romántico y psicológico, al par que empírico, bajo la influencia de H. Bergson. Publicó también otras obras en prosa y en verso entre el 1912 y el 1920.

Después de la I Guerra Mundial, tomó parte muy activa en la Iglesia anglicana y, bajo la influencia del teólogo católico alemán Federico von Hügel (1852-1925), llegó a ver las doctrinas cristianas como expresiones de la gran verdad de la continua interacción histórica entre Dios y la creación. Después de escribir otros libros entre 1920 y 1934, su obra culminó con el magnífico estudio *La adoración* (1936), donde mostraba que la experiencia mística y la teología ortodoxa se complementan mutuamente. Otras obras son *El hombre y lo sobrenatural* (1927); *El misterio del sacrificio* (1938) y algunos libros de poemas.

Evelyn era muy requerida como consejera espiritual y como conferenciante. También trabajó provechosamente como periodista y como locutora por la radio. De esta manera contribuyó grandemente a difundir en Gran Bretaña el interés por la vida interior. Dice una de sus oraciones, que resume su doctrina: «Enséñanos a mantenernos en la luz de la eternidad, en la quietud y en la paz; sin pedir nada, sin pretender nada, pero absorbidos en esa desprendida oración a tu gloria, que es el corazón de la oración».

UNIDAD Este vocablo viene de uno y expresa la verdad de que toda realización del ser implica una realización de la integración que la unidad representa como el trascendental (cf. *Trascendencia,* 2) más cercano al ente, siendo mutuamente convertibles. Hay cuatro clases de unidad:

(1) Unidad lógica. Es la unidad del concepto, unificando en un concepto universal (p. ej. hombre) una multitud de individuos reales distintos.

(2) Unidad predicamental, por la que cada ser individual es uno entre los de su misma clase, con los que se puede enumerar: uno, dos, tres, etc.

(3) Unidad trascendental, por la que el ser es uno en el sentido de estar integrado en sí mismo y, por tanto, diferenciable de los demás seres. Es uno en sentido trascendental y, por tanto, es convertible con el ser, siendo tanto más ser cuanto más uno es.

(4) Unidad de singularidad (unicidad). Es aquella por la que un ser individual no sólo es uno en sí mismo, sino que además es irrepetible.

Cuando aplicamos a Dios estas cuatro clases de unidad, vemos que (A) Dios, como concepto lógico (el ser), sólo por analogía puede catalogarse entre los seres, puesto que es el único Ser Necesario e Infinito; (B) a Dios no se le puede aplicar la unidad predicamental, porque no puede ser numerado como individuo dentro de una misma especie; (C) con toda razón se puede aplicar a Dios la unidad trascendental, pues, siendo el Sumo Ser, es también el Sumamente Uno; (D) finalmente, sólo a Dios conviene la unidad de singularidad, porque (a) por su trascendentalidad, no puede ser un individuo de la especie divina; (b) por su soberanía, no puede tener junto a sí otro Dios, ya que ninguno de los dos sería soberano, pues la soberanía de Dios exige, no sólo ser el Gobernador Supremo, sino también el que todos los demás seres le estén sometidos, lo cual no sería posible si hubiera dos Dioses iguales, pues los dos serían, por definición, independientes. Es cierto que en Dios hay tres Personas, pero las tres son consustanciales (cf. *Trinidad*).

UNIFICACIÓN, IGLESIA DE LA Esta secta religiosa va asociada al nombre de su fundador Sun Myung Moon (n. en 1920). Moon nació en el seno de una familia coreana convertida al protestantismo, pero, según dicen sus adeptos (los moonies) tuvo a los 16 años una visión en la que Jesús le pidió que aceptara la misión de salvar a la humanidad. Esta versión prueba ser falsa por el hecho de que, en los años siguientes, Moon fue un adepto del coreano Park Monn Kim, quien había proclamado ser el Mesías.

Durante la II Guerra Mundial, Moon fue encarcelado por sus actividades antijaponesas y, al acabar la guerra, es cuando de veras se proclamó Mesías. Finalmente, el 1 de mayo de 1954 nació oficialmente la Iglesia de la Unificación y en 1957 se publicó por 1ª vez la Biblia de los moonies, conocida por el nombre de El Principio divino y –según ellos– revelada a Moon por el mismo Dios. Durante la década de los 60, Moon llega a ser poseedor de una de las mayores fortunas del mundo con negocios tan diversos como la industria pesquera y el tráfico de armas. En 1971-1976, consigue la amistad de muchos congresistas de Norteamérica y se hace amigo del presidente Nixon, a quien defiende en el escándalo de Watergate. Con esto y con las revelaciones del Informe Fraser, donde se descubren sus relaciones

con la CIA coreana, el prestigio de Moon quedó por los suelos, más aún cuando en la década de los 80 ingresó en la cárcel en Estados Unidos por cuestión del fisco, aunque intervinieron también muchos intereses políticos y religiosos.
Las enseñanzas de Moon pueden resumirse del modo siguiente: Jesús es un hombre en quien Dios se encarnó, pero no es Dios. Es cierto que obtuvo la salvación espiritual para la humanidad, pero como no se casó, no logró la salvación física con la que hubiera logrado la multiplicación de familias perfectas por todo el mundo.

Bib. Mather y Nichols, *Diccionario de creencias, religiones, sectas y ocultismo* (Completa bibliografía) (CLIE, 2001).

UNITARISMO Se conoce con este nombre a cierto número de denominaciones religiosas que convienen en este principio: «No existe en Dios la Trinidad de Personas». Bajo esta bandera se unen los antiguos arrianos* y monarquianos*, pasando por los socinianos* de los siglos XVI al XVIII, hasta llegar en nuestros días a los Testigos de Jehová*. Las enseñanzas de los unitarios son tan variadas y aun tan diversas dentro del unitarismo, que sería muy prolijo enumerarlas todas; coinciden en sostener que sólo hay una Persona realmente divina, que el Hijo es un mero hombre, más o menos elevado moralmente (incluso se le llega a admitir como el Mesías y el Hijo de Dios en sentido mesiánico, no trinitario), y que el Espíritu Santo es el poder mismo de la única Persona que existe en la Deidad.
Entre los nombres de los unitarios más prominentes está, en el siglo XVI, el del médico español Miguel Servet, que negó que la doctrina de la Trinidad tuviera base bíblica alguna. En Inglaterra, destacan J. Biddle (1616-1662), S. Clarke (1675-1729), R. Price (1723-1791) y T. Lindsey (1723-1808).
Fue T. Belsham (1750-1825) el que organizó en 1791 la primera Sociedad Unitaria general, pero sólo en 1959 se unieron la Iglesia unitaria y la Iglesia universalista (cf. *Universalismo*) para formar la Asociación Unitaria Universalista.

UNIVERSALISMO Este vocablo viene de universal; y éste, del lat. *universus* = todo entero, universo, universal. Pero con este término se expresan tres conceptos teológicos totalmente distintos:
(1) Universalismo significa en primer lugar que los propósitos de Dios no se limitan a una nación o a una raza en particular, sino que abarcan todas las razas y todas las naciones del mundo (cf. p. ej, la promesa a Abraham en Gn. 12:3, así como las historias de Rahab y de Rut, Is. 2:1-5 y Mal. 1:11, 14).
(2) Universalismo significa en segundo lugar que es deseo de Dios que todos los seres humanos, sin excepción, puedan alcanzar la salvación (cf. 1 Ti. 2:4-6). Esta universalidad es negada por los calvinistas supra- y sublapsarios, pero afirmada por los infralapsarios y por los arminianos, en consonancia con la Escritura (cf. *Elección*).
(3) Universalismo significa en tercer lugar que todos los seres humanos, sin excepción, obtendrán finalmente la salvación eterna. Este universalismo ha tomado diversas formas a lo largo de la historia, pero me limitaré a mencionar tres nombres ya conocidos de los lectores:
(A) Orígenes*, según el cual, entre los principios dejados a la especulación de los teólogos está la llamada en gr. *apokatástasis* = restauración, que consiste en que todos los seres creados, no sólo los seres humanos condenados al infierno, sino también el diablo y sus ángeles, serán admitidos al cielo por la gracia de Dios, habiendo sido purificados y habiendo decidido amar a Dios, al haberles sido dada esta oportunidad. Quizás se basaba en Col. 1:18-20, pero su teoría fue considerada de base platónica más que bíblica y fue condenada por el II Conc. de Constantinopla (553). En efecto, la Palabra de Dios no da pie para creer en una 2ª oportunidad; más bien, la refuta indirectamente en He. 9:27-28.
(B) K. Barth* defendió en su *Dogmática Eclesial* que Cristo sustituyó formalmente en el Calvario a todos los pecadores, pues Él fue el único reprobado por Dios en nuestro lugar. Tampoco esta teoría puede hallar base alguna en la Palabra de Dios. El Señor Jesús puso de relieve la seriedad del infierno y la necesidad de entrar por la puerta estrecha. Pablo puso de relieve que la reconciliación llevada a cabo en el Calvario exige una respuesta del ser humano para que sea efectiva subjetivamente (cf. 2 Co. 5:18-22). Como amiraldiano*, creo en la redención universal, pero no en la salvación universal, pues ésta depende siempre, según la Biblia, de la fe del sujeto (cf. p. ej., Jn. 3:16; Hch. 16:31; Ro. 1:16).
(C) J. Stott, quien, en el libro *Essentials*, cap. 6 (pp. 312-331) (en colaboración con D. Edwards) defiende el aniquilacionismo (cf. *Aniquilación*). Como escribo en dicho art., después de considerar seriamente los argumentos que presenta a favor de esta clase de universalismo (sólo per-

duran los salvos; los réprobos son aniquilados inmediatamente después del juicio final), opino que lleva razón, si no en todos, al menos en algunos de ellos.
Antes y después de Stott, otros muchos han defendido el aniquilacionismo, pero creo que es él quien más hábilmente ha planteado la cuestión y dado la solución. Sin embargo, no es una «tesis» que pueda ser defendida «a capa y espada», por lo que aconsejo a mis lectores lo mismo que me aconsejo a mí mismo: ¡Cuidado que no nos dejemos fácilmente extraviar de la gran probabilidad de la eternidad del infierno! (cf. Ap. 14:11; 20:10, 14).

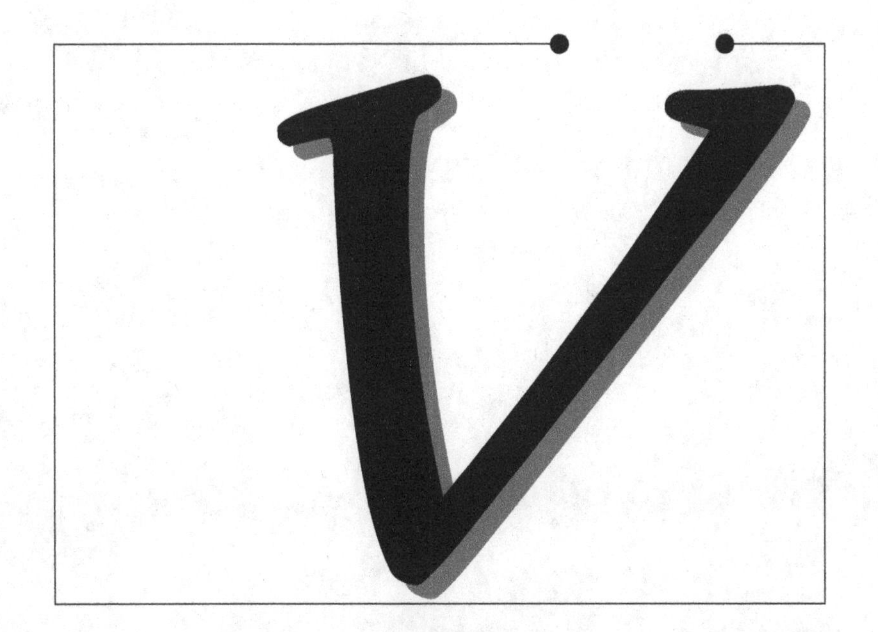

VALDENSES Se designa con este nombre a un grupo de partidarios de Pedro Valdo, un comerciante rico de Lyon, que en 1173 se convirtió al considerar las palabras de Cristo en Mt. 19:20, las tomó al pie de la letra y se rodeó de hombres y mujeres que estuvieran dispuestos a obedecer y predicar el evangelio a los inconversos. Como puede verse, su conversión y su decisión posterior se parecen mucho a las de Francisco de Asís, con una diferencia radical: Francisco de Asís* se sometió a la jerarquía eclesiástica y fue canonizado como uno de los más grandes santos del cristianismo; Pedro Valdo rompió con la Iglesia de Roma y él y sus seguidores fueron proscritos por Lucio III en 1184 y perseguidos a muerte en 1211, cuando cerca de 80 de ellos fueron quemados vivos en Estrasburgo.

En un principio, no opusieron ninguna objeción a los dogmas católicos, sino que expresaron el deseo de que toda la gente conociera el Evangelio y viviera según las exigencias más radicales de la Palabra de Dios (pobreza absoluta, no violencia, etc.). Tanto es así que Alejandro III (1159-1181) los acogió calurosamente, les concedió el voto de pobreza y les permitió predicar en público con tal que contaran con la licencia del obispo del lugar. Como los valdenses desobedecieron este requisito, Lucio III (1181-1185) les prohibió predicar. Esto sirvió para que se ahondara más la sima que les separaba de la Iglesia de Roma. Sin embargo, y a pesar de la persecución de 1211, todavía en 1212 enviaron una delegación a Roma para obtener la aprobación de Inocencio III (1198-1216). Como éste se negó, la ruptura se hizo definitiva. Puede decirse que los valdenses fueron los precursores de la Reforma protestante y en 1532 se sumaron al calvinismo de Ginebra, alejándose así más aún del pensamiento católico en el que tan cerca habían estado de Francisco de Asís. Han subsistido hasta nuestros días, especialmente en el norte de Italia y en la misma Roma, donde tienen una facultad de teología muy renombrada. El prof. más conocido de dicha facultad es (era en 1968) Vittorio Subilia, invitado como observador al C. Vaticano II, después del cual escribió el libro *La nueva catolicidad del catolicismo*, obra en la que mostró sus profundos conocimientos de las enseñanzas de la Iglesia de Roma, tanto de antes como de después del Vaticano II.

Bib. Ernesto Comba, *Historia de los valdenses* (CLIE, Terrassa 1987); Amadeo Molnar, *Historia del valdismo medieval* (Aurora, Bs. As. 1981); V. Subilia, *La nueva catolicidad del catolicismo* (Sígueme, Salamanca 1969).

Vittorio Subilia

VALDÉS, JUAN DE Reformador español nacido en Cuenca (España), alrededor de 1490, en el seno de una familia judeoconversa. No se sabe casi nada de su juventud, sólo que, en la adolescencia, estuvo al servicio del marqués de Villena en el castillo de Escalona (Toledo), donde escuchó las predicaciones de Pedro Ruiz de Alcaraz (también judeoconverso), maestro de los «alumbrados» españoles, que encendió en él la dedicación al estudio de la Biblia en general y de san Pablo en particular. Tras el arresto del mencionado Ruiz de Alcaraz parece que regresó a su ciudad natal donde dispuso de unos tres años para entregarse a profundas meditaciones teológicas y lecturas bíblicas (1524-1526).

En 1529 publicó *Diálogo de doctrina cristiana* en Alcalá de Henares (Madrid), donde el autor llevaba dos años y pasaría otros dos estudiando artes liberales. Allí aprendió hebreo y griego, que tan útiles le resultarían para su obra posterior de traducción, exégesis y meditación de las Escrituras, en las que tenía sus bases la reforma de la cristiandad, que creía muy necesaria y por la que abogaba en su *Diálogo*.

La obra circuló rápidamente y fue aceptada mucho más allá de los círculos «alumbrados», donde había madurado, o de los seguidores erasmistas. Sólo la poderosa maquinaria de la Inquisición, española primero y romana después, consiguió detener su avance y reducir el número de los que aceptaban su «protesta», netamente española, independiente de la de Lutero y sólo coincidentes por tener ambos como maestro al apóstol Pablo. Independientemente de Lutero, Valdés entendió que la justicia es verdaderamente comprendida a la luz de la muerte de Cristo. Valdés fue el primero en introducir la doctrina de la justificación en el universo doctrinal italiano y español.

Los escritos y las inquietudes de Valdés, unido a su carácter de judeoconverso, le costaron dos procesos en España y tener que marcharse a Roma y Nápoles, no lejos de su hermano Alfonso, erasmista y secretario del emperador. En 1551 el *Diálogo* pasó al *Índice* de los libros prohibidos de la Iglesia católica.

Los puntos principales de la reforma que Valdés propone, desarrollados por él mismo en Nápoles, entre su distinguido círculo de amigos, y luego asumidos por Constantino Ponce de la Fuente, en la *Suma de Doctrina Cristiana* (1543), y que le convirtieron en el fermento más destacado de los orígenes de la Reforma en España e Italia, se pueden resumir así: Un no rotundo a una Iglesia institucional, embriagada de poder; no al sacramentalismo; no a la devoción de la Virgen o de los santos; no a fuentes extrabíblicas, todo ello muy cercano al sentir y querer místicos. Por contra, sí a una religión cristocéntrica, basada en las Sagradas Escrituras y en íntima unión a Cristo, el cual es la justificación y santificación del creyente. Se puede decir que Valdés no buscaba una reforma institucional de la Iglesia, a la que abandonó por imposible, desesperado de las intrigas de sus compatriotas, y se dedicó más bien a abogar en pro de una reforma interna y espiritual de un grupo selecto de creyentes, una vez más, en línea con el más puro misticismo*.

En Roma y Nápoles ejerció diversos cargos políticos –gracias al apoyo de su hermano– en calidad de agente imperial, desde 1531 hasta 1541, fecha de su muerte. Con su traslado definitivo a Nápoles (1535), comienza su más fecunda etapa religiosa y literaria, que, aunque él no llegó a verla publicada, sus discípulos se encargaron de editarla, traducirla y difundirla por Europa y América. Los inquisidores romanistas, españoles, italianos y portugueses atentaron contra él y su obra. Y ya que no pudieron meter su cuerpo en cárceles y fuego, destinaron sus libros a las llamas y los *Índices* de libros prohibidos. Personajes famosos que leyeron sus obras fueron Constantino Ponce de la Fuente, el arzobispo de Toledo Bartolomé Carranza, Juan de Ribera y Miguel de Cervantes. Su amistad con Julia Gonzaga, sobrina del cardenal Gonzaga y condesa de Fondi, «permitió a Valdés introducirse en un selecto grupo de personalidades receptivas a sus reflexiones teológicas e interpretación de la Biblia» (J. C. Nieto), entre quienes estaban Pedro Mártir Vermegli, Pier Paolo Vergerio, Benardino Ochino y Pietro Carnesecchi. En 1542, la reactivación de la Inquisición romana dispersó a sus discípulos. Unos prefirieron ser como Nicodemo; otros, se identificaron con Lutero y Calvino; su fiel Carnesecchi terminó en la hoguera el año 1567. Se calculan en 3.000 sus seguidores sólo en Venecia.

El pensamiento de Valdés se conoció pronto en América, al utilizar fray Juan de Zumárraga la *Suma* de Constantino para su *Doctrina Cristiana* (México, 1545). Pedro Correia, evangelizador del Brasil, pidió a otros jesuitas que le enviaran libros, especificando que tenía interés en «uno que se llama *Doctor Constantino*». Francisco Javier lo recomendó a misioneros portugueses para la evangelización de China; y éstos lo llevaron hasta tierras de la India, apareciendo en portugués, en la recopilación que hizo fray Luis de Granada, para su *Compendio de doctrina cristiana* (Lisboa, 1559).

«En Juan de Valdés se ven retratadas las aspiraciones y anhelos de España, que sería una restauración cristiana y una vuelta al cristianismo primitivo, no sólo en el sentido teórico y dogmático, sino mucho más en sentido moral, ético y místico. Juan de Valdés representa la armonía entre la fe y la razón, la cultura y la piedad; él hablará con la misma eficacia, con la misma energía y convicción que Calvino y Lutero acerca de la fe y salvación por gracia, pero tendrá gran precaución en hacer a la vez hincapié en las buenas obras, como fruto de esa salvación y como obra de esta gracia. Él utilizará la razón, la filosofía, los conocimientos entonces en boga, pero dará siempre supremacía a la fe, a la inspiración del Espíritu Santo» (Juan Orts González). «Por lo tanto podríamos decir que Juan de Valdés es, no sólo el primer reformista español, sino también el más español de los reformistas» (J. L. González).

Sus ensayos sobre el idioma castellano, le hacen acreedor a ser un maestro del idioma, al que sólo el prejuicio religioso ha ignorado y no reconocido como le corresponde.

Bib. Juan de Valdés, *Comentario a los Salmos* (CLIE, Terrassa 1987); *El Evangelio según san Mateo* (CLIE, 1986); *Diálogo de la lengua* (varias ediciones).

Fermín Caballero, *Alonso y Juan de Valdés* (Instituto Juan de Valdés, Cuenca 1995); Justo L. González, *Luces bajo el almud* (Caribe, Miami 1977); J. C. Nieto, *Juan de Valdés y los orígenes de la Reforma en España e Italia* (amplia bibliografía) (FCE, México 1979).

VALOR El vocablo valor existió siempre, en cuanto a su contenido, en la filosofía del bien, pero fue inventado primeramente en economía política con referencia al valor de uso y cambio de las cosas. Así fue usado por K. Marx (cf. *Marxismo, 1*) para expresar la plusvalía del producto del trabajador, en comparación con el salario recibido por el trabajo. Fue, sin embargo, H. Lotze (1817-1881) quien hizo del valor un tema fundamental de la filosofía.

De Lotze procede, pues, la moderna filosofía de los valores, que alcanza su mayoría de edad con Max Scheler (1874-1928). El sentimiento de valor (alem. *Wertfühlen*) de Scheler nada tiene que ver con los estados subjetivos que en la psicología son conocidos como placer y displacer, sino que es más bien un acto intencional* que barrunta los valores en su objetividad (cf. *Objetivo*). Pero Scheler, lo mismo que, después de él, E. Hartmann (1842-1906), distingue claramente entre valor y bien. Pero esto sólo es posible en un idealismo valoral, no en un realismo que postula una visión metafísica del valor.

En efecto, una metafísica del valor supera la separación entre valor y ser, por cuanto al afincar el valor en el ser, se pone de manifiesto el carácter absoluto del valor, en otras palabras, se percibe que el ser es algo profundamente valioso y, por tanto, inseparable del valor. La distinción* de razón, existente entre valor y ser, como entre valor y bien, se basa en que, con el vocablo bienes, se designan cosas individuales y, con el de valores, se indican las esencias valiosas abstraídas de las cosas buenas individuales.

VENIAL, PECADO Este vocablo viene del lat. *veniábilis* = digno de perdón; y éste, de *venia* = permiso, perdón, favor. En la Palabra de Dios, hallamos unos pecados más graves que otros (cf. *Mortal, Pecado*), pero no la distinción entre mortal y venial, es decir, *leve* = ligero. No existe pecado «ligero». Todo pecado es transgresión de la ley divina (cf. 1 Jn. 3:4-9, donde habría de esperarse la división de pecado en mortal y venial, si existiera). Es cierto que la falta de atención o de libertad pueden disminuir la culpabilidad e, incluso, suprimirla, pero eso no da pie para establecer una clase de pecados veniales *per se*.

El nuevo *CDLIC* menciona los pecados veniales en los nos. 1447, 1452 y 1458, pero no define el pecado venial ni expresa las circunstancias en que un pecado mortal se convierte en venial. Pero la *Teología Moral* de los capuchinos Jone y Adelman dice (nº 99): «Se comete pecado mortal si, –con conocimiento y consentimiento perfecto o imperfecto– transgrede uno una ley que no obliga seriamente; o si, con conocimiento y consentimiento imperfecto, viola una ley que obliga gravemente». Pasan después a especificar que «también se comete pecado venial si uno transgrede una ley grave, pero él piensa que obliga venialmente, debido a su conciencia invenciblemente errónea». Y añaden a continuación: «Un pecado venial puede convertirse en pecado mortal, ya sea por conciencia errónea o escándalo, ya sea por peligro próximo de conducir al pecado mortal, ya sea por desprecio formal de la ley, ya sea por una intención gravemente pecaminosa».

En general, el pecado venial, según la teología católica, se divide en cualitativamente venial, o venial de por sí, y cuantitativamente venial, o venial por su poca cantidad. (1) Es venial de por sí cuando, por su esencia, nunca pasa de venial, p. ej. una mentira. (2) Es cuantitativamente venial cuando depende de su cantidad el que sea mortal o venial, p. ej. un robo* es mortal si se roba a un trabajador una cantidad superior al

Pedro Mártir Vermigli

salario de un día; es venial si se le roba una cantidad inferior.

VERBAL, INSPIRACIÓN (cf. *Biblia, Inspiración de la*)

VERDAD Este vocablo procede del lat. *véritas* = verdad, realidad, sinceridad, veracidad; y éste, del adj. *verus, vera, verum* = verdadero, real, auténtico, sincero.

El léxico del AT nos da para verdad el vocablo *emeth* que, curiosamente, consta de las letras primera, media y última del alefato o alfabeto hebreo, equivaliendo así al Alfa y Omega (cf. Ap. 1:8, 11; 22:13), como indicando que, en Jesucristo, está toda la verdad de Dios (cf. Jn. 14:6). El hebr. *emeth* se halla también en binomio con *jesed: jesed veemeth* = misericordia y verdad, equivalente del gr. *járis ka alétheia* = gracia y verdad (cf. p. ej. Jn. 1:14, 17), aunque otras veces aparece el binomio *jesed veemunah* = misericordia y fidelidad (el hebr. *emunáh* significa, tanto fe como fidelidad).

El léxico del NT nos da el siguiente cuadro de vocablos, todo ellos de la misma raíz: (a) *alétheia* = verdad, que ocurre 109 veces; (b) *aletheúo* = decir la verdad, vivir la verdad, que ocurre dos veces (Gá. 4:16 y Ef. 4:15); (c) *alethés* = veraz, real, que ocurre 26 veces; (d) *alethinós* = verdadero, genuino, que ocurre 28 veces; y (e) *alethòs* = verdaderamente, que ocurre 18 veces. En cambio, la idea de fidelidad, equivalente del hebr. *emunáh* se halla mejor representada en el gr. *pistós* = fiel, que ocurre 67 veces. Es de notar que la etim. del gr. *alétheia* indica una «desvelación» (de *a* = sin y *léthe* = olvido), la cual no hace justicia al concepto bíblico de verdad, la cual, para un judío, es una «seguridad», más bien que una «desvelación».

Como era de suponer, la filosofía occidental ha considerado la verdad en el sentido griego de «desvelación del ser», sin prestar atención al aspecto experimental de la verdad como «confianza absoluta en otro»; únicamente S. Kierkegaard* captó este elemento en el concepto de verdad. En cuanto a los distintos aspectos de verdad, se divide en:

(1) Verdad ontológica, que es la realidad misma de un ente, en cuanto cognoscible: el ser mismo, frente a un intelecto capaz de captarlo. En este sentido, lo verdadero es uno de los trascendentales (cf. *Trascendencia*, [2]), que son intercambiables. Ej. Jn. 14:6.

(2) Verdad lógica, que es la relación correcta de la mente con la realidad de un ser determinado. Ej. Jn. 17:17. Lo contrario de esta verdad es la falsedad (por error o por ignorancia), no la mentira*. Hay juicios falsos que no son mentirosos, y hay juicios mentirosos que no son falsos.

(3) Verdad ética, que es la «práctica» de la verdad. Esta puede ser de dos clases: (A) la verdad expresada o veracidad. Ej. 1 Jn. 1:6. (B) la verdad vivida. Ej. Ef. 6:14.

Dios es Verdad infinita en sus cuatro aspectos: (a) Es la realidad infinita y trascendente; (b) conoce perfectamente toda verdad; (c) es infinitamente santo para vivir y expresar perfectamente la verdad: no puede ignorar nada, ni equivocarse, ni engañar ni mentir (cf. Ro. 4:4; Tit. 1:2; He. 6:18). Más aún, la interna y eterna de su realidad verdadera da origen, por parte del Padre, a la Persona del Hijo, el Verbo de Dios (cf. Jn. 1:1,14; 1 Jn. 1:1; Ap. 19:13).

Contra el concepto de verdad aquí estudiado está el relativismo*, en cualquier aspecto en que se considere. Llevado al terreno filosófico y teológico, el relativismo se contradice a sí mismo y es destructor de toda clase de valores (cf. *Valor*) y de la persona misma, que necesita alguna seguridad para continuar viviendo.

VERMIGLI, PEDRO MÁRTIR Este reformador italiano (1499-1562) nació en Florencia y fue educado en la Universidad de Padua donde estudió a Aristóteles. Allí hizo el doctorado y se ordenó de presbítero en 1525. Ya en 1514, había entrado en los canónigos regulares de S. Agustín. De 1526 a 1533, enseñó filosofía y Escritura en las casas de la Congregación de Letrán. De 1533 a 1536 fue abad del monasterio de Spoletto, y luego de S. Pedro de Nápoles (1537-1540), donde entró en contacto Juan de Valdés*, quien le enseñó más perfectamente el camino de Dios (comp. Hch. 18:26). En 1541, fue elegido prior de S. Frediano en Lucca, donde enseñó Salmos y las epístolas paulinas; además, emprendió una serie de reformas, por las cuales atrajo la atención de sus superiores; fue llamado a dar explicaciones, pero prefirió renunciar a sus votos monásticos y huyó por Pisa hasta Florencia, pues el 21 de julio de 1542 se había establecido en Italia el tribunal de la Inquisición. Desde Florencia escribió una carta a sus religiosos de Lucca, que terminaba con estas palabras: «Estoy libre de la hipocresía por la gracia de Cristo». El gran predicador capuchino Bernardino Ochino (aprox. 1487-1564) se unió a él en su huida a través de los Alpes hasta Zurich.

Vermigli pasó sólo unos días en Zurich y luego se fue a Basilea. Después de cinco años con Bucer en Estrasburgo, donde enseñó AT y después Romanos, fue invitado por Cranmer a Inglaterra. Para entonces, Vermigli se había casado con una ex monja de Metz. En Inglaterra fue nombrado profesor regio de teología en Oxford y canónigo de la *Christ Church*. Continuó enseñando Romanos y las conferencias que dio sobre 1 Corintios suscitaron una discusión pública sobre la eucaristía. Su idea clave sobre esta ordenanza es que la eucaristía no es un objeto que se venera, sino un acontecimiento que sucede cuando el creyente lo recibe por fe en una «doble manducación»: con la boca toma los símbolos exteriores, y con su espíritu come el verdadero cuerpo de Cristo que está en el cielo.

Al morir Eduardo VI, se fue a Estrasburgo en 1553, donde enseñó Jueces, pero en 1556 fue invitado a volver a Zurich, donde enseñó hebreo hasta su muerte. En 1559 publicó su *Defensa contra E. Gardiner* y dedicó a la reina Isabel I su *Romanos* (1558). También enseñó Samuel y Reyes.

Vermigli contribuyó a la Reforma en Inglaterra y fue gran amigo de Calvino*. Sus conocimientos del latín, el griego y el hebreo, su formación filosófica, teológica y patrística, hicieron de él un escritor erudito y un polemista formidable.

Bib. José C. Nieto, *Juan de Valdés y los orígenes de la Reforma en España e Italia* (FCE, México 1979); Joseph C. McLelland, *The Visible Words of God: An Exposition fo the Sacramental Theology of Peter Martyr Vermigli* (1957); Philip McNair, *Peter Martyr in Italy. An Anatomy of Apostasy* (Clarendon Press, Oxford 1967).

VICIO Este vocablo viene del lat. *vitium* = defecto, vicio, culpa, irregularidad. En su contenido, el vicio se forma por el hábito del pecado. Al contrario que la virtud, el vicio es innato en el hombre caído (cf. *Caída del hombre*); «se desliza por un plano mal inclinado». Pero el ser humano, una vez redimido y salvado, puede, y debe evitarlo, siempre con el poder de la gracia* de Dios. Los distintos vicios se tratan en sus correspondientes arts.

VIDA Este vocablo viene del lat. *vita* = vida, y en esta forma entró ya en el cast. en 1085. Su sentido primordial es de «actividad vital»: una acción inmanente (cf. *Inmanencia, 4*).

(1) Vista desde fuera, la vida se manifiesta en el brotar, crecer y florecer de las plantas, y en el nacer, crecer, moverse y reproducirse de los animales. Se palpa hasta la evidencia que los vivientes (plantas, animales, hombres) no son máquinas.

(2) Vista desde dentro, la vida se nos manifiesta en sus vivencias conscientes de ver, sentir y apetecer en la medida del vigor de nuestros órganos corporales. Pero el hombre tiene una naturaleza corpórea con un alma espiritual. Por eso, la vida se da en él a tres niveles bien diferenciados:

(A) A nivel orgánico, nace, crece y decae como el vegetal, y siente, se mueve y reproduce como el animal.

(B) A nivel anímico, tiene funciones instintivas, más o menos conscientes: (a) el conocimiento sensorial, y (b) el apetito concupiscible e irascible.

(C) A nivel espiritual, tiene (a) funciones intelectuales, (b) sentimentales y artísticas, y (c) del apetito racional o voluntad libre, por las que es un ser moral, y capacitado para conocer y amar a Dios.

Como todas las perfecciones simples, las cuales no entrañan ninguna imperfección en su misma esencia, la vida se da en Dios en grado perfecto e infinito. Más aún. Como Dios es la vida, su plenitud vital es incapaz de comienzo y desarrollo ulterior, es decir, es inmutable, no con la inmovilidad de una piedra, sino como una acción vital eternamente nueva y siempre la misma, independiente del exterior en su esencia, aunque capaz de ser afectada indirectamente por la conducta de los seres humanos (cf. *Dios, 14), Dios, Inmutabilidad de*).

La vida es un concepto análogo (cf. *Analogía*). Por tanto, los puntos de vista acerca de la vida varían según el sistema filosófico que se siga, desde el materialismo* que la niega o la rebaja, hasta el idealismo gnoseológico (cf. *Idealismo*) que la pone en un coto cerrado, pasando por el existencialismo*, la filosofía de la raza o la del impulso vital de Bergson, filosofías que distorsionan, todas ellas, el sentido primordial de vida. Las nociones que he dado anteriormente de vida son las únicas que se ajustan totalmente, tanto a la filosofía escolástica como a la teología bíblica.

VIRTUD Este vocablo viene del lat. *virtus, virtutis* = energía, valor, virtud moral; y éste, de *vir, viri* = varón. Por eso se dice que «la virtud no tiene de femenino más que el nombre». Equivale así al gr. *areté*, lo que hay que tener en cuenta en las cinco veces que ocurre en el NT (Fil. 4:8; 1 P. 2:9; 2 P. 1:3, 5 , aquí dos veces); en pl. (1 P. 2:9) significa proezas, acciones propias de un valiente. «La virtud es la caridad con que se ha de amar todo lo que debe amarse» (Agustín).
Conforme a su etim. la virtud, en sentido general, es la aptitud y la disposición a realizar acciones adecuadas al carácter peculiar del ser humano. La virtud no es algo innato en el hombre; es un hábito bueno que se adquiere y se conserva a fuerza de ascesis (cf. *Ascetismo*). Es lo contrario del vicio*. Las virtudes se dividen primeramente en virtudes del entendimiento y virtudes de la voluntad:
(1) Las virtudes del entendimiento son, (A) en el orden natural: (a) la inteligencia, que es la capacidad para juzgar; (b) la ciencia, que es la capacidad para razonar; y (c) la sabiduría, que es la capacidad para comprender, avanzando hasta los principios supremos de la verdad; (B) en el orden sobrenatural, la virtud teologal (cf. *Teologales, Virtudes*) de la fe (cf. *Fe*).
(2) Las virtudes de la voluntad son, (A) en el orden natural: (a) la prudencia, que es la disposición para tomar la resolución pertinente frente a un caso particular; y (b) el arte, que es la habilidad creativa; (B) en el orden sobrenatural, (a) las cuatro virtudes cardinales (cf. *Cardinales, Virtudes*): prudencia, justicia, fortaleza y templanza, que se tratan por separado en sus lugares respectivos, y (b) las virtudes teologales, fe, esperanza y caridad, amor, que se tratan en sus respectivos lugares.
En último término, todo el conjunto de virtudes morales es regido por las virtudes teologales, en las que el ser humano se relaciona directamente con un Dios conocido por la revelación y experimentado personalmente. Ellas, pues, son las que suministran la correcta motivación en el ejercicio de la virtud y le dan al ser humano la justa medida de su «nada» en sí mismo y de su «mucho» en el amor incomprensible de Dios.
«Nada hace que los hombres sean tan insensatos como el pecado; nada que los haga tan cuerdos como la virtud, porque los hace reconocidos, buenos, dulces, humanos y misericordiosos... El manantial, la raíz, la madre de la sabiduría es la virtud. Todo pecado tiene su manantial de locura; pero el que se aplica a la virtud es prudentísimo... La virtud es tan excelente que hasta los que la combaten la admiran... Nada es comparable a la virtud» (Juan Crisóstomo).

VOCACIÓN Este vocablo, entrado en el cast. en 1140, viene del lat. *vocatio* = invitación, llamamiento, vocación divina; y éste, del vb. *vocare* = llamar, exhortar, rogar, invitar, etc. Le corresponde en gr. el vb. *kaleón* con los mismos significados. Ahí tenemos la etim. de iglesia = *ekklesía*, de *ek*, suf. de extracción, y *klésis* = llamamiento; para indicar que la iglesia es «llamada a salir de», a «segregarse», para poder «congregarse» (cf. *Iglesia*).
La gente suele entender por vocación la inclinación a ser cura, fraile, monja. Así se oye de p. ej., un seminarista: «se salió del Seminario porque no tenía vocación». Pero la vocación es siempre un llamamiento de Dios a una persona individual, a un grupo o a una nación, como en el AT a Israel. Creo que se ganaría en comprensión si el gr. *klésis* se vertiera siempre, p. ej., en Ef. 4:1, por llamamiento, no por vocación. Los reformadores, en especial Lutero* y Calvino* desarrollaron una amplia doctrina de la vocación (*vocatio*) secular como vocación divina. Todo creyente, no importa el oficio que desempeñe, está llamado por Dios a servirle con sus mejores dones, sea agricultor o médico, escribiente o magistrado.
El cristiano tiene doble ciudadanía: es ciudadano del cielo, pero es también ciudadano de la tierra. Puede surgir el conflicto entre las dos ciudadanías, en cuyo caso ha de prevalecer la superior, la del cielo (cf. p. ej., Hch. 4:19). Sin embargo, de ordinario, son perfectamente compatibles entre sí; más aún, el creyente debería sobresalir (al menos, por su conducta, si no puede por su competencia) en cualquier profesión que ejerza. En otras palabras, un cristiano puede ser gobernante (¿no lo fueron José y Daniel con reyes paganos?) y debe ser bueno, no sólo como cristiano, sino también como gobernante. Lo mismo digamos de un cristiano que es médico, aboga-

do, juez, militar o, simplemente, padre de familia. Habrá casos en que necesitará echar mano: (1) de la oración (es ejemplar el caso de Neh. 2:4) y (2) de la discreción, propia del creyente maduro (cf. He. 5:14).

La vocación es consecuencia de la elección, dice Agustín, Dios escoge y luego llama. «Dios nos previene para llamarnos y nos acompaña para glorificarnos.»

VOLTAIRE Con este nombre se conoce al escritor francés Francisco Mª. Arouet (1697-1778), de la generación inmediatamente anterior a la Revolución Francesa de 1789. Fue el mayor representante francés de la ola anticlerical que inundó Europa en la segunda mitad del siglo XVIII. Al contrario que Victor Hugo (1802-1885), Voltaire nunca tuvo un pensamiento fijo, estable, sino que su mente poderosa de agnóstico visceral se movió al compás de las circunstancias. Sin embargo, fue un escritor elocuente y efectivo que gozó de fama en Europa y aun hoy se citan con aplauso muchas de sus brillantes frases.

En un principio, fue amigo de los deístas (cf. *Deísmo*) ingleses. De él es la frase: «Si Dios no existiera, habría que inventarlo». Más aún, por reacción contra el materialismo ateo de d'Holbach (1723-1789), escribió frases que firmaría cualquier teísta (cf. *Teísmo*). Dice así en su *Diccionario filosófico*: «Los ateos son, en su mayor parte, eruditos sin vergüenza y mal orientados, que razonan mal y, siendo incapaces de entender la creación, el origen del mal y otras dificultades, recurren a la hipótesis de la eternidad de las cosas y a la inevitabilidad».

Para Voltaire, el sustituto de la religión revelada era la religión natural. Su crítica del cristianismo es más histórica que dogmática: «Los cristianos han sido los más intolerantes de todos los hombres» (*Diccionario filosófico*). Precisamente por esta razón, su aprecio por los cuáqueros* se deja sentir en las diversas cartas filosóficas escritas al respecto. A la religión como dogma enfrentado a otro dogma (incluso dentro del mismo cristianismo), Voltaire opone la moral común a todos los hombres en cuanto creados por Dios: «Todas las sectas son diferentes, porque provienen de los hombres; la moralidad es en todas partes la misma, porque procede de Dios». Junto a sus períodos de pesimismo, tuvo otros de optimismo que ni Leibniz hubiera mejorado. Así dice en *Candide*, I, «todo es para lo mejor en este mundo, el mejor de los mundos posibles». De su liberalismo da fe esta frase, en un poema escrito en inglés: «La libertad de pensamiento es la vida del alma». Y de su desdén hacia sus enemigos, esta otra, escrita en una carta: «Sólo una vez he orado a Dios, una oración muy corta: ¡Señor, pon en ridículo a mis enemigos! Y me lo ha concedido». Antes de morir, cuentan que dijo: «Pido a todas las iglesias una oración por mi alma; alabo a Dios y detesto la superstición».

Bib. Voltaire, *Cándido o el optimismo* (Muchnik, Barcelona 1978, varias ediciones); *Cartas filosóficas* (Ed. Nacional, Madrid 1983); *Diccionario filosófico*, 3 vols. (Daimon, Barcelona 1977); *Opúsculos satíricos y filosóficos* (Alfaguara, Madrid 1978); *Tratado de la tolerancia* (Crítica, Barcelona 1977).

H. N. Blailsford, *Voltaire* (FCE, México 1941); J. A. Ferrer Benimeli, *Voltaire, Servet y la tolerancia* (Instituto de Estudios Sijenenses, Villanueva de Sijena, 1980); Haydn Mason, *Voltaire* (Salvat, Barcelona 1988); D. F. Strauss, *Voltaire* (Grijalbo, México 1958).

VOLUNTAD Este vocablo viene del lat. *voluntas* = voluntad, deseo, benevolencia, etc. Y éste, del vb. *velle* = querer.

La voluntad es la facultad apetitiva racional, propia de los seres humanos. Como tal es una tendencia* hacia el bien* por medio del amor*. Puede definirse como «la facultad espiritual por la que el ser humano puede tender a los valores conocidos por la inteligencia y tomar decisiones acerca de lo que se debe hacer u omitir». En su aspecto ejecutivo, es el poder de llevar a cabo lo que se desea hacer.

La voluntad se divide en fuerte y débil:

(1) La voluntad fuerte es la que posee una energía superior. Ya en Agustín de Hipona* la voluntad aparece ligada al temperamento. Es cierto que un temperamento activo juega un papel importante en la formación de una voluntad enérgica, pero gran parte depende también de la educación, especialmente de la educación específica de la voluntad.

(2) La voluntad débil, a no ser que esté impedida física o psíquicamente (cf. *Libertad*), aunque disponga de una energía inferior, es capaz de mejoramiento, especialmente mediante los llamados «ejercicios de voluntad», los cuales, según la teoría de Lindworsky, no consisten en reforzarla ontológicamente, sino en crear una constelación psíquica de complejos (cf. *Complejo, 1*) en los que ciertos valores objetivos se viven fácilmente como valores superiores, en virtud de una penetración intelectual profunda en la naturaleza de dichos

valores. Estoy seguro de que, mediante esa penetración, se estimula lo mejor de nuestros sentimientos, el amor, que quiebra todos los obstáculos de origen psíquico. Eso es lo que hace, p. ej., Philip Yancey en su libro *El Jesús a quien nunca conocí* (Vida, Miami 2000). Presenta la figura de Jesús, siempre según los Evangelios, pero a tal profundidad que no puede menos que causar un gran impacto en el lector.

Sólo los materialistas* y los mecanicistas* niegan la existencia o la función libre de la facultad espiritual que llamamos voluntad.

Queda por tratar un punto difícil de teología especulativa: ¿Cómo se conjuga la libertad de la voluntad humana con la acción trascendente del concurso de Dios a las acciones de los seres humanos? El lector puede ver mi respuesta en el art. *Monergismo, 3*).

Bib. Enrique Rojas, *La conquista de la voluntad* (Planeta, Barcelona 1998).

VOLUNTARISMO Este vocablo viene de voluntad y designa cualquier doctrina o teoría que da una indebida primacía a la voluntad a expensas del intelecto. Esto puede darse a varios niveles:

(1) A nivel metafísico, es la teoría de que la realidad, en su fondo, es voluntad (Schopenhauer). Este voluntarismo tiene ya sus raíces filosóficas en Platón (cf. *Platonismo*).

(2) A nivel psicológico, es la doctrina que asigna a la voluntad un papel superior al del entendimiento. Este voluntarismo ha sido defendido de diversos modos en la Edad Media y entre los puritanos del siglo xvii. J. Duns Escoto* sostuvo que todo lo que existe y todo lo que sucede depende de la voluntad de Dios. Las cosas son como son porque Dios lo ha querido así. Enrique de Gante llevó al extremo este voluntarismo, al sostener que el entendimiento es una potencia puramente pasiva, puesto que su objeto está subordinado al querer de la voluntad.

(3) A nivel teológico, Escoto, en consonancia con el pensamiento franciscano, sostuvo que la esencia de la felicidad está en el amor de Dios y que el orden de la naturaleza, así como el de los principios morales, dependen de la voluntad divina. Samuel Rutherford, en el periodo puritano, sostuvo igualmente que la soberanía divina está por encima de todos los condicionamientos: que un principio es moralmente bueno porque Dios lo ha decretado así, no porque concuerde con la naturaleza santa de Dios. Dios podría haber perdonado el pecado sin necesidad de la expiación llevada a cabo por Cristo en el Calvario. Occam*, por su conceptualismo* y Lutero*, por su nominalismo*, llegaron al voluntarismo, al hacer depender de la arbitrariedad de Dios todo el sistema ético.

(4) A nivel gnoseológico, puede llamarse voluntarista a Kant*, según el cual, la razón práctica tiene la primacía sobre la razón pura, porque nos lleva a convicciones metafísicas sobre verdades trascendentes que la razón pura no puede alcanzar. Al mismo punto llegan, desde otros principios, el irracionalismo moderno (Hume) y, en parte, una especie de arminianismo*, según el cual hay que enfatizar el papel del libre albedrío y de la confianza personal a expensas de la convicción generada por la fe y debida enteramente a la gracia en la aprehensión de la verdad.

(5) Finalmente, a nivel ético, Nietzsche* defiende un voluntarismo especial, al sostener la voluntad de poder como supremo valor ético.

Lo mismo el intelectualismo* que el voluntarismo están equivocados al enfrentar la actividad de dos potencias espirituales que han sido ordenadas maravillosamente por Dios para que se presten mutua ayuda: por una parte, el intelecto ilumina a la voluntad; por otra, la voluntad abre las ventanas para que entre la luz; cada una ejerce un papel primordial en su propia área.

VON HÜGEL, FEDERICO Este filósofo y escritor católico (1852-1925) fue uno de los principales intelectuales de su tiempo, que influyó grandemente en los círculos culturales religiosos de Inglaterra, donde residió desde 1867. Había nacido de padre austriaco y madre escocesa.

Von Hügel fue un laico versado en filosofía, teología, ciencias, historia, Biblia, patrística y, en especial, espiritualidad, en la que llegó a ser un consumado consejero espiritual, como lo muestra su voluminosa correspondencia.

Aunque admirador de Agustín de Hipona y seguidor de Tomás de Aquino, se asoció con el modernismo católico a principios del siglo xx, haciendo amistad con los modernistas católicos Jorge Tyrrell (1861-1909) y Mauricio Blondel* (1861-1949) y con el teólogo protestante Troeltsch*. Su profunda espiritualidad, expresada en sus numerosos escritos, lo libró de la condenación por parte de las autoridades eclesiásticas, aunque les desagradaban sus ideas modernistas. Su obra principal fue *El elemento místico en la religión*, a través de un estudio de Catalina de Génova (1447-1510).

W

WARFIELD, BENJAMÍN BRECKINRIDGE Nació el 5 de noviembre de 1851 en Lexington (Kentucky, EE.UU.). Descendiente de puritanos ingleses, fue educado bajo la guía del Catecismo de Westminster y de la Biblia; su abuelo fue un distinguido ministro presbiteriano. A la edad de dieciséis años hizo confesión pública de su fe; sin embargo, en esos años, no expresó ningún deseo de estudiar teología, pese al interés de su madre de verlo convertido en un predicador del Evangelio.

Estudiante concienzudo se graduó en el *College* de New Jersey (hoy Universidad de Princeton) con los más altos honores. Era el año 1871. En febrero del año siguiente decidió salir en viaje de estudios por Europa. Visitó Edimburgo (Escocia) y Heidelberg (Alemania), desde allí, para sorpresa de los suyos, les comunicó su deseo de estudiar para el ministerio, lo que hizo en septiembre de 1873, matriculándose en el *Princeton Theological Seminary*, del que se graduará tres años más tarde, en 1876. Tuvo por profesores a Charles Hodge*, entonces en sus 70 años, y al hijo de éste Caspar Wistar Hodge.

Warfield fue llamado al pastorado de la Primera Iglesia Presbiteriana de Dayton (Ohio), pero en aquel momento declinó este ofrecimiento debido a la determinación de profundizar sus estudios en las universidades de Europa.

Ese mismo año de su graduación teológica se une en matrimonio con Ana Pearce Kinkead, y marchan en viaje de luna de miel a Alemania, al paso que estudiará en la Universidad de Leipzig. Cuando la pareja se encontraba visitando las montañas de Harz fueron sorprendidos por una tormenta espantosa. Tal experiencia fue una conmoción tremenda para la señora Warfield, que afectó a su sistema nervioso de tal modo que quedó más o menos inválida para el resto de su vida. Esto hizo de Warfield un amante recluido en su hogar, junto a su esposa, prueba evidente del tierno amor que le profesaba. No tuvieron hijos. Durante los muchos años que permanecieron en Princeton, raramente, si alguna vez, estuvo Warfield ausente, lejos de su lado.

A su regreso de aquel viaje por Alemania, Warfield fue pastor asistente durante un año en la Primera Iglesia Presbiteriana de Baltimore (1877-1888). De ahí pasó a ocupar el puesto de profesor en el mencionado Seminario Teológico de Allegheny, donde permaneció nueve años, hasta su traslado al Princeton, el cual le ocupará el resto de su vida: treinta y tres laboriosos años.

Warfield utilizó como libros de texto los tres volúmenes de la *Teología Sistemática* de Hodge para el curso académico de tres años. Esto le ahorraría a él el esfuerzo de escribir una obra de tal magnitud, pudiendo así dedicar todas sus energías a los temas controversiales que agitaban su época, en los cuales destacó como un escritor profundo y prolífico. Para darse una idea baste saber que la colección de sus artículos aparecidos en las diversas revistas religiosas de entonces y en diccionarios y enciclopedias teológicas componen diez volúmenes de gran formato.

Calvinista entusiasta estaba plenamente convencido de que en la Confesión de Fe de Westminster «poseemos la más completa, la más plenamente elaborada y cuidadosamente guardada, la más perfecta, la expresión más vital que nunca haya realizado mano de hombre, de todas las formulaciones de la religión evangélica, y de todo lo que ha de salvaguardarse si la religión evangélica ha de continuar en el mundo».

Según el profesor Allis, la posición representada por Warfield puede describirse con tres palabras: Erudición, vocación y ortodoxia. Martyn Lloyd-Jones* dijo de él que fue el primero de todos los defensores de la fe: «Ningún escrito teológico es tan intelectualmente satisfactorio y tan fortalecedor de la fe como los de Warfield».

Defensor apasionado de la inspiración e inerrancia de las Escrituras, se opuso con toda su capacidad al liberalismo teológico, así como a las ideas perfeccionistas de Finney* y otros temas importantes de su época. También contribuyó al debate sobre la conclusión definitiva de la revelación con el último de los apóstoles, escribiendo un amplio estudio sobre los falsos milagros y contra cualquier teoría que patrocine «nuevas» revelaciones. Igualmente trató de correlacionar su teología calvinista con la teoría darwiniana de la evolución de las especies. Al dispensacionalismo* lo consideraba una aberración teológica. Murió el día 16 de febrero de 1921. AR

Bib. B. B. Waarfield, *El plan de salvación* (CCA, México 1966); *El Señor de gloria* (CLIE, Terrassa 1992); *Estudios bíblicos y teológicos* (CLIE, 1991); *La persona y obra de Jesucristo* (CLIE, 1933). Alfonso Ropero, *Los hombres de Princeton* (EP, Ciudad Real 1994).

WESLEY, JUAN Este famoso predicador inglés (1703-1791) y fundador del metodismo* nació en Epworth, el 15º de los 19 hijos que tuvieron sus padres. Como compositor de himnos religiosos es más conocido su hermano menor Carlos (1708-1789).

Habitación de Juan Wesley en el Lincoln College, Oxford

Aunque sus abuelos por ambas partes habían sido puritanos (no conformistas), sus padres volvieron a la Iglesia oficial (anglicana). Juan pasó los primeros años de su vida bajo el cuidado y la dirección de su madre Susana, mujer excepcional, que trató de inculcarle una piedad experimental que lo condujera a una devoción de todo corazón a Dios.

Wesley salió de su casa a los diez años para asistir, en Charterhouse, a una escuela para niños en Londres y, después, a *Christ Church* de Oxford, donde se graduó de B. A (Bachiller en artes) en 1724, y de M. A. (Maestro en artes) en 1727. Aunque era un alumno modelo, no se convirtió hasta 1725. Sin embargo, esta conversión podría llamarse religiosomoral, pues su verdadera conversión al evangelio tuvo lugar trece años más tarde, en 1738, cuando en una reunión de los Hermanos Moravos en Londres, sintió que su corazón se conmovía especialmente al escuchar la lectura del prefacio al comentario sobre Romanos de Lutero*.

Había sido ordenado de diácono en 1725 y sirvió como coadjutor de su padre del 1727 al 1729. Regresó después a Oxford y se convirtió en el líder de un grupo de estudiantes organizados previamente por su hermano Carlos. Así comenzó el metodismo, llamado así por su estudio metódico de la Biblia y su metódica vida piadosa (ayunaban dos veces a la semana, participaban de la eucaristía semanalmente y visitaban con regularidad a los enfermos y a los presos.

A la muerte de su padre (1735), Juan y Carlos se trasladaron a Georgia, Norteamérica, donde Juan estuvo misionando a los indios, misión que acabó en fracaso porque los indios lo rehuían. Entonces sirvió como presbítero entre los que se asentaban en Georgia bajo el mando del general Jaime Oglethorpe. Durante una gran tormenta en una travesía, le impresionó la calma de un grupo de moravos ante la muerte, mientras que él siempre había tenido mucho miedo a la muerte. Esto lo predispuso a favor de la fe evangélica entre los moravos. Ya he mencionado arriba su posterior conversión al evangelio, precisamente entre los moravos.

En abril de 1739, Jorge Whitefield invitó a Wesley a venir a Bristol, donde se produjo un avivamiento entre los mineros de Kingswood. Wesley mostró sus dotes de organizador orientando a los nuevos convertidos a entrar en sociedades y bandas metodistas, con lo que pudieron hacer frente a los gastos de ambos y del avivamiento, el cual continuó bajo la dirección de Wesley durante más de cincuenta años.

Aunque Wesley era arminiano* y Whitefield era calvinista*, vivieron en buena armonía hasta el día en que Wesley predicó un sermón contra la predestinación, precisamente ante gente de Whitefield. Al publicarse el sermón, Whitefield escribió una respuesta firme, pero cortés, lo cual ofendió a Wesley hasta el punto de romper el compañerismo. Según fuentes favorables a Whitefield, éste buscó una reconciliación y, al ver que no era posible, se sometió al liderato de Wesley. Este apreció el rasgo y le devolvió la diestra de compañerismo. Whitefield murió en 1770 aunque era nueve años más joven que Juan, y Wesley pronunció entonces un sermón fúnebre muy elogioso.

Wesley no quiso nunca abandonar la Iglesia de Inglaterra, pese a los muchos impedimentos y obstáculos que encontró para su labor evangelizadora y misionera. Fue un hombre de gran capacidad de trabajo y organización. Su personalidad era verdaderamente magnética y su amor por los pobre no tenía límites. Escribió cerca de trescientos libros y panfletos, en materias tan variadas como teología, historia, lógica, ciencia, medicina y música.

Bib. John Wesley, *Sermones*, 2 vols. (CNP, Kansas City 1984, 2ª ed.); *La perfección cristiana* (CNP, 1979).

Mateo Lelievre, *Juan Wesley, su vida y su obra* (CNP/CLIE, Terrassa 1988); Stanley Sowton,*Juan Wesley* (CNP, Kansas City, s/f); Basil Miller. *John Wesley* (Betania); W. McDonald, *El Wesley del pueblo* (CUPSA, México 1985); Reginald Kissack, *Así era y así pensaba Juan Wesley* (CUPSA, 1984); Gonzalo Báez-Camargo; *El reto de Juan Wesley a los metodistas de hoy* (CUPSA, 1985).

WESTCOTT, BROOKE FOSS Nacido en Birmingham (Inglaterra). Estudió en *King Edward VI' School* de dicha ciudad y en *Trinity College* de Cambridge. Realizó unos estudios brillantes y obtuvo los más altos grados académicos.

En 1851 fue ordenado al ministerio de la Iglesia anglicana. Hasta el año 1870 estuvo dedicado a la predicación en Harrow y la catedral de Peterborough. En ese año fue elegido profesor de teología en Cambridge, a la vez que continuó su fructífera labor como predicador. Pequeño de estatura, dejaba en sus oyentes la impresión de una personalidad fogosa, con una intensa espiritualidad y preocupación por las cuestiones sociales. En 1887 contribuyó a fundar la Unión Cristiana Social, de la que fue su primer presidente.

Con F. J. A. Hort (1828-1892) preparó la famosa edición crítica del Nuevo Testamento griego (1881), basado en manuscritos griegos dignos de confianza, cuya introducción continúa siendo una exposición magistral de los principios de la crítica textual. En 1883 fue nombrado Canon de Westminster y en 1890 consagrado obispo de Durham, en sucesión de su amigo J. B. Lightfoot (1828-1889). Como tal desarrolló un vigoroso ministerio, involucrándose en la vida social e industrial de sus fieles, así como ayudándoles a resolver sus problemas laborales y económicos, como la huelga del carbón de 1892. Apoyó el movimiento cooperativista y todo lo que contribuyera a la mejora de la vida humana obrera. También dedicó mucha atención y energía a las misiones extranjeras, como profesor de *Cambridge Clergy Training School* (hoy *Wescott House*), por una parte, y como promotor y director de la Misión Cambridge a Delhi, por otra. Su escritos iniciaron una nueva época en la historia de la literatura teológica moderna. Aunque superados por la erudición moderna, su consulta es aún obligatoria. De formación platónica, Westcott sostenía una teoría encarnacional de la humanidad. Como Jesucristo asumió una naturaleza humana y la glorificó en su resurrección, toda la humanidad está juntamente asociada con Jesucristo. Y como la encarnación de Cristo se expresa mediante los sacramentos, estos medios de gracia sirven para santificar toda la vida de la comunidad humana. AR

Bib. B. F. Westcott, *El canon de la Sagrada Escritura* (CLIE, Terrassa 1987).

WHITEFIELD, JORGE Jorge Whitefield (1714-1770), nació el 16 de diciembre de 1714 en Gloucester (Inglaterra). Su padre, un mesonero, murió cuando tenía dos años de edad. Hasta los doce años ayudó a su madre en el mesón o posada. Desde entonces pudo asistir a la escuela, donde se hizo famoso por sus dones de orador y actor y sus puntos de vista nada religiosos. A los 18 años de edad ingresó en la Universidad de Oxford, donde la lectura de William Law*,*Un llamado serio a una vida santa*, le hizo reflexionar sobre su vida espiritual. Entabló amistad con Carlos y Juan Wesley*, quienes, junto a otros 12 más, formaron el Club Santo (*Holy Club*). La errónea búsqueda de la santidad mediante el esfuerzo humano llevó a Whitefield al agotamiento y tuvo que regresar enfermo a su casa, circunstancia que aprovechó para leer la Biblia con más intensidad, hasta que llegó a comprender la obra de reconciliación con Dios por medio de los méritos de Cristo, no por los propios medios humanos. Así define su transformación espiritual:

«El espíritu de lamentación fue arrancado de mí, y supe de veras lo que era regocijarse en Dios mi Salvador, y, por algún tiempo, no pude evitar cantar salmos en cualquier lugar donde estuviera.»
Sin embargo su conversión no tuvo lugar, sino hasta siete semanas después, en la Semana Santa de 1735, unos tres años antes de la de los hermanos Wesley.
Fue ordenado al ministerio de la Iglesia de Inglaterra en junio de 1736, a los 21 años de edad. Su primer sermón causó un impacto inmediato, centrado como estaba en la necesidad de nacer de nuevo. Poco a poco se le fueron cerrando los púlpitos de las iglesias de Inglaterra. Los Wesley le invitaron a unirse a ellos en la colonia de Georgia, lo cual hizo en 1737, hasta el año siguiente. Allí, aparte de su labor evangelizadora, comenzó una casa para huérfanos.
En Gales conoció a un pastor laico* Howell Harris (1714-1738), que había comenzado a predicar al aire libre. Por entonces se esperaba de los pastores que se mantuvieran dentro de la estrecha esfera de sus actividades, reducidos al interior de sus templos. Whitefield, «en espíritu de santa agresión», se lanzó a la predicación en el campo abierto, donde había miles de personas que nunca pisaban un lugar religioso.
Su primer intento tuvo lugar en el campo minero de Kingswood, cerca de Bristol, donde miles de oyentes acudieron a escuchar sus fervorosas predicaciones. No tardó en conseguir que Juan Wesley le imitara en sus labores.
Se calcula que predicó por los menos a unos 10 millones de personas en sus 34 años de ministerio. No hubo ciudad, medianamente importante, en Inglaterra, Escocia o Gales, que no le hubiera tenido como evangelista. Visitó Esocia 14 veces, y 7 cruzo el Atlántico rumbo a las colonias. Dos veces visitó Irlanda, y en una ocasión estuvo a punto de ser linchado por una turba de ignorantes católicos-romanos. También estuvo en Holanda y pasó cuatro meses en Portugal y en las Bermudas, donde muchas almas fueron ganadas para Cristo. Su influencia se dejó sentir en todas las iglesias protestantes de Inglaterra y las colonias en el Nuevo Mundo, gracias a los conversos que se unieron a casi todas las denominaciones existentes.
Su último sermón tuvo lugar el 29 de septiembre de 1770 en Exeter (New Hampshire). Por la noche tuvo un ataque de asma y murió desfallecido un domingo por la mañana. Juan Wesley dijo: «¿Hemos leído o sabido de alguien que haya sido un instrumento de bendición en Sus manos para conducir a tantos pecadores de las tinieblas a la luz, y del poder de Satanás a Dios?»
«Fue uno de los primeros que en el siglo XVIII llamaron la atención sobre las viejas verdades que produjeron la Reforma* protestante. Su constante defensa de las doctrinas enseñadas por los reformadores, sus incansables referencias a los Artículos y las homilías de los mejores teólogos de Inglaterra, obligaron a muchos a pensar y a examinar sus propios principios. Si se pudiera saber toda la verdad, creo que se vería que el despertar y progreso del ala evangélica de la Iglesia de Inglaterra recibió su impulso más poderoso de George Whitefield» (J. C. Ryle).
Whitefield era calvinista en doctrina, y cuando Wesley predicó en contra de este sistema de teología, aquél se vio obligado a separarse, no sin dolor, en 1740; de lo cual surgió el Metodismo Calvinista, principalmente en Gales, gracias a la conversión e impulso dado al movimiento por Daniel Rowland (1711-1790). AR
Bib. G. Whitefield, *Dos sermones que despiertan el alma* (EBD, Santo Domingo 1982); «El método de la gracia», en *Hablaron de la gracia* (Visión de Gracia, Miami 1994); J. C. Ryle, «George Whitefield», cap. 8 de *El nuevo nacimiento* (CLIE, Terrassa 1984).

WIGGLESWORTH, SMITH Pionero del pentecostalismo, Smith Wigglesworth (1859-1947), nació el 10 de junio de 1859 en Menston (Yorkshire, Inglaterra). Su familia era tan pobre que tuvieron que ponerle a trabajar en una granja cercana a la tierna edad de seis años, como, por otra parte, era habitual en las familias humildes de entonces. A los siete años trabajó en un molino. «Es mucho tiempo el que va de las seis hasta las seis y todavía estás en el molino», dijo a su padre. Éste le respondió: «Bueno, las seis siempre llegarán, hijo mío».
Su conversión tuvo lugar en la pequeña capilla metodista* de su pueblo natal, cuando tenía 8 años. Desde entonces se destacó por su celo en ganar almas para Cristo. «La primera persona que gané para el Señor fue mi querida madre.»
Por cuestión de trabajo se trasladó a Bradford, donde conoció a los Hermanos de Plymouth, a quienes pidió ser bautizado por inmersión. Más tarde se mudó a Liverpool, donde se quedó sorprendido por las terribles escenas de pobreza. De sus ganancias como fontanero fue capaz de dar comida a cientos de niñas y niños pobres que acudían a una humilde habitación que había alquilado para predicar el amor de Cristo.

En 1882 contrajo matrimonio con Mary Jane Featherstone, «Polly», espíritu congenial y dedicada por entero a la salvación de almas, primero como predicadora asociada al Ejército de Salvación y luego independiente. En Bradford desarrollaron un amplio ministerio evangelizador que incluía sanidad por fe. Debido a la pobreza de su vocabulario Polly era la predicadora regular.
Ambos asistían con frecuencia a las Convenciones Keswick* y tenían en alto valor la vida de santidad. En 1907 Smith tuvo una experiencia de hablar en lenguas, como señal de su bautismo en el Espíritu Santo, que le dio, además, capacidad para predicar con fluencia, cosa que hasta entonces nunca había logrado. Esto fue el comienzo del movimiento Pentecostal en Bradford, con cientos de personas pasando por la misma experiencia. En 1913 Polly murió en la puerta misma de la Misión que dirigía.
En 1914 comenzó su ministerio internacional, viajando por Estados Unidos, Australia, Nueva Zelanda y Europa: Suiza, Francia, Suecia, Noruega y Dinamarca, llevando por todas partes la sencillez de su fe y el mensaje de sanidad, acompañado de su única hija Alice, que era totalmente sorda y a la que amaba con todo su corazón.
Aunque nunca gozó de buena salud, siempre creyó en el poder de la sanidad divina, y muchas maravillas se testifican como obradas por su medio. Murió el 12 de marzo de 1947 en Wakefield (Yorkshire).
Fue un hombre rústico, sin educación formal, rudo en su trato con los demás, excéntrico, arrogante en cuanto a sus propias creencias, pero ciertamente generoso y amante de Dios, con una extensa influencia sobre sus contemporáneos. AR
Bib. S. Wigglesworth, *Fe milagrosa* (Vida, Miami 1982); Jack Hywel-Davies; *Baptised by Fire. The Story of Smith Wigglesworth* (Hodder and Stougton, Londres 1987).

WYCLIFFE, JUAN Este famoso teólogo y predicador inglés (aprox. 1330-1384) suele ser llamado «La Estrella matutina de la Reforma». Nació en el condado de York y estudió en la universidad de Oxford, donde recibió el doctorado en teología el año 1372. Pasó la mayor parte de su vida enseñando en Oxford. Como era un gran experto en la tradición escolástica medieval, fue requerido para importantes cargos políticos y diplomáticos, en especial desde 1377 hasta 1381, años en los que gobernó prácticamente el país el duque de Lancaster, Juan de Gaunt, hijo de Eduardo III. Sostuvo la idea de que sólo los justos tienen derecho al dominio temporal, mientras que los que están en pecado mortal, sean quienes sean: reyes, nobles, papas, etc., no tienen derecho a ostentar cargos públicos y deberían ser privados de sus riquezas y de su cargo. Estas ideas le valieron la condenación de Gregorio XI (1370-1378), quien, en su bula Sobre los peligrosos de 1377, condenó 19 proposiciones sacadas de escritos de Wycliffe (cf. Dz, nos. 1121-1139). En 1382, el arzobispo Guillermo Courtenay logró que la universidad de Oxford condenara el «lolardismo» fomentado por Wycliffe. Posteriormente, ya muerto él, el Conc. de Constanza (1414-1418), bajo Gregorio XII, condenó el 4 de mayo de 1415 45 proposiciones como «Errores de Juan Wycliff» (cf. Dz, nos. 1151-1195), y, como Wycliffe había abogado por la comunión bajo las especies de pan y de vino para todos los fieles, el 15 de junio del mismo año, el Concilio emitió un decreto en contra de tal opinión, y este decreto fue confirmado el 22 de febrero de 1418 por Martín V (1417-1431), como puede verse en Dz, nos. 1249, 1250 y 1251.

Juan Wycliffe

La condenación decretada por Gregorio XI, lejos de acallar a Wycliffe, hizo que éste pasara al ataque, primero, de las riquezas y del poder temporal de la Iglesia y, después, a la crítica de gran parte de los dogmas del catolicismo medieval. La teología de Wycliffe se centra en los mismos puntos que la de la Reforma protestante del siglo XVI. «La Escritura –dice– procede de la boca de Dios.» Para Wycliffe, la Biblia es de mayor autoridad que el papa, la Iglesia entera y las enseñanzas de los llamados Padres de la Iglesia. Todos los cristianos son sacerdotes y tienen acceso personal directo a Dios. De ahí llegó a pedir la abolición de las órdenes monásticas y del papado. Rechazó toda ceremonia y toda organización que no esté mencionada específicamente en la Biblia. Por tanto, rechazó también la doctrina de la transubstanciación*, diciendo que el cuerpo de Cristo está escondido sacramentalmente en los elementos de la eucaristía. Condenó igualmente las indulgencias y el culto a los santos, aunque siempre habló con reverencia de la Virgen María. En cuanto a la predestinación, sostuvo la enseñanza de Agustín de Hipona, de que la Iglesia es un cuerpo de fieles predestinados y que la salvación se obtiene únicamente por gracia.

Los seguidores de Wycliffe, conocidos con el nombre de «lolardos», procedían tanto de los estudiantes de Oxford como de gente sencilla. Lo de «lolardos» , según Justo L. González, procede de una palabra holandesa que significa «murmuradores». Predicaban las doctrinas de Wycliffe, por lo que fueron perseguidos cruelmente por sus ataques al monasticismo y al ritualismo, con lo que el movimiento estaba ya prácticamente extinto a finales del siglo XV. Pero, para entonces, estaba ya incubándose la gran Reforma protestante.

Al contrario que Juan Hus, y que algunos de los reformadores ingleses del siglo XVI, Wycliffe no fue quemado en la pira. Murió de una embolia en su parroquia de Lutterworth y, como al fin y al cabo, murió en comunión con la Iglesia de Roma, fue enterrado en tierra sagrada. Sin embargo, tras de la condenación de sus enseñanzas por el Concilio de Constanza, sus restos fueron desenterrados y quemados, y sus cenizas fueron arrojadas al río Swift.

Bib. Justo L. González, *La era de los sueños frustrados* (Caribe, Miami 1982); John T. McNeill, *Los forjadores del cristianismo*, vol. 2 (CLIE, Terrassa 1987).

YO Este vocablo entró en el cast. aún balbuciente el año 950. Procede del lat. clásico *ego*, que en el siglo VI ya había pasado a ser *eo*. De ahí al yo (*io*, dicen los ital.) sólo había un paso. Las formas flexivas me, mi, proceden igualmente de las correspondientes lat. *me*, *mihi*.
Pasando ya al contenido del vocablo yo, diremos que con él se designa el centro mismo de la persona (cf. los arts. *Persona* y *Personalidad*), como punto unitario de referencia y sujeto sustentador y responsable de todos los actos. Esto a nivel metafísico. A nivel psicológico y gnoseológico, el yo se descubre como primer contenido fenoménico (cf. *Fenómeno*) de la conciencia («pienso, luego existo», dirá Descartes*. Mediante la reflexión*, la conciencia vuelve sobre el yo fenoménico para convertirlo en su único objeto, con lo que el sujeto puede conocerse a sí mismo en profundidad cada vez mayor. Yerran quienes reducen la conciencia del yo al conjunto de sus actos, puesto que éstos no pueden quedar sin un punto de sustentación, como suspendidos en el aire. Como la misma conciencia nos lo atestigua, este sujeto se mantiene él mismo a través de los cambios vitales que la actividad de la persona comporta.
Desde el punto de vista histórico, puede decirse que fue Agustín de Hipona el primero que abordó a fondo este tema, especialmente en la última parte de sus *Confesiones*. El tema del yo pasó a segundo término en la Edad Media, hasta que Descartes volvió a ponerlo en primer plano. Kant atribuye el conocimiento al yo trascendental*, aunque sólo en el área de la razón práctica puede el yo moral llegar más allá de lo puramente fenoménico. Tanto el idealismo* alemán, por absolutizar el yo, como el existencialismo*, por reducirlo a los límites de su finitud, ofrecen una noción que no coincide con la que nos ofrece nuestra propia conciencia.

YOGA Este vocablo es de origen indio y significa tensión. En general se aplica a todo método de relajación conducente a un estado de paz interior, que prepara para un conocimiento* de carácter místico*, especialmente mediante la que ellos llaman «meditación transcendental». El yoga clásico data del siglo V de nuestra era y se basa en la filosofía dualista (cf. *Dualismo, 2*) del Samkhya, aunque sus raíces se remontan hasta muchos siglos antes de Cristo. El *yogin* = yogui se propone suprimir la actividad pensante de la mente con el fin de conducir a la facultad cognoscitiva a una intuición* mística de calidad superior.
La Iglesia de Roma, especialmente a partir del C. Vaticano II, invita a recoger de todas las religiones cuanto tengan de bueno y, por tanto, ve con buenos ojos el yoga. Se habla, incluso, de un yoga cristiano. Sin embargo, tanto la ascesis (cf. *Ascetismo*) como la mística del yoga tienen muy poco en común con las de la Palabra de Dios, además de que, entre los principios admitidos por el yoga están el dualismo de raíz gnóstica (cf. *Ciencia, 2*) y la reencarnación* de las almas, enseñanzas contrarias a las de la Biblia.
Bib. J. I. van Baaren, *Yoga, ¿la respuesta?* (*Felire*, Barcelona 1979); J. M. Dechanet, *Yoga cristiano* (DDB, Bilbao 1984); Calvin Miller, *La servidumbre del Yoga y las filosofías orientales* (CLIE, Terrassa 1977); Patñjali, *Aforismos sobre el Yoga* (Doncel, Madrid 1972); Fernando Saraví, *Invasión desde Oriente* (CLIE, 1995); J. Varenne, *El yoga y la tradición hindú* (Plaza & Janés, Esplugues de Llobregat, 1979); Swami Vishnudevananda, *El libro de Yoga* (Alianza Editorial, Madrid 1979).

ZOROASTRISMO Este antiguo sistema religioso debe su nombre a Zoroastro, nombre helenizado de Spitama Zaratusthra. Parece que su nacimiento ha de colocarse en el año 570 a. C. Se poseen muy pocos datos sobre él, unas cuantas afirmaciones sobre sí mismo en sus propios *Gathas* o himnos. Según el prof. E. M. Yamauchi, floreció antes del año 1000 a. C., pero eso no ha podido probarse. Nació en el noroeste de Persia, bajo el reinado de Nabopolasar, padre de Nabucodonosor y murió 12 años antes que Babilonia cayera en poder de los persas, según el cómputo de José Grau. Así que fue contemporáneo de los profetas Daniel, Ezequiel. Zacarías y Ageo. No sabemos si Zoroastro y Daniel llegaron a conocerse personalmente, pero hemos de tener en cuenta: (1) la influencia de la cultura asiriobabilónica sobre Persia; y (2) el papel relevante que Daniel jugó en los destinos de Babilonia durante más de 50 años.

No sabemos si conoció algo de la fe hebrea en sus viajes desde que tenía 20 años, cuando abandonó el sacerdocio persa, pero sí sabemos que a los 30 años de edad dijo haberse convertido al Dios único que él llamaba *mazda* = luz. Logró ganar para sus ideas a Histaspes, el padre de Darío I de Persia, y se cree que murió asesinado por los sacerdotes de las supersticiones que él vino a sustituir por una doctrina y una moral mucho más elevadas.

No es mucho lo que se sabe de sus verdaderas enseñanzas, pero lo poco que se sabe de cierto se acerca bastante a los conceptos bíblicos. Creía en el fuego como símbolo de un poder purificador, porque no sólo limpia las impurezas, sino que las destruye. Está en contra del animismo. Según Zoroastro, hay dos principios distintos: Ahura-Mazda (Ormuz, en pahlavi) = El Señor-Luz, que es todo bondad y perfección, al cual invoca diciendo: «¡Oh, Creador, Dios santo!», y Angra-Mainyu (Ahrimán, en pahlavi) = Maligno-Original, el diablo que trabaja para destruir la obra de Dios. Los tres grandes principios morales de Zoroastro son: (1) pensar bien; (2) hablar bien; y (3) obrar bien, porque el hombre debe salvarse por sus obras, después de haberse decidido por Dios o por el diablo. La vida es acción, trabajo, verdad, luz, pureza, conceptos de claro sabor hebreo. En el día del juicio, todo ser humano tiene que cruzar el Puente Cinvat, el cual se extiende para que pasen los justos al paraíso, pero se contrae como el filo de una navaja para los malvados, haciendo que se precipiten en el infierno.

Para los «parsis», nombre con que se conoce a los seguidores de Zoroastro, el ritual tiene mucha importancia. Ofrecen oraciones constantemente en presencia de un fuego alimentado con madera de sándalo, y recitan de memoria textos del *Avesta*, colección de pensamientos de Zoroastro. Cuando se contaminan, se purifican con orina de toro y exponen a sus muertos a los buitres en una torre alta, para no profanar los elementos sagrados del fuego, la tierra y el agua. Con todo, hay que tener en cuenta que los principios y preceptos de Zoroastro fueron deformados por la casta sacerdotal después de su muerte.

Los textos pahlavi tardíos hablan de la venida de un futuro *Soshyant* = Salvador, nacido de una virgen del semen de Zoroastro que había sido conservado en un lago. Ese «Salvador» iba a venir a afligir a los demonios, a resucitar a los muertos y a restaurar el paraíso.

Bib. Mircea Eliade, *Tratado de historia de las religiones* (Cristiandad, Madrid 1981); M. Eliade y Ioan P. Couliano, *Diccionario de las religiones* (Paidós Ibérica, Barcelona 1990); José Grau, *¿Todas las religiones iguales?*, cap. VI (EEE, Barcelona 1974);

ZUBIRI, XAVIER El filósofo español Xavier Zubiri nació en San Sebastián en 1898. Hizo estudios de filosofía y teología en Madrid, Lovaina y Roma, y se doctoró en filosofía en la Facultad de Filosofía de la Universidad de Madrid, y en teología en la Universidad eclesiástica de Roma. También estudió ciencias y filosofía en Alemania, donde conoció a Carmen Castro, hija del historiador Américo Castro, a la que se unió sin haber obtenido la dispensa del celibato. En 1926, fue nombrado catedrático de Historia de la filosofía en la Universidad de Madrid. Se ausentó de España al comienzo de la guerra civil (1936), y regresó ya comenzada la Segunda Guerra Mundial (1940); y fue profesor en la Universidad de Barcelona hasta el año 1942, fecha en que volvió a Madrid, donde residió definitivamente dando cursos privados y cursillos de conferencias. Su formación filosófica muestra la huella de tres grandes maestros: Zaragüeta, Ortega* y Heidegger (cf. *Existencialismo*). Por otra parte, su formación sacerdotal en Lovaina y en Roma le proporcionó una profunda familiaridad con la escolástica. Su obra escrita, aunque de escaso volumen si se compara, p. ej. con la de Ortega, nos da la medida de su talento y de su originalidad. En 1944, apareció su *Naturaleza, Historia, Dios*; en 1962, su denso estudio *Sobre la esencia*; en 1963, *Cinco lecciones de*

Xabier Zubiri

filosofía; y ya en la década de los 70, su trilogía sobre *Intelección humana*. Un rasgo característico de Zubiri es el uso de neologismos que, aun cuando no estén respaldados por la Real Academia, sirven de adecuado vehículo de expresión de sus profundos conceptos.

(1) En *Naturaleza, Historia, Dios*, Zubiri echa mano del concepto de «religación»: El ser humano está implantado en el ser y se apoya en algo que le hace ser. Su existencia está arrojada, pero no al vacío, sino religada por su raíz al fundamento de su ser que es la Deidad. A nivel gnoseológico, aparece Dios como el Ser fundamental y fundamentante.

(2) En *Sobre la esencia*, Zubiri se adentra en el concepto de «la realidad por sí misma e inquirir en ella cuál es ese momento estructural suyo que llamamos esencia». Es un libro denso, profundo y extremadamente difícil de entender, pero merece la pena el esfuerzo. Como dice Marías, «La esencia, según Zubiri, es un momento de una cosa real, y este momento es unidad primaria de sus notas; por otra parte, esa unidad no es exterior, sino intrínseca a la cosa misma, y un principio en que se fundan las demás notas de la cosa, sean o no necesarias; la esencia así entendida, concluye, es, dentro de la cosa, su verdad, la verdad de la realidad».

(3) En *Cinco lecciones de filosofía*, al contrario que en *Sobre la esencia*, junto con la profundidad, propia de Zubiri, campea también la claridad, por lo que este libro se lee con facilidad, aprendiendo con él a valorar justamente a pensadores como Aristóteles, Kant, Comte, Bergson, Husserl, Dilthey y Heidegger. FL

Según Zubiri el hombre aprehende impresivamente realidad. Sin artículo. «La» realidad, pues no es «toda» la realidad lo aprehendido. Las impresiones sensoriales tienen en el hombre un contenido específico: «este» color, «este» sonido. A la vez lo aprehende como «real» como algo «de suyo», «propio». El animal aprehende lo mismo pero con otra formalidad: con estímulos. Es decir, no como algo que es «de suyo», sino como signos de respuesta. Para él el calor calienta, para el hombre es, además, caliente, esto «de suyo». El hombre está *comunicado* con la realidad. Se las ha de haber con la realidad. Con la realidad como tal. El animal pertenece a la realidad, pero no se las ha de haber con la realidad. La distancia entre el hombre y la realidad desaparece en una comunicación física, como *estar* presente la realidad en el inteligir. La impresión de realidad abre al hombre la posibilidad de conjeturar o representar lo que hay allende esa misma impresión de realidad. Se pasa entonces de la inteligencia al lugar y a la razón. Estos no necesitan llegar a la realidad, sino que nacen de la realidad y están en ella.

El hombre no es su vida, sino que vive *para ser*. Pero él, su ser, está *en algún modo*, allende su existencia en el sentido de «vida». El hombre se realiza por sus actos, pero éstos los realiza como algo «suyo», unificados en un centro personal. Por tanto el ser del hombre es un ser personal. A través de la realización en sus actos, la persona va adquiriendo una «personalidad», que es la forma o figura que va cobrando la realidad sustantiva del hombre en sus actos; pues todo acto va configurando al ser sustantivo de mi yo. El hombre es, en sus actos, una realidad religada a la *ultimidad* fundante. Es el fenómeno de la *religación*. Los actos humanos, en cuanto suyos, son la actualización del carácter absoluto de la realidad humana, y en esa apertura radical hacia las cosas desde la ultimidad fundante a la que el hombre está religado, advierte las cosas como realidades. La religación es el vínculo ontológico del ser humano, pues estamos obligados a existir porque previamente estamos religados a lo que nos hace ser. Si «hay» que hacerse o realizarse, hay también lo que «hace que haya», que se manifiesta como ultimidad fundante de la existencia humana. Estamos, pues, abiertos a esa ultimidad fundante que nos muestra las cosas como realidades, esta apertura es a la *deidad*. El descubrimiento de la deidad no es el resultado de una experiencia determinada del hombre, sea histórica, social o psicológica, sino que es el principio mismo de toda esa posible experiencia. La religación no tiene un «origen», sino un «fundamento». Mostrarlo así es la obra de la inteligencia, no por «demostración», sino por «mostración».

La religación no pertenece a la naturaleza del hombre, sino a su persona, o, si se quiere formular unificativamente trascendiendo todo dualismo, a su *naturaleza personal*. El hombres es un ser religado o religioso en cuanto que, además de estar abierto a las cosas, descubre su fundamentación y las coloca en la perspectiva de su fundamentalidad última.

El correlato de la religación es la *deidad*. La deidad es el ámbito de lo fundante, y su profundización intelectiva constituye la *segunda etapa* del problema de Dios. La deidad nos remite a la *realidad-deidad*, o *realidad divina*. Esta realidad es causa primera no sólo de la realidad material, sino también de las realidades humanas en cuanto dotadas de inteligencia y voluntad. En un sentido eminente es una realidad inteligente y volente. En cuanto primera, esta realidad está allende el mundo precisamente para poder fundarlo como realidad. Es el descubrimiento de la realidad trascendente absoluta. La deidad no es sino reflejo especular de esta su trascendencia divina. La deidad es un reflejo especular en nuestro ser personal de una realidad existente como causa primera y fundamento del mundo, la divinidad.

El problema del mundo está también implicado en el problema de Dios, de tal modo que al llegar a Dios hemos alcanzado también el *sentido del mundo*.

La existencia religada es una visión de Dios en el mundo y del mundo en Dios. La fundamentalidad de Dios *pertenece* al ser del hombre, no porque Dios fundamentalmente forme parte de nuestro ser, sino porque constituye parte formal de él, el *ser fundamentado*, el ser religado. Dios es la *Realidad religante del hombre*, el fundamento último de la propia realidad humana. Dios no *está* en el hombre, es el hombre quien está *en* Dios. Es en Él como fundamento ontológico y como presente histórico. Afirmar que Dios *está* en nosotros es «cosificar» a Dios. Dios viene a patentizarse no en el orden del estar, sino en el del *ser como hacer ser*. Esto es de capital importancia, pues Dios no se identifica con *la idea del ser* de la metafísica, sino que *se manifiesta en el orden del ser como fundamento*. Está fuera de todo orden porque todo lo ordena.

Qué es el hombre está también incluido en *el problema de Dios*, pues éste se hace patente al realizar un análisis de nuestra dimensión ontológica fundamental. Está ya *planteado* en el hombre porque el hombre está *implantado* en el ser. AR

Bib. X. Zubiri, *Naturaleza, historia, Dios* (Ed. Nacional, Madrid 1978, 7ª ed.); *Cinco lecciones de filosofía* (Alianza, Madrid 1988, 3ª ed.); *Inteligencia sentiente* (Alianza, 1980); *Inteligencia y logos* (Alianza, 1982); *Inteligencia y razón* (Alianza, 1983); *El hombre y Dios* (Alianza, Madrid 1983); *El problema filosófico de la historia de las religiones* (Alianza 1993); *El problema teologal del hombre* (Alianza, Madrid 1997).

J. Bañón, *Metafísica y Noología en Zubiri* (UPS, Salamanca 1993); Manuel Mazón Cendán, *Enfrentamiento y actualidad. La inteligencia en la filosofía de Xavir Zubiri* (Universidad Comillas, Madrid 1999); A. Pintor-Ramos, *Realidad y sentido. Desde una inspiración zubiriana* (UPS, 1993); –*Realidad y verdad. Las bases de la filosofía de Zubiri* (UPS, 1994); Alfonso Ropero, *Introducción a la filosofía*, cap. IX (CLIE, Terrassa 1999); J. Sáez Cruz, *Accesibilidad de Dios: Su mundaneidad y transcendencia en X. Zubiri* (UPS, 1995).

ZWINGLIO, ULRICO Este reformador suizo (1484-1531), nació en Wildhaus (Suiza) y recibió su educación en Berna y Viena, antes de matricularse en Basilea, donde se entusiasmó con los estudios humanísticos, especialmente con Erasmo. También tuvo contactos con Tomás Wyttenbach, quien le animó a seguir el camino por el cual había de hallar la creencia en la *sola Scriptura*, en la *sola Gratia*, y en la *sola Fide*. Se ordenó de sacerdote católico en 1506, a los 22 años de edad, y sirvió en parroquias como la de Glarus (1506-1516) y de Einsiedeln (1516-1518). El estudio del NT griego de Erasmo le ofreció una nueva visión del evangelio, algo que le afectó grandemente para el resto de su vida.

En la última década de su vida (1523-1531), Zwinglio fue el pastor de Zurich que llevó a dicho cantón a la Reforma. Había llegado allá en 1519 como sacerdote del pueblo, a pesar de gran oposición, y usó el púlpito del gran monasterio para exponer el NT y después el AT. Para entonces, ya había llegado a ideas reformadoras semejantes a las de Lutero, que era unos dos meses mayor que él. Su autoridad en Zurich se iba haciendo grande. Era la época en que Lutero estaba causando gran revuelo en Alemania y los enemigos de Zwinglio comenzaron a decir que sus doctrinas eran las mismas que las del alemán, pero ya en 1522, el Ayuntamiento de Zurich lo respaldaba.

Ulrico Zwinglio1

El obispo de Constanza, bajo cuya jurisdicción estaba Zurich, comenzó a sentir preocupación por lo que se predicaba en aquella ciudad. Pero Zwinglio se defendía siempre con la Biblia y se le permitió seguir predicando. El papa Adriano VI, único decente antes y después de varios papas indignos, trató de calmar el celo de Zwinglio con promesas, pero él logró que el Concejo convocara a un debate entre él y el vicario del obispo acerca de las doctrinas que Zwinglio predicaba. Llegado el momento, Zwinglio defendió sus tesis a base de las Escrituras. El vicario no respondió, pero dijo que dentro de poco se reuniría un Concilio General que examinaría las doctrinas de su rival. Entonces le preguntaron: «¿Pero está Zwinglio equivocado?», a lo cual se negó a responder. Así que el Concejo, viendo que nadie había aparecido para refutar las enseñanzas de Zwinglio, decretó que éste podía continuar predicando libremente.

Desde este momento, y con el apoyo del Concejo, Zwinglio comenzó su reforma con una restauración de la fe y de las prácticas bíblicas, en lo que fue más lejos que Lutero, pues llegó incluso a suprimir en la iglesia la música instrumental y a tomar medidas disciplinarias más drásticas que las de Lutero. No por eso puede pensarse que Zwinglio se uniese a los anabautistas*, movimiento que él mismo fomentó en un principio. Se empezó a dar la comunión bajo las dos especies a los fieles y se permitió que curas, frailes y monjas se casaran, mientras que ex clérigos y laicos procedentes de Zurich propagaban las enseñanzas de la Reforma por otros cantones de Suiza. Los cantones católicos reaccionaron buscando una alianza con el emperador Carlos I de España y V de Alemania. Zwinglio aconsejó a los protestantes que atacaran a los católicos antes de que éstos consiguieran el apoyo del emperador, pero las autoridades de Zurich no querían ser las primeras en acudir a las armas. Así resultó que en octubre de 1531, los cinco cantones católicos cayeron sobre Zurich por sorpresa. Zwinglio salió con los primeros soldados para ofrecer resistencia, pero en Cappel los católicos derrotaron a los de Zurich y Zwinglio murió en el combate. Su muerte no fue en vano, pues al firmarse la paz, se permitió a cada cantón decidir a qué fe adherirse. Así quedó Suiza dividida en cuanto a la fe hasta el presente. Por lo demás, las enseñanzas de Zwinglio no diferían mucho de las de Lutero y Calvino, excepto en cuanto a la Cena del Señor (cf. *Cena del Señor*), punto en el que Lutero y Zwinglio se enfrentaron agriamente en Marburgo (1529) cuando se reunieron Lutero y Melancton de Wittenberg, Bucero de Estrasburgo, Ecolampadio de Basilea y Zwinglio de Zurich, por lo que pudo decir allí Lutero: «no somos del mismo espíritu». Pero forzoso es confesar que, en este punto, Zwinglio llevaba toda la razón, pues negaba toda clase de presencia real de Cristo en la eucaristía, tanto corporal (Lutero) como espiritual (Calvino y Bucero), afirmando que la Cena del Señor tenía carácter de memorial, es decir, de ocasión especial para recordar los beneficios que nos procuró la muerte de Cristo. Posteriormente, Melancton (muertos ya Lutero y Zwinglio) llegó a un acuerdo con los protestantes de Suiza y de Estrasburgo.

Bib. Zuinglio, *Antología* (PEN, Barcelona 1973); John T. McNeill, *Los forjadores del cristianismo*, vol. 2 (CLIE, Terrassa 1987).